歷代名臣奏議

（一）

出版前記

編輯叢書以保存及流傳資料，在中國已有七百六十餘年的歷史。

在這悠長的歲月中，歷代刊行的各種叢書號稱數千部，其中個人詩文集約占半數，內容割裂實際不合叢書體例的又居其餘之半，其名實相符者仍有數百部；即經過商務印書館再三精選後刊行的「叢書集成」，內含各種叢書也有一百部之多。這在中國出版界眞可說是洋洋大觀，對於促進歷史文化的研究與發展實在有難以形容的價值。

但在這樣龐大的數量中，使用「史學叢書」名稱的却只有清光緒年間廣東廣雅書局的一部。

事實上：歷史學在中國是發達最早的一門學問，二千餘年來連綿不斷地繼續發展，並且隨著時代演變更新進步。在世界文化史上，中國史學眞可說是一枝獨秀。近年以來，中國歷史文化的研究成為世界各國學術界一時風尚，中國史學先哲前賢的珍貴而豐厚遺產，更受到舉世的重視和尊敬。惟其如此，我們自然可以堂堂正正高舉中國史學的大旗，這就是本叢書命名的由來。

中國史學的範圍非常廣泛，要想在這一部叢書中包羅萬象，是事實所不許；今惟有在適應當前中外學人的普遍興趣以及編者個人學識能力的原則下，決定一個方向，就是以明清史料作本叢書選輯的優先對象。

至於史料的選擇取用，主要原則在「實用」與「罕見」，由編者綜合若干有關專家學者的意見而後決定；是這樣地集思廣益，應該可以適應一般需要。

對於史料的形式，也就是版本，儘可能選用初刻或精刻的善本，在「罕見」的原則下自然更注意搜求手寫稿本。

印刷方法是完全按原版影印，不加描摹，因爲此時此地印刷廠沒有描摹的人才；並且爲適合國內多數學人的購買能力，對於許多卷帙浩繁的書籍是採用縮小影印方式，以減少篇幅降低成本。在技術上也無法描摹。至於罕見的手寫稿本則儘可能地按原書大小影印，以便閱讀。

選印在本叢書內的每一史料也就是每一部書，編者都儘可能地約請專家學者撰寫序跋，指陳其價值或版本異同，中外學人當可一目瞭然其書內容大要。

儘管在編印體例上有若干與衆不同的改進，但一定還有許多疏漏的地方，希望海內外方家多加督責，以便隨時更新。

吳相湘

中華民國五十三年十一月十二日於臺北市

影印歷代名臣奏議序

蔣復璁

昔王伯厚於玉海藝文曰：「唐虞之臣，敷奏以言；秦漢之輔，上書稱奏。奏者，進也，敷下情進于上也。」故時至秦漢而有奏事之作，漢書藝文志六藝略春秋類乃有「奏事三十篇。」班固注曰：「七國未變古式，言事于王，皆稱上書，秦初改書曰奏。」

奏議之名，起於漢代。漢書成帝紀贊曰：「公卿稱職，奏議可述。」後漢書陳寵傳曰：「寵雖傳法律，而兼通經書，奏職溫粹，號爲任職相。」自此以後，奏議漸多，擇優編集，至三國而有名臣奏議之名。三國志魏志裴松之注引魏書曰：「陳羣前後數密陳得失，每上封事，輒削其草，時人及其子弟莫能知也。論者咸譏君之居位拱默。正始中，詔撰羣臣上書，以爲名臣奏議，朝士乃見羣諫事，皆歎息焉。」隋、唐、宋、明諸志，著錄奏議雖多，但傳至今日，彙編之奏議，僅以宋趙汝愚之諸臣奏議一百五十卷及明黃淮、楊士奇之歷代名臣奏議三百五十卷爲最著。趙書限於宋代；黃楊之書則上起商周，下迄蒙古，蓋據諸臣奏議而增廣者也。

歷代名臣奏議計有兩本：一爲明永樂十四年內府刊本，一爲明崇禎八年張溥節錄本。張溥序稱：「然奏議雖詔頒學宮，世無其板，余小子生長三十年，未嘗一見，詢之郡縣學官掌故，有愕不知爲何書者。辛未游京師，始獲寓目，心好讀之，徧購不能得。歸訪之藏書家，多云無有；久之同社友人出一本相示，字間摩脫難識，最後得太原藏本相讐正，乃竟讀。」是知永樂刊本在明已稱難得，故四庫提要云：

「此本有愼刑一門，張本無之；張本有漕運一門，此本無之。不知爲溥所改移，爲傳本互異。」實則四庫所據，以非足本而致有誤述也。國立中央圖書館藏永樂本歷代名臣奏議有五部之多，一全而兩爲鈔補，兩爲殘帙，可云富矣。據本館藏永樂本核對，則卷二百十五爲愼刑，卷二百六十一爲漕運，與四庫提要言無漕運者不符。張溥本則確有漕運而無愼刑，如提要所言也。然則永樂本之佳善，可以知矣。四庫提要以爲此書「自漢以後，收羅大備，凡歷代典制沿革之由，政治得失之故實，可與通鑑三通互相考證。」余竊以爲奏議固可與四通相比，而有利於史學者，則古代禁網太密，牽於忌諱，於是史策所記，非失諸諱飾，即忽於簡略，史實沈埋，不知凡幾。但自古明君以求言爲治道，賢臣以極諫爲忠節，故凡史官所不敢記者，皆見於奏議，奏議實代表正確之輿論，最可信之史實也。至若賈長沙上疏陳事，劉向稱「論甚美，通達國體」，見採於史記漢書。陸宣公譏陳時病，宋祁謂其「皆本仁義，炳炳如丹青」，見於唐書通鑑。蓋情眞而語摯，不假於修飾，歷代名臣之奏議皆忠言讜論，直抒胸臆，千古至文，非矯揉造作者所可比擬。如專意爲文，僅求其外表形態之美，而略於內容理論之善，則致遠恐泥，非奏議之本旨也。東坡與荆公兩萬言書皆所謂大手筆之文章，若欲有所軒輊，其在斯乎？

學生書局志廣流傳，以印書相詢，因舉以應之，假用本館藏永樂本重印歷代名臣奏議。即將蕆事，問序於余，余以有裨國史之硏究，故不辭而樂爲之序。

中華民國五十三年九月海寧蔣復璁謹序

歷代名臣奏議目録

目録

卷之一
君德
卷之二
君德
卷之三
君德
卷之四
君德
卷之五
君德
卷之六
聖學
卷之七
聖學
卷之八
聖學
卷之九
聖學
卷之十
孝親
卷之十一
孝親

卷之十二
孝親
卷之十三
敬天
卷之十四
郊廟
卷之十五
郊廟
卷之十六
郊廟
卷之十七
郊廟
卷之十八
郊廟
卷之十九
郊廟
卷之二十
郊廟
卷之二十一
郊廟
卷之二十二
郊廟
卷之二十三
治道

卷之二十四
治道
卷之二十五
治道
卷之二十六
治道
卷之二十七
治道
卷之二十八
治道
卷之二十九
治道
卷之三十
治道
卷之三十一
治道
卷之三十二
治道
卷之三十三
治道
卷之三十四
治道
卷之三十五
治道

卷之三十六
治道
卷之三十七
治道
卷之三十八
治道
卷之三十九
治道
卷之四十
治道
卷之四十一
治道
卷之四十二
治道
卷之四十三
治道
卷之四十四
治道
卷之四十五
治道
卷之四十六
治道
卷之四十七
治道

卷之四十八
治道
卷之四十九
治道
卷之五十
治道
卷之五十一
治道
卷之五十二
治道
卷之五十三
治道
卷之五十四
治道
卷之五十五
治道
卷之五十六
治道
卷之五十七
治道
卷之五十八
治道
卷之五十九
治道

卷之六十
治道
卷之六十一
治道
卷之六十二
治道
卷之六十三
治道
卷之六十四
治道
卷之六十五
治道
卷之六十六
治道
卷之六十七
治道
卷之六十八
治道
卷之六十九
法祖
卷之七十
法祖
卷之七十一
儲嗣

卷之七十二
儲嗣
卷之七十三
儲嗣
卷之七十四
內治
卷之七十五
內治
卷之七十六
宗室
卷之七十七
宗室

卷之七十八
經國
卷之七十九
經國
卷之八十
經國
卷之八十一
經國
卷之八十二
經國
卷之八十三
經國
卷之八十四
經國
卷之八十五
經國
卷之八十六
經國
卷之八十七
經國
卷之八十八
經國
卷之八十九
經國

卷之九十
經國
卷之九十一
經國
卷之九十二
經國
卷之九十三
經國
卷之九十四
經國
卷之九十五
經國

卷之九十六
經國
卷之九十七
經國
卷之九十八
經國
卷之九十九
經國
卷之一百
經國
卷之一百一
經國

卷之一百二
守戍
卷之一百三
都邑
卷之一百四
封建
卷之一百五
仁民
卷之一百六
仁民
卷之一百七
仁民
卷之一百八
仁民
卷之一百九
仁民
卷之一百十
務農
卷之一百十一
務農
卷之一百十二
田制
卷之一百十三
學校

卷之一百十四
學校
卷之一百十五
學校
卷之一百十六
風俗
卷之一百十七
風俗
卷之一百十八
禮樂
卷之一百十九
禮樂

卷之一百二十
禮樂
卷之一百二十一
禮樂
卷之一百二十二
禮樂
卷之一百二十三
禮樂
卷之一百二十四
禮樂
卷之一百二十五
禮樂

卷之一百二十六
禮樂
卷之一百二十七
禮樂
卷之　百二十八
禮樂
卷之一百二十九
用人
卷之一百三十
用人
卷之一百三十一
用人
卷之一百三十二
用人
卷之一百三十三
用人
卷之一百三十四
用人
卷之一百三十五
用人
卷之一百三十六
用人
卷之一百三十七
用人

卷之一百三十八
用人
卷之一百三十九
用人
卷之一百四十
用人
卷之一百四十一
用人
卷之一百四十二
用人
卷之一百四十三
用人

卷之一百四十四
用人
卷之一百四十五
用人
卷之一百四十六
用人
卷之一百四十七
用人
卷之一百四十八
用人
卷之一百四十九
用人

卷之一百五十
用人
卷之一百五十一
用人
卷之一百五十二
用人
卷之一百五十三
求賢
卷之一百五十四
知人
卷之一百五十五
知人
卷之一百五十六
知人
卷之一百五十七
知人
卷之一百五十八
知人
卷之一百五十九
建官
卷之一百六十
建官
卷之一百六十一
建官

卷之一百六十二
建官
卷之一百六十三
選舉
卷之一百六十四
選舉
卷之一百六十五
選舉
卷之一百六十六
選舉
卷之一百六十七
選舉

卷之一百六十八
選舉
卷之一百六十九
選舉
卷之一百七十
選舉
卷之一百七十一
考課
卷之一百七十二
考課
卷之一百七十三
去邪

卷之一百七十四
去邪
卷之一百七十五
去邪
卷之一百七十六
去邪
卷之一百七十七
去邪
卷之一百七十八
去邪
卷之一百七十九
去邪
卷之一百八十
去邪
卷之一百八十一
去邪
卷之一百八十二
去邪
卷之一百八十三
去邪
卷之一百八十四
去邪
卷之一百八十五
去邪

卷之一百八十六
去邪
卷之一百八十七
賞罰
卷之一百八十八
賞罰
卷之一百八十九
賞罰
卷之一百九十
勤政
卷之一百九十一
節儉

卷之一百九十二
節儉
卷之一百九十三
戒佚欲
卷之一百九十四
戒佚欲
卷之一百九十五
戒佚欲
卷之一百九十六
慎微
卷之一百九十七
謹名器

卷之一百九十八
謹名器
卷之一百九十九
求言
卷之二百
求言
卷之二百一
聽言
卷之二百二
聽言
卷之二百三
聽言
卷之二百四
聽言
卷之二百五
聽言
卷之二百六
聽言
卷之二百七
聽言
卷之二百八
法令
卷之二百九
法令

卷之二百十
法令
卷之二百十一
法令
卷之二百十二
法令
卷之二百十三
法令
卷之二百十四
法令
卷之二百十五
慎刑

卷之二百十六
慎刑
卷之二百十七
慎刑
卷之二百十八
赦宥
卷之二百十九
兵制
卷之二百二十
兵制
卷之二百二十一
兵制

卷之二百二十二
兵制
卷之二百二十三
兵制
卷之二百二十四
兵制
卷之二百二十五
宿衞
卷之二百二十六
征伐
卷之二百二十七
征伐

卷之二百二十八
征伐
卷之二百二十九
征伐
卷之二百三十
征伐
卷之二百三十一
征伐
卷之二百三十二
征伐
卷之二百三十三
征伐

卷之二百三十四
征伐
卷之二百三十五
征伐
卷之二百三十六
任將
卷之二百三十七
任將
卷之二百三十八
任將
卷之二百三十九
任將

卷之二百四十
任將
卷之二百四十一
任將
卷之二百四十二
馬政
卷之二百四十三
荒政
卷之二百四十四
荒政
卷之二百四十五
荒政

卷之二百四十六
荒政
卷之二百四十七
荒政
卷之二百四十八
荒政
卷之二百四十九
水利
卷之二百五十
水利
卷之二百五十一
水利
卷之二百五十二
水利
卷之二百五十三
水利
卷之二百五十四
賦役
卷之二百五十五
賦役
卷之二百五十六
賦役
卷之二百五十七
賦役

卷之二百五十八
賦役
卷之二百五十九
賦役
卷之二百六十
屯田
卷之二百六十一
漕運
卷之二百六十二
理財
卷之二百六十三
理財

卷之二百六十四
理財
卷之二百六十五
理財
卷之二百六十六
理財
卷之二百六十七
理財
卷之二百六十八
理財
卷之二百六十九
理財

卷之二百七十
理財
卷之二百七十一
理財
卷之二百七十二
理財
卷之二百七十三
理財
卷之二百七十四
崇儒
卷之二百七十五
經籍圖識

卷之二百七十六
國史
卷之二百七十七
國史
卷之二百七十八
律曆
卷之二百七十九
律曆
卷之二百八十
律曆
卷之二百八十一
謚號

卷之二百八十二
謚號
卷之二百八十三
褒贈
卷之二百八十四
褒贈
卷之二百八十五
禮臣下
卷之二百八十六
禮臣下
卷之二百八十七
巡幸

卷之二百八十八
外戚
卷之二百八十九
外戚
卷之二百九十
寵倖
卷之二百九十一
近習
卷之二百九十二
近習
卷之二百九十三
近習

卷之二百九十四
封禪
卷之二百九十五
灾祥
卷之二百九十六
灾祥
卷之二百九十七
灾祥
卷之二百九十八
灾祥
卷之二百九十九
灾祥

卷之三百
灾祥
卷之三百一
灾祥
卷之三百二
灾祥
卷之三百三
灾祥
卷之三百四
灾祥
卷之三百五
灾祥

卷之三百六
灾祥
卷之三百七
灾祥
卷之三百八
灾祥
卷之三百九
灾祥
卷之三百十
灾祥
卷之三百十一
灾祥

卷之三百十二
灾祥
卷之三百十三
灾祥
卷之三百十四
灾祥
卷之三百十五
營繕
卷之三百十六
營繕
卷之三百十七
弭盗

卷之三百十八
弭盗
卷之三百十九
弭盗
卷之三百二十
禦邊
卷之三百二十一
禦邊
卷之三百二十二
禦邊
卷之三百二十三
禦邊
卷之三百二十四
禦邊
卷之三百二十五
禦邊
卷之三百二十六
禦邊
卷之三百二十七
禦邊
卷之三百二十八
禦邊
卷之三百二十九
禦邊

卷之三百三十
禦邊
卷之三百三十一
禦邊
卷之三百三十二
禦邊
卷之三百三十三
禦邊
卷之三百三十四
禦邊
卷之三百三十五
禦邊

卷之三百三十六
禦邊
卷之三百三十七
禦邊
卷之三百三十八
禦邊
卷之三百三十九
禦邊
卷之三百四十
夷狄
卷之三百四十一
夷狄
卷之三百四十二
夷狄
卷之三百四十三
夷狄
卷之三百四十四
夷狄
卷之三百四十五
夷狄
卷之三百四十六
夷狄
卷之三百四十七
夷狄

卷之三百四十八
夷狄
卷之三百四十九
夷狄
卷之三百五十
夷狄

歷代名臣奏議目錄終

君德

周武王踐阼三日召師尚父而問焉曰黃帝顓帝之道存乎曰在丹書王欲聞之則齋矣齋三日王端冕師尚父亦端冕奉書而入王東面而立師尚父西面道書之言曰敬勝怠者吉怠勝敬者滅義勝欲者從欲勝義者凶凡事不強則枉弗敬則不正枉者滅廢敬者萬世王聞書之言惕若恐懼

魯哀公問於孔子曰吾聞君子不博有之乎孔子對曰有之哀公曰何為其不博也孔子對曰為其有二乘哀公曰有二乘則何為不博也孔子對曰為行惡道也哀公懼焉有間曰若是乎君子之惡惡道之甚也孔子對曰惡惡道不能甚則其好善道亦不能甚好善道不能甚則百姓之親之也亦不能甚詩云未見君子憂心惙惙亦既見止亦既覯止我心則悅詩之好善道之甚也如此哀公曰善哉吾聞君子成人之美不成人之惡微孔子吾焉聞斯言也哉

齊桓公謂鮑叔曰寡人欲鑄大鍾昭寡人之名焉寡人之行豈避堯舜哉鮑叔曰敢問君之行桓公曰昔者吾圍譚三年得而不自與者仁也吾北伐孤竹剗令支而反者武也吾為葵丘之會以偃天下之兵者文也諸侯抱美玉而朝者九國寡人不受者義也然則文武仁義寡人盡有之矣寡人之行豈避堯舜哉鮑叔曰君直言臣直對昔者公子糾在上位而不讓非仁也背太公之言而侵魯境非義也壇場之上詘於一劒非武也姪娣不離懷衽非文也凡為不善遍於物不自知者無天禍必有人害天處甚高其聽甚下除君過言天且聞之桓公曰寡人有過乎幸記之是社稷之福也子不幸教幾有大罪以辱社稷

楚惠王食寒葅而得蛭因遂呑之腹有疾而不能食令尹入問曰王安得此疾也王曰我食寒葅而得蛭念譴之而不行其罪乎是法廢而威不立也非所以使國聞也譴而行其誅乎則庖宰食監法皆當死心又不忍也故吾恐蛭之見也因遂呑之令尹避席再拜而賀曰臣聞天道無親惟德是輔君有仁德天之所奉也病不為傷是夕也惠王之後蛭出故其久病心腹之疾皆愈天之視聽不可不察也

魏武侯浮西河而下中流顧謂吳起曰美哉乎河山之固此魏國之寶也吳起對曰在德不在險昔三苗氏左洞庭右彭蠡德義不脩而禹滅之夏桀之居左河濟右太華伊闕在其南羊腸在其北脩政不仁湯放之殷紂之國左孟門而右太行常山在其北大河經其南脩政不德武王伐之由此觀之在德不在險若君不脩德舟中之人盡敵國也武侯曰善

武侯謀事而當群臣莫能逮朝而有喜色吳起進曰今者有以楚莊王之語聞者乎武侯曰未也莊王之語柰何吳起曰楚莊王謀事而當群臣莫能逮朝而有憂色申公巫臣進曰君朝而有憂色何也莊王曰吾聞之諸侯自擇師者王自擇友者霸足已而群臣莫之若者亡今以不穀之不肖而議於朝且群臣莫能逮吾國其幾於亡矣吾是以有憂色也莊王之所以憂而君獨有喜色何也武侯逡巡而謝曰天使夫子振寡人之過也天使夫子振寡人之過也

漢成帝即位光祿勳御史大夫匡衡上疏戒妃匹勸經學威儀之則曰陛下秉至孝哀傷思慕不絕於心未有游虞弋射之宴誠隆於慎終追遠無窮已也竊願陛下雖聖性得之猶復加聖心焉詩云煢煢在疚言成王喪畢思慕意氣未能平也蓋所以就文武之業崇大化之本也臣又聞之師曰妃匹之際生民之始萬福之原婚姻之禮正

然後品物遂而天命全孔子論詩以關雎為始言太上者民之父母后夫人之行不侔乎天地則無以奉神靈之統而理萬物之宜故詩曰窈窕淑女君子好仇言能致其貞淑不貳其操情欲之感無介乎容儀宴私之意不形乎動靜夫然後可以配至尊而為宗廟主此綱紀之首王教之端也自上世以來三代興廢未有不由此者也願陛下詳覽得失盛衰之效以定大基采有德戒聲色近嚴敬遠技能竊見聖德純茂專精詩書好樂無厭臣衡材駑無以輔相善義宣揚德音臣聞六經者聖人所以統天地之心著善惡之歸明吉凶之分通人道之正使不悖於本性者也故審六藝之指則天人之理可得而和草木昆蟲可得而育此永永不易之道也及論語孝經聖人言行之要宜究其意臣又聞聖王之自為動靜周旋奉天承親臨朝享臣物有節文以章人倫蓋欽翼祗栗事天之容也溫恭敬遜承親之禮

也正躬嚴恪臨衆之儀也嘉惠和說饗下之顏也舉錯動作物遵其儀故形為仁義動為法則孔子曰德義可尊容止可觀進退可度以臨其民是以其民畏而愛之則而象之大雅云敬慎威儀惟民之則諸侯正月朝覲天子天子惟道德昭穆穆以視之又觀以禮樂饗醴迺歸故萬國莫不獲賜祉福蒙化而成俗今正月初幸路寢臨朝賀置酒以饗萬方傳曰君子慎始願陛下留神動靜之節使羣下得望盛德休光以立基楨天下幸甚上敬納其言

東漢光武為大司馬時引兵東北拔廣阿披輿地圖指示鄧禹曰天下郡國如是今始乃得其一子前言以吾慮天下不足定何也禹曰方今海內淆亂人思明君猶赤子之慕慈母古之興者在德厚薄不以大小也

建武四年隗囂使馬援往觀公孫述援與述舊同里閈相善以為既至當握手歡如平生而述盛陳陛衛以延援禮饗官屬甚盛欲授以封侯大將軍位賓客皆樂留援曉之曰天下雄雌未定公孫不吐哺走迎國士與圖成敗反修邊幅如偶人形何足久稽天下士乎因辭歸謂囂曰子陽井底蛙耳而妄自尊大不如專意東方囂乃使援奉書雒陽初到良久中黃門引入帝在宣德殿南廡下但幘坐迎笑謂援曰卿遨遊二帝間今見卿使人大慙援頓首謝因曰當今之世非但君擇臣臣亦擇君矣臣與公孫述同縣少相善臣前至蜀述陛戟而後進臣臣今遠來陛下何知非刺客姦人而簡易若是帝復笑曰卿非刺客顧說客耳援曰天下反覆盜名字者不可勝數今見陛下恢廓大度同符高祖乃知帝王自有真也

桓帝延熹二年帝問侍中爰延朕何如主對曰陛下為漢中主帝曰何以言之對曰尚書令陳蕃任事則治中常侍黃門與政則亂是以

知陛下可與為善可與為非帝曰敬聞闕矣拜五官中郎將

靈帝中平五年望氣者以為京師當有大兵兩宮流血帝欲厭之乃發四方兵講武於平樂觀陳三匝而還問討虜校尉蓋勳曰吾講武如是何如對曰先王曜德不觀兵今寇在遠而設近陳不足昭果毅秖黷武耳帝曰善恨見君晚羣臣初無是言也

蜀先主時羣臣議欲推漢中王稱尊號前部司馬費詩上疏曰殿下以曹操父子偪主篡位故乃羈旅萬里糾合士衆將以討賊今大敵未克而先自立恐人心疑惑昔高祖與楚約先破秦者王及屠咸陽獲子嬰猶懷推讓況今殿下未出門庭便欲自立邪愚臣誠不為殿下取也

魏文帝問羣臣三不欺於君德孰優太尉鍾繇司徒華歆司空王朗對曰臣以為君任德則臣感義而不忍欺君任察則臣畏覺而不能

欺君任刑則臣畏罪而不敢欺任德感義與夫導德齊禮有恥且格等趣者也任察畏罪與夫導政齊刑免而無恥同歸者也孔子曰為政以德譬如北辰居其所而衆星拱之考以斯言論以斯義臣等以為不忍欺不能欺優劣之縣在於權衡非徒低昂之差乃鈞銖之覺也且前志稱仁者安仁智者利仁畏罪者強仁校其仁者功則無以殊核其為仁者則不得不異安仁者性善者也利仁者力行者也強仁者不得已者也三仁相比則安仁優矣易稱神而化之使民宜之若君化使民然也然則安仁之化與夫強仁之化優劣亦不得不相縣絕也然則三臣之不欺雖同所以不欺異矣則純以恩義崇不欺與以威察成不欺既不可同概而比量又不得錯綜而易處

吳烏程侯鳳凰元年中書令賀邵諫曰臣聞興國之君樂聞其過荒亂之主樂聞其譽聞其過者過日消而福臻聞其譽者譽日損而禍

至陛下嚴刑法以禁直辭黜善士以逆諫口杯酒造次死生不保是以正士摧方庸臣苟媚人執反理之評士吐詭道之論遂使仕者以退為幸居者以出為禍非所以保洪緒也何定安興事役發江邊戍兵以驅麋鹿老弱飢凍大小怨歎傳曰國之興也視民如赤子其亡也以民為草芥今法禁轉苛賦調益繁呼嗟之聲感傷和氣且國無一年之儲家無經月之蓄而後宮坐食萬有餘人北敵注目伺國盛衰長江之限不可久恃苟不能守一葦可航也願陛下豐基強本割情從道則聖祖之祚隆矣

晉孝武帝時中郎將王坦之上表曰臣聞人君之道以孝敬為本臨御四海以委任為貴恭順無為則盛德日新親仗賢能則政道邕睦昔周成漢昭並以幼年纂承大統當時天下未為無難終能顯揚祖考保安社稷蓋尊尊親親信納大臣之所致也伏惟陛下誕奇秀之姿稟生知之量春秋尚富涉道未曠方順訓導以成天德皇太后仁淑之體過於三母先帝奉事積年每稱聖明臣願奉事之心便當自同孝宗太后慈愛之隆亦不必異所生琅邪王餘姚主及諸皇女宜朝夕定省承受教誨導習儀刑以成景仰恭敬之美不可以厲非至親自為疏疑昔肅祖崩徂成康幼沖事無大小必諮丞相導所以克就聖德實此之由今僕射臣安中軍臣沖人望具瞻社稷之臣且受遇先帝綢繆繾綣並志竭忠貞盡心盡力歸誠陛下以報先帝愚謂周旋舉動皆應諮此二臣二臣之於陛下則周之旦奭漢之霍光顯宗之於王導沖雖在外路不云遠事容信宿必宜參詳然後情聽獲盡庶事可畢又天聽雖聰不啓不廣羣情雖忠不引不盡宜數引侍臣詢求讜言平易之世有道之主猶尚誠懼日昃不倦況今艱難理盡慮經安危祖宗之基繫之陛下不可不精心務道以申先帝堯舜

之風可不敬脩至德以保宣元天地之祚表奏帝納之

後周武帝保定三年養老于太學以太傅燕國公于謹為三老帝訪治道於謹謹對曰木從繩則正后從諫則聖明王虛心納諫以知得失天下乃安又曰去食去兵信不可去願陛下守信勿失又曰有功必賞有罪必罰則為善者日進為惡者日止又曰言行者立身之基願陛下三思而言九慮而行勿使有過天子之過如日月之食人莫不知願陛下慎之

隋文帝時有人告大都督邴紹非毀朝廷為憒憒者上怒將斬之工部尚書長孫平進諫曰川澤納汙所以成其深山岳藏疾所以就其大臣不勝至願願陛下弘山海之量茂寬俗之德鄙諺曰不癡不聾未堪作大家翁此言雖小可以喻大邴紹之言不應聞奏陛下又復誅之臣恐百代之後有虧聖德上於是赦紹因勑羣臣誹謗之罪勿

復以聞

唐太宗貞觀初有上書請去佞者太宗謂曰朕之所任皆以為賢卿知佞者誰耶對曰臣居草澤不的知佞者請陛下佯怒以試群臣若能不畏雷霆直言進諫則是正人順情阿旨則是佞人帝謂封德彝曰流水清濁在其源也君者政源人庶猶水君自為詐欲臣下行直是猶源濁而望水清理不可得朕常以魏武帝多詭詐深鄙其為人此豈可堪為教令謂上書人曰朕欲使大信行於天下不欲以詐道訓俗卿言雖善朕所不取也

太宗嘗從容謂侍臣曰周武平紂之亂以有天下秦皇因周之衰遂吞六國其得天下不殊祚運長短若此之相懸也尚書右僕射蕭瑀進曰紂為無道天下苦之故八百諸侯不期而會周室雖微六國無罪秦氏專任智力蚕食諸侯平定雖同人情則異太宗曰不然周既

尅殷務弘仁義秦既得志專行詐力非但取之有異抑亦守之不同祚之脩短意在茲乎

太宗又謂侍臣曰為君之道必須先存百姓若損百姓奉其身猶割股以啖腹腹飽而身斃若安天下必須先正其身未有身正而影曲上理而下亂者朕每思傷其身者不在外物皆由嗜欲以成其禍若耽嗜滋味玩悅聲色所欲既多所損亦大既妨政事又擾生人且復出一非理之言万姓為之解體怨讟既作離叛亦興朕每思此不敢縱逸諫議大夫魏徵對曰古者聖哲之主皆近取諸身故能遠體諸物昔楚聘詹何問其理國之要詹何對以脩身之術楚王又問理國何如詹何曰未聞身理而國亂者陛下所明實同古義

貞觀二年太宗謂侍臣曰人言作天子則得自尊崇無所畏懼朕則以為正合自守謙恭常懷畏懼昔舜戒禹曰汝惟不矜天下莫與汝爭能汝惟不伐天下莫與汝爭功又易曰人道惡盈而好謙凡為天子若唯自尊崇不守謙恭者在身儻有不是之事誰肯犯顏諫奏朕每出一言行一事必上畏皇天下懼群臣天高聽卑何得不畏群公卿士皆見瞻仰何得不懼以此思之但知常謙常懼猶恐不稱天心及百姓意也魏徵曰古人云靡不有初鮮克有終願陛下守此常謙常懼之道日慎一日則宗社永固無傾覆矣堯舜所以太平實用此法

六年太宗謂侍臣曰朕聞周秦初得天下其事不異然周則惟善是務積功累德所以能保七百之基秦乃恣其奢淫好行刑罰不過二世而滅豈非為善者福祚延長為惡者降年不永朕又聞桀紂帝王也以匹夫比之則以為辱顏閔匹夫也以帝王比之則以為榮此亦帝王深恥也朕每將此事以為鑒戒常恐不逮為人所笑魏徵對曰

臣聞魯哀公謂孔子曰有人好忘者移宅乃忘其妻孔子曰又有好忘甚於此者丘見桀紂之君乃忘其身願陛下每以此為慮免後人笑

八年太宗謂侍臣曰言語者君子之樞機談何容易凡在衆庶出一言不善則人記之成其恥累況是萬乘之主不可出言有失其所虧損至大豈同匹夫我常以此為戒隋煬帝初幸甘泉宮泉石稱意而怪無螢火勑云捉取多少於宮中照夜所司遽遣數千人採拾送五百轝於宮側小事尚尓況其大乎魏徵對曰人君居四海之尊若有虧失古人以為如日月之蝕人皆見之實如陛下所戒慎

九年太宗謂魏徵曰頃讀周齊史末代亡國之主為惡多相類也齊王深好奢侈所有府庫用之略盡乃至關市無不稅斂朕常謂此猶如饞人自食其肉肉盡必死人君賦斂不已百姓既斃其君亦亡齊

主即是也然天元齊主若為優劣徵對曰二主亡國雖同其行則別齊主懦弱政出多門國無綱紀遂至亡滅天元性兇而強威福在己亡國之事皆在其身以此論之齊主為劣

十六年太宗問魏徵曰朕克己為政仰企前列至如積德累仁豐功厚利四者常以為稱首朕皆庶幾自勉人苦不能自見不知朕之所行何等優劣徵曰德仁功利陛下兼而行之然則內平禍亂外除戎狄是陛下之功安諸黎元各有生業是陛下之利由此言之功利居多惟德與仁願陛下自彊不息必可致也

太宗時太上皇幸兩儀殿內外群臣奉見太上皇還西宮太宗送至大安宮還顧謂長孫無忌等曰今天下無事侍太上皇與公等同宴可謂至樂然朕若與公等忘政事但歡宴蓋非常安之法魏徵對曰陛下酣宴之後猶不忘庶政古者堯舜禹湯所以太平實用此道太

宗因曰古之人君處廊廟居逸樂臣下一事失所便棄前功解免黜放急處如此徵對曰人君發怒於一臣將行刑罰而能念其舊功者鮮矣陛下今發德音臣等幸甚

太宗曰朕常思自古有天下者皆欲子孫萬代政化過於堯舜及其所行則與堯舜相反如秦始皇亦是英雄之主平定六國已後纔免其身至子便失其國桀紂幽厲亦皆喪亡朕為此不得不懼且天下百姓傾耳側目唯看善惡朕豈得不自思之魏徵對曰自古以來人君為難秖為出言即成善惡若人君出言欲聞己過其國即興若出言欲人從己其國即喪古人云一言可以興邦一言可以喪邦正為如此但天下人皆自進於陛下以榮其身若正人即欲以正道輔佐佞人即欲以邪道自媚工巧者則進奇服異器好鷹犬者即欲勸令畋遊所欲自進者不覺為非皆言為是若陛下常守正道則姦人不能自效如開其路則人人欲遂其心矣太宗曰然

太宗謂侍臣曰朕觀隋主文集博物有才亦知悅堯舜之風醜桀紂之行然而行事即與言相違何也魏徵對曰自古稱人主之善在有君人之量能任使人智者為之謀勇者為之戰雖聰明聖哲以難纘冕旒垂耳目隋主雖有俊才無人君之量恃才驕物所以至於滅亡太宗曰然昔漢武征役不息戶口減半中途能改還得傳祚子孫向使隋主早寤亦不至滅亡也

太宗又謂侍臣曰齊文宣何如人魏徵對曰非常顛狂然與人共爭道理自知短屈即能從之臣聞齊時魏愷先任青州長史嘗使梁還除光州長史不就楊遵彥奏之文宣帝大怒召而責之愷曰臣先任青州大藩長史今有使勞更無罪過反授小州所以不就乃顧謂遵彥曰此漢有理因令捨之太宗曰往者盧祖尚不肯受官朕遂殺之

宣帝雖顛狂尚能容止此事朕所不如也祖尚不受處分雖失臣之禮朕即殺之大是傷急一死不可再生悔所無及宜復其官蔭徵容貌不逾中人而有膽略善回人主意每犯顏苦諫或上怒甚亦為之霽威上嘗得佳鷂自臂之望見徵來匿懷中徵奏事故久鷂竟死懷中嘗謁告上冢還言於上曰人言陛下欲幸南山嚴裝已畢而竟不行何也上笑曰初實有此心畏卿嗔故中輟耳

太宗謂右僕射李靖等曰人君之道唯在寬厚非但刑戮乃至鞭撻亦不欲行比每人嫌朕大寬未知此言可行否魏徵對曰古來帝王以殺戮肆威者實非久安之策臣等見隋煬帝初有天下亦大威嚴而官人百姓造罪未一今陛下仁育天下萬姓獲安臣下雖愚豈容不識恩造太宗曰公等假以為非朕終不改此志

太宗又嘗謂侍臣曰朕每日坐朝欲出一言即思此一言於百姓

有利益否所以不能多言給事中兼知起居事杜正倫進曰君舉必書言存左史臣職當兼脩起居注不敢不盡愚直陛下若一言乖於道理則千載累於聖德非止當今損於百姓願陛下慎之太宗大悅賜綵百段。

幽州總管府記室兼直中書省張蘊古奏上大寶箴其詞曰今來古往俯察仰觀惟辟作福為君實難宅普天之下處王公之上任土貢其所求具僚和其所唱是故競懼之心日弛邪僻之情轉放豈知事起乎所忽禍生乎無妄固以聖人受命拯溺亨屯歸罪於己因心於人至明無偏照至公無私親故以一人治天下不以天下奉一人禮以禁其奢樂以防其佚左言而右事出警而入蹕四時調其慘舒三光同其得失故身為之度而聲為之律勿謂無知居高聽卑勿謂何害積小成大樂不可極極樂成哀欲不可縱縱欲成災壯九重於內所居不過容膝彼昏不知瑤其臺而瓊其室羅八品於前所食不過適口唯狂罔念丘其糟而池其酒勿內荒於色勿外荒於禽勿貴難得之貨勿聽亡國之音內荒伐人性外荒蕩人心難得之物侈亡國之聲淫勿謂我尊而傲賢侮士勿謂我智而拒諫矜己聞之夏后授饋頻起亦有魏帝牽裾不止安彼反側如春陽秋露巍巍蕩蕩推漢高大度撫茲庶事如履薄臨深戰戰慄慄用周文小心詩云不識不知書曰無偏無黨一彼此於胸臆捐好惡於心想眾棄而後加刑眾悅而後命賞弱其強而治其亂伸其屈而直其枉故曰如衡如石不定物以數物之懸者輕重自具如水如鏡不示物以情物之鑑者妍蚩自露勿渾渾而濁勿皎皎而清勿汶汶而闇勿察察而明雖冕旒蔽目而視於未形雖黈纊塞耳而聽於無聲縱心乎湛然之域遊神於至道之精扣之者應洪纖而效響酌之者隨深淺而皆盈故曰天

之清地之寧王之貞四時不言而代序萬物無為而受成豈知帝有其力而天下和平吾王撥亂戡以智力民懼其威未懷其德我皇撫運扇以淳風民懷其始未保其終爰述金鏡窮神盡聖使人以心應言以行苞括治體抑揚詞令天下為公一人有慶開羅起祝援琴命詩一日二日念茲在茲唯人所召自天祐之爭臣司直敢告前疑太宗嘉之賜帛三百段仍授以大理寺丞。

太宗問給事中孔穎達曰論語云以能問於不能以多問於寡有若無實若虛何謂也孔穎達對曰聖人設教欲人謙光己雖有能不自矜大仍就不能之人求訪能事己之才藝雖多猶以為少仍就寡少之人更求所益己之雖有其狀若無己之雖實其容若虛非惟匹庶帝王之德亦當如此夫帝王內蘊神明外須玄默使深不可知故易稱以蒙養正以明夷蒞眾若其位居尊極炫耀聰明以才淩人飾非拒諫則上下情隔君臣道乖自古滅亡莫不由此也太宗曰易云勞謙君子有終吉誠如卿所說詔賜物二百段。

太宗每與公卿言及古道必詰難往復散騎常侍劉洎上書諫曰帝王之與凡庶聖哲之與庸愚上下相懸擬倫斯絕是知以至愚而對至聖以極卑而對極尊徒思自強不可得也陛下降恩旨假慈顏凝旒以聽其言虛襟以納其說猶恐群下未敢對揚況動神機縱天辯飾辭以折其理援古以排其議欲令凡蔽何階應答臣聞皇天以無言為貴聖人以不言為聖老君稱大辯若訥莊生稱至道無文此皆不欲煩也是以齊侯讀書輪扁竊議漢皇慕古長孺陳譏此亦不欲勞也且多記則損心多語則損氣心氣內損形神外勞初雖不覺後必為累須為社稷自愛豈為性好自傷乎竊以今日昇平皆陛下力行所致欲其長久匪由辯博但當忘彼愛憎慎茲取舍每事敦朴無

非至公若貞觀之初則可矣至於秦政強辯失人心於自矜魏文宏才虧衆望於虛說此才辯之累皎然可知伏願略茲雄辯浩然養氣簡彼緗圖淡焉怡悅自固萬壽於南岳齊百姓於東戶則天下幸甚皇恩斯畢上飛白答之曰非慮無以臨下非言無以述心比有談論遂致煩多輕物驕人恐由斯道形神心氣非此為勞今聞讜言虛懷以改

太宗嘗謂侍臣曰傳稱去食存信孔子曰人無信不立昔項羽既入咸陽已制天下向使能行漢高之仁信誰能奪耶房玄齡對曰仁義禮智信謂之五常廢一不可能勤行之甚有裨益殷紂狎侮五常而武王伐之項氏以無仁信為漢祖所奪誠如聖旨

著作郎鄧業表請編次太宗文章為集太宗謂業曰朕若制事有益於人者史則書之足為不朽若不師古亂政壞物雖有詞藻終貽後代笑非所須也秖如梁武帝父子及陳後主隋煬帝亦大有文集而所為多不法宗社皆須臾傾覆凡人主唯在德行何必要事文章耶竟不許太宗嘗曰隋煬帝性好猜防專信邪道大忌胡人乃至謂胡床為交床胡瓜為黃瓜築長城以備胡終被宇文化及使令狐行達殺之又誅戮李金才及諸李殆盡卒何所益且居天下者唯正身脩德而已此外虛事不足在懷太宗又嘗謂群臣曰朕為人主兼行將相事豈不是奪心等名舜禹湯武得稷卨伊呂而四海安漢高祖有蕭曹韓彭而天下寧茲事朕皆兼之給事中張行成退上疏曰有隋失道天下沸騰陛下撥亂反正拯人塗炭何周漢君臣所能比數雖然盛德含光規模宏遠左右文武誠無將相材奚用大庭廣衆與之量校損萬乘之尊與臣下爭功哉帝嘉納之帝又問侍臣曰自古帝王雖平中夏不能服夷狄朕才不逮古人而成功過之何也羣臣稱頌功德上曰不然朕所以能及此者止由五事耳自古帝王多疾勝己者朕見人之善若己有之人之行能不能兼備朕常棄其所短取其所長人主往往進賢則欲寘諸懷退不肖則欲推諸壑朕見賢者則敬之不肖者則憐之人主多惡正直陰誅顯戮無代無之朕踐阼以來正直之士比肩於朝未嘗黜責一人自古皆貴中華賤夷狄朕獨愛之如一故其部落皆依朕如父母此五者朕所以成今日之功也

肅宗嘗從容與侍謀軍國元帥長史李泌語及李林甫欲敕諸將克長安日發其冢焚骨揚灰泌曰陛下方定天下柰何讎死者彼枯骨何知徒示聖德之不弘耳且方今從賊者皆陛下之讎也若聞此舉恐沮其自新之心上不悅

德宗時渾瑊破朱泚走之奉天圍解從臣皆賀汴滑兵馬使賈隱林進言曰陛下性太急不能容物若此性未改雖泚敗亡憂未艾也上甚稱之

敬宗游幸無常昵比羣小視朝月不再三大臣罕得進見浙西觀察使李德裕上言曰臣聞詩云心乎愛矣遐不謂矣此古之賢人所以篤於事君者也夫迹疎而言親者危地遠而意忠者忤然臣竊念拔自先聖偏荷寵光若不愛君以忠則是上負靈鑑臣頃事先朝屬多陰沴常獻大明賦以諷頗蒙先朝嘉納臣今日盡節明主亦猶是心昔張敞之守遠郡梅福之在遐徼尚竭誠盡規不避尤悔況臣嘗學舊史頗知官箴雖在疎遠猶思獻替謹稽首上丹扆六箴具列于後仰塵睿覽伏積兢惶

一宵衣先王聽政昧爽以俟雞鳴既盈日出而視伯禹大聖寸陰為貴光武至仁反支不忌無俾姜后獨去簪珥彤管記言克念前志

二正服聖人作服法象可觀雖在宴遊尚不懷安汲黯莊色能正不冠楊阜毅然亦譏縹紈四時所御各有其官非此勿服惟辟所難

三罷獻漢文罷獻詔還騄駬銮輅徐驅安用千里厥後令王亦能恭己翟裘既焚筒布則毀道德為麗慈儉為美不過天道斯為至理

四納誨惟后納誨以求厥中從善如流乃能成功漢驁沉湎舉白浮鍾

魏徵傍汝淩霄作宮中雖不悖而善亦從以視為瑱是謂塞聰
五辯邪居上處深在察微萌雖有讒慝不能蔽明漢之孝昭徹過周成
上書知詐照奸得情燕蓋既折王猷洽平百代之後乃流淑聲
六防微天子之孝敬遵王度安必思危乃無遺慮亂臣猖獗非可遽數
玄黃莫辯觸瑟始仆栢谷微行豺豕塞路覦貌斂殘斯可誡懼
文宗嘗顧鄭覃曰覃老矣當無妄談論我猶漢何等主覃曰陛下文宣主也帝曰渠敢望是領度支李石欲彊帝志使不怠因曰陛下之問而覃之對臣皆以為非顏回匹夫耳自比於舜陛下有四海春秋富當觀得失於前日引月長以齊堯舜柰何比文宣而又自以為不及惟陛下開肆厥志不以文宣自安則大業濟矣
後唐明宗時水運軍將於臨河縣得一玉杯有文曰傳國寶萬歲杯明宗甚愛之以示中書侍郎馮道道曰此前世有形之寶尒王者固有無形之寶也明宗問之道曰仁義者帝王之寶也故曰大寶曰位何以守位曰仁明宗武君不曉其言道已去召侍臣講說其義嘉納之

宋真宗咸平三年田錫知泰州召歸進經史子集要語奏曰臣聞古者帝王盤盂皆銘几杖有誡起居必覩夙夜不忘故湯之盤銘曰德日新日日新太公之金匱云武王欲造起居之誡乃銘於几杖曰安無忘危存無忘亡孰惟二者後必無凶墨子曰堯舜禹湯書其事於竹帛篆之盤盂曰君子福大而愈懼爵隆而益恭遠察近視俯仰有則列黃帝輿几皆銘焉曰吾居民之上惴惴恐不及武王戶席必訓焉席之銘曰無行可悔戶之銘曰難得而易失聖人脩德罔怠然佩服鑑戒終日不忘故至德大業永保天下也臣又嘗讀唐書見高宗命黃門侍郎趙智講孝經於百福殿因謂之曰大旨朕知之矣即舉此經要切處言之以裨不逮智曰天子有爭臣七人雖無道不失其天下微臣敢以此言上獻帝大悅又憲宗聽政之暇採漢史三國以來經濟要事撰書十四篇號曰前代君臣事跡書之六扇屏風置於御座之右出入觀省之臣每覽經史子集因取其要語總一十卷輙用進獻可書於屏實之御座出入觀省所冀聖德日新與堯舜禹湯文武比隆也
景德間崇文院檢討陳彭年獻大寶箴曰二儀之內最靈者人生民之中至大者君民既可畏天亦無親所輔者德所歸者仁恭己御下輝光益新載籍斯在謀猷備陳內綏萬姓外撫百蠻治亂所始言動之間觀之則易處之甚難由是先哲喻彼投艱苟能慮未乃可防閑審求逆耳無惡犯顏既庶而富教化乃施慈儉之政富庶之基鰥寡孤獨人之所悲發號施令宜先及之黃髮鮐背心實多知左右侍從尚於茲瞻言百辟咸代天工儻無虛授可建大中克彰慎柬惟籍至公知人則哲聽德則聰才固難備道亦少同葑菲罔捨杞梓乃充不扶自直惟蓬在麻非揀莫見惟金在沙

參備顧問必辨忠邪獻替以正裨益無涯自匿草澤亦有國華訪此髦士可拒朋家三章之立庶民作程欽哉恤哉可以措刑七代之建麥孽是平本仁本義可以弭兵是為齊禮亦曰好生有教無類自誠而明宗廟社稷饗之以恭宮室苑囿誡之在豐春蒐秋獮不廢三農擊石拊石用格神宗使人以悅乃克成功治國以政罔或不從濟濟多士用之有光硜硜小器謀之弗臧忠言致益豈讓膏粱六藝為樂穹後笙簧任賢勿貳堯所以昌政過不吝湯所以王六合至廣萬彙攸多風亍靡一嗜欲相摩如馭朽索若防決河左契斯執六轡遂和導之以德民免嬰羅不懈于位俗乃偃戈先王之訓罔不咸然吾君之治亦取斯焉小心翼翼終日乾乾三靈降鑑百祿無愆由茲率土永戴先天巍巍洪業億萬斯年
仁宗至和二年翰林學士歐陽脩上奏曰臣聞自古有天下者莫不欲為治君而常至於亂莫不欲為明主而常至於昏者其故何哉患

於好疑而自用也夫疑心動於中則視聽惑於外視聽惑則忠邪不分而是非錯亂是非錯亂則舉國之臣皆可疑盡疑其臣則必自用其所見夫以疑惑錯亂之意而自用則多失失則其國之忠臣必以理而爭之爭之不切則人主之意難回爭之切則激其君之怒心而堅其自用之意然後君臣爭勝於是邪佞之臣得以因隙而入希旨順意以是為非以非為是惟人主之所欲者從而順之夫為人主者方與其臣爭勝而得順意之人樂其助已而忘其邪佞也乃與之并力以拒忠臣夫為人主者拒忠臣而信邪佞天下無不亂人主無不昏也自古人主之用心非惡忠臣而喜邪佞也非惡治而好亂也非惡明而欲昏也以其好疑自用而與臣下爭勝也使為人主者豁然去其疑心而回其自用之意則邪佞遠而忠言入則聰明不惑而萬事得其宜使天下尊為明主萬世仰為治君豈不臣主俱榮而樂哉與其區區自執而與臣下爭勝用心益勞而事益惑者相去遠矣臣聞書載仲虺稱湯之德曰改過不吝又戒湯曰自用則小成湯古之聖人也不能無過而能改過此其所以為聖也以湯之聰明其所為不至於繆戾矣然仲虺猶戒其自用則古之人主惟能改過而不敢自用然後得為治君明主也臣伏見宰臣陳執中自執政以來不叶人望累有過惡招致人言而執中遷延尚玷宰府陛下憂勤恭儉仁愛寬慈堯舜之用心也推陛下之用心天下宜至於治者久矣而紀綱日壞政令日乖國日益貧民日益困流民滿野濫官滿朝其亦何為而致此由陛下用相不得其人也近來宰相多以過失因言者罷去陛下不悟宰相非其人反疑言事者好逐宰相疑心一生視聽既惑遂成自用之意以謂宰相當由人主自去不可因言者而罷之故宰相雖有大惡顯過而屈意以容之彼雖惶恐自欲求去而屈意以

留之雖天災水旱饑民流離死亡道路皆不暇顧而屈意以用之其故非他直欲阻言事者爾言事者何負於陛下哉使陛下上不顧天災下不恤人言以天下之事委一不學無識諂邪狠愎之執中而甘心焉言事者本欲益於陛下而反損聖德者多矣然而言事者之用心本不圖至於此也由陛下好疑自用而自損也今陛下用執中之意益堅言事者攻之愈切陛下方思有以取勝於言事者而邪佞之臣得以因隙而入必有希合陛下之意者將曰執中宰相不可以小事逐不可使小官動搖甚者則誣言事者欲逐執中而引用他人陛下方患言事者上忤聖聰樂聞斯言之順意不復察其邪佞而信之所以拒言事者益峻用執中益堅夫以萬乘之尊與二數言事小臣角必勝之力萬一聖意必不可回則言事者亦當知難而止矣然天下之人與後世之議者謂陛下拒忠言庇愚相以陛下為何如主也前日御史論梁適罪惡陛下赫怒空臺而逐之而今日御史又復敢論宰相不避雷霆之威不畏權臣之禍此乃至忠之臣也能忘其身而愛陛下者也陛下嫉之惡之拒之絕之執中為相使天下水旱流亡公私困竭而又不學無識憎愛挾情除改差繆取笑中外家私穢惡流聞道路阿意順旨專事逢君此乃諂上傲下愎戾之臣也陛下愛之重之不忍去之陛下睿智聰明羣臣善惡無不照見不應倒置如此直由言事太切而激成陛下之疑惑爾執中不知廉恥復出視事此不足論陛下豈忍因執中上累聖德而使忠臣直士卷舌於明時也臣願陛下豁然回心釋去疑慮察言事者之忠知執中之過惡悟用人之非法成湯改過之聖遵仲虺自用之戒盡以御史前後章疏出付外廷議正執中之過惡罷其政事別用賢材以康時務以拯斯民以全聖德則天下幸甚臣以身叨恩遇職在論思意切言狂罪當

萬死。

嘉祐中知諫院司馬光陳論三德劄子曰臣伏蒙聖恩不以臣無似擢臣為諫官臣自幼學先王之道意欲有益於當時是以雖在外方為他官猶願竭其愚心陳國家之所急況今立陛下之左右以言事為職陛下仁聖聰明求諫不倦群臣雖有狂狷愚妄觸犯忌諱陛下皆含容寬貸未嘗加罪誠徼臣千載難逢之際苟不以此時傾輸胷腹之所有以副陛下延納之意則不可以自比於人死有餘罪矣臣竊惟人君之大德有三曰仁曰明曰武仁者非嫗煦姑息之謂也興教化脩政治養百姓利萬物此人君之仁也明者非煩苛伺察之謂也知道義識安危別賢愚辯是非此人君之明也武者非彊亢暴戾之謂也惟道所在斷之不疑姦不能惑佞不能移此人君之武也故仁而不明猶有良田而不能耕也明而不武猶視苗之穢而不能耘也武而不仁猶知穫而不知種也三者兼備則國治彊闕一焉則衰闕二焉則危三者無一焉則亡自生民以來未之或改也臣不勝區區觸死忘生竊見陛下天性慈惠慎微接下子育元元泛愛群生雖古先聖王之仁殆無以過然自踐阼以來垂四十年夙夜孜孜以求至治而朝廷紀綱猶有虧缺閭里窮民猶有怨歎意者群臣不肖不能宣揚聖化將陛下之於三德萬分之一亦有所未盡歟臣聞春秋傳曰賞慶刑威曰君臣幸得以脩起居注日侍黼扆之側伏見陛下推心御物端拱淵嘿群臣各以其意有所敷奏陛下不復詢訪利害考察得失一皆可之誠使陛下左右前後股肱耳目之臣皆忠實正人則如此至善矣或出於不意有一姦邪在焉則豈可不為之寒心哉夫善惡是非相與混殽若待之如一無所別白或知其善而不能賞知其惡而不能罰則為善者日懈為惡者日勸善者懈惡者勸雖有

堯舜禹湯文武之君稷契伊呂周召之臣以之求治猶鑿冰而取火適楚而北行也伏惟陛下少垂聖思以天授之至仁廓日月之融光奮乾剛之威斷善無微而不錄惡無細而不誅則唐虞三代之隆何遠之有此臣愚淺所見不敢不陳。

仁宗時天下久無事叅知政事宋綬慮宴樂有漸乃上言人心逸於久安而患害生於所忽故立防於無事銷變於未萌事至而應不亦殆歟勵群司不以承平自怠又上馭下之道有三臨事尚乎守當機貴乎斷地謀先乎容能守則奸不能移能斷則邪不能惑能容則事不能挠願陛下念之至若深居燕閒聲味以調六氣節宣以順四時保養聖躬宗社之休也。

知制誥田況嘗面奏事論及政體帝頗以好名為非意在遵守故常況退而著論上之其略曰名者由實而生非徒好而自至也堯舜三代之君非好名者而鴻烈休德倬若日月不能纖晦者有實美而然也設或謙弱自守不為恢闊睿明之事則名從而晦矣雖欲好之豈可得耶方今政令寬弛百職不修二虜熾結凌慢中國朝廷憫矜下民橫罹殺掠竭瀝膏血以資繕備而未免侵軼之憂故屈就講和為翕張予奪之術自非君臣朝夕恥憤大有為以遏後虞則勢可憂矣陛下若恐好名而不為則非臣之所敢知也陛下儻奮乾剛明聽斷則有英睿之名行威令懾姦宄則有神武之名斥奢泰革風俗則有崇儉之名澄冗濫輕會歛則有廣愛之名悅亮直惡諂媚則有納諫之名務咨詢達壅蔽則有勤政之名責功實抑僥倖則有求治之名今皆非之而不為則天下何所望乎抑又聖賢之道曰名教忠誼之訓曰名節群臣諸儒所以尊輔朝廷紀綱人倫之大本也陛下從而非之則教化微節義廢無耻之徒爭進而勸沮之方不行矣豈聖人

率下之意耶

判許州賈昌朝召對邇英閣帝問乾卦昌朝上奏曰乾之上九稱亢龍有悔悔者凶災之萌爻在亢極必有凶災不言凶而言悔者以悔有可凶可吉之義修德則免悔而獲吉矣用九見群龍無首吉聖人用剛健之德乃可決萬機天下久盛衰不可以濟然亢而過剛又不能久獨聖人外以剛健決事內以謙恭應物不敢自矜為天下首乃吉也手詔優答

英宗即位初知諫院司馬光乞簡省細務不必盡關聖覽劄子曰臣聞皐陶賛於舜曰元首明哉股肱良哉庶事康哉蓋言人君明則百官得其人百官得其人則衆事無不美也又曰元首叢脞哉股肱惰哉萬事墮哉蓋言人君細碎無大略則群臣不盡力群臣不盡力則萬事皆廢壞也此二者治亂之至要也荀子曰明主好要闇主好詳

主好要則百事詳主好詳則百事廢壞為人君者自有職事固不當詳察細務也然則人君之職謂何臣愚以為量材而授官一也度功而加賞二也審罪而行罰三也材有長短故官有能否功有高下故賞有厚薄罪有大小故罰有輕重此三者人君所當用心其餘皆不足言也臣伏見國家舊制百司細事如三司鞭一胥吏開封府補一廂鎮之類往往皆須奏聞崇政殿所引公事有軍人武藝國馬芻秣之類皆一一躬親閱視此蓋國初艱難權時之制施於今日頗傷煩碎陛下龍興撫運聖政惟新臣愚以為宜令中書樞密院檢詳中外百司自來公事須申奏取旨及後殿所引公事其間不繫大體非人君所宜身親者悉從簡省委之有司陛下養性安身以專念人君之三職是以法天地之易簡致虞舜之無為誠天下幸甚

治平二年光又奏曰臣聞書曰面稽天若詩曰文王陟降在帝左右蓋言王者為天之子不敢不朝夕小心祗畏其命如在其上如在其左右也是故洪範九疇以五行為本言王者當祗順五行之性內謹五事以治身外脩八政以治國正五紀以承天序析衷於皇極之道登用三德之人又參合以龜筮之謀察風雨寒燠之來以省得失知休咎導迎五福避遠六極此萬世不易之道也臣不勝狂愚忘生觸死伏見陛下即位以來災異甚衆日有黑子江淮之水或溢或涸去夏霖雨涉秋不止京畿東南十有餘州廬舍沉於深淵浮苴棲於木末老弱流離捐瘠道路妻兒之價賤於犬豕許潁之間親戚相食積尸成丘既而歷冬無雪煖氣如春草木早榮繼以黑風今夏癘疫大作彌漫數千里病者比屋喪車交路至秋幸而豐熟百姓欣然庶獲蘇息未及收穫而暴雨大至一晝之間川澤皆溢溝渠逆流原隰丘陵悉為洪波一苗半穗蕩無孑遺都城之內道路乘桴城闕權圯官

府倉廩軍壘民居覆沒殆盡死於壓溺者不可勝紀耆耋之人皆言耳目所記未嘗覩聞此乃曠古之極異非常之大災陛下安得不側身悒懼思其所以致此之咎乎臣性愚學淺不足以窺測天意竊以書曰天聰明自我民聰明天明畏自我民明威又曰天視自我民視天聽自我民聽然則災異之來不在於他苟人心和悅則天道無不順矣詩曰亹亹文王令聞不已又曰如珪如璋令聞令望古之聖王未有不先其令名而能行其政於天下者也臣伏見陛下踐祚之初上自宰輔次及朝臣下逮閭閻細民士伍廝養無不翕然同辭稱頌聖德如出一口皆云方今皇族奉朝謁者八百餘人陛下仁孝聰明為之首冠知人疾苦識其情偽節儉愛物剛果能斷既美先帝知人之明又慶己身逢時之幸涕泣共談悲喜相半臣愚以為昔漢惠帝無子而得文帝仁儉謙恭百姓富饒幾致刑措昭帝無子而得宣帝

勤恤明斷吏良民樂攄緝中興然則國無嗣子而旁親入繼未必不爲天意福祐社稷而光啓聖賢也私心自幸又甚於衆人俄而聖躬有疾上下之人思殺身爲牲粉骨爲藥庶祈早瘳以觀聖政不意數月之後道塗之議稍異於前頗有謗言不專稱美逮乎周歲之外則頌者益寡謗者益多臣竊伏於闕門之外日聞衆論不勝悵恨痛心疾首晝而忘食夕而忘寢爲陛下深思其故終不能明意者陛下於舉動備守之間萬一有所未思乎敢以愚慮言之蓋有三焉惟陛下寬其罪使得畢其辭竊以皇太后仁明之德爰自先朝布聞四方加之保育聖躬在於襁褓陛下入承大統不可謂全非皇太后之力當陛下初得疾之時外間傳言皇太后於先帝梓宮之前爲陛下叩頭祈請額爲之傷如此豈可謂無慈愛之心於陛下哉不幸爲讒賊之人交相離間遂使兩宮之情介然有隙就使皇太后有不慈於陛下陛下爲人之子安可校量曲直遂生忿恨而於孝慕之心有所不備乎傳曰大德滅小怨先帝擢陛下於衆人之中自防禦使升爲天子唯以一后數公主屬於陛下而梓宮在殯已失皇太后之歡心長公主數人皆屛居閑宮希曾省見臣請以小喻大設有閭里之民家有一妻數女及有數畝之田一金之產老而無子養同宗之子以爲後其人既沒其子得田產而有之遂疎母棄妹使之愁憤怨歎則鄰里鄉黨之人謂其子爲何如人哉以匹夫而爲此行猶見貶於鄉里況以天子之尊爲四海所瞻仰哉此陛下所以失人心之始也先帝天性寬仁重違物意晚年嬰疾厭倦萬幾遂以天下之事悉委之兩府兩府或見有所偏或意有所私取捨黜陟未必皆當又巧設倖門進拔所愛超資越級欺罔衆人抑壓孤寒無所伸愬及陛下即位皆謂必能奮發乾剛昭明君德收取威福復還王室進賢退愚賞善罰惡

使海內廓然立見太平而陛下益事謙遜深自晦匿凡百奏請不肯與奪動循舊例不顧事情謹於細務忽於大體知人之賢不能舉知人不肖不能去知事之非不能改知事之是不能從大臣專權甚於先朝率意差除無所顧忌或非材而驟進或有罪而見寬此天下所以重失望也臣聞書曰木從繩則正后從諫則聖是以堯稽于衆舍己從人舜好問而好察邇言禹聞善言則拜湯用人猶己改過不吝此四聖人者豈其才智之不足哉然猶孜孜汲汲下詢愚賤之人者蓋以四海之廣萬幾之衆非一人所能獨知必資天下之耳目思慮然後能曲盡其理也陛下聖質雖美亦當取法於堯舜禹湯而即政以來或意有所見執之不移如堅守嚴城禦敵外寇使羣臣之言皆無自而入殆非所以納百川而成巨海也孔子曰人之言曰予無樂乎爲君唯其言而莫予違也如其善而莫之違也不亦善乎如不善而莫之違也不幾乎一言而喪邦乎是故明君之於聽納無彼無我無親無踈無先無後唯其是而已矣若重我所有而輕彼所陳信其所親而疑其所賤主先入之言而拒後來之議則雖有是者亦不可得而見矣夫人心之所好者視醜以爲美所惡者視善以爲惡苟能以平心察之則是非易見矣書曰有言逆于汝心必求諸道有言遜于汝志必求諸非道若必待合於聖意則悅而從之不合則怒而棄之臣恐讒諂日進方正日疎殆非所以增社稷之福也又國家置臺諫之官爲天子耳目防大臣壅蔽朝廷政事皆大臣相與裁定然後施行而臺諫或以異議干之陛下當自以聖意察其是非可行則行可止則止今乃復付之大臣彼安肯以己之所行爲非而以他人所言爲是乎此乃陛下所以獨取拒諫之名而大臣坐得專權之利者也夫以君相之重何啻泰山賤臣之輕何啻雞卵乃欲相與校其勝

負臣固知其不敵矣是以四方懷忠之士顧效區區者皆望風不進
結舌沮氣此天下所以又失望也凡此三者在列之臣皆知其不可
而上畏嚴誅下避怨怒莫敢以此極言聞於陛下使海內憤鬱之氣
積而不發宜其有以感動天地之和矣臣聞天意保佑王者故爲之
下災異以譴告之若王者恐懼修省則非徒免一時之害又將有福
祿隨之商之太戊武丁周之成宣是也若傲忽不顧非徒爲害於一
時又將有危亡之禍漢之成哀桓靈是也今災異之來意者皇天亦
將保佑陛下以成商周之美乎臣願陛下上稽天意下順人心於此
三者皆留聖念奉事皇太后愈加孝謹務得驩心諸長公主時加存
撫無令失所總攬大柄勿以假人選用英俊循名責實賞功罰罪捨
小取大刻塞弊倖一新大政延納讜言虛心從善皆行之以至誠非
特爲空言而已夫至誠可以動金石而況人乎不誠不足以感匹夫

而況天乎詩云無曰高高在上陟降厥士日監在茲天雖至高視聽
甚邇人之所爲發於中心則天已知之固不待見其容貌形於聲音
也陛下果能盡誠於此則聖德日新令名四達人心既悅天道自和
百穀蕃昌嘉瑞並至蠻夷率服福流子孫矣臣自知不才無補朝廷
然不敢遂自塞嘿復有所陳惟陛下裁察臣光眛死再拜上疏

英宗時起居舍人傅堯俞上奏曰臣聞自古受命之君未有不上對
天意而下順人心者也夫受命者非他天意所嚮而人心所歸耳其
所以上對下順者亦非他恭儉仁孝耳臣伏見陛下越自藩邸入繼
大統中外欣戴若歷試之久者可以驗人心之歸矣踐祚之初過哀
生疾臣民傾耳未聞德音將越三時而天下晏然無一事者可以驗
天意之嚮矣然臨朝淵嘿未決政事不知陛下務爲謙抑耶將起居
之間尚有所未適耶以爲未適則當親近藥物如曰謙抑則亦已至

矣伏望陛下察昊穹眷祐之深念先帝顧託之重思皇太后援助之
勞顧天下瞻望之極宣暢言意總覽萬機出則親禮大臣委曲以通
其志延見近侍講摩以輔其闕入則奉養母后順承乎顏色撫育諸
主務隆於慈愛恭以久其德儉以豐其財簡去思慮一歸至誠夫誠
之至金石爲開矧嚮陛下之天意而歸陛下之人心詎有不通者乎
思慮之煩適足害正維至誠以定其心大公以措諸事靜者勿撓而
來則應之尚何思慮之多也行此足以受多福泮羣疑茍異于是非
臣所知臣雖甚愚誠恐天意不可以久咈人心不可以久鬱四聖大
業百年神器願陛下念之毋忽小臣亡狀輒獻孤忠干冒天威伏俟
斧鉞

給事中王疇上疏曰董仲舒爲武帝言天人之際曰事在勉彊而已
勉彊學問則聞見廣而智益明勉彊行道則德日進而大有功陛下

起自列邸光有天命然而祖宗基業之重天人顧享之際所以操心
治身正家保國者尤在於勉彊力行也陛下昔在宗藩已能務德好
學語言舉動未嘗越禮是天性有聖賢之資自疾平以來于茲半歲
而臨朝高拱無所可否群臣關白軍國之政者日益至其請人主財
決者日益多然猶聖心盤桓無所是非者何也得非以初繼大統或
慮未究朝廷之事故謙抑而未遑耶或者聖躬尚未寧而不欲自煩
耶抑有所畏忌而不言耶茍爲謙抑而未遑則國家萬務日曠月廢
其勢將趍於禍亂無疑也若聖躬未能寧則天下之名醫良工日可
召於前而方技不試藥石不進養疾於身坐俟歲月非求全之道也
茍有所畏忌而不言則又過計之甚也今中外之事無可疑畏臣嘗
爲陛下力言之矣陛下何不坦心布誠廓闢大明以照天下外則與
執政大臣講求治體內則於母后請所未至延禮賢俊諮訪忠直廣

所未見達所未聞若陛下朝行之則衆心夕安矣况陛下向居藩邸日夕於側者惟一二講學之師與左右給事之人耳脩身行己德業日新而知者無幾則是為善多而得名常少也然而終能德成行尊美名遠聞此先帝之所以屬心也今處億兆之上有一言動則天下知之簡冊書之比之於昔是善行易顯而美名易成也然而尚莫之聞者是不為爾非不能也有始有終者聖賢之能事在陛下勉彊而已。

歷代名臣奏議卷之一

歷代名臣奏議卷之二

君德

宋神宗即位初御史中丞司馬光上奏曰臣聞澄其源則流清固其本則末茂臣蒙陛下聖恩拔於衆臣之中委以風憲天下細小之事皆未足為陛下言之敢先以人君脩心治國之要為言此誠太平之原本也臣聞脩心之要有三一曰仁二曰明三曰武仁者非嫗煦姑息之謂也脩政治興教化育萬物養百姓此人君之仁也明者非煩苛伺察之謂也知道義識安危別賢愚辯是非此人君之明也武者非强亢暴戾之謂也惟道所在斷之不疑姦不能惑佞不能移此人君之武也故仁而不明猶有良田而不能耕也明而不武猶視苗之穢而不能耘也武而不仁猶知穫而不知種也三者兼備則國治彊闕一焉則衰闕二焉則危三者無一焉則亡自生民以來未之或改也治國之要亦有三一曰官人二曰信賞三曰必罰夫人之才性各有所長官之職業各有所守自古得人之盛莫若唐虞之際然稷契皐陶垂益伯夷夔龍各守一官終身不易苟使之更來迭去易地而居未必能盡善也故人主誠能收採天下之英俊隨其所長而用之有功者勸之以重賞有罪者威之以嚴刑譬如乘輕車駕駿馬總其六轡奮其鞭策何往而不可至哉昔仁宗皇帝之時臣初為諫官上殿首曾敷奏此語先皇帝時臣曾進歷年圖又以此語載之後序今幸遇陛下始初清明之政虛心下問之際臣復以此語為先者誠以臣平生力學所得至精至要盡在於是願陛下勿以為迂闊試加審察若果無可取則臣無所用於聖世矣

熙寧元年右正言孫覺上奏曰臣聞血者陰也氣者陽也二物合而成人雖合而成人而無心術之妙精神之運則亦下愚而已矣昔者

孔子深見此理而推言之曰血氣未定戒之在色以謂二物之交爭則人之欲心甚熾無妙道至神以勝之則至于違禮義而戕壽命矣又曰血氣方剛戒之在鬬二物既盛則令人喜鬬衆人之鬬則尚氣好勝取必於人以爭淺小而忘後患人主之鬬則彊兵右武拓土開邊以爭利於夷狄凡鬬皆所以傷神明而悖性理矣又曰血氣既衰戒之在得凡人之老必嗇而貪血氣之衰自然及此故年彌高而德卲者謂之孔子之徒此三者蓋論常人之情常人爲陰陽所役故一人之身而少壯老三變聖賢則不然知禮義之可貴壽命之可寶潛心於妙道至神則少之時不惑於色知神明之可尊性理之可樂夷狄禽獸不是以校勝負爭彊弱則壯之時不悅於鬬少而寡慾衰而盡性則血氣雖衰而不貪陰陽爲之役而不得與之變故心閒而神明體佚而壽考陛下以睿明之質鼎盛之年求治甚切而聽覽不倦

眞可謂有意天下者矣然臣之忠竊獨私憂而過計願陛下深鑒孔子之言而終始以三者爲戒則宗廟幸甚天下幸甚

富弼徙判汝州詔入覲許肩輿至殿門神宗御内東門小殿令其子挾以進且命毋拜坐語從容訪以治道弼知帝果於有爲對曰人主好惡不可令人窺測可測則姦人得以傅會當如天之監人善惡皆所自取然後誅賞隨之則功罪無不得其實矣

二年五月王安石還參知政事上奏曰臣切以爲陛下既終亮陰考之於經則羣臣進戒之時而臣待罪近司職當先事有言者也切聞孔子論爲邦先曰放鄭聲後曰遠佞人仲虺稱湯之德先曰不邇聲色不殖貨利而後曰用人惟己蓋以謂不淫耳目於聲色玩好之物然後能精於用志能精於用志然後能明於見理能明於見理然後能知人能知人然後佞人可得而遠忠臣良士與有道之君子類進於時有以自竭則法度之行風俗之成甚易也若夫人主雖有過人之才而不能早自戒於耳目之欲至於過差以亂其心之所思則用志不精用志不精則見理不明見理不明則邪說詖行必窺間乘殆而作則其至於危亂也豈難哉伏惟陛下即位以來未有聲色玩好之過聞於外然孔子聖人之盛尚自以爲七十而後敢縱心所欲也今陛下以鼎盛之春秋而享天下之大奉所以感移耳目者不爲少矣則臣之所豫慮而陛下之所深戒宜在於此天之生聖人之材甚吝而人之值聖人之時甚難天既以聖人之材付陛下則人亦將望聖人之澤於此時伏惟陛下自愛以成德而自強以赴功使後世不失聖人之名而天下皆蒙陛下之澤則豈非可願之事哉臣愚不勝惓惓惟陛下恕其狂妄而幸賜省察

三年右正言李常上奏曰臣聞孔子曰大哉堯之爲君也惟天爲大

惟堯則之蕩蕩乎民無能名焉巍巍乎其有成功煥乎其有文章夫堯之爲德至民莫能名功業高大法度煥明如此其盛者配天故也所以配天者能則天也亦何獨堯爲然王天下者莫不欲然也易曰天行健君子以自彊不息則王者之事也中庸曰肫肫其仁淵淵其淵浩浩其天配天王者之德也夫立天下之正位行天下之大道未求則天而配其德可乎臣竊聞陛下即位已來聖德日新殆將天縱碩儒元老自愧不及追帝王之盛際將在今日臣所以樂爲陛下言也昔者子思論爲天下國家有九經所以行之者脩身而已誠能脩身天下國家之治尚足道哉其脩身之敘亦必始於至誠無息而極乎高明上配天德然則志在於配天者何可息也詩曰於乎不顯文王之德之純孔子曰我學不厭皆言其不息也臣願陛下就天質之至明因聖術之已著法文王孔子之意勉之又勉極夫廣大而盡乎

精微比德於唐堯之盛尚慮功業法度不輝耀乎萬世不無憾於無窮乎非愚臣苟以責難之義事陛下誠以陛下睿智之資爲此甚易故也

知滄州曾鞏上言曰臣聞基厚者勢崇力大者任重故功德之殊垂光錫祚歷爽繁衍久而彌昌者蓋天人之理必至之符然生民以來能濟登茲者未有如大宋之隆也夫禹之績大矣而其孫太康乃墜厥緒湯之烈盛矣而其孫太甲旣立不明周自后稷十有五世至於文王而大統未集武王成王始收太平之功而康王之子昭王難於南狩昭王之子穆王殆於荒服暨于幽厲陵夷盡矣及秦以累世之智幷天下然二世而亡漢定其亂而諸呂七國之禍相尋以起光武中興然沖質以後世故多矣魏之患天下爲三晉宋之患天下爲南北隋文始一海內然傳子而失唐之治在於貞觀開元之際而女禍世

出天寶以還綱紀微矣至于五代蓋五十有六年而更八姓十有四君其廢興之故甚矣宋興太祖皇帝爲民去大殘致更生兵不再試而粵蜀吳楚五國之君生致闕下九州來同復禹之跡內輯師旅而齊以節制外卑藩服而納以繩墨所以安百姓御四夷綱理萬事之具雖創始經營而彌綸已悉莫貴於爲天子莫富於有天下而舍子傳弟爲萬世策造邦受命之勤爲帝太祖功亦有高焉者也太宗皇帝遹求厥寧旣定晉疆錢俶自歸作則垂憲克紹克類保世靖民丕丕之烈爲帝太宗德亦有高焉者也真宗皇帝繼統遵業以涵煦生養蓄息齊民以幷容徧覆擾服異類蓋自天寶之末宇內板蕩及真人出天下平而西北之虜猶間入闚邊至于景德二百五十餘年契丹始講和好德明亦受約束而天下銷鋒灌燧無雞鳴犬吠之驚以迄于今故於是時遂封泰山禪社首薦告功德以明示萬世不祧之

廟所以爲帝者宗仁宗皇帝寬仁慈恕虛心納諫慎注措謹規矩早朝晏退無一日之懈在位日久明於羣臣之賢不肖忠邪選用政事之臣委任責成然公聽並觀以周知其情僞其用舍之際一稽於衆故任事者亦皆警懼否輒罷免世以謂得馭臣之體春秋未高援立有德傳付惟允故傳天下之日不陳一兵不宿一士以戒非常而上下晏然殆古所未有其豈弟之行足以附衆者非家施而人悅之也積之以誠心民皆有父之尊有母之親故棄羣臣之日天下聞之路祭巷哭人人感動歔欷其得人之深未有知其所繇然者故皇祖之廟爲宋仁宗英宗皇帝聰明叡智言動以禮上帝眷相大命所集而稱疾遜避至于累月自踐東朝淵默恭慎無所言議施爲而天下傳頌稱說德號彰聞及正南面勤勞庶政每延見三事省決萬機必咨詢舊章考求古義聞者惕然皆知其志在有爲雖早遺天下成功盛

烈未及宣究而明識大畧足以克配前人之休故皇考之廟爲宋英宗陛下神聖文武可謂有不世出之姿仁孝恭儉可謂有君人之大德憫自晚周秦漢以來世主不能獨見於衆人之表其政治所出大抵踵襲卑近因於世俗而已於是慨然以上追唐虞三代荒絶之跡修列先王法度之政爲其任在己可謂有出於數千載之大志變易因循號令必信使海內觀聽莫不奮起羣下遵職以後爲羞可謂有能行之效今斟酌損益革敝興壞制作法度之事日以大備非因陋就寡拘牽常見之世所能及也繼一祖四宗之緒推而大之可謂至矣蓋前世或不能附其民者刑與賦役之政暴也宋興以來所用者鞭扑之刑然猶詳審反覆至於緩囚縱之誅重誤入之辟蓋未嘗用一暴刑也田或二十而稅一然歲時省察數議寬減之宜下蠲除之令蓋未嘗加一暴賦也民或老死不知力政然猶憂憐惻怛常謹復

除之科急擅興之禁蓋未嘗興一暴役也所以附民者如此前世或失其操柄者天下之勢或在於外戚或在於近習或在於大臣宋興以來戚里宦臣曰將曰相未嘗得以擅事也所以謹其操柄者如此而況輯師旅於內天下不得私尺兵一卒之用畀藩服於外天下不得專尺土一民之力其自處之勢如此至於畏天事神仁民愛物之際未嘗有須臾懈也其憂勞者又如此蓋不能附其民而至於失其操柄又急且忽此前世之所以危且亂也民附於下操柄謹於上處勢甚便而加之以憂勞此今之所以治且安也故人主之尊意論色授而六服震動言傳號涣而萬里奔走山巖窟穴之氓不待期會而時輸歲送以供其職者惟恐在後航浮索引之國非有發召而贏齎橐負以致其贄者惟恐不及西北之戎援弓繼馬相與校服而戲豫東南之夷正寇東衽相與挾冊而吟誦至於六府順叙百嘉鬯遂允

在天地之內含氣之屬皆裕如也蓋遠莫懿於三代近莫盛於漢唐然或四三年或一二世而天下之變不可勝道也豈有若今五世六聖百有二十餘年自通邑大都至於荒陬海聚無變容動色之慮萌於其心無援枹擊柝之戒接於其耳目臣故曰生民以來未有如大宋之隆也竊觀於詩其在風雅陳太王王季文王致王迹之所由與武王之所以繼伐而成王之興則美有假樂鳧鷖戒有公劉泂酌其所言者蓋農夫女工築室治田師旅祭祀飲尸受福委曲之常務至於兔罝之武夫行修於隱牛羊之牧人愛及微物無不稱紀所以論功德者由小以及大其詳如此後嗣所以昭先人之功當世之臣子所以歸美其上非徒薦告鬼神覺寤黎庶而已也書稱勸之以九歌俾勿壞蓋歌其善者所以起其嚮慕興起之意防其怠廢難久之情養之以德而成之於心其於勸帝者之功美昭法戒於將來聖人之

所以列之於經垂為世教也今大宋祖宗興造功業猶太王王季文王陛下承之以德猶武王成王而君臣之於考次論撰列之簡冊被之金石以通神明昭法式者闕而不圖此學士大夫之過也蓋周之德盛於文武而雅頌之作皆在成王之世今以時考之則祖宗神靈固有待於陛下臣誠不自揆輒冒言其大體至於尋類取稱本隱以之顯使莫不究悉則今文學之臣充於列位惟陛下之所使至若周之積仁累善至成王周公為家盛之時而泂酌言皇天親有德饗有道所以為成王之戒蓋履極盛之勢而動之以戒懼者明之至智之盡也如此者非周獨然唐虞至治之極也其君臣相飭曰兢兢業業一日二日萬幾則處至治之極而保之以祇慎唐虞之所同也今陛下履祖宗之基廣太平之祚而世世治安三代所不及則宋興以來全盛之時實在今日陛下仰探皇天所以親有德饗有道之意而奉

之以寅畏俯念一日二日萬幾之不可以不察而處之以兢兢使休光美實日新歲益閎遠崇侈循之無窮至千萬世永有法則此陛下之素所畜積臣愚區區愛君之心誠不自揆欲以庶幾詩人之義也惟陛下之所擇

元豐七年資政殿學士知揚州呂公著上奏曰臣聞人君以至誠為道以至仁為德守此二言終身不易堯舜之主也何謂至誠上自大臣下至小民內自親戚外至四夷皆推赤心以待之不可以絲毫偽相欺者如此而天下之不治未之有也絲毫之偽一萌於心如人有病先見於脉如人飲酒先見於色聲色動於幾微之間而猜阻行於千里之外強者為敵弱者為怨四海之內如盜賊之憎主人鳥獸之畏弋獵則人主孤立而危亡至矣何謂至仁親臣如手足視民如赤

子。戢兵省刑。時使薄歛。行此六事而已矣。禍莫迸於好用兵。怨莫大
於好起獄。災莫深於興土功。毒莫甚於奪民利。此四者陷民之坑穽
而伐國之斧鉞也。去此四者。行彼六者。而仁不可勝用矣。傳曰。至誠
如神。又曰。至仁無敵。審能行之。當獲四福。以人事言之。則主逸而國
安。以天道言之。則享年永而卜世長。此必然之理。古今已試之效也。
去聖益遠。邪說滋熾。厭常道而求異術。文姦言以濟暴行。爲申商之
學者。則曰。人主不可以不學術數。人主天下之父也。爲人父而用術
於子。其可乎。爲莊老之學者。則曰。聖人不仁。以百姓爲芻狗。欲窮兵
黷武。則曰。吾以威四夷而安中國。欲煩刑多殺。則曰。吾以禁姦慝而
全善人。欲虐使厚歛。則曰。吾以彊兵革而誅暴亂。雖若不仁而卒歸
於仁。此皆亡國之言也。秦二世王莽嘗用之矣。皆以經術附會其說。
書曰。惟辟作福。惟辟作威。此言威福不可移於臣下也。欲威福不移

於臣下。則莫若捨己而從衆。衆之所是。我則與之。衆之所非。我則去
之。夫衆未有不公。而人君者天下公議之主也。如此。則威福將安歸
乎。今之說者則不然。曰。人主不可以不作威福。於是違衆而用己。己
之耳目。終不能偏天下。要必資之於人。愛憎喜怒。各行其私。而浸潤
膚受之說行矣。然後從而賞罰之。雖名爲人主之威福。而其實左右
之私意也。姦人竊吾威福而賣之於外。則權與人主侔矣。書曰。威克
厥愛。允濟。愛克厥威。允罔功。威者畏威之謂也。愛者懷私之謂也。管
仲曰。畏威如疾。民之上也。從懷如流。民之下也。畏威之心勝於懷私。
則事無不成。今之說者則不然。曰。人君當使威刑勝於惠愛。如是。則
予不如奪。生不如殺。堯不如桀。而幽厲威靈之君長有天下。此不可
不辯也。
哲宗即位。監察御史王巖叟上奏曰。臣聞孔子曰。爲君難。爲臣不易。

如知爲君之難也。不幾乎一言而興邦乎。臣竊以君道之大。無所不
難。苟得其要而持之。則所難者少矣。臣請略舉其要。陛下試垂聽焉。
甚言無所隱之謂忠。心無所欺之謂信。忠於主者不避嫌。信其己者
不恐謗。所以忠信或至於獲罪。故人君以察忠信而主之爲難。巧於
言之謂佞。順於事之謂柔。巧言則易得。順事則易從。所以佞柔常至
於日親。故人君以辨佞柔而遠之爲難。廣大業者存乎勤。而人情常
易於生倦。以隳其業。故人君以久而不倦爲難。成大謀者存乎斷。而
人情常牽於小不忍。以亂其謀。故人君以棄小不忍爲難。臣以謂爲
國之要。能察忠信而主之。使得盡言。辨佞柔而遠之。使不害政。行之
以勤而無廢弛之憂。濟之以斷而無優游之患。則治道成矣。陛下盛
德日新。四事之要。嘗無所難。而區區得盡願陛下不以易心處之。則
德日新又日新矣。

岩叟爲起居舍人。又論洪範三德。上奏曰。臣伏以人主言而爲天下
法。動而爲天下則。聖人思所以嚴百王之心而重其事。故置右史以
記言。左史以記動。伏惟陛下即位以來。恭默思道。畏不言五年于
今。臣幸得以右史入侍。願聞德音而書之。不啻飢渴者亦有時矣。昨
日臣預立邇英侍講。臣司馬康講洪範九疇。至又用三德。陛下忽啓
聖問曰。只此三德。爲更有德。臣不覺心躍而神竦。既以初聞堯言爲
喜。又以陛下問德得其要爲慶。臣敬已書之於冊。以示萬世。竊伏思
念陛下既能審而問之。必將體而行之。三德者君人之大本。得之則治。
失之則亂。不可須臾而去者也。臣請爲陛下別白而言之。夫明是非
於朝廷之上。判忠邪於多士之間。不以順己而忘其惡。不以逆己而
遺其善。私求不徇於所愛。公議不遷於所憎。竭誠盡節。以先國家之
急。而忘其身者任之。當勿貳。附下罔上。以盜寵祿。而不恤百姓之患

者棄之當勿疑惜紀綱謹法度重典刑戒姑息此人主之正直也聲色人之所好也而遠之盤游人之所樂也而絶之財利人之所貴也而賤之勇於救天下之弊果以斷天下之疑邪說所不能移非道所不能悅此人主之剛也居萬乘之尊而不驕饗四海之富而不侈聰明有餘而處之如不足俊傑並用而求之猶弗及虛心以訪道屈己以從諫懼若臨深淵怯若履薄氷此人主之柔也王者足以盡天下之要願人主力行何如耳陛下誠能用洪範之三德以修己推臯陶之九德以用人則堯舜三王之盛可坐而致矣斯無難在陛下勉之而已

元祐元年御史中丞傅堯俞上宣仁皇后論治性之道疏曰臣聞之於書曰愼厥初惟其終又曰愼厥終惟其始始則念終不敢不愼也終則念始不敢不勉也臣愚伏念陛下考古御今備明法度恭儉以克己慈惠以愛人登崇老成開廣言路大義明著仁聲流聞總攬萬機得其綱要所以欽崇祖宗導世成俗爲子孫百世之慮甚備非臣筆舌所能形象雖詩書所載丹青所傳殆非有以過也可謂有其始矣臣愚不勝拳拳謹陛下雖聖性得之猶當加聖心焉夫天地無全功聖人無全能此不可不思傳曰審好惡理情性而王道畢矣治性之道必審己之有餘而強其所不足有餘則養之不敢矜不足則勉之以爲戒然後無間可窺而巧僞之徒不得比周而望進今陛下不出房闥而天下嚮風百僚奉職者無它以陛下通達平鈞而政出於大公云耳苟一有所偏則好惡之情露百邪乘枉必爭隙而入矣陛下前日積勞之所成就將中廢而不完矣豈可不兢兢業業日愼一日以圖厥終哉敬願陛下留神省察則天下幸甚天下幸甚陛下不遺臣愚屬以言責非臣衰拙所當蒙被仰貪盛明黽勉就職臣輒自惟忖蓋志有向背而材有能否事有大小任有重輕陛下使臣拾遺補過以輔盛德明善正失以平庶政舉直錯枉以正大臣方是之時臣極其力以死繼之若夫窺人之私摘其細故有聞必達遇事輒言則非臣之任又非臣之志也伏惟陛下責其大節寬其近功因臣所能俾效其力臣終不以狗馬之年爲子孫計畏首顧尾以孤負恩獎惟始之又難陛下既蹈之矣顧不能善其終乎然不可不戒也伏望陛下察臣懇欵不廢其言特賜覽觀則永譽無悔臣不勝大願

蔡確以作詩誹謗得罪堯俞又上奏曰臣觀蔡確狂悖陛下神斷不疑下合人情上明邦憲雖一以公議裁之固未嘗臨之以怒然豈陛下之所樂者哉況區斷之際亦須少勞睿思愚臣妄度竊恐陛下於海嶽之量不能無少忤而未能忘懷也外建側聆自增驚惕臣聞之於易曰天下同歸而殊塗一致而百慮天下何思何慮夫事至以無心應之既往若未嘗經意此聖人所以養至誠而御遐福者也願陛下寬聖心省浮念游情太清以固眞粹陛下之氣和則上下之氣和上下之氣和則天地之氣和應矣唐柳公綽奏太醫箴以諷憲宗謂之曰御變眹深者臣無公綽之才而有其誠臣以爲今天下事莫重於此故惓惓而不能自已惟陛下無易臣言留神省察

三年中書舍人曾肇論君道在立己知人上奏曰臣伏見陛下即位以來早朝晏罷負扆端莊淵默弗言雖在深宮之中不爲佚豫之好可謂有克肖祖宗之聖質退朝燕處翰墨是親日御邇英盡心恭己以延講誦可謂有急於問學之誠心夫有克肖祖宗之聖質又有急於問學之誠心則引而達之廣而大之正今日之所務也蓋聖人之性與人同在謹其初而已夫性之初若火之始然泉之始達火之始然一螢爝之微爾及其至也其明足以燭萬物其用足以爍金石其

利博矣然設之不當則燎原野焚玉石而不勝其害也泉之始達一
勺之多爾及其至也大而為之江河細而為溝澮其利博矣然導之
非理則暴怒悍突懷山襄陵而不勝其害也人之性何以異於是哉
況夫有天下之大享四海之富靡曼之聲妖淫之色足以移其耳目
宮室狗馬珠玉綺繡之玩足以移其心志與賢人處矣而不肖者參
之與正士游矣而邪人間之日漸月漬習與性成則明者或至於昏
仁者反而為暴豈其天資之固然哉設之弗當導之非理故也故以
舜之為君而禹告以無若丹朱傲以禹之為君而其戒見於五子之
歌以武王之為君而太保作旅獒以訓至於成王而訓戒益詳周公
作無逸又作七月之詩召康公作公劉以戒民事又作泂酌以言皇
天親有德饗有道其誨可謂諄諄矣故以成王中材之主而能持盈
守成卒為賢君者設之得其當導之適其理故也自古治世少而亂

世多天下之柄或移於權臣或假於外戚或出於宦寺諸侯或強大
而不可制夷狄或驕慢而不可屈兵或恣睢而不可使海內之賦入
或專於彊藩悍將而縣官不能有也百里之長或專殺而司寇不能
治也有一於此人主雖有特起之資欲治之志而其勢不能以大有
為此古今之通患也本朝承平百有餘年政出於一羣臣奉法遵職
外戚奉朝請宦寺供掃洒而已州縣之勢如臂使指夷狄引首待我
衣食制兵與賦皆得其要刑罰清平又前世之所未有也六聖相傳以
至陛下言其德則光大言其業則富有言其勢則便利陛下又有克
肖祖宗之聖質有急於問學之誠心引而達之廣而大之欲王則王
欲帝則帝惟陛下之所嚮而已孔子曰為君難知為君之難固有時
而易矣何以言之君道莫難於立己莫難於知人己非禮不立人非
言不知也孔子曰不知禮無以立也不知言無以知人也臣請為陛

下言之夫所謂禮非制度文為之事也姦聲亂色不留於聰明淫樂
慝禮不接於心術非正勿視也非正勿聽也非正勿言也非正勿動
也視聽言動由於禮則內之非僻之思無自而生外之非僻之習無
自而入內有以正其心外有以正其行夫然故施於事親則孝施於
兄弟則順施於族姻則睦施於郊廟則敬施於朝廷則莊施於治民
則仁施於軍旅則威無所施而不當矣孔子曰一日克己復禮天下
歸仁焉其守豈不約其效豈不博哉至於知言其事尤難蓋言亦多
端矣有辯有訥有華有質有是而非有迂而直不可不察也非獨如
此人主必有好惡之心有是非之心所好者正所惡者邪以忠為是
以佞為非則固善矣不幸反此則小人必將窺其所好避其所惡矜
其所是諱其所非以售其姦言以行其私說故人主好高遠則窾言
入好卑近則邇言至好刑名則慘刻之說進好功利則興作之謀用

上以此求於下下以此應於上同者謂之賢異者謂之愚而君子雜
處小人之間者且逆其所順強其所劣君所謂可而有否焉必獻其
否以成其可君所謂否而有可焉必獻其可以替其否如是而君不
察焉則小人日親君子日疎小人日進君子日退君子道消小人道
長此治亂安危之所以分也治亂安危所分在於聽言之際豈不可
畏也哉故漢文帝聽張釋之而退嗇夫則風俗至於篤厚唐太宗聽
魏鄭公而絀封倫則致治幾於太平齊威公不聽管仲而進易牙苻
堅不聽王猛而信慕容垂則旋踵而敗亡其效豈不深切著明哉伏
惟陛下有克肖祖宗之聖質有急於問學之誠心宜其於行不勉而
中於言不思而得然臣猶惓惓以是為獻者蓋天下之物接於我者
無窮而不能以道觀物則為物所引而欲必至於敗度縱必至於敗
禮尚何以立己哉天下之言接於我者無窮而不能以道觀言則為

言所蔽。而浸潤之譖膚受之愬無所不行尚何以知人哉。臣愚願陛下及此春秋方富。血氣未定早爲之制。不邇聲色不殖貨利。出入起居凡所以害德之事勿爲也。左右前後凡可以蕩心之物勿近也。便僻側媚遠之而勿親。直諒多聞親之而勿遠。動容周旋唯禮之從。則己無不立矣。無作好惡無作聰明使人不能窺。有言逆于心。必求諸道。有言遜于志。必求諸非道。使姦言不得入。虛心廣覽以採衆論。辭寡者知其人之吉。辭多者知其人之躁。辭游者知其誣善。辭枝者知其心疑。以至詖辭知其所蔽。淫辭知其所陷。邪辭知其所離。遁辭知其所窮。則人無不知矣。有以立己。充而至於美風俗不難矣。有以知人。推之以修政事不難矣。方今海內雖號治安。然內則忠邪雜揉。是非紛亂。士節不厲。奉公守義者寡。而交私合黨者多。外則爭訟盜竊。法不勝姦。歲論大辟五千餘人。祖宗以來。未嘗如此。風俗未可謂美

也。朝廷上下。紀綱不肅。百司庶務類多文具。官不勝其冗而未有以革。財不足於用而未有以制。哀矜惻隱之書日下。而百姓之力未裕也。是故和風未洽。而歲之順成者常少。恩信未孚。而夷狄之侵侮者尚多。以至寇賊姦宄所在竊發。政事未可謂備也。陛下誠能早留意於此。正己以先之。得人而任之。力行以久。馴致以漸。則豈惟卿士大夫相化以義哉。芻牧之微。稗販之陋。可使忠厚而知恥矣。豈惟朝廷之上百工得其職哉。海隅障塞之遠。抱關擊柝之賤。亦皆嚮方而宿業矣。如是風俗不美。政事不修。未之聞也。捨是而不務。則接物而不能無累。聽言而不能不惑。接物而累。則雖有克肖祖宗之聖質。而敗之者衆。聽言而惑。則雖有急於問學之誠心。而蔽之者多。如是則風俗愈入於薄惡。政事愈入於弛壞。貴者不能自克。況其賤者哉。近者且猶弗治。況其遠者哉。非獨如此。人事不立。而望天道之助順。中國

不爲而望夷貊之允懷。抑又難矣。臣愚故曰。陛下有克肖祖宗之聖質。有急於問學之誠心。則引而達之廣而大之。正今日之所務也。不然。則用心雖勞而去道愈遠。用力雖勤而爲術愈疎。雖日接多士。日求讜言。而於道無補也。書曰。惟聖罔念作狂。惟狂克念作聖。傳曰。學而不思則罔。思而不學則殆。陛下欲至此非他。學以求之。思以精之而已。惟陛下留意。毋忽。則天下幸甚。

四年。右諫議大夫范祖禹上宣仁皇后乞先正君心疏曰。臣蒙陛下擢受諫職。才力懼不克勝。受命以來。夙夜不遑寧處。深思天下之事。自非大者遠者。未之敢先。恭惟祖宗受天命百三十年。自三代以來。未有承平如此之久。累聖基業。付畀子孫。成之至難。壞之至易。是以古之明王欲治天下。先正其本。其本在於人君一心而已。天下治亂出於君心。君心一正。則萬事無不正。孟子曰。君仁莫不仁。君義

莫不義。君正莫不正。一正君而國定矣。易曰。正其本萬事理。差之毫釐。失之千里。臣侍經筵。因進講每及人君正心脩身之要。君子小人繫於治亂之際。未嘗不反覆開陳。伏計陛下聞之已熟。今有言責。不敢忘此。竊惟天下之本在於君心。臣愚伏望太皇太后陛下。日以祖宗之艱難。治天下之勤勞。萬民之疾苦。羣臣之邪正。政事之得失。說諭皇帝。存之於心。若皇帝陛下聖心曉然。明於邪正是非。他日衆說不能惑。小人不能進。則萬事定矣。臣竊熟思。莫大於此。惟陛下深留聖意。以幸天下。

七年。端明殿學士兼翰林侍讀學士守禮部尚書蘇軾上奏曰。臣聞始之學也。以適用爲本。而恥空言。故其仕也。以及民爲心。而慙尸祿。乃者屢請治郡。兼乞守邊。欲及殘年。少施實效。而有志莫遂。負愧何言。今乃以文字爲官。語言爲職業。下無所見其能否。上無所考其

幽明循省初心有靦面目故於拜恩之日少陳有益之言孔子曰一
言可以興邦而孟子曰一言正君而國定昔漢文帝悅張釋之長者
之言則以德化民輔成刑措之功孝景入晁錯數術之語則以智馭
物馴致七國之禍乃知為國安危之本只在聽言得失之間陛下即
位以來學如不及問道八年寒暑不廢講讀之官談王而不談伯言
義而不言利八年之間指陳文理何啻千萬雖炘論不同然其要不
出六事一曰慈二曰儉三曰勤四曰謹五曰誠六曰明慈者謂好生
惡殺不喜兵刑儉者謂約己省費不傷民財勤者謂躬親庶政不遑
聲色謹者謂畏天法祖不輕人言誠者謂推心待下不用智數明者
謂專信君子不雜小人此六者皆先王之陳迹老生之常談言無新
奇人所忽易譬之飲膳如服藥石則天人自應福祿難量而臣等所
學先王之道亦不為無補於世若陛下聽而不受受而不信信而不
行如聞春禽之聲秋蟲之鳴過耳而已則臣等雖以三尺之喙日誦
五車之書反不如醫卜執技之流簿書奔走之吏其為尸素死有餘
誅伏願陛下一覽臣言少留聖意天下幸甚
徽宗即位初哲宗將祔廟中旨索省中書畫甚急祕書丞韓宗武言
先帝祔廟陛下哀慕方深而丹青之玩取索不已播之于外懼損聖
德陛下踐祚如日初升當講劘典訓開廣聖學好玩易志正古人所
戒也
殿中侍御史陳瓘乞觀無逸及漢唐事曰臣聞商之高宗舊勞于外作
其即位不敢荒寧享國久長為後王法無逸所陳是也漢之與唐四
十餘君賢而可紀者三君而已漢之文宣唐之太宗是也文帝年二
十有三來自代邸而有天下後世恭儉之主莫有及焉宣帝年十有
八興於民間而有天下後世勵精之主莫有及焉太宗年十有八舉

兵除亂又數年而有天下後世納諫之主莫有及焉此三君者方其
在外之時斯民之利病朝政之臧否耳聞目見皆得其實後雖深處
九重而考往驗今不忘鑑戒此其所以為賢也恭惟陛下久處潛藩
充養聖德亦如高宗舊勞于外春秋鼎盛曆數在躬亦如三君自外
而入置無逸於座右採唐漢之所長則文宣太宗之事蓋有燦然可
觀者矣神考所謂吾無間然者臣愚願有稽焉
瓘又奏曰臣聞四時各守一節天道無節也有變而已人君如天人
臣如四時故臣宜守節不可變也君當制變不可守一節也坤之用
六人臣之職一吐其言終身不變乾之用九人主之道變其往事無
所不可如上天寒暑之變或霜或雨在我而已運而無積歲功乃成
故曰王省惟歲豈與四時同守一節而已哉蓋以天言之則四時分
守合而成歲功以人言之則臣下執節變而為主道主道可變也臣
道不可變也王安石守其節神考變之故人主之權不分于下紹聖
大臣以不改安石為節而敢變神考之事其理乖倒可謂甚矣然則
人臣之節人主之變不可不辨也
徽宗時起居郎周常上言自古求治之主未嘗不以尚志為先然溺
於富貴逸樂蔽於諂諛順適則志隨以喪不可不戒元祐法度互有
得失人才各有所長不可偏棄
遂昌令張根為帝言人言一日萬幾所恃者是心耳一累於物則聰
明智慮且耗賢不肖混淆綱紀不振矣願陛下清心省欲以窒禍亂
之原遂請罷錢塘製造局帝改容嘉聽
議禮武選編修官葉夢得召對言自古帝王為治廣狹大小規模各
不同然必自以治其心者始今國勢有安危法度有利害人材有邪
正民情有休戚四者治之大也若不先治其心或誘之以貨利或陷

之以聲色則所謂安危利害邪正休戚者未嘗不顛倒易位而況求其功乎上異其言特遷祠部郎

侍御史黃葆光上奏曰君尊如天臣卑如地剛健者君之德而其道不可屈柔順者臣之常而其分不可亢苟致屈以求合則是傷仁非所以馭下也苟矯亢以求伸則是犯分非所以尊君也帝感悟命近臣讀其奏於殿中

左司諫江公望乞攬權斷上奏曰臣竊以一池四監未知其孰守十羊九牧莫知其孰從在朝之臣盈廷之議未知其孰是非仁不足與謀非智不足與明非勇不足與斷仁智勇天下達德操大物者其可忽諸不咨於岳牧而有四罪之誅後世不以仁智為不足而以勇稱舜者以善斷故也捨己而從人可謂仁而謀矣不偏物而急先務可謂智而謀矣不資於仁智未有能勇者也非勇未有能斷者也非斷

未有能成天下之務者也舜以是傳之湯故伐桀而斷之以今朕必往湯以是傳之周公故誅二叔而斷之以從十夫之括周公以是傳之孔子其於少正卯疑若無顯過也斷之以七日之必誅書曰惟克果斷乃罔後艱信乎當斷不斷其蹈後艱也必矣先王知其然也故以衣服器用著以法象俾朝暮起居見而知之故天子之服十二章而黼居一焉王之四飲三酒凡巾皆黼焉天子諸侯於明堂其負必以斧扆焉黼之為斧如以其有剛斷之才遇物必決遇理必斷取之以為法象其意亦深矣施之於服用之間雖不以言其丁寧告戒亦至矣此君天下所當發聞也昔高宗舊勞于外故能知小人之情漢宣帝上下諸陵周遍三輔故能知閭閻姦邪吏治得失陛下在潛邸時天下利病民間疾苦以至於人臣之忠佞當熟聞而周知矣及臨御以來日見羣臣日聞輿議躬攬天下之事不為不衆矣以潛邸之所

聞陳于前以臨御之所知操驗於後深籌靜計精閱詳講無一不宜故獨斷之權正在今日此臣所以汲汲為陛下道實機會之不可失也伏望陛下不牽於左右之論不膠於衆多之口不以先入已信之言宿於心不以未信遽告之言拒於耳從善有走阪之易去佞無拔山之難決事如析薪從理如破竹本在上末在下要在君詳在臣若以本付下無異持太阿而付人以鐏者也以要與臣是猶振千狐之裘而不得領以網畀人而欲舉萬目之綱者也不太疎哉箕子曰惟辟作福惟辟作威老聃曰魚不可脫於淵國之利器不以示人此言本必在上要必在君也伏望陛下攬威福持利器濟之以必行之斷龍見而雷聲風行而火馳不以芒刃嬰髖髀而取蚵不以粱肉理疾而喪人之軀漢元帝不知出此以柔仁草法吏持刑太深之弊而牽制文義優柔不斷天下機務浸弛矣伏望陛下以仁智勇行大舜成

湯周孔之事以優柔牽制鑒漢元帝之失於衣服器用之間深思黼之為義朝夕起居未嘗怠忽雖萬機之叢湊日進于前不足治也黃帝曰日中必熭操刀必割以言乘機會之不可緩如此伏望陛下少留神

公望又進心說曰耳目口鼻之不相亂其所以能視能聽能味能嗅有心為之官而管攝之也役使羣動鼓舞萬物莫知所以然而然者有心為之宰而制割之也能貴能賤能與能奪能生能死其所以貴賤與奪生死之者有心為之君而命令之也心之為心亦大矣世之論者莫得其旨以時求心而心非時之可求所謂出入無時者是也以處求心而心非一處之可得所謂潛天而天潛地而地者是也以體求心而心非一體之可見所謂不在內外中間者是也以用求心而心非用之獨得所謂無思無為寂然不動感而遂通者是也衆人

放心賢人勿喪心聖人縱心至人無心惟無心故能忘天下能忘天下然後能得天下而若固有惟縱心故能不拘拘於天下能不拘拘於天下然後應天下而有餘裕前乎百千萬世之已去後乎百千萬世之未來不離乎方今之一念此一念心直下研究不見倏起之端倪亦不得暫去之蹤迹方生方滅之閒亦了然無所倚薄惟狂克念作聖一念聖則全體是聖惟聖罔念作狂一念狂則全體是狂惟狂與聖只一念閒爾一念暫起之心與前乎百千萬世之已去後乎百千萬世之未來同一時爾蓋由念起念自心生心一心無二心故一時無二時也是以日新之德則念念故矣罔念之狂則心心新矣後之視今亦猶今之視昔故人君之運心動念其可不克謹耶四方萬里以爲遠矣而不思四方萬里之外果何物耶以爲虛空則虛空之外復何物耶空生於覺心之中如大海之一漚漚緣風激空自妄生

妄本無妄虛亦非空空既非空則四方萬里亦非物也物亦非物空亦非空同一真境爾堯之光被四表格于上下禹之東漸于海西被于流沙朔南暨聲教文王之化自北而南其爲感格則至矣而未免彼疆我界之有所也莊周曰六合之內聖人論而不議六合之外聖人存而不論論而不議猶在理也存而不論則心存而言絕矣言絕之處心境昭然心通境亦通攝萬法於一塵不爲不足故會四海於一堂之上何足道也心遠境亦遠偏一塵於萬法而不爲有餘故推恩足以保四海未足多也則人君置心之處其可自狹耶草木有理蟲魚有性有理而無知有性而無別無知則無好惡無別則無親踈自其異觀之肝膽甚遠矧無好惡親踈者乎自其同觀之天地爲一矧有理有性者乎理不異性性不異心同一體爾一草一木一榮一謝吾心之理實在焉一蟲一魚一飛一潛吾心之性實具焉以爲無

知而夭之以斤斧可乎以爲無別而困之以羅網可乎葉頭節尾毛端介末理無不具性無不存心無不在一蟲魚之身毛端介末之甚微一草木之體葉頭節尾之至細尚不忍傷其生况掩羣而畋竭澤而漁童山赭林暴殄不以時者哉豺獺祭天葵藿向陽蜂蟻之有君臣喬梓之有父子雖無知無別非此心實徧於其間者何因而然况又其類自有相賓相使相制相用之妙理人不得而知者爲人君烏可不知此心之全體耶蜣之丸蟻之粒與夫承蜩貫虱者同一心之巧用也螳螂之斧莎雞之羽與夫扛鼎拔山者同一心之力用也工倕之削輪扁之斲庖丁之牛與夫堯舜禹湯之治天下者同一心之妙用也人君知此故能任六子之力而收天下之成功斡四時之樞而總一歲之能事雷風疾驅而號令紛馳雨霜時至而刑政並行九重淵嘿龍見而雷聲四方赫怒冰凝而淵止用於太天地不能圍用

於小毫毛不能位用之遠則四方上下莫能禦用之邇則瞬揚眉睫之不及其用如此其感亦然易曰咸速也唯無心故能感人心之速如此爲人君者爲可不知此心之妙用也耶陛下踐祚以來爲政取人無彼時此時之間損益惟時之宜用捨惟義所在可謂達用心之時矣陛下之心即神考之心神考之心即一祖五宗之心一祖五宗之心即堯舜三代之心心同則念同念同則時同時同則治同念是雖惡亦是念非雖善亦非桀紂幽厲之心未必皆惡也念非雖善亦惡矣齊宣王之心未必皆善也不忍一牛之觳觫孟子以爲是心足以王矣念是雖惡亦善矣陛下以神考爲念即當以一祖五宗爲念以一祖五宗爲念即當以堯舜三代之君爲念以堯舜三代之君爲念即當以桀紂幽厲爲念以桀紂幽厲爲念即當以齊宣王舉心動念處爲念充此一念則仁不可勝用矣易曰通乎晝夜之道而知記

曰大時不齊能知古今治亂之不齊然後能齊古今治亂不齊之理非通乎晝夜之爲一者不知也能通乎晝夜之爲一此所以爲大時又寘必以今日之不齊而求合於昔之齊者哉陛下論心之時貴通此也守新邊之城堡陛下不以廣土爲大棄湟鄯之屬部陛下不以蹙國爲小大小見於畛域陛下心無畛域則大小之勢平矣八荒之外無以異於仄足之下尺土寸天無以異於九夷八蠻之中陛下不以大小望於物則物亦不以大小望於陛下天下孰有爭者哉舜陶於河濱一年而成聚二年而成邑三年而成都無心於留而人不釋也太王居邠狄人侵之去之岐山之下而居焉無心於去而人不置也文王三分天下有其二猶復事商無心於大而人不矜也隨心而足陛下今不啻是矣心若不足無時而足故漢武甘心於大宛唐太宗銳意於高麗行不足守民力疲矣心不足之過也有民有土置君

以安之也彼之土安於民矣彼之民安於君矣彼安則我安安而不去即我守也如是則豈獨守在四夷在在處處皆爲陛下守矣蓋一心無二心故一處無二處也陛下論置心之處貴踐此也陛下於鰥寡孤獨常時有養疲癃老疾冬賜之粟一有凶荒水旱分遣使者賑貸賙恤無所不至垂死之囚刑可疑情可矜請必得生其仁於人之生者如此已死之骨埋掩有祭其仁於死者如此燒田野有令不輕於植物矣殺牛馬有禁不賊於動物矣可謂知心之全體也禹見罪人而泣曰堯舜之人皆以堯舜之心爲心今寡人爲君百姓各自以其心爲心是以痛之也詩曰他人有心予忖度之他人之心可忖度者其體同也本同而自異此禹所以痛之也禹痛百姓之心異而臣痛有天下者以萬物之異鳳凰來儀百獸率舞堯之德也敦彼行葦牛羊勿踐履文王之仁也鳥獸草木何知而堯與文王何治而致然

也若曰道化仁德此其大略也惟知心之同體然後能該能徧能感能格陛下以禹之心恩百姓以堯文王之心及鳥獸草木則一人向隅陛下爲之不樂也一草一木一虫一魚取非其時陛下爲之不忍也由一體無二體故一心無二心陛下論心之體當知此也陛下以旱乾爲災夕視而朝雨以日蝕爲變晝祈而午晦天固高且遠矣其應陛下如響陛下以儉德率民故民日用而加富以侈心用民故民日勤而加匱以公心行賞賞不及者懽然若親被其澤以不忍之心行刑刑不當者愀然如身被其辱民固愚且下其應陛下也如神其故何也陛下心即天心天心即民心是以一言之出足以風四方一行之見足以表萬世蔀屋之下日月所不照而不敢爲陛下隱幽囹之間天地所不聞而不敢爲陛下冤陛下非親臨之也高拱深嚴所以鼓舞天下者蓋有道也易曰神也者妙萬物而爲言者也又曰鼓

之舞之以盡神心之妙用其神如此可不素養耶心不可不虛不虛則不明不可不實不實則不誠不方則不足與守不正則不足與行擾擾萬緒靜有餘應紛紛羣言公無遺理陛下審是非以養公則言之逆遜無所逃也寡思慮以養靜則事之變態不足多也端好惡以養正則人知嚮矣致剛健以養方則事知制矣實以虛養故精誠外通虛以靜養故純白內含養之不厭擴之則彌滿天地掃之則不見蹤跡手提神器而萬夫不敢睥睨鑄持太阿而一介無敢覬望以之爲政故日新而人不倦以之設教故神化而人不知陛下論心之用當契此也心之旨如此其廣且大彼梏於形骸之內見於肝膈之上昭昭然以爲妙道之行曾無異於鼓井渟以議東海坐蚊睫而笑九萬之圖南也陛下紹述先烈可謂孝矣必欲豐功偉蹟超然度越於百王之上當出自胸襟無膠於一偏之論無蹈於已陳之迹故臣敢以

心說獻頤賜間宴二過睿目臣願畢矣莊周曰使道可獻子莫不獻
於其父臣莫不獻於其君以道為果不可獻也周所言道也臣所知
說本無說心亦非心道果在乎臣不敢知也
公望又奏曰臣願君為堯舜莫不皆然未嘗所以為堯舜之道者孟
軻曰責難於君謂之恭又曰我非堯舜之道不敢陳於王前若軻者
庶矣乎夫天無為而在上地無為而在下天地所以不息者乾坤默
運之而已堯舜取諸乾垂衣在上故至尊之勢隆取諸坤垂裳在下
故至卑之分別尊卑既得名分定矣然行乎名分之兩間蓋亦有道
焉道者何虛與靜而已致虛以應天下之務故天下之務雖沓至而
常虛守靜以觀天下之動故天下之動雖萬變而常靜靜為動君虛
為實主君主得於此天下皆吾役矣此所以垂衣裳而治也臣伏願
陛下寡欲以養心故心常虛而疏通端意以寧神故神常靜而淵默

道之所集理之所會雖一日二日萬幾若乾坤自然之運豈弊弊焉
以事為哉堯之無名舜之無為用此道也有志乎二帝猶不能與三
王並駕況區區下為文景之治乎自古未有不知道而能斡旋天下
於掌握坐視天民之阜者也臣有志於軻之為臣陛下勿以難為辭
天下幸甚

欽宗時起居郎胡安國上奏曰春秋大居正凡得正而居者天下莫
不心悅誠服無所待於號令而歸焉者也自古人君多自旁支入繼
大統則不得其正故魯僖公不書即位以少先長則不得其正故魯
閔公不書即位未嘗受誓為世子則不得其正故魯莊公不書即位
不承國於君親則不得其正故魯隱公不書即位夫即位人君之重
事以不得其正而春秋削之端本正始之義微矣陛下聖躬誕降於
靖和皇后母儀天下之初載此一正也上皇三十四子而陛下為之
長此二正也建號東宮備物典策告于宗廟係天下之望十有餘年
此三正也躬受內禪自道教一門之外殺生除拜軍國大事皆得自
專此四正也履此四正而又有溫恭之德有儉約之行有憂勤願治
之誠有好謀納諫之善故一日端拱當極而四方盜賊莫不鳥栖鼠
伏解甲以聽朝廷之命而戴白父老相與扶杖傾耳拭目延頸嘉祐
至和之治以終餘生冀得無憾此臣所謂天下莫不心悅誠服無所
待於號令而歸焉之明効也惟昔有為之君不敢矜其所已能者以
自驕必求進其所未至者以自益不名之臣不稱頌其君之所已能
者以為佞必勉進其君之所未至者以為忠春秋大居正如鄭昭公
亦正矣然失國出奔則直書其名得國復歸則又絕其位厲公入櫟
遂與其爵而不貶何也已雖得正而無君德以居正或暗而不明或
柔而不斷或疑忌而不寬則人得取而有之矣是故大居正者道之

常春秋之正例也或與或奪者道之中春秋之變例也明莫先於知
人斷莫勇於任賢而去佞寬莫大於藏疾而納度外之讎陛下具四
美履四正而又進於三德則寰海可保夷狄可服祖宗之基業可以
長守而勿墜矣

高宗立御史中丞許景衡乞脩德劄子曰臣聞堯以天下為憂不以
位為樂也今中國勢弱夷虜暴橫二聖播遷而陛下纂臨大寶適當
此時非止堯之所以為憂也思所以強中國思所以攘夷狄其說雖
多然其大要則在陛下脩德而已記曰為人君止於仁為人子止於
孝書曰孝乎惟孝友于兄弟此皆脩德之要也而以至誠不息為本
故在陛下一話一言念必在茲一號一令念必在茲一賞一罰念必
在茲以至於出入起居雖斯須之念未嘗不在茲也孔子曰言忠信
行篤敬雖蠻貊之邦行矣夫如是則中國之安強可冀而二聖之來

歸有日矣。不然。則念不在茲。而誠意怠矣。是以位為[illegible]也。故在言動則未必慎。在號令則未必信。在賞罰則未必當。盜賊未消。而夷虜未服。如是。則中國之安強未可冀。而二聖之來歸未有期也。天下之愚夫愚婦尚不忍聞此言。而況於陛下乎。然則今日中國之安危。二聖歸期之淹速。乃在陛下一念之間耳。臣愚伏望陛下戒之慎之。始終不倦。則何為而不成。何求而不獲耶。自古帝王憂深責重。未有甚於陛下者。則為陛下計宜何如哉。天下顒望如此。而臣愚不敢不盡言。惟睿明采擇。

歷代名臣奏議卷之二

歷代名臣奏議卷之三

君德

宋高宗建炎元年。尚書右僕射李綱上奏曰。臣聞昔有夏先后方懋厥德。罔有天災。山川鬼神亦莫不寧。暨鳥獸魚鼈咸若。而伊尹之稱商則曰。非天私我有商。惟天佑于一德。非商求于下民。惟民歸于一德。帝王之所以為神民萬物主者。仰以動天。俯以感民。非德何以哉。方今國家新罹夷狄之禍。百度多廢。四方未寧。乃天意民心去就之際。伏望陛下日新盛德以感動之。體堯之仁以覆民。躬舜之智以察物。卑宮室。菲飲食。以法大禹之儉。遠聲色。遺貨利。以法成湯之明。至于日昃不遑暇食。如文王之憂勤。一怒而安天下之民。如武王之果毅。豁達大度。同漢高祖之用人。聽言如流。同唐太宗之納諫。勿以小善為無益而弗為。勿以小累為無傷而弗去。日慎一日。新而又新。思宗社之危而不忘之於寤寐。念父兄之辱而欲見之於羹墻。出於至誠。悠久不息。則天意民心自然感動。以圖中興有不難也。書曰。皇天無親。惟德是輔。又曰。民罔常懷。懷于有仁。傳曰。應天以實不以文。動人以行不以言。臣願陛下特留聖意。天下不勝幸甚。

三年。觀文殿學士張浚上奏曰。臣竊惟自昔大有為之君。莫不內剛以立事。外柔以待下。內剛所以堅在己之志。外柔所以來天下之賢。易曰。天行健。君子以自強不息。其意以謂人君之德。要當抗以剛大。持以至誠。是以在乾則以剛健中正純粹精也。以象人君之七德。在大畜則曰剛健篤實輝光日新其德。以言人君之自養。古之聖人未嘗不以此持身者。是以文王拘於羑里而王德日修。少康有田一成有眾一旅。而夏后氏之基復振。向使文王以被辱為羞。少康懷退縮之志。則二王之業無自而興矣。豈獨文王少康為然哉。漢高祖先入

關中。於懷王之約。當王全秦之地。項氏不義。肆行威虐。當是時。鴻門
之會。僅以身免。其後屢戰屢敗。事幾可笑。太公呂后為質敵人。而高
祖之氣未嘗少屈。終能滅項氏而有天下。此亦內剛以立志之效也。
陛下繼祖宗積累之基。承人心推戴之業。上天昭格。眷佑顯然。以陛
下英斷之資。仁儉之德。何求而不得。何為而不成。顧惟風俗之壞。積
有歲年。天其或者俾陛下一變舊風。重致治效。是以虜人侵突。無歲
無之。而生民轉徙。比昔尤甚。天意亦欲以堅陛下有為之志。啓下民
願治之心也。孟子曰。天將降大任於是人也。必先苦其心志。勞其筋
骨。餓其體膚。空乏其身。所以動心忍性。增益其所不能。人常有過。然
後能改。困於心。衡於慮。而後有作。出則無敵國外患者。國常亡。然後
知生於憂患。而死於安樂也。願陛下勉之。至於飲食之奉。起居之養。
喜怒之節。願陛下以道寧志。守以恬淡。持以戒謹。無使陰陽之寇或

至傷和。上念祖宗委寄之重。下念生靈蘇望之深。自然動靜之間。不
至乖養。臣言狂切。幾至犯分。然區區具述至此。真中心之所感激者。
已不覺涕泗交流矣。願陛下無忽於須臾。臣臨天下不勝幸甚。
建炎間。開封尹宗澤上奏曰。臣昨奏乞脩寶籙宮為淵聖皇帝他日
泣止之所。未蒙降旨。臣聞有子曰。孝悌也者。其為仁之本歟。知孝悌
則不犯上。不犯上則天下治矣。恭惟陛下孝於道君。則天下莫不愛
其親。陛下悌於淵聖。則天下莫不欽其兄。是知上有所好。則下必有
甚為者矣。此所謂以身教者也。臣竊見隆德宮面勢翬飛。孔安如舊。
將來迎奉道君皇帝。自可臨御。願陛下預勅有司。洒掃嚴潔。使天下
知陛下孝於父。淵聖將來還闕。未有巡幸之處。臣欲乞將寶籙宮改
建以為迎奉之地。使天下知陛下悌於兄也。推而行之。薄海內外。父
父子子。兄兄弟弟。黎民不時雍而萬國不咸寧者。未之有也。如蒙俞

允。伏望斷自淵衷。御前劄分行下付臣施行。
樞密院編修官胡銓上奏曰。臣竊聞近日中外洶洶之議。皆以醜虜
方強。吾兵力不敵為患。臣竊以為不然。昔魏文侯恃山河之固。吳起
對以在德不在險。楚子問鼎之大小輕重。王孫滿對以在德不在鼎。
今日之事。臣亦以謂在德不在兵。夫誠能修德以結民心。以固吾圉。
兵雖弱未害也。德苟不修。而惟兵是急。惟民是殘。兵雖強未善也。彼
謂醜虜方強。而吾兵力不敵者。非善覘國者也。臣嘗讀春秋至魯昭
四年。晉司馬侯對平公之言。未嘗不反復太息歎其切於治體也。方
楚靈為封豕長蛇。薦食上國。使椒舉如晉求諸侯。晉侯欲勿許。司馬
侯曰。不可。楚王方侈。天或者欲逞其心。以厚其毒而降之罰。未可知
也。其使能終。亦未可知也。晉楚唯天所相。不可與爭。君其許之。而修
德以待其歸。若歸於德。吾猶將事之。況諸侯乎。若適淫虐。楚將棄之。

吾又誰與爭。美哉斯言。聖人復起。無以加毫末於此矣。臣於今日亦
云。區區管見如此。惟陛下財幸。
銓又論持勝疏曰。臣聞有道之主。能持勝。自古賢君良臣更相敕戒。
未嘗不以戰為危事。然而居危思安之心則同。而居安慮危之心則
異。陛下留神春秋。臣請以春秋之事明之。楚子之克庸。重耳之城濮。
秦伯之王官。晉悼之蕭魚。此戰而勝也。然克庸之役。楚人危之。則曰。
禍至之無日。又曰。紂之百克而卒無後。城濮之役。重耳病之。則曰。得
臣猶在。憂未歇也。王官之役。秦伯畏之。則曰。同盟滅。敢不矜乎。吾自
懼也。蕭魚之役。魏絳難之。則曰。願君安其樂而思其終。是何也。勝而
憂也。晉厲之鄢陵。子國之侵蔡。子耳之圍蕭。齊侯之伐晉。此亦戰而
勝也。然鄢陵之役。士燮危之。則曰。君驕侈而克敵。難將作矣。侵蔡之
役。國僑憂之。則曰。小國無文德而有武功。禍莫大焉。圍蕭之役。仲孫

蔑危之。則曰。鄭其有災乎。師競已甚。伐晉之役晏嬰患之。則曰。不德而有功。憂必及君。是何也。勝而驕也。勝而憂則其勝爲福。故曰。知懼如是。斯不亡矣。勝而驕則其勝爲禍。故曰。罷君驕而驟得勝。必棄其民矣。此治亂興衰已然之明效也。陛下以神武定四方。相賢將良。動則有功。兵興以來。未有如今日之勝者。然勝非難。持之則難。願陛下以春秋爲鑑而謹持之。則社稷之福也。抑臣聞逢滑有言。國之興也。視民如傷。是其福也。其亡也。以民爲土芥。是其禍也。臣愚無識。敢以此規。惟陛下憐其區區之心。而少賜容焉。

紹興二年。進士張九成對策。略曰。禍亂之作。天所以開聖人也。願陛下以剛大爲心。無以驚憂自沮。臣觀金人有必亡之勢。中國有必興之理。夫好戰必亡。失其故俗必亡。人心不服必亡。金皆有焉。劉豫背叛君親。委身夷狄。黠雛經營。有同兒戲。何足慮哉。前世中興之主。大抵以剛德爲尚。去讒節欲。遠佞防姦。皆中興之本也。今閭巷之人。皆知有父兄妻子之樂。陛下貴爲天子。冬不得溫。夏不得凊。昏無所定。晨無所省。感時遇物。悽惋于心。可不思所以還二聖之車乎。

九年。右正言陳淵上奏曰。臣聞孔子之言智仁勇曰。知斯三者。則知所以脩身。知所以脩身。則知所以治人。知所以治人。則知所以治天下國家矣。夫自脩身治人以至爲天下國家。莫不以此。故子思子曰。智仁勇三者。天下之達德也。所以行之者一也。無所不達而行之不以一。則於斯三者莫知所先後矣。臣至愚甚陋。陛下不知其不才。處之諫省。若將責以言者。臣井蛙之智。誠不足以測知滄溟之大。亦何所言。然臣嘗讀中庸之書。竊窺三者之旨。求所以合乎聖德者。以詔陛下。仁智則有餘矣。而獨於勇。未嘗加意焉。此臣所以不能無疑也。何以明之。陛下無所不知。而能行其所無事。智之至也。無所不愛而能

克己以消兵。仁之至也。乃若抑畏太甚。而示人以弱。則歉於勇矣。夫勇非撫劒疾視曰彼烏敢當我之謂也。如天之行健。終古不息。如水之攻堅強莫之能先。操至權以默運。斡萬化於不測。夫是之謂眞勇。神器待之而後安。四海依之以爲命。其又可略耶。昔者以大事小。莫若湯之於葛。文王之於昆夷。以小事大。莫若太王之於獯鬻。勾踐之於吳。孟子蓋嘗以是爲仁且智矣。彼其處心積慮。豈有異於陛下乎。如太王勾踐。固不足爲陛下道。至於湯文之事。乃陛下之所安行者。然以臣觀之。湯事葛。文王事昆夷。雖曰無所不至。及其十一征而無敵於天下。命將帥遣戍役。以守衛中國。亦何有於葛與昆夷哉。故忘己以樂天者。雖聖人之事。而用兵以保民者。亦王者之所不得已焉。此湯之勇所以表正萬邦。文王之勇所以一怒而安天下之民也。由是言之。湯之於葛。文王之於昆夷。方其事之也。勇已行乎其中矣。第不露其威而已。今陛下之於鄰國。將不露其威乎。亦將信之而不以爲備乎。此臣所以通夕不寐。求其說而不可得也。或曰。小役大。弱役彊。天也。順天者存。吾何容心哉。臣則以謂欲知天道。視民之去就而已。民心歸之。天其有不從乎。湯以七十里。文王以百里。其彊大不足言矣。而孔子以湯武之事爲順乎天而應乎人。得民故也。得民斯得天矣。曷不觀今日河南陝右之民乎。已叛者欲歸。方叛者隨悔。此豈人力之所能致哉。天實使之也。然則或以不校爲順天。或以征誅爲順天。其義一也。陛下孝悌之至。通於神明。凡遐方異類。不可以言化而理諭者。固將有以感之也。則兩宮之還。宜有近日。未還之間。隱忍以致愛親之誠。既還之後。釋憾以睦鄰國之好。此固陛下已定之意。其誰曰不然。然臣之所言。蓋非謂今日之所當行也。以謂天下之大。宗廟社稷之重。祖宗開創之至勤。累世持守之不易。適當小雅盡廢

之後而陛下承之其可不為後來慮乎天命靡常事變難測以天下之力過為之備以待不虞非失計也記曰凡事豫則立不豫則廢故臣願陛下稍收異議以來天下敢言之士毋或輕棄庫積錢穀以為他日糗糧之用毋或妄費寵餉諸將練兵秣馬毋得輕動失信亦毋恃其不來以豫立事而養之以勇庶幾萬世根本於我乎定則天下幸甚

淵又奏曰臣聞古之聖賢不能無過雖周公孔子顏子皆有過也而萬世所法焉爲知過而改之亦何足以累德哉故曰過而不改是謂過矣過而能改善莫大焉夫聖賢之過二有形於事者周孔之過也有動於心者顏子之過也形之於事或不可悔則當改之於後來動之於心在所當克則當改之於方作故有心過有行過人主之所宜改者心過而已心過不作而行過亦無矣顏子之不貳過過於心不貳之於行也故孔子之稱顏回曰有不善未嘗不知知之未嘗復行也夫如是何過之可名哉祖宗之設諫官蓋不自以為無過使之進諫以補過也然形於事者可得而言而每患於難改動於心者宜若易改而每患於難言故心過非自知而改之不可也孔子之語顏回曰非禮勿視非禮勿聽非禮勿言非禮勿動所防者心過而已蓋操則存舍則亡出入無時莫知其鄉者人心也而人君之在天下一日萬幾語默動靜之間所應多矣安能無過而居補過之職者亦何所致力哉然臣嘗聞之師曰心有私為過也仁而不私則無過矣心有偏為過也公而不偏則無過矣心有利為過也義而忘利則無過矣是三者正心也理義之心也過或生焉如太空之有雲霧乍起乍滅而空之體常自若也如明鑑之有塵埃或去或留而鑑之體常自若也於此乎知之則偏私而利將無所容矣是之為誠見於論語之所

謂仁子思之所謂誠孟子之所謂性堯舜之所以帝禹湯文武之所以王以心傳心後之王者不可不知也故臣願陛下所防者心過而行過自無者以此敢緣職事輒陳所學庶幾消塵有補海岳區區僭言惟陛下赦之

高宗時御史中丞廖剛上奏曰臣聞人之言曰予無樂乎為君惟其言而莫予違也仲尼以為斯言或可以喪邦故人君之患莫大乎好人從己若大臣惟一人之從百執事又惟大臣之從則小大之政必至於委靡爛熟不可為而後慊是豈所以為天下哉故君臣上下不貴於同而貴於和和者可否相濟之謂也言有當從事有逆順一切惟理之從而相臨之勢不行於其間然而治道不興者未之有也伏望聖慈謹察乎此舍己從人樂取諸人以為善常不忘舜之所為則大臣百執事自當效上之德阿諛順旨之風不復見於有道之朝矣天下幸甚

權中書舍人張孝祥上論曰漢文帝可謂知道也已不以我之休戚易天下故約於處己而天下以尊榮歸之謚於一時而萬世以盛德稱焉炎正傳禩彌於四百文帝所以固結天下之心者在是也夫儉非難而出於誠之為難民至愚而神不可以文具化也慎夫人不出房闥而天下知其衣不曳地文帝亦庶乎其誠矣其於富海內而興禮義也何有昔者舜禹之世而苗民不格夷狄之患尚世無之不曰舞干羽乎文德誕敷而後干羽可以懷遠不然抑末也匈奴盜邊文帝猶恐傷民不欲深入蓋諱兵而不用也然當文帝之時疆場無甚擾匈奴浸亦帖服文帝所以為強在德而不在兵也夫強固不在兵而軍政不可不脩細柳之屯帝識其為真將軍當饋而歎然後又知文帝勤於脩德猶不敢一日而忘兵也

殿中侍御史張守上劄子曰臣聞創業之艱難守文之不易古今以為名言臣竊謂中興之君則於守文之時而行創業之事蓋為尤難何以言之創業之君則崛起於干戈百戰之餘撫循於人心厭亂之後守文之君則當天下之升平無事而先王之法度可遵殆未為甚難至於中興之時則不然狃於治安上下苟玩禍難遽作不容枝梧夷狄方強而未衰也寇盜方起而未息也兵驕而責之戰財匱而費益廣民力困弊天災流行乃於是時扞外治內振紀綱脩法度復先王之大業比之創業守文誠為尤難自非人君側身脩行痛自貶損豈足以致治哉恭惟陛下體亓亓之明纂承大統念元元之災焦勞聖心踰年于茲矣然而二聖母后尚寓沙漠雖祈請之使項背相望而平安之問初未通也兩河犖洛猶為賊區則夷狄未衰閩粵淮右尚困討殺則寇盜未息軍士所至輒縱暴略則兵驕而不可用也府

庫所出費倍前日則財竭而莫之繼也流亡未復而民力困弊飛蝗徧野而天災流行臣於是時誠知其難矣又復自念責難於君之義不敢不盡臣子之恭也臣聞傳曰君以為難易將至矣君以為易難將至矣又曰動民以行不以言應天以實不以文書曰惟德動天言有德則為天所佑也又曰至誠感神言至誠則為神所依也有德而不能動至誠而無所感則聖人之言是欺後世矣伏願陛下處宮室之安則思二聖母后穹廬氊幕之居也享膳羞之奉則思二聖母后羶肉酪漿之味也服輕煖之衣則思二聖母后窮邊絕漠之寒苦也握予奪之柄則思二聖母后語言動作之受制於人也享嬪御之適則思二聖母后誰為之使令也對臣下之朝則思二聖母后誰為之尊禮也要如舜之兢兢業業如湯之慄慄危懼如大禹之菲惡如文武之憂勤聖心不倦感德日隆而神天不為之助順者萬萬無此理

也日者伏聞聖體小失調護罷朝兩日臣下憂懼未知所云蓋以宗廟社稷之重海宇億兆之衆託命於陛下一人而已更願陛下於衛生之經少留神焉漢王吉有云俯仰屈伸以利形進退步趨以實下吐故納新以練臧專意積精以適神此言可以行也漢枚乘有云出輿入輦命曰蹷痿之機洞房清宮命曰寒熱之媒皓齒蛾眉命曰伐性之斧甘脆肥醲命曰腐腸之藥此言可戒也以陛下生知之聖必深明乎此而臣猶區區以為言者出於愛君憂國之誠而不自知其進越惟陛下裁赦

守又上劄子曰臣仰惟祖宗基業垂二百年積累之久圖回之勞憂勤恭儉垂訓萬世陛下纂服適際艱難之時歲苦夷狄之暴而根本之地盡為賊區今則屬車駐於江南越在一隅而四方朝貢之職尚未脩也二聖留於沙漠行及三歲而一介咫尺之問尚未通也九廟

播遷而神主未盡奉安諸陵阻遠而松檟失於保護財用窘竭而費出滋廣將士惰驕而無所稟畏加以苗劉之變生於肘腋今雖甯遹而公肆剽掠淅東騷然為患未艾政如虛羸之人病久變生砭劑靡及中外臣子雖痛心疾首莫效救寧之方朝廷大臣雖勞形怵心未聞經濟之略今日所恃以苟存者大江之險而已若防秋之策一有不善而一騎南渡則無可言者他日不幸至此不過遷謫大臣誅戮將帥亦何所益禍福利害陛下實任之伏望陛下念祖宗基業之重增修恭儉之德益勵憂勤之心勉其所難節其所欲至誠不倦則感德日新而上下孚信神天佑助將何往而不克哉昔越王勾踐為吳所敗食不加肉衣不重采卒能報吳衛文公為狄所遷大布之衣大帛之冠晚年兵車致十倍之衆況於陛下為天之子動靜語默上與天通固非臣下所可擬倫儻脩德不已則恢復大業亦豈甚難昔盤

銘紀成湯之德曰德日新日日新又日新言其修德有加而無已也更望訓飭大臣日以禹惜寸陰之心汲汲措置仍詔行在職事官及沿江帥守監司條具守江之策以聞擇其可者而亟行之臣言狂瞽惟陛下裁赦

守又上劄子曰臣近緣奏對論及金人深入陝右伏蒙聖諭謂自古人君要須有德豈有專事殺戮而能長久者大哉帝王之言也臣退竊歎仰陛下深識遠慮華古帝王因敵復進修德之說伏以國家自金人犯順憑陵中都殘破郡邑兵不用命非敗則潰自崇寧以來不獨軍政不脩賞罰失當亦由大臣導諛近習蔽欺以敗主德卒致禍亂宗社危於累卵賴陛下勃興神器有屬薄海內外延頸望治然自今春以來金人所破甚於前日唐鄧均房陳蔡汝許青齊淄濰同華秦隴長安鳳翔西京河陽鄭州等處皆被焚掠雖熙河涇原仰憑天

威連獲勝捷而賊巢河陽猶未退舍近者又聞韓世忠兵輒亦敗衂夫以陛下留神軍政信賞必罰而世忠名將統領精銳未能成尺寸之功主憂臣辱計無所出臣竊意其天未悔禍患毒未已而又去冬徂春雨雪過多入夏已半暑氣未壯陽微陰盛灼見不疑災變之頻必有所自恭惟陛下以聰明神武應天順人宗廟社稷之所為主四方萬里之所託命者陛下一人而已更願上思宗社之重下念生靈之艱痛憤夷狄之恥修德以格天意庶幾信順獲助天人書曰無怠無荒四夷來王又曰明王慎德四夷咸賓言德足以服四夷也昔舜之時苗民逆命帝舜于旻天負罪引慝祗事瞽瞍誕敷文德舞干羽而有苗格文王伐崇三旬不降退脩德教而復伐之因壘而降夫舜非伐叛之謀壘非決勝之計卒能服之者脩德故也伏望陛下以虞舜文王嘗試之効為心寢食起居二聖是念屏聲色遠佞人容直言

恤民隱日慎一日至誠不倦自然德盛而日新率普雖遠自然心悅而誠服傳曰動民以行不以言應天以實不以文動民以行則人助之應天以實則天助之人助則用命天助則降康將何求而不得區區之愚念此至熟惟陛下採納

劉行簡進故事曰魏武侯謀事而當羣臣莫能逮朝而有喜色吳起進曰今者有以楚莊王之語聞者乎武侯曰未也莊王之語柰何起曰莊王謀事而當羣臣莫能逮朝而有憂色申公巫臣曰君朝而有憂色何也莊王曰吾聞之諸侯自擇師者王自擇友者霸足己而羣臣莫之若者亡今以不穀之不肖而議於朝羣臣莫能逮吾國其幾於亡矣是以有憂色莊王之所以憂而君獨有喜色何也武侯逡巡而謝曰天使夫子振寡人之過也

臣嘗謂人主之憂莫大乎國無謀臣苟無謀臣不可以為國矣故

有為之君不以獨智先物為能而以眾智不足為憂懼事變之鼎來而謀不勝應也今羣臣之謀反不逮君猶之無謀臣可也楚莊之所憂而魏武侯乃以為喜是何見之相戾耶晁錯謂五霸不及其臣故屬之以國任之以事使其臣之謀乃不逮君則臣知其不能霸矣漢高帝嘗曰運籌帷幄之中決勝千里之外吾不如子房蓋不以不如為恥此其所以能兼眾智屈羣策而成大功也書曰能自得師者王謂人莫己若者亡謂人莫己若者好自矜大而已然猶懼焉況其臣真莫及之將誰與謀臣故以國無謀臣為人主之大憂也

權吏部侍郎汪應辰上奏曰臣恭惟陛下清心約己二民愛物比者游下明詔廢甲庫罷教坊減邏卒出宮女盛德之事二一皆出於聖意非羣臣所能預縉紳大夫交相告語以為聖德日新天意可見惟是

和戎以來，諱兵不言幾二十年，中外之人習熟見聞，以為朝廷規模止於如此。今乃一旦整飭奮厲，脩舉兵政，小民無知，或疑其未必然。以臣觀之，此亦無足怪者。傳曰：天不為人之惡寒而輟其冬，地不為人之惡險而輟其廣，君子不為小人之匈匈而易其行。況今日之事，特出於民志之未信，而陛下所以動天地通神明者，亦豈有待於外哉。臣嘗竊考自昔興衰撥亂之君，非獨其才術勝人也，要必有脩其在我之道焉。漢高祖入關中，財物無所取，婦女無所幸，范增知其必有天下。光武入河北，馮異勸之曰：當行人所不能為者。於是節儉飲食，動遵法度，鄧禹、吳漢、寇恂、邳彤、耿純、劉植之徒，望風慕德，奔走踵至。夫脩之於此，而敵我者懼，慕我者勸，則高光之所以卓然成功者，此其本也。臣願陛下推今日之所以行者，擴而充之，凡無益之作，其去之惟恐不盡，凡利民之事，其行之常若不及，表裏如一，細大畢舉，

至誠不息，真積力久，發為輝光，流為潤澤，則盛德大業皆在於陛下。彼其一時紛紛之說，復安在哉。孟子曰：古之人所以大過人者無他焉，善推其所為而已。此亦微臣惓惓之志也。

孝宗乾道三年十月，汪應辰自成都召還，上奏曰：臣竊觀漢宣帝厲精為治，其丞相魏相數上疏，反復懇切，以天道民事為言，又勅掾史案事郡國及休告從家還至府，輒白四方異聞，或有逆賊風雨災變，郡不上，相輒奏言之。蓋宣帝君臣之間，更相儆戒，未嘗不在於畏天愛民，而唯恐有所不知不聞。其精神之會，念慮之積，政事所設施，規模所成就，終於使吏稱其職，民安其業，非苟然也。唐史亦稱明皇厲精政事，然姚崇為相，山東蝗起，倪若水、盧懷慎謂當脩德，崇皆疆辭以卻之，專以遣使捕蝗為事。其後明皇將幸東都，而太室屋壞，宋璟、蘇頲請勿行以荅天戒，崇獨贊其行，使明皇忽略災異而無恐懼脩

省之意，治不克終，以致天寶之亂，崇實啓之。夫欲治而不知以畏天愛民為本，其明必有所蔽，其志必有所移，治亂之幾固已分於此矣。恭惟陛下日致孝道，躬行儉德，無宮室苑囿之娛，無聲色玩好之惑，省覽庶政，不遺細微，延見臣下，不間疎賤。至於雨暘或愆，則焦勞淵衷，減損常度，齋嚴禱祠，以導迎善氣；歲或不登，則除租賦，發倉廩，以賑救之。絀州縣水旱而奏報不以實，與夫檢視不以時者，皆正其罪。戒慘刻之刑，卻羨餘之獻，詔書屢下，德音甚厚，所謂畏天愛民之實，陛下固已見諸行事，以幸天下矣。然臣竊以天人之理無窮，而聖人之心未嘗以自足。伊尹、周公之言天，曰難諶，曰不可信，曰我不敢知。以堯舜之盛，而以知人安民為難，以脩己安百姓為病。夫在天者常有所不敢必，在己者常有所不敢易，非苟為是謙退抑畏而已，乃其理當然也。伏願陛下以聖心之所自得，而聖政之所已行者，擴之以廣

大，持之以悠久，陟降不違，微顯如一，凡言行之發，刑賞之用，大公至正，無非順天理而服人心，則感應召致，以為天下福者，將日新又新矣。孟子曰：古之人所以大過人者無他焉，善推其所為而已。臣不勝惓惓。

五年，應辰為敷文閣待制，又進故事曰：唐太宗問給事中孔頴達云：孔子稱以能問於不能，以多問於寡，有若無，實若虛，何謂也。頴達對曰：此聖人教謙耳。已雖能，仍就不能之人以咨所未能；已雖多，仍就寡少之人更資其多。內有道，外若無；中雖實，容若虛。非特匹夫，君德亦然。故易稱蒙以養正，明夷以莅衆。若其據尊極之位，炫燿聰明，恃才以肆，則上下不通，君臣道乖，自古滅亡，莫不由此。太宗稱善。

臣竊惟聖人聰明睿智，首出庶物，而不有其善，不居其聖，謙冲退託，委曲周密，以通天下之情，以兼天下之智，此所以為聖人也。孔

顏達對太宗之言簡直明白切於治道。太宗能嘉納之。其致貞觀之治宜矣。

孝宗時。權吏部尚書韓元吉進故事曰。後漢書鄧禹傳。光武自薊至信都。使禹發奔命得數千人。令自將之。別攻拔樂陽。從至廣阿。光武舍城樓上。披輿地圖指示禹曰。天下郡國如是。今始乃得其一。子前言以吾慮天下不足定。何也。禹曰。方今海內殽亂。人思明君。猶赤子之慕慈母。古之興者在德薄厚。不以大小。光武悅。

臣觀光武可謂知難者也。語有之。君以為難。易將至焉。方其用兵河朔。僅得一郡。觀天下郡國之衆。怛然自畏。慮己之不能取也。以問於禹。為禹者。以他人論之。當時更始據關西。赤眉青犢之屬動以萬數。三輔假號。往往群聚。必勸其君以厲兵秣馬。務其事力以角一旦之勝。而禹乃曰。在德薄厚。不以大小。是料光武必足以定

天下。欲廣其德以救天下之心爾。嗟夫。此三代王者之佐之言。伊尹呂望所以思濟斯民者也。故光武至邯鄲。分遣官屬徇行郡縣。理冤結。布惠澤。錄囚徒。存鰥寡。其勅馮異有曰。今之征伐非必略地屠城。要在平定安集之耳。皆禹有以發之也。後世乃以禹不能徑攻長安為疑。然禹以謂赤眉新拔長安。財富充實。鋒未可當。盜賊群居。無終日計。財穀雖多。變故萬端。蓋姑欲假以歲月。待其自斃也。禹之謀固不盡用。而師行有紀。降者日以千數。停車住節。勞來父老。以慰其謳吟思漢之心。光武以元功賞之。豈其謀識所先後者哉。今以天下之半而慮夷狄。則與地固已遠過漢光。而黠虜倡狂。理極踰五十年。其勢亦將自斃。聖主盛德日新。施者厚矣。群臣宜亦有禹之謀而不計近功以圖之。則中興爲日月可冀也。

楊萬里上奏曰。臣聞人主之治天下。必正其治之之主。人臣之相其君。必先正其人主之主。而小人敵國之欲傾人之國也。必先敗其人主之主而已。齊人懲於夾谷而謀魯也。不以齊謀魯也。以魯謀魯也。魯以女樂罷朝而孔子行。則先敗其用孔子之主也。孰爲用孔子之主也。非魯君之心乎。越人懲於會稽而謀吳也。不以越謀吳也。以吳謀吳也。吳信宰嚭而子胥殺。則先敗其用子胥之主也。孰爲用子胥之主也。非吳王之心乎。是故人主之有天下。如富家之產也。人主之有一心。如富家之有家主也。今也有千金之產。而其家主者博奕爲酒色爲與不逞之奴客狎而不嚴爲。則其千金之資人孰不視之爲外府耶。而其友之忠爲者。不先正其家之主。而欲扶其主之家。是故枝其東而西傾。富其左而右貧。世之君子之相其君也。不過曰人材之未用也。民力之未裕也。國未富而兵未強也。太平之未有期而敵國外患未有已也。是皆知扶其主之家也。而未知正其家之主也。古

之君。繼體守文未知艱難而敗其國者。臣未暇言也。請言其創業之難而又自敗者。隋文帝。取周取陳。以混二百年四分五裂之天下。開皇之治。漢以來僅有此爾。其賢明何如也。唐莊宗與梁對壘於河上。不解甲者十五六年。百戰而氣不折。卒以滅梁。其英雄何如也。二君者創業之難如此。然皆身不免於禍。而國不免於亡。夫興隋者文帝也。亡隋者亦文帝也。滅梁者莊宗也。自滅者亦莊宗也。君一君也。而興亡成敗之自異也。蓋前日之文帝。前日之莊宗。正其主也。其主正。則國從而興。後日之文帝。後日之莊宗。自敗其主而已。其主敗則國有不敗乎。蓋二君者天下之主也。二君之心者二君之主也。勤儉創業之心一變而爲逸慾。樂成之心主已敗矣。當其惑於女子嬖於伶人。二君自以爲無害也。然女子伶人之禍一發。則橫潰決裂而不可救。卒以殺二君之身。而覆二國之祀。則天下之所以治亂存亡者。豈

階於外哉亦視其人主之主如何亦今以天子之聖明仁孝而加之以典學之緝熙業如舜勤儉如禹不迩聲色如湯不盤于遊田如文王則所以正心誠意以立其致治之主者至矣臣猶首以為言者蓋聖人之防其心不恃其天而盡其人不儆于危而儆于安今日邊事小息矣憂顧小紓矣外息而內紓此治亂安危之所伏而未測者也豈無以新聲麗色而蠱上之心者豈無以伎巧玩好而蕩上之心者豈無以弋獵遊幸宮室臺榭而迎上之心者道塗相傳萬機之暇毬馬稍進矣臣不敢信也而不能不懼也獨不見高漸離之筑耶事豈必大而後慮也漢文帝之賢與成康孰先孰後也敦朴勤儉一無嗜好顧獨稍好射獵未損帝之賢也而賈誼諫之曰不獵猛敵而獵田彘翫細娛而不圖大患可為流涕賈山亦諫曰願少衰射獵脩先王之道不如此則行日壞而榮日滅二臣者所以責文帝備也非責之

備也愛帝之全也臣願聖天子罷毬馬之細娛而求聖賢之至樂收名天下耆儒正學之臣與之探討古今之聖經賢傳深求堯舜三代漢唐所以興亡之原而擇其中以之正心脩身日就月將聖德進矣則二帝三王之治涵養於聖心而周流於天地敵國雖彊其強易弱也

提點江西刑獄公事朱熹上奏曰臣竊惟陛下以大有為之資奮大有為之志即位之初慷慨發憤恭儉勤勞務以內脩政事外攘夷狄汛埽陵廟恢復土疆為己任如是者二十有七年于茲矣而因循荏苒日失歲亡了無尺寸之效可以仰酬聖心下慰人望不審陛下亦嘗中夜以思而求其所以然之說耶以為所任者非其人則陛下之神明豈可謂所任盡非其人以為所由者非其道則陛下之仁聖豈可謂所由盡非其道以為規模不定則陛下之規模嘗定矣以為志氣不立則陛下之志氣嘗立矣然且若是何耶臣誠愚賤竊為陛下惑之故嘗反覆而思之無乃燕閒蠖濩之中虛明應物之地所謂天理者有未純所謂人欲者有未盡而然歟天理有未純是以為善常不能充其量人欲有未盡是以除惡常不能去其根為善而不能充其量除惡而不能去其根是以雖以一念之頃而公私邪正是非得失之幾未嘗不朋分角立而交戰於其中故所以體貌大臣者非不厚而便嬖側媚之私顧得以深被腹心之寄所以寤寐豪英者非不切而柔邪庸繆之輩顧得以久竊廊廟之權非不樂聞天下之公議正論而亦有時而不容非不欲堲天下之讒說殄行而亦未免於誤聽非不欲報復陵廟之讎恥而或不免於畏怯苟安之計非不欲愛養生靈之財力而或未免於歎息愁怨之聲凡若此類不一而足是以所用雖不至盡非其人而亦不能盡得其人所由雖不至盡非其

道而亦不能盡合其道規模蓋嘗小定而卒至於不定志氣蓋嘗小立而卒至於不立虛度歲月以至於今非獨不足以致治而或反足以召亂非獨不可以謀人而實不足以自守非獨天下之人為陛下惜之臣知陛下之心亦不能不以此為恨也間者天啓聖心日新盛德奮發英斷整頓綱維蓋有意乎天理之純而人欲之盡矣然臣竊以其事觀之則猶恐其未免乎交戰之患也蓋詰傳寫漏洩文字之罪則便嬖側媚之流知所懼矣然而去者未遠而復還存者更進而愈盛則知陛下親寵此曹之意未衰也罷累年竊位盜權之姦則柔邪庸繆之黨知所懼矣然而希次補者襲其迹以僥倖而不詞當言責者懷其私以緘默而不問則知陛下委任此輩之意猶在也增置諫員屏遠邪佞則兼聽之美固有以異乎前日矣然可諫之端無窮則其或繼進而愈切未知陛下果能納而用之否也辯明誣枉慰撫

孤直則燭幽之明固有以興乎前日矣然造言之人無責則其或徒
出而益巧未知陛下果能遠而絕之否也謝却僥倖嘉奬壯圖宜若
可以勵苟安之志矣而置將之權旁出奄寺軍政敗壞士卒愁怨則
恐未有以待天下之變振廩蠲租重禁科擾宜若可以寬疲民之力
矣而監司不擇守令貪殘政煩賦重元元失職則恐未有以固有邦
之本即是數者而論之則是所謂天理者雖若小勝而所謂人欲者
終未盡除也天以陛下之神聖仁明蒞政之久圖治之切宜其晏然
高拱以享功成治定之安久矣而歲月逾邁西顧茫然陰陽方爭勝
負未決不知將復何日何時而可以粗見聖治之成也耶間之道路
比來士大夫之進說者多矣然不探其本而徒指其末不先其難而
姑就其易毛舉天下之細故而不本於陛下之身營營馳騖乎事爲
利害之末流臣恐其未足以端出治之本清應物之源以赴陛下正

大宏遠之圖而使天下之事悉如聖志之所欲也昔者舜禹孔顏之
間蓋嘗病此而講之矣舜之戒禹曰人心惟危道心惟微惟精惟一
允執厥中而必繼之曰無稽之言勿聽弗詢之謀勿庸謹乃有位敬
脩其可願四海困窮天祿永終孔子之告顏淵既曰克己復禮爲仁
一日克己復禮天下歸仁焉爲仁由己而由人乎哉而又申之曰非
禮勿視非禮勿聽非禮勿言非禮勿動既告之以損益四代之禮樂
而又申之曰放鄭聲遠佞人鄭聲淫佞人殆嗚呼此千聖相傳心法
之要其所以極夫天理之全而察乎人欲之盡者可謂兼其本末巨
細而舉之矣兩漢以來非無願治之主而莫克有志於此是以雖或
隨世以就功名而終不得以與乎帝王之盛其或耻爲庸主而思用
力於此道則又不免蔽於老子浮屠之說靜則徒以虛無寂滅爲樂
而不知有所謂實理之原動則徒以應緣無碍爲達而不知有所謂

善惡之機是以日用之間內外乖離不相爲用而反以害於政事蓋
所謂千聖相傳心法之要者於是不復講矣臣愚不肖竊願陛下即
今日之治效泝而上之以求其所以然之故而於舜禹孔顏所授受
者少留意焉自今以往一念萌則必謹而察之此爲天理耶爲人欲
耶果天理也則敬以擴之而不使其少有壅閼果人欲也則敬以克
之而不使其少有凝滯推而至於言語動作之間用人處事之際無
不以是裁之知其爲是而行之則行之惟恐其不力而不當憂其力
之過也知其爲非而去之則去之惟恐其不果而不當憂其果之甚
也知其爲賢而用之則任之惟恐其不專聚之惟恐其不衆而不當
憂其爲黨也知其爲不肖而退之則退之惟恐其不速去之惟恐其
不盡而不當憂其有偏也如此則聖心洞然中外融徹無一毫之私
欲得以介乎其間而天下之事將惟陛下之所欲爲無不如志矣詩

曰豐水有芑武王豈不仕詒厥孫謀以燕翼子武王烝哉矧今祖宗
光明盛大之業付在陛下將以傳之無窮四海之內所望於陛下者
不但數世之仁而已書曰若藥不瞑眩厥疾不瘳惟陛下深留聖志
痛自刻勵而力行之使萬世之後猶可以爲後聖法程則宗社神靈
永有依託萬方黎獻永有歸在天下幸甚天下幸甚臣孤陋寡聞學
無所就前此兩蒙賜對所言大意與此略同辭不別白旨不分明曾
不足以上悟聖心而陛下哀憐不忍終棄使得復望淸光環視其中
無他所有紬繹舊聞復以此進僭妄狂率罪當萬死伏惟陛下財赦
孝宗方銳志肆武右諫議大夫黃洽因風諫言頤之大象君子以慎
言語節飲食言語飲食猶謹節之況其他乎凡筋力喘息之間一有
過差皆非所以養其身也上曰卿言無非仁義忠孝可爲萬世臣子
之法朕常念之

衛博上奏曰。臣聞君。天也。天以元氣祖羣物。君以神道御萬方。盎焉而春燠焉而夏潔焉而秋肅焉而冬。盤薄乎太虛之中。胚胎融液。不可測知。而萌者達屈者信。潛者奮生者遂。人徒知確然在上。若以不宰為功。而不知天之所以祖羣物者以元氣之正也。經之為文。緯之為武。威之為刑。慶之為賞。奔走乎四海之內。動化鼓舞。不可測知。而大者畏。小者懷。亂者定。肆者柬。人徒知巍然在上。若以不勞而治。而不知君之所以制萬方者以神道之設也。惟元氣正。則茫然運育。然化。所以為天之高。惟神道設。則震動靜專。參伴開闔。所以為君之尊。仰惟陛下躬大歷服于今六年。賞慶刑威。文昭武烈。所以恢張天紀奠安區極。宥天下以不測之神者。固已與天侔大。無間然矣。然臣猶有是說者。以臣之愚。竊謂陛下有四三王之資。一九州之志。籥勺羣慝。冠帶百蠻之略。而功之所加。化之所被。尚未酬聖神之心。此臣區區所以益願陛下體乾之健。秉夬之決。而執神之機。以運天下。則何事之不成。何征之不服。何政之不治哉。

虞允文上奏曰。臣伏蒙聖恩。頒賜御筆曲示腹心之眷。臣下拜感藏之餘。竊惟陛下以天錫之智勇。天授之規摹方略。如臣至愚。何敢望清光之萬分。然出入周行。七年於此。仰窺陛下營經四方之遠圖。終始惟一。臣有以卜知上天畀付大勳大業。開億萬年無窮之基者固自默定矣。然天下之事有敗有成。而衆人之謀有失有得。得失之間而成敗遂分。甚可懼也。臣嘗觀自古明良之會。精神交感於一堂之上。而言意相通於萬微之表。惟信與誠而已。誠則不變。信則不疑。不疑則無間言之可入。不變則無異論之可移。勳業之集。蓋本於此。載籍所傳可考也。陛下秉誠信一德。方將以真情推布於下。臣嘗四顧其身。惟有隻影。雖使之處至危之地。而行至難之事。亦何敢不堅其誠信。傾盡肺腑。勉圖於一得。覬事之或成。以效後日之報乎。感天荷聖不能自已。併及其惓惓之忠。伏乞睿照。

衛涇上奏曰。臣聞君。天也。易曰。天行健。君子以自強不息。言天德主乎剛健。君德貴乎自強。故造化所以運用不窮。而德業所以光輝日新也。恭惟陛下以不世出之資。乘大有為之會。飛龍之始。厲精圖治憤腥膻之逆理。讎版圖之未復。疆場備禦之畧。不忘於念慮。規恢廣大之志。嘗載於詠歌。以陛下英武神聖。銳意事功。中興之圖。日月可冀。然歷歲滋久。一事未就。仰知天機洞照。廟謨密運。草茅書生固難窺識。而臣所得竊聞者。自陛下即位以來。八策多士。大抵曰兵。曰財曰民。曰風俗。曰人才。曰賞罰刑政。曰紀綱法度。孜孜講求。不外此。十數端。而二十六年之間。凡所規畫。凡所施設。凡所建立。孰非所以興利除害。而課效無有拔過不暇。行寬恤之政。而民困未蘇。作武勇之氣。而士弱未振。取財已浚。而常憂乏用。用人雖廣。而尚多遺才。吏冗而未澄。令行而數改。舉目前之事。曾無足以少稱陛下意者。而何暇於規恢之大計。事機易失。時不再來。陛下富於春秋。聖子神孫本支日茂。以一祖八宗之業。太上皇付托之重。子孫億萬年之基緒。陛下一身任之。可不圖終慮遠。詒謀燕翼。為宏遠久大之規摹。僅可以苟安無事而遂已耶。臣甲辰之春。獲偕諸生冒上愚對。嘗謂天下非治效不進之足憂。而風俗安於苟且之可畏。大略言陛下即位之始。銳於為治。不次而用將相。委任而責成功。一時之臣徒肆大言。誕謾亡補。往往負責而去。而陛下大有為之志亦因是少弛。故妄議陛下前日求治傷於太急。而今日之事又失於太緩。故庸常之流。得以持祿保身。成偷安之習。上下苟且。莫肯任事。風俗日以壞。士氣日以陋。民生日以困。刑法日以滋。天下之患將有出於意慮之外者。臣嘗以吏化之說為陛下獻臣所謂更化非變法易令之謂也願陛下體剛健之德堅自強之志振紀綱以尊國體明賞罰以厲偷墮起萬事於積廢圖大業於日新顧豈在於紛紛多事耶詩曰周雖舊邦其命維新此之謂也陛下過聽擢置首選茲緣故實誤恩收召綴貟班行獲因輪對瞻望天日臣竊伏惟念一介踈賤借言朝廷大體則未信而諫聖人深戒若掇拾細故上瀆淵聽則又負夙心敢以奏篇之末議嘗蒙陛下所採録者誦言之惟陛下貰其狂愚

歷代名臣奏議卷之三

歷代名臣奏議卷之四

君德

宋光宗臨御初方求讜論太保致仕史浩進封事曰臣恭讀訓詞不勝感懼臣聞重華揖遜文命祗承面授之規不踰數語親傳之妙矣豈多岐惟精惟一以執中惟幾惟康而弼直直乃人之主也中亦人皆有之然喜怒哀樂方泯乎未發之時怵惕惻隱不萌乎乍見之際豈可以言語得豈可以形象求操捨繫於存亡休拙分於勞逸指其大要名之曰心是故謀國之言必以正心為主心是百行之本心為萬化之原天地之災祥陰陽之舒慘日星之明晦禾稼之豐凶綱紀之弛張風俗之薄厚人材之邪正夷狄之從違雖萬變之差殊由一心之感召收之不外方寸用之彌滿六虛胷中一不正焉天下不可為矣所以帝舜當倦勤之日神禹於嗣德之初首發要言誠知急務

勿謂書生之末學俗儒之常談也洪惟壽皇久御萬邦黎獻之臣陛下夙正一人元良之位百祥並萃二紀有餘燕翼詒謀龍潛蘊德過庭承詩禮之訓至寢問晨暮之安金口所宣玉音不閟精微之理涵養之方既已悟於耳聞又復得之身教尹京之政民間盡服神明參決之機天下陰蒙福利此豈師資之善誘實由父子之密傳伏諒淵衷洞照靈府瑩如止水之不撓皎如明鑑之無塵妍醜攸分顰眉莫遁過此以往奚必他求由是而之莫非此道故大學曰心正而後身脩身脩而後家齊家齊而後國治國治而後天下平董仲舒曰正心以正朝廷正朝廷以正百官正百官以正萬民正萬民以正四方四方正遠近莫不一於正要其極摯義則昭然宜在睿明講之熟矣而況壽皇拔尤取穎俱收英彥之流端為陛下遴制揚功丕闡治安之具朝廷之上臺閣之間輔替彌縫論思獻納一歸之正以復於君寧

有闕遺，下問閒退，猶且海嶽不厭涓塵之助，綸綍俯逮田野之臣。遂使陳人，亦承清問，耄矣無能為也。言之得無翻乎。然念飛蜂走蟻之微，尚識尊君之義；食芹負暄之賤，不忘享上之忠。當聖主推誠納諫之秋，無昔人逆耳嬰鱗之懼。臣學誠淺陋，材亦荒唐，雖乏寸長，願殫一得，是敢不量僭越，上瀆威嚴。臣竊謂人之有心，亦如弩之有栝，發於此者不過毫釐之眇，應於彼者奚啻胡粵之殊。論人主之宅心，與匹夫而異轍。匹夫守之不正，則禍止於一己；人主守之不正，則害及於萬方。夏癸、商辛、秦皇、隋煬，驕奢暴虐，淫亂荒亡，皆由一念朕兆於初萌，不得其正。及至百姓蹙頞而相告，雖悔何追。是以舜受堯言，禹承舜告，必於歷數在躬之後，始揚危微至妙之辭。臣曩塵建邸之具僚，叨輔隆興之初政，挹其所學，得遂逢辰。故非是道而不陳，偶幸斯言之適契。不圖晚歲獲觀德化之成，又值真人出繼離明之照，敢以不移之論著為得效之方。伏望聰明特垂采納。蓋以心正則本立，本立而道生。推而行之，未自邇矣。踐阼之始，圖治當先。建官以輔儲皇，求賢而用吉士，則萬邦以正矣。獎拔取乎靜退，抑黜及乎浮華，則羣臣以寧矣。精擇守臣，確許久任，則江淮重地，荊襄上游，邊防可修矣。寬給楮幣，下紓版曹，則大江東西，重湖南北，月春可罷矣。力求正諫，深斥流言，則正人安居，邪黨退聽，習俗可變矣。博選謀臣，次求勇將，則車馬必脩，器械必備，恢復可圖矣。迎刃勢如破竹，善刀見無全牛。茲乃土苴緒餘，自然桴鼓響應。蓋本既立矣，末則隨之。當知萬事雖繁，尊在一心所運。一心既云克宅，萬事何憂不成。自昔願治之君，孰能明見此理。崇高之勢不敢恃，富貴之資不能淫，兢兢無曠庶官，翼翼昭事上帝，若馭六馬，若保赤子，是心也。如臨深淵，如履薄冰，亦是心也。是故不邇聲色，不殖貨利，懼其驕吾心而弗正也。不營土木，不衣綺繡，懼其侈吾心而弗正也。不寶珠玉，不育禽獸，懼其汩吾心而弗正也。不親近倖，不昵佞人，懼其蠱吾心而弗正也。不貪游宴，不務畋獵，懼其蕩吾心而弗正也。不事窮誅，不興大獄，懼其陷吾心而弗正也。所守如是，其應維何。能使上而風雨時，三光全，下而草木茂，五穀熟。甘露屢降，靈芝叢生，麟鳳在郊，龜龍在沼，仁聲洋溢，和氣充盈。四海九州，羣黎百姓，如處化國，如登春臺，百工師師，多士濟濟，六服承德，四夷嚮風，極地際天，儲祥隤祉，措皇基於不拔，衍聖壽於無疆。歷祚綿綿，子孫蟄蟄，邈乎億載不足以為遠，巍乎六合不足以為容也。孰謂一心之正不可為即政之權輿乎。惟我國家用為矩範，壽皇得之，烈祖陛下得之。壽皇何所更張，惟勤祖述，蓋興衰撥亂，觀時樂天。脩文德以服遠，今裕後昆而作家法。此心之正，不約而同。陛下當念念不忘，孜孜求策，先自治以固本，後繼志而廣聲，收效虞夏，同符增光日月，可冀如此，則壽皇付託之意得，陛下纂隆之勳成。入躬重闈，戲綵之歡；出享萬國，垂衣之治。曰壽曰富，兩宮並受於繁禧；以孝以功，千古永彰於絕德。乃知正心於始，果可以平天下而正四方。臣久在田間，不知時務，加之精神已憊，言語無倫，姑誦舊聞，仰奉明詔，退惟狂斐，甘俟刑誅。

紹熙元年，給事中兼侍講尤袤入對，言：願上謹天戒，下畏物情，內正一心，外正五事，澄神寡欲，保毓大和，虛己任賢，酬酢庶務，不在於勞精神、耗思慮、屑屑事為之末也。

三年，起居舍人陳傅良上劄子曰：臣待罪右史，日侍清光，恭覩陛下大昕視朝，天顏肅穆，垂衣拱手，尊嚴若神，凡所施行，悉中機會，凡所延見，曲盡謙勤，未嘗有一話一言忽猝過差，一趨一步俄傾失錯，可謂動容周旋中禮，盛德之至者矣。近者車駕過宮，日分與引班直換梗之時百官有司伺候移日竟成中輟各自引退臣切惑焉何者平居暇時曾無過舉何獨至於六飛戒嚴百辟就列卻乃深處九重都不省記近在旬月頗違常度者哉而軍民籍籍妄生謗議轉相倡和無所不有臣雖至愚固知陛下之不如所云也反覆思惟乃得其故蓋自往歲之冬聖意嘗有不能釋然者矣爲之震怒至於愆和嘗發威斷痛有行遣由此宮掖之內人人自危宦官嬪御皆有歸過君父之心往往故作緣由欲開間隙每至期會上撓沖襟所以或於臨軒而爽興居之節或於命駕而虧號令之信陛下天資仁厚不察其爲誤已臣所以深惜陛下無故而得怠荒之謗也臣聞人主之心當與天同今夫太虛清明天之體也將以潤物則爲雨露將以動物則爲風雷將以成物則爲霜雪俄而開霽天體湛然纖翳不留三光如故若夫人主喜則爲賞怒則爲刑刑賞既行更何疑滯心宇泰定即天

德也豈容鬱鬱有所不快自古帝王蓋有處世故之難遭人倫之變者矣要以宗廟社稷付託爲至隆天下蒼生關繫爲至重矣莫不先定其心期於克濟是故父母未順舜有南風之歌兄弟不咸周有棠之燕是皆轉禍爲福身致泰和不聞以此自累方寸今陛下上有重慶之親以慈儉聞四海下有盛年之子以孝敬聞兩宮三朝累世曠古所無歷觀載籍之傳最得聖人之幸而又邊鄙不聳年穀屢豐一時賢才略在朝列只守成業已謂小康若懷遠圖可以大治而又以九州之富無供養有闕之虞以萬乘之尊無使令不足之恨志所欲爲胡鄉不可則陛下果何所不快於心歟況夫怨不在明患生所忽方其因循但曰細故寖以悠久遂成後憂則尤不可不慮何者一國之執譬如一身氣血標本貴在貫通少有壅底便生疾恙若乃咫尺君門杳如萬里今日遷延某事明日阻節某人日復一日莫以爲

恠人心益離主勢益輕脫有姦憸乘時爲利則中外之情不接感禍之柄可移雖是擅傳指揮將亦無從覺察或放散儀衛或隔退臣寮或闖諜宮闈或激怒軍旅萬一有此臣恐陛下孤立而外庭無以效區區矣然則陛下何不務自節宣以養氣體務自寬大以怡精神出則從順動之宜居則享燕閒之福而直爲此悒快徒速無故之譏且貽萬一之憂哉臣嘗謂愛君之至莫如詩人見於南雅幾六君子之辭不一而足至於不能自織則風之山有樞雅之魚藻皆以爲刺作詩之旨豈是容悅誠以一人有慶兆民賴之非其已之私也臣不勝拳拳願附於詩人之義惟陛下留神幸甚幸甚

四年得良又上劄子曰臣聞天不可俄度也而示人易地不可俄測也而示人簡是故天地之神而萬物有所恃者以其易簡也帝王之德配於天地亦若是而已共惟陛下臨御于今五年省刑薄斂天下

皆知其爲仁兼聽廣納天下皆知其爲恕而近日以來忽事獨斷尋常指揮動出意表天聽甚高人言難入群臣惶懼莫知所爲以臣愚昧熟慮而究觀之則陛下本心端不如此何者臺諫對班多是偏下間有論奏亦無施行人以爲陛下怒臺諫矣然經筵侍講妙選法從而黃艾首預識擢陛下何嘗怒臺諫乎給舍封駁旋被改除雖蒙留中未卽處分人以爲陛下怒給舍矣然王府翊善付以元子而黃裳終見信用陛下何嘗怒給舍乎留正無故乞解機政出郊數月猶未爭決人以爲陛下怒大臣矣然隨班上壽之請朝奏而夕報可至欲使以左相爲上公陛下何嘗怒大臣乎甚者或以致仕而恤典不下則紛然竊議曰陛下惡人言死耶彼李端友備數館客卒於邸中賻贈隨至然則陛下豈惡人言死耶或以乞去而亟請不獲則又紛然竊議曰陛下惡人言去耶彼辛棄疾召爲大卿卽去爲帥至欲以次對寵

其行。然則陛下豈惡人言去耶。臣故曰。熟慮而究觀之。則陛下本心端不如此。終歸於仁恕而已。臣聞天度有常。而或寒暑乖錯晦明反繆者。必有干陰陽之和者矣。而天度固自若也。聖德罔愆。而或喜怒失節。舉措過差者。必有誤聰明之治者矣。而聖德亦自若也。以是言之。則不怒臺諫。不怒給舍。不怒大臣。皆陛下本心也。而況於惡人言死惡人言去。豈陛下之心哉。而又況自夏徂冬。稍闕過宮之禮。遂謂陛下以疑阻虧孝養。又豈陛下之心哉。夫不察聖心。而見其形。似若諫而力爭之。是宜天聽甚高。人言難入也。雖然。群臣孰不希寵。何苦自絶雨露之恩。孰不畏罪。何苦自干雷霆之譴。而孜孜半年。爭此數事。陛下亦盍反求而徐察之乎。若陛下於此數事反求而徐察之曰。吾心寬大本無所怒。今若有所怒然。何歟。毋乃以某人嘗言之故歟。吾心和平本無所惡。今若有所惡然。何歟。毋乃以某人嘗言之故歟。吾心孝敬本無所疑。今若有所疑然。何歟。毋乃以某人嘗言之故歟。苟有其人。苟言其事。則是誤陛下者也。所以誤陛下者。將以孤陛下也。夫不察陛下之心。而以形迹諫爭者。群臣之罪也。陛下本心端不如此。而不察人之誤已以致於此。或者亦聖人之過乎。陛下誠以本心之所存而徐察之。則知人之誤已者矣。知所以誤已。則外廷之黨論可破。外廷之黨論可破。則兩宮之情意可通。外廷之黨論破。兩宮之情意通。天下尚何事耶。以此圖大功可也。不暇遠圖。以此爲小康垂拱而責成可也。垂拱而責成。則鍾鼓絲竹。樂與今同。尊俎衽席。樂與今同。臺池鳥獸。樂與今同。無不可也。然則陛下何直爲此鬱鬱使天下徒日夜洶洶也。臣最微賤。最倚恩寵。不勝忠愛之心。爲陛下白發其端。而不敢盡言。惟至明至聖。爲社稷大計。爲富貴崇高遠慮。而加省焉。則天下幸甚。

傅良又上劄子曰。臣頃因奏事。妄意窺測以陛下之心務在無爲。而厭多事。雖蒙矜納。不謂違忤。然言之未悉。不足感動。今請申明之。臣聞人主之德。當與天同。今天生成萬物。皆六子之職也。而天不與其勞。此之謂無爲。若夫一晝夜之運。周天三百六十五度四分度之一者。則必天德也。假如天德不健。而一晝夜三百六十五度之間或差頃刻。則其始也以早爲晏。其積也以春爲秋。由是而六子之功廢。六子之功廢。則萬物不遂矣。今夫平治天下。皆群臣之職也。而君不與其勞。此之謂無爲。若夫兢兢業業。一日二日應萬機之煩者。則必君德也。假如君德不强。而一日二日萬機之際或廢一二。則其始也宜速者遲。其積也宜行者罷。由是而羣臣之官曠。羣臣之官曠。則天下不理矣。天德不健。而六子之功廢。則萬物不遂。君德不强。而群臣之官曠。則天下不理。謂之無爲。無乃反多事乎。天將以無爲。反以多事。其故何也。人主不自彊。而讒間迎合之計中也。是故因其厭省覽也。則有以好名之說中傷忠讜。因其憚改作也。則有以生事之說沮壞勞績。凡若此。皆讒間也。因其近聲色也。則有以勿問外人之說固結宮禁。因其樂燕飲也。則有以勿親小事之說竊弄威福。凡若此。皆迎合也。甚者諱惡究異。雖水旱螟蝗之變。而不以告。禁止張皇。雖盜賊夷狄之警。而不以聞。且夫讒間之計中。則君子日疎。迎合之計中。則小人日親。而其極至於天變不告。邊警不聞。如是而天下不多事者未之有也。由是言之。不求於實。而眩於無爲之名。特姦臣持祿保妻子者之利。非有國家者之福也。然則人主果何便於此。而墮姦臣之計乎。恭惟陛下天資英明。學力剛健。遇事即斷。罔或留難。有言必中。靡容熒惑。君德如此。足以上當高宗宏濟艱難之志。光紹壽皇總攬權綱之業矣。踐祚以來。其見於明效大驗。如不信近習。而請託苞苴之弊息不采游言而察探羅織之獄衰不尚獨斷而牢栖執政之啓擬行不事繁文而百官有司之職守定則又漢唐以來君德所不及也臣猶慮聖心務在無為而進自強之論誠欲陛下充此德濟此治効於其所已行達之於其所不行者而已恭以陛下天資英明學力剛健誠以其所已行達之於其所不行特反掌之易耳臣竊見間者擢用同姓為大臣有以故事爭之者陛下勿疑也雖大臣自以紹興聖訓逡巡不敢就職而詔旨丁寧不可回奪二三大璫辭罷省事俄以片紙出禁中雖左右朝夕之人欲覬衮乞憐而不可得此則陛下之所已行者也至於蠢尒小臣白身補授被封駁者再矣而陛下久不忍決監司郡守差除不當臺臣論列至於數四蓋逾月而後付出此則陛下之所不行者也然則陛下非不能行直偶不行矣臣故曰誠以其所已行達之於其所不行特反掌之易耳此臣之所以拳拳也

傳良又上劄子曰臣聞人莫難於養其心而人主之養其心為尤難恭惟本朝列聖養心之道備矣臣不敢遠引亦不敢精深言之姑誦臣少壯時身所見聞高宗壽皇兩朝時事每自退朝於起居食息之暇無非以禮樂刑政之具務自檢束一日之內每事有常以何時刻延見儒臣以何時刻省閱章奏以何時刻親方冊或游戲翰墨也然後以其餘景燕衎尊俎娛嬉苑囿至於暮夜又必宣召宿直官從容晤語間以觴詠如是者皆三二十年寒暑不渝忽一日不如是即內侍以近醫藥為請而中外惶惑矣夫以堯父舜子稽古學道度越漢唐之君而克勤小物課為日程拘拘不廢何也意者雖聖人不可以不持養之故也臣幸遭逢備員近侍每見陛下臨朝之際莊敬肅穆儼然若神雖執禮名家無以竊議于以仰窺聖心持養必有道矣而比來傳聞往往以為玉音所發或異尋常機務之間稍失次第廷臣震灼莫曉其故妄意窺度其說多端以臣愚見或者陛下言動偶有此差誤耳共惟至聖至明動循法則而又春秋鼎盛剛健日新何緣言動有此差誤無乃起居食息之暇所以自持養者悉其常度而延見儒臣之時少歟省閱章奏不屑加意歟或親方冊游戲翰墨等事暫置弗講歟不然則燕衎尊俎娛嬉苑囿之樂惟意所適而無節歟又不然則是燥濕陰陽之沴或傷其和而忽忽不樂以得此也陛下幸因臣言試自省察萬一有之不可不反求之也孔子以終日無所用心為難而孟子論心亦曰出入無時莫知其鄉操存而舍亡則心之不可以無所繫也如此伏願陛下法高宗壽皇之所行存孔孟之所戒以其日力定為常度非徒以親政蒞民亦所以尊生介壽惟敕其狂僭留神財察社稷幸甚臣不勝忠愛之情

光宗時彭龜年論剛斷得失疏曰臣恭惟陛下自即大阼五年于今廣覽兼聽隆寬盡下自古願治之主克己自勵勉强欲為而不能者陛下為之無難爲眞所謂有能致之資者也然縉紳之間竊議聖德猶以剛斷不足為恨羣臣進對必有以是告陛下者臣不知其說為如何但見陛下期年以來施為稍異若示人以不可測者政事舉措稍不循節奏進退臣下頗不事禮貌意所欲用雖給舍屢繳而不可回意所不欲雖臺諫彈擊而不可動宦寺涖職于中禁而不用詔命內廷取財於總司而特免錄黃如此之類未易悉數其始羣臣爭之而不能得其終陛下行之而不復疑一時操縱自我予奪自我仰窺聖意必自以為能駕御臣下而權綱在我矣然而紀綱隳廢廉恥刓滅陛下雖快一時之意而不知實為異日之憂蓋紀綱隳廢則國制亡廉恥刓滅則士氣奪國制亡則禍亂所由作士氣奪則緩急不

足恃。此臣所甚懼也。夫人君而無剛斷，誠不足以宰制萬物，統御萬方。然所謂剛斷者，豈以事自己出，人不我違之謂哉。司馬光曰：聞人之言而能別其是非，故謂之聰。見人之行而能辨其邪正，故謂之明。去是而捨非，去邪而用正，故謂之剛。姦不能惑，佞不能移，故謂之斷。然則剛斷者，蓋謂於是非邪正之中，有所辨別而能執持者是也。寧有是非不問，邪正不分，而獨任己見，以為剛斷者乎。不知誰為此說。臣深恐其誤陛下也。臣竊觀今日陛下所為，不過以勢臨羣下，使之從己而已。夫人主其威雷霆也，其重萬鈞也。震之以威，壓之以重，夫誰敢不從。然陛下無徒喜其從也。從者未必非禍，違者未必非福。孔子曰：如其善而莫之違也，不亦善乎。如不善而莫之違也，不幾乎一言而喪邦乎。此不可不察也。陛下勿謂今日恬嬉無事，可以肆意。臣仰觀天象，則變異屢作；俯察人情，則輕浮易動；官府無嚴重之勢，小人有陵慢之心。無異駕腐舟泛滄海，所幸風濤未作爾。正紀綱以立國制，勵廉耻以作士氣。臣謂陛下朝夕在念，猶恐不及，而況可敗之耶。乃若陛下剛斷不足，臣亦憂之。然此不可以彊作也。臣願陛下講學以明理，循理以致事。理既明於胸中而不可惑，則斷自明於事外而不可移。此三代盛王所謂勇智，而後世賢君所謂明斷也。唯陛下察焉。

龜年又上愛身寡欲務學三事疏曰：臣聞古者史為書，瞽為詩，工誦箴諫，大夫規誨，士傳言，庶人謗。凡天下之言，無不可達於上。近世唯宰相日得獻替于天子，侍從臺諫之言，其進已有限矣。卿監而上，雖有轉對，然歲或不得再見也。至於百官輪對，大率近三歲始一周爾。言之得達于上，如此其難。而當言者又不切當，為稱為人臣出入周行乎。臣則不敢。臣之欲有言於陛下者有三：曰愛身，曰寡欲，曰務學。

然治國莫急於愛身，愛身莫切於寡欲，寡欲莫先於務學，其實則一而已耳。何謂治國莫急於愛身。古者人君立三公之官，師道之教訓，傅傅之德義，保保其身體。後世宰相實兼三公之責，而不任三公之責。道之教訓，傅之德義，僅委之經筵。至於保身體之事，雖世之賢者未嘗留意也。人君退朝之後，不過女子小人以姑息之愛奉其君爾。夫姑息之愛，身體之賊也，而可不慮乎。恭惟國家大業未復，天讎未雪。壽皇聖帝坐薪嘗膽，未酬此志，擧神器而付之陛下。政欲親見聖子身致太平。陛下不辦十分憂勞，豈易克集此事。自天下言之，陛下誠不可不愛身也。壽皇聖帝退處重華，怡神養氣，有陛下任其付託之重，雖無復一毫天下之憂，然父母愛子，至老猶切，人之情也。陛下朝夕起居之宜，飲食疏數之節，壽皇能頃刻置念已乎。自陛下言之，尤不可不愛身也。故曰治國莫急於愛身。何謂愛身莫切於寡欲。外作禽荒，內作色荒，酣酒嗜音，峻宇彫墻，有一于此，未或不亡。自古人君致亂之道非一，然大要不出是數者而已。陛下自登大位，六飛時動，後宮嬪御，寵遇絕少。宮禁興造，外亦罕聞。不可謂欲不寡矣。但道塗之言，或謂宮掖之間，宴飲爽節。夫酒之傷性敗德，固不待言。臣竊讀本草，酒性大熱，是以凝寒則不冰，沃火則益炎，醞酒之地，雪霜不積。推是數者，天下之熱未有加於酒者也。竊聞聖體嘗苦瘍疾，此非其致之之由耶。抑又有大可慮者，酒之為害，不特不嗜飲者病之，嗜飲者亦病之。何也。自其既醒必悔，所以知其飲之過度，非其本性然也。蓋酒與女子小人相似，近之則不可遠，非不欲遠也，既近之，則遠之將不能也。臣嘗觀不嗜飲酒之人，每欲則昏；嗜飲之人，不飲則昏。飲而昏者，氣為主也，故有酒則氣亂；不飲而昏者，酒為主也，故無酒則氣奪。是一日不飲，則榮衛脈絡若不可支。蓋酒已勝氣，氣不能自

主其身故至于此因循陷溺不至沉湎不已聖之與凡雖曰不同而
人之氣體未嘗有異陛下宮中無事小小宴飲固不至此然臣區區
愚忠政恐其不已而或至於是則非陛下愛身之道也故曰愛身莫
切於寡欲何謂寡欲莫先於務學臣聞善惡之理相為消長此盛彼
衰不能兩大所以禹惡旨酒而好善言善言既親旨酒斯遠臣觀祖
宗親近儒學之深意乃是消弭人欲之微權每以夜分之時率召經
筵之士不獨欲究義理之粹蓋亦大為逸豫之防蓋聞古今之禍亂
則警懼自生聞閭閻之艱苦則憂慮必切退即閒宴必無過溺竊聞
近日宣召經筵多在晝漏臣不知遊息深宮之際何以為存養夜氣
之方欲護清明孰如義理臣故曰寡欲莫先於務學恭惟陛下聖性
虛靜義理昭明視臣所言何啻白黑漢儒所謂陛下聖性得之顧加
聖心焉臣愚欲望陛下精擇名儒賓之講席日與之講論經理夜與

之商確古今自此聖學日以高明聖德日以光大既有義理之可樂
自然物欲之難移復於宴飲之間漸為裁抑之限視尋常御酒之數
十分中減一二漸減至三四如此數月必大有益不特身之能愛而
德亦無不懋矣保國寧家孰大於是唯陛下留神

龜年又上疏曰臣聞書曰惟天聰明惟聖時憲聖憲天者也故天命有
德五服五章哉天討有罪五刑五用哉無一事而不與天同也昊天
曰明及爾出王昊天曰旦及爾遊衍無一息而不與天通也洪範以
五事次五行而驗之以庶徵要之以五福六極豈彊為是牽合哉猶
人之一身氣作於內則動於容貌形於顏色者皆是物也容有二乎
恭惟陛下愛人如天之溥博臨事如天之專直陟降左右與天為一
和氣致祥宜如影響然自去秋以來大異數見星變地震生毛雨土
赤眚作於夜黑子見於日大師相去數日輙有一事當是時人皆皇
皇然為陛下憂之而臣則不以為憂何也見天之不忘陛下者甚切
也董仲舒曰國家將有失道之敗天乃出災害以譴告之不知自省
又出怪異以警懼之尚不知變而傷敗乃至此見天心仁愛人君欲
止其亂也無異父兄之於子弟雖譴怒訶責若甚可畏其意但欲使
之成人耳苟能因是以恐懼修省乃進德之實地也此臣所以不以
為憂也及至十一月望日車駕過宮人情歡豫其晝晴寒夜忽飛雪
又兩日而日中黑子頓消當是時人皆欣欣然為陛下喜而臣則不
敢以為喜何也臣於此見天與陛下脗合無間陛下動靜語嘿豈可
少有不合於天乎神宗皇帝嘗禱雨而應富弼奏曰惰德致雨其應
如此萬一於德有損其災應豈有綫耶此臣所以不敢為陛下喜也
臣懷此欲告陛下久矣茲蒙異恩擢寘右史旣略資格躐而進之倚
天之龍無以為報唯念所居之官以記注人君言動為職陛下一言

動之善臣皆得記之以為世法陛下一言動之不善臣亦得記之以
為世戒作而不記臣固不敢辱其職然書而不法臣亦豈忍辱其職
而使陛下貽萬世之辱哉記曰王前巫而後史卜筮瞽侑皆在左右
王中心無為也以守至正夫正天道也古之王者能守天之正道政
以巫史卜筮瞽侑諸臣寘左右之少有不正諸臣皆得警懼於王非
諸臣固欲拘檢於王也王實藉之以自拘檢其身也後之史官君舉
必書謂之善於其職則可謂之忠於其君則未可近世記注之官許
以直前使得獻替此意蓋甚美也與其必書以懲其失於後孰若熟
諫以救其失於先乎此臣區區之心也臣愚欲望陛下反躬自省動
循天道欲如天之剛則無所牽制不屈於欲欲如天之健則兢兢業
業不敢怠荒如天之中則每事循理不倚一偏如天之正則一出至
公盡絕私意由是一而不二則為天之純由是養之益和則為天之

粹。由是而無所不致其極。則為精而與天渾然矣。陛下端拱無為而守之於上。臣等靖共厥職而欽承於下。君臣之間。雍雍熙熙。豈不休哉。萬一陛下未能以道制欲。則雖欲諸臣箝口結舌以苟取容。亦有所不可。蓋人主天也。人主有一毫不與天相似。而其臣不諫。則為不能以天事其主。此乃不忠之大者。臣不敢也。唯陛下察焉。

翊善羅點嘗召對便殿上言。近者中外相傳。或謂陛下內有所制不能遽出。溺於酒色。不恤政事。果有之乎。上曰無是。點曰。臣固知之。竊意宮禁間或有攖拂之事。姑以酒自遣耳。夫閭閻匹夫。處閨門逆境。容有縱酒自放者。人主宰制天下。此心如青天白日。當風雨雷電既霽之餘。湛然虛明。豈容復有纖芥停留哉。

劉光祖上奏曰。臣幸以迂拙日侍清光。凡人主一言一動。職所當記。而螭坳遠於黼座。二府大臣常日奏事。陛下曰俞曰咈。事之可否。形

於玉音。心之精微。見諸宸訓者。既不得備聞。退而直書以為信史。所可記者。猶有侍從臺諫請對。百官輪對。監司守臣陛對。凡上殿班次內引奏事。各關本省以所得聖語書之。而比年以來。一切但申別無所得聖語。習成定例。使謨旨鬱而不彰。心聲無所著見。只如臣初以司農少卿到闕引見。首進五事箴。讀至思箴。陛下俟臣讀畢。徐云。要只從原頭理會。臣對云。臣千百言不如陛下原頭一語。望陛下致力於此。則貌言視聽四者俱治矣。退欲以所得聖語申省。則曰近例不然。於是亦例云無之。臣今以記注為職。若不申明。則雖有似此王言。亦無自而紀載。自今欲望陛下於群臣進退之際。雖所疏遠。如所親近。雖所嚴憚。如所款密。或以玉音褒嘉慰勞。或以聖意戒諭訓勉。是曰是。非曰非。可曰可。否曰否。使天下聳然知人主好惡予奪之所在。仍令奏事臣寮凡得聖語。即以具申本省。不得一例將有聖語亦申

曰別無。庶幾主道昭明。史筆傳載。以垂萬世。雖然。外朝之言動。皆可得而知也。宮中之言動。不可得而知也。可得而知者。固所當謹。不可得而知者。尤所當謹也。謹於所不見不聞之地。則所見所聞之地。從容中道。不待謹而自合。謹於所見所聞之地。而肆於所不見不聞之地。人將窺而議之。一以傳十。十以傳百。播之四方。轉相增飾。吁可畏也。臣因申明本職。冒言及此。惟陛下留神幸甚。

寧宗即位初。吏部侍郎彭龜年上人主當理情性疏曰。臣聞人主莫大於理情性。理情性而王道畢矣。天下可得而治矣。昔漢元帝即位之初。匡衡首以此為言曰。治性之道。必審己之所有餘。而彊其所不足。蓋聰明疏通者戒於太察。寡聞少見者戒於壅蔽。勇猛剛彊者戒於太暴。仁愛溫良者戒於無斷。湛靜安舒者戒於後時。廣心浩大者戒於遺忘。必審己之所當戒。而齊之以義。然後中和之化應。而巧偽之

徒不敢比周而望進。夫治性繫於人主。而衡乃及巧偽之徒者。蓋正直之人。知君性之偏。則以為懼。從而救正之。巧偽之人。知君性之偏。則以為喜。從而逢迎之。故欲治性者必知天。欲知天者必知人。若能知巧偽之人而不為其所惑。則性可得而治矣。如衡可謂知言者也。臣仰惟陛下聖性質直。至誠無偽。此三代令王之所難得。而漢唐以來賢主之所未有者。唯是傷於太急。臣侍潛邸。講讀之暇。每以為言。亦蒙陛下和顏開納。不以為非。今既踐大寶。則嚬笑之間。治亂所繫。尤與昔日不同。今日若急。則所傷多矣。易稱君德曰。學以聚之。問以辯之。寬以居之。仁以行之。書稱舜曰。御眾以寬。稱湯曰。克寬克仁。寬與急為對者也。君德尚寬。則急非君德矣。舜湯稱寬。則急非舜湯所尚矣。蓋言急則難信。行急則難久。令急則難從。政急則難繼。此安可不戒。臣竊觀陛下自臨御以來。每事從容。唯近日進退人材之際。微

僞於急則人已不安矣。及察其黠陟先後則若有成畫操縱取舍則若有機數傷急之中。又損陛下質直之性。臣恐有巧僞之徒誤陛下也。臣嘗敬讀舉官之詔曰。不植黨與。此言何爲有哉。此必有所自矣。自古小人欲空人之國者。必進朋黨之說。陛下亦記潛邸所講元祐絕聖之事乎。夫能言人之黨者。此人必有黨。但欲黜君子之黨而後其黨始可進耳。此語一出。令人寒心。陛下臨政未兩月。而小人已能以此惑陛下。則必是因聖性之急耳。急則輕信。輕信則易惑。易惑則小人之計行矣。臣願陛下自此遇事。毋臨之以急。而寬以察之。有如聰明必能照見情僞。則知近日之舉爲是爲非。當不待辯而自判矣。臣備員勸講。其職以養君德爲先。偶有愚見。不敢不盡。其言狂率。罪當萬死。臣下情不勝殞越俟命之至。

嘉定三年工部員外郎楊簡上奏曰。臣不勝起敬起恭。有請于陛下。陛下已自信。陛下已有大道乎。臣竊恐陛下謙冲未必自信。舜曰道心。明心即道。動乎意。則爲人心。孔子曰。心之精神是謂聖。孟子曰。仁人心也。此心虛明無體。廣大無際。日用云爲。無非變化。故易曰。變化云爲。虛明泛應。如日月之光。無思無爲而萬物畢照。陛下已自有此大道。有此光明。而昨者吳曦之變。韓侂胄之變。近又羅日愿之變。又有江淮湖湘之寇。何也。皋陶曰。兢兢業業。一日二日萬幾。謂心思微動。不勝其多。故曰萬。後儒謂之萬事。非也。舜禹尚兢兢業業。陛下宜法此兢兢業業。非有所思爲也。平常日用無作好無作惡。無怠無荒。而融明無不照。知微起乎意。則昏蔽。則放逸。陛下聖性澹然。無所嗜好。宜清明無所不照。舉無失策。而猶有禍變如前所云者。臣妄意恐意微動如雲氣之興。故日月之光或有不照之處。舜禹相戒。猶以精一爲難。願陛下兢兢業業。無起意。孔子曰毋意。不起意則此心光明

所照。自然知柔知剛。知賢知不肖。洞見治亂之幾。似是而非之言。末可得而惑。隱微之情自無所不燭。常清常明。可以弭禍亂。消天變。祈天永命。其幾在此。此非世儒所能知也。惟陛下兢業毋忽。

嘉定中都官郎官袁燮上奏曰。臣恭惟仁聖在上。涵育群生。無有遐邇。罔一覆載。施恩務從其厚。用刑寧過乎輕。無愧於古聖人用心矣。孟軻有言。以不忍人之心。行不忍人之政。治天下可運於掌上。明效大驗。何其速也。今陛下求治。不爲不久。而稽其效驗。尚爾遲遲。何可不思其故歟。臣聞古者大有爲之君。所以根源治道者。一言以蔽之曰此心之精神而已。心之精神。洞徹無間。九州四海。靡所不燭。故書曰光被四表。格于上下。又曰。帝光天之下。二帝之精神也。曰。明明我祖。萬邦之君。德日新。宣重光。三王之精神也。二帝三王。終日乾乾。自強不息。故能全此精神。以照臨天下。悶並日月。未邇微小。至于今仰之。漢之宣帝。唐之太宗。雖未極純懿。而能勉強振作。興起治功。爛然可觀。而史皆以厲精稱之。亦可謂英主矣。陛下視今之治。具已畢張乎。未乎。民生已舉安乎。未乎。更化以來。招延俊彥。隨才授職。責其功效。治具似已張矣。而頹綱未至於盡舉。宿弊未免於猶在。則難以謂之畢張。都城之內。財貨流通。米價至平。閭閻熙熙。遠過曩日。民生似亦安矣。而遠方之民。凋弊乎財賦之煩。愁苦乎刑獄之慘。雖當豐歲猶不聊生。則難以謂之舉安。陛下尊居宸極。臨制萬方。惟所欲爲。其誰能禦。今也雖有仁心仁聞。而大有爲之效。猶未至於昭明彰著。歲月蹉跎。所就止此。豈不深可惜歟。臣願陛下毋以寬裕溫柔自安。而必以發強剛毅相濟。朝夕警策。不敢荒寧。以磨厲其精神。監觀往古。延訪英髦。以發揮其精神。日進而不止。常明而不昏。則流行發見。無非精神矣。謹所從出。出則必行。宣布四方。無不鼓舞。號令之精神也。

褒一有德而千萬人悅戮一有罪而千萬人悚賞罰之精神也有正直而無邪佞有恪恭而無媮墮有潔清而無貪濁布滿中外炳乎相輝人才之精神也民間逋欠不可催者悉蠲之中外冗費凡可省者盡節之其源常浚其流不竭財用之精神也將盡威恩以馭其衆士致死力以衛其長勇而知義一能當百軍旅之精神也黎元樂其生業習俗興於禮遜五穀屢豐百嘉咸遂民物之精神也明主精神在躬運乎一堂之上而普天之下事事物物靡不精神豈非帝王之盛烈歟昔我藝祖躬上聖之資當寓縣分裂之餘整齊乾坤如再開闢端門軒豁無有壅閉謂左右曰此如我心小有邪曲人皆見之矣大哉聖謨此二帝三王所以日用其力者乎詩曰周雖舊邦其命維新新者精神之謂也陛下誠能以藝祖為法則我宋之維新亦當常如創業之初矣一元之氣周流磅礴化成萬物日新無已天地之精神

也惟陛下省察

爕又上奏曰臣聞天下有大體人君有大德先其大者而衆善從之則天下可以大治闇於大而明於小難乎其致治矣陛下尊居宸極餘二十年無聲色之奉無遊畋之娛無耽樂飲酒之過不事奢靡不殖貨利不行暴虐凡前代帝王失德之事陛下皆無之可謂有聖君之資矣然影者形之符響者聲之答君德者形聲也治效者影響也陛下視今之治效為如何哉以言乎財計則未裕以言乎兵力則未彊以言乎人才則忠實可仗者寡以言乎民生則愁苦無聊者衆明聖在上而是數端者未滿人意如此人皆疑之以臣管見或者君人之大節猶有可議者歟易曰大哉乾元萬物資始又曰大哉乾乎剛健中正純粹精也語曰大哉堯之為君也惟天為大惟堯則之蕩蕩乎民無能名焉巍巍乎其有成功也乾惟其大所以能首出庶物堯惟其大所以能光宅天下大則足以兼小小則烏能兼大是故君子大之為貴古人有言曰大節非也小節是也吾無觀其餘矣夫小節亦豈可略哉蓋慮夫君人者安於小而不志於大故抑揚其辭以怵廣人主之心云爾竊聞近者禁中銀器頗有遺失掌者不虞加以責罰法當然爾而陛下惻然憫念易之以錫撲素如此可謂儉矣不忍以器物累人俾貪者息心而掌者無責可謂仁矣臣願陛下充而大之自一身之儉充而至於中外冗費靡所不節自一念之仁充而至於四海九州皆歸吾仁豈不恢恢乎其大哉齊宣王不忍一牛之觳觫以羊易之孟子勉之曰古之人所以大過人者無他焉善推其所為而已故推恩足以保四海唐開成之主舉衫袖以示近臣曰此衣三澣矣柳公權箴之曰貴為天子富有四海當進賢退不肖納諫諍明賞罰則可以致雍熙服澣濯之衣迺末節爾由是觀之人君於小

大之辨可不嚴哉天下大器也惟大君為能舉之伏惟陛下恢洪志氣無自菲薄篤信聖人之言力行先王之道立大規模成大功業以隆我宋不拔之基豈非大君之所為哉古人恥君不及堯舜中常之主猶欲引於當道況陛下天資粹美聖心淵靜足以與古帝王匹休而猶有未及為者此臣所以發於忠憤不能自默也孔子曰為仁由己而由人乎哉惟陛下自彊不息日進無疆宗社幸甚天下幸甚

寧宗時煥章閣侍講朱熹上奏曰臣竊聞之天下之事有常有變而其所以處事之術有經有權君臣父子定位不易事之常也君令臣行父傳子繼道之經也事有不幸而至於不得盡如其常則謂之變而所以處之之術不得全出於經矣是則所謂權也當事之常而守其經雖聖賢不外乎此而衆人亦可能焉至於遭事之變而處之以權則唯大聖大賢為能不失其正而非衆人之所及也故孔子曰可與

享未可與權蓋言其難如此而夷齊季札之徒所以輕千乘之國以求即乎吾心之所安寧殞其身亡其國而不敢失其區區之節者亦為此也乃者天運艱難國有大咎穴變為之見於上地變為之作於下人情為之哀恫怫鬱而皆有離叛散亂之心方此之時宗廟社稷危於綴旒是則所謂天下之大變而不可以常理處焉者也是以太皇太后躬定大策皇帝陛下寅紹丕圖未及號令之間不越須臾之頃而鄉之危者安離者合天下之勢翕然而大定此亦可謂處之以權而庶幾乎有以不失其正者矣然自頃至今亦既三月而天變未盡消地變未盡弭君親之心未盡懽學士大夫羣黎百姓或反不能無疑於逆順名實之際至於禍亂之本又已伏於冥冥之中特待時而發耳臣雖至愚亦知竊為陛下憂之而未知其計之所出故寤反覆以思而參以所聞則尚猶有可諉者亦曰陛下之心前日未嘗有求位之計今日未嘗忘思親之懷而已爾嗚呼此則所謂道心微妙之全體天理發用之本然而所以行權而不失其正之根本也誠即是心以充之則孔子所謂求仁得仁而無怨孟子所謂終身訢然樂而忘天下者臣有以知陛下之不難矣借曰天命神器不可以無傳宗廟社稷不可以無奉則轉禍為福易危為安亦宜可以舍此而他求哉充吾未嘗求位之心則可以盡吾負罪引慝之誠充吾未嘗忘親之心則可以致吾溫清定省之禮始終不越乎此而大倫可正大本可立矣陛下誠能動心忍性深自抑損所以自處常如前日未嘗有位之時內自宮掖燕私之奉服食器用之須不敢一毫有所加於潛邸之舊外至百辟多儀之享恩澤匪頒之式不敢一旦而全享乎萬乘之尊尊務積其誠意期以格乎親心然後濬發德音痛自克責嚴飭羽衛益勤問安視膳之行十日一至而不得見則繼以五日五日

一至而不得見則繼以三日三日而不得見則二日而一至以至于無一日而不一至焉俯伏寢門怨慕號泣雖勞且辱有所不憚然而親心猶未底豫慈愛猶未復初逆順名實之疑不渙然而冰釋則臣不信也若夫災異之變禍亂之幾有未盡去則又在乎陛下凝神恭默深監古先日與大臣講求政理可否相濟惟是之從必使發號施令無一不出乎朝廷進退人材無一不合乎公論不為偏聽以啓私門則聖德日新聖治日起而天人之應不得違孽孽之萌不得作矣今日之計莫大於此惟陛下深留聖意而亟圖之若復因循日復一日所以行權者遂失其正則臣恐禍變之來不但禮樂不興刑罰不中而已也人心易離天命難保厥監不遠深可畏懼臣山野戇愚不識忌諱罪當萬死惟陛下寬之

中書舍人陳傅良上請對劄子曰人主心術必有所尚何謂所尚先定其志而後力行之者是也臣不暇遠引前古且以高宗德業為陛下誦之方高宗艱難百戰之初欲復大讎欲定中原欲還謁九廟則其志尚在恢復及大母已歸徽廟之梓宮已還南北之勢已成高宗之責少寬而天下亦倦於用兵矣則其志尚在和好方志在恢復則用趙鼎用張浚自退朝之後延見臣下省閱章奏游戲翰墨至於燕私皆恢復之謀也及志在和好則用秦檜自退朝之後延見臣下省閱章奏游戲翰墨至於燕私皆和好之事也高宗所以享國之久動無過舉者以有定尚不雜不怠而已雖然此臣借以為喻之說而非勸陛下之說也今陛下春秋鼎盛銳意於學而又聖稟純素絕無嗜好臣切以為陛下之心方如止水方如明鑑以此為堯舜以此為三王無不可者臣獨未知陛下之心所尚者何事欲先定者何志耳不主一事則將益進人之言而無適從不先定一志則將汎汎然日復一日而無用

力之地且夫人主天下之利勢也富貴尊榮之所自出也儻陛下將聽並進之言而無適從汎汎然日復一日而無用力之地臣恐有乘間而入陛下之心者矣陛下此心方如止水方如明鑑可以為堯舜可以為三王或萬一有先入者得陛下之心而用之臣恐陛下聖明雖銳意於學無他嗜好而此心已有所偏著也故臣私憂過計欲勸陛下且以拯民窮為所尚此志先定則陛下始有用力之地自退朝之後以此意引見臣下以此意省閱章奏至於游戲翰墨至於燕私此憂此念造次不忘臣切以為是亦陛下養心之法不離不息充而大之堯舜三王之治可由是而致也何者以捄民窮為所尚即是仁心仁心即是堯舜三王之心孟子嘗言之臣嘗發明之陛下嘗深信之矣

著作郎吳泳輪對言願陛下養心以清明約己以恭儉進德以剛毅發強毋以旨酒遠善言毋以嬖御嫉莊士毋以靡曼之色伐天性杜漸防微澄源正本使君身之所自立者先有其地夫然後移所留之聰明以經世務移所舍之精神以強國政移所用之心力以恤罷民移所當省之浮費以犒邊上久戍之士則不惟可以消弭災變攘除姦凶殄滅寇賊雖以是建久安長治之策可也

袁説友上言曰臣嘗觀夫子之言曰為君難又曰如知為君之難也不幾乎一言而興邦乎大哉聖人之言深切乎帝王用心至到之地也仰惟陛下以春秋方盛之年履九五崇高之位固欲長享天下之奉而安守天下之尊也然則為君於上而所謂難者雖一嚬笑之細而無所不寓陛下盍亦知人君之所謂難者乎臣請為陛下略陳之夫貴為無敵富為無倫富貴之盛為君者獨有也生殺自我予奪自我慶賞刑威為君者獨專也有此富貴專此刑罰天下之事宜若無

有難者嗚呼是豈知為君之道哉人主以一念慮之間知吾之所謂難者無一而可忽是故不敢易其難而畏其難則富貴刑賞我可有而不敢恃不以為難而忽其難則富貴刑賞我可得而不能守蓋知其難則畏畏則無一而不謹不知其難則忽忽則無一而不縱陛下試觀自古賢君聖主凡守此大寶居此大位而可以忽而縱者為之耶君人者大則政刑號令而關於治亂安危之機微則言動趣向而繫於教化表儀之本細則聲音笑貌而達於視微觀瞻之地小有不謹則悔吝隨至浸以不善則災害有作大而悖理傷道則亂亡不可禦矣此必至之驗也非如天下之人其善否得失獨繫於一身一家而已陛下亦嘗思前日之在潛邸與今日之履大位其難易果如何方陛下潛龍之時養聖人之德儲天下之望其一身之所形見而或有善否得失者未必盡關於目前之安危治亂而天下之議論責望其屬於王邸者亦未必如是之切且亟也今陛下上承祖宗社稷之付託下為四海生靈之宗主萬目之所觀瞻萬務之所關繫萬口之所責備其為甚艱舉是皆是凡政刑號令言動趣向聲音笑貌是三者一有過差小而議論責望大而利害休戚又大而安危治亂皆所由出也陛下當此之時其視潛邸之日難易自判然矣試以堯舜觀之其君臣都俞之間且曰后克艱厥后又曰惟帝其難之方且兢兢業業知其艱且難者而不敢自安蓋以為君之難動有所關繫故堯則不敢以位為樂而舜則猶有已憂也由漢以下知此難者唯唐太宗其言曰創業之難既已往矣守成之難與諸公謹之又曰人主惟一心而攻之者衆少懈而受其一則危亡隨之此其所以難也太宗以聰明絕人之資其圖回天下若不足道而念慮發言之間且知為君之難反覆憂懼如此此貞觀之治後世所不可及本朝太

祖皇帝嘗謂近臣曰爾謂帝王可容易行事耶仁宗皇帝嘗下詔曰
當念守文之難敢忘置器之重祖宗念爲君之難其形諸詔誥者不
敢一毫有易心故能垂裕於萬世此又陛下之家法也雖然知其難
而圖其易顧豈無說於此乎臣願陛下不以有位爲樂而以保位爲
憂思其如是之難而圖其爲說之易一念之發則以爲難曰是善乎
否也一行之出則以爲難曰是得乎否也居隱顯則一其心不以隱
而加忽處細大則一其行不以細而弗察小而聲音笑貌推此難之
之心而不以妄發微而言動趣向推此難之之心而不以輕舉大而
政刑號令推此難之之心而不以自用在闈室屋漏之中常若議者
之在其後當積日累月之久不敢一日安其心惟善是循惟不善是
去惟人言是畏惟過失是憂其難在事難之在心則有治無亂有安
無危陛下享國萬年而端命上帝譬如人之一身康強無疾而能暢

焉難之飲食起居必畏必謹則疾疢何自而生彼恃其強者易其所
難縱飲食怠起居不病則已病則雖欲救之何及哉臣蒙國恩職在
獻納幸遇陛下始初清明之政虛心聽納之時用敢盡竭愛君之言
仰裨聖聽唯陛下勿以爲迂闊而詳察焉天下幸甚
衛涇上奏曰臣聞天之愛人君甚欲扶持而安之人君之體天意者
既至則天心之愛人君者無窮此自然不易之理也臣恭惟陛下頃繇
初潛受天眷佑賢聖仁孝聞於天下祇若慈訓丕承大寶二年于茲
天意益彰感召彌速自初行大典每舉常儀鑾輿所臨若有陰相至
於雨暘順序年穀薦登四方無虞邊陲不聳自昔人君臨政願治慨
想而未能致者髣髴類見之豈惟中外臣庶冀觀太平陛下覩此景
象亦寧不自喜臣嘗考之往古驗之當今竊有所懷願質之聖心焉大
抵天之愛人君者至則所以望之者亦至唯此心對越每思副其所
望則天人相與寢昌苟玩其所愛不自省循則天心之愛或有時不
可恃而譴咎傷敗之來未必不基於此由是觀之則凡天意之順從
嘉祥之協至人君未易晏然自處也今天心之愛陛下可謂甚至不
識陛下所以體天意者其已至歟抑猶有未至歟臣竊謂此天俾陛
下以大有爲之時所以望陛下者任大守重固當精思熟慮實休咎
禍福之所判也臣不敢遠引泛論請以仁祖及壽皇近事言之仁祖
臨御三數年間水旱仍臻天變數起可謂多事然在位四十二載深
仁厚澤滲漉四海而丕烈懿範垂詒萬世號稱本朝全盛之時壽皇
初受內禪變故尤多連歲饑荒逆虜犯順若不能一朝居者然二十
八年之久方內乂寧生民休息雖大志未就迄底小康有光高宗中
興之治夫嘉祥之應不亟見於慶曆元祐之盛時而眚異之來適以
屬乾道淳熙之志業則今日天意順從如前所陳者殆未可測蓋甚

可畏而未暇自喜也陛下將何以處之乎昔楚莊王天不見妖地不
出孽則禱於山川曰天其忘余歟蓋在陛下省之於心反之於身操
之於行事而已臣不勝拳拳願陳其愚
涇又奏曰臣猥以庸虛承乏宰掾自惟空餐方祈外補忽蒙誤恩俾
司記注日侍清光在臣可謂僥踰而內視闕然念終無以補報敢忘
冒昧希其愚忠幸陛下垂聽臣竊惟自昔人主非不願治而君德未
免有虧或失之猜忌或失之暴虐或縱聲色或崇貨利或事奢侈此
心一有所溺臣下莫能捄正治亂之分實由於此今陛下寬仁天覆
聖敬日躋清心而寡欲好賢而樂諫凡臣所謂前數者之患無毫疑
之累矣以如是之聖質而有意於治功帝王之盛要不難致而陛下
踐祚以來三年於此四海之內延頸跂踵以聽維新之政而卒未有
以大慰厭天下之望何也毋乃聖心或未加乎臣聞人主一心固不

可有所溺尤不可無所用也天位雖不可以爲樂而尤不可不知天
位之至重也天命雖繇其自至而尤當知天命之可畏也崇高富貴
雖不可恃而人主之利勢不可以無所據也若曰吾既不以位爲樂
而視之若可輕吾安於天命之自然而不畏其難保崇高富貴不足
以動吾心而舉天下臣民事物之衆一切不以經意此非帝王所以
出而撫世御俗之道也臣昨在遠外傳之道塗咸謂陛下臨朝淵嘿
寡言於事少所可否臣始聞之而未敢信已而備數朝列兩嘗賜對
臣雖不能無惑而猶不敢謂盡然也及待罪史官分立柱下今踰兩
月每覩陛下尊居黼座延見羣臣自宰執之敷陳侍從之獻納臺諫
之論奏以至中外庶官之進對奏篇無慮累牘前席或至移時陛下
霽色溫顏兼聽廣覽雖靡闕厭倦而聖志謙虛深自退託未嘗有所
咨訪有所質問多唯唯默默而容受之進言者不得極其說秉筆者

無所載其美已事而退皆若有不自得之意臣實懼焉夫陛下所以
未欲形於言者豈陰拱自晦徐觀默察有所待而后發耶則陛下臨
政在御不爲不久機務之變可以縣見矣將深思熟慮抑畏謹重恐
言之或未審耶則輔弼禁近之臣皆股肱耳目陛下所親信委任而
小大臣子孰無愛戴君父之心設有未當豈不竭誠效忠安敢懷情
而不自盡庸何損於威德耶蘇軾有云人君之言與士庶不同言脫
於口而四方傳之捷於風雨故太祖太宗之世天下皆諷誦其語言
以爲聳動之具陛下果何嫌何疑而憚於言耶臣是以妄議陛下之
未加聖心也人徒曰天不言而四時行焉百物生焉不知天未嘗不
言也昔聖人作易六十四卦而獨以乾爲首乾天德也亦所以言君
德也它卦皆陰陽相雜而乾獨純陽成卦蓋天之德純乎剛惟剛故
能首出庶物宰制群動噓焉而春夏吸焉而秋冬威焉而雷霆恩焉

而雨露闔闢變化無不自我故曰天行健君子以自強不息人君法
天不言必與天同德而后可也儻泊然於天下一無所用其心而推
託於不言則是啓頹墮之端樂因循之習忘遠大之慮忽經久之圖
以是而求治功之進猶適楚而北轅鑿冰而取火也陛下承列聖二
百四十年之基業膺太上皇付託之重臣誠愚戇竊揣陛下聖質有
祖宗之風仁慈恭儉無失德過行真大有爲之主時可爲而不爲優
游俛默偷安歲月臣恐志士解體人將窺測陛下淺深其所關繫殆
非細事此臣區區私憂過計懷不能已輒因史事爲陛下極言之也
臣伏願陛下念宗社之甚重防禍亂於未形毋恃聖質之美必加聖
心自今以始於聽納之間留神省察奮發德音特出英斷二三大臣
相與都俞吁咈務歸於至當凡百執事有所是非可否咸決以至公
庶幾下情畢通事幾洞照行之以剛健積之以悠久將見志氣之發

如日星之昭明號令之行如雷風之震蕩聽斷之勤如四時之不息
德業日新令聞日彰何事之不可成何功之不可立保皇圖於有永
耀史冊於無窮端本澄源特在陛下此心而已臣不勝惓惓愛君憂國
之誠不自覺其狂僭惟陛下財幸
宗正少卿棠中行上奏曰陛下初政則以剛德立治本更化則以剛
德除權姦今者顧乃垂拱仰成安於無成夫剛德實人主之大權不
可以久出而不收覆轍在前良可鑒也

歷代名臣奏議卷之四

君德

宋理宗寶慶元年禮部侍郎真德秀上奏曰臣竊聞陛下迺者涓選剛辰移御清燕非特恬養神明之觀抑且稍正宮寢之儀臣子之心不勝慰幸然區區之愚有欲獻於陛下者不敢自嘿恭惟高宗皇帝受命中興再造區夏六飛南渡駐蹕錢塘其與前世之君篳路藍縷以啓山林披攘荆棘以立朝廷者殆無以異其艱其勤可謂至矣孝宗皇帝嗣守丕緒志清中原二十八年之間亶攬賢材厲精聽斷未嘗一日少懈用能保固大業垂萬世無疆之休今陛下所御之宮庭即二祖儲神閒燕之地也仰瞻楹桷俯視軒墀當若二祖實臨其上念昔者剏守之惟艱思今日繼承之匪易則兢業祇懼其容少忽乎漢文帝有言朕奉先帝宮室常恐羞之惟其以是存心故能終身為

恭儉之主兩漢之賢君莫先焉此臣之所欲獻者一陛下前所居處密邇東朝唯恩曲盡人子之恭其敢遽當人主之奉今宮闈暨乘輿服用之需頤指使令之便必將浸備於昔臣知聖性恬淡固非外物可移然以一心而受衆攻非卓然剛明弗惑未有不浸淫而蠹蝕者然則將何道以處之曰惟學可以養此心惟敬可以存此心惟親近君子可以維持此心蓋理義之與物欲相為消長者也篤志于學則日與聖賢為徒而有自得之樂持身以敬則凜如神明在上而無非僻之侵親賢人君子之時多則規儆日聞諂邪不得而惑三者交致其力則聖心湛然如日之明如水之清理義常為之主而物欲不能奪矣此臣之所欲獻者二三年之喪行於宮壼非獨衰麻在躬而已古者哀慕之存於心者不可頃刻忘憂戚之形於色者不可斯須已古者卒哭而廬居小祥而堊室今雖未能如昔然居處之制不可不極其樸素也古者服喪非有疾不飲酒食肉今雖未能如昔然饔人大官之供不可不極其菲儉也古者終喪不處于內今雖未能如昔然防微謹獨屏遠聲色不可不極其嚴也食則見先帝于羹立則見先帝于墻庶幾不負罔極之恩丕昭純孝之實儻因移御之適凡所以自奉者少異於居喪之儀則雖衰麻在躬猶不服也此臣之所欲獻者三陛下前者日侍慈明兩宮之情常懽然而無間今視膳問安之敬雖無改於昔而其見則有時矣此正陛下深留聖心之日也古之事親者聽於無聲視於無形一舉足一出言不敢忘父母也況皇太后親舉神器以授陛下同聽萬機曾未數月褰裳去之如脫敝屣隆恩厚德與天地無極陛下將何以報之乎然則恭勤之禮孝養之誠當有加於前日可也至於兩宮侍御之臣恩意當使如一蓋愛親者及其犬馬況左右使令者乎厥今羣臣萬民之命繫於兩宮慈孝交隆

於上則羣臣萬民皆有所恃以為安而兩宮侍御之臣亦得以保其富貴此臣所欲獻者四臣猥以不材叨備勸讀比者親承聖訓苟可裨益朕躬毋或有隱陛下之虛懷求助如此臣其敢以淺陋自解乎用是輒陳其愚冀補萬一惟聖明擇焉

紹定六年德秀為戶部尚書又奏曰臣聞當天命已定之餘而不忘戒懼者三代令王之所以長世也當天命未定之時而遽忘戒懼者後世人主之所以不克終也臣嘗讀書而得基命定命之說竊以謂周之文武基命者也若成王則命已定矣而周公作詩以戒王乃曰宜監于殷駿命不易又曰命之不易無遏爾躬召公作書以戒王亦曰王其德之用祈天永命又曰欲王以小民受天永命夫周至成王再世耳而文武之功配天罔極天命烏乎而遽止亦豈待祈而後永耶及觀太康之於夏太甲之於商僅一再傳而一則以盤游失國一

則以欲敗度縱敗禮而幾失之天未嘗以禹湯之烈而私其子孫也是以謂之難諶是以謂之靡常然後知二公惓惓之忠非過計也然則繼體守成之主其可以天命已定而忽之哉㢘今天下何時也臣以為天命未定之時也夫自藝祖基肇造之命而太宗定之高宗基中興之命而孝宗定之聖子神孫繼繼承承千千萬年命之定也久矣而臣以為未定者蓋觀皇矣之詩而知文王受命之由方天厭商亂而求民之定也始則觀之二國為求之不獲而又觀之四國為其德皆莫若文王者於是睠爲西顧命之為中夏主夫豈苟然哉今中原俶擾矣之簡求民主兹惟厥時使吾之德足以當天心天必不舍而他界也苟吾之德未足以當天心天必轉而他之矣臣故曰此天命未定之時也嘉定中臣繆直禁林是時韃日以興金日以削嘗中夜彷徨而起曰此吾國安危將判之秋君臣上下恐懼修省之日也於是進祈天永命之戒寧宗皇帝優容狂瞽嘉歎再三而權臣寡識懵不之省自是二十餘年德政未嘗增修人心惟益咨怨所謂祈天永命之言直視以為迂闊而欺天罔人之事則益甚焉是以譴告頻仍灾害酷烈錢塘巨浸莽為沙磧天台苕霅州化為湖而都城之灾則尤曠古所未有他如彗孛飛流之變無歲無之盜賊兵燼之厄幾半天下吾國之勢蓋岌岌然上賴九廟之靈權臣殞命陛下親政英明果斷薄海聳觀而於外攘內修之政未及大有所為金遽以滅告矣群雄虎爭猛敵猋銳豫備深防所當汲汲內顧根本猶有可虞而邊臣勿勿或假和以紓患或恃戰以成功臣以為皆非至計也昔人有言凡舉大事必順天心夏秋以來積陰多雨陽澤弗競而乾文示異數見於清臺之占因人事以推天心殆有甚可懼者臣是以僭進祈天永命之說也然所謂祈者豈世俗禬禳小數諂瀆鬼神之謂也

稽諸召誥曰敬德曰小民而已傳有之敬者德之聚能敬必有德近世大儒皆謂敬者聖學之所以成始成終也陛下聖學高明固嘗以毋不敬之言揭諸宥坐朝夕仰視如對神明然所以害吾敬者則不可不察也儀狄之酒伐德亂性此害吾敬者也南威之色蕩心惑志此害吾敬者也陛下於此心惕然自省曰沉湎冒色婦言是用昔人之所以自絕也其可不戒乎侏儒之戲滑稽之談此害吾敬者也陛下於此心肅然自持曰優笑在前賢才在後昔人所以取亡也其可不戒乎鄭聲之淫佞人之殆有一于此皆足害敬放而遠之不可以不嚴盤遊之樂弋射之娛禽獸之珍狗馬之玩有一于此皆足害敬屏而絕之不可以不力如此則陛下之心清明純粹萬善出焉則又反而思之曰朕自即位以來為權臣所誤其失有幾凡聖心之所未安者即天理所未安也改之其可以或吝則又稽于衆曰朕言動之不中道政令之不合宜者其事有幾凡人情之所未允者即天意所未允也更之其可以或後蓋一念之愧不敢安此敬也一事之疚不敢忽亦敬也謹之於心術之微而發之於踐履之實必如湯之日躋文王之緝熙中宗之嚴恭寅畏然後謂之無不敬此祈天永命之一也然召公既曰敬德又必以小民參之何邪蓋天之視聽因民之視聽民心之向背即天心之向背也權臣用事以來戕賊元元殆非一事蓋其始也易楮幣易鹽鈔顓用罔利之術而峻繩下之刑估沒編隸濫及無辜而民怨其中也黜忠良而進貪刻舉赤子以付豺狼遠近嗷嗷恬不之恤而民益怨其末也廉恥道絕貨賂公行以服食器用為未足而責之以寶玉珠璣以寶玉珠璣為不足而責之以田宅勢務希指求進者雖殺人于貨亦所恐為而民大怨矣江湖閩廣三衢之盜相挺而起生靈荼毒幾千萬人戶口減少殆什七八幸而無

盜者又以官吏爭自爲盜田里荒穢州縣蕭條亦無異於綠林黑山之所蹦轢也可勝嘆哉仰賴陛下布端平之詔一洗而新之然狃于舊習者鮮爲革心之圖困于虐政者未被息肩之惠蓋賄道雖窒而昔之賄進者尚存贓吏雖懲而贓多者或反漏網加以邊事既興江淮之間科調百出所至騷然民不堪命遠而襄蜀抑又可知臣恐非所以培本根壽命脉也陛下至仁寧忍聞此臣願聖志惻然興念申頒詔旨凡郡邑掊刻之政邊關科調之擾悉從禁止敢違命者必罰無赦至於行都近甸爲沐浴雨露之首而楮輕物貴爲生孔艱愁嘆之聲在在而有書稱文王惠鮮鰥寡蓋窮悴之人奄奄就盡惠澤所及鮮然咸有生意此海內所望於仁聖之君也宜命近臣條舉便民之書如魏相所上詔書二十三事者以次行之此祈天永命之二也易曰天之所助者順人之所助者信是以自天祐之吉無不利陛下

真能敬德於上而使斯民懷生於下則人心悅而天意順恢拓之本其在斯乎天厭夷德久矣韃戎殘暴所至爲墟必非眷命之所屬陛下春秋鼎盛聖德日新惟益懋敬爲一陟一降在帝左右一游一衍若天與俱強勉力行悠久不息以迓續休命於無窮乃睠南顧當有其日中原故物終爲吾有若徒以力求之而不反其本天意難測臣實憂之昔梁武欲取河南嘗自語曰吾之基業有如金甌脫致紛紜悔之何及徒以乙卯之夢羣臣之諛不能自克卒隳金甌之業追迹梁武平生所爲違天悖理何可勝數無得天之實而希不世之功其失宜哉臣區區所陳本於周召聖賢典訓必不誤人且前日嘗以告先皇今敢不以告陛下臣之愚忠壯老一心惟聖明裁察

寶慶初魏了翁上奏曰臣不佞待罪史臣獲際陛下龍飛御極命侍從言語之臣以次面對切惟澄源正本罔不在初臣不敢掇拾細微

具文應詔臣聞心者人之太極而人心又爲天地之太極以主兩儀以命萬物不越諸此故天之神明春秋冬夏風雨霜露地載神氣爲風霆流形庶物露生其於人也則清明在躬氣志如神蓋貫通上下表裏民物自繼善以及於成性皆一本而分也而人心之靈則所以與人極人極立而天地位焉孔子曰事父孝故事天明事母孝故事地察子思曰君子之道造端乎夫婦及其至也察乎天地夫天高地下人位乎其中判然三才若不相接也而五行二氣自一而分故上下同流彼動此應使行乎宮庭屋漏之間炯然清明無少愧怍則仰觀俯察光潔昭著前參後倚流布充塞無非此心之發見一有不慊則睨上帝而夢夢顧四方而蹙蹙雖日星草木亦若隨人意而不舒者陛下謂此心之外別有所謂天也神明者乎抑天地神明不越乎此心也正月之朔風來自乾丁丑既望月蝕于翼占者以爲兵戈之

應迫近之象而雷電先時而發雨雪繼雷而降劉向亦以爲陽不閉陰陰見間而勝陽之應然而此必有感而後爲應既應則復爲感不可以其變在外而忽之其事已應而幸爲側聞陛下嘗謂講讀之臣夜來雪作朕終夜爲之不安當益恐懼脩德大哉聖言此正求端力之要也且陛下居深宮之中十手十目所不睹聞也而惕然終夜若有臨乎其前者以此見天非蒼蒼之謂也陛下之心與億兆人之心義理所安是之謂天不愧于人是不愧于天也不畏于人是不畏于天也臣願陛下即此不安之心而益加推廣其見天地也毋專以禱祠爲事常使此心兢兢惕惕如與天陟降如在帝左右可以對越而無愧奉宗廟也毋專以備物爲饗常使此心油油翼翼如見乎其位如聞乎其容聲可以受終而無怍事太母也毋專以儀恪爲恭常使此心洞洞屬屬如執玉奉盈如將弗勝可以感通而無間對公卿

百執事毋徒以尊嚴爲儀也常使此心寬虛平夷盡下而無所伏對經生學士毋徒以誦說爲功也常使此心緝熙光明日新而不可已播告于萬方有衆毋徒以言語爲化也常使此心明白洞達觀感而無所惑心有未喻必反覆問辯以求之毋厭煩以自畫也心有未可必熟復思念以圖之毋恥過以成非也夫如是息養瞬存朝習暮益無頃刻之間則大本既立何事不可爲以證諸庶民以攷諸三王以建諸天地以質諸鬼神以施諸後世何往而不可合也不然則庶民且弗信而況其他乎聖學淺深之候氣數屈伸之感世途理亂之變人物消長之幾根於此心決於此時惟陛下速圖之

了翁權禮部尚書又奏曰臣嘗從師友講學每謂治國之本始於正君嘗儲神蓄思將爲陛下力陳修身齊家之要既至近畿則所聞日異恐或者指臣爲闊於事情又不然謂臣爲專攻上身故臣先爲陛

下據時事之迫切者而言之然而本原之論則何可以終無一言也臣每惟後世之治與古絕異古之人君以天位爲至艱至危如履虎尾如蹈春氷如恫瘝乃身是故師氏司朝僕臣正位太史奉諱工師誦詩御瞽幾聲巫史後先卜筮左右人主無一時可縱弛也虞賓在位三恪助祭夏士在庭殷士在廟雖民在甸夷隸在門人主無一事不戒懼也蟲飛而會盈日出而視朝朝退而路寢聽政日中而考政夕而糾虔天刑日入而絜奉粢盛然後即安人主無一刻可暇逸也后妃御見有度應門擊柝鼓人上堂女史授環彤管記過人主無一息可肆欲也夫以貴爲天子富有四海之內而自朝至昃兢兢業業居內之日常少居外之時常多蓋所以養壽命之源保身以保民也豈惟可以保民雖子孫千億亦自此始自秦人蕩滅古制爲人上者深居穆清而授事於婦寺出令於房闥四方文書非暬御之臣不得

上聞千數百年以來相尋一轍於是宦官外戚女寵嬖倖代操政柄人主僅擁虛器以寄于民上其接士大夫不過視朝數刻之外凡以傷生伐性者畢陳於前豈惟淫政事之原抑以傷壽命之本身不得康嗣不得蕃凡以是耳陛下以聖智之資而爲權臣所操者十年幾無以自白於斯世今幸居可爲之時外而百官有司奔走效職內而妃嬪嬙御便嬖取憐自淺中者視之必曰今乃知爲皇帝之貴也今天下太平宜及時爲樂也而臣以古今禍亂之事觀之則陛下雖曰勢重形佚其實巍然孤立於至艱至危之地而不自覺也陛下試思夫獨居深宮之中可託之以腹心者誰歟當此事變還來之時可以繫天下之望者誰歟詩曰价人維藩大師維垣大邦維屏大宗維翰懷德維寧宗子維城此六者守邦之要道也而其要則又在於宗子宗子者傳謂王之適子也無適子以爲之城則王之獨居何恃而不

畏乎故繼之曰無俾城壞而獨斯畏陛下誠能長慮及此則今日孫立之勢亦可以自覺矣傳曰后妃有正淑之行則嗣續有賢聖之君制度有威儀之節則人君有壽考之福此言希御幸以當精神則可以永壽命而蕃嗣續臣嘗記魏史明帝眈于內寵廷尉高柔上疏以爲嬪嬙過數聖嗣不昌宜妙選淑媛以備內官之數其餘盡遣還家且以育精養神專靜爲寶則螽斯之美可致如魏明者雖不足爲聖時道而柔之言實保身蕃嗣之要故臣願陛下念天命之不易思王業之惟艱必也居內之時常少居外之日常多親賢而遠色則思慮精明清心而寡欲則體力堅實無姦聲亂色則血氣循軌無淫樂慝禮則精神內守豈惟保壽命之道是乃致嗣續之原臣之所憂甚於漆室之女故忘其愚僭者若此若夫韓琦言于仁祖所謂建學內中擇宗室之謹厚好學者升入內學冀得親賢以屬大事是說也亦宜

早入聖慮博訪而豫定焉惓惓之忠退俟斧鑕

端平中祕書少監袁甫上劄子曰臣仰惟陛下更化以來廣開獻言之路而羣臣交進互說大而朝廷之綱紀微而田里之纖悉遠而邊鄙之變故近而宮闈之奧密臣下言之可謂詳陛下聽之可謂熟矣而至於切陛下之身之心者間雖言及一二而未有懇懇惻惻竭盡忠愛亦願忘諱不避嫌疑為陛下盡言無隱者臣一介疎遠去國一紀茲叨誤渥幸覲清光敢不一吐其愚以報陛下知遇哉臣嘗讀無逸一書蓋周公晚歲所作字字真實吐自肺肝非徒紙上空言而已觀其論商周享國之脩短明示兩途若曰由此則金玉厥躬而養壽命之原由彼則斲喪戕賊而失性命之正故凡受病之根伏於隱微而萌蘖易生者周公皆一一先其未病而藥之蓋適情肆欲是之謂逸故此書戒以後王惟耽樂之從亦罔或克壽懼其心志內荒而縱

伐德之斧也勞民動衆是之謂逸故此書戒以無淫于觀于逸于遊于田懼其窮極民力以騁耳目之娛也輕改舊章是之謂逸故此書戒以變亂先王之政刑至于小大懼其驟更數易而無堅凝之守也不恤衆怨是之謂逸故此書戒以民否則厥心違怨否則厥口詛祝懼其怨讟繁興隄決而川潰也淫刑窮兵是之謂逸故此書戒以亂罰無罪殺無辜懼其輕視人命路熟而手滑也老臣忠愛先事預防列此數條凜若金科苟犯其一害已可畏兼犯數者危乎殆哉嗚呼周公受文王武王付屬之佳恐恐然惟懼成王不自愛重則於吾責為有負故其勤拳真切之意必欲始終保護成王全而歸我文武庶幾無歉於託孤云爾然則無逸一書固切於成王之身心尤萬世帝王之藥石也恭惟陛下勇智本乎天錫聰明冠乎羣倫猶且孜孜勉勉崇儒興學其於帝王之道蓋已脗合無間矣抑臣猶願以無逸為

陛下告者蓋臣即此書以驗今日之事如印券符鑰之相契殆若端為陛下而發者不可不精思而深省也且陛下固知節情欲之流以保天和持儆戒之念以彌德性矣天下咸以是賀陛下臣則未敢以為慶也譬彼蔓草暫爾芟薙春陽一轉芃然復生何則元有蔓草之根固與無宿根者不同也泛觀天壤之間嘉禾與蔓草同受一氣而不能兩立嘉禾茂則蔓草不殖蔓草榮則嘉禾必枯反此理以觀此身物欲之根不去則性命之基不牢性命之基欲牢則物欲之根當絕陰陽消長之理斷斷乎有不可誣者而況女德無極易以溺人剛制于酒克終實難尤陛下所宜兢兢戒謹也陛下固知體恤民情而不至積怨讟之釁存心仁厚而未嘗萌嗜殺之念矣天下咸以是賀陛下臣亦未敢以為慶也數年以來江湖閩浙寇亂交作吾民死於征歛死於徭戍死於兵革否則死於饑荒者何可數計暨以楮令日

變物價日增民生無聊怨讟並起昨者中原有可乘之會臣下獻規恢之策淮襄困於餽餉百姓踣於道塗偏師輕動棄甲而復然則陛下雖不疲民力以召怨而民力至今日而竭陛下雖無嗜殺人之念而民命至今日而殘孟軻有言殺人以梃與刃有以異乎無以異也以刃與政有以異乎無以異也陛下心甚仁於百姓而百姓怨乃歸於陛下凡無辜而死者雖非陛下殺之猶陛下殺之也無逸之終篇論哲王聞小人之怨詈則皇自敬德大哉敬乎敬心常存必不溺於情欲必不移於玩好必不勞民必不佳兵天下欣然戴之為君而又何怨之有不然兢業一或少懈邪僻乘間而入侈心虐政捷出無端其極也民咨胥怨怨之不已至于詈詈之不已至于詛詛騰於萬口怨萃於一人故周公痛切而言曰怨有同是叢于厥身此怨不歸於他人而身實當之然則人怨乃移為己怨禍人乃所以自禍也勢一

至此雖欲長享天祿以綿無疆之休其可得乎且夫逸欲之極至於輕殺而原其根本則始於一念盖一念喜功伏藏于中始若甚微炎炎不已易以滋熾及兵端一啓小不如意則遽斂而藏之夫斂之固是也然卧薪嘗膽果為何事敵國外患所以進德又豈容信甘言而弛武備乎臣恐前日之輕舉與今日之宴安其為逸一也抑臣又聞勤者逸之對也人皆知勤之為無逸而不知徒勤亦逸也秦皇之程書隋文之傳餐乃叢脞非無逸也正使日御經帷親近儒生若可以言勤矣然耳聽經訓而身不行焉則雖勤亦逸耳是故專心致志自彊不息是謂無逸聽之必行行之必力是謂無逸出而與講讀相親是心也入而與妃嬪相處亦是心也治朝聽政之時是心也燕朝便坐之時亦是心也無作輟無暴寒是謂無逸斯道也在大易謂之生生在魯論謂之仁壽斯須放逸則生理息一念間斷則仁壽虧甚可

畏也甚可懼也周公所以保護成王至于壽考者正以元老大臣其責切己故耳陛下可不深念於此哉臣曩者將指江東因辛卯贅攸之後嘗瀝忱悃力言逸欲之害時朝廷以言為諱抱此孤忠無階得達今公道開明樂受忠言臣敢復以此說一悟聖聽惟陛下財幸

甫又上直前劄子曰臣猥以庸虛疊膺誤渥攝司記注直前奏事職也今事之當言者奚止一端陛下樂受盡言不以犯顏為罪臣其敢苟為緘默以上負明天子知遇哉臣近者密侍經帷因論聖人之剛德嘗啓奏陛下剛之一字最切於陛下之身羣臣言剛德者多矣而實未識所謂真剛也孔子曰吾未見剛者或以申棖為對子曰棖也慾焉得剛夫剛與慾似非對也而孔子必對言之者盖有慾則我為物役無慾則我能役物我能役物非真剛乎有慾則私意橫生無慾則與天為徒與天為徒非真剛乎大易所謂剛健中正純粹精者此也中庸所謂發強剛毅足以有執者此也有毫髮之私喜私怒則鼠隙由此開有纖微之旁蹊曲徑則蟻穴由此啓是故懲忿窒慾謂之真剛克己復禮謂之真剛漢高祖唐太宗非無英明雄武之略然君子不敢以真剛許之者正以其不知帝王宅心密察之功而害吾之剛德者多也元帝牽制文義優游不斷而漢業以衰文宗虛懷聽納不能堅決而唐室不振嗚呼惟辟作福作威何所拘牽而無斷人主天下利勢何事遲回而不決誠以為不斷耶可恭顯之奏而殺望之斥堪猛更生者又何其斷歟不斷於去佞而反斷於去賢此漢之所以衰也誠以為不決耶擯李德裕之黨黜李石於遠外者又何其決歟不決於逐小人而反決於逐君子此唐之所以不振也夫元帝文宗天資仁厚之主也親近儒生之主也剛德不足卒至大弊而當時之臣又無以真剛之說啓沃上心者二君自視吾之資稟決不足以望

高帝太宗則寧守吾之仁厚喜儒不至於失故步耳特不知人主宰制四海運動六合豈區區仁厚喜儒所可辦哉是必有真剛之德而後可也仰惟陛下聰明天錫聞學日新真剛之德固已得之聖心矣夫蘊於中必發於外陛下果有真剛之德則政事施設之間必有不可掩者何為乎闇焉而未彰也陛下豈以發號出令率意輕變以是為剛乎此似剛而非真剛也且今日至大至急之務有二曰楮弊也邊事也陛下雖弊弊焉日夜以為憂而算計見效迄無秋毫之功者臣以為皆由陛下剛德之未充耳誠使剛德見於節浮費則凡宮闈之用度近臣之錫賚冗官冗吏之蠶食自今以始痛加裁抑推此以行於州縣則所省之費皆可以助收楮之用矣今乃以節用為老生之常談悠悠歲月苟且因循終不忍大有所損以示吾刻苦警勵之意真剛固如是乎剛德見於懲贓吏則取二三十年以來蠹國害民

之人富藏於私者盡歸之於公毀家紓國自古有之明白洞達務在必行則皆可以佐收楮之用矣今乃僅因人言略加發摘罪大罰輕輿論未快陛下方且回旋曲折依違掩覆已發之贓既如是而未發者厚積深藏偃然安享陛下悉置之不問是前日縱其爲國之賊而今日又教之不體國也真剛固如是乎剛德見於核軍政則邊境之事所合大加搜校某處新疆失守某處戍兵損折某處招人塡補兵糧元計若干減省若干新招贍給若干盡吐事實毫髮無隱而不然者顧寘之罰今乃諱敗遂非不以實聞生券剩贏缺額不補陛下明知其欺罔未嘗一加黜責真剛固如是乎剛德見於擇帥權則堂堂中國豈無至公血誠沉幾多智之士足以當閫外之寄今馬淮襄制垣不聞虛心無我收羅俊彥以資幕畫又不聞深謀遠計保境安民以圖後效精神困於挫衄之餘智勇竭於耗散之後至於分閫沿江

者兩淮事勢不相統屬下多矛盾之見上無調一之策平居尚有違異緩急何以得力自古用人必先儲代今未用者謂其局生而非老手已試者雖云局熟而又罔功邊遽日聞虜情叵測卧薪嘗膽合智併力猶懼不足陛下乃宴安暇裕如平時真剛固如是乎陛下自更大化動以漢宣總核名實爲比臣竊觀陛下徒有慕漢宣厲精爲治之名而乃墮於元帝文宗柔弱不振之失是以擇善固執未有堅定之力聽言納諫未有果決之操剛德不競意變少偏潛窺於杳冥之中旁睨於幾微之際希求御札浸開竊弄之門憑恃寵恩將有履霜之漸陛下勿謂吾之聰明自足洞照而不必過慮也罅隙一開皆害剛之斧損德之蠹也臣恐日積月累浸淫不已勸陛下以所當爲者則蓄縮而有待贊陛下以非所當爲者則果斷而必行何則主宰不定意向易移其弊必至此耳古語曰不見其形願察其景今陛下剛

德之未充是必有陰受其病者而陛下特未之覺耳因景知形防微杜漸勿使之彰著則善矣真剛在心不在力養剛以漸不以暴撫劒疾視匹夫之勇一鼓作氣再則易衰夫惟奮以大勇而又有積習涵養之功則剛德塞天地矣陛下有堯舜之資而甘與漢元帝唐文宗伍此臣所以憤懣不快而欲一吐其愚也狂僭妄言罪當萬死惟陛下財赦

甫爲中書舍人又上內引劄子曰臣猥以疎庸誤蒙收召寵光狎至感深涕零自惟蒲柳弱質早衰多病濟布恍惘竟閱俞音然而葵藿傾陽寸心炯炯儻終於辭避非陛下負臣而臣實負陛下矣是以勉策疲駑祗服明命幸借玉階方寸地輒攄管見少裨萬分願賜垂聽臣仰惟陛下聰明天縱勇智天錫心源昭徹時幾洞見亦嘗深思而默省乎夫莫尊乎天矣其喜說其威怒陛下所以知之者非心歟莫

幽乎鬼神矣其所饗其怨恫陛下所以知之者非心歟莫嚴乎祖廟矣其安樂其憂悲陛下所以知之者非心歟方此心之未與物交也湛然清明寂然靜止及其既交於是喜怒哀樂生焉然而時值乎艱危事遭乎變故喜樂未見而哀怒先形繼天爲子而天心未契也主祭百神而神心未格也受列聖之付託而列聖之心未慰也則爲之戚焉赧焉慄慄焉而加以羽檄交馳邊塵暗矣士馬物故喪師聞矣孤人之子寡人之婦哭聲震野矣仰籲蒼穹邈焉弗聞禱爾于上下神祇渺不可測率前人有指疆土又岌岌乎不可保也而法家拂士方且日以危急痛切之辭交進乎吾前則愈爲之震惕震惕未已消沮繼之當是之時此心之清明靜止者亂矣於是乎柔媚之人乘其幾而入之曰是適然爾臣將按堵也否則曰天數有定非人力可與也又否則曰責在臣下不必過慮也夫以前日法家拂士之言如彼

而今也柔媚之言乃如此於是乎疑慮頻繁憂懷遽紆邊塵若不見喪師若不知哭聲若不聞嗚呼外境固迷也內心之炳炳者其可欺哉惟其不可欺烏知不飜然悔悟躍然奮發耶孔子曰操則存舍則亡出入無時莫知其鄉其心之謂歟噫是正操舍存亡之幾也此念一回宜深懲既往之咎親鯁直而斥柔佞可也未幾而處逆境爲甚艱反思順境之可喜而又適會夫虜騎暫退羽書暫稀果以爲天助神佑也雖明知秋高馬肥指期非遠而敵去則雖偷安目前又將曰今者不樂日月其除矣於是震惕轉而爲喜幸消沮易而爲縱肆何飜覆之甚耶夫始之震惕消沮今之喜幸縱肆未過隨勢急緩而爲之變遷皆非本心之正也陛下何不奮乾剛之勇充離照之明自覺悟於心曰嗜欲之娛何能解憂宴安之懷何足爲樂徒使我獲戾于天于神于宗廟而不得一日暫安今將滑其天君盡更前轍則必屏

嗜欲懲宴安而吾身始立於無過之地則必察民瘼決壅蔽而天下無異乎戶庭之間然後命股肱大臣曰國勢蹙矣危機迫矣凡可以拯救生靈延續天命者汝其開誠布公汲汲圖之又命諫臣曰朕躬有過汝其盡規臣有佞邪汝其極言此何如時而尚可有所諱避乎又命將帥邊臣曰凡兵之失利者汝其察夷傷勞呻吟慰安其父母妻子不幸而歿于陳者告于上而厚矜恤之其忠烈之章章者朝廷亟官其子若孫而旌異之大信昭布決不失言如此則天地宗廟必能察陛下之心豈不陰相嘿佑轉災爲祥乎四方忠臣義士必能信陛下之心豈不感激奮厲捐軀報國乎理亂安危之機特在陛下方寸間耳臣不敢毛舉庶事而獨論心源者蓋以陛下之心清明靜止則必知疾痛痒痾必通關節脉悼邊甿之塗炭憤國步之多艱自能懸旨滴如大禹自能不邇聲色如成湯自能衣大布冠大帛如興衛

之文公自能坐臥仰瞻飲食嘗膽如報吳之勾踐轉危爲安易亡爲存有不難者不然中外之事可爲痛哭流涕者豈易枚數哉詩云我瞻四方蹙蹙靡所騁陛下之憂臣之憂也陛下之辱臣之辱也主憂臣辱主辱臣死臣固不惜一死而惜不以一疏悟陛下乎臣學淺識闇所言樸直然區區忠赤粗得吐露陛下儻恕其狂斐而加采擇焉豈惟微臣之幸實宗社生靈之幸

甫爲兵部侍郎又上內引劄子曰臣迂疏樸野投迹山林自知無補於當世陛下洊加趣召臣前後控免屢矣而陛下迄不俞所請者豈以微忠粗有可采耶今茲勉策羸軀復覲清光亦願一吐真忱圖報陛下萬分一耳臣聞激烈而言天下事固臣子愛君之忠涕泣而言天下事尤臣子忠愛之切何則居安而思危處存而懼亡慨然爲激烈之論以聳動人主之聽是固可以言忠矣乃若危中求安亡中圖

存當事勢蹙迫之際而祈哀請命於君父惟有涕泣而道之耳又何止激烈言之而已哉厥今江潮暴涌蕩陵我都邑旱魃遺虐勦絕我民命內則楮幣蝕其心腹外則強鄰剥其四肢危亡之禍近在旦夕陛下何爲不一省悟乎夫憂慮切而後戒懼深警禁至而後悔艾力臣敢涕泣以二語爲陛下獻一曰秉一德二曰塞邪徑而究其所以行此二語者則在陛下真知省悟而已何謂秉一德臣聞終始不變之謂一表裏無二之謂一當昕朝臨蒞之時雖儼乎其齋莊及內庭邃密之地或弛然而縱肆則不可以言一德矣陛下靜觀默察內隱諸心吾之德一乎否乎聽治朝而百辟聳瞻御經幄而儒生款接當此之時求一言之誤一動之愆無有也及退而自便其私敬心一懈純德或虧陛下曷爲至於此哉蓋所以潛移陛下之心者多矣何則燕處之際娛悅耳目者聲色尒奔走後先者便嬖尒是皆順我者也

皆求媚乎我者也四方有敗彼則掩覆天顏未懌彼則寬譬誘於易入動於可喜讒溺其中迷不自覺視治朝經幄儼然不侔矣陛下博覽古昔洞見成敗戒謹恐懼者國未有不治荒淫逸豫者國未有不亂獨柰何不審所決擇而反至於與亂同事乎陛下豈以禁嚴之地設有過言過行人莫予知耶潛雖伏矣亦孔之昭載鍾于宮聲聞于外是烏可欺哉陛下縱自欺柰蒼蒼在上林林在下者何臣所以涕泣妄言陛下未能消天變孚民聽服遠夷者皆秉德不一之所致也何謂塞邪徑臣聞以義交者為正路以利合者為邪徑正路迂而易壅邪徑捷而易趨為人主者躬帥以正誰敢不正其有稍趨於邪者痛懲而力遏之天下悚然知邪徑之不可由其背邪向正也決矣今陛下不謹幾微邪正雜揉旁蹊曲徑其隙漸開宮掖之秘近習之褻稍有一隙則寡廉鮮恥者群起而赴之紛紛多門不可悉數大凡公

則必正私則必邪當今之時自上及下由中及外習以成風牢不可解一言以蔽之曰私而已請託以私而行賄賂以私而成黨與以私而固恩怨以私而報官爵以私而攫權勢以私而傾私意之萌陛下既有以啓之私意之極陛下又從而養成之臣來自草野側聞迩日邪徑之開難以枚舉其甚不忍聞者且至於累陛下之聖德矣夫私意勝則利心動利心熾則邪徑多邪多而正少則導諛迎合者日至而忠言讜論落落乎難合矣其極也不止於難合將反為邪所勝而正論愈榛蕪矣其何以為國乎將見寖微寖滅蒼蒼者愈怒林林者愈怨而陛下孤立於上其為憂懼又不止如今日矣臣所以涕泣妄言陛下未能消天變孚民聽服遠夷者又皆邪徑未塞之所致也夫此二說其實一原果能秉一德則邪徑有可窒之漸苟不窒邪徑則反至於累吾之一德故曰惟在陛下真知省悟而已臣叢侍經帷屢參

陳戀欵省進心本不動之說而陛下欣然嘉納且有學者之褒今復以省悟之說啓陛下陛下試思省悟者誰歟不知省悟者又誰歟豁然明白了無凝滯此正陛下之本心也即此本心坐照是非的然知夫宴安之必為鴆毒夷狄之不如藥石凡以甘言蠱我以逸樂投我者彼皆自為富貴地耳一中其計於彼則利於我何益及夫危亡之迫乎其後自詒伊戚雖復分憂陛下省悟及此則知一德果不可以不秉邪徑果不可以不塞也昭昭矣雖然今當拯溺救焚之時他無良策而獨持省悟之說毋乃迂乎曰人之未省悟也猶醉之未醒夢之未覺雖有良策亦安所施一省悟則醒矣覺矣良策乃可得而施矣然則目前之事姑聽其自敗自壞必待省悟而後救之乎曰隨事而救之不過一事而止耳今日眾弊膠轕禍亂方興何可以一事盡借使一害僅去一害又生源源方來夫豈智力之所能勝故莫若大

正其本盡悟前非而今而後奮乾剛之勇毅然不屈於物欲開眾正之門確乎不牽於私意勿置其身於安乎逸樂之地而常納其身於憂危恐懼之中念祖宗凜凜在天之靈則為之長慮而却顧懼國家岌岌不可保之業則為之痛心而疾首觀萬姓將有淪胥玷亡之憂則為之食不下咽寢不安席罪己有真切之意格天非虛偽之為薄海內外皆知陛下昭然此心對越上帝然後大勢可回大業可固非獨可以處暇也雖急而無以異乎暇之整非獨可以履常也雖變而無以異乎常之安此豈非一日省悟之機乎不然天下之事殆未可知而臣之涕泣恐未有已也披瀝忠肝不敢累牘惟陛下留神

甫又進故事曰漢元帝永光五年太子少傅匡衡上疏曰臣聞治亂安危之機在乎審所用心傳曰審好惡理情性而王道畢矣治性之道必審已之所有餘而強其所不足蓋聰明疏通者戒於太察寡聞

少見者戒於壅蔽。勇猛剛強者戒於太暴。仁愛溫良者戒於無斷。湛
靜安舒者戒於後時。廣心浩大者戒於遺忘。必審己之所當戒而齊
之以義。然後中和之化應。而巧偽之徒不敢比周而望進。惟陛下戒
所以崇聖德。
臣觀匡衡所陳其戒雖有六。而切於漢元帝之身者二條而已。一
曰無斷。二曰後時。蓋元帝之天資仁愛溫良者也。湛靜安舒者也。
仁愛溫良者乏剛明果斷之操。湛靜安舒者無奮迅振作之風。遂
使賢否混淆。邪正雜揉。漢業之衰。端由於此。衡不能挈此二戒懇
切言之。使元帝豁然感悟。改過遷善。而乃混於六條之中。以聽人
主自擇。衡亦不善於格君矣。當是時。貢禹之徒不力救優柔之失。
而徒以甘言游辭求合主意。此固不忠之甚者。劉向上疏慷慨激
切。其言曰。執狐疑之心者來讒賊之口。持不斷之意者開羣枉之

門。可謂深中膏肓之病矣。然亦有遺憾焉。孟軻曰。人不足與適也。
政不足與間也。惟大人為能格君心之非。君仁莫不仁。君義莫不
義。一正君而國定矣。當元帝時。號中書典樞機者。其人其政。大略
可觀。然奚必屑屑然較勝負於此哉。君心之本原未正。而欲挽回
於末流。固宜憂乎其甚難也。獨匡衡能從其用心治性而箴之。然
所言駁而未純。泛而不力。嗚呼。漢儒病在不學耳。使果有孟軻之
學。倘患不能正君而國定哉。匡衡劉向號為名儒。卒不能究格心
之業。使天下謂儒無益於人之國。儒果無益於國耶。讀史至此。為
之掩卷三嘆。
嘉熙二年。校書郎徐元杰上奏曰。臣嘗讀易於否泰剝復而知天下
之理無有終窮。剝極則必復。否極則必泰。一陽兆於復。此生生之基
也。進則可以為三陽之泰矣。人主為天地立心。觀否剝已極之象。將

以新世道。復泰之生意。在乎反諸一心。體復之義而已。故有一身之
生意。則一身泰。有國家之生意。則國家泰。有天下之生意。則天下泰。
反是則剝與否而已。茲非交通為泰之難。不遠而復之難也。人主患
不知復爾。知復則隨寓隨覺。有自新之功。不知復則隨覺隨溺。有自
暴之累。秦穆殽陵之歸。受責如流。此過而能復者也。漢武末年之詔
深咎既往。此迷而能復者也。梁陳隋唐之君。覩變異而不悟。縱佚遊
而不悔。終於迷復敗亡而已。然則處否剝之世。有能自反而復。則君
德生生日新之義。即天地生生日新之功。致泰之道。其在是乎。恭惟
皇帝陛下以仁聖之姿。撫艱難之運。自其緝熙聖學。玩易知幾。謂宜
致天地之泰無難矣。然端平新政。初心清明。不遠而復。生意將新。此
一機也。失之。名更化而實未嘗更化。嘉熙以來。容養善念。端復無悔。
生意又新。此一機也。失之於始玩變而終未能消變。激而為慓難之

禍。泄而為非時之雷。溢而為水旱日星之咎。民物以是而消圮。上下
以是而扞格。天地剝否之象至此極矣。然天下無終極之理。君德不
可無自反之忱。苞桑之戒不嚴。不足以致休否之吉。貫魚之寵不察。
不足以遠剝近之災。陛下悔悟之機屢動而屢窒。得非自反之未至。
復德之生意猶有未新者乎。壬午之風。陛下之法家拂士也。夫以恐
懼修省。方嚴於避殿求言之時。而火星失度。且有戟氣。是天心仁愛
之意。其有加無已又如此。則陛下夙夜畏威以祈天永命者。當何時
而可已哉。天亦念斯世否剝之極。開一綫之生意者在陛下。然則轉
一世之剝為一陽之復。新一陽之復為三陽之泰。其機在聖心而已。
今也人臣愛君。請御正殿至再至三。陛下勉而從之。此正朝廷清明
之機。開世道以復泰之日也。非徒曰復新御朝之禮而已。陛下勿憂
世道之泰為難。當憂天理之復為難。進潜陽之剛則陽明勝而德性

用者不可不充也消外陰之柔則陰濁勝而物慾行者不可不窒也以孔門之克己復禮者求之凡便安順適意欲好樂皆己也必剛以克之而後欲盡而禮復矣以視聽言動之勿非禮者求之則凡隱微之差形似之妄皆非也必明以辯之而後非禁而禮復矣由乎中而應乎外制於外所以養其中陛下以臨朝之清明玩不遠而復之義持之以克己之勇自身而家自家而國自國而天下無往而不求為生意之充則世道復泰舉無難矣何以言之恐旨好善此一身之生意也臣竊觀陛下臨朝之詔有曰惟知菲食何暇嗜音臣子聳聞莫不以謂自斯言充之清明在躬志氣如神何往而不為修身之泰然賓筵惟戒媟近侍僕罔匪正人得無有所當檢柅益為聖德之謹者乎防微杜漸此一家之生意也臣嘗側聞陛下臨朝之旦嘗曰戚里予郡易啓私恩中外驩傳莫不謂自斯心充之糾禁內謹政無多門

何往而不為齊家之泰然蠹冗每難盡窒狐社率多憑附得無有所當警飭益為命令之嚴者乎黜陟有序此一國之生意也陛下臨朝而率作凡差除進擬職所當還亦莫不曲致其謹小大聳聞以謂自此意充之上盡道揆下盡法守何往而不為治國之泰然用賢轉石去佞拔山箴切上身詆及宮禁或有恚憤於導人使諫之後是豈容不以正論元氣公道命脈益為之扶植者乎備禦有經天下之生意也陛下臨朝而憂顧以淮右封部盡隸督閫將以一其事任中外驩傳以謂自此見充之舉措得宜而人心服城守相接而虜騎擒又將何往而不為天下之泰然淮寇方掠憂重石城西蜀未平難置度外況乎東西猶有治水鄰壑之疑是豈容不以同舟遇風叶力共濟者益為之戒諭者乎夫以陛下復德美意一旦發動其機如此則陽明之生駸駸不已轉斯世否剝而復泰之此陛下所能為而不容不勉

而為之者昔董仲舒論災異警懼以為自非大亡道之世天盡欲扶持而安全之必繼之曰在勉強而已勉強行道則德日起而大有功此陛下所當深體進夫克己復德之誠求以無愧乎上天仁愛之本心則天下國家之泰未有不自勉強充之是又愚臣之所惓惓也雖然陛下反復為本固所以致泰也臣嘗觀剝復否泰之機其所以然者君子小人實為之陛下燕間玩易之頃亦嘗於君子小人消長之際而深長思乎曰泰曰否上下之志交與不交同與不同而已善處否者有傾否之喜不善處泰者有復隍之憂其機至可畏也處剝之勢君子得輿尚為小人之剝廬而況於剝床以膚魚肉生靈者哉至於處復之時聖人不言君子而言朋來無咎正以世道一綫之生意在此故潛來君子之朋僅曰無咎而已蓋有意君子之道長也然則人主因天理之復開世道之泰又非九二大臣叶贊不能也故自天

子至于大臣壹是皆以克己復禮為本今陛下克己無我尊禮大臣蓋亦閔世否剝求以為從泰之圖大臣包荒憑遠固無一日不為天下計抑馮河有勇朋亡得中相與叶贊陛下基泰之道者尤不容不重用其心也昔諸葛亮曰宮府當為一體陟罰不宜異同親賢臣遠小人此先漢所以興隆也繼今陛下惟日與二三大臣致謹其所以興隆之本自一差擢之謹等而上之凡一命令凡一黜陟無往而不以公天下為心於陽明必極其充於陰欲必嚴其窒則天地生生之意當亦無往而不普而況右揆久虛論相者陛下之職也曩者更化之初輕用此職開邊之禍猶未歇也今不可以復輕矣世道存亡之決在此一舉臣願陛下宵衣旰食默祈於上天之公非耆艾骨鯁足以負荷斯世者不以輕畀而又博參中外之情以決之一皆出於天命有德而無私如是則天佑賢佐叶濟中興開之以朋來無咎進之

於芬茹彙征基世道以復泰之運或者猶可及也常人之見見於已形識者之見見於未形自其見於已形言之上而天變之未弭下而邊患之未平凡世道否剝之可為痛哭又有如賈誼所謂難徧以疏舉者臣積忱竭慮思以轉移機括感悟聖心惟自其未形者而圖之故願陛下靜觀否泰剝復之幾益謹諸聖心而求所以為輔相裁成之道庶乎可以感悅人心迓續天命上以重一祖十二宗之付託下以繫四海億兆生靈之愛戴則天地復泰之象不在天地而在陛下方寸中矣臣狂瞽末學初對清光猥褻纏陳冒犯天聽罪當萬死惟陛下裁赦之

元杰又奏曰臣惓惓孤忠既以天理之復為世道之泰殺忱君父矣臣又私切有感焉夫邊患莫慘於今日故天變莫稠於今日陛下克謹天戒有感必通宜矣邇者太白經天流星隕晝質之占象皆非細

故此必猶有應天以實而未盡舉行者也昔伊尹恥其君不及堯舜孟子非堯舜之道不敢陳於王前臣戴陛下天地罔極之恩方待對也蚤夜齋栗如對上帝曷敢隱情惜己退有後言故茲瀝悃略述帝道冀以感悟萬分之一惟陛下力行好事無往不盡而後可以回天心之悔禍昔舜伐苗之師以禹誓衆無不一乃心力三旬之逆猶不免焉蓋書者記事之史也當時所載如此則苗之為害可知益之贊禹乃曰惟德動天無遠弗屆繼之以謙益滿損時乃天道之言至又推本帝初歷山之號泣旻天督亦允若益豈為是緩而不切之言哉其意若曰格有苗易格旻天難格旻天易格傲象難象至不仁親愛無已是於其所難格者格之矣當時誕敷文德之實皆自其天理中發之此所以至誠感神天人為之動苗亦以格也陛下聰明濬哲稽古如舜衆天下仰之如父母今也覩天變之狎至悵邊好之未通固欲以反求其躬行內修其政事此蓋有所不容緩者然臣謂舉繁縟不足以格天變之弭惟盡人事則不期而自弭殫計力不足以結邊好之和惟回天意則有感而自和故言善則星舍有潛回之機家和則狄輩亦豈得而至為今之計莫若充姚虞親愛之心寖加於已復爵之邸崇周家內睦之仁深寓乎無不盡之情酌典禮於遷瘞惻悽之時施德澤於昭天漏泉之域使存者有所慰薦往者有所憑依是亦盡人事之一端或者回天怒之有所待也曩時儒生忠愛似失之激不惟不足以迎陛下無窮之意反有以感陛下親愛既往之心然而陛下高明配天何所不察博厚配地何所不容以御朝清明之初此正復見天地之心之日也新陽生意幽壤如春冥昧昭蘇氤氳蟠塞天開泰道助者順矣一順舉百順備何憂乎天變何畏於韃酋陛下其深繹之臣螻螘微蹤生平無他妄念惟知盡臣子之職為難今叨

恩非據得對天日少殫畎畝之忠而後屏處窮閻臣之志願塞矣惟陛下矜察

景定四年禮部侍郎牟子才上奏曰臣違遠闕庭凡閱九載中蒙全度獲保山林不自意聖明照知終賜收召遂得復望穆清之光自惟蒙恩至深所當竭忠以報而臣秉病廢學莫效萬分此臣之所愧懼也臣嘗觀先儒朱熹之於孝宗蓋自癸未入對首以本然之天理為言辛丑再入又申言之至於戊申之對越八年矣而尤拳拳焉望以天理之純而人欲之盡夫以孝宗聖明二十七年之間熹之效忠者終始不越乎天理之說然後知臣子之愛君惟於閱歷之人而驗其本然之天理而已恭惟陛下聖性高明聖學緝熙其所用力於天理者久矣臣曩侍經幄親承睿訓固知陛下可以為堯舜可以為湯武而一時諸臣之誤陛下者乃日夜與陛下之理為仇聖心本寅畏也

而彼則有逸豫之說聖德本忠厚也而彼則有刻薄之說聖度本優容也而彼則有譁競之說臣固知陛下本心必不出此而皆諸臣之誤陛下也及一覺悟以之戢難更化定大本不勞餘力皆陛下本心之天理實爲之臣益有以驗陛下四十餘年講明之素持循之力懲艾感發之真而諸臣之說終不足以誤陛下也臣恍不佞以爲陛下之天理益至是而始定矣天理人欲介乎毫芒體認難真操持易失而所謂人欲者非必聲色貨利也苟微有所係吝微有所壅滯皆足以爲本心之累而三者之說每得以乘之此臣熹之所以告孝宗者猶恐其天理之未純人欲之未盡而公私是非邪正咸得以交戰乎中也臣切觀陛下自弁造以來經理創殘鎮定危疑內而振贍畿輔之水潦外而應酬疆埸之事會君臣相與焦勞圖惟者久之而後定其勤蓋如此切度聖心固不忍以目前之庶定遽忘前時之克艱而臣愚過計則以爲宿憂既弛順境易移不知天將去其疾

而俾遂無後憂邪抑順適吾意而或爲宴安之鴆毒也故臣願陛下有以全敬畏之本心陛下即位以來恪守家法以禮待士大夫以仁愛百姓不幸小人誤國始用一切以戕其脉夫以法毒天下未有不反中其身者也今既盡反其所爲矣譬如人之一身寒邪既去元氣尚虛非養之以粱肉調之以參朮不可也謂宜悉取祖宗所以待士愛民祈天永命者循而行之而後可以輯四海安靜和平之福而延洪億萬世子孫無疆之休故臣又願陛下有以全忠厚之本心維我祖宗治尚寬厚而公議一脉極力扶持所以振起其頹墮不舉之處而使之無壅底不通之患往者言議之臣指喻時有過當聖度猶見涵容中更積威之餘風采消沮雖或求言之意形於詔旨而人懲曩禍孰肯盡言言及乘輿尚見優假事關廊廟忿怒斯形臣恐日往月來遂成風俗非所以養敢言之氣而爲國家之福臣益願陛下有以全優容之本心凡是三者皆陛下本然之天理所以旋乾轉坤傾否致泰蓋陛下之所嘗實用其力而終賴其力者也故臣納約自牖輒援是以忠益之義而不暇泛及於事物之末惟陛下毋以臣言爲迂而幸聽之不勝幸甚

理宗嘗視朝謂將作監王應麟曰爲學要灼見古人之心應麟對曰嚴恭寅畏不敢怠皇克勤克儉無自縱逸強以馭下制事以斷此古人之心然操舍易忽於眇綿兢業每忘於遊衍帝嘉納之

理宗時秘書郎許應龍上奏曰臣聞國於天地必有與立一曰君德二曰人心夫天下至大也主業至重也所頼以憑藉而扶持者固亦多術矣而臣獨以君德人心爲先者蓋君德厚薄乃安危之地人心向背實理亂之基君德苟正則朝廷清明治功振起於寬厚宏博之中而隱然有不可犯之勢人心苟固則尊君親上如手足之捍頭目雖當危疑緩急之秋亦無解散動搖之患故古先聖人不廑國勢之

不強惟慮己德之不脩不慮外侮之難禦惟慮人心之未附蓋敵國外患何世無之雖虞朝之盛猶有弗率之苗民周治之隆猶有不服之崇國然舜文之心曷嘗以是爲患哉文德之敷民心之洽既足以致風動之休則蠢茲有苗何慮其不格徽猷之德懷保之恩足以格子來之衆則崇墉言言亦因壘而自降矣漢唐之君雖非帝王比然七制能以公恕統天下而四百年之間舉無二志唐以仁厚結人心雖屢更變故皆不旋踵而定是知君德人心乃國家之元氣而長治久安未有不本諸此請復以國朝之事明之共惟藝祖立極聖聖相承講學行仁求賢納諫下情通而無壅蔽之患公論伸而絕好惡之偏其正君德有如此者戒藩侯以撫養厭將臣之殺降緩故縱之誅重誤入之辟蠲河北之鹽寬陝西之稅其結民心有如此者是以朝廷尊安基業鞏固雖澶淵西夏之警智高界章之黠皆隨起隨仆卒

晏然而無患。是果何以得此哉。以兵而言則無大兵威以操制人之命。以刑而言則無深責重罰以禁遏姦宄之心。疑若委靡而不振矣。而二百餘年之間。主威國勢。隱如雷霆。固若磐石。亦惟君德明於上。人心固於下。足以消姦邪之萌。而杜禍亂之原也。陛下纂承丕緒尊奉慈極。親近儒生。開廣言路。聽斷訪問。未嘗少懈。出入起居。罔有不欽。皆所以正君德也。大風之變。首議蠲免。洪水之災。倍加賑卹。旌廉抑貪。欲宣德意。赦過宥罪。務行寬大。皆所以結人心也。是宜天地和應。雨暘時若。年穀順成。民生豐裕。將以建大政而興太平。而疆場之防。猶闕宸慮。然大明當天。魑魅自伏。今聖德昭明。賢才萃聚。豈無運籌帷幄以決千里之勝者乎。人心愛戴。中外和協。豈無賢於長城者為吾之捍禦乎。昔裴度言於憲宗之朝。謂淮西盪定。河北底寧。豈朝廷之力能制其命。直以區處得宜。能服其心耳。今日之事。苟區處

得宜。隨機而應變。強本而弱支。則進退伸縮。無不如意。尚何外患之足慮哉。雖然。君德人心。固所以為固國之本。而君德之脩。又所以為固人心之本。然人心不難固。而君德為易虧。苟德脩於上。有加而無已。則民戴於下。無時而或釋。臣願陛下法乾之健。體常久。不以躬行為已至。而或怠於力行。不以日新為已盛。而益期於又新。則澤流而益深。仁增而益高。民之戴德。永永無窮。將使外薄四海。無思不服。
國勢尊安。猶太山而四維之矣。臣不勝拳拳。

應龍又進故事曰。仁宗朝。丁度等答邇英聖問一卷。其序曰。自古求治之主。靡不欲興理道。安邦國。納忠正。退姦邪。廣聰明。致功業。然行此數事。在明與剛斷爾。明則不惑。剛則有執。斷則能行。總是三者。守而勿失。非聖人孰能為之。司馬光言人君大德有三。曰仁曰明曰武。武者。非強亢暴戾之謂也。惟道所在。斷之不疑。姦不能惑。佞不能移。此人君之武也。

臣聞赳赳雄斷。光武所以再造。剛明果斷。憲宗所以中興。蓋天下無不可為之事。特患夫人主無獨斷之明。所見苟明。是則行之。非則違之。而不為群議所惑。用賢則勿貳。去邪則勿疑。有功則必賞。有罪則必罰。振厲奮發。凜然有不可犯之勢。則令行而禁止。利興而害除。顧何事之不可為哉。奈何時君世主。明不足以有臨。剛不足以有執。非不用人。而人之賢否莫能別。非不立事。而事之是非不能辯。故讒說者得以容其欺。巧言者得以逞其辯。悠悠歲月。竟無成緒。天下之治。將日趨於委靡而不復振矣。吁。此丁度所以有自古致治之主。在明與斷之論。而司馬光亦曰。斷之不疑。則姦不能惑。佞不能移者。正謂此爾。今日總攬權綱。作新政治。切於用賢則旁搜而博采。急於求言則廣覽而兼聽。然守邊備塞。豈無一定

之畫。而和戰之議角立。建功立業。當有敢為之勇。而遲疑之意未決。是以望治雖勤。而成效愈邈。夫執狐疑之心者。來讒賊之口。持不斷之意者。開群枉之門。故劉向獻言於漢。而欲其決斷狐疑。分別猶豫。使是非炳然。而後可以興太平之基者。真至當之論也。夫所謂斷者。非強明自任之謂也。參之以衆論之公。酌之以當然之理。是非未明。則反覆詰問。必求其實。若果合宜。則守之以堅。行之以果。不以異議而搖。不以小未如意而沮。則事無不舉。功無不成。而中興可冀矣。

洪舜俞進故事曰。其席前左端之銘曰。安樂必敬。前右端之銘曰。無行可悔。後左端之銘曰。一反一側。亦不可以忘。後右端之銘曰。所監不遠。視邇所代。　机之銘曰。皇皇惟敬。口生㖃。口戕口。　鑑之銘曰。見爾前。慮爾後。　盥盤之銘曰。與其溺於人也。寧溺於淵。溺於淵。猶

可游也。溺於人。不可救也　楹之銘曰。毋曰胡殘其禍將然。毋曰胡
害其禍將大。毋曰胡傷其禍將長。　杖之銘曰。惡乎危於忿疐。惡乎
失道於嗜慾。惡乎相忘於富貴。　帶之銘曰。火滅修容謹戒必恭。恭
則壽。　履屨之銘曰。謹之勞勞則富。　觴豆之銘曰。食自杖。食自杖。
戒之憍憍則逃。　戶之銘曰。夫名難得而易失。無懃弗志。而曰我知
之乎。無懃弗及。而曰我杖之乎。擾阻以泥之。若風將至。必先搖。搖雖
有聖人不能為謀也。　牖之銘曰。隨天時地之財。敬杞皇天。敬以先
時。　劍之銘曰。帶之以為服。動必行德。行德則興。背德則壞。　弓之
銘曰。屈伸之義。廢興之行。無忘自過。　矛之銘曰。造矛造矛。少閒弗
忍。終身之羞。予一人所聞。以戒後世子孫。　衣之銘曰。桑蠶苦。女工
難得。新捐故。後必寒。　鏡之銘曰。以鏡自照。見形容。以人自照。見吉
凶。　觴之銘曰。樂極則悲。沈湎致非。社稷為危。　机之銘曰。安無忘

危。存無忘亡。孰惟二者。必後無凶。　杖之銘曰。輔人無苟。扶人無容。
此武王聞丹書於師尚父。為銘以自警也。維昔帝王之治天下。莫
不以敬為主。敬則百慮澄。不敬則百慮擾。敬則萬善集。不敬則萬
善隳。是敬非自外而入也。上帝臨女。毋貳爾心。知所畏。然後知所
敬也。人主身都綦貴。心受衆攻。非隨物致戒以警勑之。則畏心忘
而敬心泯。天理之存者幾何。武王惕懼而銘諸物。不曰視邇所代。
則曰溺不可救。不曰其禍將大。則曰社稷為危。何其辭之嚴也。天
真難保。人慾易流。出入起居之際。龜鑑在目。庶幾常若危亡禍亂
之歷其前。而起臨深履薄之懼。無一念之非敬也。然以武王之聖。
豈待睹銘而知懼哉。堯舜性之也。湯武身之也。身之則寧過於撿
防。永進乎性之之域也。其或收斂於十手十目之地。而縱肆於暗
室屋漏之中。修飾於親儒生學士之時。而玩狎於對宦官女子之

頃。雖有此銘。如無此銘矣。故中庸大學皆貴乎君子謹其獨。
度宗即位。起居郎兼侍講湯漢入奏言。願陛下持一敬心以正百度。
則追養繼孝所以報先帝者。必益致其隆。先意承志所以事太母者。
必益致其謹。其愛身也。必不以物欲撓其和平。其正家也。必不以私
昵隳其法度。政事必出於朝廷而預防於多門。人才必由於明揚而
深杜於邪徑。
度宗時。牟濚進故事曰。臣聞孔子曰。為君難。為臣不易。如知為君之
難也。不幾乎一言而興邦乎。臣竊以君道之大。無所不難。苟得其要
而持之。則所難者少矣。臣請略燦其要。陛下試垂聽。幸甚。言無所隱
之謂忠。心無所欺之謂信。忠於主者不避嫌。信其已者不思謗。所以
忠信或至於獲罪。故人君以察忠信而主之為難。巧於言之謂佞。順
於事之謂柔。巧言則易得。順事則易從。所以佞柔常至於日親。故人

君以辯佞柔而遠之為難。廣大業者存乎勤。而人情常易於生倦。以
隳其業。故人君以久而不倦為難。成大謀者存乎斷。而人情常牽於
小不忍。以亂其謀。故人君以棄小不忍為難。臣以謂為國之要。能察
忠信而主之。使得盡言。辯佞柔而遠之。使不害政。行之以勤。而無廢
弛之憂。濟之以斷。而無優游之患。則治道成矣。
臣日侍經筵。荐蒙聖問以為君難之義。臣嘗敷陳其槩。退而仰歎
聖學高明。深惟克艱厥后之旨。而不以易心臨天下。堯舜之用心
也。臣每思所以推廣聖意者。今觀王巖叟所論為君難四事。言言
懇切。真有益於君德。臣敢摭其說為陛下告。蓋正人之事君也主
於忠。忠則不欺。不欺則至公。至公則言有所拂。事有所違。人君主
之不力。則往往始親而終疏之。而忠信或至於受禍。漢元帝之於
蕭望之是也。佞人之事君也主於不忠。不忠則欺罔。欺罔則為私。

為私則言皆諛悅事皆柔從人君察之不至則往往始遂而終比
之而佞柔終至於得志唐德宗之於盧杞是也廣大業者存乎勤
不能競業一心則或至倦惰唐玄宗開元天寶之治是也成大謀
者存乎斷不能以義制事則或失之優游漢元帝不能振孝宣之
業是也為君之難雖不止是四者而四者乃其綱領也臣嘗推本
而論之惟見善明用心剛則主忠信必立遠佞柔必果無始勤終
怠之憂無優游不斷之慮矣昔太祖皇帝一日坐便殿俛首不語
者久之左右請其故帝曰爾謂帝王可容易行事乎朕早來乘快
指揮一事史官必書於簡冊故不樂也此深得為君難之義臣願
陛下以太祖之心為心而取嚴叟所陳四事深加之意則治天下
可運諸掌奚其難惟陛下幸聽
遼興宗問翰林都林牙兼脩國史蕭韓家奴曰我國家創業以來孰

為賢主韓家奴以穆宗對帝怪之曰穆宗嗜酒喜怒不常視人猶草
芥卿何謂賢韓家奴對曰穆宗雖暴虐省徭輕賦人樂其生終穆之
世無罪被戮未有過今日秋山傷死者臣故以穆宗為賢帝默然
金太祖與高麗議和凡女真入高麗者皆索之至十餘年索之不已
太宗時皇子勗上書諫曰臣聞德莫大於樂天仁莫先於惠下所索
戶口皆前世姦宄叛亡烏蠢訛謨罕阿海阿合束之緒裔先世綏懷
四境尚未賓服自先君與高麗通聞我將大因謂本自同出稍稍款
附高麗既不聽許遂生邊釁因致交兵久方連和蓋三十年當時壯
者今皆物故子孫安於土俗婚姻膠固徵索不已彼固不敢稽留骨
肉乖離誠非衆願人情怨甚可愍者而必欲求為己有特彼我之蔽
非一視同仁之大也國家民物繁夥幅員萬里不知得此果何益耶
今索之不還我以強兵劫而取之無難然兵凶器戰危事不得已而

後用高麗稱藩職貢不闕國且臣屬民亦非外聖人行義不責小過
理之所在不俟終日臣愚以為宜施惠下之仁弘樂天之德聽免徵
索則彼不謂己有如自我得之矣從之
哀宗時禮部尚書兼侍讀楊雲翼嘗患風痺至是稍愈上親問愈之
之方對曰但治心耳心和則邪氣不干治國亦然人君先正其心則
朝廷百官莫不一於正矣上瞿然知其為醫諫也
元世祖中統二年春內難平李昶上表賀因進諷諫曰患難所以存
儆戒禍亂將以開聖明伏願日新其德雖休勿休戰勝不矜功成不
有和輯宗親撫綏將士增修庶政選用百官儉以足用寬以養民安
不忘危治不忘亂恒以北征宵旰之勤永為南面逸豫之戒世祖稱
善久之
世祖時趙天麟上策曰臣聞放之彌六合卷之退藏於密者心之體

也範圍天地而不過曲成萬物而不遺者心之用也此兩者其實體
用而已矣體以統用則神道設教而天下咸服用以達體則行其無
事而真源自淨舍之若靈啓之有餘內外周圓上下如一三皇大之
而道徹終古五帝性之而德垂後世三王身之而仁流萬邦五霸假
之而功加一時何以言之蓋四端如四時之相用五常符五行之不
忒混而為一謂之太極暢而示微謂之無極非無極不足以知神人
之圓靈非太極不足以見聖人之大致太極即無極也聖人即神人
也性無不善人無不同雖凡愚不能無道心道心惟微故聖人貫天
下之道氣稟所拘物慾所移雖神聖不能無人心人心惟危故聖人
崇天下之教道者名異而理同既非心而不圓教者下學而上達又
非心而不立夫性者心之齊而具理也情者心之發而為事也仁者
心之愛也義者心之宜也禮者心之節也智者心之覺也信者心之

實也理以存妙事以應務變以盡公宜以方外節以暢文覺以燭暗實以明誠此七者其實性情而已矣性定而情自檢者心也情定而性自復者亦心也凡在下者心定則非分之望消凡在上者心定則化育之方備欽惟陛下父天母地寰海為家四三皇而六五帝仰三王而俯五霸以非常之資御非常之尊以不世之德膺不世之運一言之出神鬼横集一意之行風雷翕變夫動者靜之末也靜者動之本也審乎本末則心自定矣原乎動靜則心自正矣精乎道教則心自誠矣昭乎體用則心自明矣定正以契天人之相通誠明以洞天人之無二又豈在察察以用神孜孜以致感哉五常包絡於此四時調和於彼運天下於掌上炳天下於胸中無為而為不宰而宰斯皆陛下固有之當然已行之常事伏望慎終如始疇不賴焉

天麟又上策曰臣聞運元氣之神以安五行而盡自然之健者天也協五行之位以定元形而備無疆之順者地也據五行中五方法健以為動效順以為靜者帝王也帝王之德參天兩地貴乎公而不私焉公者義也私者利也量義以動則憂以天下樂以天下而王道備矣放利而行則既失民望又失民心而王政怠矣是以聖人其臨民也懍乎若朽索之馭六馬其撫民也柔乎若慈母之視嬰兒所欲與之聚之所惡勿施爾也且下民皆國家之民也而民財皆國家之財也又何須泛取於下而輕用於上哉竊見郡縣之中賦斂之時鄉司里正定其貧富專加擅減營利于中富家之利優游有餘貧家力不能及遂舉債于他家其或失期稽限罪莫可逃齊之以號令威之以刑罰愁怨之氣寃苦之聲充塞天淵伊誰救者又或不辯則官吏亦從而得罪矣及其會計上司納于府庫凶年不發其積貧民不蒙其賜樂工之流呈戯技而圖之倖寵之人迎喜氣以期之豈不傷於用

財之至公哉且怒者聖人之所不免也一怒之中事存萬理故中庸以中節為和顏子以不遷為德竊見數年以來北征閱墻之叛東伐浮海之國近又大舉南征鞭策未嘗停戎轟未嘗解諺曰天子怒起伏尸萬里信乎其如是能不戒之哉臣竊以四遠未知禮樂之當然逐從無常翺翔邊徼勝之不足喜得之不足治今乃煩天威而怒之而討之豈不傷於用力之至公哉伏望陛下思地利之艱難上審天心之仁厚知民之欲富也則寡用其財而衆生之知民之欲逸也則常愛其力而務存之知喜之太過而損其陽則節之知怒之太過而盪其陰則息之知王者之貴於無私則敷大公以御之知信之可示於天下則推赤心以治之財積而下富上足心固而下定上安喜怒有宜而內外無可悔之機公信既宣而上下無相疑之意如膠漆之固如壎篪之和君聿致於無為民不知其帝力然而兆人之不富四遠之不服未之有也

天麟又上策曰臣聞動植具於有物之先乾坤判於無名之始流通二氣班布五行惟人也括萬象以獨靈執一中而不倚芒乎若醇醪之酩酊寂乎猶混沌之鴻濛及其清濁遂分視聽胥引智愚隱傷強弱難齊總總而生林林而羣大朴降為良心放矣中人以下騁利慾之紛拏下愚之流梏癡迷而忘返以至剥牀交戰暴戾相凌或顧影以無依或籲天而無告爰生大聖弘濟風波肇啓三皇繼聞十紀維持造化把握陰陽三才定而天地位尊卑立而萬物育由此觀之蓋天為民而立君也君道貴仁天道輔德年丁五百命我皇家祖帝軒蔓衍之遺芳掃金宋區分之偏境東浮洋水西越崑崙南蕃于交廣之南北限於玄虛之北虞夏之玉帛萬國越可相同漢唐之宇宙一家猶難並議功已成矣德已興矣道已行矣政已平矣陛下能無思

乎陛下能無戒乎思夫業之所立者祖也方其雲興虎嘯神兒助功電激雷奔龍蛇起陸欲起處而不遑啓處欲自暇而不獲自暇櫛風沐雨勞身於戈甲之秋冒棘披荊抗志於煙塵之際以至于有天下茲惟艱哉今天下已定守之非易能不思艱難乎戒夫業之所本者民也民之所恃者政也民可近不可下非民無以立統非衆罔與守邦慮其啼飢也薄取其斛粟念其號寒也減徵其織帛冀其知禮也申之以孝弟欲其知禁也示之以好惡勞之來之匡之直之輔之翼之又從而振德之且政雖一理日有萬機一事尚未形見而即防之一言雖無大害而即慮之堤潰於蟻孔氣泄於鍼芒胥銷於積毀軸折於叢薄可不戒哉而又據古今成敗以為龜鑑參天人感應以察休咎冕旒前蔽不矜其明而視於至公黈纊旁塞不眩其聰而聽於大同委賢以任之量能而用之敬以居之簡以行之勤而不煩逸而不過清而不激默而不窒披衮服端拱以向陽執鎮圭宴坐而當宁寶位以之而克安龜祚以之而克固傳諸子孫耀於罔極使史筆欣然而贊之曰大元天子之德皇兮將兮莫之與京尚矣蔑參莫之或擬不亦光哉不亦快哉愚臣亂言罪當萬死伏望陛下檢身若不及為善惟不足稽伯禹之不自滿假體成湯之聖敬日躋過聽愚臣之言曲免狂妄之罪竊謂聖心同海涓流不棄而浸浸增深故能大寶齊天億萬無疆而綿綿永鎮矣

歷代名臣奏議卷之五

歷代名臣奏議卷之六

聖學

魯哀公問子夏曰必學而後可以安國保民乎子夏曰不學而能安國保民者未嘗聞也哀公曰然則五帝有師乎子夏曰有臣聞黃帝學乎大真顓頊學乎綠圖帝嚳學乎赤松子堯學乎尹壽舜學乎務成跗禹學乎西王國湯學乎威子伯文王學乎鉸時子斯武王學乎郭叔周公學乎太公仲尼學乎老聃此十一聖人未遭此師則功業不著乎天下名號不傳乎千世詩曰不愆不忘率由舊章此之謂也夫不學不明古道而能安國家者未之有也

晉平公問於師曠曰吾年七十欲學恐已暮矣師曠曰何不炳燭乎平公曰安有為人臣而戲其君乎師曠曰盲臣安敢戲其君乎臣聞之少而好學如日出之陽壯而好學如日中之光老而好學如炳燭之明炳燭之明孰與昧行乎平公曰善哉

東漢和帝富於春秋侍中竇憲自以外戚之重欲令少主頗涉經學上疏皇太后曰禮記曰天下之命垂於天子天子之善成乎所習習與智長則切而不勤化與心成則中道若性昔成王幼小越在襁保周公在前史佚在後太公在左召公在右中立聽朝四聖維之是以慮無遺計舉無過事孝昭皇帝八歲即位大臣輔政亦選明儒韋賢蔡義夏侯勝等入授於前平成聖德近建初元年張酺魏應召訓亦講禁中臣伏惟皇帝陛下躬天然之姿宜漸教學而獨對左右小臣未聞典義昔五更桓榮親為帝師子郁結髮崇尚繼傳父業故再以校尉入授先帝父子給事禁省更歷四世今白首好禮經行篤備又宗正劉方宗室之表善為詩經先帝所褒宜令郁方並入教授以崇本朝光示大化由是郁遷長樂少府復入侍講

永元十一年。中散大夫魯丕上疏曰。臣以愚頑。顯備大位。犬馬氣衰。猥得進見。論難於前。無所甄明。衣服之賜。誠為優過。臣聞說經者。傳先師之言。非從己出。不得相讓。相讓則道不明。若規矩權衡之不可枉也。難者必明其據。說者務立其義。浮華無用之言不陳於前。故精思不勞而道術愈章。法異者各令自說師法。博觀其義。覽詩人之旨意。察雅頌之終始。明舜禹皋陶之相戒。顯周公箕子之所陳。觀乎人文。化成天下。陛下既廣納謇謇以開四聰。無令芻蕘以言得罪。既顯巖穴以求仁賢。無使幽遠獨有遺失。

十五年。鄧太后臨朝。尚書郎樊準上疏曰。臣聞賈誼有言。人君不可以不學。故雖大舜聖德。孳孳為善。成王賢主。崇明師傅。及光武皇帝受命中興。羣雄崩擾。旌旗亂野。東西誅戰。不遑啟處。然猶投戈講藝。息馬論道。至孝明皇帝兼天地之姿。用日月之明。庶政萬機。無不簡心。而垂情古典。游意經藝。每享射礼畢。正坐自講。諸儒並聽。四方欣欣。雖闕里之化。矍相之事。誠不足言。孔子闕里人也。禮記云。孔子射於矍相之圃。蓋觀者如堵牆也。又多徵名儒以充禮官。如沛國趙孝。琅邪承宮等。或安車結駟。告歸鄉里。或豐衣博帶。從見宗廟。其餘以經術見優者。布在廊廟。故朝多皤皤之良。華首之老。皤皤白首皃也。音步河反。書曰。皤皤良士。華首謂白首也。每讌會則論難衎衎。共求政化。詳覽羣言。響如振玉。朝者進而思政。罷者退而備問。小大隨化。雍雍可嘉。期門羽林介胄之士。悉通孝經。博士議郎一人開門。徒衆百數。開門謂開一家之說。化自聖躬。流及蠻荒。匈奴遣伊秩訾王大車且渠來入就學。八方肅清。上下無事。是以議者每稱盛時。咸言永平。今學者蓋少。遠方尤甚。博士倚席不講。儒者競論浮麗。忘謇謇之忠。習諓諓之辭。諓諓諂言也。音踐。前書曰。昔秦穆公說諓諓之言也。文史則去法律而學詆欺。銳錐刀之鋒。斷刑辟之重。德陋俗薄。以致苛刻。昔孝文竇后性好黄老。而清淨之化。流景武之間。臣愚以為宜下明詔。博求幽隱。發揚巖穴。寵進儒雅。有如孝宮者。徵詣公車。以俟聖上講習之期。公卿各舉明經及舊儒子孫。進其爵位。使纘其業。復召郡國書佐。使讀律令。如此。則延頸者日有所見。傾耳者月有所聞。伏願陛下推述先帝進業之道。

魏高貴鄉公正元元年。司馬師上書曰。荊山之璞雖美。不琢不成其寶。顏冉之才雖茂。不學不弘其量。仲尼有云。予非生而知之者。好古敏以求之者也。仰觀黄軒五代之主。莫不有所稟。則顓頊受學於綠圖。高辛問道於柏招。逮至周成。旦望作輔。故能離經辯志。安道樂業。夫然。故君道明於上。兆庶順於下。刑措之隆。實由於此。宜遵先王下問之義。使講誦之業。屢聞於聽。典謨之言。日陳於側也。

甘露元年。四月丙辰。帝幸太學。問諸儒曰。聖人幽贊神明。仰觀俯察。始作八卦。後聖重之為六十四。立爻以極數。凡斯大義。罔有不備。而夏有連山。殷有歸藏。周曰周易。易之書。其故何也。易博士淳于俊對曰。包羲因燧皇之圖而制八卦。神農演之為六十四。黄帝堯舜通其變。三代隨時。質文各繇其事。故易者變易也。名曰連山。似山出內氣連天地也。歸藏者。萬事莫不歸藏於其中也。帝又曰。若使包羲因燧皇而作易。孔子何以不云燧人氏歿。包羲氏作乎。俊不能荅。帝又問曰。孔子作彖象。鄭玄作注。雖聖賢不同。其所釋經義一也。今彖象不與經文相連。而注連之何也。俊對曰。鄭玄合彖象於注者。欲使學者尋省易了也。帝曰。若鄭玄合之。於學誠便。則孔子曷為不合以了學者乎。俊對曰。孔子恐其與文王相亂。是以不合。此聖人以不合為謙。帝曰。若聖人以不合為謙。則鄭玄何獨不謙邪。俊對曰。古義弘深。聖問奥遠。非臣所能詳盡。帝又問曰。繫辭云。黄帝堯舜垂衣裳而

天下治。此包羲神農之世為無衣裳。但聖人化天下何殊異尒
邪。俊對曰。三皇之時。人寡而禽獸衆。故取其羽皮而天下用足。
及至黃帝。人衆而禽獸寡。是以作為衣裳以濟時變也。帝又問
乾為天。而復為金為玉為老馬與細物並邪。俊對曰。聖人取象
或遠或近。近取諸物。遠則天地。講易畢。復命講尚書。帝問曰。鄭
玄云。稽古同天。言堯同於天也。王肅云。堯順考古道而行之。二
義不同。何者為是。博士庾峻對曰。先儒所執。各有乖異。臣不足
以定之。然洪範稱三人占從二人之言。賈馬及肅皆以為順考
古道。以洪範言之。肅義為長。帝曰。仲尼言唯天為大。惟堯則之。
堯之大美在乎則天。順考古道非其至也。今發篇開義以明聖
德。而舍其大美。稱其細。豈作者之意邪。峻對曰。臣奉遵師說。未
喻大義。至於折中。裁之聖思。次及四岳舉鯀。帝又曰。夫大人者

與天地合其德。與日月合其明。思無不周。明無不照。今王肅云
堯意不能明鯀。是以試用。如此。聖人之明有所未盡邪。峻對曰。
惟聖人之弘。猶有所未盡。故禹曰。知人則哲。惟帝難之。然卒能
改授聖賢。緝熙庶績。亦所以成聖也。帝曰。夫有始有卒。其唯聖
人。若不能始。何以為聖。其言惟帝難之。然卒能改授。蓋謂知人
聖人所難。非不盡之言也。經云。知人則哲。能官人。若堯疑鯀試
之九年。官人失敘。何得謂之聖哲。峻對曰。臣竊觀經傳。聖人行
事。不能無失。是以堯失之四凶。周公失之二叔。仲尼失之宰予。
帝曰。堯之任鯀。九載無成。汨陳五行。民用昏墊。至於仲尼失之
宰予。言行之間。輕重不同也。至於周公管蔡之事。亦尚書所載。
皆博士所當通也。峻對曰。此皆先賢所疑。非臣寡見所能究論。
次及有鰥在下曰虞舜。帝曰。當堯之時。洪水為害。四凶在朝。宜

速登賢聖濟斯民之時也。舜年在所立。聖德光明。而久不進用。
何也。峻對曰。堯咨嗟求賢。欲遜己位。岳曰否德忝帝位。堯復使
岳揚舉側陋。然後薦舜。舜之本實由於堯。此聖人欲盡衆心
也。帝曰。堯既聞舜而不登用。又時忠臣亦不進達。乃使岳揚
仄陋而後薦舉。非急於用聖恤民之謂也。峻對曰。非臣愚見所
能逮及。於是復命講禮記。帝問曰。太上立德。其次務施報。為
治何由而教化各異。皆脩何政而能致於立德。施而不報乎。
博士馬照對曰。太上立德。謂三皇五帝之時以德化民。其次
報施。謂三王之世以禮為治也。帝曰。二者教化薄厚不同。將
主有優劣邪。時使之然乎。照對曰。誠由時有樸文。故化有薄
厚也。
時上賜宴群臣於太極東堂。與侍中荀顗尚書崔贊袁亮鍾毓

給事中中書令虞松等。並講述禮典。遂言帝王優劣之差。帝慕
夏少康。因問顗等曰。有夏既衰。后相殆滅。少康收集有衆。復禹
之績。高祖拔起隴畝。驅帥豪儁。芟夷秦項。包舉宇內。斯二王可
謂殊才異略。命世大賢者也。考其功德。誰宜為先。顗等對曰。夫
天下重器。王者天授。聖德應斯。然後能受命創業。至於階緣前
緒。興復舊績。造之與因。難易不同。少康功德雖美。猶為中興之
君。與世祖同流可也。至如高祖。臣等以為優。帝曰。自古帝王功
德言行。互有高下。未必創業者皆優。紹繼者咸劣也。湯武高祖
雖俱受命。聖賢之分。所覺縣殊。少康殷宗中興之美。夏啟周成
守文之盛。論德校實。方諸漢祖。吾見其優。未聞其劣。顧所遇之
時殊。故所名之功異耳。少康生於滅亡之後。降於諸侯之隸。崎
嶇逃難。僅以身免。能布其德而兆其謀。卒滅過戈。克復禹績。祀

夏配天不失舊物非至德弘仁豈濟斯勳漢祖因土崩之勢仗一時之權專任智力以成功業行事動靜多違聖檢為人子則數危其親為人君則囚繫賢相為人父則不能衛子身沒之後社稷幾傾若與少康易時而處或未能復大禹之績也推此言之宜高夏康而下漢祖矣諸卿具論詳之翌日丁巳講業既畢顗亮等議曰三代建國列土而治當其衰弊無土崩之勢可懷以德難屈以力逮至戰國強弱相兼去道德而任智力故秦之弊可以力爭少康布德仁者之英也高祖任力智者之儁也仁智不同二帝殊矣詩書述殷中宗高宗皆列大雅少康功美過於二宗其為大雅明矣少康為優宜如詔旨贊毓松等議曰少康雖積德累仁然上承大禹遺澤餘慶內有虞仍之援外有靡艾之助寒浞讒慝不德于民澆殪無親內外棄之以此有國蓋亦有所因至於漢祖起自布衣率烏合之衆以成帝者之業論德則少康優課功則高祖多語資則少康易校時則高祖難帝曰諸卿論少康因資高祖創造誠有之矣然未知三代之世任德濟勳如彼之難秦項之際任力成功如此之易且太上立德其次立功漢祖功高未若少康盛德之茂也且夫仁者必有勇誅暴必用武少康武烈之威豈必降於漢祖哉但夏書淪亡舊文殘闕故勳美闕而罔載惟有伍員粗述大略其言復禹之續不失舊物祖述聖業舊章不行自非大雅兼才孰能興於此向令墳典具存行事詳備亦豈有異同之論哉於是羣臣咸悅服中書令松進曰少康之事去世久遠其文昧如是以自古及今議論之士莫有言者德美隱而不宣陛下既垂心遠鑒考詳古昔又發德音贊明少康之美使顯於千載之上宜錄以成篇永

垂于後帝曰吾學不博所聞淺狹懼於所論未獲其宜縱有可采億則屢中又不足貴無乃致笑後賢彰吾闇昧乎於是侍郎鍾會退論次焉

唐太宗嘗謂中書令岑文本曰夫人雖稟定性必須博學以成其道亦猶蜃性含水待月光而水垂木性懷火待燧動而焰發人性含靈待學成而為美是以蘇秦刺股董生垂帷不勤道藝則其名不立文本曰夫人性相近情則遷移必須以學飾情以成其性禮云玉不琢不成器人不學不知道所以古人勤於學問謂之懿德太宗又謂房玄齡曰為人大須學問朕往為羣兇未定東西征討躬親戎事不暇讀書比來四海安靜身處殿堂不能自執書卷使人讀而聽之君臣父子政教之道具在書內古人云不學面牆莅事惟煩不徒言也卻思少小時行事大覺非也太宗又詔羣下曰朕比尋討經史明王聖帝曷嘗無師傅哉前所進令遂不覩三師之位意將未可何以然黃帝學大顛顓頊學錄圖堯學尹壽舜學務成跗禹學西王國湯學威子伯文王學子斯武王學郭叔前代聖王未遭此師則功業不著乎天下名譽不傳乎載籍況朕接百王之末智不同聖人其無師傅安可以臨兆民者哉詩不云乎不愆不忘率由舊章夫不學則不能明古道而能政致太平者未之有也可即著令置三師之位

唐高宗顯慶元年立子弘為皇太子受春秋左氏於率更令郭瑜至楚世子商臣弒其君喟而廢卷曰聖人垂訓何書此邪瑜曰孔子作春秋善惡必書褒善以勸貶惡以誡故商臣之罪雖千載猶不得滅弘曰然所不忍聞願讀他書瑜拜曰里名勝母曾子不入殿下睿孝天資黜凶悖之迹不存視聽

臣聞安上治民。莫善於禮。故孔子稱不學禮。無以立。請改受禮。

太子曰善。

穆宗嘗坐延英。與門下侍郎弘文館大學士鄭覃論詩工否。覃曰。孔子所刪三百篇是已。其非雅正者烏足為天子道哉。夫風大小雅皆下刺上之變。非上化下為之。故王者采詩以考風俗得失。若陳後主隋煬帝特能詩之章解而不知王術。故卒歸於亂。章什譏議。願陛下不取也。帝每言順宗事不詳實。史臣韓愈豈當時屈人邪。昔漢司馬遷與任安書。辭多怨懟。故武帝本紀多失實。覃曰。武帝中年大發兵事邊。生人耗瘁。府庫殫竭。遷所述非過言。李石曰。覃所陳因武帝以諫。欲陛下終究盛德。帝曰誠然。靡不有初。鮮克有終。覃曰。陛下樂觀書。然要義不過一二。陛下所道是矣。宜寢饋以之。

穆宗嘗問朕欲學經與史何先。刑部侍郎薛放曰。六經者聖人之言。孔子所發明天人之極也。史記道成敗得失。亦足以鑒。然謬於是非。非六經比。穆宗曰。吾聞學者白首不能通一經。安得其要乎。對曰。論語。六經之菁華也。孝經。人倫之本也。漢時論語首立於學官。光武令虎賁士皆習孝經。玄宗親為注訓。蓋人知孝慈則氣感和樂也。穆宗曰。聖人以孝為至德要道。信然。

宋仁宗慶曆四年。趙師民上勸講箴曰。若帝之元於稽古。先將以其道格于皇天。格天如何。謹徽舊典。惟聖時憲。乃克盡善。在帝宅中。亮章溫雅。將以其文化成天下。化成如何。順考正道。席上之珍。茲惟國寶。天下有帝。体元御制。非先聖之舊章不足以秉同文而執司契。日中為市以饗四方。非先聖之遺法。不足以舉大義而正國常。帝度其身。郁郁乎文。彰禮施樂。以副皇墳。帝出其言。穆穆厥聲。含仁吐義。式諧羣情。自天降祥。我民既康。不觀于經。懼先猷之寖忘。四夷放命。宥嚴擔令。不觀于經。慮大功之未定。無以方隅之多事。而謂經籍之宜息。虞舜征苗。誕敷文德。無謂宸居之至尊。而忽右文之為貴。岐昌造周。天經地緯。無以陳久之可替。乃謂迂闊而難行。先哲之言雖無老成。無譏鄙生之寡陋。而畧愚儒之淡味。先師之談。不以人廢。無以世治之或殊。而謂陳言之可侮。商說之諫。事不師古。無玩歲月之其除。而謂寸陰之已速。周王之戒。惟日不足。有以見世主之御圖。或萬機紛然。不酌于古道。則風化有時而弗宣。有以見人君之居極。或百度差忒。不斷於古義。則權制有時而弗克。昔令王之經世。必去害而稱利。明主觀其書。可以効財成于萬事。昔賢臣之事君。有謀猷而必陳。明主觀其書。可以示軌度于羣倫。正朝之上。法宮之中。非賛襄雅奥。不足以興嗜欲于清躬。神覆之游。光明之處。非啓迪深厚。不足以立正事於古語。是故可以上文。可以立武。可以奉天地。可以為宗主。匪止玩其辭而釋其詁。可以觀道。可以行仁。可以對萬物。可以臨兆人。不止明其舊而知其新。靖恭乙夜。總覽羣書。夫聖人之至德。倚以加諸。從容晏朝。紬繹徽旨。非天下之至精。孰能與此。臣初聞始元之間。儒風寖還。待問之臣。賜以清閒。臣伏觀永平之烈。經術未鉠。羣儒議前。稱制以決。桒乾之后。來自幽陵。東駁右袵。斯文有承。金陵之君。越于夷狄。雖則講習其文。已弊李唐之興。賢君挺生。貞觀初治。開元既平。東壁羣山。儒風墨卿。侍從之臣。官有佳名。在我太祖。神武披攘。親駕辟雍。眞儒有光。有赫太宗。文武丕運。經臣師師。以承帝問。於穆真皇。講求多藝。以其人文。發為盛際。陛下即位。纂承天祿。肇開以商。以延儒服。西臨邇英。北啓延義。瞻仰皇明。彌綸聖智。成天下之務。普游爲而穆清。陳天下之謨。顛於茲而講肄。帝坐甚明。天章不秘。願以議道。願以出

治下臣執經敢告中侍

師民又嘗講詩如彼泉流奏曰水之初出喻王政之發順行則通通故清潔逆亂則壅壅故濁敗賢人用則王政通而世清平邪人進則王澤壅而世濁敗幽王失道用邪黜正正不勝邪雖有善人不能為治亦將相牽而淪于汙濁也帝曰水何以喻政對曰水者順行而潤下利萬物故以喻政此于比興義最大後講論語問修文德曰文者經天緯地之總稱君人之道撫之以仁制之以義接之以禮講之以信皆是帝曰然其所先者無若信也曰信者天下之大本仁義礼樂皆必由之此實至道之要復問鑽燧改火曰古之聖王舉動必順天時所以四時變火隨木色近世漸務苟簡以為非治具而遂廢之至其萬事皆不如古又問子夏子張所言交道孰勝曰聖哲之道含覆廣大與天地參善者有以進德惡者俾之改行子張之言為優他日

讀漢記問長安城衆莫能知共推師民因陳自古都雍年世舊址所在若畫諸掌帝悅曰何其所記如此

嘉祐五年右司諫趙抃上言曰臣竊以人主之御天下也其聰明必欲廣聰明廣則禍福之鑒遠矣其尊威必欲重尊威重則上下之理明矣伏惟陛下承祖繼宗體堯蹈舜睿聖仁厚固四海稱頌之不暇何闕遺之有焉然臣備位諫垣朝慮夕思不敢循默者庶幾有補於未至萬分之一耳夫易之吉凶詩之美刺禮之汙隆樂之治亂春秋之善惡以至史漢之書先代得失存亡無不紀述今經筵侍講者講吉不講凶講治不講亂侍讀者讀得不讀失讀存不讀亡臣愚以謂陛下非所以廣聰明之義也伏望發德音命經筵臣僚臨文講誦無隱諱至於吉凶治亂得失存亡之所由兆尤宜詳究鋪陳之使禍福之鑒日開宗廟社稷無窮之福也夫帝王文章天子翰墨真圖書之

祕寶實聖神之能事今夫輔弼左右之臣宦官近戚之家碑名挽詞佛膀僧號或上求御製或仰覬宸翰咸出非望多遂其請臣愚以謂陛下非所以重尊威之道也伏望惜堂陛之崇祕奎壁之彩慎重命賜杜絕倖望上下之理從而益明朝廷中外莫大幸也二者惟陛下留神察焉臣無任激切納忠待罪之至

仁宗時王拱辰為學士承旨帝於邇英閣置太玄經蓍草顧曰朕每閱此卿亦知其說乎拱辰具以對且曰願陛下垂意六經旁采史策此不足學也

英宗即位天章閣待制知諫院兼侍讀司馬光上奏曰臣伏覩講筵所告報依乾興年故事講論語讀史記續奉聖旨直俟來春臣聞傅說曰王人求多聞時惟建事學于古訓乃有獲又曰念終始典于學厥德修罔覺然則學者帝王之首務不可忽也況今陛下初臨大寶

所宜朝夕延訪群臣講求先王之至道覽觀前世之成敗以輔益聖德緝熙大化不可但循近例以寒暑為辭如此使下情何以上通四方何以觀望殆非所以廣聰明宣令名也伏乞依前降聖旨擇日開講筵

治平元年光又奏曰臣伏覩講筵所告報奉聖旨令自九月初五日後遂日開講筵至重陽節住講俟將來開春別選日開講筵臣竊以國家本設經筵欲以發明道誼裨益聖德先帝時無事常開講筵近歲因聖體不安遂於端午及冬至以後盛暑盛寒之時權罷數月今陛下始初清明方宜銳精學問之時而五日開講八日已罷臣恐議者以為陛下非有意於求道但欲循故事備外飾而已群臣非有意於明道但欲塞職業求錫賚而已若果如此臣竊為朝廷羞之且陛下近增置諸宮教授仍下詔戒勵宗室使之向學儻陛下不以身先

之。則宗室安肯奉詔哉。臣愚以為陛下若別有所為未暇開講則且俟他時亦未為晚。若既開講筵則恐數日之間未宜遽罷。

光又奏曰。臣伏覩經筵所講說論語將畢竊以尚書者二帝三王嘉言要道盡在其中。為政之成規稽古之先務也。陛下新承大統留意萬機欲求楷模莫盛於此。臣不勝區區欲望陛下更以聖意裁酌。將來論語既畢令講說尚書。

二年光又上乞經筵訪問疏曰。臣以駑朽得侍勸講竊見陛下天性好學孜孜不倦然於經席之中未嘗發言有所詢問。臣愚意陛下欲護群臣之短恐於應對之際倉猝失據不能開陳。稠人之中受其愧怍。此誠聖心仁恕之極群臣捐軀無以報塞。然臣聞易曰。君子學以聚之問以辨之。論語曰。疑思問。中庸曰。有弗問問之弗得弗措也。有弗辨辨之弗明弗措也。以此言之學非問辨無由發明。今陛下若皆默而識之。不加詢訪。雖為臣等疏淺之幸竊恐無以宣暢經旨裨助聖性。伏望陛下自今講筵或有臣等講解未盡之處乞賜詰問。或慮一時記憶不能詳備者許令退歸討論。次日別具劄子敷奏。庶幾可以輔稽古之志成日新之益。

治平間起居注韓維上言曰。臣幸得以史官侍左右記言動。竊見每開邇英閣召近臣講讀經史。陛下未嘗一發德音有所詢問。遂使執經者不得極其說。秉筆者無所載其美。已事而退莫不俛默有不自得之意。臣竊惑之。臣聞傅說有言。王人求多聞惟以建事。事不師古以克永世匪說攸聞。蓋治天下者必先於建事。欲建事者莫重於師古。欲師古者莫急於求多聞。然則今之所謂講筵者陛下之所以求多聞也。堯舜聖帝必先稽古。三代令王皆有師傅之官坐論道義。爾後德薄不能如古。然至於欲治之主亦莫不以此為急。漢高祖初得天下。感陸賈之言知不可以馬上治之。每奏新語篇篇稱善。光武故引公卿郎將講論經理。夜分乃寐。唐太宗命學士杜如晦等十八人更直閣下。降以溫顏與之討論經義。此數君者豈樂勤苦而徇虛名哉。誠以治天下之要莫不出此。故功業隆於當時聲名流於後世。非其幸也。其道以致之也。朝廷自宰相以及群司率以職事進退。所言皆目前常務。而又迫景晷不得詳盡其理。邇英閣者陛下燕閒之所也。侍於側者皆獻納論思之臣。陳於前者非聖人之經則歷代之史也。御燕閒則可以留漏刻之永。對侍臣則可以極咨訪之博。論經史則可以窮仁義之道究禍敗之原。趣而行之則上可以為堯舜三代之君。下猶不失為漢高光武唐太宗也。然非從容降接則無以盡臣下之情。非往復研究則無以見聖人之奧。非力而行之則不足以追前古之治。陛下於此三者似未盡之。此臣所以不得不惑也。至於群臣亦皆惑之。議者以為陛下嚮在亮陰惟于咨決政事有不得已而言耳。其餘可得而略也。今禮制終畢。臣下傾耳以聽玉音。語曰。時然後言。陛下之言此其時也。臣雖不敏請秉筆以俟。干冒天威臣無任惶懼戰慄懇激之至。

張方平上言曰。荀子曰。聖王有百吾孰法焉。欲觀聖王之迹則於其粲然者矣。禹湯有傳政而不若周之政也。非無善政也久故也。傳者久則論略近則論詳。當今之世而君必談堯舜臣又稱禹稷。是迂儒拘生之論非適時濟用者也。伏以唐氏有天下三百年。其間治亂得失詳矣。朝廷立國之紀典刑制度因於唐者也。故觀今之政唐氏最近。臣以不敏忝職諫司。思有以薦乙夜之親程。廣觀文之典學。欲乞今後節略唐書紀傳中事迹。今可施行有益治道者間錄一兩條上進。伏乞萬機之暇特賜開覽。善者可以為準的。惡者可以為鑒戒。茲亦賈誼晁錯借秦以喻漢事之意也。
神宗初。詔侍臣講讀。監察御史唐淑問言王者之學。不必分章句。飾文辭。稽古聖人治天下之道。歷代致興亡之由。延登正人。博訪世務。以求合先王。則天下幸甚。
熙寧元年。右正言供諫職孫覺論人主有高世之資。求治之意。在成之以學。上奏曰。臣聞人主患無高世之資。有有其資而無求治之意。有有其意。而無好學之實。三者之備而治效不成者。未之有也。然此三者常若不可以兼備何也。聰明睿智博達而疏通者。高世之資也。然或矜其才以天下之萬事為不足為。若此者。必無成。蚤朝晏罷選用群臣孜孜而不懈者。求治之意也。然或敝於一曲。而不見聖人之全。困陋就寡。而不本先王之意。若此者。雖安易危。雖強易弱。可以偷安於一時。而不可傳之後世。人主欲無此患。其惟學乎。夫學非篤好而審問謹思而力行。則不足以覽道德之粹精。極性命之微妙。人主之學。苟不深造於道德性命之際。則無以應萬務之變。知群下之情。以堯舜之聖。而稱之曰若稽古。夫古者人主之所當若。又當稽也。以孔子之聖。而孟子稱之曰。學不厭誨不倦。夫已誨人矣。然猶不忘於學。學可以已耶。陛下以高世之資。求治甚力。好學而不倦。可謂不世出之主矣。然臣獨以為未者。竊觀朝廷之政。未盡得先王之意。而先後之序。未盡合聖人之道也。臣非以謂朝廷無賢臣。左右無端士。顧恐陛下於學問之道。未能極高明而道中庸。政事之間。未能先本務而後末業也。陛下幸聽臣言。以聽政之暇。特召兩府大臣或從官之中素所親倚者。虛心克己。問以上躬之所不逮。時政之所過差。使之具以條對。又有能言之者矣。陛下增益其所未至。勉強其所不能。救其所偏。觧其所蔽。則臣將見陛下之治。度越漢唐。而比隆於三代矣。

二年。監察御史裏行程顥上疏曰。臣伏謂君道之大。在乎稽古正學。明善惡之歸。辨忠邪之分。曉然趨道之正。故在乎君志先定。君志定而天下之治成矣。所謂定志者。一心誠意。擇善而固執之也。夫義理不先盡。則多聽而易惑。志意不先定。則守善而或移。惟在以聖人之訓為必當。從先王之治為必可法。不為後世駁雜之政所牽制。（一作滯）不為流俗因循之論所遷惑。自知極於明。信道極於篤。任賢勿貳。去邪勿疑。必期致世如三代之隆而後已也。然天下之事。患常生於忽微。而志亦戒乎漸習。是故古之人君。雖出入從容閒燕。必有誦訓箴諫之臣。左右前後。無非正人。所以成其德業。伏願陛下禮命老成賢儒。不必勞以職事。俾日親便坐。講論道義。以輔養聖德。又擇天下賢俊。使得陪侍法從。朝夕延見。開陳善道。講磨治體。以廣聞聽。如是則聖智益明。王猷允塞矣。今四海靡靡。日入偷薄。末俗嘵嘵。無復廉恥。蓋亦朝廷尊德樂道（一作義）之風未孚。而篤誠忠厚之教尚鬱也。惟陛下稽聖人之訓。法先王之治。一（一作正）心誠意。體乾剛健而力行之。則天下幸甚。
知明州陳襄被召修起居注。進誠明說曰。臣竊以帝王之德莫大於務學。學莫大於根誠明之性。而蹈乎中庸之德也。生而不動之謂誠。知而有為之謂明。正而不邪之謂中。故誠者立善之本也。明者致道之用也。中庸者常德之守也。三者立。天下之能事畢矣。聖人者先得乎誠者也。因誠而後明。必資乎學。全盡以居之。持固以行之。酬酢萬物而無失於曲當。此之謂誠則明矣。賢人者思誠也。因明而後誠者。必擇乎善。所謂善者。可欲之謂也。性也。正而公者也。所謂惡者。有所不可為之謂也。情偽者也。邪而私者也。存其所謂正而公者。而去其所謂邪而私者。此之謂擇善矣。精一以守之。中正以養之。持循戒懼於不聞不覩之際。此之謂慎獨而固執之矣。久而不息則形。形而不息則明。明而不息則動。動而不已則化。化而不已則神。高明博厚而配乎天地。此之謂明則誠矣。子思曰溥博淵泉而時出之。溥博如天。淵泉如淵。言其誠之篤也。誠之者篤。則其為之者至。是以其政不肅而行。其教不言而諭。其事不勞而成。舉而措之天下之民。無不從服而不知為之者。故曰凡為天下國家有九經。所以行之者一。此之謂也。是之謂誠明之學。伏望留神聖覽。

通判越州曾鞏上言曰。准御史臺告報。臣寮朝辭日具轉對。臣愚淺薄。恐言不足采。然臣切觀唐太宗即位之初。延羣臣與圖天下之事。而能絀封倫用魏鄭公之說。所以成貞觀之治。周世宗初即位。亦延羣臣使陳當世之務。而能知王朴之可用。故顯德之政。亦獨能變五代之因循。夫當衆說之馳騁。而以獨見之言陳未形之得失。此聽者之所難也。然二君能辨之於羣衆之中。而用之以收一時之效。此後世之士所以常感知言之少。而頌二君之明也。今陛下始承天序。亦詔羣臣使以次對。然且將歲餘。未聞取一人得一言。豈當世固乏人。不足以當陛下之意歟。抑所以延問者特用累世之故事。而不必求其實歟。臣愚竊計殆進言者未有以當陛下之意也。陛下明智大略。固將比跡於唐虞三代之盛。如太宗世宗之所至。恐不足以望陛下。故臣之所言。亦不敢效二臣之卑近。伏惟陛下超然獨觀於世俗之表。詳思臣言而擇其中。則二君之明。豈足道於後世。而士之懷抱忠義者。亦不復感知言之少矣。臣所言如左。臣伏以陛下恭儉慈仁。有能承祖宗之德。聰明睿智。有能任天下之材。即位以來。早朝晏罷。廣問兼聽。有更制變俗比跡唐虞之志。此非羣臣之所能及也。然而所遇之時。在天則有日食星變之異。在地則有震動陷裂水泉湧溢之災。在人則有饑饉流亡訛言相驚之患。三者皆非常之變也。及從而察今之天下。則風俗日以薄惡。

紀綱日以弛壞。百司庶務。一切文具而已。內外之任。則不足於人材。公私之計。則不足於食貨。近則不能不以盜賊為慮。遠則不能不以夷狄為憂。海內智謀之士。常恐天下之勢不得以久安也。以陛下之明。而所遇之時如此。陛下有更制變俗比迹唐虞之志。則亦在正其本而已矣。易曰。正其本。萬事理。臣以謂正其本者。在陛下得之於心而已。臣觀洪範所以和同天人之際。使之無間。而要其所以為始者。思也。大學所以誠意正心修身治其國家天下。而要其所以為始者。致其知也。故臣以謂正其本者。在得之於心而已。得之於心者。其術非他。學焉而已矣。此致其知所以為大學之道也。古之聖人舜禹成湯文武。未有不由學而成。而傳說周公之輔其君。未嘗不勉之以學。故孟子以謂學焉而後有為。則湯以王。齊桓公以霸。皆不勞而能也。蓋學所以成人主之功德如此。誠能磨礱長養。至於有以自得。則天下之事在於理者。未有不能盡也。能盡天下之理。則天下之事物接於我者。無以累其內。天下之以言語接於我者。無以蔽其外。夫然則循理而已矣。邪情之所不能入也。從善而已矣。邪說之所不能亂也。如是而用之以持久。資之以不息。則積其小者必至於大。積其微者必至於顯。古之人自可欲之善而充之。至於不可知之神。自十五之學而積之。至於從心之不踰矩。豈他道哉。由是而已矣。故曰念終始典于學。又曰。學然後知不足。孔子亦曰吾學不厭。蓋如此者。孔子之所不能已也。夫能使事物之接於我者。不能累其內。所以治內也。言語之接於我者。不能蔽其外。所以應外也。有以治內。此所以成德化也。有以應外。此所以成法度也。德化法度既成。所以發育萬物而和同天人之際也。自周衰以來。道術不明。為人君者莫知學先王之道。以明其心。為人臣者莫知引其君以及先王之道也。一切苟簡滔溺於流俗末世之卑淺以先王之道爲迂遠而難遵人主雖有聰明敏達之質而無磨礱長養之具至於不能有以自得則天下之事在於理者有所不能盡也不能盡天下之理則天下之以事物接於我者足以累其內天下之以言語接於我者足以蔽其外夫然故欲循理而邪情足以害之欲從善而邪說足以亂之如是而用之以持久則愈甚無補行之以不息則不能見效其弊則至於邪情勝而正理滅邪說長而正論消天下之所以不治而有至於亂者以是而已矣比周衰以來人主之所以可傳於後世者少也可傳於後世者若漢之文帝宣帝唐之太宗皆可謂有美質矣由其學不能遠而所知者陋故足以賢於近世之庸主矣若夫議唐虞三代之盛德則彼烏足以云乎由其如此故自周衰以來千有餘年天下之言理者亦皆卑近淺陋以趨世主之所便而言先王之道者皆絀而不省故以孔子之

聖孟子之賢而猶不遇也今去孔孟之時又遠矣臣之所言乃周衰以來千有餘年所謂迂遠而難遵者也然臣敢獻之於陛下者臣觀先王之所已試其言最近而非遠其用最要而非迂故不敢不以告者此臣所以事陛下區區之志也伏惟陛下有自然之聖質而漸漬於道義之日又不爲不久然臣以陛下有更制變俗比迹唐虞之志則在得之於心得之於心則在學焉而已者臣愚以謂陛下宜觀洪範大學之所陳知治道之所本末在於他觀傅說周公之所戒知學者非明主之所宜已也陛下有更制變俗比迹唐虞之志則當懇誠惻怛以講明舊學而推廣之務當於道德之体要不取乎口耳之小知不急乎朝夕之近効復之熟之使聖心之所存從容於自得之地則萬事之在於理者未有不能盡也能盡萬事之理則內不累於天下之物外不累於天下之言然後明先王之道而行之邪情之所不

能入也合天下之正論而用之邪說之所不能亂也如是而用之以持久資之以不息則雖細必鉅雖微必顯以陛下之聰明而充之以至於不可知之神以陛下之睿知而積之以至於從心之不踰矩夫豈遠哉顧勉强如何耳夫然故內成德化外成法度以發育萬物而和同天人之際甚易也若夫移風俗之薄惡振綱紀之弛壞變百司庶務之文具厲天下之士使稱其位理天下之財使贍其用近者使之親附遠者使之服從海內之勢使之常安則惟陛下之所欲何求而不得何爲而不成乎未有若是而福應不臻而變異不消者也如聖心之所存未及於此內未能無秋毫之累外未能無纖芥之蔽則臣恐欲法先王之政而智慮有所未審欲用天下之智謀材諝之士而議論有所未一於國家天下愈甚無補而風俗紀綱愈以衰壞也非獨如此自古所以安危治亂之幾未嘗不出於此臣幸蒙降問言

天下之細務而無益於得失之數者非臣所以事陛下區區之志也輙不自知其固陋而敢言國家之大体惟陛下審察而擇其宜天下幸甚

元豐間鞏知福州又上言曰伏以陛下聰明睿知天性自然可謂有不世出之姿自在藩邸入承顏色出奉朝請怡怡翼翼不自暇豫至恭極孝聞於天下及踐大位內事兩宮外嚴七廟仁被公族德刑閨門嬪御備官不淫於色音樂備數不溺於聲食菲衣綈務遵節儉臺卑囿小無所增飾近習褻使嬖左右無私謁未嘗出遊幸未嘗從畋漁其於憂憫元元勤勞庶政則念慮先於兆朕祗慎盡於纖芥晝而訪問至於日昃夕而省覽至於夜分每群臣進見接之禮簡而情通凡四方奏事莫不朝入而暮報雖大禹之勤于邦文王之不暇食無以加此其淵謀遠畧必中事幾善訓嘉謨可爲世則者傳聞下士雖

僅得其一二已足以度越衆慮非可闚測可謂有君人之大德其高深閎遠則憫自晚周秦漢以來世主不能獨見於衆人之表其政治所出大抵踵襲卑陋因於世俗而已於是慨然以上追唐虞三代荒絕之迹修列先王法度之政為其任在己可謂有出於數千載之大志變革因循號令必信使海內觀聽莫不震動羣下遵職惟恐在後可謂有能行之効蓋刻意尚行不差毫髮縉紳之士有所不能及夏勞惕勵無懈須臾又非羣臣之所能望可謂特起於三代之後非常之主也愚臣孤陋熙寧二年出通判越州因轉對幸得論事敢據經之說以誠意正心修身治國家天下之道必本於學為獻逮今有十一年竊得望穆穆之清光敢別白前說而終之臣以謂陛下有不世出之資有君人之大德與出於數千載之大志又有能行之効特越於三代之後然顧以治國家天下之道必本於學為獻於陛下何也

蓋古之聖人雖出乎其類拔乎其萃然至其成德莫不由學故堯舜性之也而見於傳記則皆有師其史官識其行事則皆曰若稽古至於湯武身之也則湯學於伊尹武王學於太公見於詩禮孟子在商高宗得傅說為相其命說之辭曰予小子舊學于甘盤而傅說告之則曰學于古訓乃有獲又曰惟學遜志務時敏厥修乃來又曰惟斆學半念終始典于學蓋高宗既已學于甘盤矣及傅說相之乃更丁寧反復勉之以學其要歸則以謂當終始常念于學明學蓋不可一日而廢也至於孔子之自敘則自十有五而志於學至于七十而從心所欲不踰矩夫以孔子之聖必至于學其學之漸每十年而一進至于七十矣其從心也蓋不踰矩則傅說所稱當終始常念于學者雖孔子之聖不能易也故揚子曰學之為王者事久矣堯舜禹湯文武汲汲仲尼皇皇其已久矣聖賢之篤於學至於如此者蓋樂而不亂復而不厭者道也測之而益深窮之而益遠者聖人之言也知不足與困者學也方其始也求之貴博畜之貴多及其得之則於言也在知其要於德也在知其奧能至於是矣則求之博畜之多者乃筌蹄而已所謂多聞則守之以約多見則守之以卓也如求之不博畜之不多則未有於言也能知其要未有於德也能知其奧所謂寡聞則無約寡見則無卓也子貢稱孔子之學識其遠者大者則於言也能知其要於德也能知其奧然後能當於孔子之所謂學也審能是則存於心者有以為主於內天下之事雖其變無窮而吾所以待之者其應無方古之大有為於天下者未有不出於此也堯舜湯武所以為盛德之至孔子所以從心而不踰矩或得其行者未得其所以行得其言者未得其所以言孟子之所謂聖而不可知之謂神在是而已矣陛下萬幾之餘日引天下之士推原道德而講明其意陳六

藝載籍之文而紬繹其說博考深思無有解倦其折衷是非獨見之明老師宿儒所不能到此臣之所聞也有不世出之資與君人之大德又有出於數千載之大志特起於三代之後此臣之所知也則陛下之學已可謂至矣然臣區區敢誦經之陳言以進於左右者誠將順陛下之聖志采傅說始終典學之言觀孔子少長進學之漸以陛下之明智知言之要知德之奧皆陛下之所素畜誠以陛下之樂道而繼之以不倦以陛下之稽古而加之以不已使天性之睿智所造者益深所積者益厚日日新又日新其於自得之者非徒足以待萬事無窮之變而應之以無方天下之人必將得陛下之行者不得其所以行得陛下之言者不得其所以言堯舜湯武所以為盛德之至孔子所以從心而不踰矩孟子所謂聖而不可知之謂神不在於陛下而孰在哉繇是斂五福之慶以大賚庶民享萬年之休以永綏方

夏德厚於天地名昭於日月惟聖慮之所在而已臣愚不敏蒙恩賜對不敢毛舉叢細之常務而於國家之体肯言其遠且大者此臣所以愛君區區之分也伏惟留神省察

元豐八年守門下侍郎司馬光上哲宗孝經指解奏曰臣竊惟自古五帝三王未有不由學以成其聖學者所謂學者非誦章句習筆札作文辭也在於正心脩身齊家治國明明德於天下也恭惟皇帝陛下肇承基緒雖年在幼冲而執喪臨朝率禮弗越體貌尊嚴舉止安重顒顒卬卬有老成之德華夷瞻仰無不愛戴此乃聖性自然未聞亦式實天祐皇家宗廟社稷生民之盛福也然玉不琢不成器人不學不知道儻復資學問以成之則堯舜禹湯文武何遠之有伏見近降聖旨過冬至開講筵臣竊以聖人之德無以加于孝自天子至于庶人莫不始於事親終於立身揚名於後世誠為衆所宜先也臣鄉不自揆嘗撰古文孝經指解皇祐中獻於仁宗皇帝竊慮歲久遺失不存今別繕寫為一冊上進伏乞聖明少賜省覽

侍御史劉摯上奏曰右臣竊以聖人之德其聰睿神智固天性之所自有然孔子曰吾非生而知之好古敏以求之者也孟子亦謂人皆有是四端猶火之始然泉之始達在乎充之而已苟不充之將失其本然則性雖聖人方其始也學問以達之範圍以成之者其可少哉昔者周成王幼冲踐祚其師保之臣傅之德誼道之訓教者周公召公太公其人也夫左右之人既如此則成王雖幼其耳目所[illegible]蓋無有不正者矣我仁宗之初亦以盛年嗣服用李維晏殊為侍讀馮元孫奭為侍講惟茲數人皆名儒宿德極天下之選是時方親庶政聽斷之暇每於雙日召使入侍講說經典或讀祖宗故事盛明之政慶澤無窮恭惟皇帝陛下紹膺天命傳序統業夫以異稟之質夙成之善而又上有太皇太后陛下之至仁厚德保護閑佑所以成就者罔不備至矣然方春秋鼎盛在所資養左右前後宜正人與居諸默見聞宜正事是接所以起善養源[illegible]微慎始尊德美而長智習也廣夫而熙光明則勸講進讀輔導之官其可不慎擇也哉伏見兼侍讀給事中陸佃蔡卞皆新進少年越次暴起論德業則未試語公望則素輕使在此官衆謂非宜伏請罷其兼職以允公議仍欲望聖慈於內外兩制以上官內別選通經術有行義忠信孝悌淳茂老成之人以充其任遇非聽政之日便殿燕坐時賜延對使之執經誦說陳天下之義理古今君臣父子之道以廣睿志仰副善繼求治之意臣不勝愚欵

神宗時王安國上師友策曰書曰能自得師者王詩之序曰自天子至於庶人未有不須友以成者然則師友之於人其不可以無也如此夫養父母畜妻子而衣食出於其力者庶人之事盡此矣其所以慮於憂患之際甚微而猶曰須友以成況士大夫守宗廟朝廷之事甚衆則不可以無友士大夫尚然又況諸侯守一國之大乎至於天子之勢大於諸侯則猶不可以不學無師友也湯之於伊尹文武之於太公望高宗之於甘盤皆上盡悃愊以求於下而下之自重不可以詘者豈以其道德足以驁上哉蓋以為所以望於吾者以道德而其求也不勤則其聽也不一故君之於臣也忘其貴臣之於君也忘其賤論道德於君臣之際而無貴賤者此天下國家之所以治也記曰取人以身脩身以道夫脩身至於足以取人者學之効也而果可以不學於師友乎夫以四海九州之民屬於一人之治聰明不足以當萬事之視聽操天下之要者取人而已果可以不學於師友乎自先王之澤竭而禮義詘乎戰國之俗縱使天下之士而君臣之際形

隔勢絶師友之道遂湮滅不聞於後世雖有學於其臣者豈復有懇惻之心哉夫治亂之幾出乎此而世俗之談者不能推見本末徒以其事之末者甚淺而易見而安知夫効於本者如此有天下者可不戒哉

哲宗元祐元年崇政殿說書程頤上宣仁皇后書曰臣愚鄙之人自少不喜進取以讀書求道為事于茲幾三十年矣當英祖朝暨神宗之初屢為當塗者稱薦臣於斯時自顧學之不足不願仕也及皇帝陛下嗣位太皇太后臨朝求賢願治大臣上体聖意搜揚巖穴首及微賤蒙恩除西京學官臣於斯時未有意於仕也辭避方再而遽有召命臣門下學者促臣行者半勸臣勿行者半促臣行者則曰君命召禮不俟駕勸臣勿行者則曰古之儒者召之則不往臣以為召而不往惟子思孟軻則可蓋二人者處賓師之位不往所以規其君也已之微賤食土之毛而為王民召而不至邦有常憲是以奔走應命到闕蒙恩授以館職方以義辭遂蒙召對臣於斯時尚未有意於仕也進至簾前咫尺天光未嘗敢以一言及朝政陛下視臣豈求進者哉既而親奉德音擢置經筵事出望外惘然驚惕臣竊內思儒者得以道學輔人主蓋非常之遇使臣自擇所處亦無過於此矣臣於斯時雖以不才而辭然許國之心實已萌矣尚慮陛下貪賢樂善果於取人知之或未審也故又進其狂言以覬詳察曰如小有可用則敢不就職或狂妄無取則乞聽辭避章再上再命祗受是陛下不以為妄也臣於是受命供職而來夙夜畢精竭慮惟欲主上德如堯舜異日天下享堯舜之治廟社固無窮之基乃臣之心也臣本山野之人稟性朴直言辭鄙拙則有之矣至於愛君之心事君之禮告君之道敢有不盡上賴聖明可以照鑒臣自惟至愚蒙陛下特達之知遭遇如此願

効區區之誠庶幾毫髮之補惟陛下留意省覽不勝幸甚伏以太皇太后陛下心存至公躬行大道開納忠言委用耆德不止維持大業且欲興致太平前代英主所不及也但能日慎一日天下之事不足慮也臣以為今日至大至急為宗社生靈久長之計惟是輔養上德而已歷觀前古輔養幼主之道莫備於周公周公之為萬世之法也臣願陛下擴高世之見以聖人之言為可必信先王之道為可必行勿狃滯於近規勿遷惑於衆口古人所謂周公豈欺我哉周公作立政之書舉言常伯常任至於綴衣虎賁以為知恤者鮮一篇之中丁寧重復惟在此一事而已書又曰僕臣正厥后克正又曰后德惟臣不德惟臣又曰侍御僕從罔匪正人以旦夕承弼厥辟出入起居罔有不欽是古人之意人主跬步不可離正人也蓋所以涵養氣質薰陶德性故能習與智長化與心成後世不復知此以為人主就學所以涉書史覽古今也不知涉書史覽古今乃一端爾若止於如是則能文宮人可以備勸講知書內侍可以充輔道何用置官設職精求賢德哉大抵人主受天之命稟賦自殊歷考前史帝王才質鮮不過人然而完德有道之君至少其故何哉皆輔養不得其道而位勢使之然也伏惟皇帝陛下天資粹美德性仁厚必為有宋令主但恨輔養之道有未至爾臣供職已來六侍講筵但見諸臣拱手默坐當講者立案傍解釋數行而退如此雖弥年積歲所益幾何與周公輔養成王之道殊不同矣或以為主上方幼且當如此此不知本之論也古人生子能食能言而教之大學之法以豫為先人之幼也知思未有所主便當以格言至論日陳於前雖未曉知且當薰聒使盈耳充腹久自安習若固有之雖以他言惑之不能入也若為之不豫及乎稍長私意偏好生於內衆口辯言鑠於外欲其純完不可得也故

所急在先入。豈有太早者乎。或又以為主上天資至美。自無違道。不須過慮。此尤非至論。夫聖莫聖於舜。而禹皋陶未嘗忘規戒。至曰無若丹朱好慢遊作傲虐。且舜之不為慢遊傲虐。雖至愚亦當知之。豈禹而不知乎。蓋處崇高之位。儆戒之道。不得不如是也。且人心豈有常哉。以唐太宗之英睿。躬歷艱難。力平禍亂。年亦長矣。始惡隋煬侈麗。毀其層觀廣殿。不六七年。復欲治乾陽殿。是人心果可常乎。所以聖賢雖明盛之際。不廢規戒。為慮豈不深遠也哉。況冲幼之君。閑邪拂違之道。可少懈乎。伏自四月末間。以暑熱罷講。比至中秋。蓋踰三月。古人欲旦夕承弼出入起居。而今乃三月不一見儒臣。何其與古人之意異也。今士大夫家子弟。亦不肯使經時累月不親儒士。初秋漸涼。臣欲乞於内殿或後苑清涼處。召見當日講官。俾陳說道義。縱然未有深益。亦使天下知太皇太后用意如此。又一人獨對。與衆見

不同。自然情意易通。不三二次。便當習熟。若不如此。漸致待其自然。是輔道官都不為力。將安用之。將來伏假既開。且乞依舊輪次直日。所貴常得一員獨對。開發之道。蓋自有方。朋習之益。最為至切。故周公輔成王。使伯禽與之處。聖人所為。必無不當。真廟使蔡伯希侍仁宗。乃師古也。臣欲乞擇臣僚家子弟十歲已上十二已下端謹穎悟者三人。侍上左右。上所讀之書。亦使讀之。辨色則入。昏而罷歸。常令二人入侍。一人更休。每人擇有年宮人内臣二人隨逐看承。不得暫離。常情笑語。亦勿禁止。唯須言語必正。舉動必莊。仍使日至資善堂呈所習業。講官常加教導。使知嚴憚。年纔十三。便令罷去。歲月之間自覺其益。自來宰臣十日一至經筵。亦止於默坐而已。又聞日講讀則史官一人立侍。史官之職。言動必書。施於視政時則可。經筵講疑之所。乃燕處也。主上方問學之初。宜心泰体舒。乃能悅懌。令則前對大臣動虞有失。傍立史官言出輙書。使上欲遊其志得乎。欲於言敢乎。深妨問學。未得不改。欲乞特降指揮。宰臣一月兩次與文彥博同赴經筵。遇宰臣赴日。即乞就崇政殿講說。因令史官入侍。崇政殿說書之職置來已久。乃是講說之所。漢唐命儒士講論亦多在殿上。蓋故事也。邇英迫狹。講讀官内臣近三十人在其中。四月間尚未甚熱。而講官已流汗。況主上氣体嫩弱。豈得為便。春夏之際人氣蒸薄。深可慮也。祖宗之時偶然在彼。執為典故。殊無義理。欲乞今後只於延和殿講讀。後楹垂簾。簾前置御座。太皇太后每遇政事稀簡。聖体康和。時至簾下。觀講官進說。不惟省察主上進業。於陛下聖聰。未必無補。兼講官輔導之間。事意不少。有當奏稟。使得上聞。亦不可煩勞聖躬。限以日數。但旬月之間。意適則往可也。今講讀官共五人。四人皆兼要職。獨臣不領別官。近復差修國子監太學條制。是亦兼他職

也。乃無一人專職輔導者。執政之意可見也。蓋惜人才不欲使之閑耳。又以為雖兼他職。不妨講讀。此尤不思之甚也。不敢言告君之道。只以告衆人言之。夫告於人者。非積其誠意。不能感而入也。故聖人以蒲盧喻教。謂以誠化之也。今夫鍾。怒而擊之則武。悲而擊之則哀。誠意之感而入也。告於人亦如是。古人所以齋戒而告君者。何謂也。臣前後兩得進講。未嘗敢不宿齋豫戒。潛思存誠。覬感動於上心。若使營營於職事。紛紛其思慮。待至上前。然後善其辭說。徒以頰舌感人。不亦淺乎。此理非知學者不能曉也。道衰學廢。世俗何嘗聞此。雖聞之必以為迂誕。陛下高識遠見。當蒙鑒知。以朝廷之大。人主之尊。置二三臣專職輔導。極非過當。今諸臣所兼皆要官。若未能遽罷。且乞免臣修國子監條制。俾臣夙夜精思竭誠。專在輔道。不惟專任當然。且使天下知朝廷以為重事。不以為閑所也。陛下擢臣於草野之

中。蓋以其讀聖人書聞聖人道。臣敢不以其所學上報聖明。竊以聖人之學不傳久矣。臣幸得之於遺經。不自度量。以身任道。天下駭笑者雖多。而近年信從者亦衆。方將區區推其說以示學者。覬能傳於後世。不虞天幸之至。得備講說於人主之側。使臣得以聖人之學上沃聖聰。則聖人之道有可行之望。豈獨臣之幸哉。如陛下未以臣言為信。何不一賜訪問。臣當陳聖學之端緒。發至道之淵微。陛下聖鑒高明。必蒙照納。如其妄偽。願從誅殛。臣愚無任懇悃惶懼待罪之至。

頤又奏曰。臣頤傾竭愚誠。嘗聞天聽。狂妄之誅。非所敢避。伏念臣草萊賤士。蒙陛下拔擢寘之勸講之列。夙夜畢精竭慮。思所以補報萬一。昨於去年六月中。嘗有奏陳。言輔道人主之事。已踰半年。不蒙施行一事。臣愚切思所言甚多。如皆不可用。其狂妄亦甚矣。雖朝廷寬大。不欲以言罪人。然主上春秋方富。宜親道德之士。豈可以狂妄之

人寘之左右。臣彷徨疑慮。不能自已。況臣所言。非出己意。皆先王之法。祖宗之舊。不應無一事合聖心。若臣竊疑文字煩多。陛下不能詳覽。或雖蒙覽而未察愚意。臣不敢一一再言。止取一事最切者。復為陛下陳之。臣前上言乞於延和殿講讀。太皇太后每遇政事稀簡。聖体康和。時至簾下觀講官進說。不惟省察主上進業。於陛下聖聰未必無補。兼講官輔道之間。事意不少。有當奏稟。便得上聞。臣今思之。太皇太后雙日垂簾聽政。隻日若更親臨講讀。亦恐煩勞聖躬。欲乞只就垂簾日聽政罷。聖体不倦時。召當日講官至簾前。問當主上進業次第。講說所至。如何開益。使天下知陛下於輔養人主之道用意如此。延對儒臣。自古以為美事。陛下試從臣言。後當知其不謬。此一時之事。且非定制。如其無益。罷之何晚。自來經筵賜坐賜茶。蓋人主崇儒重道之体。今太皇太后省察主上進業。雖或使之講說。亦無此

禮。臣所以再言此一事者。蓋輔道之間有當奏知之事。無由上達。若得時至簾前。可以陳說。所繫甚大。陛下必謂主上幼冲。聞日講讀足矣。更無他事。此甚不然。蓋從前不嘗有為陛下極陳輔養少主之道者故陛下未深思爾。願陛下聖明。不以臣之微賤而忽其言。察臣區區之心。豈有他哉。惟欲有補於人主爾。臣披瀝肝膽。言盡於此。伏望聖慈采納。天下幸甚。

頤又奏曰。臣昨日上殿面奉德音。除臣崇政殿說書。臣雖已懇辭遜不蒙俞允。臣輒有愚誠。昧死上聞天聽。竊以知人則哲。帝堯所難。雖陛下聖鑒之明。然臣方獲進對於頃刻之間。陛下見其何者遽加擢任。今取臣於畎畝之中。驟置經筵。蓋非常之舉。朝廷責其報效。天下之所觀矚。苟或不當。則失望於今。而貽譏於後。可不謹哉。臣未敢必辭。只乞再令臣上殿。進劄子三道。言經筵事。所言而是。則陛下用臣

為不誤。臣之受命為無愧。所言而非。是臣才不足用也。固可聽其辭避。如此。則朝廷無舉動之過。愚臣得去就之宜。伏望聖慈特賜俞允。

其一曰。臣伏觀自古人君守成而致盛治者。莫如周成王。成王之所以成德。由周公之輔養。昔者周公輔成王。幼而習之。所見必正事。所聞必正言。左右前後皆正人。故習與智長。化與心成。今士大夫家善教子弟者。亦必延明德端方之士。與之居處。使之薰染成性。故曰少成若天性。習慣如自然。伏以皇帝陛下春秋之富。雖睿聖之資得於天稟。而輔養之道不可不至。所謂輔養之道。非謂告詔以言過而後諫也。在涵養薰陶而已。大率一日之中。接賢士大夫之時多。親寺人宮女之時少。則自然氣質變化。德器成就。欲乞朝廷慎選賢德之士以侍勸講。講讀既罷。常留二人直日。夜則一人直宿。以備訪問。皇帝習讀之暇。游息之間。時於內殿召見。從容宴語。不獨漸磨道義。至於

人情物態稼穡艱難積久自然通達比之常在深宮之中為益豈不甚大竊聞間日一開經筵講讀數行羣官列侍儼然而退情意略不相接如此而責輔養之功不亦難乎今主上沖幼太皇太后慈愛亦未敢便乞頻出但時見講官久則自然接熟大抵與近習處久熟則生褻慢與賢士大夫處久熟則生敬愛此所以養成聖德為宗社生靈之福天下之事無急於此其二曰臣聞三代之時人君必有師傅保之官師道之教訓傅傅其德義保保其身體後世作事無本知求治而不知正君知規過而不知養德傅德義之道固已疎矣保身體之法復無聞焉伏惟太皇太后陛下聰明睿哲超越前古皇帝陛下春秋之富輔養之道當法先王臣以為傳德義者在乎防見聞之非節嗜好之過保身体者在乎適起居之宜存畏慎之心臣欲乞皇帝左右扶侍祗應宮人內臣並選年四十五已上厚重小心之人服用器玩皆須質朴應華巧奢麗之物不得至於上前要在侈靡之物不接於目淺俗之言不入於耳及乞擇內臣十人充經筵祗應以伺候皇帝起居凡動息必使經筵官知之有剪桐之戲則隨事箴規違持養之方則應時諫止調護聖躬莫過於此其三曰臣竊以人主居崇高之位持威福之柄百官畏懾莫敢仰視萬方承奉所欲隨得苟非知道畏義所養如此其惑可知中常之君無不驕肆英明之主自然滿假此古同患治亂所繫也故周公告成王稱前王之德以寅畏祗懼為首從古已來未有不尊賢畏相而能成其聖者也皇帝陛下未親庶政方專問學臣以為輔養聖德莫先寅恭動容周旋當主於此歲月積習自成聖性臣竊聞經筵臣僚侍者皆坐而講者獨立於禮為悖欲乞今後特令坐講不惟義理為順所以養主上尊儒重道之心

二年頃又乞遇六參日許講讀官上殿奏曰臣竊以朝廷置勸講之官輔導人主豈止講明經義所以薰陶性質古所謂承弼厥辟出入起居者固宜朝夕納誨以輔上德自來暑熱罷講直至中秋方御經筵數月之間講讀官無由進見夫以文武之齊聖欲旦夕承弼今乃數月不接儒臣甚非先王輔導養德之意方主上春秋之富輔養之道豈可疎略如此臣欲乞未御講筵間每遇六參日宰臣奏事退許講讀官上殿問聖體數日一對儒臣不唯有益人主在勸講之臣禮亦當然伏望聖慈特賜俞允

歷代名臣奏議卷之六

聖學

宋哲宗元祐二年平章軍國重事文彥博進尚書孝經解奏曰臣伏以皇帝陛下間日御邇英閣令講官講尚書又閣之南壁張孝經圖出入觀覽有以見陛下祖述堯舜憲章文武以至德要道孝治天下臣令輒於尚書諸篇中節錄十篇及孝經諸章中節錄六章進上以備禁中清閒之暇研究義味或時令講官節錄疏義進入上資聖德稽古求治之意臣伏讀尚書序云孔子生於周末覩史籍之煩文懼覽之者不一遂乃討論墳典斷自唐虞以下訖于周舉其宏綱撮其機要典謨訓誥之文凡百篇所以恢宏至道示人主以軌範也帝王之制坦然明白以其上古之書謂之尚書然則後代聖帝明王莫不祖述實為大訓恭以皇帝陛下聰明文思稽考古道日御邇英延訪

經義方命講官講解尚書孜孜不倦所以聖德日新比隆堯舜臣以叨侍經筵輒於尚書三十二篇采其切於資益聖治宜於重複温故者凡十篇錄進篇別有後序所以發明本篇之大旨所冀備於乙夜之覽

堯典堯之聖德蕩蕩難名而此篇極簡要亦仲尼舉宏綱撮機要之理如篇之所載者克明俊德以親九族平章百姓協和萬邦分命羲和典掌四時使民務農利用厚生允釐百工庶績咸熙斯皆後世聖帝明王所宜祖述而模範之臨文而三復之故摘其目以敘之

舜典虞舜之德重華協帝故列于二典後世作者雖三王之盛不可及矣篇之所載命禹作司空而下至於四岳十二牧官得其人庶績咸治流放共工驩兜竄三苗殛鯀四凶人而天下咸服故曰舜有大功二十茲所以重華協帝

大禹謨禹稷皋陶共事舜帝君臣同寅咸有一德故矢厥謨咸厥功曰俞曰都乃君唱臣和之義其謨則有后克艱厥后臣克艱厥臣罔遊于逸罔淫于樂任賢勿貳去邪勿疑罔咈百姓以從己欲斯皆上下交儆以成聖功舜禹之所以為聖帝明王以此

皋陶謨皋陶曰允迪厥德謨明弼諧禹曰俞如何皋陶曰都慎厥身修思永禹拜昌言曰俞皋陶曰在知人在安民知人則哲能官人安民則惠黎民懷之臣以舜禹之時君臣謨議之協恭後王所宜為法

益稷此篇所載禹戒舜曰慎乃在位帝曰俞然禹言受其戒禹曰安汝止惟幾惟康帝曰吁臣哉鄰哉鄰哉臣哉禹曰帝庸作歌曰元首叢脞哉股肱惰哉萬事墮哉帝拜曰俞臣謂斯言可為

深戒

伊訓篇云嗚呼先王肇修人紀從諫弗咈先民時若居上克明為下克忠惟上帝不常作善降之百祥作不善降之百殃臣以尹之斯言愛其君忠於國可謂至矣有臣如此時君固當尊禮其人信受其訓

洪範天地之大法其類有九而敬用五事曰貌言視聽思茲乃人君尤當慎思之蓋人君言動則左右史書之為法不可不慎也故臣以此篇五事為重

無逸此篇周公以戒成王曰君子所其無逸先知稼穡之艱難文王不敢盤于遊田以庶邦惟正之供自今嗣王其無淫于觀于逸于遊于田故成王服其訓戒乃為令王至唐開元中作無逸圖置於禁中出入省覽以為龜鑑臣亦嘗錄此篇為圖以進以

助聖覽伏望曲留睿意
立政周公告于成王曰王左右常伯常任準人自今立政其勿以
憸人其惟吉士蓋有天下國家所切者任人得賢則治非賢則
亂
周官王曰若昔大猷制治于未亂保邦于未危唐虞稽古建官惟
百夏商官倍亦克用乂明王立政不惟其官惟其人又戒庶官
欽乃攸司愼乃出令以公滅私民其允懷推賢讓能庶官乃和
不和政厖舉能其官惟爾之能稱匪其人惟爾不任成王稽古
建官為治之本後之帝王所宜詳愼
孝經圖臣以官忝師保得侍邇英伏覩閣中有仁祖命學士蔡襄
所書孝經圖張於南壁以便觀覽有以見仁祖孝德在躬推廣
以及天下恭以皇帝陛下天資聖德行在孝經嘗聞令講官備

錄經義進於禁中臣以伏望陛下日省而時思之
彥博又進尚書二典儀劄子曰臣伏覩尚書序曰仲尼討論墳典斷
自唐虞以下訖於周所以堯舜二典為書之首篇垂世立教示人主
以軌範帝王之制坦然明白可舉而行堯舜二典並云曰若稽古帝
堯帝舜以謂二帝並能順考古道而行之乃知人主之聖必由稽古
恭惟皇帝陛下日御經筵集講官說尚書蓋聰明文思稽考古道垂
意於安天下之安天下之幸甚臣以衰殘忝位保傅得侍經閣為幸
已深又不自揆輒於二典之中采掇事義數條兼以訓傳或理有切
近治體亦以愚短之議附之庶幾粗有所補夫以齊之霸國而孟軻
陳堯舜之道於齊王之前欲勉進之今臣遭堯舜之時陳堯舜之道
固其宜矣臣愚不勝區區之誠謹錄以上進
堯典曰乃命羲和欽若昊天敬授人時 分命羲仲宅嵎夷曰暘
谷平秩東作 申命羲叔宅南交平秩南訛敬致 分命和仲宅
西曰昧谷平秩西成 申命和叔宅朔方平在朔易
臣按帝堯上以敬順天命下以恭授人時使此羲和氏之四人
各居其方以布四時之令春序其農疇興作之功夏致其生物
化育之事秋秩其百穀收成之宜冬察其一歲豐儉之實吏久
於職官修其方民變時雍庶績咸治帝乃命舜歷試諸難
舜典曰欽哉欽哉惟刑之恤哉 流共工于幽州放驩兜于崇山
竄三苗于三危殛鯀于羽山四罪而天下咸服 舜曰咨四岳有
能奮庸熙帝之載使宅百揆亮采惠疇僉曰伯禹作司空帝曰俞
咨禹汝平水土惟時懋哉 帝曰棄黎民阻飢汝后稷播時百穀
帝曰契百姓不親五品不遜汝作司徒敬敷五教在寬 帝曰
皋陶蠻夷猾夏寇賊姦宄汝作士五刑有服 帝曰疇若予工僉

曰垂哉帝曰俞咨垂爾作共工 帝曰疇若予上下草木鳥獸僉
曰益哉帝曰俞咨益汝作朕虞 帝曰咨四岳有能典朕三禮僉
曰伯夷帝曰咨伯汝作秩宗 帝曰夔命汝典樂教冑子 帝曰
龍朕聖讒說殄行震驚朕師汝作納言出納朕命惟允 帝曰咨
汝二十有二人欽哉惟時亮天功三載考績三考黜陟幽明庶績
咸熙
臣按舜既紹堯熙帝之載所謂治天下者必先任人人有善惡
必先審知故曰在知人在安民故曰知人則哲安民則惠黎民
懷之苟不知人則賢愚善惡混淆不分蓋善惡不可並用惡人
道長則善人道消當須屏去姦惡可以登用善良故其始也先
去四凶而天下服然後咨詢岳牧而用禹稷皋夔而下二十有
二人天下大治又命龍作納言戒勅之曰朕聖讒說殄行震驚

朕師。汝作納言。夙夜出納朕命。惟允。讒邪之人。尊在譖毀善良。舜深疾之。納言喉舌之官。出納王命。必在忠信。故舜受命而切戒之。隋唐以來。納言之名不改。隸門下省。至於本朝。頗循唐制。以侍中為門下省官長。侍郎為貳。並為執政官。所選益重。必協僉論。又曰。三載考績。三考黜陟幽明。古之任官。必在於久。久則有功。可以考其績効。故先朝之法。省寺監官並以三年為任。循古之義法也。義當遵守。如其籍才不次任用。則難拘常制。臣學術荒淺。不足以發明。但以狂言聖擇。冀有少補。

彥博又進漢唐故事疏曰。臣近者竊聞聖旨。令經筵官閒日進漢唐故事各一件。以備御覽。有以見聖德稽古求理之切。臣忝預經筵。固當粗有裨補。輙亦於漢唐史中節錄得數事。繕寫進呈。伏望聖慈采覽。

漢文帝紀贊曰。孝文皇帝宮室苑囿車騎服御。無所增益。有不便輙弛以利民。嘗欲作露臺。召匠計之。直百金。上曰。百金中人十家之產也。吾奉先帝宮室。常恐羞之。何以臺為。身衣弋綈。弋黑色。綈厚繒。帷帳無文繡。以示敦朴。為天下先。專務以德化民。是以海內豐富。興於禮義。斷獄數百。幾至刑措。嗚呼仁哉。

漢武帝問東方朔曰。吾欲化民。豈有道乎。朔對曰。堯舜禹湯文武成康。上古之事。經歷數千載。尚難言也。臣不敢陳。近述孝文皇帝之時。當世耆老皆聞見之。貴為天子。富有四海。身衣弋綈。足履革舄。師古曰。革。生皮也。韋言柔韋也。以韋帶劒。莞蒲為席。師古曰。莞今謂之蔥蒲。以莞蒲為席。[illegible]質也。兵木為刃。服虔曰。兵器如木而無刃。言不大治兵器也。衣縕無文。師古曰。縕。亂絮也。言內有亂絮。上無文采也。集上書囊以為殿帷。師古曰。集謂合聚也。以道德為麗。以仁義為準。師古曰。麗。美也。準。平法也。於是天下望風成俗。昭然化也。

漢丞相王嘉上疏言。孝文帝時。吏居官者或長子孫。以官為倉氏庾氏。則倉庾吏之後也。其二千石長吏亦安官樂職。然後上下無苟且之意。其後稍稍變易。公卿以下轉相促急。又數以改更政事。司隸部刺史察過悉劾。發揚陰私。悉。盡也。言大小盡皆舉劾。過於所察之條。吏或居數月而退。送故迎新。交錯道路。中材苟容求全。下材懷危內顧。一切營私者多。二千石益輕賤。吏人慢易之。或至上書章下。依其所上之章而下令理之。眾庶知其易危。言易可傾危。小失意則有離判之心。

漢宣帝謂太守吏民之本。數變易則下不安。民知其將久。不可欺罔。乃從其教化。故二千石有治效。輙以璽書勉勵。增秩賜金。或爵至關內侯。公卿缺則選諸所表以次用之。師古曰。所表謂增秩賜金爵也。是故漢世良吏。於是為盛。稱中興焉。

臣近曾上言。乞刺史縣令須滿三年一替。及尚書吏戶刑三部郎官職務尤重。須令久任。此皆治古之法。兼先朝亦不令速遷。

漢賈誼云。今民賣僮者。如淳曰。僮謂隸妾也。為之繡衣絲履偏諸緣。服虔曰。如牙條以作履緣。師古曰。偏諸。若今之織成。以為要襻及褾領者也。古謂之車馬裹。其上為樂車及騎從之象也。內之閑中。服虔曰。賣奴婢闌。是古天子服所以廟而不宴者也。師古曰。入廟則服之。宴處則不著。蓋貴之也。而庶人得以衣婢妾。白縠之表。薄紈之裏。緁以編諸。晉灼曰。以編諸緁著衣也。師古曰。緁。音妾。謂以編諸緶。音步千反。美者黼繡。師古曰。黼者。織為斧形。繡者。刺為眾文。是古天子之服。今富人大賈嘉會召客者以被牆。古者以奉一帝一后而節適。今庶人屋壁得為帝服。倡優下賤得為后飾。然而天下不屈者殆未有也。師古曰。屈謂財力盡也。且帝之身自衣皁綈。而富民牆屋被文繡。天子之后以緣其領。庶人孽妾緣其履。師古曰。孽謂庶賤者。此臣所謂舛也。夫百人作之不能衣一人。欲天下亡寒。胡可得也。一人耕之。十人聚而食之。欲天下亡飢。不可得也。飢寒切於民之肌膚。欲其亡為姦邪不可得也。國已屈矣。盜賊直須時耳。然而獻計者曰毋動。（師古曰言天下安不可動搖。）為大耳。（如淳曰好為大語者。）夫俗至大不敬也。至亡等也。（師古曰無尊卑之等。）至冐上也。（師古曰冐犯也。）進計者猶曰毋為可為長太息者此也。

臣近嘗上章以風俗僭侈。乞檢舉制度。使上下不僭侈。務節儉。蓋富民之本在於節儉。民富矣。君孰與不足。致太平之風。無出此道。雖聞已有施行。更望聖慈垂意。

唐太宗問褚遂良曰。舜造漆器。禹雕其俎。當時諫舜禹者十餘人。食器之間。苦諫何也。遂良對曰。雕琢害農事。纂組傷女工。首創奢淫。危亡之漸。漆器不已。必金為之。金器不已。必玉為之。所以諍臣必諫其漸。及其滿盈。無所復諫。太宗以為然。因言夫為人君不憂萬姓而事奢淫。危亡之機。可反掌而待也。

唐太宗謂侍臣曰。夫以銅為鏡。可以正衣冠。以古為鏡。可以知興

替。以人為鏡。可以明得失。朕常保此三鏡。以防己過。今魏徵殂逝。遂亡一鏡矣。

唐史論魏徵與文皇討論政術。往復應對凡數十萬言。其救過弼違。能近取譬。其實根於道義。發為律度。身正而心勁。上不負時主。下不阿權倖。中不私親族。外不為朋黨。不以逢時改節。不以圖位賣忠。所載章疏四篇。在徵本傳。可為萬代王者法。

唐明皇先天元年。大獵于渭川。侍中魏知古獻詩一篇曰。常聞夏太康。五子訓禽荒。我后來冬狩。三驅盛禮張。順時鷹隼擊。講事武功揚。奔走未及反。騰飛豈暇翔。非熊從渭水。瑞翟想陳倉。此欲誠難縱。茲遊不可常。子雲陳羽獵。僖伯諫漁棠。得失鑒齊楚。仁恩念禹湯。咸熙諒在宥。亭毒匪多傷。辛甲今為史。虞箴遂孔彰。明皇嘉之。手制詔曰。夫詩者志之所之。以寫心懷。實可諷諭人主。是故揚雄陳羽獵。馬卿賦上林。爰自風雅。率由茲道。朕頃自溫泉觀省風俗。時因夏景。掩渭而畋。方開一面之羅。或亦三驅之禮。躬親校獵。聊以從禽。卿遂有箴規。正予不逮。自非誠欵夙著。孰能繼於此耶。賜物五十段。

唐穆宗嘗謂侍臣曰。國家貞觀中。文皇帝躬行帝道。治致昇平。及神龍景龍之間。繼有內難。明皇平定而興復。不易而聲名最盛。歷年長久。何道而然。宰相崔植對曰。前代創業之君。多起自人間。知百姓疾苦。初承丕業。皆能厲精思理。太宗文皇帝特稟上聖之姿。同符堯舜之道。是以貞觀一朝。四海寧晏。有房玄齡杜如晦魏徵王珪之屬為輔佐股肱。君明臣忠。事無不理。聖賢相遇。固宜如此。明皇守文繼体。嘗經天后朝艱危。開元初得姚崇宋璟委之為政。此二人者。天生俊傑。動必推公。夙夜孜孜。致君於道。璟嘗手寫尚

書無逸一篇為圖以獻。明皇置之內殿。出入觀省。咸記在心。每歎古人至言。後代莫及。故任賢戒欲。心歸沖漠。開元之末。因無逸圖朽壞。始以山水圖代之。自後既無座右箴規。又信奸臣用事。天寶之世。稍倦於勤。王道于斯缺矣。建中初德宗皇帝嘗問先臣祐甫。開元天寶治亂之殊。先臣具陳本末。臣在童丱。即聞其說。信知古人以韋弦作戒。其益宏多。陛下既虛心履道。亦望以無逸為元龜。則天下幸甚。穆宗善其對。

臣恭以仁宗皇帝聖德勤儉。因御前親試進士。以無逸為元龜為賦題。乃知聖意所存深遠。

盧懷慎景龍中上疏。其一曰。臣聞孔子曰。為邦百年。可以勝殘去殺。又曰。苟有用我者。朞月而已。三年有成。尚書云。三載考績。校其功也。昔子產相鄭。更法令。布刑書。一年而人歌之曰。取我田疇而

伍之取我衣冠而褚之孰殺子產吾其與之三年而人又歌之曰我有子弟子產教之我有田疇子產殖之子產而死誰其嗣之終有遺愛流芳史策子產賢者也其為政尚累年而化成況其常才乎臣竊見比來州牧上佐及兩畿縣令下車布政罕終四考在任多者一二年少者三五月遽即遷除不論課最或有歷時未改便傾耳而聽企踵而望爭求冒進不顧廉恥亦何暇為陛下宣風布化求瘼恤人哉禮義未能興行風俗未能齊一戶口所以流散倉庫所以虛空百姓凋弊日更滋甚職為此也何則人知吏之不久則不從其教吏知遷之不遠又不盡其力偷安爵祿但養資望陛下雖勤勞之懷宵衣旰食然僥倖路啓上下相蒙共為苟且而已穿蠹至公乎此國之病也此賈誼所謂蹠盭之病乃小小者耳此弊久而不革臣恐為膏肓雖和緩不能療豈蹠盭而已哉漢宣帝

總覈名實興理至化黃霸良二千石也就增秩賜金以旌其能而不遷於潁川前代之美又古之為吏長子孫倉氏庾氏即其後也書云事不師古以克永世匪說攸聞臣請諸州都督刺史上佐及兩畿縣令等在任未經四考以上許遷察其課効尤異者或錫以車裘或就加祿秩或降使臨問并璽書慰勉若公卿有闕則擢以勸能其政績無聞及犯貪暴者免歸田里以明聖朝賞罰之信則萬方之人一變於道矣致此之美革彼之弊易於反掌陛下何惜而不行哉

三年著作郎兼侍講范祖禹進經書要言奏曰臣近於邇英閣進講嘗指陳尚書要切之語望陛下因習筆札書之以置坐右臣退而伏思古之人君雖在閒燕之中出入起居必存儆戒左右前後動有箴規所以正心脩身自強於德以舜之聖而益戒之曰罔失法度罔遊于逸罔淫于樂禹戒之曰無若丹朱傲湯有盤銘武王於席之四端為銘於几杖為銘於衣帶為銘於履屨為銘於觴豆為銘於戶牖為銘舜湯武王其自脩如此而況於後世之君乎今陛下纂承累聖日勤問學若於翰墨之際不出聖人之經略舉要言以為明鑒置之左右朝夕觀省與夫舜禹之戒湯武之銘其揆一也臣職在勸講無補毫分苟有愚見不敢不盡謹節略尚書論語孝經要切之語訓戒之言得二百一十九事以備聖札所冀陛下手書之目視之心存之庶可以少助進德之萬一臣不勝拳拳之愚干冒宸嚴臣無任惶懼之至

祖禹又進古文孝經說奏曰臣伏覩國史章獻明肅太后嘗命侍讀宋綬擇前代文字可以資孝養補政治者以備仁宗觀覽臣職勸講雖不足以跂望前人髣髴然區區忠益敢不盡愚竊以聖人之行莫

先於孝書先於孝經有古文有今文今文即唐明皇所注十八章古文凡二十二章由漢以來唯孔安國馬融為之傳自餘諸儒多疑之故學者罕習仁宗朝司馬光在館閣為古文指解一卷表上之臣竊考二書雖不同者無幾然古文實得其正故嘗妄以所見又為之說非敢好異尚同庶因聖言少闡者覽伏惟陛下方以孝治天下此乃羣經之首萬行之宗儻留聖心則天下幸甚其古文孝經說謹繕寫為一冊上進干冒宸嚴臣無任惶懼之至

祖禹又進勸學疏曰臣不侍經席已踰兩月陛下深居閒燕聖學日勤然臣等無由罄竭愚短補助萬一昔唐憲宗不對學士兩月李絳奏曰為臣等竊祿偷安之計則便矣其如陛下何今臣之愚竊欲陛下以學為急故敢略陳一二惟陛下留聽臣聞孔子曰學如不及猶恐失之揚雄曰學之為王者事其已久矣堯舜禹湯文武汲汲仲尼

皇皇其已久矣夫學者所以學治天下主者之事也故自堯舜禹湯文武之君皆汲汲於學仲尼雖聖亦皇皇有所不暇此聖人所以不可及也後世繼体守文之君生而驕逸不能務學忘其祖宗之艱難累世之勤勞徒見天下無事以為禍亂無從而生或荒耽于酒或盤于遊畋或窮奢極侈或輕用民力謟諛日親忠正日踈人心離貳遂亡其國其所行之迹後世視以為戒自古以來治日常少亂日常多推原其本由人君不學故也天下治亂皆繫於人君之心君心正則朝廷萬事無不正故天地順而嘉應降陰陽和而風雨時古者三公太師太傅太保論道經邦燮理陰陽無他術焉惟正君心而已保保其身體傅傅其德義師道之教訓皆所以正君心也如欲心正未有不由稽古好學而能致也臣竊考之前世揆之當今恭惟本朝累聖相承百有餘年四方無虞中外底寧動植之類蒙被涵養德澤深厚

遠過前世皆由以道德仁義文治天下人主無不好學故也太祖皇帝以神武定四方創業垂統日不暇給然而晚年尤好讀書嘗曰宰相須用讀書人陛下試思太祖此言宰相既用讀書人則自餘執政侍從之臣臺諫之職必皆文學之士然後可用外至州縣亦必由進士出身乃可委以親民刑獄之任是朝廷之士皆不可以無學也然則天子豈可以獨不知學乎太宗嘗謂近臣曰人君當澹然無欲形見於外則姦佞無自而入朕年老無他欲但喜讀書用鑒古今成敗耳真宗之時益修太宗之業仁宗在位四十二年問學未嘗少廢今邇英講讀乃仁祖之成規也英宗神宗皆遵守仁宗之法稽古好學陛下所知不幸先帝早棄四海累聖已成之業任大守重傳付陛下陛下嗣位于今四年幸賴太皇太后以至仁盛德每臨天下陛下垂拱無為海內晏然當今之務莫如學問之為急也陛下今日學與不

學繫天下他日之治亂臣不敢不盡言之陛下如好學則天下之君子皆欣慕願立於朝以直道事陛下輔助德業而致太平矣陛下如不好學則天下之小人皆動其心欲立於朝以邪謟事陛下竊取富貴而專權利矣君子專於為義小人專於為利君子之得位欲行其所學也小人之得位將濟其所欲也用君子則治用小人則亂君子與小人皆在陛下心之所名也凡人進學莫不在於年少之時陛下聖質日長龍德進升數年之後雖欲勤於學問恐不得如今日之專也臣竊為陛下惜此日月願以學為急則天下幸甚論語記聖人言行之要修身治國之道無不在焉尚書言帝王政事人君之規範也論語雖已講畢望陛下更加詳熟尚書未講者亦望陛下先熟其文臣等以次講解及之則陛下聖意已先有得矣臣不勝拳拳之愚

祖禹又乞置無逸孝經圖奏曰臣竊以無逸者周公之至戒孝經者

孔子之大訓陛下嗣守祖宗鴻業方以孝治天下二書所宜朝夕觀省以益聖德昔仁宗皇帝初建邇英閣即書無逸於屏間其後歲久而弊又命知制誥蔡襄書之仁宗曰朕不欲背聖人之言乃置之左方又諭侍讀學士丁度取孝經之天子孝治聖治廣要道四章對為右圖命侍讀學士王洙書之又命學士承旨王拱辰為二圖序亦令襄書之仁宗尊崇經訓如此陛下宜以為法今邇英閣止書圖序于屏間而無逸孝經二圖不復張列臣欲乞指揮所司檢尋如舊圖尚在乞置之左右如已不存則乞特命侍臣善書者書之其蔡襄所書圖序從來置在御坐之後昨因脩展邇英閣方徹去却書于屏間此圖乃祖宗舊物臣竊惜之伏乞依舊張掛三圖並列如仁宗朝故事以彰陛下欽明稽古仰遵先烈之意

祖禹又進尚書說命講義奏曰臣等近進講尚書說命竊以為君治

天下國家。欽天稽古修身務學。任賢立政。至言要道。備在此書。誠能法之。可為堯舜。昔太宗皇帝嘗曰。尚書王言治世之道。説命最備。特詔孫奭講此三篇。伏望陛下詳覽深思。必有啓迪聖學之益。臣等雖罄竭謏聞。講解于前。謹輙記録所言。編寫成冊。以備尋繹。或賜顧問。庶幾少助聰明之萬一。其説命講義三冊。謹具上進。

五年。祖禹為右諫議大夫。又乞常觀圖史。上奏曰。臣伏見仁宗皇帝慶曆元年七月。出御製觀文覽古圖記。以示輔臣。皇祐元年十一月。御崇政。召近臣三館臺諫官及宗室。觀三朝訓鑒圖。臣竊以古之帝王。常觀圖史以自戒。仁宗皇帝講學之外。為圖鑒古。不忘箴儆。以養聖心。又圖寫三朝事迹。欲子孫知祖宗之功烈。如目覩之。二圖皆常頒賜臣僚。禁中必有本。臣願陛下以永日觀書之暇。間覽此圖。可以見前代帝王美惡之迹。知祖宗創業之艱難。不唯有所戒勸。易於記省。亦好學不倦之一端也。

元祐四年。中書舍人彭汝礪上奏曰。臣聞昔者周成王即位。始謀於廟。其言憂深思遠。慄慄悼懼。若方隕淵墜谷。所以求其臣甚至。而羣臣進戒。乃反覆曲折。獨以學問為先務。其詩曰。念茲皇祖。陟降庭止。於乎悠哉。朕未有艾。又詩曰。維予小子。不聰敬止。學有緝熙于光明。佛時仔肩。示我顯德行。其君臣可謂知本矣。是時周公畢公召公史佚實在左右前後。伯禽唐叔實相與周旋。而猶有管蔡之禍。周之不亡者以此。唐太宗取名儒為學士者十八人。如房玄齡杜如晦之類是也。番宿迭侍。相與討論古今。考前王之成敗。雖閒燕飲食皆與。於是在下之情無不達。在上之失無不得。二君卒為周唐賢君。古今事不同体。嘗使內外左右朝夕所以輔拂之者咸備。其要則在擇人。苟非其人。猶不如不為之愈也。

汝礪又奏曰。臣聞治亂之幾。在於好惡。好惡之端。在於謹其始。其始正。無所為而不為正。其始不正。雖有智力不能善其後。是以人主必務學。學莫大於近正人。陛下盛德至行。得於天者甚厚。見於行事者甚善。此非臣下所能窺度深淺也。近侍進讀儒臣勸講。見聞可謂甚博。耆艾在前。忠良在後。其輔翼可謂甚衆。夫學者非徒出於口耳之謂也。聞乎其言。將見於其行。得乎其心。將見乎其外。今臣下所誦説。陛下能昭然不疑乎。能沛然有所得乎。使誠無疑也。使誠有得也。固甚善。若猶未也。是為名而已。是為觀美而已。今延英之對。邇英之講。隔於內外。見有不得而久。限於上下。言有不得而盡。雖太皇仁聖。所以擁護啓佑者甚至。然天性之愛。不可以責善久矣。然則陛下退而與處者其誰歟。其使令者其誰乎。其婦人乎。輔拂之人寡。順從之人衆。學問之日少。安閒之日多。善或莫之告。過或莫之諫。臣甚懼所以輔成聖德者或未備也。記曰。三王四代惟其師。詩曰。自天子至於庶人。未有不須友以成者。然則師友不可無久矣。然則如之何。曰。尊有道者。擇有德者。不使柔邪權譎之士間厠於其間。閒宴與俱。言動使相接焉。簡上下之分勢。盡君臣之底裏。問以所疑而無隱。質之所欲而無間。有善焉使必告。告焉而必從。有過焉使必諫。諫焉而必改。如是而不堯舜如者。未之有也。惟陛下留意無忽。

汝礪又論人主盡道在修身。修身在正學。奏曰。臣聞之。孟子曰。欲為君盡君道。欲為臣盡臣道。二者皆法堯舜而已。堯舜之治至矣。上達日月星辰。旁施草木蟲魚。幽格鬼神。外薄四海。遠及于萬世。其原則修身而已。書曰。克明俊德。以親九族。九族既睦。平章百姓。百姓昭明。協和萬邦。黎民於變時雍。其本末施設次序。可謂彰明較著。而自漢迄唐千數百年。有為者衆。而終不能窺其髣髴。非聖人所為。終不可及蓋後世為之不至而已。以區區千里之齊。其君蓋不過中人。孟子之為臣。非其道不陳於前。故其言曰。不以舜之所以事堯事君。不敬其君者也。不以堯之所以治民治民。賊其民者也。孟子欺乎哉。修身無他。在乎學而已。大學之道。始於誠意正心。終於治天下。蓋古人以天下為不可勝治。故所治者一國而已。以一國為不可勝治。故所治者一家而已。以一家為不可勝治。故所治者一身而已。又以一身為不可勝治。故所治者一心而已。心正故身正。身正故無所不正。此其守甚約而其施甚博。其源甚近。而其流甚遠。其事甚難。而其理甚易。然心至微者也。至危者也。古人譬之槃水焉。正錯勿動。湛濁在下。而清明在上。則足以見須眉而察理矣。微風過之。湛濁動乎下。清明亂乎上。則不足以得夫形之正也。心亦如是矣。至虛而能受。至神而甚察。苟有蔽之。則有不能別黑白矣。蔽欺之言入。則是非有不得其正。私比之言入。則喜怒有不得其正。功利之言入。則取與有不得其正。便佞之言入。則好惡有不得其正。此學之大戒也。恭惟陛下聖學所得。固自拔於世俗之表。惟加之意而已。敷求碩德。以備勸講。容納正言。以聞過闕。思之至于謹。辨之至于明。問之至于博。積之以漸。要之以久。持之以不倦。行之至于不已。其本正矣。事至而不惑。物來而能名。四環而觀。惟陛下所欲為而已。二帝三王之盛。蓋不跂而至也。詩云。俾爾彌爾性。似先公酋矣。性人所有也。蓋有不能充而成之者。又曰。學有緝熙于光明。光明性所有也。緝之熙之。在學而已。書曰。學于古訓乃有獲。蓋學莫如師古。又曰。念終始典于學。言學之不可一日已也。臣愚亡識。惟陛下幸察。

右諫議大夫朱光庭乞召講官詢訪以進聖學奏曰。臣聞孔子曰。吾十有五而志于學。周頌曰。日就月將。學有緝熙于光明。由此言之。聖人未有不學而至于道也。恭惟皇帝陛下生知之性。天縱之聖。聰明睿智。與日增新。然而正當孔子志學之年。成王緝熙之日。彊勉學問。則可以大就堯舜之德矣。臣愚乞陛下每五日一次。退朝之後。清閑之燕。召講官于便殿。親發聖問。詢訪人君之所先務。古今之治亂可以為法可以為戒者三五事。同召執政大臣坐而論道。自來年正月為始。如此。則聖學日進。君道日隆。堯舜之德不難至矣。伏望太皇太后陛下。日勸皇帝陛下專心聖道。以致盛德。

五年。御史中丞梁燾論進學之時不可失。上奏曰。臣聞自天子至於庶人。皆以修身為本。本亂而末治者未之有也。故曰。身修而家齊。家齊而國治。國治而天下平。古之聖人。未有不以修身而為本者也。書之稱堯曰。克明俊德。以親九族。九族既睦。平章百姓。百姓昭明。協和萬邦。黎民於變時雍。克明俊德者。自明其德。脩身之謂也。九族既睦者。家齊之謂也。百姓昭明者。國治之謂也。協和萬邦。黎民於變時雍者。天下和平之謂也。其始則正心誠意。而不出方寸之間。其終則德業滂洋。而遍滿天下。是聖人之道所持者約。而所致者廣也。有天下者能知盡心致力於此。而後可以奉天享國矣。夫明德者孰先而能焉。必曰學而已矣。禮曰。大學之道。在明明德。謂人君有清明之德。必由學以發之。然後能光被四表。格于上下。以此知雖天子之尊。而能成聖者。其必由學乎。說命曰。王人求多聞。時惟建事。學于古訓。乃有獲。蓋事不稽古。從政則迷。是君人者不可以無學也。又曰。惟學遜志。務時敏。厥脩乃來。允懷于茲道。積于厥躬。蓋學之在身。非一日而致。由積善以成之。是學之時不可以失也。恭惟皇帝陛下。受天明命。早有萬國。日就月將。學以成聖。此其時也。願擇吉日。詔開經筵。優接勸講。進讀之臣。使從容反復。治亂之事。究先王之蘊。辨歷代之蹟。無惜聖問再三詢考使聖心曉然無疑日新一日可底大成願加聖意無忽臣又願陛下萬機之暇留思經筵講讀群臣所論之事以考政事之從違得失以裨皇帝陛下之聰明屏遠聲色遵次不忘古訓博厚高明與天地並德臣不勝拳拳懇切之至

書又上宣仁皇后劄子曰臣恭惟陛下以大公至正之心保護皇帝周密嚴謹委曲纖悉起居寢食之間無不留神而注意如天地久於其道無一日之或怠也誠有大功於宗社有大德於天下矣陛下鍾愛皇帝如此其至然而特為其愛之小者非所謂大愛也所謂大愛者在成其聖德耳成聖德者其必由學也仰惟陛下之聰明非不知其大愛之以成德而獨以為皇帝沖眇而未暇學乎今皇帝聖年十五齒亦已長矣自古人君遠則十五而冠冠者謂有成人之道在庶人則為童子在天子則為成人何也謂王教之本不可以童子之道

理焉故必責善而進之以成人是以古之學者十五入大學謂七八之數陰陽備而志明可以學矣志已明則當識其至善而遠其所不善故孔子曰吾十有五而志於學皇帝清明在躬天稟英異以聖人志學之時稽焉則不可以不學也以天子成人之道望焉則不可以多暇也伏願陛下當天春布德之元主正授政之始面勉皇帝早開經筵召見儒臣談經讀史從容賜對熟復古今宮中遴選茂俊之人以誘掖講說審擇謹厚之人以輔視與寢服勤道義為聰明睿知之德疏遠紛華為康寧壽考之資習之既久乃如自然至若誠意喜書正心樂道終副海內聖神之望不貽宸衷宵旰之憂協成靜治為太平之真主焉然則陛下他日退託深宮還辟自慶保護之慈有始有卒佑我大宋萬世無疆之休而功德於此足矣誠清衷素所屬念者臣敢妄論以發之亦惟陛下亟行而無疑非獨臣之願乃天下之願非獨臣之幸乃天下之幸臣不勝惓惓

八年五月七日端明殿學士兼翰林侍讀學士左朝奉郎守禮部尚書蘇軾同呂希哲吳安詩豐稷趙彥若范祖禹顧臨等奏曰臣等猥以空疎備員講讀聖明天縱學問日新臣等才有限而道無窮心欲言而口不逮以此自愧莫知所為竊謂人臣之納忠譬如醫者之用藥藥雖進於醫手方多傳於古人若已經效於世間不必皆從於己出伏見唐宰相陸贄才本王佐學為帝師論深切於事情言不離於道德智如子房而文則過辯如賈誼而術不疏上以格君心之非下以通天下之志但其不幸仕不遇時德宗以苛刻為能而贄諫之以忠厚德宗以猜疑為術而贄勸之以推誠德宗好用兵而贄以消兵為先德宗好聚財而贄以散財為急至於用人聽言之法治邊馭將之方罪己以收人心改過以應天道去小人以除民患惜名器以待

有功如此之流未易悉數可謂進苦口之藥石鍼害身之膏肓使德宗盡用其言則貞觀可得而復臣等每退自西閣即私相告言以陛下聖明必喜贄議論但使聖賢之相契即如臣主之同時昔馮唐論頗牧之賢則漢文為之太息魏相條鼂董之對則孝宣以致中興若陛下能自得師莫若近取諸贄夫六經三史諸子百家非無可觀皆足為治但聖言幽遠末學支離譬如山海之崇深難以一二而推擇如贄之論開卷了然聚古今之精英實治亂之龜鑑臣等欲取其奏議稍加校正繕寫進呈願陛下置之坐隅如見贄面反復熟讀如與贄言必能發聖性之高明成治功於歲月臣等不勝區區之意

知河中府范百祿論黃帝堯舜養生禔身之道上奏曰臣伏以陛下留心大學之道日就月將淵源精微積善成聖以至於高明光大無所不通此乃宗廟社稷之休天地元元之福而太皇太后豐功盛德

也臣千載之遇實與四方生靈同茲慶幸然臣區區管窺猶願有所
獻焉者誠以為聖主之學詩書禮樂之大道德仁義之實與夫一祖
五宗之典法謨訓英謀睿烈既日陳於前而飫聞於上然猶有不可
一日而離者蓋又有黃帝堯舜之道存焉人主欲尊其慕尚必行三
聖人之道儻未知師三聖人之所以養生禔身以永保天下生民之
福以長固國家無窮之休則何以致行三聖人之遺心餘積也哉凡
三聖人所以養生禔身之要布在方冊詩書周易傳記百家爍然備
載皆可參考臣願詔經筵講讀官討論採掇自古黃帝堯舜以來帝
王養生禔身可法之言可行之事於雙日所進故實內時以一二上
資聖覽或意義有所未顯亦宜雍容敷繹以開顧陛下觀其所以致
福壽康寧之術取法而行之覽其反此而致不善者規警而戒之孔
子曰少之時血氣未定戒之在色易頤之象曰君子以謹言語節飲

食言語猶節而况其餘乎臣贅愚匹夫之慮不足以為陛下至計方
出守外郡遠去闕庭臣子之心不勝悃愊伏惟留神省察
紹聖元年曾肇乞選端良博古之士以參諷議奏曰臣聞王雖美追
琢然後成珪璋金雖堅砥礪然後成利器人主雖有自然之聖質必
賴左右前後磨礱漸染所聞正言所見正行然後德性內充道化外
行以之知人則無不明以之舉事則無不當故周公之戒成王自常
伯常任至於虎賁綴衣趣馬小尹左右攜僕百司庶府必皆得人以
為立政之本穆王之命伯冏亦曰命汝正于羣僕侍御之臣懋乃后
德交修不逮邇簡乃僚無以巧言令色便辟側媚其惟吉士下至西
漢猶詔郡國歲貢吏民之賢者以給宿衛則虎賁之任也出入起居
執器物備顧問皆用士人如孔安國之掌唾壺龔勝朱買臣之專應
對則左右攜僕之任也雖用人有媿于古亦一時之盛矣其後唐太

宗平定四方有志治道則引虞世南等聚於禁中號十八學士退朝
之暇從容宴見或論往古成敗或問民間事情每言及稼穡艱難則
務遵勤儉言及閭閻疾苦則議息征徭以至諷誦詩書講求典禮咨
詢忘倦或至夜分若夫軍國幾微時務得失則責之輔相悉不相干
其上下相與之際如此是以後世言治獨稱貞觀惜其一時之士不
以堯舜三代之道啓迪其君故其成就止此夫以貞觀之治猶須招
集賢能朝夕親近然後成功又況有志於其大者乎伏惟皇帝陛下
聰明慈惠有君人之德況靜淵默有天下之度方且躬親聽斷勵精
為治其志大矣臣謂宜於此時遴選忠信端良博古多聞之士置諸
左右前後以參諷議以備顧問陛下聽政之餘引之便坐講論經術
諮詢治道不必限其日時煩其禮貌接以誠意假以溫顏庶使人得
盡情理無不燭於此增益聖學裨補聰明漸染磨礱日累月積循習

既久化與心成自然於道不勉而中於事不思而得非僻之習異端
之言無自而入矣如是而施之任人則邪佞者遠忠直者伸以之立
事則言而為天下則動而為天下法其於盛德豈曰小補之哉與夫
深處法宮之中親近執御之徒其損益相去萬萬唯陛下留意毋忽
哲宗時起居舍人王巖叟因侍講奏曰陛下退朝無事不知何以消
日哲宗曰看文字對曰陛下以讀書為樂天下幸甚聖賢之學非造
次可成須在積累積累之要在專與勤屏絕他好始可謂之專久而
不倦始可謂之勤願陛下特留聖意
侍讀蘇頌請詔儒臣討論唐朝故事奏曰臣聞前事不忘後事之師
也在昔聖帝明王莫不以稽考古道為有國之先務故能享御永世
垂無疆之休然往古所行或文或質施之今日各有所宜臣竊觀國
朝號令風采超邁百王原其典章文物刑名法制大抵沿襲唐舊其

問或有損益。亦不相遠。然唐之事迹。紛綸無統。史官所記。善惡咸備。善者可以為規。惡者可以為鑒。往在慶曆之初。仁宗皇帝因臣僚上言。請留意近代典故。遂詔儒臣檢討唐朝故事。日進五條。嘗未朞歲。省閱迨遍。嘗聞德音宣諭近輔。以為有助聽斷。臣伏見陛下祇紹先烈。勤勞萬機。治理之間。多用仁宗故事。外則邇英講讀經史。內則臣僚進獻封事。古今得失之迹。忠賢治安之策。固以溢黈聰而積淵慮矣。而臣愚管之見。猶有所陳者。誠見陛下稽古奉先之心。孳孳不怠。故敢復僭越而盡言也。臣聞之荀卿之言曰。道不過三代。道過三代謂之蕩。言其遠而難信也。本朝去唐。正同三代。其事近而易考。所宜宸衷之留聽也。臣欲望聖慈。特舉慶曆故事。詔史官學士采錄新舊唐書中列帝所行之事。與夫羣臣獻替之言。每日上奏數事。清燕之間。特賜覽觀。所冀螢燭末光。增輝日月。臣不勝惓惓之願。

李燾上論曰。臣聞效一官可謂卑矣。古之人必曰。學而優則仕。治一邑可謂微矣。古之人必曰。君子學道則愛人。子使漆雕開仕。曰。吾斯之未能信。蓋以學之弗優。不敢效官。尹何為邑。子產以為未聞政學。蓋以學而後從政。乃可治邑。彼子路使子羔宰費。孔子以為賊夫人之子。子路復曰。有人民社稷焉。何必讀書。然後為學。孔子惡其佞。夫效官治邑。必由學而後可。況奄有四海為天下君乎。一日二日萬機。何以俾有條而不紊。萬邦有衆。何以俾樂推而不厭。一言其幾。興喪繫之。好惡所示。靡然成俗。如之何俾百工熙哉。庶事康哉。嗚呼。為君實難。可不學歟。乾之九二曰。學以聚之。問以辨之。寬以居之。仁以行之。君德也。古之聖君任賢所以能不貳。去邪所以能不疑。作福所以能賞善。作威所以能罰惡。蓋以聖人之道折衷之。斷然晳矣。所以能折衷聖人之道者。由其中有學問以為之主也。高宗既舊學於甘盤。

復師資於傅說。觀其好學之誠意。則曰。爾交修予。罔予棄。予惟克邁乃訓。可謂勤矣。此所以為商之高宗。成王席文王之大謨。繼武王之大烈。觀其好學之誠意。則曰。日就月將。學有緝熙于光明。佛時仔肩。示我顯德行。可謂勤矣。此所以為周之成王。於皇有宋。本支百世。世有哲王。故天縱陛下之聖德。温文日就。天誘陛下之宸衷。睿智夙成。仁愛孝恭。出於天性。是皆生知天毓受道之質矣。重念承平累聖之業。御茲九有之師。欲致乎治。必先乎學。學也者。致治之道也。古之聖賢不可得而見矣。其言具載方冊。要之皆王者事爾。人臣學之。期以致君。人君學之。自致其治。故天地之情。陰陽之理。吉凶之變。失得之故。備在乎易。而卦者時也。一治一亂。或美或惡。初不可齊。亂可使治。惡可使美。察理之變。為時之主。惟君乃能之。臣願陛下學易。則体乾御坤。進陽退陰。觀道設教。違神合德。使天下之時。常為泰而無至于

否。常為晉而無至于剝。天子之學易。固當如此。一國之事。繫諸侯之本。天下之事。形四方之風。美盛德。告成功者。皆在於詩。四詩之名。各辨其實。不敢誣也。臣願學詩。則為政之大。而無入於小雅。為政以正而無淪於變雅。無若東周降於國風。必使功德終美於頌。天子之學詩。固當如此。夫尊王正法。謹始善終。詳天地之災祥。著君臣之美惡者。無尚於春秋。臣願陛下學春秋。則師治而戒亂。賞善而罰罪。常為知孔子者。無為罪孔子者。夫堯舜禹湯文武成康之世。其典謨訓誥誓命之文。百王之心迹。治亂之大略者。無尚于書。臣願陛下學書。則考稽古之得失。操制令之法。令皇步帝驟。王馳霸騖。皆得之。陛下欲以正六職。以治六官。必也學夫周禮。然後百工允釐。庶績咸熙。巍巍乎其有成功矣。陛下欲以正其威儀。詳其辭令。必也學夫儀禮。然後五禮之合制。見於典章文物之間。六儀之中節。見於動容周旋之

際。煥乎其有文章矣。陛下又當發揮孔孟之正道。鋤薙百家之邪說。在亹亹而已。乾之象曰。天行健。君子以自强不息。詩曰。勉勉我王。綱紀四方。惟陛下不倦以終之。則日進無疆。聖益聖矣。天下幸甚。伏惟陛下有聖人之材。而居聖人之位。能進聖人之學。以充聖人之道。則功利天地。澤及萬世。可侔德商宗周成矣。雖然。陛下有好學之誠。而無進學之說。陛下有望道之意。而無明道之人。則或博而寡要。勞而無功。故陪御之列。賓師之選。不可不慎。臣願不可與迂儒共學。迂儒好為太高不經之論。將使陛下畏道之難行。或自畫矣。不可與佞儒共學。佞儒好為苟合過情之譽。將使陛下意滿假而輕道術。或自聖矣。願陛下妙選忠義正直博學守道之士。以備顧問。則用力少而見功多。適道正而為利博。天下幸甚。

歷代名臣奏議卷之七

歷代名臣奏議卷之八

聖學

宋徽宗即位。初。右正言鄒浩上奏曰。臣竊觀自昔才智之君。固有務學以為先者。然而學非其本。失所以學。終不足以成帝王之高致。記曰。欲明明德於天下者。先治其國。欲治其國者。先齊其家。欲齊其家者。先修其身。欲修其身者。先正其心。欲正其心者。先誠其意。欲誠其意者。先致其知。致知在格物。此學之本也。又曰。物格而後知至。知至而後意誠。意誠而後心正。心正而後身修。身修而後家齊。家齊而後國治。國治而後天下平。此所學之效也。揚子曰。學之為王者事。其已久矣。堯舜禹湯文武汲汲。夫堯舜禹湯文武。皆萬世所仰以為帝王之師者也。尚汲汲於學而不敢息。為人君者其可以忽此乎。恭惟陛下天資聖神。群臣莫及。方且延納名儒。入侍講讀。招來讜論。用廣聰明。固已卓然知所務矣。所以為學之本。更望深賜察焉。雖處宮闈之間。常若對乎天地。則知人安民。自如帝堯。能察邇言。自如帝舜。身為法度。自如大禹。不邇聲色。自如成湯。卑服即康功田功。自如文王。垂拱而天下治。自如武王。其事豈不至約。而其功豈不博乎。陛下不以臣愚而廢其言。不勝幸甚。

翰林學士兼侍讀曾肇上奏曰。臣竊觀近世帝王善為治者。莫如唐太宗。人臣善言治者。莫如唐陸贄。太宗正觀之治。論者以謂庶幾成康。自漢以下莫及焉。雖聰明英武。出自天資。然其要乃在於廣延賢智。博考古今。容受直言。從諫不倦。故唐史官掇其大者。別為一書。謂之正觀政要。陸贄事唐德宗。自為學士至宰相。知無不言。言無不盡。蓋其議論反復。條暢切於事情。周於世用。而要其歸。必本於帝王之道。必稽於六藝之文。雖賈誼董仲舒不能遠過焉。今其言見於世者。

有奏議數十篇此二書雖一代之文章實百王之龜鑑卷秩不繁詞理明白臣愚伏願陛下退朝之暇紬繹經史之餘取二書置之座右留神省覽如御珍羞必有以開廣聰明上當聖意發言行事以此為準庶於盛德有補萬一

殿中侍御史陳師錫上奏曰臣伏聞今月八日有聖旨宣取祕書省畫圖進覽格入神妙可以閱目非有補於盛德六經載道諸子談理歷代史籍祖宗圖書天人之蘊性命之妙治亂安危之機善惡邪正之迹在焉以此為圖天地在心流出萬物以此為圖日月在目光宅四海伏望聖慈觀心於此則天地沖氣生焉注目於此則日月祥光麗焉唐以山水圖代無逸左右前後無所警戒動靜語默無所龜鑑社稷至於陵替不可支持臣聞心以道觀則正目以德觀則明國壽可以不損天下可以不亂愚夫之言智者擇焉願留聖懷無忽

右正言陳瓘上奏曰臣竊惟人君稽古之學一經一史經則守之而治身史則考之而應變天下之事其變無窮故往古可監之迹不可以不詳知也仁宗嘗謂輔臣曰朕聽政之暇於舊史無所不觀思考歷代治亂事迹以為監戒也英宗命儒臣論次歷代君臣事迹可以為監戒者既上通志八卷又命置局續修書成取旨賜名神考繼志述事賜其名曰資治通鑑又親製序文炳若雲漢為章于天自然之功變化出焉臣嘗三復明訓掩卷歎息以謂諸史所載數千年事文字繁多不可勝覽宴儒寒士業專習一窮年皓首猶或昧陋仰窺聖作臨判事類數語之間盡史之要翕受以畜德敷施而日新堯舜之所謂稽古何以加此而況不忘謙抑俯比漢唐自謂於文宣太宗無間然矣自餘治世盛王得聖賢之一体者皆有取焉至于荒墜顛危之主亂賊姦宄之臣可觀可監無不悉論以著聖志蓋自祖宗以來

聖聖相繼稽古之學同乎一心以後述先非一日之積也至于神考然後典刑之總會榮牘之淵林底于成就繼而張之正在今日恭惟皇帝陛下道隆業大極本該末揆萬事而復乎一制羣節而適於變六經妙義既自得於心術之微而於前古已陳之迹又盡心焉今經筵將開而進讀之官當循舊例泛讀諸史文字繁複事實支離不得其要未周于事伏望聖慈特降睿旨候經筵開日令侍讀官讀資治通鑑以承神考所以繼述英廟緝熙聖學垂訓後嗣之意

瓘又奏曰臣聞周官司徒之教有六德有六行有六藝禮樂射御書數所謂六藝也教亦多術矣而藝居其末藝亦多術矣而書居其末元豐中王安石進字說表云先王立官以教之者謂司徒六藝之教也又曰蓋將以合乎神恉者布之海內神考讀其說而好之玩味不忘可謂合乎神恉矣然不以布之海內者何也以教化之本不在文字故也神考之所以教天下者可謂知本矣紹聖中用事之臣必以字說頒之海內違神考之心矣又況咀嚼莊老之言而不由其道仵絕稽古之學而求利於己晉之王衍嘗用此術倡為虛無鼓舞天下朝野翕然謂之一世龍門後進之士莫不景慕倣傚選舉登朝必由於衍矜高浮誕遂成風俗於是人心支離天下分為南北者三百餘年當時識者以謂王衍之罪過於桀紂言其以荒唐之學偏私之說蒙蔽人主而養成天下之亂也景德元年王欽若請幸金陵當是之時若無寇準則天下分裂久矣既往之事今可監也天佑我宋今日以前幸無不虞之變故欽若之計未及施行南北之士復得同心以向陛下然而王衍之言入於骨髓滌除痕垢非一朝一夕之所能也唯願一經一史緝熙堯舜稽古之學則天下之士皆當觀上而化矣

建中靖國元年給事中上官均論治天下在好學廣問上奏曰臣聞

人主之治天下一日萬機不可勝察也而明君操術蓋有至要可以不勞而治蓋好學則知天人之道通古今之變好問則察群臣之情達天下之政通古今而達事情物理豈有不燭注措豈有不善哉說命曰念終始典于學揚雄曰學之為王者事其已久矣此言人主之不可不好學也仲尼稱舜曰舜好問而好察邇言孟軻稱舜曰大舜善與人同樂取諸人以為善仲虺之告湯曰好問則裕自用則小此言人主之不可不廣問也然而人主之學異乎人臣之學何則人臣之學或以文詞為工或以博記為能以文詞為工則有不適用之患以博記為能則有不燭理之蔽非所謂善學也人主之學在乎簡而知要達而適用知要在乎明道明道在乎味五經之微旨適用在乎遠觀前世治亂盛衰之迹而近稽祖宗聖明相繼治天下之意因已然之迹而考其理亂因理亂而鑒其所以得失可以知要而適用矣此人主之好學所以為先務也天下之政有利有害百官之衆有邪有正非廣問而參稽之則利害未易見邪正未易明利害未盡見則事或過舉邪正未盡明則姦佞之徒或乘間而害正此人主之好問所以為政之要也臣竊觀陛下寬仁而有斷中正而不偏清淨而寡欲溫恭而盡下可謂有上聖之資矣臣願陛下退朝燕閒觀經閱史以明理義之大致達治亂之大體因進對之臣虛心下問以考政事之得失觀群臣之志趣如此則天下之義理臣下之邪正判如白黑之辨矣皋陶之告舜曰在知人在安民禹曰知人則哲能官人安民則惠黎民懷之燭義理而辨邪正則能官人能安民矣堯舜之治天下不過如此矣

徽宗時左司諫江公望上言曰義理者有心之所同得芻豢者有口之所同嗜口之悅芻豢以得味也心之悅義理亦必得義味而已矣

學不得義味淡薄而難向勤苦而不入高宗有聖人之資傅說告以念終始典于學成王有中才之質群臣戒以學有緝熙于光明有聖人之資而輔之以學則愈明有中才之質而不忘于學不失其為太平守文之主學之為益也如此然日誦月閱不過於章句誦數之言陳腐入心秖益昧爾奚補於高明哉以神考明智聖學出於天性兩漢而下曠千百年異代一君而已王安石發明義訓貫穿六經軻雄而下一人而已君臣際會日就月將聖德日躋群臣莫可企及陛下有志於繼述願以聖學為先講讀之臣陛下親選以求多聞者也詳延精義之學切磋琢磨疏瀹心源斟酌義味王功帝績自此流出法度政事迺其苴爾今淺夫俳士以雕組之末技誦名數之曲學更相唱引使一日得志必指聖學為迂闊而不切治務此理一變天下復愚矣改為自此紛紛法度掃地陛下此時悔將何及蓋義理之學上以窮性命之微下以達先王制作之美意故不可不學學不可不知所先後知所先後則得主矣攬持要妙卓然獨立曠然遐覽仰因天時俯察人事斟酌損益要之不悖義乖理以成治世之通法真得所謂繼述者也夫瑟不鳴而二十五絃各以聲應要在柱也膠柱而求之則不能善矣惟陛下財擇

欽宗靖康元年起居郎胡安國上奏曰臣聞明君以務學為急聖學以正心為要心者事物之宗正心者揆事宰物之權也自王迹既熄微旨載于六經時君雖或誦說得其傳者寡矣陛下心源澄靜聖度虛明蓋天祐大宋篤生真主使撥亂反正建中興之業也臣竊意陛下昔在東宮潛德韜晦其於六經所載帝王制世御俗之大畧必有所避而不欲問官屬之司勸講者必有所隱而不及陳今正位宸極日月益已久矣而成效未見其於古訓不可以不考若夫分章析句

率制文義無益於心術者非帝王之學也伏願陛下慎擇名儒博通經術明於治國平天下之本者虛懷訪問以深發獨智繼文王克厥宅心之道以馭四海實天下大幸臣愚智識膚淺等於蒭蕘惟陛下裁察

晁説之上奏曰臣聞春秋尊一王之法以正天下之本與禮之尊無二上其旨實同蓋國之於君家之於父學者之於孔子皆當一而不可二者也是以明王罷黜百家表章六經大儒推明孔氏抑黜百家令國家五十年來於孔子之道二而不一矣其義說既歸之於老莊而設科以孟子配六經其視古之黜百家而專明孔氏六經者不亦異乎前者學官罷黜孔子春秋而表章僞雜之周禮以孟子配孔子而學者發言折中於孟子而略乎論語固可歎矣今皇太子初就外傳之時命宮寮講孝經而讀孟子蓋孟子不當先諸論語者也如以

孟子先諸論語豈所以輔導皇太子天資邁世之令質而視之以一德哉臣愚竊以謂宜講孝經而讀論語恭俟講説孝經畢日復講其已讀之論語則其入德亦以易矣或間日讀爾雅以視文字訓詁之本源而明天地百物之名實先儒謂爾雅本是周公訓成王之書信不誣也臣愚流落衰暮之餘荷聖君一日非常之眷自太子左諭德授以詹事苟有所志不敢無犯而有隱臣愚自度此言一出必遭世俗侮謗不淺矣其所恃以安者陛下聖度旁燭萬化之微而不為世俗所惑也重惟太子天下之本而一本於孔子之經則宗廟社稷之流光不亦偉乎臣以狂瞽獨見之言干冒黼扆不勝惶懼屏營待罪之至

高宗建炎中御史中丞許景衡進唐鑑十事奏曰臣歷觀前世繼三代者莫若漢繼兩漢者莫若唐惟我宋之受命革五季之衰陋興章法度多取諸唐俗習人情視唐為近故范祖禹攄其行事著而為書推治亂興衰之本原辯君子小人之疑似其文約其理明誠治國之楷模而百世之龜鑑也臣向緣賜對乞歷覽伏奉聖訓以為方讀資治通鑑姑俟他日臣聞王人雖求多聞而詳說將以反約聖學稽古宜領其要臣謹採祖禹所著唐鑑內十事繕寫進呈伏望清閒之宴特賜觀覽其善者可以為法其不善者可以為戒於以輔成日躋之聖而光大中興之業天下幸甚

景衡又上疏曰臣竊觀三代之王所以治天下國家者必本於正心誠意其次莫如多聞故傳說之告高宗曰王人求多聞時惟建事事不師古以克永世匪說攸聞然則學問稽古者實帝王之先務也恭惟陛下紹隆祖宗之業屬茲艱難所以施於天下國家者尤在聖學蓋至誠以格物據古以鑒今使盛德日新聰明日廣則事至能應物

來敢名以圖天下之治而成中興之業舉在於此矣祖宗舊制講筵多在便殿故官稱有崇政殿說書伏見已除講讀官欲望明詔涓日開進俾之勸講

高宗時中書舍人孫覿上奏曰臣聞人主無職事惟辨君子小人而進退之則人主之職也然君子小人不可以並進於朝譬之冰炭同處一器必至交爭君子不勝則奉身而退樂道無悶小人不勝則含怒忍恥千岐萬轍窺伺便利以求必勝一日得志遂肆毒於善良三陰在內其卦為否禍亂之原不可不察也邇英進讀資治通鑑上起戰國下終五代千三百餘年聖主賢臣暴君汙吏是非得失之迹治亂興壞之端蓋數十萬言而文辭浩繁進讀有時一日萬幾終不能徧臣竊見故翰林學士范祖禹撰唐鑑一書專論唐三百年君子小人善惡之辨唐之所以興以君子其所以廢以小人著之簡編炳然

在目其言曰我不可不監于有夏亦不可不監于有商故周之王以夏商為監今所宜監莫近於唐凡三百六十篇離為十二卷元勳盛德亂臣賊子忠邪賢佞如指東西如分黑白開卷了然陛下即政之初博延儒學之臣日侍帷幄朝夕納誨以輔聖質之高明與其論事於未然孰若按已然之狀與其考言於未試孰若覩已試之迹臣愚欲望聖慈每遇邇英詔左右之臣進讀唐鑑一二篇不出歲年可見唐室廢興之由盡出於君子小人用舍之際善為可法惡為可戒必能補聖政之萬一

起居郎周必大奏曰右臣今月六日伏見中書門下省錄黃奉聖旨開講用三月十一日者恭惟陛下聖質天成道學日就固不待分章摘句乃能多聞而有獲也然學之為王者事其已久矣國朝開講之制春以二月上旬今乃遠用三月十一日非獨距住講之期至近其間復有休假及詣德壽宮日分則是半歲之間講讀不過十餘日而已以陛下勤於治道咨詢無倦而又收召豪傑並費經幄彼皆日夜望賜清閒之燕致緝熙之助若緩其所當急而使講藝論道之風稍缺於初政甚不可也臣更不敢繳奏已行之命欲乞曆在依去年秋講例直降聖旨特就近於二月中旬擇日庶幾中外曉然知陛下汲汲皇皇如古之聖人且於祖宗開講之制不悖臣不勝惓惓惟聖明裁幸

起居舍人廖剛奏曰臣聞昔趙簡子之臣有周舍者謂簡子曰臣願墨筆操牘隨君之後司君之過而書之日有記也月有效也歲有得也簡子悅之以語諸大夫曰衆人之唯唯不如周舍之諤諤臣竊意自古仁聖之君必有忠正直亮之臣拾遺補闕於其左右蓋不必名之以諫諍之官然後乃敢進說周舍是已故劉向嘗序其事以為鉗默者之戒夫太僕正非諫臣也而穆王責之以繩愆糾繆格其非心散騎常侍非以諫名官而實居諫垣之長豈常侍之官便當以諫諍為職有不待表之以名而太僕亦以其常在左右故其忠告當如此耶臣上荷聖恩備員殿陛閒于茲累月矣日惟旅諸僕御瞻仰清光而已豈所見聞曾無一語可蓋於陛下乎臣雖不肖極知愧恥輒貢愚忠仰干天聽臣聞揚雄有言學之為王者事其已久矣雖堯舜禹湯文武未有不以學為先者伏見陛下詳延儒臣講貫六藝又使採摭故實為說以進而清閒之燕游意翰墨博覽群書亦可謂好學也已然臣聞之道不欲多多則惑帝王之學蓋非儒生文士所學之謂也堯舜禹湯文武汲汲仲尼皇皇是其所用心亦必有在矣孟軻曰天下之本在國國之本在家家之本在身戴記大學之道則曰古之欲明明德於天下者先治其國欲治其國先齊其家欲齊其家先修其身欲修其身先正其心欲正其心先誠其意夫正心誠意其幾帝王之所謂學乎正心者閑邪之謂也誠意者存其誠之謂也所以進德修業也意誠而心正心正而身修則家齊國治而天下平矣此所謂能盡己之性以至盡人盡物之性於是可以贊天地之化育以與天地參矣非本於大學能若是乎恭惟聖德之躋如日方升伏願去末學之無益坐進此道以福群生天下幸甚

右諫議大夫兼侍講謝諤講尚書言於上曰書治道之本故觀經者當以書為本上曰朕最喜伊尹傅說所學得事君之道諤曰伊傅固然非成湯武丁信用之亦安能致治

右正言陳淵上奏曰子入太廟每事問或曰孰謂鄹人之子知禮乎入太廟每事問子聞之曰是禮也昔之稱聖人者必曰生知夫生而知之者知其理而已至於儀章器數具在事物之間者蓋有不能盡

知也。故孔子問禮於老聃。學琴於師襄。問官名於郯子。嘗曰。吾十有五而志於學。又曰。十室之邑。必有忠信如丘者焉。不如丘之好學也。又曰。以思無益。不如學也。又曰。我非生而知之者。好古敏以求之者也。又曰。聖則吾不能。我學不厭。而教不倦也。故孟子曰。夫聖孔子不居。夫居其聖。則終至於不能聖。唯不居其聖。是以無所不學。而聖益聖也。

提舉萬壽宮兼侍讀張守奏曰。臣聞自古帝王未嘗不學。傅說曰。學于古訓。乃有獲。故堯舜皆若稽古。孔子以天縱大聖。猶學而不厭也。光武藉高祖之餘業。屬意經術。視朝猶至於日昃。講論復至於夜分。而不以為疲。蓋義理之悅心。猶芻豢之悅口。何厭之有。世祖掃除羣盜。中興漢室。其本諸此乎。大學之道。欲治其國。特在於致知誠意。始於致知誠意。其效可至於明明德於天下。蓋得其要。則餘不足學矣。

仰惟陛下躬履艱虞之時。不倦緝熙之學。聖德日躋。而猶博延儒生。紬繹古義。比聞躬御翰墨。書典謨訓誥誓命之文。以賜近弼。德意所向。每在二帝三王之上也。是知中興之主。異世同符。更願陛下掇取要義。講明施設之宜。以幸天下。而略其簡札之煩。則不至於勞聖躬而治道舉矣。中興之功。視光武未足道也

陳長方上奏曰。生民之臣。宗社之長。討莫若人主知帝王之學。三代而上。堯舜禹湯得之。故功高萬古。當世被其賜。三代而下。孔孟得之。故澤不旁流。徒私淑於後人。有志之士。未嘗不欲以獻於其君。或在下而無由自通。或聞而不果信。或信而不克用。是以寥寥千百年間。黔首不被聖人之澤。雖人主有堯舜禹湯之姿。無學以充之。日奪於聲色。心蕩於嗜好。而又憸人讒夫以邪說逢迎。遜順薰漬。陶染於其前後。日復一日。及其惑於先入。善言無間而可乘。則下民唯君之

怨。是豈知愛君之義哉。是豈欲澤及黎庶哉。臣幼讀故相司馬光遺槀。見其歷事三宗。自為諫官。為中執法。進歷年圖。每以三語為獻。曰仁。曰明。曰武。又言平生艱勤所得。盡在於此。光之心。不愧於孟軻之愛君矣。臣私自意人主心術之要。無出光之三語。及長得師。乃知禮記大學一篇。為帝王問學之宗。雖秦火之餘。簡編參錯。先後之次。多失其舊。然聖人之旨。昭昭可尋也。大抵人主之學。不在於博貫古今。知書之多。不在於錯綜辭藻。文字照人。不在於鍛鍊佳句。思侔鬼神。不在於筆札奇麗。虎卧龍跳。如晉簡文非不知書。武溫之逼。則書無補於大計。陳國寶非不能文。賀若弼之來。則文不足以却敵。隋煬帝非不能詩。海內紛如。則詩何益於敗。宋明帝非不能書。王僧虔之事。則貽譏於後世。是以人主知帝王之學。功德巍巍而兼有是數者。則為多材多藝。不知帝王之學。徒挾數事以為長。則既無益於國事。而適足以累德。大學之言古之欲明明德於天下者。在於修身。修身之要。在於正心誠意。欲心正意誠。必先於格天下之物理。使渙然冰釋。以極致其所知。所知既明。則心自正。意自誠。心正意誠。則非僻之心無自而生。非僻之言無自而入。方寸之地。昭昭然若鑑之明。若水之澄。由是而不已。內之於進修。則堯之所以聰明文思。舜之所以濬哲文明溫恭允塞。禹之所以祗承于帝。敷于四海。湯伊尹之咸有一德。特名數不同爾。皆此道也。外之於應萬事。則燭兆機會。外之於攬人材。則洞見邪正。外之於辨疑似。則此為權。並其要特在致極其所知爾。然而所謂知者。非聰明才智之知。非多能多藝之知。在於熟察此心之正。故大學又曰。心有所憂懼。則不得其正。有所好樂。則不得其正。有所忿懥。則不得其正。有所憂患。則不得其正。去是四者而察此心之本体。果為如何。於此了然無疑。則大學所謂致知也。即莊生所

謂七聖皆迷之地也自古聖人之德未有不由此而進修也人主萬機之暇能取大學之書參之以中庸澄神靜慮不使非僻之念萌於胸中日一覽之以其疑義博訪真儒則堯舜禹湯孔子孟子數聖人神交於千載之外天下將沐唐虞夏商之澤豈細事哉特患人主不為爾

周麟之上奏曰臣聞曾子曰尊其所聞則高明矣行其所知則光大矣高明光大不在於它在乎加之意而已斯言初止為學者設也至董仲舒舉此以告漢武帝然後知帝王之學亦當如是仰惟皇帝陛下聖質天粹自誠而明敏修之功純亦不已至於博覽經史固已識其大者舉而錯之天下國家日臻於嘉靖矣而猶不忘講學之益退朝清燕躬御邇英博延儒流敷繹古藝方且以西漢一代之史命官進讀是將以因事立教鑒往知今參求化源恢張國紀固不在於考

文義辨音訓為書生章句之習也然臣竊謂三代而下惟西漢為近古諸史之作惟班固為名家讀之者考文義而後見紀事之本原辨音訓而後知立言之法則然文義或有難見非註解無以發明音訓或有難知非翻切無以辨證多聞之助或有取於此也臣不佞叨以讀誦為職苟不能盡心於此或迷金根之義或誤雌霓之呼以上昧天聽臣則有罪敢陳一二願從取訓而訂正之夫服應曩說踈紊既多蘇晉衆家剖斷亦尠蔡氏纂集尤為牴牾顏師古激揚鬱滯釐正睽違後據精詳有補學者然則註解不同臣欲以師古之說為正漢書舊文多用古字閒從假借其類實繁古今異言方俗殊語本音它切互見其中顏師古備著科條剖析乖滯字涉稍異隨即翻音字協音諧舉當乎理然則音訓不一臣欲以師古所立為定仍乞於進讀本內閒注音切臣非不知帝王之學志於治道初不聞此區區之言

可謂矜小節而闇大体矣然而列職禁近獻納論思事無鉅細皆欲詳審而不可苟況執經史以備顧問乎今茲所陳庶幾下以見愚臣盡心率職之誠上以副陛下加意典學之美

張浚上奏曰臣聞帝王之學以治心修性為主心本至靜因欲而動欲不必邪欲凡有外慕皆欲也性本至善因習以成欺偽既生遂拂天理是知治亂在己德成于上化行于下凡所施設莫不感格天人大治之效其應必矣帝王以天為宗以禮為門以敬為輔心敬則畏天如天之常在左右上下識自此立治自此出卓乎後世不可及也翰林學士知制誥劉珙言於上曰世儒多病漢高帝不悅學輕儒生臣以為高帝所不悅特腐儒俗學耳使當時有以二帝三王之學告之知其必敬信功烈不止此因陳聖王之學所以明理正心為萬事之綱上亟稱善拜中大夫同知樞密事

孝宗隆興元年朱熹監潭州南嶽廟上奏曰臣聞大學之道自天子以至於庶人壹是皆以修身為本而家之所以齊國之所以治天下之所以平莫不由是出焉然身不可徒修也深探其本則在乎格物以致其知而已夫格物者窮理之謂也蓋有是物必有是理然理無形而難知物有迹而易睹故因是物以求之使是理瞭然心目之間而無毫髮之差則應乎事者自無毫髮之繆是以意誠心正而身修至於家之齊國之治天下之平亦舉而措之耳此所謂大學之道雖古之大聖人生而知之亦未有不學乎此者堯舜相授所謂惟精惟一允執厥中者此也自是以來累聖相傳以有天下至於孔子不得其位而筆之於書以示後世之為天下國家者其門人弟子又相與傳述而推明之其亦可謂詳矣而自秦漢以來此學絕講儒者以詞章記誦為功而事業日淪於卑近亦有意其不止於此而又不過轉

而求之老子釋氏之門。內外異觀。本末殊歸。道術隱晦。悠悠千載。雖明君良臣。間或一值。而卒無以復於三代之盛。由不知此故也。恭惟皇帝陛下。聖德純茂。發自於潛。以至為帝。仁孝恭儉之德。信於天下。紛華盛麗。一無所入於其心。此其身可謂修矣。而臨御天下。朞年於此。平治之効。未有所聞。臣竊疑之。意者前日勸講之臣。限於程式。所以聞於陛下者。不過詞章記誦之習。而陛下求所以進乎此者。又不過取之老子釋氏之書。是以雖有生知之性。高世之行。而未嘗隨事以觀理。故天下之理多所未察。未嘗即理以應事。故天下之事多所未明。是以舉措之間。動涉疑貳。聽納之際。未免蔽欺。平治之効。所以未著。由不講乎大學之道。而溺心於淺近虛無之過也。臣戇愚抵冒。罪當萬死。然願陛下清閒之燕。博訪真儒知此道者。講而明之。考之於經。驗之於史。而會之於心。以應當世無窮之變。則今日之務所當為者。不得不為。所不當為者。不得不止。以至於臣下之忠邪。計慮之得失。不待獨照數計。而可否黑白判然矣。若是則意不得不誠。心不得不正。於以修身齊家平治天下。亦豈有二道哉。臣之所聞於師者如此。自常人觀之。疑若迂闊陳腐而不切於用。然臣竊以為工其本。萬事理。差之毫釐。繆以千里。天下之事。無急於此。伏惟陛下擴天日之照。溥賜開納。則非獨微臣之幸。實天下萬世之幸。

乾道五年十一月。汪應辰上言曰。臣伏見近日以來。講讀之官進見稀闊。蓋自昔人君有所佚豫。或不留意經典。有所私昵。或不親近儒臣。今陛下省覽庶政。不捨晝夜。非有所佚豫也。延接臣下。不間疏賤。非有所私昵也。特以勤勞政事。故不遑暇於此耳。然臣竊謂六經之典籍。祖宗之謨訓。此乃政事之本也。因其有所勸戒而省之於己。則可以致日新之益。因其有所損益而驗之於今。則可以得時措之宜。

漢光武唐太宗皆自戰以取天下。而與其臣下講論經理。往往夜分乃寐。蓋必不虛費日力而為無益之舉也。仁宗皇帝詔雙日御經筵。而隻日亦召侍臣講讀。是以為萬世法。伏望陛下特留聖念。天下幸甚。

淳熙三年。兵部侍郎周必大上奏曰。臣仰惟陛下以天縱之聖。輔日新之德。六籍奧義。歷代史編。凡儒生學士窮年沒世所不能究者。一經睿覽。皆洞見底蘊。所謂講讀之臣。必能窺聖學之萬一。然且不矜不伐。勤於訪問。此甚盛德。臣何敢贊。惟是今歲適當郊祀。兼之冊后。竊計秋講不過此月下旬三四次而已。其間又有開啓齊習儀日分。止是二十一日可御經筵。欲望聖慈預留宸念。或百司臨時別有相妨事節。即乞宣諭。令且候講畢施行。庶幾少副陛下孜孜古訓不忘舊章之意。

淳熙間。袁說友上言曰。臣恭聞聖旨已於今月十三日開經筵所。臣仰惟陛下聖學高遠。緝熙光明。稽古憲章。宏濟極治。臣愚戇亡識。敢陳管見。仰裨邇英之末議。惟陛下財擇。臣仰惟太上皇帝身濟大業。紹開中興。三十六年之間。仁文德功。聖神明武。發而見諸立政用人。愛民馭軍之際。皆一代宏模。萬世丕式。陛下嗣位之初。即命儒臣纂輯作宋一書。揭名聖政。親製序文。藏諸金匱。臣以不學誤蒙聖恩。俾承中秘。遂獲仰窺大政。拱誦奎文。臣不勝至榮極幸。陛下方循堯道。本於授受。施之政事。動協訓謨。儻於聖政之書。日以繼日。研覃不懈。則於治体尤非小補。臣愚欲望陛下恭發詔旨。自今歲為始。以太上皇帝聖政同三朝寶訓。命經筵官自以講讀。永為定制。俾之紬繹大典。啓沃聖衷。陛下進而定省。得之面命。退而講論。得之方冊。益以彰率由舊章之意。行堯之道。與天無極。帝王之學。莫大於此。臣何幸得

親見之臣謹昧死以請

孝宗時員興宗乞精講議奏曰臣嘗謂論道三公之職分也不得其人則虛其職是以三公無官後世脩論思之學稽論道之意獨講筵之官似之傅說戒高宗曰王人求多聞事不師古以克永世匪說攸聞說欲勉其君執古義以御今世其人雖商之大臣其詞則講筵之體也恭惟我祖宗神后式嚴是選自從臣而擇有望自初見而至畢講既命之坐又賜之宴其意以為尊經樂誼不如是則善敗之鑒細大之事將有壅於上聞矣則是可急也以九重之深上司萬事之柄衆職之微有不敢行有不敢言獨宰相可以輔行臺諫可以輔言不幸而言之未至行之未及其從容暇豫之際意旨畢陳幽隱畢達天下不於講讀者望之將誰望乎昔李淑侍讀仁宗嘗言曰觀唐室召見近侍講經本欲因事立訓鑒往知今人君多借是名與近臣談議政事耳在我真宗時則有若馮元賜坐已竟亦多詢問蓋宸居秘邃深防聞聽之壅也淑之言非惟識祖宗意亦得數歸講筵之意真知侍臣體哉厥後歷聖相紹風流相形義政美事多自講筵發之而司馬光呂公著蘇軾之流以此名一時而耀後世則又講筵從諫之若也可無念哉陛下天資睿智動法祖宗前後建置勸讀之官誼至篤也然臣尚恐侍臣循循一本舊習正先儒所謂案旁講經數行而退如此彌歲所益幾何是不可以不宿戒也況今天下大務尚達甚衆陛下所恃者民也今談利之士巧飾百端指無為有是顧身而不顧民陛下所扞國者軍也今將領之人大率肆欺是顧家而不顧士陛下所恃為俗者士也今衣冠雜襲避礙一律是好諛而不好直至使上薄陰陽乖戾之積連雨併晦陛下振發威厲既派賊墨之將旋寬秘賂之子海內且稱快矣夫以聖主抉微察蠹其勤類此執經入侍

者其忍嘿嘿負之然臣聞近已得旨自今月乙亥開局除受日休暇旦望之外前界大禮講日無幾臣願後殿說書之日權住諸司引對小事如景祐之詔可乎仍諭講官須得一經之中擇帝王欲知之事明今日監戒之體如咸平景德之際可乎凡求經意之先後在權政体之緩急臣願如先儒康定之疏既讀寶訓先解邊防要務之類可乎若其它又量令展日番令直宿情愈通則義愈至不拘忌諱用表憂勤此又希世之奇事也賤臣其敢必哉或謂臣言國家張講讀之席止應故事耳彼儒者之言使人拘而多畏礙而不通漢高帝所謂為天下安用腐儒者也臣謂不然天下之所謂腐儒者非特聖主惡之雖臣等亦惡之也今郡文學州博士項背纍纍沈議惑號秉筆相輝者是已國家念與為治陛下豈少此等哉若夫更擇通儒一二鋪張仁義之治統臣謂雖百世不可易也孰與左右便嬖之言出於愚誣者乎昔魏徵勸太宗行仁義封倫笑曰證儒生也言安足用其後證言以次施行唐是以有貞觀之治太宗曰此證勸朕行仁義也惜乎不令封倫見之然則通儒之譏誚仁義竟何尤乎陛下百舉念欲步武太宗臣願稽參以此則聖益聖明益明矣況六經決非虛器文武決非異道廣閱決非咨陽帝學決非小用敦求聖治於此在矣臣言狂僭不勝懇懇納忠之至

直煥章閣王師愈奏曰臣聞商高宗起傅說於傅巖之野命之訓于朕志說未嘗為高論以駭高宗之聽始則告之曰惟學遜志務時敏次則告之曰念終始典于學當是時也六經未備所謂學者果何事耶蓋自天地奠位道德已存乎其中不以六經未備而聯人君脩道德於一身推以治人見於政事其極致在乎平天下傅說所以告高宗者學此而已故又繼之曰道積于厥躬厥德脩罔覺若傅說可謂

善納誨者歟。恭惟陛下以天縱之能，生知之聖，粤自潛邸，無情學問，博極經籍，不唯灼見歷代治忽之迹，其於道德之奧，已深造而逢原。即位以來，屬精圖治，不自滿假，萬幾餘暇，延見諸儒，講論治道，孳孳不倦，商高宗所不逮者，皆優為之矣。猗歟休哉！踈遠小臣，誤被簡知，濫陪經幄，自惟淺陋，何以仰贊緝熙光明之盛。然而區區之忠，不敢自默。竊嘗讀易之乾，言九二之君德，始於學以聚之，終於仁以行之。中庸記聖人誠之之道，亦始於博學之，終於篤行之。又曰：有弗學，學之弗能弗措也；有弗行，行之弗篤弗措也。以是知好學雖帝王之盛美，唯躬行之為貴。學而弗行，求治效之成難矣哉。又況人君之學與夫人臣之學，皆本於正心修身，其效皆見於治國平天下。人臣抱其所學，必逢時得君，然後能有行焉，上以佐其君，斯是以 治國平天下之效。儻不遇合，不過獨善其身而已，又不過齊家而已，治國平天下之事業，何自而可成哉？故人臣行其所學，難為力，特在乎人君用之耳。若夫人君之所學，不欲有行則已，如欲行之，罔不由己，孰能禦焉？治國平天下之效，可拱而俟也。陛下聖學之妙，闕百聖而不慙，臣之謏聞，何敢妄陳臆說。伏願陛下鑒歷代之君所以為聖為賢、所以致治安者，力行而不怠，日引月長，悠久而不息，將見內而修明庶路，外而讋服四夷，巍巍乎治功之隆，與二帝三代同符矣。惟陛下留神，幸甚。

衛博上奏曰：臣聞聖人以天縱之能，輔以日就之學，固非羣臣所敢望清光而窺道奧。然講求多聞，咨訪治要，則必有論議之臣、儒學之士，通古今、明治亂者，侍清燕之間，而承顧問之缺。以舜文王之盛，而有九官四友，朝夕都俞於一堂之上；下至於秦之穆公、魏之文侯，亦有樂正裘牧仲與夫段干木田子方之流，相與周旋圖回，以起治功。斯道尚矣。仰惟陛下睿智之高明，典學之緝熙，超出百王之上，然猶分命講讀之官，番宿殿廬，以待清問，其於屬意承學，尚論古人，講道細氈之上，甚盛舉矣。然臣竊嘗究觀漢之侍臣，於長楊五柞之游，未央宣室之燕，未嘗不在；而唐之十八學士，日昊夜艾，訪求政事，商確前載，無常禮之間，此固不宜專責職守之臣、耆艾之士也。臣愚欲望聖慈命有司討論，倣唐開元六品以上待制於衛內，建中九品以上待詔於兩省，互為定格，日使館閣之臣，得侍左右，以補遺忘，庶幾泰山之一塵，河海之衆流，或有補於萬分之一。

光宗紹熙三年，御史臺主簿彭龜年上疏曰：臣聞講讀之官，責任最重，故程頤謂天下重任，惟宰相與經筵；天下治亂繫宰相，君德成就在經筵。以臣觀之，君德不脩，雖治難保，要知經筵之重，尤在宰相之先。是以祖宗增重此官，具有成憲，未得之則求之惟恐其不廣，既得之則親之惟恐其或踈遠。近時頗非其舊，臣敢為陛下條列陳之。

臣觀祖宗精擇經筵，不限資任，或以布衣而就職，或解政柄而復為，蓋以勸講之臣，當用明經之士，經須素業，人各有長，儻平時未嘗留意於斯，則雖賢何以克堪其任。今不問所學，類以序遷，此非其舊者一也。臣觀祖宗引對臣僚，莫如經筵親密。在太祖朝，非時召王昭素講說經書；在太宗朝，命呂文仲為侍讀，多以日晚召見；及真宗嗣位，首置侍讀侍講學士，命邢昺、楊徽之、夏侯嶠為之，常令宿祕閣，訪問或至中夕，自此遂為故事，夜直率置常員。不特與之究義理之微，亦欲藉之杜逸豫之隙。蓋聞古今之治亂，則警懼易動；聞閭閻之艱苦，則憂念自生；退即宴閒，必無過當。聖謨深遠，人未易知。竊見近日宣召經筵，多用晝接，臣不知遊息深宮之際，何以為保養夜氣之方，此非其舊者二也。臣仰惟陛下留心問學，不愧古先，嘗於郊禋之時

豫展講讀之日敵修時敏佇待人言而臣之區區猶及此者臣嘗見
范祖禹所編帝學上下數千年未有若祖宗好學之篤者陛下欲法
祖宗捨此宜無大者也臣愚欲望陛下柬拔名儒寘之講席但問經
學之深淺不校官資之崇卑官大則加之學士之名官小則任以說
書之職日與之講論義理夜與之商略古今自此聖性日益高明聖
德日益盛大既有義理之可樂自然物欲之難移保國寧家莫先於
是惟陛下留神
寧宗即位初龜年為吏部侍郎上奏曰臣聞君道尚實君道實則天
下安矣君道不實則天下危矣恭惟陛下纂承大統以來凡有訓辭
人皆傳誦而質直之性又出天稟向在潛邸嘗親書司馬光務實之
論日夕披玩聖心所存蓋可見矣唐虞三代之治人以其實而邇其
心知其必可以至無疑也然臣今日猶有務實之言者亦有說爾臣

觀近日求賢之詔既下士大夫所上封章並付後省看詳令擇其可
行者上之三省不為虛文則陛下求言固欲實也然今已一月所得
於臣僚封章者果何事臣近日嘗乞再令後省擇其有益於聖德者
逐旋編類以備采覽亦不蒙施行則求言之實似不足矣講筵久開
當講之日早晚兩上不講則日輪二員以備訪問則陛下問學固欲
實也然自開講之後直日之官未聞宣召則問學之實似不足矣故
臣區區欲望陛下自茲以往出一言必求其信行一事必責其效毋
使人謂徒事虛文以欺天下不勝宗社之幸
寧宗嘗謂退朝無事恐自怠惰非多讀書不可龜年又奏曰人君之
學與書生異惟能虛心受諫遷善改過乃聖學中第一事豈在多哉
慶元元年三月大府寺丞呂祖儉奏曰臣聞自王者迹熄時君世主
之為天下國家者鮮有知講學之為急間有崇尚經術者矣非優游

文義則務為觀美未必知帝王所謂學者果為何事也恭惟陛下踐
祚之始懍乎有蹈淵冰之懼亟下詔書舉邇英之典延舊學之臣首
詔儒宗增重經幄多為書史之目倍增講讀之員而訓辭丁寧復在
於救正闕違務圖實政德意志慮極其休美此固有以見聖心務實
學而守家法知夫為天下國家之本務誠有在此而不在彼者也然
臣竊有深疑而未解者陛下初念初政既已知講學之要是宜聖學
有加無已今未數月所謂儒宗者曾不淹時中旨徑下俾之亟去惟
恐或後雖深閟耆艾之意形於親翰抒以昭示厚恩然天下之心不
能無疑也臣區區之言夫豈以一二人之去留一二事之當否過有
所論蓋以講學重事也執經之臣精選也昔也何為尊嚮愛信之如
彼今也何為棄置忽忘之如此深恐於初政詔旨歲推月移名存實
亡徒為觀美而果謂問學真無補於成敗之數哉矧今國勢甫定人

情猶睽觀心未怡天意弗順歲事有饑饉之應夷狄有窺伺之形陛
下與學士大夫講論經理政是救正闕違務圖實政之時尤不可使
初意浸違徒為觀美伏望陛下每御講筵必求諸己觀夫事親如事
天之說則夔夔齋慄猶懼不至而號泣旻天之心誠難自已觀夫得
民在得其心之說則懍懍危懼猶恐難保而朽索馭馬之喻誠非我
欺六事自責固陛下所已講也若恐懼修省之念稍衰宜以此意為
實然于懲示戒固陛下所已講也若燕遊逸豫之念稍縱宜以斯言
為可信歲事有饑饉之慮要當深思夫方懋厥德之要夷狄有窺伺
之形要當躬行無怠無荒之實若夫親學士儒生以廣聞見遠宦官
女子以戒驕奢雖明詔之所已言然有言逆于吾心而求諸道則忠
直始能親有言遜于吾志而求諸非道則讒諂始能遠誠能如是則
朝夕之所講習者始為實學朝夕之所履踐者始為實用聖德罔愆

民心胥悅而初政詔旨可以信諸萬世矣

寧宗時朱熹奏曰臣竊惟皇帝陛下祗膺駿命恭御寶圖正位之初未遑它事而首以博延儒臣討論經藝為急先之務蓋將求多聞以建事學古訓而有獲非若記問愚儒詞章小技誇多以為博鬪靡以為工而已也如是則勸講之官所宜遴選顧乃不擇謬及妄庸則臣竊以為過矣蓋臣天姿至愚極陋雖嘗挾筴讀書妄以求聖賢之遺旨而行之不力老矣無聞況於帝王之學則固未之講也其何以當擢任之寵而辱顧問之勤乎是以聞命驚惶不敢奉詔然嘗聞之人之有是生也天固與之以仁義禮智之性而敘其君臣父子之倫制其事物當然之則矣以其氣質之有偏物欲之有蔽也是以或昧其性以亂其倫敗其則而不知反必其學以開之然後有以正心脩身而為齊家治國之本此人之所以不可不學而其所以學者初非記

問詞章之謂而亦非有聖愚貴賤之殊也以是而言則臣之所嘗用力固有可為陛下言者請遂陳之蓋為學之道莫先於窮理窮理之要必在於讀書讀書之法莫貴於循序而致精而致精之本則又在於居敬而持志此不易之理也夫天下事莫不有理為君臣者有君臣之理為父子者有父子之理為夫婦為兄弟為朋友以至於出入起居應事接物之際亦莫不各有理焉有以窮之則自君臣之大以至事物之微莫不知其所以然與其所當然而亡纖芥之疑善則從之惡則去之而無毫髮之累此為學所以莫先於窮理也至論天下之理則要妙精微各有攸當亘古亘今不可移易唯古之聖人為能盡之而其所行所言無不可為天下後世不易之大法其餘則順之者為君子而吉背之者為小人而凶吉之大者則能保四海而可以為法凶之甚者則不能保其身而可以為戒是其粲然之跡必然之效蓋莫不具於經訓史冊之中欲窮天下之理而不即是而求之則是正墻面而立爾此窮理所以必在乎讀書也若夫讀書則其不好之者固怠忽間斷而無所成矣其好之者又不免乎貪多而務廣往往未啓其端而遽已欲探其終未究乎此而忽已志在乎彼是以雖復終日勤勞不得休息而意緒悤悤常若有所奔趨迫逐而無從容涵泳之樂是又安能深信自得常久不厭以異於彼之怠忽間斷而無所成者哉孔子所謂欲速則不達孟子所謂進銳者退速正謂此也誠能鑒此而有以反之則心潛於一久而不移而所讀之書文意接連血脈通貫自然漸漬浹洽心與理會而善之為勸者深惡之為戒者切矣此循序致精所以為讀書之法也若夫致精之本則在於心而心之為物至虛至靈神妙不測常為一身之主以提萬事之綱而不可有頃刻之不存者也一不自覺而馳騖飛揚以徇物欲於軀

殼之外則一身無主萬事無綱雖其俯仰顧盼之間蓋已不自覺其身之所在而況能反覆聖言參考事物以求義理至當之歸乎孔子所謂君子不重則不威學則不固孟子所謂學問之道無他求其放心而已矣者正謂此也誠能嚴恭寅畏常存此心使其終日儼然不為物欲之所侵亂則以之讀書以之觀理將無所往而不通以之應事以之接物將無所處而不當矣此居敬持志所以為讀書之本也此數語者皆愚臣平生為學艱難辛苦已試之效竊意聖賢復生所以教人不過如此不獨布衣韋帶之士所當從事蓋雖帝王之學殆亦無以易之特以近年以來風俗薄陋士大夫間聞此等語例皆指為道學必排去之而後已是以食芹之美無路自通每抱遺經徒竊慨歎今者乃遇皇帝陛下始初清明無他嗜好獨於問學孜孜不倦而臣當此之時特蒙引對故敢忘其固陋而輒以為獻伏惟聖明深

賜省覽。試以其說驗之於身。蚤寤晨興。無忘今日之志。而自彊不息。以緝熙于光明。使異時嘉靖邦國。如商高宗。興衰撥亂。如周宣王。以著明人主講學之效。卓然為萬世帝王之標準。則臣雖退伏田野。與世長辭。與有榮矣。何必使之勉彊盲聾。扶曳跛躄。以汙近侍之列。而為盛世之羞哉。干冒宸嚴。不勝戰慄。惟陛下留神財幸。

熹又奏曰。臣竊聞周武王之言曰。惟天地萬物父母。惟人萬物之靈。亶聰明作元后。元后作民父母。而孟子又曰。堯舜性之。湯武反之。蓋嘗因此二說而深思之。天地之大。無不生育。固為萬物之父母矣。人於其間。又獨得其氣之正。而能保其性之全。故為萬物之靈。若元后者。則於人類之中。又獨得其正氣之盛。而能保其全性之尤者。是以能極天下之聰明。而出乎人類之上。以覆冒而子畜之。是則所謂作民父母者也。然以自古聖賢觀之。惟帝堯大舜生而知之。安而行之。

為能履此。倍當此責而無愧。若成湯武王。則其聰明之質。固已不能如堯舜之全矣。惟其能學而知。能利而行。能擇善而固執。能克己而復禮。是以有以復其德性聰明之全體。而卒亦造夫堯舜之域。以為億兆之父母。蓋其生質雖若不及。而其反之之至。則未嘗不同。孔子所謂及其成功一也。正此之謂也。恭惟皇帝陛下。聰明之質。性之於天。固非常情所能窺度。然而生長深宮。春秋方富。臣恐稼穡之艱難。容有未盡知。人之情僞。容有未盡察。國家憲度。容有未盡習。至於學道修身。立志撥事之本。制世御俗。發號施令之要。亦容有未能無待於講而後明者。故竊以為陛下誠能於此深留聖意。日用之間。語默動靜。必求放心以為之本。而於玩經觀史。親近儒學。已用力處。益用力焉。數召大臣。切劘治道。俾陳今日要急之務。略如仁祖開天章閣故事。至於羣臣進對。亦賜溫顏。反復詢訪。以求政事之得失。民情之休

戚。而又因以察其人材之邪正短長。庶於天下之事。各得其理。經歷詳盡。浹洽貫通。聰明日開。志氣日彊。德聲日聞。治效日著。四海之內。瞻仰畏愛。如親父母。則是反之之至。而堯舜湯武之盛。不過如此。不宜妄自菲薄。因循苟且。而不復以古之賢聖自期也。臣本迂儒。加以老病。自知無用。分甘窮寂。今者徒以趣召之峻。冒昧而來。耳目筋骸。皆難勉彊。然而未敢遽以告歸為請者。誠感眷遇之厚。猶欲少忍須臾。以俟陛下聖志之立。聖學之成。決知異日姦言邪說。不能侵亂。果如前所期者。然後乞身以去。則為上不負天子。下不負所學。而臣主俱榮矣。顧以此事在臣但能言之。而其用力則在陛下。萬一莫景迫今。不容宿留。則抱此耿耿私恨無窮。伏望聖慈憐臣此志。察臣此言。策勵身心。勉進德業。使臣蚤得遂其所願。則雖夕死瞑目無憾矣。冒瀆宸聽。臣無任悃款激切之至。

貼黃。臣聞中庸有言。人一能之。己百之。人十能之。己千之。果能此道矣。雖愚必明。雖柔必彊。而元祐館職呂大臨為之說曰。君子所以學者。為能變化氣質而已。德勝氣質。則愚者可進於明。柔者可進於彊。不能勝之。則雖有志於學。亦愚不能明。柔不能彊而已矣。蓋均善而無惡者。性也。人所同也。昏明彊弱之稟不齊者。才也。人所異也。誠之者。所以反其同而變其異也。夫以不美之質。求變而美。非百倍其功。不足以致之。今以鹵莽滅裂之學。或作或輟。以求變其不美之質。及不能變。則曰天質不美。非學所能變。是果於自棄。其為不仁甚矣。臣少時讀書。偶於此語深有省焉。奮厲感慨。不能自已。自此為學。方有寸進。食芹而美。敢以為獻。伏乞聖察。

熹又奏曰。臣伏見近制。每遇隻日。蚤晚進講。及至當日。或值假故。即

行權罷。又按故事。將來大寒大暑。亦繫罷講月分。恭聞陛下天性好學。晨夕孜孜。雖處深宮。必不暇逸。但臣謏蒙選擇。以經入侍。固當日有獻納。以輔聖志。今乃淹旬累月。不得修其職業。素餐之刺。寧不自安。故嘗面奏假日無事。正宜進講。已蒙聖慈俯賜嘉納。今已兩日未見施行。因省昨來所陳。似亦未至詳悉。今別具奏。欲乞聖明特降睿旨。令後除朔望旬休及過宮日外。不以寒暑雙隻月日諸色假故。並令逐日番晚進講內有朝殿日分。伏恐聖躬久坐不無少勞。卻乞權住。當日番講一次。庶幾藏修遊息無非典學之時。聖德日躋。天下幸甚。

歷代名臣奏議卷之八

歷代名臣奏議卷之九

聖學

宋寧宗時。衛涇上奏曰。臣聞學之為王者事。自昔帝王莫不以學為本。然學有小大。分章析句。牽制文義。此書生之學也。究聖賢之用心。明古今之大致。識安危治亂之體。察善惡消長之機。斯為帝王之大學。臣恭惟陛下聰明天縱。不自矜伐。即位之初。首下明詔。博延儒英。增置講讀。紬繹經史。從容賜坐。一日再御。情亡厭倦。可謂知所本矣。邇者側聞玉音宣諭。令後晚講各須講解義理。引古證今。庶不為文具。若只讀過。恐無益於事。大哉王言。臣有以見陛下識度高遠。精進不已。知求多聞之有益於聖德也。臣誠不佞。抑聞之先哲。學則必問。然後為學。學者聖之先務。問者學之大方。孔子稱舜大知。必曰好問。仲虺戒成湯。必曰好問則裕。易乾之六爻。龍德變化。皆聖人也。九二見龍在田。孔子曰。龍德而正中也。亦由學以聚之。問以辨之。逮至九五。飛龍在天。則與天地合德。日月並明。問學之功。其大矣哉。儻若誦說雖勤。而誠意不充。見聞雖廣。而躬行不力。深恐猶為觀美。而於王功帝績。未知所用力之地也。曾子曰。尊其所聞。則高明矣。行其所知。則光大矣。高明光大。不在乎它。在乎加之意而已。臣伏願陛下講學之際。更留聖心。咨詢考問。以盡臣下之情。反復研究。以求理道之要。磨礲漸漬。日累月積。疏瀹其心源。斟酌於義味。自然德性成就。知慮開明。物來而能名。事至而能應。以之用人。則邪佞者遠。忠直者伸。以之立政。則蠹弊日銷。績効日著。何為而不成。何求而不獲哉。昔唐太宗平定四方。有志治道。選文學之士。日侍間燕。或論往古成敗。或問民間事情。言及暗主亂朝。則省懼自戒。言及賢君理代。則企竦思齊。言及稼穡艱難。則務遵勤儉。言及閭閻疾苦。則議息征徭。惟其見善必從聞義必徙用能貞觀之治庶幾成康為功德兼隆之主此又尊所聞行所知之明驗也以陛下天資粹美進德無疆上焉唐虞三代要不難致下焉亦不失為唐太宗惟陛下留神幸甚

袁說友上奏曰臣恭聞太宗皇帝謂李至曰朕年來無它好但喜讀書甫監古成敗仁宗皇帝謂輔臣曰近講詩見國風多譏刺得以為監戒高宗皇帝謂趙鼎曰朕居禁中自有日課早閱章奏午後讀春秋史記夜讀尚書又曰有帝王之學有士大夫之學朕在宮中無一日廢學但推前古治道有宜於今者要施行耳不必指摘章句以為文也大哉祖宗所以治天下國家者其必由於學乎誠本朝之家法啓佑乎後人者也臣仰惟皇帝陛下聰明睿智得於天資歷數在躬繼天作子踐祚之初恭嘿以執祖喪恪謹以隆父養倚信大臣收召人物崇廣言路敷求直言此皆陛下疇昔講學之功其見於初政者

已足以慰人心而愜衆望然而自古聖主臨政願治身致太平未有一事不由於學況陛下御極之始尤當以講學為先自古聖主進德修業終身而行未嘗一日敢忘於學況陛下春秋方盛尤當以講學為急陛下之所謂講學者蓋將舉而措之以治天下國家者也本朝呂公著有言曰天子之學與凡庶不同夫分文析字聲律章句此世之儒者以希利祿取科級耳人主所不當學也人主所當學者觀古人之用心論歷代帝王所以興亡治亂之迹求立政立事之要講愛民利物之術以著之言實為人主講學之要今陛下方上承宗廟之付託下慰四海之觀瞻萬機得失之端一念趣向之本小有未至即基安危是故人主所謹端在一心正心之原實本於學蓋道者適治之路惟學然後道明以德行仁者王惟學然後德進審為政之理非學何以達理以義制事非學何以由義古今有興亡有成敗學然後

知所以興亡成敗之本天下有利害有治亂學然後知所以利害治亂之因人主有講學之功則明道進德達理由義可以成可以興享其利享其治人主失講學之益則昧道暗德悖理違義至於亡至於敗受其害受其亂事之必然無可疑者陛下前日朱邸固已親近諸儒從容講論凡其開沃聖心培埴學本者可謂弗遺餘力則陛下於道德理義必已能洞達而知所原本矣於興亡成敗利害治亂必已能深究而知所畏慕矣陛下天縱聰明非凡所及講學之益為日固久然既承大寶天子之學事異初潛故臣輒以為講學之事陛下今當舉行者其說蓋有五焉一曰凡經筵講讀陛下或意有所未諭則詳為叩問必至洞徹深曉然後已與之反覆問難使之開導聖心知所鑒戒且不以它事而輟講亦不以拂意而倦聞若止循故事略無上下議論之益則雖積歲累月於陛下必無益也二曰經筵之例率以朝退

入講陛下坐朝甫畢聖躬豈無少勞急幸經筵諸儒謹了講讀不暇紬繹辨論人主僅能訖事不暇叩問咨益講讀虛文莫此為甚願頒睿旨凡遇講日並候退朝供膳已畢然後入講講下則從容敷繹以罄論議上則再三叩問以達未諭則講讀之官不徒設矣三曰竊聞經筵目即見講春秋通鑑三朝寶訓陛下方此臨祚委政大臣既無它事以擾聖抱要宜增益一二經書以進講尚書一經句句皆明治亂安危之本仁宗皇帝訓典事事皆為後世子孫之法願增此二書以全講學之力四曰講官內宿祖宗欲以召儒臣廣為咨問光武講論經理夜分乃寐意蓋出此願陛下遇講官宿直即賜宣對或以日間已講讀而意所未諭者再使詳解細說或陛下自以古昔治亂興亡叩問原本使之開沃啓導或陛下萬幾之務有疑貳而未決者因以咨詢使之開陳獻納學念既專則學力日進矣五曰古先帝王自

唐虞三代以下至于唐末正統之傳其君或善或否其治或得或失無慮百數陛下凡遇進講或講官宿直以古帝王時取一君命講官著論一篇凡其君之善與否其治之得與失詳為議論相繼進入陛下觀其所論善者為法惡者為戒集為一帙常置坐右或聖意有所未諭即於經筵或夕召之時再令元撰講官詳細開說不出數月古之帝王善否得失盡在陛下目中可以為法而為戒矣凡此五說皆所以為講學之地願陛下上法太宗仁宗高宗聖訓講學之勤下稽呂公著所論聖學之要出而於經筵講讀之間入而於晝夜觀書之際不事虛文力求實學則聖心融徹聖學高明聖德日新聖治日盛施諸政事無非有得而無失錯之事業無非有利而無害一毫之差陛下自不肯為一言之失陛下自不肯發事事中程度物物合條理以至親君子遠小人數見儒臣尊礼正論則中興之功太平之治誠

可拱而俟也臣起自寒儒叨綴從列論思獻納職守所繫瞻望清光之初不敢進無益之論專以講學一事以獻陛下伏惟聖明以為當令急先之務最切最要莫大於此務深思而力行之昔傅說之告高宗曰念終始典于學厥德修罔覺監于先王成憲其永無愆臣拳拳所奏惟陛下加念焉天下厚幸。

說友又奏曰臣恭聞高宗皇帝諭宰臣趙鼎曰朕常居禁中有日課早閱章疏午後讀春秋史記夜讀尚書率以三皷罷孝宗皇帝諭講官閭操曰朕在宮中並無他用心只是看經史耳大哉皇祖之訓學有緝熙于光明所謂詒孫謀而燕翼子者蓋必由于學也仰惟陛下踐祚之初未遑它務首開經幄添置講員增益諸經早晚兩講不以崇高富貴為樂而以盛德日新為念臣去歲八月初二日面奏講學劄子陛下慨然垂聽出示講官越三日宣召徽臣王甯諭以悉行所奏中外交賀咸仰陛下學念之篤根於至誠蓋二帝三王之用心求以上繼高宗孝宗聖學之盛也臣竊惟陛下日御經筵固有定式惟是假日與退朝之際皆是清閒之燕宮中庶務必不上關聖懷當此暇隙之時稍思日課之學如高宗孝宗之訓定課式於禁中庶幾既有外朝講讀之勤又有內庭課學之益臣恭覩高宗皇帝聖政孝宗皇帝聖政二書皆是兩朝七十年間大政事藏諸金櫃不惟盛德大業醲化懿綱一一所當訓式而紀載明白事理較然觀閱之間易於著心而入耳固不待講解而後明也臣愚欲望陛下以高宗孝宗宮中讀書定課為法而復以聖政之書專為宮中課程之學下祕書省繕寫兩朝聖政二書留寘日所御殿日閱數條以為定式詳施置之美意法政事之脩明熟味細觀再三紬繹積日累月不渝定課則兩朝聖政之書盡畢觀覽良法美意皆在陛下胸中而見諸政治者將

自脗合而無間矣此其事不勞其道易行而其效必至者也臣拳拳愛君願裨聖學惟陛下財幸。

中書舍人虞儔上奏曰臣聞帝王之學與經生學士不同夫分析章句窮究前聖之旨考論同異折衷諸儒之說此經生學士之學也若緝熙光明之用發之於一身仁義詩書之澤施之於四海此帝王之學也揚雄有言學之為王者事其已久矣堯舜禹湯文武汲汲其已久矣如曰學以聚之問以辨之寬以居之仁以行之則載之於大易之辭如曰王人求多聞時惟建事則見之於傳說之命如曰尊其所聞則高明矣行其所知則光大矣曾子蓋嘗言之董仲舒又從而申之矣且學聚問辨可以已矣然易必繼之以寬居仁行王人求多聞可以已矣然書必繼之以時惟建事者何哉正以帝王之學與經生學士不同始焉欲其發之於一身者有緝熙光明之用終焉欲其施

之於四海者有仁義詩書之澤蓋不可得而已者也恭惟陛下有生
知之性而不恃有天縱之能而不矜方且增置講官日侍經幄迩寒
隆暑未嘗少倦雖堯舜禹湯文武汲汲不是過也凡帝王之宏規祖
宗之成憲古今之安危治亂儒臣之獻納論思固已悉究淵源兼綜
條貫至矣不可有以加矣臣惓惓之愚願陛下廣學問以寬仁即多
聞而建事尊其所聞見之於躬行俾聖德日新愈極乎高明行其所
知措之於事業俾治功日進愈至乎光大則宗社幸甚生靈幸甚
理宗紹定間徐元杰對策曰臣聞求道有本原行道有功用自本原
而達之功用則天下之治可以不勞而舉矣蓋道無近功惟志趣之
高遠者爲足以極其功道非小用惟力量之凝定者爲足以大其用
自有天地以來所以脉絡世教綱維人極於不泯不絕之地者皆非
偶然之故也太極之理流行散見於萬類之殊常人得之由之而不

知者也故必有待於超出乎億兆人之上者爲之君師焉以一人之
心融天地之心以天地之心覺天下之心帝之所以爲帝王之所以
爲王同此心者亦同此道也同此學也亦同此功用也然則有帝王
之心者斯能有志於帝王之道有帝王之學者亦豈不能進進於帝
王之用哉恭惟皇帝陛下英姿天挺聖學日新自臨御以來孜孜汲
汲既知求此道之用以用其心則知推此心之用以用天下其間大
震怒大拂亂所以嬰宵旰之懷關玉食之抱者殆非可以一二計也
陛下端居凝邃加意講求所以壓襲變之紛紜鎮羣疑之洶湧陰以
爲天下國家之計者蓋陛下求道得力處也夫求道既有所得則夫
堅始者之念以就來者之圖勉今日之誠以爲後日之慮不以僅定
爲無恐不以苟安爲自足凡堯舜三代之所以根柢乎盛治者是政
陛下行道用力處也因其力之有所得充其力之有所用天地之眷

厚矣所以答天地之眷者當何如祖宗之託重矣所以奉祖宗之託
者當奚若丕緒之承今九年矣所以充拓事業者當何脩而至陛下
誠能因其力之有所得充其力之有所用自身而家所以正人倫而
係風化者不可不謹其表倡之機自家而國所以別賢否而定名義
者不可不致其微漸之慮自國而天下所以謹脩攘而全愛敬者不
可不極其勉勵之誠其效證於堯舜三代之所已行其監具於秦漢
以下之所並見其事信於經訓史冊之所可攷陛下誠於本原之地
而極其神不徒以日誦日講者爲常準則學之爲王者事豈在陛下
方寸間耳臣又何敢容其喙請以所聞於師者拜手稽首以復陛下
之問惟陛下少垂聽焉臣昧死上愚對臣伏讀聖策曰蓋聞學之爲
王者事繇堯舜三代至于今日未之有改也而或以爲古今有殊時
帝王有異治世道有升降各因其時以爲治而無一定之論吁有是

哉臣有以見陛下有志於帝王道統之傳而爲昧者發道與時異之
嘆也臣聞道與心一帝王之心與萬世一堯之授舜舜之授禹三聖
授受相傳一道載之於書人心道心之分惟危惟微之辨或生於形
氣之私或原於性命之正惟其形氣之並生雖上智不能無人心惟
其性命之各正雖下愚不能無道心故人心每患於難制而道心每
患於難明難制故危而安之者常寡難明故微而知之者幾希惟精
則決擇詳審而致知之功深惟一則主宰堅定而力行之用久是以
一中之執萬世惟允成湯傳之爲昭德建中文武傳之爲順則立極
帝王之治所以烝爲雍熙薰爲泰和而無一民一物之不得其所者
皆此道之功用也夫以功用之散於天下者若是其明著而根本之
斂於一心者猶不敢廢夫講貫之恍故堯舜禹湯文武之所以踊爲
汲汲於學者果爲何事也豈非以惟微數語肇啓其端故心法之傳

異世同軌。成湯之禮制。文武之克宅。莫不皆致力於本原之地。雖其時之相去若有不同。而道之相傳未嘗不一。自世之昧者觀之。泥於跡而不求於心。索於治而不求於道。舜文一也。或疑其勞逸之殊。而不揆其符節之合。商周一也。或疑其文質之異。而不通夫損益之因。善乎董仲舒之言曰。繼治世者其道同。繼亂世者其道異。蓋其所以異者世之治亂而已。所謂道則未嘗不同焉。故韓愈亦曰。堯以是傳之舜。舜以是傳之禹。禹以是傳之湯。湯以是傳之文武。即仲舒之所謂繼。求韓愈之所謂傳。則六七君子之心。越宇宙而同神。歷千載而一日。又孰謂其世有升降。而因時為治。果無一定之論乎。然則能知帝王之無異心。則知帝王之無異道。知帝王之無異道。則知帝王之無異效矣。臣伏讀聖策曰。夫統理民物。為天下君。膺天地之眷顧。蒙祖宗之付託。若是其重。而本原之地無所據依。以善斯世。不可也。是以堯舜之帝。禹湯文武之王。莫不從事於學。如飢之必食。渴之必飲。未嘗外道以出治。舍經以求治也。臣有以見陛下以天地祖宗之寄為不可忽。以堯舜三王之道為必可行。而欲講學以求道。即道以求治。而又知所用力之地也。臣聞帝王之心與天地一。祖宗之心與帝王一。帝王代天地以裁成其化者也。祖宗法帝王以會通其用者也。故求帝王之治者。當求帝王之道。求帝王之道者。當求帝王之心。心法明。則道法著矣。道法立。則治法舉矣。世去古遠。正學不傳。生民不見帝王之澤。至治之主。蓋不世出。而天地之生聖人。乃間見於千載之後。藝祖皇帝肇造區夏。撥亂立極。讀書而歎後世刑網之密。蓋有以契夫天地生育之心矣。仁宗皇帝紹休聖緒。繼躰守成。講易而得六情六氣之說。蓋有以契夫天地動靜之心矣。夫以祖宗講明學問。稽式帝王。既無一而不契於天地之心。則夫兩間之所以眷祐於國家而遺陛下以無

疆之休者。要非人力之所倖致也。陛下講學。所以朝夕不倦。寒暑不輟。而必欲與帝王之心同一運量者。蓋欲以慰祖宗之託。而答天地之眷焉爾。故觀乎天地。則見帝王矣。觀乎帝王。則見祖宗矣。何則。天地付陛下以此位者也。帝王同陛下以此道者也。祖宗傳陛下以此心者也。心得其正。則此道為有宗。道得其正。則此位為無忝。位正而道益可行。道正而心益可制。動息造次。常以天下為憂。安舒暇豫。畧不以有位為樂。夫如是也。真知夫天地之所付者至大。而不敢以自小矣。真知夫帝王之所同者至公。而不敢以自私矣。真知夫祖宗之所傳者至重。而不敢以自輕矣。自是而充之以學力。所到日益月新。心術所存。天寬地大。舉一世之人。濟濟於雍熙泰和之域。渾渾乎如四時之春。而不見有炎風朔雪之慘者。皆此心之推也。惟陛下益反諸心而用力焉。則功用豈有難致者哉。臣伏讀聖策曰。朕以眇質。嗣承丕緒。于今九年。昧旦而朝。咨諏輔弼。延納英雋。日御經筵。日誦日講。咸有常準。臣有以見陛下統臨之上。愈尊而愈謙。問學之勤。愈久而愈不替也。臣聞帝王之學。厥有本原。惟謹養乎心術之微。不徒為誦說之務。惟深探夫造端之自。不徒為外飾之求。宮庭深邃。燕佚易生。聲色滿前。志念易汩。四海九州之大。非空言所能維持。一日萬幾之繁。非小智所能經理。然而所以維持而經理之者。其本會於聖心運量之中。其用形於聖學貫通之後。則是心不可以不盡。學力不可以不充也久矣。故有一念之縱肆。則不足以充此學。有一息之間斷。則不足以充此學。外庭固學矣。內庭其可息乎。經筵固學矣。退處其可懈乎。端人正士固與學矣。便嬖使令其可與褻乎。陛下有志於帝王之事。固出於聖心之實。然抑帝王所以兢兢業業。儆戒無虞。孳孳汲汲。悠久不息者。得非陛下之所當深勉而不徒為言語誦說之末。而

也者乎陛下即位固九年矣然外而彊土之未清內而姦宄之未靖陛下而念及此得不以周之克商九年大勳未集而勉其憂勤乎陛下每朝固咨輔弼延英儁矣然內而邪正之未明外而貪廉之未判陛下而念及此得不以舜之三考黜陟庶績咸熙而爲幾康之戒乎不然以可致之資而不能致以可爲之時而不能爲以可豫備之歲月而自惰於不備不虞之域若是而曰講誦有常臣甚不知陛下講誦之謂矣陛下苟能以帝王之心爲心則必深求帝王用力之要凡六經所載得之於經筵之所誦講者誠非徒以講誦爲也口以誦之必反心而載惟學以講之必聞義而力從故於至善之所當止則必如好好色使之眼明心悅可也於不善之所當改則必如惡惡臭使之影滅跡絕可也學有如是則本原正矣本原既正則自身而家自家而國自國而天下無一政之不立無一事之不舉功用之著其可

以限量既耶臣伏讀聖策曰六經之道所以該貫天人維持世變者至纖至悉不可勝窮而治盟一書又所以著曆代之徵惡以勸戒于後者莫先於脩身而齊之進君子而退小人嚴名分而遏亂萌脩政事而攘夷狄卹民隱而懼天變臣有以見陛下會經訓之精粗明史冊之勸戒而欲用力於君德治道之大者也夫經所以載道也史所以辮經也人主之學所以講經與史者蓋欲爲脩身齊家治國平天下之用者也臣嘗以是觀之六經皆所以言天人而至於該貫其道則莫詳於易與春秋之爲書六經皆所以維持世變而所謂至纖至悉則莫大於易與春秋之爲用易者六藝之原也卦有陰陽固所以明天道也而吉凶悔吝未始不以人言之則易之所以維持世變者宜乎極其所謂變通鼓舞之道而不可以致詰也春秋者史記之約也義有褒貶固所以明人道也而灾異所書未嘗不以天言之則春秋之所以維持世變者宜乎定天下之邪正而亂臣賊子皆凜乎其知懼也即易與春秋之旨而槩之六經之道則維持世變至纖至悉而不可勝窮自脩身齊家至於恤民隱而懼天變者皆可以類推矣雖然此經之所以載道者然也至於史之所以緯夫經者則自周之衰以訖五代之季其間安危理亂之分成敗興亡之故上下數千年間皆若燭照龜卜而不可掩然以善論世變者觀之漢大綱僅正而萬目則未甚舉唐萬目舉而大綱又不能正則其所以正人倫而係風俗別賢否而定名義謹脩攘而全愛敬大槩不可以帝王之功用垂言者要亦有由矣是烏可不爲本原之論哉空谷而足音晦冥而日月絕無僅有之中而求其粗合於古帝王之道惟文帝一人而已昔孝宗皇帝與大臣論古今治亂因曰自漢唐以來人君惟漢文帝粗能知道自文帝之外人君非惟不知道亦不知學大哉王言深於

攷論夫後世人主之爲學者乎試即文帝之粗知道者觀之雖其禮文之事猶或多缺然刺取六經蓋亦髣髴於王者之意故當時之治藹然猶有王者氣象非粗知道者其孰能之自其躬玄嘿躬道準仁而脩身之道粗明所幸夫人衣不曳地而齊家之道粗立張武受賂益媿其心吳王不朝賜以几杖而治國之道又粗審以至棄細過而絕戎隙成軍禮以張國勢務休息而專德化警灾異而求直言凡可以爲平天下之道者亦粗於此而加之意然則文帝之所以爲漢德之盛者豈非粗知道之效歟夫惟文帝粗知六經之道既足以致後元之治後世考論文帝之史則當勸其所以爲文帝者而戒其所以不如文帝者當勸夫文帝之可以到帝王者而戒夫文帝之終於未到帝王者則治道功用又豈容外吾心而求之乎臣願陛下反求此心加意力行以可到帝王者自勉以未到帝王者自勵此則在於用

力不用力耳烏患其有難行者哉臣伏讀聖策曰朕深惟經訓史策曰陳於前文字繁多途轍迂闊求其所以寘力者乃即燕閒竊有慕古人緝熙光明之義曰就月將躬履神會蓋以基治道之本一人心之歸使晉天率土若士與民悉共由於理義而無本末舛逆之患上下異嚮之風顧不韙歟臣有以見陛下加意於緝熙之誠用力於本原之地而欲推而達之於治道功用之大也夫經之與史雖文字之繁而關於君德治道者則未嘗無綱領之要夫緝熙光明曰就月將此詩人之所述而成王用力為學之實也至於曰躬履曰神會此則陛下心術純明義理融貫能以詩人之所述者究心而又以成王之所學者用力也蓋躬之所履皆力行之事神之所會皆致知之功行無不力則緝熙矣知無不致則光明矣以陛下之躬履神會求成王之緝熙光明而又形諸心畫發諸聖製布堯言於天下斷斷然以為

自天子至於庶人一是皆以脩身為本而知夫學之有益於人國矣舉天下之大家傳人誦皆灼灼然知陛下緝熙光明之懿殆與成王不可以異觀矣抑成王之所以謹養其心以為講學之本也陛下亦嘗實用其力乎臣考諸詩曰敬之敬之天維顯思命不易哉羣臣告成王以用力之大者也而諄勤懇切之意又必繼之以無曰高高在上陟降厥士日監在茲蓋欲其知天之監無往而不在無時而不然而敬之為敬無一動之或違無一息之可弛也成王於此灼知用力之要謙虛挹損形之於言曰惟予小子不聰敬止必加之以日就月將之誠懋之以緝熙光明之益積而至於萬億年天休之徵以是而論則知緝熙光明乃為學之要而敬之敬之又緝熙光明之要也今陛下既即燕閒慨慕於古其事非不偉也至於古之所以謹處燕閒無徵而不敬者茲又陛下切身之事而治道之所由以基人心之所

由以一義理之所由以充廣者也蓋敬者主一無適之謂徹上徹下之道陛下與成王所謂緝熙光明之實而二帝三王所以傳授心法之準的也故必紬繹心思續續不已充廣心地恢恢有餘而後可以言緝熙清明一有紛汩志慮一有間斷氣象一有褊狹則不足謂之緝熙矣而可以為敬乎必明善誠身動與理覺盡心知性靜與理融而後可以言光明物欲少有障蔽血氣小有昏蒙智識小有凝滯則不足謂之光明矣又可以為敬乎陛下之所謂躬履蓋履此敬也陛下之所謂神會蓋會此敬也以是而基治道使天下國家之治如堯舜三代之盛可也否則規摹弗立玩愒小康本末之不能無舛逆者皆治世之累也以是而一人心必使遠近風俗之化如堯舜三代之義可也否則儀刑弗謹觀聽莫新上下不能不異其向者皆風俗之弊也陛下能反求此心常守此敬內主乎一而不病乎雜外無所適

而不徇乎私本正而末自隨上倡而下必應陰消其舛逆之患滌格其異向之風則其感動意思殆與七十子之服孔子者同一機栝也臣願陛下以真敬存心則躬履神會自不能掩其功用之著由是而充之則以成王之學造帝王之道惟陛下加之意而已聖策又曰若夫商政治之得失求民俗之利病論士習之厚薄則有所未暇蓋以本原既正則它可以序舉也臣切謂陛下之言及此豈非天下之幸而天地祖宗之望陛下者乎蓋政治之得失毋係於君道轉移之間民俗之利病實關於君政脩廢之頃士習之厚薄亦視夫君心之好尚者如何陛下不屑屑於三者之計必諄諄於本原之正者豈非以用力於本原者既善則三者之效特舉而措之耳故中庸論為天下國家有九經而曰所以行之者一大學言齊家治國平天下之道亦以脩身在正心者為之本陛下講明於此蓋亦熟矣繼今而後極致

知之善盡力行之誠因全躰之明求大用之著必剛以制欲必勇以力行。必恭儉以約己。必淵靜以養心。如是。則本原既正。三者之序斷斷乎其可舉。不然。外有講學之文。內無講學之實。誘本原之論以蓋其事躰之失。假脩飭之具以掩其脩省之愆。戒酒有箴而無益於側心。緝熙有記。而無益於進德。若是而曰。政治之未暇問。民俗之未暇問。士習之未暇問。是自置天下國家於聖慶之外。又安是以為本原之論哉。昔孝宗皇帝聖訓有曰。朕心未嘗放下。一日間天下定行一遣。孝宗之所以經營於念慮者若是。其詳且悉。習謂其以本原之是正。而一切付天下之事於未暇問乎。聖謨洋洋。載在國史。皆陛下之所當躰而行之者也。臣願陛下益反之心曲。加其真實無偽之力。廣推於外。旁達其運量不窮之妙。則本原在於聖心矣。凡陛下策臣以經史之所當講者。皆可以序而舉。況於是三者之務哉。聖策之所以

幸教臣者亦已至矣。而陛下謙沖溫粹。猶終之曰。子大夫奉對于廷其以有得於經史者。紬繹而畢陳之。朕將親覽。臣仰見陛下咨訪不倦。嘉與草茅之賤。求本原之纖悉。非徒為是諏採之文具也。臣切聞六經之書。致治之成法也。史之為史。亞乎六經者也。夫致治成法既皆具於經。而史又亞乎經之道。則凡天下國家之治。非徒本原之是正而已。至於纖悉節目。所以捄習俗之失。防人心之微者。經之與史蓋相貫通而互發明也。陛下既俾臣等紬繹而畢陳之。臣不能罄竭膚淺之萬一以為陛下告。不惟下負所學。抑亦上負陛下之諄誨矣。然臣之所尤拳拳於陛下而不能自已於納忠者。其說蓋有三焉。一曰固民心。二曰肅軍心。三曰正士大夫之心。蓋民者國之命脈也。兵者國之精神也。士大夫者。又國之醫師砭劑也。為人上者當使命脈堅強。精神運動。常致謹夫醫師砭劑之用。以為元氣調養之方。則立

國之勢自隱然有安靖和平之功用矣。臣請竭其愚而終言之。書曰。民惟邦本。本固邦寧。怨豈在明。不見是圖。此言民不可以不固。怨不可以不弭也。今之所以固民者何如耶。田間困於科率。市井困於征求。商賈困於抽斂。富家大室困於奄沒之刑。疊是數困。猶未已焉。遠近怨咨。不可聞也。乖戾之氣。上熏於天。激而為江閩之盜。溢而為輔近之奸。漲而為都會之災。溢而為邊陲之警。延而為數千里之旱。岌岌殆哉。國家命脈。一縷千鈞。深可慮也。昔光武中興。鄧禹勸之以立高祖之業。救萬民之命。先朝范鎮亦曰。欲備契丹。莫若寬天下之民。此皆所以為命脈計也。陛下亟圖之。則其證猶可起也。否則非臣之所敢知矣。書曰。其克詰爾戎兵。以陟禹之跡。至于海表。罔有不服。此言衛國以兵。詰之者有其道。則服之者有其機也。今之為兵者何如耶。自核實之不加。而兵益以冗。自訓練之不精。而兵益以惰。自豢養

之不戒。而兵益以脆。自等級之不嚴。而兵益以驕。自刻剝縱弛之相蒙。而兵又流於叛且潰矣。夫國家竭民之力以養兵。蓋資之以衛吾國也。今乃不冗則惰。不惰則脆。不脆則驕。不驕則叛。不叛則潰。習於縱敵而不習於死敵。利於為寇而不利於禦寇。敢於犯上而不敢於衛上。於是士卒得以陵偏裨。偏裨得以陵主帥。閩南之紛亂方爾。而繼之以江右之陸梁。西蜀之驚蕩方停。而因之以淮東之奔迸。姑息養禍。浸以成風。蔓草難圖。憂未歇也。昔晉文公城濮之戰。見其師少長有禮。而知其可用。藝祖皇帝始用軍法。使以階級相承。小有違犯。咸伏鈇鑕。是以上下有序。無征不服。此皆所以為精神計也。陛下其亟圖之。則其患猶可弭也。否則非人臣之所敢言矣。夫固國以民。衛國以兵。二者命脈之所關。精神之所係。一日不可忽焉者也。然所以護養其民。調伏其兵者。惟有士大夫以為醫砭爾。夫聖人養賢以及

萬民而命將遣率以守衛中國者亦以重戍役車徒之責今之爲士大夫者臣又不知其異何如邪陛下以培固邦本爲心而監司守令則行之以朘削膏血之政陛下以運動國勢爲心而曰將曰帥則乘之以消沮士卒之私陛下以興利除害信賞必罰爲心而內外大小之臣則應之以虛誕苟且偷安旦暮之計是無怪乎上之真德實意不能宣達於其下下之吞聲隱氣不能通達於其上上下隔絕於勢分之交違則夫民怨而思亂兵怨而思叛亦其理之所必至也昔漢宣帝欲安勃海之警得一龔遂單車至府宣布教令慰安牧養盜爲之悉平而民不患其不安者以得人而安之也唐馬燧之在河東馭馬廝役教以騎射比及二年得精兵二萬而兵不患其不強者以得人而制之也是以國朝開基之初藩侯不撫百姓則有斷不容之之戒至於南征北伐戰勝攻取兵不過二十萬者亦惟以曹彬潘美爲

將耳此其於國家砭劑之用明效大驗彰彰然是以爲後人嘉賴維持之地蓋漢唐之美獨盛於一代者也今陛下所慕者帝王之道所鑒者漢唐之言所取者祖宗貽謀之善則其所謂一軍民之心者要莫先於正士大夫之心而其所以正士大夫之心者又不過先正陛下之心而已董仲舒有言曰人君正心以正朝廷正朝廷以正百官正百官以正萬民極而至於四方遠近之一於正此又自本原而達之功用古今不易之至論也惟陛下於此而實用力焉則天下幸甚宗社幸甚

元杰又奏曰臣聞論語書成於有子曾子之門人故二子獨得以子稱其所載先聖與羣弟子之言至爲不茍言者心之聲也學問之道無它求其放心而已求於心者合下必自源頭理會魯論言出心字只有三處然句句字字無往而非求心臣嘗日夜反覆求孔門所以問答之根據不但稍可以知聖人心法之傳至於古帝王相傳爲學切要處亦因是可以推尋蓋求道莫切於求心求心莫切於求仁仁爲心之全德故曰仁人心也合而言之道也言道無越於魯論故曰五經之館鎋六藝之喉衿伊川程頤嘗曰讀論語有讀了全然無事者有讀了後其中得一兩句喜者有讀了後知好之者有讀了後直有不知手之舞之足之蹈之者臣末學空疏不足進此敢謂百生慶幸濫員經筵蒙恩宣諭俾專説是書仰稱清燕臣感泣遭遇顧涯粗淺請倣先儒之言發明求心之旨以助聖學端本行仁之萬一庶幾正心以正朝廷使百官萬民四方遠近莫不一於正人皆有士君子之行不徒以言語視論語臣不勝惓惓

淳祐十二年著作郎牟子才兼崇政殿説書經筵供職入奏第一劄曰臣孤遠之蹤往以狂愚觸忤權貴退伏山林凡五寒暑屢稽嚴名

罪不容誅陛下簡記不忘洊頒除命月正元日擢長著庭嘗未兼句又叨親擢以經入侍此儒生之至榮也顧臣謭薄其何以當傴僂循牆辭不獲命則念曩者爭之於議論之末而無所及不若從容燕閒隨事啓沃庶幾小補是以冒昧效職昔程頤爲説書嘗以君臣道合靡不由至誠感通爲言今臣入覲之初不敢它有援引惟積其誠意專以正心一説爲陛下言之惟陛下裁幸臣觀自古聖帝明王未嘗無待於學然帝王之學異於儒生不在於專記誦治章句工詞章以爲美而在乎講明義理務治其心而已蓋人主之一心所以統紀三極而酬酢萬化也人主之心正則天下之事無一而不出於正人主之心不正則天下之事無一而不出於邪形端而影直源澄而流清其理有必然者故典學之君未嘗不以正心爲急務而勸學之臣未嘗不以格心爲至論也陛下即位以來無一日不親近儒生無一日

不講明義理自昔好學之君未之有加焉其於治心之學亦既用其力矣然心之爲物最難治也有所貪欲而弗能窒則不得其正有所忿懥而弗能忍則不得其正有所洄撓而弗能定則不得其正有所矯飾而弗能絶則不得其正而其所以然者盖有所謂理慾之限有所謂義利之則有所謂是非之岐有所謂好惡之端陛下亦嘗靜慮澄神而深考密察之乎夫理與慾敬肆而已義與利公私而已是與非邪正而已好與惡善惡而已雖其本末先後賓主内外截然甚嚴然所謂敬者常難持而肆者常易萌公者常難充而私者常易勝正者常難明而邪者常易惑善者常難保而惡者常易溺爲人主者偏焉而不自克蔽焉而不加察往往兆於方寸之間而發於言動者爲甚戾差之毫釐之頃而捷出於事爲者爲莫遏萌之於宮庭隱奥之内而形於四方萬里之遠者爲不可掩故始於敬肆之分而終以理

勝慾始於公私之判而終以利掩義始於邪正善惡之不明而終也是非好惡之失其實極而至於意玩而流情稔以肆而營繕宴遊之事或有之矣廉恥道喪陰濁流行而苞苴賄賂之事或有之矣賢否貿亂旁壞易位而指鹿爲馬之事或有之矣生於其心害於其政其端甚微而其禍甚大可不懼哉亦在乎辨而察之耳臣願陛下思堯舜惟危惟微之旨以致其理欲之辨果天理耶則極而明之使無一壅閼果人欲耶則克而去之使無少凝滯如此則義理足以變化其氣質之偏而物欲不足以掩其德性之善按之以爲脩身之本夫孰有放肆之失又願陛下思成湯不邇不殖之戒以致其義利之辨果爲義耶則推之崇之使益以嚴明果爲利耶則懲而絶之使無復滋蔓如是則舉動足以昭明乎事物之表而情愛不足以牽紊乎躰統之正按之以爲制事之本夫孰有膠擾之私至於是非好惡之當明

則臣亦願陛下以孟氏知言之要辨詖淫邪遁之詞逆之於未有言之先而知其心之所欲萌察之於既有言之後以知其心之所由在則邪正瞭然如權衡尺度之不可移矣以大學好惡察親愛敬畏之辟去惡必實用其力而禁止其自欺好惡必公用其心而不溺於私愛則善惡昭然如好色臭惡之不可亂按之以爲聽言用人之本又安有混殽變亂之患此豈非一正心之功用哉臣故曰在乎辨察之耳惟陛下繼自今益加聖心格物致知以求其故審思明辨以察其似去讒遠色賤貨貴德以審其輕重之分敬以持之使緝熙而無間純以一之使悠久而不變則表裏昭融原本端一統紀明治界限嚴肅天下無餘事矣不然一念慮之間而理慾義利之角立一意向之内而是非好惡之雜出乍前乍却乍晦乍明如浮雲在空悠悠揚揚以爲滓穢臣惧非所以光聖德而隆治化也夫責難於君謂之恭陳

善閉邪謂之敬臣實不敢以庸常之意望陛下惟陛下念之

子才又奏曰臣猥以空疎充員夕說誠意未至啓迪蔑如此方徹講既恩慈又執經啓席適當陽長之候敢後忠告之言臣嘗讀易至復卦私切妄論以爲有天心之復有人心之復一陽生於積陰之下而芽蘖發動者天心初復之端也方陰陽動靜之未分也無思無爲寂然不動天地生物之心幾於熄滅當是時也誰得而形容之及至震陽之來動於坤下因其一動而天下皆知其將爲生物之端倪向者天地寂然不可形容之心方得窺見其萬一故程頤曰陽復於下乃天地生物之心也先儒皆以靜爲見天地之心是不知動之端乃天地之心非知道者孰能識之楊時亦曰復也者陽始生動之端也知復之道則天地之心可以默識非盡心知性者孰能見之此所謂天地之復也方其喜怒哀樂之未發也渾然一中無所偏倚赤子純一

之心幾若隱晦當是時也誰能推而明之及至感而遂通隨事著見因其已發而天下皆知其為躰用之動靜而向者大本達道渾然不可推究之心至是方得闚其眹兆故張載以為靜而動天則無念無為無所主宰常然如此人之德性亦與此合蓋進德之基也朱熹亦曰天地生物之心幾於滅息而至此乃復可見在人則為靜極而動惡極而善本心幾息而復見之端也此所謂人心之復也使天地之心當純坤十月之時消而不長往而不來出而不入衰而不盛已而不存或有所隔塞或有所擾亂則芸不生荔不挺麋角不解水泉不動而天地之復幾於熄非陰疑於陽陽戰於陰變而為閉藏者乎使吾之一心當情欲已動之時喜或過喜怒或過怒哀或過哀樂或過樂或有所偏倚或有所乖戾則三辰失行山川崩竭不止於天地不位兵亂凶荒胎殰卵殈不止於萬物不育而吾身之復幾於熄非不中不和極其所致則變而為災異者乎故陰陽之未定聖人則扶其陽於萌芽發達之初抑其陰於氣勢窮極之後使陰陽順動造化流行天地之復浸以剛大無一壅遏而有以成其天地不及之功喜怒之未定聖人則致其戒於不睹不聞之地謹其幾於隱微幽獨之際使喜怒和平血氣循軌一身之復充滿周全無一差謬而有以全其天地至純之德夫如是則未定之陰陽天地既無極而不反之氣未定之喜怒人君亦豈有久而不平之心何以言之復之為義在天地間則為陰陽在人心則為善惡有不善未嘗不知知之未嘗復行不善即陰也善即陽也上五陰下一陽即沉迷蔽錮之時也一日忽然省覺即陽機發達之始也齊宣王興甲兵危士臣名怨於諸侯可謂極矣及其不忍觳觫即見善端之萌漢武帝窮兵黷武好神仙崇土木可謂極矣及其輪臺一悔即見善端之復觀乎此則一陽之復非

陛下進德之大機括乎臣請極言復卦六爻之義以為聖德之助且初九以陽爻處復卦之初失之未遠者也一陽居衆陰之始復而不遠者也在易為最貴是復之主也人性至善人心至良本自無過欲起念動其過始萌瞬息之間忽千萬里豈止於悔先儒以為失而後有復不失則何復之有惟失之不遠而復則不至於悔大善而吉至哉言乎此正不遠復之微旨也陛下對此陽剛深惟其義苟能曲致戒謹凡前日喜怒未定之時稍有過差即當隨事覺悟毋使其已形之惡積而不散激而為災咎變亂則猶復於善不祇於悔大善而吉之道也所謂不遠而復也顧不足為聖德之助乎六二雖陰爻處中正而切比於初在上無應以分其從陽之意能下仁也復之休美者也復者復於禮也復禮則為仁仁者天下之公善之本也初復於仁二能親而下之是以有克己復禮之仁而下之也以其有不遠復之仁而下之也非植黨締交也非比周為私也則是因人之善而復已之善也因人之仁而復已之仁也豈不為復之休乎陛下對此陽剛深惟其義苟能事事致曲不以切比於初為非不以志從於陽為非不以中正親仁為非則休復之吉不特歸美於六二之臣雖六五之君亦有謹恭下士柔順助陽之實矣顧不為聖德之助乎六三以陰居陽不中不正而又處動之極其守則固故屢失屢復不安於復夫操存舍亡蓋俛仰之間耳喜怒哀樂之失既已流宕困而後學悔而後變者以此涉世其危滋甚故曰厲然復而變雖晚矣不猶愈於迷而不復者乎陛下對此陽剛深惟其義凡二十九年之中心之所存雖不能無過然亦未嘗不悔躬之所履雖不能無失然亦未嘗不復既復既失復悔不知幾失幾悔矣悔誤紛紛久而未定是以聖德未能光新以頻復之厲耳繼自今勿以危厲無咎而遂其過勿以躁動

之危而玩其過勿以陷於衆陰之中而愈滋其過則無咎之義不獨九三之臣擅其善陛下亦得善補過之義矣顧不爲聖德之助乎六四近君之位也九居外躰之下而曰中行者卦一陽五陰自二至上則四爲中六四居上下四陰爻之中履得中正下從初九正應之陽獨得所復也人之本心未嘗不善積習所移遂陷於惡有能超然自拔於羣邪之中以從陽剛之君子而不爲所陷是得中行爲獨復其本心也其真知所擇而從道哉不言吉凶者以柔居羣陰之間而初陽甚微未足以有爲故聖人但稱其獨復陛下對此陽剛深惟其義當是非無定見好惡無定守從欲而流從邪而陷從習氣而不反之時察羣陰之盛而勉其中行獨復之心念一陽之微而扶其終不克濟之志則剛復而長動而順行出入無疾朋來無咎而陽不孤矣顧不爲聖德之助乎六五以中順之德處君位能篤厚夫復是厚而篤

用力於仁者也然極乎高明者有高視四海之心詳於致察者有輕視羣臣之意物欲深者天機必淺心量狹者所守易搖其於善道雖得必失雖明必昏不若靜重而專慤者之可保此六五厚復之所以無悔也然陽復方微之時以柔居尊下復無助未能至亨者也能無悔而已易中陽長之卦凡在上遇陰柔之主則未嘗不附而順之故於臨泰之五皆吉而復與大壯之五皆無悔此聖人爲君子之心也陛下對此陽剛深惟其義凡世之所謂秉陽德之剛者勿逆其進勿遏其長過爲容而貫之不及爲扶而矜之去其所謂意必固我之私成其所謂中順篤厚之實則君子有所恃小人不敢肆矣顧不爲聖德之助乎上六以陰柔居復之終偃然在上寂遠於陽迷而不反者也君道過亢迷與妄行故有眚災天災自外而來己過由己而作用之行師則終有敗及其國君陷於凶禍雖至十年之久亦不克征蓋

陽雖微而漸長陰雖甚而向消將消之運不能敵方長之勢故終無獲吉之理陛下對此陽剛深惟其義乃舉事之不合乎理不順乎天而爲陽德之害者去其迷而使之不至於迷反其極而使之不至於極懲其妄而使之不至於妄矯其偏而使之不至於偏無輕喜焉以泄陽德之微無輕怒焉以滋陰濁之欲陛下之心本無喜怒也陛下以天下之喜爲喜以天下之怒爲怒如堯之明俊德喜在俊德堯何與焉舜之誅四凶怒在四凶舜何與焉夫如是則陽盛而長陰衰而消凶變而爲吉災變而爲祥敗必至於成害必至於利利害之機無出於此顧不爲聖德之助乎夫陽在天地間至實而不虛也至義而不惡也至大而不小也然至實爲天理至虛爲人欲而天理人欲常相對也至義爲君子至惡爲小人而君子小人常相勝也至大爲王道至小爲伯圖而王道伯圖常相奪也有天下安可不致其別而謹

其所擇耶故知天理之爲貴則處心積慮必以純一立政造事必以陽明而人欲之私不以陷吾衷也知君子之爲義則尊崇有德必開誠心信用仁賢必布公道而小人之惡不可進也知王道之爲大則脩義明道必不計功理財正辭必不謀利而伯圖之狹非所用也陛下在位久閱天下之理多而又將之以緝熙之學其於復之一卦固已曉然洞究其旨矣而區區小臣猶敢矜螢爝於日月之下效涓埃於川嶽之前者顧以陽剛方長陽德浸亨臣雖至愚極陋其敢它有論建以悖天德是用當陽復之初專以復卦終始之義自靖自獻以効芹曝之私惟陛下赦其狂愚

理宗時年濚進故事曰昔程顥上神宗劄子以爲君道之大在乎稽古正學明善惡之歸辨忠邪之分曉然趨道之正故在乎君志先定君志定而天下之治成矣所謂定志者 心忱意擇善而固執之也

夫義理不先盡則多聽而易惑志意不先定則守善而或移惟在以
聖人之訓為必可法不為後世駁雜之政所牽滯不為流俗因循之
論所遷惑信道極於篤自知極於明任賢勿貳去邪勿疑必期致世
如三代之隆而後已也
臣聞學之為王者事其已久矣堯舜禹湯文武汲汲矣以堯舜禹
湯文武之治天下無它道焉汲汲於學而已有堯舜禹湯文武之
資學堯舜禹湯文武之學而治不唐虞三代臣未之信也恭惟皇帝
陛下睿哲由於天稟聖學得之心傳嗣服之初首以講學為急真
古帝王之用心也然臣切以為君道莫先於講學講學莫先於立
志蓋人主一心攻之者衆志不先定則中無所主而外物或得以
轉移之蔽欺之言入則是非有不得其正私比之言入則喜怒有
不得其正功利之言入則取與有不得其正便佞之言入則好惡

有不得其正此學之大戒也故程顥拜疏神宗皇帝首以定君志
為講學之要顥伊洛大儒也世號之曰明道先生此真帝王之格
言也臣願陛下思先皇付託之重覽程顥進諫之疏若稽古訓堅
凝初志使此心清明終始如一日延見羣臣虛心下問以考政事
之得失觀羣臣之志趣謂天維顯思命不易哉者正論也謂天命
不足畏者邪說也謂憲章法度所當遵守者正論也謂祖宗不足
法者邪說也謂君子小人不可並立者正論也謂兼容而兩用之
者邪說也謂夙旦視朝虛心訪問者正論也謂尊嚴淵嘿使人不
可窺測者邪說也謂民罔常懷懷于有仁者正論也謂峻法立威
使民不敢慢易者邪說也謂敵國外患當急於內備者正論也謂虜
無能為者邪說也謂損上益下節用愛人者正論也謂恭儉無足
取者邪說也陛下試以是為察言觀人之鑒而邪正之辨判如黑

白矣今臣以非才誤叨勸講大懼無以仰裨聖聰用敢推廣程顥
之說為陛下告惟陛下垂聽
戶部尚書真德秀上奏曰臣聞聖人之道有體有用本之一身者體
也達之天下者用也堯舜三王之為治六經語孟之為教不出乎此
而大學一書由體而用本末先後尤明且備故先儒謂於今得見古
人為學次第者獨賴此篇之存而論孟次之蓋其所謂格物致知誠
意正心修身者體也其所謂齊家治國平天下者用也人主之學必
以此為據依然後體用之全可以默識矣恭惟陛下有高宗之遜志
時敏有成王之緝熙光明即位以來無一日不親近儒生無一日不
講劘道義自昔好學之君未有加焉者也臣昨侍龍飛之初獲預講
讀之末嘗欲用大學之條目附之以經史纂集為書以備清燕之覽
匆匆去國志弗之遂而臣區區愛君憂國之念雖在畎畝未嘗少忘

閒居無事則取前所欲為而未遂者朝夕編摩名之曰大學衍義首
之以帝王為治之序者見堯舜禹湯文武之為治莫不自身心始也
次之以帝王為學之本者見堯舜禹湯文武之為學亦莫不自身心
始也此所謂綱也首之以明道術辨人才審治體察民情者格物致
知之要也次之以崇敬畏戒逸欲者誠意正心之要也又次之謹言
動正威儀者修身之要也又次之以重妃匹嚴內治定國本教戚屬
者齊家之要也此所謂目也而目之中又有細目焉每條之中首之
以聖賢之典訓次之以古今之事跡諸儒之釋經論史有所發明者
錄之臣愚一得之見亦竊附焉雖其銓次無法論議無長然人君所
當知之理所當為之事粗見於此矣陛下親政之始而臣書適成為
卷四十有三為帙二十有二輒因召對冒昧以聞伏望聖慈察臣一
念愛君之篤矜臣十年用功之勤特降睿旨許臣投進而陛下於機

政之暇講讀之餘賜以覽觀其於躰用之學不無秋毫之補

兵部侍郎曹彥約上奏曰臣聞自古人主即位之初善獻言者必以講學爲稱首人主挺生聖哲受天明命一日萬幾已足以臨服四海而猶區區焉習諸生之業其故何也盖惟有聖人之資者而後宜於學有聖人之位者尤當急於學宜於學者事半而功倍固不與常人等急於學者身脩而天下治固不以常情論此堯以聖神文武之德必學於君疇舜以濬哲文明之德必學於務成招在聖性有益而無損在後世有帰羨而無竊議仰惟皇帝陛下以天縱之聖嗣承大寶
皇太后陛下以母儀之重保佑聖躬皆將守家法以正本朝履謙德以光史牒則講學之素固已切切乎皇帝陛下之心而講學之勸固已纒纒乎皇太后陛下之言矣臣以山林疏遯之蹤受先皇不遺微小之察脫跡州縣綴名近列攀烏鬴而莫及際飛龍之首出誤蒙迅

名峻陟貳卿宜必有千慮一得有補於聖世者切惟經世之學與書生科舉之習不得而同經筵之學與家塾黨庠之躰亦猶有異盖綴緝陳言取務時好此書生科舉之習也人主正心以正朝廷正朝廷以正百官得其道則賢智合謀失其理則邪佞伺隙故經世之學宜不與書生科舉之習相似端拜以求師合志以取友此家塾黨庠之躰也分番直以侍經幄候玉色以進箴規言於造膝者毋患於匆遽書之簡冊者猶難於探討經筵之學視家塾黨庠者相去遠矣臣願陛下以講學爲素心視講學爲日用當經筵未御則必清心滌慮以求有益及經筵既御則必切問近思以帰至當即古人之行事驗今日之立政議論不徒詳必深切於世務意嚮不徒義必有關於國脉語躰必及於用謹始必圖其終出則與大臣評之若盡若未盡入則以聖賢證之若合若不合口耳所傳皆爲售用以此致堯舜之治雖

不中不遠矣然而人主之好儒學尤當以近似之害正爲慮尊正大而黜纖巧信忠賢而遠邪柔則近習不得以乘間假偽不得以亂真其機甚微其利害甚切也中興自高宗皇帝以來世傳聖學孜孜亹亹不廢開燕煒煒煌煌明並日月而張說陳源曾覿之流尚以粗習筆墨欲爲王伾叔文筆竊弄權柄威福在已乃自謂儒者事業不過如此鄙薄賢俊輕侮簡冊以至治道之所嘗論聖經之所當講遜志詳說則以爲徒亂人意爲鬼爲蜮是以捴賢士大夫之害甚至顯執國政謀動干戈消消不爽終至橫流非累聖知其姦偽而終遠之其爲患可勝既哉此又屋漏暗室之微浸潤膚受之端內廷之所躭狎燕閒之所踐履關於講學者甚切不可不察惟陛下留神

彥約遷寶章閣學士知常德府又奏曰臣待罪從班久侍經幄切見陛下深居宮禁以養志聞於天下高拱廟堂以愛民聞於天下講讀

有常以力學聞於天下匪頒有數以節用聞於天下然而羣臣進戒諄諄不已或曰謹獨或曰行健或曰防未然之欲或曰持不息之志或曰無忘在潛之日或曰察於不睹不聞之地陛下皆俞其請矣言之者不已聽之者不倦臣未測其說也豈人臣之愛君不以其君之未嘗有此而遂已於言耶將實有所疑於此而固言之耶果其君之未嘗有此而不已於言國家之福也如其有所疑而固言之則亦不可以爲無而忽之也盖酖毒常匿於宴安而隱疾常出於盛壯寡過者常得於敬畏而逸樂者常本於憂勤孔子謂一言而可以興邦喪邦特在於爲君之難與夫言而莫予違而已可不畏哉臣切惟論利害者貴乎簡入念慮者貴乎熟以羣臣之言如此其衆見於論疏如此其廣要其所欲不過於脩身好學而已唐張蘊古獻箴太宗凡六百二十有二字其間所言無非脩身之要舉天下脩身之說莫加此

矣本朝趙師民獻箴仁宗凡七百七十有八字其間所言無非好學之要舉天下好學之說莫加此矣與其泛聽而廣求孰若篤志而近思臣以二箴之作切於事情如此輒錄本以進望陛下列為二圖置之座側口誦心惟朝斯夕斯因一言以思一事考一字以窮一理優而柔之厭而飫之若江海之浸膏澤之潤渙然冰釋怡然理順則凡羣臣之所獻者可以總括而盡行之矣臣不勝惓惓

彥約又奏曰臣待罪經幄二年有半以進讀三朝寶訓得侍清光未及終帙今以衰病之久蒙恩放還鄉井有所欲言敢盡布之切以寶訓為書皆太祖太宗真宗三聖之格言也坦然明白不待有所發明而後見況臣淺陋尤為無所知識蓋嘗妄論以為書之所載為卷三十為目八十有八而其矜恤管轄特在於政躰聽斷與夫孝德仁慈謙儉五者而已警之以鑒戒輔之以諫諍以是而睦族以是而躰羣

臣則於人無不順以是而受符瑞以是而崇祀典則於事無不敬總而括之必至於庶績咸熙而萬世永賴皆自五者之所發見推所從來則五者之所本又皆自好學始也臣讀寶訓至太祖皇帝謂宰相曰欲治之君必能正身自致于無過之地夙夜畏慄防非窒欲深慕古人以德化人之義此太祖皇帝之聖學也太宗皇帝謂宰相曰朕每讀書見古來帝王多自尊大深拱嚴凝誰敢犯顏言事若不降情接納乃是自蔽聰明或喜賞怒刑豈能帰天下之心哉此太宗皇帝之聖學也真宗皇帝謂近臣曰朕樂聞朝政闕失以警朕心然臣僚奏章多以苛細為利不知國家政事自有大躰使其不嚴而治不肅而成斯為善理豈可慘虐刻下邀為己功使之臨民徒傷和氣此真宗皇帝之聖學也由聖學而廣之則凡見於政躰見於聽斷孝德以事親仁慈以恤下謙儉以履己而況節目之下於此者可以類言矣

今陛下躬儒素之行考帝王之業頻御講筵古所未有增置講官舊所未見聖學之高明夫人能言之矣臣切以為人主之學將以見於治功也有太祖之學故建隆開寶創業之治度越漢唐有太宗真宗之學故太平淳化與夫咸平景德守文之治比倫成康今臨政願治雖未應報政然而求言雖切而下情猶未通愛民雖勤而橫歛猶未革真贓不除則鼠竊者無所畏真清不用則小廉者無所勸在陛下審問謹思明辯而力行之則聖學有所底止矣不然而切切於簡冊之間諄諄於播告之際尊儒重道而士不得行其志布德施惠而民不得受其利祖宗創業守文之懿本不如此此則進讀寶訓之大旨非執經強聒之比也惟陛下留神

洪舜俞進故事曰唐太宗謂蕭瑀曰朕少好弓矢得良弓十數自謂無以加近以示弓工乃曰皆非良材朕問其故工曰木心不直則脉

理皆邪弓雖勁而發矢不直朕始寤向者辨之未精也

　虞人有原獸之箴輪人有糟粕之議工執藝事以諫不聞於世久矣而唐之弓工獨得古意其言蓋以規太宗功業雖盛而治心之道實未嘗講也夫心者萬理之會萬事之主此心明白洞達無一毫迂曲之累則見面盎背皆天理之形著發號出令盡人心之契合敬義直方所以相為表裏也太宗天姿高而學問不足其得在於好名其失亦在於好名好名故能矯揉為善惟名之好而觀省存養之不加故矯揉之力怠而禀受之偏者不能揜輕我宮人之怨不役一夫之怨會須殺此田舍翁之怨以至好大喜功而多愛無非本心之發露也木心不直脉理皆邪雖勁而發矢不直弓工可謂善窺其君心術之微矣太宗亦可於此進格物正心之功矣其謂勇辯諂諛姦詐嗜慾輻輳以攻一心是特知制外而未知養內

安有內心不治而外邪可閑者哉
矜作監楊文仲在講筵每以積誠感動嘗進讀春秋帝問五霸何以
爲三王罪人文仲奏曰齊桓公當王霸升降之會而不能爲向上事
業獨能開世變厲階臣考諸春秋桓公初年多書人越二十年伐楚
定世子之功既成然後書侯之辭迭見此所以爲尊王抑霸之大法
然王豈徒尊哉蓋欲周王子孫率循文武成康之法度以扶持文武
成康之德澤則王跡不熄西周之義可尋如此方副春秋尊王之意
帝曰先帝聖訓有曰絲竹之亂耳紅紫之眩目良心善性皆本有之
又曰得聖賢心學之指要本領端正家傳世守以是而君國子民以
是而祈天永命以是而貽謀燕翼大哉先訓朕朝夕服膺
戴栩上奏曰臣仰惟陛下英明冠古聖德緝熙凡在列之臣得以面
清光者無不以講學爲言所謂講學者中庸大學其首也臣不佞以

爲陛下之所講羣臣之所對未免寖流於虛文臣請掇其切於實用
者言之臣聞中庸之學自謹獨入大學之學自致知入中庸曰喜怒
哀樂未發謂之中發而皆中節謂之和致中和天地位焉萬物育焉
夫能謹於喜怒哀樂即自其謹獨而得之人雖中智其不知戒懼從
以隱顯殊制作輟靡常惟於不睹不聞者謹之則誠意所積流通無
間今陛下臨朝若神非不嚴恪恭己南面非不粹淵然退而寒之者
多矣暬御使令慧黠順適者獲進巧詐迎合者見容燕飲之不節舉
動之少輕宮庭隱微一有過差皆足以干陰陽之大和近者星象違
度陰雨彌旬螟螣爲沴穀價騰踴疵癘游作流離日繁陛下反之於
躬真足以位天地育萬物乎然後謹獨之學可驗也大學曰在明明
德在新民在止於至善夫能底於至善即自其致知而得之天下事
物無窮而莫不有紀[illegible]其本末有倫先後有序惟事事物物求其至

焉一理既通觸類自悟今陛下精一之談不絕於口危微之旨日陳
於前然尊所聞行所知者鮮矣處事用人明辨是非者有幾別白邪
正者有幾號令所出朝更而夕變除授所加倏佞而忽賢朝廷施設
一或失宜皆足以召天下之謗侮近者訛言迭興叛孽間起其事未
作而人疑其無成其人未用而人疑其必敗陛下反之於躬真足以
明明德而新民志乎然後致知之學可驗也臣願陛下取二書而觀
之不以廣誦泛說爲能而以切問近思爲貴執中必如虞舜繼志必
如文武克明俊德必同於堯日新其德必同於湯守之以誠養之以
敬日夜去其所未合而不忘其所已合然後講學之功有補矣且夫
中庸大學一理也中庸之九經即大學所以治國平天下者也大學
之毋自欺即中庸之莫見乎隱莫顯乎微者也書二而理一陛下能
自得師則優游饜飫皆是實誼左右逢原莫非妙用惟當使此誠此

敬無一息不存耳昔唐德宗出宮女屏遠玩好淄青將士投兵相謂
曰聖主出矣吾屬猶反乎及其猜忌一生以推誠爲無益則正元之
敝有甚於肅代陛下於此察之使言而民莫不信行而民莫不誠聲
名洋溢於中國施及蠻貊則主勢日隆獨非今日之急務乎唐憲宗
平淮蔡制馭強藩當時論者謂非朝廷之力直以措置能服其心及
其驕侈一萌任用便嬖聚斂之臣則元和之治終愧於二祖之風烈
陛下於此加省焉知善則得之不善則失之于命不于常則天命日
固獨非今日之永圖乎夫以陛下耽玩此學之久嗜慕此學之篤而
又體察此學之詳臣申復其說則不以爲贅辨明其實則不以爲忤
而臣進對之始亦姑論其大畧而未敢徧舉也狂瞽之言罪當萬死
惟陛下裁幸
許應龍進故事曰高宗於萬幾之暇留神六籍編閱諸子百家之書

下塈近世臣子之作亦無不覽逮御經筵則曰有帝王之學有士大夫之學朕在宮中雖無一日廢學然但推前古治道有宜於今者要施行之耳非指摘章句以為文也呂公著言講學亦曰天子之學與凡庶不同必欲求立政立事之要講愛人利物之術非徒事分章析句之繁臣聞學之為王者事其已久矣古先聖人所以皇皇汲汲者豈從事於口耳之末哉必欲見之施行以為治國平天下之道苟講誦雖詳而大節之不究記問雖博而政理之未明是特分章析句之學耳於國家何補哉且經所以載道而道者治之經理也觀典謨則當知帝王之軌範觀雅頌則當知王政之廢興觀禮及樂則當知安上而治民移風而易俗觀易春秋則當知進君子而退小人內諸夏而外夷狄以至諸史之觀又當知成敗得失之當鑒如此則處經事而必知其宜遭變事而必知其權天下雖大可運諸掌矣此乃帝王之學為人上者所當加意矧今外而疆場之未寧內則民力之未蘇非參稽古訓酌而行之何以興事而造業乎臣願陛下於講讀之際舉綱撮要擇其切於今日者審思明辨則物來能名事至能應脩文德則可以來遠人進英俊則可以強本朝明思患豫防之戒則可以安邊境審理財正辭之義則可以足國用此乃高宗所謂推前古治道有宜於今者施行之而呂公著所謂天子之學與凡庶不同必欲求立事之要者亦此意也不然則博而寡要徒事虛言行之惟艱竟無成效昔太祖讀書謂四凶罪止流竄而歎後世刑網之密仁宗觀無逸謂享國之君宜戒逸豫哲宗論乂用三德謂此乃為政之大本而得之則治失之則亂而人主不可須臾去並皆祖宗典學之大要而治功赫奕實基於此監于成憲其永無愆惟陛下留意

度宗咸淳八年起居舍人高斯得上言曰臣恭承聖問臣聞聖人教人不過日用常行之道所以使學者篤志近思不驚於高遠不忽於卑近而有陵節躐等之病也雅者雅素之雅謂平日之所常言也詩以吟詠情性使人有所感發而溫厚和平書以道達政事使人明於治亂而效法監戒禮者天理之節文使人制心檢身止邪防欲者也三者皆至近至切如日用飲食之不可闕故常常言之也於禮獨曰執者蓋詩書言其理而已禮則起居動靜所執守據依者非但空言而已也故曰禮不執則不行三者聖人所常言若夫性與天道則閎遠微妙孔子未嘗輕以語人且此章與五十學易之章相接亦所以見易道之妙非孔子之所雅言也陛下聖學高明日御經帷儒臣所講誦者莫非聖經賢傳如布帛之文菽粟之味固不患其騖於高遠而溺於凡近矣臣區區愚忠猶願陛下即孔子之所雅言而加聖心焉二南詩之首也驗之於身吾能樂而不淫乎二典書之首也體之於心吾能欽天敬民乎禮羣言之首也曰毋不敬吾能敬以執之宮庭閒燕之時亦戰兢自持不至於失墜矣乎夫如是則孔子之雅言不為空言矣陛下聰明天縱飫將之久孔子之言固已默契允蹈臣不量荒陋冀以塵露增益萬分惟陛下擇焉

度宗時牟濚上奏曰臣聞帝王之好學有出於中心之自然者有出於一時之勉彊者出於自然則日汲汲焉惟恐弗及出於勉彊則作輟有時而工夫亦間斷矣漢唐諸君夫豈無知學者然始而勤終而怠始而清明終而昏蔽何哉聲色土木甲兵禱祠之事一有以汩之則志慮分志慮分而左右近習始得以乘間而入矣是蓋出於勉彊而非本乎自然也我朝列聖相承留意問學萬幾之暇時名儒生方洪邁之對孝宗皇帝于選德殿也帝諭之以此殿命名維取選射觀德之義然發號出令圖事揆策無適而不在是邁曰燕游聲色之奉

宮室苑囿之娛，非惟不好，亦不敢。獨取尚書通鑑，汲汲而讀之。日誦心記，未嘗一日去手。大矣哉，帝之為言也。勤矣哉，帝之用心也。是豈有一毫勉強之心哉。帝之意，豈非以尚書為列聖傳心之奧旨，而通鑑明千古治亂之機括耶。一開卷間，而帝之所以為帝，王之所以為王，君子之所以為君子，小人之所以為小人，治之所由興，亂之所以作，瞭然如黑白判矣。以是存心，則中無所累，而世間外物，舉不足以動吾心。雖有欲殖貨利、動土木、盛鷹馬，欲乘間以惑吾之清明者，果何從而入哉。嗚呼，此乾淳之治所以卓冠一時，而孝宗之聖所以高絕千古歟。陛下臨御之初，首以親儒臣、遠近習為第一義，且命講官以書進講，而諭臣以通鑑之妙，真有得於孝宗之用心者。臣愚欲望聖慈取通鑑一書，寘諸左右，燕閒之際，時一覽焉，則孝宗之言信，而乾淳之治端可復見矣。臣無任惓惓。

濚進故事曰：臣聞傳記曰，王人求多聞，時惟建事，學于古訓，乃有獲。又曰：念終始典于學，厥德脩罔覺。然則學者帝王之首務，不可忽也。況今陛下初臨大寶，所宜朝夕延訪羣臣，講求先王之道，覽觀前世之成敗，以輔益聖德，緝熙大化，不可但循近例，以寒暑為辭。如此使下情何以通，四方何以觀望。殆非所以廣聰明、宣令名也。伏乞依元降指揮，日開經筵。

臣聞經筵所以輔成君德，至不輕也。太祖皇帝甫定天下，首命王昭素講易。自是聖子神孫，恪守家法，必重經筵之選，欲以發明道義，裨益聖德。至元祐初，程頤為說書，專以薰陶德性、涵養氣質為要。其言曰：人主雖步不可離正人。又曰：一日之間，親學士大夫之時多，則自然氣質變化，德性成就。至於涉書史、覽古今，特講學之一端耳。陛下初政光明卓絕，莫非自講學中來。臣以非才，首荷聖慈，拔之郎曹，置之經幄，每三日一次執經入侍。天顏溫穆，從容顧問。臣亦自以遭逢聖明，不量迂踈，竭其愚忠，不敢不以正對，冀有補聖學之萬一。方欲發明程頤之說，以開廣聖意，而自五月以來，不得一望清光。雖聖明天縱，聖德日新，固不因人而作輟，而或者得以竊議聖意漸不如初。臣固知陛下講學工夫無有間斷，適事機紛至，聖心焦勞，故未暇耳。然陛下所以置臣等於經幄者，非但應故事、備外飾，而臣等亦非但欲塞職業、干榮進而已。四方觀聽，不可家至而戶曉。臣用敢援引司馬光上英宗皇帝乞不以寒暑為辭之說，欲望陛下今後除假故外，日御經筵，使羣臣各得輸其忠悃，於聖學不為無補。如程頤所謂惟願聖主德如堯舜，異日天下享堯舜之治，廟社固無窮之本，則臣子愛君之至情也。臣雖無程頤之學，而有程頤之志，冒昧奏聞，惟陛下裁察。

權直學士院文天祥上奏曰：臣早以書生遭遇先皇帝，親擢事先皇帝垂十年，恨無涓埃補報天地。陛下龍飛繼運，移忠以事聖明，永肩乃心，臨鑒在上。比者臣來自外藩，待罪戎監，陛下親御宸翰，進之經筵。臣學殖凋蕪，循牆無路。自入侍邇，屢切見天顏睟穆，聖性謙虛，雖如草茅之愚，時賜訪問。臣感激殊遇，亦既得以卷數於前矣。猥當轉對，伏念臣職在講讀，今日聖學關天下治忽不細，輒因封事畢吐其衷。

臣聞聖人之作經也，本以該天下無窮之理，而常是以擬天下無窮之變。天地無倪，陰陽無始，人情無極，世故無涯，千萬世在後，聖人亦安能預窺逆覩，事事而計之，物物而察之。然後世興衰治亂之故，往往皆六經之所已有。凡六經垂監戒以為不可者，小犯之則關安危，大犯之則決存亡，如赴水火之必斃，如食堇葛之必毒。是何哉。聖人知有理而已。合於理者昌，違於理者僵。所貴乎帝王之學，惟能不停乎大經無蹈乎其大戒而已烏乎聖人所以為萬世慮者豈不甚智所以為萬世戒者豈不甚仁矣哉書曰民可近不可下予視天下愚夫愚婦一能勝予而後世猶有以民為黔首以覆其宗為天下笑者書曰內作色荒外作禽荒詩曰亂匪降自天生自婦人而後世猶有昭陽華清霓裳羽衣以階漁陽之禍者書曰謹乃儉德惟懷永圖又曰不作無益害有益不貴異物賤用物而後世猶有蒲萄天馬甲帳翠被以致四海蕭然者臣嘗歎夫自聖經以來時君不聞大道之要生人不被至治之澤秦至五季千數百年間犯六經之顯戒者相望史冊聖人立為大經大法以幸萬世藐然未有聞焉豈不惜哉惟皇上帝畀矜斯文孔孟微言至我朝周程朱始大闡明如矇斯發先皇帝表章四書尊禮儒先為往聖繼絕學為萬世開太平穆考之廟稱為理宗陛下親得精一之傳而日就月將緝熙于光明斯道斯民

邂逅千載先皇帝欲為唐虞三代之志殆留與陛下使了此事臣觀陛下自踐阼以來畏天尊祖親親仁民拔大臣躰羣臣尊其所聞行其所知何往非學今朝廷清明宮府齊一六法小廉罔越厥志不可謂不治矣然臣切惟去年寒燠失常四方或以旱告今年星文示變雨雹見妖近者積陰為寒皆名咎證漢人經閉之學必謂一證主一事臣不能曉此但即其影而想其形因其流而疑其源豈人所不知己所獨知之地陛下猶有當反之六經者乎陛下日御經筵正道正言常接于耳而又內庭不廢觀書傳曰多識前言往行以蓄其德陛下蓋有之矣臣愚更願陛下虛心躰認切己省察每誦一義善可以為法即驗之身曰吾嘗有是乎無則勉之每說一事惡可以為監即揣之心曰吾嘗有是乎有則改之言則慮其所終行則稽其所敝豈惟制治于未亂保邦于未危允迪學之用以經綸天下之大經範圍天

地之化而不過行而帝行而王以卒先帝主張道統之事業臣何幸身親見之哉書曰兢兢業業一日二日萬幾夫一日二日之間亦未至即有萬事然一事不謹則萬事之幾自此而兆故撥亂本塞禍源無一息不當用功兢兢業業所謂必有事焉者也惟陛下留神

黃應龍上奏曰臣少以書生耕學畎畝竊第以來茲三十年備歷險難粗諳民事際遇聖明叨恩賜對顧臣愚陋何所建明惟服習父師之訓以為人臣事君不告以帝王之道斯謂不敬臣聞帝王之治原於學而學必著之行事帝王之事行其道而道必證之庶民若學而不見諸事為則何以立人極道而不於民攸暨則何以合天心昔傅說告其君以王人求多聞時惟建事周公勉王以立政立事相我受民先臣呂公著亦言國家設勸講之制求治天下之術尚書備帝王之道尤切於治恭惟皇帝陛下德性聰明根聖稟之天縱學力充廣

親儒臣之日深此道此學固已洞然矧自藝祖皇帝開闢宇宙以來一以道理最大為立治之本陛下熙明之學親得理宗皇帝之的傳道統大原上繼堯舜然而堯之授舜其言簡而嚴蓋謂曆數與執中相為表裏天祿與四海相為終始甚可懍也逮舜之命禹則其言詳而切危微之辨精一之功所謂學也稽言詢謀則其事也可愛可畏無非證於民者臣敢不鋪張虞夏之隆上瀆天聽敢借漢唐為諭漢唐賢君非無上嘉唐虞遠葉堯舜之志若太初中越人言起大屋以勝火災此無稽之言也武帝輕聽之建神明通天之臺千門萬戶之宮以滋海內之虛耗方士言神仙若可得此無稽之言也武帝又聽之幸海上求蓬萊天下愁苦後雖追悔亦已晚矣聽言若此則平日欲聞大道之要表章六經者直表章而已爾貞觀初年命五品以上更宿內省數延問民疾苦嘗自謂不學則不明古道亦卓然有見而

乃復立浮圖與勿詢之謀也。太宗庸之不免牽於多愛。洛陽宮既治繼有飛仙宮之作。亦勿詢之謀也。太宗又庸之竟詒弗克終之誚。行事若此。則曩時銳情經術與學士詢古今是直討論之而已爾。若夫永光建中之際。則尤有可戒者。方其寬弘恭儉。諮舉有行。審言惟有道者能以往知來。不可謂不知道。證之斯時日月失明。民人飢疫。盜賊不禁。刑人滿市。是雖好儒。無以掩牽制文義之失。若乃臧大官之膳。戒服玩之奢。亦厲精治道。及徇近臣歲雖旱而禾甚美之說。租稅不免。民壞屋賣瓦。行間架法而變亂滋矣。本於一中形乎四海。前聖大訓。昭然可覽。若此。陛下以帝王之學。行帝王之道。固無漢唐數君之失。然本諸身者固已深探道之原。而證諸民者猶未盡見行事之效。小臣所以未能無疑於此。夫國事之治忽。帝學之占也。生民之休戚。君道之表也。先臣陳瓘嘗言曆數在躬者天命也。允執厥中盡人

事也。天人兩得。則四海不窮。天祿常固。無過不及之謂中。不左不右之謂中。不中若車輪無轂。不能轉物。則為物所轉。此自然之理也。斯寔為善言。執中者。人君行道。不能轉物而為物所轉。其端甚微。關繫甚大。漢唐之事。槩可覩矣。然聖人之言不徒信而有證。且示萬世人主以保固民命延洪國脉之方。曰欽脩其可願。蓋願治者。四海之同情。敬脩者。一人之實德。今天下亦困矣。邊陲之民困於兵。郡縣之民困於賦斂。山湖海之民困於盜。幸未至於窮者。祖宗三百餘年深仁厚澤所固結。陛下愛民一念。足以上通天心。下慰民望也。且夫安恬而佚樂。人所願也。不免有流離轉徙之憂。憔悴亡聊之歎。將何脩而使之無阽危。豐衣而足食。人所願也。不無顛雪而垂鶉。腹雷而形鵠。將何脩而使之無凍餒。康寧而壽考。人所願也。或者少壯戕鋒刃。老羸轉溝瀆。將何脩而俾全其生。此其大畧也。非命殞於刑戮。積骨仆

於征徭。曷可勝計。惟真有惻怛之忱。而後謂之敬。惟真有改圖之實。而後謂之脩。迩者札荒旱澇之頻仍。奪攘矯虔之間作。朝廷航粟于浙于海于江于閩。人免於飢。天報以稔。此天從人願所致。陛下視民如傷所名。然脩其可願之實。胡寧止此。天心之眷佑靡常。歲事之豐穰難屢。導迎和氣。培植生意。因民願欲。茂續天休。正在此時。聖學高遠。當力行好事之秋。益敬其所當敬。愈脩其所當脩。虞夏盛隆有不難及。抑臣聞之。帝王而下。聖賢所傳。中庸大學之書。與危微精一之旨。互相發明。大學之誠意正心脩身。乃所以為齊家治國平天下之地。所謂致知。致此知也。所言格物。格此物也。儻宮庭之未肅。邦國之未乂。天下之反側未平。是家國天下之大物猶未實格。談格物者曰。今日格一物。明日格一物。所格何物也耶。中庸以中和位天地育萬物。以至忱經天下之大經。立天下之大本。其事在有九經。其或身未

盡脩。賢未盡尊。庶民未盡子。遠人未盡柔。則大經大本何時而植立。天地化育何時而參贊。論中和者曰未發不是先。已發不是後。窮極幽妙。將安用哉。學必著諸行事。道必證諸庶民。非臣臆見。聖經賢傳皆可質也。廣廈細旃之所講貫於此已熟。誠非微臣所能測窺。惟陛下究竟。及此經筵之暇。朝政之餘。日乾夕惕。內省反觀。一興念小民水耕火耨之勞。即文王康功田功日昃尚不遑暇食。果何樂哉。常舞酣歌。一軫懷遠民草行露宿之苦。則漢文奉先帝宮室常恐羞之。又何意乎新宮舊刹。念終始典于學。厥德脩罔覺。六府脩而三事治。衆賢和而萬邦寧。無怠無荒。而四夷來王。宜民宜人。而百祿是總。天下事皆在聖心運量中矣。惟陛下留神。

元世祖在潛邸。名張德輝問曰。孔子歿已久。今其性安在。對曰。聖人與天地終始。無往不在。殿下能行聖人之道。性即在是矣。又問。或云

遼以釋廢金以儒亡有諸對曰遼事臣未周知金季乃所親睹宰執中雖用一二儒臣餘皆武弁世爵及論軍國大事又不使預聞大抵以儒進者三十之一國之存亡自有任其責者儒何咎焉世祖然之

至元間中書左丞許衡上疏曰古之聖人以天地人為三才天地之大其與人相懸不知其幾何也而聖人以人配之何耶蓋上帝降衷人得之以為心心形雖小中間包含天地萬物之理所謂性也所謂明德也虛靈明覺神妙不測與天地一般故聖人說天地人為三才明德之靈明天下古今無不一般上為受生之初所禀之氣有清者有濁者有美者有惡者得其清者則為智得其濁者則為愚得其美者則為賢得其惡者則為不肖若得全清全美則為大智大賢則其明德全不昧也身雖與常人一般其心中明德與天地無異其所為便與天地相合此大聖人也若全濁全惡則為大愚大不肖其明德

全昧雖有人之形貌其心中暗塞與禽獸一般其所為顛倒錯亂無一是處此大惡人也若清而不美則為人有智而不肖若美而不清則為人好善而不明其清而美者類鏡之明而平其濁而惡者類鏡之不明而又不平也其清而不美者類鏡之明而不平其美而不清者類鏡之平而不明也清美之氣所得的分數便是明德存得的分數濁惡所得分數便是明德暗塞了的分數明德止存得二三分則為下等人存得七八分則為上等人存得一半則為中等人明德在五分以下則為惡常順為善常難明德在五分以上則為善常順為惡常難明德在五分則為善為惡常交戰於胸中戰而未定外有正人正言助之則明德長而為善外有惡人惡言助之則明德消而為惡清的分數濁的分數美的分數惡的分數參錯不齊所以便有千萬般等第氣陰陽也蓋能變之物其清者可變而為濁濁者可變而為清美者可變而為惡惡者可變而為美縱情慾則清美變為濁惡存天理則濁惡變為清美天生聖人明德全明不用分毫功夫於天下萬事皆能曉解皆能了幹見天下之人皆有自己一般的明德只為生的氣禀拘之又為生已後耳目鼻口身躰的愛欲蔽之故其明德湮塞與禽獸不遠聖人哀憐故設為校學以變其氣養見在之明開未開之明使人人明德皆如自己一般此聖人立教之本意然為學之初先要持敬敬則身心收斂氣不粗暴清者愈清濁者不得長美者愈美而惡者不得行靜而敬長念天地鬼神臨之不敢少忽動而敬自視聽色貌言事疑忿得一一省察不要逐物去了雖在千萬人中常知有已此持敬大略也禮記一書近十萬言冣初一句曰毋不敬天下古今之善皆從敬字上起天下古今之惡皆從不敬字上生在小學便索要敬在大學也索要敬以至當小事當大事都索要

敬這一件先能著力然後可以論學

成宗嘗御宣文閣右丞相脫脫前奏曰陛下臨御以來天下無事宜留心聖學頗聞左右多沮撓者設使經史不足觀世祖豈以是教裕皇哉即秘書監取裕宗所授書以進帝大悅

英宗至治二年監察御史烏古孫良禎以帝方覽萬幾不可不求賢自輔於是連疏天曆數年間紀綱大壞元氣傷夷天祐聖明入纘大統而西宮秉政奸臣弄權畜憾十有餘年天威一怒陰晦開明以正大名以章大孝此誠兢兢業業祈天永命之秋其術在乎敬身脩德而已今經筵多領以職事臣數日一進講不逾數刻已罷而暬御小臣恒侍左右何益於盛德哉臣願招延儒臣若許衡者數人寘於禁密常以唐虞三代之道啓沃宸衷日新其德實萬世無疆之福也

文宗時虞集上奏曰臣某等言特奉聖恩肇開書閣將釋萬機而就

佚游六藝以無為此獨斷於宵思而昭代之盛典也乃俾臣等丞備
聞職感茲榮幸輒布愚忱欽惟皇帝陛下以聰明不世出之資行古
今所難能之事以言乎涉歷則衡慮困心艱勞之日久以言乎戡定
則撥亂反正文治之業隆然而功成不居位定不有謙遜有光於堯
舜優游方擬於羲黄集羣玉於道山植衆芳於靈囿委懷澹泊遊道
精微君猶在昔之傳聞孰比於今之善美而臣等躬逢盛事學愧前
脩雖已竭於論思懼無堪於裨補然敢不詠歌雅頌極襄贊之形容
探賾圖書玩盈虛之來往冀心神之融會成德性之純熙揆微志而
匪能誠至願其如此仰祈天日俯察葵藿臣某等不勝惓惓之至
順帝時蘇天爵上奏曰帝王之治典學為先開設經筵實惟盛典欽
惟皇帝陛下天縱聰明勵精圖治嗣服伊始詔開講筵特命宰輔臺
臣及選奎章翰林儒宿十日一進講讀所以輔益聖德緝熙大化實

宗社無疆之福中外臣民孰不欣忭切聞講官所進說者皆祖宗之
聖訓聖賢之格言然則不可不敬也自昔講官侍坐有儀盖所以尊
師重道從容降接非第循故事而備外飾也今陛下春秋鼎盛聖學
方新其於祖宗之訓聖賢之言樂於聽聞獨於講官尚未賜坐夫以
三代令王皆置師傅之官坐論道義世祖皇帝每名儒臣進對亦嘗
賜坐俾盡所言伏願自今以始每遇進講賜坐設几從容顧問凡古
今治亂之原及民間情偽得失俾講官詳究敷陳薰陶感發如此則
聖學高明治化熙洽而經筵所設誠非虛文矣

歷代名臣奏議卷之九

歷代名臣奏議卷之十

孝親

後魏孝文帝時文明太后崩高祖五日不食中部曹楊椿進諫曰陛
下至性孝過有虞居哀五朔水漿不御羣下惶灼莫知所言陛下荷
祖宗之業臨萬國之重豈可同匹夫之節以取僵仆且聖人之禮毀
不滅性縱陛下欲自賢於萬代其若宗廟何高祖感其言乃一進粥
唐太宗時監察御史馬周上疏曰臣每讀前史見賢者忠孝事未嘗
不廢卷長想思履其迹臣不幸早失父母犬馬之養已無所施顧來
事可為者惟忠義而已是以徒步二千里歸于陛下陛下不以臣愚
擢臣不次竊自惟念無以論報輒竭區區惟陛下所擇臣伏見大安
宫在宫城右墻宇門闕方紫極為卑小東宫皇太子居之而在內大
安至尊居之反在外太上皇雖志清儉愛惜人力陛下不敢違而蕃

夷朝見四方觀聽有不足焉臣願營雉堞門觀務從高顯以稱萬方
之望則大孝昭矣臣伏讀明詔以二月幸九成宫竊惟太上皇春秋
高陛下宜朝夕視膳今所幸宫去京三百里而遙非能旦發暮至也
萬一有太上皇思感欲即見陛下何以逮之今茲本為避暑行也太
上皇留熱處而陛下走涼處溫清之道臣所未安然詔書既下業不
中止願示還期以開衆惑臣伏見詔宗室功臣悉就藩國遂貽子孫
世守其政竊惟陛下之意誠愛之重之欲其裔緒承守與國無疆也
臣謂必如詔書者陛下宜思所以安存之富貴之何必使世官也且
堯舜之父有朱均之子若令有不肖子襲封嗣職兆庶被殃國家蒙
患正欲絕之則子文之治猶在也正欲存之則欒黶之惡已暴也必
曰與其毒害於見存之人寧割恩於已亡之臣則向所謂愛之重之
者適所以傷之也臣謂宜賦以茅土疇以戶邑必有材行隨器而授

雖幹翮非彊亦可以免累漢光武不任功臣以吏事所以終全其世者良
得其術也願陛下深思其事使得奉大恩而子孫永其福祿也臣聞聖人
之化天下莫不以孝為本故曰孝莫大於嚴父嚴父莫大於配天國之大
事在祀與戎孔子亦言吾不與祭如不祭是聖人之重祭祀也自陛下踐
祚宗廟之享未嘗親事竊惟聖情以乘輿一出所費無藝故忍孝思以便
百姓而一代史官不書皇帝入廟將何以貽厥孫謀示來葉邪臣知大孝
誠不在俎豆之間然聖人訓人必以己先之示不忘本也臣聞致化之道
在求賢審官孔子曰惟名與器不可以假人是言慎舉之為重也臣伏見
王長通白明達本樂工輿皁雜類韋槃提斛斯正無他材獨解調馬雖術
踰等夷可厚賜金帛以富其家今超授高爵與外朝廷會騶豎倡子鳴玉
曳組臣竊恥之若朝命不可追改尚宜不使在列與士大夫為伍帝善其
言帝又謂侍臣曰今日是朕生日俗間以生日可為喜樂在朕情翻成感

思君臨天下富有四海而追求侍養永不可得仲由懷負米之恨良有以
也況詩曰哀哀父母生我劬勞奈何以劬勞之辰遂為宴樂之事甚乖禮
度因而泣下左右皆悲
肅宗在東宮時李林甫數構譖勢危甚及即位怨之欲掘冢焚骨行軍司馬
李泌以天子而念宿嫌示天下不廣使脅從之徒得釋言於賊帝不悅曰
往事卿忘之乎對曰臣念不在此上皇有天下五十年一旦失意南方氣
候惡且春秋高聞陛下錄故怨將內慚不懌萬有一感疾是陛下以天下
之廣不能安親也帝感悟抱泌頸以泣曰朕不及此
宋英宗即位初同知諫院呂誨乞奉慈闈以全孝德上奏曰臣聞置天下
方乎置器者蓋在君人者審乎安危之勢所以有守成之難有持盈之戒
者正謂是矣我太祖太宗造宋之艱難承五季之弊平諸夏以為一援生
靈於塗炭安寰海於覆盂真宗以神武定二虜以文德綏萬方厲功高厚

著于金石仁宗在宥四十二年循持憲度何嘗殺一不辜失一有罪惠澤
下流有生畢遂可謂仁信之至集百年之昌期纂四聖之丕緒矣而襄豫
鄂王相繼不育天其意者以陛下當其歷數錫之休命席乎成業有以恢
隆萬世之基而又知先帝明哲拔陛下於公族授之以震器皇太后鞠養
聖躬保護成德一旦恭宣玉几之命謀先輔弼之助陛下安受中外帖然
功德為重矣恩德為厚矣陛下報之之道宜如何哉然自踐祚三日之內
親決數事至明獨理人皆慰抃有望於治平矣屬以聖候爽和嬰仍于今
竊聞所上湯劑未嘗服餌太醫診脈而不敢言病內臣依違而不敢進藥
良以天威違拂震慴靡遑日度一日殊不知誤天下之大矣且百金之子
尚有倚衡之誡而萬乘之貴殊無保邦之慮耶矧又聞流議騰沸謂陛下
視朝之後燕遊宮中言動無節嘻笑不常執喪亡禮未至奉親之道或闕
以至晨昏省問曠絕者踰月虧損盛德莫大於此但外臣不知端倪果如

是乃陛下重違天意不以繼承為念忽先帝顧託之命輕萬乘崇高之體
忘聖母鞠育之恩遠孝子承顏之道何以上奉宗廟垂教於天下也臣重
思違豫而來已逾半歲萬幾之事都無可否而賴皇太后處內大臣盡心
中外循常理軍民無怨言直以累聖恩德浹人之深爾尚恐曠日持久人
心動搖變生於內將安寄處臣竊為陛下寒心也臣備員諫列既有所聞
痛心疾首敢復緘默以謂聖帝明王好聞已過忠臣孝子不隱其情是以
懇懇切言不避諱忌伏望宸聰循省既往不遠而復起居必謹言動必思
上奉慈闈克全孝德念先帝付託之重審置器安危之勢知良藥可以利
病則勉勤服餌謂忠言可以利行則廣其聞納流言自弭休聲日至天下幸甚
天章閣待制知諫院司馬光上奏曰臣愚竊惟先皇帝春秋未甚高
以宗廟社稷之重昭然遠覽確然獨斷知陛下仁孝聰明可守大業
擢於宗族之中建為嗣子授以天下其恩德隆厚踰於天地固非微

臣所能稱述今不幸奄棄萬國陛下哀慕泣血以夜繼晝過於禮制以至成疾中外聞者無不感泣知先皇帝能為天下得人治平之期企踵可待羣臣百姓不勝大幸今者聖體痊平初臨大政四海之人拭目而視傾耳而聽舉措云為不可不謹易曰君子以作事謀始召誥曰王乃初服嗚呼若生子罔不在厥初生自貽哲命夫為政之要在於用人賞善罰惡而已三者之得則遠近翕然嚮風從化可以不勞而成無為而治三者之失則流聞四方莫不解體綱紀不立萬事隳頹治亂之原安危之機盡在於是臣願陛下難之謹之精心審慮如射之有的必萬全取中然後可發也陛下思念先朝欲報之德奉事皇太后孝謹撫諸公主慈愛此誠仁孝之至過人遠甚臣願陛下雖天性得之復加聖心夙夜匪懈謹終如始以結億兆之心形四方之化則福祿流於子孫令聞垂於無窮矣古者人君嗣位必踰年然

後改元臣願陛下一循典禮勿有變更於中年也三年之喪自天子達於庶人一也自漢氏以來始從權制以日易月臣願陛下雖仰遵遺詔俯徇羣情二十七日而釋服至於宮禁之中音樂游燕吉慶之事皆俟三年然後復常以盡謹終追遠之義焉禮為人後者為之子故為所後服斬衰三年而為其父母齊衰不杖期為所後者之親皆如子而為己之親皆降一等蓋以特重於大宗則宜降其小宗所以專志於所奉而不敢顧私親也漢宣帝自以為昭帝後終不敢加尊號於衛太子史皇孫光武起於布衣親冒矢石以得天下自以為元帝後亦不敢加尊號於鉅鹿都尉南頓君此皆徇大義明至公當時歸美後世頌聖至於哀安威靈或自旁親入繼大統皆追尊其祖父此不足為孝而適足犯義侵禮取譏當時見非後世臣願陛下深以為鑒杜絕此議勿復聽也凡此數者伏計陛下聰明皆素知之然臣

復區區進言誠懼不幸有諂諛之臣不識大體妄有開說自求容媚陛下萬一誤加聽從聖言一出布聞於外則足以傷陛下之義虧海內之望臣雖欲捐軀爭之亦無及已是以不敢不先事而言庶幾聖德純粹全美不有秋毫之缺不使一夫竊議於草萊者臣之志也輕冒宸嚴不勝悃款惶悸之至

光又上兩宮疏曰臣聞天地交謂之泰天地不交謂之否天地者上下之象也施諸人事君仁而臣忠父慈而子孝兄愛而弟恭皆泰也君不仁臣不忠父不慈子不孝兄不愛弟不恭皆否也泰則上下之情通內外之志和國以之治家以之安否則上下之情塞內外之志乖國以之亂家以之危治亂安危之分不在於他在於審察否泰之端而已矣書曰立愛惟親立敬惟長始于家邦終于四海自古聖王治天下之道未有不自孝慈始者也恭惟先帝屬籍之親凡數百人

獨以天下之業傳於聖明皇太后承顧命之際鎮撫中外決定大策其恩德隆厚踰於天地何可勝言皇帝至性烝烝哀以執喪恭以致養夙夜憂勞以成疾疹其於慈孝之美可謂至矣然臣猶竊有所懼不可不過慮於萬一先事而進言者臣聞金隄千里潰於蟻壤白壁之瑕易離難合況社稷之重非特金隄也骨肉之親非特白壁也在於守之至謹執之至固完美無間然後福祿無疆也夫姦邪之人專闚主意苟有釁隙則因而乘之於是離間人君臣交構人父子使之上下相疾內外相疑然後得奮其詐謀以盜其大權私其重利自古以來喪國敗家未有不由此者也今雖睿聖在上朝廷清明中外之臣咸懷忠良然禍福之原其來甚微舉措聽納不可不慎臣愚竊惟今日之事皇帝非皇太后無以君天下皇太后非皇帝無以安天下兩宮相恃猶頭目之與心腹也皇帝玉體平寧之時奉事皇太后承

順顏色宜無不如禮若藥石未效而定省溫凊有不能周備者亦皇
太后所宜容也孔子曰孝哉閔子騫人不間於其父母昆弟之言蓋
言誠信純至表裏著明而佗人不能間也孟子曰父子責善賊恩之
大者也蓋言骨肉至親止當以恩意相厚不當較錙銖之是非也臣
愚伏望皇帝常思孔子之言皇太后無忘孟子之戒萬一姦人欲有
闚說涉於離間者當立行誅戮以明示天下使咸知讒佞之徒不能
欺惑聖明也方今天地鬼神羣臣百姓鳥獸草木皆恃兩宮以為安
若兩宮懽忻於上則天地鬼神得以歆其禋祀鳥獸草木得以遂其
生息況羣臣百姓孰不保首領以樂太平之化哉臣狂瞽妄言不識
忌諱惟知徇國不為身謀不勝區區迫切之誠

光又上奏曰臣先於四月二十七日及六月二十三日皆嘗上疏以
陛下受仁宗皇帝之天下欲報之德當奉事皇太后孝謹撫諸公主

慈愛勿使姦邪之人有所離間致兩宮有隙以上貽宗廟之憂下為
群生之禍叩心瀝膽極其懇惻未審臣言得達聖聽或萬機之繁未
嘗奏御也此乃成敗之端安危之本不可不察臣聞漢章帝乃賈貴
人之子明帝使明德馬皇后母養之后盡心撫育勞瘁過於所生章
帝亦孝性淳篤恩性天至母子慈愛始終無纖芥之間馬氏三舅皆
為卿校列侯賈貴人終不加尊號賈氏親族無受寵榮者此前世美
事今日所當法也詩云父兮生我母兮鞠我拊我畜我長我育我顧
我復我出入腹我欲報之德昊天罔極然則父母之恩不獨以其生
己也拊畜長育居其太半焉陛下自齠齓之年為皇太后所鞠育恩
亦至矣又況今日為仁宗皇帝之嗣承四海之大業乎臣謂陛下宜
夙興夜寐昏定晨省親奉甘旨承順顏色無異於事濮王與夫人之
時也近者道路之言頗異於是紛紛籍籍深可駭愕臣竊惟陛下孝

恭之性著於平昔豈一旦遽肯變更蓋鼎者聖體未安之時舉動語
言或有差失不能自省而外人訛傳妄為增飾必無事實雖然此等
議論豈可使天下聞之也周書曰小人怨汝詈汝則皇自敬德古人
有言曰禦寒莫如重裘弭謗莫如自修陛下疾疹未平固無如之何
若既愈之後臣愚伏望陛下親詣皇太后閤克己自責以謝前失溫
恭朝夕侍養左右先意承志動無違禮使大孝之美純粹光顯過於
未登大位之時如此則上下咸悅宗社永安今日道路妄傳之言何
能為損也古之至孝者雖有不慈之母猶能使之感悟懽悅回心易
慮況皇太后聖善之德著聞四方自陛下有疾以來日夜泣涕禱於
神祇憂勞困悴以冀陛下之安寧如耕者之望收涉者之求濟陛下
豈不思有以慰安之也臣不勝區區干冒以聞乞留神采擇

光又上奏曰臣竊聞近日陛下聖體甚安奉事皇太后昏定晨省未

嘗廢闕非獨羣臣百姓之福乃宗廟社稷之福也陛下既為仁宗皇
帝之後皇太后即陛下之母今濮王既沒陛下平生孝養未盡之心
不施之於皇太后將何所用哉臣聞君子受人一飯之恩猶不忍負
之必思報荅況皇太后有莫大之德三陛下豈可斯須忘之先帝立
陛下為嗣皇太后有居中之助一也及先帝晏駕之夜皇太后決定
大策迎立聖明二也陛下踐祚數日而得疾不省人事中外洶洶惶
惑失措皇太后為陛下攝理萬幾鎮安中外以俟痊復三也有此一
德者則陛下子子孫孫報之不盡況兼三德而有之陛下所以奉養
之禮若有絲毫不備四海之人其謂陛下為如何天地鬼神其謂陛
下為如何此不可以不留聖心也今陛下已能奉養如禮而臣復區
區進言者誠欲陛下戒之慎之始終無倦外盡其恭內盡其愛使孝
德日新令聞四達以叶天下之望保萬世之祿而已若萬一有無識

小人以細夫之事離間陛下母子不顧仁家傾覆之憂而欲自營一身之利者願陛下付之有司明正其罪使天下曉然皆知陛下聖明仁孝不負大恩而讒佞不能間也

光又上奏曰臣累嘗上言乞陛下加意奉養躬親萬幾言辭拙訥未蒙采納臣竊惟當今切務無大於此是敢不避斧鉞重有敷陳至於奉親之禮報德之義為君之職嚮善之道臣鄉來文字敘述已詳不敢復煩聖聽獨以目前利害言之陛下試詳擇焉竊以皇太后母也陛下子也皇太后母儀天下已三十年陛下新自藩邸入承大統若萬一兩宮有隙陛下以為誰逆誰順誰得誰失又仁宗皇帝恩德在民藏於骨髓陛下受其大業而無以報之則何以慰天下之望若陛下上失皇太后之愛下失百姓之望則雖有大寶之位將何以自安凡人主所以保國家者以有威福之柄也故民畏之如神明愛之如

父母今陛下即位將近朞年而朝廷政事除拜賞罰一切委之大臣未嘗詢訪事之本末察其是非有所與奪臣恐上下之人習以為當威福之柄寖有所移則雖有四海之業將何以自固位則不安業則不固於陛下果何所利乎陛下必以為事皇太后之禮止如是亦不失矣親萬幾之務止如是亦無闕矣臣竊以為不可臣聞陛下昔在藩邸事濮王承順顏色備盡孝道凡宮中之事濮王皆委陛下幹之無不平允陛下事皇太后當一如濮王然後可視天下之政當一如宮中之事然後可況濮王之親以恩皇太后之親以義其奉養之謹非特有所加則無以取信也宮中之事小天下之事大其聽斷之勤非特有所加則無以致治也儻奉養極其謹聽斷極其勤則陛下仁孝之名流於萬世英叡之德達於四表宗廟永安子孫蒙福於陛下有何所害而久不肯為哉凡此利害之明有如白黑取捨之易有如反掌陛下今日回意易慮猶未為晚若固守所見終無變更臣恐日月寖久釁隙愈深不可復合威權已去不可復收後雖悔之亦無及已臣受國家累世大恩不敢愛死為陛下極陳社稷之計肝膽所蘊盡此而已伏望陛下少留意察之

光又上奏曰臣近以私懇求鄉便一州伏蒙聖恩令宰臣宣諭以臣鄉所言事略皆施行令臣且在諫院供職未得求出臣以駑下之質生於盛明之世得備諫官為幸已大況陛下謙恭接下容受直言此乃愚臣千載一遇畢命報國之秋豈願離去左右自棄於疏遠之地誠以父母墳墓久不展省人子之心遑遑不安所以有此陳乞今忽奉聖旨宣諭如此臣惶恐慙懼無地自容夙夜循省進退維谷臣竊惟鄉時所言欲陛下以事濮王之禮事皇太后又欲陛下延訪羣臣躬親政事今陛下雖奉事皇太后加於往日猶未及事濮王之時承

顏順意曲盡懽心也雖省覽庶政猶未嘗訪問羣臣講治亂之切務也陛下若以二者為止當如此則兩宮之意無由和洽萬幾之務無由治辦禍亂之原尚在太平之期尚遠臣雖日侍丹扆有何所益陛下若奉養之禮日增月益訪求治道勤勞不倦使慈母歡忻於上百姓安樂於下則臣雖在遠方亦猶在陛下之側也臣聞為人子者事其親而親不悅不敢怨也退而自責曰我之愛不至歟愛至矣而尤不悅則曰我之禮不恭歟禮恭矣而猶不悅則曰我之誠不盡歟誠既盡矣則大孝之名達於四海通於神明神明且猶助之而況人乎臣又聞為人君者視天下有一事不治以為己過有一民失所以為己憂天下已安已治矣猶復思將來之患而豫防之天下未嘗無事也在人君思與不思而已矣思之則治安不思則亂危陛下儻能以此二者自勉則臣安敢廢公家之急而徇私家之務乎

光又上奏曰臣伏思陛下嚮者即位之初奉事皇太后虔恭款至皇太后撫愛陛下恩渥周備數日之間慈孝之聲達於中外播於遠近聞者無不相慶自聖體不安旬月之間道路之人漸有異議皆云因守忠等本不樂陛下為嗣故於皇太后之處則言陛下與中宮之短於陛下與中宮處則言皇太后之失遂使兩宮之心互相猜貳間隙一開猝難復合今陛下奮發英斷屏黜讒邪守忠等皆降逐出外中外之人不勝抃悅然臣愚竊恐皇太后尚未能盡知姦人之情與陛下所以斥去之意伏望陛下與中宮親詣皇太后閤頓首陳謝具述從來為守忠等所誤致屢有違忤皇太后之意今守忠等既去願與皇太后母子之恩一如舊日然後朝夕與中宮侍養左右膳羞藥餌躬親進獻承順顏色皆如臣庶之家母子婦姑之禮若左右之人尚有敢相離間者願陛下立行誅竄勿復有疑如此則讒慝黜遠內外雍睦善氣興行

災沴消亡宗廟永安令聞長世若失此之際兩宮之歡不能復舊則恐長無可復之期豈惟當今天下之人以陛下為非將傳於史策取譏萬世矣此皆聖明所自知而臣復區區進言者欲陛下深更留意

光又上慈聖皇后疏曰臣竊見去歲仁宗皇帝捐棄萬方皇帝嗣統之初憂哀成疾殿下念社稷之重同聽庶政以安羣情今聖體復初四方無事殿下推而不居自取安逸動靜之節無不合宜率土臣民孰不稱頌臣不自量度欲成殿下之全美猶以螢燭之微明仰裨日月之盛光伏惟殿下稍寬其罪而終聽其辭臣竊以治家之道貴賤雖殊人情一也嘗觀天下士民之家其長幼群居長者或恩意不備衣食不豐幼者或容貌不恭語言不遜若幼者孝恭而不怨長者慈惠而不責則上下雍睦家道以興若幼者以為怨長者以為責則上下乖離家道以衰其始相失也甚微而終為禍也甚大又加以讒人間之於是乎有父子相疑兄弟相疾亂靡並興而不至者矣凡閨門之內子婦有以孝恭之心至者則尊親當歡然以慈愛之心接之若其有過則當以忠厚之心教之教之備矣而猶不聽則雖責之可也罪之可也及其既改則又當復以歡心接之不可以一忤顏色而終身惡之遂不可解謝也故骨肉之間有威怒而無憎疾有詰責而無猜忌此自古聖人所以御其親之道也臣竊惟皇帝皇后於殿下兼內外之親幼蒙保育今日為萬民父母享天下富貴孰云非殿下之力臣謂殿下固宜撫存愛念情同所生周旋保護以終大惠不可偶以纖介之失遂蓄久長之怒棄生成之厚恩取踈絕之深怨愚智所同知也皇帝去歲得疾之時禮貌言辭誠有可疑得罪於殿下者臣固已嘗言於殿下云不可責有疾之人以無疾之禮也凡醉而有過醒猶可赦況有疾之人不自省知本非意之所欲為

豈可追數以為罪咎邪皇后自童孺之歲朝暮遊戲於殿下之懷分甘哺果拊循愛育有恩無威今既正位中宮得復奉膳羞盥帨以事殿下其意恃昔日之愛不自踈外猶以童孺之心望於殿下故或有所求須不時滿意則愠懟怨望不能盡如家人婦姑之禮殿下雖怒之責之固其宜也誰曰不可但事過之後殿下若遂棄之不復收恤憎疾如仇讎則臣以為過矣臣在闕門之外無由知禁廷之事竊聞道路之言未詳虛實皆言近日皇帝與皇后奉事殿下恭勤之禮甚加於往時而殿下遇之太嚴接之太簡或時進見殿下雖賜之坐如待踈客語言相接未過數句須臾之間已復遣去如此母子之恩如何得達婦姑之禮如何得施所以使之疑惑恐懼不敢自親者蓋以此也臣竊惟殿下母儀天下踰三十年柔明之聲洽于中外皇帝龍潛藩邸進德修業仁聖之望光于遠邇先帝以至公大義選賢建嗣

海內之人。皆謂繼統之日。慈孝之風必自家刑國。誠不意閭巷之民。忽有今茲異論。推其本原。蓋由皇帝遇疾之時。宮省之內。必有讒邪之人。造飾語言。互相間諜。一則欲詐效小忠。以結殿下之知。僥求祿位。二則自知過失素多。畏嗣君之嚴。有所不容。三則欲竊弄權柄。惡長君聰明。使己不得自恣。是以日夜鬭覘。拾掇絲毫之失。無不納於殿下之耳。殿下雖至聰哲。不能無疑。雖至仁慈。不能無怒。皇帝以剛健之性。屈於衆口。無以自伸。能不憤悒。遂使兩宮之間。介然相失。久而不解。流聞于外。致朝野之士。有敢竊議其是非者。深可惜也。今天誘其衷。殿下濬發慈旨。卓然遠覽。舉天下之政。歸之皇帝。此乃宗廟之靈。生民之福。然臣竊料讒邪之人。心如沸湯。愈不自安。力謀離間。彼皆自營一身之私。非為國家與殿下之計也。臣願殿下深察其情。勿復聽納。斥遠其人。勿置左右。召諭皇帝以嚮來紛紛皆此屬所為。

自今以後母子之間。當坦然無疑。皇帝必涕泣拜伏。感激摧謝。然後兩宮之歡。一皆如舊。凡皇帝皇后進見之際。殿下宜賜以溫顏。留之從容。來往無時。勿加限絕。或置酒語笑。與之欣欣相待。一如家人之禮。如此。則殿下坐享孝養。何樂如之。心平氣和。眉壽無疆。國家又安。內外無患。名譽光美。垂於無窮。與夫信任讒慝。猜防百端。終日戚戚。憂憤生疾。國家不寧。禍亂橫生。譏謗之言。流於後世。二者得失。相去遠矣。且殿下既能以祖宗之業。付皇帝。又能以大政授之。而獨於恩禮之際。終不能豁然回心息怒。其故何哉。方今宮闈之中。殿下骨肉至親。止於皇帝皇后長公主及皇子公主數人而已。其餘皆行路之人。於殿下何有。若親者尚不可結以恩信。猜而遠之。則踈者獨肯愛殿下顧遇盡其死力。終始無二乎。夫貴莫貴於為天子之母。富莫富於受四海之養。今殿下有此富貴而不能自樂。親其所可踈。踈其所可親。使受恩之子婦。彷徨而不自安。蹙踖而不敢進。雖內懷反哺之心。而無以施展。臣竊為殿下惜之。臣父子皆蒙先帝大恩。擢於常調之中。置之侍從之列。心非木石。豈能暫忘。今先帝晏駕之後。臣惟不避死亡以進忠直之言。庶幾殿下母子和悅。國家安寧。是臣所以為報效也。不勝區區激切之誠。展布以聞。惟留神幸察。

起居舍人傅堯俞上奏曰。臣伏覩四月九日牓朝堂詔書。以陛下踐阼之初。銜哀得疾。慮庶政或壅。請皇太后權同處分。俟平愈日依舊。陛下今已康復。聖體清明。固當上法乾健。專總萬樞。皇太后佐佑先帝。援陛下於藩邸。以繼大統。其恩德若天地。然陛下宜順適慈顏。務致優佚。詎可於既安之後。尚以機務煩之。恭惟皇太后慈仁明哲。以大公安天下為心。從容禁中。亦足輔導陛下。伏乞早降明詔。以四月九日依舊指揮施行。

堯俞又上奏曰。竊惟皇太后有旨。更不於內東門同聽朝政。臣伏以皇太后佐佑先帝。援陛下於藩邸。有不得已。遂權同機務。及清躬和豫。舉神寶以歸之。其始終恩力。可勝道哉。陛下天畀仁孝。思所以報塞。固無窮已。雖然。自去年已來。淺見者妄意宮禁中事。頗有浮議流於人間。此睿聽所具悉者也。今陛下於九重之內。雖日極曾閔之志行。以奉事皇太后。天下安得遽聞。臣謂宜順承顏色。既致其悃愊。又取奉養隆顯之禮。可以使士民共知者。速講而數為之。自然聖孝之聲。亟傳於四海。如是則端拱無為。長享天人之助矣。至於給事皇太后之人。向者既未得專力於陛下。苟見皇太后復辟。慮其智識鄙短。未能測乾坤之量。不免有所疑畏。臣謂宜錄其勤勞。少推恩例。上足以慰母后慈惠之意。下足以安左右疑懼之心。愚慮所及。不敢不言。惟陛下矜其狂愚而特加收採。則不勝幸甚。

堯俞又上奏曰臣伏見内侍任守忠以罪降黜中外聞者罔不欣忭
罰一勸百固可以破姦猾之膽臣職司風憲失於彈劾聖度回怒幸
赦而不誅猶敢有言者冀陛下重加矜察臣謂大姦之去其遺過餘
惡方日有上聞小人無知或伺隙脩怨枝詞蔓說往往寖及善良疑
似之間不可不察陛下若更加諭究則讒間且將復起況守忠據權
之久附離者多深慮左右之人有所疑畏望陛下霈發德音自此一
切不問則天德加厚而人心易安皇太后之慈仁布聞四海舉神器
大寶傳付陛下而陛下挾堯舜之資以天下養將用誠孝以鼓舞萬
物柰何使交鬬之語得行其間令罪人從竄皇太后必渙然疑釋陛
下緣此當益加禮意務盡其歡心則天人交欣其為陛下之福臣言
甚忠懇惟陛下留神省覽
英宗暴得疾太后垂簾聽政帝疾甚舉措或改常度遇宦官尤少恩

左右多不悅者乃共為讒間兩宮遂成隙韓琦與歐陽脩奏事簾前
太后嗚咽流涕具道所以琦曰此病固爾病已必不然子疾母可不
容之乎脩亦委曲進言太后意稍和久之而罷後數日琦獨見上上
曰太后待我無恩琦對曰自古聖帝明王不為少矣然獨稱舜為大
孝豈其餘盡不孝耶父母慈愛而子孝此常事不足道惟父母不慈
而子不失孝乃為可稱但恐陛下事之未至爾父母豈有不慈者哉
帝大感悟
判三班院劉敞侍英宗講讀每指事據經因以諷諫時兩宮方有小
人間言諫者或訐而過直敞進讀史記至堯授舜以天下拱而言曰
舜至側微也堯禪之以位天地享之百姓戴之非有他道惟孝友之
德光於上下耳帝竦體改容知其以義理諷也皇太后聞之亦大喜
哲宗即位初侍讀韓維上奏曰臣聞内出皇帝所撰大行皇帝挽辭

一首付外歌習臣愚竊有所疑伏惟大行皇帝靈駕發引在近陛下
方當擗踴號慕以致孝思秉筆綴文恐非其時若陛下自為之則恐
未合禮意若使侍臣潤色則是示天下以偽惟誠與孝人主要道陛
下嗣位之初舉動語默實繫四方觀聽不可不慎昔高宗諒陰三年
不言言乃雍高宗商之盛王默則盡孝言則合禮臣民化德遂致天
下雍和可不務哉伏望聖慈及挽辭未甚宣布特賜收還以合禮制
臣幸得以采擢備進讀偶於義理有所見不敢不告
哲宗時侍講學士范祖禹上奏曰臣等伏以天下不幸大行太皇太
后登遐陛下號慕哀毀孝性天至在廷聞者無不擁噫今將總攬庶
政延見群臣四方之民傾耳而聽拭目而視此乃宋室隆替之本社
稷安危之基天下治亂之端生民休戚之始君子小人消長進退之
際天命人心去就離合之時也嗚呼可不慎哉可不慎哉臣等久備

講讀職在論思首當獻言以助萬一陛下宜先誠意正心推廣聖孝
發為德音行為仁政以慰荅天下生民之望此在陛下加意而已非
有所難也願陛下循其本而行之則其末可以無難昔周公以成王
幼弱故位冢宰治天下七年制禮作樂以致太平其功德至隆周公
既沒成王追念周公之勳勞賜魯以天子禮樂使世世祀周公以為
非此不足以稱周公之德也成王所以報周公如此故天下莫不歸
心漢大將軍霍光尊立宣帝霍光既沒宣帝亦葬以天子之禮帝始
親政事又思報大將軍功德夫周公霍光皆人臣也有非常之功故
成王宣帝皆報以非常之禮而況太皇太后英宗之配神宗之母陛
下之祖母有大功於宗廟社稷有大德於億兆人民於陛下之恩與
天地無極豈人臣之比哉然則今陛下所宜先者莫如報太皇太后
之德也自仁宗以來三后臨朝皆有大功章獻明肅之於仁宗

光獻之於英宗鞠育扶持勤勞艱難亦未得如太皇太后之於陛下也元豐之末神宗寢疾已不能出號令陛下年始十歲太皇太后內定大策擁立陛下儲位遂定陛下之有天下乃得之於太皇太后也聽政之初詔令所下百姓無不歡呼鼓舞自古母后多私外家惟太皇太后未嘗有毫髮假借族人不唯族人而已徐王魏王皆親子也以朝廷之故疎遠隔絕魏王病既沒然後一往太皇太后疾已革然後徐王得入進退群臣必從天下人望不以己意為喜怒賞罰故至公無私之德雖匹夫匹婦之口亦能道之臨朝九年未嘗少自娛樂焦勞刻苦以念生民所以如此豈有他求哉凡皆為趙氏社稷宋室宗廟專心一意以保佑陛下也故身當其勞苦而使陛下享其安逸昔章獻明肅時親黨多僥倖濫恩仁宗既親萬機不免釐革故小人不能無怨今太皇太后自臨朝以來左右請求一切拒絕內外肅然蓋以朝廷不可無紀綱故身當其怨而使陛下坐收肅清之功陛下如欲報太皇太后之德莫若循其法度而謹守之祖宗以來唯以德澤結百姓之心欲四海安靜無事仁宗行之四十二年天下至今思之恭惟太皇太后之政事乃仁宗之政事也然而仁宗聖性寬裕不忍拒人內降濫恩其後亦比比而有惟太皇太后嚴正至靜不可干犯故能外斥逐奸邪以清朝廷內裁抑僥倖以肅宮禁九年之間終始如一故雖德澤深厚結於百姓而小人怨者亦不為少矣今必有小人進言曰太皇太后不當改先帝之政逐先帝之臣此乃離間之言陛下不可不察也當陛下嗣位之初太皇太后同聽政中外臣民上書者以萬數皆言政令有不便者太皇太后因天下之心欲改故與陛下同改之非以己之私意而改也既改其法則作法之人及主其法者有罪當逐陛下與太皇太后亦以眾言而逐之其所逐者皆

上負先帝下負萬民天下之所讎疾眾庶所欲同去者也太皇太后豈有憎愛於其間哉顧不如此則天下不安耳惟陛下清心照理辨察是非斥遠佞人深拒邪說有敢以奸言惑聖聽者宜明正其罪付之典刑痛懲一人以儆群慝則帖然無事矣陛下若稍入其語不正其罪則恐奸言邪說繼進不已萬一追報之禮小有不至此於太皇太后聖德無損而於陛下孝道有虧必大失天下人心陛下豈不見司馬光以公忠正直為天下所信服陛下與太皇太后用以為相海內之人無不欣悅光沒之日無不悲哀乃至茶坊酒肆之中亦事其畫像光所以得人心如此者為其能輔佐陛下與太皇太后功及天下也以光之功比之太皇太后止是萬分之一百姓思之如此而況太皇太后有天地之恩於陛下有父母之德於生民四海愛戴思慕無窮陛下若聽小人讒說或追報有所未至或輕改其政事豈不大失天下人心乎人心離於下則天變見於上陛下雖欲為善以救之改過以補之亦無及矣孝者萬行之本本既不立則其餘何足觀焉夫小人之情非為朝廷之計亦非為先帝之事皆為其身之利也日夜伺候欲逞其憾者久矣今太皇太后新棄天下陛下初攬政事乃小人乘間伺隙之時也故不可不預防之此等既上悮先帝今又欲復悮陛下天下之事豈堪小人再破壞耶臣等恭聞陛下自太皇太后寢疾朝夕不離左右躬親藥膳衣不解帶憂瘁泣涕形於顏色自遭變故以來哀慕毀瘠中外具聞釋服之禮務從至隆又下詔發揚太皇太后盛德推恩高氏此大孝之極也至親之際無所間然而臣等猶言及此者竊以小人眾多恐置陛下於有過之地也如臣等所言雖萬萬無之然不敢不慮於未然或有纖芥流聞於外則臣等上負陛下不先言之罪大矣不勝憂國愛君之至惟陛下深留聖思

徽宗時張庭堅為右正言在職逾月數上封事其大要言世之論孝必曰紹復神考然後謂孝夫前後異宜法亦隨變而欲纖悉必復然則拘執於一偏久必有不便於民而招怨者如此而謂之孝可乎司馬光因時變革以便百姓人心所歸不為無補於國家陳瓘執義論辭將以去小人士論所推不為無益於宮禁乞盡復光贈典以悅人心召還瓘言職以慰士論又士大夫多以繼志述事勸陛下者臣恐必有營私之人欲主其言以自售謂復紹先烈非其徒不可將假名繼述而實自肆焉今遠略之耗於內者棄不以為守則兵可息將旨之重於法者删不以為例則刑可省近以青唐反叛棄鄯守湟既以鄯為可棄則區區之湟亦安足守臣謂并棄湟州便

秘書省校書郎陳瓘奏曰臣聞善繼人之志善述人之事者天子之孝也武王是矣不改父之臣與父之政者卿大夫之孝也孟莊子是

矣神考之初當百年宜改之運改英祖者多矣乃所以為善繼善述也書曰一人有慶兆民賴之此神考之大孝也

欽宗靖康元年秘書郎陳公輔上奏曰臣恭聞道君太上皇帝聖駕將還臣不勝鼓舞欣躍之至此陛下孝誠所感而宗廟社稷之福天下之幸也然議者皆謂上皇左右有懷姦之臣離間陛下父子致有疑心臣切惟之竊惟太上皇帝臨御日久去冬緣夷狄作過深厭萬機欲行遜禪陛下至誠篤孝感泣退避以至慈諭再三方即大寶此與唐睿宗因星變畏天戒遂欲傳位太子皇懼入請其事類矣豈比明皇幸蜀肅宗自即位靈武哉是宜父子懽好之情雖數千百年不復有疑矣若乃陛下更改諸事進退大臣賞善罰惡興利除害皆以宗廟社稷為念合天下公議所以奉承上皇罪己之詔豈有異志邪縱使姦臣離間百端而上皇慈仁陛下孝愛二十餘年人無間言豈一旦能入之哉且父子天性上皇於陛下親邪於群臣親邪臣訝上皇之親無親於陛下也臣恐臣僚未悉此意或因道路相傳之言致陛下於上皇自有所疑此大不可也況上皇聰明睿智寬厚豁達不防姦邪浸以疑惑今既自感悔斷然不疑以神器授之陛下方未遜位前已下哀痛之詔追悟宿愆盡革弊事雖禹湯罪己周公改過無以復加陛下今日所行皆奉行上皇去年十二月詔書也臣深恐前日所遣如趙野輩不能為陛下感激敷陳以解上皇之疑臣愚欲望更擇一二重臣前路迎候仍齎陛下親書為開具上皇罪己手詔與今日奉行之意使釋然無疑然後迎奉上皇備加禮數內自后妃諸王帝姬外至公卿百官士庶皆出國門使聖意知前日之去忽遽如彼今日之還光艷如此非陛下承付託之重賊兵遠遁京師復安政事修舉人心懽快能若是乎以此慰悅上皇之心方知此時為天子父

尊之至也若夫還宮之後一切供奉之物陛下過為儉約上皇務加隆厚著於令式風示四方以動天下之孝仍乞於宰執侍從臺諫中選有學術行義明忠孝大節者分日請見上皇以備顧問開諭聖意庶幾究性命之至理以適其優游無事之樂顧不韙哉夫堯舜之道孝悌而已矣孝悌之至通于神明光于四海陛下貴為天子有父可尊此人間莫大之樂伏惟篤其孝心使誠意昭感無纖介自疑則天地神明保佑聖躬靡所不至臣將見陛下全萬年人子之孝而上皇享萬年天子之養國祚延長生靈蒙福自今以始豈有窮哉臣一介微臣不任言責妄意論及陛下父子之間死有餘責惟聖慈裁之不勝幸甚

公輔遷左司諫又上奏曰臣今月十六日延和殿引對不識忌諱妄有論奏已甘誅夷而陛下不以臣狂妄特賜聽覽更蒙聖慈擢為諫

官今臣不候受告先次供職顧臣之愚何敢輙當此選臣已一面具
狀辭免然臣以昨來所言有未盡者今輙敢冒死再為陛下陳之臣
初謂上皇之怒得於道路傳聞未必的也故不敢深以為言及聞聖
語乃知陛下實有此疑夫為人之子若果貽父之怒其可一日安乎
宜陛下之所以憂也臣聞帝王之盛莫加於舜舜之言曰惟不順於
父母如窮人無所歸故人悅之好色富貴皆不足以解憂唯順於父
母然後可以解憂且以瞽瞍之頑而毋嚚象傲為舜者亦難堪矣舜
終能使瞽瞍厎豫而天下化者以盡事親之道而已然則陛下以舜
為非可乎況上皇以上聖之資有天下之大興事造業二十六年實
聰明睿智之主陛下苟能如舜之孝寧不足以感動其心而釋其怒
哉臣願陛下用臣所言急遣重臣前路奉迎如李綱固可委矣更得
一二人節次前去陛下感泣面諭使其上體聖心至誠委曲為陛下

言之臣料上皇必無甚怒乃若所改之事如放宮人拆苑囿減玩好
之具省應奉之物此自是陛下宮中所不用者若龍德宮別有所須
且當許以一面提行措置陛下若以奉親故薄有所費百姓知之亦
豈敢以為非乎上皇久之視陛下自奉如此養親如此亦必自感悔
不復過當矣至於其他改更政事但當遵依上皇去年十二月罪己
詔書盡與推行亦可以慰四海之望更在宣諭臣僚行移文字回避
語言免有指斥以防姦人得以籍口而激怒也臣恭聞聖語謂皇后
亦怒意欲先還禁中理會數事此一時躁忿之言陛下未有以解之
耳婦人從夫豈有上皇既處龍德而皇后得居禁中耶若果先還臣
固嘗面奏陛下當出郊奉迎和容遜辭以理開曉皇后若當此理方
欣慰不暇豈復有怒心哉若夫聖慮所疑恐上皇還宮左右姦邪去
之未盡哉尚有蠹國害民侵撓朝政於人情有不可從之事處之為

臣謂此不足憂大臣臺諫當任其責若陛下任用大臣得人臺諫
稱職皆以公心直道持紀綱守法度上下內外無所不理雖陛下不
可得而私況上皇乎若是則陛下不妨以孝而隆私恩德也金人侵
犯而陛下威德無隆宗社復安上皇既歸而陛下至誠篤孝父子無
疑自古帝王盛德有加於此乎此臣所以為陛下喜也伏惟聖意勤
勤始終如一當使四海生靈受福無疆豈不盛哉
右諫議大夫楊時上奏曰臣竊惟父子之恩天性也無容私焉一於
誠而已矣夫舜之登庸天下之士悅之人之所欲也而不足以解憂
富人之所欲也富有天下而不足以解憂貴人之所欲也貴為天子
而不足以解憂惟順父母為足以解憂夫豈外襲而取之哉心誠有
之也其為法於天下可傳於後世本諸此而已孔子曰本立而道生
此之謂也恭惟上皇付陛下以神器之重天下戴之如天就之如日

可謂得所欲矣上皇東幸未還陛下寤寐念之憂形于色乾龍上壽
亦罷而不講是雖貴為天子富有天下不足以解其憂也非陛下誠
於中寧有是夫誠至矣雖天地鬼神猶將感格況於至親乎雖有姦
凶造為浮言無自而入矣夫以陛下之恭孝上皇之慈仁其心一也
父子之懿人無閒言自斯以往讒慝自消矣若夫內蔵猜慮外矜觀
聽則釁自我作欲其無嫌不可得也疑隙一開窒之難矣不可不慮
也若事干朝廷當付之公議而已三省者天下公議所自出也大臣
宜任其責陛下亦不得而私焉一徇至公則天下幸甚
時又上奏曰臣聞天下之本在國國之本在家竊惟宣仁聖烈皇后
保佑哲宗皇帝殆十年枉被誣謗久而未明臣謹條其本末于左昔
元豐末伏見神宗皇帝不豫哲宗幼沖宣仁聖烈皇后有旨令二王
非宣召不得入內其周防之慮深矣是時王珪首建大議請立延安

郡王為皇太子餘人無言者退批聖語在中書仍關實錄院衆臣僉畫本末詳具天地鬼神臨之在上質之在旁不可誣也至元祐中蔡確以罪去其黨始造其奸謀冀徼異日之福紹聖初章惇蔡卞用事欲中傷舊臣報復私怨遂實其事上誣聖母而以大逆之名加王珪以定策之功歸蔡確而已亦與焉其為此謀非私於蔡確其實自為因以中傷元祐之人耳天下銜冤積怨幾四十年伏遇陛下嗣守神器如大明之升無隱不燭而臣幸得備員諫省不得不為陛下言之也凡元祐政事著在甲令者皆已焚毀則當時所批聖語在中書者必無遺矣所幸紹聖中脩時政記具在秘書省國史案猶可考也此天存之以遺陛下伏乞下秘書省國史案索元祐時政記一賜覽觀庶以究見事實昭洗王珪為臣不忠之名追奪蔡確冒受褒贈之典濫恩所被悉行改正以釋天下積年憤鬱之氣臣不勝幸願之至

御史中丞陳過庭上奏曰臣聞周公遭管蔡流言上天動威雷電以風禾偃木拔以彰周公之德蓋聖人用心與天地合不幸而遭變故必有感格而震動恭惟陛下聖聖相繼中外乂寧將二百年自紹聖崇寧大觀宣和以來星文變見日食地震水旱連年盜賊滿野遂至金虜猖獗直犯京闕非特姦邪用事忠良擯斥庶政不脩百姓愁苦之所致也宣仁聖烈皇后保佑哲宗功在社稷垂裕無窮而乃負誣謗於天下者垂四十年天地幽鬱人神憤怨前日之變幾至大亂未必不由此也日近縉紳之士咸謂臣曰當宣仁聖烈垂簾聽政登用耆舊惠養黎元如章子厚曾布蔡京及卞姦險刻薄之徒棄黜弗用小人懷憾務在報復及其得志託紹述為名凡元祐正士禁癈弗用一時輔相侍從之賢死於遐陬荒裔者何可勝計及章子厚晚年被黜頗有悔過之意其謝表則曰極力以遏徐王覬覦之謗一心以明宣仁保佑之功觀此則知當時固嘗起徐王之謗而掩宣仁保佑之功矣范純仁嘗曰矧宣仁誣謗之未明致保佑憂勤之不顧純仁懷忠發憤遂有此言然伸幽直枉正在今日伏望陛下詳酌令三省樞密院及侍從臣僚共議其事辨明休烈振發潛光然後敷明詔以諭中外差大臣以告陵廟上以慰在天之靈次以攄幽明之憤天意披豁人心感悅則中興之業當自此有成矣

高宗時和議成范如圭請遣使朝八陵遂命判大宗正士㒟與吏部尚書張燾偕行至永安諸陵朝謁如禮及還上奏曰金人之禍上及山陵雖殄滅之未足以雪此恥復此讎也陛下聖孝天至豈勝痛憤顧以梓宮兩宮之故方且與和未可遽言兵也祖宗在天之靈震怒既久豈容但已異時恭行天罰得無望於陛下乎自古戡定禍亂非武不可狼子野心不可保恃久矣伏望修武備俟釁隙起而應之電

掃風驅盡俘醜類以告諸陵夫如是然後盡天子之孝而為人子孫之責塞矣上問諸陵寢如何燾不對唯言萬世不可忘此賊上黯然

孝宗時袁說友上奏曰臣聞人臣之職位雖有高下而愛君之言則一人主之待下固有輕重而聽言之意則同臣一介螻蟻茲以新任闕在半年之前吏部行下俾之趨闕官卑不獲仰瞻皇帝陛下清光恭從新制赴議事堂敷禀臣自惟一遠闕庭今閱十載茲者復幸詣行在所中懷管見願以裨贊聖德之萬一臣伏自揣念官在卑下職在外任凡所進說惟當視職以言其於國家大事體朝廷大議論似非所當及者臣竊觀本朝范仲淹方身在遠外再上封章歷言朝政得失蘇軾為開封幕官進萬言書極論一時新政二人之言豈限於其位而祖宗聽言亦豈有異意哉臣愚戇不佞固不敢比迹前賢獨念頃蒙陛下擢寘周行備吏館學編摩樞屬攝事郎省歲在己亥分

守池陽陛辭之日開納褒將俾之宣諭統帥調護軍民親承玉音昇
以見次臣兩年之内竭力郡事天地涵育免以罪行聖眷隆厚萬未
報一用是忘其下位迫於愛君之切昧死以獻愚忠仰瀆淵聽惟陛
下赦之臣来自田間侍班旅邸竊覩通者先帝靈輿發引仰惟先帝
仁德聖切陛下孝思誠意感格天地貫通神明禮典之興上下叶應
如江潮之沙自以退落請謚之日已雨亟晴陰霧於發引二日之前
至日則晴日特盛風息於靈輿渡江之頃渡畢則微風始来是皆昭
格感通容相陰佑神靈安妥中外嘆嗟誠方策之所少聞古今之所
難能也然臣聞之道路皆謂發引之後朝廷所當先者莫急於皇太
后還内一事而已而聖意未定詔旨未頒宫室未闢事體未正大臣
有請而未允諫官有奏而未行臣子憂懷庶民疑惑利害輕重所繫
寔深豈宜因循浸以未決臣竊謂皇太后不可不還大内者其説有

奏議卷之十　二十四

八臣請得而具言之臣聞母之與子其恩愛相關情意相及如心腹
耳目之相隨不可須臾離也昬定晨省以慰母心雖匹夫之微猶所
不免況人主之尊哉前日先帝壽母同處北宫陛下五日一朝事勢
則順今也慈極上賓大事已畢亟當迎請壽母入還廣内今若太后
獨居北宫朝夕少遠至養雖曰乘輿時一詣宫亦是希闊於禮為簡
於情為踈於法度未宜於觀瞻未允稽之方冊攷之前古似若未順
顧使盛治極美之朝而有一不如古哉此不可不還大内其説一也
臣仰惟陛下自罹大故哀慕憂慼靡一弗至斷自聖孝躬行三年之
喪極為禮文克襄大事亘古所無垂訓萬世今若山陵訖事即乞壽
母還内則母子日親允合大典備道全美焜燿今昔儻若未講壽母
還内之儀未全母子相安之禮則為山而虧一簣百里而止九十在
陛下亦豈欲至此哉此不可不還大内其説二也臣仰惟先帝弊屣

天下燕怡北宫日與皇太后同享天下之養同介康寧之福蓋二十
六年矣方茲國䘏非常壽母獨處諒於慈抱未能全釋當此之際陛
下固願日親母側承顔奉志寛悦憂念調娯聖懐豈欲使壽母於憂
傷之初而遽有獨處之況哉矧今先帝靈駕已東音容日遠壽母憂
思尤倍曩日不於此時發議還内日寛慈念則高年悲忘益難處矣
此不可不還大内其説三也臣竊惟先帝虞主還都靈筵定置當以
大内為主揆之禮經質之事理了無可疑今若以太后未還大内先
帝靈筵亦復且留北宫徒使近習以奉靈几則是陛下雖欲朝晩親
奉靈帷以展孝慕何可得也既不能日拜于先帝靈筵之前又不能
日親于太母慈顔之側情睽意隔又豈陛下所欲哉今若太后即日
還内則先帝靈筵便可同歸以慰在天之靈以正壽母之養以全陛
下之孝得則兩得失則兩失矣此不可不還大内其説四也臣仰惟

奏議卷之十　二十五

皇太后春秋既高方此獨居其於朝夕之奉固當悉出陛下聖意下
俾侍從以奉娯養若南北兩内相望各處陛下不得朝夕侍側而委
之近習日侍親養親踈倒置輕重失宜凡百執事將必浸弛日復一
日必有非意違禮之事不時請求之擾蓋小人善於候伺攻於較計
異日恐有仰費陛下調護者陛下聰明如天於此可以意料非若既
還大内陛下近在咫尺朝夕在側威制所加定省所接小人忌憚無
復有干宸慮者此不可不還大内其説五也臣竊惟北宫今日凡百
事體恐非昔比外而宿衛循徼之卒内而嬪嬙宦官之衆必亦少損
於舊日側聞宫中閤分亦復鮮少若復内之期尚復遲遲則號令弗
周闗防弗備若如前日不測之盜出於其中或有尤甚於此者驚動
慈闈駭愕宫禁此豈細事也縱朝廷深加誅治所傷亦已多矣當是
之時豈不上動慈母之念哉此不可不還大内其説六也臣仰惟陛

下臨御以來虛懷納諫言有當理未嘗不行下至踐賤小臣一有可
採悉加聽納近者復置二諫以廣言路以通下情聖德宏大治功恢
崇蓋基於此今者太后還內一事臣下奏請蓋已不一雖閭閻賤隸
亦謂事合如此理尤曉然今朝廷寂無所行相顧莫得其說凡百臣
民懷疑妄慮至有猜說以惑人心事勢所關利害尤重若陛下即須
太后還內之詔早正日侍東朝之儀豈惟上以遵奉祖宗之禮而下
亦以彈壓衆多之疑此不可不還大內其說七也臣聞疾痛疴癢雖
少壯者有所不免仰惟皇太后春秋既崇又當憂悼之餘豈無關聖
抱而傷至和者今者獨居北宮天所護相日固康寧或萬有一小覲
藥餌則陛下日夕寧侍必有未便非可以前日槩論也況平居無事
太后飲食起居之間言動意向之頃尤賴陛下日居親側加意調護
今既未能日夕以侍一有拂意皆足以干和氣矣此不可不還大內

其說八也臣所陳八說皆揆之禮典質諸孝道酌之人情考之衆論
無一而不合者爲今之說不過曰皇太后安於北宮未欲輕動又曰
慈母之訓難以固違臣竊以爲大不然事有輕重利害善處事者惟
擇其重且利者而行之耳南北二內皆宮禁也今日處此而安與他
日處彼而安一也陛下以天下之養國家之力而辦一東朝之奉抑
何難者豈必獨以北宮爲安而它無可安之地耶慈母之訓固不敢
違然事貴當理耳陛下一請未遂至于再至于三力以祖宗典故國
家禮文萬世法則母子情義宮闈利害臣下累奏外言紛惑歷舉數
者之說委曲控懇期於得請乃已則慈母必將欣然而從陛下之孝
願遂矣則又曰左右前後必有以北宮爲便而憚於南內之遷者臣
以謂此小人之私意甚易折也仰惟陛下剛明英斷如天之威平日
一聞姦謀誅戮靡後使左右前後果有陰搖其議者臣願陛下赦其

號令嚴其誅罰一有妄行沮議者必戮無赦則亦何患於沮間者哉
臣愚欲望聖慈即賜睿斷備以臣所陳八說力請皇太后期於必還
大內繞發俞音速降明詔擇日迎請或恐東朝宮室未可遽辦即乞
且於大內見今殿宇那撥繕治早迎慈駕續行修建以遵祖訓以合
禮典以全孝養以詔萬世以慰輿願定天下厚幸臣踈遠小臣輙議
朝廷大政罪當萬死惟念久沐聖恩無路報塞切於愛君不勉愚慮
非敢矯激沽名以干出位之誅如蒙聖慈以爲可行即乞聖旨施行
臣無任瞻望稽穋之至不勝犬馬惓惓而已
說友又上奏曰臣仰惟主上以大有爲之資親承付託之重重華協
帝以舜事親定省慈闈以天下養歲踰二紀亘古所無大故非常聖
心痛切至性盡於父子孝誠通於神明斷自宸躬行三年之制悲憂
過禮哀極有餘蓋自三代以來明君聖主不能黽勉而力行者主上

發於至誠躬履喪紀舉無違禮跨越今古焜燿簡策貽訓萬世甚盛
甚休臣仰惟高宗皇帝身濟大業紹開中興道備德全功大仁顯形
之謨烈施之政令配天地參化育散在天下而載諸史牒者蓋非鋪
張揚厲得以究其萬一也惟茲羹墻之念方切於宸衷則夫聖有謨
訓豈一日而可忘恭惟乾道之二禩主上首命儒臣纂輯建炎紹興
之大典作宋一經揭名聖訓貽謀燕翼悉聚此書御製序文藏諸金
鐀臣頃蒙聖恩權丞中祕得以仰窺大政拱誦奎文不勝至榮極幸
主上方極孝慕思報大恩惟有循舊章憲成式以寓罔極之念以慰
在天之靈庶幾孝治有隆亡替臣欲望敷奏恭發睿旨於講筵所條
將來開講日以聖政一書命經筵官日以進讀俾之紬繹寶訓啟沃
聖衷以永孝思以宏治道以仰副主上倫制兩盡之意定天下厚幸

歷代名臣奏議卷之十

孝親

宋光宗紹熙二年帝以疾不過重華宮祕書正字項安世上書言陛下仁足以覆天下而不能施愛於庭闈之間量足以容群臣而不能忍於父子之際以一身寄於六軍萬姓之上有父子然後有君臣願陛下自入思慮父子之情終無可斷之理愛敬之念必有油然之時聖心一回何用擇日早往則謂之省暮往則謂之定即日就駕旋乾轉坤在反掌間爾

三年上以憂疑成疾不過重華宮中書舍人黃裳奏曰陛下之於壽皇未盡孝敬之道意者必有所疑也臣竊推致疑之因陛下毋乃以焚廩浚井之事為憂乎夫焚廩浚井在當時或有之壽皇之子惟陛下一人壽皇之心託陛下甚重愛陛下甚至故憂陛下甚切違豫之

際焫香祝天為陛下祈壽愛子如此則焚廩浚井之心臣有以知其必無也陛下何疑焉又無乃以肅宗之事為憂乎肅宗即位靈武非明皇意故不能無疑壽皇當未倦勤親挈神器授之陛下揖遜之風同符堯舜與明皇之事不可同日而語明矣陛下何疑焉又無乃以衛輒之事為憂乎輒與蒯聵父子爭國壽皇老且病乃頤神北宮以保康寧而以天下事付之陛下非有爭心也陛下何疑焉又無乃以孟子責善為疑乎父子責善本生於愛為子能知此理則何至於相夷壽皇須陛下為聖帝責善之心出於忠愛非賊恩也陛下何疑焉此四者或者之所以為疑臣以理推之初無一之可疑者自父子之間小有猜疑此心一萌方寸遂亂故天變則疑而不知畏民困則疑而不知恤疑宰執專權則不禮大臣疑臺諫生事則不受忠諫疑嗜慾無害則近酒色疑君子有黨則庇小人事有不須疑者莫不以為疑乃若貴為天子不以孝聞敵國聞之將肆輕侮此可疑也而陛下則不疑中外官軍豈無他志此可疑也而陛下則不疑事之可疑者反不以為疑顛倒錯亂莫甚於此禍亂之萌近在旦夕宜及今幡然改過整聖駕諧兩宮以交父子之歡則四夷向風天下慕義矣

校書郎蔡幼學上封事曰陛下自春以來北宮之朝弗講比者壽皇愆豫侍從臺諫叩陛請對陛下拂衣而起相臣引裾群臣隨以號泣陛下退朝宮門盡閉大臣屢日弗獲一對清光望日之朝都人延頸遷延至午禁衛飲恨市廛軍伍謗誹籍籍旁郡列屯傳聞疑恠變起倉卒陛下實受其禍誠思身體髮膚壽皇所與宗社人民壽皇所命則疇昔慈愛有感乎心可不獨出聖斷復父子之歡弭宗社之禍

光宗車駕將朝賀重華宮既而中輟翊善羅點言自天子達庶人節

序拜親無有闕者三綱五常所係甚大不當以為常事而忽之上過宮意未決點奏陛下已涓日過宮壽皇必引領以俟陛下常人於朋友且不可以無信況人主之事親乎今陛下久闕溫凊壽皇欲見不可得萬一憂思感疾陛下將何以自解於天下

司農寺主簿呂祖儉奏曰臣聞臣之事君猶子之事父也子則受氣於父臣則制命於君是臣子之身非可私為己有也故君父安則家國安家國安則此身始得而安否則天地雖大四海雖廣將無所安其身矣自昔以來仁人孝子忠臣義士所以竭誠盡言視家國之事如己事而不避死亡之誅其心豈有他哉蓋以家國之安危實相關繫有不可得而解者固非沽名要譽訐以為直以自私其身也矧臣世受國恩粗明茲義先臣蒙正輔太宗真宗夷簡輔仁宗公弼輔英宗神宗公著輔神宗哲宗好問復輔高宗於即政之始當體之艱難時勢之

使故吳皆身歷其間謌娛雖猗均休共戚不敢有二臣之父兄又嘗
朝廷記録亦皆有位於朝臣從州縣小官復蒙陛下拔擢使之備數
班列得非皇慈與念舊族俾其扶植嗣續或能不私其身耶自惟位
下言微止當退循分守豈應狂妄僭貢封章實以區區愚衷有所感
激雖欲緘默不能自制不得不昧死為陛下言之恭惟國家聖聖相
承受天明命紀綱法度賞罰政刑是豈盡過於漢唐獨仁孝之行既
本諸內心而大過人之德業負超千古故能祈天永命雖經變故而
終不傾搖高宗皇帝匹馬渡江再造區夏不謀不筮挈提大寶付之
壽皇聖帝以對越藝祖在天之靈惟我壽皇翼翼孜孜躬致二十七
年之孝養鑾車往來萬姓瞻仰豈惟天下愛戴而夷狄異類亦能詠
歎欣慕莫知其然於斯之時雖有水旱之災盜賊之虞人心既固旋
即消弭𢤱德格天其應自爾此非以事而得也仰惟皇帝陛下春宮

毓德仁孝升聞日就月將閱天下之義理已多獄訟謳歌罔不歸仰
壽皇顧天位之有託勝萬機之憂勤雖春秋未高而精一之傳復見
之於陛下三聖授受赫奕焜煌慈孝偕極是誠簡冊之所未嘗有也
夫貴為天子富有天下而得以天子之貴天下之富奉事其親此古
今之難值君父之至榮自三代以還歷千餘載惟唐之數君為然太
宗之於高祖明皇之於睿宗肅宗之於明皇遜禪之際皆匪由衷嫌
隙疑阻禍亂隨至而肅宗因臣庶之言抱玩弱女感懷顧復至於歔
欷載之史冊至今讀之可以使人流涕肆我本朝禪代之美固始見
於靖康然是時戎馬在郊事出倉猝相與之際有不忍言者夫以古
今人主難逢之盛事既有其時復乖所願而有害夫養志之至樂此
仁人君子所以痛心疾首也今陛下躬承休運所以事壽皇者一遵
壽皇所以事高宗若記禮所載文王之事王季武王師而從之真無

間然家法懿範休穀鉅矣陛下既皆得之是誠足以教天下之孝而
垂法於萬世茲蓋我國家仁孝之所積故非常之慶錫之於天而尤
當極其培殖保養之功也去冬郊禋之夕風雨暴至聖心祗懼遂違
天和然陛下思念慈闈之心不為疾輟藥餌甫除不憚風雪遂御乘
輿都人夾道僊瞻莫不鼓舞聖孝其所以培殖保養乎天之錫我國
家者亦可謂至矣旋聞聖躬復少違豫壽皇憂念切至於是屢頒免
過宮之旨今閱日久矣清明在御臣下悅喜比者會慶節前期十日
奉香致敬群疑冰釋歡意周流逮至流虹之旦天氣和暢百官叙立
重華宮外皆自以為必得瞻覲親奉玉卮之禮大明波升踵企目斷
拜表竣事衆心皇皇抑不知聖心以壽皇慈訓難於重違故不欲數
躁煩民耶或聖體有甚不能勉強者而非外庭所能知耶孟子曰孰
不為事事親事之本也孰不為守守身守之本也陛下仁孝得於生

知豈容復有擬議然臣下猶有不能忘其憂者誠恐玉體猶有未康
而無以釋海內之至情也若聆御朝臨講之制不踰常式雖有以知
陛下已集和平之福而道路籍籍愈以為疑蓋事親之禮衆所共知
儻有少愆自難戶曉在庭之臣庶幾長至在即陛下既受羣臣之朝
必將祗款北宮以展衷中之誠及期天仗入陳百辟就列顧瞻黼扆
不啻渴飢彷徨徘徊嚴蹕未奏雖立庭中盛頰闇淡人情憂迫若癡
若狂咫尺天閽無路可扣逡巡退却相顧黯然流言紛紛有不忍聽
方當有道之朝加之陽剛浸長政是陛下膺受多福庶邦丕享之時
胡為而使人心至於此極臣竊自妄測聖意必以為父子至情當盡
慈孝歲時之慶止爲禮文既慈孝之兩隆雖禮文而可畧臣則以為
不然士庶人之家父子同宮動息與俱至於人主有庶政之繁問安
視膳不容朝夕之必躬則五日一朝節序稱慶蓋將達人子之情所

謂禮文乃是實事況人主者華夏蠻貊之所觀瞻凡見於節物儀典皆所以感化天下起其忠君親上之心詎宜於疑似之間謂因循爲無傷亦使人心解弛安有測度乎夫君心所感隨動輒應陛下試反而思之陛下親舉重華之禮則天心底豫兩宮喜悅群臣觀感軍民歡呼萬方儀刑四夷敬服洋洋然有太平之象樂莫大焉尊榮莫大焉陛下整輟重華之禮則天心必不孚格兩宮必形思念群臣憂懼罔知所依軍民怨誹無復忌諱萬方有泮渙之勢四夷有輕侮之謀兀然有衰殘危悴之態辱莫大焉不祥莫大焉此二者其利害榮辱至易知至易見陛下將何擇哉竊聞壽皇鉅典已成進書有日恭想陛下躬率群臣必欲行此縟禮以慰神人之望雖壽皇復有免到宮之命不可遂已蓋免到宮者壽皇愛子之心而必到宮者陛下事親之實擴天性之固有如水勢之必東不必以屢出欲止爲嫌不必以

人言既多爲厭或萬一有援引激進之說者茲乃爲導諛竊寵之計非所以愛陛下也天意之從違人心之離合政在今日惟陛下念之然臣之愚所以拳拳於此者非爲陛下愛惜此名也國家南渡以來版籍半淪於沙漠而讐恥未能遽雪言乎民力則困於養兵而焦熬憔悴類不聊生言乎軍政則墮於和議而驕脆窮怨緩急難倚言乎人才則務爲沈默即有患難孰同其憂靖言思之誠可寒心所恃以維持億萬年之基者蓋祖宗既有仁孝慈愛不可及之盛德而比年三聖授受孝愛交孚又足以祈天永命故他雖未至猶可漸而爲也儻聖孝於形迹之間稍有所虧四方傳聞愈遠愈異人心搖動根本必傷竊慮菑害自此而生禍變自此而萌無以恃之爲固事實在於目睫不可謂爲迂談而轉移之機則在陛下一念之頃耳臣於此而不言是愛其身而負國家累世養育之恩也詩云心之憂矣不遑假

寐臣不勝拳拳冒犯天威臣無任瞻天望聖懇祈激切惶懼俟命之至

四年祖儉又上奏曰臣世受國恩茲又備數朝列近因輪對得望清光天容穆穆極其粹溫不遺微賤之言曲加奬納至論天人感通之際有及於事親之禮聖謨洋洋窮極根柢謂事親如事天當務誠實有以仰見陛下聖念所存真與天通凡禮文所寓或未甚周初非有虧天性之至愛誠有非外廷所能知者然事因適爾觀聽浸廣誠實之德曖昧而不彰禮文之實因循而失信國勢人心岌岌搖動蓋凜然有不保朝夕之憂以陛下之明聖照臨宇內方將登延俊良以興治功今焉於此屢有虧闕既非陛下之本心而猶爾優游視爲常事使道路流言浸不忍聽臣實痛心若執政大臣侍從臺諫不以今日事理之實告之陛下則是群臣有負陛下也若有所論奏不得即以

上聞則是左右閽宦畏威遠罪壅蔽陛下之聰明也夫天下之心有萬不同至於事親之實則本於孩提之良知不待家至而戶曉自天子至于庶人壹是皆以此爲本而人主者華夏蠻貊之所觀瞻茲事實爲三綱之首苟舉措睽乖則天意人心隨即渙散臣不敢避萬死爲陛下極言之非是敢爲危言苦論蓋以聖性本不如此而不忍陛下負此不美之名也且過宮之寂蹤初何疑間獨以自去冬以來乘輿屢駕皆成中輟皆是舉行盛禮之日粵若會慶之旦臣所目覩百官序立重華宮外以望翠華之來大明浸升踵企目斷拜表竣事衆心皇皇當是時陛下雖自以爲誠實無他而人情固已不能不愕疑矣至於長至之辰臣所目覩者天仗入陳百辟就列徬徨徘徊嚴蹕未奏離立庭中蹙頞闔淚人心憂迫若癡若狂咫尺天闈無路可扣逡巡退卻相顧黯然當是時陛下雖又自以爲誠實無他然流言籍

籍光有非辭說所能解者矣臣於十一月十二日冒死披瀝以自通於陛下之前蓋恐於中外之情或有所未知也所幸通來進書成禮過宮如儀天宇開霽都人歡欣中外疑惑方得消釋陛下誠實之意始昭于四方而此月兩旬之間過宮之日則復兩皆放仗十七日之事又復甚於往時自旦至莫竟無傳旨侍臣在庭衛士在列經過官司伺候起居捉卷軍兵次第排立終日守次莫不皇皇逮夫殿門將閉始各散歸宰輔章奏間阻隔絕宮闈殿陛有同萬里呼吸之際關念實深夫偶未過宮亦非大失第以屢不加察因是而可生禍亂之階蓋因循失信間燕自如固已深失人心而外庭內朝關節脈理不相貫通譬若咽喉之間須臾閉塞便成危疾此乃陛下切身之利害而宗社安危之所分也若乃四方之觀聽夷狄之窺伺姦雄之生心毅鬨流傳愈遠愈異則猶爲後日事耳臣在闕門之外聖意所以適

爾未出之故非所敢知但此事至大至重人所共曉合四方之心以此爲莫大之憂更不暇語及他事陛下聖性高明靜而思之其可復以爲常邪今壽皇生朝進香之禮降旨過宮陛下寫誠意於禮文不敢有忽凡曰臣民孰不鼓舞聖德而適以陰雨有所未果但自茲以往衆心愈覺顒顒政在陛下益加聖心謹此常禮疑情滯念不可復存感動轉移難以少緩每遇過宮日分前期敬戒養此誠心或恐左右便嬖之臣妄測意旨但務逢迎否則覆藏姦慝潛行離間時當過宮往往進酒排當留連夜刻無以全陛下平旦清明之氣遂使鸞車鳳駕多失期度此等情狀未必有之然臣私憂過計則願陛下更致察焉古人有言所不可得而久者事親之日也壽皇躬致二十七年之養於高宗雖戎狄異類亦皆感化今壽皇春秋浸高陛下問安侍膳不容朝夕之必親則五日一朝節序展慶式循儀制猶爲關睽陛

下聖孝自天可不深念若或聖體適於斯時少有未怡謂宜預降旨揮改作他日清燕高拱以養和平之福雖一時小小排當亦當暫輟如此則始能還天意於既睽之後收人心於既失之餘大本充立有以發天下孝敬之心則事或未理皆可支吾而陛下事親如事天之實德殆若日月之食更也人皆仰之豈惟纖塵浮翳有如冰釋不足爲累而孝德感召和氣致祥又有以開萬世無疆之休矣臣拳拳之志止在愛君發言狂愚憂心如醉惟陛下裁赦臣冒犯天威俯伏待罪之至

紹熙三年十一月陳傅良上封事曰臣一介疏遠才不逾衆人而多病早衰齒髮頹變久無榮進清顯之望間者將指湖湘罷弗勝任嘗上奉祠之請乞便醫藥不謂陛下過聽不以臣爲不肖歸以鐵節留之郎舍賜對便殿初無建明而天顏開懌玉音溫厚曾不數日擢貳

冊府又未幾用以爲皇子嘉王府贊讀官極一時儒者之遇臣誠不自意陛下待之甚寵也不勝大懼無以塞遭值之責日夜思念獨有與二三僚友共秉一意爲大王道古今父子君臣之際人之大倫天地之正義以成孝敬長恩愛無負任使之意死且不朽蓋嘗讀書至文王世子之記曰文王朝於王季者日三雞初鳴衣服至于寢門外問內侍之御者今日安否何如內侍曰安文王乃喜其有不安則文王色憂行不能正履則必反覆爲王誦之曰是可以爲法事親若文王則受命作周本支百世功德見於雅頌願王慕之效之勿以爲不可及也至漢戾太子之傅曰親戚之路隔塞而不通太子進不得見上退則困於亂臣獨冤結而亡告則亦必反覆爲王誦之曰是可以爲戒事親如漢太子則交兵闕下父子不相保而望思歸來之臺天下悲之願王警之懼之勿使萬一有此也賴天之靈社稷宗廟之福

而大王資稟純明。嗜好鮮少。不自貴倨。喜親書生。每得僚佐危言極論。則深信而不諱忌。至若周之所以得。則斂衽加敬。漢之所以失。則顰蹙不忍聞也。邇者王譽日彰。人心日附。臣與二三人者竊相欣賀。以為陛下有子。國家無疆之休也。今竊有感焉。會慶誕節。陛下闕上觴之禮而弗講。長至大會。陛下復闕稱賀之禮而弗講。群臣迫怵妄窺聖意。臣固知陛下自違豫以来。雖及康復。尚弗便於乘輿。而怯風霜。雖然。非所以為訓也。何者。區區陳說。無過口耳之感。必不能勝躬行之化。況觀往古。無過紙上之習。必不能如家傳之法。今陛下上爵三宮之懽。而下責小臣陳誼於家嗣。以庶幾寡過。則雖抱血誠之忠。未見其補。將以逃斧鉞之誅而已。楚王有言。人之愛其子者。亦如余乎。陛下以國家無疆之休。託在一子。宜如何愛之。而偶不察夫所以儀刑之道如此。顧使講讀皆為空言。名曰輔導。安用臣等。此所以痛惜此舉動非所以為訓也。臣以多病早衰。齒髮頹變。久無榮進清顯之望。方申祠請。以便醫藥。不忍默默昧死為陛下一言。以冀省悟。伏紙流涕。不知所云。

四年。傅良為起居舍人兼中書舍人。又上奏曰。臣不勝螻蟻之忠。輒有愚言。仰干天聽。如蒙省覽。即臣雖就誅戮不悔。臣聞父子天性也。孝慈之道。不待教而能者也。自士庶人皆然。而况於人主乎。然考之載籍。則有尊為人主。而隙開於父子之間。至於禍敗。反不若士庶人之家者。何也。賤者群居。其勢易親。貴者異宮。其勢易踈故也。夫惟其勢易踈。則離間之言易入。離間一入。則父之情不欲自踈於其子。子之情不欲自明於其父。由是愈難於言。而父子之隙開矣。父子之隙開。而禍敗至。唐之西內。則李輔國之徒。前日之龍德宮。則梁師成之徒是也。論至於此。可為寒心。恭惟陛下父子之間。一同舜禹。而比年以来。稍闕定省之節。臣誠卑賤。不能知宮禁間事。若以前鑒觀之。或者亦當有離間兩宮者乎。陛下孝謹。本自無他。偶以纖介。動成疑阻。壽皇恐傷陛下之意。不欲自察察言之。陛下恐傷壽皇之意。又不敢自察察言之。而左右之臣。各憚天威。又亦以傳言為諱。由是禮文寖踈。情好日隔。積成因循。實駭聞聽。此臣所以不避萬死而輒言之也。言之也者。將以通之也。有如天意信謂如此。即下臣此章。明詔大臣。使兩宮左右曉然知此。務通二聖之情。則舜禹之德。千載同符矣。臣無任拳拳激切祈懇之至。

傅良又上奏曰。臣近者不識忌諱。幸因賜對。輒論及兩宮情意未通事。仰荷聖慈闊略愚直。曲垂清問。備盡懇悃。仍命臣入文字。指罪離間之人。將有施行。以釋疑阻。則古所謂狂夫之言。聖人擇焉。何以過此。臣雖糜捐。無以報稱。比至奏入。竟留不下。臣切自咎責。非陛下之不聽臣言。實臣負陛下耳。以此不避煩瀆。再有奏陳。臣聞天倫骨肉。自然恩愛。偶有嫌隙。至相猜疑。考之載籍。間或如此。然而秉彝之性。不可解剝。同氣相求。終易感動。是以方其懷疑。若將終身而不合。及至感悟。則又俄頃而如初。往往喜極。至於流涕。豈同他人。各有異志。雖以盟誓相要。竟亦關防不已者乎。又况陛下父子聖明。同德舜禹。適至今日。尤非本心。苟反求於一念之初。則何待於多言之切。且陛下獨不記壽皇之踈魏邸乎。自古廢立。出於愛憎。壽皇此時果何心耶。而陛下忍忘之也。若曰離間之人。則亦宜有緣故。究觀前代。多是姦臣。因懷反側之心。遂行閒諜之計。為此向背。皆以自危。今之群臣。豈有是事。蓋未嘗得罪於陛下。則必不赴愬於壽皇。人情曉然。可以洞察。假使近習妄自分朋。間或有少可語言。亦不過時暫欺蔽。初非要害。可造事端。雖是合正典刑。何足尚煩聖慮。此臣所以日夜痛心以為陛下誤有所疑而積憂成疾至此也抑臣不識聖意今將聽二三大臣與百執事之言而為父子如初歟將一切勿聽使父子終不得相見歟昔者虞舜欲見其父於生前日號泣于旻天訖於克諧萬世誦聖漢武欲見其子於死後作歸來望思之臺天下聞而悲之而事已無及徒成永恨二君之心大抵略同遲速之間得失相反臣恐陛下今日之不為虞舜而他日之將為漢武也臣言及此亦既泣下今請以此月息從車駕過宮為期若猶未也則臣實負陛下將退而就誅戮矣臣不勝迫切之情

傳良又上奏曰臣竊觀兩年以來以不過宮諫者衆矣誦說義理條陳利害非不詳盡非不激切而陛下曾不加聽間或聽之亦不過勉強一出近者且以面從為聽嘻笑不加怍矣獨臣私念以為陛下誤有所疑積憂成疾以至於此故自去冬凡四請對每於陛下心事之

間反覆開明至於深入切中往往陛下為臣傾倒一無隱情臣亦益得肆其狂愚無所諱避枚解而件析之誠冀聖懷曠然大悟起居飲食務自安和號令言語務自平允其在外朝不必事事過為留難其在內廷不必人人過為猜慮如此則淵衷寧謐天性自見何待臣下固要力請乎而陛下以臣言之故釋然無他凡三感悟於此矣去冬命臣宣諭兩府翊日取旨前月命臣更入文字付外施行最後十八日復諭臣以早來曾許丞相以十九日命駕退朝之後便降指揮臣數四懇奏而玉音亦數四響荅此陛下三感悟之幾也然今日確許明日中變不唯中變而又號召大衆赫然示天下以不肯出假如陛下有一人可信有一策可取有一日清明在躬豈至此乎臣所以惶恐踧踖前此對後輙乞補外於今極矣宜即誅戮納祿謝事猶是自營而非臣之敢要君也天度寬容降旨不允臣敢不更自殫竭以畢區區之義臣聞抱虛恐者蹈實禍懷妄憂者得真疾何也此心最靈功作造化一有所蔽皆成定力自非聖賢未易開悟甚者無故及於亂亡昔漢武帝征和間居建章宮見一男子收之弗獲而巫蠱始起又常晝寢夢木人數千持杖欲擊帝帝驚寤因是體不平忽忽善忘疑左右皆為蠱祝詛莫敢訟其冤者已而有戾園之禍隋煬帝大業初內殿火帝以為盜起驚走入西苑廬草間火定乃還自後每夜眠中常驚悸云有賊至以甖貯毒藥謂所幸姬曰賊至當飲之已而有江都之禍由今觀之征和巫蠱本無是事只緣武帝疑心不解姦臣寅緣卒禍其子大業盜賊亦無是事只緣煬帝疑心不解左右壅蔽卒禍其身臣故曰此心之蔽甚者無故及於亂亡二君是也陛下不過宮豈非誤有所疑乎臣不識陛下何所疑重華耶道路之言不以為責善則以為猶吝權以臣計之二者皆誤也且壽皇責善為天下

計為社稷宗廟計耳假使陛下政事脩明人心愛戴則壽皇之願得矣尚復何辭陛下不是之察豈非誤乎若曰吝權則進退百官必與聞其人罷行庶政必與聞其事而五六年來天下不見其有此也但見陛下懷不自安動輙阻惑以其人為欺雖大臣死亡而不信以其事為怍雖細民疾究而不恤又豈非誤乎夫以誤為實而開無端之釁以疑為信而成不瘳之疾臣切以為壽皇不能禍陛下是陛下自貽禍也臣言不足聽分當永棄念此違離不宜自他復為陛下懇惻言之伏惟鑒隋漢之所已往而捄其將來國家之福也兩宮之所期待也非獨臣之願也臨紙涕淚庶幾萬一

傳良又上奏曰臣聞人主之所以得天下者以得人心也所以失天下者以失人心也非獨以父子之私也苟得人心雖其父不得以天下私諸人苟失人心雖其父不能以天下私其子昔者禹薦益於天

將以天下遜也而謳歌朝覲獄訟者皆不之益而之啓故禹卒不與賢而與子故曰苟得人心雖其父不能以天下私諸人啓是也秦人自以為萬世有天下死而號曰始皇帝其次曰二世欲以一至萬也然身死纔數月耳天下四面而攻之宗廟滅絕矣故曰苟失人心雖其父不能以天下私其子胡亥是也共惟陛下今所憂疑豈非以不得愛於壽皇乎夫惟以不得愛於壽皇而鬱鬱終日以失天下為懼於是舉朝諫之而不聽舉國非之而不恤舉世為之惶惑而不加怪臣恐陛下之憂不在聖父而在人心也何者假如萬一壽皇誠責善誠猶吝權而天下歸心則陛下固有辭於壽皇矣壽皇雖不責善雖不吝權而天下離心則雖壽皇亦無以為陛下計者是故疑壽皇者虛憂也失人心者實禍也此理曉然不待智者而諭今也舉朝諫之而不聽百官解體矣四參常朝宰執而下無一人立班者是失舉朝

之心也舉國非之而不恤軍民皆怨讟矣或詐為詔書敢於指斥是失舉國之心也且舉朝諫之而不聽舉國非之而不恤猶曰為憂疑壽皇故也若乃吳挺之死半年而不置將張孝芳之見敦累月而不討賊他如班直待試於殿庭侍從待命於郊外往往邈然都不省記是於壽皇何預焉而陛下獨固守力行之又所謂舉世為之惶惑而不加怪者是豈不足以失舉世之心乎不但此也人情好逸而惡勞今仗下之士皆苦晏朝已輟班矣有嗁不顧者臣未知禁衛之心果如何人情利親而患疎今自閤長御藥卒不得一至左右間嘗一日逐數十人臣未知近習之心果如何甚者嘉邸有子而不奏告掖庭有喪而不起發臣又未知宮闈后妃之心果如何陛下試一念此不謂之孤立歟不謂之人人自危歟陛下博覽載籍閱義理熟矣亦嘗見自古人主孤立如此人人自危如此而可晏然無事乎今天下本

無事而陛下以憂疑失人心至此方且曰吾計當如此吾不可放下矣而專欲盛怒益不容解則古所謂肘腋之變蕭墻之禍殆不可謂今直無也豈不甚可畏哉雖然破疑為笑在蹙頻之頃則轉禍為福亦在反掌之間何者今日之事非若敵國對壘難平也非若強臣跋扈難制也又非若四分五裂難收拾也徒以聖意憂疑壽皇過當而人心不服耳聖意釋然則人心帖然矣故今日過宮則人心以今日解明日過宮則人心以明日解然則陛下何苦執滯而為此岌岌也在易睽之上九曰睽孤見豕負塗載鬼一車前張之弧後脫之弧匪寇婚媾往遇雨則吉說者曰睽孤之極見豕負塗甚可穢也載鬼盈車吁可怪也方張弧以攻矣而其極必變變必通俄而脫弧則無為寇之患有遇雨之吉者陰陽和也孔子之象曰遇雨之吉羣疑亡也人有此事則易有此象陛下今日非偶然也極則變變則通此其時

矣獨奈何弗悟乎臣前後論奏以干冕旒大抵務為開釋冀自感悟而不忍以危言傷聖懷念當謝事納祿永辭闕庭是以復誦人心可畏之說以望裁擇惟陛下速圖之幸甚幸甚

秘書郎彭龜年乞車駕過重華宮上疏曰臣聞大學之九章曰孝者所以事君也弟者所以事長也慈者所以使衆也古之君子不出家而成教於國者如此而已矣堯舜禹湯文武此六君子者未有不謹於此者也恭惟陛下嗣無疆大歷服四年于茲講求治道非不勤至然而風化未興習俗日頹閨門乏雍穆之風郡國多陵犯之變遠未暇言姑言其近御史臺朝廷紀綱之地而羣不逞敢奪人其中驅擊於市餘杭縣去行都財百餘里而無賴之人輙登縣治而逐其長秀州私販鹽者迹捕之反縛迹捕而敎士伍其無忌憚至此耳目習熟以為故常循循不已禍將益大不可待之為小變而不顧也國家

法令明備若使此等可以法治則人固畏之矣法密而人不畏此非法之罪也大學曰君子有諸己而后求諸人無諸己而后非諸人所藏乎身不恕而能喻諸人者未之有也陛下抑嘗自反矣乎書曰萬方有罪在予一人又曰民不靖亦惟在王宮邦君室古之聖人非是彊認以為己責理固如此易曰有父子然後有君臣有君臣然後有上下然則欲使君臣上下各盡其分豈無自而然耶恭聞壽皇聖帝之事高宗也備極子道其始受禪欲日一朝高宗不可於是下倣漢制月六朝焉已而高宗復難之始展為四朝然不朝之日晨昏定省之禮飲食上下之節寒暑溫凊之宜無不關之雖有南北宮之不同而父子嬉嬉如處一堂自舜文而後事父母盡其道唯壽皇而已耳此皆陛下所親睹想當時宮闈之間委虵曲折求以悅夫親者陛下又皆心得之外庭不得知也至今天下稱頌壽皇之德必指事親為

第一事以壽皇之事高宗如此則陛下之事壽皇當有以過之而後可若纖毫有所不及則天下之責必至蓋壽皇之於高宗與陛下之於壽皇又不同故也陛下自即位以來供養三宮未嘗有缺止因前歲聖躬不和於是過宮稍稀夫過宮固事親之末節也今日三宮之情如春風和氣何嘗計此然有不可已者陛下事親自視孰與周文王文王朝王季且日三焉而陛下歷月不過宮可乎是不可委之於偶然而已以是為偶然而弗恤則其他以偶然而罷者亦必猶是也夫稍不過宮直以為有損於孝固不可然今世之所謂孝者曾不過如此等事於此有不謹無怪乎人之輒以議己也何也吾之所謂實然者誠未有以大信於人則捨禮文之間抑何以自見乎且父母之愛其子不論貴賤其情則一人至晚年愛子尤切倚門之望豈獨閭巷之人哉況壽皇今日止有陛下一人聖心拳拳不言可知特遏[illegible]

宮日分陛下或遲疑其行則壽皇不容不降免到宮之旨此亦壽皇恐人得以竊議陛下故為陛下辭責於人此蓋壽皇美意必非不願陛下之來也陛下儻疑壽皇不喜陛下之來釁與何不一往以嘗之上可以感動慈親之意下可以解釋國人之疑今日壽皇愛子之心人莫不知而陛下事親之心人猶未信自去年陛下不過宮得之道塗之議籍籍可畏不知嘗有舉以告陛下者否似聞宰執侍從臺諫亦嘗泛然有治亂致禍之言已而竟不過宮言遂不驗然亦幸而不驗爾今日不可不以其言之無驗而遂忽之也臣所以欲有言於陛下而必首及近日數事政欲陛下知人情已動不得不警懼抑又有大可憂者焉臣聞之道塗皆謂兩宮之情頗不如舊疑間之隙漸覺有形此雖小人見陛下久不過宮有此擬議然臣以事揆之亦有不容不疑者陛下既舉慈福慶壽大典自合奏稟而陛下不行此一事也陳源乃壽

皇所屏逐之人而陛下錄用之此二事也壽皇近失長婦若庶人見父母晚年遭此憂戚亦必親唁之而陛下不往此三事也積之不已其疑愈深却恐因循遂成阻隔此豈細事哉竊聞嘉祐治平之間英宗母子攜貳已聞內臣任守忠等間諜之於內大臣則韓琦富弼侍從臺諫則呂誨司馬光王疇等調停之於外當是之時小人唯欲其離君子唯欲其合天錫我家社稷有福二聖英睿既不惑於小人之言而諸臣懇惻又足以動天性之愛所以天下禍亂無從而起蓋自古人君處骨肉之間指為家事多不與外臣謀而與小人謀之所以交鬬日深疑隙日大今日兩宮萬萬無此然臣所深憂者陛下外無韓琦富弼呂誨司馬光之臣而小臣之中已有任守忠者在焉兩宮豈堪有他疑哉方今廷臣無不知此每至聚首動色憂之然臣嘗竊聞其議論皆未有忠實為陛下謀者或曰父子之間人所難言人誰

無親親所當事奚待人言言之適足激陛下之怒不如聽之天理自還為此說者委陛下為不足與言此最不忠之大者或曰此亦非言語論說所能動獨有壽皇降意以就陛下或可回爾為此說者是又欲僥倖陛下一出以厭人情而不知其誤陛下尤甚儻為此舉在壽皇固慈矣然倒置如此於陛下得為安乎使韓琦富弼呂誨司馬光之徒當今日臣知其獨有事親不可不孝一說告陛下必不委曲回互反累聖德如諸臣者臣實慕焉臣竊觀陛下近日所為於中庸九經已犯其五臣之所欲言者蓋不止此此特大學九章中之一條最大者也唯陛下幡然改圖一新聖德使綱常之間了無所愧不特可以息禍亂又且可以致太平初無拘礙牽制在陛下反覆掌之易耳何憚而不為也哉干冒宸嚴臣下情不勝殞越俟命之至

龜年又上疏曰臣輒瀝血誠仰干天聽臣聞人主不可有所疑疑則

天下之情壅遏而不通天下之事廢格而不舉其為害至切也故歐陽脩嘗奏疏仁宗皇帝曰自古有天下者莫不欲治而常至於亂莫不欲明而常至於昏者其故何哉患於好疑而自用耳夫好疑而自用其弊乃至於昏亂脩之言非過也情既壅而不通事既廢而不舉則理固應爾也恭惟陛下聰明睿智度越常主忠信誠慤孚于天下群臣獲事休明自非病風喪心安敢輒以昏亂二字重誣聖世適自今歲以來朝廷機務多疑不決宰執侍從臺諫皆陛下委以心腹耳目之寄者言輒不行金字牌專一報機速軍事非常郵傳文書莫此為急亦復委之不信雖無昏亂之形而有昏亂之理有識者固已憂之然其事皆有跡可考一日清明蓋不待頃刻而可以一言辨之不難也唯是重華之朝累月不講閭閻竊議其言為端多出揣摩類不可信逮至九月二十二日忽自南內徑罷過宮指揮而後群臣始知

兩宮必有所疑不然陛下天性至孝亦應於至親父子忽然相忘如此臣聞之道塗陛下宮闈之間上自中宮下逮嬪御或遇生日其大者則必有所宴集其小者亦必有所錫予蓋不如是則人情必有不美寧有慈福誕彌之月而不親舉萬年之觴壽皇聖節近在朝夕而進香故事又復不舉以臣揆之陛下非大有所疑於中必不若是然壽皇之於陛下乃親父子親父子復何所疑而至此乎臣觀自古帝王親父子嘗有睽阻者唯舜而已爾其父至欲殺之其母若弟又從而設為機穽以圖之至難處也然舜未嘗疑其父亦未嘗怨其母與弟唯夔夔齋慄負罪引慝自今觀之舜之事親古今莫加焉豈有罪可負有慝可引耶而舜獨如此者非偽為也其心以謂吾事父而不得乎父即為罪與慝矣故書紀其祇載見叟而父旋有允若之應夫舜之祇載以見其父乃其父真情實意所從而感發之機也使其不見詎敢望其允若哉今之時非舜之時也舜處其變陛下處其常舜為其難陛下為其易計時揆事舜豈敢望陛下然舜能處其變而陛下乃不能處其常舜能為其難而陛下乃不能為其易獨何歟顏淵曰舜何人也予何人也有為者亦若是孟子曰謂其君不能者賊其君者也臣雖愚戇固不敢謂陛下不能為舜之事也適者群臣抗章無不切至而天聽穹窿未見昭格此固群臣孚誠有所不足詞語有所未明然臣竊料必有植此疑根於陛下之胷中者見外庭紛紛進有奏疏將千方百計誤陛下之聽使陛下不省群臣之言未可知也比亦聞宣諭宰執侍從以所疑之故而一時無有忠實懇惻能啓迪聖心者是以其疑至今未解臣方聞有此宣諭時雖竊喜陛下推赤心以待臣下不示形迹而又竊憂其遲回不決必將益甚也何也陛下父子豈復有疑為此疑者必有人焉其人聞陛下將與群臣剖析

此疑則其心必如沸湯唯恐陛下父子一見天性復還則前日間言反將為莫大之禍臣料此人自此將益為間諜妄指形似重惑皇明使陛下不復出激怒聖父或傷陰陽之和乃適其意然陛下獨不思萬一如此彼之計誠遂矣陛下豈不負天下萬世之責乎臣甚為陛下惜此也昔潁考叔以遺母之意感鄭莊公卒能復莊公母子之愛李唐山人亦以愛女之心感唐肅宗而不能通肅宗父子之情其機一也而應否異者莊公無人間之而為肅宗父子之間者李輔國輩尚在左右故也然則群臣之言不能感陛下豈不類是哉雖然陛下既因是人而起是疑矣一旦欲使遽釋其疑固甚難也何也未知陛下所疑者何事而無以辨之則固難望陛下之幡然也臣嘗聞陸贄有云明則罔惑辨則罔冤惑莫甚於逆詐而不與明冤莫痛於見疑而不與辨唯明與辨乃治疑之良藥臣竊覵陛下多疑皆始於不喜明辨之故然外廷之事群臣尚能為陛下辨之乃若父子之間非陛下自辨之不可也臣愚欲望陛下亟命鑾輿亟朝重華反躬自咎極其誠意盡以所疑之事面質之於壽皇壽皇見陛下如此必將感發慈愛懽然相接盡以所疑明辨之於陛下臣殆見陛下父子自此天清地寧日光月潔當無一毫之間可窺矣方今兩宮睽異落落難合而臣知其必可合者以父子天性不可泯滅但恐隔而不通則無如之何若陛下感於此壽皇必應於彼視影響形聲猶為不速也反昏為明轉亂為治直在陛下他人安能與哉臣但能為陛下言之而已唯陛下念之干冒宸嚴臣下情無任隕越俟命之至

龜年又上疏曰臣輒瀝血誠仰干淵聽臣備數三館無補公上比隨同列疊抗封章陳乞陛下過宮幾至煩黷臣於十月十七日又嘗獨上一疏謂陛下久不過宮必有所疑而植此疑者必有人焉深恐其

益為間諜欲乞車駕早過重華親辨其事意雖誠懇詞實荒疎不足以裨補聰明實深憂懼至十月二十六日忽聞陛下遣宰執詣重華奏事雖未見鑾輿順動而已知父子情通至次日降過宮指揮閭閻之人破涕為笑聞之道路皆謂陛下嘗明諭大臣以小人間諜之語將有行遣人皆謂陛下父子自此當歡愛如初矣而臣實未敢以為喜也何也陛下既明諭間者姓名而大臣不能正其罪間者不去則陛下過宮之期必不可必矣蓋天下之人皆願陛下過宮而所不願陛下過宮者不過此三數小人其平日造作疑阻以間疎陛下之父子者不知其幾何矣一旦陛下父子相見豈不憂其言語之敗乎豈不憂其罪戾之及乎臣嘗見陛下臨朝與群臣語及過宮未嘗不動色及入中禁即變其說是以知左右之惑陛下者衆而陛下之父子終未得相見也既而果聞中輟不勝憂懣臣不敢保惜首領終為陛下明言之臣在闕門之外固不能知為陛下父子間者果為何人耶抑為何事耶臣但見自昔間人父子者皆必有故遠則興慶之事猶有明皇結歡父老召宴將臣之可指近則靖康之事猶有徽宗不發迹角截留兵卒之可疑壽皇自揖遜以來何嘗略有此等痕迹陛下試舉間者之言一二質之於外臣知其必妄無疑矣臣不知陛下所以久蓄此疑而不決者果何故耶臣知非陛下不欲決但數間者不欲決耳陛下早決此疑一日則小人必早獲罪一日陛下遲決此疑一日則小人必遲獲罪一日陛下若但蓄此疑而不決只是為此數間者匿此惡而不使之敗陛下不忍於數間者以受天下之謗而乃忍於壽皇以成數間者之姦乎然臣亦恨陛下未有忠實肯公勇敢任事者為陛下辨此疑任此事也今日宰執侍從但能推父子之愛以調停重華臺諫暨百執事但能仗父子之義以責望陛下至於疑

間之根盤固左右者畧不敢一語及之曾不知此疑根未除雖至情有所不能通雖大義有所不能舉譬如陰沍之雲凝結未散非疾風動蕩盡力掃除安能使太清廓然皎日復麗哉臣區區愚忠誠不忍陛下為此數小人者受天下不義之名如此也故終日忘食終夜忘寢思有以告之陛下十月十六日之疏猶未敢誦言之今事急矣不得不言矣竊見今日內侍間諜兩宮者固不止一人唯見陳源在壽皇朝得罪至重近日復遭進用外人皆謂離間之禍必自源始方源未進之時雖陛下過宮已疎然源之進也故以知陛下此疑已動而其黨之進源也亦欲陛下此疑愈固也源黨既在宮中臣知陛下之疑未易可解蓋其陰大奸為欺罔機深能為狡獪陛下飲食居處皆將投以所疑重華往來問訊皆將指以為疑或陽請陛下之出而陰尼陛下之行或名為畏懼壽皇而實以激怒陛下千方百計神出鬼

沒雖不可得而窮詰而其情狀意態不過是數端而已大要只欲陛下父子終不相見而後其志始遂矣古人求忠臣必於孝子之門謂其有父子然後有君臣也今人有父子而欲間絕之則其於君臣何有哉陛下儻以斯人為忠則臣有以驗之矣始李輔國之欲間肅宗父子也張后與焉既而父子睽異輔國得志卒之殺張后而致肅宗亦隨以亡者實輔國也陛下自今觀之間人父子者豈不可畏也哉今陛下久不過宮而道塗紛紛議及中殿陛下以為誰實為此宮禁之事祕不可聞所以騰播於外者皆此輩為之也今已如此後可知矣司馬光嘗論高居簡以為置居簡於肘腋恐令陛下父子兄弟夫婦皆不寧臣見源輩實亦如此故臣愚欲望陛下亟發威斷斥逐陳源以謝天下然後肅命鑾輿亟朝重華負罪引慝以謝壽皇使陛下父子歡然宗社有永豈不幸歟若陛下以臣言為愚妄未足採取即乞放歸田里以畢餘生陛下既已赦臣未可使臣為小人所陷不勝忠憤懇切震慴悚恐以俟威命之下

五年龜年為起居舍人又上疏曰臣恭聞三月二十三日有旨日輪侍從官一員詣天竺寺禱雨臣雖庶官次亦當行臣於今月四日齋戒夙興奉將淵指跪辭致敬唯懼不虔然自朝廷祈禱以來臣竊觀天意未見感通纔雨即風纔風即晴常若有散之而不得合格之而不得下者訪之諸處皆未浹洽農事已過旱勢可憂臣自服職柱下凡四閱月已兩被旨禱雨天竺皆無昭格此蓋諸臣誠敬不足不能仰達宸衷合被譴訶理無疑者然臣竊伏自念水旱之災何世蔑有靡神不舉具有憲章若成湯之桑林周宣之雲漢無非反己自咎藉以徼福於神蓋未有只事祈禱以冀感通者也臣竊聞仁宗皇帝每遇水旱必露立仰天痛自刻責盡精竭慮無所不至而韓琦猶謂陛

下欽順上天之誠可謂至矣其於消伏災眚之道則猶未焉琦所謂消伏災眚之道者即書所謂惟先格王正厥事者是也當時廷臣多持此論故景祐元年旱李淑歸咎於爵賞過優康定元年天久不雨龐籍以謂費用奢廣出納不嚴所致二臣之言災異亦異乎漢之諸儒矣然繇之格王正厥事之說則誠有此理也富弼謂天地人本是一氣氣既相貫氣動則應人君欲考天地災祥以是察之而已臣竊觀今日不雨所以召此者雖未易數然其大者未有若過宮者也臣非彊自牽合欲得陛下因此警懼幸聽臣言實緣天人相與理政如此夫匹夫之賤儻孝於父母猶能致天降甘露地涌美泉設或不然禍亦視此而況陛下據億兆人之上則其勢力感通必視億兆人之衆蓋不止如匹夫而止也陛下豈不見去歲未過宮之前黑子見於日赤青作於夜既過宮之後瑞雪忽降災變盡消感應之理其速如

神則臣以為今日不雨在於不過宮豈過也哉且向來無雪固嘗禱而不應矣去歲之雪乃因不禱而得之陛下非不禱也禱於壽皇即禱於天也今不一定省於此宮而但懺祈於釋氏使釋氏無靈則已釋氏有靈而真可禱也臣知必監陛下事親之念必不監陛下命臣之旨也何也兩宮不和則天下不和天下不和則天地不和天地不和則釋氏雖欲彊雨以應陛下之求將不可矣益天地和則雨來有不和而雨者陛下一念儻回則此和自陛下而生一念不回則此和自陛下而乖顧釋氏何有哉陛下儻不聽臣之言非特不能得雨於釋氏陛下今歲郊祀合祭天地而不免求夫所以得天地者臣尤以為憂也孝經曰事父孝故事天明事母孝故事地察謂之明察者蓋無毫釐不盡之謂也於父母有不盡之心則於天地亦有不盡之心矣此心儻有毫釐之不盡尚何以事天地乎此臣又非特為不雨

而言也情出迫切書詞狂悖天威咫尺俯聽誅夷唯陛下裁幸

龜年又上疏曰臣竊見近日廷臣自宰執至于百執事陳乞陛下過宮未知幾疏皆不蒙聽納至一日之間舉朝求去自古及今蓋未聞有此等事也臣謂陛下見此必加省察乃聞宰執開陳聖怒叵測陳善閉邪人臣之職分也羣臣獲事休明偶見陛下過宮希闊恐虧孝道故畢力開陳一幾感悟雖詞語狂悖舉措輕脫然究其中心則皆有忠愛君父之意若以古人之法揆之不唯當容受聽納又當獎予激勵然後士氣可振國勢可安而陛下乃反有含怒之意將大有所懲戒此則臣之所甚憂者用是昧萬死一為陛下陳之臣竊惟今日之事憂陛下者指小人以為間順陛下者指君子以為激夫以臣事君或出於激此固不可然有輕重焉君子雖激猶為愛君小人之間直損君德耳陛下至親父子若非有間寧至於是群臣但見陛下久不過宮人情洶洶不勝憂懣只得以大義勉陛下小人必曰若如此而出是陛下本不孝因群臣而後孝也本其意止欲固其間言使不至於敗而已陛下乃從而信之可乎設若陛下不聽群臣之言終於不出亂或由是而生則昔之投間於陛下者又未必不推為群臣之激有以使之也而陛下又加怒於群臣可乎小人始以間誤陛下而終以激殺羣臣豈不重失天下之心哉陛下試觀二十二日聖駕不出舉朝求去如出一口此豈有形後而氣使之者蓋出於其心之同然故不期而動如此陛下只以此推之則自此舉止動息若稍不順人心其應又豈止此而陛下不懼可乎臣觀陛下近日所為多拂正理唯有容納讜直闊畧狂狷所以人心未離若更於此路稍加荊棘則陛下大事去矣陛下豈不思此等本何所為而不容之乎此等不過少忤陛下之意陛下若遂去之則順陛下者進矣陛下抑思今日

之事忤陛下而欲陛下全事親之孝者為愛君乎順陛下而欲陛下失事親之孝者為愛君乎陛下但與群臣較從違而不與[illegible]逆順臣雖至愚未敢以為然也陛下疑之益甚則兩宮不合既為君德之玷諸臣得罪卒兆國家之禍是未可知也陛下若聽群臣之言父子如初不唯聖孝光明上紹虞舜群臣得安意奉職共登太平豈不休哉國家安危群臣禍福繫此一舉此臣所大憂也唯陛下念之

龜年又上疏曰臣輙冒萬死仰控忠懇臣本無材術謬司記注近數奏論過宮希闊載筆難書書之則臣不知愛君不書則臣不知守職書與不書臣皆有罪是以抗章自劾陳乞竄逐聖恩寬大俾復故官威命一臨跼蹐就職陛下既未許臣以去則臣安得不復修其官用敢冒昧條舉一二陛下事親禮有常數設若壽皇有旨免到宮臣猶可書也四月二十二日初無免到宮之旨而陛下不出使臣知何書

耶壽常問安倘免到宮猶可書也五月七日既以壽皇聖帝聖體不和遣官奏告矣旋有旨免到宮使臣又如何書耶然初八日免到宮既云有壽皇聖旨猶可書也今月十五日初無免到宮之旨在朝群臣累請問疾乘輿已駕道路已清而陛下復不出使臣又如何書耶十九日為壽皇服藥肆眚天下連日都人顒望翠華之出亦嘗望歲而陛下晏然不動使臣又如何書耶然此特見之闕報之粗者耳若夫道路流傳至有不堪聞者臣雖不得而書計必有野史書之其言但有增加必無隱諱傳之後世重累聖德臣實為陛下惜也臣竊見近日群臣請陛下過宮者不止一人或將順或正救或解釋其疑亦不止一說言語忿激引類褻慢殆不可恕而陛下受之曾無難色一入內庭其意即異果何為而然哉是必有誤陛下者也然誤陛下者不特間諜陛下父子而已父子之間人所難言儻非群臣忠愛陛下誰敢及此今陛下外雖受其言而內實背之是必有謂群臣舉不足信者也謂群臣舉不足信則是又諜間陛下之君臣矣群臣但見壽皇春秋已高多近醫藥恐陛下因循不見或成不可追之悔故勸陛下太急小人知陛下父子天性終必復還唯恐群臣之言入而陛下之天復也故誤陛下愈深揣其為說不一而足臣觀近日壽皇遊幸而陛下無所効獻壽皇服藥而陛下不及省問陛下豈忘此者是皆內侍輩自愛已甚唯恐陛下疑其輒通重華消息故不敢以告致陛下事親之禮少虧今小人又欲以此離外庭之臣使外庭之臣鉗口而不敢言則陛下父子終身不可復見矣豈不痛哉彼小人者既離陛下父子又離陛下君臣使陛下孤立於上內外不得通禍亂不得聞此其意欲何為而陛下不悟乎君此等事法皆不利於陛下之身而陛下昌待之臣實痛心疾首不曉其故以陛下聰明睿智纖悉必

察何獨於此略不省覺蓋小人誤陛下已深矣彼但使陛下父子恩意之間日損於一日如履淤泥一步深於一步則不待更加讒毀之言而陛下自不能已可不謂慘耶然以臣觀之父子之性出於天命安能終睽唯患聖心不回耳聖心一回臣以為處此甚易也夫木本不衰有蠹則衰一去其蠹木如初矣父子本無睽有間則睽一去其間父子如初矣陛下今者翻然悔悟將平日為間之人揚于王庭明正其罪則向來陛下父子之間少有所不及之事蓋有任其責者又何足累陛下哉臣愚欲望陛下平心下氣少察所親無使父子之恩絕而後悔小人之間遂而後悟天下之亂作而後圖則無及矣唯陛下速為宗社念之臣為右史輒及陛下父子之間自知必干天誅然陛下之意不回則臣之職終不可舉是以率意極言無有所隱唯陛下幸赦其愚

光宗時陸游上奏曰臣恭惟陛下躬聖人之資履天子之位而致養三宮承顏左右盛事赫奕照映千古尚何待塵露之增山海哉顧臣竊抱惓惓之愚不敢輒默伏惟陛下聖孝純至稟於天性昔在潛邸及登儲宮以來夙夜孜孜何嘗頃刻不以壽皇為心壽皇罷朝而悅進膳而美則陛下欣然喜動於色壽皇罷朝而不悅進膳而少味則陛下愀然憂見於色方是時徒能喜之憂之而已今則致親之悅者責在陛下其可以不深念乎所謂悅親之道非為旨甘奉輕暖也非晨昏定省冬夏溫凊也非千門萬戶之富鈞天簫韶之樂也惟在陛下得天下之愛戴以寧壽皇之心而已雖鳴而攬衣辨色而視朝必曰此昔者問安之時也今以萬機之繁不能日朝重華歉然于懷豈有限極然闕問安之常禮之小也致天下之治孝之大也吾其力為其大者此固壽皇所望於陛下亦天下所望於陛下也治功已成中外無

壽。陛下時備法駕。率群臣上萬年之觴。豈非天下之大慶。不然。太史、或以災異上聞。四方或以寇盜來告。壽皇聞之。萬分有一微輟玉食。陛下雖居萬乘之貴。孰與解憂哉。臣昧死願陛下於進退人才。罷行政事之際。率以是為念。自三思十思以至百思。不為過也。自一日五六日至于百時。不為緩也。謀及卜筮。謀及卿士。謀及庶人。不為廣也。一有小失。豈獨上勞宵旰。壽皇亦與焉。故陛下今日憂勤恭儉百倍於古帝王。乃僅可耳。譬如臣民之家。上有尊親。則所以交四鄰。訓子弟。備饑饉。禦盜賊。比之他人。自當謹戒百倍。何則。彼亦懼憂之及其親也。犬馬小臣。貪於增廣聖孝。不知言之涉於狂妄。冒犯天威。伏候斧鉞。

歷代名臣奏議卷之十一

歷代名臣奏議卷之十二

孝親

宋光宗紹熙間。權戶部侍郎袁說友乞過宮上奏曰。臣等伏見會慶節在即。十二日禮合進香。都人顒望翠華。忽又得旨免過宮。無不失望。既而十三日內教。十六日十七日孟饗。皆聖躬親臨。中外益望陛下必躬上玉卮之壽。伏計聖心素篤仁孝。知此禮至大至重。決意必出。固無待臣等再三之請。政緣進香之前。已有定論。旋復反汗。是以不免過慮。須至瀆臣等竊惟人子事親。朝夕定省。自天子達于庶人。其禮一也。五日一朝。已為希簡。今陛下自三月恭請之後。至今八閱月矣。皆以壽皇聖旨而免。至於生辰上壽。恭想壽皇聖意。必欲陛下一來。此人之至情也。竊聞今日嘉王以生朝無以報劬勞之恩。專就禁中置酒以壽二親。陛下重明聖節。既受群臣萬年之觴。不曾過宮。已是失禮。今日嘉王壽親之際。父子歡洽。陛下寧不動心。上念兩宮延望之意。且臣等料度聖意所以久不過宮者。或謂陛下有所疑。有所畏。父慈子孝。本於天性。壽皇既以神器親授聖子。方且順神沖澹。凡軍國之事。悉不與聞。五年之間。初無纖芥。斷無可疑。斷無可畏。第恐猶有左右小人。妄生離間。撰造言語。惑亂聖聽。全在陛下深思洞察。斷然勿疑。臣等竊見今年夏秋之間。太白晝見。至於經天。九月七日。金星掩心大星。而又黑祲亘天。萬目駭觀。熒惑見入太微垣。逼近內屏。房心為明堂。正屬宋分。太微內屏。切近帝座。此皆天變之大者也。所在洪水為災。衡岳山頹。正逼祠宇。劒門峯墜。塞斷谷口。今月十六日夜。當陛下齋宿之時。行都地震。有聲如雷。夫衡岳南方之鎮。行都駐蹕之所。此皆地變之大者也。至於人情。下而閭閻。衆而三軍。近而紫衛。以陛下久闕定省之禮。口語籍籍。謗讟紛紜。所不忍聞。自廟堂大臣至于百辟數進苦言徒勞容受竟不施行莫不憂懼愁苦不能自存此則人情之所甚不安者也陛下乘輿一駕如反掌之易則天地之變異必銷人心之憂疑立解陛下何憚而不爲若聖意固執又復遲疑則天地之變決非虛設人心動搖必至叵測又非去歲之比矣臣等蒙陛下擢置從列感恩至深目擊事勢可畏如此不忍上負聖知是敢罄竭血誠控告君父伏望聖慈斷然一出不勝宗社之福如臣等所言更不能感悟聖心則臣等皆爲失職實難苟安不免引去以俟罪譴激切之衷傾盡于此伏乞睿照

說友又上奏曰臣輒瀝危衷干犯天聽臣淺才末學本無他長自淳熙十五年陛下一見臣於議事堂遽蒙特達之知賜以簡記迄今六載號呂晉擢盡出親除今叨誤恩濫綴從列天地父母之恩至隆至厚臣竊自惟念臣子報君無路可見惟有盡忠竭誠仰裨聖德或可

少露萬一然時平無事臣下不過奉職惟謹而已儻人情事變一有叵測不能刳瀝肝膽罄竭忠誠以効古人正救之義是有負於天地父母之恩也臣竊見近者中外人情惶惑憂懼皆以陛下久關慈闈定省之禮自宰相而下至于百執事數數控奏無慮數十企望翠華一出何止以日爲歲自今月十二日進香日分已不過宮百官軍民惕惕惶懼且臣自積日以来親聞都人私語籍籍是以十九日臣同衆從官趙彥逾等亟具奏劄控告陛下乞於會慶聖節日必駕乘輿以安人情以弭不測臣亦竊意陛下必須上以聖父欲得相見之切中以臣子控奏懇惻之誠下以軍民惶惑偶語之疑必翻然一出不謂又降免過宮之旨臣今日五更隨百官詣重華宮拜表稱賀親見外而居民內而禁衛上而縉紳下而走隸相顧嘆息形之言語所不可道又緣既廢玉卮奉觴之禮重華殿下御幄在側設而弗用鼇山前列不聞三呼大樂弗陳壽儀俱廢人情憂懼無不咨嗟閭巷所傳尤爲不一陛下深居九重必不聞此臣既叨從列略不以告則臣之罪誅戮有餘若於此時陛下不急爲之改圖實恐他有上關聖慮者臣願陛下以聖父聖子初無疑隙斷以獨見亟於二十四日至二十六日三日之內選定一日就今日先降過宮之旨所有百官錫宴候過宮了日施行陛下此令一下便足以塡紛紛多端之横議弭皇皇不測之衆情解外夷傳聞輕視之玩心安危利害實關宗社毋奪於間言毋變於臨時惟陛下曲信臣所奏而亟行之臣不勝扣頭瀝血之至臣孤遠一身蒙陛下親賜拔擢至此豈不願仰承聖意貪榮戀祿實以過宮一事至大至重臣若苟容取悅隱而不言萬一事出非意驟撓聖懷臣之孤負聖恩萬死不足敢望陛下鑒臣之忠非敢張皇事勢非敢一語有欺掠譽取名非敢飾辭矯激即賜降旨施行臣

區區大願臣雖已同趙彥逾等以論思無補具劄子奏聞外然父子之道天性也理之順與逆事之利與害陛下天資仁孝固自洞察豈待臣言臣自念既不忍上負陛下親擢之恩又不忍目擊人情憂皇之變復不忍躬蹈欺君容身之罪是用忘其誅斥再此懇控幸陛下諒其愚忠而赦之臣無任百拜昧死

說友又上奏曰臣一介孤遠誤蒙聖恩連歲拔擢叨塵從列竊惟臣子報君惟有盡忠竭節雖使鼎鑊在前猶當挺身自奮況陛下崇奬忠鯁容受直言臣於此時儻懷顧避之心則有蔽欺之罪臣早隨從臣同班奏事懇奏迫切乞早過宮天語再三曲加領略面諭臣等定以十七日必駕乘輿臣喜躍鼓舞不勝慶幸惟是臣粗有悃愊欲得面奏屬綴班末不敢躐次玆幸玉音確許定日用敢敷陳萬一以冒聖聽今至十七日止三日耳既非過宮日分須合預降指揮又緣自

累月來父闕定省常禮中外臣子引領俟命今陛下既以定日面許
從臣我頃之間外已傳播皆謂十七日聖駕必定過宮遠近翕然相
傳無不以手加額若不預行降旨臨期又至變易豈特陛下失信臣
下愈使中外謗讟益深而從列小臣亦無顏面可見君父兼壽皇聖
帝愛子之念日動聖懷顒望陛下一來何止以日為歲今日從臣同
班合奏陛下面許十七日一出壽皇必已聞知恭想喜溢慈抱指日
以俟翠華若更中輟其行外謗又不止此竊恐軍民百姓紛紛籍籍
交口橫議別生事端以至伏闕上書鼓衆倡亂事起叵測何所不有
臣願陛下堅守十七日過宮之旨毋奪於臨時姦邪之疑即於今日
速降指揮風雨不渝決然一出庶幾少掩外觀稍息群議消弭不測
之禍慰安兩宮之心一安一危或禍或福只在陛下以刻可否間耳
可不畏哉可不謹哉臣適又親聆玉音以謂中有離間欲得調

竊惟凡父子兄弟親戚骨肉雖富貴貧賤各有不同必須先有可以
離間之事然後小人得以肆其離間之術壽皇之於陛下親父親子
慈孝兩盡將五十年聖意倦勤親授神器命禹之旨出於誠心順神
重華相忘天下何所形迹而謂可疑既無纖芥之嫌必無離間之事
豈非陛下事父過謹生於憂畏畏心既重疑則乘之左右小人窺見
聖心浸生事端撰於離間因惑聖聽以壞綱常此理曉然無可疑者
臣願陛下深念父子出於天性壽皇與子根於至誠盡釋往事之疑
速講問安之禮調護之策無出於此臣適又親聆玉音頗及唐玄宗
肅宗之事臣竊惟唐二宗舊事與今日大不相同肅宗即位靈武懷
自立之嫌今陛下以禹繼舜揖遜授受其視肅宗倘止萬萬不侔肅
宗內則溺於張后之愛外則墮於李輔國之謀故父子之間竟成終
天之恨今以聖父聖子兩宮懽愉壽皇果斷剛明姦人誰敢肆其志

陛下聰明英睿左右孰得逞其私雖小人欲有離間之心在今日自
無可入之隙陛下正當痛戒肅宗之失深慮禍胎之萌曲意慈闈力
盡子道亟下詔旨定用十七日過宮鸞馭順動人情帖然了無浮言
久撓聖聽儻或事有可疑果如聖慮臣甘受誅斥所不敢辭如蒙聖
斷勿忌勿疑命駕如期一洗群惑豈特陛下身享無窮之慶而宗廟
社稷永保無疆之休臣不勝至榮大願臣仰溷宸嚴罪當萬死惟陛
下矜其愚忠而赦之
說友又上奏曰臣今月二十二日迫於愛君憂國之切輒具奏劄干
犯天威罪在不赦雖未蒙亟賜施行而陛下優容其言未加誅譴臣
不勝感極涕零之至臣茲者復以事勢迫切非前日比備位從列職
在論思豈可憚於再三不以亟告君父惟陛下賜之譴黜蓋自會慶
聖節之後今四日矣宰執控瀝懇告百官拜疏痛切恭聽過宮指揮

以時刻為歲至今既未聞警蹕又未先降指揮人情愈更憂皇口語
沸騰雜出如宰執百官皆是陛下親任委使之臣當此急難之時上
則不過竭力苦口百拜控告下則不過上章奏疏懇切俟命而已設
是百姓譁言軍人偶語扇搖敺衆思倡亂端人情至危陛下豈不略
動宸慮茲又傳聞即有伏闕上書者必須群衆而來萬一先有此事
已是鼓動衆情馴致姦人相繼扇亂豈是細事陛下聖明如天豈忍
使朝廷事勢宮闈氣象一至于此此臣所以惶懼股慄不避三瀆痛
哭復為陛下言之也為今之計極易為力在於反掌間耳何者若陛
下自有所疑仍舊固執不肯一出則臣所奏紛紛之事中外鼓倡俄
頃而生使朝廷誅之則其所言乃是順天之理以告人主坐之何罪
以行誅戮苟以此而誅一人則禍變愈不可救矣陛下聰明神聖豈
不曉此若陛下以臣之言為信以未過宮之事為終非所安以目即軍

民譁誘之言萬一生變即日決然過宮則臣前所奏紛紛俄頃而定了無一事可慮者此其安與危利與害只在陛下反掌閒耳臣所謂極易為力者此也陛下何惜而不為哉變生不測豈可逆料臨時倉卒必難撫定陛下豈可不動心也臣竊料聖意非不知過宮為必當行之事非不知目前人言可畏人情已搖為可憂所以猶豫未出者必自有所危疑或以久不過宮自知非便外議紛熵猝難撫定因此宸衷未決愈難一出然臣今有一策以告陛下仰惟親父親子了無纖芥可疑壽皇聖節今將七十年來於朝廷萬事愈更毫髮不與父之愛子天下一同陛下因何所見而起危疑之隙若因浸潤之言左右之譖此則小人大誤陛下耳烏有親父親子可以浸潤左右而離間我者哉此決然斷無可疑也陛下觀前日壽皇批荅侍從之言有云自秋涼以來每欲與皇帝相見此語切切愛子急急欲見之意陛

下可以灼然無疑矣今臣之策以謂陛下尚懷此疑未肯即過宮欲乞陛下先寄以宸翰一緘如家人之語其間及陛下以久不得一侍壽皇欲得即行朝禮今幸已經會慶聖節翌日顧侍慈闈之意壽皇得此宸翰必喜悅欣愉當須賜荅力求招請然後陛下降指揮云來日過宮其重華宮禁衛等人并隨駕禁衛等人並兩倍支給當日食錢陛下即時命駕如此而出不惟陛下安心肆意愈無他疑而又宛轉委曲益見聖父聖子相與周旋之盛願陛下信臣之言即賜灑翰亟遣中使奏達慈衷過宮纔畢萬事悉定懽聲四騰無一可為陛下憂者自此兩宮欣慶父子交歡中外翕然夷狄妥服陛下於此之時可以適聖意可以安聖躬必無橫議以擾聖聽如今日矣豈不樂哉豈不樂哉兼慈福冊寶之禮冬至上表元日舉冊皆須陛下親詣重華然後禮成目今若更不出則是時陛下前日降詔播告天下謂朕當

親率群臣恭上冊寶若此禮不成則詔書之言失信天下何以立國此尤大非便者陛下必不肯至此極也陛下今能一出自此以後時時可以過宮至上冊寶之日則翠華之出自如頓足易耳臣苟陛下親賜援擢事陛下如事天地如事父母竭誠瀝血以冒天聽死有餘罪惟陛下鑒其忠誠亟賜矜從而速行之宗廟社稷無任幸甚

說友又上奏曰臣等比以車駕久不過宮乞宣引同班奏事伏蒙聖慈俾亟進於玉階方寸之地臣等於初七日至東華門伺候宣引間續准傳旨改用今日臣等今區區之誠正以過宮一事欲得面控悃素臣等竊謂父子之道天性也以壽皇至慈陛下篤孝顧何待臣等曉曉冒瀆聖聰第以近日之事觀之陛下朔望不出許以進香進香不出許以上壽上壽又復不出明降指揮二十八日必出萬姓歡呼踴躍以望翠華又復中輟重失人心莫此為甚旋聞展用月旦今又

聞欲用十五日仰惟陛下臨御萬方以信為本成王翦桐為戲周公遂封康叔以為天子無戲言況過宮美事孝治所繫四方所仰而反汗至于再三實恐因此朝廷命令無以行於四方載惟陛下容納直言雖小臣忤旨亦不加罪然言雖容而不行事欲濟而復輟日復一日寖為常事關係非輕今來欲望聖慈確然不易則社稷幸甚臣等幸甚萬一聖心未決姑示順從使臣等無辭可措至臨期不出則又失信於中外良可惜也臣等前此居家俟罪本不敢供職既蒙許以宣引故黽勉就列以冀望一瞻清光如又未決臣等何顏尚在班行非敢數忤雷霆自取誅斥誠以三軍萬姓不知宮禁中事不知聖父聖子慈孝本自無他怨讟橫生至不忍聞恐自此不已馴致叵測非敢以引退為高以合班為美正欲感悟聖心以消弭未然之患也冒犯天威臣等無任惶懼俟命之至

說友又上奏曰臣近以事勢迫切嘗貢封章乞早過宮以弭外變雖小臣狂僭宜在譴訶然父子之道本由天性仰惟陛下天資誠孝聖度高明當此憂危之時豈無感動之念庶幾俯鑒愚慮或可少回萬分而側聽旬日謦咳未鳴人言嗷嗷日以滋甚事勢岌岌不勝憂虞臣才非中人位叨從列愚由親擢大恩未報目擊人情之已迫誠恐禍變之萌豈當固位謀身不以盡告君父自古人主所恃以長久者惟在於結人心人主君臨天下雖貴為無敵富為無倫然得人心則安失人心則危安危之間不在富貴在於人心之得失然耳故人主自稱曰孤自稱曰寡人曰孤曰寡蓋言富貴之不足恃而此身之常可憂也是以得人心者則天助順人助信致宗社靈長富貴長久失人心者則土崩瓦解日銷月亡使社稷為墟身危國滅理之必然無可疑者今夫人心秉彝之同然無出父子之至愛雖在襁褓之內皆知父子之親閭閻小人街談巷議或以不孝而指目皆欲忍死而力爭其間悖逆之果萌則必衆人之共棄蓋其義最易見而其道最易知其事為大逆而其名甚不美何況君上師表萬民其他闕失尚可自文或蹈此名豈復可立儻不念人心之同欲或有乖父子之大倫雖使無知之童皆有不平之念其事至此於心何安今天下之人皆知事壽皇而陛下豈不能事也然自新歲僅一行禮自春徂夏四閱月矣未聞再講也日復一日氣候向炎而定省愈闕人謂陛下何心哉方春和時御苑競秀未聞恭請也玉津近地乘輿獨出而過宮不講人謂陛下何心哉人言必曰陛下怠於事壽皇則人心自是亦將怠於事陛下矣夫衆怒難犯衆言難一向也心自私怒今也勃勃然怒形於色矣向也口自私言今也囂囂然傳於道矣有父子然後有君臣此天地之大經古今之通誼也陛下能以子道事壽皇天下

必以臣道事陛下今衆而群臣次而多士次而六軍又次而百姓家有家喙市有市鬨莫不怨嗟流涕疾視不平皆有為壽皇太息之意無復察陛下過愆之迹設或一夫鼓倡指目問罪大義所迫千百從之頃刻之間人心瓦解覆亡禍變倏在目前陛下雖欲安處九重之內必不可得也所謂夷狄之窺伺盜賊之嘯聚者不與焉陛下果何所利而聖意乃安然不移哉臣願陛下念人心背違之甚易維持之實難深鑒將來之憂以為亟圖之計翻然知悔即日過宮則人心怡然而定聖德愈久愈新既兩宮之交歡無一事之可慮矣豈不樂哉豈不樂哉今天下謂陛下非不知父子之至愛骨肉之至情朝夕親闈歡娛膝下而陛下每依違而不決畏縮而不敢者謂有所疑而不得行也執政大臣朝夕奏對冀陛下天理之復明良心之復返釋去往咎以新是圖陛下每齟齬而難言迫急而後應者皆有所疑而不自決也不審陛下疑於壽皇者果何事歟而陛下知壽皇之有他意者果得於誰歟恭惟壽皇聖帝所以愛陛下者可謂至矣姑言其實有二說焉陛下亦嘗躍然默動於心乎亦嘗油然自覺于中乎臣請為陛下言之陛下之在王邸也魏王兄也猶無恙也壽皇聖帝斷以獨見不惑群議度越魏王而正陛下於儲宮非壽皇愛陛下而然歟陛下之在儲宮也春秋漸高多閱義理高宗皇帝仙馭上賓壽皇雖在衰經之中而即授神器曾不肯少遲緩也非壽皇愛陛下而然歟夫以壽皇之愛陛下如此陛下獨何疑於壽皇哉借曰壽皇懷不足於陛下則已事之驗不待今日始見矣況壽皇之愛子惟陛下一人非若漢唐之他母諸王也壽皇之倦勤軍國之事一不預知非若唐室之父子嫌隙也親父親子揖遜授受何疑何忌乃有二心必因左右之小人務欲狂惑於天聽故立異論蕩搖上心使父子之睽離則

姦邪之得志小人情狀豈不易知料聖心無故而致疑必邪論浸淫之已甚設或壽皇聖帝義方加篤威顏過嚴陛下執禮恐違小心多畏尤宜勉竭以盡歡愉豈可因循以圖避免非惟貽誚於後世亦將少掩於外觀今若徒懷自疑不信正論則父子之愛無乃截而為二乎宋繆公父子自言曰生毋相見鄭公母子自誓曰不及黃泉毋相見也此皆亂世召變非常聖明之朝豈宜有此且夫怨忿曰仇角勝曰敵仇敵二字言於交游施於隣里客氣所使萬一有之兄兄弟弟猶以為諱孰謂父子可與仇敵相似哉舜之父瞽瞍至難言也而夔夔齋慄瞽瞍底豫陛下之蒙愛壽皇若非曰與舜並言也果何所事而為自疑疑心一生必至怨忿怨忿既深遂成立敵壽皇何負於陛下而言笑不接定省久違幾於怨忿角勝之為乎臣願陛下觀壽皇愛子之切至體壽皇遜位之誠心揮去外疑速講定省翠華甫駕喜溢慈懷既成父子相見之歡即驗彼此無可疑之實尚何疑哉尚何疑哉臣學問荒蕪語言失緒雖屢騰於奏牘嘗未契於聖聰然而職在論思有犯無隱故為陛下首陳結人心之說以防禍變次述毋自疑之說以開聖懷欲乞陛下亟用初一日告朔之禮速駕過宮天下之人見者目悅聞者心喜以銷旱變以召和氣一反覆間轉禍為福聖德彰大流傳無窮若陛下視為常事安於無虞苟免因循怙不加悟則不美之名愈播不平之心愈激至名一朝之患遂成終身之憂社稷傾危生靈隕潰禍變之至不待瞬息雖欲悔之將何及矣臣忠於愛君迫於憂國不避誅斥盡瀝所陳惟陛下勿以常言而忽之

説友又上奏曰臣仰惟陛下聰明仁哲超邁古昔臨御以來勤卹民隱勵精庶務以開有宋無疆之業歷年將久聖德昭聞皆由天縱之聖非矯拂勉強所能為也夫以陛下天縱如此至於事親思孝人道

大倫宜在陛下所躬行而允蹈者壽皇為天子父陛下必曰吾所當敬事也重華遠於南內陛下必曰吾所當問安也事親之道要是陛下天性之生知聖德之餘事耳而近者定省闕禮過宮愆期寧徙百執抗疏昌言甚而排闥引裾扣頭瀝血愛君之誠出於切至臣雖愚陋亦嘗四貢封章以冒天聽然而清蹕未聞日復一日人心搖動中外憂皇臣章進玉階方寸之地不敢為危言以驚動聖聽屢寸嘗見惟陛下少留意臣臣位列從班出入禁闥比因群臣奏對嘗聞聖語二三曰孝為百行之先又曰朕欲得與壽皇相見又曰終須過宮天理昭晰良心渾全陛下知所以事父蓋甚不忘也而越趄未行欲駕復輟者聖心殆有所疑也仰惟聖心所向非外庭小臣所可測識然事之曉然明白斷無足疑則如臣輩可以逆料臣竊有四說以釋聖懷陛下往歲固嘗有疑矣遷延猶豫凡八閱月群臣封章抗疏不知其幾聖度優容盡釋疑慮竟納群臣之論奏遂回父子之良心仲冬既望長至元日而過宮者三焉冊寶禮成兩宮胥慶雨雪應瑞群氛消除四方萬姓懽忻鼓舞當是時也壽皇天意忻愉欵留竟日方陛下娛侍膝下凡壽皇懽然相接之意陛下所身親也壽皇拳拳愛子之實陛下所目擊也則凡前日所謂自疑者聖心尚何疑哉夫後之視今亦猶今之視昔以前日徒為無故之疑而終於無所疑之事則今日之有疑者亦猶前日無故之疑矣此臣所謂無可疑者一也自古父子之間固有嫌隙者矣諸子有嫡庶則毀譽不同諸母有先後則愛憎隨別或有讒言鬭間而易所愛者或有他母浸潤而易所愛者不幸當此之際則父子誠有難言若夫壽皇之於陛下則異是矣壽皇聖子有三惟陛下在非有諸母諸王之隙也壽皇斷自聖意早正陛下於儲宮高宗上賓壽皇亟禪陛下於帝位揖遜授受誠與

堯舜禹並行則壽皇之愛陛下可以於此而自信矣今也聖意懷疑
牢不可破此必小人邪言仰惑聖聽夫以聖度高明小人之言必自
洞見然而姦人巧計欲為亂階往往游談之間浸潤之力陛下聞其
言之時雖不覺其有意然日漸月漬風留寖裹先入固已多矣陛下
一入其言聖意豈得無惑惟願陛下體父子之至情察小人之邪志
靜思默慮判然無惑此臣所謂無可疑者二也壽皇聖體違豫今已
彌月竊聞聖恙始苦泄瀉遂成虛弱灼艾累至數百丹劑不絕供進
當此長夏飲食減少後生壯歲猶費調治何況春秋既高豈宜久抱
疢疾醫官日申一一可考陛下當此之時非與平居之時同也非惟
人子之心所宜急於視疾無壽皇尤欲一見陛下夫當疾病之未愈
思見骨肉之至親纔侍慈顏必寬慈抱慈抱寬則疾自愈于此時也
安有纖毫異意於陛下哉此臣所謂無可疑者三也臣竊聞二十四

日陛下命嘉王詣重華宮問安雖陛下過宮少愆而皇子將命以往
中外軍民以手加額皆曰陛下過宮有期矣嘉王問安之後當有復
命之奏必曰壽皇之疾猶未安也臣竊意陛下於此必動心矣又曰
壽皇之意欲見陛下也臣竊意陛下於此必興念矣嘉王陛下親子
非若群臣之疏遠也陛下因嘉王傳道之語即可信壽皇欲一見陛
下之心矣此臣所謂無可疑者四也臣竊惟自古忠良之臣所以舌
弊唇腐譊譊而不肯置者皆欲吾君無過共入於堯舜三代之域今
日過宮愆期本於陛下自有所疑耳如使臣子不識事幾倡為駭論
當果有可疑之時而妄為無可疑之說以誤陛下一行遂成後悔則
臣子之罪誅戮有餘惟今日之事凡壽皇之愛陛下陛下之事壽皇
父子至情了無一事一物見於實迹之可疑者臣子於此懷不能百
口祈哀冒死不顧以告君父其誤陛下雖萬死莫贖也茲者自兩三

日來壽皇聖體稍就向安此蓋祖宗在天之靈宗社無疆之福願陛
下亟於此時不俟群臣奏請不俟過宮日分斷自聖意即日過宮當
壽皇稍安之時而見陛下脩問安之禮慈抱必大懽愉天顏必大喜
悅聖體餘恙自然頓減則翠華一出豈不勝於良藥美劑萬萬哉孝
道以明聖德以著以收人心以息謗讟以弭禍機凡此數者甚非末
節細故也臣愚瑣碌碌以朴忠自信蒙陛下連年親擢叨塵法從大
恩如天無路以報用敢不避天誅控布一得之慮以感動聖念迫於
愛君言不知諱惟陛下諒其忠悃而赦之臣不勝叩頭瀝血戰灼待
罪之至

說友又上奏曰臣等竊見今月十八日權刑部尚書臣京鏜奏事乞
早過宮面奉玉旨令與部中同官審實二十六日權戶部侍郎臣袁
某奏事乞早過宮面奉玉旨令與郎中同官商量臣鏜臣某即以聖

語宣諭臣鏜等竊惟過宮之禮本是陛下常行之事止緣愆期累月
事親之道全然隳廢是以臣等冒死祈哀控告君父雖極其懇切而
清蹕終未一行今聖意所嚮猶曰審實又曰商量則是尚懷疑豫而
未決也壽皇聖帝聖體愆和逮今浹月醫官日申歷歷可考尚何審
實車駕過宮問安視疾陛下行之自是常禮尚何商量恭聞壽皇聖
體數日來疾勢進退飲食全少後生壯年尚費調治何況春秋既高
豈宜久此抱疾兼聞慈抱以未見陛下朝夕不樂不肯服藥事體憂
危莫此為甚陛下儻於此時即駕乘輿少修定省非惟壽皇當疾疢
之中得見陛下必大喜悅不藥自愈而陛下闕禮之久纔得過宮亦
可少息軍民之憤兼自旬日以來居民搖亂遷徙太半居城內者則
移居村落居近郊者則移居旁郡富家競藏金銀市價為之倍長甚
而兩宮閣分囊橐潛歸私室自謂亂擾只在目前此皆亂世亡國氣

象聖明之時豈宜有此陛下雖深居九重豈不聞知竊料聖意必謂過宮少愆未足致亂然父子之道絶是謂逆天孩提之童無不知愛其親若不知愛親是謂悖人自古逆天悖人禍亂未有不作誠恐一夫問罪或有響應陛下豈得不寒心也臣等實以今來事體止在陛下一過宮之頃外此實無可以審實可以商量之事惟望翠華一出大勢自定以收人心以遏禍萌莫此為急儻陛下遷延猶豫尚求審實商量之說則臣等實未知死所也迫於愛君再三干犯天威罪當萬死惟陛下裁赦

說友又上奏曰臣等連日號泣五上奏牘以大行至尊壽皇聖帝奄棄萬國陛下為人之子既不臨喪又不視斂既不舉哀又不成服中外憤怨萬口一辭乞速賜過宮少回子道少弭禍機鑾輿寂然天理盡絶不知臣等所奏陛下略賜睿覽否凡數日來三軍怨謗之語百姓駭愕之憤皇天后土譴怒必深臣等已具載于累奏矣雖陛下自知於理悖逆欲得少文其過遂降指揮託疾未往然民心至愚而神豈能罔以虛語累日外傳陛下宴飲如故宣喚俳優託疾之言人固不信又聞聖心懷歉親挾弧矢欲以自防不知陛下何所利益而自危其身一至於此臣等實為陛下痛惜之也夫避害就利遠禍向福誰無是心陛下天縱聰明而累月以來因不過宮自基禍本今又聞喪不赴子道盡廢天下詾詾神人交憤何苦自欲捨利就害背福取禍而繆戾若是哉臣等實所未曉也今壽皇之喪已八日矣藉使果有疾病尤當力疾奔赴今陛下安處深宮懽宴自如使閭巷之間有父之喪為其子者涉八日而不一奔慟陛下見此等人必當深嫉之而陛下貴為天子豈可躬蹈而身履之耶今事至此已極矣軍民之怨憤已深矣天地之怒氣已見矣十三日成服之夜白虹亘天古人

以為兵象陛下觀此天變觀此人心儻陛下不憂不懼不悔不悟臣等將肝腦塗地陛下雖欲君臨天下臣恐不止於寡助之至親戚畔之而已陛下豈可不略為之寒心哉臣願陛下痛念慈父罔極之恩少盡人子哀慟之感速嚴法駕慟哭梓宮之前以謝前愆以銷禍本如更不然臣等與百姓三軍皆未知死所矣危亂已迫不復忌諱惟陛下以宗廟社稷為重而亟圖之

說友又上奏曰臣痛哭泣血以言今月初九日大行至尊壽皇聖帝奄棄萬國天崩地拆禍變非常內外百官三軍萬民誰不痛心瀝血號慟之聲遠近相接陛下聞喪之初謂當痛怛前日久不過宮遂成終天之訣不俟命駕便當如嚮來壽皇聖帝初聞高宗大漸之時以小轎便路急趨宮闈雖不得父子一見猶當括髮哭于斂床留宿喪側親視百官有司辦集後事以俟舉哀成服尚未足以贖前日久不過宮之過不謂陛下皆大不然凶訃初傳從容御朝延見臣下雖對宰執及羅點玉音有便當過去之語而陛下一自退朝至今八日安坐深宮起居服御並如常時視父之喪如他人事略不少介聖意喪禮並不舉行臣子軍民驚愕駭異怨憤謗讟不可聽聞從官羅點等同臣皆是蒙陛下厚恩忽見陛下人倫天理棄滅皆盡人子之道毫髮不存外議沸騰惡名太過已不可掩不忍陛下一旦自陷不義至於此極自初九日連貢封章控告陛下乞早過宮使陛下俯聽臣等所奏即駕乘輿猶未足以塞中外之責而陛下一切不聽更為杜絶章奏之計明示不肯執喪之迹不知陛下何所利益而甘心受此大不美之名耶臣不勝日夜痛哭哀苦號天扣地深為陛下惜之也陛下貴為天子天縱聰明而子之事父與父之既死子之執喪皆是目前易曉之事閭閻三尺之童誰不知之不知陛下何獨懵然於此而

略不知也假如市井之間有父之喪其子異居於百步之內父疾不問父死不往號哭之聲不聞衰絰之服不舉行路交詈鄰里共攻陛下若聞此等之人竊意聖心必亦深不平之今陛下乃安然蹈此跡無顧避惲卹之意陛下試思軍民萬姓寧無痛心疾首於陛下此舉者乎寧無懷憤積怨於陛下此舉者乎寧無不為壽皇伸氣復怨於陛下此舉者乎陛下不此之思但欲自信前日無故之疑欲快今日恣為之志不卹慈父不顧天理不畏人言惟意所欲自為得策軍民萬姓無若我何夫使人主而可以為此則是自古亂亡之君傾危之世皆可以獨恃此說無亂以至於今矣天下安有是理哉今陛下既不臨喪又不舉哀既不成服又不過宮軍民之憤已不可遏雖是前日太皇太后降旨謂皇帝以疾而陛下亦降指揮謂痰眩未能過宮此固欲少寬三軍萬姓之責然誰不知借疾病之說以文其過若降

指揮之後或一日兩日間隨即過宮尚可略弭禍機自十三日成服之後傳陛下欲以十五日過宮盡行喪禮今又不然愈覺人情交憤禍萌益張國勢之危過於累卵陛下何苦於無事無故之中而輕為危亂滅亡之事乎臣不勝哀苦痛極重為陛下惜之也未審聖意竟欲何日過宮唯復候事稍定而後命駕或候人情稍安而後一出抑終於永不過宮耶若候事定而後行今成服既畢喪事種種朝廷皆已節次施行事初未嘗不定人情洶洶正緣陛下有父之喪泰然安處所以人懷憤怒若清蹕一行人情自然浸定若謂永不過宮則是陛下不復以祖宗社稷為重矣夫自天地開闢以來國家滅亡社稷傾喪亡慮數十陛下觀史之際豈不洞見所謂滅亡傾喪皆因無道不義不知悔過以至於此陛下毋謂宗廟社稷可以任意肆志而能長守永有者也卜三日成服至夜二而今白虹貫天自東而西連亘不

散都人皆見之臣謹按漢鄒陽傳言白虹貫日釋者謂白虹兵象也陛下觀此天象豈可略不知懼今最可憂者三軍之士感壽皇之厚恩一旦聞喪朝晚哭聲震動營寨見壽皇方疾陛下久闕定省之禮親侍湯藥曾不一講諸軍已懷憤怨又見壽皇既崩陛下聞喪不顧喪禮既廢孝子常禮並不舉行累日以來偶語訛言真有疾視其上之意前日白虹亘天之象陛下豈可不略動聖念為之寒心耶陛下豈不見近日虜酋猶能為其祖持三年之喪乎彼虜者蓋犬羊等耳綱常之不講禮義之不聞尚能知慕我壽皇三年終喪之孝慕德鄉義以為虜庭盛美今陛下為中國之主統人道之教何為甘心不能為虜酋之所能為者乎陛下儻念慮及此臣竊料聖意必赧然顏汗而心媿也況目即已差賀生辰使人又差告哀使二使既到虜境或虜中館迓使者或其酋主皆問及陛下不持父喪之事不知二使

何答之貽笑虜庭輕侮中國萬一遂為問罪之目有南下牧馬之意不知陛下又何以應之此臣子所以尤心悸而股慄者也兼陛下安處宮中更不成服又不知命駕登輦之時所服何服宰執奏事之頃以何服見若猶用吉服則陛下是全不以天地祖宗父母為念矣竊恐重得罪於天下陛下將何以君臨億兆鎮撫夷狄哉壽皇未上賓之前陛下不肯過宮猶曰自有所疑恐壽皇有所加於陛下也是以趑趄而不敢往今日之事與前日已大不同哀哉痛哉壽皇已棄陛下而仙矣陛下前日之虛疑今尚何有不知何所疑畏而復如前日猶豫而不行耶中外之人嗟嘆駭愕深不曉聖意之所在臣願陛下鑒臣之言略加聖慮以亂亡為可畏以社稷為可危即降指揮過宮行禮念慈父罔極之恩盡人子哀號之苦聖駕一行易危為安變禍為福不勝宗廟社稷四海蒼生之幸臣今來拳拳所奏豈為身謀止

緣受國厚恩蒙陛下親擢愛陛下至切憂陛下至深欲陛下為至孝至賢之君顧陛下有順天得人之美自四月以來臣所以自嘗三上奏劄乞早過宮茲復控瀝肝膽直言禍亂以犯天聽惟陛下財幸而亟圖之臣雖就鼎鑊死亦榮幸

光宗時朝散郎秘閣脩撰權發遣潭州軍州事兼管內勸農營田事主管荊湖南路安撫司公事馬步軍都總管借紫臣朱熹謹昧死百拜上疏皇帝陛下臣近者竊聞陛下過宮一事多有論諫未蒙採納屢降指揮尋復寢罷觀聽惶惑傳聞駭異如臣孤賤踈遠竊伏草茅不聞外廷末議初不敢妄有開說塵瀆聖聰特以今此蒙恩起當藩屏之任靜思所職上關國體若朝廷正綱紀立主德脩人心悅則守土之臣雖極駑鈍尚可憑藉威靈勉自驅策以稱任使儻根本動搖腹心蠱壞大勢傾壓無復可為則中外之臣雖有奇材遠略亦無所施況如迂愚雖欲捐軀報國亦何所用其力哉是以不能自已有不容不為陛下言者然臣所讀者不過孝經語孟六經之書所學者不過堯舜周孔之道所知者不過三代兩漢以來治亂得失之故所講明者不過仁義禮樂天理人欲之辨所遵守者又不過國家之條法考其歸趣無非欲為臣者忠為子者孝而已今者取此以為言則在廷之臣言之悉矣陛下聽之亦熟矣捨此以為言則自古天下國家未有可以外此而為治者臣今亦不敢廣引前言備禮上疏以釣敢言之名而歸過於陛下請獨以父子天性之說為陛下流涕而陳之臣聞人之所以有此身者受形於母而資始於父雖有彊暴之人見子則憐至於襁褓之兒見父則笑性何為而然哉初無所為而然此父子之道所以為天性而不可解也然父子之間或有不盡其道者是豈為父而天性有不足於慈亦豈為子而天性有不足於孝者哉

人心本明天理素具但為物欲所昏利害所蔽故小則傷恩害義而不可開大則滅天亂倫而不可救假如或好飲酒或好貨財或好聲色或好便安如此之類皆物欲也清明之地物欲昏之則父或忘其為慈子或忘其為孝然後造為讒慝者指疑似以為真實毫髮以為丘山譖之於其父則使施之於其子者不無少過譖之於其子則使施之於其父者寖失其常然後巧為利害之說以劫之蓋謂如此則必受其利不如此則必蹈其害利害既有以蔽其心此心日益猜疑今日猜疑明日猜疑猜疑不已子一舉足而得罪於其父父一出言而取怨於其子父子之情壞而禍亂作矣試於暇時或於中夜或於觀書之際或於靜坐之頃捐去物欲之私盡祛利害之蔽默觀此心之本然則父子之間固未嘗不慈且孝也臣竊觀陛下天資仁孝初政清明進退人才動合公論一言之善天下誦之豈獨於天性至親反用其薄況備物之養無大闕政事之間無大更革過宮定省本非難行猶豫遲回動踰時月亦獨何也無乃事起於纖微情阻於踈闊方間隙之將萌群臣不能救之於早及形迹既著又不能察陛下事親之本心且無以和陛下父子之情往往語言拙直援引過當其心雖忠於陛下而不足以感悟陛下之聽徒以激怒陛下故近日臨御過宮而復輟者陛下未必不曰身為萬乘之主乃不得一事自由乎故不肯屈獨斷之權為群論所迫耳而陛下父子之情所以至此者臣竊料陛下即位之初便有姦人造為邪說離間陛下之父子如一飲宴之失壽皇慮陛下或怠於為政一言動之愆壽皇憂陛下或至於成疾此皆愛陛下之至切故或形於言而不自以為嫌其意惟欲陛下遷善改過正心脩身以奉天地以承祖宗為有宗萬年無疆之休而已曷嘗有纖芥忿恨如浚井塗廩之意哉而姦人因之造為危

語。往来間諜。以誤聖聽。不唯使陛下之身常懷疑懼。而使陛下之宮
中亦皆嚴憚重華而不敢親近。日遠月疎。間隙愈大。天下之人。但見
壽皇慈覆天下。而於陛下爲尤篤。陛下所以事壽皇者。乃不以孝聞。
而以失禮聞。又不知其爲群小之姦。而直以爲陛下之失。街談巷議。
偶語族談。至有臣子所不敢聽者。臣恐不惟如此。一旦上帝震怒。匹
夫流言。草野僭亂。將伏義而起。夷狄外侮。興問罪之師。當是時。六軍
之情。能使之親附乎。萬姓之心。能使之固結而不解乎。讒邪之人。雖
復臠而食之。其能有及於國家之敗乎。如臣之愚。雖百千輩咸欲粉
身赤族。爲陛下死。其能有補於社稷之存亡乎。又聞壽皇聖躬比者
小愆和豫。雖未必因此。而天下後世寧不曰。意念鬱鬱而至此乎。夫
事固有失於毫釐之間。而遂至於不勝悔者。臣子之所不忍言。而忠
於事君者。亦不敢隱也。昔漢文帝徙淮南王。少失思慮。而尺布斗粟
之謠。終身病之。夫以兄而不能容其弟。雖賢主不敢自恕其過也。況
以天下之大。而不能容其父乎。爲今之計。先遣大臣謝罪於重華。次發
明詔告諭在廷。言前日之所以不能無疑者。以讒邪惑亂之故。誅此
姦人。以謝天下。屏斥餘黨。還始初之清明。即日駕過重華。問安侍膳。
以盡父子之驩。如此。則天下歌舞。四夷尊仰。書之信史。以爲美談。反
危而安。特在陛下反覆手之間耳。今愛陛下之切者。中宮也。嘉邸也。
忠陛下之至者。二三大臣也。頃出臣章。與之參訂。必有以知臣之惓
惓於君父。而其言雖陋。實宗社之至計也。限守遠郡。無由請對。而忠
憤所激。不能自已。是以冒死拜疏。痛哭流涕而極言之。唯陛下赦其
狂贅。臣冒犯天威。無任震懼殞越之至。
醴泉觀使周必大上奏曰。臣聞自天子至於庶人。無不以孝爲本。漢
以火德而興。本朝亦用火德王天下。按五行火主孝。故兩漢帝號自

孝惠而降。皆冠以此字。至本朝亦然。今陛下受天眷命。光宅中夏。太
上皇帝皇后春秋鼎盛。而得陛下之聖子。就天下之至養。無疆之慶。
自今以始。又有慈福太皇爲曾祖母。重華皇后爲祖母。宮闈鼎立。自
古簡冊所載。人主奉三世之親。如今日之盛者鮮矣。凡定省之誠。奉
養之勤。允陛下天性之孝。光于祖宗。使火德蕃昌。照臨萬方。在聖德
固優爲之。何待贊也。臣偶有愚見。輒冒言之。漢百官公卿表。皇后有
詹事。而皇太后亦有長信詹事。景帝中六年。更名大長秋。或用中人。
或用士人。夫以椒殿深嚴。猶參用士人典領宮掖。況太上皇帝居東
宮者。踰二十年。即帝位者已五六載。用人多矣。其間豈無久被簡知
可備顧問者。今娛侍左右。不過中貴數人。誠能若稽古昔。乘間奏請
稍沿漢事。於太上舊臣中遴擇一二人。入則侍清閒。出則從遊幸。談
論賡歌。以樂聖懷。斯亦養志之大端也。若謂古誼不可遽行。臣請引
近事爲證。靖康初。徽宗内禪之後。首命中書舍人譚世勣等。以顯謨
閣待制主管龍德宮。甚被顧遇。至今以爲美談。高宗内禪。壽皇亦嘗
命錢端禮使德壽宮。惟重華移御日淺。未暇及此。況累朝止奉母后。
比近世事體不同。惟陛下與大臣熟議。酌古今之制而行之。
吏部尚書趙汝愚上奏曰。臣竊惟人君以一身而居兆庶之上。其能
使四方萬里環拱内向。奔走服從而不敢少慢者。夫豈一人之力能
勝四海之衆哉。必有至德要道。能以素服其心爾。夫父子之道。天性
也。非獨賢者有之。愚者亦有之。非獨貴者知之。賤者亦知之也。故一
人孝敬於上。則千萬人感悅於下。所敬者寡。所悅者衆。蓋以天性之
所同也。人君於此。一或有闕。則上自搢紳士夫。下及庸夫販婦。遠至
四夷蠻貊。皆得以議己。非若其他。一言行之失。一政事之差。其利害
所能比擬也。故經曰。聖人之德。無以加於孝。至論天下之治。亦莫尚

於孝人君能以孝治天下則能得萬國之驩心以事其親而其效至於天下和平災害不生禍亂不作苟異於此則將失萬國之驩心矣萬國之驩心既失則將譴告出於天而災害生於上怨讟興於人而禍亂作於下如是而能享國長久者臣未之見也臣愚伏望陛下熟復先聖之言深惟治亂之本日遣信臣謹問安視膳之禮時乘法駕修五日一朝之儀凡羣臣有贊陛下早過重華使兩宮慈孝者是皆爲陛下忠謀而有補於聖德臣願陛下信之聽之而勿疑凡有爲離間之詞使兩宮疑阻者是皆姦人私自爲計以誤陛下聖聽臣願陛下察之遠之而勿惑自今父子驩然中外悅懌四夷聞之必自敬畏姦宄聞之必自退伏宗社幸甚生靈幸甚

汝愚又上奏曰臣等伏見陛下自三月過宮之後至今半年有餘不到重華慈福兩宮此月十二日故事進香最爲盛禮前數日陛下既

許臣等過宮甚確臣等亦謂陛下尊爲萬乘體貌大臣渙發玉音蓋無不信之理縉紳傳聞朝夕顒望方以爲慶至期又以免到宮爲辭車駕不出群情愈大失望今會慶聖節近在兩日人心憂疑羣情鼎沸臣等雖聞已有指揮二十二日車駕詣重華宮上壽然人情尚恐臨期或至反汗未免疑懼竊惟陛下父子天性豈待臣等多言第恐有離間之人誤陛下過爲疑畏陛下胡不以已行之事驗之乎去年會慶節及冬至日皆是有司夙戒法駕在庭陛下雖一時中輟不行然壽皇慈愛不介意方是時陛下固不無疑畏之心矣逮十一月二十二日車駕一到重華則父子懽然終日燕樂直至迫暮秉燭而歸陛下前疑無不頓釋臣等竊觀比日事體與去年初無小異陛下果何憚而不行乎今壽皇春秋益高人子之心所當喜懼正是陛下愛日之時定省之禮豈宜久廢萬一壽皇有微爽四時之和陛下將何以避此名乎會慶聖節湛恩錫宴上自朝廷下及郡縣官吏自一命以上無不鳴鍾擊鼓飲食醉飽盡終日之歡設若陛下是日復以他事爲辭臣等竊料北內淒涼殊無聊賴惟壽皇一人而已陛下誠思及此亦豈能恝然不動於心乎臣等竊觀季秋以來近則太白犯心熒惑入太微黑祲並起地如雷震遠則水旱交作延及數路郡縣空乏無以救恤天意人情咸大可畏臣等遑懼誠有旦夕之憂陛下聖學高明能晏然不以爲慮乎伏望睿慈深鑒古昔有治有亂有安有危斷自宸心翻然悔悟以天命爲可畏以人心爲難保以事親爲至德以讒言爲商鑒恪守昨日已降指揮勿復更易以成陛下之信躬率群臣奉觴稱壽退即宮中慈孝兩盡用家人之禮以成陛下之孝兩宮吏卒都城百姓歡喜望幸人得所欲以成陛下之仁陛下一舉而三善從之自然輿情感悅景貺繁臻宗社延長生靈慶幸冒瀆威

尊臣等不任惶懼隕越之至

汝愚又上奏曰臣伏見今月二十二日會慶聖節百執班庭有司夙戒都人夾道傒望清光而俟立久之忽傳重華恩旨令免到宮一時群臣相顧駭愕初不知其所以兩三日來道路之間妄興訛謗傳播多端然臣等備數邇聯初亦疑是陛下是日晨興微有感冒故未能出蓋甚不得已也今早臣據講筵所關報來日開講臣甚喜聞聖躬即日無他以得瞻天顏爲幸然妄意竊謂會慶盛禮千載一時今法駕猶未至重華而先視朝開講非惟事體未順亦恐無以解都人之疑伏望聖慈特降睿旨權住來日開講章今節日未遠尚可先到重華略舉玉卮爲壽之禮實爲家國大慶或聖體畏寒猶未能出雖少遲三數日視朝蓋亦未晚臣久荷恩私誼圖補報惟欲增益聖德不敢苟爲身謀輒貢瞽言死有餘罪惟陛下幸赦其愚

汝愚又上奏曰。臣等仰惟大行至尊壽皇聖帝奄棄天下。天崩地裂。海內摧痛。而陛下聞喪累日。猶未奔訃。六軍萬姓。尤切痛心。伏觀古者有喪必有主。若無後者。猶以朋友州里舍人為之。今陛下親為壽皇之子。承付託之重。而有喪無主。何忍至斯。臣等屢乞宣封。面陳悃愊。又繼入文字。陳說利害。而天聽高邈。殆如不聞。今有司卜用十三日大歛成服。陛下若失此時不出。則是永無可出之時矣。遺詔皇帝成服三日聽政。今陛下既未成服。不知何時遂可聽政耶。禮法蕩然。綱紀盡壞。開闢以來。所未嘗有。臣等適備員輔近。痛心疾首。無地自容。兩日以來。市井之間。興訛造謗。無所不有。千怪萬狀。不可聽聞。臣等一身不敢愛死。所可恨者。太祖太宗創業艱難。高宗中興。十年力戰。今勢如累卵。誠可痛爾。伏望聖明早賜開悟。速降指揮。來日過重華宮。大歛成服。庶幾可以收拾人心。少延國祚。若更失此機會。則陛

下之事去矣。臣等蒙國厚恩。不避誅戮。控瀝血誠。冒瀆威聽。不任哀號隕越之至。

汝愚又上奏曰。臣等累日不獲瞻望清光。無有合稟事件。昨日乞詣後幄引對。承御藥院傳旨別日引。緣其間有一事尤為急切。不敢不奏知。臣等昨日初議。緣十三日已奉太皇太后聖旨。皇帝以疾聽就宮中成服。依故事合請聽政。臣等已奏知。及具表文。將詣後殿門外拜發。而禮部太常及侍從臺諫下至學官皆有文字。以為陛下嘗有指揮。候疾稍愈日過宮燒香行禮。百官有司以此延頸顒望車駕先一過宮於大行梓宮前衰服哭臨。行祭奠之禮。臣等亦得於素幄之前面致慰禮。退而三上表請聽政。及將來釋服御殿。皆可次第舉行。則於事體無有不順。伏望速降指揮。俯從典禮。臣等量度事勢。輿蹕出萬無他虞。其於聖德實非小補。臣等無任瀝血竭誠哀懼祈請之至。

汝愚又上奏曰。臣等伏見今月初三日大行壽皇聖帝大祥。初五日遂終易月之制。羣臣例當釋服。而百官有司紛起論議。咸謂陛下自宮中成服之後。至今未嘗一詣几筵哭臨成禮。群臣亦未嘗於素幄面慰。綱常盡廢。何以為國。衆議爭執。未肯釋服。臣等朝夕慚懼。無以鎮壓。伏乞陛下勉為宗廟社稷之計。俯徇群臣輸忠之請。特降指揮於初三日早詣重華行大祥之禮。猶足以少慰人心。稍存典禮。古所謂失之東隅。而收之桑榆者也。臣等不任哀痛激切祈天俟命之至。

蔡戡上奏曰。臣聞人主之孝莫大於安社稷。非若衆人之孝區區致養而已。蓋人主貴為天子。當有天下。不患無以為養。使親安於至養。乃為孝之大者。唐之太宗明皇掃除禍亂。身致太平。治定功成。尊歸於父高祖睿宗。猶及見之。二君之孝亘古莫及。故為三宗之冠。近者

太上皇帝聖躬違豫。有虧典禮。人情訩訩。社稷幾殆。陛下上迫太皇之命。下徇臣民之請。光履帝位。君臨萬邦。詔令一頒。中外忻戴。軍民帖然。頓還舊觀。不動聲色。而宗社再安。慈闈萬年。永享天下之養。陛下之孝如何。當是時太皇猶豫而不決。大臣逡巡而不發。陛下退托而不敢當。禍變不測。宗社得以安乎。三宮得以安乎。陛下得以高枕而卧乎。以是知陛下功在社稷。孝備三宮。過於唐二宗遠矣。陛下天性仁孝。兢兢業業。猶以不得朝夕奉親。深軫聖念。陛下既能盡其大者。其小者在陛下不足為也。臣竊謂外庭之禮五日之朝。不可廢闕。萬一聖父尚未康復。雖不獲瞻望慈顏。然陛下子職盡矣。都人見之。遠方聞之。豈不仰戴陛下聖德。以至泰安供奉之物。不可不厚。奉承之禮不可不至。給侍之人。不可不擇。護衛之人。不可不嚴。庶幾人子之間。不生疑間。曲盡孝道。終始如一。如此則可以格天地。通神明。加

於百姓刑于四海上天祐之下民歸之聖子神孫享億萬斯年之祚天下幸甚

戡又上奏曰臣聞孝者百行冠冕孝行一虧它美莫贖夫孝出於人心之所同然可以動天地感鬼神閭里無知之人莫不知有父母孝誠所格天為之降甘露地為之產芝草人君為之旌表門閭里巷相傳咨嗟歎息以為美事儻不順於父母天地之所不佑震之以雷霆王法之所不赦加之以誅殛人倫之所不齒幾無所容於覆載之間蓋父母子之天地父母生育之天地覆載之父母之恩天地等耳中人之家父母遺之以百金之產猶且飲食不忘寢人之子父母無一金之遺亦思此身之所從來身體髮膚皆父母所授其敢一日忘乎矧貴為天子富有天下所得何啻百金人主一嚬一笑九州四海之所觀瞻一言一動天地鬼神之所降鑒治亂之分禍福之應有不期

然而然者又况德莫大於孝罪莫大於不孝其所感召疾於影響吁可畏哉去歲災異屢見人情訩訩朝不謀夕陛下一枉法駕親朝北宮天意頓回瑞雪隨降人心遂定舊觀復還自春以來不躬定省又復四閱月矣所在闕雨種不入土旱禾無及旱勢已成若至芒種雨澤愆期必有赤地千里之憂萬姓惶惶口語籍籍咸謂陛下孝行有虧所以致此孝經曰事父孝故事天明事母孝故事地察傳曰仁人事親如事天事天如事親未有不能事親而能事天者也今郊祀不遠陛下事親如此何以望上天之感格乎陛下臨御初載郊禋之夕風雨暴至不能成禮聖心震驚因而遠豫累月方愈是時陛下未有失德竊料父子之間疑貳之心已萌上天所以不享今孝行既虧大非昔比人心已失天意可知萬一有風雨之變千乘萬騎百司六軍倉皇㪫擾呼吸之間何所不有人無愚智私竊寒心臣區區之愚欲望陛下回心易慮思念壽皇鞠育聖躬傳受之重莫重於天位付與之大莫大於天下此恩此德比隆天地雖盡萬物不足以為毫髮之報陛下當推孝敬之誠心釋疑似之小憾幡然而改趣駕過宮二聖重懽融融洩洩少盡人子事親之道積此誠意以之事天必獲自天之祐以之示人必得百姓之懽上以弭災異下以銷禍變在陛下一順旨一舉足之勞耳陛下少屈於壽皇一人而天下億兆之人盡屈於陛下此非特為陛下計為宗廟社稷無窮之計臣位卑言高觸犯忌諱罪在不赦惟陛下財幸

光宗欲幸玉津園秘書郎曾三聘上疏言今人心既離大亂將作小大之臣震怖請命而陛下安意肆志如弗聞知萬一敵人諜知馳一介之使問安北宮不知何以荅之姦宄窺閒傳一紙之檄指斥乘輿不知何以禦之望亟備法駕朝謁不然臣實未知死所也孝宗病革

復上疏言道路流言洶洶日甚臣恐不幸而有狂夫姦人托忠憤以行詐假曲直以動衆至此而後悔之則恐無及矣帝意為動

寧宗即位初彭龜年上奏曰臣等竊思今日事體最重最宜先致力者莫如陛下往朝太上皇及太上皇后為第一事父母與子既得相見知前日太母册立之因軍民擁迫之意出於倉卒非陛下之本心此心既明父子無疑則天下事以次可施行矣今議者所以遲遲未敢從聖駕之行者但恐有死生不測之憂耳此一種議論害道理賊天性世豈有為人之子而疑父母固已致不敢見者如此即與前日太上與重華之事何異此理甚近亦難見也為陛下計但只一心一德盡所以事父母之道焉有不感動者哉願明詔大臣急決此事勿以外物利害憂迷動其心則議論自定矣

龜年又上奏曰臣至愚極陋無益世用幸獲攀附誤辱眷知一旦拔

之庶僚之中寘之法從之列恩深力小恨無補報唯有區區朴忠知
無不言庶以仰裨聰明俯酬悃愊惟陛下實哀憐之仰惟陛下自即
祚以來聽言納諫不啻如流雖臣狂愚亦荷採攬獨移御南內一事
臣凡五次口奏始若開肯終於不從如臣過計似不足聽然採之公
朝無不疑惑若徒徇聖意泯默不言則臣負陛下多矣臣竊謂陛下
此舉於義不安者有二於國不安者有一謹條列如左陛下前日臨
踐大寶天下曉然知陛下之心政以重華無喪主也今發引有期而
陛下遽有即安南內之意異時攢宮既畢虞主既還几筵之奉誰復
主之陛下謂朔望之奠乘輿必出足以安此心乎陛下若以此為孝
未足以慰天下之望也壽皇聖帝忍棄天下而不忍委三年之喪而
不服斯足以為孝矣故臣謂陛下不終喪不可以移御不然於義不
安者一也陛下移御之舉臣固知陛下為父母故爾陛下今日移御
之事固便於事父母然為其父母而捨其祖於義安乎古人但云父
為祖屈不聞祖為父屈陛下既承大統則當以祖為重比者陛下日
侍重華之喪而月為南內之朝於事祖事父疏數中節輕重得宜天
下咸服陛下之孝今陛下既欲移御不知亦嘗思壽皇虞主所奉之
地乎亦嘗思慈福太皇太后壽成皇太后所處之宮乎若壽皇虞主
止居重華則二太后當不離此二太后既奉壽皇几筵於此則陛下
不當捨而之它矣陛下若捨而之它則不特壽皇几筵無主而二太
后亦孤然於外是為父母而捨其祖此於義不安者二也臣仰惟太
上皇帝臨御六年輕徭薄賦仁覆天下不得罪於百姓禁戢掊尅優
卹將士不得罪於諸軍接納臣下無大斥謫不得罪於諸臣而天下
之心一旦渙然離者陛下抑嘗思其所以然乎今日陛下移御南內
以親父母固懲太上皇失事親之禮矣而天下之心猶以為未知懲

太上皇失事親之實也陛下今日既為天下之主則當察天下之心
向日太上皇之於重華天下之心誰怨誰懟今日陛下之於父母天
下之心誰疑誰惑陛下亦嘗知之否耶既知之豈得而遽之陛下儻
不近訪之諸臣遠察之衆論而獨斷之聖心臣固知其危也臣妄議
陛下君臣之際骨肉之禍特恐在此此於國不安者一也臣言至此
痛裂心膂自知辭戇意切必犯威怒斧鑕之誅所不敢逃萬一陛下
棟納其言以幸宗社臣雖受死亦無憾焉臣此奏欲望陛下付與廟
堂大臣反覆熟議若以臣言為是乞賜聽納若以臣言為非乞賜竄
逐伏候進止

慶元元年三月大府寺丞呂祖儉奏曰臣聞天下之勢久於無事之
為可畏本朝立國規模最為長久然治忽消息首六十載而猶有靖
康莫大之禍國家中興駐蹕江左揖遜授受使斯民得以奠居者將
七十年亦可謂之久於無事矣然於可喜之中而遽有深憂無虞之
中而遽生多故事體疑阻人心睽乖皆發於綱常根本之地有非意
料所能及矧復乖氣致異可駭可畏是豈可不深察其故而思所以
為轉移之方也自紹熙二載初郊之夕風雨暴至禮不克成太上皇
帝聖體違豫中外惴恐由是而後問安視膳浸闕常儀臣民之心固
已不遑寧處天降大禍孝宗皇帝奄棄萬國侍疾臨喪之志竟莫能
伸於斯之時軍民恐讙訛言浸興衆心皇皇人思逃難流傳駭異遠
邇生心國勢阽危至是亦云極矣太上皇后因上皇詔旨順人心定
大策爰命陛下以元子而承大統主孝宗之喪蓋天祚我宋變不失
正故天下無改容動色之虞然遭變居憂寧親為急陛下嗣位已閱
三時天性至情固莫能間而躬致色養猶未有期雖貴為天子富有
四海將何以解此憂乎此憂未解根本愈虧苟因循度日而秖付之

無可柰何則臣恐天人之心必愈咈戾而弗順矣何以言之陛下初政非有愆闕然自去秋以來大風震電殊為駭常而天目諸山水涌石裂其變尤甚畿內千里非旱則澇春霖為害二麥復傷上辛祈穀行禮之際狂飇忽起不克升壇重以雷雪相繼秪在一二日之内天之示戒必有所以孟軻氏有言不得乎親不可以為人不順乎親不可以為子必至于親心底豫而天下之為父子者定上皇既以感疾不得見孝宗抱終天之痛陛下又以事勢齟齬未得見上皇以少慰聖心累年之間綱常根本隳壞如此則在今日戒懼齋栗感悟親心以和召和轉災為福實難少緩伏願陛下深惟天下之勢久於無事之為可畏重念綱常根本未能植立之為可憂親心未豫則天意未和天意未和則人心弗順一有災變便難支持寢食起居誠不可以自安燕遊逸豫誠不可以自縱一念一慮一舉一措皆以未得乎親為

深憂有如親心未怡未得承歡膝下則庶幾遂望顏色以通此情徘徊徬徨不忍遽去左右前後必皆感孚真積力久聖父慈懷又必自有不能已者或上皇氣體猶未和豫陛下未得遂嘗藥之念則起敬起孝尤難自同於常時儻上皇氣體日就康寧既得時展定省之禮以慰天人之心復得同過重華以弭萬世之議臣雖至愚必知天災可息於上外患可銷於下自成祈天永命之切也苟或歲推月移竟成否隔使綱常根本終於淪斁則天下久安之勢難保而易危菑害之生未知所極臣世受國恩情迫意切發言狂瞽不識忌諱惟陛下財幸

寧宗時起居郎兼侍講劉光祖上疏曰臣仰惟陛下誕膺天命纂紹
皇圖聽政行宮凡五閱朔迨乎烈祖梓宮發引然後徐蹕移御大內
都城萬姓爰瞻爰仰載感載欣而臣之拳拳竊料聖心有正位凝命之思有臨朝願治之意見於始至之日而未嘗以萬乘之貴宮室之崇為安且樂也何以知其然也方陛下之踐祚於素幄也倉卒之際不得不達權以安宗社當時聖心蓋亦憂禍亂之生於俄頃故於此而執喪焉於此而聽政焉夫豈得已乎哉暨大行因山有期廣內清宮以俟陛下之臨御人情豈遠事理自然而廷臣或者猶有隱憂勸陛下且視朝於行宮則蓋有三說烈祖之靈雖畢虞祔而几筵一朝閒穿陛下孝心詎忍忘之乎一也太皇太后耄期之傷皇太后淒涼之感晨夕定省豈得不關聖懷二也況外人竊議太上神明未復禁中皆不敢深言已定嗣君而今也宮墻咫尺恐太上未能冲澹於物初往往虛疑過傳播在群聽太上皇后以母臨子或旨命有所難從則陛下何以處之三也凡廷臣之忠於陛下者人人懷此三說而陛下有所不能從者豈陛下之得已哉臣竊意聖心亦有三說即位相

將半載而五日一朝之禮未得一面親顏今而咫尺宮闈勢必得見一也行宮內外淺隘周廬徼道無所設供奉百司無所處九重如寄二也況廣內未還則名體不正名體不正則疑議妄生疑議妄生則敵人窺伺三也廷臣欲陛下且居行宮者則有如彼之三說而陛下聞之憮然有所不能從者又有如此之三說臣故曰非得已也非得已則必當使此六說者毫髮無可窺議在陛下於還宮之初凡事好為之而已矣陛下還宮之後為事事皆好然後廷臣之三憂俱釋而聖心之三說始明臣請詳陳其故且陛下初臨大內其憂畏之心當如初踐大位不可忘也久而憂畏之心又當念始終如一不可怠也陛下憂畏不忘不怠常如一日則宮中三年之禮有同朝夕臨對凡遊人謂陛下居烈祖之喪無有不盡此事實好一憂釋矣陛下憂畏不忘不怠常如一日則慈福壽成必交相慶慰曰吾孫今日能不替

其烈祖。不謂老年憂患有賴聖孫。人謂陛下奉曾祖母祖母無有不盡。此事實好。二憂釋矣。陛下憂畏不忘不怠。常如一日。則純意所感天猶臨之。而況於父子之至親。豈不相愛。母子之至愛。豈不相憂。而何至有乇疑之可慮。旨命之難處乎。陛下於父母能盡其道。於政令能盡其公。人謂陛下事親無有不善。此事實好。三憂釋矣。如其不然陛下憂畏苟忘苟怠。不能常如一日。則子之於父。雖曰密邇。而情未必通。母之於子。或至牽制。而事有難處。方且涉外人之所疑。而不能如陛下之初意。則陛下之一說。始無以明於天下矣。陛下憂畏苟忘苟怠。不能常如一日。則宮室之盛。百司之富。嬪御之備。九重之安。皆足以移陛下之本心。則陛下之二說。又無以明於天下矣。陛下憂畏苟忘苟怠。不能常如一日。則名體雖正。而疑議方生。疑議方生。近且不服。如遠人何。則陛下之三說。亦無以明於天下矣。臣故曰。使六說

者無一事之不善。無一毫之可疑。在陛下好為之而已矣。而好為之則不過憂畏之念常存而已矣。憂畏之念常存。然後陛下不得已之意。始暴白於天下。而天下不議。何況今日之社稷。乃高宗皇帝再造之社稷。孝宗以憂勤而社稷安。太上以少忘憂勤而社稷幾危。今日之宮室。乃高宗皇帝中興之宮室。孝宗以憂勤而宮室安。太上以少忘憂勤而宮室幾危。則陛下可不深念而切鑒之歟。陛下入宮室而思社稷。則雖欲不憂畏。不可得也。夫謹於始至。後猶易怠。若始至而遂安且樂之。後將如何哉。是則陛下新御大內。乃政令之美惡所從出。志意之勤怠所從生。心之畏肆所從分。身之奢儉所從定。嗜欲之厚薄所從見。愛惡之取舍所從知。生民之休戚所從關。家國之安危所從系也。陛下天資明哲。悉慮悉知。而況目覩艱危。克自抑畏。移御之始。寧不有感於聖懷。而臣官當記注。職預論思。心乎愛君。寧免過計。輒忘罪觸。仰瀆淵聽。雖出至愚。亦人臣事主之分當然也。惟陛下留神省察。

歷代名臣奏議卷之十二

歷代名臣奏議卷之十三

敬天

宋哲宗元祐八年翰林學士范祖禹上奏曰臣前上仁皇訓典願陛下法則仁宗宜以至誠好學爲先今因進講月令聖人奉天之事臣竊以畏天者莫如仁宗故願陛下先誠於事天臣聞聖人之事天也非在於七日戒三日齋執圭幣以饗圜丘之時也天之佑聖人也亦非在於祭則降福之時也聖人無一日而不事天天無一日而不佑聖人昔堯授舜舜授禹皆曰天之曆數在爾躬夫帝王之興受天眷命豈一朝一夕哉由其積行累功素合於天也堯有聖神文武之德故天命以爲天下君孔子曰惟天爲大惟堯則之所以事天也元亨利貞乾之四德君子行仁義禮智以法之天地之大德曰生聖人之大德曰仁天敘有典故奉之以五典天秩有禮故奉之以五禮天命有德故奉之以五服天討有罪故奉之以五刑賞有德罰有罪皆天之事非人君所得私也故官謂之天官民謂之天民官不可非其人民不可失其心易曰大人者先天而天不違後天而奉天時夫能使天不違者奉天之至也仲虺之誥曰天乃錫王勇智聖人聰明淵懿皆天所與豈可不學以奉天乎湯誥曰爾有善朕弗敢蔽罪當朕躬弗敢自赦惟簡在上帝之心言人有善己有過皆天所知不可誣也聖人推此心於天下故其德合於天伊尹曰惟尹躬暨湯咸有一德克享天心夫一者何惟誠而已不誠則有僞故不一不一則無以享天心又曰非天私我有商惟天佑于一德非商求于下民惟民歸于一德天之所佑民之所歸惟誠而已召誥曰今天其命哲命吉凶命歷年命哲則有智有不智故不可不一于學命吉凶則有禍有福故

不可不一于德命歷年則有永有不永故不可不一于仁此皆所以事天也詩曰文王陟降在帝左右言文王升降動靜皆合天之意也又曰昊天曰明及爾出王昊天曰旦及爾游衍言天常與人君出入游處不可不畏也夫天之與人同一氣耳故民愁則天爲之戚民悅則天爲之和書曰天視自我民視天聽自我民聽是也恭惟仁宗深體此意是以能誠於事天誠於畏天臣伏見自去冬郊祀以來天人協應風雨時若有豐年之祥此乃皇天嚮佑陛下至誠之所感也而自中春以來暴風雨雪寒氣過甚節令不時豐年之祥復未可必夫天之於人君亦猶人君之於臣下也小過則戒敕之若其不改然後責罰加焉人君覩小異而不儆戒則大異將至矣是以洊雷震則君子恐懼修省迅雷風烈孔子必變敬天威怒也惟陛下戒之慎之無忽天地之小異側身修德以銷大異於未然則天心常悅人心常和四海幸甚

徽宗時右正言鄒浩上奏曰臣聞天人之應捷於影響苟知其故而豫處之則轉禍爲福斯不難也神宗皇帝嘗謂輔臣曰事之將兆天常見象但人不能知彗孛示人事甚直猶如語言顧今無深曉天道之人耳古人能知之則能消伏又曰事將萌而天象先見蓋人事在下氣積於上積衆人之氣而先見猶人之五臟有疾病而氣色見於面矣非神宗皇帝至神至聖豈能及此此人主之所宜遵用也臣愚欲望睿慈申敕太史無有諱避悉以所占密具奏聞從而察之以正厥事以爲曲突徙薪之計天下幸甚

高宗紹興二年張浚上奏曰自古聖賢之君莫不以畏天爲心其意若曰天道雖高其聽甚邇語默動靜夫實臨之故一話一言一舉一措靡不致敬恭肅務格天心方今大寇憑陵民墜塗炭四方歸心期

致太平者責在陛下臣愚伏乞政事之餘平澹自養正心修身自然言行之間可以動天禍難之作指日消弭凡此皆人君格天之實也陛下聖學高妙固已自得臣愚區區愛君之心願以所知為獻耳

高宗時曹勛論畏天上書曰臣愚既陳定國是之說於前繼此願陛下勉勉愈勵畏天之實以副天意而已臣仰惟陛下誕受丕圖遭家多難臨御以來膺天眷佑大約有十皆深切著明之效至於今日已就安定然後可言臣請備言之初為質於軍中繼撫軍於河外其歸也孰脫之其出也孰命之歷數在躬遂即大位其眷佑陛下一也鉞旌所指備嘗艱難水陸之行偃薄風雨將究觀於歷試必保安於萬全其眷佑陛下二也四川天下之根本荊州襟帶之上流兩淮形勝之要地頃者四川嚴守關之師荊州附郢諸之軍兩淮成倚角之勢截然四固南紀以安原始維持似非人力其眷佑陛下三也巨盜蝟冦嘯聚蠭起曾未幾年掃無踪跡雖資廟筭亦出天亡其眷佑陛下四也連年稔熟濟接以時大兵之後實難於有年有年固難況屢豐乎是以調發之煩科歛之重民力雖困尚堪支持其眷佑陛下五也晉元帝渡江雖遠羯冦王敦蘇峻迭出為亂庾亮有汙人之塵陶侃有折翼之夢姦宄內訌可以制外陛下巡幸歷時豈復有此憂哉國於天地與有立焉其眷佑陛下六也假劉豫而助之兵粘罕之謀深矣然土龍芻狗卒無所成豫無所成粘罕所以去粘罕去豫所以廢向使粘罕不去劉豫不廢則成三矣三不可和也不和終不定也天意委曲如此皆為我宋其眷佑陛下七也撻辣復我中原而與兀术異謀雖和必不久撻辣死兀术用事欲復取中原而兀室蕭慶勸其用兵和議去矣臣奉使在虜廷兀室蕭慶見臣即欲拔諸鼎鑊何止被留哉方擾擾間二人一旦連頸被誅臣所親見也向使兀室蕭

慶不死今日之事尚敢望乎二人之死非天殺之而何其眷佑陛下八也先帝梓宮之還因山之功告成久矣皇太后久留於北陛下念親之心無一日忘今歸就慈寧之養亦四年矣是豈人力所能致哉非天克相陛下純孝未易就此其眷佑陛下九也庚申之歲虜人復取中原兵再舉矣南北轉戰至辛酉之春猶未定天下之人皆曰用兵未艾也是年秋九月兀术又大舉兵而南陛下先遣臣勛劉光遠繼又遣魏良臣王公亮至泗上未幾虜遣蕭毅邢具瞻來審議和議遂定兵已熾而遽熄事方洶洶而遂大定亦豈人力所能致哉靖康之初國人方以和為請而終不能和辛酉之冬國人皆以和為非而卒從和天之從違可見矣其眷佑陛下十也臣竊窺天意眷佑陛下深切著明之効不可誣如此豈非以陛下明畏天之道必能紹隆祖宗積累之基業乎陛下勉勉愈勵畏天之實以副天意考其既往驗其將來天之眷佑所成就於他日者當如何哉自古創業繼世之主膺天眷佑而能克脩畏天之事未有不愈隆益大而永命者堯舜禹湯文武德同乎天亦必謹畏天之道載之典謨形乎雅頌班班然也夏少康一廛一旅復禹之績太甲從伊尹之訓高宗用傅說之戒皆能成中興之業畏天也成康守文武之謨烈而大成畏天也宣王興衰撥亂復文武境土功績之美方見於釆芑六月之章而庭燎之箴沔水之規祈父之刺繼作矣始畏天而終忽於畏天也漢高帝崛起豐沛自謂能用三傑得天下天下未定君臣相與逸樂遽入於無為既老昵愛幾成廢適立庶之謬再世而有呂氏之患天方祚漢特假是以戒其後遂有文景之治天命吉凶之報也武帝始不知畏天終能畏天卒為七制明主唐高祖不及漢高遠矣以太宗之明而好大喜功勤兵於遠自遺天戒末年用人納諫失不及貞觀時留李勣輔

高宗終成武氏之禍又甚於漢之諸呂亦天所命吉凶之報也明皇憲宗始知畏天終不能畏天始則天相之終則大敗之皆視其所為不可欺也聖朝太祖皇帝由揖遜得天下固不可與漢唐同世而語祖功宗德繼序興隆未易殫數大抵人才以競業恪公為用風俗以厚實儉嗇為本兵以不用為武刑以不刻為平財以不歛為富一言一為立政立事如天在傍不敢慢忽是以天心克相和平安定三代以來未有如此之盛且久者熙寧大臣進天命不足畏祖宗不足法人言不足聽之說文恬武嬉牙孽惆怨五十餘年竒禍大作而陛下適膺斯時誕受天命天意畀付蓋可見矣臣聞既亂必有定定亂必以治治亂之本先繫於生民之休戚又繫於人材之賢否政事之得失紀綱之廢舉風俗之厚薄陛下以天命之哲天錫之智豈不明此五者為治亂相易之本乎聖意非脫略而不為也前此所未暇也今

天下定矣前此所未暇者今可以有為矣亦天之眷佑始終於陛下將以成今日之治臣願陛下勉勉愈勵畏天之實以副天意者區區之忠在是而已臣考秦滅六國而繼周有統而無德不為天所佑二世而為漢漢亡天下三分統不在吳蜀而在魏者將以興晉也晉得吳蜀合而為一其後不能保其一天使劉石烈華元帝渡江雖南北分統在晉宋繼晉齊繼宋梁繼齊陳繼梁皆得統也五朝而合於隋隋受周禪本無統得陳而有統亦以無德不為天所佑二世而為唐唐亡天下八分雖朱梁石晉皆可以得統者將以興我宋也五代五十年而為我宋太祖皇帝取吳蜀閩越南唐以并天下太宗皇帝取晉遂混為一靖康之變至是又分南北乃定自秦合天下至漢末而三分至晉而二分其數五百年自隋合天下至唐末而八分至我宋而又分其數亦五百年天命可不畏哉晉之分南一姓而北十數姓今日之分南一姓而北亦不一姓晉分而南北不定者又十數年今一分遂定而天命在陛下天之責我者重責彼者輕望彼者略望我者全筭計見効考其既往驗其將来天之眷佑所成就在陛下決非淺淺者臣揆此理甚明願陛下勉勉愈勵畏天之實以副天意而已臣不勝拳拳之誠惟陛下裁赦幸甚

光宗紹熙二年司農寺主簿呂祖儉上奏曰臣聞天人相與之際未甞相遠而人君舉動實與天通詩曰敬之敬之天維顯思命不易哉無曰高高在上陟降厥士日監在茲此言天道之流行人君舉動莫不與之俱也是故禮曰天秩典曰天叙賞曰天命刑曰天討動必以天為言而不敢有貳其心即是心而嚴乎假廟則禮文之見於假廟者不敢廢也即是心而盡乎事親則禮文之見於事親者不敢廢也至於有大典禮大休慶之事則舉之以告亦不敢略其禮文所以承

天意而荅天休者固如此若廼一用一捨必明乎好惡之公一賞一罰必察乎僭差之失則又蘄合乎天而靡有所易也典禮賞罰悉本諸天動靜陟降罔不在是堯舜禹湯文武之為君皆同乎此心而已矣恭惟陛下受天明命性與天合誠自有以深得乎天心然臣之愚猶有不能自已者竊嘗惟念辛亥之春雷雪交作郊禋之夕風雨驟至已而聖躬愆豫中外寒心今茲清明在御如日方升展慶慈闈祗款原廟天宇開霽神人欣歡而況比年以来冬令雖寒然蔑聞霜雹之為異冬氣雖燠然幸有時雪之應期灾害漸銷和氣浸洽對越之敬政在斯時欲望陛下觀天道之甚邇而益思所以戒懼因天心之昭假而益思所以奉承擴夫正大之情以致謹乎德刑極夫感通之理以致嚴乎典禮即諸念慮驗諸事為咸加聖心以承天意則往歲之灾害可以常弭難諶之命可以常保而聖德隆盛將與天同休矣

臣不勝惓惓
光宗時醴泉觀使周必大上奏曰臣聞人君所踐者天位所保者天祿故愛民則欲如天之仁勤政則欲如天之健溥愛無私以法天存心養性以事天然後可以奉若其道顧諟其命億萬斯年受天之祜矣列聖相傳以為家法至于壽皇尤篤意焉嘗御製敬天圖跋經傳法語於其下朝夕省覽此圖必在禁中願陛下訪求而觀之則古今成說不待儒生學士鋪張議論固已畢陳於前矣抑臣尚有管見敢併言之揚雄曰史以天占人聖人以人占天如上所奏蓋欲陛下以人占天也苟德脩而化行自然三光宣精百川循理雖無太史之占可也然以堯之聖猶命羲和歷象日月星辰以舜之聖猶在璿璣玉衡以齊七政況後世乎今太史局雖有其官皆以技進名隸秘書省不過歲時點檢鐘鼓而已政事或闕于下災祥或見於上彼何預焉堯

舜遠矣羲和固難復置以本朝論之凡提舉司天監皆委忠直近臣如神宗初年首用司馬光元豐間復用王安禮設或躔度稍異必能入告圖消弭之方自然災害不生禍亂不作所謂風雷弗迷熒惑退舍可拱而俟其助治也大矣臣願陛下酌本朝故事擇侍從臺諫之忠直者提舉太史局此亦復古格天之一端也
寧宗嘉定八年袁燮上奏曰臣一介疎庸遭逢盛際誤蒙拔擢浸歷清華每自念無以稱塞惟有罄竭愚忠庶幾仰酬天造臣聞人君之德莫大於敬天尤莫大於法天蓋法天者敬天之實也宅天位之尊精神運用形見於天下者無往而非天是之謂敬天之實徒曰敬之而不能法之亦猶心慕其人而不知效其所為豈真能有益於己哉陛下光紹丕圖垂及二紀嚴恭寅畏常如一日雖古帝王篤於敬天者殆無以過然古之敬天未嘗不以天為法陛下內揆於心其皆與天無間歟抑猶有未合者歟夫天猶父也君猶子也子克肖其父父必為之喜而譴怒不作矣君克配乎天天必降之福而災變不生矣陛下敬天之心不為不至而前年日有食之不盡如鉤去年大旱之後飛蝗塞空星變異常一夕再見今年日月復相繼薄食則是天意猶未解也得非法天之誠猶有可議者歟臣愚不識忌諱謹條四事切於當世者上干天威惟陛下裁赦而垂聽焉其一曰臣聞天下大器也惟達天德者為能舉之在易之乾天行健君子以自強不息宜健而弱非天德也故君德弱則不進紀綱弱則不張法度弱則不修號令弱則不行治內而弱則中國不尊治外而弱則夷狄不懾君天下者當無時而不強豈可一日而弱哉且女真之將亡無智愚皆知之陛下愛惜生靈遵養時晦似未害也而揣摩迎合之流遂欲苟安於無事有言不可者則詆之曰是欲用兵爾加以是名時所至諱則不

敢復言蓋所以結其舌也而不知我能自奮則威聲震疊自足以不戰而屈人兵我不自強而示人以弱適足以召兵又豈能息兵哉韃靼夏人自昔雄盛新興諸豪兵力亦強皆知中國之弱日夜垂涎伺隙而作吾將若之何竊恐兵端浸啓而禍患未易平也陛下以是思之豈可不法天行健磨厲精神破庸人之論以彊中國之威哉其二曰臣聞人主之大柄有二曰慶賞曰刑威而已然本於公則天下服出於私則公道廢皋陶之陳謨曰天命有德五服五章哉天討有罪五刑五用哉奉天而行所謂公也陛下更化以來招延俊彥屏去回邪固已上合乎天心矣然用違其才則如勿用言而不行與不用同忠良不得以展布賢智未免於湮鬱天之命德豈其然乎或依勢作威敢於專殺而姑務含容或黨附權姦罪不容誅而陰求救拭或貪墨著聞士論不耻而復官與祠或總戎旃交賄賂公行而匿瑕含垢

天之討罪豈其然乎施此二柄而不原乎天則朝綱廢弛而國勢陵夷矣陛下思之至此豈可不大明公道而力救斯弊哉其三曰臣聞惟天惠民惟辟奉天人君之仁民必如天之無不愛可也旱蝗相仍民大飢困上軫淵衷多方賑卹可謂仁矣然長民之吏慮蠲放太多未必能以實告故飢民不可勝計而濟糶不能徧及或轉於溝壑或輕去鄉井或羣聚借糧或肆行剽掠無所得食勢固宜然今春既分矣而艱食猶衆不知其飢餓而死抑有以虐我而讎其上者乎昔者東晉之末李雄李特之流初起不過流民浸盛遂能據蜀監觀往事可為寒心我朝內帑之儲本為凶荒之備耗於移用誠為可惜所宜特發睿斷申敕攸司止絕他費專以救荒為急推廣天心大施仁政則垂絕之命續而作亂之萌折矣其四曰臣聞廣謀從衆則合於天心聰明明畏皆自乎民所以為天疇咨于衆舍己從人所以為聖今侍從之臣所以資獻納之益也日近清光而不聞有所咨訪通進一司所以達庶僚之言也虛名僅存而不聞有所規徵則是朝廷之舉事實不與天下共之也天下之大當與天下共圖之豈可不稽謀于衆哉患人才之難得稽謀于衆必將有超卓逸群之彥患國計之未豐稽謀于衆必將有取與不窮之術患邊備之未修稽謀于衆必將有禦戎制勝萬全之良策觸類而長之凡事關利害皆廣咨博訪是為至公是為天心豈復有不當者哉臣區區愚忠陳此四事一本於天者蓋如此陛下天資粹美聖心淵靜行此四者易於轉圜而臣猶慮陛下未能盡行者諂諛之風未息蒙蔽之患方深爾惟私是徇則不知有公惟利是趨則不知有義詭隨以求合脂韋以取容隔絕上下交相為欺萬一陛下少惑其說則凡忠鯁之言何自而能行哉故孔子曰遠佞人佞人殆而孟軻亦云與讒諂面諛之人居國欲治可得乎崇觀政宣之際此徒實繁所以靖康之禍至大至酷今日所當深戒也去秋大饗明堂至誠昭假熙事告成群臣爭為歸美之詩極其稱贊陛下深念旱蝗之餘抑而不納此亦足以窒導諛之源矣臣願陛下益堅此志無甘佞辭惟正人是親惟忠言是聽此固天心所望於陛下也奉而承之乎以祈天永命不其休哉尊崇異教齋素禱祠事天之末節爾君子無取焉故臣終始以敬天之實上裨聖德惟陛下勉思臣言天下幸甚

嘉定間寧宗有事于明堂權禮部侍郎游景仁上疏言欲盡事天之禮當盡敬天之心心存則政事必適其宜言動必當其理雨暘必循其序夷夏必安其生

寧宗時將作監主簿牛大年入對言人主所當先者要以天命人心之所繫致念焉夫以人主居富貴崇高之位重而承宗社之託尊而

為臣辟之戴一指意而衆莫敢違一動作而人孰敢議然而天心靡常則可畏也

理宗嘉熙六年屯田郎中王萬因轉對言天命去留原於君心陛下一二而思之凡惻然有觸於心而未能安者皆心之所未能同乎天者也天不在天而在陛下之心苟能天人合一永永勿替天命在我矣

淳祐十年太師左丞相兼樞密使鄭清之上疏曰敬天之怒易敬天之休難天怒可憂而以為易天休可喜而以為難何哉蓋憂則懼心生懼則怒可轉而為休喜則玩心生玩則休或轉而為怒帝大喜命史官書之賜詔獎諭

歷代名臣奏議卷之十三

歷代名臣奏議卷之十四

郊廟

漢惠帝為東朝長樂宮及閒往來(閒通也)數蹕煩人乃作複道方築武庫南叔孫生奏事因請閒曰陛下何自築複道高寢衣冠月出游高廟高廟漢太祖奈何令後世子孫乘宗廟道上行哉(月出高帝衣冠備法駕名曰游衣冠三輔黃圖高寢在高廟西高祖衣冠藏在高寢月出游於高廟其道值所作複道故言乘宗廟道上行)孝惠帝大懼曰急壞之叔孫生曰人主無過舉今已作百姓皆知之今壞此則示有過舉願陛下為原廟渭北衣冠月出游之益廣多宗廟大孝之本也上迺詔有司立原廟原廟起以複道故孝惠帝曾春出游離宮叔孫生曰古者有春嘗果方今櫻桃孰可獻願陛下出因取櫻桃獻宗廟上乃許之諸果獻由此興

景帝元年十月制詔御史蓋聞古者祖有功宗有德制禮樂各有由聞歌者所以發德也舞者所以明功也高祖廟酎(正月旦作酒八月成名曰酎酎之言純也至武帝時因八月嘗酎會諸侯廟中出金助祭所謂酎金也)奏武德文始五行之舞孝惠廟酎奏文始五行之舞孝文皇帝臨天下通關梁不異遠方除誹謗去肉刑賞賜長老收恤孤獨以育羣生減嗜欲不受獻不私其利也罪人不孥不誅無罪除肉刑出美人重絕人之世朕既不敏不能識此皆上古之所不及而孝文皇帝親行之德厚侔天地利澤施四海靡不獲福焉明象乎日月而廟樂不稱朕甚懼焉其為孝文皇帝廟為昭德之舞以明休德然后祖宗之功德著於竹帛施于萬世永永無窮朕甚嘉之其與丞相列侯中二千石禮官具為禮儀奏丞相臣申屠嘉等言陛下永思孝道立昭德之舞以明孝文皇帝之盛德皆臣嘉等愚所不及臣謹議世功莫大於高皇帝德莫盛於孝文皇帝高皇帝廟宜為帝者太祖之廟孝文皇帝廟宜為帝者太宗之廟天下宜世獻祖宗之廟郡國諸侯宜各為孝文皇帝立太宗之廟諸侯王列侯使者侍祠天子歲獻祖宗之廟請著之竹帛宣布天下制曰可

孝武帝時天子郊雍議曰今上帝朕親郊而后土無祀則禮不答也有司與太史公祠官寬舒議天地牲角繭栗今陛下親祠后土后土宜於澤中圜丘為五壇壇一黃犢太牢具已祠盡瘞而從祠衣上黃於是天子遂東始立后土祠汾陰脽丘如寬舒等議

元帝永光四年詔議罷郡國廟丞相韋玄成等曰臣聞祭非自外至者也繇中出生於心也故唯聖人為能饗帝孝子為能饗親立廟京師之居躬親承事四海之內各以其職來助祭尊親之大義五帝三王所共不易之道也詩云有來雍雍至止肅肅相維辟公天子穆穆春秋之義父不祭於支庶之宅君不祭於臣僕之家王不祭於下士諸侯臣等愚以為宗廟在郡國宜無脩臣請勿復脩奏可後月餘復

詔議立親廟又曰禮王者始受命諸侯始封之君皆為太祖以下五廟而迭毀毀廟之主藏乎太祖五年而再殷祭言壹禘壹祫也祫祭者毀廟與未毀廟之主皆合食於太祖父為昭子為穆孫復為昭古之正禮也祭義曰王者禘其祖自出以其祖配之而立四廟言始受命而王祭天以其祖配而不為立廟親盡也立親廟四親親也親盡而迭毀親疏之殺示有終也周之所以七廟者以后稷始封文王武王受命而王是以三廟不毀與親廟四而七非有后稷始封文武受命之功者皆當親盡而毀成王成二聖之業制禮作樂功德茂盛廟猶不世以行為謚而已禮廟在大門之內不敢遠親也臣愚以為高帝受命定天下宜為帝者太祖之廟世世不毀承後屬盡者宜毀今宗廟異處昭穆不序宜入就太祖廟而序昭穆如禮太上皇孝惠孝文孝景廟皆親盡宜毀皇考廟親未盡如故大司馬車騎將軍許嘉

等一十九人以為孝文皇帝除誹謗去肉刑躬節儉不受獻罪人不孥不私其利出美人重絕人類賓賜長老收恤孤獨德厚侔天地利澤施四海宜為帝者太宗之廟廷尉尹忠以為孝武皇帝改正朔易服色攘四夷宜為世宗之廟諫大夫尹更始等以為皇考廟上序於昭穆非正禮宜毀於是上重其事依違者一年乃下詔曰高皇帝為漢太祖孝文皇帝為太宗世世承祀傳之無窮

元帝時丞相韋玄成奏罷太上皇寢廟園博士平當上書言臣聞孔子曰如有王者必世而後仁三十年之間道德和洽制禮興樂災害不生禍亂不作今聖漢受命而王繼體承業二百餘年孜孜不怠政令清矣然風俗未和陰陽未調災害數見意者大本有不立與何德化休徵不應之久也禍福不虛必有因而至者焉宜深迹其道而務修其本昔者帝堯南面而治先克明俊德以親九族而化及萬國孝經曰天地之性人為貴人之行莫大於孝孝莫大於嚴父嚴父莫大於配天則周公其人也夫孝子善述人之志周公既成文武之業而制作禮樂修嚴父配天之事知文王不欲以子臨父故推而序之上極於后稷而以配天此聖人之德亡以加於孝也高皇帝聖德受命有天下尊太上皇猶周文武之追王大王王季也此漢之始祖後嗣所宜尊奉以廣盛德孝之至也書云正稽古建功立事可以永年傳於亡窮上納其言下詔復太上皇寢廟園

成帝初即位丞相匡衡言甘泉泰畤紫壇八觚宣通象八方五帝壇周環其下又有羣神之壇以尚書禋六宗望山川徧羣臣之義紫壇有文章采鏤黼黻之飾及玉女樂石壇仙人祠瘞鸞路騂駒寓龍馬不能得其象於古臣聞郊紫壇饗帝之義埽地而祭上質也歌大呂舞雲門以俟天神歌大簇舞咸池以俟地祇其牲用犢其席槀稭其

器陶匏皆因天地之性貴誠上質不敢修其文也以為神祇功德至大雖修精微而備庶物猶不足以報功唯至誠為可故上質不飾以章天德紫壇偽飾女樂鸞路騂駒龍馬石壇之屬宜皆勿修衡又言王者各以其禮制事天地非因異世所立而繼之今雍鄜密上下畤本秦侯各以其意所立非禮之所載術也漢興之初儀制未及定即且因秦故祠復立北畤今既稽古建定天地之大禮郊見上帝青赤白黃黑五方之帝皆畢陳各有位饌祭祀備具諸侯所妄造王者不當長遵及北畤未定時所立不宜復修天子皆從焉及陳寶祠由是皆罷

丞相匡衡御史大夫張譚奏言帝王之事莫大乎承天之序承天之序莫重於郊祀故聖王盡心極慮以建其制祭天於南郊就陽之義也瘞地於北郊即陰之象也天之於天子也因其所都而各享焉往者孝武皇帝居甘泉宮即於雲陽立泰畤祭於宮南今行常幸長安郊見皇天反北之泰陰祠后土反東之少陽事與古制殊又至雲陽行谿谷中阸陝且百里汾陰則渡大川有風波舟楫之危皆非聖主所宜數乘郡縣治道共張吏民困苦百官煩費勞所保之民行危險之地難以奉神靈而祈福祐殆未合於承天子民之意昔者周文武郊於豐鄗成王郊於雒邑由此觀之天隨王者所居而饗之可見也甘泉泰畤河東后土之祠宜可徙置長安合於古帝王願與羣臣議定奏可大司馬車騎將軍許嘉等八人以為所從來久遠宜如故右將軍王商博士師丹議郎翟方進等五十人以為禮記曰燔柴於大壇祭天也瘞薶於大折祭地也兆於南郊所以定天位也祭地於大折在北郊就陰位也郊處各在聖王所都之南北書曰越三日丁巳用牲于郊牛二周公加牲告徙新邑定郊禮於雒明王聖主事天明

事地察天地明察神明章矣天地以王者為主故聖王制祭天地之禮必於國郊長安聖主之居皇天所觀視也甘泉河東之祠非神靈所饗宜徙就正陽太陰之處違俗復古循聖制定天位如禮便於是衡譚又奏議曰陛下聖德聰明上通承天之大典覽羣下使各悉心盡慮議郊祀之處天下幸甚臣聞廣謀從衆則合於天心故洪範曰三人占則從二人之言言少從多之義也論當往古宜於萬民則依而從之違道寡與則廢而不行今議者五十八人其五十人言當徙之義皆著於經傳同於上世便於吏民八人不按經藝考古制而以為不宜無法之議難以定吉凶太誓曰正稽古建功立事可以永年丕天之大御詩曰毋曰高高在上陟降厥士日監在茲言天之日監王者之處也又曰迺眷西顧此維予宅言天以文王之都為居也宜於長安定南北郊為萬世基天子從之

哀帝即位丞相孔光大司空何武奏言永光五年制書高皇帝為漢太祖孝文皇帝為太宗建昭五年制書孝武皇帝為世宗損益之禮不敢有與臣愚以為迭毀之次當以時定臣請與羣臣雜議奏可於是光祿勳彭宣詹事滿昌博士左咸等五十三人皆以為繼祖宗以下五廟而迭毀後雖有賢君猶不得與祖宗並列子孫雖欲褒大顯揚而立之鬼神不饗也孝武皇帝雖有功烈親盡宜毀太僕王舜中壘校尉劉歆議曰臣聞周室既衰四夷並侵獫狁最彊於今匈奴是也至宣王而伐之詩人美而頌之曰薄伐獫狁至于太原又曰嘽嘽推推如霆如雷顯允方叔征伐獫狁荊蠻來威故稱中興及至幽王犬戎來伐殺幽王取宗器(宗器宗廟之器也)自是之後南夷與北夷交侵中國不絕如綫春秋紀齊桓南伐楚北伐山戎孔子曰微管仲吾其被髮左衽矣是故棄桓之過而錄其功以為伯首及漢興冒頓始彊破東

胡禽月氏(氏讀曰支)并其土地地廣兵彊為中國害南越尉佗總百粵自稱帝故中國雖平猶有四夷之患且無寧歲一方有急三面救之是天下皆動而被其害也孝文皇帝厚以貨賂與結和親猶侵暴無已甚者興師十餘萬衆近屯京師及四邊歲發屯備虜其為患久矣非一世之漸也諸侯郡守連匈奴及百粵以為逆者非一人也匈奴所殺郡守都尉略取人民不可勝數孝武皇帝愍中國罷勞無安寧之時乃遣大將軍驃騎伏波樓船之屬南滅百粵起七郡北攘匈奴降昆邪十萬之衆置五屬國起朔方以奪其肥饒之地東伐朝鮮起玄菟樂浪以斷匈奴之左臂西伐大宛并三十六國結烏孫起敦煌酒泉張掖以鬲婼羌(婼而遮反)裂匈奴之右肩單于孤特遠遁于幕北四垂無事斥地遠境起十餘郡功業既定迺封丞相為富民侯以大安天下富實百姓其規模可見又招集天下賢俊與協心同謀興制度改

正朔易服色立天地之祠建封禪殊官號存周後定諸侯之制永無逆爭之心至今累世賴之單于守藩百蠻服從萬世之基也中興之功未有高焉者也高帝建大業為太祖孝文皇帝德至厚也為文太宗孝武皇帝功至著也為武世宗此孝宣帝所以發德音也禮記王制及春秋穀梁傳天子七廟諸侯五大夫三士二天子七日而殯七月而葬此喪事尊卑之序也與廟數相應其文曰天子三昭三穆與太祖之廟而七諸侯二昭二穆與太祖之廟而五故德厚者流光德薄者流卑(流謂流風餘福)春秋左氏傳曰名位不同禮亦異數自上以下降殺以兩禮也七者其正法數可常數者也宗不在此數中宗變也苟有功德則宗之不可預為設數故於殷太甲為太宗大戊曰中宗武丁曰高宗周公為無逸之戒舉殷三宗以勸成王繇是言之宗無數也然則所以勸帝者之功德博矣以七廟言之孝武皇帝未宜毀以

所宗言之則不可謂無功德禮記祀典曰夫聖王之制祀也功施於民則祀之以勞定國則祀之能救大災則祀之竊觀孝武皇帝功德皆兼而有焉凡在於異姓猶將特祀之況於先祖或說天子五廟無見文又說中宗高宗者宗其道而毀其廟名與實異非尊德貴功之意也詩云蔽芾甘棠勿翦勿伐邵伯所茇思其人猶愛其樹況宗其道而毀其廟乎迭毀之禮自有常法無殊功異德固以親疏相推及至祖宗之序多少之數經傳無明文至尊至重難以疑文虛說定也孝宣皇帝舉公卿之議用衆儒之謀既以為世宗之廟建之萬世宣布天下臣愚以為孝武皇帝功烈如彼孝宣皇帝崇立之如此不宜毀上覽其議而從之制曰太僕舜中壘校尉歆議可

平帝元始五年大司馬王莽奏言王者父事天故爵稱天子孔子曰人之行莫大於孝孝莫大於嚴父嚴父莫大於配天王者尊其考欲

以配天緣考之意欲尊祖推而上之遂及始祖是以周公郊祀后稷以配天宗祀文王於明堂以配上帝禮記天子祭天地及山川歲徧春秋穀梁傳以十二月下辛卜正月上辛郊高皇帝受命因雍四畤起北畤而備五帝未共天地之祀孝文十六年用新垣平初起渭陽五帝廟祭泰一地祇以太祖高皇帝配日冬至祠泰一夏至祠地祇皆并祠五帝而共一牲上親郊拜後平伏誅迺不復自親而使有司行事孝武皇帝祠雍曰今上帝朕親郊而后土無祠則禮不答也於是元鼎四年十一月甲子始立后土祠於汾陰或曰五帝泰一之佐宜立泰一五年十一月癸未始立泰一祠於甘泉二歲一郊與雍更祠亦以高祖配不歲事天皆未應古制建始元年徙甘泉泰畤河東后土於長安南北郊永始元年三月以未有皇孫復甘泉河東祠綏和二年以卒不獲祐復長安南北郊建平三年懼孝哀皇帝之疾未瘳復甘泉汾陰祠竟復無福臣謹與太師孔光長樂少府平晏大司農左咸中壘校尉劉歆太中大夫朱陽博士薛順議郎國由等六十七人議皆曰宜如建始時丞相衡等議復長安南北郊如故

後漢光武建武初大議郊祀制多以為周郊后稷漢當祀堯詔復下公卿議議者僉同帝亦然之侍御史杜林獨以為周室之興祚由后稷漢業特起功不緣堯祖宗故事所宜因循定從林議

武始侯張純以宗廟未定昭穆失序十九年乃與太僕朱浮共奏言陛下興於匹庶蕩滌天下誅鉏暴亂興繼祖宗竊以經義所紀人事衆心雖實同創革而名為中興宜奉先帝恭承祭祀者也元年以來宗廟奉祠高皇帝為受命祖孝文皇帝為太宗孝武皇帝為世宗皆如舊制又立親廟四世推南頓君以上盡於春陵節侯禮為人後者則為之子既事太宗則降其私親今禘祫高廟陳序昭穆而春陵四

世君臣並列以卑廁尊不合禮意設不遭王莽而國嗣無寄推求宗室以陛下繼統者安得復顧私親違禮制乎昔高帝以自受命不由太上宣帝以孫後祖不敢私親故為父立廟獨羣臣侍祠臣愚謂宜除今親廟以則二帝舊典願下有司博採其議詔下公卿大司徒戴涉大司空竇融議宜以宣元成哀平五帝四世代今親廟宣元皇帝尊為祖父可親奉祠成帝以下有司行事別為南頓君立皇考廟其祭上至春陵節侯羣臣奉祠以明尊尊之敬親親之恩帝從之

二十六年詔張純曰禘祫之祭不行已久矣三年不為禮禮必壞三年不為樂樂必崩宜據經典詳為其制純奏曰禮三年一祫五年一禘春秋傳曰大祫者何合祭也毀廟及未毀廟之主皆登合食乎太祖五年而再殷漢舊制三年一祫毀廟主合食高廟存廟主未嘗合祭元始五年諸王公列侯廟會始為禘祭又前十八年親奉長安亦

行此禮禮說三年一閏天氣小備五年再閏天氣大備故三年一祫五年一禘禘之為言諦諦定昭穆尊卑之義也禘祭以夏四月夏者陽氣在上陰氣在下故正尊卑之義也祫祭以冬十月冬者五穀成熟物備禮成故合聚飲食也斯典之廢於茲八年謂可如禮施行以時定議帝從之自是禘祫遂定

明帝永平三年八月丁卯公卿奏議世祖廟登歌八佾舞功名東平王蒼議以為漢制舊典宗廟各奏其樂不皆相襲以明功德秦為無道殘賊百姓高皇帝受命誅暴元元各得其所萬國咸熙作武德之舞孝文皇帝躬行節儉除誹謗去肉刑澤施四海孝景皇帝制昭德之舞孝武皇帝功德茂盛威震海外開地置郡傳之無窮孝宣皇帝制盛德之舞光武皇帝受命中興撥亂反正武暢方外震服百蠻戎狄奉貢宇內治平登封告成修建三雍肅修典祀功德巍巍比隆前

代以兵平亂武功盛大歌所以詠德舞所以象功世祖廟樂名宜曰大武之舞元命包曰緣天地之所雜樂為之文典文王之時民樂其興師征伐而詩人稱有武功樞機鈐曰有帝漢出隱洽作樂各與虞韶禹夏湯濩周武無異不宜以名舞叶圖徵曰大樂必易詩傳曰頌言成也一章成篇宜列德故登歌清廟一章也漢書曰百官頌所登御者一章十四句依書文始五行武德昭德修之舞節損益前後之宜六十四節為舞曲副八佾之數十月烝祭始御用其文始五行之舞如故勿進武德舞歌詩曰於穆世廟肅雍顯清俊乂翼翼秉文之成越序上帝駿奔來寧建立三雍封禪泰山章明圖讖放唐之文休矣惟德罔射協同本支百世永保厥功詔書曰驃騎將軍議可進武德之舞如故

章帝初即位東平王蒼上言昔者孝文廟樂曰昭德之舞孝武廟樂曰盛德之舞今皆祫食於高廟昭德盛德之舞不進與高廟同樂今孝明皇帝主在世祖廟當同樂盛德之樂無所施如自立廟當作舞樂者不當與世祖廟盛德之舞同名即不改作舞樂當進武德之舞臣愚戇鄙陋廟堂之論誠非所當聞所宜言陛下體純德之妙奮至謙之意猥歸美於載列之臣故不敢隱蔽愚情披露腹心誠知愚鄙之言不可以仰四門賓于之議伏惟陛下以至德當成康之隆天下乂安刑措之時也百姓盛歌元首之德股肱貞良庶事寧康臣欽仰聖化嘉羨盛德危顛之備非所宜稱

章帝時有司上奏曰孝明皇帝聖德淳茂劬勞日昃身御浣衣食無兼珍澤臻四表遠人慕化僬僥儋耳款塞自至克伐鬼方開道西域威靈廣被無思不服以烝庶為憂不以天下為樂備三雍之教躬養老之禮作登歌正雅樂博貫六藝不舍晝夜聰明淵塞著在圖讖至

德所感通於神明功烈光於四海仁風行於千載而深執謙謙自稱不德無起寢廟埽地而祭除日祀之法省送終之禮遂藏主於光烈皇后更衣別室天下聞之莫不悽愴陛下至孝烝烝奉順聖德臣愚以為更衣在中門之外處所殊別宜尊廟曰顯宗其四時禘祫於光武之堂間祀悉還更衣共進武德之舞如孝文皇帝祫祭高廟故事制曰可

梁太后臨朝以殤帝幼崩廟次宜在順帝下太常大夫馬訪奏宜如詔書諫議大夫呂勃以為應依昭穆之序先殤帝後順帝詔下公卿大鴻臚周舉議曰春秋魯閔公無子庶兄僖公代立其子文公遂躋僖於閔上孔子譏之書曰有事于太廟躋僖公傳曰逆祀也及定公正其序經曰從祀先公為萬世法也今殤帝在先於秩為父順帝在後於親為子先後之義不可改昭穆之序不可亂呂勃議是也詔從

之

安帝元初六年司空李郃侍祠南郊不見六宗祠奏曰案尚書肆類于上帝禋于六宗六宗者上不及天下不及地傍不及四方在六合之中助陰陽化成萬物漢初甘泉汾陰天地亦禋六宗孝成之時匡衡奏立南北郊祀復祠六宗及王莽謂六宗易六子也建武都雒陽制祀不道祭六宗由是廢不血食今宜復舊制度制曰下公卿議五官將行弘等三十一人議可祭大鴻臚龐雄等二十四人議不當祭上從郃議由是遂祭六宗

獻帝時左中郎將蔡邕上議曰漢承亡秦滅學之後宗廟之制不用周禮每帝即位世輒立一廟不止於七不列昭穆不定迭毀元皇帝時丞相匡衡御史大夫貢禹始建大議請依典禮孝文孝武孝宣皆以功德茂盛為宗不毀孝宣尊崇孝武廟稱世宗中正大臣夏侯勝等猶執異議不應為宗至孝成皇帝議猶不定太僕王舜中壘校尉劉歆據不可毀上從其議古人據正重順不敢私其君若此其至也後遭王莽之亂光武皇帝受命中興廟稱世祖孝明皇帝聖德聰明政參文宣廟稱顯宗孝章皇帝至孝烝烝仁恩博大廟稱肅宗皆方前世得禮之宜自此以下政事多釁權移臣下嗣帝殷勤各欲褒崇至親而已臣下懦弱莫能執夏侯之直今聖朝尊古復禮以求厥中誠合禮議元帝世在第八光武世在第九故以元帝為考廟尊而奏之孝明遵述亦不敢毀孝和以下穆宗威宗之號皆省去五年而再殷合食于太祖以遵先典議遂施行

魏明帝景初元年夏有司議定七廟冬又奏曰蓋帝王之興既有受命之君又有聖妃協于神靈然後克昌厥世以成王業焉昔高辛氏卜其四妃之子皆有天下而帝摯陶唐商周代興周人上推后稷以

配皇天追述王初本之姜嫄特立宮廟世世享嘗周禮所謂奏夷則歌中呂舞大濩以享先妣者也詩人頌之曰厥初生民時維姜嫄言王化之本生民所由又曰閟宮有侐實實枚枚赫赫姜嫄其德不回詩禮所稱姬宗之盛其美如此大魏期運繼于有虞然崇弘帝道三世彌隆廟祧之數實與周同今武宣皇后文德皇后各配無窮之祚至於文昭皇后膺天靈符誕育明聖功濟生民德盈宇宙開諸後嗣乃道化之所興也寢廟特祀亦姜嫄之閟宮也而未著不毀之制懼論功報德之義萬世或闕焉非所以昭孝示後世也文昭廟宜世世享祀奏樂與祖廟同永著不毀之典以播聖善之風於是與七廟議並勒金策藏之金匱

晉懷帝永嘉元年追復武悼楊皇后尊號別立廟神主不配武帝至成帝咸康七年下詔使內外詳議衛將軍虞譚議曰世祖武皇帝光有四海元皇后應乾作配元后既崩悼后繼作至楊駿肆逆禍延大母孝懷皇帝追復號諡豈不以鯀殛禹興義在不替者乎又太寧二年臣忝宗正帝譜泯棄罔所循按時博諮舊齒以定昭穆與故驃騎將軍華恒尚書荀崧侍中荀邃因舊譜參論撰次尊號之重一無改替今聖上孝思祗肅禋祀詢及羣司將以恢定大禮臣輒思詳伏見惠皇帝起居注羣臣議奏列駿作逆謀危社稷引魯之文姜漢之呂后臣竊以文姜雖莊公之母實為父讎呂后寵樹私戚幾危劉氏按此二事異於今日昔漢章帝竇后殺和帝之母和帝即位盡誅諸竇當時議者欲貶竇后及后之亡欲不禮葬和帝以奉事十年義不可違臣子之義務從豐厚仁明之稱表於往代又見故尚書僕射裴頠議悼后故事稱繼母雖出追服無改是以孝懷皇帝尊崇號諡還葬峻陵此則母子道全而廢事蕩革也于時祭於弘訓之宮未入太廟

蓋是事之未盡非義典也若以悼后復位為宜則應配食世祖若以復之為非則譜諡宜闕未有位號居正而偏祠別室者也若以孝懷皇帝私隆母子之道特為立廟者此苟崇私情有虧國典則國譜帝諱皆宜除棄匪徒不得同祀於世祖之廟也會稽王昱中書監庾冰中書令何充尚書令諸葛恢尚書謝廣光祿勳留擢丹楊尹殷融護軍將軍馮懷散騎常侍鄧逸等咸從譚議由是太后配食武帝

東晉元帝時有事於太廟尚書右丞鍾雅奏曰陛下繼承世數於京兆府君為玄孫而今祝文稱曾孫恐此因循之失宜見改正又禮祖之昆弟從祖父也景皇帝自以功德為世宗不以伯祖而登廟亦宜除伯祖之文詔曰禮事宗廟自曾孫以下皆稱曾孫此非因循之失也義取於重孫可歷世共其名無所改也稱伯祖不安如所奏

明帝時宗廟始建舊儀多闕或以惠懷二帝應各為世則潁川世數過七宜在迭毀事下太常賀循議以為禮兄弟不相為後不得以承代為世殷之盤庚不序陽甲漢之光武不繼成帝別立廟寢使臣下祭之此前代之明典而承繼之著義也惠帝無後懷帝承統弟不後兄則懷帝自上繼世祖不繼惠帝當同殷之陽甲漢之成帝議者以聖德沖遠未便改舊諸如此禮通所未論是以惠帝尚在太廟而懷帝復入數則盈八盈八之理由惠帝不出非上祖宜遷也下世既升上世乃遷遷毀對代不得相通未有下升一世而上毀二世者也惠懷二帝俱繼世祖兄弟旁親同為一世而上毀二為一世今以惠帝之崩已毀豫章懷帝之入復毀潁川如此則一世再遷祖位橫析求之古義未見此例惠帝宜出尚未輕論況可輕毀一祖而無義例乎潁川既無可毀之理則見神之數居然自八此蓋有由而然非謂數之常也既有八神則不得不於七室之外權安一位也至尊於惠懷

俱是兄弟自上後世祖不繼二帝則二帝之神行應別出不為廟中恒有八室也又武帝初成太廟時正神止七而楊元后之神亦權立一室永熙元年告世祖諡於太廟八室此是苟有八神不拘於七之舊例也又議者以景帝俱已在廟則惠懷一例景帝盛德元功王基之本義著祖宗百世不毀故所以特在本廟且亦世代尚近數得相容安神而已無逼上祖如王氏昭穆既滿終應別廟也以今方之既輕重義異又七廟七世之親昭穆父子位也若當兄弟旁滿輒毀上祖則祖位空懸世數不足何足於三昭三穆與太祖之廟然後成七哉今七廟之義出於王氏從禰以上至於高祖親廟四世高祖以上復有五世六世無服之祖故為三昭三穆并太祖而七也故世祖郊定廟禮京兆潁川曾高之親豫章五世征西六世以應此義今至尊繼統亦宜有五六世之祖豫章六世潁川五世俱不應毀今既云豫章先毀又當重毀潁川此為廟中之親惟從高祖已下無復高祖以上二世之祖於王氏之義三昭三穆廢闕其二甚非宗廟之本所據承代又違世祖祭征西豫章之意於一王定禮所闕不少

武帝太元十二年郎中徐邈議圜丘郊祀經典無二宣皇帝嘗辯斯義而檢以聖典爰及中興備加研極以定南北二郊誠非異學所可輕改也謂仍舊為安武皇帝建廟六世祖三昭三穆宣皇帝創基之主實為太祖而親則王考四廟在上未及遷也權虛東向之位也兄弟相及義非二世故當今廟祀世數未足而欲太祖正位則違事七之義矣又禮曰庶子王亦禘祖立廟蓋謂支胤授立則親迎必復京兆府君於今六世宜復立此室則宣皇未在六世之上須前世既遷乃太祖位定耳京兆遷毀宜藏主於石室雖禘祫猶弗及何者傳稱毀主升合乎太祖升者自下之名不謂可降尊就卑也太子太孫陰

室四主儲嗣之重升祔皇祖所託之廟世遠應遷然後從食之孫與之俱毀明堂方圓之制綱領已舉不關配帝之祀且王者以天下為家未必一邦故周平光武無廢於二京也明堂所祀之神積疑莫辯按易殷薦上帝以配祖考祖考同配則上帝亦為天而嚴父之義顯周禮旅上帝者有故告天與郊祀常祀同周四主故並言之若上帝是五帝經文何不言祀天旅五帝祀地旅四望乎侍中車胤議同又曰明堂之制既其難詳且樂主於和禮主於敬故質文不同音器亦殊既茅茨廣廈不一其度何必守其形範而不弘本從俗乎九服咸寧河朔無塵然後明堂辟雍可崇而修之時朝議多同於是奏行所改

安帝時太廟鴟尾災掌祠部臧燾謂著作郎徐廣曰昔孔子在齊聞魯廟災曰必桓僖也今征西京兆四府君宜在毀落而猶列廟饗此

其徵乎乃上議曰臣聞國之大事在祀與戎將營宮室宗廟為首古先哲王莫不致肅恭之誠心盡崇嚴乎祖考然後能流淳化於四海通幽感於神明固宜詳廢興於古典循情禮以求中者也禮天子七廟三昭三穆與太祖而七自考廟以至祖考五廟皆月祭之遠廟為祧有二祧享嘗乃止去祧為壇去壇為墠有禱然後祭之此宗廟之次親疏之序也鄭玄以為祧者文王武王之廟王肅以為五世六世之祖尋去祧之言則祧非文武之廟矣周之祖宗何云去祧為壇乎明遠廟為祧者無服之祖也又遠廟則有享嘗之禮去祧則有壇墠之殊明世遠者其義彌疏也若祧是文武之廟宜同月祭於太祖雖推后稷以配天由功德之所始非尊崇之義每有差降也又禮有以多貴者故傳稱德厚者流光德薄者流卑又云自上以下降殺以兩禮也此則尊卑等級之典上下殊異之文而云天子諸侯俱祭五廟

何哉又王祭嫡殤下及來孫而上祀之禮不過高祖推隆恩於下流替誠敬於尊屬亦非聖人制禮之意也是以泰始建廟從王氏議以禮父為士子為天子諸侯祭以天子諸侯其尸服以士服故上及征西以備六世之數宣皇雖為太祖尚在子孫之位至於殷祭之日未申東向之禮所謂子雖齊聖不先父食者矣今京兆以上既遷太祖始得居正議者以昭穆未足欲屈太祖於卑坐臣以為非禮典之旨所與太祖而七自是昭穆既足太祖在六世之外非為須滿七廟乃得居太祖也議者又以四府君神主宜永同於殷祫臣又以為不然傳所謂毀廟之主陳乎太祖謂太祖以下先君之主也故白虎通云禘祫祭遷廟者以其繼君之體持其統而不絕也豈如四府君在太祖之前非繼統之主無靈命之瑞非王業之基昔以世近而及今則情禮已遠而當長饗殷祫永虛太祖之位求之禮籍未見其可昔永

和之初大議斯禮于時虞喜范宣並以淵儒碩學咸謂四府君神主無緣永存於百世或欲瘞之兩階或欲藏之石室或欲為之改築雖所秉小異而大歸是同若宣皇既居羣廟之上而四主禘祫不已則大晉殷祭長無太祖之位矣夫理貴有中不必過厚禮與世遷豈可順而不斷故臣子之情雖篤而靈厲之謚彌彰追遠之懷雖切而遷毀之禮為用豈不有心於加厚顧禮制不可踰爾石室則藏於廟北改築則未知所處虞主所以依神神移則有瘞埋之禮四主若饗祀宜廢亦神之所不依也准傍事例宜同虞主之瘞埋然經典難詳羣言紛錯非臣卑淺所能折中時學者多從燾議竟未施行

宋少帝即位初司空徐羡之尚書令傅亮等上疏曰臣聞崇德明祀百王之令典憲章天人自昔之所同雖因革殊時質文異世所以本情篤教其揆一也伏惟高祖武皇帝允協靈祇有命自

天弘日靜之勤立蒸民之極帝遷明德光宅八表太和宣被玄化遐
通陛下以聖哲嗣徽道孚萬國祭禮久廢思光鴻烈饗帝嚴親今實
宜之高祖武皇帝宜配天郊至於地祇之配雖禮無明文先代舊章
每所因循魏晉故典足爲前式謂武敬皇后宜配北郊蓋述懷以追
孝躋聖敬於無窮對越兩儀允洽幽顯者也明年孟春有事於二郊
請宣攝內外詳依舊典詔可
文帝元嘉六年太學博士徐道娛上議曰伏見太廟烝嘗儀注皇帝
行事畢出便坐三公已上獻太祝送神于門然後至尊還拜百官贊
拜乃退謹尋清廟之道所以肅安神也禮曰廟者貌也神靈所馮依
也事亡如存若常在也既不應有送神之文自陳豆薦俎車駕至止
竝弗奉迎夫不迎而送送而後辭闇短之情實用未達按時人私祠
誠皆迎送由於無廟庶感降來格因心立意非王者之禮也儀禮雖

太祝迎尸于門此乃延尸之儀豈是敬神之典恐於禮有疑謹以議
上有司奏下禮官詳判博士江邃議在始不迎明在廟也卒事而送
節孝思也若不送而辭是舍親也辭而後送是遣神也故孝子不忍
遠其親又不忍遣神是以祝史送神以成烝嘗之義博士賀道期議
樂以迎來哀以送往祭統迎牲而不迎尸詩云鍾鼓送尸鄭云尸神
象也與今儀注不迎而後送若合符契博士荀萬秋議古之事尸與
今之事神其義一也周禮尸出送于廟門拜尸不顧詩云鐘鼓送尸
則送神之義其來久矣記曰迎牲而不迎尸別嫌也尸在門外則疑
於臣入廟中則全於君君在門外則疑於君入廟則全於臣是故不
出者明君臣之義邃等三人謂舊儀爲是唯博士陳珉同道娛議參
詳邃等議雖未盡然皆依擬經禮道娛珉所據難從今衆議不一宜
遵舊體詔可

孝武帝孝建元年六月癸巳八座奏劉義宣臧質干時犯滔天作戾
連結淮岱謀危宗社質反之始戒嚴之日二郊廟社皆已遍陳其義
宣爲逆未經同告輿駕將發醜徒冰消質既梟懸義宣禽獲二寇俱
殄並宜昭告檢元嘉三年討謝晦之始普告二郊太廟賊既平蕩唯
告太廟太社不告二郊禮官博議太學博士徐宏孫勃陸澄議禮無
不報始既遍告今賊已禽不應不同國子助教蘇瑋生議按王制天
子巡狩歸假于祖禰又曾子問諸侯適天子告于祖奠于禰命祝史
告于社稷宗廟山川告用牲幣反亦如之諸侯相見反必告于祖禰
乃使祝史告至于前所告者又云天子諸侯將出必以牲帛皮圭告
于祖禰反必告尋天子諸侯雖事有大小其禮略均告出告至理不
得殊鄭云出入禮同其義甚明天子出征類于上帝推其所告者歸
必告至則宜告郊不復容疑元嘉三年唯告廟社未詳其義或當以

禮記唯云歸假祖禰而無告郊之辭果立此義彌所未達夫禮記殘
缺之書本無備體折簡敗字多所缺略正應推例求意不可動必徵
文天子反行告社亦無成記何故告郊獨當致嫌但出入必告蓋孝
敬之心既以告歸爲義本非獻捷之禮今輿駕竟未出宮無容有告
至之文若陳告不行之禮則爲未有前准愚謂祝史致辭以昭誠信
苟其義舛於禮自可從實而闕臣等參議以應告爲允宜並用牲告
南北二郊太廟太社依舊公卿行事詔可
二年正月庚寅有司奏今月十五日南郊尋舊儀廟祠至尊親奉以
太尉亞獻又廟祠行事之始以酒灌地送神則不灌而郊初灌同之
於廟送神又灌議儀不同於事有疑輒下禮官詳正太學博士王祀
之議按周禮大宗伯佐王保國以吉禮事鬼神祇禋祀昊天則今太
常是也以郊天太常亞獻又周禮外宗云王后不與則贊宗伯鄭玄

云后不與祭宗伯攝其事又說云君執圭瓚裸尸大宗伯執璋瓚亞
獻中代以來后不廟祭則應依禮大宗伯攝亞獻也而今以太尉亞
獻鄭注禮月令云三王右司馬無太尉太尉秦官也蓋世代弥久宗
廟崇敬攝后事重故以上公亞獻又議履時之思情深於霜露室戶
之感有懷於容聲不知神之所在求之不以一處鄭注儀禮有司云
天子諸侯祭於祊而繹繹又祭也今廟祠闋送神之祼將移祭於祊
繹明在於留神未得而殺禮郊廟祭殊故灌送有異太常丞朱膺之
議按周禮太宗伯使掌典禮以事神為上職總祭祀而昊天為首今
太常即宗伯也又尋袁山松漢百官志云郊祀之事太尉掌亞獻光
祿掌三獻太常每祭祀先奏其禮儀及行事掌贊天子無掌獻事如
儀志漢亞獻之事專由上可不由秩宗貴官也今宗廟太尉亞獻光
祿三獻則漢儀也又賀循制太尉由東南道升壇明此官必預祭古

禮雖由宗伯然世有因革上司亞獻漢儀所行愚謂郊祀禮重宜同
宗廟且太常既掌贊天子事不容兼又尋灌事禮記曰祭求諸陰陽
之義也殷人先求諸陽樂三闋然後迎牲則殷人後灌也周人先求
諸陰灌用鬯達於淵泉既灌然後迎牲則周人先灌也此謂廟祭非謂
郊祠案周禮天官凡祭祀贊王祼將之事鄭注云祼者灌也唯人道
宗廟有灌天地大神至尊不灌而郊未始有灌於禮未詳淵儒注義
炳然明審謂今之有灌相承為失則宜無灌通關八座丞郎博士並
同膺之議尚書令建平王宏重參謂膺之議為允詔可
大明二年二月庚寅有司奏皇代殷祭無事於章后廟高堂隆議魏
文思后依周姜嫄廟禘祫及徐邈答晉宣太后殷薦舊事使禮官議
正博士孫武議按禮記祭法置都立邑設廟祧壇墠而祭之乃為親
疏多少之數是故王立七廟遠廟為祧鄭云天子遷廟之主昭穆合

藏於祧中祫乃祭之王制曰祫禘鄭云祫合也合先君之主於祖廟
而祭之謂之祫三年而夏禘五年而秋祫謂之五年再殷祭又禘大
祭也春秋文公二年大事于太廟傳曰毀廟之主陳于太祖未毀廟
之主皆升合食太廟傳曰合族以食序以昭穆祭統曰有事于太廟
則羣昭羣穆咸在不失其倫今殷祠是合食太祖而序昭穆章太后
既屈於上不列正廟若迎主入太廟既不敢配列於正序又未聞於
昭穆之外別立為位若徐邈議今殷祠就別廟奉薦則乖禘祫大祭
合食序昭穆之義邈云陰室四殤不同祫就祭此亦其義也喪服小
記殤與無後從祖祔食祭法王不祭殤鄭玄云祭適殤於廟之奧謂
之陰厭既從祖食於廟奧是殤有位於奧非就祭別宮之謂今章太
后廟四時饗薦雖不於孫止若太廟禘祫獨祭別宮與四時烝嘗不
異則非禘大祭之義又無取於祫合食之文謂不宜與太廟同殷祭

之禮高堂隆答魏文思后依姜嫄廟禘祫又不辨祫之義而改祫大
饗蓋有由而然耳守文淺學懼乖禮衷博士王燮之議按禘小祫大
禮無正文求之情例如有推尋祫之為名雖在合食而祭典之重於
此為大夫以孝饗親尊愛同極因殷薦太祖亦致盛祀於小廟譬有
事於尊者可以及卑故高堂隆所謂獨以祫故而祭之也是以魏之
文思晉之宣后雖並不序於太廟而猶均禘於姜嫄其意如此又徐
邈所引四殤不祫就而祭之以為別饗之例斯其證矣愚謂章皇太
后廟亦宜殷薦太常丞孫緬議以為祫祭之名義在合食守經據古
孫武為詳竊尋小廟之禮肇自近魏晉之所行足為前準高堂隆以
祫而祭有附情敬徐邈引就祭四殤以證別饗孫武據殤祔於祖謂
廟有殤位尋事雖同廟而祭非合食且七廟同宮始自後漢禮之祭
殤各祔厭祖既豫祫則必異廟而祭愚謂章廟殷薦推此可知祠部

朱膺之議閟宮之祀高堂隆趙怡並云周人祫嚳俱祫祭之魏晉二代取則奉薦名儒達禮無相譏非不僭不忘率由舊章愚意同王燮之孫緬議詔曰章皇太后追尊極號禮同七廟豈容獨闕殷薦隅敍盛祠閟宮遂祫既行有周魏晉從饗式範無替宜述附前典以宣情敬

五年四月庚子詔曰昔文德在周明堂崇祀高烈惟漢汶邑斯尊所以職祭罔愆氣令斯正鴻名稱首濟世飛聲朕皇考太祖文皇帝功耀洞元聖靈昭俗內穆四門仁濟羣品外薄八荒威憺殊俗南腦勁越西讋剛戎裁禮興稼穡之根張樂協四氣之紀匡飾墳序引無題之外旌延賓臣盡盛德之範訓深劭農政高刑厝萬物棣通百神薦社動協天度下沿地德故精緯上靈動殖下瑞諸侯軌道河清海夷朕仰憑洪烈入子萬姓皇天降祐迄將一紀思奉揚休德永播無窮便可詳考姬典經始明堂宗祀先靈式配上帝誠敬克展幽顯咸秩惟懷永遠感慕崩心有司奏伏尋明堂辟雍制無定文經記參差傳說乖舛名儒通哲各事所見或以為名異實同或以為名實皆異自漢暨晉莫之能辨周書云清廟明堂路寢同制鄭玄注禮義生於斯諸儒又云明堂在國之陽丙巳之地三里之內至於室宇堂个戶牖達向世代湮緬難得該詳晉侍中裴頠西都碩學詳考前載未能制之以為尊祖配天其義明著廟宇之制理據未分直可為殿以崇嚴祀其餘雜碎一皆除之參詳鄭玄之注差有準據裴頠之奏竊謂可安國學之南地實爽塏平暢足以營建其牆宇規範宜擬則太廟唯十有二間以應朞數依漢汶上圖儀設五帝位太祖文皇帝對饗祭皇天上帝雖為差降至於三載恭祀理不容異自郊徂宮亦宜共日禮記郊以特牲詩稱明堂羊牛吉蠲雖同質文殊典且郊有燔柴堂無禋燎則鼎俎彝簋一依廟禮班行百司搜材簡工權置起部尚書將作大匠量物商程剋今秋繕立乃依頠議但作大殿屋雕畫而已無古三十六戶七十二牖之制

九月甲子有司奏南郊祭用三牛廟四時祠六室用二牛明堂肇建祠五帝太祖文皇帝配未詳祭用幾牛太學博士司馬興之議案鄭玄注禮記大傳稱孝經郊祀后稷以配天配靈威仰也宗祀文王於明堂以配上帝配五帝也夫五帝司方位殊功一牲牢之用理無差降太祖文皇帝躬成天地則道兼覆載左右羣生則化洽四氣祖宗之稱不足彰無窮之美金石之音未能播勳烈之盛故明堂肇修聖心所以昭玄極況配宗廟先儒所以得禮情愚管所見謂宜用六牛博士虞龢議祀帝之名雖五而所生之實常一五德之帝迭有休王各有所司故有五室宗祀所主要隨其王而饗焉主一配一合用二牛祠部郎顏奐議祀之為義並五帝以為言帝雖云五牲牢之用謂不應過郊祭廟祀宜用二牛

南齊高帝建元元年七月有司奏郊殷之禮未詳郊在何年復以何祖配郊殷復在何時未郊得先殷與不明堂亦應與郊同年而祭不若應祭者復有配與無配不祀者堂殿職僚毀置云何八座丞郎通關博士議曹郎中裴昭明儀曹郎中孔逷議今年七月宜殷祠來年正月宜南郊明堂並祭而無配殿中郎司馬憲議南郊無配饗祠如舊明堂無配宜殷廢祀其殷祠同用今年十月右僕射王儉議案禮記王制天子先祫後時祭諸侯先時祭後祫春秋魯僖二年祫明年春禘自此以後五年再殷禮緯稽命徵曰三年一祫五年一禘經記所論禘祫與時祭其言詳矣初不以先殷後郊為嫌至於郊配之重事由王迹是故杜林議云漢業特起不因緣堯宜以高帝配天魏高

堂隆議以舜配天蔣濟云漢時奏議謂堯已禪舜不得為漢祖舜亦
已禪禹不得為魏之祖今宜以武皇帝配天晉宋因循即為前式又
案禮及孝經援神契並云明堂有五室天子每月於其室聽朔布教
祭五帝之神配以有功德之君大戴禮記曰明堂者所以明諸侯尊
卑也許慎五經異義曰布政之宮故稱明堂明堂盛貌也周官匠人
職稱明堂有五室鄭玄云周人明堂五室帝一室也初不聞有文王
之寢鄭志趙商問云說者謂天子廟制如明堂是為明堂即文廟邪
鄭荅曰明堂主祭上帝以文王配耳猶如郊天以后稷配也袁孝尼
云明堂法天之宮本祭天帝而以文王配配其父於天位則可牽天
帝而就人鬼則非義也泰元十三年孫耆之議稱郊以祀天故配之
以后稷明堂以祀帝故配之以文王由斯言之郊為皇天之位明堂
即上帝之廟徐邈謂配之為言必有神主郊為天壇則堂非文廟史

記云趙綰王臧欲立明堂于時亦未有郊配漢又祀汾陰五時即是
五帝之祭亦未有郊配議者或謂南郊之日已旅上帝若又以無配
而特祀明堂則一日再祭於義為黷案古者郊本不共日蔡邕獨斷
曰祠南郊祀畢次北郊又次明堂高廟世祖廟謂之五供馬融云郊
天之祀咸以夏正五氣用事有休有王各以其時兆於方郊四時合
歲功作相成亦以此月總旅明堂是則南郊明堂各日之證也近代
從省故與郊同日猶無煩黷之疑何者其為祭雖同所以致祭則異
孔晁云言五帝佐天化育故有從祀之禮旅上帝是也至於四郊明
堂則是本祀之所譬猶功臣從饗豈復廢其私廟且明堂有配之時
南郊亦旅上帝此則不疑於共日今何故致嫌於同辰又禮記天子
祭天地四方山川五祀歲徧尚書堯典咸秩無文詩云昭事上帝聿
懷多福據此諸義則四方山川猶必具祀五帝大神義不可略魏文

帝黃初二年正月郊天地明堂明帝太和元年正月以武皇帝配天
文皇帝配上帝然則黃初中南郊明堂皆無配也又郊日及牲色異
議紛然郊特牲云郊之用辛周之始郊也盧植云辛之為言自新絜
也鄭玄云用辛日者為人當齋戒自新絜也漢魏以來或丁或巳而
用辛常多考之典據辛日為允郊特牲又云郊牲幣宜以正色繆龍
據祭法云天地騂犢周家所尚魏以建丑為正牲宜尚白白虎通云
三王祭天一用夏正所以然者夏正得天之數也魏用異朔故牲色
不同今大齊受命建寅創曆郊廟用牲一依晉宋謂宜以今年十月
殷祀宗廟自此以後五年再殷來年正月上辛有事南郊宜以共日
還祭明堂又用次辛饗祀北郊而並無配犧牲之色率由舊章詔可
明堂可更詳有司又奏明堂尋禮無明文唯以孝經為正竊尋設祀
之意蓋為文王有配則祭無配則止愚謂既配上帝則以帝為主今

雖無配不應闕祀徐邈近代碩儒每所折衷其云郊為天壇則堂非
文廟此實明據內外百司立議已定如更詢訪終無異說傍儒依史
竭其管見既聖旨惟疑羣下所未敢詳廢置之宜仰由天鑒詔依舊
四年世祖即位其秋有司奏尋前代嗣位或於前郊年或別始晉宋
以來未有畫一今年正月已郊未審明年應南北二郊祀明堂與不
依舊通關八座丞郎博士議尚書令王儉議案秦為諸侯雜祀諸時
始皇并天下未有定祠漢高受命因雍四時而起北時始祠五帝未
定郊丘文帝六年新垣平議初起渭陽五帝廟武帝初至雍郊見五
時後常三歲一郊祠雍元鼎四年始立后土祠於汾陰明年立太一
祠於甘泉自是以後二歲一郊與雍更祠成帝初即位丞相匡衡於
長安定南北郊哀平之際又復甘泉汾陰祠平帝元始五年王莽奏
依匡衡議還復長安南北二郊光武建武二年定郊祀兆於洛陽魏

晉因循率由漢典雖時或參差而類多間歲至於嗣位之君參差不一宜有定制檢晉明帝太寧五年南郊其年九月崩成帝即位明年改元即郊簡文咸安二年南郊其年七月崩孝武即位明年改元亦郊宋元嘉三十年正月南郊其年二月崩孝武嗣位明年改元亦郊此則二代明例差可依放謂明年正月宜饗祀二郊虔祭明堂自茲厥後依舊間歲尚書領國子祭酒張緒等十七人並同儉議詔可

歷代名臣奏議卷之十五

郊廟

南齊武帝永明元年當南郊而立春在郊後世祖欲遷郊尚書令王儉啓案禮記郊特牲云郊之祭也迎長日之至也大報天而主日也易說三王之郊一用夏正盧植云夏正在冬至後傳曰啓蟄而郊此之謂也然則圜丘與郊各自行不相害也鄭玄云建寅之月晝夜分而日長矣王肅曰周以冬祭天於圜丘以正月又祭天以祈穀祭法稱燔柴太壇則圜丘也春秋傳云啓蟄而郊則祈穀也謹尋禮傳二文各有其義盧王兩說有若合符中朝省二丘以并二郊即今之郊禮義在報天事兼祈穀既不全以祈農何必俟夫啓蟄史官唯見傳義未達禮旨又尋景平元年正月三日辛丑南郊其月十一日立春元嘉十六年正月六日辛未南郊其月八日立春此復是近世明例不以先郊後春為嫌若或以元日合朔為礙者則晉成帝咸康元年正月一日加元服二日親祠南郊元服之重百僚備列雖在致齋行之不疑今齋內合朔此即前准若聖心過恭寧在嚴潔合朔之日散官備防非預齋之限者於止車門外別立幔省若日色有異則列於省前望實為允謂無煩遷日從之

二年祠部郎中蔡履議郊與明堂本宜異日漢東京禮儀志南郊禮畢次北郊明堂高廟世祖廟謂之五供蔡邕所據亦然近世存省故郊堂共日來年郊祭宜有定准太學博士王祐議來年正月上辛宜祭南郊次辛有事明堂後辛饗祀北郊兼博士劉蔓議漢元鼎五年以辛巳行事自後郊日略無遺異元封元年四月癸卯登封泰山坐明堂五年甲子以高祖配漢家郊祀非盡天子之縣故祠祭之月事有不同後漢永平以來明堂兆於國南而郊以上丁故供修三祀得

并在初月雖郊有常日明堂猶無定辰何則郊丁社甲有說則從經禮無文難以意造是以必算良辰而不祭寅丑且禮之奠祭無同共者唯漢以朝日合於報天爾若依漢書五供便應先祭北郊然後明堂則是地先天食所未可也兼太常丞蔡仲熊議鄭志云正月上辛祀后稷於南郊還於明堂以文王配故宋氏創立明堂郊還即祭是用鄭志之說也蓋為志者失非玄意也玄之言曰未審周明堂以何月於月令則以季秋案玄注月令季秋大饗帝云大饗徧祭五帝又云大饗於明堂以文武配其時秋也去啓蟄遠矣又周禮大司樂凡大祭祀宿縣尋宿縣之旨以日出行事故也若日闇而後行事則無假預縣果日出行事何得方俟郊還東京禮儀志不記祭之時日而志云天郊夕牲之夜夜漏未盡八刻進熟明堂夕牲之夜夜漏未盡七刻進熟尋明堂之在郊前一刻而進獻奏樂方待郊還魏高堂隆表九日南郊十日北郊十一日明堂十二日宗廟案隆此言是審于時定制是則周禮二漢及魏皆不共日矣禮以辛郊書以丁巳辛丁皆合宜臨時詳擇太尉從事中郎顧憲之議春秋傳以正月上辛郊祀禮記亦云郊之用辛尚書獨云丁巳用牲于郊先儒以為先甲三日辛後甲三日丁可以接事天神之日後漢永平二年正月辛未宗祀光武皇帝於明堂辛既是常郊之日郊又在明堂之前無容不郊而堂則理應郊堂司徒西閤祭酒梁王議孝經鄭玄注云上帝亦天別名如鄭旨帝與天亦言不殊近代同辰良亦有據魏泰和元年正月丁未郊祀武皇帝以配天宗祀文皇帝於明堂以配上帝此則已行之前准驍騎將軍江淹議郊旅上天堂祀五帝非為一日再黷之謂無俟釐革尚書陸澄議遺文餘事存乎舊書郊宗地近勢可共日不共者義在必異也元始五年正月六日辛未郊高皇帝以配天二

十二日丁亥宗祀孝文於明堂以配上帝永平二年正月辛未宗祀五帝於明堂光武皇帝配章帝元和二年巡狩岱宗柴祭翌日祀五帝於明堂柴山祠地尚不共日郊堂宜異於例益明陳忠奏事云延光三年正月十三日南郊十四日北郊十五日明堂十六日宗廟十七日世祖廟仲遠五祀緒統五供與忠此奏皆為相符高堂隆表二郊及明堂宗廟各一日摯虞新禮議明堂南郊間三兆禋天饗帝共日之證也又上帝非天昔人言之已詳今明堂用日宜依古在北郊後漢唯南郊備大駕自北郊以下車駕十省其二今祠明堂不應大駕尚書令王儉議前漢各日後漢亦不共辰魏晉故事不辨同異宋立明堂唯據自郊徂宮之議未達祠天旅帝之旨何者郊壇旅天甫自詰朝還祀明堂便在日昃雖致祭有由而煩黷斯甚異日之議於理為弘春秋感精符云王者父天母地則北郊之祀應在明堂之先漢魏北郊亦皆親奉晉泰寧有詔未及遵遂咸和八年甫得營繕太常顧和秉議親奉康皇之世已經遵用宋氏因循未遑釐革今宜親祠北郊明年正月上辛祠昊天次辛瘞后土後辛祠明堂御並親奉車服之儀率遵漢制南郊大駕北郊明堂降為法駕袞冕之服諸祠咸用詔可

永明十年詔故太宰褚淵故太尉王儉故司空柳世隆故驃騎大將軍王敬則故鎮東大將軍陳顯達故鎮東將軍李安民六人配饗太祖廟庭祠部郎何諲之議功臣配饗累行宋世檢其遺事題列坐位具書贈官爵謚及名文不稱主便是設板也白虎通云祭之有主孝子以繫心也揆斯而言升配廟庭不容有主宋時板度既不復存今之所制大小厚薄如尚書召板為得其衷有司攝太廟舊人亦云見宋功臣配饗坐板與尚書召板相似事見儀注

鬱林王隆昌元年有司奏參議明堂咸以世祖配國子助教謝曇濟
議案祭法禘郊祖宗並列嚴祀鄭玄注義亦據兼饗宜祖宗兩配文
武雙祀助教徐景嵩光祿大夫王逡之謂宜以世祖文皇帝配祠部
郎何佟之議周之文武尚推后稷以配天謂文皇宜推世祖以配帝
雖事施於尊祖亦義章於嚴父焉左僕射王晏議以為若用鄭玄祖
宗通稱則生有功德沒垂尊稱歷代配帝何止於郊今殷薦上帝允
屬世祖百代不毀其文廟乎詔可
明皇帝建武二年通直散騎常侍庾曇隆啓伏見南郊壇員兆外內
永明中起瓦屋形製宏壯檢案經史無所准據尋周禮祭天於圜丘
取其因高之義兆於南郊就陽位也故以高敞貴在上昭天明旁流
氣物自秦漢以來雖郊祀參差而壇域中間並無更立宮室其意何
也政是質誠尊天不自崇樹兼事通曠必務開遠宋元嘉南郊至時

權作小陳帳以為退息太始薄加脩廣永明初彌漸高麗往年工匠
遂啓立瓦屋前代帝皇豈於上天之祀而昧營搆所不為者深有情
意記稱掃地而祭於其質也器用陶匏天地之性也故至敬無文以
素為貴竊謂郊事宜擬休偃不俟高大以明謙恭肅敬之旨庶或仰
允太靈俯愜羣望詔付外詳
祠部郎何佟之奏曰案周禮大宗伯以蒼璧禮天黃琮禮地鄭玄又
云皆有牲幣各放其器之色如禮天圜丘用玄犢禮地方澤用黃牲
矣牧人云凡陽祀用騂牲陰祀用黝牲鄭玄云騂赤黝黑也陽祀祭
天南郊及宗廟陰祀祭地北郊及社稷祭法云燔柴於泰壇祭天也
瘞埋於泰折祭地也用騂犢鄭云地陰祀用黝牲與天俱用犢故連
言之耳知此祭天地即南北郊矣今南北兩郊同用玄牲又明堂宗
廟社稷俱用赤有違昔典又鄭玄云祭五帝於明堂勾芒等配食自

晉以來并圜丘於南郊是以郊壇列五帝勾芒等今明堂祀五精更
闕五神之位北郊祭地祇而設重黎之坐二三乖舛懼虧盛則前軍
長史劉繪議語云犂牛之子騂且角雖欲勿用山川其舍諸未詳山
川合為陰祀不若在陰祀則與黝乖矣佟之又議周禮以天地為大
祀四望為次祀山川為小祀周人尚赤自四望以上牲色各依其方
者以其祀大宜從本也山川以下牲色不見者以其祀小從所尚也
則論禮二說豈不合符參議為允從之
有司奏景懿后遷登新廟車服之儀祠部郎何佟之議曰周禮王之
六服大裘為上袞冕次之五車玉輅為上金輅次之皇后六服褘衣
為上褕翟次之首飾有三副為上編次之五車重翟為上厭翟次之
上公無大裘玉輅而上公夫人有副及褘衣是以祭統云夫人副褘
立于東房也又鄭玄皇后六服唯上公夫人亦有褘衣詩云翟茀以

朝鄭以翟茀為厭翟侯伯夫人入廟所乘今上公夫人副褘既同則
重翟或不殊矣況景皇懿后禮崇九命且晉朝太妃服章之禮同於
太后宋代皇太妃唯無五牛旗為異其外侍官則有侍中散騎常侍
黃門侍郎散騎侍郎各二人分從前後部尚於王者內職則有女尚
書女長御各二人傔引同於太后又魏朝之晉王晉之宋王並置百
官擬於天朝至於晉文王終猶稱薨而太上皇稱崩則是禮加於王
矣故前議景皇后悉依近代皇太妃之儀則侍衛陪乘並不得異后
乘重翟亦謂非疑也尋齋初移廟宣皇神主乘金輅皇帝親奉亦乘
金輅先往行禮畢仍從神主至新廟今所宜依准也從之
永泰元年東昏侯嗣位有司議應廟見不尚書令徐孝嗣議嗣君即
位並無廟見之文蕃支纂業乃有虔謁之禮左丞蕭琛議竊聞祇見
厥祖義著商書朝于武宮事光晉冊豈有正位居尊繼業承天而不

虔覲祖宗，格于太室。毛詩周頌篇曰：烈文，成王即政，諸侯助祭也。鄭注云：新王即政，必以朝享之禮祭於祖考，告嗣位也。又篇曰：閔予小子，嗣王朝廟也。鄭注云：嗣王者，謂成王也。除武王之喪，將始即政，朝於廟也。則隆周令典，煥炳經記。體嫡居正，莫若成王。又二漢由太子而嗣位者，西京七主，東都四帝，其昭成襃和冲五君，並皆謁廟，文存漢史。其惠景武元明章六君，前史不載謁事，或是偶有闕文，理無異說。議者乃云先在儲宮，已經致敬，卒哭之後，即親奉時祭，則是廟見，故無別謁之禮。竊以為不然。儲后在宮，亦從郊祀，若謂前虔可兼後敬，開元之始，則無假復有配天之祭矣。若以親奉時祭，仍為廟見者，自漢及晉，支庶嗣位，並皆謁廟，既同有蒸嘗，何為獨脩繁禮？且晉成帝咸和元年，故躡以謁廟，咸康元年加元服，又更謁。夫時非異主，猶不疑二禮相因，況位隔君臣，而追以一謁兼敬？宜遠纂周漢之盛範，

近黜晉宋之乖義，展誠一廟，駿奔萬國。奏可。

東昏侯永元二年，何佟之建議曰：案祭法，有虞氏禘黃帝而郊嚳，祖顓頊而宗堯；周人禘嚳而郊稷，祖文王而宗武王。鄭玄云：禘郊祖宗，謂祭祀以配食也。禘謂祀昊天於圜丘也。祭上帝於南郊曰郊。祭五帝五神於明堂曰祖宗。郊祭一帝，而明堂祭五帝。小德配寡，大德配衆。王肅云：祖宗是廟不毀之名。果如肅言，殷有三祖三宗，並應不毀，何故止稱湯契？且王者之後存焉，舜寧立堯頊之廟，傳世祀之乎？漢文以高祖配泰畤，至武帝立明堂，復以高祖配食，一人兩配，有乖聖典。自漢明以來，未能反昔，故明堂無兼配之祀。竊謂先皇宜列二帝於文祖，尊新廟為高宗，並世祖而泛配，以申聖主嚴父之義。先皇於武皇，倫則第為季，義則經為臣，設配饗之坐，應在世祖之下，並列俱西向。國子博士王摛議：孝經周公郊祀后稷以配天，宗祀文王於明堂以配上帝，不云武王。又周頌思文，后稷配天也；我將，祀文王於明堂，脫武王之文。唯執競云祀武王，此自周廟祭武王詩，彌知明堂無矣。何佟之又議：孝經是周公居攝時禮，祭法是成王反位後所行，故孝經以文王為父，祭法以文王為祖。又孝莫大於嚴父配天，則周公其人也。尋此旨，寧施成王乎？若孝經所說，審是成王所行，則為嚴祖，何得云嚴父邪？且思文是周公祀后稷配天之樂歌，我將是祀文王配明堂之樂歌，若如摛議，則此二篇皆應在復子明辟之後。請問周公祀后稷、文王為何所歌？又國語云：周人禘嚳郊稷，祖文王而宗武王。韋昭云：周公時以文王為宗，其後更以文王為祖，武王為宗。尋文王以文治而為祖，武王以武定而為宗，欲明文亦有大德，武亦有大功，故鄭注祭法云：祖宗通言耳。是以詩云：昊天有成命，二后受之。注云：二后，文王武王也。且明堂之祀，有單有合。故鄭云：四時迎氣於郊，祭一

帝，還於明堂，因祭一帝，則以文王配。明一賓不容兩主也。享五帝於明堂，則泛配文武。泛之為言，無的之辭。其禮既盛，故祖宗並配。參議以佟之為允。詔可。國子助教徐景嵩議：伏尋三禮，天地兩祀，南北二郊，但明祭取犧牲，器用陶匏，不載人君偃處之儀。今陳瓦之構，雖殊俱非千載成例，宜務因循。太學博士賀瑒議：周禮王旅上帝，張氈案，設皇邸，國有故而祭亦曰旅。氈案，以氈為牀於幄中，不聞郊所置宮宇。兼左丞王摛議：掃地而祭於郊，謂無築室之議，並同曇隆。驍騎將軍虞炎議：以為誠慤所施，止在一壇。漢之郊祀，饗帝甘泉，天子自竹宮望拜，息殿去壇場既遠，郊奉禮畢，旋幸於此，瓦殿之與帷宮，謂無簡格。祠部郎李撝議：周禮凡祭祀張其旅幕，張尸次。尸則有幄，仲師云：尸次，祭祀之尸所居更衣帳也。凡祭之文，既不止於郊祀，立尸之言，理應關於宗廟。古則張幕，今也房省。宗廟旅幕，可變為棟宇；郊祀氈案

何為不轉製檐甍壘隆議不行。

梁武帝天監元年，北中郎司馬何佟之上言曰：案周禮王出入則奏王夏，尸出入則奏肆夏，牲出入則奏昭夏。今樂府之夏唯變王夏為皇夏，蓋緣秦漢以来稱皇故也。而齊氏仍宋儀注，迎神奏昭夏，皇帝出入奏永至，牲出入更奏引牲之樂，其為舛謬莫斯之甚。請下禮局改正。周捨議以為禮王入奏王夏，大祭祀與朝會其用樂一也。而漢制皇帝在廟奏永至樂，朝會之日別有皇夏，二樂有異，於禮為乖，宜除永至，還用皇夏。又禮尸出入奏肆夏，賓入大門奏肆夏，則所設唯在人神，其與迎牲之樂不可濫也。宋季失禮，頗虧舊則，神入廟門遂奏昭夏，乃以牲牢之樂用接祖考之靈，斯皆前代之深疵，當今所宜改也。時議又以為周禮云若樂六變，天神皆降。神居上玄，去還怳忽，降則自至，迎則無所可迎，為降而送依前式。又周禮云若樂八變，

則地祇皆出，可得而禮，地宜依舊召迎神，並從之。又以明堂設樂大署與南郊不殊，壇堂異名，而無就燎之位，明堂則徧歌五帝，其餘同於郊式。爲初宋齊代祀天地、祭宗廟，准漢祠太一后土，盡用宮懸。又太常任昉亦據王肅議云：周官以六律、五聲、八音、六舞大合樂，以致鬼神，以和邦國，以諧兆庶，以安賓客，以悅遠人，是謂六同，一時皆作。今六代舞獨分用之，不厭人心。遂依肅議，祀祭郊廟備六代樂。

後魏孝文帝時，詔百寮集議明堂制度。國子博士封軌議曰：明堂者，布政之宮，在國之陽，所以嚴父配天，聽朔設教，其經構之式，蓋已尚矣。故周官匠人職云：夏后氏世室，殷人重屋，周人明堂，五室九階，四戶八窗。鄭玄曰：或舉宗廟，或舉王寢，或舉明堂，互之以見同制。然則三代明堂其制一也。案周與夏殷損益不同，至於明堂因而弗革，明五室之義得天數矣。是以鄭玄又曰：五室者，象五行也。然則九階者，

法九土；四戶者，達四時；八窗者，通八風。誠不易之大範，有國之恒式。若其上圓下方以則天地，通水環宮以節觀者，茅蓋白盛為之質飾，赤綴白綴為之戶牖，皆典籍之所具載，制度之明義也。在秦之世，焚滅五典，毀黜三代，變更先聖，不依舊憲。故呂氏月令見九室之義，大戴之禮著十二堂之論。漢承秦法，亦未能改，東西二京俱為九室。是以黃圖、白虎通、蔡邕、應劭等咸稱九室以象九州，十二堂以象十二辰。夫室以祭天，堂以布政，依天而祭，故室不過五；依時布政，故堂不踰四。州之與辰，非所可法，九與十二，其用安在？今聖朝欲尊道訓民，備禮化物，宜則五室以為永制。至如廟學之嫌，臺沼之雜，袁準之徒已論正矣，遺論具在，不復須載。

宣武帝景明二年夏六月，秘書丞孫惠蔚上言曰：臣聞國之大禮莫崇明祀，祀之大者莫過禘祫，所以嚴祖敬宗，追養繼孝，合享聖靈，審

諦昭穆。遷毀有恒制，尊卑有定體，誠慤著於中，百順應於外。是以惟王剏制，為建邦之典；仲尼述定，為不刊之式。暨秦燔詩書，鴻籍泯滅，漢氏興求，拾綴遺篆，淹中之經，孔安所得，唯有卿大夫士饋食之篇，而天子諸侯享廟之祭、禘祫之禮盡亡。曲臺之記，戴氏所述，然多載尸灌之義、牲獻之數，而行事之法、備物之體蔑有具焉。今之取證，唯有王制一簡、公羊一冊，考此二書以求厥旨，自餘經傳雖時有片記，至於取正，無可依攬。是以兩漢淵儒、魏晉碩學咸據斯文以為朝典。然持論有深淺，伏義有精浮，故令傳記雖一而探意乖舛。伏惟孝文皇帝合德乾元，應靈誕載，玄思洞微，神心暢古，禮括商周，樂宣韶濩，六籍幽而重昭，五典淪而復顯，舉二經於和中，一姬公於洛邑。陛下叡哲淵凝，欽明道極，應必世之期，屬功成之會，繼文垂則，寔惟下武。而祫禘二殷，國之大事，烝嘗合享，朝之盛禮，此先皇之所留心，聖懷

以之永慕臣聞周宗初開致禮清廟敢竭愚管輒陳所懷謹案王
制曰天子犆礿祫禘祫嘗祫烝鄭玄曰天子諸侯之喪畢合先君之
主於祖廟而祭之謂之祫後因以為常魯禮三年喪畢而格於太祖
明年春禘於羣廟自爾之後五年而再殷祭一祫一禘春秋公羊魯
文公二年八月丁卯大事于太廟傳曰大事者何大祫也大祫者何
祫祭也毀廟之主陳於太祖未毀廟之主皆升合食于太祖五年而
再殷祭何休曰陳者就陳列太祖前太祖東鄉昭南鄉穆北鄉其餘
孫從王父父曰昭子曰穆又曰殷盛也謂三年祫五年禘禘所以異
於祫者功臣皆祭也祫猶合也禘猶諦也審諦無所遺失察記傳之
文何鄭祫禘之義略可得聞然則三年喪畢祫祭太祖明年春祀遍
禘羣廟此禮之正也古之道也又案魏氏故事魏明帝以景初三年
二月崩至五年正月積二十五晦為大祥太常孔美博士趙怡等以

為禫在二十七月到其年四月依禮應祫散騎常侍王肅博士樂詳
等以為禫在祥月至其年二月宜應祫祭雖孔王異議六八殊制至
於喪畢之祫明年之禘其議一爲陛下永惟孝思因心即禮取鄭捨
王禫終此晦來月中旬禮應大祫六室神祏合食太祖明年春享咸
禘羣廟自茲以後五年為常又古之祭法時祫並行天子先祫後時
諸侯先時後祫此於古為當在今則煩且禮有昇降事有文節通時
之制聖人弗遺當祫之月宜減時祭以從要省然大禮久廢羣議或
殊以臣觀之理在無怪何者心制既終二殷惟始祫禘之正寔在於
斯若停而闕之唯行時祭七聖不聞合享百辟不覩盛事何以宣昭
令問垂式後昆乎皇朝同等三代治邁終古而令徽典誡於昔人鴻
羨懟於往志此禮所不行請所未許臣學不鈞深思無經遠徒閱章
句蔑爾無立但飲澤聖時銘恩天造是以妄盡區區冀有塵露所陳

蒙允請付禮官集定儀注
正始間修明堂辟雍豫州中正袁翻議曰謹案明堂之義今古諸儒
論之備矣異端競搆莫適所歸故不復遠引經傳近援紀籍以為之
證且論意之所同以酬詔之問耳蓋唐虞已上事難該悉夏殷已降
稜可知之謂典章之極莫如三代郁郁之盛從周斯美制禮作樂典
刑在焉遺風餘烈垂之不朽案周官考工所記皆記其時事具論夏
殷名制豈其紕繆是知明堂五室三代同焉配帝象行義則明矣及
淮南呂氏與月令同文雖布政班時有堂个之別然推其體例則無
九室之證既而世衰禮壞法度淪弛正義殘隱妄說斐然明堂九室
著自戴禮探緒求源罔知所出而漢氏因之自欲為一代之法故鄭
玄云周人明堂五室是帝一室也合於五行之數周禮依數以為之
室而施行於今雖有不同時說昞然本制著存而言無明文欲復何

責本制著存是周五室也於今不同是漢異周也漢為九室略可知
矣但就其此制猶切有懵焉何者張衡東京賦云乃營三宮布教班
常複廟重屋八達九房此乃明堂之文也而薛綜注云房室也謂堂
後有九室堂後九室之制非巨異乎裴頠又云漢氏作四維之个不
能令各處其辰就使其象可圖莫能通其居用之禮此為設虛器也
甚知漢世徒欲削減周典捐棄舊章改物創制故不復拘於載籍且
鄭玄之古訓三禮及釋五經異義並盡思窮神故得之遠矣覽其明
堂圖義皆有悟人意察察著明確乎難奪諒足以扶微闡幽不墜周
公之舊法也伯喈損益漢制章句繁雜既違古背新又不能易玄之
妙矣魏晉書紀亦有明堂祀五帝之文而不記其經始之制又無坦
然可準覲夫今之基址猶或髣髴高卑廣狹頗與戴禮不同何得以
意抑必便謂九室可明且三雍異所復乖盧蔡之義進退亡據何用

經通晉朝亦以穿鑿難明故有一屋之論並非經典正義皆以意妄作茲為曲學家常談不足以範時軌世皇代既秉乾統曆得一馭寰自宜稽古則天憲章文武追蹤周孔述而不作四彼三代使百世可知豈容虛追子氏放篇之浮說徒損經紀雅誥之遺訓而欲以支離橫議指畫妄圖儀形宇宙而貽來葉者也又北京制置未皆允帖繕修草創以意良多事移禮變所存者無幾理苟宜革何必仍舊且遷都之始日不遑給先朝規度每事循古是以數年之中倏換非一良以永法為難數改為易何為宮室府庫多因故迹而明堂辟雍獨遵此制建立之辰復未可知矣既猥班訪逮輒輕率瞽言明堂五室請同周制郊建三雍求依故所庶有會經誥無失典刑識偏學疎退慙謬浪

宣武帝時太常卿劉芳以所置五郊及日月之位去城里數於禮有違又靈星周公之祀不應隸太常乃上疏曰臣聞國之大事莫先郊祀郊祀之本實在審位是以列聖格言彪炳綿籍先儒正論昭著經史臣學謝全經業乖通古豈可輕薦瞽言妄陳管說竊見所置壇祠遠近之宜考之典制或未允衷既曰職司請陳膚淺孟春令云其數八又云迎春於東郊盧植云東郊八里之郊也賈逵云東郊木帝太昊八里許慎云東郊八里郊也鄭玄孟春令注云王居明堂禮曰王出十五里迎歲蓋殷禮也周禮近郊五十里鄭玄別注云東郊去都城八里高誘云迎春氣於東方八里郊也王肅云東郊八里因木數也此皆同謂春郊八里之明據也孟夏令云其數七又云迎夏於南郊盧植云南郊七里郊也賈逵云南郊火帝炎帝七里許慎云南郊七里郊也鄭玄云南郊去都城七里高誘云南郊七里之郊也王肅云南郊七里因火數也此又南郊七里之審據也中央令云其數五

盧植云中郊五里之郊也賈逵云中兆黃帝之位並南郊之季故云兆五帝於四郊也鄭玄云中郊西南未地去都城五里此又中郊五里之審據也孟秋令云其數九又曰迎秋於西郊盧植云西郊九里郊賈逵云西郊金帝少皡九里許慎云西郊九里郊也鄭玄云西郊去都城九里高誘云西郊九里之郊也王肅云西郊九里因金數也此又西郊九里之審據也孟冬令云其數六又云迎冬於北郊盧植云北郊六里郊也賈逵云北郊水帝顓頊六里許慎云北郊六里郊也鄭玄云北郊去都城六里高誘云北郊六里之郊也王肅云北郊六里因水數也此又北郊六里之審據也宋氏含文嘉注云周禮王畿千里二十分其一以為近郊近郊五十里倍之為遠郊迎王氣蓋於近郊漢不設王畿則以其方數為郊處故東郊八里南郊七里西郊九里北郊六里中郊在西南未地五里祭祀志云建武一年正月初制郊兆於雒陽城南七里依採元始中故事北郊在雒陽城北四里此又漢世南北郊之明據也今地祇準此至如三十里之郊進乖鄭玄所引殷周二代之據退違漢魏所行故事凡邑外曰郊今計四郊各以郭門為限里數依上禮朝拜日月皆於東西門外今日月之位去城東西路各三十竊又未審禮又云祭日於壇祭月於坎今計造如上禮儀志云立高禖祠于城南不云里數故今仍舊靈星本非禮事兆自漢初專為祈田恒隸郡縣郊祀志云高祖五年制詔御史其令天下立靈星祠牲用犬牢縣邑令長得祠晉祠令云郡縣國祠稷社先農縣又祠靈星此靈星在天下諸縣之明據也周公廟所以別在洛陽者蓋姬旦創成洛邑故傳世洛陽崇祠不絕以彰厥庸夷齊廟者亦世為洛陽界內神祠今並移太常恐乖其本天下此類甚眾皆當部郡縣脩理公私於之禱請竊惟太常所司郊廟神祇自有

常限無宜臨時斟酌以意若遂亦妄營則不免淫祀二祠在太常在洛陽於國一也然貴在審本臣以庸蔽謬忝令職考括墳籍博採羣議既無異端謂粗可依據今玄冬務隙野甕人閑遷易郊壇二三為便詔曰所上乃有明據但先朝置立已久且可從舊

孝明帝即位三月申子尚書令任城王澄太常卿崔亮上言秋七月應祫祭于太祖今世宗宣武皇帝主雖入廟然烝嘗時祭猶別寢室至於殷祫宜存古典案禮三年喪畢祫於太祖明年春禘於羣廟又案杜預亦云卒哭而除三年喪畢而禘魏武宣后以太和四年六月崩其月既葬除服即吉四時行事而猶未禘王肅韋誕並以為今除即吉故特時祭至於禘祫宜存古禮高堂隆亦如肅議於是停不殷祭仰尋太和二十三年四月一日高祖孝文皇帝崩其年十月祭廟景明二年秋七月祫於太祖三年春禘於羣廟亦三年乃祫謹準古禮及晉魏之議并景明故事愚謂來秋七月祫祭應停宜待年終乃復祫禘詔曰太常援引古今並有證據可依請

澄亮又奏曰謹案禮記曾子問曰諸侯旅見天子不得成禮者幾孔子曰四太廟火日蝕后之喪雨沾服失容則廢臣等謂元日萬國賀應是諸侯旅見之義若禘廢朝會孔子應云五而獨言四明不廢朝賀也鄭玄禮注云魯禮三年喪畢祫於太祖明年春禘羣廟又鄭志檢魯禮春秋昭公十一年夏五月夫人歸氏薨十三年五月大祥七月釋禫公會劉子及諸侯于平丘八月歸不及於祫冬公如晉明十四年春歸祫明十五年春乃禘經曰二月癸酉有事於武宮傳曰禘於武公謹案明堂位曰魯王禮也喪畢祫禘似有退理詳考古禮未有以祭事廢元會者禮云吉事先近日脫不吉容改筮三旬尋攝太史令趙翼等列稱正月二十六日祭亦吉請移禘祀在中旬十四日

時祭移二十六日猶曰春禘又非退義祭則無疏怠之譏三元有順軌之美既被成旨宜即宣行臣等伏度國之大事在祀與戎君舉必書恐貽後誚輒訪引古籍竊有未安臣等學缺通經識不稽古備位樞納可否必陳冒陳所見伏聽裁衷

熙平二年三月癸未太常少卿元端上言謹案禮記祭法有虞氏禘黃帝而郊嚳祖顓頊而宗堯夏后氏亦禘黃帝而郊鯀祖顓頊而宗禹殷人禘嚳而郊冥祖契而宗湯周人禘嚳而郊稷祖文王而宗武王鄭玄注大禘郊祖宗謂祭祀以配食也有虞氏以上尚德禘郊祖宗配用有德者自夏以下稍用其姓代之是故周人以后稷為始祖文武為二祧訖於周世配祭不毀案禮嚳雖無廟配食禘祭謹詳聖朝以太祖道武皇帝配圜丘道穆皇后劉氏配方澤太宗明元皇帝配上帝明密皇后杜氏配地祇又以顯祖獻文皇帝配雩祀太宗明元皇帝之廟既毀上帝地祇配祭有式國之大事唯祀與戎廟配事重不敢專決請召羣官集議以聞

神龜初靈太后父司徒胡國珍薨贈太上秦公時疑其廟制太學博士王延業議曰案王制云諸侯祭二昭二穆與太祖之廟而五又小記云王者立四廟鄭玄云高祖已下與始祖而五明立廟之正以親為限不過於四其外有大功者然後為祖宗然則無太祖者止於四世有太祖乃得為五禮之正文也文王世子云五廟之孫祖廟未毀雖為庶人冠娶妻必告鄭玄云實四廟而言五廟者容高祖為始封君之子明始封之君在四世之外正謂太祖乃得稱五廟之孫若未有太祖已祀五世則鄭無為釋高祖為始封君之子也此先儒精義當今顯證也又喪服傳曰若公子之子孫有封為國君者則世世祖是人也不祖公子鄭玄云謂後世為君者祖此受封之君不得祀別

子也公子若在高祖已下則如其親服後世遷之乃毀其廟爾明始封猶在親限故祀止高祖又云如親而遷尤知高祖之父不立廟矣此又立廟明法與今事相當者也又禮緯玄夏四廟至子孫五殷五廟至子孫六注云言至子孫則初時未備也又顯在緯籍區別若斯者也又晉初以宣帝是始封之君應為太祖而以猶在祖位故唯祀征西已下六世待世世相推宣帝出居太祖之位然後七廟乃備此又依準前軌若重規襲矩者也竊謂太祖者功高業大百世不遷故親廟之外特更崇立苟無其功不可獨居正位而遂見遷毀且三世已前廟及於五玄孫已後祀止於四一與一奪名位莫定求之典禮所未前聞今太上秦公蹤爵列土大啓河山傳祚無窮永同帶礪實有始封之功方成不遷之廟但親在四世之內名班昭穆之序雖應為太祖而尚在禰位不可遠探高祖之父以合五者之數太祖之室

當須世世相推親盡之後乃出居正位以備五廟之典夫循文責實理貴允當考覈宗祊得禮為義不可苟薦虛名取榮多數求之經記竊謂為允又武始侯本無采地於皇朝制令名準大夫案如禮意諸侯奪宗武始四時蒸嘗宜於秦公之廟博士盧觀議案王制天子七廟三昭三穆與太祖之廟而七諸侯五廟二昭二穆與太祖之廟而五大夫三士一自上已下降殺以兩庶人無廟死為鬼焉故曰尊者統遠卑者統近是以諸侯及太祖天子及其祖之所自出祭法諸侯立五廟一壇一墠曰考廟曰王考廟曰皇考廟皆月祭之顯考廟祖考廟享嘗乃止去祖為壇去壇為墠去墠為鬼至於禘祫方合食太祖之宮大傳曰別子為祖喪服傳曰公子不得禰先君公孫不得祖諸侯鄭說不得祖禰者不得立其廟而祭之也世世祖是人者謂世世祖受封之君不得祖公子者後世為君者祖此受封之君不得祀別子

也公子若在高祖已下則如其親服後世遷之乃毀其廟耳愚以為遷者遷於太祖廟毀者從太祖而毀之若不遷太祖不須廢祖是人之文明非始制故復見乃毀之節何以知之案諸侯有祖考之廟祭五世之禮五禮正祖為輕一朝頓廢而祖考之廟要待六世之君六世已前虛而幾主求之聖旨未為通論曾子問曰廟無虛主虛主唯四祖考不與焉明太祖之廟必不虛置禮緯曰夏四廟至子孫五殷五廟至子孫七見夏無始祖待禹而五殷人郊契得湯而六周有后稷及文王至武王而七言夏即大禹之身言子謂啓誦之世言孫是迭遷之時禹受命不毀親湯為始君不遷五主文武為二祧亦不去三昭三穆三昭三穆謂通文武若無文武親不過四觀遠祖漢侍中植所說云然鄭玄馬昭亦皆同爾且父子遞加二祧得并為七諸侯預立太祖何為不得為五乎今始封君子之立禰廟頗似成王之於

二祧孫卿曰有天下者事七世有一國者事五世假使八世天子乃得事七六世諸侯方通祭五推情準理不其謬乎雖王侯用禮文節不同三隅反之自然昭灼且文宣公方為太祖世居子孫今立五廟竊謂為是禮緯又云諸侯五廟親四始封之君或上或下雖未居正室無廢四祀之親小記曰王者禘其祖之所自出以其祖配之而立四廟此實殷湯時制不為難也聊復標牓略引章條愚戇不足以待大問侍中太傅清河王懌議太學博士王延業及盧觀等各率異見案禮記王制天子七廟三昭三穆與太祖之廟而七諸侯五廟二昭二穆與太祖之廟而五並是後世追論備廟之文皆非當時據立神位之事也良由去聖久遠經禮殘缺諸儒注記典制無因雖稽考異聞引證古誼然用捨從世通塞有時折衷取正固難詳矣今相國秦公初構國廟追立神位唯當仰祀二昭二穆上極高曾四世而已何

者秦公身是始封之君將為不遷之祖若以功業隆重越居正室恐以卑臨尊亂昭穆也如其權立始祖以備五廟恐數滿便毀非禮意也昔司馬懿立功於魏為晉太祖及至子晉公昭乃立五廟亦祀四世止於高曾太祖之位虛俟宣文待其後裔數滿乃上此亦前代之成事方今所殷鑒也又禮緯云夏四廟至子孫五殷五廟至子孫六周六廟至子孫七明知當時太祖之神仍依昭穆之序要待子孫世世相推然後太祖出居正位耳遠稽禮緯諸儒所說近循晉公之廟故事宜依博士王延業議定立四主親止高曾且虛太祖之位以待子孫而備五廟焉又延業盧觀前經詳議並據許慎鄭玄之解謂天子諸侯作主大夫及士則無意謂此議雖出前儒之事實未允情禮何以言之原夫作主之禮本以依神孝子之心非主莫依今銘旌紀柩設重憑神祭必有尸神必有廟皆所以展事孝敬想象若存上自

天子下逮於士如此四事並同其禮何至於主唯謂王侯禮云重主道也此為理重則立主矣故王肅曰重未立主之禮也士喪禮亦設重則士有主明矣孔悝反祏載之左史饋食設主著於逸禮大夫及士既得有廟題紀祖考何可無主公羊傳君有事于廟聞大夫之喪去樂卒事大夫聞君之喪攝主而往今以為攝神斂主而已不暇待徹祭也何休云宗人攝行主事而往也意謂不然君聞臣喪尚謂之不懌況臣聞君喪豈得安然代主終祭也又相國立廟設主依神主無貴賤紀座而已若位擬諸侯者則有主位為大夫者則無主便是三神有主一位獨闕求諸情禮實所未安宜通為主以銘神位懌又議曰古者七廟廟堂皆別光武以來異室同堂故先朝祀堂令云廟皆四栿五架北廂設坐東昭西穆是以相國構廟唯制一室同祭祖考比來諸王立廟者自任私造不依公令或五或一參差無準要須

議行新令然後定其法制相國之廟已造一室實合朝令宜即依此展其享祀詔依懌議

孝明帝時議建明堂多有同異衛尉卿賈思伯上議曰按周禮考工記云夏后氏世室殷重屋周明堂皆五室鄭注云此三者或舉宗廟或舉王寢或舉明堂互言之以明其制同也若然則夏殷之世已有明堂矣唐虞以前其事未聞戴德禮記云明堂凡九室十二堂蔡邕云明堂者天子太廟饗功養老教學選士皆於其中九室十二堂按戴德撰記世所不行且九室十二堂其於規制恐難得厥衷周禮營國左祖右社明堂在國之陽則非天子太廟明矣然則禮記月令四堂及太室皆謂之廟者當以天子暫配享五帝故耳又王制云周人養國老於東膠鄭注云東膠即辟雍在王宮之東又詩大雅云邕邕在宮肅肅在廟鄭注云宮謂辟雍宮也所以助王養老則尚和助祭

則尚敬又不在明堂之驗矣按孟子云齊宣王謂孟子曰吾欲毀明堂若明堂是廟則不應有毀之問且蔡邕論明堂之制云堂方一百四十尺象坤之策屋圓徑二百一十六尺象乾之策方六丈徑九丈象陰陽九六之數九室以象九州屋高八十一尺象黃鍾九九之數二十八柱以象宿外廣二十四丈以象氣按此皆以天地陰陽氣數為法而室獨象九州何也若立五室以象五行豈不快也如此蔡氏之論非為通典九室之言或未可從竊尋考工記雖是補闕之書相承已久諸儒注述無言非者方之後作不亦優乎且孝經援神契五經要義舊禮圖皆作五室及徐劉之論同考工者多矣朝廷若獨絕今古自為一代制作者則所願也若猶祖述舊章規摹前事不應捨殷周成法襲近代妄作且損益之極極於三王後來疑議難可準信鄭玄云周人明堂五室是帝各有一室也合於五行之數周禮依數

以為之室施行于今雖有不同時說然耳壽鄭此論非為無當按月令亦無九室之文原其制冣不乖五室其青陽右个即明堂左个明堂右个即總章左个總章右个即玄堂左个玄堂右个即青陽左个如此則室猶是五而布政十二五室之理謂為可安其方圓高廣自依時量戴氏九室之言蔡子廟學之議子幹靈臺之說裴逸一屋之論及諸家紛紜並無取焉學者善其識

侍中領軍將軍江陽王繼表言臣功緦之內太祖道武皇帝之後於臣始是曾孫然道武皇帝傳業無窮四祖三宗功德最重配天郊祀百世不遷而曾玄之孫烝嘗之薦不預拜於廟庭霜露之感闕陪奠於階席今七廟之後非直隔歸胙之靈五服之孫亦不霑出身之敘校之墳史則不然驗之人情則未允何者禮去祖遷於上宗易於下臣曾祖是帝世數未遷便疎同庶族而孫不預祭斯之為屈今古罕

有昔堯敦九族周隆本枝故能磐石維城禦侮於外今臣之所親生見隔棄豈所以植幹根本隆建公族者也伏見高祖孝文皇帝著令銓衡取曾祖之服以為資蔭至今行之相傳不絕而況曾祖為帝而不見錄伏願天鑒有以照臨令皇恩洽穆宗人咸敘請付外博議永為定準靈太后令曰付八座集禮官議定以聞四門小學博士王僧奇等議案孝經曰郊祀后稷以配天宗祀文王於明堂以配上帝然則太祖不遷者尊王業之初基二祧不毀者旌不朽之洪烈其旁枝遠冑豈得同四廟之親哉故禮記婚義曰古者婦人先嫁三月祖廟未毀教於公宮祖廟既毀教于宗室又文王世子曰五廟之孫祖廟未毀雖庶人冠娶必告死必赴不忘親也親未絕而列於庶人賤無能也鄭注云赴告於君也實四廟言五者容顯考為始封君子故也鄭君別其四廟理協二祭而四廟者在當世服屬之內可以與於子

孫之位若廟毀服盡豈得同於此例乎敢竭愚昧請以四廟為斷國子博士李琰之議按祭統曰有事於太廟羣昭羣穆咸在鄭氏注昭穆咸在謂同宗父子皆來古禮之制如是其廣而當今儀注唯限親廟四愚竊疑矣何以明之設使世祖之子男於今存者既身是戚藩號為重子可得賓於門外不預碑鼎之事哉又因宜變法禮有其說記言五廟之孫祖廟未毀為庶人冠娶必告死必赴注曰實四廟而言五者容顯考始封之君子今因太祖之廟在仍通其曾玄侍祠與彼古記甚相符會且國家議親之律指取天子之玄孫乃不旁準於時后至於助祭必謂與世主相倫將難均一壽有短長世有延促終當何時可得齊同謂宜入廟之制率從議親之條祖祧之裔各聽盡其玄孫使得駿奔堂壇肅承禘礿則情理差通不宜復各為例令事事舛駮侍中司空公領尚書令任城王澄侍中尚書左僕射元暉奏

臣等參量琰之等議雖為始封君子又祭統曰有事於太廟羣昭羣穆咸在而不失其倫鄭注云昭穆謂同宗父子皆來也言未毀及同宗則共四廟之辭云未絕與父子明崇五屬之稱天子諸侯繼立無殊吉凶之赴同止四廟祖祧雖存親級彌遠告赴拜薦典記無文斯由祖遷於上見仁親之義疎宗易於下著五服之恩斷江陽之於今帝也計親而枝宗三易數世則廟應四遷吉凶尚不告聞拜薦寧容輒預高祖孝文皇帝聖德玄覽師古立政陪拜止於四廟哀恤斷自緦宗即之人情冥然符一推之禮典事在難違此所謂明王相沿今古不革者也太常少卿元端議禮記祭法云王立七廟曰考廟曰王考廟曰皇考廟曰顯考廟曰祖考廟遠廟為祧有二祧而祖考以功重不遷二祧以盛德不毀失遷之義其在四廟也祭統云祭有十倫之義六曰見親踈之殺焉夫祭有昭穆昭穆者所以別父子遠近長

幼親疎之序而無亂也是故有倫注云昭穆咸在同宗父子皆来指謂當廟父子為羣不繫於昭穆也若一公十子便為羣公子豈待數公而立稱乎文王世子云五廟之孫祖廟未毀雖為有所援引然與朝議不同如依其議雖直太祖曾玄諸廟子孫悉應預例既無正據竊謂太廣臣等愚見請同僧奇等議靈太后令曰議親律注云非為當世之屬籍歷謂先帝之五世此乃明親親之義篤骨肉之恩重尚書以遠及諸孫太廣致疑百僚助祭可得言狹也祖廟未毀曾玄不預壇堂之敬便是宗人之昵友外於附庸王族之近更疎於羣辟先朝舊儀草刱未定刊制律憲垂之不朽琰之援據甚允情理可依所執。

孝明帝不親視朝過崇佛法郊廟之事多委有司諫議大夫張普惠上疏曰臣聞明德卹祀成湯光六伯之祚嚴父配天孔子稱周公其

人也故能馨香上聞福傳遐世伏惟陛下重暉纂統欽明文思天地屬心百神佇望故宜敦崇祀禮咸秩無文而告朔朝廟不親於明堂嘗禘郊社多委於有司觀射遊苑躍馬騁中危而非典豈清蹕之意殖不思之冥業損巨費於生民減祿削力近供無事之僧崇飾雲殿遠邀未然之報昧爽之臣稽首於外玄寂之衆遨遊於内愆禮忤時人靈未穆愚謂從朝夕之因求秖劫之果未若先萬國之忻心以事其親使天下和平災害不生者也伏願淑慎威儀萬邦作式躬致郊廟之虔親紆朔望之禮釋奠成均竭心千畝明發不寐潔誠禋裸孝悌可以通神明德教可以光四海則一人有喜兆民賴之然後精進三寶信心如来道由禮深故諸漏可盡法随禮積故彼岸可登量撤僧寺不急之華還復百官久折之秩已興之構務從簡成将来之造權令停息仍舊亦可何必改作庶節用愛人法俗俱賴臣學不經遠言多孟浪忝職其憂不敢默爾。

孝莊帝時追崇武宣王為文穆皇帝廟號肅祖母李妃為文穆皇后将遷神主於太廟以高祖為伯考尚書令拓跋彧表諫曰漢祖創業香街有太上之廟光武中興南頓立舂陵之寢元帝之於光武疏為絶服猶尚身奉子道入繼大宗高祖之於聖躬親實猶子陛下既纂洪緒豈宜加伯考之名且漢宣之繼孝昭斯乃上後叔祖豈忘宗承考妣蓋以大義斯奪及金德将興宣王受寄自兹而降世秉威權景王意存毁冕文王心規裂冠雖祭則魏主而權歸晉室昆之與季實傾曹氏且子元宣王冢胤文王成其大業故晉武繼文祖宣景王有伯考之稱以今類古恐或非儔又臣子一例義彰舊典禘祫失序著譏前經高祖德溢寰中道超無外肅祖雖勳格宇宙猶曾奉贄稱臣穆皇后稟德坤元復将配享乾位此乃君臣並筵嫂叔同室歷觀墳籍

未有其事。

歷代名臣奏議卷之十五

郊廟

陳文皇帝天嘉中大中大夫太常卿許亨奏曰昔梁武帝云天數五地數五五行之氣天地俱有故南北郊內並祭五祀臣按周禮以血祭社稷五祀鄭玄云陰祀自血起貴氣臭也五祀五官之神也五神主五行隸於地故與埋沈疈辜同為陰祀既非煙柴無關陽祭故何休云周爵五等者法地有五行也五神位在北郊圓丘不宜重設制曰可亨又奏曰梁武帝議箕畢自是二十八宿之名風師雨師自是箕畢下隸非即星也故郊雩之所皆兩祭之臣按周禮大宗伯之職云槱燎祀司中司命風師雨師鄭衆云風師箕也雨師畢也詩云月離于畢俾滂沱矣如此則風伯雨師即箕畢星矣而今南郊祀箕畢二星復祭風伯雨師恐乖祀典制曰若郊設星位任即除之亨又奏

曰梁儀注曰一獻為質三獻為文事天之事故不三獻臣按周禮司尊所言三獻施於宗祧而鄭注一獻施於羣小祀今用小祀之禮施於天神大帝梁武此義為不通矣且尊俎之物依於質文拜獻之禮主於虔敬今請凡郊丘祀事準於宗祧三獻為允制曰依議

隋文帝時禮部尚書牛弘請依古制修立明堂上議曰竊謂明堂者所以通神靈感天地出教化崇有德孝經曰宗祀文王於明堂以配上帝祭義云祀于明堂教諸侯孝也黃帝曰合宮堯曰五府舜曰總章布政興治由來尚矣周官考工記曰夏后氏世室堂脩二七廣四脩一鄭玄注云脩十四步其廣益以四分脩之一則堂廣十七步半也殷人重屋堂脩七尋四阿重屋鄭玄云其脩七尋廣九尋也周人明堂度九尺之筵南北七筵五室凡室二筵鄭玄云此三者或舉宗廟或舉王寢或舉明堂互言之明其同制也馬融王肅干寶所注與鄭亦

異今不具出漢司徒馬宮議云夏后氏世室室顯於堂故命以室殷人重屋屋顯於堂故命以屋周人明堂堂大於夏室故命以堂夏后氏益其堂之廣百四十四尺周人明堂以為兩序間大夏后氏七十二尺若據鄭玄之說則夏室大於周堂如依馬宮之言則周堂大於夏室後王轉文周大為是但宮之所言未詳其義此皆去聖久遠禮文殘缺先儒解說家異人殊鄭注玉藻亦云宗廟路寢與明堂同制王制曰寢不踰廟明大小是同今依鄭玄注每室及堂止有一丈八尺四壁之外四尺有餘若以宗廟論之祫享之時周人旅酬六尸并后稷為七先公昭穆二尸先王昭穆二尸合十一尸三十六王及君北面行事於二丈之堂愚不及此若以正寢論之便須朝宴據燕禮諸侯宴則賓及卿大夫脫屨升坐是知天子宴則三公九卿並須升堂燕義又云席小卿次上卿言皆侍席止於二筵之間豈得行禮若

以明堂論之總享之時五帝各於其室設青帝之位須於太室之內少北西面太昊從食坐於其西近南北面祖宗配享者又於青帝之南稍退西面丈八之室神位有三加以簠簋籩豆牛羊之俎四海九州美物咸設復須席工升歌出罇反坫揖讓升降亦以隘矣據茲而說近是不然按劉向別錄及馬宮蔡邕等所見當時有古文明堂禮王居明堂禮明堂圖明堂大圖明堂陰陽太山通義魏文侯孝經傳等並說古明堂之事其書皆亡莫得而正今明堂月令者鄭玄云是呂不韋著春秋十二紀之首章禮家鈔合為記蔡邕王肅云周公所作周書內有月令第五十三即此也各有證明文多不載束晳以為夏時之書劉瓛云不韋鳩集儒者尋于聖王月令之事而記之不韋安然獨為此記今案不得全稱周書亦未可即為秦典其內雜有虞夏殷周之法皆聖王仁恕之政也蔡邕具為章句又論之曰明堂者

所以宗祀其祖以配上帝也夏后氏曰世室殷人曰重屋周人曰明堂東曰青陽南曰明堂西曰總章北曰玄堂內曰太室聖人南面而聽向明而治人君之位莫不正焉故雖有五名而主以明堂也制度之數各有所依堂方一百四十四尺坤之策也屋圓楣徑二百一十六尺乾之策也太廟明堂方六丈通天屋徑九丈陰陽九六之變且圓蓋方覆九六之道也八闥以象卦九室以象州十二宮以應日辰三十六戶七十二牖以四戶八牖乘九宮之數也戶皆外設而不閉示天下以不藏也通天屋高八十一尺黃鍾九九之實也二十八柱布四方四方七宿之象也高三尺以應三統四向五色各象其行水闊二十四丈象二十四氣於外以象四海王者之大禮也觀其模範天地則象陰陽必據古文義不虛出今若直取考工不參月令青陽總章之號不得而稱九月享帝之禮不得而用漢代二京所建與此

說悉同建安之後海內大亂京邑焚燒憲章泯絕魏氏三方未平無聞興造晉則侍中裴頠議曰尊祖配天其義明著而廟宇之制理據未分宜可直為一殿以崇嚴父之祀其餘雜碎一皆除之宋齊已還咸率茲禮此乃世之通儒時無思術前王盛事於是不行後魏代都所造出自李冲三三相重合為九室簷不覆基房間通街穿鑿處多迄無可取及遷宅洛陽更加營構五鬼紛競遂至不成宗配之事於焉靡託今皇猷遐闡化覃海外方建大禮垂之無窮弘等不以庸虛謬當議限今檢明堂必須五室者何尚書帝命驗曰帝者承天立五府赤曰文祖黃曰神升白曰顯紀黑曰玄矩蒼曰靈府鄭玄注曰五府與周之明堂同矣且三代相沿多有損益至於五室確然不變夫室以祭天天實有五若立九室四無所用布政視朔自依其辰鄭司農云十二月分在青陽等左右之位不云居室鄭玄亦言每月於其時

之堂而聽政焉禮圖畫个皆在堂偏是以須為五室明堂必須上圓下方者何孝經援神契曰明堂者上圓下方八窗四達布政之宮禮記盛德篇曰明堂四戶八牖上圓下方五經異義稱講學大夫淳于登亦云上圓下方鄭玄同之是以須為圓方明堂必須重屋者何案考工記夏言九階四旁兩夾窻門堂三之二室三之一殷周不言者明一同夏制殷言四阿重屋周承其後不言屋制亦盡同可知也其殷人重屋之下本無五室之文鄭注云五室者亦據夏以知之明周不云重屋因殷則有灼然可見禮記明堂位曰太廟天子明堂言魯為周公之故得用天子禮樂魯之太廟與周之明堂同又曰複廟重檐刮楹達嚮天子之廟飾鄭注複廟重屋也據廟既重屋明堂亦不疑矣春秋文公十三年太室屋壞五行志曰前堂曰太廟中央曰太室屋其上重者也服虔亦云太室太廟太室之上屋也周書作洛篇

曰乃立太廟宗宮路寢明堂咸有四阿反坫重亢重廊孔晁注曰重亢累棟重廊累屋也依黃圖所載漢之宗廟皆為重屋此去猶近遺法尚在是以須為重屋明堂必須為辟廱者何禮記盛德篇云明堂者明諸侯尊卑也外水曰辟廱明堂陰陽錄曰明堂之制周圜行水左旋以象天內有分室以象紫宮此明堂有水之明文也然馬宮王肅以為明堂辟廱太學同處蔡邕盧植亦以為明堂靈臺辟雍太學同實異名邕云明堂者取其宗祀之清貌則謂之清廟取其正室則曰太室取其堂則曰明堂取其四門之學則曰太學取其周水圜如璧則曰辟廱其實一也其言別者五經通義曰靈臺以望氣明堂以布政辟廱以養老教學三者不同袁準鄭玄亦以為別歷代所疑豈能輒定今據郊祀志云欲治明堂未曉其制濟南人公玉帶上黃帝時明堂圖一殿無壁蓋之以茅水圜宮垣天子從之以此而言其來

則又漢中元二年起明堂辟雍靈臺於洛陽並別處然明堂亦有璧
水李尤明堂銘云流水洋洋是也以此須有辟雍夫帝王作事必師
古昔今造明堂須以禮經為本形制依於周法度數取於月令遺闕
之處參以餘書庶使該詳沿革之理其五室九階上圓下方四阿重
屋四旁兩門依考工記孝經說堂方一百四十四尺屋圓楣徑二百
一十六尺太室方六丈通天屋徑九丈八闥二十八柱堂高三尺四
向五色依周書月令論殿垣方在內水周如外水內徑三百步依太
山盛德記覲禮經仰觀俯察皆有則象足以盡誠上帝祗配祖宗弘
風布教作範於後矣弘等學不稽古輒申所見可否之宜伏聽裁擇
煬帝大業元年帝欲遵周法營立七廟詔有司詳定其禮禮部侍郎
攝太常少卿許善心與博士褚亮等議曰謹案禮記天子七廟三昭
三穆與太祖之廟而七鄭玄注云此周制曰七者太祖及文王武王
之祧與親廟四也殷則六廟契及湯與二昭二穆夏則五廟無太祖
禹與二昭二穆而已玄又據王者禘其祖之所自出而立四廟案鄭
玄義天子唯立四親廟并始祖而為五周以文武為受命之祖特立
二祧是為七廟王肅注禮記尊者尊統上卑者尊統下故天子七廟
諸侯五廟其有殊功異德非太祖而不毀不在七廟之數案王肅以
為天子七廟是通百代之言又據王制之文天子七廟諸侯五廟大
夫三廟降二為差是則天子立四親廟又立高祖之父高祖之祖并
太祖而為七周有文武姜嫄合為十廟漢諸帝之廟各立為迭毀之
義至元帝時貢禹匡衡之徒始建其禮以高帝為太祖而立四親廟
是為五廟唯劉歆以為天子七廟諸侯五廟降殺以兩之義七者其
正法可常數也宗不在數內有功德則宗之不可預毀為數也是以
班固稱考論諸儒之議劉歆博而篤焉光武即位建高廟於洛陽乃

立南頓君以上四國就祖宗而為七至魏初高堂隆為鄭學議立親
廟四太祖武帝猶在四親之內乃虛置太祖及二祧以待後代至景
初乃依王肅更立五世六世祖就四親而為六廟晉武帝禪博議宗
祀自文帝已上六世祖西府君而宣帝亦序於昭穆未升太祖故祭
止六也江左中興賀循知禮至於寢廟之儀皆依魏晉舊事宋武帝
初受晉命為王依諸侯立親廟四即位之後增祀五世祖相國掾府
君六世祖右北平府君止於六廟逮身沒主升從昭穆猶太祖之位
也降及齊梁守而弗革加崇迭毀禮無違舊臣等又案姬周自太祖
以下皆別立廟至於禘祫俱合食於太祖是以炎漢之初諸廟各立
歲時嘗享亦隨處而祭所用廟樂皆象功德而歌舞焉至光武乃總
立一堂而群主共室斯則新承寇亂欲從約省自此以來因循不變
伏惟高祖文皇帝睿哲玄覽神武應期受命開基垂統聖嗣當文明
之運定祖宗之禮且損益不同沿襲異趣時王所制可以垂法自歷
代以來雜用王鄭二義若尋其指歸校以優劣康成止論周代非
謂通經子雍總貫皇王事兼長遠今請依據古典崇建七廟受命之
祖宜別立廟祧百代之後為不毀之法至於鑾駕親奉申孝享於高
廟有司行事竭誠敬於群主俾夫規模可則嚴祀易遵表有功而彰
明德大復古而貴能變臣又案周仝立廟亦無處置之文據冢人處
隋而言之先王居中以昭穆為左右阮忱撰禮圖亦從此議漢京諸
廟既遠又不序禘祫今若依周制理有未安雜用漢儀事難合採謹
詳立廟圖附之議末其圖太祖高祖各一殿準周文武二祧與始祖
而三餘並分室而祭始祖及二祧之外從迭毀之法詔可
煬帝時工部尚書宇文愷上言曰自永嘉之亂明堂廢絕隋有天下
將復古制議者紛然皆不能決博考群籍奏明堂議表曰臣聞在天

成象房心為布政之宮在地成形丙午居正陽之位觀雲告月順生殺之序五室九宮統人神之際金口木舌發令兆民玉瓚黃琮式嚴宗祀何嘗不矜莊扆宁盡妙思於規摹凝睟冕旒致子來於矩矱伏惟聖帝陛下提衡握契御極乘乾武五登三復上皇之化流凶去暴丕下武之緒開百姓之興心驅一代以同域康哉康哉民無能而名矣故使天符地寶吐醴飛甘造物資生澄源反朴九圍清謐四表削平龔我衣冠齊其文軌茫茫上玄陳珪璧之敬肅肅清廟感霜露之誠正金奏九韶六莖之樂定石渠五官三雍之禮乃卜瀍西爰謀洛食辨方面勢仰稟神謀敷土濬川為民立極兼聿遵先言表置明堂爰詔下臣占星揆日於是採崧山之秘簡披汶水之靈圖訪通議於殘亡購冬官於散逸總集眾論勒成一家皆張衡渾象以三分為一度裴秀輿地以二寸為千里臣之此圖用一分為一尺推而演之冀

輪奐有序而經構之旨議者殊途或以綺井為重屋或以圓楣為隆棟各以臆說事不經見今錄其疑難為之通釋皆出證據以相發明議曰臣愷謹案淮南子曰昔者神農之治天下也甘雨以時五穀蕃植春生夏長秋收冬藏月省時考終歲獻貢以時嘗穀祀于明堂明堂之制有蓋而無四方風雨不能襲燥濕不能傷遷延而入之至愷以為上古朴略創立興刑尚書帝命驗曰帝者承天立五府以尊天重象赤曰文祖黃曰神斗白曰顯紀黑曰玄矩蒼曰靈府注云唐虞之天府夏之世室殷之重屋周之明堂皆同矣尸子曰有虞氏曰總章周官考工記曰夏后氏世室堂脩二七博四脩一注云脩南北之深也夏度以步今堂脩十四步其博益以四分脩之一則明堂博十七步半也臣愷按三王之世夏最為古從質尚文理應漸就寬大何因夏室乃大殷堂相形為論理恐不爾記云堂脩七博四脩若夏度

以步則應脩七步注云今堂脩十四步乃是增益記文殷周二堂獨無加字便是其義類例不同山東禮本輒加二七之字何得殷無加尋之文周闕增筵之義研覈其趣或是不然讎校古書並無二字此乃桑間俗儒信情加減黃圖議云夏后氏益其堂之大一百四十四尺周人明堂以為兩杼間馬宮之言止論堂之一面據此為準則三代堂基並方得為上圓之制諸書所說並云下方鄭注周官獨為此義非直與古違異亦乃乖背禮文尋文求理深恐未愜尸子曰殷人陽館考工記曰殷人重屋堂脩七尋堂崇三尺四阿重屋注云其脩七尋五丈六尺放夏周則其博九尋七丈二尺又曰周人明堂度九尺之筵東西九筵南北七筵堂崇一筵五室凡二筵禮記明堂位曰天子之廟復廟重檐鄭注云複廟重屋也注玉藻云天子廟及露寢皆如明堂制禮圖云於內室之上起通天之觀觀八十一尺得宮之

數其聲濁君之象也大戴禮曰明堂者古有之凡九室一室有四戶八牖以茅蓋上圓下方外水曰辟雍赤綴戶白綴牖堂高三尺東西九仞南北七筵其宮方三百步凡人民疾六畜疫五穀災生於天道不順天道不順生於明堂不飾故有天災則飾明堂周書明堂曰堂方百一十二尺高四尺階博六尺三寸室居內方百尺室內方六十尺戶高八尺博四尺作洛曰明堂太廟露寢咸有四阿重亢重廊孔氏注云重亢累棟重廊累屋也禮圖曰秦明堂九室十二階各有所居呂氏春秋曰有十二堂與月令同並不論尺丈臣愷案十二階雖不與禮合一月一階非無理思黃圖曰堂方百四十四尺法坤之策也方象地屋圓楣徑二百一十六尺法乾之策也圓象天室九宮法九州太室方六丈法陰之變數十二堂法十二月三十六戶法極陰之變數七十二牖法五行所行日數八達象八風法八卦通天臺徑九

尺法乾以九覆六高八十一尺法黃鍾九九之數二十八柱象二十
八宿堂高三尺土階三等法三統堂四向五色法四時五行殿門去
殿七十二步法五行所行門堂長四丈取太室三之二垣高無蔽目
之照牖六尺其外倍之殿垣方在水內法地陰也水四周於外象四
海圓法陽也水闊二十四丈象二十四氣水內徑三丈應觀禮經武
帝元封二年立明堂汶上無室其外略依此制泰山通議今亡不可
得而辨也元始四年八月起明堂辟雍長安城南門制度如儀一殿
垣四面門八觀水外周堤壤高四尺和會築作三旬五年正月六日
辛未始郊太祖高皇帝以配天二十二日丁亥宗祀孝文皇帝於明
堂以配上帝及先賢百辟卿士有益者於是秩而祭之親扶三老五
更袒而割牲跪而進之因班時令宣恩澤諸侯王宗室四夷君長匈
奴西國侍子悉奉貢助祭禮圖曰建武三十年作明堂明堂上圓下

方上圓法天下方法地十二堂法日辰九室法九州室八牖八九七
十二法一時之王室有二戶二九十八戶法土王十八日內堂正壇
高三尺土階三等胡伯始注漢官云古清廟蓋以茅今蓋以瓦瓦下
藉茅以存古制東京賦曰乃營三宮布政頒常複廟重屋八達九房
造舟清池惟水泱泱薛綜注云複重廇覆謂屋平覆重棟也續漢書
祭祀志云明帝永平二年祀五帝於明堂五帝坐各處其方黃帝在
未皆如南郊之位光武位在青帝之南少退西面各一犢奏樂如南
郊臣愷按詩云我將祀文王於明堂我將我享維牛維羊據此則備
太牢之祭今云一犢恐與古殊自晉以前未有鴟尾其圓牆璧水一
依本圖晉起居注裴頠議曰尊祖配天其義明著廟宇之制理據未
分直可為一殿以崇嚴祀其餘雜碎一皆除之臣愷按天垂象聖人
則之辟雍之星既有圖狀晉堂方構不合　八文既闕重樓又無辟水

空堂乖五室之義直殿違九階之文非古欺天一何過甚後魏於北
臺城南造圓牆在辟水外門在水內迥立不與牆相連其堂上九室
三三相重不依古制室間通巷違舛處多其室皆用墼累極成褊陋
後魏樂志曰孝昌二年立明堂議者或言九室或言五室詔斷從五
室後元乂執政復改為九室遭亂不成宋起居注曰孝武帝大明五
年立明堂其牆宇規範擬則太廟唯十二間以應朞數依漢汶上圖
儀設五帝位太祖文皇帝對饗鼎俎簠簋一依廟禮梁武即位之後
移宋時太極殿以為明堂無室十二間禮疑議云祭用純漆俎瓦樽
文於郊質於廟止一獻用清酒平陳之後臣得目觀遂量步數記其
尺丈猶見基內有焚燒殘柱毀斫之餘入地一丈儼然如舊柱下以
樟木為跗長丈餘闊四尺許兩兩相並瓦安數重宮城處所乃在郭
內雖湫隘卑陋未合規摹祖宗之靈得崇嚴祀周齊二代闕而不修

大饗之典於焉靡託自古明堂圖惟有二本一是宗周劉熙阮諶劉
昌宗等作三圖略同一是後漢建武三十年作禮圖有本不詳撰人
臣遠尋經傳傍求子史研究衆說總撰今圖其樣以本為之下為方
堂堂有五室上為圓觀觀有四門帝可其奏
唐太宗貞觀中朱子奢上立廟議曰臣謹按漢丞相韋玄成奏立五
廟諸侯同五劉子駿議開七祖邦君降二鄭司農踵玄成之轍王子
雍揚國師之波分塗並驅各相師祖咸貶其所習好同惡異遂令歷
代廟祀多少參差優劣去取曾無畫一傳稱名位不同禮亦異數易
云卑高以陳貴賤位矣豈非別嫌疑慎微遠防陵僭尊君卑佐升降
無舛所貴禮者義在茲乎若使天子諸侯俱立五廟便是賤所以同
貴臣可以濫主名器無准冠屨同歸禮亦異數義將安設戴記又稱
禮有以多為貴者天子七廟諸侯五廟幾與子男相埒以多為貴何

所表乎愚以為諸侯立高祖以下并太祖五廟一國之貴也天子立高祖以上并太祖七廟四海之尊也降殺以兩禮之正為前史所謂德厚者流光德薄者流卑此其義也伏惟聖祖在天山陵有日祔祖嚴配大事在斯宜依七廟用崇大禮若親盡之外有王業者如殷之玄王周之后稷尊為始祖儻無其例請三昭三穆各置神主太祖一室考而虛位將待七百之祚遞遷方處庶上依晉宋傍愜人情於是八座奏曰臣聞揖讓受終之后革命創制之君何嘗不崇親親之義篤尊尊之道虔奉祖宗致敬郊廟自義乖闕里學滅秦庭儒雅既喪經籍湮殄雖兩漢纂修絕業魏晉敦尚斯文而宗廟制度典章散逸習所傳而競偏說是所見而起異端自昔迄茲多歷年代語其大略兩家而已祖鄭玄者則陳四廟之制述王肅者則引七廟之文貴賤混而莫辨是非紛而不定陛下至德自然孝思罔極孺慕踰匹夫之

志制作窮聖人之道誠宜定一代之宏規為萬古之彝則臣等奉述睿旨討論往載紀七廟者實多稱四祖者蓋寡校其得失昭然可見春秋穀梁傳及禮記王制祭法禮器孔子家語並云天子七廟諸侯五廟大夫三廟士二廟尚書曰七代之廟可以觀德至於孫卿孔安國劉歆班彪父子孔鼂虞喜干寶之徒或學惟碩儒或才稱博物商較今古咸以為宜其文曰天子三昭三穆與太祖之廟而七晉宋齊梁皆依斯義立親廟六豈非國之茂典不刊之休烈乎若使違羣經之明文從累代之疑議背子雍之篤論尊康成之舊學則天子之禮下偪於人臣諸侯之制上僭於王者非所謂尊卑有序名位不同者焉況復禮由人情自非天墜大孝莫重於尊親厚本莫先於嚴配數盡四廟非貴多之道祀及七代得加崇之心是知德厚者流光乃可久之高義德薄者流卑實不易之令範臣等參議請依晉宋故事立親廟六其祖宗之制式遵舊典庶承宗之道興於理定之辰尊祖之義成於孝理之日

孔穎達上明堂議曰臣伏尋前敕依禮部尚書劉伯莊等議以為從崐崘道上層祭天又尋後敕云為左右閣道登樓設祭臣檢六藝羣書百家諸史皆未聞臺觀重樓之上而有堂名孝經云宗祀文王於明堂不云明樓明觀其宜一也又明堂法天聖王示儉或有翦蒿為柱葺茅作蓋雖復古今與制不可恒然猶依大典徵於朴素是以席惟藁秸器上陶匏用繭栗以貴誠服大裘以訓儉今若飛樓架迥綺閣凌雲考古之文實堪疑慮按郊祀志漢武明堂之制四面無壁上覆以茅祀五帝於上座祀后土於下防臣以上座正謂臺上下防惟是臺下即云無四壁未審伯莊如何上層祭神下有五室且漢武所為多用方士之說違經背正不可師祖又盧寬等議云上層祭天下

堂布政欲使人神位別事不相干臣以古者敬重大事與接神相似以朝覲祭祀皆在廟堂豈有樓上祭祖樓下視朝閣道昇樓路便窄隘乘輦相儀接神不敬步往則勞屈聖躬侍衛在傍百司供奉求之典誥全無此理臣非敢固執愚見以求己長伏以國之大典不可不慎乞以臣言下羣臣詳議

魏徵上明堂議曰稽諸訓誥參以舊圖其上圓下方複廟重屋百慮一致異軫同歸洎當塗膺籙未遑斯禮典午聿興無所取則裴頠以諸儒持論異端蠭起是非舛互靡所適從遂乃以人廢言止為一殿宋齊即仍其舊梁陳遵而不改雖嚴配有所祭享不匱求之典則道實未弘夫孝因心生禮緣情立心不可極故備物以表其誠情無以盡故飾宮以廣其敬宣尼美意其在茲乎臣等親奉德音令參大議思竭塵露微增山海凡聖人有作義重隨時萬物斯覩事資通變若

據蔡邕之說則至理失於文繁若依裴頠所爲則又傷於質略求之情理未允厥中今之所議非無用捨請爲五室重屋上圓下方既體有則象又事多故實下室備布政之居上堂爲祭天之所人神不雜禮亦宜之其高下廣袤之規几筵丈尺之制則並隨時立法因事制宜自我而作何必師古廓千載之疑議爲百王之懿範不使泰山之下惟聞黃帝之法汶水之上獨稱漢武之圖則通乎神明庶幾可俟子來經始成之不日

顔師古上明堂議曰明堂之制爰自古昔求之簡牘全文莫覩肇起黃帝降及有虞彌歷夏殷迄于周代各立名號別創規模衆說舛駮互執所見巨儒碩學莫有詳通斐然成章未知裁斷究其指要實布政之宮也徒以戰國縱橫典籍廢棄暴秦酷烈經禮湮亡今之所存傳記雜說用爲準的實亦蕪昧然周書之敘明堂紀其四面則有應

門雉門據此一塗固是王者之常居耳其青陽總章玄堂太廟及左个右个與四時之次相用則路寢之義足爲明證文王居明堂篇帶以弓韣禮于高禖九門磔攘以禦疾疫置梁陰道以利農夫令國有酒以合三族凡一事等皆合月令之文觀其所爲皆在路寢者也戴禮昔周公朝諸侯于明堂之位天子負斧扆南嚮而立明堂者明諸侯之尊也周官又云周人明堂度九尺之筵東西九筵堂一筵據其制度即大寢也亦曰黃帝曰合宮有虞氏曰總章殷曰陽館周曰明堂斯皆路寢之徵知非別處大戴所說初有近郊之言後稱文王之廟進退無據自爲矛盾原夫負扆受朝常居出入既在皐庫之內亦何云於郊野哉孝經傳云在國之陽又無里數漢武有懷創造詢於搢紳言論紛然終無定據乃立於汶水之上而宗祀爲明其不拘遠近亦無方面孝成之代表行城南雖有其文厥功靡立平帝元始四

年大議營創孔牢等乃以爲明堂辟雍太學其實一也而有三名金褒等又稱經傳無文不能分別同異中興之後蔡邕作論復云明堂太廟一物二名鄭玄則在國之陽三里之外七里之內丙巳之地穎容釋例亦云明堂太廟凡有八名其體一也苟立同異竟爲巧說並出自胸懷曾無師祖審夫功成作樂治定制禮草創從宜質文迭變旌旗冠冕今古不同律度權衡前後不一隨時之義斷可知矣假如周公舊章猶當擇其可否宣尼彝則尚或補漏況鄭氏臆說淳于謏聞匪異守株何殊膠柱愚謂不出墉雉迩接宮闈實允事宜諒無所惑但當上遵天旨祗奉德音作皇代之明堂永貽範於來葉區區極議皆略而不論

高宗永徽二年太尉長孫無忌上太宗皇帝配天議曰臣謹尋方冊歷考前規宗祀明堂必配天帝而伏犧五代本配五郊所入明堂自

緣從祀今以太宗作配理有未安伏見永徽二年七月詔建明堂伏惟陛下天縱孝德追奉太宗已遵嚴配當時高祖先在明堂禮司致惑竟未遷祀率意定儀遂便著令乃以太宗文皇帝降配五帝雖復亦在明堂不得對越天帝深乖明詔之意又與先典不同謹按孝經云孝莫大於嚴父嚴父莫大於配天昔者周公宗祀文王於明堂以配上帝伏尋詔意義在於斯今所司行令殊爲失旨又尋漢魏晉宋歷代禮儀並無父子同配明堂之義唯祭法云周人禘嚳而郊稷祖文王而宗武王鄭玄注曰禘郊祖宗謂祭祀以配食也禘謂祭昊天於圜丘郊謂祭上帝於南郊祖宗謂祭五帝百神於明堂也尋鄭此注乃以祖宗合爲一祭又以文武共在明堂連衽配祠良爲謬矣故王肅駮曰古者祖有功而宗有德祖宗自是不毀之名非謂配食於明堂者也審如鄭義則孝經當言祖祀文王於明堂不得言宗祀也

凡宗者尊也周人既祖其廟又尊其祀孰謂祖於明堂者乎鄭引孝經以解祭法而不曉周公本意殊非仲尼之義旨也又解宗武王云配勾芒之類是謂五神位在堂下武王降位失君敘矣又按六韜曰武王伐紂雪深丈餘有五車二馬行無轍迹詣營求謁武王怪而問焉太公對曰此必五方之神来受事耳遂以其名名入各以其職令焉既而克殷風調雨順豈有生来受職殁則配之降尊敵卑理不然矣故春秋外傳曰禘郊祖宗報五者國之典祀也傳言五者故知各是一事非謂祖宗合祀於明堂也臣謹上考殷周下洎貞觀並無一代兩帝同配於明堂惟南齊蕭氏以武明昆季並於明堂配食事乃不經未是援據又檢武德時令以元皇帝配於明堂兼配感帝至貞觀初緣情革禮奉祀高祖配於明堂奉遷代祖專配感帝此即聖朝故事已有遞遷之典取法宗廟古之制為伏惟太祖景皇帝締搆有周建絶代之丕業啓祖汾晉創歷聖之洪緒德邁發生道符立極又代祖元皇帝潛鱗韞慶屈道事周導濬發之靈源肇光宅之垂裕稱祖清廟萬代不遷請停配祀以符古義伏惟高祖太武皇帝躬受天命奄有神州創改舊物躰元居正為國始祖抑有舊章昔有炎漢高帝當塗太祖皆以受命例並配天請遵故實奉祀高祖於圓丘以配昊天上帝伏惟太宗文皇帝道格上玄功清下瀆拯率土之塗炭而大造於生靈請准詔書宗祀於明堂以配上帝又請依武德故事兼配感帝作主斯乃二祖德業永不遷廟兩聖功大各得配天遠協孝經近申詔意

上元三年將祫享議者以禮緯三年祫五年禘公羊家五年再殷祭二家舛互諸儒莫能決太學博士史玄璨曰春秋僖公三十三年十二月薨文公之二年八月丁卯大享公羊曰祫也則三年喪畢新君之二年當祫明年當禘羣廟又宣公八年禘僖公宣公八年皆有禘則後禘距前禘五年此則新君之二年祫三年禘爾後五年再殷祭則六年當祫八年禘昭公十年齊歸薨十三年喪畢當祫為平丘之會冬公如晉至十四年祫十五年禘傳曰有事於武宮是也至十八年祫二十年禘二十三年祫二十五年禘昭公二十五年有事於襄宮是也則禘後三年而祫又二年而禘合於禮議遂定

高宗時蕭子儒為奉常博士初太尉長孫無忌等議祠令及禮用鄭玄六天說圓丘祀昊天上帝南郊太微感帝明堂太微五帝直據緯為說不指蒼旻為天而以昊天帝當北辰耀魄寶郊明堂當太微五帝唐家祀圓丘太史所上圖昊天上帝外自有北辰令李淳風曰昊天上帝位于壇北辰斗列第二垓與緯書駮異司馬遷天官書太微宮五精之神五星所奉有人主象故名曰帝猶房心有天王象安得盡為天乎日月麗于天草木麗于地以日月為天草木為地昧者不信也周官兆五帝四郊又有祀五帝皆不言天知太微之神非天也經稱郊祀后稷王肅以郊圓丘為一玄析而二之曰圓丘曰郊非聖人意令祠令固守玄說與著式相違宜有刋正且經嚴父莫大於配天宗祀文王於明堂以配上帝明堂之祀天也星不足配之矣月令孟春祈穀上帝春秋啓蟄而郊郊而後耕故郊后稷以祈農詩春夏祈穀于上帝皆祭天也著之感帝尤為不稽請四郊迎氣祀太微五帝郊明堂罷六天說止祀昊天方丘既祭地又祭神州北郊皆不載經請止一祠詔曰可乾封初帝已封禪復詔祀感帝神州以正月祭北郊司禮少常伯郝處俊等奏言顯慶定禮廢感帝祀而祈穀昊天以高祖配舊祀感帝神州以元皇帝配今改祈穀為祀感帝又祀神州還以高祖配何升降紛紛烏虞氏禘黃帝郊嚳夏禘黃帝郊鯀殷

禘嚳郊冥。周禘嚳郊稷。玄謂禘者祭天圜丘。郊者祭上帝南郊。祚靈恩說夏正郊天。王者各祭所出帝。所謂王者禘祖之所自出以其祖配之。則禘遠祖。郊始祖也。今禘郊同祖。禮無所歸。神州本祭十月。以方陰用事也。玄說三王之郊。一用夏正。靈恩謂祭神州北郊。以正月。諸儒所言。猥互不明。臣頗會奉常司成博士普議。於是子儒與博士陸遵楷張統師權無二等共白北郊月不經見。漢光武正月建北郊。咸和中。議北郊以正月。武德以來用十月。請循武德詔書。明年詔圜方二丘明堂感帝神州宜奉高祖太宗配。仍祭昊天上帝及五天帝於明堂。

武后載初元年。邢文偉為內史。后御明堂。詔文偉發孝經。后問天與帝異稱云何。文偉曰。天帝一也。制曰。郊后稷以配天。祀文王于明堂以配上帝。奈何而一。對曰。先儒執論不同。昊天及五方總六天帝。后曰帝有六。則天不同稱固矣。文偉不得對。

聖曆初。張齊賢為太常奉禮郎。武后詔百官議告朔于明堂。讀時令。布政事。京官九品以上四方朝集使皆列於廷。太常博士辟閭仁諝曰。經無天子月告朔。唯玉藻天子聽朔南門之外。周太宰正月之吉布政於邦國都鄙。于寶曰。建子月告朔日也。此玉藻聽朔同誼。令元日讀時令合古聽朔事。獨鄭玄以秦制月令有五帝五官。因言聽朔必以特牲告時帝及神。以文王武王配。其言非是。月令曰。其帝太昊。其神句芒。謂宣令告人。使奉時務業。月皆有令。故云非天子月朔以配帝祭也。告朔者諸侯禮也。春秋既視朔。遂登臺。玄又說人君月告朔於廟。其祭為朝享。魯自文公始不視朔。明非天子所行。玄謂告帝即人帝。神即重黎五官。不言天子拜祭。臣請罷告朔月祭以應古禮。齊賢不韙其說。質曰。穀梁氏稱閏月天子不告朔。它月故告朔矣。左氏言魯不告閏朔為棄時政。則諸侯雖閏亦告朔矣。周太史頒朔于邦國。玉藻閏月王居門。是天子雖閏亦告朔。二家去聖不遠。載天子諸侯告朔事顯顯弗繆。令議者乃以太宰正月之吉布治邦國而言天子元日一告朔。殊失其旨。一歲之元。六官自布所職之典。于寶謂吉為朔。故世人繆以吉為告。據繆失經。不得為法。議者又引左氏說專在諸侯。不知玉藻與左說正同。而獨於天子言歲首一告。何去取之恣也。又謂時帝五人帝也。玄於時帝包天人。故以文武作配。是並告兩五帝為不疑。諸侯受朔天子。藏於廟。天子受朔于天。宜在明堂。故告時帝。配祖考。議者曰天子月告祭頒朔。則諸侯安得藏之。故太宰歲首布一歲事。太史頒之也。是不然。周太史頒朔邦國。是總頒十二朔於諸侯。天子猶月告者。頒官府都鄙也。內外異言之也。禮不可罷。鳳閣侍郎王方慶又推言明堂布政之宮。所以明天氣統萬物也。漢儒以

明堂太廟為一。宗祀其祖而配上帝。取宗祀曰清廟。正室為太室。向陽為明堂。建學為太學。圜水為辟雍。異名同事。古之制也。天子以正月上辛總受十二月政於南郊。還藏于祖廟。月取一政。班之明堂。諸侯則受於天子。藏之祖廟。月取一政行之于國。王者以其禮告廟。謂之告朔。視月之政。謂之視朔。玉藻玄冕而朝日東門之外。聽朔南門之外。鄭玄說明堂在國陽。就其時之堂而聽朔焉。卒事宿路寢。今元日通天宮受朝。有司遂讀時令布政。古之禮也。舊說天子歲入明堂者十八。大享一。月告朔十二。四時迎氣四。巡狩之歲一。今議者唯許歲首一入。不以隘乎。陛下幸建明堂。遵用告朔事。若月一聽。則近乎煩。每孟月視朔。惟制定其禮。臣下不敢專。成均博士吳楊吾等共言。秦滅學。告朔廢。今用四孟月。季夏至明堂。告五時帝堂上。請兼如齊賢方慶議。不數歲禮亦廢。久之齊賢還博士。

武后時。沈伯儀爲太子右諭德。初太常少卿韋萬石議明堂大享事。上言鄭玄說祀五天帝。王肅謂祀五行帝。貞觀禮從玄。至顯慶禮祀昊天上帝。乾封詔書祀五天帝兼祀昊天上帝。詔書從貞觀禮儀鳳初。詔祀事一用周制。今應何樂。高宗乃詔尚書省集諸儒議。未能定。於是大享參用貞觀顯慶二禮。垂拱元年。成均助教孔玄義奏嚴父莫大配天。天於萬物爲最大。推父偶天。孝之大。尊之極也。易稱先王作樂崇德殷薦之上帝。以配祖考。上帝。天也。昊天之祭宜祖考並配。請以太宗高宗配上帝於圜丘。神堯皇帝配感帝南郊。祭法祖文王。宗武王。祖。始也。宗。尊也。一名而有二義。經稱宗祀文王。文王當祖而云宗。包武王以言也。知明堂以祖考配。與二經合。伯儀曰有虞氏禘黃帝而郊嚳。祖顓頊而宗堯。夏后氏禘黃帝而郊鯀。祖顓頊而宗禹。殷人禘嚳而郊冥。祖契而宗湯。周人禘嚳而郊稷。祖文王而宗武王。鄭玄

曰禘郊祖宗。皆配食也。祭昊天圜丘曰禘。祭上帝南郊曰郊。祭五帝五神明堂曰祖宗。此爲最詳。虞夏退顓頊郊嚳。殷捨契郊冥。去取違舛。惟周得禮之序。至明堂始兩配焉。文王上配五帝。武王下配五神。別父子也。經曰。嚴父莫大於配天。又曰。宗祀文王於明堂以配上帝。不言嚴武王以配天。則武王雖在明堂。未齒於配。雖同祭而終爲一主也。緯曰。后稷爲天地主。文王爲五帝宗。若一神而兩祭之。則薦獻數瀆。此神無二主也。貞觀永徽禮實專配。由顯慶後始兼尊焉。今請以高祖配圜丘方澤。太宗配南北郊。高宗配五天帝。鳳閣舍人元萬頃范履冰等議。今禮昊天上帝等五祀。咸奉高祖太宗兼配。以申孝也。詩昊天章二后受之。易薦上帝配祖考。有兼配義。高祖太宗既先配五祀。當如舊。請奉高宗歷配焉。自是郊丘三帝並配云。

中宗神龍元年。已復京太廟。又立太廟于東都。議立始祖爲七廟。而議者欲以涼武昭王爲始祖。太常博士張齊賢議以爲不可。因曰。古者有天下者事七世。而始封之君謂之太祖。太祖之廟百世不遷。至祫祭。則毀廟皆以昭穆合食于太祖。商祖玄王。周祖后稷。其世數遠而遷廟之主皆出太祖後。故合食之序。尊卑不差。漢以高皇帝爲太祖。而太上皇不在合食之列。爲其尊於太祖故也。魏以武帝爲太祖。晉以宣帝爲太祖。武宣而上廟室皆不合食于祫。至隋亦然。唐受天命。景皇帝始封之君。太祖也。以其世近而在三昭三穆之內。而光皇帝以上皆以屬尊。不列合食。今宜以景皇帝爲太祖。復祔宣皇帝爲七室。而太祖以上四室皆不合食于祫。博士劉承慶尹知章議曰。三昭三穆與太祖爲七廟者。禮也。而王迹有淺深。太祖有遠近。太祖以功建昭穆。以親崇有功者不遷。親盡者則毀。今以太祖近而廟數不備。乃欲於昭穆之外遠立當遷之主。以是七廟而乖迭毀之議。不可。

天子下其議大臣。禮部尚書祝欽明兩用其言。於是以景皇帝爲始祖而不祔宣皇帝。已而以孝敬皇帝爲義宗。祔于廟。由是爲七室。而京太廟亦七室。

中宗時。爲宗上大享議曰。臣等竊聞明堂之建。其所從來遠矣。天垂象。聖人則之。萬桂茅檐之規。上圓下方之制。考之大數。不踰三七之間。定之方中。必居景巳之地。豈非得房心布政之所。當太微上帝之宮乎。故仰協俯從。正名定位。人神不雜。各司其敘。則嘉應響至。條合太和焉。漢氏承秦。經籍道息。旁求湮墜。詳據難明。孝武初議立明堂於長安城南。遭竇太后不好儒術。事乃中廢。孝成之代。又欲立於城南。議其制度。莫之能決。至孝平元始四年。始創造於南郊。以申嚴配。光武中興。元年。立於國城之南。自魏晉迄於梁朝。雖規制或殊。而所居之地。恒取景巳。者斯蓋百王不易之道也。高祖天皇大帝纂承平

之運崇朴素之風四夷來賓九有咸乂永徽三年詔禮官學士議明堂制度羣儒紛競各執異端久之不決因而遂止何也非謂財不足力不堪也將以周孔既遠禮經且亡事不師古或爽天心難用作程神不孚祐者也則天太后總禁闈之政藉軒臺之威屬皇室中圮之期躡和喜從權之制以爲乾元大殿承慶小寢當正陽亭午之地實先聖聽斷之宮表順端闈儲精營室爰從朝享未始臨御乃起工徒挽令摧覆既毀之後雷聲隱然衆庶聞之或以爲神靈感動之象也於是增土木之麗因府庫之饒南街北闕建天樞大儀之制乾元遺趾興重閣層樓之業煙焰蔽日梁柱排雲人斯告勞天實貽誡煨燼甫迩遽加脩復況乎地殊景亳未答靈心跡匪膺期乃申嚴配事昧彝典神不昭格此其不可者一也又明堂之制木不鏤土不文今躰式乖宜違經紊禮雕鐫所及窮侈極麗此其不可者二也高明爽塏

事資虔敬密迩宮掖何以祈天人神雜擾不可放物此其不可者三也況兩京上都萬方取則而天子闕當陽之位聽政居便殿之中職司其憂豈容沉默當須審巧曆之計擇繁省之宜不便者量事改脩可因者隨宜適用削彼明堂之號克復乾元之名則當宁無偏人識其舊矣

太常博士唐紹請以正冬至日祀圓丘議曰臣聞禮以冬至祀圓丘於南郊夏至祀方澤於北郊者以其日行躔次極於南北之際也日北極當晷度循半日南極當晷度環周是日一陽爻生爲天地交際之始故易曰復其見天地之心乎即冬至卦象也一歲之內吉莫大焉甲子但爲六旬之首一年之內隔月常遇既非大會略運未周惟總六甲之辰助四時而成歲今欲避環周以取甲子是背大吉而就小吉也太史令傅孝忠進奏曰准漏經南陸北陸並日校一分若用十二日甲子即分一分未南極即不得爲至

太常博士彭景直上疏曰禮無日祭陵惟宗廟月有祭故王者設廟祧壇墠爲親疎多少之數立七廟一壇一墠曰考廟曰王考廟曰皇考廟曰顯考廟皆月祭之遠廟爲祧享嘗乃止去祧爲壇去壇爲墠有禱焉祭之無禱乃止又譙周祭志天子始祖高祖曾祖祖考之廟皆月朔加薦以象平生朔食謂之月祭二祧之廟無月祭則古皆無日祭者今諸陵朔望食則近於古之殷事諸節日食近於古之薦新鄭注禮記殷事月朔半薦新之奠也又既大祥即四時焉此其祭皆在廟近代始以朔望諸節祭陵寢唯四時及臘五享廟考經據禮固無日祭於陵唯漢七廟議京師自高祖下至宣帝與太上皇悼皇考陵旁立廟園各有寢便殿故日祭於寢月祭於便殿元帝時貢禹以禮節煩數頗罷郡國廟丞相韋玄成等又議七廟外寢園皆無復議

者亦以祭不欲數宜復古四時祭於廟後劉歆引春秋傳曰祭月祀時享歲貢祖禰則日祭曾高則月祀二祧則時享壇墠則歲貢後漢陵寢之祭無傳爲魏晉以降皆不祭墓國家諸陵日祭請停如禮疏奏天子以語侍臣曰禮官言諸陵不當日進食夫禮以人情沿革何專古爲乾陵宜朝晡進奠如故

王方慶上明堂告朔議曰明堂天子布政之宮也謹按穀梁傳云閏者附月之餘日天子不以告朔非禮也閏以正時時以作事事以厚生生人之道於是乎在矣不告閏朔棄時政也臣據此文則天子閏月亦告朔矣以此寧有他月而廢其禮乎先儒舊說天子行事一年十八度入明堂矣大享不問卜一入也每月告朔十二入也四時迎氣四入也巡狩之年一入也今禮官議惟歲首一入耳與先儒既異在宮臣不敢同宋朝何承天纂集其文以爲禮論雖加編次事則闕

如梁代崔靈恩撰三禮義宗但掘摭前儒因循故事而已隋煬帝命學士撰江都集禮秖抄撮舊禮更無異文貞觀顯慶禮及祠令不言告朔者蓋爲歷代不傳所次其文乃闕各有緣由不足依據今禮官引爲明證在臣誠實有疑

睿宗時賈曾爲諫議大夫知制誥上表曰臣詳據典禮謂宜天地合祭謹按禮記祭法曰有虞氏禘黃帝而郊嚳夏后氏禘黃帝而郊鯀傳曰大合禘然則郊之與廟俱有禘祭禘廟則祖宗之主俱合於太祖之廟禘郊則地祇羣望俱合於圜丘以始祖配享皆有事而大祭異於常祀之義禮大傳曰不王不禘故知王者受命必行禘禮虞書曰正月元日舜格于文祖肆類于上帝禋于六宗望秩于山川徧于羣神此則受命而行禘禮者也言格于文祖則餘廟之享可知矣言類于上帝則地祇之合可知矣且山川之祀皆屬于地羣望尚徧況地祇乎周官以六律六呂五聲大合樂以致神祇以和邦國以諧萬人又云凡六樂者六變而致象物及天神此則禘郊合天神地祇人鬼祭之樂也三輔故事漢祭圜丘儀上帝位正南面后土位亦南面而少東又東觀漢記云光武即位爲壇於鄗之陽祭告天地採用元始故事二年正月於洛陽城南依鄗爲圓壇天地位其上南向西上按兩漢時自有后土及北郊祀而已此於圓丘設地位明是禘祭之儀又春秋說云王者一歲七祭天地合食於四孟別於分至此復天地之常有同祭之義王肅曰孔子云兆圜丘於南郊又云祭天而地配此亦郊祀合祭之明說唯鄭康成不論禘當合祭而分昊天上帝爲二神專憑緯文事匪經見又其注大傳不王不禘義則云正歲之正祭感帝之精以其祖配注周官大司樂圜丘義則引大傳五禘以爲冬至祭遞相矛盾未足可依伏惟陛下膺籙居尊繼文在曆自臨宸

極未親郊祭今之南郊正當禘禮固宜合祀天地咸秩百神答受命之符彰致敬之道豈可不崇盛禮同彼常郊使地祇無位未從禘享合請備設皇地祇并從祀等座則禮得稽古義合緣情然郊丘之祀國之大事或失其宜精禋將闕臣術不通經識慙博古徒以昔謬禮職今忝諫曹正議是司敢不陳上儻事有可採惟斷之聖慮也

玄宗即位未郊見左拾遺張九齡建言天者百神之君王者所由授命者也自古繼統之主必有郊配蓋敬天命報所受也不以德澤未洽年穀未登而闕其禮昔周公郊祀后稷以配天謂成王幼沖周公居攝猶用其禮明不可廢也漢丞相匡衡曰帝王之事莫重乎郊祀董仲舒亦言不郊而祭山川失祭之序逆於禮故春秋非之臣謂衡仲舒古之知禮皆以郊之祭所宜先也陛下紹休聖緒于今五載而未行大報考之于經義或未通今百穀嘉生鳥獸咸若夷狄內附兵革用弭乃怠於事天恐不可以訓願以迎日之至升紫壇陳采席定天位則聖典無遺矣

開元初陳貞節爲右拾遺初隱章懷懿德節愍四太子並建陵廟分八署置官列吏卒四時祠官進饗貞節以爲非是上言王者制祀以功德者猶親盡而毀四太子廟皆別祖無功於人而園祠時薦有司守衛與列帝侔金奏登歌所以頌功德詩曰鐘鼓既設一朝饗之使無功而頌不曰舞詠非度邪周制始祖乃稱小廟未知四廟欲何名乎請罷卒吏詔祠官無領屬以應禮典古者別子爲祖故有大小宗若謂祀未可絕宜許所後子孫奉之詔有司博議駕部員外郎裴子餘曰四太子皆先帝冢嗣列聖念懿屬而爲之享春秋書晉世子曰將以晉畀秦秦將祀子此不祀也又言神不歆非類君祀無乃殄乎此有廟也魯定公元年立煬宮煬伯禽子季氏遠祖尚不爲限況天

子爲親親以及旁朞誰不曰然太常博士段同曰四陵廟皆天子睦親繼絶也逝者錫蘋蘩猶生者之開茅土古封建子弟誰皆有功生無所議死乃援禮停祠人其謂何隱於上伯祖也服緦章懷伯父也服朞懿德節愍堂昆弟也服大功親未盡廟不可廢禮部尚書鄭惟忠等二十七人亦附其言於是四陵廟惟詘卒半它如舊

歷代名臣奏議卷之十六

郊廟

唐玄宗開元初奉昭成皇后祔睿宗室又欲肅明皇后并升爲陳貞節奏言廟必有配一帝一后禮之正也昭成皇后有太姒之德宜升配睿宗肅明皇后既非子貴宜在別廟周人奏夷則歌小呂以享先妣先妣姜嫄也以生后稷故特立廟曰閟宮晉簡文帝鄭宣皇后不配食築宮於外以歲時致享肅明請準周姜嫄晉宣后納主別廟時享如儀於是留主儀坤廟詔隷太廟毋置官屬

陳貞節與博士蘇獻上言曰睿宗於孝和弟也按賀循說兄弟不相爲後故殷盤庚不序陽甲而上繼先君漢光武不嗣孝成而上承元帝晉懷帝繼世祖不繼惠帝故陽甲孝成出爲別廟又言兄弟共世昭穆位同則毀二廟有天下者從禰而上事七廟尊者所統廣故及遠祖若傍容兄弟則上毀祖考天子不得全事七世矣請以中宗爲別廟大祫則合食太祖奉睿宗繼高宗則禪獻永序詔可乃奉中宗別廟升睿宗爲第七室五年太廟壞天子舍神主太極殿營新廟素服避正寢三日不朝猶幸東都伊闕男子孫平子上書曰乃正月太廟毀此躋二帝之驗也春秋君薨卒哭而祔祔而作主特祀於主烝嘗禘於廟今皆違之魯文公之二年躋僖於閔上後太室壞春秋書其災說曰僖雖閔兄嘗爲之臣臣居君上是謂失禮故太室壞且兄臣於弟猶不可躋弟嘗臣兄乃可躋乎莊公薨閔公二年而禘春秋非之況大行夏崩而太廟冬禘不亦亟乎太室尊所若曰魯自是陵夷墮周公之祀太廟今壞意者其將陵夷墮先帝之祀乎陛下未祭孝和先祭太上皇先臣後君昔躋兄弟上今弟先兄祭昔太室壞今太廟毀與春秋正同不可不察武后篡國孝和中興有功今內主別

祠不得列于世亦已薄矣夫功不可棄君不可下長不可輕且臣繼君猶子繼父故禹不先鯀周不先不窋宋鄭不以帝乙屬王不肖猶尊之也況中興邪晉太康時宣帝廟地陷梁折又三年太廟殿陷而及泉更營之梁又折天之所譴非必朽而壞也晉不承天故及于亂臣謂宜遷孝和還廟何必違禮下同魯晉哉帝異其言詔有司復議貞節獻與博士馮宗質之曰天子七廟三昭三穆與太祖而七父昭子穆兄弟不與焉殷自成湯至帝乙十二君其父子世六易乾鑿度曰殷之帝乙六世王則兄弟不為世矣殷人六廟親廟四并湯而六殷兄弟四君若以為世方上毀四室乃無祖禰是必不然古者繇禰極祖雖迭毀迭遷而三昭穆未嘗闕也禮大宗無子則立支子又曰為人後者為之子無兄弟相為後者故捨至親取遠屬父子曰繼兄弟曰及兄弟不相入廟尚矣借有兄弟代立承統告享不得稱嗣子

嗣孫乃言伯考伯祖何統緒乎殷十二君惟三祖三宗明兄弟自為別廟漢世祖列七廟而惠帝不與文武子孫昌衍文為漢太宗晉景帝亦文帝兄景絕世不列于廟及告謚世祖稱景為從祖令為晉武帝越崇其父而廟毀及亡何漢出惠帝而享世長久乎七廟五廟明天子諸侯也父子相繼一統也昭穆列序重繼也禮兄弟相繼不得稱嗣子明睿宗不父孝和必上繼高宗者偶室於廟則為二穆於禮可乎禮所不可而使天子旁紹伯考棄已覲正統哉孝和中興別建園寢百世不毀尚何議哉平子偎引僖公逆祀為比殊不知孝和升新寢聖真方祔廟則未嘗一日居上也帝詔宰相召平子與博士詳論博士護前言合軋平子平子援經辯數分明獻等不能屈蘇頲右博士故平子坐貶都城尉然諸儒以平子孤挺見迮於禮官亦平帝亦知其直人不決然卒不復中宗於廟

玄宗將大享明堂貞節惡武后所營非古所謂木不鏤土不文之制乃與馮宗上言明堂必直丙巳以憲房心布政太微上帝之所武后始以乾元正寢占陽午地先帝所以聽政故毀殿作堂撤之日有音如雷庶民謹訕以為神靈不悅堂成災火從之后不修德俄復營構殫用極侈詭褻厭變又欲嚴配上帝神安肯臨且密邇掖廷人神雜擾是謂不可方物者也二京上都四方是則天子聽政乃居便坐無以尊示羣臣願以明堂復為乾元殿使人識其舊不亦愈乎詔所司詳議刑部尚書王志愔等僉謂明堂瓌怪不法天燼之餘不容大享請因舊循制還署乾元正寢正至天子御以朝會若大享復寓圜丘

制曰可

開元中典章差駮左補闕王仲丘欲合貞觀顯慶二禮據有其舉之莫可廢之誼即上言貞觀禮正月上辛祀感帝於南郊顯慶禮祀

昊天上帝於圜丘以祈穀臣謂詩春夏祈穀于上帝禮上辛祈穀于上帝則上帝當昊天矣鄭玄曰天之五帝遞王王者必感一以興故夏正月祭所生於郊以其祖配之因以祈穀感帝之祀貞觀用之矣請因祈穀之壇徧祭五方帝五帝者五行之精九穀之宗也請二禮皆用貞觀禮雩祀五方上帝五人帝五官于南郊顯慶禮祀昊天上帝于圜丘臣謂雩上帝為百穀祈甘雨故月令大雩帝用盛樂鄭玄謂帝上帝也乃天別號祀于圜丘尊天位也顯慶祀昊天與月令合而貞觀嘗祀五帝矣請二禮皆用貞觀禮季秋祀五方帝五官於明堂顯慶禮祀昊天上帝於明堂臣謂周郊祀后稷以配天宗祀文王於明堂以配上帝先儒以天為感帝引太微五帝著之上帝則屬之昊天鄭玄稱周官旅上帝祀五帝各文而異禮不容并而為一故於孝經天上帝申之曰上帝亦天也神無二主但異其處以避后稷今顯慶享

上帝合於經然貞觀肖祀五方帝矣請二禮皆用詔可
太子賓客崔沔上宗廟加籩豆議曰臣竊聞識禮樂之情者能作知
禮樂之文者能述述作之義聖賢所重禮樂之制古今所崇變而通
之所以久也所謂變者變其文也所謂通者通其情也祭祀之興肇
於太古人所飲食必先嚴獻未有火化茹毛飲血則有毛血之薦未
有麴蘖汙樽抔飲則有玄酒之奠施及後王禮物漸備作為酒醴伏
其犧牲以致馨香以極豐潔故有三牲八簋之盛五齊九獻之殷然
以神道至敬可備而不敢廢也是以血腥爓熟玄樽犧象靡不畢登
於明薦矣然而薦貴於新味不尚褻雖則備物猶存節制故禮云天
之所生地之所長苟可薦者莫不咸在備物之情也又曰三牲之俎
八簋之實美物備矣昆蟲之異草木之實陰陽之物備矣此節制之
文也鉶俎籩豆簠簋樽罍之實皆周人之時饌也其用通於宴饗賓

客而周公制禮咸異與毛血玄酒同薦於先晉中郎盧諶近古之知
禮者也著家祭禮觀其所薦皆晉時常食不復盡用禮之舊文然則
當時飲食不可闕於時祭明矣是變禮文而通其情也我國家由禮
立訓因時制範考圖史於前典稽周漢之舊儀清廟時享禮饌畢陳
用周制也而古式存焉園寢上食時膳具設遵漢法也而珍味極焉
職貢來祭致遠物也有新必薦順時令也苑囿之內躬稼所收蒐狩
之時親發所中莫不割鮮美薦而後食盡誠敬也若此至矣復何加
焉但當申勑有司祭如神在無或簡怠勗增虔誠其進貢珍羞或時
物鮮美考諸同典有所漏略皆詳名目編諸甲令因宜而薦以類相
從則新鮮服濃盡在是矣不必加於籩豆之數也至於祭器隨物所
宜故大羹古食也盛於登登古器也和羹時饌也盛於時器故毛血
盛於盤玄酒盛於樽未有薦時饌而追用古器者由古質而今文便

於事也雖加籩豆十二味是以盡天下美物而措諸清廟有兼倍之
名近於侈矣魯人丹桓宮之楹又刻其桷春秋書以非禮御孫諫曰
儉德之恭也侈惡之大也先君有恭德而君納諸惡無乃不可乎是
不以越禮而崇侈於宗廟也又據漢書藝文志墨家之流出於清廟
是以貴儉由此觀之清廟之不尚於奢舊矣太常所請恐未可行又
按太常奏狀今酌獻酒爵制度全小僅未一合執持甚難不可全依
古制猶望稍須廣大臣竊據禮文有以小為貴者獻以爵貴其小也
小不及制敬而非禮是有司之失其傳也固可隨失釐正無待議而
後革然禮失於敬猶奢而寧儉非大過也未知今制何所依准請兼
詳今式據文而行
常述張均同上宗廟加籩豆議曰謹按祭統曰凡天之所生地之所
長苟可薦者莫不咸在水草陸海三牲八簋昆蟲之異草木之實陰

陽之物皆備薦矣聖人知孝子之情深物類之無限故為之節制使
祭有常禮物有其品器有其數上自天子下至公卿貴賤差降無相
踰越百代常行無易之道也又按周禮膳夫掌王之食飲膳羞食用
六穀膳用六牲飲用六清羞用百有二十品珍用八物醬用百有二
十甕則與祭祀之物豈省本殊左傳曰饗以訓恭儉以行禮慈惠以
布政又曰饗有體薦宴有折俎杜元凱曰饗有體薦爵盈而不飲肴
乾而不食宴則相與食之饗與宴猶且異文祭奠所陳固不同矣又
按周禮籩豆人各掌四籩四豆之實共供祭祀與賓客所用各殊處
此數文祭奠不同常時其來久矣且人之嗜好本無憑准宴私之饌
與時遷移故聖人一切同歸於古雖平生所嗜非禮亦不薦也平生
所惡是禮則不去矣楚語曰屈到嗜芰有疾召宗老而屬曰祭必以
芰及祥宗老將薦芰屈建命去之曰祭典有之國君有牛享犬夫有

羊饋士有豚犬之奠庶人有魚炙之薦籩豆脯醢則上下安之不羞珍異不陳庶侈不以私欲干國之典遂不用此則禮外之食前賢不敢薦也今欲取甘旨之物肥濃之味隨所有者皆充祭用苟踰舊制其何限焉雖豆有加豈能備也傳曰大羹不致粢食不鑿昭其儉也書曰黍稷非馨明德惟馨事神在於虔誠不求厭飫三年而禘不欲黷也三獻而終禮有成也風有采蘋采蘩雅有行葦泂酌守以忠信神其捨諸若以今之珍饌平生所習求神無方何必師古簠簋可去而盤盂杯案當在御矣韶濩可息而箜篌笙笛當在奏矣凡斯之流皆非正物或興於近代或出於蕃夷入耳之娛本無則象用之宗廟後嗣何觀欲為永式恐未可也且自漢已降諸陵皆有寢宮歲時朔望薦以常饌此既常行亦足盡至孝之情矣宗廟正禮宜依典故率情變革人情所難又按舊制一升曰爵五升為散禮器稱宗廟之祭

貴者獻以爵此明貴小賤大示之節儉又按國語觀射父曰郊禘不過繭栗烝嘗不過把握天神以精明臨人者也求備於物不求豐大苟失於禮雖多何為豈可捨先王之遺法徇一時之所尚廢棄禮經以從流俗裂冠毀冕將安用之且君子愛人以禮不求苟合況在宗廟敢忘舊制

楊仲昌上宗廟加籩豆議曰臣按禮經祭法曰夫祭不欲煩煩則黷祭亦不欲簡簡則怠又鄭玄云人生尚褻食鬼神則不然神農時雖有黍稷猶未有酒醴及後聖作為醴酪猶存玄酒示不忘古春秋曰蘋蘩薀藻之菜潢汙行潦之水可羞於王公可薦於鬼神又曰大羹不致粢食不鑿此明君人者有國奉先敬神嚴享豈肥濃以為上將儉約以表誠則陸海之物鮮肥之類既乖禮文之情而變作者之法皆充祭用非所詳也易曰樽酒簋貳納約自牖此明祭存簡易不在繁奢所以一樽之酒貳簋之奠為明祀也抑又聞之夫義以出禮禮以體政遺則有紊是稱不經薦肥濃則褻味有登加籩爵則事非師古與其別行新制寧如謹守舊章

將作大匠韋湊上義宗廟號書曰臣聞王者制禮是曰規模規模之興實資師古之道必也正名惟名與實故當相副其存宗廟禮之大者豈可失哉禮祖有功而宗有德祖宗之廟百代不毀故殷太甲為太宗太戊曰中宗武丁曰高宗周則文王為太宗武王為中宗漢則文帝為太宗武帝為世宗其後代有稱宗者以方制海內德澤可宗列於昭穆期於不毀稱宗之義不亦大乎伏惟孝敬皇帝位止東宮未嘗南面聖道誠冠於儲副德教不被於寰瀛立廟稱宗恐非合禮況別起祀典何義稱宗而廟號義宗稱之萬代以臣庸識竊謂不可陛下率循典禮以闡大猷儻致此失或虧盡善豈不惜哉望更詳議

務合於禮經

唐郊祭天地以高祖神堯皇帝配肅宗寶應元年杜鴻漸為太常卿禮儀使於是禮儀判官薛頎集賢校理歸崇敬等共建言曰神堯獨受命之主非始封君不得冒太祖配天地景皇帝受封于唐即商之契周之后稷請奉景皇帝配天地於禮宜甚諫議大夫黎幹非之乃上十詰十難傳經誼抵鄭玄以折頎崇敬等曰頎等引禘者至日祭天於圜丘周人以遠祖配今宜以景皇帝為始祖配昊天圜丘臣幹一詰國語稱有虞氏夏后氏並禘黃帝商禘舜周禘嚳二詰商頌長發大禘也三詰周頌雝禘太祖也四詰祭法虞夏並禘黃帝商周俱禘嚳五詰大傳不王不禘王者禘其祖之所自出以其祖配之六詰爾雅禘大祭也七詰家語凡四代帝王所郊皆以配天所謂禘五坐大祭也八詰盧植以禘祭名禘諦也事取明諦故云九詰王肅言禘

五年大祭。十詰郭璞亦云。此經傳先儒皆不言祭昊天於圜丘根證章章。故臣謂禘止五年宗廟大祭。無疑晦。其十難。一曰。周頌雝之序曰禘。祭太祖也。鄭玄說禘。大祭也。太祖。謂文王也。商頌長發。大禘也。玄曰大禘。祭天也。商周兩頌。同文異解。案玄之意。以禘加大。因曰祭天。臣謂春秋大事于太廟。雖曰大。得祭天乎。虞夏商周禘黃帝與嚳。禮不王不禘。皆不言大。玄安得稱祭天乎。長發所歎。不及嚳與感生帝。故知不為祭天。僃嚳明矣。商周五帝大祭見于經者甚詳。而禘主廟。不主天。今背孔子之訓言。取玄之偏說。誣繆祀典。不見其可。二曰。不王不禘。王者禘其祖之所自出。以其祖配之。此言惟天子當禘。如虞夏出黃帝。商周出嚳。以近祖配之。自出之祖無廟。乃自外至。自外至者。同之天地。得主而止。又自出者在母亦然。春秋傳陳則我周之自出。詎可謂出太微五帝乎。玄以一禘為三說。在祭法則曰祭昊

天於圜丘。在春秋傳則郊以后稷配靈威仰。在商頌曰祭天。在周頌則禘曰大於四時祭而小於祫。本末駮舛。臆判自私。不足以訓。三曰。商周之前禘所自出。自漢魏以來曠千餘歲。其禮不講。蓋玄所說不當於經。不質于聖。先儒置之不用。是為棄言。四曰。今禮家行於世者皆本玄學。臣請取玄之隙。遂破傾等所建。傾等曰景皇帝為始祖以配天。按王制天子七廟。玄曰周禮也。太祖與文武之祧合親廟四而七。商氏六廟。契與湯合二昭二穆而六。據玄則夏不以鯀顓頊昌意為始祖。是又與玄乖。背自古未有以人臣為始祖者。唯商以契。周以稷。夫稷契皆天子元妃子。簡狄吞玄鳥卵而生契。契佐禹有大功。舜封之商。其詩曰。天命玄鳥。降而生商。宅殷土芒芒。后稷母曰姜嫄。出野履巨跡而生稷。稷勤稼穡。堯舉為農師。舜封之邰。號曰后稷。其詩曰。履帝武敏歆。攸介攸止。即有邰家室。舜禹有天下。契稷在為傅曰。

功施於人則祀之。以死勤事則祀之。契為司徒而人輯睦。稷勤百穀而死。所祀皆在祀典。及子孫而有天下。故尊而祖之。五曰。既用玄說。小德配寡。而后稷止配一帝。不得全配五帝。今以景帝配昊天。於玄為可為不可乎。六曰。衆詰臣曰。上帝一帝。周官祀天旅上帝。祀地旅四望。旅。衆也。則上帝是五帝。臣曰否。旅有衆義。出於爾雅。又為祭名。亦曰陳也。如前所詰旅上帝為五帝。則季氏旅於泰山可得為四鎮邪。七曰。援玄之言。則景帝親盡主應在祧。及配天地禮不相值。夫所謂始祖者。經綸草昧功普體大。以比元氣含覆廣大者也。故曰萬物之始。天也。人之始祖也。日之始。至也。掃地而祭則質。器用陶匏則性牲。用犢則誠。兆於南郊則就陽。至尊至質。不敢同於先祖也。白虎通義曰。祭天歲一者何。事之不敢黷也。故因歲之陽氣始達而祭之。今一歲四祭黷莫大焉。上帝五帝祀闕不舉。怠孰甚焉。黷與怠皆失也。臣

聞親有限。祖有常。聖人制禮。不以情變。唐家累聖歷祀百年。非不知景帝為始封。當時通儒鉅工尊高祖以配天。宗太宗以配上帝。人神克戢。為日既久。乃今以神堯降侑。含樞紐而太宗仍配上帝。則樞紐上帝佐也。以子先父。非天地祖宗之意。八曰。景皇帝非造我區夏。不得與夏之禹。商之契。周之稷。漢高帝。魏武帝。晉宣帝。唐神堯皇帝並功而陟配圜丘。上與天匹。魯謂圜丘不如林放乎。九曰。魏以武帝。晉以宣帝為始祖者。夷操與懿皆人傑也。擁天下彊兵挾弱主。制海內之命。名雖為臣。勢實為君。後世因之。以成帝業。尊而祖之。不亦可乎。十曰。神堯拯隋室之亂。振臂大呼。濟人塗炭。汎掃蕩攘雄凶無餘。出入不數年而成王業。漢祖之功。不能加焉。夏以禹。漢以高帝。我以神堯為始祖。訂夏法漢。於義何嫌。今傾崇敬革天對易祖廟事之大者。不稽于古。難以疑文僻說定之。臣官以諫為名。不敢不盡愚議。聞代

宗不蠲其言其後名儒大議而景帝配天卒著于禮

代宗時主客員外郎歸崇敬奏言東都太廟不當置木主按禮虞主用桑練主用栗作栗主則瘞桑主猶天無二日土無二王也東都太廟本武后所建以祀諸武中宗去主存廟以備行幸還都之置且商遷都前八後五不必每都別立神主也若曰神主已經奉祀不得一日而廢則桑主以虞至練祭而埋之明是不然時有方士巨彭祖建言唐家土德請以四季月郊祀天地詔禮官儒者雜議崇敬議禮以先立秋十八日迎黃靈祀黃帝於五行為土而火為母故火用事之末而祭之三季月則否彭祖奉緯候說事詭不經不可用

博士獨孤及上景皇帝配昊天上帝議曰謹按禮經王者禘其祖之所自出以其祖配之凡受命始封之君皆為太祖繼太祖以下六廟則以親盡迭毀而太祖之廟雖百世不遷此五帝三王所以尊祖敬

宗也故受命于神宗禹也而夏后氏祖顓頊而郊鯀纘禹黜夏湯也而殷人郊冥而祖契革命作周武王也而周人郊稷而祖文王則明自古必以首封之君配昊天上帝惟漢崛起豐沛豐公太公皆無位無功德不可以為祖宗故漢以高皇帝為太祖其先細微故也非足為後代法伏惟太祖景皇帝以柱國之任翼周弼魏肇成王業建封于唐高祖因之遂以為有天下之號天所命也亦由契之封商后稷之封邰禘郊祖宗之位宜在百代不遷之典郊禮高祖猶周之祖文王而宗武王也今若以高祖創業當躋其祀是棄三代之令典遵漢代之末制黜景皇帝之大業同於豐公太公之不祀返古違道失孰甚焉夫追尊景皇帝廟號太宗所以崇尊之禮也若配天之位既易則太祖之號宜廢祀之不修廟亦當毀尊祖報本之道其墜於地乎漢制擅議宗廟以大不敬論今武德貞觀之憲章未改國家方將敬

祀事以和神人禘郊之間恐非所宜臣謹稽禮文參諸夏殷周漢故事配食天帝之制請仍舊典謹議

玄宗肅宗既祔室遷獻懿二祖于西夾室引太祖位東嚮禮儀使于休烈議獻懿屬尊於太祖若合食則太祖位不得正請藏二祖神主以太宗中宗睿宗肅宗從世祖南向高宗玄宗從高祖北向禘祫不及二祖凡十八年建中初代宗喪畢當大祫陳京以太常博士上言春秋之義毀廟之主陳於太祖未毀廟之主合食于祖無毀廟遷主不享之言唐家祀制與周異周以后稷為始封祖而毀主皆在后稷下故太祖東向常統其尊司馬晉以高皇太皇處士征西四座為別廟大禘祫則正太祖位無所屈別廟祭高太以降所以敘親也唐家宜別為獻懿二祖立廟禘祫則祭太祖遂正東向位德明興聖二帝向已有廟則藏祔二祖為宜詔百官普議禮儀使太子少師顏真卿

曰今議者有三一謂獻懿親遠而遷不當祫宜藏主西室二謂二祖宜祫食與太祖並昭穆闕東向位三謂引二祖祫禘即太祖永不得全其始宜以二主祔德明廟雖然於人神未猒也景帝既受命始封矣百代不遷矣而又配天尊無與上至禘祫時輒屈昭穆以申孝尊先實明神之意所以教天下之孝也況晉蔡謨等有成議不為無據請大祫享奉獻主東向懿主居昭景主居穆重本尚順為萬代法夫祫合也有如別享德明是乃分食非合食也時議者靡然於是還獻懿主祫於廟如真卿議

德宗即位禮儀使顏真卿論元皇帝祧遷狀曰王制天子七廟三昭三穆與太祖之廟而七又禮器云有以多為貴者天子七廟又伊尹曰七世之廟可以觀德此經典之明證也七廟之外則曰去祧為壇去壇為墠故歷代儒者制迭毀之禮皆親盡宜毀伏以太宗文皇帝

七代之祖高祖神堯皇帝國朝首祚萬葉所承太祖景皇帝受命于天始封于唐元本皆在不毀之典代祖元皇帝地非開統親在七廟之外代宗皇帝升祔有日元皇帝神主禮合祧遷或議者以祖宗之名難於迭毀昔漢朝廷近古不敢以私滅公故前漢十二帝為祖宗者四而已至後漢漸違經意子孫以推美為先自光武以下皆有廟號則祖宗之名莫不建也安帝以讒害大臣廢太子及崩無上宗之奏後自建武以來無毀者因以陵號稱宗至桓帝失德尚有宗號故初平中左中郎蔡邕以和帝以下功德無殊而有過差不應為宗及餘非宗者追尊三代皆奏毀之是知祖有功宗有德存至公之義非其人不居蓋三代立禮之本也自東漢已來則此道喪矣魏明帝自稱烈祖論者以為逆自稱祖宗故近代此名悉為廟號未有子孫踐祚而不祖宗先王者以此明之則不得獨據兩字而為不合祧遷之

證假令傳祚百代豈可止存百代以為孝乎請依三昭三穆之義永為通典寶應二年升祔玄宗肅宗則獻祖懿祖已從迭毀伏以代宗睿文孝皇帝卒哭而祔則合上遷一室元皇帝代數已遠其神主準禮祧而禘祫之時然後饗祀

貞卿又上廟享議曰議者或云獻祖懿祖親遠廟遷不當祫享宜永閟於西夾室又議者云二祖宜同祫享與太祖並列昭穆而空太祖東向之位又議者云二祖若同祫享即太祖之位永不得正宜奉遷二祖神主祔藏於德明皇帝廟臣伏以三議俱未為允且禮經殘闕既無明據儒者能比方義類斟酌其中則可舉而行之蓋叶於正也伏以太祖景皇帝以受命始封之功處百代不遷之廟配天崇享是極尊嚴且至禘祫之時暫居昭穆之位屈己伸孝敬奉祖宗緣齒族之禮廣尊天之道此實太祖明神烝烝之本意亦所以化被天下率

循孝弟也請依晉蔡謨等議至五年十月祫享之日奉獻祖神主居東面之位懿祖太祖洎諸祖宗遵左昭右穆之列此有以彰國家重本尚順之明義足為萬代不易之令典也又議者請奉遷二祖神主於德明皇帝廟行祫祭之禮夫祫合也故公羊傳曰大事者何祫也若祫祭不陳於太廟而享於德明廟斯乃分食也豈謂合食乎名實相乖尤失禮意固不可行

德宗時權德輿上遷廟議曰今年夏四月禘饗于太廟太祖皇帝東嚮之位并遷廟之位右伏准今月十六日勅禘祫之祭禮之大者先有衆議猶未精詳宜更令百僚議限至二十六日內聞奏者臣聞禮有五經莫重於祭祭稱百順實受其福故曰萬物本乎天人本乎祖以太祖始封之重當殷祭東嚮之尊百代不遷下統昭穆此孝享嚴禋之極制也周自后稷十六代至武王毀廟遷主皆太祖之後故序

列昭穆合食無嫌漢之太上皇主瘞于園寢尋置別廟是為屬尊故周漢皆太祖之位正自魏至隋則虛其位魏明帝初以太皇別廟未成故權設對祫後有司定七廟之制太祖已下為昭穆二祧旋至三少帝運移于晉不以兄弟為代數故元帝上繼武帝簡文上繼元帝至安帝時然後征西至京兆四府君遷盡未及殷祭運移于宋初永和中送四府君主所藏之禮詔公卿博議范宣請特築一室常弘請屋朽乃止蔡謨亦請改築別室若未展者當入就太廟以征西府君東向議竟不行宋齊梁北齊周隋悉虛其位以待太祖皆以短祚其禮不伸則自魏以降太祖列昭穆之位非通例也武德中立親廟四自宣簡公而下貞觀中七廟六室自弘農府君而下開元中始制九廟追尊獻祖懿祖故自武德至于開元太祖在四廟七廟九廟之數則東向之虛又非例也廣德二年將及殷祭有司以二祖親盡當遷

太祖九室既備。其年冬祫。於是正太祖於東向。藏二主於夾室。凡十八年矣。建中二年冬祫。有司誤引黎謨征西之議。以獻祖居東向。懿祖爲昭。太祖爲穆。此誠乖舛倒置之大者也。議者或引春秋禹不先鯀。湯不先契。文武不先不窋以爲證。且湯與文武。皆太祖之後。理無所疑。至於禹不先鯀。安知說者非啓與太康之代。而左丘明因而記之耶。向者有司以二主藏夾室非宜。則可闕殷祭。非敬則可廢東向之位。則不可。是以貞元七年冬。太常上奏。請下百僚僉議。詔可其奏。八年春。有于頎等一十六狀。至十一年又詔尚書省集議。有陸淳宇文炫二狀。前後異同有七家之說。至於藏夾室。虛東向。遷園寢。分饗禘祫。加幣玉虞主而枚卜瘞埋。膚引滋多。皆失禮意。臣等審細討論。惟置別廟。及祔于明德興聖二說。最爲可據。明德興聖之廟。猶別廟也。等於剏立。此又易行。伏以明德皇帝於舜禹之際。與稷契同功。

契後爲殷。向五百年。稷後爲周。逾八百年。明德流光。無窮啓皇運於後。景福靈長。與天地準。又獻懿二祖於興聖皇帝。爲曾爲玄。猶周人祔于先公之祧也。此亦亡於禮者也。明尊祖之道正。大祭之義禮文祀典莫重於是。凡議同者七狀。百有餘人。其中名儒禮官講貫詳熟。臣於貞元八年蒙聖恩以博士徵至京師。屬當會議。時與崔儆劉執同狀。十一年臣官備近侍。不議禁中。乃今累叨睿獎。猥貳宗伯。職業所守。典禮是司。研考古今。罄竭愚管。豈敢以疑文虛說。黷陛下嚴敬重難之心。其夾室等五家不安之說。謹具條上。伏惟聖慮裁擇。

藏夾室

右太祖已下毀廟主之所藏也。今若以二祖之主同在夾室。當禘祫之際。代祖元皇帝以遷主合食。而二主留在夾室。神靈何所依耶。或主有禱則祭。無禱則止。如殷祭何。如或亡每禘祫時就饗於夾室。如合食何。此其不可也。

虛東向

右自魏晉方有太祖已上府君以備親廟。自太祖已下昭穆既列。太祖之上。親盡皆遷。然後正東向之位。明不遷之重。自魏至隋。皆以短歷。或遭離多故。其禮未行。故虛東向。自武德後。貞觀開元加廟數。太祖尊位厭而未申。故虛東向。今九廟已備。代祖已遷。而議虛東向。則無其例。此其不可也。

園寢

右漢魏太上皇處士居園寢之制。近在京師。故於遷主無有異議。今二祖園寢。皆在趙州。法駕撰儀。經途遐遠。此其不可也。

分饗

右尊祖敬宗。主當無二。審禘合饗。主者所先。議者請常以獻祖受祫。

太祖受禘。五年之間。迭居東向。就如其說。則當祫之時。太祖固序昭穆矣。當禘之禮。獻祖何所依也。徒古已來。無此義例。此其不可也。

埋瘞

右議者引古者貴祖命斂幣玉藏諸兩階之間。又埋虞主於廟門外之道左以爲比類。彼主命幣玉者。既及告。則無所用矣。彼虞主用桑者。既練祭則無所用矣。不忍褻瀆。故斂而藏之。撤而埋之。豈如栗主依神。雖廟毀而常存之制哉。此其不可也。況兩階之間。與門外道左。皆祖廟也。今則下瘞於子孫之廟。於理安乎。此其又不可也。以前謹具周漢太祖居東向。魏晉已下虛東向。并貞元八年十一月兩度會議一十八狀。內夾室等五家不安之說。如前謹錄奏聞。

貞元七年。太常卿裴郁上言商周以禹稷爲祖。上無餘尊。故合食有序。漢受命祖高皇帝。故太上皇不以昭穆合食。魏祖武帝。晉祖宣帝。

故高皇廢士征西等君亦不以昭穆合食景皇帝始封唐唐推祖焉而獻懿親盡廟遷猶居東向非禮之祀神所不享頒下羣臣議於是太子左庶子李嶸等上言謹按晉孫欽議太祖以前雖有主禘祫所不及其所及者太祖後未毀已升藏於二祧者故雖百代及之獻懿在始封前親盡主遷上擬三代則禘祫所不及太祖而下若世祖則春秋所謂陳於太祖者漢議罷郡國廟丞相韋玄成議太上皇孝惠親盡宜毀太上主宜瘞于園惠主遷高廟太上皇在太祖前主瘞於園不及禘祫獻懿比也惠遷高廟在太祖後而及禘祫世祖比也魏明帝遷處士主置園邑歲時以令丞奉薦東晉以征西等祖遷入西除同謂之祧皆不及祀故唐初下詔開元禘祫猶虛東向位洎立九廟追祖獻懿然祝於三祖不稱臣至德時復作九廟遂不為弘農府君主以祀不及也廣德中始以景皇帝當東向位以獻懿兩主親盡罷祫而藏顏真卿引蔡謨議復奉獻主東向懿昭景穆不記謨議晉未嘗用而唐一王法容可準乎臣等謂嘗禘郊社無二尊瘞毀遷藏各以義斷景皇帝已東向一日改易未可謂禮宜復藏獻懿二主於西室以本祭法遠廟為祧去祧而壇去壇而墠壇墠有禱祭無禱止之義太祖得正無所屈吏部郎中柳冕等十二人議曰天子以受命之君為太祖諸侯以始封之主為祖故自太祖祖以下親盡迭毀洎秦滅學漢不暇禮晉失宋因故有連王廟之制有虛太祖之位且不列昭穆非所謂有序不建迭毀非所謂有殺連王廟非所謂有別虛太祖位非所謂一尊此禮所由廢也傳曰父為士子為天子祭以天子葬以士今獻懿二祖在唐未受命時猶士也故高祖太宗以天子之禮祭之而不敢奉以東向位今而易之無乃亂先帝序乎周有天下追王大王王季以天子禮及其祭則親盡而毀漢有天下尊太上皇

以天子之禮及祭也親盡而毀唐家追王獻懿二祖以天子禮及其祭也親盡而毀復何所疑周官有先公之祧先王之祧先公遷主藏后稷之廟其周未受命之祧乎先王遷主藏文武之廟其周已受命之祧乎故有二祧所以異廟也今自獻而下猶先公也自景而下猶先王也請別廟以居二祖則行周道復古制便工部郎中張薦等請自獻而降悉入昭穆虛東向位司勳員外郎裴樞曰禮親親故尊祖尊祖故敬宗敬宗故收族收族故宗廟嚴宗廟嚴故社稷重太祖之上復追尊焉則尊祖之義乖太廟之外別祭廟焉則社稷不重漢韋玄成請瘞主於園晉虞喜請瘞兩階間喜據左氏自證曰先王日祭祖考月祀曾高時享及二祧歲祫及壇墠終禘及郊宗石室是謂郊宗之祖喜請夾室中為石室以處之是不然何者夾室所以居太祖下非太祖上藏主所居未有卑處正尊居傍也若建石室于園寢安遷主采漢晉舊章祫禘率一祭庶乎春秋得變之正是時陳京以考功員外郎又言興聖皇帝則獻之曾祖懿之高祖以曾孫祔曾高之廟人情大順也京兆少尹韋武曰祫則大合禘則序祧當祫之歲當以獻東向率懿而後以昭穆極親親及禘則太祖筵于西列衆主左右是於太祖不為降獻無所厭持諸儒以左氏子齊聖不先父食請迎獻主權東向太祖暫還穆位同官尉仲子陵曰所謂不先食者丘明正文公逆祀儒者安知夏后世數未是時言禹不先鯀乎魏晉始祖率近始祖上皆有遷主引閟宮詩則永閟可也因虞主則瘞園可也緣遠祧則築宮可也以太祖實卑則虛位可也然永祧與瘞園臣子所不安若虛正位則太祖之尊無時而申請奉獻懿二祖遷于德明興聖廟為順或曰二祖別廟非合食且德明興聖二廟禘祫之年皆有薦享是已分食矣獨疑二祖乎冕又上禘祫議證十四篇帝詔

尚書省會百官國子儒官明定可否左司郎中陸淳奏按禮及諸儒議復太祖之位正也太祖位正則獻懿二主宜有所安今議者有四曰藏夾室曰置別廟曰各遷於園曰祔興聖廟臣謂藏夾室則享獻無期非周人藏二祧之義置別廟論始審魏禮無傳焉司馬晉議而不用遷諸園亂宗廟之制唯祔興聖廟禘若祫一祭庶乎得禮帝依違未决也

國子監四門博士韓愈上議曰陛下追孝祖宗肅敬祀事凡在擬議不敢自專聿求厥中延訪羣下然而禮文繁漫所執各殊自建中之初迄至今歲屢經禘祫未合適從臣生遭聖明涵泳恩澤雖賤不及議而志切效忠今輒先舉衆議之非然後申明其說一曰獻懿廟主宜永藏之夾室臣以為不可夫祫者合也毀廟之主皆當合食於太祖獻懿二祖即毀廟主也今雖藏於夾室至禘祫之時豈得不食於

太廟乎名曰合祭而二祖不得祭焉不可謂之合矣二曰獻懿廟主宜毀之瘞之臣又以為不可謹按禮記天子立七廟一壇一墠其毀廟之主皆藏於祧廟雖百代不毀祫則陳於太廟而饗焉自魏晉已降始有毀瘞之議事非經據竟不可施行今國家德厚流光創立九廟以周制推之獻懿二祖猶在壇墠之位況於毀瘞而不禘祫乎三曰獻懿廟主宜各遷於其陵所臣又以為不可二祖之祭於京師列於太廟也二百年矣今一朝遷之豈惟人聽疑惑抑恐二祖之靈眷顧依違不即饗於下國也四曰獻懿廟主宜附於興聖廟而不禘祫臣又以為不可傳曰祭如在景皇帝雖太祖其於屬乃獻懿之子孫也今欲正其子東向之位廢其父之大祭固不可為典矣五曰獻懿二祖宜別立廟於京師臣又以為不可夫禮有所降情有所殺是故去廟為祧去祧為壇去壇為墠去墠為鬼漸而之遠其祭益稀昔者魯立煬宮春秋非之以為不當取已毀之廟既藏之主而復築宮以祭今之所議與此正同又雖違禮立廟至於禘祫也合食則禘無其所廢祭則於義不通此五說者皆所不可故臣博采前聞求其折中以為殷祖玄王周祖后稷太祖之上皆自為帝又其代數已遠不復祭之故太祖得正東向之位子孫從昭穆之列禮所稱者蓋以紀一時之宜非傳於後代之法也傳曰子雖齊聖不先父食蓋言子為父屈也景皇帝雖太祖也其於獻懿則子孫也當禘祫之時獻祖宜居東向之位景皇帝宜從昭穆之列祖以孫尊孫以祖屈求之神道豈遠人情又常祭甚衆合祭甚寡則是太祖所屈之祭至少所伸之祭至多比於伸孫之尊廢祖之祭不亦順乎事異殷周禮從而變非所失禮也臣伏以制禮作樂者天子之職也陛下以臣議有可采粗合天心斷而行之是則為禮如以為猶或可疑乞召臣對面陳得失庶

有發明

天寶中詔尚食朔望進食太廟天子使中人侍祠有司不與也貞元十二年帝始詔朔望食畀宗正太常合供於是太常博士韋彤與博士裴堪議曰禮宗廟朔望不祭園寢則有之貞觀開元間在禮若令不敢變古天寶中始有進食事殆王璵緣生事亡用燕具褻餼參瀆禮薦不可示遠傳曰祭非外至生于心者也是故聖人等牲牢布籩豆昆蟲草木可薦者莫不咸在所以享宗廟交神明全孝敬也絜膳羞八珍百品可嗜之饌美醲甘旨謂之褻味所以燕賓客接人情示慈惠也是則薦與宴聖人判為二物不可亂也今若熟褻而享非以將為敬之意且祭不欲數亦不欲疏感時致享以制中也今園寢月二祭不為疏廟歲五享不為數有司奉承得盡其恭若又加盛饌於朔望是失禮之中有司不得盡其恭也故王者稽古弗敢以孝思之

極而溢禮弗敢以肴品之多而膳味頗羅天寶所增奉園寢以珍奉宗廟以禮而得所宜帝曰是禮先帝裁定遽更之其謂朕何徐議其可而朔望食卒不廢。

貞元中將禘祭陳京復奏禘祭大合祖宗必尊太祖位正昭穆請詔百官議尚書左僕射姚南仲等請奉獻懿主祔德明興聖廟鴻臚卿王權申衍之曰周人祖文王宗武王故詩清廟章曰祀文王也故不言太王王季則太王王季而上皆祔后稷故清廟得祀文王也太王王季之尊私禮也祔后稷廟不敢以私奪公也古者先王遷廟主以昭穆合藏于祖廟獻懿主宜祔興聖廟則太祖東向得其尊獻懿主歸得其所是時言祔興聖廟什七八天子尚猶豫未剛定至是羣臣稍顯言二祖本追崇非有受命開國之鴻構又權根據詩禮明白帝莅然於是定遷二祖于興聖廟凡禘祫一享詔增廣興聖二室會祀曰禱廟未成張繪為室內神主廟垣間奉興聖德明主居之廟成而祔。

憲宗元和中左拾遺元稹上奏曰謹案禮官以順宗至德大聖大安孝皇帝神主升祔則中宗大和大聖大昭孝皇帝主為代數當遷之廟議者云中宗復辟中興當為百代不遷之廟臺省官等又議云則天為居攝則中宗非中興不得為不遷之廟以愚所裁皆非得禮之中案禮官與臺省官等議但以為中宗非中興故不得為不遷之宗曾不知雖實為中興亦不得為不遷之廟何則祖有功而宗有德蓋謂始有功者為祖始有德者為宗非謂後代有功有德者盡為祖宗也禮緯云唐虞立二昭二穆與太祖之廟為五夏不立太祖之廟四廟而已至後代以禹為宗亦立五廟其餘仲康復厥位少康代寒浞豈非嗣夏中興哉並無祖宗之號至殷以契為始祖初立五廟後代以湯為宗遂立六廟太戊武丁之徒雖有中宗高宗之名蓋子孫加之懿號而已亦無不祧之說周人以后稷為始祖後代又祖文王為宗武王遂立七廟唐虞夏殷周雖立廟之數不同其實親親之廟皆以四為准禮記王制云天子七廟三昭三穆與太祖之廟七蓋后稷文武三廟為不遷其餘成康已降盡為祧廟故周禮守祧注云先公之祧祔于后稷之廟先王之祧祔於文武之廟若以為後代有功有德者盡為不遷之廟則成康刑措宣王中興平王東周之始王並無不祧之說豈非有功有德哉蓋以為七廟之數既定若親盡之廟不毀則親親之昭穆無所設矣故不得不祧耳至漢承秦滅學之後諸儒不通大義匡衡貢禹之徒遂建議云高帝為太祖孝文為太宗孝武為世宗孝宣為中宗惠景已下為遷廟適值漢祚不永昭成已降德不逮於四君向若漢有八百之祚繼德之君有若孝文孝武者七人盡為不遷之廟豈可後代遂不祀其祖禰哉不經之言孰甚於此又有以七廟之外別立祖宗之廟為說者以理推之尤為不可假如聖朝以景皇帝為太祖神堯大聖大光孝皇帝為高祖文武大聖大廣孝皇帝為太宗別立昭穆之廟六合不遷之廟為九蓋以為積厚者流澤廣故以增親親之廟六矣夫傳無窮者為萬代計國家以聖生聖以明繼明無非有德之宗盡為有功之祖則百祖千宗盡居別廟於禮又可乎必若俟其褒貶然後定祧遷則是臣子有輕議之非萬代無可傳之法考殷周則無據言情禮則兩乖考古宜今孰云可者曷若削漢朝不經之說徵殷周可久之文從親盡則遷之常規為萬代不朽之定制不易親親之祀終無惑惑之疑誠一王之盛典也謹議。

憲宗時徵事郎守國子博士史館修撰臣李翱等上陵廟日時朔祭

議曰國語曰王者日祭禮記曰王立七廟皆月祭之周禮不載日祭月祭惟四時之祭禴祀蒸嘗漢朝皆雜而用之蓋遭秦火詩書禮經燼滅編殘簡缺漢乃求之先儒穿鑿各伸己見皆託古聖賢之名以信其語故其所記各不同也古者廟有寢而不墓祭秦漢始建寢廟於園陵而上食爲國家因之而不改貞觀開元禮並無宗廟日祭月祭之禮蓋以日祭月祭既已行於陵寢矣故太廟之中每歲五饗六告而已不然者房玄齡魏徵之輩皆一代名臣窮極經史豈不見國語禮記有日祭月祭之祠乎斯足以明矣伏以太廟之饗籩豆牲牢三代之通禮是貴誠之義也園寢之奠改用常饌秦漢之制乃食味之道也今朔望上食於陵寢修秦漢故事斯爲可矣若朔望上食於太廟豈非用常褻味而貴多品乎且非禮所謂至敬不饗味而貴氣臭之義也傳稱屈到嗜芰有疾召其宗老而囑之曰祭我必以芰及

祭薦芰屈建命去芰而用羊饋籩豆脯醢君子是之言事祖考之義當以禮爲重不以其生存所嗜爲獻蓋明非食味也然則薦常饌於太廟無乃與薦芰爲比乎且非三代聖王之所行也況祭器不設俎豆祭官不設三公執事者唯宮闈令宗正卿而已謂上食可也安得以爲祭乎且時享于太廟有司攝事祝文曰孝曾孫皇帝臣某謹遣太尉臣名敢昭告于高祖神堯皇帝祖妣太穆皇后竇氏時維孟春永懷罔極謹以一元大武柔毛剛鬣明粢薌萁嘉蔬嘉薦醴齊敬修時享以申追慕尚饗此祝詞也前享七日質明太尉誓百官於尚書省曰某日時享于太廟各揚其職不供其事國有常刑凡陪祀之官散齋四日致齋三日然後乃可以爲祭也宗廟之禮非敢擅議雖有知者其誰敢言故六十餘年行之不廢今聖朝以弓矢既櫜禮樂爲大故下百僚使得詳議臣等以爲貞觀開元禮並無太廟上食之文

以禮節情罷之可也至若陵寢上食采國語禮記日祭月祭之詞因秦漢之制循而存之以廣孝道可也如此則經義可據故事不遺大禮既明永息異論可以繼二帝三王而爲萬代法與其黷禮越古貴因循而憚改作猶天地之相遠也謹議

武宗會昌元年李德裕等請尊憲宗章武孝皇帝爲不遷廟狀曰臣等伏覩開成中文宗嘗顧問宰臣欲褒崇憲宗功德其時宰臣莫能推順美之心明尊祖之義臣等至愚竊所歎息伏思國家受命二百二十五年矣列聖之功德區宇之廣大王化之盛明禮樂之備具過殷周遠矣而未有中興不遷之廟臣等所以夙夜而發憤也禮祖有功宗有德夏之祖宗經傳無聞殷則一祖三宗成湯爲始祖太甲爲太宗太戊爲中宗武丁爲高宗劉歆曰天子七廟苟有功德則宗之所以勸帝者功德博矣故周公作無逸舉殷之三宗以勸成王漢景帝詔

曰孝文皇帝德厚侔天地利澤施四海廟樂不稱朕甚懼焉其爲孝文皇帝廟爲昭德之舞以明休德然後祖宗之功德施于萬代其與丞相列侯中二千石禮官具禮儀奏丞相申屠嘉等奏曰功莫大於高皇帝德莫盛於孝文皇帝高皇帝廟宜爲帝者太祖之廟孝文皇帝廟宜爲帝者太宗之廟天子宜代代獻祖宗之廟又漢宣帝詔夙夜惟念孝武皇帝躬履仁義選明將討不服功德茂盛不能盡宣而廟樂未稱其義奏有司奏請尊孝武爲世宗廟奏盛德文始五行之舞天子代代獻此則子孫褒崇祖宗之明據也自天寶以後兵宿中原強侯締交驕悍甚衆貢賦不入刑政自出包荒含垢以至于貞元德宗懲奉天之難厭征伐之事戎臣優以不朝終老于外其卒則以幕吏將校代之故長武城在王畿之內斥逐主將奐河中居股肱之郡坐邀符節常卑因懦遜之勢自擅靈闕李錡竊煑海之資專制澤

國而兩河藩鎮或倉卒易帥甚於弈棊或陸梁弄兵同於拒轍憲宗感祖宗之宿憤舉升平之典法始命將帥順天行誅元年僇惠琳暨闢錡季年梟元濟及師道其他或折簡而召或執珪請覲獻其名城割其愛子不可遍舉豈有去天下之害不專其名致生人之安不受其報臣伏見元和初議遷廟之禮而史官稱中宗不得號中興之君凡非我失之自我復之謂之中興漢光武晉元帝是也臣等竊思此議實所未盡中宗朝自以政事多釁權移后妃所以未得稱為中興恐議者復以此為疑夫興業之與隆道事實不同漢光武再造邦家不失舊物晉元帝雖在江左亦能纂緒此乃王業中興可謂有功矣殷高宗躬行大孝求賢俾乂周宣王徵而復興衰而復盛此乃王道中興可謂有德矣故詩云車攻宣王復古也宣王能內修政事外攘夷狄復文武之境土又蒸民美宣王任賢使能周室中興焉又江漢美

宣王能興衰撥亂命召公平淮夷又漢書宣帝贊曰功光祖宗業垂後嗣可謂中興侔德殷宗周宣之義若皆如漢光武晉元帝則殷宗周宣並不得稱中興矣臣等伏思任賢使能內修政事平淮夷之叛復祖宗之土皆憲宗有之所謂隆道中興與殷高宗周宣王漢宣帝侔德矣臣等敢遵古典請尊憲宗章武孝皇帝為百代不遷之廟上以昭陛下大孝之德廣貽謀之訓下以表臣等思古之憤申欲報之誠如合聖心伏望令諸司清望官四品以上尚書兩省御史臺與禮官參議聞奏謹錄奏聞

歷代名臣奏議卷之十七

歷代名臣奏議卷之十八

郊廟

後漢高祖入汴初營宗廟帝以姓自漢出遂號國號尊光武為始祖幷親廟為五詔羣臣議刑部尚書竇貞固上言曰按王制天子七廟諸侯五大夫三士一正義曰周之制七廟者太祖及文王武王之祧與親廟四也又曰七廟者據周也有其人則七無其人則五至光武中興及魏晉宋齊隋唐或立六廟或立四廟蓋建國之始未盈其數也禮曰德厚者流光此天子可以事六世之義也今陛下大定寰區重興漢祚旁求典禮用正宗祧伏請立高曾祖禰四親廟又自古聖王祖有功宗有德更立始祖在四廟之外不拘定數所以或五廟或七廟今請尊高皇帝光武皇帝為始祖法文王武王不遷之制用歷代六廟之規庶合典禮漢祖從之

後周世宗顯德五年將禘於太廟言事者以宗廟無祧室不當行禘祫之禮國子司業兼太常博士聶崇義上言其略曰魏明帝以景初三年正月上僊至五年二月祫祭明年又禘自茲後以五年為禘且魏以武帝為太祖至明帝始三帝未有毀主而行禘祫其證一也宋文帝元嘉六年祠部定十月三日大祠其太學博士議云禘祫之禮三年一五年再宋高祖至文帝裁亦三帝未有毀主而行禘祫其證二也梁武帝用謝廣議三年一禘五年一祫謂之大祭禘祭以夏祫祭以冬且梁武乃受命之君裁追尊四朝而行禘祫則知祭者是追養之道以時移節變孝子感而思親故薦以首時祭以仲月間以禘祫序以昭穆乃禮之經也非關宗廟備與未備其證三也終從崇義之議

南唐嗣主保大中太常博士陳致雍進祖宗配郊位議曰臣伏聞禘

郊祖宗配食之文。其來有秩。以遠祖而配者。始封之君是也。若皇唐奉太祖景皇帝。冬至配圜丘。夏至配方丘。法周人郊后稷之義也。以近祖而配者。受命之君是也。若高祖神堯皇帝孟春配祈穀。法周人祖文王之義也。太宗文皇帝孟夏配雩祀。法周人宗武王之義也。國家憲章三代。尃配郊丘。得禮之正也。自開元中。不用太祖景皇帝配天地。以高祖神堯皇帝配天地。謂高祖受命之君。有天下不因於景皇帝。至永泰元年。太常博士獨孤及議云。太祖景皇帝於柱國之任。翼周弼魏。肇啓王業。建封于唐。高祖因之。以有天下之號。天之所命也。亦猶周后稷始封之祖。若廢配天地。是太祖之廟毀也。二年。禮儀使杜鴻漸與獨孤及議同。自是相承。復依武德貞觀故事。故不用開元禮文。我烈祖再造區宇。建七世之廟。奉高祖居昭穆之上。景皇帝不在太祖之位。故以高祖配天地。太宗配雩祀。所以配雩祀者。蓋興復

以來。未暇祈穀之祭故也。切以高皇帝廟號烈祖。功格上玄。居百世以不遷。繼中興而垂統。禮合躋升之義。位崇昭配之文。修撰高遠所奏。未協舊章。然則國朝大祀。歲只有三。若上還太宗文皇帝配皇地祇。是祖宗皇帝之功有差。父子之倫不序。子雖齊聖。不先父食。周人所以郊祀后稷。宗祀文王。以后稷為天地之主。文王避祖之位。今或依奏以太祖配皇地祇。則於禮無謂。未若逮孟春祈穀一祭以太宗從下佐食。然可奉烈祖高皇帝孟夏配雩祀。使尊祖之禮得申。免齊聖之食有黷。考古沿酌。庶協厥中。伏請更下尚書省衆官定議。

宋太祖建隆元年。有司請立宗廟。詔下其議。兵部尚書張昭等奏。謹案堯舜禹皆立五廟。蓋二昭二穆與其始祖也。有商建國。改立六廟。蓋昭穆之外。祀契與湯也。周立七廟。蓋親廟之外。祀太祖與文王武王也。漢初立廟。悉不如禮。魏晉始復七廟之制。江左相承不改。然七廟之室。隋文但立高曾祖禰四廟而已。唐因立親廟。梁氏而下。不易其法。稽古之道。斯為折衷。伏請追尊高曾四代。崇建廟室。

三年。國子司業兼太常博士聶崇義表上參定郊廟祭玉。詔令太子詹事尹拙集儒學三五人更同參議。拙多所駁正。崇義復引經以釋之。悉以下工部尚書竇儀。俾之裁定。儀上奏曰。伏以聖人制禮。垂之無窮。儒者據經。所傳或異。年祀寖遠。圖繪缺然。踳駁彌深。丹青靡據。聶崇義研求師說。耽味禮經。較於舊圖。良有新意。尹拙爰承制旨。能罄所聞。尹拙駁議及聶崇義荅義各四卷。臣再加詳閱。隨而裁置。率用增損。列於注釋。共分為十五卷以聞。詔頒行之。拙崇義復陳祭玉鼎釜異同之說。詔下中書省集議。吏部尚書張昭等奏議曰。按聶崇義稱祭天蒼璧九寸圓好。祭地黃琮八寸無好。圭璋琥並長九寸。自言周顯德三年與田敏等按周官玉人之職及阮諶鄭玄舊圖。載其

制度。臣等按周禮玉人之職。只有璧琮九寸。瑑琮八寸。及璧羨度尺好三寸以為度之文。即無蒼璧黃琮之制。兼引注有爾雅肉倍好之說。此即是注璧羨度之文。又非蒼璧之制。又詳鄭玄自注周禮。不載尺寸。豈復別作畫圖。違經立異。四部書目內有三禮圖十二卷。是隋開皇中勅禮官修撰。其圖第一第二題云梁氏。第十後題云鄭氏。又稱不知梁氏鄭氏名位所出。今書府有三禮圖。亦題梁氏鄭氏。不言名位。厥後有梁正者。集前代圖記。更加詳議。題三禮圖曰。陳留阮士信受禮學於潁川綦毋君。取其說為圖三卷。多不按禮文而引漢事。與鄭君之文違錯。正刪為二卷。其阮士信即諶也。如梁正之言。可知諶之紕謬。兼三卷禮圖刪為二卷。應在今禮圖之內。亦無改祭玉之說。臣等參詳。自周公制禮之後。叔孫通重定以來。禮有緯書。漢代諸儒頗多著述。討尋祭玉。並無尺寸之說。魏晉之後。鄭玄王肅之學各有生

徒。三禮六經。無不論說。檢其書亦不言祭玉尺寸。臣等參驗畫圖本
畫周公所說正經。不言尺寸。設使後人謬爲之說。安得便入周圖。知
崇義等以諸侯入朝獻天子夫人之琮璧以爲祭玉。又配合羨度肉
好之言。彊爲尺寸。古今大禮。順非改非。於理未通。又據尹拙所述禮
神之六玉。稱取梁桂州刺史崔靈恩所撰三禮義宗內。昊天及五精
帝圭璧琮璜皆長尺二寸以法十二時。祭地之琮長十寸。以傚地之
數。又引白虎通云。方中圓外曰璧。圓中方外曰琮。崇義非之。以爲靈
恩非周公之才。無周公之位。一朝撰述便補六玉闕文。尤不合理。臣
等竊以劉向之論鴻範。王通之作元經。非必挺聖人之姿而居上公
之位。有益於教不爲斐然。臣等以靈恩所撰之書。聿稽古訓。祭玉以
十二爲數者。蓋天有十二次。地有十二辰。日有十二時。封山之玉牒
十二寸。圓丘之籩豆十二列。天子以鎮圭外守。宗后以大琮內守。皆

長尺有二寸。又祼圭尺二寸。王者以巳宗廟。若人君親行之郊祭。登
壇酌獻服大裘。搢大圭。行稽奠而手秉尺二之圭。神獻九寸之璧。不
及禮宗廟祼圭之數。父天母地。情亦奚安。則靈恩議論理未爲失。所
以自義宗之出。歷梁陳隋唐垂四百年。言禮者引爲師法。今五禮精
義。開元禮。郊祀錄。皆引義宗爲標準。近代晉漢兩朝。仍依舊制。周顯
德中。田敏等妄作穿鑿。輒有更改。自唐貞觀之後。凡三次大修五禮。
並因隋朝典故。或節奏繁簡之間。稍有釐革。亦無改祭玉之說。伏望
依白虎通義宗唐禮之制。以爲定式。又尹拙依舊圖畫釜。聶崇義去
釜畫鑊。臣等參詳舊圖。皆有釜無鑊。按易說卦云。坤爲釜。詩云。惟錡
及釜。又云。溉之釜鬵。春秋傳云。錡釜之器。禮記云。燔黍捭豚。解云。古
未有甑釜。所以燔捭而祭。即釜之爲用。其來尚矣。故入於禮圖。今崇
義以周官祭祀有省鼎鑊。供鼎鑊。又以儀禮有羊鑊豕鑊之文。乃云

畫釜不如畫鑊。今諸經皆載釜之用。誠不可去。又周儀禮皆有鑊之
文。請兩圖之。又若觀諸家祭祀之畫。今代見行之禮。於大祀前一日
光祿卿省視鼎鑊。伏請圖鑊於鼎下。詔從之。
太宗淳化三年。將以冬至郊。前十日皇子許王薨。有司言王薨在未
受誓戒之前。準禮。天地社稷之祀不廢。詔下尚書省議。吏部尚書宋
琪等奏以許王薨謝去郊禮裁十日。又詔輟十一日以後五日朝參。
且尊成服。百僚皆當入慰。有司又以十二十三日受誓戒。按令式。受
誓戒後。不得弔喪問疾。今翦[illegible]常既[illegible]朝而未成服。則全爽禮文。百
僚既受誓而入奉慰。又違令式。況許王地居藩戚。望著親賢。於昆仲
爲大宗。於朝廷爲冢嗣。遽茲[illegible]逝謝野洞哀。伏想聖情。豈勝追念。當
愁慘之際。行對越之儀。臣等實慮上帝之弗歆。下民之斯惑。況祭天
之禮。歲有四焉。載於禮經。非有差降。請以來年正月上辛合祭天地。

從之。
眞宗咸平元年。判太常禮院李宗訥等言。僖祖稱曾。高祖太祖稱伯。
文懿惠明簡穆昭憲皇后並稱祖妣。孝明孝惠孝章皇后並稱伯妣。
按爾雅有考妣王父母。曾祖王父母。高祖王父母。及世父之別。以此
觀之。唯父母得稱考妣。今請僖祖止稱廟號。順祖而下即依爾雅之
文。事下尚書省議。戶部尚書張齊賢等言。王制天子七廟。謂三昭三
穆與太祖之廟而七。前代或有兄弟繼及。亦移昭穆之列。是以漢書
爲人後者爲之子。所以尊本祖而重正統也。又云。天子絕朞喪。安得
宗廟中有伯氏之稱乎。其唐及五代有所稱者。蓋禮官之失。非正典
也。請自今有事於太廟。則太祖并諸祖室稱孝孫孝曾孫嗣皇帝。太
宗室稱孝子嗣皇帝。其爾雅考妣王父之文。本不爲宗廟言也。歷代
旣無所取。於今亦不可行。

景德中南郊鹵簿使王欽若上言曰五方帝位板如靈威仰赤熛怒含樞紐白招拒叶光紀恐是五帝之名理當恭避禮官言開寶通禮義纂五者皆是帝號漢書注自有名即蒼帝靈符赤帝文祖白帝顯紀黑帝玄矩黃帝神斗是也既為美稱不煩回避

二年欽若又言漢以五帝為天神之佐今在第一龕天皇大帝在第二龕與六甲岳瀆之類接席帝坐天市之尊今與二十八宿積薪騰蛇杵臼之類同在第三龕卑主尊臣甚未便也望以北極帝坐本非天帝蓋是天帝所居則北極在第二帝坐在第三亦高下未等又太微之次少左右執法子星之次少孫星望令司天監參驗乃詔禮儀使太常禮院司天監檢定之禮儀使趙安仁言按開寶通禮元氣廣大則稱昊天據遠視之蒼然則稱蒼天人之所尊莫過於帝託之於天故稱上帝天皇大帝即北辰耀魄寶也自是星中之尊易曰日月

麗乎天百穀草木麗乎土又曰在天成象在地成形蓋明辰象非天草木非地是則天以蒼昊為躰不入星辰之列又郊祀錄壇第二等祀天皇大帝北斗天一太一紫微五帝坐差在行位前餘內官諸位及五星十二辰河漢都四十九坐齊列俱在十二陛之間唐建中間司天冬官正郭獻之奏天皇北極天一太一準天寶勅並合升第一等貞元二年親郊以太常議詔復從開元禮仍為定制郊祀錄又云壇第三等有中宮天市垣帝坐等十七坐並在前開元禮義羅云帝有五坐一在紫微宮一在大角一在太微宮一在心一在天市垣即帝坐者非直指天帝也又得判司天監史序狀天皇大帝一星在紫微勾陳中其神曰耀魄寶即天皇是星五帝乃天帝也北極五星在紫微垣內居中一星曰北辰第一主月為太子第二主日為帝王第三為庶子第四為嫡子第五為天子之樞蓋北辰所主非一又非帝坐之比太微垣十星有左右執法上將次將之名不可備陳故總名太微垣星經舊載孫星而壇圖止有子星辨其尊卑不可同位竊惟壇圖舊制悉有明據天神定位難以躋升望依星經悉以舊禮為定

欽若復言舊史天文志並云北極北辰最尊者又勾陳口中一星曰天皇大帝鄭玄注周禮謂禮天者冬至祭天皇於北極也後魏孝文禋六宗亦升天皇五帝上按晉天文志帝坐光潤則天子吉威令行既名帝坐則為天子所占列于下位未見其可又安仁議以子孫二星不可同位陛下方洽高禖之慶以廣維城之基茍因前代闕文使為得禮實恐聖朝茂典尤未適中詔天皇北極特升第一龕又設孫星于子星位次帝坐如故欽若又言帝坐止三紫微太微者已列第二等唯天市一坐在第三等按晉志大角及心中星但云天王坐實與帝坐不類詔特升第二龕

三年龍圖閣待制陳彭年言伏覩畫日來年正月三日上辛祈穀至十日始立春按月令正月元日注為祈穀郊祀昊天上帝春秋傳曰啓蟄而郊郊而後耕蓋春氣初至農事方興郊祀昊天以祈嘉穀當在建寅之月迎春之後自晉泰始二年始用上辛不擇立春之先後齊永明元年立春前郊議欲遷日王儉曰宋景平元年元嘉六年並立春前郊遂不遷日吳操之云應在立春前然則左氏所記乃三代彝章王儉所言乃後世變禮來年正月十日立春三日祈穀斯則襲王儉之末議違左氏之明文望以立春後上辛行祈穀禮因詔有司詳定諸祠祭事有司言今年四月五日雩祀上帝十三日立夏祀赤帝按月令立夏之日天子迎夏于南郊注云為祀赤帝於南郊又云是月也大雩注云春秋傳曰龍見而雩龍星謂角亢也立夏後昏見於東方按五禮精義云自周以來歲星差度今之龍見或在五月以祈甘

雨。於時已晚。但四月上旬卜日。令則惟用改朔。不待得節。祭於立夏之前。殊違舊禮之意。若或龍見於仲夏。雩祀於季春。相去遼闊。於禮未周。欲請並於立夏後卜日。如立夏在三月。則待改朔。

四年。判太常禮院孫奭言。準禮。冬至祀圜丘。有司攝事。以天神六百九十位從祀。今惟有五方上帝及五人神十七位。天皇大帝以下並不設位。且太昊勾芒惟孟夏雩祀季秋大享及之。今乃祀於冬至。恐未協宜。翰林學士晁迥等言。按開寶通禮。圜丘有司攝事。祀昊天配帝。五方帝。日月五星中官外官衆星總六百八十七位。雩祀大享昊天。配帝。五天帝。五人帝。五官。總十七位。方丘祭皇地祇。配帝。神州岳鎮海瀆七十一位。今司天監所設圜丘雩祀明堂方丘並十七位。即是方丘有岳瀆從祀。圜丘無星辰。而反以人帝從祀。望如奭請。以通禮及神位爲定。其有增益者。如後敕從之。

眞宗時。右正言夏竦進策曰。伏以祀者國之大事。民之攸仰。天子富有六幽。尊極萬國。不有祭享。何以教民。故宗廟有烝嘗禘祫之殊。郊祀有類望燔瘞之差。蓋禮天地事鬼神。莫重乎祀。莫大乎祭。潔粢盛。豐牲牷。藉苞茅。端黻冕者。儀也。謹齋戒。肅容貌。致誠信。嚴執獻者。恭也。儀以昭禮。恭以降神。與其恭不足而儀有餘。不若儀不足而恭有餘。易曰。東鄰殺牛。不如西鄰之禴祭。書曰。鬼神無常享。享于克誠。傳曰。蘋蘩薀藻之菜。潢汙行潦之水。苟有明信。可薦於鬼神。昔三代之興也。祭薄而誠厚。及其亡也。祀豐而誠怠。故先王之戒。莫先乎此。國家丕命有開。天授皇器。感享帝之禮。正清廟之位。雖曰唐漢。無或比隆。祀事之間。竊有惑焉。夫九祭六號。禮則有差。百拜三獻。恭則無異。朝廷之制。三年而郊。陛下端圭冕。修齋戒。著誠致潔。昭事上帝。元元之民。咸知感嘆。頌聲洋洋。流義道路。至於朝日夕月。西郊迎氣。則以萬機之煩。特詔執事將命。文臣大儒。是以承式。或聞行事之官。祝史之員。不無齷齪之士。頗用貴游子弟。罕能虔恭夙夜。多乃懈怠祀事。若聖明之德享之則已。若以祭官神其吐之。伏願陛下遵倣經義。躬視祭獻。必若聖政少暇。願擇良臣。相兼攝宗祝之官。選任儒雅。嚴其戒於。勑其怠慢。昭夫肅恭之德。敷以齊謹之禮。其德上逮。其教下流。則神人和樂。災害不生。淳厚之風。猶茲漸矣。

仁宗初即位。同判禮院謝絳論宣祖配侑奏曰。臣伏覩本院與崇文院檢討官詳定。以宣祖配感生帝。切尋宣祖非受命開統。因循配祀。義或未安。臣以謂三代兩漢之際。經禮雖著。而事遠難法。請以唐典明之。高祖武德初。定令每歲圜丘雩祀並以景帝配。祈穀大享並以元帝配。太宗初以高祖配圜丘明堂北郊之祀。元帝專配感生帝。高宗永徽二年。祀高祖於圜丘。太宗於明堂。兼配感生帝。又以景帝元

帝稱祖。萬代不遷。遂停配祀。以符古義。臣以謂景帝厥初受封。爲唐始祖。推於事實。蓋與宣祖不侔。宣祖於唐。是爲元帝之比。唐有天下。裁越三世。而景元二祖已停配祀之典。且有宋受命于茲四聖。而宣祖配侑。因而未停。與唐非合。請依永徽故事。停宣祖配享。仍用唐太宗故事。宗祀眞宗於明堂。兼配感生帝。若據鄭康成說。則曰五帝迭王。王者之興。因其所感。別祭於南郊。以祖配之。今若不用永徽故事。則請以太祖兼配。正符鄭說。而論者以宣祖比周之后稷。功又感隋。詳鄭之意。非受命始封之祖則不配。故引后稷配靈威仰之義爲證。唯太祖始基帝業。配感生帝。據理甚明。若以配祈穀與感生帝祠日相妨。則當以太宗配祈穀。太祖配雩祀。亦不失尊嚴之旨。臣以謂宣廟非爲不遷。而迭用配帝。於古爲疑。禮祖有功。宗有德。但非受命之祖。親盡必毀。而況配享乎。

天聖二年二月翰林學士王珪等上議曰同知太常禮院呂夏卿狀古者新君踐阼之三年先君之喪二十七月為禫祭然後新主祔廟特行禘祭之始禘是冬十月行祫祭明年又行禘祭自此五年再為禘祫喪除必有禘祫者為再大祭之本也今當祫祭緣陛下未終三年之制納有司之說十月依舊時享然享廟祫祭其禮不同故事郊享之年遇祫未嘗權罷臘祭是則孟享與享廟嘗併行於季冬矣其禘祫年數已一依太常禮院請今年十月行祫祭明年四月行禘祭仍如夏卿議權罷今年臘享

康定元年直祕閣趙希言奏太廟自來有寢無廟因堂為室東西十六間內十四間為七室兩甬各一夾室按禮天子七廟親廟五祧廟二據古則僖順二祖當遷國家道觀佛寺並建別殿奉安神御豈若每主為一廟一寢或前立一廟以今十六間為寢更立一祧廟逐室

各題廟號銅寶神御物宜銷毁之同判太常寺宋祁言周制有廟有寢以象人君前有朝後有寢也廟藏木主寢藏衣冠至秦乃出寢於墓側故陵上更稱寢殿後世因之今宗廟無寢蓋本於茲鄭康成謂周制立二昭二穆與太祖文武共為七廟此一家之說未足援正自荀卿王肅等皆云天子七廟諸侯五大夫三士一降殺以兩則國家七世之數不用康成之說也僖祖至真宗方及六世不應便立祧廟自周漢每帝各立廟晉宋以來多同殿異室國朝以七室代七廟相承已久不可輕改周禮天府掌祖廟之守藏寶物世傳者皆在焉其神御法物寶盝銅床請別為庫藏之自是室題廟號而建神御庫焉

慶曆元年張方平論郊廟三事疏曰臣前所論請於郊廟致誠以謝天戒此乃內出於精衷恭然祀享之禮在於內盡志外盡物外盡物者不貴乎物之多也在乎稱禮而已臣近奉勅執事于郊廟故舉所見不稱禮之尤者三事以聞蓋考於典故別無討論禮也者上於恭而已矣此聖心可裁正者也

一圓丘黃道

伏見圓丘昊天上帝皇地祇用黃褥位祖宗配侑用緋褥位以示損於天地也皇帝板位及飲福位皆用緋褥示不敢踰祖宗也而自小次前設黃道升壇夫黃道之制不著於典禮臣竊詳之蓋以皇帝既解劍脫履用藉步為潔既用藉步而色用黃則是踰於祖宗褥位之制而又從升壇諸執事者盤辟迴旋禮容不肅至于襟袂委拂神位以避黃道故也且壇上既鋪織蜀為藉臣謂自小次登午陛例可蜀藉其黃道特請徹之於禮為稱

一小次

皇帝既行禮當就壇下褥位其小次之設皇帝奠幣登獻每降即就

次至于近侍左右輒幄後休坐則陪位百官不能不跛倚懈惰夫三年一郊禮稀曠矣而又恭虔之不足非所以副陛下事天尊祖之意掌次周官所載禮有舊文若徹其帷蔽虛而不處即此變禮始自聖明後世有述矣

一祠官

凡祀事主於肅恭況禮行於郊廟若肅恭不足是謂黷祀臣於太廟見司徒升奉俎而俎已入室命執事者復舉以出乃始奉而薦之其不虔乃爾又監禮之官終事不至有司莫詰御史不糾百執事之懈于位乃爾應緣祀事官雖於尚書省受誓戒徒習虛儀而已請特降中旨申勅御史臺嚴加糾察以懲不恪右三事切於禮意事非難行上可以將陛下之精誠下可以正朝廷之彝典庶乎三靈來格百福饗臻儻蒙聖心特垂察納即乞降出施行

判太常寺呂公綽言舊禮郊廟尊罍數皆準古而不實三酒五齊明水明酒有司相承名為看器郊廟配位惟用祠祭酒分大中祠位二升小祠位一升止一尊酌獻一尊飲福宜詔酒官依法制齊酒分實之壇殿上下尊罍有司毋設空器並如唐制以井水代明水明酒正配位酌獻飲福酒用酒二升著各增二升從祀神位用舊升數

公綽又言歷代郊祀配位無側向真宗示輔臣封禪圖曰昔見郊祀昊天上帝不以正坐蓋皇地祇次之今修登封上帝宜當子位太祖太宗配位宜比郊祀而斜置之其後有司不諭先帝以告成報功酌宜從變之意每郊儀範既引祥符側置之文又載西向北上之禮臨時擇一未嘗考定迺詔南郊祖宗之配並以東方西向為定

三年太常博士余靖言周禮司服之職掌王之吉服大裘而冕無旒以祀昊天上帝祀五帝亦如之袞冕十有二旒其服十有二章以享

先王鷩冕八旒其服七章以享先公亦以饗射毳冕七旒其服五章以祀四望山川絺冕六旒其服三章以祭社稷五祀玄冕五旒其服無章以祭小祀此皆天子親行祀事所服冕服也因所祀大小神鬼以為制度今大祠中祠所遣獻官並用上公九旒九章冕服以為初獻其餘公卿亦皆七旒冕服全無等降小祠則公服行事乖戾舊典宜詳周禮因所祭鬼神以為獻官冕服之制詔下禮官議奏曰聖朝之制惟皇帝親祠郊廟及會朝大禮服袞冕外餘冕皆不設其每歲常祀遣官行事攝公則服一品九旒冕攝卿則服三品七旒冕自從品制為服不以祠之大小為差至於小祠獻官舊以公服行事則有違典禮按衣服令五旒冕衣裳無章皁綾綬銅裝劍佩四品以下為獻官則服之今小祠獻官既不攝公卿則盡屬四品以下當有祭服請除公卿祭服仍舊從本品外小祠所遣獻官並依令文祭服行事

若非時告祭用香幣禮器行事之處亦皆準此

皇祐初同知太常禮院邵必上言曰伏見監祭使監禮各冠五旒冕衣裳無章色以紫檀按周禮六冕之制凡有旒者衣裳皆有章惟大裘冕無旒衣裳無章一命大夫之冕無旒衣裳亦無章今監祭監禮所服冕五旒侯伯之冕也而衣無章深所不稱色以紫檀又無經據竊詳監祭監禮既非祠官則御史博士爾而服用五等蓋非所宜而且有旒無章況國家南郊大禮太常卿止服朝服前導皇帝明祠官也今後監祭者請冠獬豸監禮者冠進賢為稱詔不允

二年判太常寺宋祁上明堂路寢議曰凡明堂路寢其名雖異其制一也昔神農氏祀於明堂有其蓋而無四方至黃帝謂明堂為合宮唐虞謂明堂為五府夏后氏謂明堂為世室商人謂路寢為重屋周人謂五府為明堂黃帝合宮義也唐虞五府府聚也言五帝之神聚

祭乎此夏后氏名世室者取世世不毀也商人名重屋者商於虞夏稍文加以重檐四阿之制故取名焉周人謂明堂者以其明政教之法常於此堂也天子布十二月政令每月就其時之堂而聽朔焉若閏月則闔門左扉而施其政故於文王在門為閏又曰在國之陽居離之地有明義焉故謂之明堂夏之世室深蓋八丈四尺廣十丈五尺匠人職所謂堂脩一者也基高一尺夏氏堂上五室以法五行木室處東北火室處東南金室處西南水室處西北每室深丈八尺廣二丈一尺土室處中深二丈四尺廣二丈八尺然五室居堂之上深六丈廣七丈又匠人職所謂堂上五室三四步四三尺也有九階三面二階南面三階法陽數也五室有四戶八窗戶法四時窗法八節一堂者法地載五行云商人四重屋者正寢也正寢則路寢也其制堂深五丈六尺廣七丈二尺堂上亦為五室室方一丈六尺基高三尺

重屋四阿四阿者霤也周人明堂如寢廟法九尺爲筵東西九筵南
北七筵基高一筵上亦五室室深廣二筵或曰宮蓋方三百步在近
郊三十里或曰七里之郊鄭康成曰此三者或舉宗廟或舉王寢或
舉明堂互言之明其同制也漢馬宮曰夏后世室室顯於堂故命以
室商人重屋屋顯於堂故命以屋周人明堂大於夏室故命以堂夏
氏益其堂之廣四百四十四尺周人明堂以爲兩序間大夏氏七十
二尺云漢武帝始以公玉帶所上黃帝時明堂圖作之汶上黃圖中
一殿四面無壁以茅蓋通水水環室垣爲複道上有樓從西南入名
曰崑崙帝始祠太一五帝於上座至後漢光武帝又營明堂上圓下
方八窻四闥九室十二坐室四戶凡三十六八牖凡七十二沿周制
也晉議營明堂裴頠曰尊祖配天其義明著廟宇之制禮據未分宜
可直爲一殿以崇嚴父之祀其餘雜碎一皆除之由是宋齊以後咸

率茲禮故宋作明堂止爲大殿十二楹無古戶牖但文飾雕畫而已
梁仍宋制以中六楹安六天帝坐悉南向五人帝位阼階上堂後爲
小殿五楹爲五佐室爲唐明皇帝始以東都乾元殿爲明堂參用周
法開元二十年以行享禮臣按明堂天子布政之所因得祀上帝者
蓋以地非褻近可以交饗人神然至三代彌文故制爲戶牖有所法
象所以尊大而神明之也要之在講禮事神布揚法度而已後之王
者所以班大政朝羣臣何嘗無其所哉其謂之宣室謂之大極皆明
堂比也沿革稱謂有不同耳而諸儒限局聞見抱殘冊爭空言據已
是之槩見執必信之實論以爲一事一物不如古制則爲非禮推尊
上古殆不可及然殊不知聖人便世制宜興至治安天下通靈心雖
無明堂猶無損於有道嫌於行禮者也今之大慶則古之路寢即明
堂也以之奉天以之布政何不可邪國朝以來非朝會齋宿未嘗臨

御故其棟宇閎邃廷堂華敞與燕寢自不相連固非常幸褻近者也
今有請即爲明堂於禮便甚
祁又議五室奏曰明堂所以有五室者何尚書帝命驗曰帝者承天
立五府赤曰文祖黃曰神升白曰顯紀黑曰無矩蒼曰靈府鄭康成
曰五府與周明堂同自夏以來五室之制不改周家以木室在東北
象木生于寅火室在東南象火生於巳金室在西南象金起於申水
室在西北象水起於亥土室居中者象土總御五行寄治四方不專
一隅之義也其名木室曰青陽火室曰明堂土室曰太室金室曰總
章水室曰玄堂青陽者言春之色與陽之氣明堂者夏爲朱明是其
躰之明也太室者太大也土功最大餘行比之爲小以其含廣大也
總章者總法也章明也至秋萬物已成光明潔鮮云玄堂者玄黑也
冬殺爲陰故取黑義秦更制九室其法不傳後漢之營明堂遂改周

制張衡所謂複廟重屋八達九房者或曰九室十二坐以象九州十
二月宋營明堂止爲十二大屋無戶牖之制齊從王儉議更復五室
梁武帝欲有述作乃下制與羣臣大議曰堂准大戴禮九室八牖三
十六戶以茅蓋屋上圓下方鄭康成據援神契亦曰上圓下方曰八
窻四達明堂之義本是祭五帝神而九室之數未見其理若以五堂
而言雖當五帝之數面南則背汁光紀面北則背赤熛怒東面西面
又亦如之於事殊未可安且明堂之祭議五帝則是總議在郊之祭
五帝則別宗祀所配復應有室若專配一室則是義非配五若皆配
五則便成五位以理而言明堂本無有室朱异以爲月令天子居明
堂左个右个聽朔之禮既在明堂今若無室則於義成闕制曰若於
鄭義聽朔必在明堂於此則人神混淆莊嚴之道有廢春秋云个居
二大國之間此言明堂左右个者謂所祀五帝堂之南又有小室亦

號明堂分為三處聽朔既三處則有左右之義在營域之内明堂之外則有个名故曰明堂左右个也以此而言聽朔之處自在五帝堂之外神有別理無相干議遂不能定天監十二年虞皭建言周禮明堂九尺之筵以為高下脩廣之數堂一筵故階高九尺漢家制度猶遵此禮故張衡引度堂以筵者也鄭康成以廟寢三制既同俱應以九尺為度制曰可於是毀宋太極殿以其材構明堂十二楹基准太廟以中央六楹安六坐悉南向由東第一青帝第二赤帝第三黃帝第四白帝第五黑帝配帝總配享五帝在阼階東上西向大殿後又為小殿五楹以為五佐室焉後周採三輔黃圖欲建九室不能成隋牛里仁建言三代相沿咸有損益至於五室確然不變夫室以祭天天實有五若立九室四無所用布政視朔自依其辰鄭司農謂十二月分在十二月陽等左右之位不云居室康成亦言每月於其時之

堂而聽政焉禮圖畫个皆在堂偏是以須為五室唐高宗與羣臣雜議以五室為宜故設昊天上帝於太室中央南向配帝於東南西向青帝於木室西向赤帝於火室北向黃帝於太室南戶之西北向白帝於金室東向黑帝於水室南向其太昊炎帝軒轅少昊高辛之坐各於五方帝之左內向差退句芒祝融后土蓐收玄冥坐於明堂廷中各於其方俱內向故國朝從唐制儀存通禮臣按古謂明堂為五府似五室之制權輿於此上世圖籍淪闇不得搢紳先生所能道者又皆大較而言不能纖細推覈故夏周止云大享帝明堂不言帝別一室後世諸儒推而合之分主五行遂設神位其有興之莫可廢也然漢制本為九室薛綜曰堂後有九室所以異周制云若然室在堂後不為享帝之位明矣故向背之閒梁武致疑筵几之度遠而難質令有司請以大慶殿即為明堂倣古宜今最為合禮周禮書曰清廟

明堂與路寢同制此其驗也其五室權以幔幄為之以明六天五帝絕位於禮無嫌

祁又議規蔡邕明堂奏曰蔡邕曰明堂者天子太廟所以崇禮其祖以配上帝者也夏曰世室商曰重屋周曰明堂東為青陽南為明堂西為總章北為玄堂中曰太室易曰離也者明也南方之卦也聖人南面而聽天下嚮明而治人君之位莫正於此故雖有五名而主以明堂也其中正焉皆曰太廟謹承天隨時之令昭令德宗祀之禮明前功百辟之勞起尊老恭長之義顯教幼誨稚之學朝諸侯選造士於其中以度制生者乘其能而至死者論其功而祭故為大教之宮而四學具焉辟如北辰居其所而眾星拱之萬象翼之所由生專受作之所自來明一統也故言明堂事之大義之深也取其宗祀之清貌則曰清廟取其政室之貌則曰太廟取其尊崇則曰太室取其堂

則曰明堂取其四門之學則曰太學取其四面周水圜如壁則曰辟雍異名而同事其實一也春秋因魯取宋之姦賂則顯之太廟以明聖王建清廟明堂之義經曰取郜大鼎于宋納于太廟非禮也君人者將昭德塞違故昭令德以示子孫是以清廟茅屋昭其儉也夫德儉而有度升降有數文物以紀之聲名以發之以臨照百官百官於是戒懼而不敢易紀律所以大明教之也周清廟魯太廟皆明堂也魯禘祀周公於太廟明堂猶周宗祀文王於清廟明堂也禮記禮弓曰王齋禘於清廟明堂也孝經曰宗祀文王於明堂禮記明堂位曰太廟天子明堂又曰成王幼弱周公踐天子位以治天下朝諸侯於明堂制禮作樂頒度量而天下大服成王以周公為有勳勞於天下命魯公世世禘祀周公太廟以天子禮樂升歌清廟下管象舞所以褒魯於天下取用清廟之歌歌於魯太廟明堂之廟猶周清廟也皆

所以昭文王周公之德以示子孫者也易傳太初篇曰天子旦入東學晝入南學暮入西學夕入北學在中央曰太學天子之所自學也禮記保傅篇曰帝入東學上親而貴仁入西學上賢而貴德入南學上齒而貴信入北學上貴而尊爵入太學承師而問道與易傳同魏文侯孝經傳曰太學者中學明堂之位也禮記古大明堂之禮曰膳夫是相禮日中出南闈見九侯門子日側出西闈視五國之事日闇出北闈視帝節猶爾雅曰宮中之門謂之闈王居明堂之禮又別陰陽門南門稱門西門稱闈故周官有門闈之學師氏教以三德守王門保氏教以六藝守王闈然則師氏居東門南門保氏居西門北門也知掌教國子與易傳保傅王居明堂之禮參相發明為四學焉文王世子篇曰凡大合樂則遂養老天子至乃命有司行事興秩節祭先師先聖焉始之養也適東序釋奠於先老遂設三老位焉春夏學

干戈秋冬學羽籥皆於東序凡祭與養老乞言合語之禮皆小樂正詔之於東序又曰大司成論說在東序然則詔學皆在東序東序東之堂也學者詔焉故稱太學仲冬之月令祀百辟卿士之有德於民者禮記太學志曰禮士大夫學于聖人善人祭于明堂其無位者祭於太學禮記昭穆篇曰祀先賢于四學所以教諸侯之德也即以顯行國禮之處也太學明堂之東序也皆在明堂辟雍之內月令記曰明堂者所以明天氣統萬物明堂上通於天象日辰故下十二宮象日辰也水環四周言王者動作法天地德廣及四海方此水也名曰辟雍王制曰天子出征執有罪反釋奠於學以訊馘告樂記曰武王伐商為俘馘于京太室詩魯頌云矯矯虎臣在泮獻馘京也太室辟雍之中明堂太室也與諸侯泮宮俱獻馘焉即王制所謂以訊馘告者也禮記曰祀乎明堂所以教諸侯之孝也孝經曰孝悌之至通於

神明光于四海無所不通詩云自西自東自南自北無思不服言行孝者則曰明堂行悌者則曰太學故孝經合以為一義而稱鎬京之詩以明之凡此皆明堂太室辟雍太學通合之義也其制度數合有所法堂方百四十四尺坤之策也屋圓徑二百一十六尺乾之策也太廟明堂方三十六丈通天屋徑九丈陰陽九六之變且圓蓋方載六九之道也八闥以象八卦九室以象九州十二宮以應十二辰三十六戶七十二牖以四戶八牖乘九室之數也戶皆外設而不閉示天下不藏也通天屋高八十一尺黃鍾九九之實也二十八柱列於四方亦七宿之象也堂高三丈亦應三統四鄉五色者象其行外廣二十四丈應一歲二十四氣四周以水象四海王者之大禮也晉泰準著論非之曰明堂太廟太學三者事義不同各有所施而論者合為一體取詩書放逸之文經典相似之語推而同之其失遠矣夫宗

廟之中人所致禮幽隱清靜鬼神所居而使衆學處焉饗射其中人鬼慢黷死生交錯囚俘截耳創痍流血以干鬼神非其理也又茅茨採椽至質之物建日月乘玉輅以處其中非其類也禮記先儒云明堂四面東西八丈南北六丈與七廟非一體也夫宗廟鬼神所居祭天而於人鬼之室非其處也王者五門宗廟在一門之內若在其廟而張三侯又辟雍在內非宗廟之中所能容也周人立三代之學非立三代宗廟者也周養老於東膠非三老也文王世子養老乞言於東序又皆於學也靈臺以望氣清廟以訊儉既非一體安有宗廟之中而以之燕射戲龍乎明堂在國之陽而宗廟在左又宗廟不應在外也齊宣王問孟子曰可毀明堂乎若明堂是廟豈容有此問哉諸儒言明堂各未有證蔡邕等遂言異名同實方之北辰居所取其處中不移旁運三光非是一物而備其躰以悟人意耳臣案蔡邕為漢

大儒。當時去聖人未遠。然而以明堂清廟辟雍靈臺合爲一物。何推寧其博見異蓺有所述乎。將以獨識取高當世也。自孔子歿。諸儒鋒奮。或言魯禮。或論周制。或道夏商。家自爲書。決不相通。又緯識詭異。附經造説。證無足據。而邕信其所疑。是愚謂不可行而言是誣。合誣與愚。邕必有一焉。宜爲後人之嗤詆也。故魏晉而下。邕説不復施行。祁又議上帝五帝奏曰。鄭康成以上天之神凡六。昊天者。天皇大帝。五帝者。太微五帝。王肅曰。昊天惟一神。以五帝爲次神。而諸儒附鄭者多。故據而爲説云。凡合祭五帝。一歲有二祀。龍見之月祭於南郊謂之大雩。一也。九月大饗於明堂。宗祀文王以配。二也。祭明堂者諸儒之言不同。或説周家祭五天帝皆明堂中。以五人帝及文王配。五官神坐廷中。以武王配。竊曰。祖宗禮所謂祖文王而宗武王者也。施設神位。準五行相向以爲法。威仰在卯。西面。熛怒在午。北面。樞紐在

未。北面。招拒在酉。東面。汁光紀在子。南面。太皞炎帝黃帝少皞高辛各在其位。少退。句芒祝融后土蓐收玄冥。皆在人帝下。少後。文王坐太皞之南位如主人。武王少退。或曰。合祭之日。五精之帝皆西面。其牲則天帝各一犢。合同十牲。文王之牲用太牢。以詩我將篇曰我將我享維牛維羊。文王武王而用太牢者。以五人帝各配一天爲之主。足爲外神依止。則文王汎配五帝矣。次不專配。則所用牲得從盡物之享云。漢武帝祠太一五帝於明堂上坐。牲以太牢。禮畢。燎堂下。晉武帝初議明堂。羣臣曰。五帝即天也。五氣時異。故殊其號。雖名有五。其實一。明堂南郊宜除五帝坐。五郊改五精之號。皆同稱昊天上帝。各設一位而已。詔可。時韓陽建言古建明堂咸秩五帝。無祭一天者。帝下詔因往者衆議除明堂五帝位。考之禮文不正。其復之。摯虞議以爲漢魏故事。明堂祀五帝之神。新禮五帝即上帝。上帝即天也。明

堂除五帝之位。惟祭上帝。按仲尼稱郊祀后稷以配天。宗祀文王於明堂以配上帝。周禮祀天旅上帝。祀地旅四望。四望非地。則上帝非天斷可識矣。郊丘之祀。掃地而祭。牲用繭栗。器用陶匏。事反其始。故配以遠祖。明堂之祭。備物以薦。三牲並陳。籩豆成列。禮同人理。故配以近考。郊堂兆位居然異體。牲牢品物質文殊趣。且祖考同配。非謂尊嚴之美。三日再祀。非謂不黷之義。其非一神亦足明矣。昔在上古。生爲明王。沒配五行。故太昊配木。神農配火。少昊配金。高辛配水。黃帝配土。此五帝者。配天之神。同兆之於四郊。報之於明堂。祀天大裘而冕。祀五帝亦如之。或以爲五精之帝。佐天育物者也。前代相因。莫之或廢。前韓陽上書。宜如舊祀五帝。詔已施用。請改定新禮。從之。唐禮部尚書許恭宗議祠令新禮並用鄭氏六天之説。圜丘祀昊天上帝。南郊祀太微感帝。明堂祀太微五帝。鄭氏唯據讖緯以説六天皆謂

星象。而昊天上帝不屬穹蒼。其注月令周官。以昊天上帝爲北辰曜魄寶。注孝經。明堂爲太微五帝。案易日月麗於天。百穀草木麗於地。在天成象。在地成形。是明辰象非天。草木非地。毛萇傳曰。元氣浩大則稱昊天。遠視蒼蒼。則稱蒼天。此則蒼昊爲體。不入星例。且天地各一。是曰兩儀。天尚無二。帝焉有六。是以王肅羣儒咸非其義。起居舍人王仲丘又以貞觀禮季秋祀五帝明堂。顯慶禮祀昊天上帝於明堂。准孝經説。先儒以爲天是感精之帝。上帝即太微五帝。且上帝之號本屬昊天。周禮王將旅上帝。張氊案。設皇邸。祀五帝。張大次小次。由此言之。上帝之與五帝自有差等。不可混而爲一。鄭注孝經。上帝者。天之別名。神無二主。故異其處以避后稷。孔安國曰。帝亦天也。然則禮享上帝有合經義。而五方皆祀。行之已久。請二禮並行以成月令大享帝之義。詔可。自是不改。國朝因之。臣案諸儒之説上帝及五

帝紛然不一。王肅以為上帝即昊天。鄭康成謂昊天為皇大帝。五帝為太微五帝。王鄭二說既顯。學者爭為執辯。雖天子亦不能果定其文。然臣以為就經言之。仲尼之意儻可見也。孝經云。孝莫大於嚴父。嚴父莫大於配天。又曰。郊祀后稷以配天。宗祀文王於明堂以配上帝。周頌我將篇曰。祀文王也。我將我享。維牛維羊。惟天其右之。伊嘏文王。既右享之。孝經言配天而後言上帝。詩當言帝右而云天右。是天為上帝。上帝為天。互文以見義也。天之所以為五帝者。先儒之議多矣。近大儒孫奭建言。天雖一神。以其至尊。故有多名。亦猶人君稱皇王后辟天王天子皇帝縣官。臣民曰陛下。史臣曰上。服用曰乘輿。出入曰車駕。各隨德義而稱。亦以至尊故也。以天帝之神迭王五時。故聖人制禮。謂之五帝。非五帝各一神也。以謂儒不怪詩傳天有五名。而獨怪帝有五號。奭又以歲九祭。皆主於天。至日圓丘。正月祈穀。

五時迎氣。孟夏雩。季秋饗。凡九。惟至日其禮最大。故稱曰昊天上帝。昊天者以體稱。上帝者以德號。舉禮大故也。其餘則否。至於大雩祈百穀之雨。大享報百穀之成。以五帝者有生成之功。祈報之禮闕一不可。雖止一神。並陳五位。不知神之於彼乎。於此乎。奭言如是。是其得也。然而欲去昊天上帝一位。止設五帝。臣以為禮有未然。號昊天者。以其元氣魁然。秉五行王氣旁臨萬物。因時顯功。人強以名。故春曰青帝。夏曰赤帝。猶春為蒼天。冬為上天耳。唐以來二家之說兼行。故今享禮有六帝位。雖然奭許於彼於此而求之矣。何獨是五而非六乎。故兼存之。則亦聖人尊天奉神不敢有所裁抑云。

祁又上議配帝奏曰。祭法有虞氏禘黃帝而郊嚳。祖高辛而宗堯。夏后氏亦禘黃帝而郊鯀。祖高辛而宗禹。商人禘嚳而郊冥。祖契而宗湯。周人禘嚳而郊稷。祖文王而宗武王。鄭氏曰。禘郊祖宗謂祭昊天於圓丘曰禘。祭上帝於南郊曰郊。祭五帝五神於明堂曰祖宗。祖宗通言爾。虞氏以上尚德。禘郊祖宗配用有德者。自夏以下稍用其姓代先後之次。郊祭一帝。而明堂祭五帝。少德配寡。大德配衆。禮之殺也。諸儒據鄭此說。由是推而廣之。以明文武有俱配之義。臣案孝經曰。孝莫大於嚴父。嚴父莫大於配天。則周公其人也。昔者周公郊祀后稷以配天。宗祀文王於明堂以配上帝。然則孔子著經以美周公者。則自周以上未有能以父之尊而進配上帝者也。惟周公能之。則自商及虞安得祖而宗之之說。耶禮記多出秦漢諸儒之家。鄭即據而為解。以遺孔經。以來之思乎。崔靈恩曰。五帝皆坐明堂中。以五人帝及文王配之。五神坐廷中。以武王配之。或非之曰。不然。五官之神生為上公。死為貴神。其生也帝王之饗。皆頓升堂。今為貴神獨坐於下。屈武王之尊。下坐同之。義為不允。當謂合祭五帝。明堂唯有一祭。五

帝及神俱坐堂上。以文武二祖汎配五帝及神歟。以文王配祭五帝。則謂之祖。以武王配祭五神。則謂之宗。二王同時並配。故祭法所謂祖文王宗武王也。祖。始也。宗。尊也。名祭為尊且始者。明一祭之中有二義焉。以始而言。謂合祭五帝於大雩之時。為百穀祈歲功。始求之義也。以尊而言。季秋之月得其成功。尊而祀之以報其德。明二王配祭既有此義。故分為二名。鄭康成所謂祖宗通言者。謂稱祖不得無尊嚴之心。言尊不得無始求之理。而孝經及詩但云祀文王於明堂。不云武王者。祖宗之祭其體同。故舉一足以明。不待兩見云。宗祀文王於明堂。文王當言祖而云宗者。亦通武王之義。漢武帝初祠太一。五帝於明堂上坐。以高皇帝對之。至明帝乃以光武配五帝。在青帝之南少退西面。自是歷章安而下不敢輒易。齊明帝有事明堂。有請以武帝配。謝曇濟曰。按法禘郊祖宗並列嚴祠。鄭氏注義亦據兼饗。

宜祖宗兩配文武雙祀左僕射王晏曰若用鄭說祖宗通言則生存功德沒乘尊稱歷代配帝何止於二今盛薦上帝允屬武考百代不改其文廟乎詔可唐太宗始以高祖配享明堂高宗又奉太宗配祀有司遂以高祖配五天帝太宗配五人帝太尉長孫無忌建言永徽二年七月詔舊奉太宗以尊嚴配時高祖當遷禮司乃以太宗降配五人帝雖同在明堂不得對越天帝非明詔奉親之意謹按孝莫大於嚴父嚴父莫大於配天伏尋詔意義在於此又尋漢魏晉宋歷代之禮無父子同配之義唯祭法稱周人帝嚳而郊稷祖文王而宗武王鄭康成謂祖宗者通言祭五帝五神於明堂也尋鄭之意乃以祖宗合為一祭又以文武共在明堂連祧配祀良為臣謬故王肅曰古者祖有功而宗有德祖宗自是不毀之名非謂配食者也審如鄭義則經當言祖祀文王不得言宗祀也又曰武王配勾芒之類是謂五

神位在堂下天子降位失君臣矣故春秋傳禘郊祖宗報五者國之典祀也知各一事非祖宗合祀於明堂矣南齊蕭氏以武明昆季並於明堂配食事乃不經不足為法武德令以元帝配於明堂兼配感帝至貞觀初緣情革禮奉高祖配明堂迺世祖專配感帝有遞遷之典高祖請配昊天上帝太宗請配明堂五帝從之唐垂拱元年有司議嚴配之禮孔元義曰孝莫大於嚴父嚴父莫大於配天明配尊大之者昊天是也請奉太宗高宗配天上帝於圓丘高祖配感帝於南郊皆宗祀文王於明堂文王當祖而云宗者通武王之義請太宗高宗配祭於明堂沈伯義曰有虞禘黃帝而郊嚳祖高辛而宗堯夏后亦禘黃帝而郊鯀祖高辛而宗禹商人禘嚳而郊冥祖契而宗湯周人禘嚳而郊稷祖文王而宗武王伏尋嚴配之文於此最備德禮之序莫善於周禘嚳郊稷不聞於主明堂宗祀用兼於兩配以文王武

王父子殊別文王為父上主五帝武王對父不配五神昔周公宗祀文王於明堂以配上帝不言嚴武王以配天則武王雖在明堂理未齊於配祭既稱宗祀義獨主於尊嚴雖同兩祭終為一主故孝經緯曰后稷為天地主文王為五帝宗也必若一神兩祭為是則五祭十祠薦獻頻繁實瀆於數此則神無二主之道禮崇一配之義竊尋貞觀永徽共遵專配明慶之後始創兼尊必以順古宜從周法高祖請配圓丘方澤太宗請配南北郊高宗配五天帝鳳閣舍人元萬頃等議案見行禮昊天上帝等祠十一所咸奉高祖太宗兼配今議者引祭法周易孝經之文雖近古之祠殊失聖旨伏據見行禮高祖太宗今既配五祠當仍舊無改高宗功烈無著豈祠配有別請亦配五祠於是郊丘諸禮以三帝同配明皇帝開元十一年罷之國朝太祖受命以宣祖配享明堂太宗始奉太祖配儀又以宣祖配為真宗復奉

太祖聖上嗣位奉真宗配天以正孝經嚴父之義臣案鄭氏以文武二主皆配明堂其言非是據孝經止言嚴父配天周公其人也今以周公言之則武王非父以成王言之則文王為祖二理較然不待議而判矣齊庾以數帝皆配於經義寧不戾邪

歷代名臣奏議卷之十八

郊廟

宋仁宗皇祐二年宋祁上奏曰臣聞王者建廟祏之嚴合昭穆之綴祖一而已始受命也宗無豫數待有德也由宗而下等胄之跡咸以為迭毀之制使後嗣雖有顯揚褒大猶不得與祖宗並列所以一統乎尊尊古之道也皇帝陛下躬孝治發德音永惟三后之盛烈際天接地而推奉之禮有所未稱明發悼懼圖惟厥衷使攸司得稽舊章開羣議摠懿鑠闡孫謀將以貽合靈心垂榮無極非臣等孤陋所能及已竊以太祖皇帝誕受寶命付畀四海鏟敦寃伐潛黜不端東澤潞之畔蕭淮海之昧東焚吳輿右困蜀壘湘楚閩禺請吏入朝當此之時天下之人去大殘蒙更生卜年長世丕闡洪業太宗皇帝敦受具璽席運下武龔天之討底平太原由是慎九刑之辟藝四方之

貢信賞類能重食勸分官無煩苛人無恫怨又引搢川諸儒講道與學炳然右文與三代同風真宗皇帝乾粹日昭執競維烈重威撫和休寧比方順斗布度先天作聖遂考夏諜亂麇巡秘牒岱宗育穀冀壤翕受瑞福晉浸黎元冑翹跂行罔有不寧百度已備眷授明辟洪惟一祖二宗之烈歷選墳誥未有高焉者也昔成湯為商之祖太甲太戊武丁實號三宗后稷為周之祖文王武王庸建二祧高帝為漢之祖孝文孝武特崇兩廟皆子孫世世奉承不輟我皇伯祖經綸草昧遂有天下功宜為帝者之祖皇祖勤勞制作皇考財成治定德宜為帝者之宗三廟並萬世不遷宣布天下以示後世臣等請如聖詔至於升侑上帝宸對先謨本之周道舊嚴典禮昔太宗親郊奉宣祖太祖配焉真宗肇祀奉太祖太宗配焉自爾有司不敢輕議今二宗同躋不祧之位則禮無異等伏請自今以往太祖為定配二宗為迭配

稱情適事理實無嫌其將來皇帝親祠伏請以三聖偕侑上顯對越之盛次申通追之感聖人之能事孝子之大願此後迭配還如前議昔唐高宗之上封也太武皇帝文皇帝配昊天明皇之封也以高祖配天睿宗配地開元之著禮也高祖配方丘太宗配神州此二宗迭配之前比垂拱開元之間高祖太宗高宗同配昊天真宗登介丘降社首並以太祖太宗崇配天地此三聖皆侑之明準其歲時常祀到至日圜丘仲夏皇地祇配以太祖孟春祈穀夏雩祀冬祭神州配以太宗孟春感帝配以宣祖季秋大饗配以真宗伏請皆如禮便陛下重宗祧之事鑒照前載抑畏虔肇讓而不專故命臣等得申愚管謹用敷襮惟聖心財鑒謹具議狀奏聞

嘉祐元年集賢校理丁諷言按春文耀勾為五帝之名始下太常去之其祀儀皇帝服衮冕祀黑帝則服裘被衮配位登歌作承安之樂

餘並如祈穀禮立春祀青帝以帝太昊氏配勾芒氏歲星三辰七宿從祀立夏祀赤帝以帝神農氏配祝融氏熒惑三辰七宿從祀季夏祀黃帝以黃帝氏配后土鎮星從祀立秋祀白帝以帝少昊氏配蓐收太白三辰七宿從祀立冬祀黑帝以帝高陽氏配玄冥辰星三辰七宿從祀

四年韋章事富弼乞親行祫饗大禮奏曰臣謹按天地宗廟社稷皆為大祀自古天子親祠之其間尊與親兼之者惟廟為國朝崇奉祭祀嚴而不瀆每三歲天子必親行南郊之祀其於事天之道可謂得禮獨於宗廟祇遣大臣攝行時享而已親祀未講誠為闕典檢會今年冬至當有事于南郊又孟冬亦當合饗於太廟禮曰三年一祫祫為大祭所以合羣廟之主于祖宗而祭之自來亦祇遣近臣攝行今欲望詔有司講求祫祭大禮將來聖駕有事于太廟庶乎國家事天

事親之道兩得其宜。所有降赦推恩並用南郊故事。
同判太常寺呂公著議四后廟饗奏曰。臣聞宗廟父昭子穆。皆有配坐。苟非正嫡。雖以子貴立廟。即無配祔之禮。案周大司樂之職。歌中呂舞大濩以享先妣者姜嫄也。姜嫄即帝嚳之妃。后稷之母。既無所配。故特立廟而祭。謂之閟宮。晉簡文宣太后既不配食。亦築宮於外。唐開元四年。以昭成皇后升祔睿宗廟。遂爲失禮之首。先朝自元德皇太后追尊之後。累有臣寮請行升祔之禮。先皇敬重禮典。皆不允從。別廟薦享。凡十有七年。其後宰臣等不深詳典據。繼上封奏。請從升祔。中旨勉俞。至明道中。議章獻皇太后章懿皇太后廟享。有司參酌儀典。請立新廟。二后同殿異室。每歲五享及禘祫並就本廟。及特撰樂章以崇世享。是爲奉慈廟。載之甲令。蓋合經據。其後卒用錢惟演之議。祔于真宗廟室。臣等今參議。若以懿德皇后祔于后廟。元德

章獻章懿三后祔于奉慈廟。同殿異室。每歲五享四時薦新朔望上食。一同太廟。庶合典禮。
七年。公著論三聖並侑奏曰。臣謹按孝經郊祀后稷以配天。宗祀文王於明堂以配上帝。春秋傳曰。自外至者無主不止。然則天地之祭必有所配者。皆侑神作主之意也。且祖一而已。始受命也。宗無豫數。待有德也。由宗而下功德顯者。自可崇廟祏之制。百世不遷。垂之無窮。至於對越天地。則神無二主。所以奉上帝之尊。示不敢瀆。至唐垂拱中。始以三祖同配。開元十一年。明皇親享。遂罷同配之禮。伏見皇祐五年詔書。今來南郊三聖並侑。後次却依舊禮。布告中外。未幾復有每遇南郊三聖並侑之詔。雖出孝思。頗違經禮。臣等謂自今宜以太祖定配。爲得禮之正。
嘉祐四年。劉敞與胡宿同上奏曰。臣伏聞禮官倡議。欲祔郭后於廟。臣竊惑之。昔春秋之義。夫人不薨于寢。不赴于同。不反哭于廟。則不言夫人。不稱小君。徒以禮不足。故名稱闕然。然則名號與禮。非同物也。名號存而禮不足。固不敢正其稱。況敢正其儀乎。郭后之廢。雖云無大罪。然亦既廢矣。及其追復也。許其號而不許其禮。且二十餘年。今一旦欲治以嫡后之儀。致之於廟。然則郭后之殂也。爲薨於寢乎。赴於同乎。反哭於廟乎。羣臣百姓亦嘗以服母之義爲之齊衰乎。恐其未安於春秋也。春秋之夫人於彼三者一不備。則不正其稱。而郭后於三者無一焉。而欲正其禮。恐未安於義也。且傳曰。不有廢也。君何以興。廢興之間。固必有正與不正之理存焉。今欲扶所廢以爲正。必將抑所興以爲不正。古者不二嫡。則萬世之後。宗廟之禮。豈臣子所當擅輕重哉。謹按景祐詔書。本不許郭氏祔廟。議已決矣。無爲復紛紛以亂大禮。議者或謂郭后之追命也。詔書薄其過。既復其號。

不得不異其禮。辟猶大臣坐非辜而貶者。苟明其非辜。則復用之。豈得不遂使爲大臣乎。臣謂物有殊類。與勢未可以相準。臣之與妻。其義雖均。然逐臣可以復歸。放妻不可復合。臣衆而妻一也。故春秋公孫嬰齊卒于貍脤。君曰。吾固許之反爲大夫。此逐臣可以復歸也。杞伯來逆叔姬之喪以歸。夫無逆出妻之喪而爲之者。此放妻不可復合也。今追祔郭后。得無近於此乎。乞令諸儒博議。極其論難。以求折衷於禮爲允。
敞宿又奏曰。臣近上言郭后追祔非禮之正。乞更詳議。今月七日學士院以張洞奏狀示臣。準中書批狀。令兩制同議。臣以所據與洞不合。更不連署。然臣觀洞之言。曼詞飾說。似苟蔽前之失。而非忠信之道也。前世人君廢斥妃后者。皆溺於私愛。或嬖妾上僭。或讒訴妄及。此則羣臣當引大體。伏節死爭。如陛下之於郭后。固未嘗有此。蓋于

時聖慮在宗廟社稷之際不得不然耳。昔漢光武起於布衣紹復天位。郭氏其后也。正位十有六年。子彊為太子。輔為中山王。可謂盛矣。然自見年長寵衰數懷怨懟。光武由此廢之為中山王太后。其後太子彊亦自疑引為東海王。然當時文武之臣。元功俊德布於朝廷。不以光武為情有厚薄亦不以郭氏為過不當廢者。其意識深遠知事有不得已者也。今陛下之處豈不然乎。光武雖廢郭后然顧待其家初不衰減亦明是人以義。不緣於私故也。此又詔書所以追復郭后之意矣。用平生之愛。故尊以虛名。顧禮義之正。故絕其祔廟。是范曄所謂使後世不見隆薄進退之隙者也。至公至平。可謂折中。今洞之意以追復郭后則出於天子。以停止廟謚則出於大臣。共一詔書也。而論之異同。未知洞何從見之。若不幸而此言傳於後。且歸過君父。虧損聖德。此其一也。且臣前奏最要者以謂廢興不兩立。而人君無二嫡。備萬世之後而禮分不明也。洞既不以此為辯。若不幸朝廷過聽之。是雖自以能許上起廢為功。而猶且陰偪母后。妄瀆禮正。此其二也。故臣以謂非臣子之義。忠信之道矣。伏乞并下臣章。命兩制詳議。臣誠愚竊恥聖朝無光武之臣。是以莫能推明上德。而反崇飾誹謗。營為非禮也。不勝區區。

宿又上奏曰。臣竊以國家乘火而王。火於五行其神屬禮。漢書天文志曰。火。禮也。以此而言。國家常須恭依典禮。以順火性。伏覩京師自秋不雨。綿歷三時。聖心焦勞。臣下隕越。思所以消救之道。未知所出。伏惟陛下明德恤祀。虔共郊廟。宜蒙福應。乃遘災旱。古者祭天。神無二主。禮專一配。所以奉天帝之尊。明不敢瀆。三代兩漢之盛。莫之敢易。唐初始有兼配之事。垂拱中。禮官希旨。郊丘諸祠。遂有三祖同配之禮。開元十一年。明皇親饗圓丘。禮官建議。遂罷三祖同配之事。除

此之外。未有一代三帝同配昊天之禮。國家至道三年。詔書親郊圓丘以太祖太宗並配。陛下即位景祐二年。詔禮官詳案典禮。辨崇配之序。詔書節文。自今以往。太祖定配。二宗迭侑。去年八月八日詔書今次南郊。三聖並侑。後次卻依舊禮。布告中外。咸體至懷。未踰旬日。復有今後每遇南郊三聖並侑之詔。竊尋詔旨先後不同。此誠陛下至孝烝烝。虞舜之用心也。然有違典禮。未合天衷。致旱之由。恐在於此。臣愚欲望聖慈今後南郊。乞且依去年八月八日詔書及景祐二年禮官所定太祖定配之典。追寢去年八月二十四日今後每次南郊三聖並侑之詔。告謝天地。以順火性。必蒙福祉之降。足消災旱之異。臣若心知不可。口不敢言。即是長負陛下獎育之恩。沒有餘責。

劉敞與孫抃胡宿上奏曰。臣等謹案春秋傳曰。大祫者何。祭也。未毀廟之主皆升合食于太祖。是以國朝事宗廟。且百有餘年。至祫之日。別廟后主皆升合食。遵用以為典制。非無據也。此皆受聖祖神宗盡心極慮。制節垂法。以貽子孫者也。未易輕改。且宋家宗廟之禮。參用歷代。因時施宜。不專取於周唐。何以言之。如太宗真宗二帝並配三后。孝章嘗母儀天下。而享於別宮。淑德以元妃正嫡。亦享於別宮。原其意。章沿革之始。似出聖意。自有所在。若規以一家之學。則紛然皆亂於上矣。且行之已久。祝嘏宗史既守以為常。若一旦輕議損益。恐神靈不安。亦未必當先帝意也。議者乃謂四后之主。於合食則貴有所屈。於別享則尊得以伸。然則且不疑於黜遠四后。而獨豐於昵乎。他年有司攝事。四后皆預合食也。今陛下昉欲躬齋戒奉祖禰。而四后見黜。不亦疑於以此禮之煩而不能事其先妣乎。受命之君以創禮革典為急。繼體之君以承志遵法為義。先帝創之革之。陛下承之遵之。臣曰可矣。宗廟之祭。至尊至重。苟未能盡祖宗之意。則莫若守其

舊禮疑文偏說未可盡據傳曰祭從先祖又曰有其舉之莫敢廢也此之謂也臣愚以謂如其故便

徽又上奏曰臣近與孫抃胡宿等議后廟四主皆升合食宜依舊制不可輕改其說猶未詳盡不敢不陳臣伏以九經所載祫祭制度最明最備者莫如春秋公羊傳自漢以下凡議此禮皆引為證其文曰未毀廟之主皆升合食于太祖所謂未毀廟者豈有帝后之限哉此乃國朝所以依緣循守行之且百年者也聖祖神宗好禮稽古洞洞屬屬於宗廟之祭至重至慎知必不苟於追孝之禮也太祖臨御天下孝惠后主雖在別廟至禘祫之日已自合食於太廟而祔祖姑之下矣祥符五年因禮官之奏又加考據酌中著為常典事更先帝皎若日月今羣臣不務推原春秋之法而獨引後儒疑近之說不務講求本朝之故而專倡異代難通之制不務將順聖上廣孝之心而輕

議宗廟久行之儀欲擯隔四后使億萬斯年永不得合食于先帝臣竊恨之且四后陛下之妣也如孝惠在開寶之世尚合食於祖姑之次今陛下親享反不得望清廟之室於人情安乎昔貢禹議罷園廟羣臣和之者非一聽其言殆以謂雖周公復生不可得變元帝信之然而通人未以為當既而悔之則無及矣方衡議遷郊兆羣臣和之者亦非一聽其言殆以謂雖孔子復作不可得奪成帝信之然而通人未以為當既而悔之則亦無及矣夫宗廟之禮神靈之位豈可使舉措不當數有後悔哉此自陛下所當留聖思也西漢衰𡚁之悔可以為戒且二代異物沿革異宜固未嘗相同今欲捨本朝而慕前代變先帝而述後儒隔絕祖妣排斥先后輕動宗廟之體易遷神靈之敍臣不知此中何禮也唯陛下裁慎

知太常寺張洞等議四后廟饗奏曰臣等伏見國家每遇禘祫奉別廟四后之主合食太廟據唐郊祀志載禘祫祀文自獻祖至肅宗凡十一帝所配皆一后其間唯睿宗二后蓋昭成明皇之母也又續曲臺禮有別廟皇后合食之文蓋未有本室遇祫享即祔于祖姑之下所以大順中以三太后配列禘祭博士商盈孫以謂誤認曲臺禮意當時不能改正議者譏其非禮臣等伏思每室既有定配則餘后於禮不當升祔遂從別廟之祭而禘祫之日復來參列與郊祀志曲臺禮相戾今親行盛禮義當革正其皇后廟伏請依奉慈廟例遣官致祭

仁宗親詣太廟行祫饗禮同判宗正寺趙良規請正太祖東向位禮官不敢決觀文殿學士王舉正等議曰大祫之禮所以合昭穆辨尊卑必以受命之祖居東向之位本朝以太祖為受命之君然僖祖以降四廟在上故每遇大祫止列昭穆而虛東向魏晉以來亦用此禮

今親饗之盛宜如舊便學士歐陽脩等曰古者宗廟之制皆一帝一后後世有以子貴者始著並祔之文其不當祔者則有別廟之祭本朝禘祫乃以別廟之后列于配后之下非惟於古無文於今又四不可淑德太宗之元配列于元德之下章懷真宗之元配列于章懿之下一也升祔之后統以帝樂別廟之后則以本室樂章自隨二也升祔之后同牢而祭牲器祝冊亦統于帝別廟諸后乃從專享三也升祔之后聯席而坐別廟之后位乃相絕四也章獻章懿在奉慈廟每遇禘祫本廟致享最為得禮若四后各祭于廟則其尊自申而於禮無失以為行之已久重於改作則是失禮之舉無復是正也請從禮官

八年脩為參知政事又上奏曰臣近準敕差祭神州地祇於北郊竊見有司行事不合典禮據開寶通禮當充引行事官於東壝門外道

南北向立次引入壝門就壇東南位西向行事蓋卿事有漸自外而入於禮為宜今卻先引行事官於壇卯階之側北向立次引東行向外就行事位由內而外乖背禮文臣遂於本院檢詳蓋是往年撰祀儀之時誤此一節今據祀儀四時及三王五帝上辛祈穀春分祀九宮朝日高禖孟夏雩秋分夕月仲秋祀九宮貴神秋季大享明堂冬至祀昊天臘蜡夏至祀皇地祇及孟冬祭神州地祇凡一十七祭並係大祀一例錯誤並合改正依開寶通禮兼禮生贊唱生疎多不依禮文臣伏見朝廷近年新製祭祀器服修飾壇壝務極精嚴而有司失傳行事之際於禮繆誤伏乞下禮院詳定依開寶通禮改正祀儀及教習禮生使依典禮以上副聖朝精嚴祀事之意

嘉祐六年諫官楊畋論水災繇郊廟未順禮院亦言對越天地神無二主唐始用三祖同配後遂罷之皇祐初詔三聖並侑後復迭配未幾復並侑以為定制雖出孝思然頗違經典當時有司失於講求下兩制議翰林學士王珪等曰推尊以享帝義之至也然尊尊不可以瀆故郊無二主今三后並侑欲以致孝也而違所以瀆乎享帝非所以寧神也請如禮官議七年正月詔南郊以太祖定配

七年知諫院司馬光論壽星觀御容狀曰臣等前者伏覩陛下幸壽星觀奉安真宗御容當是時臣等不知事之本末未敢進言自後方知本觀舊日止有先帝時所畫壽星近因本觀管幹內臣吳知章妄有奏陳稱是先帝御容意欲張大事體廣有興修自為勞效刱圖恩賞陛下天性仁孝以為崇奉祖宗重違其請遂使畫先帝御容以易壽星之像改為崇先觀知章既得御容倚以為名奸詐之心不知紀極乃更求開展觀地別建更衣殿及諸屋宇將近百間制度宏侈計其所費踰數千萬向去增益未有窮期臣等竊以祖宗神靈之所憑

依在於太廟木主而已自古帝王之孝莫若虞舜商之高宗周之文武未聞宗廟之外更為象設然後得盡至誠也唯高宗祭祀親廟徵為豐數故傅說曰黷于祭祀時謂弗欽禮煩則亂事神則難祖己曰典祀無豐于昵蓋規之也後至漢氏始為原廟當時醇儒達禮靡不譏之況畫御容於道宮佛寺而又為壽星之服其為黷也甚矣且又太祖太宗御容在京師者止於興國寺啓聖院而已真宗御容已有數處今又益以崇先觀是亦豐于昵也無乃失尊尊之義乎原其所自來止因知章妄希恩澤乃敢恣為誣罔興造事端致陷朝廷於非禮今既奉安御容難以變更若只就本觀舊來已修屋宇固足崇奉所有創添屋宇伏乞一切停寢止令有司以時侍奉所有知章誣罔聖聰依託御容妄有干請廣興力役乞下所司取勘窮治奸狀明正其罪

仁宗時同知太常禮院韓維上言曰臣等竊以宗廟之尊太祖者所以敘親明統褒顯功德也敘親明統則必正其本褒顯功德則不可私其人此聖人以義斷恩立禮而為之極也由禰已上皆祖也皆則孰主而尊之曰始封曰受命曰有功非是三者雖屬之尊且親不得當也是天下之公法也子不敢豐於其父臣不敢厚於其君故尊太祖之道禮之大者有三於廟則百代不遷於天地之祭則為配主於祫享則位東向商以契周以后稷其毀廟之主皆出太祖之後故其禮順後世太祖之上復有追崇之廟故其禮疑所以諸儒論議不一然大抵不過三義一則直推見廟最尊之祖即唐顏真卿韓愈欲以獻祖居東向之位是也一則以追崇之祖別廟而祭全太祖之尊即漢之太上皇魏之處士晉之府君唐之獻懿是也一則以太祖尚在昭穆虛位以待自魏晉已下訖於隋唐及本朝故事是也推最尊之

祖者既非始封有功之君。親盡則毀。於聖人制禮之意。殆恐不然。別
廟而祭者。雖爲變禮。未可遽行於今。其間惟虛東向之位。於禮似近。
何也。在禮。父爲士。子爲天子。葬以士。祭以天子。葬且不敢厚其父。況
敢以天下之公法易其祖之位乎。周禮黨正飲酒。一命齒於鄉。再命
齒於父。三命不齒。且人臣尊父族。尚不敢與之齒。況在天子乎。乃欲
以追崇必毀之主。加於萬世不祧之祖乎。臣等再詳三者之論。考於
聖人之禮。俱未合也。直以最尊之主居東向之位。是欲求禮之情。虛
東向之位以待太祖。是欲守禮之文者也。然而禮之情難見。情一失。
則禮從而喪矣。禮之文易守。文在而聖人之意或可存也。夫惟達禮
之情文者。然後能作。此魏晉宋齊隋唐之君。及我藝祖神宗所以謙讓
而不敢決也。臣等以謂宜如祖宗故事。虛東向之位便。
維又論溫成皇后不當立廟䟽曰。臣聞忠臣不爲刪訕之遠而輟其

圖報之心。聖主不以芻蕘之賤而易其納善之慮。故下靡不盡之情。
上無或遺之策。臣位雖微賤。然以討論載籍。參議典禮爲職。竊不自
薄。有愛君之言。惟陛下少加聽覽。臣伏見國家爲溫成皇后立廟。備
三獻官。設五時之祭。金石牢具。一侔宗廟。臣上求禮經。下尋本朝故
事。皆所未有。不知當時誰爲陛下爲此謀者。臣聞孝惠皇后。太祖皇
帝之正配也。其沒也。即陵構殿。歲時所祀。不過常饌而已。其後方得
列於皇后別廟。元德皇后。真宗皇帝之母也。其沒也。別廟而祭。自爾
羣臣請升祔相繼。先帝慎重其事。不敢即從。至於十年而後許之。今
陛下一旦奉嬪御之主。廟而樂之。與祖宗等。稽於先王之禮則不合。
求之本朝之事則非故。搢紳之士無所誦說。下民觀之不知所化。甚
非太祖真宗慎重典禮之深旨也。伏惟陛下即位以來。凡所興造。必
問於遺訓。而咨於故實。稀闊盛事。靡不畢講。今又將以孟冬吉時親

祼宗廟。脩大祫之禮。蓋祫者序昭穆。正尊卑之祭也。所宜罷黜不端。
昭示大順。以成祀典之義。而陛下以奉祖宗者。已之臣妾亦得享之。
非所以致隆極廣孝恭也。臣愚以爲宜因此時發德音。詔有司。使議
溫成皇后之廟有不如禮者。一皆裁去。以明陛下不私後宮。專奉祖
宗之意。使聖朝典制。幽昧復光。宗廟神靈。驩欣顧享。此盛德之舉也。
陛下不可不加聖意焉。昔漢文帝幸上林。袁盎引却慎夫人之坐。以
明妾主之義。前史書之。爛然不忘。今崇建廟祏。甚於上林之坐。僭擬
祖宗。非特妾主之別。陛下聖德過於漢文。毋使愚臣不得申袁盎之
志。

貼黃。陛下若以溫成皇后久在左右。不忘軫悼。則歲時遣宮嬙內
侍。厚加祭奠。亦足致其恩意。何必僭用禮典。取譏後代。此於溫
成皇后非有所益。而於聖德爲損不細。自陛下即位以來。動循

禮典。未嘗有此過舉。臣願陛下特奮神斷。使有司得從改正。以
全盛德之美。臣父子受國厚恩。實欲以此少申補報。幸不以臣
位下而棄其言也。

英宗即位初。以仁宗神主祔廟。禮院請以太祖太宗爲一世。而增一
室。以備天子事七世之禮。詔兩制與禮官考議。孫抃等欲如之。知審
刑院通進銀臺司盧士宗以爲在禮。太祖之廟萬世不毀。其餘昭穆
親盡即毀。示有終也。自漢以來。天子受命之初。太祖尚在三昭三穆
之數。次祀四世或六世。其以上之主屬雖尊於太祖。親盡則遷。故漢
元帝之世。遷太上廟主於園。魏明帝遷處士主於園邑。晉武惠祔廟。
遷征西豫州府君。大抵過六世則遷其主。蓋太祖已正東嚮之位。則
并三昭三穆爲七世矣。唐高祖初祀四世。太宗增祀六世。太宗祔廟
則遷洪農府君。高宗祔廟又遷宣宗。皆前世成法。惟明皇九廟祀八

世於事爲不經今大行祔廟僖祖親盡當遷於典禮爲合不當添展
一室詔抃等再議卒從八室之說議者各之
治平元年觀文殿學士孫抃等論明堂配侑奏曰臣等謹按孝經出
於聖述其談聖治之極則謂人之行莫大於嚴父而配天仲尼美周
公以居攝而能行天子之禮尊隆於父故曰周公其人不可謂之安
在乎必嚴其父也又若止於太祖比后稷太宗比文王則宣祖真宗
向者皆不當在配天之序推而上之則謂明堂之祭真宗不當以太
宗配先帝不當以真宗配今日不當以仁宗配也臣等按易豫之說
曰先王作樂崇德薦之上帝以配祖考蓋若祖若考並可配天者也
茲又符於孝經之說亦不可謂安在乎必嚴其父也祖考皆可配帝
郊與明堂不可同位亦不可謂嚴祖嚴父其義一也雖周家不聞廢
文配而移於武廢武配而移於成然則易之配考經之嚴父歷代循

守固亦不爲無說魏明帝宗祀文帝於明堂以配上帝史官謂是時
二漢郊祀之制具存魏所損益可知則亦不可謂東漢章安之後配
祭無傳遂以爲未嘗嚴父也自唐至本朝其間賢哲講求誠不爲少
所不敢異者捨周孔之道無本統也今以爲我將之詩祀文王於明
堂而歌者也亦安知非仲尼刪詩存周人全盛之頌被於管絃者獨
取之也仁宗繼體保成置天下於大安者四十三年功德於人可謂
極矣今祔廟之始遂抑而不得配上帝之享甚非所以宣章陛下爲
後嚴父之大孝臣等參稽典禮博考公論敢以前定議爲便
知制誥錢公輔等論明堂配侑奏曰臣謹按三代之法郊以祭天而
明堂以祭五帝郊之祭以始之祖有聖人之功者配焉明堂之祭以
創業繼體之君有聖人之德者配焉故孝經曰昔者周公郊祀后稷
以配天宗祀文王於明堂以配上帝又曰孝莫大於嚴父嚴父莫大

於配天則周公其人也以周公言之則嚴父也以成王言之則嚴祖
也方是之時政則周公祭則成王亦安在乎必嚴父哉我將之詩是
也後世失禮不足考據請一以周事言之臣竊謂聖宋崛起非有始
封之祖也則創業之君是爲太祖矣太祖則周之后稷配祭于郊者
也太宗則周之文王配祭于明堂者也此二配至重萬世不遷之法
也真宗則周之武王宗乎廟而不祧者也雖有配天之功而無配天
之祭未聞成王以嚴父之故廢文王配天之祭而移於武王也仁宗
則周之成王也雖有配天之功而無配天之祭亦未聞康王以嚴父
之故廢武王配天之祭而移於成王也以孔子之心推周公之志則
嚴父也以周公之心攝成王之祭則嚴祖也嚴祖嚴父其義一也下
至于兩漢去聖甚遠而明堂配祭東漢爲得在西漢時則孝武始營
明堂而以高帝配之其後又以景帝配之孝武之後無聞焉在東漢

時則孝明始建明堂而以光武配其後孝章孝安又以光武配孝安
之後無聞焉當始配之代適符嚴父之說及時異事遷而章安二帝
亦弗之變此最爲近古而合乎禮者也有唐始在孝和時則以高宗
配之在明皇時則以睿宗配之在永泰時則以肅宗配之禮官杜鴻
漸王涇輩皆不能推明經訓務合古初反雷同其論以惑時主延及
于今牢不可破當仁宗嗣位之初儻有建是論者配天之祭當在乎
太宗矣當時無一人言者故使宗周之典禮不明於聖代而有唐之
曲學流澈乎後人願陛下深詔有司博謀羣賢使配天之祭不膠於
嚴父而嚴父之道不專乎配天循宗周之典禮替有唐之曲學
知諫院司馬光論明堂配侑疏曰臣等竊以孝子之心誰不欲尊其
父也聖人制禮以爲之極不敢踰也故祖己訓高宗曰祀無豐于昵
孔子與孟懿子論孝亦曰祭之以禮然則事親者不以數祭爲孝者

賁於得禮而已先儒謂禘郊祖宗皆祭祀以配食也禘謂祭昊天於圜丘也祭上帝于南郊曰郊祭五帝五神於明堂曰祖宗故詩曰思文后稷克配彼天又我將祀文王於明堂此其證也下此皆不見於經矣前漢以高祖配天後漢以光武配明堂以是觀古之帝王自非建邦啓土及造有區夏者皆無配天之文故雖周之成康漢之文景明章其德業非不美也然而子孫不敢推以配天者避祖宗也孝經曰嚴父莫大於配天則周公其人也孔子以周公有上聖之德成太平之業制禮作樂而文王適其父也故引之以證聖人之德莫大於孝答曾子之問而已非謂凡有天下者皆當以父配天然後為孝也近世祀明堂者皆以其父配五帝此乃誤識孝經之意而違先王之禮不可以為法也景祐二年仁宗詔禮院官稽按禮典辯崇配之序定二祧之位乃以太祖為帝者之祖比周之后稷太宗真宗為帝者

之宗比周之文武然則祀真宗於明堂以配五帝亦未失古禮今仁宗雖豐功美德洽於四海而不在二祧之位議者乃欲舍真宗而以仁宗配享明堂恐於祭法不合又以人情言之是絀祖而進父也夏父弗忌躋僖公先兄而後弟孔子猶以為逆祀書於春秋況絀祖而進父乎必若此行之不獨乖違典禮恐亦非仁宗意也臣等竊謂宜遵舊禮以真宗配五帝於明堂為便

光又乞改郊禮劄子曰臣聞古者天子親祀上帝一歲有九國朝之制天子三歲一郊仍於其間改用佗禮者甚衆豈奉天之意有所倦略哉蓋事有不得已者也臣竊見國家帑藏素空重以暴雨為災圜丘之側流潦尚深青城之材頗多散失儀仗法物損敗非一今若悉加完葺恐難猝備加以冬寒將近諸營漂沒失其生業屋宇敗壞衣褐俱盡陛下儻欲別加振救亦恐力所不支昔太宗太平興國元年下詔東封尋以火災而止更用郊禮又淳化三年下詔祀圜丘亦以事故更用明年祈穀今災變至大國用不足臣謂不可不小有變更若因茲天譴隨時損益以九月十月之間於大慶殿恭謝天地亦足以展純潔之誠昭寅畏之志減省大費安慰衆心事無便於此者陛下儻以為可願決意早行之

知太常禮院李育上奏曰郊廟之祭本尚純質袞冕之飾皆存法象非事繁侈重奇玩也冕則以周官為本凡十二旒間以采玉加以紘綖笄瑱之飾袞則以虞書為始凡十二章首以辰象別以衣裳繪繡之采東漢至唐史官名儒紀述前制皆無珠翠犀寶之飾何則鷸羽蟀胎非法服所用琥珀犀瓶非至尊所冠龍錦七星已列采章之內紫雲白鶴近出道家之語豈被袞戴璪象天則數之義哉自大裘之廢巔用袞冕古朴稍去而法度尚存夫明水大羹不可以衆味和雲

門咸池不可以新聲間袞冕之服不宜以珍怪異也若魏明之用珊瑚江右之用翡翠後靡衰播之餘豈足為聖朝道哉且太祖建隆元年少府監所造冕服及二年博士聶從義所進三禮圖嘗詔尹拙竇儀參校之皆倣虞周漢唐之舊至四年冬服之合祭天地於圜丘用此制也太宗亦嘗命少府製於禁中不聞改作及真宗封太山禮官請服袞冕帝曰前王服羔裘尚質也今則無羔裘而有袞冕可從近制是豈有意於繁飾哉蓋後之有司率意妄增未嘗搉議遂相循而用故仁宗嘗詔禮官章得象等詳議之其所減過半然不經之飾重者多去輕者尚存不能盡如詔書之意故至和三年王洙復議去繁飾禮官畫圖以獻漸還古禮而有司所造復如景祐之前又案開寶通禮及衣服令冕服皆有定法悉無寶錦之飾夫太祖太宗富有四海豈乏寶玩顧不可施之郊廟也臣竊謂陛下肇祀天地躬饗祖禰

服周之冕。觀古之象。頗復先王之制。祖宗之法。其袞冕之服及緌綬佩璲之類。與通禮衣服令三禮圖制度不同者。宜悉改正。詔太常禮院少府參定。遂合奏曰。古者冕服之用。郊廟殊制。唐典天子之服有二等。而大裘尚存。顯慶初。長孫無忌等采郊特牲之說。獻議廢大裘。自是郊廟之祭。一用袞冕。然旒章之數。止以十二為節。亦未聞有餘飾也。國朝冕服雖倣古制。然增以珍異巧縟。前世所未嘗有。夫國之大事莫大於祀。而祭服違經。非以爾祀容尊神明也。臣等以謂宜如育言。參酌通禮衣服令三禮圖及景祐三年減定之制。一切改造之。孔子曰。麻冕禮也。今也純儉。吾從衆。純者絲也。變麻用絲。蓋已久矣。則冕服之制。宜依舊以羅為之。冕廣一尺二寸。長二尺二寸。約以景表尺。前圓後方。黝上朱下。以金飾版。則以白玉珠為旒。貫之以五綵絲繩。前後各十二旒。旒各十二珠。相去一寸。長二尺。朱絲組為纓。黈纊充耳。金飾玉簪導。青衣纁裳十二章。八章繪之於衣。日月星辰山龍華蟲火宗彝也。四章繡之於裳。藻粉米黼黻也。錦龍褾領。織為升龍。山龍而下。一章為一行。重以為等。行十二。別製大帶。素表朱裏。綠終辟。韠綬為大小綬。亦去珠玉鈿窠琥珀玻瓈之飾。其中單革帶玉具劍玉佩朱韈之制。已中禮令。無復改為。則法服有稽。祭禮增重。從之。

育又上言。南郊太廟二舞郎總六十八。文舞罷。舍羽籥執干戚就為武舞。臣謹按舊典。文武二舞各用八佾。凡祀圜丘。祀宗廟。太樂令率工人以入就位。文舞入陳於架北。武舞立於架南。又文舞出。武舞入。有送迎之曲。名曰舒和。亦曰同和。凡三十一章。止用一曲。是進退同時。行綴先定。步武容體。各應樂節。夫至德升聞之舞。象揖讓天下。大定之舞。象征伐。柔毅舒急不侔。而所法所習亦異。不當中易也。竊惟天神皆降。地祇皆出。八音克諧。祖考來格。天子親執珪幣。相維辟嚴恭寅畏。可謂極矣。而舞者紛然。縱橫於下。進退取舍。蹙迫如晷。明有德象有功之誼哉。國家三年而親一郊。同殿而享八室。而舞闕如。名曰二舞。實一舞也。且如大朝會所以宴臣下。而舞者備其數。郊廟所以事天地祖考。而舞者減其半。殊未為稱。事有近而不可述。禮有繁而不可省。所繫者大。而有司之職不敢廢也。伏請南郊太廟文武二舞各用六十四人。以備帝王之禮樂。以明祖宗之功德。奏可。

侍御史知雜事呂誨乞罷郊宮無益工作。奏曰。臣竊以國家之大事莫重於郊祭。釐明察之。尚質崇簡。所以稱天子之德也。天神之祐答以靈貺。享是精誠而已。陛下纂紹之初。方脩大禮。自詔下中外。災祥屢至。霖雨之後。積陰不解。繼之以雪。民之困窮。飢凍迫切。咨怨之聲喧于衢路。且人心悅則天意順。今民憂結不解。和氣從何而生乎。殆陛下奉天之意有所未至。佐祐之臣或慢其事。未盡虔恭之誠爾。況冬至俯邇。乘輿臨幸之處。經雨摧壞未脩者尚多。期限既促。督役愈急。在有司不得不然也。豈唯冒寒工作。滅裂枉費物料。罷癃之卒不僅仆。則自經而死。可勝其數。傷和氣之尤甚。臣以為陛下一意崇祀。經歷之處雖有頹垣壞居。何害於行禮。宜尚質崇簡。以副天心。如臨祭之處。土木興作。丹雘雕飾。青城浮華之設。工作無益者。權令停罷。少寬人力。以塞怨望。至若災沴之際。禱祈之事。固亦有之。惟當遣輔臣詣宮觀齋潔求晴。然人臣未足以動天。釋老何德以庇民。所切者陛下之誠。宣布於外。聊以慰都人之望。此二事唯聖慈留念。早降指揮。祀事更在虔脩。以召和氣。臣不勝惓惓之至。

治平中。西京會聖宮將創仁宗神御殿。馬默上言曰。事不師古。前典所戒。漢以諸帝所幸郡國立廟。知禮者非之。況先帝未嘗幸洛。而創

建廟祀實乖典則願以禮為之節義為之制亟止此役以章清靜奉
先之意
英宗時殿中侍御史趙鼎奏請遞遷真宗配孟夏雩祭以太宗專配
上辛祈穀孟冬祀神州地祇循用有唐故事翰林學士王珪等議曰
天地大祭有七皆用歷代故事以始封受命創業之君配神作主至
於明堂用古嚴父之道配以近考故朝廷在真宗時以太宗配在仁
宗時以真宗配今則以仁宗配方仁宗始罷太宗明堂之配太宗先
已配雩祈穀及神州之祭本非遞遷今明堂既用嚴父之道則真宗
配天之祭於禮當罷不當復分雩祭之配臣等謹議
珪等又奏准詔下兩制定議仁宗祔廟當以何人配享臣等伏以仁
宗享國長久勵精致治以知人之明得馭臣之術是以豪英材傑樂
為之用外宣威靈內經廟略臣主感會馴致太平輔相則有故尚書

左僕射贈尚書令謚文正王曾忠允清亮嚴穗經拓致位上宰燮和
大政乾興之初輔翊兩宮伏正持重中外以安所謂以道事君無媿
前哲故太尉贈尚書令謚文靖呂夷簡聰明亮達規模宏遠服在大
僚歷登三事左右皇極勤勞王家二十餘年厥功茂焉將帥則有故
彰武軍節度使檢校太傅侍中謚武穆曹瑋敦詩閱禮秉義經武參
謀帷幄折衝萬里鎮綏方面隱如長城加以恂恂循道有古名將之
風焉皆有功迹見稱於世伏請並配饗臣等謹議
珪又言准中書批送下太常禮院狀太常博士祕閣校理裴煜奏大
祠天地日月社稷其行禮日與國忌同者自慶曆至嘉祐凡八祠皆
援太常新禮天禧二年六月十七日立秋祀白帝以文懿皇后忌同
樂備而不作伏緣忌日必哀志有所至其不有樂宜也然樂所以降
格神祇非以適一己之私也在禮固不可闕謹案開元中禮部建言

忌日享廟應用樂裴寬自以情立議廟尊忌卑則作樂廟卑忌尊則
樂備而不奏中書令張說以寬議為是宗廟如此其天地日月社稷
用樂明矣臣愚以為凡大祠天地日月社稷與忌同者伏請用樂其
在廟如寬之議所冀略輕存重不失其稱又五方及感生帝皆大祠
其從祀牲用羊一豕一蜡祭正位從祀一百九十有三牲用羊二豕
二釋奠雖曰中祠至聖文宣王配位從祀九十有三昭烈武成王配
位從祀七十有五牲用羊一豕一封割殆不徧是臣謂宜廣大祠中
祠從祀之位其以差加之又立夏祀赤帝竊見祝版御所自署其恭
且嚴如是諸祠而太府寺所供香殊為尠不稱崇祀之意本院據禮
云君子有終身之憂而無一日之患謂忌日也忌日不樂謂不舉吉
事也然而禮令即無忌日饗廟廢樂之文至唐始有祭與忌日同則
縣而不樂裴寬建議廟尊忌卑則作樂廟卑忌尊則樂備而不奏當

時雖從寬議亦無典據臣等按禮家之說祭天以煙為歆神之始以
血為陳饌之始祭地以埋為歆神之始以血為陳饌之始宗廟以灌
為歆神之始以腥為陳饌之始然則天地宗廟皆以樂為致神之始
故曰大祭有三始謂此也天地之間虛豁而不見其形狀者陽也鬼
神居天地之間不可以人道接也聲屬於陽故樂之音聲號呼召於
天地之閒庶幾神明聞之因而來格故祭必求諸陽商人之祭先奏
樂以求神先求於陽也次灌地求神於陰達于淵泉也周人尚臭四
時之祭灌地以求神先求諸陰也然則天神地祇人鬼之祀不可去
樂明矣今七廟連室每遇薦饗作樂難分廟忌之尊卑欲依唐舊制
及國朝故事廟祭與忌同日並縣而不作其與別廟諸后忌同者作
之若祠天地日月九宮太一及蜡百神並請作樂社稷以下諸祠既
卑於廟則樂不可為如此則雖不能純用三代之禮亦可廣孝思之

至祀五方感生帝措冇神釋奠文宣武成從祀者衆其用牲既少俎實幾不能充今宜加五感生帝羊二豕二百神羊五豕五文宣武成羊三豕三中祠小祠太府寺所供香大祠宜視中祠之半中祠宜視小祠之半諸大祠降御封香並請如祀昊天上帝之禮臣某等議杜稷國之所尊其祠日若與別廟諸后忌同請不去樂餘並如禮官所議臣某等謹議

英宗詔近臣議仁宗配祭故事冬夏至祀昊天上帝皇地祇以太祖配正月上辛祈穀孟夏雩祀孟冬祀神州地祇以太宗配正月上辛祀感生帝以宣祖配季秋大饗明堂祀昊天上帝以真宗配而學士王珪等與禮官上議以謂季秋大饗宜以仁宗配爲嚴父之道知制誥錢公輔獨謂仁宗不當配祭給事中王疇以謂珪等議遺真宗不得配公輔議遺宣祖真宗仁宗俱不得配於禮意未安乃獻議曰請依王珪等議奉仁宗配饗明堂以符大易配考之說孝經嚴父之禮奉遷真宗配孟夏雩祀以倣唐貞觀顯慶故事太宗依舊配正月上辛祈穀孟冬祀神州地祇餘依本朝故事如此則列聖並侑對越昊穹厚澤流光垂裕萬祀必如公輔之議則陷四聖爲失禮導陛下爲不孝違經戾古莫此爲甚而朝廷以疇論事有補帝與執政大臣皆器異之

殿中侍御史范純仁奏乞壽聖節上壽不用樂狀曰臣伏聞將來壽聖節在上辛祀天致齋之內於禮不合用樂而太常禮院議稱用樂無妨伏緣祀天致齋行自古昔誕辰上壽起於近朝以禮較之祀天爲重昨來郊祀小次黃褥皆是有司於禮合陳而陛下盡次徹褥以示至恭臣民懽然歌頌聖德若令來致齋之內卻許用樂則恐前後之禮不解伏望聖慈指揮將來上壽以致齋之內權不用樂則不惟合於典禮亦使中國四夷知陛下克己奉天尊禮化民之意

知諫院傅堯俞乞減節南郊賞用疏曰臣伏見郊祀日迫而大雨爲災壞儀仗法物及衢道壇屋極多恐百司供億未易辦集然陛下始見上帝夫禮或不可中止即乞百事一從減節既以省國費愛人力又可以致恐懼修省之誠昔真廟咸平五年當天下完富之日尚以郊祀賞重減應奉雜物十萬六千計況今災沴如此者乎夫器用陶匏掃地而祭蓋天下之物無可以稱其德者故達誠而已今彌文萬變皆無益於事以典禮裁之可省者非一惟陛下留意早賜施行

知制誥劉敞上奏曰臣伏見中書劄子下太常雜議奉慈廟廢置事臣以有司之職唯當據經已與范鎮等參按經傳舊文奏陳然臣之愚意猶有未盡何者國家承歷代之後去聖久遠禮文殘缺宗廟之禮常因時施宜不盡滯古務紛人情也伏惟章惠太后之於仁宗皇帝雖非真廟命以爲母然仁宗皇帝一以如母之禮事之生則安養號比長樂歿則大葬謚配真廟殊稱皇妣祝云嗣子其識禮如此之重也今議者疑於毀其廟瘞其主如此豈唯廢駭士大夫之情亦甚違先帝之意春秋毀泉臺猶曰先祖爲之已毀之不如勿居周廟姜嫄閟而無事梁之小廟享祫有數臣謂奉慈一室當於此二者之間制定其儀上稱先帝褒崇之意下成泉臺折衷之義又以明聖主無改父道之義伏乞參之聖心令兩制臺諫重加詳定

神宗即位初英宗當祔廟司馬光上議祧遷狀曰臣准學士院告報以大行皇帝神主祔廟僖祖神主當遷夾室准朝旨令待制以上同議者臣先於嘉祐八年仁宗祔廟之時已曾與龍圖閣直學士盧士宗上言僖祖當遷夾室當時議臣皆不以爲然朝廷遂從衆議臣謹按王制稱天子七廟三昭三穆與太祖之廟而七明太祖之外止有

三昭三穆而已是以前代帝王於太祖未正東嚮之時大率所祀不過六世若僖祖於今日方議祧遷則是太祖之外更有四昭三穆與太祖之廟而八不合先王典禮難以施於後世臣愚以爲仁宗祔廟之時僖祖已當遷於夾室今大行皇帝祔廟順祖亦當遷於夾室臣既承詔旨令得與議不敢不盡所見以對伏乞朝廷更賜詳擇

御史知雜事劉述乞罷英廟神御殿奏曰臣聞治天下者禮義而已耳禮義之於人猶繩墨之於曲直鹽梅之於和羹適於正與和而已舍正與和君子弗由也先王之道能垂法於後世而治天下不及於亂者其禮義行於其間乎禮義之大原莫先乎宗廟宗廟之制自天子至於士皆有隆殺之辨故有天下者事七世此萬世不易之道而唐虞三代之所隆也書曰七世之廟可以觀德易觀之辭曰觀盥而不薦有孚顒若下觀而化也說者曰王道可觀莫盛於宗廟其可觀

者廟貌云乎哉以其尊祖奉親之道備於此則人將觀而化之矣詩曰於穆清廟肅雝顯相傳曰清廟茅屋昭其儉也是皆不貴乎廟貌之隆而在乎恭莊清潔之至也故春秋書立武宮丹楹刻桷之類孔子惡其僭奢瀆亂之甚非所以交神明也奈何兩漢而下事不師古孝惠惑叔孫通之言而遂立原廟宣帝之廟各於郡國陵旁立之是時天下之廟合一百七十餘所迨及東漢則每帝即位而各立一廟繇漢而下何其臆說之紛紛而制度之不一也原其所以亂禮之由蓋叔孫通率一時之意以售其諂遂置孝惠於有過之地而通亦不免爲萬世之罪人噫宗廟之設將以致孝思而風天下今乃以不經之制紊亂先王之禮義以瀆祖宗之神靈褻而行之何不思之甚邪今國家有天下百餘年太平之日可謂久矣歷代沿襲之弊固宜革矣宗廟之制固當求合於堯舜三代之禮然其間尚有因循未革之弊而使尊祖奉親之義未盡合於古者臣伏見祖宗以來宗廟之外皆別立神御殿於國中又於陵旁置會聖宮稽諸堯舜三代之禮則無聞焉迹其所起蓋由當時佞諛之臣及宦官女子之輩援漢唐侈謬之說贊成其事耳今國家崇奉宗廟非不嚴而四時之薦享非不備又何必區區徇漢之遺敝務竭府庫有限之財以成不經之事乎以至窮奢極侈錯以金璧類如浮屠氏之所居歲時車駕朝謁用僧道威儀教坊鼓吹雜陳於其間朝廷之意蓋欲罄尊奉之禮而極追慕之心然而觀其所以奉先追遠之道有戾於古適足以瀆慢祖宗之神靈紊亂先王之禮法何所益哉漢儒嘗奏罷郡國廟引清廟之詩言交神明之禮無不清靜今衣冠出遊有車騎之衆風雨之氣非所以爲清淨也祭不欲數數則瀆瀆則不恭宜復古禮四時祭於廟可謂確論矣祥符初國家夷夏謐寧公私贍給可謂全盛矣不能於

此時講求闕典追復堯舜三代之盛以遺子孫萬世之謀而乃右尚釋老營造宮觀窮天下之力而不能厭其夸大之心曾未三二十年化爲煨燼而僅有存者天意之所儆戒顧弗明著耶蓋當時姦邪得君忠骾結舌遂致人主有此過舉之事耳可不惜哉孔子在齊聞周先王廟災曰此必釐王之廟齊侯曰何以知之曰夫釐王變文王之制而作煩黃華麗之飾宮室崇峻故天殃所宜加其廟焉皆是古今已事之驗也嘉祐癸卯仁廟棄天下今茲不幸先皇厭世喪禮山陵之費爲不少矣雖陛下哀閔元元率遵遺制而務從儉約然五年之間兩經大禍國帑匱乏民力凋困祖宗以來未有甚於今日也臣今竊慮朝廷將循祖宗故事復立先皇神御之殿此議一舉費以億計今天下財賦耗削公私疲病加以水旱蟲蝗之災仍歲不絕兩河流民相屬於道朝廷尚患無粟以振卹之不過賣祠部牒誘民鬻爵以

賙之耳。戎狄侵疆。邊不弛備。盜賊嘯聚。所在為患。萬一饑饉之災繇地數千里。未識將何以濟之乎。言之可為寒心。鄉者仁廟一殿之費無慮八十萬緡。今若為之。當不減是。奈何遠聖王之禮。循不經之說。以瀆先帝之神靈。以竭縣官之財用乎。有難臣者謂祖宗以來皆有此制。而於先皇獨不然。為人子為人臣者恐遽廢之乎。此前所謂佞諛之臣。宦官女子輩之所見耳。盍以先聖王之道天下至公之議為陛下開陳之。臣竊觀陛下天姿英睿。懋昭大德。始議修奉厚陵。則面戒執政以奉承先志。節省浮費。天下必不以我為不孝。大哉聖人之孝德。可謂善繼人之志。善述人之事者也。陛下能以大孝之心。欽若先帝之志。臣敢不以大忠之言。為陛下開陳之乎。孟子謂景公曰。我非堯舜之道不敢以陳於王前。故齊人莫如我敬王也。非臣愚戇。不識忌諱。不敢為陛下建此謀。非陛下聖德天縱。超邁今古。不能行此事。欲乞以臣此狀下兩制臺諫禮官同共詳定。如有可采。伏乞斷自聖心。以復堯舜三代之典。以為子孫萬世之法。則臣雖死之日。猶生之年。天下幸甚。

歷代名臣奏議卷之十九

歷代名臣奏議卷之二十

郊廟

宋神宗熙寧元年知諫院呂誨論青城勞費乞建齋宮奏曰。臣伏覩累降詔勅。裁減浮費。有以知講求治躰。崇儉為先。中外共聞。莫不慶抃。臣切謂裁約用度。事體至輕。有司奉行。當有條理。唯南郊青城所須數十萬緡。勞費至廣。無益奉祠之大者。謹按周禮掌次之職。旅上帝祀五帝。則張大次小次。居止于壇壝之外。蓋所以示虔恭之至矣。近世制作無度。禮意俱失。虛設梁棟。紕被繒綵。規摹寢居。極其華麗。甚者山亭水池。蟲魚之戲。綵花交映。禽物萬狀。遊觀之勝。無不具焉。前期旬浹。縱士庶嬉遊其間。是豈蠲潔事神之謂哉。徒成侈靡。夸大一時。臣雖至愚。甚為聖朝惜之。且大禮尚質。猶懼不稱乎天德。而華觀所居。恐非得以清乎齋戒。儀衛之盛。今古不同。大次之位。豈須幄帟。不若營建齋宮。以圖永久。臣嘗觀太廟齋宮。制度儉約。事神之躰得為中禮。臣欲乞規此憲度。創建郊宮。中潔齋居。外嚴宿衛。非特事祀克循簡易。庶幾國用大省勞費。我朝興隆一百餘年。未暇改為。陛下一旦經始。人心必悅。有益聖德。於事易行。伏望留神省察。天下幸甚。

翰林學士承旨王珪奏曰。正月二十三日勅奉聖旨。令兩制待制以上至臺諫官與太常禮院同詳定今年冬至當與未當親行郊禮。臣等謹上議曰。按王制。喪三年不祭。唯祭天地社稷。為越紼而行事。傳謂不敢以卑廢尊也。是則居喪而可得見天地也。春秋僖公三十三年傳。凡君薨。卒哭而祔。祔而作主。特祀於主。烝嘗禘於廟。杜預以謂新主既特祀於寢。則宗廟四時常祀自當如舊。是則居喪而可得見宗廟也。周公稱商高宗諒闇三年不言。子張疑之。以問仲尼。仲尼荅云何必高宗古人皆然高宗不云服喪三年而云諒闇三年若杜預又謂古者天子諸侯三年之喪既葬而服除諒闇以居心喪不與士庶同禮也然則服除之後郊廟之祭可勿舉乎南齊以前代人君嗣位或仍前郊之年或別自為郊下有司議而王儉乃援晉宋以來皆改元即郊而不用前郊之年又自漢文以來皆即位而謁廟至唐德宗以後亦踰年而行郊況本朝景德二年真宗居明德皇太后之喪既易月而服除明年遂享太廟而合祀天地於圜丘臣等伏請皇帝將來冬至躬行郊廟之禮其服冕車輅儀物音樂緣飾事者皆不可廢臣等謹議

天章閣待制孫固議僖祖祧遷奏曰臣聞先王之禮本之人情而為之節文者也故不慕古而違時措之宜不因文而失沿情之實親有踈戚世有同異此禮之所以損益變正之不一也伏惟太祖皇帝受

天命一四海創業垂統為宋立萬世無窮之基其為宋始祖而配天受饗理在不疑今聞乃欲以僖祖為始封之祖復其祧主夫既以僖祖為始則遂當受東向配天之饗此臣竊所以未安也七世之廟親盡而祧此萬世大公之通法未聞有以易之者也故僖祖之主於陛下世以親盡而祧在禮適為得正而今議者以謂人必本乎祖太祖既已追尊僖祖則今日當以僖祖為本始之祖是未推夫王者興起有殊異而所當之世各不同也夫開國者先嘗有功而受封則後之子孫有天下而推以為始祖可矣若未有膺受天命特起而得天下者為太祖亦宜矣此實先王之禮人情之所順而前世之所已行也今為議者乃鄙絕漢唐之所行而純取三代之制以為法故有僖祖之廟與契稷無異之說臣竊以為過矣夫本朝之興與商周異商周之政本由契稷故自湯武而上其流有源皆可推而考之契布五教民以知禮其統緒畧與周同而猶不若周之懿也周自后稷公劉以來教化流行以至太王王季世世脩德益茂迨於文武受命奄有天下則源流之來豈無自哉故仲尼曰郊祀后稷以配天宗祀文王於明堂以配上帝則周公其人也夫周而上堯舜禹湯之世非不美也其祭之禮仲尼不談而獨舉周者豈非其德與世獨為備哉故曰周公其人也言惟周公能備此禮爾夫稷當堯民阻飢之時始播百穀使萬世粒食其為功大矣詩曰思文后稷克配彼天言以其德能配天也夫以文王之德而不得預配天之祭者特以后稷之功大矣使周無后稷之祖則周公之祀宜不得舍文武而他及且後世之興其先既無周之后稷而郊天之配不先創業之君乃遠取追尊之祖此豈先王之禮而近於人情者哉今之議者又以祭法禘郊祖宗之禮言商周非絕嚳以其自有本統承之本朝自僖祖以上世次不可得

知則必以僖祖為始祖臣又以謂不然矣自秦滅學六經皆被焚棄不復為全書而禮經尤為殘蕩其後漢之諸儒髣髴聖人之餘委曲加意而編綴之故多駁雜不經之說附以鄭康成牽合之言而聖人之意益不明若祭法之禘郊宗祖者是其一矣其言曰商人禘嚳而郊冥祖契而宗湯信斯言也則禘祭宜無易嚳者今商頌之長發大禘之詩也其曰有娀方將帝立子生商又曰玄王桓撥受小國是達受大國是達者迺專歌述契之功德一篇之間了無及嚳一語則祭法之言禘嚳者臣亦未敢取以為信也雖然就其說而考之亦自非大有功德者不可以郊天取配何則鯀障洪水雖績用失宜而禹因之以成功身被殛死故夏人郊之冥業其官而死於水故商人郊之后稷粒食之功被於萬世故周人郊之今未見冥稷之功而欲同冥稷之祀臣竊以為非宜也漢高之得天下與商周異故太上皇不得

為始封而光武之興不敢尊舂陵而祖高帝且景帝唐室始封之君而元皇帝乃神堯之父高祖之時以景皇帝為配而太宗之初已奉高祖於圜丘景皇帝不得預郊天其後杜鴻漸等復請以景皇帝郊配天地黎幹力詰其非禮而正之夫景皇帝親受唐國之封且不得配天則未嘗啓有土宇而欲以為始祖臣亦慮其難矣恭惟太祖皇帝削平禍難功格上天百餘年間天下之人涵泳生養而安樂於無事者太祖之恩德也今天下唯知尊奉太祖而乃欲替其親郊配天之祀豈厭於人情哉今議者遂將斥絕唐漢上法商周此臣所謂慕古而遺當世之宜者也太祖皇帝受周禪僖祖始被追尊而建隆之郊配以宣祖僖祖不得預焉夫以太宗真宗仁宗英宗之世未嘗郊配僖祖而陛下一日隆而祀之蓋有所隆者未有所替今使太祖之禮有替於四宗之時此豈孝思之心哉此臣所謂因文而失沿情之實者也夫非所居而祀之則神有所不受非所宜而配之則天有所不饗所謂郊而配天者以天於萬物其德不可形容故人君之大有功德被生靈而施後世者謂是以配之而已今僖祖之德不昭見於生民不明被於後世迺欲以齊后稷之廟當始祖之禮臣恐僖祖之神非所居而不受上帝之靈非所配而不饗非陛下所以尊祖事天之意也陛下為太祖子孫繼太祖基業據南面之尊而饗四海九州之奉皆太祖皇帝之所授也則今日之所尊事宜莫加於太祖矣或曰禮別子為祖契稷皆帝嚳之子而得姓者故商周以為祖而奉之今宋自僖祖為始祖臣曰是又不然也若以得姓者為祖則趙之得姓遠矣自造父封於趙城而趙衰始得姓今若必欲推考其先世則遂欲上祖趙衰其可乎其不可明矣或又曰今朝廷欲存僖祖為始祖爾至於祀天為配亦不輕議也臣曰是不可也今既以僖祖為始

祖是必配天僖祖配天則太祖之祀替矣此臣以為不可者也或又曰今毀僖祖之廟藏其主夾室而下附子孫可乎臣曰是亦一堂夾室在西祧主藏室中而居順祖之右固以順矣蓋非所謂下附子孫之室而替其尊也必猶以為不可者臣今欲乞特為僖祖立室置祧主其中由太祖而上親盡迭毀之主皆藏於僖祖之室當禘祫之時以僖祖之主權居東向之位太祖之主順昭穆之列而從之取其毀廟之主而合食焉則僖祖之尊自有所伸此韓愈所謂祖以孫尊孫以祖屈之義也以僖祖立廟為非則周人別廟以祀姜嫄不可謂非禮今以陛下之時因情立禮取聖人之制為萬世法不亦美歟事與商周有殊禮文從而亦異此臣所謂先王之禮本人情而損益變正之不同者也如曰不然臣恐遺古今之義逆天人之情而天地祖宗之神靈有所不饗也伏惟陛下聰明仁孝以宗廟重事恐其於禮有所乖違故令下兩制臣寮議陛下尚以臣言為可用伏乞裁自聖斷如或猶以為疑乞送禮院參詳臣竊惟宗廟祧配朝廷大禮反覆思慮於心有所未安不敢苟立異說伏望陛下力加採納

判太常寺張師顏等議僖祖祧遷奏曰臣等伏以天下大禮莫重於宗廟崇孝事神以臨照四海是以聖王重之必務極其至當伏惟僖祖神主祧藏夾室於禮不順有司失之矣宜其輔臣建言明詔訪逮而垂為萬世法然議者因其藏主有失遂欲推為始祖臣等敢以此為議昔者商周之興本於契稷考諸前載其指有二曰因其始封也蒙其功德也契有大功始受封國十有餘世世祀不失至湯而有天下修其世祀因其封國舉天下之大而謂之商者由契以致之也稷有大功始受封國十有餘世世祀不失至武王而有天下修其世祀因其封國舉天下之大而謂之周者由稷以致之也然則契稷為商

周之祖其傳已久其禮素定後世固無得而易之矣奉之為太祖以主廟祀有以盡一時之宜也詩之長發言商家興廢之久歷夏之世其來長遠昊天有成命言后稷已有王命生民思文皆歌后稷之功傳稱禹稷躬稼而有天下不可謂為祖不因功德也後世受命之君功業特起不同先代則親廟迭毀身自為祖鄭康成云夏五廟無太祖自禹與二昭二穆而已唐張薦云夏后以禹始封遂為不遷之祖是也若始封世近上有親廟則始祖上遷而太祖不毀魏祖文帝則處士迭毀晉祖宣帝則征西迭毀唐祖景帝則洪農迭毀此前世祖其始封之君以法契稷之明例也既以法契稷矣則上之親廟不得不毀勢當然也借使魏晉欲不祖武宣而越取處士征西不惟上推世數未知更當及於何人且其如始封何唐有天下因以為法韓愈有言事異商周禮從而變臣等取之矣要之始封世近則親廟不可不

立若特以親廟及遠使為始封而抑之則前古未嘗聞也晉琅琊王德文曰七廟之義自由德尊流光饗祀及遠非是為太祖申尊祖之祀其說是也禮天子七廟太祖之遠近不可以必故但云三昭三穆與太祖之廟而七未嘗言親廟之首必為始祖也國家治平四年以僖祖親盡而祧之奉景祐詔書以太祖皇帝為帝者之祖自以別子之故非以有功與封國為輕重是不然也別子之法自謂公子不繼世故子孫為大夫士者祖之百世不遷非天子諸侯之禮也使湯武但為諸侯則尚不祖此別子況天下之君而可用大夫士之法乎若夫禹不先鯀則所謂子雖齊聖不先父食自以正文公之逆祀非尊祖之論也唐仲子陵所謂安知非夏后廟數未足之時而言禹不先鯀邪伏惟宋之為宋由太祖皇帝應天受命首創洪業建大號於天下異乎商周之為商周可知也僖祖雖為聖裔之先而有廟直由太

祖親盡則遷合之正義今欲以有廟之始為說援而進之以為始祖臣等固疑其與契稷異矣使契稷本無功德初不受封引以為據庶其或可若其不然臣等不得判然無疑也設欲必據此論則臣等又有可言者焉蓋三昭三穆是不刊之典一定之論也國初張昭任徹之徒不能遠推隆極之制因緣近比請建四廟遂使天子之禮同諸侯若使廟數備六則更當上推兩世而僖祖次在第三亦不可謂之始祖也若謂世次不可推則斯言也詔旨所不著史臣所不錄歷百餘年莫知當時之實不敢以私意遂推而言也謹按建隆四年親郊崇配不及僖祖開國已來大祭虛其東向斯乃祖宗已行之意也自祖宗已來不以太祖之位易之今而易之恐失祖宗之意矣巍巍太祖始神如天垂祚萬世無以云報奉之以為帝者始祖於禮無不宜者或謂儀禮諸侯及其太祖天子及其始祖之所自出今謂始祖為

太祖乃諸侯制也臣等以為遠祖受封子孫世襲親雖盡而廟不毀是謂諸侯及其太祖也若始封之君既以為國之祖矣後世子孫自諸侯而為天子則始祖不易理勢自然是謂天子及其始祖也若必求太微之精神靈之感謂為始祖之所自出將見遷就生說奇譎無已彌失聖人之意矣唐神龍初議云既立七廟須崇始祖而張齊賢云始祖即太祖太祖之外更無始祖此前儒講之熟矣大抵契稷不以功德為祖無必然之論特起之君自為一代之祖無不可之理若乃藏主未順宜必改定蓋夾室者子孫廟之正也或者謂神道尚右失其旨矣然則僖祖之主必有所歸按周禮守祧掌守先公先王之廟祧其廟則有司修除之其祧則守祧黝堊之所謂廟者后稷文武諸廟也祧者所藏先公先王之遷主也先公遷主藏於后稷之廟僖祖猶周之先公也宜有藏主之祧雖無始封遠祖上為之主而先主

之祧不可以闕臣等參詳乞略做此制築別廟以藏之大祭之歲祀
於其室太廟則依舊制虛東向之位郊配之禮仍舊無改事之宜而
情之順也魏晉及唐嘗議遠廟之主矣魏鍾繇高堂隆衛臻皆當世
名儒並云處士當遷故景初之制三祖不毀其餘四廟親盡則遷一
如后稷文武廟祧之禮晉永和中尚書議云周人之王大祖世遠故
遷有所歸今晉廟宣帝為主而四祖居之是屈祖從孫也祫祭在上
是代太祖也范宣謂可別築一室以居四主四主迭遷則宣帝位正
矣自虞喜劉訥帛泓王松子蔡謨之徒並同其議唐陳京議請據魏
晉舊制改築別廟以藏獻懿柳冕王詔等七十餘人亦同其說雖卒
藏於興聖然本無異於別室也惟顏真卿引蔡謨權東向之一句而
不本其改築之議獲議於時此前世之論皆有考據本於經意不敢
謂後世之史而一切黜之也記曰禮雖先王未之有可以義起又曰
亡於禮者之禮況有前人商榷盡理之論乎或曰夾室非便當為別
廟則既正其大節矣合食要皆孝饗之道但以於屬既尊不可寘昭
穆之列依准前代祭之別廟得禮之變復何嫌哉亦不可分食當合
於太廟不惟永虛東向且使下從子孫孰為得失是則僖祖別藏列
聖不動神靈安妥情文皆得其於義也合矣恭惟陛下仁孝天成尊
事宗廟古之盛王所不逮也臣等學術淺陋討論非長徒能述遵朝
廷正失之意別白議者未通之論冀以稱上聖因情制禮之道焉惟
陛下幸留神詳擇

熙寧中翰林承旨張方平等議同堂八室廟制已定僖祖當祧合於
典禮乃於九月奉安八室神主祧僖祖及后祔英宗祼獻禮訖及文
懿皇后忌日五年中書門下言僖祖以上世次不可得而知則僖祖
有廟與商周契稷疑無以異今毀其廟而藏主夾室替祖考之尊而

祔于子孫殆非所以順祖宗孝心事亡如存之義請以所奏付兩制
議取其當者時王安石為相不主祧遷之說故復有是請翰林學士
元絳等上議曰自古受命之王既以功德享有天下皆推其本統以
尊事其祖故商周以契稷有功於唐虞之際故謂之祖有功若必以
有功而為祖則夏后氏不郊鯀矣今太祖受命之初立親廟自僖祖
以上世次既不可知則僖祖之為始祖無疑矣儻謂僖祖不當比契
稷為始祖是使天下之人不復知尊祖而子孫得以有功加其祖考
也傳曰毀廟之主陳于太祖未毀廟之主皆升合食于太祖今遷僖
祖之主藏于太祖之室則是四祖祫祭之日皆降而合食也請以僖
祖之廟為太祖則合於先王禮意

判太常寺韓維議僖祖廟狀曰准勅准中書門下奏准治平四年閏
三月八日勅遷僖祖廟主藏之夾室臣等聞萬物本乎天人本乎祖
故先王廟祀之制有疏而無絕有遠而無遺商周之王斷自契稷以
下者非絕嚳以上而遺之以其自有本統承之故也若夫尊卑之位
先後之序則子孫雖齊聖有功不得以先其祖考天下萬世之通道
也竊以本朝自僖祖以上世次不可得而知則僖祖有廟與契稷無
以異今毀其廟而藏其主夾室替祖考之尊而下附於子孫殆非所
以順祖宗孝心事亡如存之義求之前載雖或有然考合於經乃無
成憲因情制禮實在聖時伏惟皇帝陛下仁孝聰明紹天稽古動容
周旋惟道之從宗祏重事亦宜博考乞以所奏付之兩制詳議而擇
取其當勅旨准今月三日詔中書門下廟祧之制蓋有彝典所以上
承先王下法後世朕嗣守大統寅奉宗祀而世次遷毀禮或未安討
論經常屬存裨輔於以佐朕不逮而仰稱祖宗追孝之心朕覽之嬰
然敢不祇服宜依所請施行故茲詔示想宜知悉牒奉詔書如前牒

至准詔書者伏惟親親之序以三為五以五為九上殺下殺旁殺而親畢聖人制事存送終之禮皆以此為限是衆人之所同也若其不與衆人同者則人因事之宜斷之以義而為之節文也昔先王既有天下迹其基業之所由起奉以為太祖所以推功美重本始也蓋王者之祖有繫天下者矣諸侯之祖有繫一國者矣大夫士之祖繫其宗而止矣亦其理勢然也荀卿曰王者天太祖諸侯不敢壞大夫士有常宗所以別貴始貴始德之本也蓋有天下之始若后稷有一國之始若周公大夫士之始若三桓所以貴者配天也不祧也有常宗也此其所以別也今直以契稷為本統之祖則是下同大夫士之禮非荀卿之所謂別也或曰湯文武之去契稷皆十有餘世其間子孫衰微奔竄者非一湯文武之有天下契稷何與哉曰南宮括曰禹稷躬稼而有天下孔子曰君子哉若人禹之有天下則然矣稷諸侯也

而曰有天下何哉豈非積累功德至文王而興乎孟子曰王不待大湯以七十里文王以百里然則小國亦王之所待也所謂七十里百里者非契稷所受以遺其子孫之國乎由是言之商周所以興契稷不為無所與也則正考父作頌追道契湯高宗商所以興子夏序詩稱文武之功起於后稷豈虛語也哉國語亦曰契勤商十有四世而興后稷勤周十有五世而興穀梁曰始封必為祖南宮适孟軻卜子夏左丘明穀梁赤生於周代其所言皆親聞而見之者其學問又俱出於孔子宜若可信則尊始祖以其功之所起秦漢諸儒亦有所受之也後世有天下者皆特起無所因故遂為太祖所從來久矣伏惟太祖皇帝孝友仁聖睿智神武兵不血刃坐清大亂子孫遵業萬世蒙澤功德卓然為宋太祖無少議者僖祖雖於太祖高祖也然仰迹功業未見其有所因上尋世系又不知所以始若以所事稷契奉之

竊恐於古無考而於今有所未安也臣以為均之論議未有以相奪仍舊便若夫藏主合食則歷代常議之矣然今之廟室與古殊制古者每廟異宮今所以奉祖宗者皆在一堂之上西夾室猶處順祖之主考之尊卑之次似亦無嫌至于禘祫自是序昭穆之祭僖祖東嚮禮無不順所謂子雖齊聖不先父食者也孔子曰於其所不知蓋闕如也如臣絳等議非臣所知臣所以闕而不敢同也

元豐元年樞密直學士陳襄論天地合祭為非禮上奏曰臣伏承聖意以天地合祭於圜丘為非禮之正詔令更定臣謹按周禮大司樂以圜鍾為宮冬日至於地上之圜丘奏之六變以祀天神以函鍾為宮夏日至於澤中之方丘奏之八變以祭地示夫祀必以冬日至者以其陽氣來復于上天之始也故宮用夾鍾于震之宮以其帝出乎震也而謂之圜鍾者取其形以象天也三一之變[圜鍾為宮三變黃鍾為角大蔟為徵

姑洗為羽各一變]合陽奇之數也祭必以夏日至者以其陰氣潛萌于下地之始也故宮用林鍾于坤之宮以其萬物致養于坤也而謂之函鍾者取其容以象地也四二之變[函鍾為宮大蔟為角姑洗為徵南呂為羽各二變]合陰偶之數也又大宗伯以禋祀實柴槱燎祀其在天者而以蒼璧禮之以血祭貍沈辜疈祭其在地者而以黃琮禮之皆所以順其陰陽辨其時位倣其形色而以氣類求之此二禮之不得不異也故求諸天而天神降求諸地而地示出得以通精誠以逆福釐以生烝民以阜萬物此百王不易之禮也去周既遠先王之法不行漢元始中姦臣妄議不原經意附會周官大合樂之說謂當合祭平帝從而用之故天地共犢禮之失自此始矣由漢歷唐千有餘年之間而以五月親祠北郊者唯四帝而已如魏文帝之太和周武帝之建德隋高祖之開皇唐睿宗之先天皆希闊一時之舉也然而隨得隨失卒無所定垂之

本朝未遑釐正恭惟陛下恢五聖之述作舉百王之廢墜典章法度囿已比隆先王之時矣豈讓後世一切之禮乎是以臣親奉德音俾正訛舛之禮首宜正其大者大者不正而末節雖正無益也況天地歲祀今亦不廢顧惟有司攝事而已誠未足以上盡聖神恭事之意也臣以謂既罷合祭則南北自當別祀伏請陛下每遇親祀之歲先以夏至祭地示於方丘然後以冬日至祀昊天於圜丘此所謂大者正也然議者或謂先王之禮其廢也久不可復行古者齋居近（古者致齋路寢）儀衛省用度約賜予寡故雖一歲徧祀而國不費人不勞今也齋居遠儀衛繁用度廣賜予多故雖三歲一郊而猶或憚之況一歲兩祀乎必不獲已則三年而迭祭或如後漢以正月上丁祠南郊禮畢次北郊或如南齋以正月上辛祀昊天次辛瘞后土不亦可乎臣竊謂不然記曰祭不欲踈踈則怠夫三年迭祭則是昊天大神六年始一親祀得無已怠乎記曰大事必順天時二至之郊周公之制也捨是而從後王之失禮可謂法歟彼議者徒知苟簡之便而不睹尊奉之嚴也伏惟陛下鑒先王已行之明效舉曠世不講之大儀約諸司之儀衛損大農無名之費使臣得以講求故事參究禮經取太常儀注之文以正其訛謬稽大駕鹵簿之式以裁其繁冗唯以至恭之意對越大抵以迎至和以格純嘏庶成一代之典以示萬世

襄知諫院又上禘祫不廢時祭奏曰臣等看詳大宗伯之職曰以肆獻祼享先王以饋食享先王以祠春享先王以禴夏享先王以嘗秋享先王以烝冬享先王則六享並行而天子禘祫與諸侯異未嘗廢一時祭故毛詩傳曰諸侯夏禘則不礿秋祫則不嘗惟天子兼之孔穎達正義以為天子夏為大祭之禘不廢時祭之礿秋為大祭之祫不廢時祭之嘗則王禮三年一祫與其禘享更為時祭所以別於諸侯所謂其治辨者其禮具也國朝沿襲故常禘祫之月不行時享大未釐正非古之制伏請每遇禘祫之月雖已大祭仍行時享以嚴天子備禮所以丕崇祖宗之義其祫禘雖與時享先後經無明說以臣等考之司尊彝曰凡四時之間祀追享朝享祼用虎彝蜼彝先鄭云追享朝享謂禘祫也在四時之間故曰間祀明禘在礿祭祫在烝祭之間不在其後也故後鄭謂天子先祫而後時祭其郊禮親祠准此如允臣等所議乞賜指揮施行

襄為侍御史又上祭天用樂奏曰臣謹按禮祀天以冬日至取微陽洞開天之始也兆於南郊就陽位也即上之圜丘因天事天也燔燎而升煙求陽以氣也玉須蒼璧牲幣如其色肖洪覆之自然也樂用圜鍾為宮以其上應房心有天帝明堂之象也宮聲三奏角徵羽各一奏者合陽奇之數欲神之聽之也祭地以夏日至取陰德潛萌地之始也坎于北郊從陰義也就澤中方丘因地事地也瘞埋順其性之含藏也方琮而黃幣傚形色也樂用函鍾為宮以其生於未之氣未坤位也宮聲與角徵羽各二奏者合陰偶之數所以八變則地示出焉夫先王求神之意可謂盡矣以為天時者乾坤因之而闔闢陰陽繫之而消長鬼神亦由是而利用出入者也故作大事必順天時又擇其位也為高必因丘陵為下必因川澤以至於器幣樂舞至纖至悉無不從其類以此事神則神無不饗也漢元始間不原禮意附會周官大合樂之文謂之合祭後以正月三陽在下息卦受泰於是諏上辛之日合祭天地于南郊覩其時位與夫器幣樂舞之設是徒竄地祇於腏食之列而意不在焉後漢以正月上丁祠南郊禮畢次北郊下逮南齊又以正月上辛祠昊天次辛瘞后土雖得其位不得其時誠不至而禮不專是亦主為禮天而發耳竊有一證焉記曰御

同於長者雖貳不辭偶坐不辭鄭氏曰盛饌不爲已也王者事父孝故事天明事母孝故事地察豈可以后土富媼之靈載物無疆之德而事之僅如偶坐之賓乎深恐柔祇未之饗也臣謹再詳儀注合祭天地於一壇之上其爲非禮明甚固當改正然今古異宜沿革殊致三歲一郊漢唐成憲祖宗以來莫能易也今罷合祭則北郊唯使有司攝事於理未安謂宜以親郊之歲甫夏日至先有事於方澤蓋祭者應其時也近人而親者無如地取財於地故先祭以明親親之仁遠人而尊者無如天取法於天故後祠以正尊尊之義若青城若張法駕儀物一從簡易務稱尚質之意其扈衛錫與可於郊賞數中豫給五分之一或量加特賜繫自上恩所貴奉事天地不失禮意惟朝廷財幸

三年翰林學士張璪論夏至祭地遣冢宰攝事奏曰臣伏見天地合祭

議者不一而臣竊謂陽生於十一月陰生於五月則陰陽之生天地致用之始先王於是順陰陽之義以冬日至祀天於地上之圜丘夏日至祭地於澤中之方丘以至牲幣器服詩歌樂舞形色度數莫不倣其象類故天神地示可得而禮由此觀之則夏日祭地於方丘而天子親涖之此萬世不可易之理也議者以謂當今萬乘儀衛加倍於古方盛夏之時不可以躬行乃欲改用他月不唯無所據依又失所以事地順陰之義必不得已臣以謂宜即郊祀之歲於夏至之日盛禮容具樂舞遣冢宰攝事雖未能皆當於禮庶幾先王之遺意猶有存焉

判太常寺陳薦上奏曰臣竊惟議者以天地合祭始於王莽稽之典禮有所未合故罷之臣竊有疑謹按周頌曰昊天有成命郊祀天地也前漢志載郊祀歌十九章廿六七章曰惟泰元尊媼神蕃釐說者曰泰元天神也媼神地神也第八章言涓選休成天地並況此天地同祀可以槩見恐非自王莽始也夫國之大事莫大於天地宗廟之祀有其舉之莫能廢也古者祀事皆天子親行降及後世事與古異或因或革各從其宜故多遣官攝事今聖朝郊廟之祭三歲一親行必先朝饗景靈宮薦太廟然後合祭天地於圜丘蓋參用舊章得禮之中而議者又謂親郊之歲夏之時不可躬行宜遣冢宰攝事而罷冬至天地合祭臣亦謂夏至方丘之祀決不可躬行雖大備禮樂上公攝祭亦恐此議未能合古終不若天地合祭之日親執圭幣識志內盡禮容外重也況天子父事天母事地既親禮天神而不親禮地祇質之情文深恐未安陛下聰明睿智聖學深博古今萬事無一不昭其本原其三歲親郊天地合祭之禮伏乞且循舊制以昭恭事三神之意

知太常禮院趙君錫乞惟設昊天上帝一坐奏曰臣謹按周禮掌次職曰王大旅上帝則張氈按祀五帝則設大次小次又司服職曰祀昊天上帝則服大裘而冕祀五帝亦如之明上帝與五帝異矣則孝經所謂宗祀文王於明堂以配上帝者非可兼五帝也考之易詩書所稱上帝非一易曰先王作樂崇德薦之上帝以配祖考詩曰昭事上帝聿懷多福又曰上帝是祇書曰以昭受上帝天其申命用休又曰惟皇上帝降衷于下民如此類者豈可皆以五帝而言之自鄭氏之學興乃有六天之說而事非經見至晉泰始初論者始以爲非遂於明堂設昊天上帝一坐而已唐顯慶禮亦止祀昊天上帝於明堂今大饗在近議者猶以謂上帝可以及五帝臣等請如聖詔祀英宗皇帝於明堂惟以配上帝至誠精禋以稱皇帝嚴父之意

四年詳定郊廟奉祀禮文陸佃上議曰臣看詳冕服有六而周官弁

師古掌王之五冕則六冕與袞同冕矣故禮記曰郊之日王被袞以象天戴冕璪十有二旒則天數也又曰服之襲也充美也禮不盛服不充是故大裘不裼此明王服大裘以袞衣襲之也先儒或謂周祀天地皆服大裘而大裘之冕無旒非是矣蓋古者裘不徒服則其上必皆有衣故曰緇衣羔裘黃衣狐裘素衣麑裘如郊祀徒服大裘則是表裘以見天地表裘不入公門而乃欲以見天地可乎且先王之服冬裘夏葛以適寒暑蓋未有能易之者也郊祀天地有裘無袞則夏祀赤帝與夏至日郊祭地示亦將被裘乎然則王者冬祀昊天上帝中裘而表袞明矣至於夏祀天神地示則去裘服袞以順時序周官曰凡四時之祭祀以宜服之明夏必不衣裘也或曰王被袞以象天此魯禮也臣以為記曰周之始郊日以至王被袞以象天則豈得以為魯哉或曰祭天尚質故徒服大裘王被袞則非所以尚質臣以

為謂之尚質則明有所尚而已不皆用質也如蒼璧以禮天黃琮以禮地旂十有二旒龍章設日月此豈用質也哉故曰祭天掃地而祭焉於其質而已矣牲用騂尚赤也用犢貴誠也王被袞以象天戴冕璪十有二旒則天數也旂十有二旒龍章而設日月以象天也夫理豈一端而已亦各有所當也今欲冬至禋祀昊天上帝服裘被袞其餘祀天及祠地亦並請服袞去裘各以其宜服之如允臣所議乞賜施行。

佃又上昭穆議曰臣伏覩中書省批送下張璪何洵直所論宗廟昭穆欲以宣祖為昭翼祖為穆真宗為昭太祖太宗為穆英宗為昭仁宗為穆尊卑失序非禮意也竊謂昭穆者父子之號昭以明下為義穆以恭上為義方其為父則稱昭取其昭以明下也方其為子則稱穆取其穆以恭上也豈可膠哉謹按祭法曰去祧為壇去壇為墠議者以為壇立於右墠立於左臣以周制言之太王親盡去右壇為墠王季親盡去左祧為壇左右遷徙無嫌則洵直謂昭常為昭穆常為穆左者不可遷于右右者不可遷于左之說非矣璪謂四時常祀各於其廟不偶坐而相臨武王進居王季之位而不嫌尊於文王及乎合食于祖則王季文王更為昭穆不可謂無尊卑之序臣竊以為古者合食毀廟之主有不皆祫者則璪之說非矣大傳曰大夫士有大事省于其君干祫及其高祖干者與也言大夫士本無祫祭唯其有功善於其君進使干祫則毀廟之主不皆合食特自高祖而已假令大夫昭穆以世次計曾祖適為昭高祖適為穆父適為昭祖適為穆同時合食則將偶坐而相臨義不得以卑而踰尊則璪等將令昭常為昭穆常為穆乎如此則曾祖居尊高祖居卑父居尊祖居卑矣非所謂父昭子穆昭以明下穆以恭上之義許慎曰父為昭南面子為

穆北面大夫干祫若使曾祖復為昭高祖更為穆則是子為昭南面父為穆北面大傳曰旁治兄弟合族以食序以昭穆則是生而居處同室合食亦序昭穆假令甲於上世之次為昭今同堂合食實屬父行乙於上世之次為穆今同堂合食實屬子行而偶坐相臨則甲宜為昭乙宜為穆豈可遠引千歲以來世次復令甲居右穆乙居左昭柰同堂父子合食之序乎璪又謂既為昭矣又有時而為穆是亂昭穆之名臣竊以為昭穆父子之號耳苟為昭者不復為穆為穆者不復為昭則是昔嘗事父為之子者今雖有子不得為父苟復為父則以為是亂父子之名可乎祭法曰天子立七廟曰考廟曰王考廟曰皇考廟曰顯考廟有二祧焉則天子立廟自親始矣初立考廟於是立王考廟其次立皇考廟又其次立顯考廟猶以為未也於是立二祧焉與太祖之廟而七顯考廟王考廟與左祧為昭皇考廟考廟與

右祧爲穆。所謂三昭三穆。如曰成王之世。武王爲昭。文王爲穆。則武爲父。不入考廟。而入王考廟矣。故臣竊謂八廟之制。當以僖祖居中。翼祖爲昭。宣祖爲穆。太祖太宗爲昭。真宗爲穆。仁宗入王考廟爲昭。英宗入考廟爲穆。是爲父昭子穆。稱情順理。尊卑協序。而議者蔽於所見。與臣未同。伏乞斷自聖學。一正羣議。不勝幸甚。

佃又上廟祭議曰。臣放古麌今。詳定八廟之祭。廟各三獻。同日而畢。蓋約其禮務爲可行。欲以施於春祠而已。至於夏礿秋嘗冬烝。當如古制合食于祖。蓋古有宗廟之事。一日而畢。止於祫祭。餘祀廟各一日。少牢饋食禮曰。來曰丁亥。用薦歲事于皇祖伯某。以某妃配。則是丁亥一日纔祭祖妣而已。賈公彥謂大夫三廟。少牢筮日。止於丁亥。則明祭無尊卑。廟數多少。皆同日而畢設矣。蓋祭祀卜日。卜其首日而已。若大夫丁亥有事于祖廟。則其昭廟以戊子祭。穆廟以己丑祭。

理宜然也。且大夫室事不裸。又無朝踐之事。其禮固畧矣。然而薦腥饋熟。品其籩豆。奉其尊彝。修其簠簋。遷其鼎俎。陳其巾冪。升降進退。侑尸獻酬。賓主百拜。餕徹之序。品節衆多。假令逮闇而祭。繼之以燭。奔走趨事。三廟一日而徧。則雖有强力之人。不能支矣。又況天子禮具樂備。品節之多乎。然則先王之時。各祠其廟。無有一日而畢者也。謹按王制曰。天子犆礿。祫禘。祫嘗。祫烝。諸侯礿犆。禘一犆一祫。嘗祫烝祫。鄭氏謂天子言犆礿。諸侯言礿犆。互明其文。則天子言祫嘗祫烝。諸侯言嘗祫烝祫。亦互明而已也。然則古者天子七廟。四時之祭。春祠各於其廟。而夏礿秋嘗冬烝。則三昭三穆皆升合食于祖。故用旅酬六尸。而仲尼燕居曰。嘗禘之禮。所以仁昭穆也。若夫諸侯春亦犆礿。烝嘗皆祫于祖。而禘則一年犆。一年祫。下天子也。明堂位曰。夏礿秋嘗冬烝。天子之祭也。夫礿祠烝嘗。諸侯類有之。今魯更以爲王

禮。又不言春祠者。春祠特祭。天子諸侯同故也。其夏礿秋嘗冬烝。則天子與諸侯異。故曰諸侯礿則不禘。禘則不嘗。嘗則不烝。烝則不礿。又曰禘一犆一祫。由是觀之。雖周春祠特祭。而三時亦祫。非特夏商之制。雖然天子時祫。纔及未毁廟之主而已。至於三年一祫。於是毁廟之主皆合食于太祖。故謂之大祫。言大以有小故也。按文公二年八月丁卯。大事于太廟。公羊曰。大事者何。大祫也。毁廟之主。陳于太祖。未毁廟之主。皆升合食於太祖。穀梁亦謂大事者何。大是事也。著祫嘗。蓋著猶別也。三年一祫。大於祫嘗。祫嘗。秋祭也。今魯合祠太廟。亦以秋祫。故言大以別之也。且天子七廟。日祭月祀。各就其廟。二時皆合食于祖。其毁廟之主。則三年然後大祫。亦禮之殺也。由是觀之。先王之祭有祫。又有大祫明矣。此自漢以來。論者未之知也。陛下聖學高妙。德蹈堯禹。以操爲驗。以稽爲決。復千歲之墜典。實在聖時。今欲

八廟既享春祠各就其廟。而夏礿秋嘗冬烝皆升合食于祖。既應典禮。又與舊儀四時八室並饗少近。獨爲合古之制。宜若可行。亦其七廟之主。會於祖廟。委蛇從祀。優而不迫。盛禮大樂。得以備舉。如允臣所議。乞下有司。參定儀注施行。

佃又上先灌議曰。臣看詳陽祀自煙始。陰祀自血始。宗廟之饗。自灌鬯始。灌鬯所以求之。然後作樂以致其神。今儀注先作樂。後灌鬯。非禮之正。說者或謂祭祀宜先作樂以降其神。然後灌鬯。蓋所以祭之也。臣竊以爲不然。宗廟之祭。灌鬯以求諸陰。焫蕭以求諸陽。猶以爲求也。故又詔祝於室。坐尸於堂。詔祝於室。求之內也。坐尸於堂。求之外也。猶以爲未也。故又納牲於庭。升首於室。納牲於庭。求之下也。升首於室。求之上也。猶以爲未也。故又直祭祝于主。索祭祝于祊。直祭祝于主。求之近也。索祭祝于祊。求之遠也。猶以爲未也。明日於是又

有繹祭焉。蓋孝子不知神之所在。於彼乎。於此乎。是以求之如此其
至也。禮器曰。納牲詔於庭。血毛詔於室。羹定詔於堂。三詔皆不同位。
蓋道求之而未之得也。由是觀之。祭者孝子之所以自致其誠也。故
齋必見其所祭者。而求神不於一處。或以祼。或以樂。或在朝踐。或在
饋食。或在明日之繹。無所不至。豈所謂奏樂獨能致之。宜先於灌。而
自灌而後。皆祭之而已也。謹按大宗伯曰。以六玉禮天地四方。牲幣
各放其器之色。鄭氏云。禮謂始告神時薦於神坐。書曰。周公植璧秉圭
是也。蓋凡樂圜鍾為宮。冬日至於地上之圜丘奏之。若樂六變。則天
神皆降。可得而禮矣。凡樂函鍾為宮。夏日至於地中之方丘奏之。若
樂八變。則地示皆出。可得而禮矣。凡樂黃鍾為宮。於宗廟之中奏之。
若樂九變。則人鬼可得而禮矣。禮謂告神時以六玉與牲幣禮之。則
禮神固在灌鬯之後。奏樂不得在其先矣。經曰。殷人尚聲。臭味未成。

滌蕩其聲。樂三闋。然後出迎牲。聲音之號。所以詔告於天地之間也。
周人尚臭。灌用鬯臭。既灌然後迎牲。致陰氣也。殷人先求諸陰。今宗
廟祀事文物大備。放周之盛。而說者或欲更用商人尚聲之說。先樂
而後灌。臣亦以為不然。蓋商人先求諸陽。故焫蕭在前。灌鬯在後。周
人先求諸陰。故灌鬯在前。焫蕭在後。經曰。二端既立。報以二禮。建設
朝事。燔燎羶薌。見以蕭光。以報氣也。薦黍稷。羞肝肺首心。見以俠甒。
加以鬱鬯。以報魄也。凡此灌鬯在焫蕭後。蓋商禮也。又曰。鬱合鬯臭。
陰達於淵泉。蕭合黍稷。陽達於牆屋。凡此焫蕭在灌鬯後。蓋周禮也。
說者如欲更用商人祭地尚聲之說。則焫蕭當在前。灌鬯當在後矣。
宗廟儀注。緣習故常。所宜講正當矣。何獨先樂後灌不可改也。且既
灌。於是奏九變之樂。以致其神。非特應禮易行。又其舊無朝踐之獻。
今既增置此禮。而未有樂焉。以灌獻舊日樂移之朝事。蓋兩得之。如允

臣所議。乞更儀注。庶協典禮。
神宗時。彭汝礪上南北郊合祭議曰。臣准勅節文與兩制尚書侍郎
等集議南北郊合祭事。是非蓋有定。犬馬之誠。竊不自勝。嘗恐緣諸
儒一偏之說。紊國家莫大之禮。廢朝廷已行之命。輙殫悃悰。庶裨萬
一。惟陛下裁幸。右臣聞禮者體也。體不備。君子謂之不成人。設之不
當。猶不備也。故先王之交於神明也。既祭之以禮。又求之以類。其時
日牲幣器服聲音顏色。無或非其類者。或非其類。謂之非禮。非禮之
祭。鬼神不饗。此其言似迂緩而難知。然其理甚切至而必驗。臣謹以
一事明之。春為陽。故以正月迎於東郊。秋為陰。故以七月迎於西郊。
使迎春則在西郊。而用秋之時。迎秋則在東郊。而用春之時。雖樵夫
野叟。猶怪以駭。而況於鬼神乎。夫天之與人。非有異也。今應祭方澤
也而合於圜丘。應用夏至也而用冬至。蓋何以異此。夫前日之議論

非是。行之而不至安便。昔人蓋有變之者矣。先皇帝欽若稽古。承順
天心。罷黜邪說。是正太常。行之歷年。中外禔福。聖作明述。神明所懷。
今何疑何恤而欲紛更之也。家人小祀尚慎廢舉。天地重大。豈容輕
議。臣聞之。神無常饗。饗于至誠。天無私親。親于有德。朝廷誠能富民
阜財。明道崇義。致帝者之用。成天地之化。使粒食之民。妥血粢也。則
上帝是祐。而諸福之物。皆可畢致。務改祀命。實非所願。惟朝廷慎之
望之。反復之。務求至當。以稱先帝所以尊奉聖靈之意焉。又曰。合祭
之議。臣等謂不可者二十二人。謂可者八人。揚子曰。人各是其所是。
非其所非。將誰使正之。曰萬物紛錯。則占諸天。衆言淆亂。則折諸聖。
在則人。亡則書。周禮。聖人之言也。合祭肇於漢末。時其言甚不經。朝
廷所廢。考文方告之宗廟。行之天地。布之天下。以憲萬世。或委聖言
而從不經。不可也。或曰。合祭歷世行之。莫之改也。夫莫之改。君猶行

之不可也先帝既改之善矣欲變之不可也或曰親祠未能且從合祭可乎曰親祠非不可行以有事而攝焉亦禮也合祭非禮也舍禮不用而從非禮不可也夫規矩誠設不可欺以方圓繩墨誠陳不可欺以曲直今議祭祀而不從禮議禮而不從經則是非並起終無所歸是猶舍規矩而察方圓舍繩墨而觀曲直不可也先帝留意經術曲折皆有稽據固非羣臣所能窺見高下小大惟太皇太后陛下皇帝陛下明詔執事質於衆是無從一偏之論決於大公無安順從之說如此則是非可決而經正矣

孫洙上奏曰臣嘗考洪範五行傳曰簡宗廟廢祭祀則水不潤下國家比年以來京師仍歲大水百川暴溢變異甚大臣伏思之竊恐陛下承事宗廟之禮及四時之祭有未合古制者也臣聞古者宗廟四時之祭礿祠烝嘗禘祫皆天子所自親享不使有司攝事也蓋聖人內自竭盡以承其親者惟祭祭非自外至者由中出生於心也古者宗廟之祭君親牽牲執鸞刀以割冕而總干以樂皇尸其躬自力以致其誠心如此之盡一也及周衰禮壞樂崩典籍皆滅棄漢興草創禮之存者才一二三事而宗廟之禮蓋闕如也然猶四時車駕間出享廟及八月飲酎以盡孝思繼漢而下荒乎無以禮樂為也唐之盛時可以制作矣而宗廟之祀亦踵習舊常開元之禮雖有天子四時親享太廟之制而行之蓋闕帝王之親享廟者一世不過再三焉豈三代祭法終不可復也而百世莫之相循而失也今國家宗廟之事每歲四孟及季冬凡五享三年一祫五年一禘皆有司侍祀而天子未嘗親事也唯二歲親郊一行告廟之禮而已而五神御殿酌獻一歲徧焉是失禮經之意而相循近世之失也夫四時宗廟之祭大事也神御別殿酌獻小禮也大事不正其本而委之有司小禮煩而車駕數出不合禮意矣夫王者卜宅都邑營建神位而左立七廟誠宜世世子孫嚴祇而奉承之瞻視梁棟而時思之以永念王業之艱難也今春秋霜露之感禘祫昭穆之序禮之最所重者一諉於祠官矣而神御酌獻三歲告謁禮之輕者而天子躬焉非嚴祖尊考之義也非事神訓民之意也嗚呼宗廟之事王者不自親由漢氏以來失之矣而百世之君曾不知復也陛下起百王之廢典紹三代之墜禮使大孝塞乎天地而橫乎四海又以答塞洪範傳大水之異何則四時親享廟前世未有行者由陛下而立制使萬世子孫承之是天下之盛福也

王安禮論明堂配帝第一劄子曰臣伏覩詔書將來祀英宗皇帝於明堂惟以配昊天上帝餘從祀羣神悉罷以臣所聞郊祀后稷以配天宗祀文王於明堂以配上帝蓋圜丘則徧及於天之羣神明堂則弗徧也祭上帝而已所謂上帝者則昊天上帝與五帝是也何以知之肆師之職既曰類造上帝又曰封于大神則是以上帝兼及五帝故又以大神別之也司服之職祀昊天上帝則服大裘而冕祀五帝亦如之若上帝專謂昊天上帝則何故不止曰祀上帝又加以昊天者何也由此觀之則上帝之不專為昊天上帝明矣以周官一書考之其別於五帝則稱昊天上帝其別於昊天上帝則稱五帝其合昊天上帝與五帝而並則稱上帝前後參驗無一不合於此者蓋自昔言禮者皆以明堂專祭五帝不及昊天上帝康成之徒既已乖謬歷代沿襲朝廷方欲是正典禮以革前世之弊雖祀昊天上帝而今又悉廢五帝之祀則是其失與前世等也記曰凡祭有其舉之莫敢廢也接神之際其謹如此況於輕絕五帝之饗違經變古著一代非禮之舉失孰大焉方陛下祗畏天戒此事尤宜加審伏望聖慈以臣所

言廣延博聞彊識之士更爲論議

第二劄子曰

臣近曾論列明堂配帝事竊聞禮官所定有與臣言不同者朝廷已從其議緣臣所陳並因周禮正經前後參驗皆有稽據不知禮官復用何說欲變易此論伏以陛下講希闊之典追合先王宗祀嚴配之意此甚盛莫大之事也今欲除前世久行之饗必須當義中禮然後上帝居歆時恫時怨理或未安悔將何及此臣所以夙夜惓惓忘冒昧之誅不能自已者伏望聖慈以臣所論付兩制近臣與太常禮官令以所見異同各據經旨具議狀聞奏陛下擇其可否

第三劄子曰

臣近因請對曾再論列配帝事伏聞聖論臣以迫於日旰未盡所陳今輒敢援引古義薦瀆宸聽周禮掌次王大旅上帝則張氈案設皇邸朝日祀五帝則張大次小次設重帟重案肆師類造上帝封于大神蓋大旅上帝者以上帝兼昊天故下文以五帝別之則掌次所謂張大次小次設重帟重案者專爲五帝而言也類造上帝者以上帝兼五帝故下文以大神別之則肆師所謂封者專爲昊天而言也掌次設文正與肆師互相發明則上帝兼昊天與五帝尤爲明白矣其謂之昊天上帝者何也夏曰昊天氣之主也而所御者萬物相見之時易曰帝出乎震齊乎巽相見乎離又曰離也者明也萬物皆相見南方之卦也蓋帝體物者也萬物皆相見而帝亦於是與萬物相見故兆昊天於南郊以禋祀祀之也其謂之大神者何也神之爲神無乎不在在地則維嶽降神由祖有神之類是也在人則乃聖乃神聖而不可知之謂神之類是也在鬼則神保是饗神具醉止之類是也此以通言之也地則謂之示人則謂之鬼唯天則謂之神者此以禮

言之也禮者亦無加損焉正其名而已矣故周禮一書在天者皆謂之神唯昊天者則謂之大神若地示人鬼則無有謂之神者蓋以正名爲書則不得不爾雖與他經所稱不同其理一也故其稱昊天上帝也五帝也亦各正其名已至於郊祀國祀之說臣已粗陳大略矣臣智識淺昧學術無取被蒙聖問不敢不盡其說干冒天威死有餘恐唯陛下斷其可否不勝大幸

宇文昌齡爲太常少卿詔議郊祀合祭論者不一昌齡曰天地之數以高卑則異位以禮制則異宜以樂舞則異數至於衣服之章器用之具日至之時皆有辨而不亂夫祀者自有以感於無自實以通於虛必以類應類以氣合氣合然後可以得而親可以冀其格今祭地於圜丘以氣則非所合以類則非所應而求高厚之來享不亦難乎後竟用其議

神宗嘗詢天地合祭是非知諫院黃履對曰國朝之制冬至祭天圜丘夏至祭地方澤每歲行之皆合於古猶以有司攝事未足以盡於是三歲一郊而親行之所謂因時制宜者也雖施之方今爲不可易惟合祭之非在所當正然今日禮文之失非獨此也願敕有司正羣祀爲一代損益之制詔置局詳定命履董之北郊之議遂定

郊廟

宋神宗時傅堯俞出知昇州。陛辭上殿劄子曰。臣忝經任使。逮事昭陵。恭惟仁宗皇帝享國肆拾餘年。纔五十餘歲。以神器大寶。付畀先皇。雖大統不屬。必歸傍宗。而雅意所存。早在英廟。追念恩德。豈有量哉。陛下孝誠貫徹天地。所以論報之心。無不至者。然臣猶有區區。欲效塵露。望陛下赦其迂愚而採其悃愊。則不勝大願。臣聞諸禮經有廟祏之制。祖功宗德。皆萬世不祧。竊惟仁宗可謂至德。陛下聖文天縱。過絕古今。頃因閒宴。奮揚神筆。濡為德音。深詔執事。併仁廟一室與藝祖太宗並為百代不遷之主。既以意示子孫。又以感通上下。天人交歡。必有祥應。前歲陛下手詔中書門下。考太祖之籍。取屬近而行尊者一人。裂地而王之。且許其世世勿復絕也。當是時。天下聞者莫不感咽抃蹈。以懷陛下之仁。如親被大賜。陛下誠能取臣之言一告中外。如此。民不鼓舞感抃者。臣不敢辭罔上之誅。經曰。聖人感人心而天下和平。乞略留聖意。

太常禮院主簿楊傑上禘祫合正位序議曰。中書劄子奉聖旨修定太廟祀儀。續准近制。奉僖祖為太廟始祖。所有禘祫神主。合正位序。檢會禘祫舊儀。於殿室外設昭穆之位。僖祖翼祖太祖太宗仁宗及諸室后主共四十位。俱南嚮。順祖宣祖真宗英宗及諸室后主共十位。俱北嚮。所有禮樂之器。多陳設於堂之上下。而皆在北嚮神主之後。質之典禮。參以人情。竊恐未順。謹按禮記周禮經傳。爾雅通典禘祫志三禮義宗所載禘祫昭穆。蓋有室中堂上之別。古者宗廟異宮。各有堂室。戶近東。祏主在西。其在始祖后稷廟室。則后稷東向。其為昭者皆南向。其為穆者皆北向。在太祖文王廟室。文王東向。以率先王之穆。穆皆北向。在太宗武王廟室。則武王東向。以率先王之昭。昭皆南向。各就其室祼酌饋獻。此所謂室中之位也。及其迎之出戶。射牲燔燎。朝事朝踐。則后稷文王武王皆南向。先王先公其為昭者皆西向。其為穆者皆東向。此所謂堂上之位也。遇祫祭。則先王先公合食于后稷之廟。

傑又奏請四皇后廟升祔狀曰。臣先曾上言。伏為皇后廟四室。第一室。孝惠皇后賀氏。第二室。孝章皇后宋氏。第三室。淑德皇后尹氏。第四室。章懷皇后潘氏。孝惠皇后。太祖首納之后也。淑德皇后。太宗首納之后也。章懷皇后。真宗首納之后也。並遇初潛嬪于帝室。正位乎內。王化所基。生享禮封。後行追冊。孝章皇后在太宗之朝。已母儀天下。及太宗即位。號曰開寶皇后。以上四后。順德徽音。見於彤史。奉安別廟。薦享有常。升祔之儀。久而未講。每遇禘祫。則遷神主設席於太

廟。本位帝王后主之次。雖云合食。其實異牢。禮意人情有所未盡。或者以謂孝惠淑德章懷三后。生無尊稱。歿加盛禮。難以升祔太廟。臣謹按國朝會要禮閣新編所載。懿德皇后符氏開寶八年崩。亦在太宗登極之前。至太平興國三年方行追冊。今已升祔太宗廟室。況又孝章皇后在太祖之朝。已正中壼而母儀天下乎。伏請比用懿德皇后禮例。升孝惠皇后孝章皇后祔于太祖皇帝廟室。升章懷皇后祔于真宗皇帝廟室。所貴嚴升配正始人倫。推廣孝思。風化天下。奏入已久。未蒙付外施行。今伏見慈聖光獻太皇太后上僊山陵有日。陛下以嫡孫號慕過哀。外示易月之文。而實遵三年之制。謂園陵有所謙抑。故隆以因山。謂謚法未足形容。故增以四字。權宜祥禫之服。卻而不御。公卿羣臣表章七上而始得瞻望。更劇又表章五上。然後勉從正殿之請。每降手詔。發揚太皇太后仁聖功業。莫不出於至誠。感

動天地。自載籍以來。天子孝德未有過於今日也。將來九虞禮畢。則崇配于仁宗廟室。臣愚不避誅殛。再敢上凟天聽。伏乞陛下擴充不匱之心。等而上之。至于祖宗后廟。因慈聖光獻崇配之日。升孝惠孝章淑德章懷四后神主祔于太祖太宗真宗祏室。斷天下之大疑。正宗廟之大法。以垂永久。不勝至願。其升祔昭穆。准淳化元年勑。宜依舊懿德皇后在淑德皇后之上。又咸平三年勑。孝章皇后宜在孝惠皇后之下。又祥符五年勑。禘祫之日。孝惠孝章淑德三皇后神主祔饗於太祖太宗本室。次於正主。又祥符六年言者請以元德皇后神主升祔在懿德皇后之上。真宗詔曰。載念尊親。蓋惟極致。在乎陟降非敢措辭。惟以祔廟之歲。時用為合享之次序。宜恭以元德皇后神主祔于明德皇后之次。至慶曆五年。言者請以章懿皇后序於章穆章獻皇后之上。仁宗詔曰。祇覽祥符之詔。深原文考之旨。極意尊親之際。重形陟降之辭。故以祔廟之歲時。用為合享之次序。義無差別。情無重輕。恭依禮官所議。奉章獻皇后章懿皇后序於章穆之次。是致慶曆祀儀。凡行禘祫。皇后廟神主並設席於太廟本位帝王后主之次。永萬世不易之典也。如蒙允臣所請。其升祔昭穆。即乞依三朝詔旨及慶曆祀儀熙寧祀儀施行。謹具奏聞

哲宗元祐元年。右正言朱光庭論配帝及從祀之神奏曰。臣謹按周頌我將祀文王於明堂也。我將我享。維羊維牛。維天其右之。孝經曰。孝莫大於嚴父。嚴父莫大於配天。則周公其人也。昔者周公郊祀后稷以配天。宗祀文王於明堂以配上帝。臣詳二經之文。皆為明堂而言也。在我將之頌。言天而不言上帝。孝經稱嚴父莫大於配天。又曰配上帝。又按郊特牲曰。萬物本天。人本乎祖。禮所以配上帝也。郊之祭。大報本反始也。由是言之。則天之與上帝一也。推本始而祭之。則冬至萬物之始也。故於是日祀天。尊祖以配之。推成功而祭之。則季秋萬物之成也。故於是月祀上帝。嚴父以配之。祖配本始之祭。而父配成功之祭。其理然也。自漢以來。論明堂者衆矣。臣竊究周頌孝經郊特牲之文。天之與上帝既一。則從祀之神不當有異。緣郊與明堂皆三年一大祭也。但內外配祖考為異爾。又大司樂曰。樂六變則天神皆降。則從祀之神固無疑矣。臣伏請將來九月宗祀神宗皇帝于明堂以配上帝。天神宜悉從祀。不惟正大享之禮。蓋以隆配父之道也。伏望朝廷因此大祀特下有司考正。以為萬世法。

六月。朝奉郎試中書舍人蘇軾同孫永李常韓忠彥王存鄧溫伯劉摯陸佃傅堯俞趙瞻趙彥若崔台符王克臣謝景溫胡宗愈孫覺范百祿鮮于侁梁燾顧臨何洵直孔文仲范祖禹辛公祐呂希純周秩顏復江公著狀奏。近准敕節文。中書省尚書省送到禮部狀。本部勘

會英宗配享功臣係神主祔廟後降敕。以韓琦曾公亮配享。所有神宗皇帝神主祔廟所議配享功臣。今乞待制以上。及秘書省長貳著作與禮部郎官并太常寺博士以上同議。奉聖旨依。右臣等謹按商書茲予大享于先王。爾祖其從與享之。周官凡有功者名書于王之太常。祭于大烝。司勳詔之。國朝祖宗以來。皆以名臣侑食清廟。歷選勳德。實難其人。神宗皇帝以上聖之資。恢累聖之業。尊禮故老。共圖大治。輔相之臣有若司徒贈太尉謚文忠富弼。秉心直諒。操術閎遠。歷事三世。計安宗社。熙寧訪落。眷遇特隆。匪躬正色。進退以道。愛君之志。雖沒不忘。以配享神宗皇帝廟庭。實為宜稱。

七年十一月。龍圖閣學士蘇軾上奏曰。臣謹按漢成帝郊祠甘泉泰時汾陰后土。而趙昭儀常從在屬車間。時揚雄待詔承明。奏賦以諷。其畧曰。想西王母欣然而上壽兮。屏玉女而却虙妃。言婦女不當與

齋祠之間也臣今備位夏官職在鹵簿准故事郊祀既成乘輿還齋宫改服通天冠絳紗袍教坊鈞容作樂還內然後后妃之屬中道迎謁已非典禮而況方當祀事未畢而中宮掖庭得在勾陳豹尾之間乎竊見二聖崇奉大祀嚴恭寅畏度越古今四方來觀莫不悅服今車駕方宿齋太廟而內中車子不避仗衛爭道亂行臣愚竊恐於觀望有損不敢不奏乞賜約束仍乞取問隨行合干勾當人施行

八年軾為端明殿學士又上奏曰臣伏見九月二十二日詔書節文俟郊禮畢集官詳議祠皇地祇事及郊祀之歲廟饗典禮聞奏者臣恭覩陛下近者至日親祀郊廟神祇饗答實蒙休應然則圜丘合祭允當天地之心不宜復有改更臣竊惟議者欲變祖宗之舊圜丘祀天而不祀地不過以謂冬至祀天於南郊陽時陽位也夏至祀地於北郊陰時陰位也以類求神則陽時陽位不可以求陰也是大不然

冬至南郊既祀上帝則天地百神莫不從也古者秋分夕月於西郊亦可謂陰位矣至於從祀上帝則以冬至而祀月於南郊議者不以為疑今皇地祇亦從上帝而合祭於圜丘獨以為不可則過矣書曰肆類于上帝禋于六宗望於山川徧于羣神舜之受禪也自上帝六宗山川羣神莫不畢告而獨不告地祇豈有此理哉武王克商庚戌柴望柴祭上帝也望祭山川也一日之間自上帝而及山川必無南北郊之別也而獨畧地祇豈有此理哉臣以知古者祀上帝則并祀地祇矣何以明之詩之序曰昊天有成命郊祀天地也此乃合祭天地經之明文而說者乃以比之豐年秋冬報也曰秋冬各報而皆歌豐年則天地各祀而皆歌昊天有成命也是大不然豐年之詩曰豐年多黍多稌亦有高廩萬億及秭為酒為醴烝畀祖妣以洽百禮降福孔皆歌於秋可也歌於冬亦可也昊天有成命之詩曰昊天有成命二后受之成王不敢康夙夜基命宥密於緝熙單厥心肆其靖之終篇言天而不及地頌所以告神明也未有歌其所不祭祭其所不歌也今祭地於北郊歌天而不歌地豈有此理也臣以此知周之世祀上帝則地祇在焉歌天而不歌地所以尊上帝故其序曰郊祀天地也春秋書不郊猶三望左氏傳曰望郊之細也說者曰三望太山河海或曰淮海也又或曰分野之星及山川也魯諸侯也故郊之細及其分野山川而已周有天下則郊之細獨不及五嶽四瀆乎嶽瀆猶得從祀而地祇獨不得合祭乎秦燔詩書經籍散亡學者各以意推類而已王鄭賈服之流未必皆得其真臣以詩書春秋考之則天地合祭久矣議者乃謂合祭天地始於王莽以為不足法臣竊謂禮當論其是非不當以人廢光武皇帝親誅莽者也尚采用元始合祭故事謹按後漢書郊祀志建武二年初制郊兆於洛陽為圓壇八陛中

又為重壇天地位其上皆南鄉西上此則漢世合祭天地之明驗也又按水經注伊水東北至洛陽縣圜丘東大魏郊天之所準漢故事為圓壇八陛中又為重壇天地位其上此則魏世合祭天地之明驗也唐睿宗將有事於南郊賈曾議曰有虞氏禘黃帝而郊嚳夏后氏禘黃帝而郊鯀郊之與廟皆有禘於廟則祖宗合食於太祖禘於郊則地祇羣望皆合於圜丘以始祖配享蓋有事祭非常祀也三輔故事祭于圜丘上帝后土位皆南面則漢嘗合祭矣時褚無量郭山惲等皆以曾言為然明皇天寶元年二月敕曰凡所祠享必在躬親朕不親祭禮將有闕其皇地祇宜如南郊合祭是月二十日合祭天地于南郊自後有事于圜丘皆合祭此則唐世合祭天地之明驗也今議者欲冬至祀天夏至祀地蓋以為用周禮也臣請言周禮與今禮之別古者一歲祀天者三明堂饗帝者一四時迎氣者五祭地者二

饗宗廟者四凡此十五者皆天子親祭也而又朝日夕月四望山川社稷五祀及羣小祀之類亦皆親祭此周禮也太祖皇帝受天眷命肇造宋室建隆初郊先饗宗廟並祀天地自真宗以來三歲一郊必先有事景靈徧饗太廟乃祀天地此國朝之禮也夫周之禮祭如彼其多而歲行之不以為難今之禮親祭如此其少而三歲一行不以為易其故何也古者天子出入儀物不繁兵衛甚簡用財有節而宗廟在大門之內朝諸侯出爵賞必於太廟不止時祭而已天子所治不過王畿千里唯以齋祭禮樂為政事能守此則天下服矣是故歲歲行之率以為常至於後世海內為一四方萬里皆聽命於上機務之繁億萬倍於古日力有不能給自秦漢以來天子儀物日以滋多有加無損以至于今非復如古之簡易也今所行皆非周禮三年一郊非周禮也先郊二日而告原廟一日而祭太廟非周禮也郊而肆

赦非周禮也優賞諸軍非周禮也自后妃以下至文武官皆得蔭補親屬非周禮也自宰相宗室以下至於百官皆有賜賚非周禮也此皆不改而獨於地祇則曰周禮不當祭於圜丘此何義也議者必曰今之寒暑與古無異而宣王薄伐玁狁六月出師則夏至之日何為不可祭乎臣將應之曰舜一歲而巡四嶽五月方暑而南至衡山十一月方寒而北至常山亦今之寒暑也後世人主能行之乎周所以十二歲一巡者唯不能如舜也夫周已不能行舜之禮而謂今可以行周之禮乎天之寒暑雖同而禮之繁簡則異是以有虞氏之禮夏商有所不能行夏商之禮周有所不能用時不同故也宣王以六月出師驅逐玁狁蓋非得已且吉甫為將王不親行也今欲定一代之禮為三歲常行之法豈可以六月出師為比乎議者必又曰夏至不能行禮則遣官攝祭祀亦有故事此非臣之所知也周禮大宗伯

若王不與則攝位鄭氏注曰王有故則代行其祭事賈公彥疏曰有故謂王有疾及哀慘皆是也然則攝事非安吉之禮也後世人主不能歲歲親祭故命有司行事其所從來久矣若親郊之歲遣官攝事是無故而用有故之禮也議者必又曰省去繁文末節則一歲可以再郊臣將應之曰古者以親郊為常禮故無繁文今世以親郊為大禮則繁文有不能省也若帷城幔屋盛夏則有風雨之虞陛下自宮入廟出郊冠通天乘大輅日中而舍百官衛兵暴露於道鎧甲具裝人馬喘汗皆非夏至所能堪也王者父事天母事地不可偏也事天則備事地則簡是於父母有隆殺也豈得以為繁文末節而一切欲省去乎國家養兵異於前世自唐之時未有軍賞猶不能歲歲親祠天子出郊兵衛不可簡省大輅一動必有賞給今三年一郊傾竭帑藏猶恐不足郊賚之外豈可復加若一年再賞國力將何以給分而

與之人情豈不失望議者必又曰三年一祀天又三年一祭地此又非臣之所知也三年一郊已為疎闊若獨祭地而不祭天是因事地而愈疎於事天自古未有六年一祀天者如此則典禮愈壞欲復古而背古益遠神祇必不顧饗非所以為禮也議者必又曰當郊之歲以十月神州之祭易夏至方澤之祀則可以免方暑舉事之患此又非臣之所知也夫所以議此者為欲舉從周禮也今以十月易夏至以神州代方澤不知此周禮之經耶抑變禮之權耶若變禮從權而可則合祭圜丘何獨不可十月親祭地十一月親祭天先地後天古無是禮而一歲再郊軍國勞費之患尚未免也議者必又曰當郊之歲以夏至祀地祇於方澤上不親郊而通爟火天子於禁中望祀此又非臣之所知也書之望秩周禮之四望春秋之三望皆謂山川在境內而不在四郊者故遠望而祭也今所在之處俛則見地而云望

祭是為京師不見地乎此六議者合祭可否之決也夫漢之郊禮尤與古戾唐亦不能如古本朝祖宗欽崇祭祀儒臣禮官講求損益非不知圜丘方澤皆親祭之為是也蓋以時不可行是故參酌古今上合典禮下合時宜較其所得已多於漢唐矣天地宗廟之祭皆當歲徧今不能歲徧是故徧於三年當郊之歲又不能於一歲之中再舉大禮是故徧於三日此皆不能親往二者孰為重乎若一年再郊而遣官攝事是長不親事地也三年間郊當行郊地之歲而暑雨不可親行遣官攝事則是天地皆不親祭也夫分祀天地決非今世之所能行議者不過欲於當郊之歲祀天地宗廟分而為三耳分而為三有三不可夏至之日不可以動大衆舉大禮一也軍賞不可復加二也自有國以來天地宗廟唯饗此祭累聖相承唯用此禮乃神祇所歆祖宗所安不可輕動動之則有吉凶禍福不可不慮三也凡此三者臣熟計之無一可行之理伏請從舊為便昔西漢之衰元帝納貢禹之言毀宗廟成帝用丞相衡之議改郊位皆有殃咎著於史策往鑒甚明可為寒心伏望陛下詳覽臣此章則知合祭天地乃是古今正禮本非權宜不獨初郊之歲所當施行實為無窮不刊之典願陛下謹守太祖建隆神宗熙寧之禮無更改易郊廟饗以億寧上下神祇仍乞下臣此章付有司集議如有異論即須畫一解破臣所陳六議使皆屈伏上合周禮下不為當今軍國之患不可但執更不論當今可與不可施行所貴嚴祀大典以時定

貼黃唐制將有事于南郊則先朝獻太清宮朝享太廟亦如今禮先二日告原廟先一日享太廟然議者或亦以為非三代之禮臣謹按武王克商丁未祀周廟庚戌柴望相去三日則先廟後郊亦三代之禮也奉聖旨令集議官集議聞奏

元祐元年禮部言元豐所服大裘雖用黑羔皮乃作短袍樣襲於袞衣之下仍與袞服同冕未合典禮下禮部太常寺共議禮部員外郎何洵直言陸佃所議有司疑者八按周禮節服氏掌祭祀朝覲袞冕六人維王之太常郊祀裘冕二人既云袞冕又云裘冕是袞與裘各有冕乃玄裘與袞同冕當以袞襲之裘既無冕又襲於袞中裘而表袞何以示裘袞之別哉古人雖質不應以裘為夏服蓋冬用大裘當暑則用同色繒為之記曰郊祭之日王被袞以象天若謂裘上被袞以被為襲則家語亦有被裘象天之文諸儒或言臨燔柴脫袞冕著大裘或云脫裘服袞蓋裘袞無同冕兼服之理今乃以二服合為一可乎且大裘天子吉服之最上若大圭大路之比是裘之在表者記曰大裘不裼說者曰無別衣以裼之蓋它服之裘褻故表裘不入公門事天以報本復始故露質見素不為表襮而冕亦無旒何必假他衣以藩飾之乎凡裘上有衣謂之裼裼上有衣謂之襲襲者裘上重二衣也大裘本不裼鄭志乃玄裘上有玄衣與裘同色蓋趙商之徒附會為說不與經合襲之為義本出於重沓非一衣也古者齋祭異冠齋服降祭服一等祀昊天上帝五帝以裘冕祭則袞冕齋故鄭氏玄王齋服袞冕是袞冕者祀天之齋服也唐開元及開寶禮始以袞冕為齋服裘冕為祭服兼與張融臨燔柴脫袞服裘之義合請從唐制兼改製大裘以黑繒為之佃復破其說曰夫大裘而冕謂之裘冕非大裘而冕謂之袞冕則裘冕必服袞袞冕不必服裘今特言裘冕者主冬至言之周禮司裘掌為大裘以共王祀天之服則祀地不服大裘以夏日至不可服裘故也今謂大裘當暑以同色繒為之尤不經見兼裼襲二衣而已初無重沓之義被裘而覆之則曰襲袒而露裘之美則曰裼所謂大裘不裼則非袞而何玉藻曰禮不盛服不充

故不裘不裼則明不裼而襲也充美也鄭氏謂大裘之上有玄衣雖
不知覆裘以衮然尚知大裘不可徒服必有玄衣以覆之玉藻有尸
襲之義周禮裘冕注玄裘冕者從尸服也夫尸服大裘而襲則王服
大裘而襲可知且裘不可以徒服故被以衮豈借衮以為飾哉今謂
祭天用衮冕為齋服裘冕為祭服此乃襲先儒之謬誤後漢顯宗初
服日月星辰十二章以祀天地自魏以來皆用衮服則漢魏祭天嘗
服衮矣雖無大裘未能盡合於禮固未嘗有表裘而祭者也且裘內
服也與袍同袍褻矣而欲禪以祭天以明示質是欲裼衣以見上帝
也洵直復欲為大裘之裳纁色而無章飾夫裘安得有裳哉請從先
帝所志其後詔如洵直議去黑羔皮而以黑繒製焉
四年右諫議大夫范祖禹上明堂劄子曰臣伏見明堂大禮已在散
齋恭惟仁宗皇帝若稽古典斷以聖意自皇祐二年始制明堂之禮
先詔有司乘輿服御務從簡儉無枉勞費御撰樂曲舞名服靴袍御
崇政殿閱試雅樂如行禮之次又於禁中靴袍親書明堂及明堂之
門二牓將近祀日霖雨不止仁宗禁中齋禱極於恭虔應禱開霽天
日清潤風和氣協祀前之夕即罷警嚴仁宗每詣神座行禮畢鞠躬
却行須盡褥位方改步移嚮以示肅恭之至又令侍臣徧諭獻官及
進徹俎豆悉安徐謹嚴無怠遽失恭質明禮畢比之他時行禮加數
刻之緩御樓宣赦畢降詔中書門下止絕請託應內降恩澤及原減
罪犯者不得施行仁宗欽崇禋祀布昭明德傳之萬世大略如此英
宗神宗聖孝遵承皆極嚴敬今陛下嗣位五載再舉宗祀上帝顧饗
神考配侑國之大事莫重於此惟陛下內盡誠敬法則祖宗則神天
降祉羣生蒙福夫齋者所以致其精明之德孔子之所慎者齋齋必
有專一精潔之誠乃可以交於神明禮之言齋曰心不苟慮必依於

道手足不苟動必依於禮古之君子其齋如此齋三日必見其所祭
者誠之至也夫惟致齋肅恭然後動容周旋無不中禮書曰皇天無
親克敬惟親鬼神無常享享于克誠夫皇天惟親至敬鬼神惟享至
誠天人之交相去不遠惟誠與敬可以感通陛下躬行於上則百官
有司莫敢不祇肅於下經曰聖人之德無以加於孝惟陛下虔恭祀
事以教天下之孝使羣臣萬國瞻望盛德休光臣不勝拳拳之愚
祖禹又議合祭狀曰臣准尚書禮部牒親祠皇地祇三省同奉聖旨
令侍從官尚書侍郎給舍臺諫禮官集議奏聞者右臣等謹按經曰
昔者明王事父孝故事天明事母孝故事地察禮曰天子祭天地祭
四方祭山川祭五祀歲徧三代之禮天子無不親事天地周禮冬日
至祀天於地上之圓丘夏日至祭地於澤中之方丘自玉器牲幣樂
舞皆不同由漢以來乃有合祭之文至於國朝踵為故事元豐中神
宗皇帝用禮官之議詔定北郊親祀之儀始罷合祭之禮陛下嗣位
於今八年將肇祀圓丘而疑於未見地祇欲循祖宗之舊則禮不經
見欲如元豐之制則慮北郊或未可行故下有司博議此誠欽崇明
祀慎重之至也臣等謹議書曰惟天地萬物父母禮曰地載萬物天
垂象取財於地取法於天是以尊天而親地也王者父事天母事地
皆不可以不親今三年一郊已非古典而北郊未有親祠之日若不
因見地祇則是尊天而不親地事父而未事母也朝廷審能以夏日
至盛禮備物躬祠北郊舉千餘年之墜典此則三王之盛復見於今
矣其誰敢以為不然臣等竊恐北郊之禮未必親行徒崇空文則天
子長無親事地之禮亦非聖情之所安也伏請合祭天地如祖宗故
事俟將來親行北郊之禮則合祭可罷謹錄奏聞者又曰臣等近於
尚書禮部集議親祠皇地祇已具聞奏伏請南郊合祭未聞聖旨指

揮臣等竊以天地特祭經有明文然自漢以來不能行之千有餘年矣昔商因夏禮周因商禮皆有損益孔子曰其或繼周者雖百世可知也可知者亦猶商因於夏周因於商也時異事變不可盡同雖有聖人繼周亦必損益是必先代之禮後代有不相沿前王之禮後王有不相襲唐虞五載一巡守周則十二年豈可謂唐虞非乎蓋周不能行也先帝朝獻景靈宮十一殿一日而徧陛下一歲乃徧亦因時制宜欲可行也合祭之禮臣等不敢遠引前代自太祖建隆四年初郊至于元豐百二十年已成一代之禮後嗣可以遵承天地父母理無不可以並不得言瀆太祖平一海內太宗真宗皆致太平仁宗享國長久英宗神宗紹休聖緒率用此禮神祇饗荅非不蒙福報也唯元豐六年用詳定郊廟奉祀禮文所議古殆非所謂以類求神之意遂遷皇地祇之位蓋以地祇當祭於方丘樂以八變不可以升圜丘也夫周之后稷本朝之太祖皆當享於宗廟樂以九變而周公制禮以祖配天未有或非之者也祖可以配則地何為不可以並乎然先帝所以行之者決欲親祠北郊也若先帝能力行之而陛下未能猶當且復其舊況先帝尚未行乎設先帝已行而復知其難未必不改而從舊也宋興以來太祖郊四太宗郊五真宗郊五仁宗郊九英宗郊一神宗郊三皆合祭不合祭者唯元豐六年一郊耳陛下嗣位八年已再饗明堂當並見天地今初郊祀若循祖宗之舊他日果能行北郊之禮然後罷合祭未為失也今未能用周禮而先罷之他日欲親祠則不果欲合祭則已罷父天母地偏而不備伏恐聖慮未得安也若北郊既不可行而復議合祭則慢神已甚雖宴享賓客猶不可以如此況事大神祇乎臣等不知今欲親祠北郊如之何而可也一年再郊此必不能且夏日之至未易行也減損北郊之儀以就可行

是於父母有隆殺也南北郊與明堂間祀則南郊愈疏亦未為得禮也或六年或九年而一郊此豈周禮乎如此則北郊之禮必為空文未有可行之日也今近捨祖宗百餘年已行之禮而欲遠復三代千餘年不舉之祭去所易而就所難守周禮為空文虛地祇之大祀失今不定後必悔之伏望聖慈早以時決無疑於祖宗之舊以昭大孝之隆圜丘合祭依熙寧十年典禮則四海羣生並受其福臣等忝備近臣義不敢默謹錄奏聞

五年尚書右丞許將乞議皇地祇親祠之禮奏曰臣近准敕差夏至祭皇地祇攝事竊考祀儀見乃者詳定禮文所奏親祀南郊合祭天地非禮乃建議罷圜丘皇地祇并徙祀位郊祀之歲未及親祠地祇即冢宰攝事已且為儀行之臣伏以王者父天母地並為大神自古祭祀雖有異同然未有偏正而不躬行者也且三歲冬至天子親祀徧享宗廟祀天圜丘而其歲夏至方澤之祭乃止遣上公則是皇地祇遂永不在親祠之典此大闕禮也不可不議伏望聖慈博詔儒臣講求典故斟酌其宜正祀典以為萬世法

七年禮部侍郎曾肇上奏乞分祭曰臣近奉詔集官議南郊合祭天地事已具議狀奏聞訖臣職在典禮再三思惟此天地大祭國家重事況當陛下郊祀之初尤宜敬重舉錯一有未安貽議萬世尚慮前狀開陳未盡敢再冒昧以聞伏以天地合祭非先王之禮學士大夫所共知之不待臣言而信也然使合祭於承事神祇無不順之理雖非先王之禮何為而不可行蓋以聖人之於祭求之於茫昧不可知之中故必因其方順其時而用其類以致之是以因高以事天因下以事地兆五帝於四郊朝日於東夕月於西兆司中司命於南兆風師雨師於北兆山川丘陵墳衍各因其方而春夏秋冬各順陰陽之

牲其於祭事或燔或瘞或埋或沈以至圭璧幣牲坎壇樂舞各從其類先王非苟為之以謂求之如此之盡然後庶幾神之來享也苟為反是則其於格神也難矣今論者以罷合祭則天子未有親見地祇之時夏至親祠北郊則以五月行禮為難欲因南郊并舉地祭此施於人事以求自便則可矣以此為親見地祇之實則未也何則事之非其方致之非其類又違其時施於羣小祀且猶不可況地祇之尊乎以此事地地祇未必來享而便謂此為親見地祇之實此臣之所未諭也且屈已從神與屈神以從已二者孰安今以五月行禮為難而引地祇以就冬祭苟從人事之便恐失陛下恭事地祇之意此又臣之所未諭也聖人之事神洞洞乎其忠屬屬乎其敬舍忠舍敬常情所不肯為而謂陛下肯安之乎臣愚故謂合祭不可復親祠不可廢但當斟酌時宜省去繁文末節則親祠之禮無不可為已於前狀論

之矣唯陛下留神省察遠推先帝復古之心持以至誠不倦之意無從苟簡自便之說以成躬事地祇之實則上下神祇孰不顧享天下後世孰不稱頌臣以職事誼當罄竭伏望聖慈詳加採擇不勝幸甚

肇又奏曰臣伏覩詔書冬日至南郊宜設皇地祇位以嚴並享之報此蓋皇帝陛下急於親祭地祇不待考正典禮遂下此詔然臣竊詳詔旨亦云合祭不應古義今則設皇地祇位於南郊乃是復行合祭之禮既以為非又自行之一詔之中前後違戾詔書又云厥後躬行方澤之祀則修元豐六年五月之制是則異時北郊禮行合祭復罷天地大祀國家重事而輕易變更頻類兒戲廢置神位幾於奕碁此臣所以聞詔愕然不知所措也臣伏思陛下之意無他以謂王者父天母地尊親並行即位以來親見上帝而未及地祇恐乖明察之義又為議者所惑以謂五月祭地必不可行則是長闕事地之禮故因南郊并舉地祭欲以致誠敬於地祇爾以臣所見欲以致誠反近於怠欲以致敬反近於瀆何則南郊非祭地之處冬至非見地之時樂以圓鍾為宮其變以六非致地祇之音燔柴升煙非祭地祇之禮不問神之享與不享姑欲便於人事不近於怠乎今世之人家有尊長所居異宮子弟致敬必即其處尚不敢屈致一堂況天子事地可不如家人之禮哉前日以合祭為非而罷之今日復行異日復罷謂神無象廢置自由不近於瀆乎陛下志在誠敬而所行反近於怠且瀆此無他為陛下謀者以古為迂率意改作務從苟且趣便一時故也臣愚不達時變竊為陛下痛惜之陛下即位八年兩行明堂大享之禮今茲有事南郊凡與天神舉皆從祀次第行之則將來郊祀之歲親祠北郊并及諸神固未為晚何苦遽為此舉以涉非禮之議哉況五月祭地前世之所嘗行本朝開寶中亦嘗四月行雩祀之禮古人

尚以六月出師孰謂夏至有不可行禮者哉臣愚伏望陛下速降德音收還前詔令冬南郊禮畢即命有司詳定親祠北郊儀物仍令斟酌時宜省去繁文末節以從簡便俟至郊祀之歲斷在必行如此則於承事神祇不失誠敬先帝已正禮文不至無名改作使萬世之後以謂復行先王祭地之禮自陛下始不亦善乎臣蒙恩擢備從官職在典禮朝廷舉措得失臣與其責故自聞詔以來彷徨累日言之則為逆旨不言則為失職熟慮再三寧以逆旨獲罪不敢失職以負陛下任使也是以罄竭狂愚觸犯忌諱庶幾萬一有補聖明則臣雖受重誅所不敢避唯陛下留神省察不勝幸甚

肇又議明堂祀上帝奏曰臣謹按周禮稱昊天上帝文各不同昊天上帝則一帝而已五帝則五方之帝理自明白不待辯而知唯上帝之稱世或專以為昊天上帝或專以為五帝然以周禮考之肆師之

職類造上帝封于大神按周禮凡稱大神皆謂天也以上天為天則不
應復云封於大神矣又典瑞四圭有邸以祀天旅上帝兩圭有邸以祀
地旅四望先儒以謂四望非地則上帝非天斷可識矣而孝經亦曰
郊祀后稷以配天宗祀文王於明堂以配上帝正與祀天旅上帝之
文相合蓋郊明堂異祭后稷文王異配則天與上帝亦宜有異以此
推之謂上帝專為昊天上帝者非也又掌次王大旅上帝則張氈案
祀五帝則張大次小次上帝五帝所張不同則謂上帝專為五帝者
亦非也然則上帝果何謂歟按書稱類于上帝孔安國傳以謂昊天
及五帝孔穎達從而釋之曰昊天五帝上帝可以兼之由是推之所
謂上帝者蓋兼昊天五帝言之西漢已有是說矣故安國用此以解
經文至鄭康成始引讖緯之書傳會以為六天乃謂昊天上帝為北
辰之星五帝為太微宮中五帝坐星此則康成解經之誤非先儒之

說本然也然則不曰昊天五帝而曰上帝何哉蓋言昊天上帝則不
及五帝言五帝則昊天不與舉上帝則昊天五帝皆在其中以昊天
及五帝皆有帝之稱故也按周禮王祀昊天上帝則服大裘而冕祀
五帝亦如之蓋先王尊事五帝與昊天同服豢牢掌祀五帝與祀大
神祇之禮同則明堂并祀昊天五帝未為過也祭祀白青黃赤四帝
揚雄以為僭祭之禮漢武帝祀泰一五帝於明堂合高皇祠坐對之蓋
天神貴者曰泰一其佐曰五帝雖出於方士之言然所指泰一即昊
天也故武帝皆祠於明堂以高帝配食則明堂并祀昊天五帝於此
可見歷代明堂或并祀昊天五帝或止祀五帝其去五帝坐專祀昊
天上帝者唯晉太始唐顯慶中爾本朝皇祐中大享明堂參用南郊
蜡祭之禮嘉祐七年禮官始議改正設昊天上帝位以真宗配次設
五方帝位次又設五人帝位以五官從祀自是遵行遂為故事至元

豐中始詔祀英宗於明堂唯以配上帝而五帝不與論者以為未安
詔臣等集議臣等稽之經典既如彼迹之故事又如此伏請自今宗
祀神考於明堂以配昊天上帝并祀五方帝五人帝五官神以稱嚴
父之孝以成大享之義

紹聖初北郊之論雖定猶不果行龍圖閣直學士黃履建言曰陽復
陰消各因其時上圜下方各順其體是以聖人因天祀天因地祭地
三代至漢其儀不易及王莽謟事元后遂躋地侍同席共牢歷世襲
行不能全革逮神宗考古揆今以正大典嘗有意於茲矣今承先志
當在陛下及二三執政哲宗詢諸朝章惇以為北郊止可謂之社履
曰天子祭天地蓋郊者交於神明之義所以天地皆稱郊故詩序云
郊祀天地若夫社者土之神而已豈有祭大祇亦謂之社乎哲宗可
之遂定郊議

元符元年左司員外郎曾旼上言曰周人以氣臭事神近世易之以
香按何佟之議以為南郊明堂用沉香本天之質陽所宜也北郊用
上和香以地於人親宜加雜馥今令文北極天皇而下皆用濕香至
於眾星之位香不復設恐於義未盡於是每陛各設香又言先儒以
為實柴所祀者無玉槱燎所祀者無幣今太常令式眾星皆不用幣
蓋出於此然考典瑞玉人之官皆曰圭璧以祀日月星辰則實柴所
祀非無玉矣槱燎無幣恐或未然至是遂命眾星隨其方色用幣

哲宗時劉安世上議曰近奉詔旨封送下蘇軾等三狀與臣等所議
北郊事不合今再行看詳考求其當別具聞奏者右謹具如前臣等
竊以儒學得備官使凡有議論必據經典六經所載方敢取以為證
苟不經見其說雖辯實不敢從孔子曰周監於二代郁郁乎文哉吾
從周是典章制度歷夏商之損益至周而大備無以復加此孔子所

以有從之之論也臣等昨奉詔旨講議大典皆祖周制而或者欲於當郊之歲以十月神州地祇之祭易夏至方澤之祀可以免盛暑舉事之勞夫神州地祇乃天子建都之所一方之神爾非皇地祇之比也或者又欲於夏至之日上不親郊止設燎火天子望祀於禁中如西漢竹宮故事此皆出於臆說違經害義不可施行臣等更不復議內有蘇軾一狀最為強辯須至推其是非以煩天聽按軾以謂合祭圜丘於禮為得不可復有改更臣等謹按周禮天子親祀上帝一歲凡九國朝因前代之制三歲方一郊天仍於其間或用他禮比之周室固以疏闊苟更因循謬誤不加考正則何以副聖上嚴禋之意哉夫祭祀之禮莫大於天地孝經曰昔者明王事父孝故事天明事母孝故事地察二儀敵體禮宜均一豈可親祠乃有隆殺古者謂求神以類繫辭曰乾為天陽物也故祭之於冬至一陽生之日就國之南圜丘以行禮牲牢器幣樂舞皆尚陽數此所謂求神以類者也坤為地陰物也故祭之於夏至一陰生之日就國之北方澤以行禮牲牢器幣樂舞皆尚陰數此所謂求神以類者也今議者於人主父事天母事地求端推類之誠意則違經變古反逆陰陽聖人之成法則棄而不行猥用王莽不經之說至引夫婦同牢私褻之語黷亂天地臣等雖謭陋決不可從非禮之禮秦漢而下去聖寖遠禮崩樂壞無能稽考未遑改制奄及大故陛下繼志述事講究墜典此正方今之先務也議者乃引周頌昊天有成命以為合祭之證臣等竊詳詩曰昊天有成命二后受之成王不敢康夙夜基命宥密於緝熙單厥心肆其靖之終篇未嘗有合祭之文所謂郊祀天地乃後儒敘詩者之辭爾非經語也蓋成周之世圜丘祭天歌此詩以為樂章方澤祀地亦

歌此詩以為樂章而已非謂易北郊之祀使就饗於南郊也借如其說臣等不敢別引他經止就周頌中舉詩以難之潛詩之序曰潛季冬獻魚春薦鮪也不識謂一祭邪抑二祭邪又豐年詩之序曰豐年秋冬報也噫嘻詩之序曰春夏祈穀於上帝也如此之類未審止是一祭復為二祭三詩既互用於異時則昊天有成命雖歌於圜丘豈不可用於方澤乎臣等竊謂去聖遼邈經籍焚蕩若典禮所載後世當共守之六經所無方可以義起今郊天祀地之禮經旨詳具昭如日星不識何苦必欲變改臣等反復推究別無義理止以諸軍賞給恐動羣小之情故造此紛紜之言以惑聖聽甚者至引禍福殃咎之說劫持朝廷必欲從己甚無謂也夫郊禋錫予乃五代姑息之弊法聖朝寬仁不欲遽罷若分而為二以給之何不可之有臣等所守乃先王之正禮而蘇軾之議皆後代之權宜權之與正決不可合伏望聖慈詳擇其當上以成神考之志下以證千載之謬豈勝幸甚所有廟饗典禮已具前奏伏乞檢會施行

太子中允陸佃上廟制議曰臺門周書曰太廟路寢明堂應門庫臺注謂門者皆有臺於庫門見之從可知也臣謹按爾雅曰閍謂之門正門謂之應門揵為舍人曰閍廟門也應門南向大門明堂位曰九采之國應門之外北面東上然則太廟明堂同制大門謂之應門蓋築臺為屋於其上禮記曰天子諸侯臺門有以高為貴也又曰臺門而旅屏大夫之僭禮也正義曰兩邊起土臺臺上架屋謂之臺門玄閫周書曰應門庫臺玄閫注謂以黑石為門階也提唐周書曰太廟提唐注謂唐中庭道提謂為高之也臣謹案考工記曰堂塗十有二分注謂分其督旁之脩以一分為峻也爾雅曰廟中路謂之唐堂塗謂之陳詩曰中唐有甓注謂中中庭也唐堂塗也據此中堂有甓謂

中庭道則庭外廟中之路提使少高而已弗䒖也疏屏明堂位曰太
廟疏屏注謂疏今浮思也刻之雲氣蟲獸若今闕上為之矣疏曰天
子外屏人臣至屏俯伏思念其事臣竊謂跡屏蓋謂疏其上也尚書
大傳曰諸侯疏序注謂序牆也於上為疏疏窻也謹按義訓曰交窻
謂之牖櫺窻謂之疏鄭氏謂刻為雲氣蟲獸誤矣四門家語曰孔子
觀乎明堂覩四門墉有堯桀之象而各有善惡之狀興廢之誡焉臣
竊謂宗廟與明堂同制則廟亦四墉有門其南曰闈三面謂之闈故
蔡邕明堂月令論曰古大明堂之禮膳夫氏相禮日昃出西闈日闇
出北闈知宗廟之門四也九階考工記曰世室九階注謂南面三三
面各二疏曰明堂位曰三公中階之前北面東上諸侯之位阼階之
東西面北上諸伯之國西階之西東面北上以此知南面三階也大
射禮云工人士與梓人升自北階禮記曰夫人至入自闈門升自側

階又曰升自東階以此知三面各二也左墄甓鞹者傳曰黃帝所作
王者宮中必左墄而右平薛綜曰墄限也謂階齒也天子殿高九尺
階九齒各為九級其側階各中分左右有齒右則坡陁平之玄陛周
書曰太廟內階玄陛注謂以黑石為階臣竊謂內猶中也南面三階
其中階之陛以黑石為之重屋周書曰太廟重亢注謂重亢累棟也
復格周書曰太廟復格注謂復格累芝栭也臣謹案芝栭山梲也方
小木為之爾雅曰闕謂之槉栭謂之楶注槉欂也疏曰欂一名枅字
林云枅柱上方木也櫨謂斗栱又明堂位曰山楶藻梲天子之廟飾
也鄭氏謂山節刻欂為山也藻梲畫侏儒柱為藻文也禮器曰管
仲山楶藻梲君子以為濫矣鄭氏謂大夫無畫山藻之飾然則山楶
刻而畫之天子廟飾重為黑楹明堂位曰太廟刮楹注謂刮摩也疏
曰謂以密石摩柱傳而畫之天子廟飾重爲廣雅曰天子諸侯廟黝

堊大夫蒼士黈臣看詳說者據爾雅以謂牆謂之堊地謂之黝案莊
子郢人仰塗堊漫其鼻則不特牆謂之堊又穀梁曰天子諸侯黝堊
大夫蒼士黈丹楹非禮也案此刮楹亦以黑白飾之故春秋正義曰
禮楹天子諸侯黝堊徐邈云黝黑柱也然則黑柱以白畫之丹楹尚
書大傳曰天子之桷斲之礱之加密石焉注謂礱礪也密石砥之也
漢書解詁曰桷椽也諸侯丹桷以丹色也臣竊謂宗廟丹桷禮也刻
桷非禮也穀梁曰楹天子諸侯黝堊椽此諸侯丹桷則天子桷丹可
知也飾礩尚書大傳曰士大夫有石材庶人有石承注謂石材柱下
礩也石承當柱下而已不外出為飾臣看詳士大夫石材外出為飾
則天子諸侯柱礩飾之從可知矣達鄉明堂位曰太廟達鄉注謂鄉
牖屬謂夾戶窻也博雅曰窻牖闢也臣謹按考工記曰四旁兩夾窻
謂於重屋四旁面各兩窻以納日月之明所謂達鄉而鄭氏以謂每

室四戶八窻非是也說文曰在屋曰窻在墻曰牖則窻在屋明矣交
牖義訓曰櫺窻謂之疏交窻謂之牖臣謹案說文曰牖穿壁交木為
窻也儀禮曰司宮闔戶牖則牖蓋交木為之可以開闔已祭則閉焉
藻井周書曰太廟旅楹春常畫旅注謂常累系也春常謂藻井之飾
也言皆畫列柱為文風俗通曰殿堂象東井形刻作荷菱荷菱水物
也所以厭火賁墉尚書大傳曰天子賁墉諸侯疏序注謂賁大也牆
謂之墉大墻正直之墻不衰殺其上臣竊謂廟垣謂之墻今其外繞
牆也承室之牆曰墉儀禮或曰北墉下或曰西墻下墉與牆異明矣
牆蓋衰殺其上考工記曰囷窌倉城逆墻六分注謂逆猶郤也六分
其高郤一分以為綱設移周書曰太廟設移注謂承室曰移臣謹案
爾雅曰連謂之簃注謂堂樓閣邊小屋博雅曰宮室相連謂之簃蓋
天子宗廟重廊故於堂邊設移屋連之詩曰繹繹寢廟繹繹連也重

廊周書曰太廟重廊注謂重廊累屋也臣謹案古曰廊廟廟之有廊明矣山牆周書曰太廟山墉注謂牆畫山雲臣謹案子貢曰譬之宮牆夫子之墻數仞不得其門而入不見宗廟之美百官之富盖其脩之數也右臣謹案周禮匠人夏后氏世室堂脩二七廣四脩一五室三四步四三尺殷人重屋堂脩七尋堂崇三尺四阿重屋周人明堂東西九筵南北七筵堂崇一筵五室凡室二筵鄭氏謂世室宗廟也重屋王宮正堂若大寢也或舉宗廟或舉王寢或舉明堂互言明其同制周書亦曰太廟路寢明堂咸有四阿重亢重廊復格藻井設移旅楹内階玄陛提唐山牆臺門玄閫則三者同制明矣故明堂位曰太廟天子明堂而月令仲夏天子居明堂太廟先儒謂明堂制與廟同亦曰太廟也然則天子太廟五室土室在中大於四室故謂之太室書曰王入太室祼是也其左為東房其右為西房皆南戶而木室

在東北火室在東南金室在西南水室在西北木室東戶火室南戶金室西戶水室北戶詩曰築室百堵西南其戶傳謂或西其戶而家語又曰賜觀太廟之堂未既還瞻北闔皆斷西戶謂金室北戶謂水室也四室中央室劉熙釋名曰房旁也在堂兩旁也夾室在堂兩頭故曰夾也夾室皆有前堂謂之廂爾雅所謂室有東西廂曰廟無東西廂有室曰寢而覲禮云凡俟于東廂是也說者謂天子宗廟無廂夾亦已誤矣其四中則南曰明堂北曰玄堂東曰青陽西曰總章月令所謂春居青陽太廟夏居明堂太廟秋居總章太廟冬居玄堂太廟孟月居左个季月居右个是也至於閏月則闔門左扉立于其中而還遶路寢居門終月鄭氏謂於文王在門謂之閏則太廟象先王平生所居與明堂路寢同制五室十有二堂理宜然也或曰宗廟與路寢明堂制同則上有五室不待有房又惑矣案書路寢實有東房

西房東夾西夾而明堂位曰太廟天子明堂則魯用天子禮樂太廟如明堂制而季夏六月以禘禮祀周公於太廟君衮冕立於阼夫人副褘立於房中則太廟路寢明堂有房明矣今先所圖上廟制欲以八廟約少牢大夫宗廟為之雖增四阿重檐山節藻棁堂九尺階九等略應王禮然未有五室九階臺門玄閫内階玄陛山牆貴墉重廊累棟復格設移四門達鄉黑楹丹桷藻井之制又以房為堂且謂房無北壁故得北堂之名夫堂與房異著矣安有為房而無北壁者哉至於饎爨又在廟中西堂下凡皆所未盡也說者謂饎爨在西堂下逼西壁為之夫爨置於廟中理不安矣況欲逼宗廟西壁為之乎說者或謂西壁謂西墻也案儀禮有曰西牆有曰西壁則壁與墻異以臣考之特牲饋食曰主人服如初立于門外東方南面視側殺主婦視饎爨于西堂下蓋堂謂門側之堂爾雅曰門堂之側謂之塾匠人

曰門堂三之一古者爨在廟門外或在東或在西故饎爨在廟門外之西堂下少牢饋食云饔爨在門東南北上廩爨在饔爨之北特牲饋食云牲爨在廟門外東南魚腊爨在南皆西面饎爨在西壁士虞禮曰側亨于廟門外之右東面魚腊爨亞之北上饎爨在東壁西面由是觀之饎爨在廟門外之西堂下逼西壁為之明矣故曰饎爨在西壁又曰主婦視饎爨于西堂下臣稽考載籍廟與路寢明堂同制雖具其凡如右然其脩廣之度匠人以為南北七筵東西九筵凡室二筵謂之凡室二筵則太室大矣太廟五室十有二堂太室又大則廣九筵脩七筵不能容之案匠人市朝一夫鄭氏謂方各百步則東西九筵南北七筵亦謂南北各六十三尺東西各八十一尺歟且古者寢不踰廟燕衣不踰祭服而宣王考室之詩曰如鳥斯革如翬斯飛則先王宮室其輪奐至矣又曰噲噲其正噦噦其冥噲噲大聲也

嘰嘰小聲也言其閫深可以答響豈與大夫之陋同日而語又況後
王稱文積隆以至於今也然則天子廟飾雖古制殘闕不可盡見而
今亦有不可盡如古者要之考先王度當世與時宜之而已其前代
載籍所傳不具與其後世未之有法可以道揆禮可以義起使華副
實稱昭明垂之百世取度於身實在聖衷如允臣所議乞參校舊圖
擇其善者以聖訓裁之
右司諫蘇轍論明堂神位狀曰臣聞三代常祀一歲九祭天再祭地
皆天子親之故於其祭也或祭昊天或祭五天或獨祭一天或祭皇
地祇或祭神州地祇要於一歲而親祀必遍降及近世歲之常祀皆
有司攝事三歲而後一親祀親祀之疎數古今之變相遠如此然則
其禮之不同蓋亦其勢然也謹按國朝舊典冬至圓丘必兼饗天地
從祀百神若其有故不祀圓丘別行他禮或大雩於南郊或大饗於

明堂或恭謝於大慶皆用圓丘禮樂神位其意以為皇帝不可以三
年而不親祀天地百神故也臣竊見皇祐明堂遵用此法最為得禮
之變自皇祐以後凡祀明堂或用鄭氏說獨祀五天帝或用王氏說
獨祀昊天上帝雖於古學各有援據而考之國朝之舊則為失當蓋
儒者泥古而不知今以天子每歲親祀之儀而議皇帝三年親祀之
禮是以若此其疎也今者皇帝陛下對越天命適年即位將以九月
有事於明堂義當並見天地遍禮百神躬薦誠心以格靈貺臣恐有
司不達禮意以古非今執取王鄭偏說以亂本朝大典夫禮沿人情
人情所安天意必順今皇帝陛下始親祠事而天地百神無不咸秩
豈不俯合人情仰符天意臣愚欲乞明詔禮官令秋明堂用皇祐明
堂典禮庶幾精誠陟降溥及上下
畢仲游上明堂奏曰議事之人患不原本末之情輕重之勢與夫今

古之所宜而專以其誦習聞見固守之雖明知其不可復而不忍捨
去者惑之甚也自漢已來爭於親廟之數郊丘之禮與夫明堂之制
度者卒皆無定論而明堂為甚蓋其制度既不經見一皆出於異書
雜說而為相勝之論則雖蔡鄭復生猶將不決故原聖人之心而以
義起之則今儒者所共知者以為有餘不原聖人之心而斷於臆說
則雖合諸子百家而猶不足經曰郊祀后稷以配天宗祀文王於明
堂以配上帝孟子曰明堂者王者之堂也如欲行王政則勿毀之矣
夫明堂之本意大要尊祀祖考而為神明之所王者以時居之而行
其政於天下苟可以祀祖考可以行其政則天子之所出入皆可以
為明堂苟不能配祖考不能行其政雖使九室四戶七十二牖真聖
人之法猶將無益傳曰祭祀以敬不問其禮矣飲酒以樂不選其具
矣今國家上稽聖賢之遺文下循祖宗之故事闢路寢嚴配以事天

神者非止今日天神固已享矣嚴配之禮固已得矣姑修其孟子所
謂王政者自此行之則天地得其職陰陽得其序萬物得其宜若夫
考工筵室之廣狹月令左个右个太廟之同異蔡鄭世室重屋享功
養老教學選士之曲說出於誦習見聞而決不可以為定論者在上
之人義起而斷之不足膠也
侍御史劉摯論景靈宮帝后同殿乞下近臣議奏曰臣伏見神宗皇
帝神主既祔太廟竊計於景靈宮當依祖宗神御別建廟殿伏緣宮
中地步今已隘逼若或闢展民區則理有未安臣惟原廟之說始見
於西漢而其制度蓋不傳而無聞今景靈宮之聚神御也固有祖於
原廟之意然帝之與后各建殿室蓋緣舊來神御散在諸寺故亦各
殿乃出於一時規畫別無議據臣愚竊謂既曰廟貌自當倣於宗廟
之制帝后宜同御一殿如此則今日神宗所御遂可無事於興作矣

奉遷昭憲皇后於宣祖殿合配而復以太始殿易名而為神宗之殿
非徒簡節勞費便於時而已也攷之禮典則無違質之人情則為順
此大事也伏望聖慈詔三省兩制禮官雜議以處其當聽陛下聖斷
焉臣淺陋妄議合即罪誅
徽宗即位初禮部太常寺言哲宗升祔宜如晉成帝故事於太廟殿
增一室候祔廟日神主祔第九室詔下侍從官議皆如所言蔡京議
以哲宗嗣神宗大統父子相承自當為世今若不祧遠祖不以哲宗
為世則三昭四穆與太祖之廟而八宜深攷載籍遷祔如禮陸佃曾
肇等議國朝自僖祖而下始備七廟故英宗祔廟則遷順祖神宗祔
廟則遷翼祖今哲宗於神宗父子也如禮官議則廟中當有八世況
唐文宗即位則遷肅宗以敬宗為一世故事不遠哲宗祔廟當以神
宗為昭上遷宣祖以合古三昭三穆之義

大觀二年議禮局檢討俞㮚言玄以象道纁以象事故凡冕皆玄衣
纁裳今太常寺祭服則衣色青矣前三幅以象陽後四幅以象陰故
裳制不相連屬今之裳則為六幅而不殊矣冕玄表而朱裏今乃青
羅為覆以金銀飾之佩用綬以貫玉今既有玉佩矣又有錦綬以銀
銅二環飾之以玉宗彝宗廟之彝也乃為虎蜼之狀而不作虎彝蜼
彝粉米散利以養人也乃分為二章而以五色圓花為藉其餘不合
古者甚多乞下禮局博考古制畫太常寺及古者祭服樣二本以進
至於損益裁成斷自聖學
四年議禮局官宇文粹中議改衣服制度曰凡冕皆玄衣纁裳衣則
繪而章數皆奇裳則繡而章數皆偶陰陽之義也今衣用深青非是
欲乞視冕之等衣色用玄裳色用纁以應典禮古者蔽前而已芾存
此象以韋為之今蔽膝自一品以下並以緋羅為裏緣緋綃為裏無

復上下廣狹及會紕純紃之制又有山火龍章案明堂位有虞氏服
韍夏后氏山商火周龍章韍者乃黻冕之黻非赤芾之芾也且芾在
下體與裳同用而山龍火者衣之章也周既續於上衣不應又續於
芾請改芾制去山龍火章以破諸儒之惑又祭服有革帶今不用皮
革而通裹以緋羅又以銅為飾其綬或錦或皁環或銀或銅尤無經
據宜依古制除去至佩玉中單赤舄之制則全取元豐中詳定官所
議行之又上所編祭服制度曰古者冕以木版為中廣八寸長尺六
寸後方前圓後仰前低染三十升之布玄表朱裏後方者不變之體
前圓者無方之用仰而玄者升而辨於物俛而朱者降而與萬物相
見後世以繒易布故紕儉今羣臣冕版長一尺二寸闊六寸二分非
古廣尺之制以青羅為覆以金塗銀稜為飾非古玄表朱裏之制乞
下有司改正古者冕之名雖有五而繅就旒玉則視其命數以為等

差合絲索為繩用以貫玉謂之繅以一玉為一成結之使不相併謂
之就就間相去一寸則九玉者九寸七玉者七寸各以旒數長短為
差今羣臣之冕用藥玉青珠五色茸線非藻玉三采二采之義每旒
之長各八寸非旒數長短為差之義又獻官冕服雜以諸侯之制而
一品服袞冕臣竊以為非宜
政和四年比部員外郎何天衢上言曰祭不欲數數則煩祭不欲疏疏
則怠先王建祭祀之禮必得疏數之中今閒一日之間遂行兩祭者
也今太廟薦新有與朔祭同日者夫朔祭行於一月之首不可易也
若夫薦新則未嘗卜日一月之內皆可薦也新物未備猶許次月薦
之亦何必同朔日哉自是薦新偶與朔祭同日詔用次日焉
徽宗時左正言任伯雨與右司諫陳瓘同論修建景靈西宮劄子曰
臣伏覩近降聖旨修建景靈西宮拆移元豐庫大理寺軍器監儀鸞

司等處以其地基奉安神考拓宗神御極於尊崇彰乎廣大此可以見陛下奉先之孝只移官舍不動民居又可以見陛下愛民之仁得斯民之歡心以事宗廟此堯舜文武之用心也然而稽之禮意有所不合考之人情有所未便可得而議者有五事爲臣不可以無言也夫國之神位左宗廟右社稷左陽也人道之所鄉位宗廟於人道之所鄉則不死其親之意也神考建原廟于左蓋取諸此今廟據社位不合經旨非神考之意此其可議者一也夫人之所居必擇吉地故詩美衛文公能營宮室而曰卜云其吉終然允臧可不擇乎唐大理卿徐嶠有言曰大理獄院由來相傳殺氣太盛烏雀不敢栖蓋刑獄之地必有殺氣人情所惡古今皆然今乃擇此以建宮廟既非吉地神必不安此其可議者二也西宮之地雖云只移官舍不動民居而一寺一庫一監一司移於他處却要地基還此就彼彼亦有居民也

不知起遣幾家而後可以建此被遣之民有所不願則失其歡心失其歡心則遠陛下愛民奉先之本意矣此其可議者三也昔者奉安祖宗帝后神御散于寺觀之内神考合集諸殿會于一宮今乃離析一宮分爲兩處歲時酌獻鑾輿分詣禮既繁矣事神則難此其可議者四也傳曰孝莫大於寧親寧親莫大於寧神顯承殿奉安以來一祖五宗神靈協會既安既久何用遷徙宗廟重事豈宜輕動動而寧之不如勿動之寧也雖曲示隆報之心而未盡寧神之禮此其可議者五也凡朝廷舉動苟合公論則天下人情莫得而議一有可疑則衆說蠭起凡此五者臣皆得之於公論而不敢不言者也宗廟之事至重至大陛下於宰臣之請雖已恭依然禮意人情有所未安難以施行何憚於改伏望聖慈特降睿旨令三省別行詳議庶於宗廟大事無輕動之悔

伯雨攉再言西宮劄子曰臣昨具劄子言修建景靈西宮有可議者五續具奏狀言祖宗神御與聖祖天興殿皆列於天廟之次不當遷徙續又具劄子言真祖用道家之制而參取陰陽之說神考依禮經之旨而不易左右之位今一舉而兩失之頗詔三省樞密院及侍從臺諫官重行審議未蒙施行臣竊惟宗廟之祠不可輕易祖宗之緒不宜苟改而朝廷固執初議臣不敢以爲然也周禮義曰位宗廟於人道之所向者不死其親之意也不死其親雖公羊之舊說而三經妙義乃神考之所以訓天下者也廟社之說安可破乎今欲棄先儒之是說違神考之聖訓專用私意率改成緒臣是以知其不然也或者以謂若東展舊基則高頭街之地必見侵掘國之左臂不可侵也夫天廟之說出於陰陽家真宗用之今尚不取何獨左臂之說爲可據乎況舊基之北有榷貨務移一務則不動民居而得殿基矣不欲

侵掘則因地形之高下何爲不可釋此可因之緒而堅持難就之計臣是以知其不然也又或謂以祖宗神御昔者或東或西或南或北隨寺觀之所在即置殿宇豈有左右之拘乎臣謂隨處奉安斯無定位會而爲一必辨東西昔者散處之時后或在南帝或在北今既會而爲一豈可以不分南北而皆以因舊爲說乎臣是以知其不然也夫此三不然者皆不足以固守然陛下所以不敢輕改前議者謂神考嘗有修建西宮之意蔡京親聞先訓而實錄備載其語故不可以不恭依也陛下用史官親聞之語遵神考素定之意以奉先之孝述宗廟之事臣下之所宜將順其有大於此乎然而以臣觀之此乃蔡京矯誣神考之訓無足信者臣請以一事驗之元豐中神考於英宗治隆殿後留一殿之基宣仁詔曰此以待未亡人也因遂此基爲神考廟宮之地宣仁之意不欲多遷民居耳而紹聖大臣因謂宣仁輕

蔑神考。裁損廟制。於是重卜奉安之地。以極崇報之禮。今顯承殿是也。方建修顯承殿之時。蔡京正在朝廷。若神考之言審如實錄所載。京於此時何不具以先訓聞于哲宗。況當哲宗之時。京最用事。凡可以毀宣仁者無遺力矣。豈有宗廟重事。親聞先訓可以證元祐之非。無大於此。而乃隱忍不言。復何待乎。臣是以驗其爲矯誣也。且紹聖之初。哲宗聖意本無適莫。章惇雖挾功自恣。然其初猶有兼取元祐之意。及京自成都而來。與其弟卞共毀宣仁。共欺哲宗。京之得售其說。自役法始。從大改役法以後。事事無不大改。兄弟同朝。壎篪相和。無有一事不如其意。當此之時。不以所聞神考聖訓告于哲宗。至于今日。然後引所自書實錄以爲證驗。唱爲不經之論。而欲還神考于西宮。其爲矯誣可謂明矣。京以矯誣之筆。妄增實錄之事。以矯誣之舌。偽造神考之訓。朝廷用矯誣之言而輕改宗廟。信矯誣之說而力

沮言者。臣恐自此以後。矯誣之人無復忌憚。矯誣之政不可復救。姦雄生心。四夷相賀。必始於此矣。伏望聖慈出自睿斷。正京矯誣之罪。明示貶竄。然後三省樞密院及侍從臺諫官如臣所請重行審議。

瓘又言修建景靈西宮狀曰。臣近論修建景靈西宮有可議者五。已奉聖旨送三省樞密院。今數日矣。未有定議。臣謹按大中祥符五年。以聖祖臨降。詔於大內之南。巳丙之位。得祖廟之地。以建景靈宮。亦如天廟星在太微之東南也。神考合集祖宗神御。會于天廟之次。所以契符天象。稽參經旨。述真宗之事。爲後世之法。今修建西宮。非神考紹述之意。宗廟至重。不宜輕舉。伏望聖慈詔諭大臣。速行改議。無貽輕動之悔。天下幸甚。

貼黃。大中祥符五年十二月。詔以聖祖臨降。令修玉清昭應宮使丁謂擇地建宮。及令禮官考制度以聞。是月丁謂言得司天少監王熙元等狀。按晉天文志云。張南有天廟十四星。乃帝王祖廟也。今大內法象太微。天廟星在太微南。若建新宮。宜大內正南次東巳丙方。上合天廟星位。又按二宅經。大內陽宅新宮宜在正南次東巳丙。上合陽宅福德方吉。臣請以錫慶院開封府兩處地位建置。上符天象。旁合經術。遂詔以錫慶院建宮。

歷代名臣奏議卷之二十一

郊廟

宋欽宗時侍御史李光論明節皇后不當立忌狀曰臣準西上閤門
闕準太常寺闕今ノ十迎奉道君太上皇帝若在四月二日到京緣當
日係明節皇后忌辰今分定奉迎及行香官者臣嘗考求典禮明節
皇后不當立忌昨緣太常少卿林震率意迎合妄援温成故事爲明
節皇后立忌因以爲例不復討論遂使聖朝著非禮之舉貽譏後世
不可不革臣竊詳忌日之制罷樂廢務修齋行香皆致其子孫追慕
之誠五季之亂可謂無禮法矣周世宗宣懿皇后入廟議者猶以太
后在上疑祔廟之後立忌非便嘉祐中言者以久雨陰沴宗廟之禮
恐有未順且謂城南立温成廟四時祭享並同太廟之禮蓋當時有
司失於講求商宗遭變飭己思咎祖己訓以典祀無豐于昵况以嬖

寵列於秩祀非所以享天心奉宗廟之意也熙寧中有司議改温成
廟爲祠殿歲時遣宮臣行事忌日齋祭並合廢罷識者是之今陛下
初嗣歷服宜大正始之時宗廟國之大事伏望聖慈下有司討論典
禮務合中制所有明節忌辰乞且依温成故事罷百官奉慰行香止
令內臣就祠殿行事薦以常饌庶合典禮

高宗紹興初權禮部尚書胡直孺等言國朝配祀自英宗始配以近
考司馬光吕誨爭之以爲詘祖進父然卒不能奪王珪孫抃之謟辭
其後神宗謂周公宗祀在成王之世成王以文王爲祖則明堂非以
考配明矣王安石亦對以誤引孝經嚴父之說惜乎當時無有辨正
之者今或者曰后稷爲周之祖文王武王是爲二祧高祖爲漢之祖
孝文孝武特崇兩廟皆子孫世世所奉承者太祖爲帝者祖太宗真
宗宜爲帝者宗望祐以一祖二宗並配議出於此直孺等聞前漢以
高祖配天後漢以光武配明堂蓋古之帝王非建邦啓土者皆無配
天之祭故雖周之成康漢之文景明章其德業非不美也然而子孫
不敢推以配天者避祖宗也有宋肇基創業之君太祖是也太祖則
周之后稷配祭於郊者也太宗則周之文王配祭於明堂者也此二
祭者萬世不遷之法皇祐宗祀合祭天地固宜以太祖太宗配當時
蓋拘於嚴父故配帝并及於真宗今主上紹膺大統自真宗至於神
宗均爲祖廟獨躋患在於無名並配則幾同於祫饗今參酌皇祐詔
書請合祭昊天上帝皇地祇于明堂奉太祖太宗以配惟禮專而事
簡庶幾可以致力於神萬世行之可也

四年國子監丞王普上言曰明堂有未合禮者十一事其一謂陶匏
用於郊丘玉爵用於明堂今茲明堂實兼郊禮宜用陶匏他日正宗
祀之禮當奉玉爵其二禮經太牢當以牛羊豕爲序今用我將之詩

遂以羊豕牛爲序所謂以辭害意豈有用大牲作元祀而反在羊豕
之後者其三陳設尊罍宜倣周官司尊彝秋嘗之制其四泛齊醴齊
宜代以今酒而不易其名其五其六祭器冕服當從古制其七皇帝
末後詣齋室則是致齋二日有半乞用質明以成三日之禮其八齋
不飲酒茹葷乞罷官給酒饌俾得專心致志交於神明其九設神位
版及升煙奠冊不當委之散吏其十十一皆論樂並從之

五年吏部員外郎董棻言臣聞戎祀國之大事而宗廟之祭又祀之
大者也大祀禘祫爲重祫大禘小則祫爲莫大焉今戎事方殷祭祀
之禮未暇徧舉然事有違經戾古上不當天地神祇之意下未合億
兆黎庶之心特出於一時大臣好勝之臆說而行之六十年未有知
其非者顧雖治兵禦戎之際正厥遺誤宜不可緩仰惟太祖受天明
命混一區宇即其功德所起宜祫饗以正東向之尊逮至仁宗親行

祫享嘗議太祖東向用昭正統之緒當時在廷之臣僉謂自古必以受命之祖乃居東向之位本朝太祖乃受命之君若論七廟之次有僖祖以降四廟在上當時大祫止列昭穆而虛東向蓋終不敢以非受命之祖而居之也暨熙寧之初僖祖以世次當祧禮官韓維等據經有請適王安石用事奮其臆說以太祖不得東向為恨安石肆言以折之已而欲罷太祖郊配神宗以太祖開基受命不許安石終不以為然元祐之初翼祖既祧正合典禮至於崇寧宣祖當祧適蔡京用事亦遵安石之術乃建言請立九廟自我作古其已祧翼祖宣祖並即依舊循沿至今太祖尚居第四室遇大祫處昭穆之列今若正太祖東向之尊委合禮經太常寺丞王普又言棻所奏深得禮意而其言尚有未盡臣竊以古者廟制異宮則太祖居中而羣廟列其左右後世廟制同堂則太祖居右而諸室皆列其左右者祫饗朝踐于

堂則太祖南向而昭穆位于東西饋食于室則太祖東向而昭穆位于南北後世祫饗一于堂上而用室中之位故唯以東向為太祖之尊焉若夫羣廟迭毀而太祖不遷則其禮尚矣臣故知太祖即廟之始祖是為廟號非謚號也惟我太宗嗣服之初太祖廟號已定雖更累朝世次猶近每於祫享必虛東向之位以其非太祖不可居也迨至熙寧又尊僖祖為廟之始祖百世不遷祫享東向而太祖常居穆位則名實舛矣儻以熙寧之禮為是僖祖當稱太祖而太祖當改廟號然則太祖之名不正前日之失大矣今宜奉太祖神主居第一室永為廟之始祖每歲五享告朔薦新止於七廟三年一祫則太祖正東向之位太宗仁宗神宗南向為昭真宗英宗哲宗北向為穆五年一禘則迎宣祖神主享于太廟而以太祖配焉如是則宗廟之事盡合禮經無復前日之失矣

七年徽宗哀聞是歲九月中書舍人傅崧卿援嚴父之說不幸太上諱問奄至而大饗不及理實未安吏部尚書孫近專言元年以來祖宗並配今論者乃欲祖宗並配之外增道君皇帝一位不合典禮權禮部侍郎陳公輔言今梓宮未還廟祏未定疆土未復臣竊意祖宗上皇神靈所望於陛下者必欲興衰撥亂恢復中原迎還梓宮歸葬陵寢以隆我宋無疆之業若如議者之言以陛下貴為天子上皇北狩十有一年未獲天下之養今不幸而崩且欲因明堂之禮追配上帝謂是足以盡人子之孝則於陛下之志恐亦小矣宜依故事合祭天地祖宗並侑太上升配似未可行

十三年禮部侍郎王賞等言郊祀大禮合依禮經皇帝服大裘被衮行禮據元豐詳定郊廟禮文何洵直議以黑繒創作大裘如衮惟領袖用黑羔乞如洵直議詔有司如祖宗舊制以羔製之禮部又言闕

西羊羔係天生黑色今有司捏白羔為之不中禮制不如權以繒代又元祐中有司欲為大裘度用百羔哲宗以為害物遂用黑繒請依太常所言從之遂以衮服裘冕亦十二旒焉

高宗時監察御史鄭剛中上奏曰竊見明堂大禮前一日皇帝躬詣太廟名曰朝享臣僚奏議以方行三年之喪未當見宗廟行吉祭五月二十四日詔令侍從臺諫官并禮官共詳定以聞臣等謹按春秋僖公三十三年傳凡君薨卒哭而祔祔而作主特祀於主烝嘗禘於廟杜預謂新主既特祀於寢則宗廟四時常祀自當如舊是則考之往古居喪得見宗廟有如此者又按景德三年明德皇太后之喪既易月而服除真宗遂享太廟合祀天地於圜丘熙寧元年神宗居諒闇復用景德故事躬行郊廟之禮是則考之本朝居喪得見宗廟有如此者將來明堂大禮已在易月服除之後躬行朝享自無足疑議

者止謂三年之喪前此未有故恐今日行之為非夫二年之喪陛下行之内廷所謂諒闇心喪者也麄衣蔬食不以為朝廷之禮也陛下以萬機之繁恢復之重故奪罔極之悲躬宵旰之勤坐朝廷居如平時矣栽決庶務如平時矣親御戎輅亦復進幸矣何獨至於見宗廟而曰未可又按唐故事時將有事于上帝則百神皆預遣使祭告惟太清宮太廟則皇帝親行其冊祝皆曰某月日有事于其所不敢不告宮廟謂之奏告餘皆謂之祭告至天寶九載乃謂告者上告下之詞遂下詔太清宮宜稱朝獻太廟稱朝享累世相因遂失奏告之名明堂前期之禮蓋告也非祭也謂之祭則在典故亦為可行謂之告則尤無可議者先王制禮本諸人情惟彼此參酌以無違故情文恊中而可舉所有今年明堂大禮前一日皇帝合詣太廟朝享臣等謹議

章誼論明堂大禮配饗事狀曰右臣等三月二十九日承尚書吏部牒三月二十八日都省劄子節文權吏部尚書胡直孺太常少卿蘇遲等討論明堂大禮配饗事奉聖旨令侍從臺諫集議指定限一月聞奏臣等四月七日於園通院同翰林學士汪藻等集議緣所見互有異同合具奏稟者臣等竊見胡直孺等奏乞參酌皇祐詔書請合祭昊天上帝皇地示于明堂奉太祖太宗以配蘇遲等謂宜用皇祐詔書之意采景祐禮官之請祀昊天上帝皇地示以太祖太宗真宗配仍設圜丘第一龕方澤第一成神位臣等熟考二議雖各有據然稽之經旨則未合參之典故則未盡施之事帝則未為簡嚴有是三者誠未足以隆一代之彌文而垂萬世之軌則也臣等竊詳明堂之議實本於我將之詩與孔子宗祀之說蓋言周之配天於郊既以后稷而配上帝於明堂當以文王二祀異宜不容並配今國家既以太祖配天於郊比周之后稷則太宗宜配帝於明堂以比周之文王功德世序兩適相當今禮官乃欲以祖宗並配此臣等所謂稽之經旨則未合者也臣等竊見仁宗皇祐二年始行明堂合祭天地並配祖宗乃一時變禮至嘉祐七年再行宗祀已悟皇祐之非乃罷並配仍徹地示之位故有去並侑煩文之詔至嘉祐末仁宗升祔之初英宗命官集議錢公輔以謂聖宋崛起非有始封之祖創業之君遂為太祖矣太祖則周之后稷配祭于郊者也太宗則周之文王配祭于明堂者也二配者至重至大萬世不遷之法也真宗則周之武王也雖有配天之功而無配天之祭未聞成王以嚴父之故廢文王配天之祭而移之於武王也仁宗則周之成王也雖有配天之業而無配天之祭未聞康王以嚴父之故廢文王配天之祭而移之於成王也臣等謂如嘉祐之詔則太祖地示已不與祭如公輔之論則太宗獨配

為合於禮今禮官等議乃欲合祭天地並配祖宗此臣等所謂參之典故則未盡者也臣等觀先王制禮各有所宜郊祭天地百神徧舉固不敢簡宗廟祫饗列聖並祀亦不敢略至於明堂獨祀上帝配以一宗以示簡嚴亦不可瀆故元豐是正祀典詔曰歷代以來合宮所配既紊於經至雜先儒六天之說朕甚不取於是悉罷羣祀今禮官議欲以圜丘方澤之神並行從祀此臣等所謂施之事帝則未為簡嚴者也臣等伏見陛下建炎之初郊祀昊天嘗奉太祖以配矣將來明堂大饗宜專祀昊天上帝而以太宗配則於經旨為不悖於典故為可稽於事帝為簡嚴而不瀆庶幾仰稱陛下寅恭宗祀之意臣等末學輒以所聞上備採擇伏望聖慈詳酌施行

誼又論明堂饗禮疏曰臣竊謂議禮必本於經而以孔子孟子之言為證若經典無傳孔孟無說乃將取於諸子百家之論今明堂之祀

其本起於周頌其次則孔孟明言之矣思文之詩序曰思文后稷配
天也故孔子曰郊祀后稷以配天後世郊祀以始祖配天義起於此
我將之詩序曰我將祀文王於明堂也孔子曰宗祀文王於明堂以
配上帝孟子曰夫明堂者王者之堂也後世明堂之祀以帝者之宗
配上帝義起於周郊謂之天其祀即昊天上帝也明堂謂之上帝其
祀亦昊天上帝也二祀一神其在郊稱天配以后稷者稱天則百神
皆祀不止於上帝故其祀為遠而尊則配以祖也其在明堂稱上帝
配以文王者稱上帝則特祀上帝而已百神無預焉故其祀為近而
親則配以宗也此配天配上帝或以祖或以宗者也至於明堂則王
者之堂更無別義未聞有九筵五室重屋複道之制考之於經而證
以孔孟之言則由漢以來諸儒所說皆無經據而時雜陰陽道家之
言者不足取也國朝郊丘明堂大禮固已屢舉祀天於南郊以太祖

皇帝配祀上帝於明堂以太宗皇帝配皆合於周頌之文與夫孔孟
之說矣若小異於經者蓋不免於諸儒之說今胡直孺等請將來合
祭昊天上帝皇地示于明堂奉太祖太宗以配而於列聖與夫天神
地示咸不預焉則似乎太簡蘇遲等請南面西上設昊天上帝皇地
示神位西向北上設太祖太宗真宗神位於殿之東廡設圜丘第一
龕九位於殿之西廡設方澤第一成一十三位又以列聖神主在溫
州竊恐當命大臣於其處攝行祀事或遣官恭詣溫州列聖神主所
祭告如以不偏百神為未足則請即行在所天慶觀於大饗後擇日
取祖宗大禮既畢恭謝之文亦命大臣簡其儀物而悉舉以告亦是
以盡祈報之心其於列聖天神地示似有所擇則近乎瀆矣臣觀祭法
先儒記禮禘郊祖宗皆以一祖一宗配而昊天上帝皇地示無列聖
並配之文則胡直孺等請以太祖太宗配為合於經矣郊祀明堂祫

饗三者皆為大禮今舉大禮而列聖不與聞天神地示之衆不在所
禮以周官及祭法考之率皆未合則蘇遲請遣官溫州告祭神主遣
官於天慶觀告謝百神為近於禮矣然欲配祀以真宗而不及列聖
於天神祀第一龕於地示祀第一成則擇而取之以祭恐非徧于羣
神之意欲望宗廟則自真宗皇帝以及列聖率遣宗室大臣告祭於
溫州天神自第一龕而下地示自第一成而下分遣大臣各祭於行
在宮觀兩處如此則精意並達禮亦從宜

刑部侍郎廖剛奏曰臣某聞天子之廟四親二祧與太祖而七古之
制也然禮有以義起者故周以后稷為始祖而文武雖親盡而不祧
非禮之經也後世有始封如后稷則為太祖可也得天下如文王武
王則不祧可也如其不然則當遵古制而已是以漢高帝以崛起有
天下為漢之太祖而太公以上無與焉本朝藝祖有天下雖戰爭揖

遜與漢不同而崛起則類也然則東向而為太祖夫復何疑然又有
可以義起者如太宗皇帝既有一天下之大功又實我之祖則異時
長居昭而不祧誰曰不然自此而降親盡則祧不必為後世有功有
德之說可也何以言之漢以孝文之德孝武之功為不遷之宗後世
有不以為然者為其出於一時之見而非古制也是以本朝議不祧
之廟或欲以仁宗或欲以神宗紛紛之論已隨時而異同矣要之宗
廟者子孫所以追奉其祖先者也何暇議其功德之厚薄而去取之
武故後世非如周文武之得天下天下之所共與而不可遏則自太
祖而下循序而祧禮之常也況初不著於太祖之先者乎乃若諸儒
執兄弟為一世之說以謂太祖太宗止合作一室此又不通之論既
謂之太祖居獨尊之位則繼及者豈得與並惟在昭穆之列則可以
世論耳此正當以義斷也至於三年一祫禮謂合食於太祖之廟是

以太祖爲主也則東向之尊烏可易哉然本朝自前祫祭僖順翼宣四祖咸在未得如周以后稷爲主與享者皆其子孫是以姑遵魏晉以來故事虛東向之位蓋從權也自今七廟已備則雖千萬世太祖常居東向之尊夫復何疑斷自太祖則四祖神主遷之別宮當祫則即而享之前代每行之而議論之士皆以爲當矣又復何疑前乎太祖者遷之別宮即而享之則後乎太祖者宜藏之夾室合食於太祖之廟從可知矣若五年一禘請以商人周人禘嚳明之則當禘僖祖爲宜蓋禘之祭最踈爲其雖遠亦不可忘而已設爲生太祖而禘宣祖則失禘之義矣既曰禘其祖之所自出豈必近而親者耶

孝宗乾道改元始郊見天地太常洪适上奏曰聖上踐阼務崇儉德郊丘講禮專以誠意交於神明竊謂古今不相沿樂金石八音不入俗耳通國鮮習其藝而聽之則倦且寐獨以古樂嘗用之郊廟爾昔

者竽工鼓員不應經法孔光何武嘗奏罷於漢代前史是之今樂工爲數甚夥其鹵簿六引前後鼓吹有司已奏明詔三分減一惟是肄習尚踰三月之淹夫驅游手之人掟金擊石安能盡中音律使鳳儀而獸舞而日給虛費總爲緡錢近二鉅萬若從裁酌用一月教習自可應聲合節不至闕事於是詔郊祀樂工令肄習一月太常寺復言郊祀合用節奏樂工登歌宮架樂工引舞舞工其分詣社稷及別廟並當輪應奉更不添置禮部郎官蕭國梁又言議禮者嘗援紹興指揮時饗亞獻既入太室即引終獻行事雖便於有司侍祠免至跛倚而其流將至於簡宗廟用之郊饗尤爲非宜蓋有獻必有樂卒爵而後樂闋今亞終獻樂舞雖同而其作有始其成有終不可亂也若使之相繼行事雖然於酌獻之間則共爲樂舞者不知亞獻之樂耶終獻之樂耶詔從其請訂定

乾道間中書舍人胡銓論卜郊疏曰臣伏覩今月十八日指揮郊祀大禮改用來年正陽之月雩祀之辰臣參考禮經及國朝故事有不可者凡十臣請爲陛下言之夫國之大事在祀與戎先祀後戎祀莫大焉今以戎事而廢祀事其不可一也且三年之喪天下之大喪也唯祭天地社稷爲越紼而行事示不以大喪而廢天地之祭今犬羊在境未至如大喪之慼而輒廢大祀其不可二也春秋列國最爾之魯無歲不有齊晉吳楚之師三年之郊未嘗廢也自僖公而下或以鼷鼠食牛而不郊或以牛死而不郊春秋誅之謂其不改卜牛而廢大祀也今犬羊一入寇而遂廢郊其不可三也陛下繼天爲子父天母地即位之初首當郊見天地遷延至今亦已晚矣而又展一年是即位四年而後郊慢亦甚矣其不可四也昔者周公郊祀后稷以配天聖人以爲大孝太宗皇帝即位之初合祭天地於圜丘以僖祖太

祖皇帝配焉史臣亦稱爲大孝今陛下即位三年而不郊非唯慢天地且慢祖宗之配祭其不可五也陛下即位之初犬羊侵我淮甸符離之師戰士暴骨死傷未收而陛下榮后榮妃相繼於時不曰外有敵國之患今有一風塵之警而輒廢天地祖宗之大祀其不可六也自逆亮敗盟遣鄒日聳使者奔命不暇棄四郡以啗犬羊海州斬指者以萬數泗州老弱屠戮者數萬人唐鄧廢棄之日肝腦塗地者不知其幾千人而會慶之節未嘗廢也今以魏勝一戰沒君臣相顧失色遂廢大祀其不可七也真宗皇帝澶淵之役深入不測至與撻覽對壘矣著黃屋而不懾非有他也爲宗廟社稷計也今執政侍從臺諫之臣乃謂陛下青城之宿懼有不測則澶淵之役真皇親冒矢石爲不可乎執政侍從臺諫之言是宦官宮妾之媚非大臣以道事君之義也其不可八也夏四月降詔以冬至日謁款南郊皇天后土實

聞此言。四海顒顒。引領以望大霈。一旦改祀。不去前詔。更不施行。而率意行之。人可欺也。天可欺乎。此其不可者九也。夫郊則肆赦。肆赦則赦過宥罪。爲有名。不肆赦而赦過宥罪。則何名哉。今郊既展。赦亦當展。如此。則四海顒顒數日以待赦者。寧不觖望。豈不辜陛下好生之德乎。若曰冬至之日雖不肆赦。先釋纍囚。有何不可。則來年肆赦。又釋纍囚。可乎。其不可者十也。冒瀆天威。臣無任俯伏待罪之至。

淳熙初。祕書少監楊萬里駮配饗不當䟽曰。臣聞之王通曰。議其盡天下之心乎。蓋堯之衢室。舜之總章。周有卿士庶民之謀。漢有博士廷臣之議。此皆王通之所謂議也。既曰議矣。則君之所可。臣必有所否。卿士之所從。庶人必有所違。君人者酌其議而擇之。擇其善而從之。然後下無不盡之心。上無不善之舉。今者議臣建配饗功臣之議則不然。曰欺。曰專。曰私而已。先之以本朝之故事。惟翰苑得以發其

議。抑不思列聖之廟有九。而廟之有配饗者八。發配饗之議者非一。而出於翰苑者止於三。且如罷王安石之配饗神廟。則司勳員外郎趙鼎之言也。請以韓忠彥配饗徽廟。則刑部尚書胡交修及中書舍人樓炤等之議也。豈盡出於翰苑哉。今舉其三以自例。不顧其餘之不然。非欺乎。中之以聖諭之所及。惟一己得以定其議。非專乎。終之以止令侍從數人之附其議。使廷臣皆不得以預其議。非私乎。是說一行。自今以往。一議之出。必欲有可而無否。必欲以一人之口而杜千萬人之口也。何以盡天下之心乎。有可而無否。其弊必至於水濟水之喻。以一人之口而杜千萬人之口。其弊必至於指鹿爲馬之姦。臣之所憂。不特一配饗之議而已。恭惟陛下秉大公。廓至明。如天之清。如水之止。無偏如周武。無我如仲尼。必不徇議臣一己之私說。而盡違天下之公議也。臣惟恃此。敢陳其愚。惟陛下垂聽焉。臣伏見故

太師忠獻魏國公張浚。身兼文武之全才。心傳聖賢之絕學。遭遇先皇聖神武文憲孝皇帝。擢任不次。出將入相。而浚捐軀許國。忠孝之節。動天地而貫日月。武夫悍卒。孺子婦人。裔夷絕域。聞其名者。皆翕然歸仰。中興以來。一人而已。臣嘗論其槩。以爲耆德卓行。忠諫嘉謀。動爲人師。言爲世則者。固不可勝舉也。而其尤大犖著有社稷之功者五。建炎之間。逆臣苗傅劉正彥之變。先皇恐耻。僞赦之出。四方驚惑。然莫有敢誦言討之者。惟浚興平江之師。內則倡率韓世忠張俊以爲之用。外則結約呂頤浩劉光世以爲之助。不崇朝而建復辟之勳。首復辟者誰歟。浚也。此其有社稷之大功者一也。紹興之間。浚初拜右相。未皇他議。首上封章。請建儲嗣。入謝之日。繼以面陳。而先皇嘉納。雖先皇選建之公。宗社靈長之福。上天眷顧之命。曆數有歸。在於陛下。然發此議者。紹興五年八月十五日也。發大議者誰歟。浚也。

此其有社稷之大功者二也。先是大將范瓊來赴行在。挾其兵衆。居然悖傲。不復有人臣之禮。肆然邀求。自乞貸苗劉之黨。浚召瓊至都堂。數其罪狀。縛置廷尉。論抵之死。而優撫其軍。從容指麾。釋兵聽命。分隸他將。無敢譁者。然後國法以正。紀綱以張。強臣悍將始知有朝廷之尊。立國之基。實肇於此。立國基者誰歟。浚也。此其有社稷之大功者三也。浚之守蜀。備禦既固。虜至輒敗。大酋粘罕病篤。召諸將謂曰。吾自入中國。未有敢嬰吾鋒者。獨張樞密與我敵。我在猶不敢取蜀。爾曹宜息此意。姑務自保而已。兀朮出而怒曰。是謂我不能耶。粘罕既死。兀朮來寇。浚令吳玠吳璘大破之。俘獲萬計。兀朮僅以身免。髡鬍鬚騎而遁。自虜入中原。其敗衄未嘗有此也。我是以有和尚原之捷。虜自是不敢窺蜀矣。浚之出蜀而歸也。復薦吳玠等九人將帥之才。後皆獲其用。至今朝廷無西顧之憂。全蜀安。而後中國安。安蜀

者誰歟浚也此其有社稷之大功者四也浚之貶福州也劉麟乘此引兀朮之兵數路入寇先皇即日召浚浚亦即日就道既至江上兀朮聞之曰張樞密貶嶺外何得已在此耒幾宵遁先皇之幸建康也劉猊挾虜衆來寇時相臣趙鼎樞密折彥質皆欲退淮上之師為保江之計浚力爭以為收兵渡江則無淮南而長江之險與虜共矣先皇決策從浚我是以有藕塘之捷自此兩淮始可立矣兩淮定而後中國定定淮者誰歟浚也此其有社稷之大功者五也蓋浚之用心以堯舜致君之道為己任以春秋復讎之義為己責以文武境土未復之業為己憂其論諫本仁義似陸贄其薦進人才似鄧禹其奮不顧身敢任大事似寇準其志在滅賊死而後已似諸葛亮孟子曰有社稷臣者以安社稷為悅者也浚有焉今先皇行且祔廟方議配饗之臣非有社稷之大功者其誰實宜之臣謂有社稷之大功宜配

饗於新廟者莫如浚也且陛下賜浚謚忠獻制辭有曰慮國忘家曰忠獻可替否曰獻又曰若趙普平定四方若韓琦弼亮四世雖成功之不一要易地以皆然訓辭具存昭若日星蓋普則配饗太祖之廟琦亦配饗英宗之廷陛下以此比浚則今日配饗新廟者舍浚而誰哉而議臣懷私故欲黜浚而不錄以阻天下忠臣義士之氣公議甚憤而不平也且議臣以復辟之功為重乎浚倡之呂頤浩和之張俊韓世忠秉而行之今錄其同功者三人而黜其元功者一人可乎且議臣以建儲之功為重乎趙鼎言之浚亦言之今錄其一黜其一可乎至於固長淮以保江守全蜀以保吳楚則浚一人而已矣此又非諸將所敢望者臣故曰配饗新廟者舍浚而誰哉或謂浚嘗為隆興之相矣非浚於紹興之年也臣以為不然趙普嘗相太宗矣而配饗太祖之廟韓琦曾公亮嘗相神宗矣而配饗英宗之廷然則浚之宜

配新廟又何疑焉昔唐以苗晉卿配肅宗而遺裴冕蘇氏駁之當時竟行其說裴冕得以復收臣雖學術淺陋竊有志焉又況議元和配饗之臣則令尚書省御史臺四品以上兩省五品以上同議焉議會昌配食之禮則出於宗正少卿李從易所奏焉豈翰苑之臣所得而專哉蓋專則有弊衆則無私故也臣願陛下遵中興之典酌李唐之制斷自聖衷照破私議以臣所駁之章詢之大臣下之禮官博士令與臺諫兩省侍從及在廷之臣雜議其事如蘇軾論配饗必都省集議者而陛下擇其中錄元勳於既黜釋公議於既鬱可以伸屈抑可以決壅蔽可以盡天下之心可以為忠義之勸一舉而衆美具誠非小補冒瀆天聽無任惶懼屏營之至

三年兵部侍郎周必大上明堂議曰孟子曰明堂者王者之堂也王欲行王政則勿毀之矣禮記明堂位一篇天子負斧依南鄉而立內

之公侯伯子男外之夷蠻戎狄之國以序而立故曰明堂也者明諸侯之尊卑也然則斯堂之設本以朝諸侯布王政初非祭祀之所明矣周禮大司樂有冬至圜丘所奏之樂有夏至方丘所奏之樂有宗廟所奏之樂此三者皆大祭祀也宗祀明堂乃無半言及之大宗伯以春見曰朝夏見曰宗意者成王時嘗因夏見諸侯於明堂而祀文王歟孝經特舉一時之盛而非後世常行之禮也漢唐以來既於明堂祀帝配以祖宗所謂自有制度者至於本朝仁宗特創宏規神宗嘗承聖訓司馬光呂誨等力辨諸儒講說孝經之誤紹興元年四年七年太上皇帝又有已行故事其於三代明堂之制本不相沿則所謂宗祀者安可獨泥一說而致疑哉伏請如李燾所奏施行

六年必大為禮部尚書兼翰林學士又論明堂劄子曰臣伏覩明詔令禮官詳議明堂典禮見條具奏聞外臣竊惟祀帝如祀天皆以祖

宗配食此仁宗已行之制深合於禮況明堂不專嚴父具存神宗聖
訓司馬光等正論但世俗不能徧知典故只誦孝經之語又未嘗深
考其義致以今日為疑故前郊李燾申請雖經羣臣集議尋為異說
所奪今既明降指揮即與臣下起請不同若復中輟理或未安臣意
望聖慈旦夕作一宛轉達知太上皇帝仍俟將來降御札日詳載古
誼庶幾杜絕不知者之說實為允當臣先事妄言伏俟罪譴
必大又議明堂大禮狀曰臣等竊觀傳載黃帝拜祀上帝于明堂唐
虞祀五帝於五府歷時既久其詳莫得而聞至禮記始載明堂位一
篇言天子負斧依南鄉而立內之公侯伯子男外之蠻夷戎狄以序
而立故曰明堂也者明諸侯之尊卑也孟子亦曰明堂者王者之堂
也周禮大司樂有冬至圜丘之樂夏至方丘之樂宗廟九變之樂三
者皆大祭祀惟不及明堂豈非明堂者布政會朝之地周成王時嘗

於此歌我將之頌宗祀其祖文王乎後暨漢唐雖有沿革至於祀帝
而配以祖宗多由義起未始執一本朝仁宗皇祐中破諸儒異同之
論即大慶殿行親享之禮並侑祖宗從以百神前期朝獻景靈宮享
太廟一如郊祀之制太上皇帝中興斟酌家法舉行於紹興之初亦
在殿庭蓋得聖經之遺意且國家大祀有四春祈穀夏雩祀秋明堂
冬郊祀是也陛下即位以來固嘗一講祈穀四躬冬祀惟合宮雩壇
之禮猶未親行今若特舉秋享於義為允臣等謹據已行典禮及將
仁宗時名儒李泰伯明堂嚴祖說并治平中呂誨司馬光等集議近
歲李燾奏劄具錄在前謹錄奏聞
必大又奏曰臣近者纔覩宗祀展日指揮旋聞一切如舊仰見陛下
誠心感格天步輕安臣子之情不勝忭蹈惟是十五日太廟逐室行
禮奠幣酌獻升降至再拜跪煩多按樂記云六樂必易大禮必簡鄭

氏注云若於清廟大饗然又禮器載季氏逮闇而祭日不足繼之以
燭他日子路預為質明行事晏朝而退孔子許其知禮夫君臣之制
雖殊祭祀之恭一也臣願陛下密諭大臣前期節文斯禮使有定論
協于簡易之言免令有司臨祭疑懼若陛下奉先思孝寧過乎禮自
不以此為勞則固無可議者臣不勝螻蟻拳拳之誠
光宗紹熙五年閏十月權禮部侍郎許及之言僖順翼宣四祖為太
祖之祖考所遷之主恐不得藏于子孫之廟今順翼二祖藏于西夾
室實居太廟太祖之右遇祫享則於夾室之前設位以昭穆為於是
詔有司集議吏部尚書兼侍讀鄭僑等言僖祖當用唐興聖之制立
為別廟順祖翼祖宣祖之主皆祔藏焉如此則僖祖自居別廟之尊
三祖不祔子孫之廟自漢魏以來太祖而上毀廟之主皆不合食今
遇祫則即廟而享於禮尤稱諸儒如樓鑰陳傅良皆以為可詔從之

朱熹在講筵獨入議狀條其不可者四大畧云准尚書吏部牒集議
四祖祧主宜有所歸今詳羣議雖多而皆有可疑若曰藏之夾室則
是以祖宗之主下藏于子孫之夾室至於祫祭設幄于夾室之前則
亦不得謂之祫欲別立一廟則喪事即遠有毀無立欲藏之天興殿
則宗廟原廟不可相雜議者皆知其不安特以其心欲尊奉太祖三
年一祫時暫東向之故其實無益於太祖之尊而徒使僖祖太祖兩
朝威靈相與校強弱于冥冥之中今但以太祖當日追尊帝號之令
而默推之則知今日太祖在天之靈必有所不忍而不敢當矣又況
僖祖祧主遷於治平不過數年神宗復奉以為始祖已為得禮之正
而合於人心所謂有其舉之莫敢廢者又言當以僖祖為始祖如周
之后稷太祖如周之文王太宗如周之武王與仁祖之廟皆萬世不
祧昭穆而次以至高宗之廟亦萬世不祧又言元祐大儒程頤以為

王安石言僖祖不當祧復立廟為得禮竊詳頤之議論與安石不同至論此事則深服之是以見義理人心之所同固有不約而合者特以司馬光韓維之徒皆是大賢人所敬信其議偶不出此而安石乃以變亂穿鑿得罪於公議故欲堅守二賢之說并安石所當取者而盡廢之今以程頤之說考之則是非可判矣議既上召對令細陳其說熹先以所論畫圖為本貼說詳盡至是出以奏陳久之上再三稱善

光宗時朱熹奏曰臣竊見太祖皇帝受命之初未遑他事首尊四祖之廟而又以僖祖為四廟之首累聖尊崇罔敢失墜中間雖以世數寖遠遷之夾室而未及數年議臣章衡復請尊奉以為太廟之始祖至宰相王安石等遂奏以為本朝自僖祖以上世次不可得而知則僖祖有廟與稷契疑無以異今欲毀其廟而藏其主替祖宗之尊而下祔於子孫非所以順祖宗之孝心也於是神宗皇帝詔從其請而司馬光韓維孫抃孫固等以為非是力奏爭之其說甚詳然其立意不過以為太祖受命立極當為始祖而祫享東向僖祖初無功德親盡當祧而已臣嘗深考其說而以人心之所安者揆之則僖祖者太祖之高祖考也雖歷世久遠功德無傳然四世之後篤生神孫順天應人以寧兆庶其為功德蓋不必身親為之然後為盛也是以太祖皇帝首崇立之以為初廟當此之時蓋已歸德於彼而不敢以功業自居矣今乃以欲尊太祖之故而必使之奪據僖祖初室東向之位臣恐在天之靈於此有所不恐而不敢當也安石之為人雖不若光等之賢而其論之正則有不可誣者世之論者不察乎此但見太祖功德之盛而不知因太祖當日崇立僖祖之心以原其所自但見光等之賢非安石章衡之所及而不知反之於己以即夫心之所安是以

紛紛多為異說臣嘗病其如此每恨無以正之不謂今者之來遂逢此議而又以疾病之故不獲祗赴謹已略具鄙見申尚書省乞與敷奏并畫成圖本兼論古今宗廟制度得失因又訪得元祐大儒程頤所論深以安石之言為當貼說詳盡而所論并祧二祖止成八世之說尤為明白未知已未得達聖聽欲乞宣問詳賜覽觀并下此奏別令詳議以承太祖皇帝尊祖敬宗報本反始之意上延基祚下一民聽千萬幸甚

貼黃臣竊見今者羣臣所議奉安四祖之禮多有未安蓋不還僖祖則百事皆順一還僖祖則百事皆舛雖復巧作回互終不得其所安而又當此人心危疑之際無故遷移國家始祖之祀亦惑衆聽實為非便而或者以謂前日之議已奉聖旨恭依難復更改臣竊詳治平四年三月議者請遷僖祖已詔恭依至熙寧五年十一月因章衡王安石等申請復還僖祖又詔恭依蓋宗廟事重雖已施行理或未安不容不改伏乞聖照

熹又議祧廟劄子曰臣前日面奏祧廟事伏蒙聖慈宣諭若曰僖祖自不當祧高宗即位時不曾祧壽皇即位時亦不曾祧太上即位時又不曾祧今日豈可容易臣恭承聖訓仰見陛下聖學高明燭見事理尊事宗廟決定疑惑至孝至明非羣臣所能及不勝嘆仰然今已多日未聞降出臣元奏劄子付外施行竊慮萬機之繁未及指揮欲望聖明早賜處分臣不勝幸甚

監察御史林大中上疏曰臣昨簿正奉常實陪廟祀見其祝于神者或舛於文稱於神者或訛其字所宜厚者或簡不度所宜先者或廢不用更制器服或歲月太踈夙興行事或時刻太早是皆禮意所未順人情所未安也

寧宗時吳詠繳進明堂御劄狀曰。臣被命宣鎖。伏准御寶封付下中書門下省熟狀。以今歲明堂大禮。前期命學士院降御劄處分。臣已遵奉聖旨擬撰修寫進入外。偶有愚見。輒附奏以聞。臣嘗出入禮經。讀郊特牲謂祭有祈有報有由辟焉。讀周官太祝。謂祝有祈福祥有求永貞。有救裁兵烖焉。所謂肇禋於郊。宗祀於明堂者。不但曰報而已。蓋海內乂安。兵革不興。年至於屢豐。則鋪張揚厲而主報。疆埸多事。水旱間作。民未有寧宇。則禬禳祠禱而主祈。此皆成周令典。國家列聖以來成法所不能廢也。粵自近歲詞臣所撰。詔赦類多頌美形容之辭。而少愛人惻怛之意。矧今兵祲未解。民食孔艱。陛下畏威一念。如對上帝。毖祀一忱。若保赤子。所宜因此時力致祈天永命之請。臣用是輒援仁祖高宗兩朝故實。載之御劄。所有將來合降赦書。更宜推廣此意。深自貶損。明示四方。如建炎間臣夢得所上奏疏。紹興間臣益臣近臣世將諸臣所撰赦文。則庶幾可以迓續天命。感動人心。仰昭陛下寅畏懷保之實。儻聖意以為可采。乞降付本院遵守施行。

理宗初即位。大享當用九月八日。在寧宗梓宮未發之前。下禮官及臺諫兩省詳議。吏部尚書羅點等言。本朝每三歲一行郊祀。皇祐以來。始講明堂之禮。至今遵行。稽之禮經。有越紼行事之文。既殯而祭之說。則雖未葬以前。可以行事。且紹熙五年九月在孝宗以日易月釋服之後。未發引之前。慶元六年九月。亦在光宗以日易月釋服之後。未發引之前。今來九月八日。前祀十日。皇帝散齋別殿。百官各受誓戒。係在閏八月二十七日。即當在以日易月。未釋服之內。乞下太史局於九月內擇次辛日行禮。則在釋服之後。正與前史相同。乃用九月二十八日辛卯。前二日朝獻景靈宮。前一日享太廟。遣官攝事。皇帝親行大享。禮成不賀。

紹定四年九月丙戌。京師大火。延及太廟。太常少卿度正上言曰。伏見近世大儒侍講朱熹詳考古禮。尚論宗廟之制。畫而為圖。其說甚備。然其為制務倣於古。而頗更本朝之制。故學士大夫皆有異論。遂不能行。今天降災異。火發民家。延及宗廟。舉而行之。莫此時為宜。臣於向來備聞其說。今備員禮寺。適當此變。若遂隱默。則為有負。謹為二說以獻。其一純用朱熹之說。謂本朝廟制未合於古。因畫為圖。謂僖祖如周后稷。當為本朝始祖。夫尊僖祖以為始祖。是乃順太祖皇帝之孝心也。始祖之廟居于中。左昭右穆。各為一廟。門皆南向。位皆東向。祧廟之主藏于始祖之廟夾室。昭常為昭。穆常為穆。自不相亂。三年合食。則併出祧廟之主。合享于始祖之廟。始祖東向。羣昭之主皆位北而南向。羣穆之主皆位南而北向。昭穆既分。尊卑以定。其說合于古而宜于今。蓋義盡善。舉而行之。祖宗在天之靈。必歆享于此。而垂祐於無窮也。其一說則因本朝之制。而參以朱熹之說。蓋本朝廟制。神宗嘗命禮官陸佃討論。欲復古制。未及施行。渡江以來。稽古禮文之事多所未暇。今欲驟行更革。恐未足以成其事。而徒為紛紛。或且仍遵本朝之制。自西徂東。並為一列。惟於每室之後。量展一間。以藏祧廟之主。每室之前。量展二間。遇三年祫享。則以帷幄幕之。通為一室。盡出諸廟主及祧廟主。並為一列。合食其上。前乎此廟為一室。凡遇祫享。合祭於其室。名為祫享。而實未嘗合。今量展此三間。後有藏祧主之所。前有祖宗合食之地。於本朝之制。初無大段更革。而頗已得三年大祫之義。今來朝廷若能舉行朱熹前議。固無以加。如其不然。姑從後說。亦為允當。不失禮意。然宗廟之禮。儻無其故。何敢妄議。今因大火之後。若加損益。亦惟其時。乞賜詳議。

淳祐三年。將作少監權樞密都承旨韓祥言。竊以明堂之禮。聚聖不嚴嚴父配侑之典南渡以來事頗不同高廟中興徽宗北狩當時合祭天地於明堂以太祖太宗配非嚴父之祀以父在故也及紹興末乃以徽廟配孝宗在位二十八年娛奉光堯父故無祀父之典南郊明堂惟以太祖太宗配沿襲至今遂使陛下追孝寧考之心有所未盡時朝散大夫康熙亦援倪思所著合宮嚴父爲言上曰三后並侑之說最當是後明堂以太祖太宗寧宗並侑

度宗咸淳二年將舉郊祀時復議以高宗參配吏部侍郎兼中書門下省檢正洪燾等議以爲物無二本事無二初舜之郊嚳商之郊契周郊后稷皆所以推原其始也禮者所以別等差視儀則遠而尊者配於郊近而親者配於明堂明有等也臣等謂宜如紹興故事奉太宗配將來明堂遵用先皇帝彝典以高宗參侑庶於報本之禮奉先之孝爲兩盡其至

八年起居舍人高斯得進故事曰漢成帝方郊祠甘泉泰畤召揚雄待詔承明之庭正月從幸甘泉還奏甘泉賦以風盛言車騎之衆參麗之駕非所以感動天地逢釐三神又言屏玉女卻虙妃以懲戒齋肅之事

臣聞人主事天之道惟質與忱而已矣蓋質者天地之性而忱則天之道也大路越席掃地不壇器用陶匏牲用繭栗皆尚質也立澤聽誓皮弁聽報齋明盛服三宿七戒皆致忱也外盡乎質內盡乎忱則天之親德享道也宜矣秦漢以後文縟而掩其質敬弛而汩其忱千乘萬騎以爲華寶鼎天馬以爲飾而事天之本廢矣牡荊靈旗以禱兵方士秘術以求福而事天之心蕩矣君成帝者則以文滅質以欲汩忱之尤者也甘泉泰畤之祠正承武帝奢侈之後丞相匡衡欲少去華就實乃奏罷鑾輅龍鱗撒繡周張之飾更定其儀與其樂章帝雖勉從而終不能改故雄賦甘泉極道八神警蹕星陳天行萬騎中營玉車千乘之盛以致靡麗之譏是時趙昭儀又大幸每上甘泉常法從故雄賦復言想西王母欣然而上壽兮屏玉女而卻虙妃玉女無所眺其清盧兮虙妃曾不得施其蛾眉以戒齋肅之事惜乎帝之馳騖於紛華湛溺於逸欲而不能用也欲以感動天地逢釐三神不亦難乎陛下穆卜季秋中辛以行賜館之祀今有日矣咸秩之禮昭事之忱所宜蚤戒而豫定者聖心固已孜孜於此蓋自乾淳以來每遇郊禋必詔有司自事天儀物及諸軍賞給之外凡車服仗衛聲明文物之具莫不裁約而歸於儉錫賚推恩亦減承平之半或三之一可謂尚質之至矣至於前期齋殿致其精明以對越在天者尤極其嚴行事之際避黃道而不履虛小次而不御可謂至忱之極矣是以神天顧歆或積雨而頓霽或徹恙而立瘳以迄咸熙事此則陛下之家法也粵今四郊多壘財力單匱遠不逮乾淳之時臣願陛下於阜陵節約之外損之又損庶幾曰祀曰戎二者乃若以忱事天又其大本記曰齋者防其邪物訖其嗜慾言不敢散其志也今距齋宿之期雖曰尚賒然臣願陛下以聖人久禱爲心兢兢業業已如上帝臨汝神在其上之時則積此真誠用於一日天人相與如響應聲天神之不降地示之不格風雨之不節寒暑之不時臣不信也惟陛下力行之臣不勝惓惓

金世宗將行郊祀議配享參知政事石琚曰配者侑神作主也自外至者無主不止故推祖考以配天同尊之也孝經曰郊祀后稷以配天漢魏晉皆以一帝配之唐高宗始以高祖太宗崇配垂拱初以高

祖太宗高宗並配玄宗開元十一年罷同配之禮以高祖配宋太宗時以宣祖太祖配真宗時以太祖太宗配仁宗時有司請以三帝並侑遂以太祖太宗真宗並配其後禮院議對越天地神無二主當以太祖配此唐宋變古以三帝配天終竟依古以一祖配也將來依古以一祖配之上曰唐宋不足為法止當奉太祖皇帝配之

大定十一年太常上議曰按唐會要舊制南北郊宮縣用二十架周漢魏晉宋齊六朝及唐開元宋開寶禮其數皆同宋會要用三十六架五禮新儀用四十八架其數多似乎太侈今擬太常因革禮天子宮縣之樂三十六簴宗廟與殿庭同郊丘則二十簴宜用宮縣二十架登歌編鐘編磬各一簴又按周禮大司樂凡樂圜鐘為宮黃鐘為角太簇為徵姑洗為羽靁鼓靁鼗孤竹之管雲和之瑟雲門之舞冬至日至地上之圜丘奏之若樂六變則天神皆降可得而禮矣六變

謂六成也唐宋因之盖圜鐘夾鐘也用為宮者以上應房心有天帝明堂之象也宮聲三奏角徵羽各一奏合陽之奇數欲神聽之也凡樂起於陽至少陰而止圜鐘自卯至申其數有六故六變而樂止則天神皆降可得而禮也樂曲之名唐以和宋以安本朝定樂曲以寧為名今止有太廟祫享樂曲而郊祀樂曲未備皇統九年拜天用乾寧之曲今圜丘降神固可就用今太廟祫享皇帝升降行止奏昌寧之曲迎俎奏豐寧之曲酌獻舞出入奏肅寧之曲飲福奏福寧之曲宋開寶禮亦可就用餘有郊祀曲名皇帝入中壝奠玉幣迎俎酌獻舞出入樂曲宜皆以寧字製名遂命學士院撰爲皇帝入中壝奏昌寧之曲降神送神奏乾寧之曲昊天上帝奏洪寧之曲皇地祇奏坤寧之曲配位奏永寧之曲飲福奏福寧之曲升降望燎出入大小次並與入中壝同餘載儀注及樂章又命太常議文武二舞所當先後

太常議按唐宋郊廟之禮並先文後武本朝自行禘祫之禮亦然惟唐常萬石建議謂先儒相傳以揖讓得天下則先奏文以征伐得天下則先奏武當時難從尋復改之其以開元禮先文後武為定方丘如圜丘之儀社稷則用登歌

尚書省奏禘祫之儀曰禮緯三年一祫五年一禘唐開元中太常議禘祫之禮皆為殷祭祫謂合食祖廟禘謂禘序尊卑申先君逮下之慈成羣嗣奉親之孝自異常享有時行之祭不欲數數則黷不欲疏疏則怠是以王者法諸天道以制祀典烝嘗象時禘祫象閏五歲再閏天道大成宗廟法之再為殷祭自周以後並用此禮自大定九年已行祫禮若議禘祭當於祫後十八月孟夏行禮詔以三年冬祫五年夏禘為常禮又言海陵時每歲止以二月十月遣使兩享三年祫享按唐禮四時各以孟月享于太廟季冬又臘享歲凡五享若依海陵時歲止兩享非天子之禮宜從典禮歲五享從之

十二年議建閔宗別廟禮官援晉惠懷唐中宗後唐莊宗升祔故事若依此典武靈皇帝無嗣亦合升祔然中宗之祔始則為虛室終則增至九室惠懷之祔乃遷豫章潁川二廟莊宗之祔乃祧懿祖一室今太廟之制除祧廟外為七世十一室如當升祔武靈即須別祧一廟荀子曰有天下者事七世若旁容兄弟上毀祖考則天子有不得事七世者矣伏覩宗廟世次自睿宗上至始祖凡七世別無可祧之廟晉史云廟以容主為限無拘常數東晉與唐皆用此制遂增至十一室康帝承統以兄弟為一室故不遷遠廟而祔成帝唐以敬文武三宗同為一代於太廟東間增置兩室定為九代十一室今太廟已滿此數如用不拘常數之說增至十二室可也然廟制已定復議增展其事甚重又與睿宗皇帝祏室昭穆亦恐更改春秋之義不以親

親害尊尊漢志云父子不並坐而孫可從王父若武靈升祔太廟增
作十二室依春秋尊尊之典武靈當在十一室禘祫合食依孫從王
父之典當在太宗之下而居昭位又當稱宗然前升祔睿宗已在第
十一室累遇祫享睿宗在穆位與太宗昭位相對若更改祏室及昭
穆序非有司所敢輕議宜取聖裁

章宗即位禮官言自大定二十七年十月祫享至今年正月世宗升
遐故四月不行禘禮按公羊傳閔公二年吉禘於莊公言吉者未可
以吉謂未三年也注謂禘祫從先君數朝聘從今君數三年喪畢遇
禘則禘遇祫則祫故事宜於辛亥歲為大祥三月禫祭踰月則吉則
四月一日為初吉遂當孟夏祫祭之時可為親祠詔從之及期以孝
懿皇后崩而止五月禮官言世宗升祔已三年尚未合食於祖宗若
來冬遂行祫禮伏為皇帝見居心喪喪中之吉春秋譏其速恐冬祫

未可行然周禮王有哀慘則春官攝事竊以世宗及孝懿皇后升祔
以來未曾躬謁豈可令有司先攝事哉況前代令攝事者止施于常
祀今乞依故事三年喪畢祫則祫禘則禘於明昌四年四月一日釋
心喪行禘禮上從之

承安元年將郊禮官言禮神之玉當用真玉燔玉當用次玉昔大定
十一年天地之玉皆以次玉代之臣等疑其未盡禮貴有恒不能繼
者不敢以獻若燔真玉常祀用之恐有時或闕及失禮制若從近代
之典及本朝儀禮真玉禮神次玉燔瘞於禮為當近代郊自第二等
升天皇大帝北極於第一等前八位舊各有禮玉燔玉而此二位尚
無之按周禮典瑞云以圭璧祀日月星辰近代禮九宮貴神大火星
位猶用周禮之說其天皇大帝北極二位固宜用禮神之玉及燔玉
也上命俱用真玉省臣又奏前時郊天地配位各用一犢五方帝日
月神州天皇大帝北極十位皆大祀亦當用犢當時止以羊代第二
等以下從祀神位則分割羊豕以獻竊意天地之祀籩豆尚多者以
備陰陽之物鼎俎尚少者以人之烹飪無可以稱其德則貴質而已
故天地日月星辰之位皆用一俎前時第一等神位偏用二俎似為
不倫今第一等神位亦當各用犢一餘位以羊豕分獻及朝享太廟
則用犢十二上從之

元世祖時東平趙天麟上策曰臣聞聖人之德無加於孝七世之廟
可以觀德堯有文祖舜有神宗超踰萬古之良圖度越百家之高致
商周而下秦漢以來世態潛乖希傳儀禮儒士雖明其學歷代遞變
其迹今國家道光五葉澤被六合庶事康哉群黎遂矣皆祖宗之功
德及陛下之聖神丕顯丕承而致然也臣嘗朝經暮史竊窺禮末略
知廟制今請申之禮天子立七廟在都內之東南太祖中位乎北三

昭在東三穆在西廟皆南向主皆東向都宮周於外以合之牆宇建
於內以別之門堂室寢一一分方庭砌唐陳區區異地山節藻梲以示
崇高重檐刮楹以示嚴肅斲礱其桷以示麗而不奢覆之用茅以示
儉而有節此蓋廟之制度也祖功宗德百世不易親盡之廟因新而
祧祧舊主於太祖之夾室祔新主於南廟之室中昭以取其向明而自
班乎昭焉穆以取其深遠而常從其穆焉穆祔而昭不動昭祔而穆
不遷二世祧則四世遷於二世而六世遷於四世以八世祔昭之南廟
矣三世祧則五世遷於三世而七世遷於五世以九世祔穆之南廟
矣孫以之祔于祖父孫可以為王父尸由其昭穆之同非有尊卑之
辨故祧主既藏祫則出餘則否祔廟貴新易其檐改其塗此蓋廟之
祧祔也散齋七日致齋三日牲牷肥腯旨酒嘉栗粢盛豐潔器皿具
備衣服既鮮水火又明祠宜羔豚膳膏薌禴宜腒鱐膳膏臊嘗宜犢

羃膳膏腥豕宜鱻羽膳膏羶設守祧所掌之遺衣陳奕世遞傳之宗器
王后及賓禮成九獻辟公卿士奔執豆籩此蓋廟之時祭也太祖廟
主循常東面移昭南穆北而合食就已毀未毀而制禮四時但陳未
毀而祭之五年兼其已毀而祭之此蓋廟之祫祭也三年大祭祭始
祖之所出以始祖配之此蓋廟之禘祭也子思子曰明乎郊社之禮
禘嘗之義治國其如示諸掌乎言天下雖大而其要在乎務本也伏
望陛下擴恭肅慈和之心盡仁孝誠敬之念斷出天衷力行古道聳
天下士民之企仰報本朝神聖於無窮一新太廟之儀章嚴接春秋
之祭祀惟陛下先天下以孝坐弘偃草之風而天下化陛下之神感
識移忠之道如是則上下和悅朝野無虞尚豈有干名犯分故投寬
綱之民哉有子曰其為人也孝弟而好犯上者鮮矣其此之謂與
成宗大德初建南郊翰林國史院檢閱官袁桷進十議曰天無二日

天既不得有二五帝不得謂之天作昊天五帝議祭天歲或為九或
為二作祭天名數議圜丘不見於五經郊不見於周官作圜丘非郊
議后土社也作后土即社議三歲一郊非古也作祭天無間歲議燔
柴見於古經周官以禋祀為天其義各有旨作燔柴泰壇議祭天之
牛角繭栗用牲于郊牛二合配而言之增羣祀而合祠非周公之制
矣作郊不當立從祀議郊質而尊之義也明堂文而親之義也作郊
明堂禮儀異制議郊用辛魯禮也卜不得常為辛作郊非辛日議北
郊見於三禮尊地而遵北郊鄭玄之說也作北郊議禮官推其博多
采用之
成宗時元永貞上真定玉華宮罷遣太常禮樂議曰竊聞天子七廟
萬世之通議三代以還莫違茲道原廟之制隆古未聞漢孝惠從叔
孫通之請始詔有司立原廟遂有衣冠月出遊之名其後郡國所在

國各立廟至元帝永平四年貢禹奏郡國祖宗廟不應古禮宜正定
天子是其議罷之謹按尚書黷於祭祀時為弗欽春秋之義父不祭
於支庶君不祭於臣僕之家伏觀聖朝建立七廟崇奉孝享可謂至
矣而睿宗皇帝神御別在真定路玉華宮竊惟有功德於天下者莫
如太祖皇帝世祖皇帝太祖皇帝不聞有原廟世祖皇帝神御奉安
大聖壽萬安寺歲時差官以家人禮祭供不用太常禮樂今玉華宮
原廟列在郡國又非龍興降誕之地主者以臣僕之賤供奉御容非
禮之甚伏望朝廷稽前漢故事致隆太廟玉華宮照依京師諸寺影
堂例止命有司以時祭供罷遣太常禮樂非獨聖朝得典禮之正而
在天之靈無褻瀆之煩而禮官免失禮之責矣
英宗時詔作太廟議者習見同堂異室之制乃作十三室未及遷奉
而國有大故有司疑於昭穆之次命集議之集賢學士吳澄議曰世

祖混一天下悉攷古制而行之古者天子七廟廟各為宮太祖居中
左三廟為昭右三廟為穆昭穆神主各以次遞遷其廟之宮頗如今
之中書六部夫省部之設亦做金宋豈以宗廟敘次而不考古乎
晉王泰定間博士劉致建議曰竊以禮莫大於宗廟宗廟者天下國
家之本禮樂刑政之所自出也唐虞三代而下靡不由之聖元龍興
朔陲積德累功百有餘年而宗廟未有一定之制方聖天子繼統之
初定一代不刊之典為萬世法程正在今日周制天子七廟三昭三
穆昭處於東穆處於西所以別父子親疏之序而使不亂也聖朝取
唐宋之制定為九世遂以舊廟八室而為六世昭穆不分父子並坐
不合禮經新廟之制一十五間東西二間為夾室太宗室既居中則
唐宋之制不可依惟當以昭穆列之父為昭子為穆則睿宗當居太
祖之東為昭之第一世世祖居西為穆之第一世裕宗居東為昭之

第二世兄弟共為一世則成宗順宗顯宗三室皆當居西為穆之第二世武宗仁宗二室皆當居東為昭之第三世昭之后居左穆之后居右西以左為上東以右為上也苟或如此則昭穆分明秩然有序不違禮經可為萬世法若以累朝定制依室次於新廟遷安則顯宗躋順宗之上順宗躋成宗之上以禮言之春秋閔公無子庶兄僖公代立其子文公遂躋僖公於閔公之上史稱逆祀及定公正其序書曰從事先公然僖公猶是有位之君尚不可居故君之上況未嘗正位者乎國家雖曰以右為尊然古人所尚或左或右初無定制古人右社稷而左宗廟國家宗廟亦居東方豈有建宗廟之方位既依禮經而宗廟之昭穆反不應禮經乎且如今朝賀或祭祀宰相獻官分班而立居西則尚左居東則尚右及行禮就位則西者復尚右東者復尚左矣致職居博士宗廟之事所宜建明然事大體重宜從使院移書集議取旨四月辛巳中書省臣言始祖皇帝始建太廟太祖皇帝居中南向睿宗世祖裕宗神主以次祔西室順宗成宗武宗仁宗以次祔東室逝者集賢翰林太常諸臣言國朝建太廟遵古制古尚左今尊者居右為少屈非所以示後世太祖皇帝居中南向宜奉睿宗皇帝神主祔左一室世祖祔右一室裕宗祔睿宗室之左顯宗順宗成宗兄弟也以次祔世祖室之右武宗仁宗亦兄弟也以次祔裕宗室之左英宗祔成宗室之右臣等以其議近是謹繪室次為圖以獻惟陛下裁擇從之

歷代名臣奏議卷之二十三

治道

周武王問於太公曰賢君治國何如對曰賢君之治國其政平其吏不苛其賦斂節其自奉薄不以私善害公法賞賜不加於無功刑罰不施於無罪不因喜以賞不因怒以誅害民者有罪進賢舉過者有賞後宮不荒女謁不聽上無婬慝下不陰害不幸宮室以費財不多觀游臺池以罷民不雕文刻鏤以逞耳目官無腐蠹之藏國無流餓之民此賢君之治國也武王曰善哉

成王問政於尹逸曰吾何德之行而民親其上對曰使之以時而敬順之忠而愛之布令信而不食言王曰其度安至對曰如臨深淵如履薄冰王曰懼哉對曰天地之間四海之內善之則畜也不善則讎也夏殷之臣反讎桀紂而臣湯武夙沙之民自攻其主而歸神農氏此君之所明知也若何其無懼也

齊桓公田至麥丘見麥丘邑人問之子何為者也對曰麥丘邑人也公曰年幾何對曰八十有三矣公曰美哉壽乎子其以子壽祝寡人麥丘邑人曰祝主君使主君甚壽金玉是賤人為寶桓公曰善哉至德不孤善言必再吾子其復之麥丘邑人曰祝主君使主君無羞學惡下問賢者在傍諫者得入桓公曰善哉至德不孤善言必三吾子一復之麥丘邑人曰祝主君使主君無得罪於群臣百姓桓公怫然作色曰吾聞之子得罪於父臣得罪於君未嘗聞君得罪於臣者也此一言者非夫二言者之匹也子更之麥丘邑人坐拜而起曰此一言者夫二言之長也子得罪於父可以因姑姊叔父而解之父能赦之臣得罪於君可以因便辟左右而謝之君能赦之昔桀得罪於湯紂得罪於武王此則君之得罪於其臣者也莫為謝至今不赦公曰

善賴國家之福社稷之靈使寡人得吾子於此扶而載之自御以歸禮之於朝封之以麥丘而斷政焉

桓公謂管仲曰吾欲舉事於國昭然如日月無愚夫愚婦皆曰善可乎仲曰可然非聖人之道桓公曰何也對曰夫短綆不可以汲深井知鮮不可以與聖人之言慧士可與辨物智士可與辨無方聖人可與辨神明夫聖人之所為非衆人之所及也民知十已則尚與之爭曰不如吾也百已則疵其過千已則誰而不信是故民不可稍而掌也可并而牧也不可暴而殺也可麾而致也衆不可戶說也可舉而示也

景公問於孔子曰秦穆公其國小處僻而霸何也對曰其國小而志大雖處僻而其政中其舉果其謀和其令不偷親舉五羖大夫於係縲之中與之語三日而授之政以此取之雖王可也霸則小矣

晏子治東阿三年景公召而數之曰吾以子為可而使子治東阿今子治而亂子退而自察也寡人將加大誅於子晏子對曰臣請改道易行而治東阿三年不治臣請死之景公許之於是明年上計景公迎而賀之曰甚善矣子之治東阿也晏子對曰前臣之治東阿也屬託不行貨賂不至陂池之魚以利貧民當此之時民無飢者而君反以罪臣今臣之後治東阿也屬託行貨賂至并會賦斂倉庫少內便事左右陂池之魚入於權家當此之時飢者過半矣君乃反迎而賀臣愚不能復治東阿願乞骸骨避賢者之路再拜便辟景公乃下席而謝之曰子強復治東阿東阿者子之東阿也寡人無復與焉

齊侯與晏子坐于路寢公歎曰美哉室其誰有之乎晏子曰敢問何謂也公曰吾以為在德對曰如君之言其陳氏乎陳氏雖無大德而有施於民豆區釜鍾之數其取之公也薄其施之民也厚公厚斂焉陳氏厚施焉民歸之矣詩曰雖無與安式歌且舞陳氏之施民歌舞之矣後世若少惰陳氏而不亡則國其國也已公曰善哉是可若何對曰唯禮可以已之在禮家施不及國民不遷農不移工賈不變士不濫官不滔大夫不收公利公曰善哉我不能矣吾今而後知禮之可以為國也對曰禮之可以為國也久矣與天地並君令臣共父慈子孝兄愛弟敬夫和妻柔姑慈婦聽禮也君令而不違臣共而不貳父慈而教子孝而箴兄愛而友弟敬而順夫和而義妻柔而正姑慈而從婦聽而婉禮之善物也公曰善哉寡人今而後聞此禮之上也對曰先王所稟於天地以為其民也是以先王上之

騶忌子以鼓琴見威王威王說而舍之右室須臾王鼓琴騶忌子推戶入曰善哉鼓琴王勃然不說去琴按劍曰夫子見容未察何以知其善也騶忌子曰夫大絃濁以春溫者君也小絃廉折以清者相也

琴操曰大絃者君也寬和而溫小絃者臣也清廉而不亂攫之深徐廣曰以爪持也攫音巳足反醳之愉者政令也鈞諧以鳴大小相益回邪而不相害者四時也吾是以知其善也王曰善語音騶忌子曰何獨語音夫治國家而弭人民皆在其中王又勃然不悅曰若夫語五音之紀信未有如夫子者也若夫治國家而弭人民又何為乎絲桐之間騶忌子曰夫大絃濁以春溫者君也小絃廉折以清者相也攫之深而醳之愉者政令也鈞諧以鳴大小相益回邪而不相害者四時也夫復而不亂者所以治昌也連而徑者所以存亡也故曰琴音調而天下治夫治國家而弭人民者無若乎五音者王曰善騶忌子見三月而受相印

宣王謂尹文曰人君之事何如尹文對曰人君之事無為而能容下夫事寡易從法省易因故民不以政獲罪也大道容衆大德容下聖人寡為而天下理矣書曰睿作聖詩人曰岐有夷之行子孫其

保之。宣王曰善。

晉獻公之時。東郭民有祖朝者。上書獻公曰。草茅臣東郭民祖朝。願請聞國家之計。獻公使使出告之曰。肉食者已慮之矣。藿食者尚何與焉。祖朝對曰。大王獨不聞古之將曰桓司馬者。朝朝其君。舉而晏。御呼車。驂亦呼車。御肘其驂曰。子何越云為乎。何為藉呼車。驂謂其御曰。當呼者呼。乃吾事也。子當御。正子之轡銜耳。子今不正轡銜。使馬卒然驚。妄轢道中行人。必逢大敵。下車免劍。涉血履肝者。固吾事也。子寧能辟子之轡。下佐我乎。其罪亦及吾身。與有深憂。吾安得無呼車哉。今大王曰。食肉者已慮之矣。藿食者尚何與焉。設使食肉者一旦失計於朝堂之上。若臣等之藿食者。寧得無肝膽塗地於中原之野與。其亦及臣之身。與有其憂深。臣安得無與國家之計乎。獻公召而見之。三日與語。無復憂者。乃立以為師也。

文公時。翟人有封狐文豹之皮者。文公喟然歎曰。封狐文豹何罪哉。以其皮為罪也。大夫欒枝曰。地廣而不平。財聚而不散。獨非狐豹之罪乎。文公曰。善哉說之。欒枝曰。地廣而不平。人將平之。財聚而不散。人將爭之。於是列地以分民。散財以賑貧。

平公問於師曠曰。人君之道如何。對曰。人君之道。清淨無為。務在博愛。趨在任賢。廣開耳目。以察萬方。不固溺於流俗。不拘於左右。廓然遠見。踔然獨立。屢省考績。以臨臣下。此人君之操也。平公曰善。

平公閒居。師曠侍坐。平公曰。子生無目眹。甚矣子之墨墨也。師曠對曰。天下有五墨墨。而臣不得與一焉。平公曰。何謂也。師曠曰。群臣行賂以采名譽。百姓侵冤無所告訴。而君不悟。此一墨墨也。忠臣不用。用臣不忠。下才處高。不肖臨賢。而君不悟。此二墨墨也。姦臣欺詐。空虛府庫。以其少才覆塞其惡。賢人逐。姦邪貴。而君不悟。此三墨墨也。國貧民羸。上下不和。而好財用兵。嗜欲無厭。諂諛之人。庸庸在傍。而君不悟。此四墨墨也。至道不明。法令不行。吏民不正。百姓不安。而君不悟。此五墨墨也。國有五墨墨而不危者。未之有也。臣之墨墨。小墨墨耳。何害乎國家哉。

秦昭王時。客卿范雎請間說曰。臣居山東。時聞齊之有田文。不聞其有王也。聞秦之有太后穰侯華陽高陵涇陽。不聞其有王也。夫擅國之謂王。能利害之謂王。制殺生之威之謂王。今太后擅行不顧。穰侯出使不報。華陽涇陽等擊斷無諱。高陵進退不請。四貴備而國不危者。未之有也。為此四貴者下。乃所謂無王也。然則權安不傾。令安得從王出乎。臣聞善治國者。乃內固其威。而外重其權。穰侯使者操王之重。決制於諸侯。剖符於天下。攻敵伐國。莫敢不聽。戰勝攻取。則利歸於陶。國弊御於諸侯。戰敗則結怨於百姓。而禍歸於社稷。詩曰。木

實繁者披其枝。披其枝者傷其心。大其都者危其國。尊其臣者卑其主。崔杼淖齒管齊。射王股。擢王筋。縣之於廟梁。宿昔而死。李兌管趙。囚主父於沙丘。百日而餓死。今臣聞秦太后穰侯用事。高陵華陽涇陽佐之。卒無秦王。此亦淖齒李兌之類也。且夫三代之所以亡國者。君專授政。馳騁弋獵。不聽政事。其所授者。妬賢嫉能。御下蔽上。以成其私。不為主計。而主不覺悟。故失其國。今自有秩以上至諸大吏。下及王左右。無非相國之人者。見王獨立於朝。臣竊為王恐萬世之後有秦國者。非王子孫也。昭王聞之大懼。曰善。於是廢太后。逐穰侯高陵華陽涇陽君於關外。秦王乃拜范雎為相。

魯哀公問孔子曰。寡人生乎深宮之中。長於婦人之手。寡人未嘗知哀也。未嘗知憂也。未嘗知勞也。未嘗知懼也。未嘗知危也。孔子避席曰。否。君之問。乃聖君之問也。丘。小人也。何足以言之。哀公曰。否。吾子

就席。微吾子無所聞之矣。孔子就席曰。然。君入廟門。升自阼階。仰見榱棟。俯見几筵。其器存。其人亡。君以此思哀。則哀將安不至矣。君昧爽而櫛冠。平旦而聽朝。一物不應。亂之端也。君以此思憂。則憂將安不至矣。君平旦而聽朝。日昃而退。諸侯之子孫。必有在君之門庭者。君以此思勞。則勞將安不至矣。君出魯之四門。以望魯之四郊。亡國之墟。列必有數矣。君以此思懼。則懼將安不至矣。丘聞之。君者舟也。庶人者水也。水則載舟。水則覆舟。君以此思危。則危將安不至矣。夫執國之柄。履民之上。懔乎如以腐索御奔馬。易曰。履虎尾。詩曰。如履薄冰。不亦危乎。哀公再拜曰。寡人雖不敏。請事此語矣。

衛靈公謂孔子曰。有語寡人為國家者。謹之於廟堂之上。而國家治矣。其可乎。孔子曰。可。愛人者。則人愛之。惡人者。則人惡之。知得之己者。亦知得之人。所謂不出於環堵之室。而知天下者。知反之己者也。

靈公問於史鰌曰。政孰為務。對曰。大理為務。聽獄不中。死者不可生也。斷者不可屬也。故曰大理為務。少焉子路見公。公以史鰌言告之。子路曰。司馬為務。兩國有難。兩軍相當。司馬執枹以行之。一鬬不當。死者數萬。以殺人為非也。此其為殺人亦眾矣。故曰司馬為務。少焉子貢入見公。公以二子言告之。子貢曰。不識哉。昔禹與有扈氏戰。三陳而不服。禹於是脩教一年。而有扈氏請服。故曰去民之所事奚獄之所聽。兵革之不陳奚鼓之所鳴。故曰教為務也。

魏武侯問元年於吳子。吳子對曰。言國君必慎始也。慎始柰何。曰正之。正之柰何。曰明智。智不明何以見正。多聞而擇焉。所以明智也。是故古者君始聽治。大夫而言。士而一見。庶人有謁必達。公族請問必語。四方至者勿距。可謂不壅蔽矣。分祿必及。用刑必中。君心必仁。思君之利。除民之害。可謂不失民眾矣。君身必正。近臣必選。大夫不兼

官。執民柄者不在一族。可謂不權勢矣。此皆春秋之意。而元年之本也。

漢高帝時。大中大夫陸賈時時前說稱詩書。高帝罵之曰。迺公居馬上而得之。安事詩書。陸賈曰。居馬上得之。寧可以馬上治之乎。且湯武逆取而順守之。文武並用。長久之術也。昔者吳王夫差。智伯極武而亡。秦任刑法不變。卒滅趙氏。（趙氏。秦姓也。）鄉使秦已并天下。行仁義法先聖。陛下安得而有之。

文帝時。賈山言治亂之道。借秦為諭。名曰至言。其辭曰。臣聞為人臣者。盡忠竭愚。以直諫主。不避死亡之誅者。臣山是也。臣不敢以久遠諭。願借秦以為諭。唯陛下少加意焉。夫布衣韋帶之士。修身於內。成名於外。而使後世不絕息。至秦則不然。貴為天子。富有天下。賦斂重數。百姓任罷。（任謂役事也。罷讀曰疲。任疲言疲於役使也。）赭衣半道。群盜滿山。（犯罪者則衣赭衣。）使天下之人戴目而視。傾耳而聽。一夫大謼。天下嚮應者。陳勝是也。（嚮讀曰響。）秦非徒如此也。起咸陽而西至雍。離宮三百。（離宮者。皆謂於別處置之。非常所居也。）鍾鼓帷帳不移而具。又為阿房之殿。殿高數十仞。東西五里。南北千步。從車羅綺。四馬鶩馳。旌旗不橈。（橈。屈也。）為宮室之麗至於此。使其後世曾不得聚廬而託處焉。為馳道於天下。東窮燕齊。南極吳楚。江湖之上。瀕海之觀畢至。道廣五十步。三丈而樹。厚築其外。隱以金椎。（作壁如甬道。隱。築也。以鐵椎築之。築令堅實。而使隆高耳。不為甬壁也。隱。於斷反。）樹以青松。為馳道之麗至於此。使其後世曾不得邪徑而託足焉。死葬乎驪山。吏徒數十萬人。曠日十年。下徹三泉。（三重之泉。言其深也。）合采金石。冶銅錮其內。漆塗其外。被以珠玉。飾以翡翠。中成觀游。上成山林。為葬薶之侈至於此。使其後世曾不得蓬顆蔽冢而託葬焉。秦以熊羆之力。虎狼之心。蠶食諸侯。并吞海內。而不篤禮義。故天殃已加矣。臣昧死以聞。願陛下少留意

而詳擇其中臣聞忠臣之事君也言切直則不用而身危不切直則
不可以明道故切直之言明主所欲急聞忠臣之所以蒙死而竭知
也地之磽者雖有善種不能生焉江皋河瀕雖有惡種無不猥大昔
者夏商之季世雖關龍逢箕子比干之賢身死亡而道不用文王之
時豪俊之士皆得竭其智芻蕘採薪之人皆得盡其力此周之所以
興也故地之美者善養禾君之仁者善養士雷霆之所擊無不摧折
者萬鈞之所壓無不糜滅者今人主之威非特雷霆也埶重非特萬
鈞也開道而求諫和顏色而受之用其言而顯其身士猶恐懼而不敢
自盡又迺況於縱欲恣行暴虐惡聞其過乎震之以威壓之以重則
雖有堯舜之智孟賁之勇豈有不摧折者哉如此則人主不得聞其
過失矣弗聞則社稷危矣古者聖王之制史在前書過失工誦箴諫
瞽誦詩諫公卿比諫（比方事類以諫也）士傳言諫過庶人謗於道商旅議於

市然後君得聞其過失也聞其過失而改之見義而從之所以永有
天下也天子之尊四海之內其義莫不為臣然而養三老於太學親
執醬而餽執爵而酳（進食曰餽酳者少少飲酒謂食已而蕩口也）祝䭇在前祝鯁在後（讀字
謂食不下也以老人好饐鯁故為備以祝之）公卿奉杖大夫進履舉賢以自輔弼求脩正
之上使直諫故以天子之尊尊養三老視孝也立輔弼之臣者恐驕
也置直諫之士者恐不得聞其過也學問至於芻蕘者求善無饜也
商人庶人誹謗己而改之從善無不聽也昔者秦政力并萬國富有
天下破六國以為郡縣築長城以為關塞秦地之固大小之埶輕重
之權其與一家之富一夫之彊胡可勝計也然而兵破於陳涉地奪
於劉氏者何也秦王貪狼暴虐殘賊天下窮困萬民以適其欲也昔
者周蓋千八百國以九州之民養千八百國之君用民之力不過歲
三日什一而籍君有餘財民有餘力而頌聲作秦皇帝以千八百國

之民自養力罷不能勝其役財盡不能勝其求（罷讀曰疲）一君之身耳所
以自養者馳騁弋獵之娛天下弗能供也勞罷者不得休息飢寒者
不得衣食亡罪而死刑者無所告訴人與之為怨家與之為讎故天
下壞也秦皇帝身在之時天下已壞矣而弗自知也秦皇帝東巡狩
至會稽琅邪刻石著其功自以為過堯舜統縣石鑄鍾虡（縣稱也石百二十斤
稱銅鐵之斤石以鑄鍾虡言其奢泰也虡猛獸之名謂鍾鼓之柎飾為此獸虡者）篩土築阿房之宮自以為
萬世有天下也古者聖王作謚三四十世耳雖堯舜禹湯文武絫世
廣德（絫古累字）以為子孫基業無過二三十世也秦皇帝曰死而以謚法
是父子名號有時相襲也以一至萬則世世不相復也（復音[illegible]也）故死而
號曰始皇帝其次曰二世皇帝者欲以一至萬也秦皇帝計其功德
度其後嗣世世無窮然身死纔數月耳天下四面而攻之宗廟滅絕
矣秦皇帝居滅絕之中而不自知者何也天下莫敢告也其所以莫

敢告者何也亡養老之義亡輔弼之臣亡進諫之士縱恣行誅退誹謗
之人殺直諫之士是以道諛媮合苟容比其德則賢於堯舜課其功
則賢於湯武天下已潰而莫之告也詩曰匪言不能胡此畏忌聽言
則對譖言則退此之謂也又曰濟濟多士文王以寧天下未嘗無士
也然而文王獨言以寧者何也文王好仁則仁興得士而敬之則士
用用之有禮義故不致其愛敬則不能盡其心不能盡其心則不能
盡其力不能盡其力則不能成其功故古之賢君於其臣也尊其爵
祿而親之疾則臨視之亡數死則往弔哭之臨其小斂大斂已棺塗
而後為之服錫衰麻絰（塗謂殯也錫衰十升布無事其縷者也）五而三臨其喪未斂不
飲酒食肉未葬不舉樂當宗廟之祭而死為之廢樂故古之君人者
於其臣也可謂盡禮矣服法服端容貌正顏色然後見之故臣下莫
敢不竭力盡死以報其上功德立於後世而令聞不忘也今陛下念

思祖考術追厥功。（術亦作述）圖所以昭光洪業休德。使天下舉賢良方正之士。天下皆訢訢焉（訢讀與欣同）曰。將興堯舜之道。三王之功矣。天下士莫不精白以承休德。今方正之士皆在朝廷矣。又選其賢者使為常侍諸吏。與之馳敺射獵。一日再三出。臣恐朝廷之解弛。百官之墮於事也。諸侯聞之。又必怠於政矣。陛下即位。親自勉以厚天下。損食膳。不聽樂。減外徭衛卒。止歲貢。省廐馬以賦縣傳。去諸苑以賦農民。出帛十萬餘匹以振貧民。禮高年九十者一子不事。八十者二筭不事。（一子不事。蠲其賦役。二筭不事。免二口之筭賦也）賜天下男子爵。大臣皆至公卿。發御府金賜大臣。宗族無不被澤者。赦罪人。憐其無髮。賜之巾。憐其衣赭書其背。父子兄弟相見也。而賜之衣。平獄緩刑。天下莫不說喜。是以元年膏雨降。五穀登。此天之所以相陛下也。刑輕於他時。而犯法者寡。衣食多於前年。而盜賊少。此天下之所以順陛下也。臣聞山東吏布詔令。民雖老羸癃疾。扶杖而往聽之。願少須臾毋死。思見德化之成也。今功業方就。名聞方昭。四方鄉風。（鄉讀曰嚮）今從豪俊之臣。方正之士。直與之日日獵射。擊兔伐狐。以傷大業。絕天下之望。臣竊悼之。詩曰。靡不有初。鮮克有終。臣不勝大願。願少衰射獵。以夏歲二月。定明堂。造太學。修先王之道。風行俗成。萬世之基定。然後唯陛下所幸耳。古者大臣不媟。故君子不常見其齊嚴之色。肅敬之容。大臣不得與宴游。方正修絜之士不得從射獵。使皆務其方以高其節。則群臣莫敢不正身修行。盡心以稱大禮。如此。則陛下之道尊敬。功業施於四海。垂於萬世子孫矣。誠不如此。則行日壞而榮日滅矣。夫士修之於家。而壞之於天子之廷。臣竊愍之。陛下與眾臣宴遊。與大臣方正朝廷論議。夫游不失樂。朝不失禮。議不失計。軌事之大者也。上嘉納其言。

文帝時。天下初定。制度疏闊。梁懷王太傅雒陽賈誼數上疏陳政事。

多所欲匡建。其大略曰。臣竊惟事勢。可為痛哭者一。可為流涕者二。可為長太息者六。若其他背理而傷道者。難徧以疏舉。進言者皆曰。天下已安已治矣。臣獨以為未也。曰安且治者。非愚則諛。皆非事實知治亂之體者也。夫抱火厝之積薪之下而寢其上。火未及然。因謂之安。方今之勢。何以異此。本末舛逆。首尾衡決。國制搶攘。非甚有紀。胡可謂治。陛下何不壹令臣得熟數之於前。因陳治安之策。試詳擇焉。夫射獵之娛。與安危之機。孰急。使為治。勞智慮。苦身體。乏鐘鼓之樂。勿為可也。樂與今同。而加之諸侯軌道。兵革不動。民保首領。匈奴賓服。四荒鄉風。百姓素朴。獄訟衰息。大數既得。則天下順治。海內之氣。清和咸理。生為明帝。沒為明神。名譽之美。垂於無窮。禮祖有功而宗有德。使顧成之廟。稱為太宗。上配太祖。與漢亡極。建久安之勢。成長治之業。以承祖廟。以奉六親。至孝也。以幸天下。以育群生。至仁也。立經陳紀。輕重同得。後可以為萬世法程。雖有愚幼不肖之嗣。猶得蒙業而安。至明也。以陛下之明達。因使少知治體者得佐下風。致此非難也。其具可素陳於前。願幸無忽。臣謹稽之天地。驗之往古。按之當今之務。日夜念此至孰也。雖使禹舜復生。為陛下計。亡以易此。夫樹國固。必相疑之勢。下數被其殃。上數爽其憂。甚非所以安上而全下也。今或親弟謀為東帝。親兄之子西鄉而擊。今吳又見告矣。天子春秋鼎盛。行義未過。德澤有加焉。猶尚如是。況莫大諸侯權力且十此者乎。然而天下少安。何也。大國之王幼弱未壯。漢之所置傅相方握其事。數年之後。諸侯之王大抵皆冠。血氣方剛。漢之傅相稱病而賜罷。彼自丞尉以上。偏置私人。如此。有異淮南濟北之為邪。此時而欲為治安。雖堯舜不治。黃帝曰。日中必熭。操刀必割。（熭音衛。日中盛者必暴熭也。謂[illegible]）今令此道順而全安甚易。不肯早為。已迺墮骨肉之屬而抗剄之豈有異秦之季世虖夫以天子之位乘今之時因天之助尚憚以危為安以亂為治假設陛下居齊桓之處將不合諸侯而匡天下乎臣又知陛下有所必不能矣假設天下如曩時淮陰侯尚王楚黥布王淮南彭越王梁韓信王韓張敖王趙貫高為相盧綰王燕陳豨在代令此六七公者皆無恙當是時而陛下即天子位能自安乎臣有以知陛下之不能也天下殽亂高皇帝與諸公併起非有仄室之勢以豫席之也諸公幸者乃為中涓其次廑得舍人（廑劣也）材之不逮至遠也高皇帝以明聖威武即天子位割膏腴之地以王諸公多者百餘城少者乃三四十縣惠至渥也然其後十年之間反者九起陛下之與諸公非親角材而臣之也又非身封王之也自高皇帝不能以是一歲為安故臣知陛下之不能也然尚有可諉者曰疏臣請試言其親者假令悼惠王王齊元王王楚中子王趙幽王王淮陽共王王梁靈王王燕厲王王淮南六七貴人皆無恙當是時陛下即位能為治虖臣又知陛下之不能也若此諸王雖名為臣實皆有布衣昆弟之心慮亡不帝制而天子自為者擅爵人赦死辠甚者或戴黃屋漢法令非行也雖行不軌如厲王者令之不肯聽召之安可致乎幸而來至法安可得加動一親戚天下圜視而起陛下之臣雖有悍如馮敬者適啓其口匕首已陷其胷矣陛下雖賢誰與領此故疏者必危親者必亂已然之效也其異姓負彊而動者漢已幸勝之矣又不易其所以然同姓襲是跡而動既有徵矣其勢盡又復然殃既之變未知所移明帝處之尚不能以安後世將如之何屠牛坦一朝解十二牛（坦屠牛者之名也）而芒刃不頓者（頓謂曰鈍）所排擊剝割皆衆理解也至於髖髀之所非斤則斧夫仁義恩厚人主之芒刃也權勢法制人主之斤斧也今諸侯王皆衆髖髀也釋斤斧之用而欲嬰以芒刃臣以為不缺

則折胡不用之淮南濟北埶不可也臣竊跡前事大抵彊者先反淮陰王楚最彊則最先反韓信倚胡則又反貫高因趙資則又反陳豨兵精則又反彭越用梁則又反黥布用淮南則又反盧綰最弱最後反長沙迺在二萬五千戶耳功少而最完埶疏而最忠非獨性異人也亦形埶然也曩令樊酈絳灌據數十城而王今雖以殘亡可也令信越之倫列為徹侯而居雖至今存可也然則天下之大計可知已欲諸王之皆忠附則莫若令如長沙王欲臣子之勿葅醢則莫若令如樊酈等欲天下之治安莫若衆建諸侯而少其力力少則易使以義國小則亡邪心令海內之埶如身之使臂臂之使指莫不制從諸侯之君不敢有異心輻湊並進而歸命天子雖在細民且知其安故天下咸知陛下之明割地定制令齊趙楚各為若干國使悼惠王幽王元王之子孫畢以次各受祖之分地地盡而止及燕梁它國皆然其分地衆而子孫少者建以為國空而置之須其子孫生者舉使君之諸侯之地其削頗入漢者為徙其侯國及封其子孫也所以數償之一寸之地一人之衆天子亡所利焉誠以定治而已故天下咸知陛下之廉地制壹定宗室子孫莫慮不王下無倍畔之心上無誅伐之志故天下咸知陛下之仁法立而不犯令行而不逆貫高利幾之謀不生柴奇開章之計不萌細民鄉善大臣致順故天下咸知陛下之義臥赤子天下之上而安植遺腹朝委裘而天下不亂（置遺腹朝委裘皆未有所知也）當時大治後世誦聖壹動而五業附陛下誰憚而久不為此天下之埶方病大瘇一脛之大幾如要一指之大幾如股平居不可屈信一二指慉身慮亡聊（慉謂動而痛也）失今不治必為錮疾後雖有扁鵲不能為已病非徒瘇也又苦蹠盭（蹠古蹠字足下曰蹠今所呼脚掌是也盭古戾字言足蹠反戾不可行也）元王之子帝之從弟也今之王者從弟之子也惠王親兄子也今之

王者兄子之子也。親者或亡分地以安天下。疏者或制大權以偪天子。臣故曰。非徒病瘇也。又苦蹠盭。可痛哭者此病是也。天下之勢方倒縣。凡天子者天下之首。何也。上也。蠻夷者天下之足。何也。下也。今匈奴嫚娒侵掠至不敬也。為天下患至亡已也。而漢歲致金絮采繒以奉之。夷狄徵令是主上之操也。天子共貢是臣下之禮也。足反居上首顧居下。倒縣如此莫之能解。猶為國有人乎。非亶倒縣而已。(亶讀曰但)又類辟且病痱。(辟足病。痱風病。辟音璧。痱音肥)夫辟者一面病。痱者一方痛。今西邊北邊之郡雖有長爵不輕得復。五尺以上不輕得息。斥候望烽燧不得臥。將吏被介冑而睡。臣故曰一方病矣。醫能治之而上不使。(醫者誼自謂)可為流涕者此也。陛下何忍以帝皇之號為戎人諸侯。埶既卑辱而旤不息。長此安窮。進謀者率以為是。固不可解也。亡具甚矣。臣竊料匈奴之眾不過漢一大縣。以天下之大困於一縣之眾。甚為執

事者羞之。陛下何不試以臣為屬國之官以主匈奴。行臣之計。請必係單于之頸而制其命。伏中行說而笞其背。舉匈奴之眾唯上之令。今不獵猛敵而獵田彘。不搏反寇而搏畜菟。翫細娛而不圖大患。非所以為安也。德可遠施。威可遠加。而直數百里外威令不信。可為流涕者此也。今民賣僮者為之繡衣絲履偏諸緣。(如牙條以作履緣。偏諸若今之織成以為要襻及褾領者也。古謂之車馬褻。其上為乘車及騎從之象也)內之閑中。(閑。賣奴婢闌)是古天子后服。所以廟而不宴者也。(入廟則服之。安褻則不著。蓋貴之也)而庶人得以衣婢妾。白縠之表。薄紈之裏。緁以偏諸。(偏緁著衣也。緁音妾。謂以偏諸緶著之也)美者黼繡。(黼者織為斧形。繡者刺為衆文)是故天子之服。今庶人大賈嘉會召客者以被牆。古者以奉一帝一后而節適。今富人屋壁得為帝服。倡優下賤得為后飾。然而天下不屈者。殆未有也。且帝之身自衣皁綈。(綈厚繒也)而富民牆屋被文繡。天子之后以緣其領。庶人孽妾緣其履。此臣所謂舛也。夫百人作之不

能衣一人。欲天下亡寒。胡可得也。一人耕之十人聚而食之。欲天下亡飢。不可得也。飢寒切於民之肌膚。欲其亡為姦邪。不可得也。國已屈矣。盜賊直須時耳。然而獻計者曰毋動為大耳。夫俗至大不敬也。至亡等也。至冒上也。進計者猶曰毋為。可為長太息者此也。商君遺禮義。棄仁恩。并心於進取。行之二歲。秦俗日敗。故秦人家富子壯則出分。家貧子壯則出贅。借父耰鉏。慮有德色。(耰摩田器也。言以耰及鉏借與其父而容色自矜為恩德也)母取箕箒。立而誶語。(誶責讓也。誶音碎)抱哺其子。與公併倨。(言婦抱子而哺之。乃與其舅併倨。無禮之甚也)婦姑不相說。則反脣而相稽。(稽計也。相與計校也)其慈子耆利。不同禽獸者亡幾耳。然并心而赴時。猶曰蹶六國。兼天下。功成求得矣。終不知反廉愧之節。仁義之厚。信并兼之法。遂進取之業。(信讀曰伸。一曰信任)天下大敗。衆掩寡。智欺愚。勇威怯。壯陵衰。其亂至矣。是以大賢起之。威震海內。德從天下。曩之為秦者今轉而為漢矣。然其遺風餘俗

猶尚未改。今世以侈靡相競。而上亡制度。棄禮義。捐廉耻日甚。可謂月異而歲不同矣。逐利不耳。慮非顧行也。今其甚者殺父兄矣。盜者剟寢戶之簾。(剟謂割取之也。剟音輟)搴兩廟之器。(搴取也。兩廟高祖惠帝廟也。音騫)白晝大都之中剽吏而奪之金。矯偽者出幾十萬石粟。賦六百餘萬錢。乘傳而行郡國。此其亡行義之尤至者也。而大臣特以簿書不報期會之間以為大故。至於俗流失世壞敗。因恬而不知怪。慮不動於耳目。以為是適然耳。夫移風易俗。使天下回心而鄉道。類非俗吏之所能為也。俗吏之所務在於刀筆筐篋而不知大體。陛下又不自憂。竊為陛下惜之。夫立君臣。等上下。使父子有禮。六親有紀。此非天之所為。人之所設也。夫人之所設。不為不立。不植則僵。不修則壞。筦子曰。禮義廉耻。是謂四維。四維不張。國乃滅亡。使筦子愚人也則可。筦子而少知治體。則是豈可不為寒心哉。秦滅四維而不張。故君臣乖亂。六親殃

織姦人並起萬民離叛凡十三歲而社稷爲虛(虛讀曰墟)今四維猶未備也故姦人幾幸而衆心疑惑豈如今定經制令君君臣臣上下有差父子六親各得其宜姦人無所幾幸而群臣衆信上不疑惑此業壹定世世常安而後有所持循矣若夫經制不定是猶度江河亡維楫中流而遇風波船必覆矣可爲長太息者此也夏爲天子十有餘世而殷受之殷爲天子二十餘世而周受之周爲天子三十餘世而秦受之秦爲天子二世而亡人性不甚相遠也何三代之君有道之長而秦無道之暴也其故可知也古之王者太子迺生固舉以禮使士負之有司齊肅端冕見之南郊見于天也過闕則下過廟則趨孝子之道也故自爲赤子而教固已行矣昔者成王幼在襁抱之中召公爲太保周公爲太傅太公爲太師保保其身體傅傅之德義師道之教訓此三公之職也於是爲置三少皆上大夫也曰少保少傅少師

是與太子宴者也(宴謂安居)故迺孩提有識三公三少固明孝仁禮義以道習之逐去邪人不使見惡行於是皆選天下之端士孝悌博聞有道術者以衛翼之使與太子居處出入故太子迺生而見正事聞正言行正道左右前後皆正人也夫習與正人居之不能毋正猶生長於齊不能不齊言也習與不正人居之不能毋不正猶生長於楚之地不能不楚言也故擇其所耆必先受業迺得嘗之擇其所樂必先有習迺得爲之孔子曰少成若天性習貫如自然及太子少長知妃色則入于學學者所學之官也學禮曰帝入東學上親而貴仁則親踈有序而恩相及矣帝入南學上齒而貴信則長幼有差而民不誣矣帝入西學上賢而貴德則聖智在位而功不遺矣帝入北學上貴而尊爵則貴賤有等而下不踰矣帝入太學承師問道退習而考於太傅太傅罰其不則而匡其不及則德智長而治道得矣此五學者

既成於上則百姓黎民化輯於下矣及太子既冠成人免於保傅之嚴則有記過之史徹膳之宰進善之旌(進善言者立於旌下)誹謗之木(議政事者書之於木)敢諫之鼓(欲顯諫者則擊鼓)瞽史誦詩工誦箴諫大夫進謀士傳民語習與智長故切而不媿化與心成故中道若性三代之禮春朝朝日秋暮夕月所以明有敬也春秋入學坐國老執醬而親餽之所以明有孝也行以鸞和步中采齊趣中肆夏(趣讀曰趨)所以明有度也其於禽獸見其生不食其死聞其聲不食其肉故遠庖廚所以長恩且明有仁也夫三代之所以長久者以其輔翼太子有此具也及秦而不然其俗固非貴辭讓也所上者告訐也固非貴禮義也所上者刑罰也使趙高傅胡亥而教之獄所習者非斬劓人則夷人之三族也故胡亥今日即位而明日射人忠諫者謂之誹謗深計者謂之妖言其視殺人若艾草菅然豈惟胡亥之性惡哉彼其所以道之者非其理故也

鄙諺曰不習爲吏視已成事又曰前車覆後車誡夫三代之所以長久者其已事可知也然而不能從者是不法聖智也秦世之所以亟絕者其轍跡可見也然而不避是後車又將覆也夫存亡之變治亂之機其要在是矣天下之命縣於太子太子之善在於早諭教與選左右夫心未濫而先諭教則化易成也開於道術智誼之指則教之力也若其服習積貫則左右而已夫胡粵之人生而同聲耆欲不異及其長而成俗累數譯而不能相通行者雖死而不相爲者則教習然也臣故曰選左右早諭教最急夫教得而左右正則太子正矣太子正而天下定矣書曰一人有慶兆民賴之此時務也凡人之智能見已然不能見將然夫禮者禁於將然之前而法者禁於已然之後是故法之所用易見而禮之所爲生難知也若夫慶賞以勸善刑罰以懲惡先王執此之政堅如金石行此之令信如四時據此之公無

私如天地耳。豈顧不用哉。然而曰禮云禮云者。貴絕惡於未萌。而起教於微眇。使民日遷善遠辠而不自知也。孔子曰。聽訟吾猶人也。必也使毋訟乎。為人主計者。莫如先審取舍。取舍之極定於內。而安危之萌應於外矣。安者非一日而安也。危者非一日而危也。皆以積漸然不可不察也。人主之所積在其取舍。以禮義治之者積禮義。以刑罰治之者積刑罰。刑罰積而民怨背。禮義積而民和親。故世主欲民之善同。而所以使民善者或異。或道之以德教。或歐之以法令。道之以德教者。德教洽而民氣樂。歐之以法令者。法令極而民風哀。哀樂之感。禍福之應也。秦王之欲尊宗廟而安子孫。與湯武同。然而湯武廣大其德。行六七百歲而弗失。秦王治天下十餘歲則大敗。此亡它故也。湯武之定取舍審。而秦王之定取舍不審矣。夫天下大器也。今人之置器。置諸安處則安。置諸危處則危。天下之情。與器亡以異。在天子之所置之。湯武置天下於仁義禮樂。而德澤洽。禽獸草木廣裕。德被蠻貊四夷。累子孫數十世。此天下所共聞也。秦王置天下於法令刑罰。德澤亡一有。而怨毒盈於世。下憎惡之如仇讎。禍幾及身。子孫誅絕。此天下之所共見也。是非其明效大驗邪。人之言曰。聽言之道。必以其事觀之。則言者莫敢妄言。今或言禮誼之不如法令。教化之不如刑罰。人主胡不引殷周秦事以觀之也。人主之尊譬如堂。群臣如陛。衆庶如地。故陛九級上。廉遠地。則堂高。（級等也。廉側隅也。）陛無級。廉近地。則堂卑。高者難攀。卑者易陵。理勢然也。故古者聖王制為等列。內有公卿大夫士。外有公侯伯子男。然後有官師小吏。（官師二官之長）延及庶人。等級分明。而天子加焉。故其尊不可及也。里諺曰。欲投鼠而忌器。此善諭也。鼠近於器。尚憚不投。恐傷其器。況於貴臣之近主乎。廉恥節禮以治君子。故有賜死而亡戮辱。是以黥劓之罪不及大夫。以

其離主上不遠也。禮不敢齒君之路馬。蹴其芻者有罰。見君之几杖則起。遭君之乘車則下。入正門則趨。君之寵臣雖或有過。刑戮之辠不加其身者。尊君之故也。此所以為主上豫遠不敬也。所以體貌大臣而厲其節也。今自王侯三公之貴。皆天子之所改容而禮之也。古天子之所謂伯父伯舅也。而令與衆庶同黥劓髡刖笞傌棄市之法。然則堂不亡陛虖。被戮辱者不泰迫乎。廉恥不行。大臣無迺握重權。大官而有徒隸亡恥之心虖。夫望夷之事。二世見當以重法者。（決罪曰當。閻樂殺二世於望夷宮。本由秦制無忌上之風也。）投鼠而不忌器之習也。臣聞之。履雖鮮不加於枕。冠雖敝不以苴履。夫嘗已在貴寵之位。天子改容而體貌之矣。吏民嘗俯伏以敬畏之矣。今而有過。帝令廢之可也。退之可也。賜之死可也。滅之可也。若夫束縛之。係緤之。輸之司寇。編之徒官。司寇小吏詈罵而榜笞之。殆非所以令衆庶見也。夫卑賤者習知尊貴者之一旦。吾亦迺可以加此也。非所以習天下也。非尊尊貴貴之化也。夫天子之所嘗敬。衆庶之所嘗寵。死而死耳。賤人安宜得如此而頓辱之哉。豫讓事中行之君。智伯伐而滅之。移事智伯。及趙滅智伯。豫讓釁面吞炭。必報襄子。五起而不中。人問豫子。豫子曰。中行衆人畜我。我故衆人事之。智伯國士遇我。我故國士報之。故此一豫讓也。反君事讎。行若狗彘。已而抗節致忠。行出乎列士。人主使然也。故主上遇其大臣如遇犬馬。彼將犬馬自為也。如遇官徒。彼將官徒自為也。頑蝢亡恥。奊詬亡節。（奊詬謂無志分也。奊音胡結反。詬音后）廉恥不立。且不自好。苟若而可。故見利則逝。見便則奪。主上有敗。則因而挻之矣。主上有患。則吾苟免而已。立而觀之耳。有便吾身者。則欺賣而利之耳。人主將何便於此。群下至衆。而主上至少也。所託財器職業者粹於群下也。俱亡恥。俱苟妄。則主上最病。故古者禮不及庶人。刑不至大夫。所以厲寵

臣之節也古者大臣有坐不廉而廢者不謂不廉曰簠簋不飾坐汙穢淫亂男女亡別者不曰汙穢曰帷薄不修坐罷軟不勝任者不謂罷軟曰下官不職故貴大臣定有其辠矣猶未斥然正以諱之也尚遷就而為之諱也故其在大譴大何之域者聞譴何則白冠氂纓盤水加劍造請室而請辠耳上不執縛係引而行也其有中罪者聞命而自弛上不使人頸盭而加也其有大辠者聞命則北面再拜跪而自裁上不使捽抑而刑之也曰子大夫自有過耳吾遇子有禮矣遇之有禮故群臣自憙嬰以廉恥故人矜節行上設廉恥禮義以遇其臣而臣不以節行報其上者則非人類也故化成俗定則為人臣者主耳忘身國耳忘家公耳忘私利不苟就害不苟去唯義所在上之化也故父兄之臣誠死宗廟法度之臣誠死社稷輔翼之臣誠死君上守圄扞敵之臣誠死城郭封疆故曰聖人有金城者比物此志也彼且為我死故吾得與之俱生彼且為我亡故吾得與之俱存夫將為我危故吾得與之皆安顧行而忘利守節而伏義故可以托不御之權可以寄六尺之孤此厲廉恥行禮義之所致也主上何喪焉此之不為顧彼之久行故曰可為長太息者此也上深納其言

時文帝詔有司舉賢良文學士太子家令晁錯在選中上親策詔之曰惟十有五年九月壬子皇帝曰昔者大禹勤求賢士施及方外四極之內舟車所至人迹所及靡不聞命以輔其不逮近者獻其明遠者通厥聰比善勠力以翼天子是以大禹能無失德夏以長楙高皇帝親除大害去亂從並建豪英以為官師為諫爭輔天子之闕而翼戴漢宗也賴天之靈宗廟之福方內以安澤及四夷今朕獲執天子之正以承宗廟之祀朕既不德又不敏明弗能燭而智不能治此大夫之所著聞也故詔有司諸侯王三公七卿及主郡吏各帥其志以選

賢良明於國家之大體通於人事之終始及能直言極諫者各有人數將以匡朕之不逮二三大夫之行當此三道朕甚嘉之故登大夫于朝親諭朕志大夫其上三道之要及永惟朕之不德吏之不平政之不宣民之不寧四者之闕悉陳其志毋有所隱上以薦先帝之宗廟下以興愚民之休利著之于篇朕親覽焉觀大夫所以佐朕至與不至書之周之密之重之閉之興自朕躬大夫其正論毋枉執事烏虖戒之二三大夫其帥志毋怠錯對曰臣竊聞古之賢主莫不求賢以為輔翼故黃帝得力牧而為五帝先大禹得咎繇而為三王祖齊桓得筦子而為五伯長今陛下講于大禹及高皇帝之建豪英也退託於不明以求賢良讓之至也臣竊觀上世之傳若高皇帝之建功業陛下之德厚而得賢佐皆有司之所覽刻于玉版藏於金匱歷之春秋紀之後世為帝者祖宗與天地相終今臣窋等迺以臣錯充賦甚不稱明詔求賢之意臣錯屮茅臣亡識知昧死上愚對曰詔策曰明於國家大體愚臣竊以古之五帝明之臣聞五帝神聖其臣莫能及故自親事處于法宮之中明堂之上動靜上配天下順地中得人故眾生之類亡不覆也根著之徒亡不載也燭以光明亡偏異也德上及飛鳥下至水蟲草木諸產皆被其澤然後陰陽調四時節日月光風雨時膏露降五穀熟妖孽滅賊氣息民不疾疫河出圖洛出書神龍至鳳鳥翔德澤滿天下靈光施四海此謂配天地治國大體之功也詔策曰通於人事終始愚臣竊以古之三王明之臣聞三王臣主俱賢故合謀相輔計安天下莫不本於人情人情莫不欲壽三王生之而不傷人情莫不欲富三王厚之而不困也人情莫不欲安三王扶而不危也人情莫不欲逸三王節其力而不盡也其為法令也合於人情而後行之其動眾使民也本於人事然後為之取人以己

內恕及人情之所惡不以強人情之所欲不以禁民是以天下樂其政歸其德望之若父母從之若流水百姓和親國家安寧名位不失施及後世此明於人情終始之功也詔策曰直言極諫愚臣竊以五伯之臣明之臣聞五伯不及其臣故屬之以國任之以事五伯之佐之為人臣也察身而不敢誣奉法令不容私盡心力而不敢矜遭患難不避死見賢不居其上受祿不過其量不以無能居尊顯之位自行若此可謂方正之士矣其立法也非以苦民傷衆而為之機陷也以之興利除害尊主庇民而救暴亂也其行賞也非虛取民財妄予人也以勸天下之忠孝而明其功也故功多者賞厚功少者賞薄如此斂民財以顧其功而民不恨者知與而安己也其行罰也非以忿怒妄誅而從暴心也以禁天下不忠不孝而害國者也故罪大者罰重罪小者罰輕如此民雖伏罪至死而不怨者知罪罰之至自取之也

立法若此可謂平正之吏矣法之逆者請而更之不以傷民主行之暴者逆而復之不以傷國救主之失補主之過揚主之美明主之功使主內無邪辟之行外無騫汙之名事君若此可謂直言極諫之士矣此五伯之所以德匡天下威正諸侯功業甚美名聲章明舉天下之賢主五伯與焉此身不及其臣而使得直言極諫補其不逮之功也今陛下人民之衆威武之重德惠之厚令行禁止之埶萬萬於五伯而賜愚臣策曰匡朕之不逮愚臣何足以識陛下之高明而奉承之詔策曰吏之不平政之不宣民之不寧愚臣竊以秦事明之臣聞秦始并天下之時其主不及三王而臣不及其佐然功力不遲者何也地形便山川利財用足民利戰其所與並者六國六國者臣主皆不肖謀不輯民不用故當此之時秦最富強夫國富強而鄰國亂者帝王之資也故秦能兼六國立為天子當此之時三王之功不能進焉及其末塗之衰也任不肖而信讒賊宮室過度耆欲亡極民力罷盡賦斂不節矜奮自賢群臣恐諛驕溢縱恣不顧患禍妄賞以隨喜意妄誅以快怒心法令煩憯刑罰暴酷輕絕人命身自射殺天下寒心莫安其處姦邪之吏乘其亂法以成其威獄官主斷生殺自恣上下瓦解各自為制秦始亂之時吏之所先侵者貧人賤民也至其中節所侵者富人吏家也及其末塗所侵者宗室大臣也是故親疏皆危外內咸怨離散逋逃人有走心陳勝先倡天下大潰絕祀亡世為異姓福此吏不平政不宣民不寧之禍也今陛下配天象地覆露萬民絕秦之迹除其亂法躬親本事廢去淫末除苛解嬈寬大愛人肉刑不用罪人亡帑非謗不治鑄錢者除通關去塞不孽諸侯(接之以禮不以無孽畜之)賓禮長老愛卹少孤罪人有期後宮出嫁尊賜孝悌農民不租明詔軍師愛士大夫求進方正廢退姦邪除去陰刑害民者誅憂勞百姓列侯

就都親耕節用視民不奢所為天下興利除害變法易故以安海內者大功數十皆上世之所難及陛下行之道純德厚元元之民幸矣詔策曰永惟朕之不德愚臣不足以當之詔策曰悉陳其志毋有所隱愚臣竊以五帝之賢臣明之臣聞五帝其臣莫能及則自親之三王臣主俱賢則共憂之五伯不及其臣則任使之此所以神明不遺而賢聖不廢也故各當其世而立功德焉傳曰往者不可及來者猶可待能明其世者謂之天子此之謂也竊聞戰不勝者易其地民貧窮者變其業今以陛下神明德厚資財不下五帝臨制天下至今十有六年民不益富盜賊不衰邊竟未安其所以然意者陛下未之躬親而待群臣也今執事之臣皆天下之選已然莫能望陛下清光譬之猶五帝之佐也陛下不自躬親而待不望清光之臣臣竊恐神明之遺也日損一日歲亡一歲日月益暮盛德不及究於天下以傳萬

世愚臣不自度量竊為陛下惜之

歷代名臣奏議卷之二十三

歷代名臣奏議卷之二十四

治道

漢武帝即位舉賢良文學之士前後百數而廣川董仲舒以賢良對策焉制曰朕獲承至尊休德傳之無窮而施之罔極任大而守重是以夙夜不皇康寧永惟萬事之統猶懼有闕故廣延四方之豪儁郡國諸侯公選賢良脩絜博習之士欲聞大道之要至論之極今子大夫褎然為舉首朕甚嘉之子大夫其精心致思朕垂聽而問焉蓋聞五帝三王之道改制作樂而天下洽和百王同之當虞氏之樂莫盛於韶於周莫盛於勺聖王已没鍾鼓筦絃之聲未衰而大道微缺陵夷至乎桀紂之行王道大壞矣夫五百年之間守文之君當塗之士欲則先王之法以戴翼其世者甚衆然猶不能反日以仆滅至後王而後止豈其所操持或悖謬而失其統與固天降命不可復反必推

之於大衰而後息與烏虖凡所為屑屑夙興夜寐務法上古者又將無補與三代受命其符安在災異之變何緣而起性命之情或夭或壽或仁或鄙習聞其號未燭厥理伊欲風流而令行刑輕而姦改百姓和樂政事宣昭何修何飭而甘露降百穀登德潤四海澤臻草木三光全寒暑平受天之祜享鬼神之靈德澤洋溢施乎方外延及群生子大夫明先聖之業習俗化之變終始之序講聞高誼之日久矣其明以諭朕科別其條勿猥勿并取之於術慎其所出迺不正不直不忠不極枉于執事書之不泄興于朕躬毋悼後害子大夫其盡心靡有所隱朕將親覽焉仲舒對曰陛下發德音下明詔求天命與性情皆非愚臣之能及也臣謹案春秋之中視前世已行之事以觀天人相與之際甚可畏也國家將有失道之敗而天迺先出災害以譴告之不知自省又出怪異以警懼之尚不知變而傷敗迺至以此見

天心之仁愛人君而欲止其亂也自非大無道之世者天盡欲扶持而全安之事在彊勉而已矣彊勉學問則聞見博而知益明彊勉行道則德日起而大有功此皆可使還至而立有其效者也(還讀曰旋)詩曰夙夜匪懈書云茂哉茂哉皆彊勉之謂也道者所繇適於治之路也仁義禮樂皆其具也故聖王已歿而子孫長久安寧數百歲此皆禮樂教化之功也王者未作樂之時迺用先王之樂宜於世者而以深入教化於民教化之情不得雅頌之樂不成故王者功成作樂樂其德也樂者所以變民風化民俗也其變民也易其化人也著故聲發於和而本於情接於肌膚臧於骨髓故王道雖微缺而筦絃之聲未衰也夫虞氏之不為政久矣然而樂頌遺風猶有存者是以孔子在齊而聞韶也夫人君莫不欲安存而惡危亡然而政亂國危者甚衆所任者非其人而所繇者非其道是以政日以仆滅也夫周道衰於幽

厲非道亡也幽厲不繇也至於宣王思昔先王之德興滯補弊明文武之功業周道粲然復興詩人美之而作上天祐之為生賢佐後世稱頌至今不絕此夙夜不懈行善之所致也孔子曰人能弘道非道弘人也故治亂廢興在於己非天降命不可得反其所操持誖謬失其統也臣聞天之所大奉使之王者必有非人力所能致而自至者此受命之符也天下之人同心歸之若歸父母故天瑞應誠而至書曰白魚入于王舟有火復于王屋流為烏此蓋受命之符也周公曰復哉復哉(復報也)孔子曰德不孤必有鄰皆積善絫德之效也及至後世淫佚衰微不能統理群生諸侯背畔殘賊良民以爭壤土廢德教而任刑罰刑罰不中則生邪氣邪氣積於下怨惡畜於上上下不和則陰陽繆盭而妖孽生矣此災異所緣而起也臣聞命者天之令也性者生之質也情者人之欲也或夭或壽或仁或鄙陶冶而成之不能

粹美有治亂之所生故不齊也孔子曰君子之德風也小人之德草也草上之風必偃故堯舜行德則民仁壽桀紂行暴則民鄙夭夫上之化下下之從上猶泥之在鈞唯甄者之所為猶金之在鎔唯冶者之所鑄綏之斯俫動之斯和此之謂也臣謹案春秋之文求王道之端得之於正正次王王次春春者天之所為也正者王之所為也其意曰上承天之所為而下以正其所為正王道之端云爾然則王者欲有所為宜求其端於天天道之大者在陰陽陽為德陰為刑刑主殺而德主生是故陽常居大夏而以生育養長為事陰常居大冬而積於空虛不用之處以此見天之任德不任刑也天使陽出布施於上而主歲功使陰入伏於下而時出佐陽陽不得陰之助亦不能獨成歲終陽以成歲為名此天意也王者承天意以從事故任德教而不任刑刑不可任以治世猶陰之不可任以成歲也為政而任刑不

順於天故先王莫之肯為也今廢先王德教之官而獨任執法之吏治民毋乃任刑之意與孔子曰不教而誅謂之虐虐政用於下而欲德教之被四海故難成也臣謹案春秋謂一元之意一者萬物之所從始也元者辭之所謂大也謂一為元者視大始而欲正本也春秋深探其本而反自貴者始故為人君者正心以正朝廷正朝廷以正百官正百官以正萬民正萬民以正四方四方正遠近莫不壹於正而亡有邪氣奸其間者(奸音干)是以陰陽調而風雨時群生和而萬民殖五穀孰而屮木茂天地之間被潤澤而大豐美四海之內聞盛德而皆徠臣諸福之物可致之祥莫不畢至而王道終矣孔子曰鳳鳥不至河不出圖吾已矣夫自悲可致此物而身卑賤不得致也今陛下貴為天子富有四海居得致之位操可致之勢又有能致之資行高而恩厚知明而意美愛民而好士可謂誼主矣然而天地未應而

矣祥莫至者何也凡以教化不立而萬民不正也夫萬民之從利也如水之走下（走音奏）不以教化隄防之不能止也是故教化立而姦邪皆止者其隄防完也教化廢而姦邪並出刑罰不能勝者其隄防壞也古之王者明於此是故南面而治天下莫不以教化為大務立大學以教於國設庠序以化於邑漸民以仁摩民以誼節民以禮故其刑罰甚輕而禁不犯者教化行而習俗美也聖王之繼亂世也埽除其迹而悉去之復脩教化而崇起之教化已明習俗已成子孫循之行五六百歲尚未敗也至周之末世大為亡道以失天下秦繼其後獨不能改又益甚之重禁文學不得挾書棄捐禮誼而惡聞之其心欲盡滅先聖之道而顓為自恣苟簡之治（顓與專同）故立為天子十四歲而國破亡矣自古以來未嘗有以亂濟亂大敗天下之民如秦者也（塗塗也）其遺毒餘烈至今未滅使習俗薄惡人民嚚頑抵冒殊扞孰爛

如此之甚者也孔子曰腐朽之木不可彫也糞土之牆不可杇也今漢繼秦之後如朽木糞牆矣雖欲善治之亡可柰何法出而姦生令下而詐起如以湯止沸抱薪救火愈甚亡益也竊譬之琴瑟不調甚者必解而更張之乃可鼓也為政而不行甚者必變而更化之乃可理也當更張而不更張雖有良工不能善調也當更化而不更化雖有大賢不能善治也故漢得天下以來常欲善治而至今不可善治者失之於當更化而不更化也古人有言曰臨淵羨魚不如退而結網今臨政而願治七十餘歲矣不如退而更化更化則可善治善治則災害日去福祿日來詩云宜民宜人受祿于天為政而宜於民者固當受祿于天夫仁誼禮知信五常之道王者所當脩飭也五者脩飭故受天之祐而享鬼神之靈德施于方外延及群生也天子覽其對而異焉乃復冊之制曰蓋聞虞舜之時游於巖廊之上垂拱無為

而天下太平周文王至於日昃不暇食而宇內亦治夫帝王之道豈不同條而共貫與何勞逸之殊也蓋儉者不造玄黃旌旗之飾及至周室設兩觀乘大輅朱干玉戚八佾陳於庭而頌聲興夫帝王之道豈異指哉或曰良玉不瑑又曰非文無以輔德二端異焉殷人執五刑以督姦傷肌膚以懲惡成康不式四十餘年天下不犯囹圄空虛秦國用之死者甚眾刑者相望秏矣哀哉烏虖朕夙寤晨興惟前帝王之憲永思所以奉至尊章洪業皆在力本任賢今朕親耕籍田以為農先勸孝弟崇有德使者冠蓋相望問勤勞恤孤獨盡思極神功烈休德未始云獲也今陰陽錯繆氛氣充塞群生寡遂黎民未濟廉恥貿亂賢不肖渾殽未得其真故詳延特起之士意庶幾乎今子大夫待詔百有餘人或道世務而未濟稽諸上古之不同考之于今而難行毋乃牽於文繫而不得騁與將所繇異術所聞殊方與各悉對

著于篇毋諱有司明其指略切磋究之以稱朕意仲舒對曰臣聞堯受命以天下為憂而未以位為樂也故誅逐亂臣務求賢聖是以得舜禹稷卨咎繇眾聖輔德賢能佐職教化大行天下和洽萬民皆安仁樂誼各得其宜動作應禮從容中道故孔子曰如有王者必世而後仁此之謂也堯在位七十載迺遜于位以禪虞舜堯崩天下不歸堯子丹朱而歸舜舜知不可辟（辟讀曰避）乃即天子之位以禹為相因堯之輔佐繼其統業是以垂拱無為而天下治孔子曰韶盡美矣又盡善也此之謂也至于殷紂逆天暴物殺戮賢知殘賊百姓伯夷太公皆當世賢者隱處而不為臣守職之人皆奔走逃亡入于河海天下秏亂萬民不安故天下去殷而從周文王順天理物師用賢聖是以閎夭大顛散宜生等亦聚於朝廷愛施兆民天下歸之故太公起海濱而即三公也當此之時紂尚在上尊卑昏亂百姓散亡故文王悼

痛而欲安之是以日昃而不暇食也孔子作春秋先正王而繫萬事
見素王之文焉繇此觀之帝王之條貫同然而勞逸異者所遇之時
異也孔子曰武盡美矣未盡善也此之謂也臣聞制度文采玄黃之
飾所以明尊卑異貴賤而勸有德也故春秋受命所先制者改正朔易
服色所以應天也然則宮室旌旗之制有法而然者也故孔子曰奢
則不遜儉則固儉非聖人之中制也臣聞良玉不琢資質潤美不待
刻琢此亡異於達巷黨人不學而自知也然則常玉不琢不成文章
君子不學不成其德臣聞聖王之治天下也少則習之學長則材諸
位爵祿以養其德刑罰以威其惡故民曉於禮義而恥犯其上武王
行大義平殘賊周公作禮樂以文之至於成康之隆囹圄空虛四十
餘年此亦教化之漸而仁誼之流非獨傷肌膚之效也至秦則不然
師申商之法行韓非之說憎帝王之道以貪狼為俗非有文德以教

訓於天下也誅名而不察實為善者不必免而犯惡者未必刑也是
以百官皆飾空言虛辭而不顧實外有事君之禮內有背上之心造
偽飾詐趣利無恥又好用憯酷之吏賦斂亡度竭民財力百姓散亡
不得從耕織之業群盜並起是以刑者甚衆死者相望而姦不息俗
化使然也故孔子曰導之以政齊之以刑民免而無恥此之謂也今
陛下并有天下海內莫不率服廣覽兼聽極群下之知盡天下之美
至德昭然施于方外夜郎康居殊方萬里說德歸誼此太平之致也
然而功不加於百姓者殆王心未加焉曾子曰尊其所聞則高明矣
行其所知則光大矣高明光大不在於它在乎加之意而已願陛下
因用所聞設誠於內而致行之則三王何異哉陛下親耕藉田以為
農先夙寤晨興憂勞萬民思惟往古而務以求賢此亦堯舜之用心
也然而未云獲者士素不厲也夫不素養士而欲求賢譬猶不琢玉

而求文采也故養士之大者莫大乎太學太學者賢士之所關也教
化之本原也今以一郡一國之衆對亡應書者（書謂舉賢良文學之詔書也）是以
王道往往而絕也臣願陛下興太學置明師以養天下之士數考問
以盡其材則英俊宜可得矣今之郡守縣令民之師帥所使承流而
宣化也故師帥不賢則主德不宣恩澤不流今吏既亡教訓於下或
不承用主上之法暴虐百姓與姦為市貧窮孤弱冤苦失職甚不稱
陛下之意是以陰陽錯繆氛氣充塞群生寡遂黎民未濟皆長吏不
明使至於此也夫長吏多出於郎中中郎吏二千石子弟選郎吏又
以富訾未必賢也且古所謂功者以任官稱職為差非所謂積日絫
久也故小材雖絫日不離於小官賢材雖未久不害為輔佐是以有
司竭力盡知務治其業而以赴功今則不然絫日以取貴積久以致
官是以廉恥貿亂賢不肖渾殽未得其真臣愚以為使諸列侯郡守

二千石各擇其吏民之賢者歲貢各二人以給宿衛且以觀大臣之
能所貢賢者有賞所貢不肖者有罰夫如是諸侯吏二千石皆盡心
於求賢天下之士可得而官使也徧得天下之賢人則三王之盛易
為而堯舜之名可及也毋以日月為功實試賢能為上量材而任官
錄德而定位則廉恥殊路賢不肖異處矣陛下加惠寬臣之罪令勿
牽制於文使得切磋究之臣敢不盡愚於是天子復冊之制曰蓋聞
善言天者必有徵於人善言古者必有驗於今故朕垂問乎天人之
應上嘉唐虞下悼桀紂寖微寖滅寖明寖昌之道虛心以改今子大
夫明於陰陽所以造化習於先聖之道業然而文采未極豈惑乎當
世之務哉條貫靡竟統紀未終意朕之不明與聽若眩與夫三王之
教所祖不同而皆有失或謂久而不易者道也意豈異哉今子大夫
既以著大道之極陳治亂之端矣其悉之究之孰之復之詩不云乎

嗟爾君子毋常安息神之聽之介爾景福朕將親覽焉子大夫其茂明之仲舒對曰臣聞論語曰有始有卒者其惟聖人虖今陛下幸加惠留聽於承學之臣復下明冊以切其意而究盡聖德非愚臣之所能具也前所上對條貫靡竟統紀不終辭不別白指不分明此臣淺陋之罪也冊曰善言天者必有徵於人善言古者必有驗於今臣聞天者群物之祖也故徧覆包函而無所殊建日月風雨以和之經陰陽寒暑以成之故聖人法天而立道亦溥愛而亡私布德施仁以厚之設誼立禮以導之春者天之所以生也仁者君之所以愛也夏者天之所以長也德者君之所以養也霜者天之所以殺也刑者君之所以罰也繇此言之天人之徵古今之道也孔子作春秋上揆之天道下質諸人情參之於古考之於今故春秋之所譏災害之所加也春秋之所惡怪異之所施也書邦家之過兼災異之變以此見人之

所為其美惡之極乃與天地流通而往來相應此亦言天之一端也古者脩教訓之官務以德善化民民已大化之後天下常亡一人之獄矣今世廢而不脩亡以化民民以故棄行誼而死財利是以犯法而罪多一歲之獄以萬千數以此見古之不可不用也故春秋變古則譏之天令之謂命命非聖人不行質樸之謂性性非教化不成人欲之謂情情非度制不節是故王者上謹於承天意以順命也下務明教化民以成性也正法度之宜別上下之序以防欲也脩此三者而大本舉矣人受命於天固超然異於群生入有父子兄弟之親出有君臣上下之誼會聚相遇則有耆老長幼之施粲然有文以相接驩然有恩以相愛此人之所以貴也生五穀以食之桑麻以衣之六畜以養之服牛乘馬圈豹檻虎是以得天之靈貴於物也故孔子曰天地之性人為貴明於天性知自貴於物知自貴於物然後知仁誼

知仁誼然後重禮節重禮節然後安處善安處善然後樂循理樂循理然後謂之君子故孔子曰不知命亡以為君子此之謂也冊曰上嘉唐虞下悼桀紂寖微寖滅寖明寖昌之道虛心以改臣聞衆少成多積小致鉅故聖人莫不以晻致明以微致顯是以堯發於諸侯舜興虖深山非一日而顯也蓋有漸以致之矣言出於己不可塞也行發於身不可掩也言行治之大者君子之所以動天地也故盡小者大慎微者著詩云惟此文王小心翼翼故堯兢兢日行其道而舜業業日致其孝善積而名顯德章而身尊此其寖明寖昌之道也積善在身猶長日加益而人不知也積惡在身猶火之銷膏而人不見也非明虖情性察虖流俗者孰能知之此唐虞之所以得令名而桀紂之可為悼懼者也夫善惡之相從如景鄉之應形聲也（鄉讀曰響）故桀紂暴謾讒賊並進賢知隱伏惡日顯國日亂晏然自以如日在天終陵

夷而大壞夫暴逆不仁者非一日而亡也亦以漸至故桀紂雖亡道然猶享國十餘年此其寖微寖滅之道也冊曰三王之教所祖不同而皆有失或謂久而不易者道也意豈異哉臣聞夫樂而不亂復而不厭者謂之道道者萬世無弊弊者道之失也先王之道必有偏而不起之處故政有眊而不行舉其偏者以補其弊而已矣三王之道所祖不同非其相反將以捄溢扶衰所遭之變然也故孔子曰無為而治者其舜虖改正朔易服色以順天命而已其餘盡循堯道何更為哉故王者有改制之名亡變道之實然夏上忠殷上敬周上文者所繼之捄當用此也孔子曰殷因於夏禮所損益可知也周因於殷禮所損益可知也其或繼周者雖百世可知也此言百王之用以此三者矣夏因於虞而獨不言所損益者其道如一而所上同也道之大原出于天天不變道亦不變是以禹繼舜舜繼堯三聖相受而守一

道亡救弊之政也故不言其所損益也繇是觀之繼治世者其道同
繼亂世者其道變今漢繼大亂之後若宜少損周之文致用夏之忠者
陛下有明德嘉道愍世俗之靡薄悼王道之不昭故舉賢良方正之
士論誼考問將欲興仁誼之休德明帝王之法制建太平之道也臣
愚不肖述所聞誦所學道師之言廑能勿失耳若乃論政事之得失
察天下之息耗此大臣輔佐之職三公九卿之任非臣仲舒所能及
也然而臣竊有怪者夫古之天下亦今之天下今之天下亦古之天
下共是天下古亦大治上下和睦習俗美盛不令而行不禁而止吏
亡奸邪民亡盜賊囹圄空虛德潤草木澤被四海鳳凰來集麒麟來
游以古準今壹何不相逮之遠也安所繆盭而陵夷若是意者有所
失於古之道與有所詭於天之理與試迹之古返之於天黨可得
見乎（黨音儻）夫天亦有所分予予之齒者去其角傅其翼者兩其足是所

受大者不得取小也古之所予祿者不食於力不動於末是亦受大
者不得取小與天同意者也夫已受大又取小天不能足而況人乎
此民之所以囂囂苦不足也身寵而載高位家溫而食厚祿因乘富
貴之資力以與民爭利於下民安能如之哉是故眾其奴婢多其牛
羊廣其田宅博其產業畜其積委務此而亡已以迫蹵民民日削月
朘寖以大窮富者奢侈羨溢貧者窮急愁苦窮急愁苦而上不救則
民不樂生民不樂生尚不避死安能避罪此刑罰之所以蕃而姦邪
不可勝者也故受祿之家食祿而已不與民爭業然後利可均布而
民可家足此上天之理而亦太古之道天子之所宜法以為制大夫
之所當循以為行也故公儀子相魯之其家見織帛怒而出其妻食
於舍而茹葵慍而拔其葵曰吾已食祿又奪園夫紅女利虖（紅讀曰工）古
之賢人君子在列位者皆如是是故下高其行而從其教民化其廉

而不貪鄙及至周室之衰其卿大夫緩於誼而急於利亡推讓之風
而有爭田之訟故詩人疾而刺之曰節彼南山惟石巖巖赫赫師尹
民具爾瞻爾好誼則民鄉仁而俗善爾好利則民好邪而俗敗由是
觀之天子大夫者下民之所視效遠方之所四面而內望也近者視
而放之遠者望而效之豈可以居賢人之位而為庶人行哉夫皇皇
求財利常恐乏匱者庶人之意也皇皇求仁義常恐不能化民者大
夫之意也易曰負且乘致寇至乘車者君子之位也負擔者小人之
事也此言居君子之位而為庶人之行者其患禍必至也若居君子
之位當君子之行則舍公儀休之相魯亡可為者矣春秋大一統者
天地之常經古今之通誼也今師異道人異論百家殊方指意不同
是以上亡以持一統法制數變下不知所守臣愚以為諸不在六藝
之科孔子之術者皆絕其道勿使並進邪辟之說滅息然後統紀可

一而法度可明民知所從矣對既畢天子以仲舒為江都相
趙綰王臧請立明堂以朝諸侯不能就其事乃言其師申公於是上
使使束帛加璧安車以蒲裹輪駕駟迎申公弟子二人乘軺傳從至
見上上問治亂之事申公時已八十餘矣對曰為治者不在多言顧
力行何如耳是時上方好文辭見申公對默然然已招致即以為大
中大夫舍魯邸議明堂事
元光五年徵賢良文學之士上策詔諸儒制曰蓋聞上古至治畫衣
冠異章服而民不犯陰陽和五穀登六畜蕃甘露降風雨時嘉禾興
朱草生山不童澤不涸麟鳳在郊藪龜龍遊於沼河洛出圖書父不
喪子兄不哭弟北發渠搜南撫交阯舟車所至人迹所及跂行喙息
咸得其宜朕甚嘉之今何道而臻乎此子大夫修先聖之術明君臣
之義講論洽聞有聲乎當世問子大夫天人之道何所本始吉凶之

效安所期焉禹湯水旱厥咎何由仁義禮智四者之宜當安設施屬統垂業物鬼變化天命之符廢興何如天文地理人事之紀子大夫習焉其悉意正議詳具其對著之于篇朕將親覽焉靡有所隱菑川公孫弘對策曰臣聞上古堯舜之時不貴爵賞而民勸善不重刑罰而民不犯躬率以正而遇民信也末世貴爵厚賞而民不勸深刑重罰而姦不止其上不正遇民不信也夫厚賞重刑未足以勸善而禁非必信而已矣是故因能任官則分職治去無用之言則事情得不作無用之器則賦斂省不奪民時不妨民力則百姓富有德者進無德者退則朝廷尊有功者上無功者下則群臣逡罰當罪則姦邪止賞當賢則臣下勸凡此八者治之本也故民者業之即不爭理得則不怨有禮則不暴愛之則親上此有天下之急者也故法不遠義則民服而不離和不遠禮則民親而不暴故法之所罰義之所去也和之所賞禮之所取也禮義者民之所服也而賞罰順之則民不犯禁矣故畫衣冠異章服而民不犯者此道素行也臣聞之氣同則從聲比則應今人主和德於上百姓和合於下故心和則氣和氣和則形和形和則聲和聲和則天地之和應矣故陰陽和風雨時甘露降五穀登六畜蕃嘉禾興朱草生山不童澤不涸此和之至也故形和則無疾無疾則不夭故父不喪子兄不哭弟德配天地明並日月則麟鳳至龜龍在郊河出圖洛出書遠方之君莫不說義奉幣而來朝此和之極也臣聞之仁者愛也義者宜也禮者所履也智者術之原也致利除害兼愛無私謂之仁明是非立可否謂之義進退有度尊卑有分謂之禮擅殺生之柄通壅塞之塗權輕重之數論得失之道使遠近情僞必見於上謂之術凡此四者治之本道之用也皆當設施不可廢也得其要則天下安樂法設而不用不得其術則主蔽於上官亂於下此事之情屬統垂業之本也臣聞堯遭鴻水使禹治之未聞禹之有水也若湯之旱桀之餘烈也桀紂行惡受天之罰禹湯積德以王天下因此觀之天德無私親順之和起逆之害生此天文地理人事之紀臣弘愚戇不足以奉大對時對者百餘人太常奏弘第居下策奏天子擢弘對爲第一召入見容貌甚麗拜爲博士待詔金馬門弘復上疏曰陛下有先聖之位而無先聖之名有先聖之民而無先聖之吏是以勢同而治異先世之吏正故其民篤今世之吏邪故其民薄政弊而不行令倦而不聽夫使邪吏行弊政用倦令治薄民民不可得而化此治之所以異也臣聞周公旦治天下期年而變三年而化五年而定唯陛下之所志書奏天子以冊書答曰問弘稱周公之治弘之材能自視孰與周公賢弘對曰愚臣淺薄安敢比材於周公雖然愚心曉然見治道之所以然也夫虎豹馬牛禽獸之不可制者也及其教馴服習之至可牽持駕服唯人之從臣聞揉曲木者不累日銷金石者不累月夫人之於利害好惡豈比禽獸木石之類哉期年而變臣弘尚竊遲之上異其言弘又上書曰臣聞天下通道五所以行之者三君臣父子夫婦長幼朋友之交五者天下之通道也知仁勇三者所以行之也故曰好問近乎知力行近乎仁知恥近乎勇知此三者知所以自治知所以自治然後知所以治人未有不能自治而能治人者也陛下躬孝弟監三王建周道兼文武招徠四方之士任賢序位量能授官將以厲百姓勸賢材也今臣愚駑無汗馬之勞陛下過意擢臣弘卒伍之中封爲列侯致位三公臣弘行能不足以稱加有負薪之疾恐先狗馬填溝壑終無以報德塞責願歸侯乞骸骨避賢者路

汲黯爲主爵都尉時天子方招文學儒者上曰吾欲云云張晏曰所言欲施仁

義也黯對曰陛下內多欲而外施仁義柰何欲效唐虞之治乎上默然怒變色而罷朝公卿皆為黯懼上退謂左右曰甚矣汲黯之戇也群臣或數黯黯曰天子置公卿輔弼之臣寧令從諛承意陷主於不義乎且已在其位縱愛身柰辱朝廷何

臨菑嚴安以故丞相史上書曰臣聞鄒子曰政教文質者所以云救也當時則用過則舍之有易則易之故守一而不變者未睹治之至者也今天下人民用財侈靡車馬衣裘宮室皆競修飾調五聲使有節族雜五色使有文章重五味方丈於前以觀欲天下彼民之情見美則願之是教民以侈也侈而無節則不可贍民離本而徼末矣末不可徒得故搢紳者不憚為詐帶劍者誇殺人以矯奪而世不知媿故姦軌浸長夫佳麗珍怪固順於耳目故養失而泰樂失而淫禮失而采教失而偽偽采淫泰非所以範民之道也是以天下人民逐利無已犯法者衆臣願為民制度以防其淫使貧富不相燿以和其心心既和平其性恬安恬安不營則盜賊銷盜賊銷則刑罰少刑罰少則陰陽和四時正風雨時草木暢茂五穀蕃孰六畜遂字民不夭厲和之至也臣聞周有天下其治三百餘歲成康其隆也刑錯四十餘年而不用及其衰亦三百餘年故五伯更起伯者常佐天子興利除害誅暴禁邪匡正海內以尊天子五伯既沒賢聖莫續天子孤弱號令不行諸侯恣行強陵弱衆暴寡田常篡齊六卿分晉並為戰國此民之始苦也於是強國務攻弱國修守合從連衡馳車轂擊介冑生蟣蝨民無所告訴及至秦王蠶食天下并吞戰國稱號皇帝一海內之政壞諸侯之城銷其兵鑄以為鐘虡示不復用元元黎民得免於戰國逢明天子人人自以為更生鄉使秦緩刑罰薄賦斂省繇役貴仁義賤權利上篤厚下佞巧變風易俗化於海內則世世必安矣秦不

行是風循其故俗為智巧權利者進篤厚忠正者退法嚴令苛諂諛者衆日聞其美意廣心逸欲威海內使蒙恬將兵以北攻強胡辟地進境戍於北河飛芻輓粟以隨其後又使尉屠睢將樓船之士攻越使監祿鑿渠運糧深入越地越人遁逃曠日持久糧食乏絕越人擊之秦兵大敗秦乃使尉佗將卒以戍越當是時秦禍北構於胡南挂於越宿兵於無用之地進而不得退行十餘年丁男被甲丁女轉輸苦不聊生自經於道樹死者相望及秦皇帝崩天下大畔陳勝吳廣舉陳武臣張耳舉趙項梁舉吳田儋舉齊景駒舉郢周市舉魏韓廣舉燕窮山通谷豪士並起不可勝載也然本皆非公侯之後非長官之吏無尺寸之埶起閭巷杖棘矜應時而動不謀而俱起不約而同會壞長地進至于伯王時教使然也秦貴為天子富有天下滅世絕祀窮兵之禍也故周失之弱秦失之強不變之患也今徇南夷朝夜郎降羌僰略薉州建城邑深入匈奴燔其龍城議者美之此人臣之利非天下之長策也今中國無狗吠之驚而外累於遠方之備靡敝國家非所以子民也行無窮之欲甘心快意結怨於匈奴非所以安邊也禍挐而不解兵休而復起近者愁苦遠者驚駭非所以持久也今天下鍛甲摩劍矯箭控弦轉輸軍糧未見休時此天下所共憂也夫兵久而變起事煩而慮生今外郡之地或幾千里列城數十形束壤制帶脅諸侯非宗室之利也上觀齊晉所以亡公室卑削六卿大盛也下覽秦之所以滅刑嚴文刻欲大無窮也今郡守之權非特六卿之重也地幾千里非特閭巷之資也甲兵器械非特棘矜之用也以逢萬世之變則不可勝諱也後以安為騎馬令

帝以卜式為郎式不願上曰吾有羊上林中欲令子牧之式乃拜為郎布衣屩而牧羊（韋昭曰屩草履）歲餘羊肥息上過見其羊善之式曰非獨

羊也。治民亦猶是也。以時起居。惡者輒斥去。毋令敗羣。上以式為奇。拜為緱氏令。試之。緱氏便之。

宣帝時。丞相魏相又數表采易陰陽及明堂月令奏之曰。臣相幸得備員。奉職不修。不能宣廣教化。陰陽未和。災害未息。咎在臣等。臣聞易曰。天地以順動。故日月不過。四時不忒。聖王以順動。故刑罰清而民服。天地變化。必繇陰陽。陰陽之分。以日為紀。曰冬夏至。則八風之序立。萬物之性成。各有常職。不得相干。東方之神太昊。乘震執規司春。南方之神炎帝。乘離執衡司夏。西方之神少昊。乘兌執矩司秋。北方之神顓頊。乘坎執權司冬。中央之神黃帝。乘坤艮執繩司下土。茲五帝所司。各有時也。東方之卦不可以治西方。南方之卦不可以治北方。春興兌治則饑。秋興震治則華。冬興離治則泄。夏興坎治則雹。明王謹于尊天。慎于養人。故立羲和之官。以乘四時。節授民事。君動

靜以道。奉順陰陽。則日月光明。風雨時節。寒暑調和。三者得叙。則災害不生。五穀熟。絲麻遂。屮木茂。鳥獸蕃。民不夭疾。衣食有餘。若是。則君尊民說。上下亡怨。政教不違。禮讓可興。夫風雨不時。則傷農桑。農桑傷則民飢寒。飢寒在身。則亡廉恥。寇賊姦宄所繇生也。臣愚以為陰陽者。王事之本。羣生之命。自古賢聖未有不繇者也。天子之義。必純取法天地。而觀於先聖。高皇帝所述書天子所服第八曰。大謁者臣章受詔長樂宮。曰。令群臣議天子所服。以安治天下。相國臣何。御史大夫臣昌。謹與將軍臣陵。太子太傅臣通等議。春夏秋冬天子所服。當法天地之數。中得人和。故自天子王侯有土之君。下及兆民。能法天地。順四時。以治國家。身亡禍殃。年壽永究。是奉宗廟安天下之大禮也。臣請法之。中謁者趙堯舉春。李舜舉夏。兒湯舉秋。貢禹舉冬。四人各職一時。大謁者襄章奏。制曰可。孝文皇帝時。以二月施恩惠於天下。賜孝弟力田及罷軍卒。祠死事者。頗非時節。御史大夫鼂錯時為太子家令。奏言其狀。臣相伏念陛下恩澤甚厚。然而災氣未息。竊恐詔令有未合當時者也。願陛下選明經通知陰陽者四人。各主一時。時至明言所職。以和陰陽。天下幸甚。

王吉上疏言得失曰。陛下躬聖質。總萬方。帝王圖籍日陳于前。惟思世務。將興太平。詔書每下。民欣然若更生。臣伏而思之。可謂至恩。未可謂本務也。欲治之主不世出。公卿幸得遭遇其時。言聽諫從。然未有建萬世之長策。舉明主於三代之隆者也。其務在於期會簿書。斷獄聽訟而已。此非太平之基也。臣聞聖王宣德流化。必自近始。朝廷不備。難以言治。左右不正。難以化遠。民者。弱而不可勝。愚而不可欺也。聖主獨行於深宮。得則天下稱誦之。失則天下咸言之。行發於近。必見於遠。故謹選左右。審擇所使。左右所以正身也。所使所以宣德也。

詩云。濟濟多士。文王以寧。此其本也。春秋所以大一統者。六合同風。九州共貫也。今俗吏所以牧民者。非有禮義科指可世世通行者也。獨設刑法以守之。其欲治者不知所繇。以意穿鑿。各取一切。權譎自在。故一變之後不可復修也。是以百里不同風。千里不同俗。戶異政。人殊服。詐偽萌生。刑罰亡極。質樸日銷。恩愛寖薄。孔子曰。安上治民。莫善於禮。非空言也。王者未制禮之時。引先王之禮宜於今者而用之。臣願陛下承天心。發大業。與公卿大臣延及儒生。述舊禮。明王制。毆一世之民。躋之仁壽之域。則俗何以不若成康。壽何以不若高宗。竊見今世趨務不合於道者。謹條奏。唯陛下裁擇焉。吉意以為夫婦人倫大綱。夭壽之萌也。世俗嫁娶太早。未知為人父母之道而有子。是以教化不明而民多夭。聘妻送女無節。則貧人不及。故不舉子。又漢家列侯尚公主。諸侯則國人承翁主。使男事女。夫詘於婦。逆陰陽

之位故多女亂古者衣服車馬貴賤有章以褒有德而別尊卑今上下僭差人人自制是以貪財趨利不畏死亡周之所以能致治刑措而不用者以其禁邪於冥冥絕惡於未萌也又言舜湯不用三公九卿之世而舉皐陶伊尹不仁者遠今使俗吏得任子弟率多驕驁不通古今至於積功治人亡益於民此伐檀所為作也宜明選求賢除任子之令外家及故人可厚以財不宜居位去角抵減樂府省尚方明視天下以儉古者工不造琱瑑商不通侈靡非工商之獨賢政教使之然也民見儉則歸本本立而末成其指如此上以其言迂闊不甚寵異也

元帝時御史大夫貢禹上書曰孝文皇帝時貴廉絜賤貪汙賈人贅壻及吏坐贓者皆禁錮不得為吏賞善罰惡不阿親戚罪白者伏其誅疑者以與民亡贖罪之法故令行禁止海內大化天下斷獄四百

與刑錯亡異武帝始臨天下尊賢用士闢地廣境數千里自見功大威行遂從耆欲用度不足乃行一切之變使犯法者贖罪入穀者補吏是以天下奢侈官亂民貧盜賊並起亡命者衆郡國恐伏其誅則擇便巧史書習於計簿能欺上府者以為右職姦軌不勝則取勇猛能操切百姓者以苛暴威服下者使居大位故亡義而有財者顯於世欺謾而善書者尊於朝誖逆而勇猛者貴於官故俗皆曰何以孝弟為財多而光榮何以禮義為史書而仕宦何以謹慎為勇猛而臨官故黥劓而髡鉗者猶復攘臂為政於世行雖犬彘家富埶足目指氣使是為賢耳故謂居官而置富者為雄桀處姦而得利者為壯士兄勸其弟父勉其子俗之壞敗乃至於是察其所以然者皆以犯法得贖罪求士不得真賢相守崇財利誅不行之所致也今欲興至治致太平宜除贖罪之法相守選舉不以實及有臧者輒行其誅亡但免官則爭盡力為善貴孝弟賤賈人進真賢舉實廉而天下治矣孔子匹夫之人耳以樂道正身不解之故（解讀曰懈）四海之內天下之君微孔子之言亡所折中（中音竹仲反）況乎以漢地之廣陛下之德處南面之尊秉萬乘之權因天地之助其於變世易俗調和陰陽陶冶萬物化正天下易於決流抑隊自成康以來幾且千歲欲為治者甚衆然而太平不復興者何也以其舍法度而任私意奢侈行而仁義廢也陛下誠深念高祖之苦醇法太宗之治正己以先下選賢以自輔開進忠正致誅姦臣遠放諂佞放出園陵之女罷倡樂絕鄭聲去甲乙之帳退偽薄之物修節儉之化驅天下之民皆歸於農如此不解則三王可侔五帝可及唯陛下留意省察天下幸甚天子下其議令民產子七歲出口錢自此始又省建章甘泉宮衛卒減諸侯王廟衛卒省其半餘雖未盡從然嘉其質直之意

元帝好儒術文辭頗改宣帝之政言事者多進見人人自以為得上意又傅昭儀及子定陶王愛幸寵於皇后太子匡衡復上疏曰臣聞治亂安危之機在乎審所用心蓋受命之主務在創業垂統傳之無窮繼體之君心存於承宣先王之德而褒大其功昔者成王之嗣位思述文武之道以養其心休烈盛美皆歸之二后而不敢專其名是以上天歆享而鬼神祐焉其詩曰念我皇祖陟降廷止言成王常思祖考之業而鬼神祐助其治也陛下聖德天覆子愛海內然陰陽未和姦邪未禁者殆論議者未丕揚先帝之盛功爭言制度不可用也務變更之所更或不可行而復復之是以羣下更相是非吏民無所信竊恨國家釋樂成之業而虛為此紛紛也願陛下詳覽統業之事留神於遵制揚功以定群下之心大雅曰無念爾祖聿脩厥德孔子著之孝經首章蓋至德之本也傳曰審好惡理情性而王道畢矣能

盡其性然後能盡人物之性能盡人物之性可以贊天地之化治性之道必審己之所有餘而強其所不足蓋聰明疏通者戒於太察寡聞少見者戒於雍蔽勇猛剛強者戒於大暴仁愛溫良者戒於無斷湛靜安舒者戒於後時廣心浩大者戒於遺忘必審己之所當戒而齊之以義然後中和之化應而巧偽之徒不敢比周而望進唯陛下戒所以崇聖德臣又聞室家之道脩則天下之理得故詩始國風禮本冠婚始乎國風原性情而明人倫也本乎冠婚正基兆而防未然也福之興莫不本乎室家之道衰莫不始乎梱內故聖王必慎妃后之際別適長之位禮之於內也卑不踰尊新不先故所以統人情而理陰氣也其尊適而卑庶也適子冠乎阼禮之用醴眾子不得與列所以貴正體而明嫌疑也非虛加其禮文而已乃中心與之殊異故禮探其情而見之外也聖人動靜游燕所親物得其序得其序則海內自脩百姓從化如當親者疏當尊者卑則佞巧之姦因時而動以亂國家故人慎防其端禁於未然不以私恩害公義陛下聖德純備莫不脩正則天下無為而治詩云于以四方克定厥家傳曰正家而天下定矣

成帝初即位薛宣為御史中丞執法殿中外總部刺史上疏曰陛下至德仁厚哀閔元元躬有日昃之勞而亡佚豫之樂允執聖道刑罰惟中然而嘉氣尚凝陰陽不和是臣下未稱而聖化獨有不洽者也臣竊伏思其一端殆吏多苛政政教煩碎大率咎在部刺史或不循守條職舉錯各以其意多與郡縣事至開私門聽讒佞以求吏民過失譴呵及細微責義不量力郡縣相迫促亦內相刻流至眾庶是故鄉黨闕於嘉賓之懽九族忘其親親之恩飲食周急之厚彌衰送往勞來之禮不行夫人道不通則陰陽否鬲和氣不興未必不由此也詩

云民之失德乾餱以愆鄙語曰苛政不親煩苦傷恩方刺史奏事時宜明申敕使昭然知本朝之要務臣愚不知治道惟明主察焉上嘉納之

成帝召直言之士詣白虎殿對策策曰天地之道何貴王者之法何如六經之義何上人之行何先取人之術何以當世之治何務各以經對杜欽對曰臣聞天道貴信地道貴貞不信不貞萬物不生生天地之所貴也王者承天地之所生理而成之昆蟲草木靡不得其所王者法天地非仁無以廣施非義無以正身克己就義恕以及人六經之所上也不孝則事君不忠涖官不敬戰陳無勇朋友不信孔子曰孝無終始而患不及者未之有也孝人行之所先也觀本行於鄉黨考功能於官職達觀其所舉富觀其所予窮觀其所不為乏觀其所不取近觀其所為遠觀其所主孔子曰視其所以觀其所由察其所安人焉廋哉取人之術也殷因夏尚質周因殷尚文今漢家承周秦之敝宜抑文尚質廢奢長儉表實去偽孔子曰惡紫之奪朱當世治之所務也臣竊有所憂言之則拂心逆指不言則漸日長為禍不細然小臣不敢廢道而求從違忠而耦意臣聞玩色無厭必生好憎之心好憎之心生則愛寵偏於一人愛寵偏於一人則繼嗣之路不廣而嫉妒之心興矣如此則匹婦之說不可勝也唯陛下純德普施無欲是從此則眾庶咸說繼嗣日廣而海內長安萬事之是非何足備言

東漢光武時桓譚拜議郎給事中因上疏陳時政所宜曰臣聞國之廢興在於政事政事得失由乎輔佐輔佐賢明則俊士充朝而理合世務輔佐不明則論失時宜而舉多過事夫有國之君俱欲興化建善然而政道未理者其所謂賢者異也昔楚莊王問孫叔敖曰寡人

未得所以為國是也(莊王名旅穆王商臣之子也孫叔敖賢相也言欲為國於是未知何以得之)楚叔敖曰國之有是眾所惡也恐王不能定也王曰不定獨在君亦在臣乎對曰君驕士曰士非我無從富貴士驕君曰君非士無從安存人君或至失國而不悟士或至飢寒而不進君臣不合則國是無從定矣莊王曰善願相國與諸大夫共定國是也蓋善政者視俗而施教察失而立防威德更興文武迭用然後政調於時而躁人可定昔董仲舒言理國譬若琴瑟其不調者則解而更張夫更張難行而拂眾者亡是故賈誼以才逐而晁錯以智死世雖有殊能而終莫敢談者懼於前事也且設法禁者非能盡塞天下之姦皆合眾人之所欲也大抵取便國利事多者則可矣夫張官置吏以理萬人縣賞設罰以別善惡惡人誅傷則善人蒙福矣今人相殺傷雖已伏法而私結怨讎子孫相報後忿深前至於滅戶殄業而俗稱豪健故雖有怯弱猶勉而行之此為聽人自理而無復法禁者也今宜申明舊令若已伏官誅而私相傷殺者雖一身逃亡皆徙家屬於邊其相傷者加常二等不得顧山贖罪如此則仇怨自解盜賊息矣夫理國之道舉本業而抑末利是以先帝禁人二業錮商賈不得宦為吏此所以抑并兼長廉恥也今富商大賈多放田貸中家子弟為之保役(保役可保信也)趨走與臣僕等勤收稅與封君比入是以眾人慕效不耕而食至乃多通侈靡以淫耳目今可令諸商賈自相糾告若非身力所得皆以臧畀告者如此則專役一已不敢以貨與人事寡力弱必歸功田畝田畝脩則穀入多而地力盡矣又見法令決事輕重不齊或一事殊法同罪異論姦吏得因緣為市所欲活則出生議所欲陷則與死比是為刑開二門也今可令通義理明習法律者校定科比一其法度班下郡國蠲除故條如此天下知方而獄無怨濫矣

章帝時第五倫性峭直常疾俗吏苛刻及為三公值帝長者屢有善政乃上疏褒稱盛美因以勸成風德曰陛下即位躬天然之德體晏晏之姿以寬弘臨下(尚書考靈耀曰堯文塞晏晏爾雅曰晏晏溫和也)出入四年前歲誅刺史二千石貪殘者六人斯皆明聖所鑒非群下所及然詔書每下寬和而政急不解務存節儉而奢侈不止者咎在俗敝群下不稱故也光武承王莽之餘頗以嚴猛為政後代因之遂成風化郡國所舉類多辦職俗吏殊未有寬博之選以應上之求者也陳留令劉豫冠軍令駟協並以刻薄之姿臨人宰邑專念掠殺務為嚴苦吏民愁怨莫不疾之而今之議者反以為能違天心失經義誠不可不慎也非徒應坐豫協亦當宜譴舉者務進仁賢以任時政不過數人則風俗自化矣臣嘗讀書記知秦以酷急亡國又目見王莽亦以苛法自滅故勤勤懇懇實在於此又聞諸王主貴戚驕奢踰制京師尚然何以示遠故曰其身不正雖令不從以身教者從以言教者訟夫陰陽和歲乃豐君臣同心化乃成也其刺史太守以下除拜京師及道出洛陽者宜皆召見可因博問四方兼以觀察其人諸上書言事有不合者可但報歸田里不宜過加喜怒以明在寬臣愚不足採

桓帝初詔公卿郡國舉至孝獨行之士崔寔以郡舉除為郎論當世便事數十條名曰政論指切時要言辯而确(确堅正也)當世稱之仲長統曰凡為人主宜寫一通置之坐側其辭曰自堯舜之帝湯武之王皆賴明哲之佐博物之臣故皐陶陳謨而唐虞以興伊箕作訓而殷周用隆及繼體之君欲立中興之功者曷嘗不賴賢哲之謀乎凡天下所以不理者常由人主承平日久俗漸敝而不悟政寖衰而不改習亂安危怢不自覩或荒耽嗜欲不恤萬機或耳蔽箴誨厭偽忽真或猶豫岐路莫適所從或見信之佐括囊守祿或踈遠之臣言以賤廢是以

王綱縱弛於上。智士鬱伊於下。悲夫。自漢興以來三百五十餘歲矣。政令垢翫。上下怠懈。（垢翫也）風俗彫敝。人庶巧偽。百姓囂然。咸復思中興之救矣。且濟時拯世之術。豈必體堯蹈舜然後乃理哉。期於補綻決壞。枝柱邪傾。隨形裁割。要措斯世於安寧之域而已。故聖人執權。遭時定制。步驟之差。各有云設。不強人以不能。背急切而慕所聞也。蓋孔子對葉公以來遠。哀公以臨人。景公以節禮。非其不同。所急異務也。是以受命之君。每輒創制。中興之主。亦匡時失。昔盤庚愍殷。遷都易民。周穆有闕。甫侯正刑。俗人拘文牽古。不達權制。奇偉所聞。簡忽所見。烏可與論國家之大事哉。故言事者雖合聖德。輒見掎奪。何者。其頑士闇於時權。安習所見。不知樂成。況可慮始。苟云率由舊章而已。其達者或矜名妒能。恥策非己。舞筆奮辭。以破其義。寡不勝眾。遂見擯棄。雖稷契復存。猶將困焉。斯賈生之所以排於絳灌。屈子之所

以攄其幽憤者也。夫以文帝之明。賈生之賢。絳灌之忠。而有此患。況其餘哉。故宜量力度德。春秋之義。今既不能純法八世。故宜參以霸政。則宜重賞深罰以御之。明著法術以檢之。自非上德。嚴之則理。寬之則亂。何以明其然也。近孝宣皇帝明於君人之道。審於為政之理。故嚴刑峻法。破姦軌之膽。海內清肅。天下密如。（密如靜也）薦勳祖廟。享號中宗。筭計見效。優於孝文。及元帝即位。多行寬政。卒以墮損。威權始奪。遂為漢室基禍之主。政道得失。於斯可監。昔孔子作春秋。褒齊桓。懿晉文。歎管仲之功。夫豈不美文武之道哉。誠達權救敝之理也。故聖人能與世推移。而俗士苦不知變。以為結繩之約。可復理亂秦之緒。干戚之舞。足以解平城之圍。夫熊經鳥申。雖延歷之術。非傷寒之理。呼吸吐納。雖度紀之道。非續骨之膏。（熊經鳥申此道引之士養形之人也）蓋為國之法。有似理身。平則致養。疾則攻焉。夫刑罰者。治亂之藥石也。德教者

興平之粱肉也。夫以德教除殘。是以粱肉理疾也。以刑罰理平。是以藥石供養也。方今承百王之敝。值厄運之會。自數世以來。政多恩貸。馭委其轡。馬駘其銜。四牡橫奔。皇路險傾。方將拑勒鞬輈以救之。豈暇鳴和鑾清節奏哉。昔高祖令蕭何作九章之律。有夷三族之令。黥劓斬趾。斷舌梟首。故謂之具五刑。文帝雖除肉刑。當劓者笞三百。當斬左趾者笞五百。當斬右趾者棄市。右趾者既殞其命。笞撻者往往至死。雖有輕刑之名。其實殺也。當此之時。民皆思復肉刑。至景帝元年。乃下詔曰。笞與重罪無異。幸而不死。不可為民。乃定律減笞輕捶。自是之後。笞者得全。以此言之。文帝乃重刑。非輕之也。以嚴致平。非以寬致平也。必欲行若言。當大定其本。使人主師五帝而式三王。盪亡秦之俗。遵先聖之風。棄苟全之政。蹈稽古之蹤。復五等之爵。立井田之制。然後選稷契為佐。伊呂為輔。樂作而鳳凰儀。擊石而百獸舞。

若不然。則多為累而已。

獻帝時。政移曹氏。祕書監侍中荀悅志在獻替。而謀無所用。乃作申鑒五篇而奏之。其大略曰。夫道之本。仁義而已矣。五典以經之。群籍以緯之。詠之歌之。弦之舞之。前監既明。後復申之。故古之聖王。其於仁義也。申重而已。致政之術。先屏四患。乃崇五政。一曰偽。二曰私。三曰放。四曰奢。偽亂俗。私壞法。放越軌。奢敗制。四者不除。則政末由行矣。夫俗亂則道荒。雖天地不得保其性矣。法壞則勢傾。雖人主不得守其度矣。軌越則禮亡。雖聖人不得全其道矣。制敗則欲肆。雖四表不得充其求矣。是謂四患。興農桑以養其性。審好惡以正其俗。宣文教以章其化。立武備以秉其威。明賞罰以統其法。是謂五政。人不畏死。不可懼以罪。人不樂生。不可勸以善。雖使契布五教。皐陶作士。政不行焉。故在上者先豐人財以定其志。帝耕籍田。后桑蠶宮。國無遊人。野

無荒業財不貫用力不妄加以周人事是謂養生君子之所以動天地應神明正萬物而成王化者必乎真定而已故在上者審定好醜焉善惡要乎功罪毀譽効於準驗聽言責事舉名察實無惑詐偽以蕩衆心故事無不覈物無不功善無不顯惡無不章俗無姦怪民無淫風百姓上下覩利害之存乎已也故肅恭其心愼脩其行內不回惑外無異望則民志平矣是謂正俗君子以情用小人以刑用榮辱者賞罰之精華也故禮教榮辱以加君子化其情也桎梏鞭撲以加小人化其刑也君子不犯辱況於刑乎小人不忌刑況於辱乎若教化之廢推中人而墜於小人之域教化之行引中人而納於君子之塗是謂章化(章明也)小人之情緩則驕驕則恣恣則怨怨則叛危則謀亂安則思欲非威強無以懲之故在上者必有武備以戒不虞以遏寇虐安居則寄之內政有事則用之軍旅是謂秉威賞罰政之柄也

明賞必罰審信愼令賞以勸善罰以懲惡人主不妄賞非徒愛其財也賞妄行則善不勸矣不妄罰非矜其人也罰妄行則惡不懲矣賞不勸謂之止善罰不懲謂之縱惡在上者能不止下為善不縱下為惡則國法立矣是謂統法四患既蠲五政又立行之以誠守之以固簡而不怠疏而不失無為為之使自施之無事事之使自交之不肅而成不嚴而化垂拱揖讓而海內平矣是謂為政之方又言尚主之制非古也釐降二女陶唐之典歸妹元吉帝乙之訓王姬歸齊宗周之禮以陽從陰違天以婦陵夫違人違天不祥違人不義又古者天子諸侯有事必告于廟朝有二史左史記言右史書事事為春秋言為尚書君舉必記善惡成敗無不存焉下及士庶苟有茂異咸在載籍或欲顯而不得或欲隱而名彰得失一朝而榮辱千載善人勸焉淫人懼焉宜於今者備置史官掌其典文紀其行事每於歲盡舉之尚書以助賞罰以弘法教帝覽而善之

歷代名臣奏議卷之二十四

治道

魏文帝即位御史大夫王朗上疏勸育民省刑曰兵起已來三十餘年四海盪覆萬國殄瘁賴先王芟除寇賊扶育孤弱遂令華夏復有綱紀鳩集兆民于茲魏土使封鄙之內雞鳴狗吠達於四境蒸庶欣欣喜遇升平今遠方之寇未賓兵戎之役未息誠令復除足以懷遠人良宰足以宣德澤阡陌咸脩四民殷熾必復過於曩時而富於平日矣易稱勅法書著祥刑一人有慶兆民賴之慎法獄之謂也昔曹相國以獄市為寄路溫舒疾治獄之吏夫治獄者得其情則無冤死之囚丁壯者得盡地力則無饑饉之民窮老者得仰食倉廩則無餒餓之殍嫁娶以時則男女無怨曠之恨胎養必全則孕者無自傷之哀新生必復則孩者無不育之累壯而後役則幼者無離家之思二毛

不戎則老者無頓伏之患醫藥以療其疾寬繇以樂其業威罰以抑其強恩仁以濟其弱振貸以贍其乏十年之後既笄者必盈巷二十年之後勝兵者必滿野矣

明帝初莅政司空陳羣上疏曰詩稱儀刑文王萬邦作孚又曰刑于寡妻至于兄弟以御于家邦道自近始而化洽于天下自喪亂以來干戈未戢百姓不識王教之本懼其陵遲已甚陛下當盛魏之隆荷二祖之業天下想望至治唯有以崇德布化惠恤黎庶則兆民幸甚夫臣下雷同是非相蔽國之大患若不和睦則有讎黨有讎黨則毀譽無端毀譽無端則真偽失實不可不深防備有以絕其源流

時詔大議政治之不便於民者少府楊阜議以為致治在於任賢興國在於務農若舍賢而任所私此忘治之甚者也廣開宮館高為臺榭以妨民務此害農之甚者也百工不敦其器而競作奇巧以合上欲此傷本之甚者也孔子曰苛政甚於猛虎今守功文俗之吏為政不通治體苟好煩苛此亂民之甚者也當今之急宜去四甚並詔公卿郡國舉賢良方正敦樸之士而選用之此亦求賢之一端也

青龍中軍國多事用法深重侍中高堂隆上疏曰夫拓跡垂統必俟聖明輔世匡治亦須良佐用能庶績其凝而品物康乂也夫移風易俗宣明道化使四表同風回首面內德教光熙九服慕義固非俗吏之所能也今有司務糾刑書不本大道是以刑用而不措俗弊而不敦宜崇禮樂班序明堂脩三雍大射養老營建郊廟尊儒士舉逸民表章制度改正朔易服色布愷悌尚儉素然後備禮封禪歸功天地使雅頌之聲盈于六合緝熙之化混于後嗣斯蓋至治之美事不朽之貴業也然九域之內可揖讓而治尚何憂哉不正其本而救其末譬猶棼絲非政理也可命群公卿士通儒造其事以為典式

吳烏程侯寶鼎元年徙都武昌揚土百姓泝流供給以為患苦又政事多謬黎元窮匱左丞相陸凱上疏曰臣聞有道之君以樂樂民無道之君以樂樂身樂民者其樂彌長樂身者不久而亡夫民者國之根也誠宜重其食愛其命民安則君安民樂則君樂自頃年以來君威傷於桀紂君明闇於姦雄君惠閉於群孽無災而民命盡無為而國財空辜無罪賞無功使君有謬誤之愆天為作妖而諸公卿媚上以求愛困民以求饒導君於不義敗政於淫俗臣竊為痛心今鄰國交好四邊無事當務息役養士實其廩庫以待天時而更傾動天心搔擾百姓使民不安大小呼嗟此非保國養民之術也臣聞吉凶在天猶影之在形響之在聲也形動則影動形止則影止此分數乃有所繫非在口之所進退也昔秦所以亡天下者但坐賞輕而罰重政刑錯亂民力盡於奢侈目眩於美色志濁於財貨邪臣在位賢哲隱藏百

姓業業天下苦之是以遂有覆巢破卵之憂漢所以彊者躬行誠信聽諫納賢惠及負薪躬請巖穴廣采博察以成其謀此往事之明證也近者漢之衰末三家鼎立曹失綱紀晉有其政又益州危險兵多精強閉門固守可保萬世而劉氏與奪乖錯賞罰失所君恣意於奢侈民力竭於不急是以為晉所伐君臣見虜此目前之明驗也臣闇於大理文不及義智慧淺劣無復冀望竊為陛下惜天下耳臣謹奏耳目所聞見百姓所為煩苛刑政所為錯亂願陛下息大功損百役務寬盪忽苛政又武昌土地實危險而塉确非王都安國養民之處船泊則沈漂陵居則危峻且童謠言寧飲建業水不食武昌魚寧還建業死不止武昌居臣聞翼星為變熒惑作妖童謠之言生於天心乃以安居而比死足明天意知民所苦也臣聞國無三年之儲謂之非國而今無一年之畜此臣下之責也而諸公卿位處人上祿延子

孫曾無致命之節匡救之術苟進小利於君以求容媚荼毒百姓不為君計也自從孫弘造義兵以來耕種既廢所在無復輸入而分一家父子異役廩食日張畜積日耗民有離散之怨國有露根之漸而莫之恤也民力困窮鬻賣兒子調賦相仍日以疲極所在長吏不加隱括加有監官既不愛民務行威勢所在擾擾更為煩苛民苦二端財力再耗此為無益而有損也願陛下一息此輩矜哀孤弱以鎮撫百姓之心此猶魚鼈得免毒螫之淵鳥獸得離羅網之綱四方之民繈負而至矣如此民可得保先王之國存焉臣聞五音令人耳不聰五色令人目不明此無益於政有損於事者也自昔先帝時後宮列女及諸織絡數不滿百米有畜積貨財有餘先帝崩後幼景在位更改奢侈不蹈先迹伏聞織絡及諸徒坐乃有千數計其所長不足為國財然坐食官廩歲歲相承此為無益願陛下料出賦嫁給與無妻者

如此上應天心下合地意天下幸甚臣聞殷湯取士於商賈齊桓取士於車轅周武取士於負薪大漢取士於奴僕明王聖主取士以賢不拘卑賤故其功德洋溢名流竹素非求顏色而取好服捷口容悅者也臣伏見當今內寵之臣位非其人任非其量不能輔國匡時群黨相扶害忠隱賢願陛下簡文武之臣各勤其官州牧督將藩鎮方外公卿尚書務脩仁化上助陛下下拯黎民各盡其忠拾遺萬一則康哉之歌作刑錯之理清願陛下留神思臣愚言

烏程侯孫皓暴驕矜政事日弊太子太傅賀邵上疏諫曰古之聖王所以潛處重闈之內而知萬里之情垂拱衽席之上明照八極之際者任賢之功也陛下以至德淑姿統承皇業宜率身履道恭奉神器旌賢表善以康庶政自頃年以來朝列紛錯真偽相貿上下空任文武曠位外無山嶽之鎮內無拾遺之臣佞諛之徒拊翼天飛干弄朝威

盜竊榮利而忠良排墜信臣被害是以正士摧去而庸臣苟媚先意承指各希時趣人執反理之評士吐詭道之論遂使清流變濁忠臣結舌陛下處九天之上隱百重之室言出風靡令行景從親洽寵媚之臣日聞順意之辭將謂此輩實賢而天下已平也臣心所不安敢不以聞臣聞興國之君樂聞其過荒亂之主樂聞其譽聞其過者過日消而福臻聞其譽者譽日損而禍至是以古之人君揖讓以進賢虛己以求過譬天位於乘犇以虎尾為警戒至於陛下嚴刑法以禁直辭黜善士以逆諫臣眩燿毀譽之實沈淪近習之言昔高宗思佐夢寐得賢而陛下求之如忘忽之如遺故常侍王蕃忠恪在公才任輔弼以醉酒之間加之大戮近鴻臚葛奚先帝舊臣偶有逆迕昏醉之言耳三爵之後禮所不諱陛下猥發雷霆謂之輕慢飲之醇酒中毒隕命自是之後海內悼心朝臣失圖仕者以退為幸居者以出為

禍誠非所以保光洪緒熙隆道化也。又何定本趨走小人。僕隸之下。身無錙銖之行。能無鷹犬之用。而陛下愛其佞媚。假其威柄。使定恃寵放恣自擅威福。口正國議。手弄天機。上虧日月之明。下塞君子之路。夫小人求入。必進姦利。定間妄興事役。發江邊戍兵以驅麋鹿。結罝山陵。芟夷林莽。殫其九野之獸。聚於重圍之內。上無益時之分。下有損耗之費。而兵士罷於運送。人力竭於驅逐。老弱饑凍。大小怨歎。臣竊觀天變。自比年以來。陰陽錯謬。四時逆節。日食地震。中夏隕霜。參之典籍。皆陰氣陵陽。小人弄勢之所致也。臣嘗覽書傳。驗諸行事。災祥之應。所為寒慄。昔高宗脩己以消鼎雉之異。宋景崇德以退熒惑之變。願陛下上懼皇天譴告之誚。下追二君攘災之道。遠覽前代任賢之功。近寤今日謬授之失。清澄朝位。旌叙俊乂。放退佞邪。抑奪姦勢。如是之輩。一勿復用。廣延淹滯。容受直辭。祗承乾指。敬奉先業。

則大化光敷。天人望塞也。傳曰。國之興也。視民如赤子。其亡也。以民為草芥。陛下昔韜神光潛德東夏。以聖哲茂姿。龍飛應天。四海延頸。八方拭目。以成康之化。必隆於旦夕也。自登位以來。法禁轉苛。賦調益繁。中宮內豎。分布州郡。橫興事役。競造姦利。百姓羅杼軸之困。黎民罷無已之求。老稚饑寒。家戶菜色。而所在長吏。迫畏罪負。嚴法峻刑。苦民求辦。是以人力不堪。家戶離散。呼嗟之聲。感傷和氣。又江邊戍兵。遠當以拓土廣境。近當以守界備難。宜特優育。以待有事。而徵發賦調。煙至雲集。衣不全短褐。食不贍朝夕。出當鋒鏑之難。入抱無聊之感。是以父子相棄。叛者成行。願陛下寬賦除煩。振恤窮乏。省諸不急。盪禁約法。則海內樂業。大化普洽。夫民者國之本。食者民之命也。今國無一年之儲。家無經月之畜。而後宮之中。坐食者萬有餘人。內有離曠之怨。外有損耗之費。使庫廩空於無用。士民饑於糟糠。又北敵注目。伺國盛衰。陛下不恃己之威德。而怙敵之不來。忽四海之困窮。而輕虜之不為難。誠非長策廟勝之要也。昔大皇帝勤身苦體。創基南夏。割據江山。拓土萬里。雖承天贊。實由人力也。餘慶遺祚。至於陛下。陛下宜勉崇德器。以光前烈。愛民養士。保全先軌。何可忽顯祖之功。勤輕難得之大業。忘天下之不振。替興衰之巨變哉。臣聞否泰無常。吉凶由人。長江之限。不可久恃。苟我不守。一葦可航也。昔秦建皇帝之號。據殽函之阻。德化不脩。法政苛酷。毒流生民。忠臣杜口。是以一夫大呼。社稷傾覆。近劉氏據三關之險。守重山之固。可謂金城石室。萬世之業。任授失賢。一朝喪沒。君臣係頸。共為羈僕。此當世之明鑒。目前之炯戒也。願陛下遠考前事。近覽世變。豐基強本。割情從道。則成康之治興。而聖祖之祚隆矣。

西晉武帝初即位。廣納直言。開不諱之路。駙馬都尉傅玄及散騎常

侍皇甫陶共掌諫職。玄上疏曰。臣聞先王之臨天下也。明其大教。長其義節。道化隆於上。清議行於下。上下相奉。人懷義心。亡秦蕩滅先王之制。以法術相御。而義心亡矣。近者魏武好法術。而天下貴刑名。魏文慕通達。而天下賤守節。其後綱維不攝。而虛無放誕之論盈於朝野。使天下無復清議。而亡秦之病復發於今。陛下聖德龍興受禪。弘堯舜之化。開正直之路。體夏禹之至儉。綜殷周之典文。臣詠嘆而已。將又奚言。惟未舉清遠有禮之臣以敦風節。未退虛鄙以懲不恪。臣是以猶敢有言。詔報曰。舉清遠有禮之臣者。此猶今之要也。乃使玄草詔進之。玄復上疏曰。臣聞舜舉五臣。無為而化。用人得其要也。天下群司猥多。不可不審得其人也。不得其人。一日則損不貲。況積日乎。典謨曰。無曠庶官。言職之不可久廢也。諸有疾病滿百日不差。宜令去職。優其禮秩而寵存之。既差而後更用。臣不廢職於朝。國無曠

官之累。此王政之急也。又曰。臣聞先王分士農工商以經國制事。各一其業而殊其務。自士已上子弟。為之立太學以教之。選明師以訓之。各隨其才優劣而授用之。農以豐其食。工以足其器。商賈以通其貨。故雖天下之大。兆民之衆。無有一人游手。分數之法。周備如此。漢魏不定其分。百官子弟不脩經藝而務交遊。未知蒞事而坐享天祿。農工之業多廢。或逐淫利而離其事。使繫名於太學。然不聞先王之風。今聖明之政資始。而漢魏之失未改。散官衆而學校未設。游手多而親農者少。工器不盡其宜。臣以為亟定其制。通計天下若干人為士。足以副在官之吏。若干人為農。三年足有一年之儲。若干人為工。足其器用。若干人為商賈。足以通貨而已。尊儒向學。貴農賤商。此皆事業之要務也。前皇甫陶上事。欲令賜拜散官皆課使親耕。天下享足食之利。禹稷躬耕稼。祚流後世。是以明堂月令著帝籍之制。伊尹古之名臣。耕于有莘。晏嬰齊之大夫。避莊公之難。亦耕于海濱。昔者聖帝明王。賢佐俊士。皆嘗從事於農矣。王人賜官。冗散無事者。不督使學。則當使耕。無緣放之使坐食百姓也。今文武之官既衆。而拜賜不在職者又多。加以服役為兵。不得耕稼。當農者之半。南面食祿者參倍於前。使冗散之官農。而收其租稅。家得其實。而天下之穀可以無乏矣。夫家足食。為子則孝。為父則慈。為兄則友。為弟則悌。天下足食。則仁義之教可不令而行也。為政之要。計人而置官。分人而授事。士農工商之分。不可斯須廢也。若未能精其防制。計天下文武之官足為副貳者使學。其餘皆歸之於農。若百工商賈有長者。亦皆歸之於農。務農若此。何有不贍乎。虞書曰。三載考績。三考黜陟幽明。是為九年之後乃有遷敘也。故居官久。則念立慎終之化。居不見久。則競為一切之政。六年之限。日月淺近。不周黜陟。陶之所上。義合古制。夫儒學者

王教之首也。尊其道。貴其業。重其選。猶恐化之不崇。忽而不以為急。臣懼日有陵遲而不覺也。仲尼有言。人能弘道。非道弘人。然則尊其道者。非惟尊其書而已。尊其人之謂也。貴其業者。不妄教非其人也。重其選者。不妄用非其人也。若此。而學校之綱舉矣。

太中大夫恬和上表。陳便宜。稱漢孔光魏徐幹等議。使王公已下制奴婢限數。及禁百姓賣田宅。中書啓可。屬主者為條制。李重奏曰。先王之制。士農工商有分。不遷其業。所以利用厚生。各肆其力也。周官以土均之法。經其土地井田之制。而辨其五物九等貢賦之序。然後公私制定。率土均齊。自秦立阡陌。建郡縣。而斯制已沒。降及漢魏。因循舊跡。王法所峻者。唯服物車器有貴賤之差。令不僭擬以亂尊卑耳。至於奴婢私產。則實皆未嘗曲為之立限也。八年已巳。詔書申明律令。諸士卒百工以上所服乘皆不得違制。若一縣一歲之中有違犯者三家。洛陽縣十家以上。官長免。如詔書之旨。法制已嚴。今如和所陳。而稱光幹之議。此皆衰世踰侈。當時之患。然盛漢之初不議其制。光等作而不行。非漏而不及。能而不用也。蓋以諸侯之軌既滅。而井田之制未復。則王者之法不得制人之私也。人之田宅既無定限。則奴婢不宜偏制其數。懼徒為之法。實碎而難檢。方今盛明垂制。每尚簡易。法禁已具。和表無施。

泰始中。詔天下舉賢良直言之士。太守文立舉郤詵應選。詔曰。蓋太上以德撫時。易簡無文。至于三代。禮樂大備。制度彌繁。文質之變。其理何由。虞夏之際。聖明係踵。而損益不同。周道既衰。仲尼猶曰從周。因革之宜。又何殊也。聖王既沒。遺制猶存。霸者迭興。而翼輔之。王道之缺。其無補乎。何陵遲之不反也。豈霸德之淺歟。期運不可致歟。且夷吾之智。而功止於霸。何哉。夫昔人之為政。革亂亡之弊。建不刊之

統移風易俗刑措不用豈非化之盛歟何脩而臻茲朕獲承祖宗之休烈于茲七載而人未服訓政道罔述以古況今何不相逮之遠也雖明之弗及猶思與群賢慮之將何以辨所聞之疑昧獲至論於讜言乎加自頃戎狄內侵災害屢作邊甿流離征夫苦役豈政刑之謬將有司非其任歟各悉乃心究而論之上明古制下切當今朕之失德所宜振補其正議無隱將敬聽之謹對曰伏惟陛下以聖德君臨猶垂意於博採故招賢正之士而臣等薄陋未足以降大問也是以竊有自疑之心雖致身於闕庭亦僶俛矣伏讀聖策乃知下問之旨篤焉臣聞上古推賢讓位教同德一故易簡而人化三代世及季末相承故文繁而後整虞夏之相因而損益不同非帝王之道異救弊之路殊也周當二代之流承彫偽之極盡禮樂之致窮制度之理其文備詳仲尼因時宜而曰從周非殊論也臣聞聖王之化先禮樂五

霸之興勤政刑禮樂之化深政刑之用淺勤之則可以小安墮之則遂陵遲所由之路本近故所補之功不侔也而齊桓失之葵丘夷吾淪于小器功止於霸不亦宜乎策曰建不刊之統移風易俗使天下洽和何修而臻茲臣以為莫大於擇人而官之也今之典刑雖無一統宰牧之才優劣異績或以之興或以之替此蓋人能弘政非政弘人也舍人務政雖勤何益臣竊觀夫古今而考其美惡古人相與求賢今人相與求爵古之官人君責之於上臣舉之於下得其人有賞失其人有罰安得不求賢乎今之官者父兄譽之親戚助之有人事則通無人事則塞安得不求爵乎賢苟求達達在脩道窮在守義故靜以待之也爵苟可求得在進取失在後時故動以要之也動則爭競爭競則朋黨朋黨則誣調誣調則臧否失實真偽相冒主聽用惑姦之所會也靜則貞固貞固則正直正直則信讓信讓則推賢推賢

不伐相下無饜主聽用察德之所趣也故能使之靜雖曰高枕而人自正不能禁動雖復夙夜俗不一也且人無愚智咸慕名官莫不飾正於外藏邪於內故邪正之人難得而知也付得其正則眾正益至若得其邪則眾邪亦集物繫其類誰能止之故亡國失世者未嘗不為眾邪所積也方其初作必始於微微而不絕其終乃著天地不能頓為寒暑人主不能頓為隆替故寒暑漸於春秋隆替起於得失當今之世官者無關梁而邪門啓矣朝廷不責賢正路塞矣得失之源何以甚此所謂責賢使之相舉也所謂關梁使之相保也賢不舉則有咎保不信亦有罰故古者諸侯必貢士不貢者削貢而不適亦削夫士者難知也不適者薄過也不得不責彊其所不知也罰其所不適深其薄過非恕也且天子於諸侯有不純臣之義斯責之矣施刑之道寧緩不濫之矣今皆反是何也夫賢者天地之紀品物之宗其急

之也故寧濫以得之無縱以失之也今則不然世之悠悠者各自取辨耳故其材行並不可必於公則政事紛亂於私則汙穢狼籍自頃長吏特多此累有亡命而被購懸者矣有縛束而絞戮者矣貪鄙竊位不知誰升之者斁兕出檻不知誰可咎者網漏吞舟何以過此人之於利如蹈水火焉前人雖敗後人復起如彼此無已誰止之者風流曰競誰憂之者雖今聖思勞於夙夜所使為政恆得此屬欲聖世化美俗平亦俟河之清耳若欲善之宜創舉賢之典峻關梁之防其制既立則人慎其舉而不苟則賢者可知知賢而試則官得其人矣官得其人則事得其敘事得其敘則物得其宜物得其宜則生生豐植人用資給和樂興焉是故寡過而遠刑知恥以近禮此所謂建不刊之統移風易俗刑措而不用也策曰自頃夷狄內侵災眚屢降將所任非其人乎何由而至此臣聞蠻夷猾夏則皐陶作士此欲善其

末則宜先其本也夫任賢則政惠使能則刑恕政惠則下仰其施刑恕則人懷其勇施以殖其財勇以結其心故人居則資贍而知方動則親上而志勇茍思其利而除其害以生道利之者雖死不貳以逸道勞之者雖勤不怨故其命可授其力可竭以戰則勊以攻則拔是以善者慕德而安服惡者畏懼而削迹止戈而武義實在文唯任賢然後無患耳若夫水旱之災自然理也故古者三十年耕必有十年之儲堯湯遭之而人不困有備故也自頃風雨雖頻不時考之萬國或境土相接而豐約不同或頃畝相連而成敗異流固非天之必害於人人實不能均其勞苦失之於人而求之於天則有司惰職而不勸百姓怠業而咎時非所以定人志致豐年也宜勤人事而已臣誠愚鄙不足以奉對聖朝猶進之于廷者將使取諸其懷而獻之乎臣懼不足也若妝不知言以致知言臣則可矣是以辭鄙不隱也以對

策上第拜議郎

時西虜內侵災眚屢見百姓饑饉詔王公卿尹常伯牧守各舉賢良方正直言之士於是太保何曾舉阮种賢良策曰在昔哲王承天之序光宅宇宙咸用規矩乾坤惠康品類休風流衍彌于千載朕應踐洪運統位七載於今矣惟德弗嗣不明于政宵興惕厲未燭厥猷子大夫韞櫝道術儼然而進朕甚嘉焉其各悉乃心以闡喻朕志深陳王道之本勿有所隱朕虛心以覽焉种對曰夫天地設位聖人成能王道至深所以行化至遠故能開物成務而功業不匱近無不聽遠無不服德逮群生澤被區宇聲施無窮而典垂百代故經曰聖人久於其道而天下化成宜師蹤往代襲迹三五矯世更俗以從人望令率土遷義下知所適播醇美之化杜邪枉之路斯誠群黎之所欣想盛德而幸望休風也又問政刑不宣禮樂不立對曰政刑之宣故由乎禮樂之用昔之明王唯此之務所以防遏暴慢感動心術制節上靈而陶化萬姓也禮以體德樂以詠功樂本於和而禮師於敬矣又問戎蠻猾夏侵敗王略雖古盛世猶有此虞故詩稱獫狁孔熾書歎蠻夷帥服自魏氏以來夷虜內附鮮有桀悍侵漁之患由是邊守遂怠鄣塞不設而令醜虜內居與百姓雜處邊吏擾習人又忘戰受方任者又非其材或以狙詐侵侮邊夷或干賞啗利安加討戮夫以微羈而御悍馬又乃操以煩策其不制者固其理也是以群醜蕩駭緣間而動雖三州覆敗牧守不反此非胡虜之甚勁蓋用之者過也臣聞王者之伐有征無戰懷遠以德不聞以兵夫兵凶器而戰危事也兵興則傷農眾集則費積農傷則人匱積費則國虛昔漢武之世承文帝之業資海內之富役其材臣以甘心匈奴競戰勝之功貪攻取之利良將勁卒屈於沙漠勝敗相若克不過當天百姓之命塡餓狼之

口及其以眾制寡令匈奴遠迹收功祁連飲馬瀚海天下之耗已過太半矣夫虛中國以事夷狄誠非計之得者也是以盜賊蜂起山東不振暨宣元之時趙充國征西零馮奉世征南羌皆兵不血刃攝抑彊暴擒其首惡此則折衝厭難勝敗相辨中世之明効也又問咎徵作見對曰陰陽否泰六沴之災則人主修政以禦之思患而防之建皇極之首詳庶徵之用詩曰敬之敬之天惟顯思天聰明自我民聰明是以人主祖承天命日慎一日也故能應受多福而永世克祚此先王之所以退災消眚也又問經化之務對曰夫王道之本經國之務必先之以禮義而致人於廉恥禮義立則君子軌道而讓於善廉耻立則小人謹行而不淫於制度賞以勸其能威以懲其廢此先王所以保乂定功化洽黎元而勳業長世也故上有克讓之風則下有不爭之俗朝有矜節之士則國無貪冒之人夫廉恥之於政猶樹埶

之有豐壤。良歲之有膏澤。其生物必悠然茂矣。若廉恥不存。而惟刑是御。則風俗彫弊。人失其性。雖刀之末。皆有爭心。雖峻刑嚴辟。猶不勝矣。其於政也。如農者之殖磽野。旱年之望豐穡。必不幾矣。此三代所以享德長久。風醇俗美。皆數百年保天之祿。而秦二世而斃者。蓋其所由之塗殊也。又問將使武成七德。文濟九功。何路而臻于茲。凡厥庶事。曷後曷先。對曰。夫文武經德。所以成功丕業。咸熙庶績者。莫先於選建明哲。授方任能。令才當其官。而功稱其職。則萬機咸理。庶寮不曠。書曰。天工人其代之。然則繼天理物。寧國安家。非賢無以成也。夫賢才之畜於國。由良工之須利器。巧匠之待繩墨也。器用利則斲削易而材不病。繩墨設則曲直正而衆形得矣。是以人主必勤求賢。而佚以任之也。賢臣之於主。進則忠國愛人。退則砥節潔志。管職不干私義。出心必由公塗。明度量以呈其能。審經制以効其功。此昔

奏議卷之二十五　十三

之聖王。所以恭己南面而化於陶鈞之上者。以其所任之賢。與所賢之信也。方今海內之士。皆傾望休光。希心紫極。唯明主之所趣舍。若開四聰之聽。廣疇咨之求。抽群英。延俊乂。考功授職。呈能制官。朝無素飡之士。如此化流罔極。樹功不朽矣。

太康中。華譚至洛陽。武帝親策之曰。今四海一統。萬里同風。天下有道。莫斯之盛。然北有未羈之虜。西有醜施之氐。故謀夫未得高枕。邊人未獲晏然。將何以長弭斯患。混清六合。對曰。臣聞聖人之臨天下也。祖乾綱以流化。順谷風以興仁。兼三才以御物。開四聰以招賢。故勞謙日昃。務在擇材。宣明巖穴。垂光隱滯。俊乂龍躍。帝道以光。清德鳳翔。王化克舉。是以皐陶見舉。不仁者遠。陸賈重漢。遠夷折節。今聖朝德音發於帷幄。清風翔乎無外。戎旗南指。江漢席卷。干戈西征。羌蠻慕化。誠闡四門之秋。興禮教之日也。故髦俊闚風而響赴。殊才望險而雲集。虛高館以俟賢。設重爵以待士。急善過於饑渴。用人疾於應響。杜佞諂之門。廢鄭聲之樂。混清六合。寔由乎此。雖西北有未羈之冦。殊漢有不朝之虜。征之則勞師。得之則無益。故班固云。有其地不可耕而食。得其人不可臣而畜。來則懲而禦之。去則備而守之。蓋安邊之術也。又策曰。吳蜀恃險。今既蕩平。蜀人服化。無攜貳之心。而吳人趑睢。屢作妖冦。豈蜀人敦朴易可化誘。吳人輕銳難安易動乎。今將欲綏靜新附。何以爲先。對曰。臣聞漢末分崩。英雄鼎峙。蜀棲岷隴。吳據江表。至大晉龍興。應期受命。文皇運籌。安樂順軌。聖上潛謀。歸命向化。蜀染化日久。風教遂成。吳始初附。未改其化。非爲蜀人敦愨而吳人易動也。然殊俗遠境。風土不同。吳阻長江。舊俗輕悍。所安之計。當先籌其人士。使雲翔閶闔。進其賢才。待其異禮。明選牧伯。致以威風。輕其賦斂。將順咸悅。可以永保無窮。長爲人臣者也。又策曰。聖

奏議卷之二十五　十四

人稱如有王者。必世而後仁。今天成地平。大化無外。雖匈奴未羈。羌氐驕黠。將脩文德以綏之。舞干戚以來之。故兵戈載戢。武夫寢息。如此。已可消鋒刃爲佃器。罷尚方武庫之用未邪。對曰。夫唐堯歷載。頌聲乃作。文武相承。禮樂大同。清一八紘。綏盪無外。萬國順軌。海內斐然。雖復被髮之鄉。徒跣之國。皆習章甫而入朝。要衣裳以磬折。夫大舜之德。猶有三苗之征。以周之盛。玁狁爲寇。雖有文德。又須武備。備預不虞。古之善教。安不忘危。聖人常戒。無爲罷武庫之常職。鑠鋒刃爲佃器。自可倒戢干戈。苞以獸皮。將帥之士使爲諸侯。於散樂休風未爲不泰也。又策曰。夫法令之設。所以隨時制也。時險則峻法以取平。時泰則寬網以將化。今天下太平。四方無虞。百姓承德。將就無爲。而又至于律令。應有所損益不。對曰。臣聞五帝殊禮。三王異教。故或禪讓以光政。或干戈以攻取。至於興禮樂以和人。流清風以寧俗。其

歸一也。今誠風教大同，四海無虞，人皆感化，去邪從政。夫以堯舜之盛，而猶設象刑；殷周之隆，而甫侯制律。律令之存，何妨於政？若乃大道四達，禮樂交通，凡人脩行，黎庶勵節，刑罰懸而不用，律令存而無施，適足以隆太平之雅化，飛仁風于無外矣。又策曰：昔帝舜以二八成功，文王以多士興周。夫制化在於得人，而賢才難得。今大統始同，宜搜才實。州郡有貢薦之舉，猶未獲出群卓越之倫，將時無其人，有而致之未得其理也？對曰：臣聞興化立法，非賢無以光其道；平世理亂，非才無以宣其業。上自皇羲，下及帝王，莫不張皇綱以羅遠，飛仁風以被物。故得賢則教興，失人則政廢。今四海一統，萬里同風，州郡貢秀孝，臺府簡良才，以八紘之廣，兆庶之衆，豈當無卓越儁逸之才乎？譬猶南海不少明月之寶，大宛不乏千里之駒也。異哲難見，遠數難覩。故堯舜太平之化，二八由舜而甫顯；殷湯革王之命，伊尹負鼎而方用。當今聖朝禮亡國之士，接遐裔之人，或貂蟬於帷幄，或剖符於千里。巡狩必有呂公之遇，宵夢必有岩穴之感，賢儁之出，可企踵而待也。

時帝出祠南郊，詔使散騎常侍鄭默驂乘。因謂默曰：卿知何以得驂乘乎？昔州里舉卿相輩，常愧有累清談。遂問政事。對曰：勸穡務農，爲國之基；選人得才，濟世之道；居官久職，政事之宜；明慎黜陟，勸戒之由；崇尚儒素，化導之本。如此而已矣。帝善之。

愍帝即位，尚書郎諸葛恢調爲會稽太守。臨行，帝爲置酒，謂曰：今之會稽，昔之關中，足食足兵，在於良守。以君有莅任之方，是以相屈。四方分崩，當匡振圮運，政之所先，君爲言之。恢陳謝，因對曰：今天下喪亂，風俗陵遲，宜尊五美，屏四惡，進忠實，退浮華。帝深納焉。

東晉元帝時，冬雷電且大雨，帝下書責躬引過。御史中丞熊遠上疏曰：被庚午詔曰：以雷電震，暴雨非時，深自尅責。禹湯罪己，未足以喻。臣闇於天道，竊以人事論之。陛下節儉敦朴，愷悌流惠，而王化未興者，皆群公卿士不能夙夜在公，以益大化，素餐負乘，秕穢明時之責也。今逆賊猾夏，暴虐滋甚，二帝幽殯，梓宮未反，四海延頸，莫不東望，而未能遣軍北討，雪讎賊未報，此一失也。昔齊侯既敗，七年不飲酒食肉，況此恥尤大，臣子之責宜在枕戈，爲王前驅。若此志未果者，當上下克儉，恤人養士，徹樂減膳，惟脩戎事。陛下憂勞於上，而群官未同戚容於下，每有會同，務在調戲酒食而已，此二失也。選官用人，不料實德，惟在白望，不求才幹，鄉舉道廢，請託交行，有德而無力者退，修望而有助者進；稱職以違俗見譏，虛資以從容見貴。是故公正道虧，私塗日開，強弱相陵，冤在不理。今當官者以理事爲俗吏，奉法爲苛刻，盡禮爲諂諛，從容爲高妙，放蕩爲達士，驕蹇爲簡雅，此三失也。世所

謂三失者，公法加其身，私議貶其非，轉見排退，陸沉泥滓；時所謂三善者，王法所不加，清論美其賢，漸相登進，仕不輟官，攀龍附鳳，翱翔雲霄。遂使世人削方爲圓，撓直爲曲，豈待顧道德之清塗，踐仁義之區域乎？是以萬機未整，風俗偽薄，皆此之由。不明其黜陟以審能否，此則俗未可得而變也。今朝廷群司以從順爲善，相違見貶，不復論才之曲直，言之得失也。時有言者，或不見用，是以朝少辯爭之臣，士無祿仕之志焉。郭翼上書，武帝擢爲屯留令，又置諫官，所以容受直言，誘進將來，故人得自盡，言無隱諱。任官然後爵之，位定然後祿之，敷奏以言，明試以功，車服以庸。舜猶歷試諸難，而今先祿不試，甚違古義，亂之所由也。求才急於疏賤，用刑先於親貴，然後令行禁止，野無遺滯。堯取舜於仄陋，舜拔賢於岩穴，姬公不曲繩於天倫，叔向不虧法於孔懷。今朝廷法吏多出於寒賤，是以章書日奏而不足以懲

物官人選才而不足以濟事宜招賢良於屠釣聘耿介於丘園若此道不改雖并官省職無救弊亂也能掊而惠何憂乎驩兜何遷乎有苗何畏乎巧言令色孔壬此官得其人之益也

明帝時前將軍溫嶠奏軍國要務其一曰祖約退舍壽陽有將來之難令二方守禦爲功尚易淮泗都督宜竭力以資之選名重之士配征兵五千又擇一偏將將二千兵以益壽陽可以保固徐豫援助司土其二曰一夫不耕必有受其饑者今不耕之夫動有萬計春廢勸課之制冬峻出租之令下未見施惟賦是聞賦不可以已當思令百姓有以殷實司徒置田曹掾州一人勸課農桑察吏能否今宜依舊置之必得清恪奉公足以宣示惠化者則所益實弘矣其三曰諸外州郡將兵者及都督府非臨敵之軍且田且守又先朝使五校出田今西軍五校有兵者及護軍所統外軍可分遣二軍出并也要處緣

江上下皆有良田開荒雖一年之後即易且軍人累重者在外有樵採蔬食之人於事爲便其四曰建官以理世不以私人也如此則官寡而材精周制六卿蒞事春秋之時入作卿輔出將三軍後代建官漸多誠由事有煩簡耳然今江南六州之土尚又荒殘方之平日數十分之一耳三省軍校無兵者九府寺署可有并相領者可有省半者計其閑劇隨事減之荒殘之縣或同在一城可并合之如此選既可精祿俸可優令足代耕然後可責以清公耳其五曰古者親耕籍田以供粢盛舊制籍田廩犧之官今臨時市求上黷至敬下費生靈非所以虔奉宗廟蒸蒸之旨宜如舊制立此二官其六曰使命愈遠益宜得材宣揚王化延譽四方人情不樂遂取卑品之人虧辱國命生長患害故宜重其選不可減二千石見居二品者其七曰罪不相及古之制也近者大逆誠由凶戾凶戾之甚一時權用今遂施行非聖朝之令典宜如先朝除三族之議奏多納之

康帝即位庾冰進車騎將軍冰懼權盛乃求外出會弟翼當伐石季龍於是以本號除都督江荊寧益梁交廣七州豫州之四郡軍事領江州刺史假節鎮武昌以爲翼援冰臨發上疏曰臣因循家寵冒當世而志無殊操量不及遠頃皇家多難釁故頻仍朝望國器與時殲落遂令天眷下墜降及臣身俯仰伏事於今五年上不能光贊聖猷下不能緝熙政道而陛下遇之過分求之不已復策敗駕之駟以冀萬里之功非天眷之隆將何以至此是以敢竭狂瞽以獻血誠願陛下暫屏旒纊以弘聽納今彊寇未殄戎車未戢兵弱於郊人疲於內寇之侵逸未可量也黎庶之困未之安也群才之用未之盡也而陛下崇高事與下隔視聽察覽必寄之群下群下宜忠不引不進百司宜勤不督不勸是以古之帝王勤於降納雖曰總萬機猶兼聽將

相或借訟輿人或求謗芻蕘良有以也況今之弊開闢之極而陛下歷數屬當其運否剝之難嬰之聖躬普天所以痛心於既往而傾首於將來者也實冀否終而泰屬運在今誠願陛下弘天覆之量漾地載之厚宅沖虛以爲本勤訓督以爲務廣引時彥詢于政道朝之得失必關聖聽人之情僞必達天聰然後覽其大當以總國綱躬儉節用堯舜豈遠大布之衣衛文何人是以古人有云非知之難行之難非行之難安之難也願陛下既思日側於勞謙納其起予之情則天下幸甚矣臣朝夕伏膺猶不能暢臨疏徘徊不覺辭盡

穆帝時苻堅敗朝廷欲鎮靖北方出劉波督淮北諸軍冀州刺史以疾未行上疏曰臣聞天地以弘濟爲仁君道以惠下爲德是以禹湯有身勤之績唐虞有在予之誥用能惠被蒼生勳流後葉宣帝開拓洪圖始基成命爰及文武曆數在躬而猶虛心側席卑己崇物然後

知積累之功重。勤王之業艱。先君之德弘。貽厥之賜厚。惠皇不懷委政內任。遂使神器幽淪。三光翳曜。園陵懷九泉之感。宮廟集胡馬之迹。所謂肉食失之於朝。黎庶暴骸於外也。賴元皇帝神武應期。祚隆淮海。振乾綱於已墜。舟絕維而更張。陛下承宣帝開始之宏基。受元帝克終之成烈。保大定功。戢兵靜亂。故使負鱗橫海之鯨。僭位滔天之寇。望雲旗而宵潰。覩太陽而霧散。巍巍蕩蕩。人無名焉。而頃年已來。天文違錯。妖怪屢生。曾稽先帝本封。而地動經年。昔周之文武有魚烏之瑞。君臣猶懷震悚。況今災變衆集。曾莫之疑。公旦有勿休之誡。賈誼有積薪之喻。臣鑒先徵。竊惟今事。是以敢肆狂瞽。直言無諱。往者先帝以玄風御世。責成群后。坐運天綱。隨化委順。故忘日計之功。收歲成之用。今禮樂征伐自天子出。相王賢雋。協和百揆。六合承風。天下響振。而釣臺之詠弗聞。景亳之命未布。將群臣之不稱。陛下用

之不盡乎。凡聖王之化。莫不敦崇忠信。存正棄邪。傷化毀俗者。雖親雖貴。必疏而遠之。清公貞脩者。雖微雖賤。必親而近之。今則不然。此風既替。利競滋甚。朋黨比周。毀譽交興。鑽求苟進。人希分外。見賢而居其上。受祿每過其量。希旨承意者以為奉公。共相讚白者以為忠節。舉世見之。誰敢正言。陛下不明必行之法。以絕穿鑿之源者。恐脫因疲倦以誤視聽。且苻堅滅亡。於今五年。舊京殘毀。山陵無衛。百姓塗炭。未蒙拯接。伏願遠觀漢魏衰滅之由。近覽西朝傾覆之際。超然易慮。為於未有。則靈根永固。社稷無虞。臣豈誣一朝之人。皆無忠節。但任非其才。求之不至耳。今政煩役殷。所在彫弊。倉廩空虛。國用傾竭。下民侵削。流亡相屬。略計戶口。但咸安已來。十分去三。百姓懷浮游之歎。下泉興周京之思。昔漢宣有云。與我共治天下者。其惟良二千石乎。是以臨下有方者。就加璽贈。法苛政亂者。恤刑不赦。事簡於上人悅於下。今則不然。告時乞職者以家弊為辭。振窮恤滯者以公爵為施。古者為百姓立君。使之司牧。今者以百姓恤君。使之蠶食。至乃貪污者謂之清勤。慎法者謂之怯劣。何反古道一至於此。陛下雖躬自節儉。衰矜於上。而群寮肆欲縱心於下。六司垂翼。三事拱默。故有識者覩人事以歎息。觀天青而大懼。昔宋景退熒惑之災。殷宗消鼎雉之異。伏願陛下仰觀大禹過門之志。俯察商辛沉湎之失。遠思國風恭公之刺。深惟定姜小臣之喻。斷廻聖恩。大詢群后。延納衆賢。訪以得失。令百寮率職。人言損益。察其所由。觀其所以。審識群才。助鼎和味。克念作聖。以答天休。則四海宅心。天下幸甚。

庾義少有時譽。初為吳國內史。穆帝頗愛文義。義至郡。獻詩頗存諷諫。因上表曰。陛下以聖明之德。方隆唐虞之化。而事役殷曠。百姓彫殘。以數州之資。經贍四海之務。其為勞弊。豈可具言。昔漢文居隆盛

之世。躬自儉約。斷獄數百。殆致刑措。賈誼歎息。猶有積薪之言。以古況今。所以益其憂懼。陛下明鑒天挺。無幽不燭。弘濟之道。豈待瞽言。臣受恩奕世。思盡絲髮。受任到來。親臨所見。敢緣弘政。獻其丹愚。伏願聽斷之暇。少垂察覽。

孝武帝時。范甯求補豫章太守。上書陳時政曰。古者分土割境。以益百姓之心。聖王作制。籍無黃白之別。昔中原喪亂。流寓江左。庶有旋反之期。故許其挾注本郡。自爾漸久。人安其業。丘壟墳柏。皆已成行。雖無本邦之名。而有安土之實。今宜正其封疆。以土斷人戶。明考課之科。脩閭伍之法。難者必曰。人各有桑梓。俗自有南北。一朝屬戶。長為人隸。君子則有土風之慨。小人則懷下役之慮。斯誠并兼者之所執而非通理者之篤論也。古者失地之君。猶臣所寓之主。列國之臣。亦有違適之禮。隨會事秦。致稱春秋。樂毅宦燕。見褒良史。且今普天之

人原其民出皆隨遷移何至於今而獨不可凡荒郡之人星居東西遠者千餘近者數百而舉召後調皆相資須期會差違輒致嚴坐人不堪命叛為盜賊是以山湖日積刑獄愈滋今荒小郡縣皆宜并合不滿五千戶不得為郡不滿千戶不得為縣守宰之任宜得清平之人頃者選舉惟以卹貧為先雖制有六年而富足便退又郡守長吏牽制無常或兼臺職或帶府官夫府以統州州以監郡郡以莅縣如令互相領帖則是下官反為上司賦調役使無復節限且牽曳百姓營起廨舍東西流遷人人易處文書簿籍少有存者先之屋宇皆為私家後來新官復應脩立其為弊也胡可勝言又方鎮去官皆割精兵器仗以為送故米布之屬不可稱計監司相容初無彈糾其中或有清白亦復不見甄異送兵多者至有千餘家少者數十戶既力入私門復資官廩布兵役既竭枉服良人牽引無端以相充補若是功

勳之臣則已享裂土之祚豈應封外復置吏兵乎謂送故之格宜為節制以三年為斷夫人性無涯奢儉由勢今并兼之士亦多不贍非力不足以厚身非祿不足以富家是得之有由而用之無節蒱酒永日馳騖卒年一宴之饌費過十金麗服之美不可貲算盛狗馬之飾營鄭衛之音南畝廢而不墾講誦闕而無聞凡庸競馳傲誕成俗謂宜驗其鄉黨考其業尚試其能否然後升進如此匪惟家給人足賢人豈不繼踵而至哉官制謫兵不相襲代頃者小事便以補役一愆之違辱及累世親戚旁支罹其禍毒戶口減耗亦由於此皆宜料遣以全國信禮十九為長殤以其未成人也十五為中殤以其尚童幼也今以十六為全丁則備成人之役矣以十三為半丁所任非復童幼事矣豈可傷天理違經典困苦萬姓乃至此乎今宜脩禮文以二十為全丁十六至十九為半丁則人無夭折生長滋繁矣帝善之

安帝時山湖川澤皆為豪強所專小民薪採漁釣皆責稅直至是禁斷之時民居未一劉裕表曰臣聞先王制治九土攸序分疆畫境各安其居在昔盛世人無遷業故井田之制三代以隆秦革斯政漢遂不改富強兼并於是為弊然九服弗擾所託成舊在漢西京大遷田景之族以實關中即以三輔為鄉閭不復係之於齊楚自永嘉播越爰託淮海朝有匡復之算民懷思本之心經略之圖日不暇給是以寧民綏治猶有未遑及至大司馬桓溫以民無定本傷治為深庚戌土斷以一其業于時財阜國豐實由於此自茲及今彌歷年載畫一之制漸用頹弛雜居流寓閭伍弗脩王化所以未純民瘼所以猶在臣荷重任恥責實深自非改調解張無以濟治夫人情滯常難與慮始所謂父母之邦以為桑梓者誠以生焉終焉敬愛所託耳今所居累世墳壟成行敬恭之誠豈不與事而至請准庚戌土斷之科庶子

本所弘稍與事著然後率之以仁義鼓之以威武超大江而跨黃河撫九州而復舊土則戀本之志乃速由於當年在始暫勤要終所以能易伏惟陛下垂矜萬民憐其所失永懷鴻鴈之詩思隆中興之業既委臣以國重期臣以寧濟若所啓合允請付外施行於是依界土斷唯徐兗青三州居晉陵者不在斷例諸流寓郡縣多被併省

宋孝武帝即位普責百官讜言建平王宏中軍錄事參軍周朗上書曰昔仲尼有言治天下若寘諸掌豈徒言哉方策之政舉息在人蓋當世之君不為之耳況乃運鍾澆暮世曆亂餘重以宮廟遭不更之酷江服被未有之痛千里連死萬井共泣而秦漢餘敝尚行於今魏晉遺謬猶布於民而望國安於今化崇於古卻行及前之言積薪待然之譬臣不知所以方然陛下既基之以孝又申之以仁民所疾苦敢不略薦凡治者何哉為教而已今教衰已久民不知則又隨以刑

逐之豈為政之道哉欲為教者宜二十五家選一長百家置一師男子十三至十七皆令學經十八至二十盡使脩武訓以書記圖律忠孝仁義之禮廉讓勤恭之則授以兵經戰略軍部舟騎之容挽彊擊刺之法官長皆月至學所以課其能習經者五年有立則言之司徒用武者三年善藝亦升之司馬若七年而經不明五年而勇不達則更求其言政置謀迹其心術行履復不足取者雖公卿子孫長歸農畝終身不得為吏其國學則宜詳考占數部定子史令書不煩行習無靡力凡學雖凶荒不宜廢也農桑者實民之命為國之本有一不足則禮節不興若重之宜罷金錢以穀帛為賞罰然愚民不達其權議者好增其異凡自淮以北萬匹為市從江以南千斛為貨亦不患其難也令且聽市至千錢以還者用錢餘皆用絹布及米其不中度者坐之如此則墾田自廣民資必繁盜鑄者罷人死必息又田非膠

水皆播麥菽地堪滋養悉藝紵麻蔭巷緣藩必樹桑柘列庭接宇唯植竹栗若此令既行而善其事者庶民則序之以爵有司亦從而加賞若田在草間木物不植則撻之而伐其餘樹在所以次坐之又取稅之法宜計人為輸不應以貲云何使富者不盡貧者不蠲乃令桑長一尺圍以為價田進一畝度以為錢屋不得瓦皆責貲實民以此樹不敢種土畏妄墾棟焚壤露不敢加泥豈有剝善害民禁衣惡食若此苦者方今若重斯農則宜務削茲法凡為國不患威之不立患恩之不下不患土之不廣患民之不育自華夷爭殺戎夏競威破國則積屍竟邑屠將則覆軍滿野海內遺生蓋不餘半重以急政嚴刑天災歲疫貧者但供吏死者弗望薶鰥居有不願娶生子每不敢舉又戍淹徭久妻老嗣絕及娠奔所孕皆復不收是殺人之日有數途生人之歲無一理不知復百年間將盡以草木為世邪此最是驚心悲魂

慟哭太息者法雖有禁殺子之科設蚤娶之令然觸刑罪忍悼痛而為之豈不有酷甚處耶今宜家寬其役戶減其稅女子十五不嫁家人坐之特雉可以娉妻妾大布可以事舅姑若待足而行則有司加糾凡宮中女隸必擇不復字者庶家內役皆令各有所配要使天下不得有終獨之生無子之老所謂十年存育十年教訓如此則二十年間長戶勝兵必數倍矣又亡者亂郊饉人盈甸皆是不為其存計而任之遷流故饑寒一至慈母不能保其子欲其不為寇盜豈可得邪既御之使然復止之以殺彼於有司何酷至是且草樹既死皮葉皆枯是其梁肉盡矣冰霜已厚苫蓋難資是其衣裘敗矣比至陽春生其餘幾令自江以南在所皆穰有食之處須官興役宜募遠近能食五十口一年者賞爵一級不過千家故近食十萬口矣使其受食者悉令就佃淮南多其長帥給其粮種凡公私游手歲發佐農令堤湖

盡脩原陸並起仍量家立社計地設閭檢其出入督其游惰須待大熟可移之復舊淮以北悉使南還江東旅客盡令西歸故毒之在體必割其緩處函渭靈區閱為荒窟伊洛神基蔚成茂草豈可不懷歟歷下泗間何足獨戀議者必以為胡衰不足避而不知我之病甚於胡矣若謂民之既徙狄必就之若其來從我之願也胡若能來必非其種不過山東雜漢則是國家由來所欲覆育既華得坐實戎空自遠其為來利固善也今空守孤城徒費財役亦行見淮北必非境服有矣不亦重辱喪哉使虜但發輕騎三千更互出入春來犯麥秋至侵禾水陸漕輸居然復絕於賊不勞而邊已困不至二年卒散民盡可蹻足而待也設使胡滅則中州必有興者決不能有奉土地率民人以歸國家矣誠如此則徐齊終逼亦不可守且夫戰守之法當恃人之不敢攻頃年兵之所以敗皆反此也今人知不以羊追狼蟹捕

鼠而令重車弱卒與肥馬悍胡相逐其不能濟固宜矣漢之中年能事胡者以馬多也胡之後服漢者亦以馬少也既兵不可去車騎應蓄今宜募天下使養馬一疋者蠲一人役三疋者除一人為吏自此以進階賞有差邊亭徼驛一無發動又將者將求其死也自能執干戈事而不亡筋力盡於戎役其於望上者固已深矣重有澄風掃霧之懃驅波滌塵之力此所自矜尤復為甚近所功賞人知其濃然似頗謬處實怨怒塞衆垂臂而反脅者往往為部耦語而呼望者處處成羣凡武人意氣特易崩沮設一旦有變則向之怨者為敵也今宜國財與之共竭府粟與之同罄去者應遣濃加寵齎發所在祿之將秩未充餘費宜闕他事負羹長不應與唯可教以蒐狩之禮習以鉦鼓之節若假勇以進務黜其身老至而罷賞延於嗣又緣淮城壘皆宜興復使烽鼓相達兵食相連若邊民請師皆宜莫許遠夷貢琛止

奏議卷二十五　二十五

於報荅語以國家之未暇示以何事而非君須內教既立徐濟寇形辦騎卒四十萬而國中不擾取穀支二十歲而遠邑不驚然後越淮窮河踰隴出漢亦何適而不可又教之不敢一至於是令士大夫以下父母在而兄弟異計十家而七矣庶人父子殊產亦八家而五矣凡甚者乃危亡不相知飢寒不相卹又嫉謗讒害其間不可稱數宜明其禁以革其風先有善於家者即務其賞自今不改則沒其財又三年之喪天下之達喪以其哀並衷出故制同外與日久均痛故愈遲齊與漢氏節其臣則可矣薄其子則亂也云何使衰苴之容盡鳴號之音息夫佩玉啓旒深情弗忍冕珠視朝不亦甚乎凡法有變於古而刻於情則莫能順焉至乎敗於禮而安於身必遽而奉之何乃厚於惡薄於善歟今陛下以大孝始基宜反斯謬且朝享臨御當近自身始妃主典制宜漸加矯正凡舉天下以奉一君何患不給或帝

有集皂之陋后有帛布之鄙亦無取焉且一體炫金不及百兩一歲美衣不過數襲而必收寶連櫝集服累笥目豈常視身未時親是為櫝帶寶笥著衣空散國家之財徒弃天下之貨而主以此惰禮妃以此傲家是何糜蠹之劇惑鄙之甚遠至婢豎皆無定科一婢之身重婢以使一豎之家列豎以役尾金皮繡漿酒藿肉者故不可稱紀至有列軿以遊遨飾兵以驅叱不亦重甚哉若禁行賜薄不容致此且細作始并以為儉節而市造華怪即傳於民如此則遷也非羅也凡天下得治者以實而治天下者常虛民之耳目既不可誑治之盈耗立亦隨之故凡厥庶民制度日侈商販之室飾等王侯傭賣之身製均妃后凡一袖之大足斷為兩一裾之長可分為二見車馬不辨貴賤視冠服不知尊卑尚方今造一物小民明已睥睨宮中朝製一衣庶家晚已裁學侈靡之原實先宮閫又妃主所賜不限高卑自今以去

奏議卷之二十五　二十六

宜為節目金魄翠玉錦繡縠羅奇色異章小民既不得服在上亦不得賜若工復造奇伎淫巧則皆焚之而重其罪又置官者將以變天平氣贊地成功防姦御難治煩理劇使官稱事立人稱官置無空樹散位繁進冗人今高卑貿實大小反稱名之不定是謂官邪而世廢姬公之制俗傳秦人之法惡明君之典好闇主之事其憎聖愛愚何其甚矣今則宜先省事從而并官置位以周典為式變名以適時為用秦漢末制何足取也當使德厚者位尊位尊者祿重能薄者官賤官賤者秩輕纓冕綬佩稱官以服車騎容衛當職以施又寄土州郡宜通廢罷舊地民戶應更置立豈吳邦而有徐邑揚竟而宅兗民上淆辰紀下亂畿甸其地如未方者未宜置州土如江都者應更建邑又民少者易理君近者易歸凡吏皆宜[illegible]詳其能舉厚其秩為縣不得復用恩家之貧為郡不得復選勢族之老又王侯識未堪務不應強

仕須冠而啓封能政而議爵且帝子未官人誰謂賤但宜詳置賓友選擇正人亦何必列長史參軍別駕從事然後爲貴哉又世有先後業有難易明帝能令其兒不四光武之子馬貴人能使其家不比陰后之族盛矣哉此於後世不可忘也至當與抑碎首之忿陛殿廷碎戟之威此亦復不可忘也內外之政實不可雜若妃主爲人請官者其人宜終身不得爲官若請罪者亦終身不得赦罪凡天下所須者才而才誠難知也有深居而言寡則蓄學而無由知有卑處而事隔則懷奇而無由進或復見忌於親故或亦遭譏於貴黨其欲致車右而動御席語天下而辯治亂焉可得哉漫言舉賢則斯人固未得矣宜使世之稱通經達史辯詞精數吏能將謀偏術小道者使獵纓危鄉博求其用制內外與官之官遠近及仕之類令各以所能而造其室降情以誘之卑身以安之然後察其擢眉吻樹頰胲動精神發意氣

語之所至意之所執不過數四間不亦盡可知矣若忠孝廉清之比強正惇柔之倫難以檢格立不可須臾定宜使鄉部求其行守審察其能竟皆見之於選貴呈之於相主然後處其職宜定其位用如此故應愚鄙盡指賢明悉舉矣又俗好以毀沈人不知察其所以致毀以譽進人不知測其所以致譽毀徒皆鄙則宜擢其毀者譽黨盛庸則宜退其舉者如此則毀譽一不妄善惡分矣又既謂之才則不宜以階級限不應以年齒齊凡貴少者好疑人少未知其少於人矣老者亦輕人少未知其不及少矣自佛氏流教其來有源淵檢精測固非深矣舒引容潤既不廣矣然習者日替其脩束誠者月繁其過遂至糜散錦帛侈飾車徒復假粗術託雜卜數延姝滿室置酒浹堂寄夫託委者不無殺子乞兒者有而猶倚靈假像背親傲君歎貴疾老囊損富色是乃外刑之所不容戮內教之所不悔罪而橫天地之

間莫不紆察人不得然豈其死歟今宜申嚴佛律裨重國令其疵惡顯著者悉皆能遣除則隨其勤行各爲之條使禪義經誦人能其一食不過蔬衣不出布若應更度者則令先習義行本其神心必能草腐人天練精以往者雖侯王家子亦不宜拘凡鬼道惑衆妖巫破俗觸木而言怪者不可數寡來而稱神者非可算其原本是亂男女合飲食因之而以祈祝從之而以報請是亂不誅爲害未息凡一苑始立一神初興淫風輒以之而甚今脩隄以北置園百里峻山以右居靈十房糜財敗俗其可稱限又針藥之術世寡復脩診脈之伎人鮮能達民因是益徵於鬼遂棄於醫重令耗惑不反死夭復半今大醫宜男女習教在所應遣吏受業如此故當愈於媚神之愚徵正湊理之弊矣凡無世不有言事而無時不有令下然而升平不至昏危是繼何哉蓋設令之本非實也又病言不出於謀臣事不便於貴黨輕者抵訾呵駭重者死壓窮擯故西京有方調之誅東郡有黨錮之獄陛下若欲申常令循末典則群臣在焉若欲改舊章與王道則徵臣存矣敢昧死以陳唯陛下察之書奏忤旨

歷代名臣奏議卷之二十五

治道

南齊高帝建元元年崔祖思轉長兼給事黃門侍郎上初即位祖思啓陳政事曰禮誥者人倫之襟冕帝王之樞柄自古開物成務必以教學爲先世不習學民忘志義悖競因斯而起禍亂是焉而作故篤俗昌治莫先道教不得以夷險革慮倫泰移業今無員之官空受祿力三載無考績之效九年闕登黜之序國儲以之虛匱民力爲之彫散能否無章涇渭淆流宜太廟之南弘脩文序司農以北廣開武校臺州國限外之職問其所樂依方課習各盡其能月供僮幹如先充給若有廢惰遣還故郡殊經奇藝待以不次士脩其業必有異等民識其利能無勉勵又曰漢文集上書囊以爲殿帷身衣弋綈以韋帶劒慎夫人衣不曳地惜中民十家之產不爲露臺劉備取帳鉤銅

鑄錢以充國用魏武遣女皁帳婢十人東阿婦以繡衣賜死王景興以淅米見誚宋武節儉過人張妃房唯碧綃蚊幬三齊苮席五盞盤桃花米飯殷仲文勸令畜伎荅云我不解聲仲文曰但畜自解又荅畏解故不畜歷觀帝王未嘗不以約習律令試簡有徵擢爲廷尉僚屬苟官世其家而不美其績鮮矣廢其職而欲善其事未之有也若劉累傳守其業庖人不乏龍肝之饌斷可知矣又曰樂者動天地感鬼神正情性立人倫其義大矣按前漢編戶千萬太樂伶官方八百二十九人孔光等奏罷不合經法者四百四十一人正樂定員唯置三百八十八人今戶口不能百萬而太樂雅鄭元徽時校試千有餘人後堂雜伎不在其數糜廢力役傷敗風俗今欲撥邪歸道莫若罷雜伎王庭唯置鍾簴羽戚登歌而已如此則官充給養國反淳風矣又曰論儒者以德化爲本談法者以刻削爲體道教治世之梁肉刑憲亂世之藥石故以教化比雨露名法方風霜是以有恥且格敬讓之樞紐令行禁止爲國之關楗然則天下治者賞罰而已矣賞不事豐所病於不均罰不在重所困於不當如令甲勳少乙功多賞甲而捨乙天下必有不勸矣丙罪重丁晝輕罰丁而赦丙天下必不悛矣是賞罰空行無當乎勸阻將令見罰者寵習之臣受賞者仇讎之士戮一人而萬國懼賞匹夫而四海悅又曰籍稅以厚國國虛民貧廣田以實廩國富民贍堯資用天之儲實拯懷山之數湯憑分地之積以勝流金之運近代魏置典農而中都足食晉開汝潁而汴河委儲今將掃闢咸華題鏤龍漠宜簡役敦農開田廣稼時罷山池之威禁深抑豪右之兼擅則兵民優贍可以出師又曰古者左史記言右史記事故君舉必書盡直筆而不汙上無妄動知如絲之成綸今者著作之官起居而已述事之徒褒諱爲體世無董狐書法必隱時闕南

史直筆未聞又廢諫官聽納靡依雖課勵朝僚徵訪芻輿莫若推舉質直職思其憂夫越任干事在言爲難當官而行處辭或易物議既以無言望已已亦當以吞默斃人中丞雖謝咸玄未有全廢勢簡廷尉誠非釋之寧容都無訊課故知與其謬人寧不廢職目前之期効也漢徵貢禹爲諫大夫矣言先策夏侯勝狂直拘繫出補諷職伐柯非遐行之即善又曰天地無心賦氣自均寧得誕秀往古而獨寂寥一代將在知與不知用與不用耳夫有賢而不知知賢而不用用賢而不委委賢而不信此四者古今之通患也今誠重郭隗而招劇辛任鮑叔以求夷吾則天下之士不待召而自至矣

高帝踐祚以劉善明勳誠欲與善明祿召謂之曰淮南近畿國之形勝自非親賢不使居之卿爲我卧治也代高宗爲征虜將軍淮南宣城二郡太守遣使拜授封新塗伯邑五百戶善明至郡上表陳事曰

周以三聖相資再駕乃就漢值海内無主累敗方登魏挾主行令實踰二紀晉巖主持權遂歷四世景祚攸集如此之難者也陛下凝暉自天照湛神極睿周萬品道洽無垠故能高嘯閶軒鯨鯢自翦垂拱雲帝九服載晏靡一戰之勞無半辰之棘苞池江海籠苑嵩岱神祇樂推普天歸奉二三年間允膺寶命胃臨皇曆正位宸居開闢以來未有若斯之盛者也夫常勝者無憂恒成者好怠故雖休勿休姬旦作誥安不忘危尼父垂範今皇運草創萬化始基乘宋季葉政多澆苛億兆倒懸仰齊蘇振臣早蒙殊養志輸肝血徒有其誠曾闕埃露夙宵懇戰如墜淵谷不識忌諱謹陳愚管瞽言芻議伏待斧鉞所陳事凡十一條其一以為天地開創人神慶仰宜存問遠方宣廣慈澤其二以為京師浩大遠近所歸宜遣醫藥問其疾苦年九十以上及六疾不能自存隨宜量賜其三以宋氏赦令蒙原者寡愚謂下赦書宜令事實相副其四以為匈奴未滅劉昶猶存秋風揚塵容能送死境上諸城宜應嚴備特簡雄略以待事機資實所須皆宜豫辦其五以為宜除宋氏大明太始以來諸苛政細制以崇簡易其六以為凡諸土木之費宜可權停其七以為帝子王姬宜崇儉約其八以為宜詔百官及府州郡縣各貢讜言以弘唐虞之美其九以為忠貞孝弟宜擢以殊階清儉苦節應授以民政其十以為革命惟始天地大慶宜時擢才辯北使匈奴其十一以為交州險夐要荒之表宋末政苛遂致怨叛今大化創始宜懷以恩德未應遠勞將士搖動邊氓且彼土所出唯有珠寶實非聖朝所須之急討伐之事謂宜且停

後魏孝文帝時征東大將軍任城王拓跋澄朝京師引見於皇信堂詔澄曰昔鄭子產鑄刑書而晉叔向非之此二人皆是賢士得失竟誰對曰鄭國寡弱攝於強鄰民情去就非刑莫制故鑄刑書以示威雖乖古式合今權道隨時濟世子產為得而叔向譏議示不忘古可與論道未可與權高祖曰任城當欲為魏之子產也澄曰子產道合當時聲流竹素臣既庸近何敢庶幾今陛下以四海為家宜文德以懷天下但江外尚阻車書未一季世之民易以威服難以禮治愚謂子產之法猶應暫用大同之後使以道化之高祖心方草變深善其對笑曰非任城無以識變化之體朕方勑改朝制當與任城共萬世之功耳

太和初韓顯宗除著作佐郎車駕南討兼中書侍郎既定遷都顯宗上書其一曰竊聞輿駕今夏若不巡三齊當幸中山竊以為非計也何者當今徭役宜早息洛京宜速成省費則徭役可簡并功則洛京易就往冬輿駕停鄴是閑隙之時猶編戶供奉勞費為劇聖鑒矜愍優旨殷勤蠲決高年賚周鰥寡雖賑普霑今猶恐來夏菜色況三農要時六軍雲會其所損業實為不少雖調斂輕省未足稱勞然大駕親臨誰敢寧息往來承奉紛紛道路田蠶墮廢則將來無資此國之深憂也且向炎暑而六軍暴露恐生癘疫此可憂之次也臣願輿駕早還北京以省諸州供帳之費并功專力以營洛邑則南州免雜徭之煩北都息分析之歎洛京可以時就遷者僉尒如歸其二曰自古聖帝必以儉約為美亂主必以奢侈貽患仰惟先朝皆卑宮室而致力於經略故能基宇開廣業祚隆泰今洛陽基址魏明帝所營取譏前代伏願陛下損之又損頃來北都富室競以第宅相尚今因遷徙宜申禁約令貴賤有檢無得踰制端廣衢路通利溝渠使寺署有別四民異居永垂百世不刊之範則天下幸甚矣其三曰竊聞輿駕還洛陽輕將數千騎臣甚為陛下不取也夫千金之子猶坐不垂堂況萬乘之尊富有四海乎警蹕於閨闥之內者豈以為儀容而已蓋以戒

不虞也。清道而後行。尚恐銜蹶之或失。況履涉山河而不加三思哉。此愚臣之所以悚息。伏願少垂省察。其四曰。伏惟陛下耳聽法音。目翫墳典。口對百辟。心虞萬幾。晷昃而食。夜分而寢。加以孝思之至。隨時而深。文章之業。日成篇卷。雖叡明所用。未足為煩。然非所以嗇神養性。頤無疆之祚。莊周言。形有待而智無涯。以有待之形。役無涯之智。殆矣。此愚臣所不安。伏願陛下垂拱司契。委下責成。唯冕旒垂纊而天下治矣。高祖頗納之。顯宗又上言曰。進賢求才。百王之所先也。前代取士。必先正名。故有賢良方正之稱。今之州郡貢察。徒有秀孝之名。而無秀孝之實。而朝廷但檢其門望。不復彈坐。如此。可令別貢門望。以叙士人。何假冒秀孝之名也。夫門望者。是其父祖之遺烈。亦何益於皇家。益於時者賢才而已。苟有其才。雖屠釣奴虜之賤。聖皇不恥以為臣。苟非其才。雖三后之胤。自墜於阜隸矣。是以大才受大官。小才受小官。各得其所。以致雍熙。議者或云。今世等無奇才。不若取士於門望。此亦失矣。豈可以世無周召。便廢宰相而不置哉。但當校其有寸長銖重者。即先器之。則賢才無遺矣。又曰。夫帝皇所以居尊以御下者威也。兆庶所以徙惡以從善者法也。是以有國有家。必以刑法為治。生民之命。於是而在。有罪必罰。罰必當辜。則雖箠撻之刑。而人莫敢犯也。有制不行。人得僥倖。則雖參夷之誅。不足以肅。自太和以來。多坐盜棄市。而遠近肅清。由此言之。止姦在於防檢。不在嚴刑也。今州郡牧守。邀當時之名。行一切之法。臺閣百官。亦咸以深酷為無私。以仁恕為容盜。迭相敦厲。遂成風俗。陛下居九重之內。視人如赤子。百司分萬務之要。遇下如仇讎。是則堯舜止一人。而桀紂以千百。和氣不至。蓋由於此。書曰。與其殺不辜。寧失不經。實宜敕示百寮。以惠元元之命。又曰。昔周王為犬戎所逐。東遷河洛。鎬京猶稱宗

周。以存本也。光武雖曰中興。實自創革。西京尚置京尹。亦不廢舊。今陛下光隆先業。遷宅中土。稽古復禮。於斯為盛。豈若周漢出於不得已哉。按春秋之義。有宗廟曰都。無則謂之邑。此不刊之典也。況北代宗廟在焉。山陵託焉。王業所基。聖躬所載。其為神鄉福地。實亦遠矣。今便同之郡國。臣竊不安。愚謂代京宜建畿置尹。一如故事。崇本重舊以光萬葉。又曰。伏見洛京之制。居民以官位相從。不依族類。然官位非常有。朝榮而夕悴。則衣冠淪於廝豎之邑。臧獲騰於膏腴之里。物之顛倒。或至於斯。古之聖王。必令四民異居者。欲其業定而志專。業定則不偽。志專則不淫。故耳目所習。不督而就。父兄之教。不肅而成。仰惟太祖道武皇帝。創基撥亂。日不暇給。然猶分別士庶。不令雜居。伎作屠沽。各有攸處。但不設科禁。賣買任情。販貴易賤。錯居混雜。假令一處彈箏吹笛。緩舞長歌。一處嚴師苦訓。誦詩講禮。宣令童齔。任意所從。其走赴舞堂者萬數。往就學館者無一。此則伎作不可雜居。士人不宜異處之明驗也。故孔父云。里仁之美。孟母弘三徙之訓。賢聖明誨若此之重。今令伎作家習士人風禮。百年難成。令士人兒童效伎作容態。則一朝可得。是以士人同處。則禮教易興。伎作雜居。則風俗難改。朝廷每選舉人士。則校其一婚一官。以為升降。何其密也。至於開伎作宦途。得與膏粱華望接閣連甍。何其略也。此愚臣之所惑。今稽古建極。光宅中區。凡所徙居。皆是公地。分別伎作。在於一言。有何為疑而闕盛美。又曰。自南偽相承。竊有淮北。欲擅中華之稱。且以招誘邊民。故僑置中州郡縣。自皇風南被。仍而不改。凡有重名。其數甚眾。疑惑書記。錯亂區宇。非所以疆域物土。必也正名之謂也。愚以為可依地里舊名。一皆釐革。小者並合。大者分置。及中州郡縣。昔以戶少併省。今人口既多。亦可復舊。君人者以天下為家。不得有所私也。故

倉庫儲貯以俟水旱之災供軍國之用至於有功德者然後加賜爰及末代乃寵之所隆賜賚無限自比以來亦為太過在朝諸貴受祿不輕土木被錦綺童妾厭梁肉而復厚賚屢加動以千計若分賜鰥寡贍濟實多如不悛革豈周急不繼富之謂也愚謂士有可賞則明旨褒揚稱事加賞以勸為善不可以親近之昵猥損天府之儲又曰諸宿衛內直者宜令武官習弓矢文官諷書傳而今給其蒱博之具以成褻狎之容長矜爭之心恣喧囂之慢徒損朝儀無益事實如此之類一一宜禁止

祕書丞李彪表曰臣聞昔之哲王莫不亹亹孜孜思讜言以康黎庶是以訪童問師不避淵澤詢謀諮善不棄芻蕘用能光茂實於竹素播徽聲於金石臣屬生有道遇無諱之朝敢脩往式竊揆時宜謹冒死上封事七條狂瞽之言伏待刑戮其一曰自太和建號踰於一紀典

刑德政可得而言也立圓丘以昭孝則百神不乏享矣舉賢才以酬諮則多士盈朝矣闡至誠以軌物則朝無佞人矣敦六順以教人則四門無凶人矣制冠服以明秩則典式復彰矣作雅樂以協人倫則人神交慶矣深慎罰以明刑則庶獄得衷矣薄服味以示約則儉德光昭矣罼宮女以配鰥則人無怨曠矣傾府藏以賑錫則大賚周渥矣省賦役以育人則編戶巷歌矣宣德澤以懷遠邇則華荒抃舞矣垂至德以暢幽顯則禎瑞效質矣生生得所事事惟新巍巍乎猶造物之曲成也然臣愚以為行儉之道猶自闕何者今四人豪富之家習華既深敦樸情淺夫識儉素之易長而行奢靡之難久壯制第宅羨飾車馬僕妾衣綾綺土木被文繡僭度違衷者衆矣古先哲王之為制也自天子以至公卿下及抱關擊柝其宮室車服各有差品小不得踰大賤不得踰貴夫然故上下序而人志定今時浮華相競情無常守大為消功之物巨制費力之事豈不謬哉消功者錦繡彫文是也費力者廣宅高宇壯制麗飾是也其妨農業害女工者焉可勝言哉漢文時賈誼上疏云今之王政可為長太息者六此即是其一也夫上之所好下必從之故越王好勇而士多輕死楚靈好瘠而國有飢人今二聖躬行儉素詔令殷勤而百姓之奢猶未革者豈楚越之人易變如彼大魏之士難化如此蓋朝制弗宣人未見德使之然耳臣愚以為第宅車服自百官以至於庶人宜為等制使貴不逼賤卑不僭高不可以稱其侈意用違經典今或者以為習俗日久不可卒革臣謹言古人革之之漸昔子產為政一年首姓歌之曰我有田疇子產伍之我有衣冠子產貯之孰殺子產吾其與之及三年乃改歌曰我有田疇子產殖之我有子弟子產誨之子產若死誰其繼之然則鄭人之智豈前昏而後明哉且從政者須漸變化者難頓故也

今若為制以差品之始末之情魏士與鄭人同矣既同鄭人是為卒有善歌豈可憚其初怨而不為終善哉夫尚儉者開福之源好奢者起貧之兆然則儉約易以教行華靡難以財滿是以聖人留意焉賢人希準焉故夏禹卑宮室而惡衣服殷湯寢黃屋而乘輅輿此示儉於後王所宜覽其意而取折衷也孔子為魯司寇乘柴車而駕駑馬晏嬰為齊正卿冠濯冠而裘故裘此示儉於後臣後臣所宜識其情而消息之也前志云作法於涼其弊猶貪此言雖略有達治道臣之瞽言儻或可採比及三年可以有成有成則人務本人務本則奢費除奢費除則穀帛豐穀帛豐則人逸樂人逸樂則皇基固矣其二曰易稱主器者莫若長子傳曰太子奉冢嫡之粢盛然則祭無主則宗廟無所饗冢嫡廢則神器無所傳聖賢知其如此故垂誥以為長世之法昔姬王得斯道也故恢崇儒術以訓世嫡世嫡於是習成懿德用

大恊於黎蒸是以世統生人載祀八百逮嬴氏之君於秦也殆棄德政坑焚儒典弗以義方教厥冢子於是習成凶德肆虐以臨黔黎是以饗年不永二世而亡亡之與興其道在於師傅師傅之損益可得而言昔者周公傅成王教以孝仁禮義逐去邪人不使見惡行又選天下之端士孝悌博聞有道術者以為衛翼衛翼良成王正周道之所以長久也宦者趙高傅胡亥教以刑戮斬劓及夷人族遂去正人不得見善士諂佞讒賊者為其左右左右邪胡亥僻秦祚之所以短促也夫皇天輔德者也豈私周而疎秦哉由所行之道殊故禍福之塗異耳昔光武議為太子置傅以問其群臣群臣望意皆言太子舅執金吾新陽侯陰就可傅士張佚正色曰今立太子為陰氏乎為天下乎即為陰氏則陰侯可為天下則固宜用天下之賢才光武稱善曰置傅以輔太子也今博士不難正朕況太子乎即拜佚為太子太

傅漢明卒為賢主然則佚之傅漢明非廼生之漸也尚或有稱而況廼生訓之以正道其為益也固以大矣故禮曰太子生因舉以禮使士負之有司齋肅端冕見于南郊明冢嫡之重見乎天也過闕則下過廟則趨明孝敬之道也然古之太子自為赤子而教固已行矣此則遠世之鏡也高宗文成皇帝慨少時師不勤教嘗謂群臣曰朕始學之日年尚幼沖情未能專既臨萬機不遑溫習今而思之豈唯予咎抑亦師傅之不勤尚書李訢免冠而謝此則近日之可鑒也伏惟太皇太后翼贊高宗訓成顯祖使巍巍之功邈乎前王陛下幼蒙鞠誨聖敬之躋及儲宮誕育復親撫誥日省月課實勞神慮今誠宜準古立師傅以訓導太子訓導正則太子正太子正則皇家慶皇家慶則人幸甚矣其三曰臣聞國本黎元人資粒食是以昔之哲王莫不勤勸稼穡盈畜倉廩故堯湯水旱人無菜色者蓋由備之有漸積之

有素暨于漢家以人食少乃設常平以給之魏氏以兵糧乏制屯田以供之用能不匱當時軍國取濟又記云國無三年之儲謂國非其國光武以一畝不實罪及牧守聖人之憂世重穀殷勤如彼明君之恤人勸農相切若此頃年山東饑去歲京師儉內外人庶出入就豐既廢營產疲而乃達又於國體實有虛損若先多積穀安而給之豈有驅督老弱餬口千里之外以今況古誠可懼也臣以為宜析州郡常調九分之二京師度支歲用之餘各立官司年豐糴積于倉時儉則加私之二糶之於人如此民必力田以買官絹又務儲財以取官粟年登則常積歲凶則直給又別立農官取州郡戶十分之一以為屯人相水陸之宜料頃畝之數以贓贖雜物餘財市牛科給令其肆力一夫之田歲責六十斛蠲其正課并征戍雜役行此二事數年之中則穀積而人足雖災不為害臣又聞前代明主皆務懷遠人禮賢

引滯故漢高過趙求樂毅之冑晉武廓定旌吳蜀之彥臣謂宜於河表七州人中擢其門才引令赴闕依中州官比隨能序之一可以廣聖朝均新舊之義二可以懷江漢歸有道之情其四曰昔帝舜命咎繇惟刑之恤周公誥成王勿誤于庶獄斯皆君臣相誡重刑之至也今二聖哀矜罪辜小大二情讞決之日多從降恕時不得已必垂惻愍雖前王之勤聽肆赦亦如斯而已至若行刑犯時愚臣竊所未安漢制舊斷獄報重常盡季冬至孝章帝時改盡十月以育三微後歲旱論者以一月斷獄陰氣微陽氣泄以故致旱事下公卿尚書陳寵議冬至陽氣始萌故十一月有射干芸荔之應周以為春十二月陽氣上通雉雊雞乳殷以為春十三月陽氣已至蟄蟲皆震夏以為春三微成著以通三統三統之月身欲寧事欲靜以起隆怒不可謂寧以行大刑不可謂靜章帝善其言卒以十月斷令京都及四方斷獄報

壅常竟季冬不推三正以育三微寬宥之情每過於昔遵時之憲猶或闕然豈所謂助陽發生垂奉微之仁也誠宜遠稽周典近採漢制天下斷獄起自初秋盡於孟冬不於三統之春行斬絞之刑如此則道協幽顯仁垂後昆矣其五曰古者大臣有坐不廉而廢者不謂之不廉乃曰簠簋不飾此君之所以禮貴臣不明言其過也臣有大譴則白冠氂纓盤水加劒造請室而就死此臣之所以知罪而不敢逃刑也聖朝賓遇大臣禮同古典自太和以降有罪當陷大辟者多得歸第自盡遣之日深垂隱愍言發悽淚百官莫不見四海莫不聞誠足以感將死之心慰戚屬之情然恩發至衷未著永制此愚臣所以敢陳末見昔漢文時有告丞相周勃謀反逮繫長安獄頓辱之與皁隸同賈誼乃上書極陳君臣之義不宜如是夫貴臣者天子為其改容而體貌之吏人為其俯伏而敬貴之其有罪過廢之可也賜之死可也若束縛之輸之司寇搒笞之小吏詈罵之殆非所以令衆庶見也及將刑也臣則北面再拜跪而自裁天子曰子大夫自有過耳吾遇子有禮矣上不使人抑而刑之也孝文深納其言是後大臣有罪皆自殺不受刑至孝武時稍復入獄良由孝文行之當時不為永制故耳伏惟聖德慈惠豈與漢文比隆哉今天下有道庶人不議之時臣安可陳瞽言於朝但恐萬世之後繼體之主有若漢武之事焉夫道貴長久所以樹之風聲也法尚不虧所以貽厥孫謀也焉得行恩當時而不著長世之制乎其六曰孝經稱父子之道天性書云孝乎惟孝友于兄弟二經之旨蓋明一體而同氣可共而不可離者也及其有罪不相及者乃君上之厚恩也至若有懽懼相連者固自然之恒理也無情之人父兄繫獄子弟無慘惕之容子弟逃刑父兄無愧恧之色宴安榮位遊從自若車馬仍華衣冠猶飾寧是同體共氣分憂均

戚之理也昔秦伯以楚人圍江素服而示懼宋仲子以失舉桓譚免冠而謝罪然則子弟之於父兄父兄之於子弟惟其情至豈與結盟相知者同年語其淺深哉二聖清簡風俗孝慈是先臣愚以為父兄有犯宜令子弟素服肉袒詣闕請罪子弟有坐宜令父兄露板引咎乞解所司若職任必要不宜許者慰勉留之如此足以敦厲凡薄使人知有所恥矣其七曰禮云臣有大喪君三年不呼其門此聖人緣情制禮以終孝子之情者也周季陵夷喪禮稍亡是以要絰即戎素冠作刺逮于虐秦殆皆泯矣漢初軍旅屢興未能遵古至宣帝時民當從軍屯者遭大父母父母死未滿三月皆弗傜役其朝臣喪制未定有聞至後漢元初中大臣有重憂始得去官終服暨魏武孫劉之世日尋干戈前世禮制復廢而不行晉時鴻臚鄭默喪親固請終服武帝感其孝誠遂著令以為常聖魏之初撥亂反正未遑建終喪之制今四方無虞百姓安逸誠是孝慈道洽禮教興行之日也然愚臣所懷切有未盡伏見朝臣丁父憂者假滿赴職衣錦乘軒從郊廟之祀鳴玉垂緌同節慶之讌傷人子之道虧天地之經愚謂如有遭大父母父母喪者皆聽終服若無其人有曠庶官者則優旨慰喻起令視事但綜司出納敷奏而已國之吉慶一令無預其軍戎之警墨縗從役雖愆於禮事所宜行也如臣之言少有可採願付有司別為條制

高祖覽而善之

四年尚書令王肅疾篤上疏曰臣聞忠於事君者節義著於臨終孝於奉親者淳誠表於垂沒故孔明卒軍不忘全蜀之計曾參疾甚情存善言之益雖則庸昧敢忘景行臣荷天地覆載之恩蒙大造生成之德漸風訓於華年服道教於弱冠濯纓清朝垂周三紀受先帝非分之眷叨陛下殊常之寵遂乃齊跡功舊內侍幃幄爵列諸王位班

上等從容問道與知國政誠思竭盡力命以報所受不謂事與心違忽嬰重疾每屈輿駕親臨問之榮洽生平恚流身後犬馬之誠銜佩罔極今所病遂篤慮必不起延首闕庭魂戀終日仰恃皇造宿眷之隆敢陳愚昧管窺之見臣聞為治之要其略有五一者慎刑罰二者任賢能三者親忠信四者遠讒佞五者行黜陟夫刑罰明則姦宄息賢能用則功績著親忠信則視聽審遠讒佞則疑間絕黜陟行則貪饕改是以欽恤惟刑載在唐典知人則哲惟帝所難周書垂好德之文漢史列防姦之論考省幽明先王大典又八表既廣遠近事殊撫荒裔宜待之寬信綏華甸宜惠之以明簡哀恤孤獨賑施困窮錄功舊赦小罪輕徭役薄賦斂脩福業禁淫祀頗聽政餘暇賜垂覽察

宣武帝初年廣訪得失治書陽固上讜言表曰臣聞為治不在多方在於力行而已當今之務宜早正東儲立師傅以保護立官司以防

衛以係蒼生之心攬權衡親宗室彊幹弱枝以立萬世之計舉賢良黜不肖使野無遺才朝無素餐孜孜萬幾躬勤庶務使民無謗讟之響省徭役薄賦斂脩學官遵舊章貴農桑賤工賈絕談虛窮微之論簡桑門無用之費以存元元之民以救飢寒之苦上合昊天之心下悅億兆之望然後備器械修甲兵習水戰滅吳會撰封禪之禮襲軒唐之軌同彼七十二君之徽號協定鼎嵩河之心副高祖殷勤之寄上與三皇比隆下與五帝齊美豈不茂哉臣位卑識昧言不及義屬聖明廣訪敢獻瞽言伏願陛下留神少垂究察

延昌中門下錄事孫紹表曰臣聞建國有計雖危必安施化能和雖寡必盛治乖人理雖合必離作用失機雖成必敗此乃古今同然百王之定法也伏惟大魏應天明命兆啟無窮累世後仁祚隆七百今二號京門下無嚴防南北二中復闕固守長安鄴城股肱之寄穰城上黨腹背所憑四軍五校之軌領護分事之式徵兵儲粟之要舟居水陸之資山河要害之權緩急去來之用持平越敕之方節用應時之法特宜脩置以固堂堂之基持盈之體何得而忽居安之辰故應危懼矣且法開清濁而清濁不平申滯理望而畢寒亦免士庶同悲兵徒懷怨中正賣望於下里主按舞筆於上臺真偽混淆知而不糾得者不欣失者倍怨使門齊身等而涇渭奄殊類應同役而苦樂懸異士人居職不以為榮兵士役苦心不忘亂故有競棄本業飄藏他土或詭名託養散在人間或亡命山藪漁獵為命或投仗強豪寄命衣食又應迁之戶逐樂諸州應留之徒避寒歸暖兼職人子弟隨逐浮遊南北東西卜居莫定關禁不脩任意取適如此之徒不可勝數爪牙不復為用百工爭棄其業混一之計事實闕如考課之方責辦無日流浪之徒決須精校今強敵窺時邊黎伺隙內民不平久戍懷

怨戰國之勢竊謂危矣必造禍源者北邊鎮戍之人也若夫一統之年持平用之者大道之計也亂離之期縱橫作之者行權之勢也故道不可久須文質以換情權不可恒隨洿隆以收物文質應宜道形自安洿隆獲衷權勢亦濟然則王者計法之趣化物之規圓方務得其境人物不失其地又先帝時律令並議律尋施行令獨不出十餘年矣臣以為令之為體即帝王之身也分處百揆之儀安置九服之節經緯三才之倫包羅六卿之職措置風化之門作用賞罰之要乃是有為之樞機世法之大本也然脩令之人亦皆博古依古撰置大體覼比之前令精粗有在但主議之家太用古制若全依古高祖之法復須昇降誰敢措意有是非哉以是爭故久廢不理然律令相須不可偏用今律班令止於事甚滯若令不班是無典法臣下執事何依而行臣等脩律非無勤止署下之日臣乃無名是謂農夫盡力他

食其秋。功名之所。實懷於悒。

孝明帝時。徐究和羅使孫紹表曰。臣聞文質互用。治道以之緝熙。彥隆得時。人物以之通濟。故能事恢三靈。仁洽九服。伏惟陛下應靈踐阼。沖明照物。宰輔忠純。伊霍均美。既致昇平之基。應成無為之業。而漠北叛命。隴右構逆。中州驚擾。民庶竊議。其故何哉。皆由上法不通下情怨塞故也。臣雖愚短。具鑒始末。往在代都。武質而治安。中京以來。文華而政亂。臣昔於太和。極陳得失。具論四方華夷心態。高祖垂納。文應可尋。延昌正光。奏疏頻上。主者收錄。不豪報問。即日事勢。乃至於此。盡徵臣豫陳之驗。今東南有竊號之豎。西北有逆命之寇。豈得怨天尤人矣。臣今不憂荒外。正慮中畿。急須改張。以寧其意。若仍持疑變亂。尋作肘腋。一乖。大事去矣。然臣奉國四世。欣戚是同。但職在冗散。不關樞密。寧濟之計。欲陳無所。可經緯甚多。無機可織。夫

天下者大器也。一正難傾。一傾難正。當今之危。攝足之急。臣備肉食痛心無已。泣血上陳。願垂採察。若得言參執事。獻可替否。寇逆獲除。社稷稱慶。雖死如生。犬馬情畢。

靈太后臨朝。任城王拓跋澄表曰。臣聞三季之弊。由於煩刑。火德之興。在於三約。是以老聃云。法令滋彰。盜賊多有。又曰。其政察察。其民缺缺。又曰。天網恢恢。疏而不漏。是故欲求治本。莫若省事清心。昔漢文斷獄。四百幾致刑措。省事所致也。蕭曹為相。載其清靜。畫一之歌。清心之本也。今欲求之於本。宜以省事為先。使在位群官。纂蕭曹之心。以毗聖化。如此則上下相安。遠近相信。百司不怠事。無愆失。豈宜擾世教以深文。烹小鮮以煩手哉。臣竊惟景明之初。暨永平之末。內外群官三經考課。逮延昌之始。方加黜陟。五品以上。引之朝堂。親決聖目。六品以下。例由勑判。自世宗晏駕。大宥三行。所以蕩除故意。與物更始。革世之事。猶相窮覈。以臣愚見。謂為不可。又尚書職分。樞機出納。昔魏明帝至尚書門。陳矯亢辭。帝慚而返。夫以萬乘之重。非所宜行。猶屈一言慙而回駕。群官百司。而可相亂乎。故陳平不知錢穀之數。邴吉不問僵道之死。當時以為達治。歷代用為美談。但宜各守其職。思不出位。潔己以勵時。靖恭以致節。又尋御史之體。風聞是司。至於冒勳妄考。皆有處別。若一處有風謠。即應攝其一簿。研檢虛實。若差舛不同。偽情自露。然後繩以典刑。人孰不服。豈有移一省之案。取天下之簿。尋兩紀之事。窮革世之尤。如此求過。誰堪其罪。斯實聖朝所宜重慎也。

諫議大夫張普惠上疏論時政得失。一曰審法度。平斗尺。租調務輕。賦役務省。二曰聽輿言。察怨訟。先王舊事。有不便於政者。請悉追改。三曰進忠謇。退不肖。任賢勿貳。去邪勿疑。四曰興滅國。繼絕世。勳親之

胤。所宜收敘。書奏。肅宗靈太后引普惠於宣光殿。隨事難詰。延對移時。令曰。寧有先王之詔。翻改。普惠僶俛不言。令曰。卿似欲致諫。故以左右有人。不肯苦言。朕為卿屏左右。卿其盡陳之。對曰。聖人之養庶物。愛之如傷。況今二聖纂承洪緒。妻承夫。子承父。夫父之不可。安然仍行。豈先帝傳委之本意。仰惟先帝行事。或有司之謬。或權特所行。在後以為不可者。皆追而正之。聖上忘先帝之自新。不問理之屈伸。一皆抑之。豈蒼生黎庶所仰望於聖德。太后曰。小小細務。翻動更成煩擾。普惠曰。聖上之養庶物。若慈母之養赤子。今赤子幾臨危壑。將赴水火。以煩勞而不救。豈赤子所望於慈母。太后曰。天下蒼生寧有如此苦事。普惠曰。天下之親。懿莫重於太師彭城王。然竟不免枉死。微細之苦。何可得無。太后曰。彭城之苦。吾已封其三子。何足復言。普惠曰。聖后封彭城之三子。天下莫不忻至德。知慈母之在上。臣所以

重陳者凡如此之枉乞垂聖察太后曰卿云興滅國繼絕世竟復誰是普
惠曰昔淮南逆終漢文封其四子蓋骨肉之不可棄親親故也竊見
故太尉咸陽王冀州刺史京兆王乃皇子皇孫一德之戚自貽悔戾
沉淪幽壤緬焉弗收豈是興滅繼絕之意乞收葬二王封其子孫愚
臣之願太后曰卿言有理朕深識之
莊帝時關西慰勞大使辛雄請事五條一言逋懸租調宜悉不徵二
言簡罷非時徭役以紓民命三言課調之際使豐儉有殊令州郡量
檢不得均一四言兵起歷年死亡者衆或父或子辛酸未歇見存耆
老請假板職悅生者之意慰死者之魂五言喪亂既久禮儀罕習如
有閨門和睦孝弟卓然者宜表其門閭仍啓曰臣聞愛民之道有六
一曰利之二曰成之三曰生之四曰與之五曰樂之六曰喜之使民
不失其時則利之也教民不失其性則成之也省刑罰則生之也薄

稅斂則與之也無多徭役則樂之也吏靜不苛則喜之也伏惟陛下
道邁前王功超往代敷春風而鼓俗旌至德以調民生之養之正當
茲日悅近來遠亦是今時臣既忝將命宣揚聖澤前件六事謂所宜
行若不除煩救疾惠孤恤寡便是徒乘官駟虛號王臣往還有費於
郵亭皇恩無逮於民俗謹率愚管敢以陳聞乞垂覽許莊帝從之
西魏文帝大統十一年大行臺度支尚書蘇綽上疏六條其一先治
心曰凡今之方伯守令皆受命天朝出臨下國論其尊貴並古之諸
侯也是以前世帝王每稱共治天下者唯良宰守耳明知百僚卿尹
雖各有所司然其治民之本莫若宰守之最重也凡治民之體先當
治心心者一身之主百行之本心不清淨則思慮妄生思慮妄生則
見理不明見理不明則是非謬亂是非謬亂則一身不能自治安能
治民也是以治民之要在清心而已夫所謂清心者非不貪財貨之

謂也乃欲使心氣清和志意端靜心和志靜則邪僻之慮無因而作
邪僻不作則凡所思念無不皆得至公之理率至公之理以臨其民
則彼下民孰不從化是以稱治民之本先在治心其次又在治身凡
人君之身者乃百姓之表一國之的也表不正不可求直影的不明
不可責射中今君身不能自治而望治百姓是猶曲表而求直影也
君行不能自脩而欲百姓脩行者是猶無的而責射中也故爲人君
者必心如清水形如白玉躬行仁義躬行孝悌躬行忠信躬行禮讓
躬行廉平躬行儉約然後繼之以無倦加之以明察行此八者以訓
其民是以其人畏而愛之則而象之不待家教日見而自興行矣其
二敦教化曰天地之性唯人爲貴明其有中和之心仁恕之行異於
木石不同禽獸故貴之耳然性無常守隨化而遷化於敦朴者則質
直化於澆僞者則浮薄浮薄者則衰弊之風質直者則淳和之俗衰

弊則禍亂交興淳和則天下自治治亂興亡無不皆由所化也然世
道彫喪已數百年大亂滋甚且二十歲民不見德唯兵革是聞上無
教化唯刑罰是用而中興始爾大難未平加之以師旅因之以饑饉
凡百草創率多權宜致使禮讓弗興風俗未改比年稍登稔徭賦差
輕衣食不切則教化可脩矣凡諸牧守令長宜洗心革意上承朝旨
下宣教化矣夫化者貴能扇之以淳風浸之以太和被之以道德示
之以朴素使百姓亹亹中遷於善邪僞之心嗜欲之性潛以消化而
不知其所以然此之謂化也然後教之以孝悌使民慈愛教之以仁
順使民和睦教之以禮義使民敬讓慈愛則不遺其親和睦則無怨
於人敬讓則不競於物三者既備則王道成矣此之謂教也先王之
所以移風易俗還淳返素垂拱而治天下以至太平者莫不由此此
之謂要道也其三盡地利曰人生天地之間以衣食爲命食不足則

飢衣不足則寒飢寒切身而欲使民興行禮讓者此猶逆坂走丸勢不可得也是以古之聖王知其若此故先足其衣食然後教化隨之夫衣食所以足者在於地利盡地利所以盡者由於勸課有方主此教者在乎牧守令長而已民者冥也智不自周必待勸教然後盡其力諸州郡縣每至歲首必戒敕部民無問少長但能操持農器者皆令就田墾發以時勿失其所及布種既訖嘉苗須理麥秋在野蠶停於室若此之時皆宜少長悉力男女併工若援溺救火寇盜之將至然後可使農夫不廢其業蠶婦得就其功若有游手怠惰早歸晚出好逸惡勞不勤事業者則正長牒名郡縣守令隨事加罰罪一勸百此則明宰之教也夫百畝之田必春耕之夏種之秋收之然後冬食之此三時者農之要也若失其一時則穀不可得而食故先王之戒曰一夫不耕天下必有受其飢者一婦不織天下必有受其寒者若

此三時不務省事而令民廢農者是則絕民之命驅以受死然單劣之戶及無牛之家勸令有無相通使得兼濟三農之隙及陰雨之暇又當教民種桑植果藝其菜蔬脩其園圃畜育雞豚以備生生之資以供養老之具夫為政不欲過碎碎則民煩勸課亦不容太簡簡則民怠善為政者必消息時宜而適煩簡之中故詩曰不剛不柔布政優優百祿是求如不能爾則必陷於刑辟矣其四擢賢良曰天生烝民不能自治故必立君以治之人君不能獨治故必置臣以佐之上至帝王下及郡國置臣得賢則治失賢則亂此乃自然之理百王不能易也今刺史守令悉有僚吏皆佐治之人也刺史府官則命於天朝其州吏以下並牧守自置自昔以來州郡大吏但取門資多不擇賢良末曹小吏唯試刀筆並不問志行夫門資者乃先世之爵祿無妨子孫之愚瞽刀筆者乃身外之材藝不廢性行之澆偽若門資之

中而得賢良是則策騏驥而取千里也若門資之中而得愚瞽是則土牛木馬形似而用非不可以涉道也若刀筆之中而得志行是則金相玉質內外俱美實為人寶也若刀筆之中而得澆偽是則飾畫朽木悅目一時不可以充榱椽之用也今之選舉者當不限資蔭唯在得人苟得其人自可起廝養而為卿相伊尹傅說是也而況州郡之職乎苟非其人則丹朱商均雖帝王之胤不能守百里之封而況於公卿之胄乎由此而言觀人之道可見矣凡所求材藝為其可以治民若有材藝而以正直為本者必以其材而為治也若有材藝而以姦偽為本者將由其官而為亂也何治之可得乎是故將求材藝必先擇志行其志行善者則舉之其志行不善者則去之而今擇人者多云邦國無賢莫知所舉此乃未之思也非適理之論所以然者古人有言明主聿興不降佐於昊天大人基命不擢才於居士常引

一世之人治一世之務故殷周不待稷契之臣魏晉無假蕭曹之佐仲尼曰十室之邑必有忠信如丘者焉豈有萬家之都而云無士但求之不勤擇之不審或用之不得其所任之不盡其材故云無耳古人云千人之秀曰英萬人之英曰儁今之智效一官行聞一邦者豈非近英儁之士也但能勤而審察去虛取實各得州郡之最而用之則民無多少皆足治矣孰云無賢夫良玉未剖與瓦石相類名驥未馳與駑馬相雜及其剖而瑩之馳而試之玉石駑驥然後始分彼賢士之未用也混於凡品竟何以異要任之以事業責之以成務方與彼庸流較然不同昔呂望之屠釣百里奚之飯牛甯生之扣角管夷吾之三敗當此之時悠悠之徒豈謂其賢及升王朝登霸國積數十年功成事立始識其奇士也於是後世稱之不容於口彼瑰偉之材不世之傑尚不能以未遇之時自異於凡品況降此者哉若必待太

公而後用是千載無太公必待夷吾而後用是百世無夷吾所以然者士必從微而至著功必積小以至大豈有未用而已成不用而先達也若識此理則賢可求士可擇得賢而任之得士而使之則天下之治何向而不可成也然善官人者必先省其官官省則善人易充善人易充則事無不理官煩則必雜不善之人雜不善之人則政必有得失故語曰官省則事省事省則民清官煩則事煩事煩則民濁清濁之由在於官之煩省案今吏員其數不少昔民殷事廣尚能克濟況今戶口減耗依員而置猶以為少如聞在下州郡尚有兼假擾亂細民甚為無理諸如此輩悉宜罷黜無得習常非直州郡之官宜須善人爰至黨族閭里正長之職皆當審擇各得一鄉之選以相監統夫正長者治民之基基不傾者上必安凡求賢之路自非一途然所以得之審者必由任而試之考而察之起於居家至於鄉黨訪其所以觀其所由則人道明矣賢與不肖別矣率此以求則庶無愆悔矣

其五卹獄訟曰人受陰陽之氣以生有情有性性則為善情則為惡善惡既分而賞罰隨焉賞罰得中則惡止而善勸賞罰不中則民無所措手足民無所措手足則怨叛之心生是以先王重之特加戒慎夫戒慎者欲使治獄之官精心悉意推究事源先之以五聽參之以證驗妙覩情狀窮鑒隱伏使姦無所容罪人必得然後隨事加刑輕重皆當赦過矜愚得情勿喜又能消息情理斟酌禮律無不曲盡人心遠明大教使獲罪者如歸此則善之上也然宰守非一不可人人皆有通識推理求情時或難盡唯當率至公之心去阿枉之志務求曲直念盡平當聽察之理必窮所見然後拷訊以法不苛不暴有疑則從輕未審不妄罰隨事斷理獄無停滯此亦其次若乃不仁恕而肆其殘暴同民木石專任捶楚巧詐者雖事彰而獲免辭弱者乃無

罪而被罰有如此者斯則下矣非共治所寄今之宰守當勤於中科而慕其上善如在下條則刑所不赦當深思遠大念存德教先王之制曰與殺無辜寧赦有罪與其害善寧其利淫明必不得中寧濫捨有罪不謬害善人也今之從政者則不然深文巧劾寧致善人於法不免有罪於刑所以然者非皆好殺人也但云為吏寧酷可免後患此則情存自便不念奉公守法如此皆姦人也夫人者天地之貴物一死不可復生然楚毒之下以痛自誣不被申理遂陷刑戮者將恐往往而有是以自古以來設五聽三宥之法著明慎庶獄之典此皆愛民甚也凡伐木殺草田獵不順上違時令而虧帝道況刑罰不中濫害善人寧不傷天心犯和氣也天心傷和氣損而欲陰陽調適四時順序萬物阜安蒼生悅樂者不可得也故語曰一夫吁嗟王道為之傾覆正謂此也凡百宰守可無慎乎若有深姦巨猾傷化敗俗悖亂人倫不忠不孝故為背道者殺一勵百以清王化重刑可也識此二途則刑政盡矣

其六均賦役曰聖人之大寶曰位何以守位曰仁何以聚人曰財明先王必以財聚人以仁守位國而無財位不可守是故五三以來皆有征稅之法雖輕重不同而濟用一也今逆寇未平軍用資廣雖未遑減省以卹民瘼然令平均使下無匱夫平均者不捨豪強而徵貧弱不縱姦巧而困愚拙此之謂均也故聖人曰蓋均無貧然財貨之生其功不易織紝紡績起於有漸非旬日之間所可造次必須勸課使預營理絹鄉先事織紝麻土早脩紡績先時而備至時而輸故王賦獲供下民無困如其不預勸戒臨時迫切復恐稽緩以為已過捶扑交至取辦目前富商大賈緣茲射利有者從之貴買無者舉之與息輸稅之民於是弊矣租稅之時雖有大式至於斟酌貧富差次先後皆事起於正長而繫之於守令若斟酌得所則

政和而民悅。若檢理無方。則吏姦而民怨。又差發徭役。多不存意。致令貧弱者或重徭而遠戍。富強者或輕使而近防。守令用懷如此。不存卹民之心。皆王政之罪人也。令百司習誦之。其牧守令長。非通六條及計帳者。不得居官。

後周明帝武成元年六月。以霖雨詔百官上封事。車騎將軍左光祿大夫樂遜陳時宜一十四條。其五切於政要。其一崇治方曰。竊惟今之在官者。多求清身克濟。不至惠民愛物。何者。比來守令年期既促。歲責有成。蓋謂猛濟為賢。未甚優養。此政既代。後者復然。夫政之於民。過急則刻薄傷。緩則弛慢。是以周失舒緩。秦敗急酷。民非赤子。當以赤子遇之。宜在舒疾得中。不使勞擾。頃承魏之衰。政人習逋違。先王朝憲備行。民咸識法。但可宣風正俗。納民軌訓而已。自非軍旅之中。何用過為迫切。至於興邦致治。事由德教。漸以成之。非在倉卒。竊

謂姬周盛德。治興文武。政穆成康。自斯厥後。不能無事。昔申侯將奔。楚子誨之曰。無適小國。言以政狹法峻。將不汝容。敬仲入齊。稱曰幸若獲宥。及於寬政。然關東諸州。淪陷日久。人在塗炭。當慕息肩。若不布政優優。聞諸境外。將何以使彼勞民。歸就樂土。其二省造作曰。頃者魏都洛陽。一時殷盛。貴勢之家。各營第宅。車服器玩。皆尚奢靡。世逐浮競。人習澆薄。終使禍亂交興。天下喪敗。比來朝貴。器服稍華。百工造作。務盡奇巧。臣誠恐物逐好移。有損政俗。如此等事。頗宜禁省。記言無作淫巧。以蕩上心。傳稱宮室崇侈。民力彫弊。漢景有云。黃金珠玉。饑不可食。寒不可衣。彫文刻鏤。傷農事者也。錦繡纂組。害女工者也。以二者為饑寒之本源矣。然國家非為軍戎器用。時事要須而造者。皆徒費功力。損國害民。未如廣勸農桑。以衣食為務。使國儲豐積。大功易舉。其三明選舉曰。選曹賞錄勳賢。補擬官爵。必宜與衆共之。有明揚之授。使人得盡心如睹白日。其材有升降。其功有厚薄。祿秩所加。無容不審。即如州郡選置。猶集鄉閭。況天下選曹。不取物望。若選置州郡。自可內除。此外付曹銓者。既非機事。何足可密。人生處世。以榮祿為重。脩身履行。以纂身為名。然逢時既難。失時為易。其選置之日。宜令衆心明白。然後呈奏。使功勤見知。品物稱悅。其四重戰伐曰。魏祚告終。天睠有德。而高洋稱僭。先迷未改。擁逼山東。事切肘腋。譬猶棊劫相持。爭行先後。若一行非當。或成彼利。誠應捨小營大。先保封域。不宜貪利在邊。輕為興動。捷則勞兵分守。敗則所損已多。國家雖強。洋不受弱。詩云。德則不競。何憚於病。唯德可以庇民。非恃強也。夫力均勢敵。則進德者勝。君子道長。則小人道消。故昔之善戰者。先為不可勝。以待敵之可勝。彼行暴戾。我則寬仁。彼為刻薄。我必惠化。德澤旁流。人思有道。然後觀釁而作。可以集事。其五禁奢侈曰。

按禮。人有貴賤。物有等差。使用之有節。品類之有度。馬后為天下母。而身服大練。所以率下也。季孫相三君矣。家無衣帛之妾。所以勵俗也。比來富室之家。為意稍廣。無不資裝婢隸。作車後容儀。服飾華美。眩曜街衢。仍使行者較足。路人傾蓋。論其輸力公家。未若介冑之士。然其坐受爵賞。有踰攻戰之人。縱令不惜功費。豈不有虧清德。必有儲蓄之餘。孰與務恤軍士。魯莊公有云。衣食所安。不敢愛也。必以分人。詩言豈曰無衣。與子同袍。皆所以取人力也。又陳事上議之徒。亦應不少。當有上徹天聽者。未聞是非。陛下雖念存物議。欲盡天下之情。而天下之情。猶為未盡。何者。取人受言。貴在顯用。若納而不顯。是而不用。則言之者或寡矣。

宣帝昏暴滋甚。京兆郡丞顏運乃輿櫬詣朝堂。陳帝八失。一曰。內史御正職在弼諧。皆須參議。共治天下。大尊比來小大之事。多獨斷之。

堯舜至聖尚資輔弼比大尊未爲聖主而可專恣己心凡諸刑罰爵
賞爰及軍國大事請參諸宰輔與衆共之二曰内作色荒古人重誡
大尊初臨四海德恵未洽先搜天下美女用實後宮又詔儀同以上
女不許輙嫁貴賤同怨聲溢朝野請姬媵非幸御者放還本族欲嫁
之女勿更禁之三曰天子未明求衣日旰忘食猶恐萬機不理天下
擁滯大尊比來一入後宮數日不出所須聞奏多附内竪傳言失實
是非可懼事由宦者亡國之徴請准高祖居外聽政四曰變故易常
乃爲政之大忌嚴刑酷罰非致治之弘規若罰無定刑則天下皆懼
政無常法則民無適從豈有削嚴刑之詔未及半祀便即追改更嚴
前制政令不定乃至於是今宿衛之官有一人夜不直者罪至削除
因而逃亡者遂便籍没此則大逆之罪與十杖同科雖爲法愈嚴恐
人情愈散一人心散尚或可止若天下皆散將如之何秦網密而國

亡漢章踈而祚永請遵輕典並依大律則億兆之民手足有所措矣
五曰高祖斵雕爲朴本欲傳之萬世大尊朝夕趍庭親承聖旨豈有
崩未逾年而遽窮奢麗成父之志義豈然乎請興造之際務從卑儉
雕文刻鏤一切勿營六曰都下之民徭賦稍重必是軍國之要不敢
憚勞豈容朝夕徵求唯供魚龍爛漫士民從役祇爲俳優角抵紛紛
不已財力俱竭業業相顧無復聊生凡此無益之事請並停罷七曰
近見有詔上書字誤者即治其罪假有忠讜之人欲陳時事尺有所
短文字非工不密失身義無假手脱有外謬便陷嚴科嬰徑尺之鱗
其事非易下不諱之詔猶懼未來更加刑戮能無鉗口大尊縱不能
採誹謗之言無宜杜獻書之路請停此詔則天下幸甚八曰昔桑穀
生朝殷王曰之獲福今玄象垂誡此亦興周之祥大尊雖減膳撤懸
未盡銷譴之理誠願諮諏善道脩布德政解兆民之愠引萬方之罪

則天變可除鼎業方固大尊若不革茲八事臣見周廟不血食矣帝
大怒將戮之内史元巖給帝曰運知書奏必死所以不顧身命者欲
取後世之名陛下若殺之乃成其名也帝然之曰而獲免翌日帝頗
感悟召運謂之曰朕昨夜思卿所奏寔忠臣先皇明聖卿數有規諫
朕既昏暗卿復能如此乃賜御食以寵之

隋高祖時柳彧爲治書侍御史見上勤於聽受百寮奏請多有煩碎
彧上疏諫曰臣聞自古聖帝莫過唐虞象地則天布政施化不爲叢
脞是謂欽明語曰天何言哉四時行焉故知人君出令誡在簡數是
以舜任五臣堯咨四岳設官分職各有司存垂拱無爲天下以治所
謂勞於求賢逸於任使又云天子穆穆諸侯皇皇此言君臣上下體
裁有別比見四海一家萬機務廣事無大小咸關聖聽陛下留心治
道無憚疲勞亦由群官懼罪不能自決取判天旨聞奏過多乃至營

造細小之事出給輕微之物一日之内酬答百司至乃日旰忘食夜
分未寢動以文簿憂勞聖躬伏願思臣至言少減煩務以怡神爲意
以養性爲懷思武王安樂之義念文王勤憂之理若其經國大事非
臣下裁斷者伏願詳決自餘細務責成所司則聖體盡無疆之壽臣
下蒙覆育之賜也上覽而嘉之

歷代名臣奏議卷之二十六

歷代名臣奏議卷之二十七

治道

唐高祖時國制草具多仍隋舊太史令傅弈謂承亂世之後當有變更乃上言龍紀火官黃帝廢之咸池六英堯不相沿禹弗行舜政周弗襲湯禮易稱巳日乃孚革而信也故曰革之時大矣哉有隋之季違天害民專峻刑法殺戮賢俊天下兆庶同心叛之陛下撥亂反正而官名律令一用隋舊且懲沸羹者吹冷虀傷弓之鳥驚曲木況天下久苦隋暴安得不新其耳目哉改正朔易服色變律令革官名功極作樂治終制禮使民知盛德之隆此其時也然官貴簡約夏后官百不如虞氏五十周三百不如商之百又曰夏有亂政而作禹刑商有亂政而作湯刑周有亂政而作九刑衛鞅為秦制法增鑿顛抽脅鑊烹等六篇始皇為挾書律此失於煩不可不監

太宗即位張玄素為錄事參軍問以政對曰自古未有如隋亂者得非君自專法日亂乎且萬乘之尊身決庶務日斷十事五不中中者信善有如不中者何一日萬機積其失不亡何待若上賢右能使百司善職則高居深拱疇敢犯之隋末盜起爭天下者不十數餘皆保城邑以須有道聽命是欲背上怙亂者果鮮特人君不能安之而挺之亂也以陛下聖神跡所以危鑒所以亡日慎一日雖堯舜何以加帝曰善

貞觀初太宗從容謂侍臣曰周武平紂之亂以有天下秦皇因周之衰遂吞六國其得天下不殊祚運長短若此之相懸也尚書右僕射蕭瑀進曰紂為無道天下苦之故八百諸侯不期而會周室雖微六國無罪秦氏專任智力蠶食諸侯平定雖同人情則異太宗曰不然周既克殷務弘仁義秦既得志專行詐力非但取之有異抑亦守之不同祚之脩短意在茲乎

上又謂蕭瑀曰朕少好弓矢自謂能盡其妙近得良弓十數以示弓工乃曰非良材也朕問其故工曰木心不正則脉理多斜弓雖剛勁而遣箭不直非良弓也朕始悟焉朕以弧矢定四方用弓多矣而猶不得其理況朕有天下之日淺得為理之意固未及弓弓猶失之而況於理乎自是詔京官五品以上更宿中書內省每召見皆賜坐與語詢訪外事務知百姓利害政教得失焉

二年太宗問王珪曰近代君臣理國多劣於前古何也對曰古之帝王為政皆志尚清淨以百姓心為心近代則惟損百姓以適其欲所以任用大臣復非經術之士漢家宰相無不精通一經朝廷若有疑事皆引經史決定由是人識禮教理致太平近代重武輕儒或參以法律儒行既虧淳風大壞太宗深然其言自此百官中有學業優長兼識政體者多進其階品累加遷擢焉上又謂侍臣曰朕謂離亂之後風俗難移比觀百姓漸知廉耻官人奉法盜賊日稀故知人無常俗但政有治亂耳是以為國之道必

須撫之以仁義示之以威信因人之心去其苛刻不作異端自然安靜公等宜共行斯事也

太宗謂房玄齡曰朕所居殿隋文帝造已經四十餘年損壞處少唯承乾殿是煬帝造工多覓新奇斗栱至小年月雖近破壞已多今為政更欲別作意見亦恐似此屋耳魏徵對曰昔魏文侯時租賦歲倍有人致賀文侯曰今戶口不加租賦歲倍此由課斂多譬如皮熟之令大則薄令小則厚理人當亦如此由是魏國大化臣今量之陛下為政百吏賓服天下已安但須守今日化道亦歸之於厚此即是已足也

太宗謂侍臣曰傳稱去食存信孔子曰人無信不立昔項羽既入咸陽已制天下向使能行漢高之仁信誰奪耶房玄齡對曰仁義禮智信謂之五常廢一不可能勤行之甚有裨益殷紂狎侮五常而武王伐之項氏以無仁信為漢祖所奪皆誠如聖旨

上謂房玄齡等曰朕比見隋代遺老咸稱高熲善爲相者遂觀其本傳可謂公平正直尤識治體隋室安危繫其存沒煬帝無道枉見誅夷何嘗不想見其人廢書欽嘆又漢魏已來諸葛亮爲丞相亦甚平直亮嘗表廢廖立李嚴於南中立聞亮卒泣曰吾其左衽矣嚴聞亮卒發病而死故陳壽稱亮之爲政開誠心布公道盡忠益時者雖讎必賞犯法怠慢者雖親必罰卿等豈可不企慕及之朕今每慕前代帝王之善者卿等亦可慕宰相之賢者若如是則榮名高位可以長守玄齡對曰臣聞理國要道實在公平正直故尚書云無偏無黨王道蕩蕩無黨無偏王道平平又孔子稱舉直錯諸枉則民服今聖慮所尚誠足以極政教之源盡至公之要囊括區宇化成天下太宗曰此直朕之所懷豈有與卿等言之而不行也

四年房玄齡奏言今閱武庫甲仗勝隋日遠矣太宗曰飭兵備寇雖是要事然朕惟欲得卿等存心治道務盡忠貞使百姓安樂便是朕之甲仗隋煬帝豈無甲仗遂足以致滅亡正由仁義不脩而群下怨叛故也宜識此心常以德義相輔

時上謂公卿曰朕端拱無爲四夷咸服豈朕一人之所致實賴諸公之力耳當思善始令終永固鴻業子子孫孫遞相輔翼使豐功厚利令數百年後讀我國史鴻勳茂業粲然可觀豈唯稱隆周盛漢及建武永平故事而已哉房玄齡進曰陛下撝挹之志推功群下致理昇平本關聖德臣下何力之有唯願陛下有始有卒則天下永賴太宗又曰朕觀古先撥亂之主皆年餘四十唯光武年三十三但朕年十八便舉兵年二十四遂平天下年二十九昇爲天子此則武勝於古也少從戎旅不暇讀書貞觀以來手不釋卷知風化之本見政理之源行之數年天下大理風移俗變子孝臣忠此又文過於古也昔周秦已降戎狄內侵今戎狄稽顙皆爲臣妾此又懷遠勝古也此三者朕何德以堪之既有此功業何得不善始慎終邪

五年上謂侍臣曰自古帝王亦不能常化假令內安必有外擾當今遠夷率服百穀豐稔賊盜不作內外寧靜此非朕一人之力實由公等共相匡輔然安不忘危理不忘亂雖知今日無事亦須思其終始常得如此始是可貴魏徵對曰自古已來元首股肱不能備具或時君稱聖臣即不賢或遇賢臣即無聖主今陛下聖明所以致理向若直有賢臣而君不思化亦無所益天下今雖太平臣等猶恐未以爲喜惟願陛下居安思危孜孜不怠耳

六年上謂侍臣曰看古之帝王有興有衰猶朝之有暮皆爲蔽其耳目不知時政得失忠正者不言邪諂者日進既不見過所以至於滅亡朕既在九重不能盡見天下事故布之卿等以爲朕之耳目莫以天下無事四海安寧便不存意書云可愛非君可畏非民天子有道則人推而爲主無道則人棄而不用誠可畏也魏徵對曰自古失國之主皆爲居安而忘危處理忘亂所以不能長久今陛下富有天下內外清晏能留心治道常臨深履薄國家歷數自然靈長臣又聞古語云君舟也人水也水能載舟亦能覆舟陛下以爲可畏誠如聖旨

時上謂長孫無忌等曰朕躬即位之初有上書者非一或言人主必須威權獨運不得委任群下或耀兵振武威懾四夷唯有魏徵勸朕偃革興文布德施惠中國既安遠人自服朕從其語天下安寧絕域君長皆來朝貢九夷重譯相望於道凡以此等事皆魏徵之力也朕之任用豈不得人徵拜謝曰陛下聖德自天留心政術臣以庸短承受不暇豈有所益

七年上與秘書監魏徵從容論自古治政得失因曰當今大亂之後造次不可致治徵曰不然凡人在危困則憂死亡憂死亡則思治思

治則易教然則亂後易教猶飢人易食也太宗曰善人為邦百年然後勝殘去殺大亂之後將求致治寧可造次而望乎徵曰此據常人不在聖哲若聖哲施化上下同心人應如響不疾而速期月而可理信不為難三年成功猶謂其晚太宗以為然左僕射封德彝等對曰三代之後人漸澆訛故秦任法律漢雜霸道皆欲理而不能豈能理而不欲若信魏徵所說恐敗亂國家徵曰五帝三王不易人而治行帝道則帝行王道則王在於當時所理化之而已考之載籍可得而知昔黃帝與蚩尤七十餘戰其亂甚矣既勝殘之後便致太平九黎亂德顓頊征之既克之後不失其理桀為亂虐而湯放之在湯之代即致太平紂為無道武王伐之成王之代亦致太平若言人漸澆訛不及純朴至今應悉為鬼魅寧可復得而教化耶德彝等無以難之然咸以為不可矣太宗每力行不倦數年間海內康寧突厥破滅謂群臣曰貞觀初人皆異論云當今必不可行帝道王道惟魏徵勸我既從其言不過數載遂得華夏安寧遠戎賓服突厥自古已來常為中國勍敵今酋長並帶刀宿衛部落皆襲衣冠使我遂至於此皆魏徵之力顧謂徵曰玉雖有美質在於石間不值良工琢磨與瓦礫不別若遇良工即為萬代之寶朕雖無美質為公所切磋勞公約朕以仁義弘朕以道德使朕功業至此公亦足為良工爾

九年北蕃歸朝人奏稱突厥內大雪人饑羊馬並死中國人在彼者皆入山作賊人情大惡太宗謂侍臣曰觀古人君行仁義任賢良則理行暴虐任小人則亂突厥所信任者並共公等見之略無忠正可取者頡利復不憂百姓恣情所為朕以人事觀之亦何可久矣魏徵進曰昔魏文侯問李克諸侯誰先亡克曰吳先亡文侯曰何故克曰數戰數勝數勝則主驕數戰則民疲主驕民疲不亡何待頡利逢隋末中國喪亂遂恃衆內侵今尚不息此其必亡之道太宗深然之

十一年特進魏徵上疏曰臣聞書曰明德慎罰惟刑恤哉禮云為上易事為下易知則刑不煩矣上多疑則百姓惑下難知則君長勞矣夫上易事則下易知君長不勞百姓不惑故君有一德則臣無二心上播忠厚之誠下竭股肱之力然後太平之基不墜康哉之詠斯起當今道被華戎功高宇宙無思不服無遠不臻然言尚於簡文志在於明察刑賞之用有所未盡夫刑賞之本在於勸善而懲惡帝王之所以與天下為畫一不以親疏貴賤而輕重者也今之刑賞未必盡然或屈伸在乎好惡或輕重由乎喜怒遇喜則矜其情於法中逢怒則求其罪於事外所好則鑽皮出其毛羽所惡則洗垢求其瘢痕瘢痕可求則刑斯濫矣毛羽可出則賞因謬矣刑濫則小人之道長賞謬則君子之道消小人之惡不懲君子之善不勸而望治安刑措非所聞也且夫暇豫清談皆敦尚於孔老威怒所至則取法於申韓直道而行非無三黜危人自安蓋亦多矣故道德之音未弘刻薄之風已扇夫刻薄既扇則下生百端人競趨時則憲章不一稽之王度實虧君道昔州犁上下其手楚國之法遂差張湯輕重其心漢朝之刑已弊以人臣之頗僻猶莫能申其欺罔況人君之高下將何以措其手足乎以睿聖之聰明無幽微之不燭豈神有所不達智有所不通哉安其所安不以恤刑為念樂其所樂遂忘先笑之變禍福相倚吉凶同域唯人所召安可不思頃者責罰稍多威怒微厲或以供張不贍或以營作差違或以物不稱心或以人不從命皆非致治之所急實恐驕奢之攸漸是知貴不與驕期而驕自至富不與侈期而侈自來非徒語也且我之所代實在有隋隋氏亂亡之源聖明之所臨照以隋氏之府藏譬今日之資儲以隋氏之甲兵況當今之士馬以隋

八之戶口。校今日之百姓。度長比大。曾何等級。然隋氏以富強而喪敗。動之也。我以貧寡而安寧。靜之也。靜之則安。動之則亂。人皆知之。非隱而難見也。非微而難察也。然鮮蹈平易之塗。多遵覆車之轍。何哉。在於安不思危。治不念亂。存不慮亡之所致也。昔隋氏之未亂。自謂必無亂。隋氏之未亡。自謂必不亡。所以甲兵屢動。徭役不息。至於將受戮辱。竟未悟其滅亡之所由也。可不哀哉。鑒形之美惡。必就於止水。鑒國之安危。必取於亡國。故詩曰。殷鑒不遠。在夏后之世。又曰伐柯伐柯。其則不遠。臣願當今之動靜。必思隋氏以為殷鑒。則存亡治亂可得而知。若能思其所以危則安矣。思其所以亂則治矣。思其所以亡則存矣。知存亡之所在。節嗜欲以從人。省遊畋之娛。息靡麗之作。罷不急之務。慎偏聽之怒。近忠厚。遠便佞。杜悅耳之邪說。甘苦口之忠言。去易進之人。賤難得之貨。採堯舜之誹謗。追禹湯之罪己。

惜十家之產。順百姓之心。近取諸身。恕以待物。思勞謙以受益。不自滿以招損。有動則庶類以和。出言而千里斯應。超上德於前載。樹風聲於後昆。此聖哲之宏規。帝王之大業。能事斯畢。在乎慎守而已。夫守之則易。取之實難。既能得其所以難。豈不能保其所以易。其或保之不固。則驕奢淫溢動之也。慎終如始。可不勉歟。易曰。君子安不忘危。治不忘亂。存不忘亡。是以身安而國家可保。誠哉斯言。不可以不深察也。伏惟陛下欲善之志。不減於昔時。聞過必改。少虧於曩日。若能以當今之無事。行疇昔之恭儉。則盡善盡美。固以無得而稱焉。太宗深嘉而納用之。

十三年。上謂侍臣曰。林深則鳥棲。水廣則魚遊。仁義積則物自歸之。人皆知畏避災害。不知行仁義。則災害不生。夫仁義之道。當思之在心。常令相繼。若斯須懈怠。去之已遠。猶如飲食資身。恒令腹飽。乃可存其性命。王珪頓首曰。陛下能知此言。天下幸甚。

十四年。以高昌平。召侍臣賜宴於兩儀殿。上謂房玄齡等曰。高昌若不失臣禮。豈至滅亡。朕平此一國。甚懷危懼。惟當戒驕逸以自防。納忠謇以自正。黜邪佞。用賢良。不以小人之言而議君子。以此慎守。庶幾於獲安也。魏徵進曰。臣觀古來帝王。撥亂創業。必自戒慎。採芻蕘之議。從忠讜之言。天下既安。則恣情肆欲。甘樂諂諛。惡聞正議。張子房漢王畫計之臣。及高祖為天子。將廢嫡立庶。子房曰。今日之事。非口舌所能爭也。終不敢復有開說。況陛下功德之盛。以漢祖方之。彼不足準。即位十有五年。聖德光被。今又平殄高昌。屢以安危繫意。方欲納用忠良。開直言之路。天下幸甚。昔齊桓公與管仲鮑叔牙甯戚四人飲。桓公謂叔牙曰。盍起為寡人壽乎。叔牙捧觴而起曰。願公無忘出在莒時。使管仲無忘束縛於魯時。使甯戚無忘飯牛車下時。桓

公避席而謝曰。寡人與二大夫能無忘夫子之言。則社稷不危矣。太宗謂徵曰。朕必不敢忘布衣時。公不得忘叔牙之為人也。

十六年。上謂侍臣曰。或君亂於上。臣理於下。臣亂於下。君理於上。二者苟違。何者為甚。特進魏徵對曰。君心向理。則照見下非。誅一勸百。誰敢不畏威盡功。若昏暴於上。忠諫不從。雖百里奚伍子胥之在虞吳。不救其禍。敗亡亦繼。太宗曰。必如此。齊文昏暴。楊遵彥以正道扶之。得理何也。徵曰。遵彥彌縫暴主。救理蒼生。纔得免亂。亦甚危苦。與人主嚴明。臣下畏法。直言正諫。皆見信用。不可同年而語也。

時魏徵陳得失疏曰。臣聞求木之長者。必固其根本。欲流之遠者。必浚其泉源。思國之安者。必積其德義。源不深而望流之遠。根不固而求木之長。德不厚而思國之理。臣雖下愚。知其不可。而況於明哲乎。人君當神器之重。居域中之大。將崇極天之峻。永保無疆之休。不念

居安思危。戒奢以儉。德不處其厚。情不勝其慾。斯亦伐根以求木茂塞源而欲流長也。凡百元首。承天景命。莫不殷憂而道著。功成而德衰。有善始者實繁。能克終者蓋寡。豈取之易守之難乎。昔取之而有餘。今守之而不足。何也。夫在殷憂。必竭誠以待下。既得志。則縱情以傲物。竭誠則胡越為一體。傲物則骨肉為行路。雖董之以嚴刑。振之以威怒。終苟免而不懷仁。貌恭而心不服。怨不在大。可畏惟人。載舟覆舟。所宜深慎。奔車朽索。其可忽乎。君人者誠能見可欲。則思知足以自戒。將有作。則思止以安人。念高危。則思謙沖以自牧。懼滿盈。則思江海而下百川。樂盤遊。則思三驅以為度。憂懈怠。則思慎始而敬終。慮壅蔽。則思虛心以納下。想讒邪。則思正身以黜惡。恩所加。則思無因喜以謬賞。罰所及。則思無以怒而濫刑。總此十思。弘茲九德。簡能而任之。擇善而從之。則智者盡其謀。勇者竭其力。仁者播其惠。信

者效其忠。文武爭馳。在君無事。可以盡豫遊之樂。可以養松喬之壽。鳴琴垂拱。不言而化。何必勞神苦思。代下司職。役聰明之耳目。虧無為之大道哉。太宗手詔答曰。省頻抗表。誠極忠款。言窮切至。披覽忘倦。每達宵分。非公體國情深。啓沃義重。豈能示以良圖。匡其不及。朕聞晉武帝平吳已後。務在驕奢。不復留心治政。何曾退朝。謂其子劭曰。吾每見主上不論經國遠圖。但說平生常語。此非貽厥子孫者也。爾身猶可以免。指諸孫曰。此等必遇亂死。及孫綏果為淫刑所戮。前史美之。以為明於先見。朕意不然。謂曾之不忠。其罪大矣。夫為人臣當進思竭誠。退思補過。將順其美。匡救其惡。所以共為治也。曾位極台司。名器崇重。當直詞正諫。論道佐時。今乃退有後言。進無廷諍。以為明智。不亦謬乎。顛而不扶。安用彼相。公之所陳。朕聞過矣。當置之几案。事等韋弦。必望收彼桑榆。期之歲暮。不使康哉良哉。獨盛於往日。若魚若水。遂爽於當今。遲復嘉謀。犯而無隱。朕將虛襟靜志。敬佇德音。

時上封人多請太宗親納表奏。以防壅塞。太宗以問魏徵。徵對曰。觀此人意見。殊乖大體。若請陛下下任百司。親庶事。豈唯朝堂一所。則州縣之務。亦須陛下親斷

上曰。周孔儒教。非亂代之所行。商韓刑法。實清平之粃政。道既不同。固不可一槩也。魏徵對曰。商鞅韓非申不害等。以戰國縱橫。間諜交錯。禍亂易起。譎詐難防。務深法峻刑。以遏其患。所以權救於當時。固非致化之通軌。

上與貴臣宴於丹霄殿。謂群官曰。為政之要。務全其本。若中國不靜。遠夷雖至。亦何所益。朕與公輩共理天下。令中夏乂安。四方靜肅。並由公等咸盡忠誠。共康庶績之所致耳。朕實喜之。然安不忘危。亦兼

以懼。朕見隋煬帝纂祚之初。天下強盛。棄德窮兵。以取顛覆。頡利近者足為強大。意既盈滿。禍亂斯及。喪其大業。為臣於朕。葉護可汗亦大強盛。自恃富貴。通使求婚。失道怙亂。奄至破滅。其子既立。便肆猜忌。衆叛親離。覆基絕嗣。朕雖不能遠慕堯舜禹湯之德。目覩此輩。何得不誡懼乎。公等輔朕。功績已成。唯當慎以守之。自致長保。並宜勉力。事有不可。則須明言。君臣同心。何得不理。魏徵對曰。陛下弘至化安天下。可謂功已成矣。然每覩非常之慶。彌切慮危之心。自古至慎無以加此。臣聞鮑叔牙飲桓公。祝曰。願君無忘在莒。管仲無忘在魯。甯戚無忘飯牛。陛下居安思危。在治思亂。無忘之念。過叔牙之願矣。

臣聞上之所好。下必從之。明詔獎勵。足使懦夫立節。

上謂侍臣曰。計朕平定四方。憂矜百姓。雖不及前代哲王。比煬帝故應萬倍。但君臣相須。事同魚水。然魚不得水則不立。水無魚則廢也

有理亂移風易俗終自如舊固知國家唯藉臣佐及百姓共相翊戴
方得保其尊榮魏徵對曰昔楚王召詹何爲相何曰唯解脩身不解
理國王又遣使重請何曰未有身正而國不理者今遠方慕化並由
陛下克已自脩所以夷狄咸知效命

時魏徵疾太宗手詔曰不見數日憂憤甚深自顧過已多矣言已失
矣行已虧矣古人云無鏡無以鑑鬚眉可謂實也比欲自往恐勞卿
所以使人來去若有聞知此後可以信來具報徵奏曰堯舜率天下
以仁而人從之桀紂率天下以暴而人從之下之所行皆從上之所
好今大臣進一人則疑其意故拜一人則疑其奪權欲遣其人若爲
展力所以緊閟艱辛同其生死聞一人之言即謂可信新來言者何
以明其無私又奏曰古者雖犯重罪君上每言寬宥必不獲已方始
加刑且人君之威甚於雷霆今欲加其罪則理外誣遣將宥其過則
法內曲辭欲求刑必寬平吏不嚴酷不可得也又奏曰帝王所重在
乎定君臣明父子正夫婦三者不亂然後內外安寧比見弟子陵師
奴婢忽主下多輕上皆有爲而來漸不可長又奏曰君子有諸已然
後求諸人無諸已然後非諸人所藏於身不恕而能喻諸人者未之
有也今臨朝堂以至公爲言退而行之乃未免私僻之事或恐有所
不便聞於在下即攅加威怒以掩塞之欲人不知莫若勿爲欲蓋彌
彰掩之何益帝王大如天地信如四時諸葛亮小國之臣猶能開誠
心布公道今之爲政未能平心亦虧公道心所愛則雖僻不以爲非
心所嫌則雖正不見其是居人上者其身正不令而行其身不正雖
令不從今每發言常疾私相請託或至小事自所未免上爲下效理
必然也雖加之以罪必不心服太宗稱善

太宗時大理丞謝偃獻惟皇誠德賦其序大略言治忘亂安忘危逸

忘勞得忘失四者人主莫不然夏桀以瑤臺爲麗而不悟南巢之禍
殷辛以象箸爲華而不知牧野之殃是以聖人處宮室則思前王所以亡
朝萬國則思已所以尊巡府庫則思今所以得視功臣則思其輔佐
之始見名將則思用力之初如此則人無易心天下何患乎不化哉
且行之堯舜蓋失之桀紂豈異人哉其賦蓋規帝成功而自處至難
云

時馬周爲侍御史上奏曰臣歷觀夏商周漢之有天下傳祚相繼多
者八百餘年少者猶四五百年皆積德累業恩結於人豈無僻王賴
先哲以免自魏晉逮周隋多者五六十年少者三二十年而亡良由
創業之君不務仁化當時僅能自守後無遺德可思故傳嗣之主其
政少衰一夫大呼天下土崩矣今陛下雖以大功定天下而積德日
淺固當隆禹湯文武之道使恩有餘地爲子孫立萬世之基豈特恃當
年而已然自古明王聖主雖因人設教而大要節儉於身恩加於人
故其下愛之如父母仰之如日月畏之如雷霆卜祚遐長而禍亂不
作也今百姓承喪亂之後比於隋時纔十分而一徭役相望兄去弟還
往來遠者五六千里春秋冬夏略無休時陛下雖詔減省而有司不
得廢作徒行文書役之如故四五年來百姓頗嗟怨以爲陛下不存
養之堯之茅茨土階禹之惡衣菲食臣知不可復行於今漢文帝惜
百金之費而罷露臺集上書囊以爲殿帷所幸慎夫人衣不曳地景
帝亦以錦繡纂組妨害女工特詔除之所以百姓安樂至孝武帝雖
窮奢極侈承文景遺德故人心不搖向使高祖之後即值武帝天下
必不能全此時代差近事迹可見今京師及益州諸處營造供奉器
物幷諸王妃主服飾皆過靡麗臣聞昧旦丕顯後世猶怠作法於治
其弊猶亂陛下少處人間知百姓辛苦前代成敗目所親見尚猶如

此。而皇太子生長深宮。不更外事。即萬歲後聖慮之所當憂也。臣竊尋自古黎庶怨叛。聚為盜賊。其國無不即滅。人主雖悔。未有重能安全者。凡脩政教。當脩之於可脩之時。若事變一起。而後悔之。無益也。故人主每見前代之亡。則知其政教之所由喪。而不知其身之失。故紂笑桀之亡。而幽厲笑紂之亡。隋煬帝又笑齊魏之失國也。今之視煬帝。猶煬帝之視齊魏也。往貞觀初。率土霜儉。一匹絹纔易斗米。而天下帖然者。百姓知陛下憂憐之。故人人自安。無謗讟也。五六年來。頻歲豐稔。一匹絹易粟十餘斛。而百姓咸怨。以為陛下不憂憐之。何則。今營為者多不急之務故也。自古以來。國之興亡。不由積畜多少。在百姓苦樂也。且以近事驗之。隋貯洛口倉。而李密因之。積布帛東都。而王世充據之。西京府庫。亦為國家之用。向使洛口東都無粟帛。王世充李密未能必聚大衆。但貯積者固有國之常。要當人有餘力

而後收之。豈人勞而強斂之以資寇邪。夫儉以息人。貞觀初陛下已躬為之。今行之不難也。為之一日。則天下知之。式歌且舞矣。若人既勞。而用之不息。萬一中國水旱。而邊方有風塵之警。狂狡竊發。非徒旰食晏寢而已。古語云。動人以行不以言。應天以實不以文。以陛下之明。誠欲厲精為政。不煩遠采上古。但及貞觀初。則天下幸甚。昔賈誼謂漢文帝云。可痛哭及長歎息者。言當韓信王楚。彭越王梁。英布王淮南之時。使文帝即天子位。必不能安。又言賴諸王年少。傅相制之。長大之後。必生禍亂。後世皆以誼言為是。臣竊觀今諸將功臣。陛下所與定天下。無威略振主如韓彭者之徒。難駕御者。而諸王年並幼少。縱其長大。當陛下之日。必無他心。然則萬代之後。不可不慮。自漢晉以來。亂天下者。何嘗不在諸王。皆由樹置失宜。不豫為節制。以至滅亡。人主豈不知其然。溺於私愛爾。故前車既覆。而後車不改轍

也。今天下百姓尚少。而諸王已多。其寵遇過厚者。臣愚慮之。非特恃恩驕矜也。昔魏武帝寵陳思王。文帝即位。防守禁閉。同獄囚焉。何則。先帝加恩太多。故嗣主疑而畏之也。此武帝寵陳思王適所以苦之也。且帝子身食大國。何患不富。而歲別優賜。曾無限極。里語曰。貧不學儉。富不學奢。言自然也。今大聖創業。豈唯處置見子弟而已。當制長久之法。使萬代奉行。臣聞天下者。以人為本。必也使百姓安樂。在刺史縣令爾。縣令既衆。不可皆賢。但州得良刺史可矣。天下刺史得人。陛下端拱巖廊之上。夫復何為。古者郡守縣令。皆選賢德。欲有所用。必先試以臨人。或由二千石高第入為宰相。今獨重內官。縣令刺史頗輕其選。又刺史多武夫勳人。或京官不稱職。始出補外。折衝果毅身力強者。入為中郎將。其次乃補邊州。而以德行才術擢者十不能一。所以百姓未安。殆在于此。疏奏帝稱善。

中書舍人高馮列上五事。以為今天下大定。而刑未措何哉。蓋謀猷之臣臺閣之吏。不崇簡易而昧經遠。故執憲者以深刻為奉公。當官者以侵下為益國。如尚書八坐。人主所責成者也。宜擇溫厚脩絜者任之。敦樸素。革浮偽。使家識慈孝。人知廉恥。過行者被嗤於鄉。不昵者蒙擯於親。自然禮節興矣。陛下身帥節儉。而營繕未息。丁匠不能給驅使。又和顧以重勞費。人主所欲。倘求而不得。願愛其財。毋使殫。惜其力。毋使弊。畿內數州。京師之本。土狹人庶。儲畜少而科役多。宜蒙優貸。令得休息。彊本弱枝之義也。至江南河北。人頗舒閑。宜為差等。均量勞逸。公侯勳戚之家。邑入俸稍。足以奉養。而貸息出舉。爭求什一。下民化之。競為錐刀。宜加懲革。今外官卑品。皆未得祿。故饑寒之切。夷惠不能全其行。為政之道。期於易從。不恤其匱而須其廉。正恐巡察歲出。輶軒繼軌。而侵漁不息也。宜及戶口之繁。倉庾且實。稍

加稟賜使得養父母畜妻子然後督責其効則官人畢力矣蓄王元曉等俱陛下懿親當正其禮比見帝子拜諸叔諸叔答拜爵封既同當明昭穆頒垂訓正以為彝法書奏太宗稱善

高宗永徽初令狐德棻為太常卿高宗嘗召宰相及弘文學士坐中華殿問何脩而王若而霸又當孰先德棻曰王任德霸任刑夏殷周純用德而王秦專刑而霸至漢雜用之魏晉以降王霸兩失若用之王為先而莫難焉帝曰今茲何為而要對曰古者為政清心簡事為本今天下無虞年穀豐衍惟薄賦歛省征役為要又問禹湯桀紂所以興亡對曰傳稱禹湯罪己其興也勃焉桀紂罪人其亡也忽焉然二主惑嬖色戮諫者造炮烙之刑此所以亡也帝悅厚賜以荅其言

時高宗嘗從容問馭下所宜中書令來濟曰昔齊桓公出遊見老人命之食曰請遺天下食遺之衣曰請遺天下衣公曰吾府庫有限安得而給老人曰春不奪農時即有食夏不奪蠶工即有衣由是言之省徭役馭下之宜也

武后時梓州射洪縣草莽愚臣陳子昂謹冒死稽首再拜諫政理書曰臣子昂西蜀草茅賤臣也以事親餘暇得讀書竊少好三皇五帝王霸之經歷觀丘墳旁覽代史原其政理察其興亡自伏羲神農之初至於周隋之際馳騁數百年雖未得其詳而可略知也莫不先本人情而後化之過此以往亦無神異獨軒轅氏之代欲問廣成子至道之精理于天下臣雖奇之然其說不經未得信也至殷高宗亦延問傅說然纔救弊未能宏遠自此之後殆不足稱臣每在山谷有願朝廷常恐没代而不得見也豈知霑沐聖化未夭天年幸得遊京師覩皇化親逢大聖之詔布于天下問于賢士大夫曰何道可以調元氣賤臣孤陋誠未是知然臣竊觀自古帝王問政之原備矣未有能深思遠慮獨絕今古如陛下者也故賤臣不勝區區願竭固陋以聞見言之雖未足對揚天休然或萬一有可觀者敢冒昧闕庭奏書以聞伏惟皇太后陛下少加察焉臣聞之於師曰元氣者天地之始萬物之祖王政之大端也天地之道莫大乎陰陽萬物之尊莫大乎黔首王政之貴莫大乎安人故人安則陰陽和陰陽和則天地平天地平則元氣正矣是以古先帝王見人之通於天也天之應乎人也天人相感陰陽相和災害之所以不生嘉祥之所以遂作則觀象於天察法於地財成天地之道輔相天地之宜以左右人於是養成群生奉順天德故人得安其俗樂其業甘其食美其服陰陽大和元氣以正天瑞降地符昇風雨以時草木不落龜龍麟鳳在郊藪矣洎顓頊唐虞之間不敢荒寧亦克用理故書曰百姓昭明叶和萬邦黎民於變時雍乃命羲和欽若昊天曆象日月星辰敬授人時亦能和也至夏

德衰亡殷政微喪桀紂昏暴亂于天道殺戮無罪放棄忠良遂竭天下之力殫天下之貨作為瑤臺起瓊室極荒淫之樂窮耳目之玩傾宮之女至數千人奇伎淫巧以悅蕩計信巫覡聽讒邪遂為糟丘酒池炮烙之刑一朝牛飲者三千人龍逢不勝其憂諫而死箕子不堪其憤囚為奴於是陰陽大乖天地震怒山川鬼神發見災異疾疫大興妖孽並作而桀紂不悔卒以滅亡和之失也逮周文武創業順天應人誠信忠厚加于百姓德澤休泰興乎頌聲成康之時刑措三十餘年天人之道始和矣幽厲之末復亂厥常苛慝暴虐詬黷天地百川沸騰山冢崒崩人以愁怨疾癘為作故其詩曰昊天不傭降此鞠凶昊天不惠降此大厲不先不後為瘧為瘵天地生人之理復悖於茲矣嗚呼豈不哀哉豈不哀哉近有隋氏亦不克厥終初隋高帝之有天下也以六合為家方將對越天人傳之萬代至煬帝承平自

以貴爲天子富有四海欲窮宇宙之觀極遊宴之樂以爲人主之急務也於是乃鑿御溝決黃河自伊洛之間而屬之揚州生人之力既斃天地之藏又竭煬帝方欣然以爲得計將後宮綵女數百千人遂泛龍舟遊三江五湖之間當其得意也視天下猶脫屣耳其後百姓騷斃災變數興吏人貪暴其政日亂陰陽感怒彗孛以出煬帝不悟自以爲天下安於泰山方率百萬之師而以事遼東當時山東父子不得相保也天厭暴政人懷亂亡故遼東之役未歸而中國之難已起身死逆手宗廟已隳其故何哉逆天人之理也是以臣每察天人之際觀禍亂之由跡帝王之事念先師之說昭然著明信不欺耳不意陛下以大聖之慮見天人之心將欲調元氣之綱返淳和之始自非陛下含天地之德有日月之明誰能眇然遠思欲求泰和於元氣哉昔者伏羲氏之所以本天人而爲三皇首也愚臣暗昧不勝大願願

陛下爲大唐建萬世之業恢王聖之功傳乎子孫永作鴻業千百年間使繼文之主有所守也非甚無道不失厥嗣陛下可不務之哉臣伏見天皇大帝得天地之統封于泰山功德大業與天比崇矣然尚未見建明堂之宮遂朝上帝使萬代鴻業今猶闕然臣愚意者豈非天皇大帝知陛下聖明必能起中興之化留此盛德以發揮陛下哉不然何所與讓而未作也今陛下欲調元氣睦人倫躋俗仁壽興風禮讓捨此道也乎何理哉固臣不勝區區螻蟻之誠思願陛下念先帝之休意恢大唐之鴻業於國南郊建立明堂使宇宙黎元還荒夷貊昆蟲草木天地鬼神粲然知陛下方與三皇五帝之事與天下更始不其盛哉昔者黃帝合宮有虞總期唐堯衢室夏后代室群聖之所以調元氣理陰陽於此教也臣雖未學竊嘗聞明堂之制也有天地之則焉有陰陽之統焉二十四氣八風十二月四時五行二十八

宿莫不備率故順其時月而爲政也則風雨時寒暑平萬物茂暢五穀登稔元氣不錯陰陽以和逆其時之爲政也則水旱興疾疫起蟲蝗爲害霜雹成災陰陽不和元氣以錯故昔者聖人所以爲政教之大業也是以臣願陛下爲大唐建萬代之業者意在茲乎陛下若不以臣微而廢其言乞以臣此章與三公九卿賢士大夫議之於庭儻事便於今道不遠古即請陛下徵天下鴻生鉅儒賢良豪傑之士博通古今皇王政理之術者與之案周禮月令而建之臣必知天下庶人子來不日而成也乃正月孟春陛下乘鑾輅駕蒼龍載青旂佩蒼玉從三公九卿賢士大夫鴻儒碩老衣冠之倫朝于青陽左箇負斧扆憑玉几南面以聽天下之政於是遂發大號宣布四方各順十二月之舍無敢有逆乃命太史守典奉法司天日月星辰之行無失經紀以初爲常陛下遂躬籍田親蠶以勸天下之農桑養三老五更以

教天下之孝弟明訟恤獄以息天下之淫刑除殘去暴以正天下之仁壽修文尚德以止天下之干戈察孝興廉以除天下之貪吏矜寡孤獨疲癃羸老不能自存者賑恤之後宮美女非三妃九嬪八十一御女之數者出嫁之珠玉錦繡雕琢技巧之飾非益於理者悉去之巫鬼淫祀誣惑良人者禁殺之陛下務以至誠躬服質素以爲天下先愚臣以爲不出數年之間將見太平之化也天人之際既洽鬼神之望允塞然後作雅樂絜粢盛宗祀天皇於明堂以配上帝使萬國各以其職來祭豈不休哉臣伏惟非陛下至德明聖未有能越行此道者也固臣竊以爲此化一成則人倫之道自睦刑罰之源自塞兵革之事不興還淳之德可見仁壽禮讓穆穡農桑不言而自致也是以賤臣未得爲陛下一二論之何者聖人之教在於可大可久者固臣欲陛下振領提綱使天下自理也然臣竊獨有私恨者陛下方欲

興崇大化而不知國家太學之廢積歲月矣堂宇蕪穢殆無人蹤詩書禮樂罕聞習者陛下明詔尚未及之愚臣所以有私恨也臣聞天子立太學以聚天下英賢為政教之首故君臣上下之禮於是興焉揖讓尊俎之師於此生焉是以天子得賢臣曰此道也今則荒廢委而不論而欲睦人倫興禮讓失之於本而求之於末豈可得哉況君子三年不為禮禮必壞三年不為樂樂必崩柰何天子之政而輕禮樂哉臣所以獨竊有私恨者也陛下何不詔天下胄子使歸太學而習業乎斯亦國家之大務也臣愚蒙所言事猶未盡者恐煩聖覽必陛下恕臣昏昧請賜他日別具奏聞

時召麟臺正字陳子昂條上利害子昂對三事其一言九道出大使巡按天下申黜陟求人瘼臣謂計有未盡也且陛下發使必欲使百姓知天子夙夜憂勤之意也群臣知考績而任之也姦暴不逞知將

敗之也則莫知擇仁可以恤孤明可以振滯剛不避彊禦智足以照姦者然後以為使故輶軒未動而天下翹然待之矣今使且未出道路之人皆已指笑欲望進賢下不肖豈可得耶寧相奉詔書有遣使之名無任使之實使愈出天下愈弊徒令百姓治道路送往迎來不見其意也臣願陛下更選有威重風槩為眾推者因御前殿以使者之禮禮之諄諄戒敕所以出使之意乃授以節自京師及州縣登揀才良求人瘼宣布上意令若家見而戶曉昔堯舜不下席而化天下蓋黜陟幽明能折衷者陛下知難得人則不如少出使彼煩數而無益於化是烹小鮮而數撓之矣其二言刺史縣令政教之首陛下布德澤下詔書必待刺史縣令謹宣而奉行之不得其人則委棄有司掛墻屋耳百姓安得知之一州得才刺史十萬戶賴其福得不才刺史十萬戶受其困國家興衰在此職也今吏部調縣令如補一尉但計資考不求賢良有如不次用人則天下翕然相謗矣狃于常而不變也故庸人皆任縣令教化之陵遲顧不甚哉其三言天下有危機禍福因之而生機靜則有福動則有禍百姓安則樂生不安則輕生是也今軍旅之弊夫妻不得安父子不相養五六年矣自劍南盡河隴山東由青徐曹汴河北舉滄瀛趙鄚或困水旱或頓兵疫死亡流離略盡尚賴陛下憫其失職凡兵戍調發一切罷之使人得妻子相見父兄相保可謂能靜其機也然臣恐將相有貪夷狄利以廣地強武說陛下者欲動其機機動則禍構宜脩文德去刑罰勸農桑以息疲民蠻夷知中國有聖王必累譯至矣

陳子昂又荅制問事八條䟽曰臣今月十九日蒙勅恩召見令臣論當今政要行何道可以適時不須遠引上古具狀進者微臣智識淺短實昧政源然嘗洗心精意靜觀人理竊見國之政要興廢在人能

知人機順而知化趨時適變靜而勿動政要之績可得而行今陛下以應天命而受寶圖建立明堂施布大化勤恤人隱存問高年報功樹德順時興務至公至仁垂訓天下可謂典章大備制度宏遠五帝三王所不及也愚臣何敢有知政要然天恩降問貴採芻蕘謹竭愚直悉心以奏凡用賢之道未廣仰成之化尚勞然則取士之方任賢之事故陛下素所深知應亦倦談亦倦聽不待臣更一二煩說也

請措刑科

臣聞言有順君意而害天下者有逆君意而利天下者唯忠臣能逆意惟聖君能從利恩勅不以臣愚微降問當今政要臣伏惟當今之政大體已備矣但刑獄尚急法網未寬恐非當今聖政之要者臣觀聖人用刑貴適時變有用有捨不專任之且聖人初制天下必有凶亂之賊叛逆之臣而為驅除以顯聖德聖人誅凶殄逆濟人寧亂必

資刑殺以清天下故所以務用刑也凶亂既滅聖道既昌則必順人施化赦過宥罪所以致刑措也然則聖人用刑本以禁亂亂靜刑息不為昇平所設何者太平之人悅樂於德不悅樂於刑以刑窮於人人必慘怛故聖人貴措刑不貴煩刑今神皇應運受圖臨御天下逆臣賊子頻伏嚴誅所以殛貞群黨同惡就戮此蓋天意將顯神皇威靈豈此凶徒所能自亂今魁首已滅朋黨已屠聖政惟昌天下威服神皇又降文昌鴻恩滌蕩群罪天下昭慶企望日新措刑崇德正在今日實聖政之至要者也伏見近來詔獄推窮稍復滋長追捕支黨頗及遠方天下士庶未敢安止臣伏惟神皇聖意務在措刑安恤天下不務察法以損昇平然今刑獄未息者應是獄吏未識天意所以至於此也伏願神皇垂豈弟之德務仁壽之恩勑法慎罰以省刑典臣伏見當今天下士庶思願安寧途謠巷歌皆稱萬歲此其懷樂聖

化願保永年欲與子孫同此仁壽今神皇不以此時崇德務仁使刑措不用乃任有司明察專務威刑臣竊恐非神皇措刑之道且臣聞殺一人則千人恐濫一罪則百夫愁人情大端以畏懼如此今天下至廣萬國至繁神皇雖妙察獄囚不可門告戶說令一一知者若使有一不知以神皇好任刑罰則非太平安人之務當今聖政之要者也此是臣赤心至誠敢言其實冒死犯奏所冀天鑒務求刑措察臣所言非敢苟順

重任刑科

臣伏惟刑措之政在能官人官人惟賢政所以理此故神皇深知倦問不假臣一二煩說今臣所更重說者實以天下之政非賢不理天下之業非賢不成固願神皇務在任賢誠得眾賢而任之則天下之務自化理也然則賢人既任須信既信須終既終須賞夫任而不信其才無由展信而不終其業無由成終而不賞其功無由勸必神皇如此任賢則天下之賢雲集矣何以知其然君子小人各尚其類者也若神皇徒務好賢而不能任能任而不能信能信而不能終能終而不能賞雖有賢人終不能用矣神皇降問小臣當今政理之要者臣竊以此為政之至極何以言之神皇大業已成天下已平尊名已顯大禮已備所未足者在於忠賢若得忠賢相與而守之太平之功可於此而就斯實天地神靈贊助神皇而致此時也當此時不成千載之業立萬代之規小臣誠愚竊為神皇所惜

明必得賢科

臣伏惟刑措之道政在任賢議者皆云賢不可知人不可識臣獨以為賢固可知人固可識得是職者不精思之耳夫尚德行者必無凶險之類務公正者必無邪佞之朋保廉節者必憎貪冒之黨有信義

者必疵苟且之徒智者不為愚者謀勇者不為怯者死猶梟鸞不接翼薰蕕不同器此天地之性物類之情其理自然不可改易何者以德事凶而不相入以政攻佞而不相利以信質偽而不相從以廉說貪而不相和智者尚謀愚者不聽勇者徇死怯者貪生此皆事業不同趣向各反賢人之道固可預知誠能尚賢賢可至矣然則賢人之業須賢人達之賢人之才須賢人用之公正廉節信義勇謀皆待其人然後獲展苟非其類道不虛行凡賢人君子未嘗不思效用但無其類獲進所以湮沒於時今神皇誠能信任賢良旌納忠正知左右之人灼然有賢行者賜之尊爵厚祿以榮寵之使其以類相舉責成其政合度者進失度者貶神皇但垂拱明堂保神和志天下之事臣必見日就無為不言而理也今神皇憂恤萬機日不暇給昧旦丕顯中夜以思誠是群臣未稱聖任伏願神皇審察賢能垂恩信任忒忠

賢事君必諫君失姦佞事主必順主情直道曲事聖鑒所察。

賢不可疑科

臣伏惟神皇聖明具知得賢須任既任須信既信須終既終須賞悉備知也然今未多信任者應以經信任無效所以致疑如裴炎劉禕之騫味道周思茂固蒙神皇信任之矣然竟背德孤恩神皇以此有疑於信任賢也以臣愚識則謂不然何者聖必藉賢以明國必待賢以昌人必待賢以理物必待賢以寧若神皇疑於信賢欲以聖謨自斷臣恐勤勞聖躬而天下不可獨理况聖躬不可勞獘神心不可細用此最須任賢者也臣聞鄙人云有人以食噎而得病者欲絕食以去病乃不知食絕而身斃此言近小可以諭遠臣竊謂賢人於國亦猶食之在人固不可以一噎而絕唯粮亦不可以謬賢而遠正士此實神皇聖鑒可明知也不待愚臣一二言之伏願任賢無疑求士不倦以此為務天下誠不足理也若外有信賢之名而內實有疑賢之心

臣竊謂神皇雖日得百賢終是無益適足以損賢傷政也伏惟熟察可信者信之

招諫科

臣伏惟聖人制天下貴能至公能至公者當務直道臣伏見神皇至公應物直道容賢而朝廷尚未見敢諫之臣骨鯁之士天下直道未得公行臣聞聖人大德在能聽諫古典所說蓋不足陳臣伏見太宗文武聖皇帝德冠三王名超五帝實由能容魏徵愚直獲盡忠誠國史書之明若日月直言之路啟從諫之道開貞觀以來此實為美今神皇坐明堂布大政神功聖業能事備矣夫骨鯁之士能羨聖功伏惟神皇廣延直臣旌賞諫士使大聖之德弘納日新書之金板萬代有述作非神皇卓犖仁聖臣不敢獻此言也

勸賞科

臣聞勞臣不賞不可勸功死士不賞不可勵勇當今或有勤勞之臣死難之卒策功命賞未蒙優異臣伏惟人臣徇節在爵與名死節勤功名爵不及偷榮尸祿寵秩有加故不可以進賢顯能旌功勵行伏願神皇廣求此色勸勵百寮以及將士此最當今聖政之所宜先也古人云賞一人而千萬人悅者蓋言其功當也夫賞而不知賢者不務也伏願神皇陛下特垂省察

請息兵科

臣伏以當今國家事最大者在兵甲歲興賦役不省神皇欲安人息化理不可得何者兵之所聚必有所資千里運粮萬里應敵十萬兵在境則百萬家不得安業以此徭役人何取安臣伏見國家自事北狄於今十有餘年兵甲歲興竟不聞其利豈中國無制勝之策朝廷無奇畫之臣哉臣切謂不然是未計之廟筭耳臣伏惟神皇聖武天

威若神突厥小醜何足誅滅然今未滅者臣恐庸將無智未審廟筭之機故使兵甲日多徭役日廣今國家又命將出師臣願神皇審圖廟筭量其損益計其利害若事必不可請兵不虛行若兵不虛行賦役自省以此安人得賢可理若失之於此而救之於彼臣恐人日以疲勞不得安息伏願神皇熟察臣言審圖廟筭則夷狄不足滅中國可永寧

安宗子科

臣伏惟陛下以至仁為政以至公應物天下士庶莫不咸知虺貞等干紀亂常自取屠滅陛下唯罪其構逆者更無他坐宗室子弟獲以安寧自非陛下恩念慈仁敦睦九族豈得宗室蒙此寧慶實大聖之惠崇重宗枝然臣更願陛下務安慰之惠以恩信使顯然明知陛下

慈念之至上感聖真下得自安臣聞人情不能自明則必疑慮疑慮則必不安不安則必危懼危懼則僥過生伏惟陛下明恩賜垂豈弟之德使天下居無過之地萬姓知陛下必信任賢實是天下有慶然賢人之業皆務直道則奸邪不利必有讒譖此賢人之災厄於是也一人之行十人謗之未有不遭禍患者自古忠良賢達罹此患者不可勝言臣子昂言臣本草茅微陋才無可取陛下乃越次假以恩光將同近臣巡問政要臣之愚昧何堪此寵頓首死罪頓首死罪然臣之誠直實自愚衷與君子言猶且不妄況蒙天子之問敢不悉螻蟻之誠實罄實盡然臣所奏前件狀者固是陛下所悉見所悉知然臣復重言者貴以微誠披露肝膽不知忌諱實戰實惶

時天下頗流言遂開告密羅織之路興大獄誅將相大臣至是已革命事盈寧右補闕朱敬則諫曰臣聞李斯之相秦也行申商之法重刑名之家杜私門張公室棄無用之費損不急之官惜日愛功亟戰疾耕既庶而富遂屠諸侯此救弊之術也故曰刻薄可施於進趨變詐可陳於攻戰天下已平故可易之以寬簡潤之以淳和秦乃不然淫虐滋甚往而不反卒至土崩此不知變之禍也陸賈叔孫通事漢祖當榮陽成皋間糧餉窮匱勇困未嘗敢開一說效一奇惟進豪猾貪暴之人及區宇適定乃陳詩書說禮樂開王道高帝忽然曰吾以馬上得之安事詩書對曰馬上得之可馬上治之乎帝默然於是賈著新語通定禮儀此知變之善也向若高帝斥二子置詩書重攻戰尊首級則複道爭功拔劍擊柱覆漏不保何十二帝二百年乎故曰仁義者聖人之蘧廬禮者先王之陳迹祠祝畢芻狗捐淳精流糟粕棄仁義尚爾況其輕乎國家自文明以來天地草昧內則流言外則構難故不設鉤距無以順人不切刑罰無以息暴於是置神器開告

端故能不出房闈而天下晏然爲易主矣臣聞急趨者無善迹促柱者無和聲拯溺不規行療饑不鄙食即向時祕策今之芻狗也願鑒秦漢之失考時事之宜毀蘧廬遺糟粕下寬大之令流曠蕩之澤去萋斐之角牙頓姦險之芒刃塞羅織之妄源掃朋黨之險迹曠然使天下更始豈不樂哉后善其言

中宗神龍初清源尉呂元泰上書言時政曰國家者至公之神器一正則難傾一傾則難正今中興政化之始幾微之際可不慎哉自頃營寺塔度僧尼施與不絕非所謂急務也林胡數叛獯虜內侵帑藏虛竭戶口亡散天下之失業不謂太平邊兵未解不謂無事水旱爲災不謂年登倉廩未實不謂國富而乃驅役飢凍彫鐫木石營構不急勞費日深恐非陛下中興之要也比見坊邑相率爲渾脫隊駿馬胡服名曰蘇莫遮旗鼓相當軍陣勢也騰逐喧噪戰爭象也錦繡夸競害女工也督斂貧弱傷政體也胡服相歡非雅樂也渾脫爲號非美名也安可以禮義之朝法胡虜之俗詩云京邑翼翼四方是則非先王之禮樂而示則於四方臣所未諭

二年中書令李嶠上書曰元首之尊居有重門擊柝之衛出有清警戒道之禁所以備非常息異望誠不可易舉動慢防閑也陛下厭崇邃輕尊嚴微服潛遊閭里過市行路私議朝廷驚懼如禍產意外縱不自惜柰宗廟蒼生何又分職建官不可以濫傳曰官不必備惟其人自帝室中興以不慎爵賞爲惠冒級躐階朝陛夕改正闕不給加以員外內則府庫爲殫外則黎庶蒙害非求賢助治之道也願愛惜班榮息匪服之議今文武六十以上而天造含容皆矜恤之老病者已解還授員外者既遺復留恐非所以消敉救時也請敕有司料其可用進不可用退又遠方夷人不堪治事國家向務撫納而官之非

立功酋長類縻俸祿頗商度非要者一切放還又易稱何以守位曰
仁何以聚人曰財今百姓乏寠不安居處不可以守位倉儲蕩耗財
力傾殫未足以聚人山東病水潦江左困輸轉國匱於上人窮於下
如令邊場少鍊恐逋亡遂多盜賊群行何財召募何衆閑遏乎又崇
作寺觀功費浩廣今山東歲飢糟糠不厭而投艱阸之會收庸調之
半用吁嗟之物以營土木恐怨結三靈謗蒙四海又比緣征戍巧詐
百情破役隱身規脫租賦今道人私度者幾數十萬其中高戶多丁
黠商大賈詭作臺符羼名僞度且國計軍防並仰丁口今丁皆出家
兵悉入道征行租賦何以備之又重賂貴近補府若史移没籍產以
州縣甲等更爲下戶當道城鎮至無捉驛者役逮小弱即破其家頗
許十道使訪察括取使姦猾不得而隱又太常樂戶已多復求訪散
樂獨持大鼓者已二萬員顧量留之餘勒還籍以杜妄費

睿宗景雲初監察御史韓琬上言國安危在於政政以法暫安焉必
危以德始不便焉終治夫法者智也德者道也智權宜也道可以久
大也故以智治國國之賊不以智治國國之福貞觀永徽之間農不
勸而耕者衆法施而犯者寡俗不偷薄器不汙窳吏貪者士耻同列
忠正清白者比肩而立罰雖輕而不犯賞雖薄而勸位尊不倨家富
不奢學校不厲而勤道佛不懲而戒土木質厚裨販弗蚩其故柰何
雜以皇道也自茲以來任巧智斥謇諤趨勢者進守道者退諂附者
無黜剝之憂正直者有後時之歎人趨家競風俗渝替其故柰何行
以霸道也貞觀永徽之天下亦今日天下淳薄相反由治則然夫巧
者知忠孝爲立身之階仁義爲百行之本託以求進口是而心非言
同而意乖陛下安能盡察哉貪冒者謂能清貞者謂孫浮沉者謂黠剛
正者爲愚位下而驕家貧而奢歲月浸漬不救其獘何由變浮之淳

哉不務省事而務捉搦夫捉搦者法也法設而滋章滋章則盜賊多
矣法而益國設之可也比法令數改或行未見益止未知損譬弈者
一棋爲善而復之者愈善故曰設法不如息事事息則巧不生聖人
防亂未然天下何由不治哉永淳時雍丘令尹元貞坐婦女治道免
官今婦夫女役常不知怪調露時河內尉劉憲父喪人有請其員者
有司以爲名教不取今謂爲見機太宗朝司農以市木橦倍價抵罪
大理孫伏伽言官木橦貴故百姓者賤臣見司農識大體未聞其過
太宗曰善今和市顧刻剝名爲和而實奪之往者學生佐史里正每
一員闕擬者十人今當選者亡匿以免往選司從容有禮今如仇敵
賈販往官將代儲什物俟其至今交羅執符紛競校存亡往商賈出
入萬里今市井至失業往家藏鏹積粟相夸今匿貲示羸以相尚往
夷狄款關今軍屯積年往召募人買其勇今差勒闔宗逃亡往倉儲

盈衍今所在空虛夫流亡之人非愛羈旅忘桑梓也斂重役亟家產
已空鄰伍牽連遂爲遊人窮詐而犯禁赦死而抵刑夫亂繩已結急
引之則不可解今刻薄吏能結者也舉劾吏能引者也則解者不見
其人顧取奇材卓行者量能授官又言仕路太廣故棄農商而趨之一
夫耕一婦蠶衣食百人欲儲蓄有餘安可得乎書入不報
時有詔言事右率府鎧曹參軍柳澤上書曰頃者因韋氏險詖姦臣
同惡賞罰紊弛綱紀紛綸政以賄成官以寵進言正者獲戾行殊者
見疑海內寒心實將莫救賴神祇祐德宗廟降靈天討有罪人用不
保陛下叡謀神聖勇智聰明安宗社於已危振黎庶於將溺今麗眉
鮐背歡忻踴躍望聖朝之撫輯聽聖朝之德音今陛下蠲煩省徭法
明德舉萬邦愷樂室家胥歡臣又聞危者安其位者也亂者有其理
者也伏惟陛下安不忘危理不忘亂存不忘亡則克享天心國家長

保也詩有云靡不有初鮮克有終惟陛下慎厥終惟其初非禮勿視非禮勿聽非禮勿言非禮勿動書曰惟德罔小萬邦惟慶惟不德罔大墜厥宗甚可畏也甚可懼也伏惟陛下慎之哉夫驕奢起於親貴綱紀亂於寵倖願陛下禁之於親貴則天下風隨矣制之於寵倖則天下法明矣詩曰刑于寡妻至于兄弟以御于家邦若親貴為之而不禁寵倖撓之而見從是政之不恒令之不一則奸詐斯起暴亂生焉雖嚴刑制戮而法不行矣縱陛下親之愛之莫若安之福之夫寵祿之過罪之階也非安之也驕奢之淫危之梯也非福之也前事不忘後之師也陛下數求俊哲使朝夕納誨縱有逆于耳謀于心者無速之以罰姑籌之以道省于厥躬雖不樸忌諱恕之以直用開諫諍之路也或有順於耳便於身者無急之以賞當求諸非道稽之典訓其不叶於德必寘之以法用杜側媚之行也有蓄淫巧於陛下者遠黜之則淫巧息矣有進忠讜於陛下者遽賞之則忠讜進矣臣又聞生於富者驕生於貴者傲書曰罔淫于逸罔遊于樂穆王有命曰實賴前後左右有位之士繩愆糾繆格其非心今諸宮肇建王府初啓至於寮友必惟妙擇今驕奢之後流遁未變慢遊之樂餘風或存夫小人弄臣易合於意奇伎淫巧多適於心狎於非德茲為奢怠書曰慎簡乃僚無以巧言令色其惟吉士僕臣正厥后克正僕臣諛厥后自聖伏願採溫良博聞之士恭儉忠鯁之人任以東宮及諸王府仍請東宮量署拾遺補闕之職朝夕講論出入侍從授以訓誥交脩不逮臣又聞馳騁田獵令人發狂名教之中自有樂地承前貴戚鮮克由禮或打毬擊鼓比周伎術或飛鷹奔犬盤遊藪澤此其為不道非進德脩業之本也書曰內作色荒外作禽荒又曰無若丹朱傲慢遊是好朋淫于家用殄厥世伏惟陛下誕降謀訓勸以學業示之以好

惡陳之以成敗以義制事以禮制心圖之於未萌慮之於未有則福祿長享與國並休矣臣又聞富不與驕期而驕自至驕不與罪期而罪自至罪不與死期而死自至信矣斯語明哉至誠頃者常庶人樂安公主武延秀等可謂貴矣可謂寵矣權侔人主威震天下然怙侈滅德神怒人棄豈不謂愛之太極富之太多不節之以禮不防之以法終轉吉為凶變福為禍千人所指無病自死不期然歟書曰殷監不遠在彼夏王今陛下何勸其皇祖講訓之則乎陛下何徵其孝和寵任之失乎禮曰愛而知其惡憎而知其善可不慎哉夫寵愛之心則不能免去其太甚閑之以禮節適則可矣今諸王公主駙馬亦陛下之所親愛也驕狂之道在於厥初監戒之義其則不遠使觀過務善居寵思危庶夙夜惟寅聿脩厥德經曰在上不驕高而不危所以長守貴也制節謹度滿而不溢所以長守富也富貴不離其身然後能保其社稷書曰制官刑謹于有位敢有恒舞于宮酣歌于室時謂巫風敢有徇于好色恒于游畋時謂淫風敢有侮聖言逆忠直遠耆德比頑童時謂亂風惟茲三風十愆卿士有一于身家必喪邦君有一于身國必亡甚可畏也甚可懼也伏惟陛下必察而明之必信而勸之有奢僭驕怠者削其祿封樸素脩業者錫以車服以昂其心使奉其命無使久而忽之無使遠而墜之臣聞知之非艱行之惟艱又曰常厥德保厥位厥德靡常九有以亡伏惟陛下慎之哉前車之覆實惟明證先王之誡可以終吉若陛丁奉伊尹之訓崇傅說之命不作無益不啓私門刑不差賞不濫其惟德是輔惟人之懷天祿有終景福是集矣儻陛下忽精一之德開恩倖之門爵賞有差刑罰無當則忠臣正士亦當復談矣睿宗善之

玄宗先天二年姚崇知帝大度銳于治乃先設事以堅帝意即陽不

謝帝怪之崇因跪奏臣願以十事聞陛下度不可行臣敢辭帝曰試
為朕言之崇曰垂拱以來以峻法繩下臣願政先仁恕可乎朝廷覆
師青海未有牽復之悔臣願不倖邊功可乎比來壬佞冒觸憲網皆
得以寵自解臣願法行自近可乎后氏臨朝喉舌之任出閹人之口
臣願宦豎不與政可乎戚里貢獻以自媚于上公卿方鎮寖亦為之
臣願租賦外一絕之可乎外戚貴主更相用事班序荒雜臣請戚屬
不任臺省可乎先朝褻狎大臣虧君臣之嚴臣願陛下接之以禮可
乎燕欽融韋月將以忠被罪自是諍臣沮折臣願群臣皆得批逆鱗
犯忌諱可乎武后造福先寺上皇造金仙玉真二觀費鉅百萬臣請
絕道佛營造可乎漢以祿莽閻梁亂于下國家為甚臣願推此鑒戒
為萬代法可乎帝曰朕能行之崇乃頓首謝

歷代名臣奏議卷之二十七

歷代名臣奏議卷之二十八

治道

唐肅宗時元結被召詣京師自以始見軒陛拘忌諱恐言不悉情乃
上時議三篇其一曰議者問往年逆賊東窮海南淮漢西抵函秦北
徹幽都醜徒狼扈在四方者幾百萬當時之禍可謂劇而人心危矣
天子獨以匹馬至靈武合弱旅鉏彊寇師及渭西曾不踰時摧銳攘
凶復兩京收河南州縣何其易邪乃今河北姦逆不盡山林江湖亡
命尚多盜賊數犯州縣百姓轉徙踵繫不絕將士臨敵而奔賢人君
子遁逃不出陛下往在靈武鳳翔無今日勝兵而能殺敵無今日財
用而百姓不流無今日爵賞而士不散無今日朝廷而賢者思仕何
哉將天子能以危為安而忍以未安忘危邪對曰此非難言之前日
天子恨愧陵廟為羯逆傷汙憤悵上皇南幸巴蜀隱悼宗戚見誅側
身勤勞不憚親撫士卒與人權位信而不疑渴聞忠直過弗諱改此
以弱制強以危取安之繇也今天子重城深宮燕和而居凝冕大昕
纓佩而朝太官具味視時而獻太常備樂和聲以薦國機軍務參籌
乃敢進百姓疾苦時有不聞廄芻良馬宮籍美女輿服禮物休符瑞
諜日月充備朝廷歌頌盛德大業聽而不厭四方貢賦爭上尤異諧
臣顓官怡愉天顏文武大臣至於庶官皆權賞踰望此所以不能以
強制弱以未安忘危若陛下視今日之安能如靈武時何寇盜強弱
可言哉其二曰議者曰吾聞士人共自謀昔我奉天子拒凶逆勝則
國家兩全不勝則兩亡故生死決于戰是非極于諫今吾名位重財
貨足爵賞厚勤勞已極外無仇讎害我內無窮賤迫我何苦當鋒刃
以近死忤人主以近禍乎又聞曰吾州里有病父老母孤兒寡婦皆
力役乞丐凍餒不足況於死者人誰哀之又聞曰天下殘破蒼生危

窘受賦與役者皆寡弱貧獨流亡死徙悲憂道路蓋亦極矣天下安我等豈無畎畝自處若不安我不復以忠義仁信方直死矣人且如此柰何對曰國家非欲其然蓋失於太明太信耳夫太明則見其內情將藏內情則罔惑生下能令必信信可必矣而太信之中至姦尤惡之如此遂使朝廷亡公直天下失忠信蒼生益寃結將欲治之能無端由吾等議於野又何所及其三曰議者曰陛下思安蒼生滅姦逆圖太平勞心恙精於今四年說者異之何哉對曰如天子所思說者所異非不知之凡有詔令丁寧事皆不行空言一再頻類諧戲令有仁卹之令憂勤之誥人皆族立黨語指而議之天子不知其然以為言雖不行猶足以勸彼但勸在乎明審均當而必行也天子能言已行之令必將來之法雖徭樊制拘忌煩令一切蠲蕩任天下賢士屏斥小人然後推仁信威令謹行不惑此帝王常道何為不及帝悅曰

卿能破朕憂擢右金吾兵曹參軍

代宗時左拾遺獨孤及上疏陳政曰陛下屢發德音使左右侍臣得直言極諫壬辰詔書召裴冕等十有三人集賢殿待制以備詢問此五帝盛德也然頃者陛下雖容其直而不録其言所上封皆寢不報有容下之名而無聽諫之實遂使諫者稍稍自鉗口飽食相招為禄仕此忠鯁之人所以竊歎而臣亦耻之十室之邑必有忠信況朝廷之大卿大夫之衆陛下選授之精歟假令不能如文王之多士其中豈不有溫故知新可懋陳政要而億則屢中者陛下議政之際曾不採其一說堯之疇咨禹之昌言豈若是耶昔堯設謗木於五達之衢孔子曰以能問於不能以多問於寡然則多聞闕疑不耻下問聖人之心也願陛下以堯孔心為心日降清問其不可者罷之可者議於朝與執事者共之使知之必言言之必行行之必公則君臣無私論朝廷無私政陛下以此辨可否於獻替而建太平之階可也師興不息十年矣人之生產空於杼軸擁兵者第館亘街陌奴婢厭酒肉而貧人羸餓就役剝膚及髓長安城中白晝椎剽吏不敢詰官亂職廢將墮卒暴百揆隳刺如沸粥紛麻氏不敢訴於有司有司不敢聞陛下茹毒飲痛窮而無告今其心顒顒獨恃於麥麥不登則易子齕骨矣陛下不以此時厲精更始思所以救之之術忍令宗廟有累卵之危萬姓悼心失圖臣實懼焉去年十一月丁巳夜星隕如雨昨清明降霜三月苦熱錯繆顛倒沴莫大焉此下陵上替怨讟之氣取之也天意丁寧譴戒以警陛下宜反躬罪己旁求賢良者而師友之黜貪佞不肖者下哀痛之詔去天下疾苦廢無用之官罷不急之費禁止暴兵節用愛人兢兢乾乾以徼福于上下必能使天感神應反妖災為和氣矣

德宗時中書侍郎同中書門下平章事陸贄奏曰前日顧少連奉諭密旨每於延英對卿緣有諸人言不得盡中間卿所奏去冬薦人實緣對趙憬執論所以有言相拒亦不是阻卿之意若有要便事但依前者意旨自手疏密封進來卿又頻與苗粲進官朕未放過恐卿未知朕意此人即苗晉卿之子晉卿往年攝政曾有不臣之言又諸子皆與古帝王同名意甚不善緣非諸子之過不欲明行斥逐終是不合令在朝廷卿宜密知此意苗粲兄弟並改與在外閑僻處官仍不得令近兵馬者猥蒙天慈屢降深旨慰眷稠疊誨諭周詳骨肉之恩無以加此士感知己尚合捐軀臣雖孱微能不激勵至於彌綸庶績督課群官始終不渝夙夜匪懈是皆常分曷足酬恩自揣凡庸之才又無奇崛之効唯當輸罄忠節匡輔聖猷衆人之所難言臣必無隱常情之所易溺臣必不回固然貞心持以上報此愚夫一至而不易

者也惟明主矜亮而保容之頃以去冬薦人頗於街衢披訴既是准
制許集理合量才授官進擬再三未蒙允許伏慮事轉淹滯所以因
對奏陳懵於忖量推理輒發以趙憬與臣並命俱掌樞衡參奉謀猷
事當無間不知避忌輕黷宸嚴陛下特宥惷愚曲加獎導寵遇踰等
恩私倍常顧惟何人叨辜若此偶有所見敢不盡言是彰無隱之誠
以申上報之分臣聞王者之道坦然著明奉三無私以勞天下平平
蕩蕩無側無偏所謂三無私者如天之無私覆也如地之無私載也
如日月之無私照也其或有過如日月之有蝕焉過也人皆見之更
也人皆仰之日月不疾於蔽虧人君不吝於過失虧而能復無損於
明過而能改不累於德昨者臣所奏惟有趙憬得聞陛下以至勞神
委曲防護是於心膂之內尚有形迹之拘職同事殊鮮克以濟恐乖
無私之德且傷不吝之明夫元首股肱義實同體諮詢獻納一日萬

機宣之使言猶未盡意言若有限意何由通啓沃既難機務斯壅雖
荷綢繆之顧實增曠廢之憂仰希聖聰更賜裁處苗粲少以門子早
登朝班歷拾遺補闕起居員外郎中前後二十餘年溫恭有加恪慎
無怠端敏是以守職文學是以飾身詳其器能堪處近侍陛下以粲
先父常有過言名子之方又乖慕類不忍明加斥黜但令改授外官
伏以理國化人在於獎一善使天下之為善者勸罰一惡使天下之
為惡者懲是以爵人必於朝刑人必於市惟恐眾之不覩事之不彰
君上行之無愧心兆庶聽之無疑議受賞安之無怍色當刑居之無
怨言此聖王所以宣明典章與天下公共者也獎而不言其善斯謂
曲貸罰而不書其惡斯謂中傷曲貸則授受不明而恩倖之門啓中傷
則枉直莫辯而讒間之道行此柄一虧為害滋大凡是譖愬之輩多
非信實之言利於中傷懼於公辯或云歲月已久不可究尋或云事

體有妨須為隱忍或云惡跡未露宜假他事為名或云但棄其人何
必明言責辱詞皆近於情理意實苞於矯誣傷善售姦莫斯為甚伏
惟聖鑒之下必無浸潤之流然於稱毀之言不可不辨賞罰之典不
可不明陛下若以晉卿跡實姦邪粲等法應坐累則當公議典憲豈
令陰受播遷陛下若察晉卿見誣又知粲等非罪則合隨手獎用不
宜降意猜訪今忽不示端由但加斥逐謂之掄材則失序謂之行罰
則無名徒使粲等受錮於聖朝晉卿銜憤於幽壤以臣蔽滯未見其
宜夫聽訟辯讒貴於明恕明者在驗之以迹恕者在求之以情跡可
責而情可矜聖王懼疑似之陷非辜不之責也情可責而跡可宥聖
王懼逆詐之濫無罪不之責也惟情見跡具詞服理窮者然後加刑
罰焉是以下無寃人上無謬聽苛慝不作教化以興晉卿起自文儒
致位台輔能以謙柔自處故為三朝所推當諒闇之辰攝冢宰之任

是將備禮豈是擅權安肯露不臣之言招覆族之釁雖甚狂險猶應
不為矧伊老臣寧忍及此假有忍人之意其如言發禍隨求之以情
既無端驗之以跡又無兆宜蒙昭恕理在不疑又自陛下御極已來
粲及兄丕皆歷清近若以舊事為累豈復含容至今恐有無良之徒
增媒丕粲兄弟構成飛語務欲挫傷大抵任重勢疑易生嫌謗以周
公之聖不免流言霍光之忠亦遭告訐向非成王覺寤昭帝保明則
二主之德義不傳二臣之寃誣莫辯陛下追懷往事得失豈不相遠
哉後之視今固亦如此凡所舉措安可不詳伏願少留睿思特加省
察斯實君臣庶免於戾豈唯苗氏一族存歿幸賴而已乎少連又向
臣說云聖旨察臣孤直猶謂清慎太過都絕諸道饋遺卻恐事情不
通如不能納諸財物至如鞭靴之類受亦無妨者伏以貨賄之利耳
目之娛人間常情孰不貪悅況臣性實凡鄙寧忘顧私家本窶貧安

能無欲所以深自刻慎勉脩廉隅若蓋由負戴厚恩尸竊大任既不克導揚風教致俗清淳又未能減息征徭濟人窮困若無恥懼更啓賄門是忘憂國之誠仍速焚身之禍由是苟行特操杜絕交私誠知無補大猷所冀免貽深累陛下責臣以清謹大過斯謂皇明陛下慮事之不通有乖理道或恐貪惏之輩務逞無厭之求巧陳異端惑亂聖聽稽諸事實則甚不然夫以胥吏末流苞苴微賤苟或違道臣猶知慙況乎公卿大臣之間方岳連帥之任豈資納賄然後致誠若因財利交歡是以姑息為事既乖直道必有過求遂之則法度浸隳阻之則觖望彌甚為害如此國何賴焉高祖太宗著法垂制監臨受賄盈尺有刑陛下每發德音敕宥下土大辟之屬皆蒙滌除唯於犯贓往往不赦豈不以貪饕為蠹殘蠹最深至於士吏之微尚當嚴禁矧居風化之首反可通行凡上之所為以導下也上所不為以檢下也

上所不為而下或為之然後可以設峻防寘明辟若上為之而下亦為之固其理也又可禁乎今吏有受監臨之賄者則以為罪不可容朝廷之制四方所監臨也而宰司公受其賄是亦無恥而不恕者歟孔子曰大臣不可不敬也是人之表也近臣不可不慎也是人之道也表傾則影曲道僻則行邪若大臣近臣可以受財則庶長案寮孰為不可朝廷取之於方鎮方鎮復取之於州州取之於縣縣取之於鄉鄉將安取哉是皆出於疲人之肝腦筋髓耳自大盜猾夏耗斁生人天下常屯百萬之師坐受衣食農夫蠶婦凍而織餒而耕殫力忍死以供十倍之賦日日引頸望覩昇平之化惠恤之恩凡四十九年矣荐屬多故有加無瘳持利權食厚祿者當憂隱恤怩憫愧黎庶而又交通私賄扇起貪風是令已困之甿重遭過分之擾陛下尚以為鞭靴之類受亦無妨若使天下納賂唯有二三宰臣四方誅求止於鞭靴細物行之不足以傷化絕之不足以利人則臣固已微抑私心將順睿旨矣若使國家致理必資饋遺通情辭之足以失天下之心受之足以濟天下之務則臣固亦不避汙行勵我聖功矣臣所以未敢奉詔冒昧塵煩者審知此道未唯於無益必有甚損故也亦冀陛下詳察其理普澄其源弘清淨無欲之風守慈儉不貪之寶是將感人心而天下服何有事情不通之患乎夫貨賄上行則賞罰之柄失貪求下布則廉恥之道衰何者善惡不分功過無辯以貨賄之多少為課績之重輕守道闕供或時致怨招累求得當欲可以釋罪買榮忍行刻剝者見謂公忠巧飾玩好者獲稱才智此謂賞罰之柄失也上好利則下思聚斂上求賄則下肆侵蝨不懷愧心但逞私欲遞相企効習以成風閭閻日殘紀綱日壞不可以禮義勸不可以刑法懲此由廉恥之道衰也作法於涼其弊猶貪作法於貪其弊斯亂利於

小者必害於大易於始者必悔於終賄道一開展轉滋甚鞭靴不已必及衣裘衣裘不已必及幣帛幣帛不已必及車輿車輿不已必及金璧日見可欲何能自窒于心已與交私固難中絕其意是以涓流不止谿壑成災毫末既差丘山聚舋自昔國家敗亡多矣何曾有以約失之者乎臣竊料郡府之不願行賄於朝廷猶鄉閭之不願輸貨於郡府也但以行之者有利不行者有虞故為安身保位之謀不得不行耳夫豈樂而行之哉假如四方俱賂於朝廷朝廷受其三而卻其一有所受有所卻二端相反則遇卻者或有意疑乎見拒而不通焉四方俱賂於朝廷朝廷俱辭而不受則咸知不受者乃朝廷之常理耳適所以服其心而誘其善復何嫌阻之有乎陛下若謂問遺可以通物情絜矩不足敦理化則自律中以來股肱耳目之間蓋常有交利行私者矣乃其所也陛下何尤焉陛下嗣位之初躬行節儉郡

國無來獻朝廷無私求行李無贖貨之人邇臣無受賂之事四方風動幾致清平旋以刑峻賦繁兵連禍結理功中否至化未凝洎大憝殲夷皇運興復征伐之役頗息於前時情約之風亦虧於往日此則雖革一弊亦喪一義焉曩興師徒人困暴賦今罷征伐人困私求是乃殘瘁之餘永無蘇息之望使萬方黎獻當陛下休明之代不登富壽不洽雍熙追懷前脩寔用心熱而議者反以納賂通情之理以惑陛下斯不亦誣上行私之甚者乎夫天下公器也王綱大權也執大權者不任以小數守公器者不徇於私情任小數而御大權則忿戾之禍起徇私情以持公器則姦亂之釁生故春秋傳曰在上位者洒濯其心以待之而後可以理人言私曲之不可以蒞衆庶也又曰國家之敗由官邪也官之失德寵賂彰也君人者將昭德塞違以臨照百官百官於是乎戒懼而不敢易紀律言賄利之不可以化百官也

又曰長國家者非無賄之難無令名之難諸侯之賄聚於公室則諸侯貳言貪欲之不可以懷諸侯也古之懷諸侯者蓋有其道矣唯不務賄然後得之禮記云凡為天下有九經其一曰理亂持危朝聘以時厚往而薄來所以懷諸侯也是知懷撫之道貴德賤財於往也則厚其贈送之資於來也則薄其贄幣之禮訓人以尊讓示人以不貪始於朝廷行於郡國廉節之風漸廣侵漁之害不萌里閭獲安郡國斯乂朝廷益尊所謂化自上流理由下濟近者悅服而遠者歸懷是皆無賄之致也及夫王綱浸壞德化陵夷然後喊公議而徇私情盛誅求而崇饋獻故禮記曰天子微諸侯僭於是相覬以貨相賂以利而天下之禮亂矣是知傷風害禮莫甚於私暴物殘人莫大於賂利於絕私去賄者莫先於君主務於愛人助理者莫切於輔臣然則君主輔臣之間固不可語及於私賄矣況又躬行乎臣以受恩特深志欲巨細裨補苟懷疑慮不敢因循亦賴遭逢聖明庶得竭盡愚直所以無事獻替不以犯忤為虞意懇詞繁伏用慚悚謹奏

憲宗元和元年校書郎元稹舉才識兼茂明於體用對策曰臣方病近古之策不行而陛下幸及之是天下人人之福也微臣其敢忍意而不言乎且臣聞之古者以言賦納豈虛美哉蓋用之也是以益贊禹而班師說復王而作命斯皆用言之大略也洎漢文帝蓋不若堯舜始以策求士乃天下郡國有賢良之貢入焉塞詔者鼂錯而已至武帝然後董仲舒出然而卒不能選用條對施之天下夫用其策不棄其人以其利於時也得其人而棄其策又何為乎若此則徒設試言之科而不得用言之實矣降及魏晉朝成而暮敗之不暇又惡足言其策哉我唐列聖君臨策天下之士者多矣興時莫不光揚其名聲寵綏其爵祿然而曾不聞天下之人曰某曰天子降某問得某士行其策濟某功抑不知直言之詔屢下而直言之士不出耶亦不知直言之士屢出而直言之策不用耶今陛下肇臨海內務切黎元求斥已之至言責著明之確論實命說代言之盛意也微臣何足以奉承之然臣所以上愚對皆以指病陳術為典要不以舉凡體論而飾詞事苟便人雖繁必獻言苟詣理雖鄙必書固不足以副陛下懇惻之誠庶可盡微臣體用之目伏願陛下以臣此策委之有司苟或可觀施之天下使天下之人曰惜哉漢文雖以策求士迨我明天子然後能以策濟人則臣始終之願畢矣如或言不適用策不便時則臣有瞽聖欺天之罪將寘於典刑陛下固不得而宥之矣亦臣之所甘心焉臣伏讀聖策乃見陛下念禮樂之寖微恤黎人之重困責復盛濟艱之術酌推恩寓令之宜斯皆當今之急病也微臣敢不別白而書之昔我高祖武皇帝撥去亂政我太宗文皇帝韃橐干戈被之以

仁風潤之以膏露戢天下之役而天下之人安省天下之刑而天下之人壽通天下之志而天下之氣和總天下之賢而天下之衆理理故敬讓之節著和故懽愛之教行是以革三王之所因兼六代之盡美稱至德者舉文皇以代堯舜豈異事哉有誠信以將之也明皇即位實號中興方其任姚宋而右賢能也雖禹湯文武之俗不能過焉四十年間刑罰不試人用滋殖四海大和於是舉升中告禪之儀則封泰山而秩嵩華念歲巡時邁之典則去咸鎬而朝洛陽禮既畢行物亦隨耗天寶之後徭戍漸興氣盛而微理固然也曩時之乳哺而有之者一朝為兵殲之兵興已來至今為梗兵興則戶減戶減則地荒地荒則賦重賦重則人貧人貧則逋役逃征之罪多而搉管權宜之法用矣今陛下躬親本務首問群儒念禮樂之不興慮升平之未復斯誠天下之人將絕復完之日也微臣何幸而對揚之微臣以為

將欲興禮樂必在富黎人將欲富黎人必在息兵革息兵之術臣請兩言之夫古之所謂銷兵革者非謂幅裂其旗章鑠鍊其鋒刃而已也蓋誠信著於上則忠孝行於下富壽立於內則夷狄和於外夷狄和則邊鄙之兵息富壽立則爭奪之患銷爭奪之患銷則和順之心作和順之心作則禮樂之道興矣此先王脩政戢兵興禮樂富黎人之大略也陛下必欲責臣以詳究之術臣又請指事以明之夫食力之不充雖神農教天下不能無餒殍之人矣是以古之不農而食之者四而已吏有斷察之明則食之軍有臨敵之勇則食之工有便人之巧則食之商有通物之志則食之是四者率皆明者勇者巧者智者之事也百天下之人無一二焉苟不能於此者不農則不得食不績則不得衣人之情迫食於中則作業興於外是以游食者恒寡而務本者恒多豈強之哉彼易安而此難及也今之是事則不然吏理無考課之明卒伍廢簡稽之實百貨極淫巧之工列肆盡并兼之賈加以依浮圖者無去華絕俗之真而有抗役逃刑之寵假戎服者無超乘挽強之勇而有橫擊詬吏之驕是以十天下之人九為遊食惷朴愚謹不能自還者而後依於農此又非他彼逸而易安此勞而難處也是以游惰之戶歲增而耕桑之賦愈重曩時之十室共輸而猶不給者今且聚之於一夫矣雖有慈惠之長仁隱之吏尚不能存若惜斷擊搏之則將轉移於溝壑矣今之課吏者以賦斂無逋負為上第以臣觀之是陛下之賦者誠所以害陛下之人耳若此則農桑之用既如是游惰之衆又如此耕桑之賦重則戀本之心薄遊惰之戶衆則富庶之道乖此必然之理也今陛下誠能明考課之法減冗食之徒絕雕蟲不急之工罷商賈并兼之業潔浮圖之行峻簡稽之書薄農桑之征興耕戰之術則游惰之戶盡歸而戀本之心固矣戀本之心

固則富庶之教興而貞觀開元之盛復矣若此則既往之失由前將來之虞由後在陛下懲之戒之慎之久之而已至於主父偃乘七國併吞之後將分裂而矯推恩管夷吾當諸侯爭奪之時先詐力而行寓令皆一時之權術也豈可謂明白四達若日月而懸於聖朝哉臣雖賤庸尚不敢陳王道於帝皇之日況權術乎此臣之所以甚羞也故不及而詳究言之臣伏覩聖策又見陛下以為執契則群下用情躬親則庶官無黨以漢元尚儒學而衰盛業謂光武課吏職而昧通方以臣思之皆不然也夫委之於下而用其情蓋考績之科廢而清濁之流濫矣尚儒術而衰盛業章句之學興經緯之文喪也課吏職而昧通方蓋苛察之法行而會計之期速也臣請條列而言之夫神農之斲耒耜教闢耨所以墾良田而殖嘉穀也然而不能遏稂莠之滋焉其所以待之者芟夷之而已堯之闢朝廷擇百揆而所以殖彝

禹而稷皐陶也然而不能遏共工驩兜之逆焉其所以辨之者放棄殛誅之而已神農不以稂莠滋而廢耒耜之用故能存用器之方唐堯不以四罪進而奪舜禹之任故能終任賢之道若此則陛下之所顧如何耳豈可謂任之必不可哉至於考績之科廢章句之學興經緯之道衰會計之期速皆當今之極弊也幸陛下及漢元之事臣請據數以終之今國家之所謂興儒術者豈不以有通經文字之科乎其所謂通經者不過於覆射數字明義者纔至於辨析章條是以中第者歲盈百數而通經之士蔑然以是為通經通經固若是乎哉至於工文自試者又不過於雕詞鏤句之才搜摘絶離之學苟或出於此者則公卿可坐至郎署可俯求崇樹風聲不由殿最連科者進速累捷者位高損嘿自循者為清流行法莅官者為俗吏以是為儒術儒術又若是乎哉其所謂課吏職者豈不以朝廷有遷次進拔之用乎

臣切觀今之備朝選而不由文字者百無一二焉夫施衆網以加一禽尚不能得況張一目以羅萬品而望其飛者走者大者小者盡出乎其間其可得乎哉以此察群吏群吏又可察乎哉苟或不可察又可任之而絶其私乎哉此所以陛下將執契而歎用情念垂衣而懼不理蓋臣所謂課察之道不明也陛下誠能使禮部以兩科求士凡自唐禮六典律令凡國家之制度之書者用至於九經歷代史能專其一者悉得謂之學士以錣貫大義與道合符者為上第口習文理者次之其詩賦判論以文自試者皆得謂之文士以經綸今古理中是非者為上第藻繢雅麗者次之凡自布衣達於末隷在朝者悉得以兩科求仕禮部第其高下歸之吏部而寵秩之若此則儒術之道興而經綸之文盛矣吏部罷書判身言之選設三式以任人一曰校能之式每歲以朝右崇重者一人與吏部郎校天下群吏之理最在第一至第三者校定日據其功狀而登進之牧宰字人之官籍之為理者則上賞行焉若此則遷次之道明而遲速之分定矣二曰紀功之式每歲群吏之理最在第四者籍而書之滿歲吏部會集而授署之若此則殿最之道存而清濁之流異矣三曰任賢之式每歲内自僕射至于群有司之正長外至于廉問節制者各舉備朝選者一人外自牧守内至于百執事之立於朝者各舉吏郡縣者一人因其所舉而授任之辨其考績而賞罰之不舉賢為不精不精與不察之罪同若此則保任之法行而賢不肖之位殊矣四曰叙常之式其有業不通於學才不應於文政不登於最行不加於人則限以停年課資之格而役任之若此則叙用之式恒而尺寸之才無所棄矣兩科容則群才遂四式行則庶官當陛下又執左契以御之握樞以正之委庶官如心目之運支體豈支體運而無効於心目乎察群才如明鏡

之形美惡豈美惡形而逃隱於明鑑乎然後陛下闢四門使可言之路通明四目以天下之目視達四聰以天下之耳聽不私其心以百姓心為心端拱巖廊高居深視以冕旒自蔽而秋毫必察以黈纊塞耳而芥動必聞則彼漢元章句之儒光武讖責之術又惡足繁為陛下言之哉且臣聞之聖人在上人不夭札若臣者生未及壯戴陛下為君仁壽歡康未始有極何忽自苦隳肝膽而言天下之事乎誠以國家兵興以來天下之人憯怛悲愁五十年矣自陛下踐位之後戴白之老莫不泣血而話開元之政臣恐此輩不及見陛下功成理定之化而先沒恨於窮泉此臣之所以汲汲於私心也陛下能不憐察其意乎謹對

七年春延英奏對畢因問及國朝故事上甚悅宰臣李吉甫希意奏言陛下威德布洽華夷瞻戴時已太平可事歡樂上大笑李絳奏曰

昔太宗之理天下也房玄齡杜如晦輔相聖德魏徵王珪規諫闕失
有溫彥博戴胄以彌縫政事有李靖李勣訓整戎旅故夷狄畏服寰宇
大安天下之人仰戴聖德猶孜孜而求理開導直言旰食宵衣不敢
漏溢豈復當時務於自逸乎陛下視今日事何如漢文時上曰安敢
望漢文哉且文帝是漢之明主恭儉節用身衣皁綈清淨為理刑措
不用戎狄面內致干戈偃戢賈誼上言猶以當時如措火積薪之下
火未燃而以為安其憂危如此今中夏河南北申蔡有五十餘州法
令所不及德澤所未加兼西戎侵盜近以涇隴靈寧等州為界去京
城遠者不過千里近者數百里烽燧相接邊界屢警此方是陛下焦
心凋慮廢寢忘飡之時豈可高枕而卧也加以頃年水旱廩藏尚虛
陛下憂勞頻軫聖念誠是延訪智略之士揀拔賢良之臣精求濟時
之規光大中興之業又安可事於歡樂而自縱哉伏惟陛下誠之上

欣然曰誠如卿言朕所以一錢不敢妄費一日不敢懈怠者祇為此
也卿言正當朕意當與卿等圖之上退朝顧謂左右中官曰適來吉
甫奏言時已太平勸我為樂李絳屢陳今古所言事宜是憂危之事
吉甫諂佞悅我顏色李絳忠正骨鯁言必遠大真宰相也中人皆賀
十三年册王府諮議參軍分司東都李渤上言至德以來天下思致
治平訖今不稱者人倦而不知變天以變通之運遺陛下陛下順而
革之則悠久宜乘平蔡之勢以德覊服恒兗無不濟則恩威暢矣昔
舜禹以匹夫宅四海其烈如彼今以五聖營太平其難如此臣恐宰
相群臣蘊晦術略啓沃有所未盡使陛下翹然思文武禹湯而不獲也
宜正六官叙九疇脩王制月令崇孝弟敦九族廣諫路黜選舉復俊
造定四民省抑佛老明刑行令治兵禦戎頒下宰相公卿大夫議博
引海內名儒大開學館與群臣參講據經稽古應時便俗者使切磋

周脫作制度合宣父繼周之言
史館修撰臣李翶言臣素陋輩得守職史官以紀錄是非為事非道
前古治亂安危之大本者實史臣之大本也臣雖愚敢懷畏罪之心
而不脩其職竊見陛下即位以來招懷不廷之臣誅寇賊十餘事剗
五聖之憤恥為後代之根本自古中興之盛孰有及者自臣得奉詔
朝謁以來親見聖德之所不可及亦已多矣至如淄青生口夏侯澄
等四十七人皆所宜誅斬者也陛下知逆賊所逼脅質其父母妻子
而驅之使戰其陷惡逆非其本心赦而不誅因詔田弘正隨材任使
其欲歸妻子父母者縱而不禁臣竊聞夏侯澄等既得生歸淄青賊
兵聞之莫不懷陛下好生寬惠之德而遂無拒戰官軍之心矣劉悟
所以能一夕而擒斬師道者以三軍之心皆以苦師道而思陛下之
德故能不費日而成大功也此聖德之所不可及者一也今歲關中

夏麥甚盛陛下哀民之窮困特下明詔放夏稅約十萬石朝臣相顧
皆有喜色百姓歌樂遍於草野此謂聖德之不可及者二也韓弘獻
女樂陛下不受却又賜之昔者魯用孔子齊人恐懼遺之女樂季桓
子受之君臣共觀而三日不朝故孔子去魯陛下超然獨見遂以歸
之此聖德之所不可及者三也出李宗奭妻女於掖廷以莊宅却賜
沈遵師聖明寬恕億兆欣感者不可備紀若下詔出令一一皆類於
此武德貞觀不難及太平可反掌而致矣臣以為定禍亂者武功也
能復制度興太平者文德也非武功不能以定禍亂非文德不能以
致太平今陛下既以武功平禍亂定海內能為其難者矣若革去弊
事復高祖太宗之舊制用忠正而不疑屏邪佞而不近改稅法不督
錢而納布帛絕進獻以寬百姓稅租之重則下不困厚邊兵以息蕃
戎侵掠之患則天下安數引見待制官問以時事以通壅蔽之路則

下情達凡此六者政之根本太平之所興陛下既以能行其難者矣又何惜不速其易為者乎以臣伏覩陛下上聖之姿也如不惑近習容悅之詞選用骨鯁正直之臣與之脩復故事而行之以興太平可不勞而功成也若一日不以為事臣恐大功之後易生逸樂而群臣進言者必曰天下既以太平矣陛下可以高枕而為宴樂矣若如此則高祖太宗之制度不可以復矣制度不復則太平未可以遽至矣臣竊惜陛下聖質當可興之時而尚謙讓未為也臣謹條疏興復太平大略六事別白於後若行此六者五年不變臣必知百姓樂康蕃虜入侍天垂景星地湧醴泉鳳凰鳴于山林麒麟遊於苑囿此無他和氣之所感也詩曰先人有言詢于芻蕘伏惟陛下明聖思愽聞天下之事以助政理故臣敢忘其愚而盡忠焉無任感恩激切之至

謹奉表以聞

其一曰用忠正臣聞國之所以興者主能信任大臣臣能以忠正輔主故忠正者百行之宗也大臣忠正則小臣莫敢不為正矣小臣莫敢不為正則天下後進之士皆樂行忠正之道矣後進之士皆樂行忠正之道是王化之本太平之事也今之語者必曰知人邪正是堯舜之所難也焉得知忠正之人而用之邪臣以為察忠正之人蓋有術焉能盡言憂國而不希恩容者此忠正之徒也夫忠正之人亦各自有黨類邪臣嫉而讒之而且以為相朋黨矣夫舜禹稷契之相稱贊也不為朋顏閔之相往也不為黨皆在於講道德仁義而已邪人嫉而讒之且以為朋黨用以惑時主聽從古以來皆有之矣故蕭望之周堪劉向謀退許史竟為邪臣所勝漢元帝不能辨而終任用邪臣漢室之衰始於元帝此不可不察也故聽其言能數逆於耳者忠正之臣也雖任之雜以邪佞之臣則太平必不能成矣文宣王曰十室之邑必有忠信如丘者焉故忠信之人不難有也在陛下辨而用之各以其類進之而已臣故曰用忠正而不疑則功德成

其二曰屏姦佞臣聞孔子遠佞人言不可以共為國也凡自古姦佞之人可辨也皆不知大體不懷遠慮務於利己貪富貴固榮寵而已矣必好甘言諂辭以希人主之欲主之所貴因而賢之主之所怒因而罪之主好利則獻畜聚斂剝之計主好聲色則開妖艷鄭衛之路主好神仙則通燒煉變化之術望主之色希主之意順主之言而奉承之人主悅其不違己因而親之以至於事失怨生而不聞也若事失怨生而不聞其危也深矣自古奸邪之人未有不如此者也然則雖堯舜為君稷契為臣而雜之以奸邪之人則太平必不可興而危事潛生矣所謂奸邪之

臣者榮夷公費無極太宰嚭王子蘭王鳳張禹許敬宗楊再思李義甫李林甫盧杞裴延齡之比是也姦邪之臣信用大則亡國小則壞法度而亂生矣今之語者必曰知人邪正是堯舜之所難也焉得知其邪佞而去之耶臣以為察姦佞之人亦有術焉主之所欲皆順不違又從而承奉先後之者此姦佞之人也不去之雖用稷契為相不能以致太平矣故人主之任姦佞則耳目壅蔽耳目壅蔽則過不聞而忠正不進矣臣故曰屏姦佞而不近則視聽聰明

其三曰改稅法臣以為自建中元年初定兩稅至今四十年矣當時絹一匹為錢四千米一斗為錢二百稅戶之輸十千者為絹二匹半而足矣今稅額如故而粟帛日賤錢益加重絹一匹價不過八百米一斗不過五十稅戶之輸十千者為絹十有二匹

然後可況又督其錢使之賤賣者耶假令官雜虛估以受之尚猶為絹八匹乃僅可滿十千之數是為比建中之初為稅加三倍矣雖明詔屢下哀恤元元不改其法終無所救然物極宜變正當斯時推本弊同錢重而督之於百姓之所生也錢者官司所鑄粟帛者農之所出今乃使農人賤賣粟帛易錢入官是豈非顛倒而取其無者耶由是豪家大商皆多積錢以逐輕重故農人日困末業日增一年水旱百姓菜色家無滿歲之食況有三年之畜乎百姓無三年之積而望太平之興亦未可也今若詔天下不問遠近一切令不督見錢皆納布帛凡官司出納以布帛為準幅廣不得一尺九寸長不過四十尺比兩稅之初猶為重加一尺然百姓自重得輕必樂而易輸不敢復望如建中之初矣行之三五年臣必知農人漸有畜積雖遇一年水旱未有

菜色父母夫婦能相保矣若稅法如舊不速改更雖神農后稷復生教人耕織勤不失時亦不能躋於充足矣故臣曰改稅法不督錢而納布帛則百姓足

其四曰絕進獻臣以為自建中以來稅法不更百姓之困已備於前篇矣今節度觀察使之進獻必曰軍府羨餘不取於百姓且供軍及留州錢各有定額若非兵士闕數不填及減刻所給則錢帛非天之所雨也非如泉之可涌而生也不取於百姓將安取之哉故有作官店以居商賈者有釀酒而官沽者其它雜率巧設名號是皆奪百姓之利虧三代之法公託進獻因得自成其私甚非太平之事也比年天下皆厚留度支錢蓄兵士者以中原之有寇賊也今吳元濟李師道皆梟斬矣中原無虞而蓄兵如故以耗百姓臣以為非是也若選達吏事之臣三五人往諸道與其節度使團練使言每道要留兵數以備鎮守責其兵士見在實數因使其逃亡不補自可以每年十銷一矣告之以中原無事蕃戎可虞每道宜配兵若干人取其衣糧以賜邊兵而召戰士使邊兵實則蕃戎不足慮也夫錢帛皆國家之錢帛也宜作明法以取之是也若使通達吏事之臣往使焉雖其將帥之不誠盡者亦不敢有所隱矣今受進獻則節度使團練使皆多方刻下以為蓄聚其自為私者三分其所進獻者一分也是豈非兩稅之外又加稅焉百姓之所不樂其業而父子夫婦或有不能相養矣父子夫婦不能相養而望太平之興雖婦人女子皆知其未可也臣故曰絕進獻以寬百姓稅租之重則下不困

其五曰厚邊兵臣以為方今中原無事其慮者蕃戎與此虜而已議者以為邊備尚虛皆可憂矣兵法有之曰不恃敵之不來恃

此之不可勝今國家威武達于四夷其不敢犯邊為寇雖已明矣然蕃戎如犬羊也安識禮義而必其不為寇哉且去歲犯邊是以明矣臣以為使緣邊諸節度使特共召戰士十萬人每歲不過費錢一百萬貫則邊備實矣邊上有召戰士之聲達於四夷四夷心服不敢為盜矣四夷不敢為盜邊鄙之人得無兵戰之苦則京師可高枕而視矣

其六曰數引見待制官問以時事石本闕

穆宗時嘗問貞觀開元治道最盛何致而然中書侍郎同中書門下平章事崔植曰太宗資上聖與民間知百姓疾苦故厲精思治又以房玄齡杜如晦魏徵王珪為之佐君明臣忠聖賢相維治致升平固其宜也玄宗在天后時身踐憂患既即位得姚崇宋璟此二人蚤夜孜孜納君於道璟嘗手寫尚書無逸為圖以獻勸帝出入觀省以自

戒其後抑於晴乃代以山水圖稍怠于勤左右不復箴規姦臣日用事以致于敗昔德宗嘗問先臣祐甫開元天寶事先臣具道治亂所以然在童丱記其說今願陛下以無逸為元龜則天下幸甚

中書舍人柳公權與六學士對便殿帝稱漢文帝恭儉因舉袂曰此三澣矣學士皆賀獨公權無言帝問之對曰人主當進賢退不肖納諫諍明賞罰服澣濯之衣此小節耳非有益治道者異日與周墀同對論事不阿墀為惴恐公權益不奪帝徐曰卿有諍臣風可屈居諫議大夫乃自舍人下遷仍為學士知制誥

文宗太和二年劉蕡舉賢良方正能直言極諫策曰朕聞古先哲王之治也玄默無為端拱司契陶甿心以居簡凝日用於不宰厚下以立本推誠而建中繇是天人通陰陽和俗躋仁壽物無疵癘噫盛德之所臻敻乎不可及已三代令王質文迭救百氏滋熾風流寖微自漢以降足言盖寡朕顧唯昧道祗荷丕構奉若謨訓不敢怠荒任賢惕厲宵衣旰食詎追三五之遐軌庶紹祖宗之洪緒而心有未達行有未孚由中及外闕政斯廣是以人不率化氣或堙厄災旱竟歲播植愆時國廩罕蓄乏九年之儲吏道多端微三載之績京師諸夏之本也將以觀治而豪猾踰檢太學明教之源也期於變風而生徒惰業列郡在乎頒條而干禁或未絕百工在乎按度而淫巧或未息俗恬風靡積訛成蠹其擇官濟治也聽人以言則枝葉難辨御下以法則恥格不形其阜財發號也生之寡而食之衆煩於令而鮮於治思所以究此繇盭致之治平茲心浩然若涉淵冰故前詔有司博延群彥佇啓宿懵冀臻時雍子大夫皆識達古今志在康濟造廷待問副朕虛懷必當箴治之闕辨政之疵明綱條之致紊稽庶富之所急何施革於前斁何澤惠於下土何脩而治古可近何道而和氣克充推之本源著於條對至若夷吾輕重之權孰輔於治嚴尤底定之策孰叶於時元凱之考課何先叔子之克平何務惟此龜鑑擇乎中庸斯在洽聞朕將親覽

進士劉蕡對曰臣誠不佞有正國致君之術無位而不得行有犯顏敢諫之心無路而不得達懷憤鬱抑思有時而發常欲與庶人議于道商賈謗于市得通上聽一悟主心雖被祆言之罪無所悔況逢陛下詢求過闕咨訪嘉謀制詔中外舉直言極諫臣辱斯舉專承大問敢不悉意以言至於上所忌時所禁權幸所諱惡有司所與奪臣愚不識伏惟陛下少加優容不使聖時有讜言受戮者天下之幸也謹昧死以對伏以聖策有思古先之治念玄默之化將欲通天地以濟俗和陰陽以煦物見陛下慮道之深也臣以為哲王之治其則不遠惟致之之道何如耳伏以聖策有祗荷丕構而不敢荒寧奉若謨訓而罔有怠忽見陛下憂勞之至也若夫任賢惕厲宵衣旰食宜黜左右之纖佞進股肱之大臣若夫追蹤三五紹復祖宗宜鑒前古之興亡明當代之成敗心有未達以下情蔽而不得上通行有未孚以上澤壅而不得下浹欲人之化在脩己以先之欲氣之和在遂性以導之救災旱在致精神廣播殖在視食力國廩罕蓄本乎冗食尚繁吏道多端本乎選用失當豪猾踰檢繇中外之法殊生徒惰業繇學校之官廢列郡干禁繇授任非人百工淫巧繇制度不立伏以聖策有擇官濟治之心阜財發號之歎見陛下教化之本也且進人以行則枝葉安有難辨乎防下以禮則恥格安有不形乎念生寡而食衆可罷斥惰游念令煩而治鮮要察其行否博延群彥願陛下必納其言造廷待問則小臣安敢愛死伏以聖策有求賢箴闕之言審政辨疵之令見陛下咨訪之勤也遂小臣斥姦豪之志則弊革于前守陛下念康濟之心則惠敷于下邪正之道分而治古可

近禮樂之方著而和氣克充至若夷吾之法非皇王之權嚴尤所陳無最上之策元凱之所先不若唐堯考績淋子之所務不若虞舜舞干且非大德之中庸上聖之龜鑑又何足為陛下道之哉或有以繫安危之機兆存亡之變者臣請披肝膽為陛下別白而重言之臣前所謂哲王之治其則不遠者在陛下慎思之力行之始終不懈而已謹按春秋元者氣之始也春者歲之元也春秋以元加於歲以春加於王明王者當奉若天道以謹其始也又舉時以終歲舉月以終時春秋雖無事必書首月以存時明王者當奉承天之道以謹其終也王者動作始終必法於天者以其運行不息也陛下能謹其始又能謹其終懋而脩之勤而行之則執契以居簡無為而不宰廣立本之大業崇建中之盛德安有三代循環之弊百偽滋熾之漸乎臣故曰唯致之之道何如耳臣前所謂若夫任賢惕厲宵衣旰食宜黜左右

之纖佞進股肱之大臣實以陛下憂勞之至也臣聞不宜憂而憂者國必衰宜憂而不憂者國必危陛下不以國家存亡社稷安危之策而降於清問臣未知陛下以布衣之臣不足與定大計耶或萬機之勤有所未至也不然何宜憂而不憂乎臣以為陛下所先憂者宮闈將變社稷將危天下將傾四海將亂此四者國家已然之兆故臣謂聖慮宜先及之夫帝業艱難而成之固不可容易而守之太祖肇其基高祖勤其績太宗定其業玄宗繼其明至于陛下二百餘載其間聖明相因擾亂繼作未有不用賢士近正人而能興者或一日不念則顛覆大器宗廟之恥萬古為恨臣謹按春秋人君之道在體元以居正昔董仲舒為漢武帝言之略矣有未盡者臣得為陛下備論之夫繼故不書即位所以正其始也終必書所終之地所以正其終也故為君者所發必正言所履必正道所居必正位所近必正人春秋

闇弑吳子餘祭書其名譏疏遠賢士昵刑人有不君之道伏惟陛下思祖宗開國之勤念春秋繼故之誡明法度之端則發正言履正道杜篡弑之漸則居正位近正人遠刀鋸之殘親骨鯁之直輔相得以頒其任庶寮得以守其官奈何以褻近五六人總天下大政外專陛下之命內竊陛下之權威懾朝廷勢傾海內群臣莫敢指其狀天子不得制其心禍稔蕭墻姦生帷幄臣恐曹節侯覽復生於今日此宮闈將變也臣按春秋定公元年春王不言正月者春秋以為先君不得正其終則後君不得正其始故曰定無正也今忠賢無腹心之寄閽寺專廢立之權陷先帝不得正其終致陛下不得正其始況太子未立郊祀未脩將相之職不歸名器之宜不定此社稷將危也臣謹按春秋王札子殺召伯毛伯春秋之義兩不相殺不書此書者重其專王命也夫天之所授者在命君之所存者在令操其命而失之者

是不君也侵其命而專之者是不臣也君不君臣不臣此天下所以將傾也臣按春秋晉趙鞅以晉陽之兵叛入于晉書其歸者能逐君側之惡以安其君故春秋善之今威柄陵夷藩臣跋扈有不達人臣大節而首亂者將以安君為名不究春秋之微稱兵者以逐惡為義則典刑不繫天子征伐必自諸侯此海內之將亂也故樊噲排闥而雪涕袁盎當車而抗辭京房發憤以殞身竇武不顧而畢命此皆陛下明知之矣臣謹按春秋晉狐射姑殺陽處父書襄公殺之者以其君漏言也襄公不能固陰重之機處父所以及殘賊之禍故春秋非之夫上漏其情則下不敢盡意上泄其事則下不敢盡言故傳有造膝詭辭之文易有失身害成之戒今公卿大臣非不欲為陛下言之慮陛下不能用也忽而不用必泄其言臣下既言而不行必嬰其禍適足鉗直臣之口而重姦臣之威是以欲盡其言則有失身之懼欲

盡其意則有害成之憂哉。四嚮塞。以須陛下感悟。然後盡其啓沃。陛
下何不聽朝之餘。時御便殿。召當世賢相老臣。訪持變扶危之謀。求定
傾扶亂之術。塞陰邪之路。屛褻狎之臣。制侵陵迫脅之心。復門戶掃
除之役。戒其所宜戒。憂其所宜憂。既不得治其前。當治其後。不得正
其始。當正其終。則可以虔奉典謨。克承丕構。終任賢之效。無宵旰之
憂矣。臣前所謂追蹤三五。紹復祖宗。宜鑒前古之興亡。明當時之成
敗者。臣聞堯舜之為君。而天下大治者。以能任九官。四岳十二牧。不
失其舉。不貳其業。不侵其職。居官唯其能。左右唯其賢。元凱在下。雖
微而必舉。四凶在朝。雖強而必誅。考其安危。明其取舍。至秦二世。漢
元成。咸顛措國。如唐虞致身。如堯舜而終敗亡者。以其不見安危之
機。不知取捨之道。不任大臣。不辨姦人。不親忠良。不遠讒佞也。伏惟
陛下察唐虞所以興。而景行於前。鑒秦漢之所以亡。而戒懼於後。陛

下無謂廟堂無賢相。庶官無賢士。今綱紀未絕。典刑猶在。人誰不欲
致身為王臣。致時為升平。陛下何忽而不用邪。又有居官非其能。左
右非其賢。惡如四凶。詐如趙高。姦如恭顯。陛下何憚而不去邪。神器
固有歸。天命固有分。祖宗固有靈。忠臣固有心。陛下其念之哉。昔秦
之亡也。失於強暴。漢之亡也。失於微弱。強暴則姦臣畏死而害上。微
弱則強臣竊權而震主。臣伏見敬宗不虞亡秦之禍。不翦其萌。伏惟
陛下深軫亡漢之憂。以杜其漸。則祖宗之洪業可紹。三五之遐軌可
追矣。臣前所謂陛下心有所未達。以下情塞而不能上通。行有所未孚。以
上澤壅而不得下浹。且百姓有塗炭之苦。陛下無由而知。陛下有子
惠之心。百姓無由而信。臣謹按春秋書梁亡。不書取者。梁自亡也。以
其思慮昏而耳目塞。上出惡政。人為寇盜。皆不知其所以終。自取其
滅亡也。臣聞國君之所以尊者。重其社稷也。社稷之所以重者。存其

百姓也。苟百姓不存。則雖社稷不得固其重。社稷不重。則人君不得
保其尊。故治天下者。不可不知百姓之情。夫百姓者。陛下之赤子。陛
下宜令慈仁者視育之。如保傅焉。如乳哺焉。如師之教導焉。故人之
於上也。恭之如神明。愛之如父母。今或不然。陛下親近貴倖。分曹建署。
補除卒吏。召致賓客。因其貨賄。假以聲勢。大者統藩方。小者為守牧。
居上無清惠之政。而有饕餮之害。居下無忠誠之節。而有姦欺之罪。
故人之於上也。畏之如豺狼。惡之如讎敵。今海內困窮。處處流散。飢
者不得食。寒者不得衣。鰥寡孤獨不得存。老幼疾病不得養。加以國
權兵柄。顓於左右。貪臣聚斂以固寵。姦吏因緣而弄法。冤痛之聲。上
達於九天。下入於九泉。鬼神為之怨怒。陰陽為之愆錯。君門萬重。不
得告訴。士人無所歸化。百姓無所歸命。官亂人貧。盜賊並起。土崩之
勢。憂在旦夕。即不幸因之以疾癘。繼之以凶荒。陳勝吳廣不獨起於

秦。赤眉黃巾不獨生於漢。臣所以為陛下發憤扼腕。痛心泣血也。如此。
則百姓有塗炭之苦。陛下何繇而知之乎。陛下有子惠之心。百姓安
得而信之乎。使陛下行有所未孚。心有所未達。固其然也。臣聞漢元
帝即位之初。更制七十餘事。其心甚誠。其稱甚美。然紀綱日紊。國祚
日衰。姦宄日強。黎元日困。繇不能擇賢明而任之。失其操柄也。自陛
下即位。憂勤兆庶。屢降德音。四海之內。莫不抗首而長息。自喜復生
於死亡之中也。伏惟陛下慎終如始。以塞四方之望。誠能揭國柄以
歸于相。持兵柄以歸于將。去貪臣聚斂之政。除姦吏因緣之害。惟忠
賢是近。惟正直是用。內寵便僻無所聽焉。選清慎之官。擇仁惠之長。
敏之以利。煦之以和。教之以孝慈。導之以德義。去耳目之塞。通上下
之情。俾萬國懽康。兆庶蘇息。則心無不達。行無不孚矣。臣前所謂欲人
之化也。在脩己以先之。臣聞德以脩己。教以導人。脩之也則人不勸而

自立導之也則人不教而率從君子欲政之必行也故以身先之欲
人之從化也故以道御之今陛下先之以身而政未必行御之以道
而人未從化豈立教之旨未盡其方邪夫立教之方在乎君以明制
之臣以忠行之君以知人為明臣以正時為忠知人則任賢而去邪
正時則固本而守法賢不任則重賞不足以勸善邪不去則嚴刑不
足以禁非本不固則人流法不守則政散而欲教之必至化之必行
不可得也陛下能斥姦邪而不私其左右舉賢正而不遺其疏遠則
化浹朝廷矣愛人而敦本分職而奉法脩其身以及其人始於中而
成於外則化行天下矣臣前所謂欲氣之和也在遂其性以導之者
當納人於仁壽也夫欲人之仁壽也在立制度脩教化夫制度立則
財用省財用省則賦歛輕賦歛輕則人富矣教化脩則爭競息爭競
息則刑罰清刑罰清則人安矣既富矣則仁義興焉既安矣則壽考

至焉仁義之心感於下和平之氣應於上故災害不作休祥荐臻四
方底寧萬物咸遂矣臣前所謂捄災旱在乎致精誠者臣謹按春秋
魯僖公一年之中三書不雨者以其人君有恤人之志也文公三年
之中一書不雨者以其人君無閔人之心也故僖致誠而旱不害物
文無卹閔而變則成災陛下有閔人之志則無成災之變矣臣前所
謂廣播殖在乎視食力者臣謹按春秋君人者必時視人之所勤人
勤於力則功築罕人勤於財則貢賦少人勤於食則百事廢今財食
與力皆勤矣願陛下廢百事之用以廣三時之務則播殖不愆矣臣
前所謂國廩罕蓄本乎冗食尚繁者臣謹按春秋臧孫辰告糴于齊
春秋譏其無九年之蓄一年不登而百姓飢臣願斥游惰之人以萬
耕殖省不急之費以贍黎元則廩蓄不乏矣臣前所謂吏道多端本
乎選用失當者繇國家取人不盡其材任人不明其要故也今陛下

之用人也求其聲而不求其實故人之趨進也務其末而不務其本
臣願覈考課之實定遷敘之制則多端之吏息矣臣前所謂豪猾踰
檢繇中外之法殊者以其官禁不一也臣謹按春秋齊桓公盟諸侯
而不日而葵丘之盟特以日者美其能宣明天子之禁率奉王官之
法故春秋備而書之然則官者五帝三王之所建也法者高祖太宗
之所制也法宜畫一官宜正名今又分外官中官之員立南司北司
之局或犯禁於南則亡命於北或正刑於外則破律於中法出多門
人無所措由兵農勢異而中外法殊也臣聞古者因井田以制軍賦
閒農事以脩武備提封約卒乘之數命將在公卿之列故兵農一致
而文武同方以保乂邦家式遏亂略太宗置府兵臺省軍衞文武參
掌閑歲則櫜弓力穡有事則釋耒荷戈所以脩復古制不廢舊物今
則不然夏官不知兵籍止於奉朝請六軍不主武事止於養階勳軍

容合中官之政戎律附內臣之職首一戴武弁疾文吏如仇讎足一
蹈軍門視農夫如草芥謀不足以翦除姦宄而詐足以抑揚威福勇
不足以鎮衞社稷而暴足以侵害閭里羈紲藩臣干陵宰輔隳裂王
度汩亂朝經張武夫之威上以制君父假天子之命下以御英豪有
藏姦觀釁之心無伏節死難之誼豈先王經文緯武之旨邪臣願陛
下貫文武之道均兵農之功正貴賤之名一中外之法還軍衞之職
脩省署之官近崇貞觀之風遠復成周之制自邦畿以形下國始天
子而達諸侯可以制猾姦之彊無踰檢之患矣臣前所謂生徒惰業
繇學校之官廢者蓋國家貴其祿賤其能先其事後其行故庶官乏
通經之學諸生無脩業之心矣臣前所謂列郡干禁繇授任非人者
臣以為刺史之任治亂之根本繫焉朝廷之法制在焉權可以御豪
彊恩可以惠孤寡彊可以禦姦寇政可以移風俗其將校曾更戰陣

及功臣子弟。請隨宜酬賞。爲無治人之術者。不當任此官。即絕干禁之患矣。臣前所謂百工淫巧。踰制度不立者。臣請以官位祿秩。制其器用車服。禁以金銀珠玉錦繡雕鏤。不蓄於私室。則無蕩心之巧矣。臣前所謂辨枝葉者。繇巧言以詢行也。臣前所謂形于恥格者。繇道德而齊禮也。臣前所謂念生寘而食衆。可羅斥游惰者。已備於前矣。臣前所謂令煩而治鮮。要察其行否者。臣聞號令者。治國之具也。君審而出之。臣奉而行之。或虧益止。留罪在不赦。今陛下令煩而治鮮。得非揚之者有蔽欺乎。臣前所謂博延群彥。願陛下必納其言。造廷待問。則小臣其敢愛死者。昔鼂錯爲漢削諸侯。非不知禍之將至。忠臣之心。壯夫之節。苟利社稷。死無悔焉。臣非不知言發而禍應。計行而身。僇蓋痛社稷之危。哀生人之悔。豈忍姑息時忌。竊陛下一命之寵哉。昔龍逢死而啓商。比干死而啓周。韓非死而啓漢。陳蕃死而啓魏。今臣之來也。有司或不敢薦臣之言。陛下又無以察臣之心。退必戮於權臣之手。臣幸得從四子游於地下。固臣之願也。所不知殺臣者。臣死之後。將孰爲啓之哉。至如人主之闕。政教之疵。前日之弊。臣既言之矣。若乃流下土之惠。脩近古之治。而致和平者。在陛下行之而已。然上之所陳者。實以臣親承聖問。敢不條對。雖臣之愚。以爲未極教化之大端。皇王之要道。伏惟陛下事天地以教人恭。奉宗廟以教人孝。養高年以教人悌。長字百姓以教人慈。幼調元氣以煦育。扇大和以仁壽。可以逍遙無爲。垂拱成化。至若念陶鈞之道。在擇宰相以任之。使權造化之柄。念保安之功。在擇將帥以任之。使脩閫外之寄。念百度之未正。在擇庶官而任之。使顓職業之守。念百姓之怨痛。在擇良吏以任之。使明惠養之術。自然言足以爲天下教。動足以爲天下法。仁足以勸善。義足以禁非。又何必宵衣旰食。勞神惕慮。然後致治哉。

李石爲給事中。累進戶部侍郎。以本官同中書門下平章事。仍領度支。它日紫宸殿宰相進。及陛。帝喟然而歎。石進曰。陛下之歎。臣固未諭。敢問所從。帝曰。朕歎治之難也。且朕即位十年。未能得治本。故前歲有疾。今茲震擾。皆自取之。夫託億兆之上。不能以美利及百姓。焉得久無事乎。石曰。陛下罪己當然。然責治太早。雖十年孜孜養德適成爾。天下治不治。要自今觀之。且人之氣志。雖賢聖猶有優劣。故仲尼稱三十而立。四十而不惑。陛下春秋少。非起人間也。而知人情僞。今自視何如即位時。帝曰。有間矣。石曰。古之聖賢。必觀書以考察往行。然後成治功。陛下積十年盛德日新。然尚所以疾戾震驚者。天其固陛下之志乎。誠務脩將來之政。視太宗致昇平之期。猶不爲晚。帝曰。行之得至乎。石曰。今四海夷一。唯登拔才良。使小大各任其職。愛人節用。國有餘力。下不加賦。太平之術也。于時大臣新族死。歲苦寒。外情不安。帝曰。人心未舒何也。石曰。刑殺太甚。則致陰沴。比鄭注多募鳳翔兵。至今誅索不已。臣恐緣以生變。請下詔慰安之。帝曰善。又問。奈何致太平之難。鄭覃曰。欲天下治。莫若恤人。石即贊曰。恤之得術。尚何太平之難。陛下節用度。去冗食。薄最不得措其姦。則百司治。百司治。天下安矣。帝戚然曰。我思貞觀開元時。以視今日。即氣拂吾膺。石曰。治道本於上。而下罔敢不率。帝曰。不然。張元昌爲左街副使而用金唾壺。比坐事誅之。吾聞禁中有金鳥錦袍二。昔玄宗幸溫泉與楊貴妃衣之。今富人時時有之。石曰。毛玠以清德爲魏尚書。而人不敢鮮衣美食。況天子獨不可爲法乎。是時宰相吏卒因內變多死。詔江西湖南索募直助召士力。石建言。宰相左右。天子教化。若徇正忘私。宗廟神靈猶當祐之。雖有盜無害也。有如挾姦自欺。植權黨。害正直雖加之防。鬼得以誅。無所事於召募。請直以金吾爲衛。

歷代名臣奏議卷之二十八

歷代名臣奏議卷之二十九

治道

唐文宗嘗曰。朕觀晉君臣以夷曠到傾覆。當時卿大夫過邪。中書侍郎李石對曰。然古詩有之。人生不滿百。常懷千歲憂。晝短苦夜長。闇時多也。何不秉燭遊。勸之照也。臣願捐軀命濟國家。惟陛下鑒照不惑。則安人彊國。其庶幾乎。

上嘗自謂臨天下十四年。雖未致治。然視今日承平。亦希矣。同中書門下平章事李珏曰。爲國者如治身。及身康寧。調適以自助。如恃安而忽。則疾生。天下當無事。思所闕。禍亂何至哉。

後唐明宗時。大理少卿康澄上疏言時事曰。爲國家者有不足懼者五。深可畏者六。三辰失行不足懼。天象變見不足懼。小人訛言不足懼。山崩川竭不足懼。水旱蟲蝗不足懼也。賢士藏匿深可畏。四人遷業深可畏。上下

相徇深可畏。廉恥道消深可畏。毀譽亂真深可畏。直言不聞深可畏也。不足懼者願陛下存而勿論。深可畏者願陛下修而靡忒。上優詔獎之。

上方務聽納。史館脩撰張昭上疏曰。臣聞安不忘危。治不忘亂者。先儒之丕訓。靡不有初。鮮克有終者。前經之至戒。究觀列辟。莫不以驕矜怠惰。有虧盛德。恭惟太宗貞觀之初。玄宗開元之際。焦勞庶政。以致太平。及國富兵消。年高志逸。乃忽守約之道。或貽執簡之譏。陛下以慈儉化天下。以禮法檢臣鄰。絀姦邪之黨。延正直之論。務遵純儉以節浮費。信賞必罰。至公無私。其創業垂統之規。如貞觀開元之始。願陛下有始有終。無荒無怠。臣又伏念保邦之道有八審焉。願爲陛下陳之。夫委任審於材器。聽受審於忠邪。出令審於煩苛。興師審於德力。賞罰審於喜怒。毀譽審於愛憎。議論審於賢愚。嬖寵審於姦佞。推是八審以決萬機。庶可以臻至治。明宗覽之稱善。

後周世宗方切於治道。集賢殿學士竇儼上疏曰。歷代致理。六綱為首。一曰明禮。禮不明。則彝倫不序。二曰崇樂。樂不崇。則三儀不和。三曰熙政。政不熙。則群務不整。四曰正刑。刑不正。則巨姦不懾。五曰勸農。農不勸。則資澤不流。六曰經武。武不經。則軍功不盛。故禮有紀。若人之衣冠。樂有章。若人之喉舌。政有統。若人之性情。刑有制。若人之呼吸。農為本。若人之飲食。武為用。若人之手足。斯六者不可斯須而去身也。陛下思服帝猷。寤寐獻納。亟下方正之詔。廓開藝能之路。士有一技。必得自効。故小臣不揆。輒陳禮樂刑政勸農經武之言。世宗多見聽納。

宋太宗太平興國七年。知栢州田錫上疏曰。臣備位諫垣。出官河朔。雖勵忠勤之節。未伸謇諤之誠。尸位自知。傍徨益切。何以分陛下憂勤之寄。何以副朝廷委用之恩。敢不夙夜有思。消埃欲效。願以芻蕘之見。上希英聖之知。今陛下命以循條。委之理郡。親民之心。無先於此。苟若所理之郡。事簡獄空。所親之民。風淳俗厚。所謂滋民有術。御下有能。是以副朝廷任用之恩。有以彰陛下憂勤之旨。然事有無從而得簡。獄有無因而久空。民風未至於淳和。物俗未臻於富厚。雖有滋民之術。無得而施。雖有御下之方。無從而設。況臣闇懦。御下非才。以臣愚蒙。滋民無術。但可言其久弊。恤其未安。久弊者。昔近并門。鄰於敵境。備邊之費。禦寇之兵。二十餘年。民不遑息。未安者。今以北狄通於塞垣。屯兵禦戎。飛芻輓粟。三十餘郡。民不甚豐。筦榷貨財。網利太密。躬親機務。綸旨稍頻。臣所謂網利太密者。酒麴之利。但要增盈。商稅之利。但求出剩。或偶有出剩。不詢出剩之由。或偶有虧欠。必責虧欠之過。遞年比撲。只管增加。遞月較量。不管欠折。然國家軍兵數廣。支用處多。課利不得不如此征收。筦榷不得不如此比較。窮盡取財之路。莫甚於茲。疏通殖貨之源。未聞

適變。似不知止。殊無定期。今乞國家以關市之征。定其常數。酒麴之利。據以常規。或偶有增加。不更求出剩。或偶有虧折。即可令於出剩時補填。且如州縣征科。農桑稅賦。年豐則未聞加納。歲歉則許之倚征。自然理得其中。民知所措。何以言之。民生於利。亦猶魚生於水也。民困於利。又如水涸於魚也。願更生于讜議。別布新條。當生民既庶之時。是求理酌中之際。天下幸甚。海內幸甚。臣所謂綸旨稍頻者。臣嘗讀揚子法言曰。聖人之道。猶日中。又嘗覽太公六韜曰。聖人之道猶龍首。龍首能高視而遠聽。日中謂融明而燭幽。是知君有居上之威儀。臣有奉上之職業。君道務簡。簡則號令審而人易從。臣道務勤。勤則職業脩而事無壅。臣伏見陛下一憂民太過。視事太勤。每日早於崇德殿受百僚之朝。至日午於講武殿視萬機之事。或進呈甲仗。或揀閱軍人。或躬問縲囚。或親觀戰馬。自亟而進者。或詳其詞理。摑鼓以聞者。或徇彼寃誣。皆金口言詞。人人省問。天心揆度。一一區分。有以見陛下勞萬機之神。自此見臣下虧事君之職。況今四方無事。多壘盡平。何以勞陛下如此太勤。何以使三公因此無愧。蓋陛下慮四聰或有所未達。萬機或有所未知。文王之心。遂乾乾而夕惕。成湯之意。貴孜孜於日新。然陛下何不移此勤勞於求賢。何不改此精專於選士。諫官則置之左右。御史即委以糾彈。給事中當材者。許之封駁詔令。起居郎有文者。命之紀錄言動。百職如是。各舉其業。千官如是。各得其人。則何憂事不允釐。何慮民不受賜。今有司指揮。多以劄子取聖旨。官員注擬。必須引見聽敕裁。事若允當。則既由宸衷。事若未當。則亦歸睿斷。如此皆勞天聽。安用有司。致陛下視事大勤。憂民太過。況宮闕乃尊嚴之地。軒墀列清切之班。可以延佇賢良。詢求理道。豈宜使押來囚繫。或病患軍人。或虛詞越訴之徒。或僥倖希恩之輩。

引之便殿得面天顏。陛下則隨事指揮臨時予奪。其間有驟承顧問。上懼天威。或偶有敷陳。稍愜聖旨。怯懦蹇訥者。口雖奏而未盡其心。姦詐辯詞者。言雖當而未必有理。陛下或賜之恩澤。或寘以刑名。然詹鑑周通。出令固無於枉濫。而帝庭清肅。終朝豈釋於喧囂。加以條理事宜。或傷頻併。施行詔敕。遂至稠重。禮白。王言如絲。其出如綸。王言如綸。其出如綍。喻其以近及遠。漸光大於萬方。以言訓人。可常行於百代。簡而且要。人則易從。繁而又難。人則易犯。書曰。臨下以簡。又曰御衆以寬。御衆不以寬。則獲罪者多。臨下不以簡。則從令者少。況帝王有常道。禁令有常程。施令貴乎必行。設禁貴乎必止。若令之無節。奉而行之者必難。禁之無時。遵而止之者亦寡。臣所謂網利大密。既如彼。綸音稍頻。又如此。願陛下寬臣敢言之罪。察而審之。望陛下聽臣敢諫之言。擇而行之。臣復有未諭聖意之事三。又有奏請可行之事二。未諭者。今內職諸司。各有公廨。禁林近侍。各有本廳。中書是宰相職事之堂。相府是陛下優賢之地。今則於中書外廡置磨勘一司。較朝臣功過之有無。審州郡勞能之虛實。睠言是職。本屬考功。豈考功之職不脩。而磨勘之名互出。殊非雅稱。深損大綱。此臣所謂未諭聖意之事者一也。其次御史臺本不禁人。今為繫囚之所。大理寺舊來置獄。今為檢格之司。授人之職。本貴當材。鞫獄以情者。自然無濫。或諸侯有大過。或百姓有深冤。乃命臺官委為制使。憲府之風規自別。刑曹之按鞫無疑。今則或撾鼓聞天。虛詞詣闕。多差殿直承旨使為制勘使臣。殊非理獄之才。驟委鞫人之罪。其間有未明推勘。因致淹延。或未曉刑章。妄加深刻。既臨以制書之命。寘乎縲紲之中。上畏嚴威。誰敢拒捍。及當錄問。皆伏欵詞。雖罪致徒流。必該申奏。案既圓備。即據施行。豈無陷於非辜。豈無失於有罪。虧陛下慈仁之旨。損朝廷

欽恤之恩。此臣所謂未諭聖意之事者二也。臣每讀史書。至於文集或匹婦有廉正之節。野人有孝弟之風。尚旌彼門閭。或賜之粟帛。將以勵澆漓之俗。亦以行風教之規。脩身者由此彰名。尚義者因茲立節。今國家官僚遠宦。不得般家。父母云亡。不得離任。墨縗視事。寧安孝子之心。明詔未行。深損聖人之教。此臣所謂未諭聖意者三也。昔漢文在位。稱為刑措。歲終斷獄者三十。此蓋民安其業。乃無咎於刑章。物失其宜。必自罹於天枉。是以聖人見一物失宜。則必加惻隱。知一夫失所。則必動哀矜。御一衣。思天下女工之勤。嘗一膳。思天下農夫之苦。故尚書曰。不敢侮鰥寡。周易曰。信及豚魚。豚魚至微。信猶能及。鰥寡至賤。侮不敢加。有以見聖人用心。無微不至。聖人施惠。無所不均。今河朔數州。衙前軍將。應宣命配來之者。多江南兩浙之人。雖曾有敕文。許令自便。然各無去着。猶係職名。其間有不請衣粮。只望差使。設有得該請受。多是折支。時寒無衣。日餒無食。老小相聚。凍餓貧窮。羈旅無圖。咨嗟愁苦。與其配之而無用。孰若捨之而放歸。此乃可言者一也。今國家封疆甚廣。州縣至多。今錄闕員。據資勞而遷授。簿尉滿任。按歲月以除移。其間廉吏雖多。抑亦貪夫不少。貪者偶無彰露。刑罰寧加。廉者未有升聞。旌酬弗及。言乎賞勸。似未精詳。宜委諸州遍令申奏。州有幾縣。縣有幾員。奏其善者。則不善者自彰。奏其廉者。則不廉者自顯。或就加獎飭。或聯與轉遷。則廉能者既有所歸。猥濫者寧無自愧。揚清激濁。實為致理之先。易俗移風。宜自親民之始。此臣所謂可言者二也。臣縷陳鄙見。煩黷聖聽。臣不任惶恐戰慄之至。

淳化二年。監察御史張觀乞體貌大臣簡略細務奏曰。臣憑藉光寵。備位風憲。每遇百官起居日。分立于庭。司察不如儀者。舉奏之。因見

陛下天慈優容。多與近臣論政。德音往復。頗亦煩勞。至于有司職官承意將順。簿書叢脞。咸以上聞。豈徒褻瀆至尊。實以輕慢國體。況帝王之道。動則左史書之。言則右史書之。列於緗素。垂為軌範。不可不謹也。若夫方今之急者。匈奴未滅。邊鄙猶聳。陰陽未序。倉廩猶虛。淳朴未還。奢風尚熾。縣道未治。逋逃尚多。刑法未措。禁令猶密。隆典未復。封祀猶闕。凡此數者。朝廷之急務也。誠願陛下聽斷之暇。宴息之餘。體貌大臣。與之商榷。使沃心遣朕。極意論思。則治體化源。何所不至。臣又嘗讀唐史。見正觀初。始置崇文館。命學士耆儒更直互進。聽朝之隙。則引入內殿。講論文義。商確時政。或日旰忘倦。或宵分始罷。書諸信史。垂為不朽。況陛下左右前後。皆端士偉人。幸望端拱凝旒。回視反聽。釋循常之務。養浩然之氣。深詔近位。闡揚真風。上為祖宗播無疆之休。下為子孫建不拔之業。自然成康文景。不獨專美於昔時。堯舜禹湯。自可追蹤於今日。與夫較量金穀。剖析毫釐。以有限之光陰。役無涯之細務者。安可同年而語哉。

真宗即位。知代州柳開上言曰。國家創業將四十年。陛下紹二聖之祚。精求至治。若守舊規。斯未盡善。能立新法。乃顯神機。臣以益州稍靜。望陛下選賢能以鎮之。必須望重有威。即群小畏服。又西鄙今雖歸明。他日未可必保。苟有翻覆。須得人制禦。若以契丹比議。為患更深。何者。契丹則君臣久定。蕃漢久分。縱萌南顧之心。亦須自有思慮。西鄙積恨未泯。貪心不悛。其下猖狂。競謀兇惡。侵漁未必知足。姑息未能感恩。望常預備之。以良將守其要害。以厚賜足其貪婪。以撫慰來其情。以寬假息其念。多命人使西入甘涼。厚結其心。為我聲援。如有動靜。使其掎角。令彼有後顧之憂。乃可制其輕動。今甲兵雖衆。不及太祖之時。人人練習。謀臣猛將。則又懸殊。是以比年西北屢遭侵

擾。養育則月費甚廣。征戰則軍捷未聞。誠願訓練禁兵。使如往日。行伍必求於勇敢。指顧無縱於後先。失律者悉誅。獲功者必賞。偏裨主將。不威嚴者去之。聽斷之暇。親臨殿庭。更召貔虎。使其擊刺馳驟。以彰神武之盛。臣又以宰相樞密。朝廷大臣。委之必無疑。用之必至當。銓總僚屬。評品職官。內則主管百司。外則分治四海。今京朝官則別置審官。供奉殿直則別立三班。刑部不令詳斷。別立審刑。宣徽一司。舊屬樞密。近年改制。職掌甚多。加倍置人。事則依舊。別無利害。虛有變更。臣欲望停審官三班。復委中書樞密。宣徽院銀臺司。復歸樞密。審刑院復歸刑部。去其繁細。省其頭目。又京府大都。萬方軌則。望仍舊貫。選委親賢。今皇族宗子。悉多成長。但令優逸。無以試材。宜委之外藩。擇文武忠直之士。為左右贊弼之任。又天下州縣官吏不均。或冗長至多。或歲年久闕。欲望縣四千戶已上。選朝官知。三千戶已上選京官知。省去主簿。令縣尉兼領其事。自餘通判監軍巡檢監臨使臣。並酌量省減。免虛費於利祿。仍均濟於職官。又人情貪競。時態輕浮。雖骨肉之至親。臨勢利而多變。同僚之內。多或不和。伺隙則致于傾危。患難則全無相救。仁義之風。蕩然不復。欲望明頒告諭。各使改更。庶厚化原。永敦政本。恭惟太祖神武。太宗聖文。光掩百王。威加萬國。無賢不用。無事不知。望陛下開豁聖懷。如天如海。可斷即斷。合行即行。愛惜忠直之臣。體察姦諛之黨。臣久塵著位。沒荷恩寵。辭狂理拙。唯聖明恕之。

比部員外郎丁衎上疏曰。臣聞天下大器也。群生衆畜也。治大器者。執一以正其度。保衆畜者。齊化以臻其原。故聖人謂莫神於天。莫富於地。莫大於帝王。又曰。帝王乘地而總萬物。以用人也。則知萬乘之尊。一人之位。等天地之覆燾。若日月之照臨。可不慎思慮以安民繫

慘舒而被物所以堯舜萬善道以垂化而民謂之所天桀紂懷凶德以害世而民謂之獨夫則君之於民善惡有如是之驗民之於君毀譽有如是之異陛下纂圖茲始布政惟新所宜上順天心下從人欲進善以去惡避毀而來譽遵唐虞之治斥幸癸之亂私賞無及於小人私罰無及於君子任賢勿貳去邪勿疑開諫諍之門塞讒佞之口愛而知其惡憎而知其善無以春秋鼎盛而耽於逸遊無以血氣方剛而惑於聲色若太祖之勤儉若太宗之恵慈荅天地敷錫之意保祖宗艱難之業則周成漢文三宗之義不可同年而議擬也

咸平四年知全州陳彭年荅詔五事曰臣准詔在朝文武百官舉行轉對在外群臣各許上章奏事者此陛下思納昌言以安庶彙之意也臣雖至愚切期塞詔伏惟明睿少賜裁察今之趨明庭獻封事者多述民間之常務殊非邦國之遠圖臣之所言則異於是臣聞重華

之世伯禹叙其九州太甲之朝伊尹陳其一德武王受命訪洪範之九疇成王嗣興制周官之六典咸同古道以資化源伏惟陛下嗣二聖之丕基御千齡之大統群臣進用百姓乂安誠當煥發洪猷彰明盛德增脩制度刱立憲章變霸俗於累朝復王風於往古使九夷符其恵澤萬世仰其聲名之日也夫事有雖小而可以建大功理有至近而可以為遠計者臣請言之其事有五一曰置諫官二曰擇法吏三曰簡格令四曰省吏員五曰行公舉此五者實經世之要道致理之坦途也臣請縷言之夫置諫諍之官開獻替之路堯舜湯武所共然也何者以正直之臣忠信之士參立左右專奉箴規有事必言有闕必諫是以達四方之壅蔽資聖主之聰明今雖有諫官且無言責或出居外任或兼領餘司常箝口以自安少危言而替否是同虛器何補聖猷臣請依六典員數置諫議大夫司諫正言並選孤立無黨忠直不欺言行相符名實相稱者為之俱以才授不以叙遷使其常立明庭專居諫省入覲朝政出聽輿辭或作事失中或出令未當或選舉無狀或獄訟有冤小則上章大則廷諍然後聖主察其所言可者從之否者罷之歲終以言事之多少為課最之高卑忠讜盡規者甄升依阿固位者懲責自然人皆竭節政必無邪臣下不敢偷安朝廷得以震肅矣又人命所繫在於法官官或非才人必無告古者設大獄議大刑雖本於法律亦輔以經義故釋之定國之為廷尉則無冤人張湯趙禹之列九卿乃名酷吏國家重文學之選輕刑法之司故其屬僚未得盡善用忠恕之道則為曠官徇刻深之文乃名奉法唯格律而是守豈經義之能詳若是則囹圄何由空虛鈇鉞何由偃息臣請今後廷尉官屬或委所司謹加銓擇不拘資叙唯擢才能使其理一成之刑務於平允用三尺之法志在哀矜無以愛憎舞文無

以高下希旨自然民知恥格時洽和平又法令者國家之權衡生民之銜轡貴於簡易惡乎滋章久用則民知適從數變則人無所措近者陛下知制敕之頻降懼條科之太繁旋幹聖謨特命刪定既經歷之者皆是名臣則措置之間固皆合理而詔書須下方及於踰年後款施行又將為累百或刪去者重為條貫或已有者吏亦申明無益憲章徒繁簡牘且理導畫一則吏無以欺民令或頻更則人得以弄法損益之際豈不明哉古人有言利不十不變法誠謂此也況先朝求理之心陛下繼明之志詔令一出夷夏同歡縱少有闕文亦無妨大體豈煩改作一致多門臣請今後有上封言事請變格法者非有大益毋改舊章庶使號令愈明刑辟漸措又理世之端審官為本審官之道用賢為先不在具員但期得俊故曰官不必備惟其人又曰省事不如省官今國家州郡至廣官員太多無益公方空蠹國用使

有才者莫盡其力不肖者得容其姦請以臣所親經證其利害臣前任蘇州通判日知州喬維岳疾病獨臣與判官崔端任其事次壽州通判日知州喬維岳喪亡支使甘鴻漸差出獨臣與推官陸文偉同官此時區分獄訟決遣文書皆得及期亦無闕事即今蘇州知州通判外有職事官三員壽州知州通判外有職事官四員官員既衆事分益煩增將吏之衙參添簿書之壅滯又臣本州洵陽縣計戶一千一百有官三員漢陰縣計主戶六百有官二員率皆人戶彫踈路岐荒僻詞訟絕少租稅甚微徒使安閑固無勤績臣每見知郡推官軍監判官並名初等職事然有名雖知郡而事並藩方額是軍監而務多州府或當要道或在邊庭其間知郡則有推官而闕判官軍監則有判官而無通判監當錢穀詳斷刑名凡所責成莫非繁劇然其請受少於判司勞役不均賢愚共見臣請特選明幹朝臣與諸路轉運

使相度管內州縣有公事簡少官屬過多處並量減省所減之俸依司理司法參軍例添給初等職官是則冗長之處既以減員要用之官又各加俸自然官無虛設人皆竭誠創此新規並先至理又為邦之道莫切於求賢求賢之方莫先於公舉然隄防不峻則濫進之路興憲綱稍嚴則明擻之典廢期臻多士共振宏綱臣請依唐朝故事新授常參官朝謝日並進狀舉官自代各隨所長具言其狀或以文學或以吏能或以強明或以清白務在擴實不許飾詞儻所諳知無避親黨既經御覽即付宰司俟其年終具名條奏在外者委諸路轉運使在京者委本司長官更詳其能以驗所舉如薦揚既數採聽非虛即為量才各加進用其後或不脩操行故瀆彝章則舉主依法科刑以懲謬舉或政績殊異課最有加則舉主隨事旌酬以褒進善賞罰既信清濁自明蓋採群議則人無以私有常規則衆皆知勸清源

正本其在於玆臣又伏見唐太宗嘗召公卿諮詢理體群臣多拘近俗莫有遠謀唯獨魏徵請行王道太宗既從其議果致太平中華則外戶不扃四夷則重譯來貢艱難屢作而締創益新豈非盛德在人餘慶及後所致歟國家功成理定遠肅邇安萬彙宅心九夷拭目以陛下之聖德跨越古先誠宜鄙晉魏而不談小高光而獨出行清淨神明之化恢仁義慈儉之風然後舞干羽以為甲兵晝衣冠而為刑辟坐明堂而朝萬國登岱岳而禮百神則天下之民無聲而應海外之俗不召自來矣

咸平五年河陽節度判官張知白疏曰臣聞創王業期於無窮者必政事為基是以王業盛者其政事必經久可取遠大可法然後連見治平之運竊以古今之言事者鮮不以防邊為急務多舉西北二隅攻守之事以獻方略由是奇兵之謀紛然競起夫五行之中金為兵

以五事配之則金為義兵之為用實不可去也乃知言弭兵者罪莫大焉夫戎狄者亦天地之一氣耳其性貪暴惡生好殺與中國絕異是以史籍所載京師為陽而諸夏為陰蓋取諸內外之義也夫陽主生物陰主殺物故知四夷擾邊不足異也在制之有道爾又和樂為陽愁苦為陰王者必先內和人心而後制四夷此崇陽抑陰之義也臣伏見去春大雪今夏暴雨稽洪範之書則繫乎咎惡之文伏惟陛下自即大位日謹一日而復溫厚恭肅祇畏勤儉討論方策思廣治道聖德無缺則咎惡何從而起豈非政令之間有不便於天時者乎今夫春者發生之月也可生而不可殺也國家每歲春夏將交之時禁止採捕是仁及鳥獸今建寅之月三元之始孟夏乃是正陽之月況正律所載有秋分已前不決死罪之制月令當春則曰無肆掠不可以陰政犯陽又曰宜行仁而不可以舉義事及夏則曰挺重囚出

輕繫並無決死之文唐朝悉依此制若罪在十惡尤為巨蠹者則決
不待時自唐氏失馭政事多隳今刑統內唯存晉天福七年敕立春
兩日不決死罪蓋以天福之間方為戰國天下生靈犯罪戾抵淫刑
者不可勝紀殺戮之刑僅無虛日故不可全避春夏盛德之月止取
其兩日以代兩季今天下每歲所決大辟至鮮一歲之中凡有二十
四氣每歲各主十五日臣以為天下列郡每歲所決死罪雖不可禁
春夏兩季亦可於立春立夏氣至之時各禁十五日以應一孟之節
全救生之陽氣若罪在十惡決不待時者亦可改斬為絞以免流血
之刑自餘雜犯死罪者若有已斷具獄可取半月外行決其邊防屯
兵之地以軍法從事者不在此限又按禮經季夏中氣之後十五日
不可以興土功為土將用事氣欲靜也請詔天下每歲起季夏中氣
至立秋節半月內非邊陲防警捍敵浚城及脩治隄防以禦水害餘

並不得起創土功其整葺隳頹者不在此限臣又聞周禮六官其一
曰秋官主刑又月令孟秋中氣之後則命有司繕囹圄具桎梏斷薄
刑決小罪秋分則申嚴百刑斬殺必當無留有罪無或枉撓此並順
上天行肅殺之令也今使決獄多不拘於此時或在三春或當九夏
雖勤恤庶獄慮有滯留其如未順四時之令也欲望自今除盛夏仍
舊降詔恤刑外每歲自孟秋中氣之後秋分前遴選周行分道決獄
如此則順天行刑而又四方之風謠因之得以知列郡之條綱因之
得以振且一歲之中必順令決獄與其行之於別季不若行之於此
時又聞先王垂訓重德教而輕刑罰所以見王道盛也今法令之文
大為時所推尚自中外由刑法而進者甚衆雖有循良之吏亦改節
而務刑名也然則刑法者治世之具而不可以獨任必參之以德教
然後可以言善治矣夫德教之大莫若孝悌若捨此而欲使民從化

是猶釋舟楫而求濟於無疆涯之津也故宜旌勸孝悌以厚風俗臣
伏見朝廷明有詔命優恤孤窮無告之民令異其姓名別為一簿每
遇有科徭賦斂則令去重就輕蠲勞爲逸斯則蘇疲羸之一術也其
如官吏鮮能奉行成制鄉縣之內自而別致慘舒若令佐盡得其人
則孤窮無告之民皆得上簿不得其人則委之人吏責白鄉胥徇私
任情移易貧富嗷嗷之民誰敢吐一言以伸訴必至於委棄溝壑是
故將欲興禮義先在舒民心將欲舒民心先在均貧富將欲均貧富
先在正簿書養民之道郡疏而縣親故知百姓之長不可不精採擇
蓋列郡之牧數至少而睿鑒可以周知宰序之任官至卑而朝廷難
以偏察夫親民之官廉而不明者則失於馭下明而不廉者則傷於
徇私必待廉明兼備中和在躬者然後可用是故備其位者則多中
爭選者彌少邦國至大也庶官至衆也有人而置諸散地未可知也

當其位而不使盡其心亦未可知也臣是以夙夜為國家思求人之
術宜歷選周行經公舉者而用之使先涖大邑試其政事期年之間
較其成績茍能正其簿書均其戶籍而孤窮之民得庇於上然後酬
之以不次之恩臣又聞聖人居守文之運者將清化源在乎正儒術
古之學者其事簡而有限其道精而有益今之學者其書無涯其道
非一是故學彌多性彌亂至於經史子集其帙殆萬在於前者悉謂
之古法在於編者悉謂之古書殊不知法有可法不可法也書有可
傳不可傳也若盡使知之則可謂勞而少功博而寡要當年不能究
其學累世不能窮其業今進士之科大為時所進用其選也殊其待
也厚進士之學者經史子集也有司之取者詩賦策論也故就試者
懼其題之不曉詞之不明唯恐其學之不博記之不廣是故五常六
藝之意不遑探討其所習泛濫而無著非徒不得專一又使害生其

中。何謂其然。且群書之中。真偽相半。亂聖人之微言者既多。背大道之宗旨者非一。若使習而成功。得不揉淳粹之性。蕩中正之氣。其為吏也。安能分挈治柄。使教令必行哉。中庸曰率性之謂道。脩道之謂教。孔子曰性相近也。習相遠也。是知為儒。不可不重其所習。董仲舒曰。春秋大一統者。天地之常經。古今之通誼。今師異道。人異論。百家殊方。指意不同。是以上無以持一統。法制數變。下不知所守。此仲舒議漢之失。引春秋大一統之說。言諸侯統於天子。不得自專。亦猶百家之說。不得與聖教並進。懼乎亂皇王之大道也。今之世望漢之世。其章句之學彌盛。而異端之書又滋多乎數倍矣。安可不定其成制哉。況夫儒者之術。不以廣記隱奧為博學。不以善攻奇巧為能文。若使明行政令。大立程式。每至命題考試。不必使出於典籍外。參以正史。至于諸子之書。必須輔於經。合於道者取之。過此並斥而不用。然後先策論。後詩賦。責治道之大體。捨聲病之小疵。如是則使夫進士之流。知其所習之書簡而有限。知其所學之文正而有要。不施禁防。而非聖人之書。自委棄於世矣。不加賞典。而化成之文。自興行於世矣。

真宗時。右正言夏竦上奏曰。臣聞易曰。堯舜垂衣裳而天下治。語曰。無為而治者其舜乎。詩曰。不識不知。順帝之則。皆非謂陰拱黃屋。不親庶政。納進熟之計。受蒙成之福。蓋言聖人勞於求賢。逸於得士。左右前後。股肱耳目。皆任循良。一人虛心以感天下。則可以無為矣。夫天者君道也。四時者臣道也。君道清明以象天。臣當生殺以象四時。仲尼曰。天何言哉。四時行焉。百物生焉。古先聖王。靡不由此。國家中外清謐。朝廷肅雍。陛下親視萬機。勞神日昃。至有論報刑徒。簡稽卒伍。皆抵軒陛。塞煩清問。臣聞百官承式。各有司存。正則有賞。濫則有

罰。但令各守條章。豈皆取必於上。若陛下英睿神聖。無得而量。至於耳目視聽。固亦有限。日出臨朝。表奏雲集。決其大綱。奮其宸斷。猶不暇給。況親其委細。勞其聖躬。臣切恐違上事宗廟。下撫億兆之意。願陛下選任賢達。責成冗事。應論罪閱卒之比。自非國家大計。理于政教者。稍委之所貴。庶政簡能。符合太一。宸體逸預。永享萬壽。是則塵露之微。少裨萬一。

仁宗天聖三年。太理寺丞范仲淹上疏曰。臣聞巧言者無犯而易進。直言者有犯而難立。然則直言之士。千古謂之忠。巧言之人。千古謂之佞。今臣勉思藥石。切犯雷霆。不遵易進之塗。而居難立之地者。欲傾臣節以報國恩。恥佞人之名。慕忠臣之節。感激而發。萬死無恨。況臣之所言。皆聖朝當行之事。而未知行之者。諒有以也。聖人之心。豈不至此。蓋當乎一日萬機。未暇餘論。大臣之心。豈不至此。蓋懼乎上疑下謗。未克果行。臣請言之。以裨聖慮。臣聞國之文章。應於風俗。風俗厚薄。見乎文章。是故觀虞夏之書。足以明帝王之道。覽南朝之文。足以知衰靡之化。故聖人之理天下也。文弊則救之以質。質弊則救之以文。質弊而不救。則晦而不彰。文弊而不救。則華而將落。前代之季。不能自救。以至于大亂。乃有來者起而救之。故文章之薄。則為君子之憂。風化之壞。則為來者之資。唯聖帝明王之相救。在乎已。不在乎人。易曰。窮則變。變則通。通則久。亦此之謂也。伏望聖慈與大臣議文章之道。師虞夏之風。況我聖朝千載之會。惜乎不追三代之高。而尚六朝之細。然文章之列。何代無人。蓋時之所尚。何能獨變。大君有命。孰不風從。可敦諭詞臣。興復古道。更延博雅之士。布於臺閣。以敦斯文之薄。而厚其風化也。天下幸甚。臣又聞聖人之有天下也。文經之。武緯之。此二道者。天下之大柄也。昔諸侯暴武之時。孔子曰俎豆

之事則嘗聞之聖人救之以文也及夾谷之會孔子則曰有文事者必有武備請設左右司馬此聖人濟之以武也文武之道相濟而行不可斯須而去焉唐明皇之時太平日久人不知戰國不慮危大寇犯關勢如瓦解此失武之備也經曰禍兮福所倚福兮禍所伏又曰防之於未亂聖人當福而知禍在治而防亂故善安身者在康寧之時不謂終無疾病於是有節宣方藥之備焉安國者當太平之時不謂終無危亂於是有教化經略之備焉我國家文經武緯天下大定自真宗皇帝之初猶有舊將舊兵多經戰陣四夷之患足以禦防今天下休兵餘二十載昔之戰者今已老矣少者未知戰爭之事人不知戰國不慮危豈聖人之意哉而況守在四夷不可不慮古來和好鮮克始終唐陸贄議云犬羊同類狐鼠為心貪而多防狡而無耻威之不恪撫之不懷雖或時有盛衰大抵常為邊患屬方靖中夏未遑

外虞因其乞盟遂許結好加恩降禮有欲無違而乃邀求浸多翻覆不定託因細事嘖有煩言猜矯多端其斯可驗此唐人之至論也今自京至邊並無關險其或恩信不守釁端忽作戎馬一縱信宿千里若邊少名將懼而不守或守而不戰或戰而無功再叩澶淵豈必尋好未知果有幾將可代長城伏望聖慈鑒明皇之前轍察陸贄之讜議與大臣論武於朝以保天下先命大臣密舉忠義有謀之人授以方略委之邊任次命武臣密舉壯勇出群之士試以武事遷其等差壯士蒙知必懷報効列於邊塞足備非常其或自謂無虞不欲生事輕長世之策苟一時之安邊患忽來人情大駭自古兵不得帥魚肉無殊乃於倉卒戰闘之間拔卒為將豺狼競進真偽交馳此五代之前鑒也至於壟埃之間豈無壯士宜復唐之武舉則英雄之輩願在其中此聖人居安慮危之備備而無用國家之福也惟聖意詳之臣

又聞先王建官共理天下必以賢俊授任不以爵祿為恩故百僚師師各揚其職上不輕授下不冒進此設官之大端也我國家纍聖求理而致太平大約紀綱法象唐室以臣觀之宜法唐興之時不宜法唐衰之後唐興之時特開館閣以待賢俊得學士十八人聲滿天下此文皇養將相之材以論道經邦而成大化也暨至中興往往得人唐衰之後此選不盛我朝崇尚館閣自為清華相輔之材多由此選三館清密古謂登瀛近歲遷出內庭遙居坊陌非唐所謂集仙之館也又其間校讎之職或不由科第以恩而除限以歲年漸至清顯輕十八學士之選恐非文皇養將相之材之意也伏望聖慈與大臣議其可否重為制度以法唐興之時而延廊廟之器此國家之大美也又諫官御史耳目之司不諱之朝宜有賞勸自陛下臨政以來未聞旌一諫臣賞一御史若言而無補是選之不精言而有補豈賞之不

行徒使犯顏者危緘口者安以集樂石為虛言以陳絲髮為供職三載之後進退雷同臣恐天下竊議朝廷言路未廣忠臣未勸將命諫官御史之徒尸素於朝非國家之福也惟聖意詳之又聞先王義重君臣賞延于世大勳之後立賢為嗣餘子則以才自調不使混淆而後大防一隳頹波千載凡居近位歲進子孫簪綬盈門冠蓋塞路賢與不肖例升京朝謂之賞延無乃太甚此必前代君危臣僭之際務相姑息因為典故以至於斯又百司之人本避鄉役不踰數歲例與出官莫非貪恣之徒絕異孝廉之舉使親民政其弊如何開此二途歲取百數無所不有實累王風恐非任官惟賢之體也人避眾怨不敢上言遂令仕路紛紜祿位填委文武官吏待闕踰年貧者益礪其爪牙廉者悉困於寒餓徒於禮闈之內增其艱難壯士惜年數歲一舉迺相奔競至有訟爭而況脩辭者不求大材明經者不問大旨師道

既釐文風益澆詔令雖繁何以戒勸士無廉遜職此之由其源未澄欲波之清臣未之信也儻國家不思改作因循其弊官亂於上風壞於下非國家之福也儻爲長久之策則願與大臣特新其議澄清此源不以謗議爲嫌當以治亂爲意此國家之福也惟聖意詳之臣聞以德服人天下欣戴以力服人天下怨望堯舜以德則人愛君如父母秦以力則人視君如仇讎是故御天下者德可憑而力不可恃也伏惟皇太后陛下皇帝陛下日崇聖德以永服天下之心若夫敦好生之志推不忍之心薄於典刑厚於惻隱在物祝網於民泣辜常戒百官勿爲苛酷示天下之慈也唯聖人能之恥珠玉之玩罷組繡之貢焚晉武之雉裘出文皇之宮人少度僧尼不興土木示天下之儉也唯聖人能之雞鳴而起孜孜聽政每有餘暇則召大臣講議文武訪問艱難此皇王之勤也唯聖人勉之貴賤親疏賞罰唯一有功者雖憎必賞有

罪者雖愛必罰捨一心之私從萬人之望示天下之公也惟聖人行之自古帝王與佞臣治天下天下必亂與忠臣治天下天下必安然則忠臣骨鯁而易疏佞臣柔順而易親柔順似忠多爲美言骨鯁似強多爲直諫美言者得進則佞人滿朝直諫者見疏則忠臣避世二者進退何以辨之但日聞美言則知佞臣未去此國家之可憂也日聞直諫則知忠臣在右此國家之可喜也伏惟聖明不可不察自古王者外防夷狄內防姦邪夷狄侵國姦邪敗德國侵則害及黎庶德敗則禍起蕭墻乃知姦邪之凶甚於夷狄之患伏惟聖明常好正直以杜姦邪此致理之本也臣又聞聖人宅九重之深鎮萬國之望以靜制動以重爲威如天之高如地之深使人不得容易而議也昨覩鑾駕順動稍頻恐非深居九重靜鎮萬方之意況進奏院報於天下天下聞之恐損威重先朝以御宇日深功成天下巡幸之費尚或諫止今繼明之始聖政方新宜加

憂勤深防逸豫則人心大悅天道降康又比先帝功成之年未可輕爲巡幸伏望聖慈再三詳覽每有順動必循典禮以服天下之望臣又聞人主納遠大之謀久而成王道納淺末之議久而成亂政方今聖人在上賢人在側取捨之際豈有未至然而刑法之吏言條疑之重輕錢穀之司舉錙銖之利病則往往謂之急務響應而行或有言政教之源流議風俗之厚薄陳聖賢之事業論文武之得失則往往謂之迂談廢而不行豈朝廷薄遠大之謀好淺末之議哉伏望聖慈納人之謀用人之議不以遠大爲迂說不以淺末爲急務則王道大成天下幸甚臣又聞聖人之至明也臨萬機之事而不敢獨斷聖人之至聰也納群臣之言而不敢偏聽獨斷則千慮或失偏聽則衆心必離人心離則社稷危而不扶聖慮失則政教差而彌遠故設百官而不敢獨斷者懼一慮之失也開言路而不敢偏聽者懼衆心之離也今聖政方新動思公共委任

兩地出入萬機萬機之繁能無得失乃許群臣上言以補其闕使上無蒙蔽下無壅塞有以見聖人之不獨斷也天下幸甚然而臣下上言密陳得失未可盡以爲實而亦當深究其宜或務窺人短長或欲希旨上下動搖賞罰之柄離間君臣之情似是而非言僞而辯雖聖鑒之下能無惑焉偶動宸衷無益王道似此密奏之類更望聖慈深加詳覽與大臣議論可否然後施行儻密奏之言使以爲實內降處分一面施行則讒譖之人緣隙而進以許爲直以詐爲忠使內外相疑政教不一非致理之本也古人有言曰爲君難爲臣不易者其在此乎伏惟聖明不可不察又自古親近小臣率多纖佞恃國恩寵爲人階緣公議未行私請先至如此則人皆由徑政有多門伏望聖慈深爲防慮以存至公之道也臣曲陋之人本無精識覽前王之得失究聖朝之取捨因敢罄而陳之伏望聖慈詳擇一二

慶曆中參知政事范仲淹又答詔條陳十事疏曰伏奉手詔今來用

韓琦范仲淹富弼皆是中外人望不次拔擢韓琦暫往陝西范仲淹富弼皆在兩地所冝盡心爲國家諸事建明不得顧避兼章得象等同心憂國足得商量如有當世急務可以施行者並須條列聞奏副朕拔擢之意者臣智不逮人術不通古豈足以奉大對然臣蒙陛下不次之擢預聞政事又詔意丁寧臣戰汗惶怖曾不獲讓臣聞歷代之政久皆有弊弊而不救禍亂必生何哉綱紀浸隳制度日削恩賞不節賦斂無度人情慘怨天禍暴起惟堯舜能通其變使民不倦易曰窮則變變則通通則久此言天下之理有所窮塞則思變通之道既能變通則成長久之業我國家革五代之亂富有四海垂八十年綱紀制度日削月侵官壅于下民困於外夷狄驕盛寇盜横熾不可不更張以救之然則欲正其末必端其本欲清其流必清其源臣敢約前代帝王之道求今朝祖宗之烈采其可行者條奏願陛下順天

下之心力行此事庶幾法制有立綱紀再振則宗社靈長天下蒙福

一曰明黜陟臣觀書曰三載考績三考黜陟幽明然則堯舜之朝建官至少尚乃九載一遷必求成績而天下大化百世之後仰爲帝範我祖宗朝文武百官皆無磨勘之例惟政能可旌者擢以不次無所稱者至老不遷故人人自勵以求績效今文資三年一遷武職五年一遷謂之磨勘不限內外不問勞逸賢不肖並進此豈堯舜黜陟幽明之意耶假如庶僚中有一賢於衆者理一郡縣領一務局思興利去害而有爲也衆皆指爲生事必嫉之沮之非之笑之稍有差失隨而擠陷故不肖者素飡尸祿安然而莫有爲也雖愚暗鄙猥人莫齒之而三年一遷坐至卿監丞郎者歷歷皆是誰肯爲陛下與公家之利救生民之病去政事之弊葺綱紀之壞哉利而不興則國虛病而不救則民怨弊而不去則小人得志壞而不葺則王者失賢不肖渾淆請託僥倖遷易不已中外茍且百事廢隳生民久苦群盜漸起勞陛下旰昃之憂者豈非官失其政而致其危耶至若在京百司金穀浩瀚權勢子弟長爲占據有虛食廩祿待闕一二年者暨臨事局挾以勢力豈肯恪恭其職使祖宗根本之地綱紀日隳故在京官司有一員闕則爭奪者數人其外任京朝官則有私居待闕動踰歲時往往到職之初便該磨勘一無勤效例蒙遷改此則人人因循不復奮勵之由也臣請特降詔書今後兩地臣僚有大功大善則特加爵命無大功大善更不非時進秩其理狀循常而出者秪守本官不得更帶美職應京朝官在臺省館閣職任及在審刑大理寺開封府兩赤縣國子監諸王府并因保舉及選差監在京重難庫務者並須在任三周年即與磨勘若因陳乞并於中書審官院願在京差遣者與保舉選差不同並須勾當通計及五周年方得磨勘如此則權勢子弟

肯就外任各知艱難亦有俊明之人因此樹立可以進用如今日已前受在京差遣已勾當者且依舊日年限磨勘其未曾交割勾當却求外任者並聽其外任在京朝官到職勾當及三年者與磨勘內前任勾當年月日及公程日期并非因陳乞而移任在道月日及陞朝官在京朝請月日並令通計其遠官近地勞逸不同并在假待闕及公程外住滯或因公事非時移替在道月日委有司別行定奪聞奏如任內有私罪并公罪徒已上者至該磨勘日具情理輕重別取進上其庶僚中有高才異行爲所薦論或異略嘉謀爲上信納者自有特恩進改非磨勘之可滯也又外任善政著聞有補風化或累訟之獄能辨寃沉或五次推勘人無翻訟或勸課農桑大獲美利或京城庫務能革大弊惜費鉅萬者仰本轄保明聞奏下尚書省集議爲衆所許則列狀上聞並與改官不隔磨勘或有異同各以所執取旨出

於聖斷仍請詔下審官院流內銓尚書考功應京朝官選人逐任得替明具較定考績結罪聞奏內有事狀猥濫并老疾愚昧之人不堪理民者別取進止已上磨勘考績條件該說不盡者有司比類上聞如此則司循者拘考績之限特達者加不次之賞然後天下公家之利必興生民之病必救政事之弊必去綱紀之壞必葺人人自勸天下興治則前王之業祖宗之權復振於陛下之手矣其武臣磨勘年限委樞密院比附文資定奪聞奏二曰抑僥倖臣聞先王賞延于世諸侯有世子襲國公卿以德而任有襲爵者春秋譏之及漢之公卿有封爵而歿立一子為後者未聞餘子皆有爵命其次寵待大臣賜一子官者有之未聞每歲有自薦其子弟者祖宗之朝亦不過此自真宗皇帝以太平之樂與臣下共慶恩意漸廣大兩省至知雜御史以上每遇南郊并聖節各奏子充京官少卿監奏一子充試銜其正

郎帶職員外郎并諸路提點刑獄以上差遣者每遇南郊奏一子充齋郎其大兩省等官既奏得子充京官明異於庶僚大示區別復更每歲奏薦積成冗官假有任學士以上官經二十年者則一家兄弟子孫出京官二十人仍接次陞朝此濫進之極也今百姓貧困冗官至多授任既輕政事不舉俸祿既廣刻剝不暇審官院常患充塞無闕可補臣請特降詔書今後兩府并兩省官等遇大禮奏許一子充京官如奏弟姪骨肉與試銜外每年聖節更不得陳乞如別有勳勞著聞中外非時賜一子官者繫自聖恩其轉運使及邊任文臣初除授後合奏得子弟身事者並候到任二年無遺闕方許陳乞如二年內非次移改者即許通計三年陳乞三司副使知雜御史少卿監以上並同兩省遇大禮各奏薦子孫其正郎帶館職員外郎并省府推判官外任提調刑獄以上遇大禮合該奏薦子孫者須是在任及二

周年方得陳乞已上有該說不盡者委有司比類聞奏如此則內外朝臣各務久於其職不為苟且之政兼抑躁動之心亦免子弟充塞銓曹與孤寒爭路輕忽郡縣使生民受弊其武臣入邊上差遣并大禮合奏薦子弟者乞下樞密院詳定比類聞奏又國家開文館延天下英才使之直祕庭覽群書以待顧問以養器業為大用之備今乃登進士高等者一任纔罷不以能否例得召試而補之兩府兩省子弟親戚不以賢不肖輒自陳乞館閣職事者亦得進補太宗皇帝建崇文院祕閣自書碑文重天下賢才也陛下當思祖宗之意不宜甚輕之臣請特降詔書今後進士三人內及第者一任迴日許進干教化經術文字十軸下兩制看詳作五等品第中第一第三等者即賜召試試又優等即補館閣職事兩府兩省子弟並不得陳乞館閣職事及讀書之類御史臺晝時彈劾并諫院論奏如館閣闕人即委兩

地舉文有古道才堪大用之士進名同舉并兩制列署表章仍上殿稱薦以充其職如此則館閣職事更不輕授足以起朝廷之風采紹祖宗之本意副陛下慎選矣三曰精貢舉臣謹按周禮卿大夫之職各教其所治三年一大比考其德行道藝乃獻賢能之書于王（賢為有德能為有道藝）王再拜受之登于天府（天府太廟之寶藏也）蓋言王者舉賢能所以上安宗社故拜受其名藏于廟中以重其事也卿大夫之職廢既久矣今諸道學校如得明師尚可教人六經傳治國治人之道而國家乃專以辭賦取進士以墨義取諸科士皆捨大方而趨小道雖濟濟盈庭求有才有識者十無一二況天下危困之人如此將何以救在乎教以經濟之業取以經濟之才庶可以救其不逮或謂救弊之術無乃後時臣謂四海尚完朝謀而夕行庶乎可濟安得晏然不救坐俟其亂哉臣請諸路州郡有學校處奏舉通經有道之士專於教授務

在興行其取士之科即依賈昌朝等起請進士先策論而後詩賦諸科墨義之外更通經旨使人不專辭藻必明理道則天下講學必興浮薄知勸最為至要內歐陽脩蔡襄更乞逐場去留貴文卷少而考較精臣謂盡令逐場去留則恐舊人捍格不能創習策論亦不能旋通經旨皆憂棄遺別無進路臣請進士舊人三舉已上者先策論而後詩賦許將三場文卷通者互取其長兩舉初舉者皆是少年足以進學請逐場去留諸科中有通經旨者至終場別問經旨十道如不能命辭而對則於知舉官員前講說七通者為合格不會經旨者三舉已上即逐場所對墨義依自來通粗施行兩舉初舉者至於終場日須八通者為合格又外郡解發進士諸科人本鄉舉里選之式必先考其履行然後取以藝業今乃不求履行惟以詞藻墨義取之加用封彌不見姓字實非鄉里舉選之本意也又南省考試舉人一場試

詩賦一場試策人皆精意盡其所能復考較日久實少舛謬及御試之日詩賦文論共為一場既聲病所拘意思不遠或音韻中一字有差雖生平苦辛即時擯逐如音韻不失雖末學淺近僥倖科級既鄉舉之處不考履行又御試之日更拘聲病以此士之進退多言命運而不言行業明君在上固當使人以行業而進而乃言命運者是善惡不辨而歸諸天也豈國家之美事哉臣請重定外郡發解條約須是履行無惡藝業及等者方得解薦更不封彌試卷其南省考試之人已經本鄉詢考履行卻須封彌試卷精考藝業定奪等第進入御前選官覆考重定等第訖然後開看南省所定等第內合同姓名偶有高下者更不移改若等第不同者人數必少卻加封彌更宣兩地參較然後御前放榜此為至當內三人已上即於高等人中選擇聖意宣放其考較進士以策論高詞賦次者為優等策論平詞賦優者

為次等諸科經旨通者為優等墨義通者為次等已上進士諸科並以優等及第者放選注官次等及第者守本科選限自唐以來及第人皆守選限國家以收復諸國郡邑之官其新及第人權與放選注官今來選人壅塞宜有改革又足以勸學使其知聖人治身之道則國家得人百姓受賜四曰擇官長臣聞先王建侯以共理天下今之刺史縣令即古之諸侯一方舒慘百姓休戚實繫其人故歷代盛明之時必重此任今乃不問賢愚不較能否累以資考陞為方面懦弱者不能檢吏得以蠹民強幹者惟是近名率多害物邦國之本由此凋殘朝廷雖至憂勤天下何以蘇息其轉運使并提點刑獄按察列城當得賢於衆者臣請特降詔書委中書樞密院且各選轉運使提點刑獄共十人大藩知州十人委兩制共舉知州十人三司副使判官同舉知州五人御史臺中丞知雜三院共舉知州五人開封知府

推官共舉知州五人逐路轉運使提點刑獄各同舉知州五人知縣縣令並十人逐州知州通判同舉知縣縣令共二人得前件所舉之人舉主多者先次差補仍指揮審官院流內銓今日以後所差知州知縣縣令共具合入人歷任功過舉主人數聞奏委中書看詳委得允當然後引對如此舉擇則諸道官吏庶幾得人為陛下愛惜百姓均其徭役寬於賦斂各獲安寧不召禍亂天下幸甚五曰均公田臣聞易曰天地養萬物聖人養賢以及萬民此言聖人養民之時必先養賢養賢之方必先厚祿厚祿然後可以責廉隅安職業也皇朝之初承五代亂離之後民庶凋弊時物至賤暨諸國收復天下郡縣之官少人除補至有經五七年不替罷者或繞罷赴使入見闕當物價至賤之時俸祿不輟士人之家無不自足咸平已後民庶漸繁時物遂貴入仕門多得官者衆至有得替守選一二年又授官待闕一二年者在天下物貴之後而俸

祿不繼士人家鮮不窮窘男不得婚女不得嫁喪不得葬者比比有之復於守選待闕之日衣食不足貸債以苟朝夕到官之後必來見逼至有冒法受贓賒舉度日或不恥賈販與民爭利既非負罪之人不守名節吏有姦贓而不敢發民有豪猾而不敢制姦吏豪民得以侵暴於是貧弱百姓理不得直寃不得訴徭役不均刑罰不正比屋受弊無可奈何由乎制祿之方有所未至真宗皇帝患深慮遠復前代職田之制使中常之士自可守節婚嫁以時喪葬以禮皆國恩也能守節者始可制姦贓之吏鎮豪猾之人法乃不私民則無枉近日屢有臣僚乞罷職田以其有不均之謗有侵民之害臣謂職田本欲養賢緣而侵民者有矣比之衣食不足壞其名節不能奉法以直為枉以枉為直衆怨思亂而天下受弊豈止職田之害耶又自古常患百官重內而輕外唐外官月俸尤更豐足簿尉俸錢尚二十貫今窘

於財用未暇增復臣請兩地同議外官職田有不均者均之有未給者給之使其衣食得足婚嫁喪葬之禮不廢然後可以責其廉節督其善政有不法者可廢可誅且使英俊之流樂於為郡為邑之任則百姓受賜又將來升擢多得曾經郡縣之人深悉民隱亦致化之本也惟聖慈深察天下幸甚六曰厚農桑臣觀書曰德惟善政政在養民此言聖人之德惟在善政善政之要惟在養民養民之政必先務農農政既脩則衣食足衣食足則愛膚體愛膚體則畏刑罰畏刑罰則寇盜自息禍亂不興是聖人之德發於善政天下之化起於農畝故詩有七月之篇陳王業也今國家不務農桑粟帛常貴江浙諸路歲糴米二百萬石其所糴之價與輦運之費每歲共用錢三百餘萬貫文又貧弱之民困於賦斂歲伐桑棗鬻而為薪勸課之方有名無實故粟帛常貴府庫日虛此而不謀將何以濟臣於天下農利之中

粗舉二三以言之且如五代羣雄爭霸之時本國歲飢則乞糴於鄰國故各興農利自至豐足江南應有圩田每一圩方數十里如大城中有河渠外有門閘旱則開閘引江水之利潦則閉閘拒江水之害旱潦不及為農美利又浙西地卑常苦水沴雖有溝河可以通海惟時開導則潮泥不得而堙之雖有堤塘可以禦患惟時脩固則無摧壞臣知蘇州日點檢簿書一州之田係出稅者三萬四千頃中稔之利每畝得米二石至三石計出米七百餘萬石東南每歲上供之數六百萬石乃一州所出臣詢訪高年則云曩時兩浙未歸朝廷蘇州有營田軍四都共七八千人專為田事導河築堤以減水患于時民間錢五十文糴白米一石自皇朝一統江南不稔則取之浙右浙右不稔則取之淮南故慢於農政不復修舉江南圩田浙西河塘太半隳廢失東南之大利今江浙之米石不下六七百文足至一貫文省

比於當時其貴十倍而民不得不困國不得不虛矣又京東西路有卑濕積潦之處早年國家特令開決之後水患大減今罷役數年漸已堙塞復將為患臣請每歲之秋降勅下諸路轉運司令轄下州軍吏民各言農桑之間可興之利可去之害或合開河渠或築堤堰陂塘之類並委本州軍選官計定工料每歲於二月間興役半月而罷仍具功績聞奏如此不絕數年之間農利大興下少飢歲上無貴糴則東南歲糴輦運之費大可減省其勸課之法宜選官討論古制求其簡約易從之術頒賜諸路轉運使及面賜一本付新授知州知縣縣令等此養民之政富國之本也七曰脩武備臣聞古者天子六軍以寧邦國唐初京師置十六將軍官屬亦六軍之義也諸道則開折衝果毅府五百七十四以儲兵伍每歲三時耕稼一時習武自正觀至于開元百三十年戎臣兵伍無一逆亂至開元末聽匪人之言遂

罷府兵唐衰兵伍皆市井之徒無禮義之教無忠信之心驕蹇凶逆
至于喪亡我祖宗以來罷諸侯權聚兵京師衣粮賞賜豐足經八十
年矣雖已困生靈盡府庫而難於改作者所以重京師也今西北強
梗邊備未徹京師衛兵多遠戍或有倉卒輦轂無備此大可憂也遠
戍者防邊陲之患或緩急抽還則外禦不嚴戎狄進奔使可直趨關
輔新招者聚市井之輩而輕嚣易動或財力一屈請給不充則必散
為群盜今生民已困無可誅求或連年凶飢將何以濟贍軍之策可
不預圖若因循過時臣恐急難之際宗社可憂臣請密委兩地以京
畿見在軍馬同議有無闕數如六軍未整須議置兵則請約唐之法
先於畿內并近輔州府召募強壯之人充京畿衛士得五萬人以助
正兵足為強盛使三時務農大省給贍之費一時教戰自可防虞外
患其召募之法并將校次第並先密切定奪聞奏此實強兵節財之

要也候京畿近輔召募衛兵已成次第然後諸道倣此漸可施行聖
慈留意八曰減徭役臣聞漢光武建武六年六月詔曰夫張官置吏
所以為人也今戶口耗少而縣官吏職所置尚繁令司隸州牧各實
所部二府於是條奏并省四百餘縣天下至治臣又觀西京圖經唐
會昌中河南府有戶一十九萬四千七百餘戶置二十縣今河南府
主客戶七萬五千九百餘戶仍置一十九縣主戶五萬七百客戶二萬五千二百鞏縣
七百戶偃師一千一百戶逐縣三等而堪役者不過百家而所供役
人不下二百數新舊循環非鰥寡孤獨不能無役西洛之民最為窮
困臣請依後漢故事遣使先往西京并省諸邑為十縣其所廢之邑
並改為鎮令本路舉文資一員董権酤關征之利兼人煙公事所廢
公人令除歸農外有願居公門者送所存之邑其所在邑中役人卻可
減省歸農則兩不失所候西京併省稍成倫序則行於大名府然後

遣使諸道依此施行仍先指揮諸道防團州已下有使州兩院者皆
為一院公人願去者各放歸農職官廳可給本城兵士七人至十人
者人力歸農其鄉村耆保地里近者亦令併合能併一保耆管亦減
役十餘戶但少徭役人自耕作可期富庶九曰覃恩信臣竊覩國家
三年一郊天子齋戒衮冕謁見宗廟乃祀上帝大禮既成還御端門
肆赦天下曰赦書日行五百里敢以赦前事言者以其罪罪之欲其
王澤及物之速也如此今大赦每降天下歡呼一兩月間錢穀司存
督責如舊桎梏老幼籍沒家產至于寬賦斂減徭役存恤孤貧振舉
滯淹之事未嘗施行使天子及民之意盡成空言有負聖心損傷和
氣臣請特降詔書今後赦書內宣布恩澤有所施行而三司轉運司
州縣不切遵稟者並從違制徒二年斷情重者當行刺配應天禧年
以前天下欠負不問有無侵欺盜用並與除放違者仰御史臺提點

刑獄司常切覺察糾劾無令壅遏臣又聞易曰先王以省方觀民設
教故有巡狩之禮察諸侯善惡觀風俗厚薄此聖人順動之意今巡
狩之禮不可復行民隱無窮天聽甚遠臣請降詔中書今後每遇南
郊赦後精選臣僚往諸路安撫察官吏能否求百姓疾苦使赦書中
及民之事一一施行天下百姓莫不幸甚十曰重命令臣聞書曰慎
乃出令令出惟行准律文諸被制書有所施行而違者徒二年失錯
者杖一百又監臨主司受財而枉法者十五疋絞蓋先王重其法令
使無敢動搖將以行天下之政也今觀國家每降宣敕條貫煩而無
信輕而弗稟上失其威下受其弊蓋由朝廷采百官起請率爾頒行
既昧經常即時更改此煩而無信之驗矣又海行條貫雖是故違皆
從失坐全乖律意致壞大法此輕而弗稟之甚也臣請特降詔書今
後百官起請條貫令中書樞密院看詳會議必可經久方得施行如

事干刑名者。吏於審刑大理寺句明會法律官吏。參詳起請之詞。刪
去繁冗。裁為制敕。然後頒行天下。必期遵守。其衙改條貫。並令繳納。
免致錯亂。誤有施行。仍望別降敕。命令後逐處當職官吏。親被制書。
及到職後所受條貫。敢故違者。不以海行並從違制徒二年。未到職
已前所降條貫。失於檢用。情非故違者。並從本條失錯斷科杖一百。
餘人犯海行條貫。不指定違制刑名者。並從失坐。若條貫差失。於事
有害。逐處長吏別見機會。須至便宜而行者。並須具緣由聞奏。委中
書樞密院詳察。如合理道。即與放罪。仍更相度。別從更改。

歷代名臣奏議卷之二十九

歷代名臣奏議卷之三十

治道

宋仁宗天聖七年。群牧判官龐籍答詔論時政奏曰。臣幸得班聯。獲當次
對。輒陳管見。仰瀆纊旒。內揣狂愚。當從竄殛。臣聞服忠義者。皆懷愛君之
意。被惠養者。咸蓄報恩之心。故有委輅納忠。嬰鱗陳諫。義烈所激。無故殞
身。而況生逢盛隆。身事明聖。丁寧詔旨。責其盡言。非臣韜默之秋。實臣罄
勵之日也。恭惟皇帝陛下。倚祖宗之淳懿。承慈聖之保祐。積德彌盛。涉道
日深。簪天咸寧。而自謂未乂。在理必照。而退託不明。招尊鯁臣。虛受讜議。
不吝過舉。思廣日新。此前王之所難。而陛下之所易。實九廟無疆之福。四
海永安之基也。臣是敢竭至陋之識。揣當今之宜。可補助聖治之萬一者。
條之如左。伏以推誠任人。則布腹心而事上。懷疑待下。則顯形迹以避嫌。
腹心布則下無隱情。形迹顯則乖我至理。夫古今之事。固有形近私而實

公者。祁奚內舉其子。而見褒前典。亦有形近公而實私者。王莽親戮其息
而終成大盜。是故王者察臣之心而任之。推己之誠而信之。則內竭其公
外宣其力矣。是以唐虞之朝。興群臣之遜而不為比周。東漢之世。立三互
之法而無救衰弱。故推誠之益如彼。而懷疑之損若此。謹按唐文皇之世。
或言魏元成阿黨者。按驗無狀。溫彥博奏其不存形迹。遠避嫌疑。元成奏
曰。君臣上下同遵此路。則邦之興亡或未可知。文皇瞿然改容曰。吾已悔
之。故正觀之治與三代同風。又憲宗之時。皇甫湜應制舉。策語切直。王涯
是其舅。時為翰林學士。任當覆策。不以甥舅之嫌而收之為貴。倖者所怒。
及貶涯號州司馬。以湜之盛才而尚不免親累。故元和之政不至於太平。
此乃推誠懷疑之効也。臣愚切竊今日似懷疑而待下矣。群臣似皆存形
迹以避嫌矣。陛下疑群臣之私也。臣下必有挾私徇情以致陛下之疑者
也。臣又謂當考其狀實。退之罪之可也。未聞任之而疑疑之而任也。書曰。

任賢勿貳又曰疑謀勿成此之謂也而言事之臣知陛下之有疑也當以理道分判公私昭然不惑使朝廷推至誠廣至公蕩然無情以至於大同也夫宓子賤古之一縣令耳推誠於下而吏不忍欺况國家精擇信臣置之左右苟惟心任之自非回邪姦佞孰不竭心仰酬倚屬也安可謂推誠不可行於今乎臣切慮今之言事者類皆迎揣上意指似是之事以成其疑是致上之益疑也則其意似欲陛下愈疑於下自取信於聖心以利其身也不然夫豈不知疑之害治也臣恐防疑不已則上不知所信畏避不已則下無所推公公信兩虧事將安決伏惟陛下至聖至明臣願陛下推至誠廣至公察情偽以臻太平之治臣又聞萬機之務所應至衆四海之大所總至廣必在乎立畫一之法守不易之條持其權綱舉其要命此帝王所以不勞而制天下也是故以一制衆則多至而益整以繁應廣則雖久而必亂故曰法不一則朋黨生若然則發號施令可得二三哉臣伏見去年十月十七日及二十七日

宣傳聖旨令群牧司借支帶甲馬二疋并隨行草料與新差保州巡檢都監楊懷慜本司爲准大中祥符五年宣頭節文今後應有臣僚及使臣脚下已有官馬因差遣並不得乞借官馬礙此條貫遂具劄子於十二月二日進呈得旨只令賜馬一疋自備草料樞密院出降宣頭之次至三日又傳聖旨却令借帶甲馬二疋隨行十七日內爲一小事四降聖旨三令借馬二疋一令賜馬一疋本司不知所從遂再具奏進呈當月十六日批降睿旨云已賜與馬其劄子更不行方敢依准宣頭指揮且樞密院是陛下樞密發命之司也得旨畫依方降宣命於外頒行之次陛下又以傳宣衝之以在京之司職連大臣則可以進呈更改若疎遠之地使何所依從夫一州之守一邑之宰若政令不一尚有受其弊者况一人之威天下之大苟命令二三安得不慮乎臣號令如汗汗出而不返者也故曰安危在出令安危所繫得不謹乎蜀相諸葛亮有云宮中府中俱爲一體陟罰臧否不宜異同此實先代名臣之言也

矧今寰宇之大咸遵一軌豈宜號令之數自啓多門萬一處置大事亦如此比恐致不虞以成後悔此遂事既往誠不當言臣願陛下謹號令於此後耳臣又聞守文之體必遵於制度御下之方在謹於憲法制度定則貴不敢驕盈賤不敢踰越憲法正則寬不赦有罪猛不及無辜釋此二者雖堯舜不能治天下也唐文宗嘗言爲國之道致治甚難宰相李石對曰朝廷法令行則易此要言妙道也故法行則君主重法廢則朝廷輕輕重之理安危之機乎夫祖宗垂憲軌迹具存固不可改也所可改者請以醫者諭之夫藥所以攻疾也若疾證已移不應但守故藥必更方易劑隨其所移而攻之則疾應而瘳矣法所以塞姦也若姦源已遷不應但守故法必更條易科隨其所遷而塞之則姦息而政明矣其不可改者亦請以醫者諭之夫三部之脉四時之氣五藥之性鍼灸之法更歷古今孰可變改也若制度之設尊君卑臣同文一軌防踰僭塞僥倖雖前王後帝亦不可改易也凡人見法令

之有改者遂謂制度之皆可易也此世之所以多違越之人也恭惟國家以聖繼聖典章闡具垂之無窮自中書樞密院下至百司政教所行皆有成憲守而勿失可致治平况祥符中敕文應臣僚上殿奏事不得批依奏并批送合屬中書樞密等處以先帝睿明昇平在運小大之政無不洞曉尚不欲便行依可而必令有司奏覆者蓋恐破改舊制開啓倖門故也抑又先帝之深意不獨自守法度而已誠欲垂之訓典冀陛下遵之也臣伏見頃來傳宣內降歲有增多夫求巧之人若事合舊典理非所創則雖下有司未憂不行其背違定制創起新例者下於有司必法而不可行故須求傳宣內降期於必遂是則因一傳降廢一制度傳降不已歲月寖滋臣恐制度存者無幾制度削則紀綱壞紀綱壞則上下之分何所檢局此臣所以日夜爲朝廷惜之也臣願陛下事無大小皆送有司覆奏則事機必當而典制常存矣然帝王行法必從近始俟左右貴戚畏而不犯犯而不捨則天下孰敢輕重哉夫左右之臣

貴寵之戚。出入禁闥。綢繆寵遇。凡常之見。所望惟恩。望恩不已。驕然漸積。諸葛亮所謂寵之以位。位極則賤。順之以恩。恩竭則慢。夫有賤位之心。繼有慢恩之意。未有不猖獗踰檢。縱肆無憚者矣。過惡既盈然後寘之文法。此前代之亡身覆族者。皆由驕之太過。制之不早。故也。所謂將欲福之。適足禍之。不若以義而斷其恩。以法而制其漸。知有過不捨。則大過不生矣。知無故不賞。則僥望自息矣。諸葛亮所謂威之以法。法行則知恩。限之以爵。爵加則知榮。是也。使其操履自守常有懼禍之心。寵渥所被。必懷感恩之意。永保元吉。與國同休。豈非王者待左右親戚之至仁乎。孰若養癰疽使至决潰也。臣頃為開封府兵曹參軍。伏見王世融因毆本府客司軍將仇保。法當贖銅物。勅勒任。且仇保。京府一走吏耳。世融。貴戚之子也。陛下責其橫恣越法停官。此實國家用法之至當。而保全戚里之深心也。若陛下制馭左

右貴戚。皆如世融。則何患法不行。而人不畏乎。況此數年事耳。固未忘於聖心。近聞作坊料物庫監官連宮掖之戚。侵盜官物。事發而逃。三司按捕之次。降旨不令窮究。此非臣本職得自風傳。萬一有之。未為美事。陛下何不使推窮其事。付之於法。俟其知過。後或因赦文。稍加收敘。或以衣食豢養。不使任職。若因而悛改。是陛下再造其身也。此乃公法不屈。私恩亦隆。臣切惑聖斷異於曩時也。許過則此重而彼輕也。論屬則彼親而此疎也。議罪則彼加法而此貸刑也。臣恐中外有或效之者。繩之以法。是同罪異罰矣。因而寬之。是法憲廢矣。昔漢武帝時。隆慮公主病。因以金千斤。錢千萬。為子昭平君豫贖死罪。上許之。隆慮公主卒。昭平君驕醉殺人。廷尉請論。武帝曰。法令者。先帝所造也。用弟故而誣先帝之法。吾何面目入高廟乎。又下員萬民。乃可其奏。哀不能止。且隆慮。帝妹也。昭平。帝婿也。復已許其贖死。

而終不貸。貴者蓋食言之嫌小。而廢法之失大也。故臣願陛下謹法制以齊中外也。謹覽詔文云。規朕躬之過失。臣伏惟陛下體仁聖之姿。躬孝睦之德。鑒照古昔。包舉執文。屏絕游畋。不邇聲樂。獎用忠直。斥遠佞邪。此天下家曉而戶知也。然日月不能無薄蝕之過。唐堯不能無哲惠之難。故懷多福者小心。累大德者細行。臣是敢竭愚慮塞明詔。又云陳宰政之闕遺。伏以執政之本。在內銓擇庶官。在外安集百姓。今官吏非其人。而曠弛之政漸盛。考課不得其實。而升黜之典或濫。夫官吏之體。奉公束手以為要。胥史之性。舞文規利以為資。官吏不嚴。則胥史縱。胥史縱。則法令壞。法令壞。則民受弊。此必然之理也。夫欲外律郡國。當先自京師。故曰京邑翼翼。四方是則。今京任之官。以寬縱法制為大體。以姑息胥史為美名。此已相沿積習矣。或有以公繩下者。則群胥百計而動搖之。誠能動搖。則來者為戒。雖有公

心幹略。安敢施為乎。伏見祥符縣令。檢下稍峻。群胥相率逃去。尋而罷其縣事。是動搖之計行矣。況近年來任京職者。多徇其私便。罕責於才實。按局廢弛。蠹弊增深。而今之奉公。稍矯前失。朝廷不責狡胥之陰計。而戒官吏之峻整。臣恐自此孰敢盡公操法。束縛群下乎。百司觀之。孰不效之乎。百司之胥。既效之而危其上。百司之官。亦戒之而縱其下。上危下縱。久而成風。此為胥史謀則得矣。為公家謀何有哉。使四方聞之。莫可則矣。臣願朝廷速變此風。無使成俗。要在擇人而任責之。行法無聽群黨動搖之也。又考課之制。備存令典。景行功罪。不容隱私。今內外之官。雖有課曆。率無實狀。蓋由刺舉之官。或昧於察廉。或徇於私曲。推勞舉過。多失公實。意有鼓摘。則果能成贓。情在容掩。則吞舟漏網。考課之司。但據課曆以入升殿之料。無緣察其真偽。夫剛正之吏。彊猾所以為仇。則孤立而多患。貪黷之夫。姦智足

以自衛則有黨而寘禍故有幹廉在公而偶罹文法者考司即為有
過而降黜之典行矣誅剝害民而贓狀不露者考司即為無瑕而升
賞之恩及矣如此則降之或在非辜既無以戒惡賞之或在有罪又
無以觀能實由任選之道不精阿縱之法不嚴察舉之官不懼故也
臣願朝廷立嚴制去此弊風此乃銓擇之闕也又國之用度節儉為
先節儉行於上則府庫實於内雖逢災沴之數水旱之因上有賑救
之備則民無流亡之悲今財賦益屈而土木之功不息浮冗之費日
增儲蓄寡備而荒殍之民屢困賙恤之恩不時此輔臣固當苦言陳
罷土木削浮冗以存濟之此乃安集之闕也儻陛下不輕小臣之言
曲加裁擇誠能察情偽審號令謹法制然後責輔臣之公正者推擇天
下才行而任之嫌疑之私既去至公之風自行名實不亂賞罰必當
官曹嚴整紀綱振張則詔旨所謂回邪朋比阿私恣横請託貪殘宜

自息矣止土木之功去浮冗之費則失業之民有以濟矣臣聞明王
聖主好聞其過忠臣孝子言無隱情至於諱有司懼後害皆非人臣
之節也敢效百慮冀補萬分幸當責言之辰罔避論輸之律實祈英睿
照其悃誠

八年侍御史知雜事劉隨上章獻皇后乞還政疏曰臣恭惟皇太后
天資聖明手扶宗社爰自先朝不豫萬機倦勤皇帝養德東朝選賢
咨善太后預聞政事參決居多洎皇帝膺龍躍之期年尚冲幼太后
承顧託之命忠如金石垂簾以對群臣盡力以報先帝戎夷率服華
夏乂安終始不渝中外咸仰於國家顯隆平之舉於皇帝極慈愛之
情天地之功全母子之道備光輝於簡册垂億萬年然天下治矣王
業崇矣皇帝長矣太后勤矣而猶祁寒盛暑勞苦聖躬一日萬機煩
於聽斷臣聞虛心以致遐壽澄神以保太和是以神仙壽同天地者

不勞心而役神也臣愚欲乞今後軍國常務並逐日專取皇帝處分
所貴清神養素延聖母萬壽之期内侍問安成皇帝孝治之德天下
幸甚

景祐五年制策曰朕蒙積累之休荷幅員之廣寅畏天命以康元元
思欲恢祖宗之遠圖追皇王之極摯躋俗於仁壽之域陶民於禮義
之化兢兢業業不敢怠遑焦心勞志十有七年于茲矣而明不燭遠
智不通幽奉承明訓惟恐失墜故深詔有司詳延天下特起之士冀
聞忠讜實至之言以補朕之不逮子大夫卓出群萃奮然造庭必有
宏謀以塞虛佇國家誕膺寶命奄甸中區三聖繼明萬邦作乂除殘
而革暴蠲苛而薄賦稼政脩禮文縟愛人甚於赤子慕賢同夫白駒
奇傑魁壘之士列位于朝循良慈惠之長分政于外求治若此可謂
勤且至矣然而革之前載猶或異論法制寖講未協厥中經費實繁

而未得其節樂未諧於韶濩刑未措於成康官司或昧於廉平風俗
頗虧於素朴夷貊雖率化而時或有陵犯邉鄙者歲時雖嘉靖而時
有警戒變異者將朕之不德使之然耶抑物之有數適當爾耶子大
夫其精心極慮無有所隱古之制度可用於今今之章程有盭於古
並宜條列勿事猥并立樂之方何以格神祇而來瑞物祥刑之要何
以空囹圄而致和氣至於遴柬多士懋建庶官咸有前規可為來範
唐氏考功之格善最悉陳漢家刺部之儀科條具舉士民之類愚衆
賢寡奢僭相尚習以成風不嚴而化其術安在蠹弊微惑何以革其
非心漠然大鈞何以致其順序且道者萬世無斁而前經有忠文相
救之説法者百王不易而舊典著輕重異用之宜戴記為國有九經
所宜銓次周官辨地以五物咸為敷陳式副諮詢且觀彈洽固將施
之於行事匪獨取之於虛文悉意以陳無撓執事張方平對策曰臣

聞昔漢氏始舉賢良文學士。而策以當時之大政。凡治亂之故。施於之宜。使以經對。所得善者。輒施之於政。故文景之朝。制度興作。比隆三代。得人之盛。由此其選也。今陛下上承先志。遐稽治古。祗惕乎安安之難。戒慎乎事事之備。數詔多聞之士。延致大廷。臨問以保邦制理之道。以通天下之志。以成天下之務。茲誠抱器而有心於生民者發舒其憤頗之會。臣不佞學不足以通天人之變。識不足以達古今之務。而竊有志焉。乃今承之。靦然塞舉。伏問所及。豈臣愚所能通者。雖然。敢不以承學所聞。謹昧死上愚對。臣伏讀聖策。見陛下寅畏天命。以康兆民為心。奉承謨訓。以恢遠圖為志。期躋俗於仁壽。思陶民於誼禮。而退託於不逮。以求忠讜之言。斯以見陛下虛懷於聽受之勤也。伏以聖策有除殘去暴之言。及蠲苛薄賦之念。列愛人懋賢之道。敘列位分政之良。斯又見陛下勤恤小民之依。以深察其微隱。勵

精庶政之紀。以愽用乎賢才。此帝堯之協和萬邦。周文之思皇多士。而猶慊然興歎。遐懷治古。請為陛下廣其義焉。昔聖王之所以能見天下於戶牖之間。運萬化於股掌之上者。非為一人之明且智可徧見而盡察也。使聰明者竭其視聽。知力者盡其謀能。則事無所遺。政無不舉矣。欲事無所遺在乎廣言路。欲政無不舉。在乎正有司。臣聞書稱舜之德曰。詢于衆。伊尹曰。匹夫匹婦弗獲自盡。人主罔與成厥功。古之興王咨嗟戒慎。莫不箴勅其群下。俾補察其政。故在輿有旅賁之規。位宁有官師之典。倚几有誦訓之諫。臨事有瞽史之導。猶衆楚人之求其齊言。不可得也。古之明君。思興治道。曷有不先廣視聽以平王度者乎。昔漢魏相。白去尚書副封。以防壅蔽。而宣帝得以知萬機之微。為漢明主。唐太宗著司門式云。其無門籍人有論奏者。皆令監門司馬引對。不許關礙。又制大臣入論事。輒令諫官同入。或對

問之言有虧理道。隨即爭之。此唐文帝致太平之迹也。今朝廷司過拾遺之職。惟御史諫臣。凡厥庶官。無得出位而言者。臣願陛下深留聖慮。遠惟治方。益進端亮骨鯁之士。以旦夕承弼清閑之餘。對臨之際。訪之古訓。爰及政事。則嘉謀日聞于黈纊。誠士各薦其見聞。夫如是。則何遠而不燭乎。臣聞夫子曰。必也正名乎。春秋之義。君不尸小事。臣不專大名。故尊主其要。卑任其勞。人君佚於任使。仰成而治。三公論道。九卿分職。群有司各事其事。以故庶務百職。本末條理。今夫津官亭吏一命之微。米鹽貨利毫秒之細。莫不關決衡石。經煩清衷。三公下任卿大夫之勞。卿大夫勞領群有司之事。職分名局。不歸臺省。政失其本。事忘其舊。惟陛下考理之要。清化之源。莫若謹諸關梱。執其機轄。委任三吏。切摩治本。使夫總百揆者。則謀建庶官之長。列庶官之長者。則各選衆職之任。付之柄而要其數。盡其材而責其成。

官守典司。無相侵紊。有廢厥職。必正于罰。如此。則陛下以無為用天下。群吏莫不各有為而為天下用。要在于上。詳在于下。上下正。則天下治矣。夫如是。又何幽而不通乎。方且優游嵓廊之上。拱揖羲軒之庭。不為而功成。不勞而治定。易曰。知臨大君之宜。此之謂也。伏以聖策曰。今奇傑魁壘之士。列位于朝。循良慈惠之長。分政于外。求治若此之勤。猶未格于前載者。臣伏讀至于再而竊有惑矣。臣誠深歎陛下有英睿之度。而臣鄉之將明之材。因循蔽欺。偷取一切。不能作法於治。不能革弊於細。獨貽陛下兢兢之憂也。誠使朝皆奇傑。則朝廷重而百度正。外皆循良。則上下交。而其志通。雖甚盛德。倚以加此。又何前載之愧乎。以臣之愚。正謂朝位鮮魁壘之器。外官寡慈惠之師。未足以副聖心愛人懋賢之念爾。雖然。奇傑乃間世而出。循良非比肩而有。亦在人主推擇而贊勸之爾。何以言之。列位于朝者。愚邪不

可不辨也分政于外者牧宰不可不重也臣聞伊尹戒太甲曰左右
惟其人周穆王命伯冏為太僕正曰僕臣正厥后克正僕臣諛厥后
自聖旨哉聖賢之究治本也堯舜禹大聖智者然猶相與歎以不知
人為憂此九德所以為帝難也至于夫子亦以為知人之難堯舜其
猶病諸夫知人之所以難者以其巧言令色之賊實也夫世之治亂
君之昏明臣之忠邪迭更而有雖治世明君不能使其立朝居位舉
忠賢而無邪佞者也由能親忠賢而疎邪佞者爾雖亂世昏君亦未
必立朝居位舉邪佞而無忠賢者也由其近邪佞而遠忠賢者爾故
堯舜之庭稷契班乎共鯀幽厲之朝蘇衛儕乎榮暴顧上所親而近
者孰愉焉夫欲辨朝位之忠諛者考其所朋之迹而志行見矣察其
施作之謀而材智詳矣忠莊而端直者斯則雪霜之松栢矣諂從而
容悅者斯亦疾風之蓬累矣進斯人也原其譽之所自退斯人也察

其毀之所出拔茅以彙必有類也如此則列位之際賢頗得奇傑魁
壘之士矣臣聞民政之本在乎牧宰而朝廷之選任其制甚輕銓審
補除初無差擇計階而授循資而遣或罷弱昏亂狠愎貪忍流毒于
下寃枉無告刺守奪于權利坐視其弊而莫之聞者比相接已夫本
既失之姑正其末猶愈於不正也昔在兩漢雖有刺史督州而又時
遣使四出察群吏之治故前漢則有繡衣直指傳行四方得專免二
千石後漢則有美俗清詔之名以按郡國唐雖有採訪按察之職而
亦時遣郎官御史出廉外事誠國家舉用漢唐之典精選臺閣之臣
才識深明風度方重者時遣分道以察郡縣守令能否之迹具善惡
而入奏示賞罰於必行如此則牧宰之官必知勸懼郡縣之政稍以
澄清夫是則治民分政者頗得循良慈惠之長矣聖策曰法制寖講
而未協厥中經費實繁而未得其節樂未諧於韶濩刑未措於成康

官師或昧於廉平風俗頗虧於素樸此以見陛下無微不講無小不
慮者也夫法制所以未中以其命令之數易經費所以未節以其用
度之無藝樂未諧於韶濩以其工師之失職刑未措於成康以其貨
利之亂制官師或昧於廉平以其澄勸之義廢風俗頗虧於素樸以
其侈度之禮踰臣請為陛下悉數以終之臣所謂法制所以未中以
其命令之數易者聞之書曰慎乃出令令出惟行夫命令者國之綱
紀政之隄防綱紀一弛則萬目隨解隄防一傾則橫流莫制故為國
之本為政之原信為大也比者命令布下尋復衝改是以郡縣承用
者駭姦吏巧詆因緣為市民無所措手足而多犯于有司揆大體而
論之此損政之深者倘朝廷出令事干大政必集議而後行下于多
方必一定而無變略其苛細刪諸重累俾萬姓咸曰大哉王言又曰
一哉王心如此則法制允當協于中理矣臣所謂經費之未節以其

用度之無藝者伏以承平之日久是故因循之弊生日知其所增歲
不知其所減此費之所以煩也陛下幸加惠思所以撙節之理臣謂
宜以約處之而已宮室臺榭足以順陰陽之候旌旗羽衛足以昭文
物之容苑囿池籞足以備游豫之行音官樂部足以具燕享之禮自
餘土木之不急者舉罷容衛之罕用者勿飾寬池囿之利下賦於貧
民省音樂之伎稍斥其冗食減後苑之工巧息匠司之營繕慎無名
之好賜約無功之匪頒罷緇黃之厚施節一切之橫費以緩天下水
旱之賦以為國家帑廩之實以濟疲農工女稼穡之勤以整老弱孤
寡飢勞之殃如此則德澤被于天下而經費有節矣臣所謂樂未諧
於韶濩以其工師之失職者昔舜命九官夔實典樂漢史叙得人之
盛而儒雅質直無協律並列又漢制卑者之子不得舞宗廟之酎歷
代而下樂府令丞多用士人夫均聲考律其義微矣故師曠瞽矇古

所甚重也。今夫執伎以事上者。歷象則有司天之監。醫藥則有翰林之署。至于琴弈書畫一藝之微者。莫不厚賦廩稍。間蒙寵賜。太樂諸工。真古者大夫士之職也。謂宜略依司天。爲之官次。補用知鍾律之士以充其選。擇取儒師爲之令丞。使習其精義。通其鍾呂。雖名異於韶濩。而可以薦天地享祖宗。其用一也。臣所謂刑未措於成康。以其貨利之亂制者。伏以國家之在宥天下。一統治平。德教加於蒸人。其陶化益深矣。陛下臨御區極。欽恤庶慎。急深故之罪。寬縱出之罰。有慘怛之愛。有忠利之教。而刑未之措。獄繫猶繁。其故何由。蓋上籠貨物。漁財利之路多。莞榷封占之法密。閭之以權豪富室侵奪貧細。吏務因循。或引賕賄。不能抑強扶弱。是以小人業盛窮而思濫者衆矣。誠朝廷慎擇守宰。摧抑豪猾。稍寬利路。以優齊人。刊定律令。除文致毛細之法。務從簡易。便於遵守。使民不敢欺冒。而試法吏無以輕重

而侮文。則刑雖未盡措。而羅穽寬矣。臣所謂官司或昧於廉平。以其澄勸之義廢者。按周典小宰以六計弊群吏之治。雖治行不同。而同主於廉。故馭吏之法。罷重惟貨。而受賕抵禁。相繼有焉。意者官刑稍以寬弛。部長多故縱歟。夫貪吏侵刻下民。善事上官。腹心爪牙各有施設。及貫盈滅趾。官以墨敗。而又赦令屢下。亟蒙釋解。丹書未乾。已冀收敘。此所謂官刑稍以寬弛者也。今夫令宰有濫黷之迹。而守倅縱不考驗。守倅有貪暴之政。而司官隱不上聞。及乎惡積而不可掩。事播而不可追。罪正不察。厥罰至輕。倘使諸統設之司。及于聯事之職。贓罪相坐。以重其累。則人自爲計。下無容姦矣。夫峻刑苛禁。誠非治世善化之意。然今風俗流溢。踰軌者衆。不嚴官制。何以立法。猶乎馭騂突[illegible]銜策且奔踶而銜蹶矣。古所謂惟齊非齊者。謂此道也。臣所謂風俗[illegible]勵於素樸。以其分度之禮踰者。書曰。惟民生厚

因物有遷。違上所令。從厥攸好。故君人者。章好以示民俗。慎惡以御民淫。夫風化之所起。必由上以達下。內而及外。且萬邦表則。在乎王國。今夫彫飾巧僞之器。奇邪纖靡之服。陳鬻于市。流于四方。詐僞姦欺聚爲淵藪。按周官以儀辨等。則民不越。以度教節。則民知足。古之制民者。使之雖富不異服。無故不食珍。納幣無過五兩。合親不踰一肉。故王道之端。必自制節始也。謂宜益條其僭侈之禁。惟事事爲之分度。所示制令。期于必信。如此則爭奪踰靡之俗革。禮義敦厚之教行矣。聖策曰。夷貊雖率化。而時有陵犯邊鄙者。歲時雖嘉靖。而時有儆戒變異者。茲又以見陛下過虞寇聚之漸。祇畏天戒之重也。然陵犯之擾雖特徼裔之小醜。變異之來茲乃陰陽之大事。何陛下問之後乎。彼群蠻依㟴峒之險。恃林嶺之阻。窺伺無備。潛出攘掠。結集如蟻蜂。飛迸如鳥獸。守臣無狀。自投亡地。然此區區者亦何足以累

國威煩聖慮哉。臣謂邊事之重。其在西北乎。北戎通好於我。餘三十年。自漢氏已來。夷夏之和。而能堅守信誓如今之久者。未之有也。非惟懷我恩信。利我聘幣。抑當我盛德之世。無釁可乘。夫以利相結者。利盡則交踈。以勢相合者。勢解則難作。故有備無患。謂之善。無恃不來在乎多算。又西陲雖受羈縻。姑息蓋久。自國家失朔方。棄靈武。置戍內地。控扼益盛。雖貢職外謹。而巢穴內堅。鄙上之防。不可不戒。且自唐氏中世以降。兵農之業離。文武之權分。而政事不齊。國謀相乖矣。今之邊事。根本在於廟堂。措置施設。固非下臣所得而詳。然三軍之命。繫於主帥。是以擇將之重。兵事之本。臣請因平寇之問。著于後篇。以言之。深惟陛下以天日高明之德。承祖宗淳耀之靈。夙興視朝。中昃勤聽。勅天之命。臨此下人。無疆惟休。亦無疆惟恤。宜乎自天降休。旨嘉來應。而災異數作。譎變仍見。上天勤勤之意。諒不徒發。而必

有所屬也。間者彗星如雨。流搖失次。地震坼裂。而湧泉雷不收聲。泄于窮冬。又正月以來。日蒙少光。輙或數日不解。臣鄙儒昧於天官之學。竊考春秋之義。及前志天文五行之占。其咎皆由乎陽德微弱。陰道專縱。下為阿比。盜用威柄者也。夫陰之為象。臣道也。妻道也。夷狄之道也。天意若曰。將俾陛下察左右之姦。正宮闈以禮。謹邊防之備者乎。夫人君之道所以配乾而法天者。蓋取乎乾體之剛。天行以健也。剛故中正無邪。健故運用不息。洪範曰。惟辟作福。惟辟作威。春秋之義。譏大夫之專者。夫臣下能竊威福之柄。亦不專在乎執政。當國者苟信聽之。或過。則欺誣之隨生。蟻漏壞堤。炬遺燎原。杜漸防微在慎厥始。此所謂察左右之姦者也。若夫防戚黨之侵預。絕女謁之請求。御進取周典之文。均選循漢氏之制。戒留連之害政事。省幽怨以延和氣。此所謂正宮闈以禮者也。若夫將校之列。思其智勇可任

者為誰。卒伍之衆。察其銳驍無前者有幾。邊壘守將。孰有扞城之材。帷幄謀臣。孰有折衝之筭。至于儲峙輸發之術。兵械精完之數。有一未備。非先勝之道也。此所謂謹邊防之備者也。夫是三者。惟在陛下存神而遠照。凝慮而深思。利柄勿以假人。主威貴乎獨運。雖權積已固。扃鐍不可不嚴。雖垣墉既脩。關楗不可不設。用乾剛以弭陰異。謹人事以應天心。如此。則災異不足消。休祥不足致也。且聖策俾臣精心極慮。無有所隱。臣既冒陛下斯舉矣。敢悼後害而為身謀者歟。亦在陛下寬狂妄之誅。以來天下至當之言焉。聖策曰。古之制度。可用於今。今之章程。有鑒於古。並宜條列。勿事猥并。臣謹按春秋之義。譏變古易常者。而又善變之正者。蓋國之善制。不可輕變。其未至者。變之可也。伏以先制舊法。彼此一時。事體權宜。各有云設。誠大制度。或大典章。為世規摹。著在甲令。故當守而弗失。謹以奉行。至于凡小事

為因時消息。或迹存而理異。或法久而姦生。必踐而行。以為無改。於祖宗之道。此所謂膠柱而鼓瑟。刻舟而求劍者。易曰。窮則變。變則通。通則久。故復而不厭。久而不弊之謂道。昔先王之作。為爵祿賞罰。以親攬其柄。是以為天下之主。見勞授賞。則衆譽不能進無功。見惡行誅。則衆讒不能退無罪。若政無大小。人無善惡。進退用捨。一取諸舊。是爵祿賞罰不在人主而在例也。與奪之柄。於陛下何有。臣願陛下革弊去蠹。無不忍之愛。拔才賞忠。無疏賤之隔。大稽諸古。小度乎今。使天下之耳目常新。萬務之本原必正。無曰引例合義而已。如此。則古之制度。斯用於今。今之章程。自合於古矣。帝王之制。不亦光大乎。聖策曰。立樂之方。何以荅神祇而來瑞物。祥刑之要。何以空囹圄而致和氣。臣前所謂謹工師之職。齊貨利之制者備矣。夫樂作而順氣成象則和。和則瑞物至矣。故夔曰。於予擊石拊石。鳥獸蹌蹌。簫韶九

成。鳳凰來儀。刑得中則清。清則和氣應矣。故周官曰。以刑教中。則民不虣。夫是則和氣其有不通乎。聖策曰。遴柬多士。懋建庶官。咸有常規。可為來範。唐氏考功之格。善最甚陳。漢家刺部之儀。科條具舉。臣按唐六典考功考課之法有四善。一曰德義有聞。二曰清慎明著。三曰公平可稱。四曰恪勤匪懈。善狀之外。有二十七最。獻可替否。拾遺補闕。為近侍之最。銓衡人物東擢才良。為選司之最。揚清激濁。褒貶必當。為考校之最。禮制儀式。動合經典。為禮官之最。音律克諧。不失節奏。為樂官之最。決斷不滯。與奪合理。為判事之最。部統有方。警守無失。為宿衛之最。兵士調習。戎裝充備。為督領之最。推鞫得情。處斷平允。為法官之最。讎校精審。明於刊定。為校正之最。承旨敷奏。吐納明敏。為宣納之最。訓導有方。生徒充業。為學官之最。賞罰嚴明。攻戰必勝。為將帥之最。禮義興行肅清所部。為政教之最。詳録典正。詞理兼舉。為文史之最。訪察精審。彈舉

必當。為糾正之最。明於勘覆稽失無隱。為句撿之最。職事脩理。供承
強濟。為監掌之最。功課皆充。丁匠無怨。為役使之最。耕耨以時。收穫
成課。為屯官之最。謹於蓋藏。明於出納。為倉庫之最。推步盈虛。究理
精密。為曆官之最。占候醫卜。効驗居多。為方術之最。譏察有方。行旅
無壅。為關津之最。市廛不擾。姦濫不行。為市司之最。收養肥碩。蕃息
孳多。為牧官之最。邊境肅清。城隍脩理。為鎮防之最。類其善最。校定
內外文武官吏之課。為九等焉。漢刺史以六條察所部二千石。其略
曰。豪右兼并占田過制。曰二千石納引賕賂。曰喜怒任情。曰選署不
平。曰子弟請託。曰違公不比。此科條之目也。聖策曰。士民之類。愚衆
賢寡。奢僭相尚。習以成風。不嚴而化。其術安在。夫戒奢防僭之術。臣
既略陳于前矣。蓋民之為名。謂其泯然無知辨者。愚之衆也。所稟蓋
然。其動靜趣習。惟上是視。故曰君子之德風。小人之德草。草上之風
必偃。言下化上之速也。在易履卦象曰。君子以辨上下定民志。故上下
誠辨。則民志斯定矣。其在節卦象曰。節。以制度數。議德行。夫數度有
等。則貴賤章別。德行見奬。則賢愚自分。此則節之本也。陛下念民習侈
屢以為問。有以見聖意之深憫乎末俗之不厚也。間者頻下詔旨。戒
服用之尤濫者。婾靡少損矣。然未足以稱陛下淳儉之激。意者民之
所効者其本未正歟。春秋之義。法之所建。必自貴者始。陛下誠欲清
天下之弊。其自諸戚里豪貴大臣之家以先之。上徐趨而下奔走。不
嚴而化。此其術也。聖策曰。蠢爾徼寇。何以革其非心。漢然大鈞。何以
致其順序者。夫裔夷徼孽。臣既列于前篇矣。其擇將之事。請得後盡
焉。今禁衛千幕。環絡京甸。什伍相長。偏裨相承。六軍之重。統乎元帥
而皆起奔走之勤。舊積恩澤以稍遷。以軀力為武。以引強為材。智不
足以達機變。悳不足以撫部伍。冒沒寵利。優游太平。輕肥相夸。坐費

姑息。設不幸邊隙有嘯聚之寇。邊隅有侵牧之擾。雖受成于上。指蹤
在人。非惟師律之不臧。智勇之無恃。是其肯委身得之富庶冒難死
之鋒刃乎。故將不知兵。主不擇將。無功厚賜。無勞厚祿。皆法所忌者
也。向者朝廷念將帥之材難。是以擢將帥之能者。然其所得率多囂
奔走人事以為寵利之路而已。其鈐略才藝。未謂無之。然固鮮焉。誠
國家因為科條。稍益其制。使夫衣冠之應詔者。為設機宜十門以策
之。必有稽於軍志。精合於時體者。為通權之理。戎察于列校。其方略
智勇。固未之盡。抑猶愈於徒進者也。至于和大鈞致大順。茲由民心
下和。則和氣上應爾。時使薄斂以富之。緩刑弛力以佚之。制節謹度
以平之。擇吏審令以安之。是以政和則民和。民和而後陰陽和。陰陽
和則大鈞調而順氣序矣。聖策曰。且道者萬世無弊。而前代有忠文
相救之說。法者百王不易。而舊典著輕重異用之宜者。夫董生推道
蓋探其本而言。荀卿論刑。蓋有所激而發。彼三代之弊。雖有忠文相
救之說。至于法天順人之意。其可改乎。此則萬世無弊之本也。彼治
亂之世。雖有輕重異用之宜。至于遏惡扶善之用。其可殊乎。此則百
王不易之制也。聖策曰。戴記為國有九經。所宜銓次。周官辨地以五物
咸為敷陳。夫為國有九經者。脩身則不惑。尊賢則道立。親親則諸父
昆弟無怨。禮大臣則不悖。體群臣則士之報禮重。子庶民則百姓勸。
來百工則財用足。柔遠人則四方歸之。懷諸侯則天下畏之。此為國
之九經也。周官大司徒之職。以土會之法。辨五地之物生。一曰山林。
其動物宜毛物。其植物宜皁物。其民毛而方。二曰川澤。其動物宜鱗
物。其植物宜膏物。其民黑而津。三曰丘陵。其動物宜羽物。其植物宜
覈物。其民專而長。四曰墳衍。其動物宜介物。其植物宜莢物。其民晳
而瘠。五曰原隰。其動物宜蠃物。其植物宜叢物。其民豐肉而庳。此五

地之物也聖策曰固将施之於行事匪獨取之於虛文茲以見陛下虛己以諮詢留聽於蒭菲者也臣材識迂鄙不通于政至于所發亦庶幾有以上當聖心者陛下不廢其言擢其近是者粉澤而用之使天下知國家設科取士之道不為虛名則豈惟臣之獨被寵靈也哉固國家之盛美者已臣昧死上對

慶曆五年張方平為御史中丞上言曰臣觀古今治亂之變在上下之勢離合而已上下之勢合事無大不成上下之勢離事無小不敗況近司輔臣股肱同體協恭和衷豈容乖異竊聞中書奏事爭辯御前連日紛譁中外喧駭其於事理必有曲直伏以中書政本其所擬議即為命令無作好惡是謂皇極各徇所執何以適治歷代敗亂之兆皆由朝廷立彼此之論而已彼此立則朋黨分朋黨分則勝負生勝負生則攻奪作攻奪作則敗亂之所以起臣願聖心深鑒於此緣

中書議論之事頗密外傳不審不敢以為言故陳理亂大體而已

時方平又上言曰臣嘗讀漢書至晁錯之事惟錯謀策宏遠達於權義有致主經世之志識於姦讒之口而史氏不能褒發其忠更議以變古易常之說臣竊憤厲反覆較錯凡所辯議悉國家危事亂經將以圖安建治皆合霸王之軌不可不正遷之謬譏嘗試論之古不可變耶則是三代無革弊救失之理而漢所用法當循亡秦也忠恭之異尚質文之殊用禮不相襲樂不相沿固三王之罪矣用寬大革苛慘固高祖之過矣夫以文景之世追視漢初之政沿革既多豈錯先嘗變易哉稽遷旨意則是顛而弗扶危而弗持興亡倚天成敗推數括囊結舌浮沉容身者為智矣此乃夫子深鄙以為焉用彼相可為具臣者也故論者稱遷是非謬於聖人其斯誠矣蓋使後人務苟且而惡立事貴因循而重改作沮有心之銳為無功之辭其於教義不重虧歟臣嘗論之夫為邦之道有制有權制為之本權為之勢節之以禮行之以信齊之以刑斷之以義此不可易之法故為之制長則縈之短則引之重則損之輕則益之此不可常之理故為之權其不可易者不為艱危急卒而變之其不可常者不為安寧平泰而慢之其本正雖危必安其勢傾雖治必亂然人之大情危必思安治必忘亂均乎二者處權為難非通才達義適時知變者孰能與於此乎易曰變則通通則久故樂而不亂復而不厭之謂道夫事遠必弊法久必衰原其始初各有云設時遷俗易迹在理非聖人執權盍即因革使天下之耳目常新萬務之本源必正彼立法垂制不在人君乎言為典刑動為律度苟無愆於六義寧一取乎舊章在商中宗嚴恭寅畏天命自度治民祗懼不敢荒寧在周宣王聿求賢臣憂勤戒慎以振絕緒嘉靖庶邦並逵中興之業夫豈悉履湯武之迹哉在漢孝武

引拔俊乂文藝隆起武功震耀雄材大略為漢盛主又豈咸踐文景之教哉且事苟便俗豈憚乎解絃而更張政尚戾時何固乎守株而求雄故夫不知達權推變之理而牽易常循舊之說者是拘生腐儒按文泥俗凝塞治道此聖智之所常患者也臣敢旁採世務僅若小數者列之以稗萬分焉

立政之本在信命令

臣聞制天下之動者主乎一齊天下之眾者存乎信王言惟作命百官承式兆民從乂其難其慎惟新厥德天下至大也兆庶至眾也民心至動也萬務至煩也統之有宗會之有元使眾而不惑繁而不亂非信何以一之故曰德惟一動罔不吉德二三動罔不凶天何言哉四時行焉萬物育焉惟其信之謂也故王者居上以制下宅中而圖大慮善而動非禮勿言動則可法法必可以繼言則可行行必可以

復賞罰政命紀律條貫惟事事乃其有訓非信何以成之傅說曰惟
口起羞言教令輕發所以召亂帝舜曰惟口出好興戎謂王者之言
天下善惡所繫也故凡為人上自一話一言罔不戒慎一動一靜罔
不寅畏又況設為法制布于四方之大者歟書曰慎乃出令令出惟
行弗惟反故命令者國之綱紀政之隄防綱紀一弛則萬目隨解隄
防一傾則橫流莫制故令必信則上得其正下安其事令不信則上
侮乎法民慢其禁弊雖微於安靜之初害必大於急處之際且匹庶
而無信眾必棄之士而無信友必疎之卿大夫而無信家必敗王者
而失信天下必危故人可以去食而無信不立三軍可以奪帥而非
信不行為國之本為政之經信為大也比見朝廷詔令或尋即還改
或久而自廢吏易之而奉行不固民忽之而苟慢多違揆大體而論
之此損政之深者蓋國家切於求理急於聽受一人唱之即行一人

沮之即止本末故為枘鑿前後自相矛楯是使民無所措手足而多
犯於有司者也臣伏願自今凡諸臣有請創端釐革事干大政必集
議而後行下于多方必一定而無變略其毛細簡其苛蕪勿以辯言
亂舊經勿以小忠害大德無稽之言勿聽弗詢之謀勿庸俾萬姓咸
曰大哉王言又曰一哉王心自然民協于中四方風動疇敢復慢孰
不悅從嗚呼弗慮胡獲弗為胡成慎厥初圖有終惟明明后邦其永
孚于休

致理之要在廣言路

臣聞趨利違害去危圖安者世之大情遺身徇時忘家存國者人之
難事故夫從容於舒遲眷戀乎富貴況乎情之樂者舉世而是感激
乎忠義顧重乎名節處乎事之難者絕世而希哲后興王深推此理
故開懷接納勤心率勵無言不受擇善而從奇策遠猷必加酬賞犯
顏忤意曲為矜容愚淺者固在恕中疎誕者姑置度外如鑑之照各
盡其眾形如衡之平無爽乎一物總群智以為智因眾心而為心通
其情偽分其邪正而君人之道舉矣伊尹曰匹夫匹婦弗獲自盡人
主罔與成厥功盤庚曰無敢伏小人之攸箴此則詢于芻蕘下及庶
賤者也況於士民乎況於卿大夫乎臣聞之屋漏在上知之在下政
事有闕必訪旁議詩曰惟彼二國其政不獲惟此四國爰究爰度晉
文聽輿人之誦克興霸功子產採鄉校之謗卒成善政眾所善者我
則行之眾所惡者我則改之政以無瑕事以合義是為國者之藥石
為政之量準也譬之庶人治一家之政其里人邑子有見其田萊不
闢家事不脩則勉之以敦業厚生勸功利用之說見其羞服玩用不
中禮起居出入不以時則誡之以制節謹度周身當用之善居常則
勵之以孝悌和睦之義緩急則展之以救賙分勞之助者是必其族

姻親愛意在相厚者也其有語焉不以義遊焉不以時間誘其子弟
使不循於法離謀其僕妾使不親其上是必素嘗仇恨或挾姦伺便
有所利之者也彼為一家之長者將孰悅焉是必悅其相厚者謂有
益其家也是必怨其仇而利之者也謂有損其家也今為天下乃不
然忠良而相厚者讎以為怨讒邪而利之者讎以為悅是固不若庶
人之治一家能審損益之正矣嗚呼歷代之昏君暴主未能自入於
道德之門者可知之矣由其臣有利之者歟歷代之亂臣賊子未能
自立於忠孝之路者可知之矣由其主有以召之者歟故君臣之誠
不盡則天下之患必生理之然矣臣竊惟陛下體乾剛之德奮震耀
之斷獎拔孤介聽納下議帝堯之詢于眾大禹之不自矜成湯之從
諫弗咈文王之徽柔懿恭道兼前王光被四表臣愚鄙妄是以識
聖德之大者然嘗覽載籍頗識理亂之道見乎英獻之君忠正之臣

恭畏戒慎。咨嗟相戒。莫不以傳采下言。周知衆情。而興治德。驕佚之主。姦利之下。阿諛順欲。牽合迎意。莫不以壅遏忠直。漸取衰敉。而至危亂。故深願陛下揭日月之明。無幽蔀而不照。廣江海之度。無涓流而不納。秕稗不以近俗而見棄。葑菲不以下體而不採。招來讜論。以廣聽德音。漢魏相白去尚書副封。以防壅蔽。而宣帝得以知萬機之微。為漢明主。唐太宗躬勤政理。明於聽受。著司門式云。其無門籍人有論奏者。皆令監門司馬引對。不許關礙。又制大臣入論事。輒令諫官同入。或對問之言有虧理道。隨即諍之。此唐文帝致太平之本也。

臣聞人之才有通塞。識有淺深。諍而合義。自為深益。諍或非當。弟可置之。故春秋傳曰。文公逆祀。去者三人。定公順祀。叛者五人。去者。謂三諫不從。去之以禮。此諫而是者也。叛者。謂諫不合道。去不以義。此諫而非者也。是故臣之論事。容有當否。在人主明擇其善。可從而從。

若乃闢忌諱之門。斷謇諤之路。公為敍拒之意。以沮忠義之心。臣雖甚愚。竊所不取。伏願陛下覽成湯盤庚之令典。考漢宣唐文之善制。務進有心之士。時聞讜諫之對。益為寬大。配洪覆於上穹。不自聰明。託視聽於四遠。以通天下之志。以成天下之務。則七世之廟。傳裕於無疆。蒸民之生。率同於慶賴矣。

姑息之賞

臣聞惟名與器。君之重柄。信賞必罰。國之大經。故以德詔爵。度材居位。計勞賦祿。量罪議刑。百王之通制也。二典三謨。五誥衆誓。春秋一王之法。周官六典之訓。功懋懋賞。其義同歸。故車服以庸。二帝所以褒德。衣裳在笥。有商所以禮賢。爰及成周。具存彝制。褒內卿士。甸外侯伯。則有九儀之命。以異尊卑之數。八柄之法。以馭予奪之權。其好賜匪班之式。蓋所以將宴喜之厚意。非尊寵大臣者也。昔者周公輔成王致太平。既營洛宅。社于新邑。庶邦冢君駿奔咸覲。召公欲因大會顯周公之功。乃出取幣入以王命錫之。纔束帛爾。則知聖人尚德貴禮。不黷貨利。訓天下以恭儉而已。及王室衰亂。戰國紛擾。兵拏禍結。務相吞勝。競為賞法。以激用命。故秦設武功爵二十級。以授戰士。齊立賜金之令。魏行給復之制。以首爭首而享苴茅。連從約衡。至取封君。千賞蹈利。遂以成俗。乃至楚漢歷世之王。各乘間釁。立行窺圖。得之為英傑。失之為姦叛。莫不咸之以斧鉞。寵之以軒冕。是猶鬻販買賣之道。劫質誘略之術。豈先王尊教化褒功德法天秩而制禮之意歟。至於唐氏天寶幽陵之亂。建中奉天之逼。而爵賞刑罰窮矣。財賦不足以頒賚。而職官之賞行焉。職官不足以補授。而檢試之號立焉。吏胥輿皁假春坊憲署之秩。卒旅冗校僭三公八座之稱。彝章蕩然。官紀大紊。五代相躡。亂靡有定。呴濡姑息。務相加厚。姦臣驕將。磨牙擇肉。掊帑藏

為外府。視藩嶽為別第。人君之御國。如燕巢幕上。固無暇剗深固之樊。迹立宏遠之規摹也。伏惟我有宋之集靈命而宅天極也。經綸屯昧。削平亂略。丕冒無外。緝熙光明。故歷世之相轇轕。所以為我而驅除。尚衆政之有因循。固宜鑑彼而創艾。臣竊見賞典之弊。姑息之軌。猶有存焉。疑朝廷侯議者之所發也。善乎前賢之論爵賞也。以為立國之道。惟義與權。誘人之方。惟名與利。名近虛。而於教為重。利近實。而於德為輕。凡所以裁是非。立法制者。則存乎其義。至於參虛實。揣重輕。消息盈虛。使人不倦者。則存乎其權。尊實利。不濟之以虛。則耗匱而物力不給。尊虛名。不副之以實。則誕漫而人情不趨。故國家之制賞典。錫賚財賦。秩廩所以裁實也。差號品異章服所以飾虛也。秩之載于甲令者。有職事官焉。有散官焉。有勳官焉。有爵號焉。其掌務而受俸者。以序才能。以位賢德。此所謂施實利。而寓之虛名者也。其勳

散爵號大抵止於服色資廕而已以馭崇貴以甄功勞此所謂假虛
名而佐其實利者也虛實交相養故人不黷賞輕重互相制故國不
褻權彼夫胥吏臺輿部曲卒校雖執簡曳綬而無貴異之實假名虛
號而無總攝之柄罪不足以論贖徭不足以庇復於下則在無畏無
得之際於國則有虧名害義之深是故損下之虛益上之實固權收
利政之大方子曰必也正名乎夫豈惟名之不正而已哉固有理之
重者臣請備言焉自天下乂寧四鄙不聳人安其業逾三十年是國
家全盛之時公私豐餘之日而帑廩乏兼年之積閭巷有半菽之民
得非由於費也廣故為斂也重乎以是觀之設不幸遐陬有蜂蟻之
擾邊境有水旱之沴邊徼有立功之衆郡縣有施勞之人虛名先盡
於無事之初賞利不足於有為之際臨危而畫策機已晚矣且兵驕
將惰無甚于今未嘗贏股肱扞患難而號列功臣未嘗識亭障出營

壘而賞盈私橐作法於治敝猶不救治而無法何救艱難方今可謂
乘治作法之期是宜悉去五代姑息之失而乃虛實之用已竭權義
之制未立此臣輒用感憤者也臣聞衆之去就視乎君心事之重輕
繫於國制重之則衆斯慕輕之則人必略故明主之為國譬猶執權
衡謹其可以輕重乎天下之事制衆之去就也慎惜之斯重矣泛用
之斯輕矣今虛名之在人可謂泛而輕者授之既不以為寵罷之固
不足為怨而乃不加意慎惜作法貴重謀所以為佐實利而用者子
曰民可使由之不可使知之管子曰密事端則上神自古明君良臣
講議理道未有不以輕重消息之術為政者也若其守一定之制昧
通久之變過時失會後徒噬臍乃以動衆為屢易常為戒若是而能
通天下之志成天下之務者臣不敢知也

恩貸之罰

臣聞洪範三德平康正直言用正直之德以治平寧之世也蓋剛柔
並用威惠相濟之謂正直剛而不柔則非綏懷之道惠而罔威則成
姑息之弊且子產有寬猛之說而謂寬則使民易犯不若猛以為政
荀卿有輕重之論而謂輕則令人無畏不若重之近理夫子產仁人
荀卿正士其言刑法乃後寬而尚猛是重而非輕彼豈樂苛慘而貴
殺伐哉誠審乎治法之宜爾也書曰威克厥愛允濟愛克厥威允罔
功何謂平世主尊臣卑本重末輕朝無權強士無偽行民篤其業食
節用時樂事勸功尊君親上風俗敦厲禮義興行綱紀文章脩整淳
重此之謂平世若其有不及於此者未得謂之平也且夫以一國之
法譬一身之治平則致養疾必攻焉安佚舒泰而不以時發伸宣導
則必有壅滯虛實之疾生焉發伸宣導既失其節疾焉而不時攻延
屬于腠理浸淫乎血脉而又息于鍼熨煎劑之救滋入乎膏肓則雖

扁鵲之伎雅無施矣然初由恃乎安佚舒泰故也故刑罰者因循之
藥石保息者衆平之粱肉巳平而用刑罰是以藥石致養因循而復
保息是以粱肉攻疾也臣實愚惷不達理要竊揆時政屬累盛之世
治用中典德化醇釀仁澤深厚民頗流靡事或恩貸其尤著者罰用
於下而不用於上賞行於上而不行於下若不整厲銜策箝勒鞬輈
則且和鑾失節僨突敗御矣昔舜因天討有四罪之誅湯制官刑著
十愆之誡周官八議其議貴之辟蓋謂請讞于王禮曰刑不上大夫
蓋謂不虧傷其體皆非謂不入罰科也故內則有放奪殺刺之典外
則有絀爵削地眚伐之制漢氏之法則有免罷謫徙完舂輸作之令是
故爵位者天下之砥石先王所以勵世磨鈍賢則處之不賢則避之
才則用之罪則罰之自古馭臣之通制也古者位重則憂大祿厚則
責深今也位重則無憂祿厚則免責故臣曰罰用於下而不用於上

賞行於上而不行於下也臣伏願陛下英威發斷高明深燭鑒前王之治軌訪良臣之忠議更立大訓載其過僭賞罰在功不以疎近而殊賞罰誠有罪不以尊卑而異罰如此則國典正於上官制立於下貽範永世見英主革弊立制之明焉謹論

歷代名臣奏議卷之三十

歷代名臣奏議卷之三十一

治道

宋仁宗慶曆五年張方平上論曰臣聞天下之事政無小大繫在廟堂有圖議而後有得失有得失而後有治亂有治亂而後有安危有安危而後有存亡善議政者不使有失善正失者不成於亂善救亂者不及於危善禦危者不至於亡誠使廟堂之上協忠將救敷求俊哲列于庶位惟事事乃有其備戒慎出令無從匪彝善始慮終惟正之念又惡乎危之至哉是故人謀誠得不韋乎天時國法既脩不推乎曆數當其治法有猷庶邦嘉靖王道正直民用平康則收功在人推美乎政及乎危而弗扶顛而弗持興廢於上民亂於下則歸非於數貽咎於天是不亦近乎善則稱人過則稱天者乎古之君子善則稱天過則稱人禹稷之贊堯舜則引天之命湯武之誅辛癸則斥人之罪蓋天降災祥在德而吉凶不僭在人已則作孽倚天之怨前世遠矣略弗復論近取諸唐則天寶幽陵之叛興元奉天之遏廣明邛蜀之幸乾符豳岐之遷是皆釁起廟堂禍歸邦國者矣夫廟堂之上有得失有治亂有安危存亡有爵有賞有顯榮寵利有兵有刑有毀家覆族且主德成於獨直國體正於臣鄰不有英叡之君聰明之德安能照姦而顯忠不有仁義之臣忠亮之志安能協恭而底乂是故帝王之道莫大乎平心而御物輔相之德莫先乎圖大而致主有平心之度故能通天下之志而不專偏聽之惑有圖大之慮故能以天下為心而不急樹私之計蓋人君偏聽則啓讒慝之門人臣樹私則開朋比之路俾夫姦諛進身之賊構於人主之側游說規利之士諜于大臣之門君有疑忌之心臣行傾奪之計如是國安得而治政安得而和是天下之大禍也故君以臣為體臣以君為心適充乎神宇則義暢

乎四支患結乎膚革則憂及乎諸處是以臣各獻其忠則君受其效
國先泰於上則家蒙其福由是言之故知偏聽者召亂之本樹私者
理末之術使君行此道臣知此說天下其有不治者乎謹論
方平又上疏曰臣聞今中外之議者莫不以羌戎之警兵賦之急為
當世要務臣竊以為凡歷代治亂安危之所起不在邊徼之外蓋嘗
在戶牖之間爾故臣所獻愚言先陳近事伏惟陛下少留神慮臣聞
禮曰古之聖人欲明明德於天下者先治其國欲治其國者先齊其
家欲齊其家者先脩其身何謂先脩其身昔商中宗嚴恭寅畏治民
祗懼不敢荒寧文王卑服以念稼穡之艱難文王不敢酗于酒德樂
于逸豫自朝至于日中昃不遑暇食用咸和萬民彼聖人者不惟躬
自菲薄兢兢治道亦惟聲味逸欲非養真之益故務為勤儉退從淡
素且示愛民之意其實有自愛之道焉恭惟陛下春秋鼎盛臨御日

長雖三靈保祐而國嗣未立臣願陛下上思宗廟社稷付授之重下
念中外士民繫屬之心保愛聖躬配天悠久省諸無益之樂移為居
安之慮神怡於穆清之外福及於照臨之表此謂正身之道何謂先
齊其家使夫宮闈有禮之謂也自景祐以來嬪御之列行非婉順輒
斥遠之天下之人皆知陛下廟社之為重而不愛其所私蓋患防未
然悔生所忽斥遠之事非宜數也不若節之以禮制之以義敘進良
淑無昵微賤詩曰文王刑于寡妻以御于家邦易曰正家而天下定
此所謂齊家之道何謂先治其國大臣百職之謂也伏以近歲邊陲
用師指蹤受成實在二府凡所除拜宜使將帥心服物議稱愜然後
朝廷尊重成功可期如其不然則堂陛不崇中外失所瞻望矣成命
遂事臣不復論至于才與不才固亦何逃聖鑒又自景祐之末綱維
潛弛上下苟且人素姑息怙權相比愛憎相奪立朋黨者有之漏泄

機事蔭撓朝政專己見者有之陛下知臣之明既照見其情狀稍去
其弊矣倘更振厲紀律審詳邪正則憲章脩舉百度用正此所謂治
國之道臣以庸昧擢從疎遠今日乃始陟文陛望清光指事剖誠不
識忌諱萬分有補百死無悔
方平又上疏曰臣嘗讀前史靡以臣下敢諫為義蓋斥時之忌犯主
之顏色人臣最難事臣不佞待罪諫曹涉赤墀歷文陛以望清光者
無虛月矣論事無指切無疎謬無不蒙收威容受竊自惟遭時之幸
而齷齪淺致闇于大道不能激昂風義有所感發愧不任職為公朝
羞夙宵以慮紓過責者略條三事以聞惟陛下留神省察伏以今日
之事最切者在乎明賞罰辨欺誣通謀議審茲三者則內可以正軌
度外可以遏寇虐致治之本致效為速何謂明賞罰臣聞善為國者
必先正賞罰之分賞罰必行則人以生為辱以死為榮人不畏死舉

天下易於反掌況以討賊乎又駕馭失所紀律不正則以僥倖為賞
姑息為罰雖賞而士不知恩雖罰而下不畏威上習因循下懷顧慮
則人將援其手而不前況使之赴患難乎自西邊擾動事之三年矣
賊昊雖驍猾一闘將之材爾非有遠圖大志英雄之略其幸者資適
逢時而已時久乂寧戎備不戒廟堂無受成之筭疆圉乏制勝之策
自延州之圍好水定川之敗覆軍殺將沮喪威靈皆由自驅師徒投
之死地當總帥之重無待罪者朝廷專用姑息莫正其罰且自賊始
叛援夏竦擁鉞韓琦等副之統制四路並護諸將凡大舉奇輪不返
使封豕長蛇肆殘食之暴邊亭千里蕭然一空賦輸興發天下被其
勞交黨株連公議不立至于不得已但解其總帥以所居官內徙便
郡而已又如并州比緣賊入麟府朝廷以方面之重難於謀帥遂以
名使楊偕寄任方面而處事疎略陳請謬悠駭于人聽夫麟府輔車

相依而為河東之蔽。無麟州則府州孤危。國家備河東重戍。正當在麟府。使麟府不能制賊。後則大河以東。孰可守者。故麟府之於并代。猶手臂之捍頭目也。而其上議欲棄其地。既知才之不足用也。顧猶以近職領河北重藩。如是而欲收功。是北轅而適楚也。及乎鋒鏑之下。矢石之前。奮命小臣。論功行賞。一資一級。分毫析銖。惟恐比例之過。臣觀歷代英主良臣用賞罰之理。蓋威罰之行。當自貴者始。恩賞所被。當由賤者先。故罰一貴臣。當其罪。則天下懼。賞一賤士。當其勤。則天下勸。臣不敢煩引往事。我朝祖宗之所以駕馭臣下。操威恩之用。其事耳目所接也。往往能言之。陛下萬機暇時。試廣訪逮。必有得也。凡大賞罰。人主之事。非聖心自出。臣下不敢任之。以故僥倖姑息生於依違。即欲杜僥倖之門。革姑息之弊。惟在陛下於議賞罰之際。少垂主斷爾。罪罰所當加。勿以貴要而隱忍。恩賞所宜及。勿以微賤

而輕廢。擬議一立。勿容奸讒巧言熒惑變亂。即恩威明矣。何謂辨欺誣。方今之弊。人以僥倖為心。政以姑息為用。正謂欺誣得行也。大欺誣得行。則大臣懼。方且營救於讒毀之間而不保。又何暇旌別淑慝脩明憲度者哉。今俗大率宿貴之臣。輒以身下後輩。矯情飾貌。習偽成風。損美化。敗善俗。朋比以彙。下陵上替。比者亦有以善誣結天心冀用事矣。陛下竟不登于大用。士大夫之有識者。是以知陛下之淵衷大智。無不通照其情狀。信姦慝之不可為也。然其風猶未之盡革者。蓋左右舊臣。猶有以疑毀廢者。舜曰。朕嫉讒說殄行。蓋讒人在朝。舜所不免。孔子曰。遠佞人。陛下既推讒佞而遠之。惟復起用以讒廢者。則天下無賢不肖。舉知浸潤邪說之果不行。且以安臣下之心。使厲志竭精。有心効報者。無悼後害。未有不令而從。茲之謂已。何謂通謀議。國家承五代之弊。有不能革者。軍國文武之事。分領於中書樞密院。唐代宗時兵興。軍事繁多。故於禁中專遣內臣典中外文奏。謂之掌機密事。梁氏始置使名。五代時樞密院與中書或合或離。入國朝遂分總天下之務。對為二府。由是軍民異政。文武殊用。命令乖戾。更為彼我。夫天下之事。何嘗不以同而成。異而敗乎。平日無事。苟可因循。有為之時。斯害也已。昔之祖宗三聖。威靈獨運。各延圖議。斷主乎一。陛下沖執謙德。推委仰成。柄用既分。事必睽隔。陛下誠能矯往弊。稽舊典。合二府。一政事。真大公之盛舉也。即若重前規。難改作。臣謂應樞密院事。宜與中書合議。使理道相通。惟事事乃其有備。有備無患。故臣曰通謀議。意在此也。凡此三事。今日切務。恩威明。則邊臣奮。欺誣辨。則朝廷清。謀議通。則政事平。而命令一。皆治道之急者。臣猥以孤微。當得言之地。所恨智不足以遺微。材不足以成務。敢進一得冀裨萬分。

慶曆八年制策曰。朕承祖宗大業。賴文武藎臣夙夜兢兢。期底於治。間者西陲禦備。天下繹騷。趣募冗兵。急調軍食。雖常賦有增。而經用不給。累歲于茲。公私匱乏。加以承平浸久。仕進多門。人浮政濫。員多闕少。滋長奔競。靡費廩祿。又牧守之職。以惠綏吾民。而罕聞奏最。將帥之任。以威服四夷。而艱於稱職。豈制度未立。不能變通於時耶。豈簡擢靡臻。不能勸勵於下耶。西北多故。屬態難常。獻奇譎空言者多。陳悠久實效者少。預備不虞。理當先物。朕思濟此急務。罔知所從。以今日豢召對資政殿。賜手詔一道。遠朝廷急務。俾之條畫以聞。臣以卿碩望。故茲訪逮。側身旰食。躬佇條畫。張方平為翰林學士。對曰。臣庸昧謬居近列。論思獻納。乃侍從之職。不能孜孜夙夜拾遺補闕。聖心焦勞。躬秉清閒。開宥循默之罪。開導淺陋之見。敢不悉情極慮。粗陳大體。上冒衡石。少補塵露。臣子之分。無勝至幸。伏覩手詔云。西陲

禦備。天下繹騷。遽募冗兵。急調軍食。雖常賦有增。而經用不給。累歲于茲。公私匱乏。此足以見陛下社稷之長慮憂民之深意也。當康定之末慶曆之初。朝廷議刺民兵增添軍籍之時。臣忝諫官。屢上章疏極言其害。至于今日事勢果然。臣昨在三司。計會天下財用出入之籍。及建隆已來國家畜養兵數。乞朝廷速加圖議。蓋太祖朝取荊潭收蜀。平廣南。備河東。禦西戎北虜。畜兵不及十五萬人。太宗朝平河東。備邊賊。禦北虜。料兵閱馬。志在收取燕薊。然畜兵不過四十萬人。章聖朝備邊賊禦契丹。蒐募戰士。及契丹請和。祥符已後稍稍消汰。常語宰臣曰。今之兵與古不同。古者三時務農。一時教戰。民即兵矣。今皆坐待衣食。國家經費至廣。不可不慎於選練。故住招募。斥疲老。以減冗食。至于寶元幾四十年。天下可謂乂安矣。向因夏戎阻命。將帥非其人。慮害不深。事失幾先。遂致大擾。始籍民兵。俄然點以補軍籍。陞諸州廂軍以充其旅。增虛名以受實弊。至于陝西河北京東京西。增置保捷一百八十五指揮。武衛七十四指揮。宣毅一百六十四指揮。慶曆三年。因王倫張海等狂賊數十人。更於江湖淮浙福建諸路。又添宣毅一百二十四指揮。凡內外增置禁軍約四十二萬餘人。通三朝舊兵。且八九十萬人。其鄉軍義勇州郡廂軍諸軍小分半分剩員等。不在此數。軍人日多。農民日少。頃來七年之間。天下大困。生民之膏澤竭盡。國家之倉庫空虛。三邊稅賦支贍不足。募客人入中糧草。三司於在京給還錢帛。加擡則例。價率三倍。以此度支。大計日窘。外則剗刷諸道之物。中則侵用內帑之財。厚賞聚斂之人。賤立鬻官之令。苟徇目前之急。莫為經久之慮。天下之事可憂者。無大於此也。凡此冗兵。非惟困天下之財用。方且成天下之禍階。若不早圖。後無及矣。且景祐已前。兵不及四十萬人。三司歲計不聞有餘。今而八

九十萬人。則何以得足。此雖愚者亦可見矣。若更加之以橫費。曰之以飢饉。國家安危之計。臣愚竊甚寒心。臣兩曾具此事體敷奏。而中書樞密院未聞有所改為。即今便有改為。猶須效在累年之後。如救焚溺。緩則益不及矣。然茲事體實大。非君臣同心。而上下協濟。則事必難成。伏望陛下先具將臣此言。詳問兩府。若別有長策豐財足食。則非臣淺智之所及。若量入以為出。必無術以善於後。則乞嚴令天下禁止招募軍人。令逐路轉運使提點刑獄更出分按所部州郡。揀選疲老。便與放停。歲須三兩次。更互巡歷。只依常程。旋旋揀放。無得宣露朝廷密旨。若雖係禁軍。其間羸弱憚於教閱。願退就廂軍者亦聽從便。委樞密院點勘軍籍。其人數少者。即令團併。以省軍員。其馬軍無馬者。即與召募。如願補填步人者。稍與補充近上衣糧優處軍分。其有馬者。即與團併。足成指揮。令逐教習準備使用。仍詔諸路經略部署司。使體知朝廷深意。有專復自任。無體國之心者。亦在陛下斷自聖心。懲一足以警衆矣。此其省兵之大略。至于嘉謀密議。權術幾微。則有宥密之司。又非臣所得詳知者也。手詔云。承平寖久。仕進多門。人浮政濫。員多闕少。濫長奔競。靡費廩祿。此又以見陛下深思官濫。欲清化源之大旨也。臣不敢遠言前代及祖宗朝事。請即以景祐年未有邊事之時較之。即可知其浮且濫矣。臣曾勾當三班院。約計在院使臣。景祐中四千餘員。今六千五百餘員。臣勘會學士院兩省已上官具員。景祐中四十餘員。今六十餘員。臣任御史中丞。將本臺班簿點筭。景祐中京朝不及二千員。今二千八百員。臣判流內銓。取責在銓選人。畢竟不知數目。大約三員守一闕。略計萬餘人。十年之間。所增官員之數如此。若更五七年後。其將奈何。員數既多。賢愚同滯。才不才又難分別。勸罰不立。士鮮全行。此則天下之所以日不理也。今略數入仕

之門禮部貢院所放進士明經外近例率以舉數編排別試名恩澤人每榜不下三數百人文臣兩制兩省少卿監以上每歲奏廕子弟諸路轉運使提點刑獄正郎及帶職員外郎遇郊恩例得奏廕子弟武臣自諸司副使軍職大校以上至于宮掖嬪御內臣近職每歲或遇郊恩奏廕皆有常例又文武官因職任或致仕遺奏及諸色特恩錄用者又諸班殿侍三司軍大將內外胥史牙校出職如此計會每歲入官之路徼倖攀援日生新例不可勝數糜費廩祿煩擾吏民經營關次因緣請託各為身計衣食之所迫逼奔競滋長勢使之然澄源培本在陛下命令而已乞令中書樞密院各具逐年入仕名目及人數取其徼倖弊濫尤甚者逐色別立條約稍加裁損其屬三司殿前司群牧司等處酬獎條貫亦乞各委明敏練事近上官員重行詳定臣聞先朝以前雖將相大臣之家子孫猶多白衣未仕者今自少卿監以上輙每歲任一人不亦過乎如此之類可謂徼倖弊濫尤甚者稍加裁損未為傷事也若只因循今日之例人浮政濫轉恐甚矣手詔云牧守之職以惠綏吾民而罕聞奏最將帥之任以威服四夷而艱於稱職豈制度未立未能變通於時耶豈簡擢靡精未能勸勵於下耶此又以見陛下愛恤烝民不忘邊患之意也臣請只以祖宗時事言之祖宗之時文武官不立磨勘年歲未為升遷資序有才用名實之人或從下位便見超擢無才用名實之人有守一官至十餘年不改轉者其任監當或知縣通判知州有至數任不得遷者故當時人皆自勉非有勞效知不得進故在所職次率多脩舉以其用人無定格惟才是用自祥符之後天下治平朝廷之議益循廣大故今自監當入知縣知縣入通判通判入知州皆以兩任為限又令守官及三年者與考課改轉後又不限在外在京在任不在任但累及三

年即例得磨勘先朝行之人始知恩未見有弊及今歲年深久習以為常皆謂如此遷陞本分合得無賢不肖莫知所勸故牧守之職罕聞奏最此實制度不能變通於時者也陛下如欲變而通之合稍釐革此制其應磨勘敘遷者必有勞績可褒或朝廷特勅擇官保任者即與轉遷如無勞績又不因保任例更增展年考庶乎人稍知勸勉於自致其保任之法不當一例應須選擇清望有才識之人即命舉之如此則是委執政之臣舉清望官委清望官舉親民官也有闕員隨員數令舉又足以見聖恩急才愛民之意此亦小變令弊矣至于將帥之任尤在駕馭得術仍宜久於其職李漢超自太祖時任濟州防禦使兼關南兵馬都監至太宗朝擢授應州觀察使仍守關南通十七年胡虜畏服不敢窺邊止得一改官而已太宗任郭進西山巡檢二十年賀惟忠守易州十餘年李謙溥守隰州十年姚內斌守慶州十餘年董遵誨守通遠軍十四年侯贇守靈州十餘年真宗任楊延昭守高陽關亦九年假之事任闊略其細故不為間言輕有移易責其成效而已又不與高官常令其志有所未滿不怠於為用也今則不然武臣指邊郡謂之邊任假之為叢身之地歷邊任者曾無寸勞薄效不數年徑至橫行刺史防團廉察能飾廚傳熟於人事者即以為才而又移換改易地形山川未及知軍員士伍未及識吏民土俗未及諳已復去矣將何以服四夷而得稱職是由揀擢未得於理故下不知所以勸勵者矣願陛下鑒祖宗之故事重爵賞以待功勞責久任以勸能效亦馭將帥之一節也手詔云西北多故虜態難常獻奇譎空言者多陳悠久實效者少預備不虞理當先物此可以見陛下安不忘危思患預防之遠慮也國家自祖宗以來不急於四夷之功以愛民安人為上務而已昔太祖但以豐財練兵保邊為事嘗積

帛內府。謂左右曰。北虜若敢似昔時犯邊。我以二十疋絹。購一胡人首。料其精兵不過十萬。我用絹二百萬疋。此虜盡矣。壯哉聖人之謀。兵法所謂先為不可勝。以待敵之可勝者也。臣前所陳國家畜養冗兵。竭天下之力。而且成禍胎矣。今每歲天下賦稅之外。只東南和買紬絹。自是三百萬疋。而衣賜諸用度。猶不能給。則公私安得不匱之哉。此乃不待戎狄之患而我固已先困矣。備預不虞。理豈如此。臣願陛下試詳臣前言。減兵節用。擇吏選將。重慎賞罰。以明勸懲。以春夏之月。稍移邊兵就食內州。稍減邊騎就牧內地。邊費省則國計足。民力寬。然後外謹信誓。內完守備。悠久實效。無先於此。奇謀空言。又何足聽。此亦先物之理也。伏惟陛下至仁盛德。高明博大。勞謙寅畏。以求理要。斯帝堯之詢于衆。大禹之不自矜。先格王之懿蹟。陛下裕然而有之。臣愧於頑踈。不達治道。據詔問所及。謹以近事上對。其詔旨

所不及者。亦不敢僭易有陳也。干冒天聰。臣不任隕越待罪之至。方平又對曰。臣奉十七日御劄。所有手詔該說不盡。如卿更有所見。令子細陳述。具實封聞奏者。天旨訪逮。承命惶懼。學識淺陋。愧不能副聖明求理勤切之心。臣竊惟士大夫之遭時事主。雖有長才遠慮。欲一自致而莫之得也。今臣何者而遇陛下深懷抑畏。虛心聽採。不有天下之樂。而以天下為憂。臣敢隱情惜寶。有所不盡者歟。伏詳前詔所問冗兵措置之宜。國計盈虛之本。仕進多門之濫。牧守之人之由。將帥簡擢之體。西北預備之術。此皆當今切時要務。聖意慮之固已深矣。今被旨俾得更陳所見。敢推愚心嘗所念慮之事。擇取其尤急者以獻焉。今茲聖心因昨保州恩州之變。得無常以河北為意者乎。臣嘗歎國家竭天下之力以養冗兵。而且成禍階。然河北比天下又為甚何也。河北自唐天寶安史叛亂之後。繼以五代。後唐。後周。皆因

魏以為業。故河北兵素以驕悍自處。又北接戎虜。朝廷亦嘗姑息之。承平雖久。而驕氣不除。在於事體。亦難廢置。欲選擇軍校。以嚴整之耶。則河北軍自盡是本營選補。不比在京及諸道。可以轉員移易也。欲揀選上京。別補軍分耶。則河北軍盡是本營子弟姻婭。蔓連根固。戀土重遷。不比在京及諸道。可以選募轉徙也。欲陞遷軍分以利動之耶。則河北軍衣糧素厚。難以更行增給。以此處置為難。臣嘗勘會河北廂禁軍僅二十萬人。禁軍五之四。然嘗體問其中疲老不任征役者甚多。若朝廷密諭安撫部署司。及轉運提刑官員。此後一切且住招填。令依常例。旋行揀放。頻作番次揀選。少作人數放停。使由之而不知。無得漏露朝旨。歲年之後。稍稍團併。據所闕指揮發自京禁兵。就逐州駐劄。夫自古已來置兵之法。漢則有南北軍。七校。唐則兩軍十二衛。必須離析其勢。使相持制。然後平也。河北兵自唐已來驕

悍跋扈。但以土兵相黨爾。今若漸消土兵。稍實禁旅。則主客之形可以相制。若統之以能將。撫之以能吏。折其孽牙。去其害群者。庶乎置器於安也。今茲聖心因昨衛士震驚宮省。得無以親衛為意者乎。臣按周官虎賁氏掌守王宮。皆士也。趙老師觸龍託其子於太后。願補黑衣之闕。以衛王宮。蓋王官之衛。兼用卿大夫之子弟也。秦漢官儀郎中令掌宮殿掖門戶。三署郎皆執戟侍衛。期門比郎無員。多至千人。後更名虎賁郎。羽林次期門。取六郡良家子弟充之。又取從軍死事者之子孫。養羽林。教五兵。號曰羽林孤兒。歷代以來宿衛之士。不惟選材武。必取馴愨莊愿之人。以其近尊者不可不慎也。國初循周朝軍制。置諸班直。備爪牙士。屬殿前司。又置親從官。屬皇城司。掌啓閉掃除之役。守衛扈從之嚴。其宿衛之法。殿外則相間設廬。吏為防制。殿內則專用親從。最為親兵也。然募置之法。則異於古。皆墮游無

根蔕莫容其身。為後應募者矣。前此變故。卒生意外。臣恐當有以懲創之。臣職在詞禁。軍旅之事。未之預聞。輒約古制。粗陳其要。惟陛下擇焉。若於諸班直中選其年勞久次者。至於東西下班殿侍有門閥家業者。及諸軍中死事者之孫。稍有材力勝兵者。嚴立保委之法。選取千人。以充殿內之衛。仍領屬皇城司。令樞密院殿前司立定選補格式。歲月更代之法。歲滿則優遣之。願留者。令皇城司保任。委是莊愿謹良。則聽留。蓋取之以年勞久次。則人以為出身之地。取之以門閥家業。則有家族之顧。取之以死者之孫。則忠義之人知勸。立年更代。則人知勞逸得均。遷補有式。則人知自重。若其功過之準。教習之法。居處之制。須給之例。即請自朝廷裁議。今茲聖心。思冗兵之為患。憫國用之不給。得無念其所以致然者乎。臣聞太祖皇帝。訓齊諸軍。法制甚嚴。軍人不得衣皂。但許衣褐。其制不得過膝。豈有紅紫之服。葱韭不得入營門。豈知魚肉之味。每請月糧。時營在城西者。即於城東支。營在城東者。即於城西給。不許雇車乘。須令自負。以勞役之。嘗問左右。後唐莊宗何以致亂。或對曰。莊宗不能御下。嘗出獵。軍士至攏馬首。自言兒郎寒凍。望接借。太祖拊髀歎曰。莊宗得天下大艱難。所為乃如此。我於三軍。亦不惜財。敢犯我。惟有劍耳。故是時令行禁止。軍士亦以是用。今則異矣。臣嘗入朝。見諸軍帥從卒。一例新紫羅衫。紅羅抱肚。白綾袴。絲鞋。戴青紗帽。長帶紳。鮮華爛然。其服裝少敝。固已恥于衆也。一青紗帽。市估千錢。至于衫袴。蓋一卒之服。不啻萬錢。今之上四軍。請給比諸軍為至厚。然月受千錢。止可買得一帽爾。度所戴帽。歲須二枚。補綵服裝。須要鮮潔。則於諸事略稱此也。計其所受廩給。不足一身之費。若有妻子。曾衍不飢凍。妻子既不免飢凍。小人之情。豈能不歸怨于上。此罕情所以易動也。至于常程特支例。只對料錢。勘請朝廷一次特

支。在京約用錢三十萬貫。及入軍人之手。何足為用。是朝廷不勝其困。軍中殊未有濟。所以致此者。由乎習為侈汰之弊也。願陛下因清問之餘。試召軍帥。如此問之。使可密令條陳。以何術可以革今日之奢靡。以何道可以復昔時之朴素。如帥臣能自節約。以身率下。則軍人庶乎可以存濟矣。今茲聖心。以近日諸道州郡軍民。慎造妖事。往往起大獄。得無欲以深刑峻法懲止之者乎。臣竊惟陛下御極于今且三十年。其甚盛德之事。所以感格天地。結洽人心之深者。以其至仁慈厚。好生惡殺。急深故之罪。寬縱出之罰。哀矜庶獄。惟刑之恤也。近因貝賊挾妖為亂。朝廷又追劾李譚之獄。張存等例蒙重罰。州郡承風。覺發妖事。所在成大獄。至於誦經供佛。符呪禁術。盡遭捕繫。蔓延平民。豈無姦人乘便慎造疑似。以干賞利。或挾讎怨。更相攀引。榜掠之下。何求不獲。今臣見判審刑院。本院奏案七十餘道。內二十餘道。係是妖事。雖近降朝旨。嚴加止絕。但恐今後官吏斷獄。指李譚為鑒戒。無復更用平恕之心。文致鍛鍊。慮成後悔。臣聞賞罰猶風也。人情猶草也。草上之風必偃。人情隨賞罰而遷矣。臣惜陛下三十年之甚盛德。功虧於一簣。寶元之後。國家多故。邊鄙繹騷。人事紛紜。災異屢見。中外屬任之官。鮮著事效。推諸人事。勢可憂已。聖心焦勞。寅畏祇厲。日慎一日。迄此乂寧。獨賴陛下至仁慈厚之德。所以感格天地。結洽人心之深者也。奈何輕用刑獄。以危天下。招致沴氣。以速民怨者乎。此月十六日立夏。可以挺重囚。出輕繫。願陛下先期臨軒。疏決在京罪人。因遣使四出。應州郡見禁妖事。令依近降聖旨。除情涉不順者。具案聽裁外。餘並釋免。仍切勅逐路提點刑獄司覺察部下刑禁枉濫。及有枝蔓良民。務在清平。不失有罪而已。仍告諭官吏。無得以張存之故。因用深文從事。上全聖德。下安人情。斯社稷之長慮也。

凡臣所陳實時要務然皆事之一節爾至於天下大勢臣請為陛下
言之臣觀古今治亂之變不在其他只在上下之勢離合而已上下
之勢合事無大不成上下之勢離事無小不敗比年以來朝廷頗引
輕險之人布之言路遂道千譽利口為賢天下承風靡然一變又外
人議論展轉緣飾沽激傲傚惟恐不及敗壞雅俗遂成險薄內則言
事官外則按察官多散人閨門曖昧年歲深遠累經赦宥之事而又
諸色小人下至吏胥僮奴觀時伺隙敢犯於上慎造辭説朝廷便行
濟以愛憎何所不至故自將相而下至于卿大夫士惴惴危恐莫有
泰然而自安者一動一為輒曰恐致人言也料此以至陛下官省左
右前後下逮閭巷庶人亦莫不然更相姑息專避嫌疑苟且因循求
免謗咎何暇展布心體為國立事者哉臣竊詳聖意豈欲人情風俗
之如此歟但以其所由來者漸矣自上及下無不知此者但莫肯為

陛下深切開陳之也理道之壅無大於此上下之勢離阻若是則誰
與陛下同心一德而深謀遠慮者哉既無同心一德之人深謀遠慮
之士則天下之務何以致治願陛下深為留神務在通上下之情欲
上下之情合在審於聽受而已臣自忝侍從陟降十年對法座聞德
音多矣觀陛下之寬仁矜惻如天之無不容也英叡明智如日之無
不照也彼浮淺狙詐之人亦何有遁形於天日之下者然臣聞聖人
作罰宥過無大刑故無小欺罔陰譎是為真姦偶虧檢防是為小疵
若陛下察其真姦必正國典寬其小疵以全人用則有臣億萬自當
一心隨才大小孰不傾盡此所謂合上下之勢誠君人之大體為國
之大方也願陛下於此特加省納焉臣識慮迂疎不達理要本末東
擢盡出聖恩浮沉着位愧無補報矧被咨訪敢不盡愚上瀆宸聰不
任戰汗惶懍之至謹對

慶曆三年知諫院歐陽脩論乞令百官議事劄子曰臣伏見祖宗時猶
用漢唐之法凡有軍國大事及大刑獄皆集百官參議蓋聖人慎於
臨事不敢專任獨見欲採天下公論擇其所長以助不逮之意也方
今朝廷議事之體與祖宗之意相背每有大事秘不使人知之惟小
事可以自決者却送兩制定議兩制知非急務故忽略拖延動經年
歲其中時有一兩事體大者亦與小事一例忽之至於大者秘而不
宣此尤不便當議事之始雖侍從之列皆不與聞已行之後事須彰
布縱有乖誤却欲論列則追之不及況外廷百官疎遠者雖欲有言
陛下豈得而用哉所以兵興數年西北二方累有事宜處置多繆者
皆由大臣自無謀慮而杜塞衆見也臣今欲乞凡有軍國大事度外
廷須知而不可秘密者如北虜去年有請合從與不合從西戎今歲
求和當許與不當許凡如此事之類皆下百官廷議隨其所見同異

各令署狀而陛下擇其長者而行之不惟慎重大事廣採衆見兼又
於庶官寒賤疎遠人中時因議論可見其高材敏識者國家得以用之
若百官都無所長則自用廟堂之議至於小事並乞只令兩府自定
其錢穀合要見本末則召三司官吏至兩府討尋供析而使大臣自
擇至於禮法亦可召禮官法官詢問如此則事之大小各得其體如
允臣所請且乞將西戎請和一事先集百官廷議
脩又上疏曰臣伏覩方今夷狄外強公私內困盜賊並起蝗旱相仍
陛下軫念生民深思禍患憂勤之意夙夜焦勞而中外臣寮未能為
國家遠慮謀建長策少濟時事以寬聖懷近日以來風俗尤薄搢紳
之列不務和同或徇私意以相傾或因小事而肆忿紛然毀譽傳布
道塗飾已短以遂非各期必勝進偏辭而互訟上惑聖聰當陛下思
念遠圖之時致陛下自厭紛紜之議至於朝廷得失邦國安危孰視

恬然各思緘默陛下仁慈睿聖務存大體未欲明行賞罰以戒澆浮伏望聖慈特降詔書戒勵中外革茲時弊各使同心憂國捨小謀大然後陛下不以小事紛紜煩於聽覽則可以坐運宸算以康時艱

四年脩又上疏曰臣伏聞近出手詔條六事以賜兩府大臣有以見陛下憂勤責任之意然而天下紀綱隳壞皆由上下因循一旦陛下奮然雖有責成之心而大臣尚習因循之弊不能力行改作以副聖懷自去年范仲淹韓琦等特被選擢陛下尋開天章閣召見而大臣遜避相推並不建明一事以救天下之弊洎至內出手詔范仲淹富弼等方始各條數事至今半年有餘或寢而不行或行而不盡或雖行而未有明効今陛下又以六事責之臣恐兩府大臣依前無以上副憂勤之意下救當今之急臣願陛下不因常例奏事之時特御便殿召兩府大臣賜坐先戒以不得推避緘默後以當今大務問之須令有所陳述所問之急不過三四大事而已二虜交侵一也三路禦備之術何者可以易行而速効二也百姓困匱國用不足何以使公私俱濟三也若兩府大臣於此三事能其一者便委其專管亦以責成可也若其不然臣恐手詔屢出聖意雖勞而大臣相推終未濟事陛下必欲速救時弊非專任而切責之不可也

八年御史中丞魚周詢荅詔條畫時務上疏曰臣伏以陛下患西陲禦備天下繹騷趣募冗兵急調軍食雖常賦有增而經用不給臣以謂唐季及五代彊臣專地中國所制疆域非廣及祖宗有天下俘吳蜀楚晉北捍獯鬻西服羌戎所用甲兵所入租稅比之于今其數尚寡然而摧堅震敵府庫無空乏之弊縣官無煩費之勞蓋賞信罰必將選兵精之效也近元昊背恩西邊宿師朝廷用空疎闒茸者為偏裨募游惰怯懦者備行伍故大舉則大敗小戰輒小奔徒日費千金

度支不給賣官鬻爵濟雜仕流以鐵為錢隳壞圜法而又官立鹽禁驅民貴糶蕩析恒產怨咨盈路去秋水旱繼作今春飢饉相屬生靈重困於茲為劇今元昊幼子新立廼朝廷寬財用惜民力之時也速宜經制以紓匱乏頗委安撫使與本路守邊掌計臣寮同議裁減冗兵節抑浮費禁止橫歛廩假貧民去武臣之庸懦及守宰之貪殘仍冀特發宸斷出內帑錢助關陝經費使通鹽商之利改錢幣之法宣布德澤與民休息然後勸勉農桑隱括稅籍收遺利抑兼并則公有羨財私有餘力矣陛下患承平寖久仕進多門人浮政濫員多闕少滋長奔競靡費廩祿臣以謂國家於制舉進士明經之外歲有任子流外之補貿瑕釁服輿臺者又置於班列歷年既久紛然塞路周行之內太半非才求人之際鮮堪適用而亟更數易交錯道塗員數有定詔除無限凡守一闕動踰再歲預聞籍服武弁者坐費水衡之給虛計歲考之期赴銓調守選格者居有困窮之歎多隳廉恥之行官冗之弊一至於此願陛下特詔進士先取策論諸科兼通經義中第釋褐無令過多其文武班奏薦并流外出官者權停五七年自然名器無濫奔競衰息矣陛下患牧守之職罕聞奏最臣聞漢宣帝勉勵二千石有治效者增秩賜金或爵至關內侯公卿缺則以次用之故良吏為盛國家鑒諸侯專地之患一切用郡守治之而朝班寖冗序遷者衆廼有地處藩宣秩為卿監而未歷省府提轉內重外輕何以求治改絃易轍正在此時願詔兩府大臣選委兩制臺諫官叅舉如兩任通判可充知州軍依次除補若治狀尤異即升省府提舉轉其常例入知州及敕舉提刑並一切停罷則進擢得人牧守重矣陛下患將帥之任難於稱職臣聞晏子薦司馬穰苴曰文能附衆武能威敵是知將帥之材非備文武則不可為也我朝自二虜款附久不用兵

近歲有西北之警補授帥臣出於遷猝非自卒伍即恩澤僥無信義
以結士心無莊嚴以正師律退則奔北進則被擒虧損威靈取侮戎
狄命將之失未有若今之甚也謂宜擇名臣選舉深博有謀知兵練
武之士不限資級試以邊任臨軒敦遣假以威權如祖宗起復邊臣
李漢超輩閫外之事俾得專之無以讒謗輕有遷徙使其足以取重
則安有不稱職之憂乎陛下患西北多故虜態難當獻奇譎空言者
多陳悠久實效者少備預不虞理當先物臣聞國家和約北戎爵命
西夏偃甲止戈踰四十年而守邊多任庸人不講武備因循姑息唯
冀升平羌戎野心窺見表裏故景祐之末元昊猖狂慶曆之初耶律
悖慢覆軍殺將以疲關陝之民厚幣卑辭暫解幽薊之敵皆用苟安
之謀殊無經遠之策此班固所謂不選武略之臣恃吾所以待寇而
行貨賂割剝百姓以奉寇讎者也願陛下特議於三路減兵馬之駑

冗者以紓經費以息科歛然後選將帥擇偏裨使戢驕兵飭利戎
器識山川形勝用兵法奇正河朔曠平可施軍陣亦宜講求其法雖
二虜有變異時侵軼將有所恃庶幾無患
周詢又答詔條畫時務疏曰臣已奉詔條畫時務而陛下復躬親詢
逮蓋以諸臣所對未究根本故求可行之策臣不敢為文辭輒布愚
直切冀有所補焉所謂今之闕失者陛下聰睿高出前古然聖慮所
未至臣下所難言者唯責任不專用人猜忌為大也自昔年二府大
臣及臺諫官有互為表裏者聖聰覺悟已行黜典遂以謂人皆朋比
無復忠信今中外之臣每進對于前但敢攻過失即為公論若及忠
良材能云可任用則慮聖意疑為朋黨故忠邪未盡分善惡未盡聞
也所謂責任不專者今執政大臣心知其事可行某法可罷但拱默
自安不肯為朝廷當之致文武大政因循弛廢此又闕失之大者臣

願陛下聽政之外選材識之臣獨對便殿詢諸臣能否曰某人疑可
用某人不足用然後廣訪博採驗異同俟其得實則行進對或上
承聖問而情有詐欺憎惡則屏之遠方終身不齒何人更敢朋黨又
任用之際責其成效果敢當事者則優與進擢因循形迹者則黜居
散地何人敢不盡其心乎詔又患文武姦回中外險詐者臣聞易曰
拔茅連茹以其彙征吉言君子小人道同性合相羽翼而進也今朝
廷根本陛下股肱者二府大臣也安危治亂繫此數人在祖宗時用
呂端李沆王旦馬知節及陛下即位之初用張知白王曾魯宗道輩
持重履正深博有謀當時引薦擢任不聞有朋邪險詐者今陛下知二
府或非其人不能奮然黜之使彙征之勢來者未已自古天子擇宰
相宰相擇百官欲矯率此風不先正大臣則所謂形未端而求影之
直原未澄而欲流之清也詔患州縣暴虐法令更張者祖宗積德陛

下好生失出者不為深罪失入者終身負責宜長人之吏上體寬仁
愛育黎庶而或有暴虐者蓋公家急於賦歛以嚴集事貪吏因緣生
姦以威動衆使之然也夫法令者治世之銜勒宜守而勿失若祖宗
法令可以經久者亦宜更易近樞密院改內省條令似與曩者負罪
之人預為復進之地中外喧然以為不可況內省者左右之近密朝
廷者四方之根本儻不能堅守法令則天下何以取信乎願遴選刺
史縣令諭以愛民之意則州縣無暴虐之患矣裁抑權貴無使輕易
條憲則法令無更張之失矣
知制誥曾公亮答詔條畫時務面奉御劄曰朕承祖宗大業賴文武
良臣夙夜兢兢期底於治間者西陲禦備天下繹騷募冗兵急調
軍食雖常賦有增而經用不給累歲于茲公私匱乏加以承平寖久
仕進多門人浮政濫員多闕少滋長奔競靡費廩祿又牧守之職以

惠綏吾民而罕聞奏最將帥之任以威服四夷而艱於稱職豈制度
未立不能變通於時耶豈簡擢靡臻不能勸勵於下耶西北多故屢
態難常獻奇譎空言者多陳悠久實效者少備豫不虞理當先物朕
思濟此急務罔知所從以卿碩望故茲訪逮䫉佇條畫臣才識淺陋
仰膺聖問謹昧死條對上進
一伏覩詔書請問者西陲禦備天下繹騷調募冗兵急調軍食雖
常賦有增而經用不給累歲于茲公私匱乏此實方今之先務
也臣切謂國家經用不給者非有他焉由冗兵之所耗食也朝
廷所以未能斥減者豈不為沿邊三路尚須屯戍疆塞廣袤用
之尤且不足乎臣計今疆塞未多於建隆開寶之年是時外捍
夷狄內有河東西蜀江南嶺南之戍而所蓄禁兵止十二萬而
已至乾德中兩川江嶺已平則又減二萬太宗盡有天下所添

之兵纔三十餘萬真宗初年亦止三十八萬至乾興中始及八
十餘萬以此知兵少則訓習齊一所向無敵兵多則冗雜難齊
所施寡效其理甚明也今乃自慶曆已來既廣招募又升廂軍
為禁軍凡總一百餘萬然而用之罕聞成功者非獨將佐之不
武由所用之卒不精爾不精之由無他在乎多而不得齊一也
而況廣費廩給竭天下之財力可不深慮乎臣以謂事已久定
非可旦暮措置須用數年圖之可籍見兵之數專委信臣精加
選擇取力伉健軼群超等一夫可以敵二三者別為部伍俾如
太宗及真宗初年三十八萬之數改立名額練為精卒付於善
將後有亡逸亦用此格招填使之捍邊是用精良之少而代疲
冗之多安得不足也而況二宗之制未遠哉其餘疲軟老耄則
散也東南關兵之郡就食既數有亡逸者更不招補數年之內

十必減四十年之內必可消弭不唯減天下之蠹耗實亦得精
兵以為用也方今二虜衰弱兵械休息朝廷不速圖之則臣恐
小有水旱糧餉徵梗則陛下焦心旰食於上矣圖之實宜早焉
若舍此為計是皆迂論臣又切聞宣毅兵久為東南之弊料上
封者言之多矣況南方小郡有舉城無二三千戶者乃置禁兵
數百坐食膏血官不得人往往為患自昔祖宗之制東南諸州
唯迭遣廂軍屯駐至于藩鎮則量加禁兵駐泊以為旁郡式遏
行之甚久頗適事要止從慶曆之初創置此兵今諸路轉運供
億艱苦遠郡官吏憚於統制臣以謂除京東西路外其餘諸路
悉可罷廢揀入別軍其老弱者令入本城役作唯一路藩鎮許
揀留千人依舊教閱以鎮遏旁郡此又減費弭患之一端也臣
仍願自今置廢興作須樞臣熟議必得不問財賦而專有添創

如慶曆之失臣伏聞祖宗舊制三司每季供糧草文帳一本赴
樞密院夫樞密不主財賦而使供帳者是欲置廢兵馬常使與
芻糧照對也往歲樞臣不練事體稱糧草本屬中書密院供帳
久為閑冗乞自今罷之則知樞密總兵自來罕問糧草之有無
如此謀國豈天下取安之計也今聖慮軫及中外大幸願陛下
畢舉而行之使太平可致也
一伏覩詔書請承平寖久仕進多門人浮政濫員多闕少滋長奔
競靡費廩祿此誠方今之大患也臣不敢遠引前代請以唐制
明之正觀中太宗平定天下創立法度是時文武定員唯六百
四十三員天下不為不治法度不聞不立也至永徽神龍中方
內已寧朝綱已備高宗不能遵太宗之業遂容濫官於員之外
既置員外員外之上又置同正及武后亂政又增置員外官二

千餘員是時朝廷益多事綱紀益隳壞官之繁簡蓋利害明矣
臣且聞景祐中審官三班流內銓吏員之數已多於祥符景德
之日今則比方景祐中又多一倍臣嘗原之蓋由寶元以來陝
西用兵或獻方略或陳武伎或因邊臣薦引（自經略部署已下每出並奏命有司胥吏諸班人擢授管部）
或以微勞錄用擢軍班之材勇開進納之恩限所
以三班餘曹官倍景祐之數也又如崇班已上謂之內朝臣祖
宗所置本無數年磨勘之制多因功績乃與遷轉止因朝廷宰
相寡謀啓此僥倖諸司使額遂為殽雜也故官之冗基自京官
按真宗朝銓司磨勘選人每甲止見一員一月不過三四甲亦
無遂甲皆轉是一月之內轉是官者一二而已率皆考任已多
績狀可取始被此選近歲每間日見磨勘選人一員二年已來
改為數日一見每見五員盡得改轉甫及三歲又升朝序故審

官員闕漸見不足差擬此審官三班銓曹之蠹根也夫古之職
官則今之差遣職任是也皆居有曹局局有員數固不可得而
多也陛下若欲鑒累世之失大有改為臣請自二省官及橫行
諸使已下並按舊典議定員數如御史臺官是也於舊員之外
量數加置以備出使員額之外一不許置有勞當擢者但容遇
闕先補唯軍功重任始得越此遷轉立制既定雖有近倖踰
亦無由進也陛下若重於改作但薄欲懲創則臣請自今應進
納人止除七品上佐官不令蒞事廢方略之舉臣寮保薦弟姪
者他日犯罪始同罪舉官之例諸司禁補額外正名大臣不得
奏任門客常從限邊臣之薦引汰賞功之泛濫每歲經學之選
素未精核不通義理止誦空文施於政事實非有益請用慶曆
四年張方平等重定貢舉條約則濫進者少矣諸司人吏在他

司（司農糧料兵部之類）本無異勞而例得遷資減選請一切罷之則選限
有常矣如此則入流之路稍隘也至若銓司引見之式樞密三
班磨勘之例祖宗舊制可以復行如此則朝行之內亦不數每
員闕可以相當矣其武晉加澄汰廣欲去留奪其見官恐未可
亟行於茲日也唯此末議庶幾無損
一伏覩詔旨謂牧守之職以惠綏吾民而罕聞奏最臣伏思之由
選之不精遇之不重勸之不至而使然也何以言之今審官差
擇知州無問賢拙但考深資至則授焉故弛慢者有之耄老者
有之病廢者有之姦贓者有之此選之不精者也又如朝廷重
內輕外浸成風體遂使縉紳之流稀肯以州任為貴夫州郡古
二千石之職也今雖自京府推官而往亦視為左遷凡臺閣不
勝其任則授郡以遣去故能臣幹吏多在錢穀刑獄之任以仕

不脫知州為恥此遇之不重者也及其居官為政苟有善狀上
不過提刑轉運一發薦啓章朝廷用之則止於付審官記姓名
而已卒未聞政有善譽而朝廷一加遷拜此勸之不至者也古
者天子擇宰相宰相擇群吏臣請自今審官擇知州皆引詣中
書詢察然後擬奏昔兩漢時郡守乃與九卿令僕迭相出入其
政理尤異至有直拜三公者今須峻其等威如漢故事使雜流
不得妄入則賢者樂居其職矣商書曰德懋懋官功懋懋賞雖
堯舜三代群臣猶須官賞以勸立功德而況今人哉臣請別立
典州考課之等委監司采察三考有善政者則陞其官資兩任
有善政者則陞其任使顯無狀者則罷黜之庶幾可以副陛下
憂民之意也
一伏覩詔旨將帥之任所以威服四夷而罕聞稱職臣嘗觀太祖

太宗之時。征伐海內。建威定亂。成太平於十九年之中。將帥得人固可知矣。唯自咸平已來。真宗嘗與陳堯叟馮知節。共論將帥之難得。至于今日。陛下復以將不稱職為憂。豈天下之人。獨生才皆於建隆興國之間。而咸平以來迨今五十餘年。絕然無一臣之能繼乎。是必不然也。臣慮選之未得其要。或用之不盡其才爾。軍志曰。三試然後授事。是欲先視其才實。然後任之以事。昔趙奢與子括論兵。奢不能屈。退而歎曰。兵危事也。括易言之。用之必敗。李靖為將。似不能言。則知將之才能。其難知也如此。臣昨見陝西用人。固未聞朝廷有試以實效者。如趙珣因上圖說。便委萬兵之任。卒至於敗。臣所以慮選之未得其要者。皆此類也。其次雖得善將。而任之不盡其才。何哉。恭以太祖太宗之朝。軍政已講。廟堂之宰。練知兵體。故帥臣之進一言畫一計。

利病用捨。雖從中覆。及其畫奏報下。無不適其事機。將之有材可以竭盡矣。咸平而後。守文偃革。大臣當相罕歷邊務。故帥臣進一言畫一計。尚如祖宗之時。利病用捨悉從中覆。及其畫奏報下。尚一事不適機要。則將有不得盡其才慮者矣。望其立功何可得哉。故咸平迨今之善將者。其弊未必不由此也。孫子曰。不知三軍之事。而同三軍之政者。謂之軍惑。不其信哉。方今二邊不警。朝廷得以講備。臣請自今擇將。未加遷擢。必先試以行陣疆埸之事。所試有效。至于三四。始與顯官厚祿。以重其任。然後委其命而勿制。用其言而勿疑。此孫子所謂將能而君不御者勝。是也。

一伏覩詔旨。謂西北多故。勞懸難常。獻奇論空言者多。陳悠久實效者少。備豫不虞。理當先物。此蓋陛下得安不忘危。有備無患之深旨也。臣伏思朝廷北有契丹。西有拓跋。二邊講備。為日久矣。今北虜之勢。累年孱弱。向欲報仇夏臺。猶不能舉。豺肯捨歲入之厚利。而輕犯中國也。雖豺豕之性。難以保信。料勢利束之。當不能動也。況今大河之北。重兵列戍。已有藩籬之固矣。西夏新有巨釁。君少國疑。料其衆心。猶懼大國之見絕。豈遑自出為盜也。四路見兵備之有餘矣。臣以謂朝廷方今之慮。不在二虜。而在山東河北之地。刀鋸之慘。人心尚危。小有水旱姦宄。必乘為寇。宜常得要官才吏以分鎮要州。庶幾可以消患於未萌者也。

右臣祗奉聖問。條對如右。識慮暗淺。塵冒天聽。

歷代名臣奏議卷之三十一

治道

宋仁宗皇帝自至和後臨朝淵默知諫院唐介言君臣如天地以交泰為理願時延群下敷德音可否萬幾以幸天下又論宮禁干丐恩澤出命不由中書宜有以抑絕賜予嬪御之費多先朝時十數倍日加無窮宜有所朘損監司薦舉多得文法小吏請令精擇端良敦朴之士毋使與憸薄者同進諸路走馬承受凌擾郡縣可罷勿遣以權歸監司兖國公主夜開禁門宜劾宿衛主吏以嚴宮省帝悉開納之

嘉祐元年知諫院范鎮上奏曰臣伏見三司開封府居常以明有條貫事作情理輕重上殿進呈及進入取旨又諸司事有叢脞微細者並皆奏聞乃是陛下以天子之尊下行三司使及開封知府與諸司事皆有司不能任責以至上煩聖慮非惟上煩聖慮又失為政之要

而虧損國體伏乞指揮今後三司開封府公事內有情理輕者聽便宜行遣諸司事內有無條貫須至申明者許申都堂委大臣參詳處分所貴責歸有司不至煩瀆聖慮而盡為政之體要

三年眉州布衣臣蘇洵謹頓首再拜冒萬死上書皇帝闕下臣前月五日蒙本州錄到中書劄子連牒臣以兩制議上翰林學士歐陽脩奏臣所著權書衡論幾策二十二篇乞賜甄錄陛下過聽召臣試策論舍人院仍令本州發遣臣赴闕臣本田野匹夫名姓不登於州閭今一旦卒然被召實不知其所以自通於朝廷承命悸恐不知所為以陛下躬至聖之資又有群公卿之賢與天下士大夫之衆如臣等輩固宜不少有臣無臣不加損益臣不幸有負薪之疾不能奔走道路以副陛下搜揚之心憂惶負罪無所容處臣本凡才無路自進當少年時亦嘗欲僥倖於陛下之科舉有司以為不肖輒以擯落蓋退

而處者十有餘年今雖欲勉強扶病戮力亦自知其疎拙終不能合有司之意恐重得罪以辱明詔且陛下所為千里而來召臣者其意以臣為能有所發明以庶幾有補於聖政之萬一而臣之所以自結髮讀書至于今茲犬馬之齒幾已五十而猶未敢廢者其意亦欲效尺寸於當時以快平生之志耳今雖未能奔伏闕下以累有司而猶不忍默默卒無一言而已也天下之事其深遠切至者臣自惟疎賤未敢遽言而其近而易行淺而易見者謹條為十通以塞明詔其一曰臣聞利之所在天下趨之是故千金之子欲有所為則百家之市無寧居者古之聖人執其大利之權以奔走天下意有所向則天下爭先為之今陛下有奔走天下之權而不能用何則古者賞一人而天下勸今陛下增秩拜官動以千計其人皆以為己所自致而不知戮力以報上之恩至於臨事誰當效用此由陛下輕用其爵祿使天

下吏積日持久而得之譬如傭力之人計功而受直雖與之千萬豈知德其主哉是以雖有能者亦無所施以為謹守繩墨足以自致高位官吏繁多溢于局外使陛下皇皇汲汲求以處之而不暇擇其賢不肖以病陛下之民而耗竭大司農之錢穀此議者所欲去而未得也臣竊思蓋今制馭天下之吏自州縣令錄幕職而改京官者皆未得其術是以若此紛紛也今雖多其舉官而遠其考重其舉官之罪此適足以隔賢者而容不肖且天下無事雖庸人皆足以無過一旦改官無所不為彼其舉者曰此廉吏此能吏朝廷不知其所以為廉與能也幸而未有敗事則長為廉與能矣雖重其罪未見有益上下相蒙請託公行從官六七考求舉主五六人此誰不能者臣愚以為舉人者當使明著其迹曰某人廉吏也嘗有某事以知其廉某人能吏也嘗有某事以知其能雖不必有非常之功而皆有可紀之狀其

特曰廉能而已者不聽。如此則夫庸人雖無罪而不足稱者不得入
其間老於州縣不足甚惜。而天下之吏必皆務為可稱之功。與民興
利除害。惟恐不出諸己。此古之聖人所以驅天下之人而使爭為善
者也。有功而賞有罪而罰其實一也。今降官罷任者必奏曰某人有
某罪。其罪當然。然後朝廷舉而行之。今若不著其所犯之由而特曰
此不才貪吏也。則朝廷安肯以空言而加之罪。今又何獨至於改官
而聽其空言哉。是不思之甚也。或者以為如此則天下之吏務為可
稱用意過當生事以為己功。漸不可長。臣以為不然。蓋聖人必觀天
下之勢而為之法。方天下初定。民厭勞役則聖人務為因循之政。與
之休息。及其久安而無變則必有不振之福。是以聖人破其苟且之
心而作其怠惰之氣。漢之元成惟不知此。以至於亂。今天下少惰矣
宜有以激發其心使踴躍於功名以變其俗。況乎冗官紛紜如此。不

知所以節之。而又何疑於此乎。且陛下與天下之士相期於功名。而
毋苟得。此待之至深也。若其宏才大略不樂於小官而無聞焉者使
兩制得以非常舉之。此天下亦不過幾人而已。吏之有過而不得遷者
亦使得以功贖。如此亦以示陛下之有所推恩而不惟艱之也。其二
曰臣聞古之制爵祿必皆孝悌忠信脩潔博習聞於鄉黨而達於朝
廷以得之。及其後世不然。曲藝小數皆可以進。然其得之也猶有以
取之。其弊不若今之甚也。今之用人最無謂者其所謂任子乎。曰其
父兄之資以得大官。而又任其子弟。子將復任其孫。孫又任其子。是
不學而得者常無窮也。夫得之也易則其失之也不甚惜。以不學之
人而居不甚惜之官。其視民如草芥也固宜。朝廷自近年始有意於
裁節。然皆知損之而未得其所損。此所謂制其末而不窮其源見其
粗而未識其精。僥倖之風少衰而猶在也。夫聖人之舉事不唯曰利

而已。必將有以大服天下之心。今欲有所去也。必使天下知其所以
去之之說。故雖盡去而無疑。何者恃其說明也。夫所謂任子者亦猶
曰信其父兄而用其子弟云爾。彼其父兄固學而得之也。學者任人
不學者任於人。此易曉也。今之制苟幸而其官至於可任者舉使任
之。不問其始之何從而得之也。且彼任於人不暇又安能任人。此猶
借資之人而欲從之匄貸不已難乎。臣愚以為父兄之所任而得官
者雖至正郎宜皆不聽任子弟。唯其能自脩飾而越錄躐次以至于
清顯者乃聽。如此則天下冗官必大衰少。而公卿之後皆奮志於學
不待父兄之資。其任而得官者知後不得復任其子弟亦當勉強不
肯終老自棄於庸人。此其為益豈特一二而已。其三曰臣聞自設官
以來皆有考績之法。周室既亡其法廢絕。自京房建考課之議其後
終不能行。夫有官必有課。有課必有賞罰。有官而無課是無官也。有

課而無賞罰是無課也。無官無課而欲求天下之大治臣不識也。然
更歷千載而終莫之行。行之則益以紛亂而終不可考。其故何也。天
下之吏不可以勝考。今欲人人而課之必使入於九等之中。此宜其
顛倒錯繆而不若無之為便也。臣觀自昔行考課者皆不得其術。蓋
天下之官皆有所屬之長者有功有罪其長皆得以舉刺。如必人人
而課之朝廷則其長為將安用。惟其大吏無所屬而莫為之長也。則
課之所宜加。何者其位尊。故課一人而其下皆可以整齊其數少。故
可以盡其能否而不謬。今天下所以不大治者守令丞尉賢不肖混
淆而莫之辨也。夫守令丞尉賢不肖之不辨其咎在職司之不明職
司之不明其咎在無所屬而莫為之長。陛下以無所屬之官而寄之
以一路。其賢不肖當使誰察之。古之考績者皆從司會而至於天子古
之司會即今之尚書。尚書既廢唯御史可以總察中外之官臣愚以

為可使朝臣議定職司考課之法。而於御史臺別立考課之司。中丞舉其大綱。而屬官之中。選強明者一人以專治其事。以舉刺多者為上。以舉刺少者為中。以無舉刺者為下。因其罷歸而奏其治要。使朝廷有以為之賞罰。其非常之功。不可掩之罪。又當特有以償之。使職司知有所懲勸。則其下守令丞尉不容復有所依違。而其所課者。又有不過數十人。是以求得其實。此所謂用力少而成功多。法無便於此者矣。今天下號為太平。其實遠方之民窮困已甚。其咎皆在職司。臣不敢盡言。陛下試加採訪。乃知臣言之不妄。其四曰。臣聞古者諸侯臣妾其境內。而卿大夫之家亦各有臣。陪臣之事其君。如其君之事天子。此無他。其一境之內。所以生殺與奪富貴貧賤者。皆自我制之。此固有以臣妾之也。其後諸侯雖廢。而自漢至唐。猶有相君之勢。何者。其署置辟舉之權。猶足以臣之也。是故太守刺史坐於堂上。州

縣之吏拜於堂下。雖奔走頓伏。其誰曰不然。自太祖受命。收天下之尊歸之京師。一命以上。皆上所自署。而大司農衣食之。自宰相至于州縣吏。雖貴賤相去甚遠。而其實皆所與比肩而事主耳。是以百餘年間。天下不知有權臣之威。而太守刺史猶用漢唐之制。使州縣之吏事之。如事君之禮。皆受天子之爵。皆食天子之祿。不知其何以臣之也。小吏之於大官。不憂其有所不從。唯恐其從之過耳。今天下以貴相高。以賤相諂。柰何使州縣之吏。趨走於太守之庭。不啻若僕妾。唯唯不給。故大吏常恣行不忌。其下而小吏不能正。以至於曲隨諂事。助以為虐。其能中立而不撓者。固已難矣。此不足怪。其勢固使然也。夫州縣之吏。位卑而祿薄。去於民最近。而易以為姦。朝廷所恃以制之者。特以厲其廉隅。全其節槩。而養其氣。使知有所恥也。且必有異材焉。後將以為公卿。而安可薄哉。其尤不可者。今以縣令從州縣

之禮。夫縣令官雖卑。其所負一縣之責。與京朝知縣等耳。其胥吏人民。習知其官長之拜伏於太守之庭。如是之不威也。故輕之。輕之故易為姦。此縣令之所以為難也。臣愚以為州縣之吏事太守。可恭遜卑抑。不敢抗而已。不至於通名贊拜趨走其下風。所以全士大夫之節。且以儆大吏之不法者。其五曰。臣聞為天下者。必有所不可窺。是以天下有急。不求其素所不用之人。使天下幸其倉卒而取其祿位。唯聖人為能然。何則。其素所用者。緩急足以使也。臨事而取者。亦不足用矣。傳曰。寬則寵名譽之人。急則用介冑之士。今者所用非所養。所養非所用。國家用兵之時。購方略。設武舉。使天下屠沽健兒皆能徒手攫取陛下之官。而兵休之日。雖有超世之才。而惜斗升之祿。臣恐天下有以窺朝廷也。今之任為將帥。卒有急難而可使者誰也。陛下之老將。曩之所謂戰勝而善守者。今亡矣。臣愚以為可復武舉。而為

之新制。以革其舊弊。且昔之所謂武舉者。蓋蹤矣。其以弓馬得者。不過挽強引重。市井之麤材。而以策試中者。以皆記錄章句。區區無用之學。又其取人太多。天下之知兵者。不宜如此之衆。而待之又甚輕。其第下者。不免於隸役。故其所得皆貪污無行之徒。豪傑之士恥不忍就。宜因貢士之歲。使兩制各舉其所聞。有司試其可者。而陛下親策之。權略之外。使於弓馬可以出入險阻。勇而有謀者。不過取一二人。待以不次之位。試以守邊之任。文有制科。武有武舉。陛下欲得將相。於此乎取之。十人之中。豈無一二。斯亦足以濟矣。其六曰。臣聞法不足以制天下。以法制天下。法之所不及。天下斯欺之矣。且法必有所不及也。先王知其有所不及。是故存其大略。而濟之以至誠。使天下之所以不吾欺者。未必皆吾法之所能禁。亦其中有所不忍而已。人君御其大臣。不可以用法。如其左右大臣。而必待法而後能御也。

則其跡遠小吏當復何以哉以天下之大而無可信之人則國不足
以為國矣臣觀今兩制以上非無賢俊之士然皆奉法供職無過而
已莫肯於繩墨之外為陛下深思遠慮有所建明何者陛下待之於
繩墨之內也臣請得舉其一二以言之夫兩府與兩制宜使日夜交
於門以講論當世之務且以習知其為人臨事授任以不失其才今
法不可以相往來意將以杜其告謁之私也君臣之道不同人臣惟
自防人君惟無防之是以歡欣相接而無間以兩府兩制為可信耶
當無所請屬以不可信耶彼何患無所致其私意安在其相往來耶
今兩制知舉不免用封彌謄錄既奏而下御史親往涖之凜凜如鞫
大獄使不知誰人之辭又何其甚也臣愚以為如此之類一切撤去
彼稍有知宜不忍負若其猶有所欺也則亦天下之不才無恥者矣
陛下赫然震威誅一二人可以使天下姦吏重足而立想聞朝廷之

風亦必有倜儻非常之才為陛下用也其七曰臣聞為天下者可以
名器授人而不可以名器許人人之不可以一日而知之也久矣國
家以科舉取人四方之來者如市一旦使有司第之此固非真知其
才之高下大小也特以為姑收之而已將試之為政而觀其悠久則
必有大異不然者今進士三人之中釋褐之日天下望為卿相不及
十年未有不為兩制者且彼以其一日之長而擅終身之富貴舉而
歸之如有所負如此則雖天下之美才亦或怠而不修其率意恣行
者人亦望風畏之不敢按此何為者也且又有甚不便者先王制其
天下尊尊相高貴貴相承使天下仰視朝廷之尊如泰山喬嶽非扳
援所能及苟非有大功與出群之才則不可以輕得其高位是故天
下知有所忌而不敢覬覦今五尺童子斐然皆有意於公卿得之則
不知愧不得則怨何則彼習知其一旦之可以僥倖而無難也如此

則匹夫輕朝廷臣愚以為三人之中苟優與一官足以報其一日之
長館閣臺省非舉不入彼果非不才者也其何患無所舉此非獨以
愛惜名器將以重朝廷耳其八曰臣聞古者敵國相觀不觀其山川
之險士馬之衆相觀於人而已高山大江必有猛獸怪物時見其威
故人不敢褻夫不必戰勝而後服也使之常有所忌而不敢發使吾常
有所恃而無所怯耳今以中國之大使夷狄視之不畏甚者敢有煩
言以瀆亂吾聽此其心不有所窺其安能如此之無畏也敵國有事
相待以將無事相觀以使令之所謂使者亦輕矣曰此人也為此官
也則以為此使也今歲以某來歲當以某又來歲當以某如縣令署
役必均而已矣人之才固有所短而不可強其尊對捷給勇敢又非
可以學致也今必強使之彼有倉惶失次為夷狄笑而已古者大夫
出彊有可以安國家利社稷則專之今法令太密使小吏執簡記其

旁立搖足輒隨而書之雖有奇才辯士亦安所用彼夷狄觀之以為
鐏俎談燕之間尚不能辨軍旅之際固宜無人也如此將何以破其
姦謀而折其驕氣哉臣愚以為奉使宜有常人惟其可者而不必均
彼其不能者陛下責之以文學政事不必強之於言語之間以敗吾
事而亦精覽其法使得有所施且今世之患以奉使為艱危故必均
而後可陛下平時使人而皆得以辭免後有緩急使之出入死地將
皆逃耶此臣又非獨為出使而言也其九曰臣聞刑之有赦其來遠
矣周制八議有可赦之人而無可赦之時自三代之衰始聞有肆赦
之令然皆因天下有非常之事凶荒流離之後盜賊垢汙之餘於是
有以沛然洗濯於天下而猶不若今之因郊而赦使天下之凶民可
以逆知而僥倖也平時小民畏法不敢趑趄當郊之歲盜賊公行罪
人滿獄為天下者將何利於此而又糜散帑廩以賞無用冗雜之兵

一經大禮費以萬億賦斂之不輕民之不聊生皆此之故也以陛下節用愛民非不欲去此矣顧以為所從來久遠恐一旦去之天下必以為少恩而凶豪無賴之兵或因以為詞而生亂此其所以重改也蓋事有不可改而遂不改者其憂必深改之則其禍必速惟其不失推恩而有以救天下之弊者臣愚以為先郊之歲可因事為詞特發大號如郊之赦與軍士之賜且告曰吾於天下非有惜乎推恩也惟是凶殘之民知吾當赦輒以犯法以賊害乎良民今而後赦不於郊之歲以為常制天下之人喜乎非郊之歲而得郊之賞也何暇慮乎其後四五年而行之七八年而行之又從而盡去之天下晏然不知而日以遠矣且此出於五代之後兵荒之間所以姑息天下而安反側耳後之人相承而不能去以至于今法令明具四方無虞何畏而不改今不為之計使姦人猾吏養為盜賊而厚取租賦以啖驕兵乘之以飢饉鮮不及亂當此之時欲為之計其猶有及乎

其十曰臣聞古者所以採庶人之議為其疎賤而無嫌也不知爵祿之可愛故其言公不知君威之可畏故其言直今臣幸而未立于陛下之朝無所愛惜顧念於其心者是以天下之事陛下之諸臣所不敢盡言者臣請得以僭言之陛下擢用賢俊思致太平今幾年矣事無立而輒廢功未成而旋去陛下知其所由乎陛下知其所由則今之在位者皆足以有立若猶未也雖得賢臣千萬天下終不可為何者小人之根未去也陛下遇士大夫有禮凡在位者不敢用褻狎戲嫚以求親媚於陛下而讒言邪謀之所由至於朝廷者天下之人皆以為陛下不疎遠宦官之過陛下特以為耳目玩弄之臣而不知其陰賊險詐為害最大天下之小人無由至於陛下之前故皆道於宦官珠玉錦繡所以為賂者絡繹於道以間關齟齬賢人之謀陛下縱不聽用而大臣常有所顧忌以不得盡其心臣故曰小人之根未去也竊聞之道路陛下將有意乎去而疎之也若如所言則天下之福然臣方以為憂而未敢賀也古之小人有為君子之所抑而反激為天下之禍者臣每痛傷之蓋東漢之衰宦官用事陽球為司隸校尉發憤誅王甫等數人磔其尸于道中常侍曹節過而見之遂奏誅陽球而宦官之用事過於王甫之未誅其後竇武何進又欲去之而反以遇害故漢之衰至於掃地而不可救夫君子之去小人惟能盡去乃無後患惟陛下思宗廟社稷之重與天下之可畏既去之又去之既疎之又疎之刀鋸之餘必無忠良縱有區區之小節不過帷闥洒掃之勤無益於事惟能務絕其根使朝廷清明而忠言嘉謀易以入則天下無事矣惟陛下無使為臣之所料而後世以臣為知言不勝大願曩臣所著二十二篇略言當世之要陛下雖以此召臣然臣觀朝廷之意特以其文采詞致稍有可嘉而未必其言之可用也天下無事臣每無狂言以迂闊為世笑然臣以為必將有時而不迂闊也賈誼之策不用於孝文之時而使主父偃之徒得其餘論而施之於孝武之世夫施之於孝武之世固不如用之於孝文之時之易也臣雖不及古人惟陛下不以布衣之言而忽之不勝越次憂國之心效其所見且非陛下召臣臣言無以至於朝廷今老矣恐後無由復言故云云之多至於此也惟陛下寬之臣某誠惶誠恐頓首頓首謹書

六年起居舍人同知諫院司馬光進五規狀曰右臣幸得備位諫官竊以國家之事言其大者遠者則汪洋濩落而無目前朝夕之益陷於迂闊言其小者近者則叢脞委瑣徒足以煩瀆聖聽失於苛細夙夜惶惑口與心謀涉歷累旬迺敢自決與其受苛細之責不若取迂闊之譏伏以祖宗開業之艱難國家致治之光美難得而易失不可

以不昏。故作保業。隆平之基。因而安之者易為功。頹壞之勢。從而救之者難為力。故作惜時。道前定則不窮。事前定則不困。人無遠慮。必有近憂。故作遠謀。燎原之火。生於熒熒。懷山之水。漏於涓涓。故作重微。象龍不足以致雨。畫餅不足以療饑。華而不實。無益於治。故作務實。合而言之。謂之五規。此皆守邦之要道。當世之切務。贛陋狂瞽。觸冒忌諱。惟知納忠。不敢愛死。伏望陛下以萬幾之餘。游豫之間。垂精留神。特賜省覽。萬一有取。裁而行之。則臣生於天地之間。不與草木同朽矣。

保業

天下重器也。得之至艱。守之至艱。王者始受天命之時。天下之人皆我比肩也。相與角智力而爭之。智竭不能抗。力屈不能支。然後肯稽顙而為臣。當是之時。有智相偶者則為二。力相參者則為三。愈多則愈分。自非智力首出於世。則天下莫得而一也。斯不亦得之至艱乎。及夫繼體之君。群雄已服。眾心已定。上下之分明。彊弱之勢殊。則中人之性。皆以為子孫萬世如泰山之不可搖也。於是有驕惰之心生。驕者玩兵黷武。窮泰極侈。神怒不恤。民怨不知。一旦渙然四方糜潰。秦隋之季是也。惰者沉酣宴安。慮不及遠。善惡雜糅。是非顛倒。日復一日。至於不振。漢唐之季是也。二者或失之彊。或失之弱。其致敗一也。斯不亦守之至艱乎。臣竊觀自周室東遷以來。王政不行。諸侯並僭。分崩離析。不可勝紀。凡五百有五十年而合於秦。秦虐用其民。十有一年而天下亂。又八年而合於漢。漢為天子二百有六年而失其柄。王莽盜之。十有七年而復為漢。更始不能自保。光武誅除僭偽。凡十有四年然後能一之。又一百五十有三年董卓擅朝。州郡瓦解。更相吞噬。至于魏氏。海內三分。凡九十有一年而合於晉。晉得天下纔

二十年。惠帝昏愚。宗室構難。群胡乘釁。濁亂中原。散為六七。聚為二三。凡二百八十有八年而合於隋。隋得天下纔二十有八年。煬帝無道。九州幅裂。八年而天下合於唐。唐得天下一百有三十年。明皇恃其承平。荒于酒色。養其疽囊。以為子孫不治之疾。於是漁陽竊發。而四海橫流矣。肅代以降。方鎮跋扈。號令不從。朝貢不至。名為君臣。實為讎敵。陵夷衰微。至于五代。三綱頹絕。五常殄滅。懷璽未煖。處宮未安。朝成夕敗。有如逆旅。禍亂相尋。戰爭不息。流血成川澤。聚骸成丘陵。生民之類。其不盡者無幾矣。於是太祖皇帝受命于上帝。起而拯之。躬擐甲胄。櫛風沐雨。東征西伐。掃除海內。當是之時。食不暇飽。寢不遑安。以為子孫建太平之基。大勳未集。太宗皇帝嗣而成之。凡二十有五年然後大禹之迹復混而為一。黎民遺種。始有所息肩矣。由是觀之。上下一千七百餘年。天下一統者五百餘年而已。其間時時小有禍亂。不可悉數。國家自平河東以來。八十餘年內外無事。然則三代以來。治平之世。未有若今之盛者也。今民有十金之產。猶以為先人所營。苦身勞志。謹而守之。不敢失墜。況於承祖宗光美之業。奄有四海。傳祚萬世。可不重哉。可不謹哉。夏書曰。予臨兆民。懍乎若朽索之馭六馬。周書曰。心之憂危。若蹈虎尾。涉于春冰。臣願陛下夙興夜寐。兢兢業業。思祖宗之勤勞。致王業之不易。援古以鑒今。知太平之世難得而易失。則天下生民至於鳥獸草木無不幸甚矣。

惜時

夏至陽之極也。而一陰生。冬至陰之極也。而一陽生。故盛衰之相承。治亂之相生。天地之常經。自然之至數也。其在周易。泰極則否。否極則泰。豐亨宜日中。孔子傳之曰。日中則昃。月盈則食。天地盈虛。與時消息。而況於人乎。況於鬼神乎。是以聖人當國家隆盛之時。則戒懼彌

甚故能保其令聞永久無疆也凡守太平之業者其術無他如守巨室而已今人有巨室於此將以傳之子孫為無窮之規則必實其堂基壯其柱石強其棟梁厚其茨蓋高其垣墉嚴其關鍵既成又擇子孫之良者使謹守之日省而月視敝者扶之弊者補之如是則雖亘千萬年無頹壞也夫民者國之堂基也禮法者柱石也公卿者棟梁也百吏者茨蓋也將帥者垣墉也甲兵者關鍵也是六者不可不朝念而夕思也夫繼體之君謹守祖宗之成法苟不隳之以逸欲敗之以讒諂則世世相承無有窮期及夫逸欲以隳之讒諂以敗之神怒於上民怨於下一旦渙然而去之則雖有仁智恭儉之君焦心勞力猶不能救陵夷之運遂至於顛沛而不振嗚呼可不鑒哉今國家以此承平之時立綱布紀定萬世之基使如南山之不朽江河之不竭可以指顧而成耳失今不為乃頓足扼腕而恨之將何益矣詩曰我

日斯邁而月斯征夙興夜寐無忝爾所生時乎時乎誠難得而易失也

遠謀

易曰君子以思患而豫防之書曰遠乃猷詩云猷之未遠是用大諫昔聖人之教民也使之方暑則備寒方寒則備暑七月之詩是也今夫市井稗販之人猶知旱則資舟水則資車夏則儲裘褐冬則儲絺綌彼偷安苟生之徒朝醉飽而暮飢寒者雖與之俱為編戶貧富必不侔矣況為天下國家者豈可不制治於未亂保邦於未危乎詩云迨天之未陰雨徹彼桑土綢繆牖戶今此下民或敢侮予孔子曰為此詩者其知道乎能治其國家誰敢侮之迨天之未陰雨者國家閑暇無災害之時也徹彼桑土者求賢於隱微也綢繆牖戶者脩敕其政治也夫桑土者鴟鴞所以固其室也賢儁者明主所以固其國也國既固矣雖有侮之者庸何傷哉臣竊見國家每邊境有急羽書相銜或一方饑饉餓殍盈野則廟堂之上焦心勞思忘寢食以憂之當是之時未嘗不以將帥之不選士卒之不練牧守之不良倉廩之不實追責前人以其備禦之無素也幸而烽燧息五穀登則明主舉萬壽之觴於上群公百官歌太平縱娛樂於下晏然自以為長無可憂之事矣嗚呼使自今日已往四夷不復犯邊水旱不復為災則可矣若猶未也則天幸又安可數恃哉陛下何不試以閑暇之時思不幸邊鄙有警饑饉荐臻則將帥可任者為誰牧守可倚者為誰雖在千里之外使之常如目前至於甲兵之利鈍金穀之盈虛皆不可不前知而豫謀也若待事至而後求之則已晚矣夫四夷水旱事之細者也抑又有大於是者陛下亦嘗留少頃之慮乎詩云維彼聖人瞻言百里維此愚人覆狂以喜此言遠謀之難知近言之易行也夫謀遠

則似迂似迂則人皆忽之其為害至憯也而無切身之急為利至大也而無旦夕之驗則愚者抵掌謂之迂也宜矣國家之制百官也莫得久於其位求其功也速責其過也備是故或養交飾譽以待遷或容身免過以待去上自公卿下及斗食自非憂公忘私之人大抵多懷苟且之計莫肯為十年之規況萬世之慮乎自非陛下惕然遠覽勤而思之日復一日長此不已豈國家之利哉此臣日夜所以痛心泣血而憂也昔賈誼當漢文帝之時以為天下之勢方病大瘇又苦踧盭又類辟且病痱陛下視方今國家安固公私富貴百姓樂業孰與漢文然則天下之病無乃更甚乎失今不治必為痼疾陛下雖欲治之將無及已治之之術非有他奇巧也在察其病之緩急擇其藥之良苦隨而攻之勿責目前之近功期於萬世治安而已矣

重微

虞書曰競競業業一日二日萬幾何謂萬幾幾之為言微也言當戒慎萬事之微也夫水之微也捧土可塞及其盛也漂木石没丘陵火之微也勺水可滅及其盛也焦都邑燔山林故治之於微則用力寡而功多治之於盛則用力多而功寡是故聖帝明王皆銷惡於未萌弭禍於未形天下陰被其澤而莫知所以然也周易坤之初六曰履霜堅氷至霜者寒之始也氷者寒之極也坤之初六於律為林鍾於曆為建未之月陽氣方盛而陰氣已萌物未之知也是故聖人謹之曰履霜堅氷至言為人君者當絶惡於未形杜禍於未成也繫辭曰知幾其神乎君子知微知彰知柔知剛萬夫之望謂此道也孔子謂魯哀公曰昧爽夙興正其衣冠平旦視朝慮其危難一物失理亂亡之端君以此思憂則憂可知矣太宗皇帝命昭宣使河州團練使王繼恩討蜀平之宰相請除繼恩宣徽使太宗不許曰宣徽使位亞兩府若使繼恩為之是宦官執政之漸也宰相固請以繼恩功大他官不足以賞之太宗怒切責宰相特置宣政使以授之真宗皇帝欲與章穆皇后及后宮遊内庫后辭曰婦人之性見珍寶財貨不能無求武府庫者國家所以養六軍備非常也今耗散之於婦人非所以重社稷也真宗深以為然遂止由是觀之先帝以睿明卓越防微杜漸如此之深可不念哉昔扁鵲見齊桓侯曰君有疾在腠理不治將深桓侯不悅曰醫之好利也欲以不疾為功及在血脉在腸胃桓侯皆不信及在骨髓扁鵲望之遂逃去徐福言霍氏太盛宜以時抑制漢宣帝不從及霍氏誅人為之訟其功以為曲突徙薪無恩澤焦頭爛額為上客故未然之言常見棄忽及其已然又無所及夫宴安怠惰肇荒淫之基奇巧珍玩發奢泰之端甘言悲辭啓僥倖之塗附耳屏語開讒賊之門不惜名器導僭逼之源假借威福授陵奪之柄凡此

六者其初甚微朝夕狎玩未覩其害日滋月益遂至深固比知而革之則用力百倍矣伏惟陛下思萬幾之至重覽大易之明戒誦孔子之格言繼先帝之聖志使扁鵲得早從事毋使徐福有曲突之嘆則可以侑之於廟堂而德冒四海治之於今日而福流萬世優游逍遥而光烈顯大豈不美哉豈不美哉

務實

周書曰若作梓材既勤樸斲惟其塗丹雘此言為國家者必先實而後文也夫安國家利百姓仁之實也保基緒傳子孫孝之實也辨貴賤立綱紀禮之實也和上下親遠近樂之實也決是非明好惡政之實也詰姦邪禁暴亂刑之實也察言行試政事求賢之實也量材能課功狀審官之實也詢安危訪治亂納諫之實也選勇果習戰鬬治兵之實也實之不存雖文之盛美無益也臣竊見方今遠方窮民轉死溝壑而屢赦有罪巡門散錢其於仁也不亦遠乎本根不固有識寒心而道宮佛廟修廣御容其於孝也不亦遠乎綂紀不明名器紊亂而彫繢文物修飾容貌其於禮也不亦遠乎羣心乖睽元元愁苦而斷竹數黍敲叩古器其於樂也不亦遠乎是非錯繆賢不肖混殽而鉤校簿書訪尋比例其於政也不亦遠乎姦暴不誅寃結不理而拘泥微文糾摘細過其於刑也不亦遠乎行能之士沉淪草野而考校文辭指抉聲病其於求賢不亦遠乎材任相違職業廢弛而捻勘出身比類資序其於審官不亦遠乎久大之謀弃而不省淺近之言應時施行其於納諫不亦遠乎將帥不良士卒不精廣聚虚數徒取外觀其於治兵不亦遠乎凡此十者皆文具而實亡本失而末在譬猶膠板為舟搏土為檝敗布為帆朽索為維畫以丹青衣以文繡使偶人駕之而履其上以之居平陸則煥然信可觀矣若以之涉江河犯風濤豈不危哉伏望陛下撥去浮文悉敦本實選任良吏以

子惠庶民深謀遠慮以保安宗廟張布綱紀使下無覦心和厚風俗使人無離怨別白是非使萬事得正誅鋤姦惡使威令必行取有益罷無用使野無遺賢進有功退不職使朝無曠官察讜言考得失使謀無不盡擇智將練勇士使征無不服如是則國家安若泰山而四維之也又何必以文采之飾歌頌之聲眩耀愚俗之耳目哉

光又上奏曰臣聞致治之道無他有三而已一曰任官二曰信賞三曰必罰康誥稱文王之德曰庸庸祗祗威威顯民言用其可用祗其可祗刑其可刑也臣竊見國家所以御群臣之道累日月以進秩循資塗而授任苟日月積久則不擇其人之賢愚而寘高位資塗相值則不問其人之能否而居重職夫人之材性各有所宜而官之職業各有所守自古得賢之盛莫若唐虞之際然稷降播種益主山林垂為共工龍作納言契敷五教皋陶明刑伯夷典禮后夔典樂皆各守

一官終身不易苟使之更來迭去易地而居未必能盡善也今以群臣之材固非八人之比廼使之遍居八人之官遠者三年近者數月輒已易去如此而望職事之脩功業之成必不可得也非特如是而已設有勤恪之臣悉心致力以治其職群情未洽績效未著在上者疑之同列者嫉之在下者怨之當是時朝廷或以眾言而罰之則勤恪者無不解體矣姦邪之臣衒奇以譁眾養交以市譽居官未久聲聞四達蓄患積弊以遺後人當是之時朝廷或以眾言而賞之則姦邪者無不爭進矣所以然者其失在於國家采名不采實誅文不誅意夫以名行賞則天下飾名以求功以文行罰則天下巧文以逃罪如是則為善者未必賞為惡者未必誅此陛下所以南面孜孜夙夜求治歷載甚久而太平未效者也陛下誠能博選在位之士不問其始所進及資序所當為使有德行者掌教化有文學者待顧問有政術

者為守長有勇略者為將帥明於禮者典禮明於法者主法下至醫卜百工皆度材而授任量能而施職有功則增秩加賞而勿徙其官無功則降黜廢棄而更求能者有罪則流竄刑誅而勿加寬貸如是而朝廷不尊萬事不治百姓不安四夷不服臣請伏面欺之誅凡臣所言皆陛下耳所厭聞心所素知然致治之要無以易此知之非艱行之惟艱顧陛下力行何如耳敢昧死陳瞽言惟陛下裁擇

仁宗時秘書省著作佐郎充館閣校勘蔡襄上書曰臣伏覩臨遣使臣循行郡國臣竊謂人主宅中國居法宮而使幽遐異域風謠習尚冤隱沉抑無一不陳於前者其道何哉託聰明於臣下故也人主知其所託之為難明賞罰以馭之賞罰既明則臣下不敢蔽欺而聰明無所壅也今天下之俗至有鉅室富家兼并貨財作為奢靡踰越法制交通大吏欺轢愚弱而貧者父子轉流無養生送死之具不幸孤

獨廢疾不得終其天年州縣吏既不能掩遏豪強矜哀窮厄而又侵牟漁奪不識休已或愚謀昏耄無所是非或依倚權勢壞裂公法其卓然有善狀可指數也監刺之官大率以寬紓含隱為良即發一姦贓眾輒指目以是須其自敗乃始糾擿或有所私慮垂敗之人亦加意覆蔽使得脫去甚哉蔽蒙如此監司之設僅與無同欲百姓之無害其可得乎吏之偷苟姑息寖以成俗頃年遣使安撫諸郡比其還奏薦舉雖多而蠹暴不察是徒取善譽而墮厥職也夫收材選能誠為治之首務然惡吏不除窮民不恤有使之出不若無出之愈徒使郡國之民交口而議曰是舉也特與被遣之人為榮進梯緶耳豈有意於吾民哉臣竊見漢武帝遣謁者博士分巡天下存問孝悌力田鰥寡孤獨賜帛有差獨行君子遣詣行在而治苛者奏舉又唐太宗遣杜淹巡關內諸州出御府金贖貧民男女自賣者還其父母其後

又遣褚遂良等二十二人。以六條巡察四方。黜陟官吏。臣詳觀古之遣使。皆務恤窮民。除惡吏。舉材能。洪滯逸。而已。請使者所至之郡。存問鄉里。其孝行著聞。及年八十九十以上。鰥寡篤疾。依漢故事。量與布帛。即貧無所養。而有男女僦傭於人。償其餘直而追還之。若為僧尼。僧年四十。尼年三十以下。並除其籍而歸養。更無此等子孫。官給糒糧。責任親黨鄰里養之。以沒其齒。孤獨者戒勅所養之家。務全其生。究結無告。使者擇吏而治其曲直。力行篤學。衰老淪滯。表之以勸風俗。郡縣吏治績可稱。條列其狀。顯褒其尤者。貪墨腥聞。即令責訊。材不任職。於其職之相倫者易之。或雖潔廉而違法慘刻。及年七十以上。昏老而不知退者。咸以名聞。類一切罷之。其官吏貪墨。白使摘發。監司之官素所不糾。隨而坐之。即使者不糾。異日傾敗。事在使者循行已前。并使者坐之。伏惟陛下垂意生民。而恩澤未大洽於下者。

蓋皆責官吏未盡其道也。方使者之行。因幸嚴賜告諭。令其畢力推揚德音。以致於下。究悉利害。庶有補於政治。毋徒使郡縣供具。吏民遮列道途。迎候往來。重為此紛擾也。狂愚之言。願陛下省覽財擇。天下幸甚幸甚。

襄又上奏曰。臣近者蒙恩賜告歸覲父母。臣出宋都。歷淮上。絕江而南。出東吳之域。縈委千里。臣潛度事勢。周問民隱。可為寒心者。請試陳之。願陛下少賜清閒之宴而垂聽焉。臣竊以天下治平之日已久。東南列郡。城池隳塞。士卒單少。府無完兵。廩無儲粟。內無戒守之備。外無維制之具。道路之人所共知。此其尤可憂者。蘇秀杭越等數州。頻年以來。旱澇更作。稼穡不登。癘疫仍起。貧者流轉溝壑。居者連病喪亡。相屬哀苦之聲。痛貫人骨。雖朝廷屢行賑恤。然渥澤之施。未能周及。今歲春夏不雨。野田半蕪。前秋之期。居可知矣。兵民媮惰。災患之變。亦一極也。臣竊觀前古兵革之興。多緣飢旱。始此苟生。相與為盜。及其勢盛。制勝郡縣。漢唐之世。終為邦梗。而況姦雄豪傑。覘伺釁隙。須時而發。此不可不虞也。易萃卦之大象曰。澤上於地萃。君子以除戎器。戒不虞。說者曰。聚而無防。則生衆心。今有珠玉之貨。納于府藏。勅主守吏嚴其扃鐍。常若寇至。而方地數千里。生民數萬族。乃忘保固之術。謹其細而遺其大。臣未見夫長畫也。借使浙東飢病之餘。宄突之人。嘯聚百數。草竊閭巷。臣未知以何郡兵卒而能制其死命乎。誠以東南之勢為不足患。臣恐天下之患。正生於不足矣。當今之策。莫若擇郡守。寬民力。募兵卒。嚴盜法。四者最為急務。一曰擇郡守。臣謹具錄諸州軍長吏姓名年齒。所為績狀。伏望陛下諮問宰臣。令議其材否而更易之。使材足以應變。而惠足以利民。然後可倚以為重也。二曰寬民力。莫若蠲賦稅。均借貸。省配斂。賑流移。所謂藏於國

而藏於民也。三曰募兵卒。臣謂因此飢歉。頗易招置。大凡吳民軟弱。不便高寒。不知騎射。驅以備邊。不可速用。臣請權罷寄招禁軍。於兩浙重鎮。量多少之數。各令召募教習。以備寇盜。亦東南一勝勢也。四曰嚴盜法。臣竊見頃年亦緣飢旱。強劫盜賊。多蒙寬貸。實小惠而大害也。臣願申勅兩浙災傷州軍。應有賊盜。一準法令。無所矜宥。塞戒提點刑獄臣僚。如有因飢劫盜應死。而情有可矜者。即詳度以聞。刑罰不失厥中。亦以遏宄人之慮也。夫未形之言。難於信用。既形之言。無逮於事。臣之狂愚。非能遺幾而辨。徒以見聞過為慮度。願陛下采而行之。臣不勝惓惓懇懇之至。

襄又上狀曰。臣伏覩詔書。宣諭三館臣僚。或朝廷大事。邊防機宜。許令密陳章疏。或乞上殿敷奏者。臣竊聞太宗皇帝兵戎初定。乃作三館。聯藏天下之書。精選四方之士。仍於館下旁設便門。或時臨幸。或

即召對故當時之得失下民之利病多所推究而施行之真宗皇帝屬世治平游意文藻詞臣之列嘗預詢訪於是天下之人知備官禁闥者不獨繙討鉛書亦有以通上聽而裨國治矣伏自陛下臨御以來將二十餘年未嘗一至所增官屬准前數倍未嘗一召今者特布德音開誘言議茲所以見陛下憂勤之至人人自力思竭志慮以裨萬分之一臣愚不知陛下將以成好問之名歟直欲擇至當之言而用之也臣智識蒙陋不敢廣引古記多屬空文輒求于今要急之務而陛下之所欲知者謹撰成黼扆箴一首書為兩軸每句之下條陳事實別疏一通各隨狀上進臣聞唐太宗凡言事有益於政者書之屋壁以為警戒伏惟陛下不以臣之狂直而棄之輦置臣箴詞於戶牖間時賜省覽原其所條事實終始則今安危之勢可見矣昔漢賈誼論及時事以謂可為慟哭者以臣今日之心知古人之言不虛謬

矣干冒宸嚴無任戰汗之至謹具狀奏聞

箴曰丕顯元聖上奉天時躋俗於禮任材以宜肅治家政大隆本支好問益廣去邪勿遲利急思困兵連慮危法令必信恩賞無私威福是守聽斷不疑太平可致此所施為臣所進黼扆箴每句之下條陳事實列於左

丕顯元聖上奉天時

臣愚淺不知陛下天地之造竊謂丕顯元聖上奉天時者以天人交感之應合若符券比年以來地震日蝕黑風災火變見之祥奇譎多矣臣謹按先賢所論地震者陰迫於陽也日蝕者陰薄於陽也黑風晝冥者陰盛於陽也災火者陰極於陽也如此之類皆陽不勝陰之所致矣陽者君象也陰者臣下也夷狄也婦女也今夷狄內侵則見之矣必有臣下潛弄威權宮中多收冗列故上天再三警戒欲陛下思而革之轉災為福矣臣聞太祖撥五代之亂太宗平定天下真宗思與百姓休息至於建立經久之業變更非便之制將有待於陛下也陛下專政以來執議之臣謂天下已安循襲舊常苟以宴安而無虞矣不探根本不責事實今日夷狄侵侮生民重困豈非因循苟且之患乎陛下以是觀之前日之失可知矣知前日之失而又重於改作則後日之患將如何哉今政之弊僥倖姑息寖以成俗矯此弊者非任誅賞考功核實莫能治之上無姑息下無僥倖則姦人無所容矣上天之戒陛下非不切也陛下荅天之意非不勤也每聽事至日昃而不食然皆有司奏覆細碎之務非天下之治本伏惟陛下精求久弊不憚改作自總威令強陽而抑陰則自然天心悅豫而萬事舉矣

躋俗於禮

臣聞唐末強臣擅兵分裂疆土五代更易干戈日尋上令急逼誅求無已百姓無聊不勝其弊奪攘苟活父子之恩不能相保天下之俗不遑廉恥之節壞敗爛熟莫知其非我宋之興一革海內休養生息四五十年無甲兵之患民財贍足侈靡偷薄漸染成俗大臣者天下之表也相競廣市田宅爭求重利況百官哉況下民哉於是官吏曲獄受賄而抵死者案牘相繼豪富之家狗馬婢妾無有制度縱欲相矜財所不及者則極力為之恩義之薄而財利之厚上自大臣下及黎庶莫不然也今兩制已上之官居父母喪許不解職欲民興孝其可得乎近臣苟進黨附相傾審官臣僚日相詆訐朝廷且爾欲民興讓其可得乎衣冠之家至有父子相殘夫婦相剄且下民之愚尤可怪駭況列在仕宦居民之上而悖戾至此禮義之方亦幾盡矣臣竊思其源蓋天下之治一斷於法法之所禁或避之治民之吏知法而

已義禮之方鉗口不言誠有立經制興禮讓之士俗必指為闊誕然治天下不由於禮者莫能至也伏惟陛下察俗薄惡擇任賢材興立典制上下有節車服有序禮讓興行僭侈衰息豈不盛哉臣之所言乍若高論復而思之甚易行也

任材以宜

臣聞馭邦之大莫大於建官材有短長官有小大故隨其所宜而任之則事無不舉矣臣以謂今日建官之法為弊至深取之不程其材任之不稱其力曰循滋久莫之變更臣請略條建官之弊大者有四一曰材不稱官臣不敢備舉百官之不稱者借如兩府大臣為陛下之股肱繫天下之輕重得人則治其失則危今日之居是任者或以久次或以例遷（久次謂累年而至者故張若谷以年老乞備政府例遷者謂狀元及第數年便至卿相）不計材能不考功績攀緣而進即授以天下之柄幸而材賢則福及於下苟非其材而使之裁制群生扶持重器豈不痛哉董仲舒曰小材雖累日不失於小官大材雖未久不害於輔佐蓋論材與否也今用一不材則天下之人皆知輕視公相而有苟進之心願陛下熟思其奸邪與不才之人必速退之而忠直材賢之人必速進之救溺之勢不可緩也二曰官守不久借如三司使副判官皆專筦財利臺官諫臣糾正朝綱箴補時闕發運轉運使均輸征賦廉察風俗列郡太守問民疾苦此皆至重之寄祖宗舊規率有年課今之除授但作踐歷資序內則踵迹相躡立登貴仕外則州郡迎送略無暇日其餘兩制兩省以上近侍之職循環迭取若探諸懷臣欲備舉則文繁乞陛下列向來兩陳職局及陝西被兵州郡取二十年以來郡守每歲凡更幾人及侍從之臣凡歷數年因何功效致官至此則弊可知也二曰官少員多臣不知天下建官之數但覺員數多爾先朝樞密龍圖等學士及待制侍從之官蓋僅有焉今多者至十數而少者五七人三館職名以僥倖恩澤比前增倍又樞密院武臣審官院京朝官三班院使臣流內選人授官之後伺候闕次近者一年而遠者二年此皆入官之路不定員數紛紛冗食可勝道哉四曰無功而賞今大臣兩省以上官南郊及每年聖節各與一子官非時請乞不與數中轉運使提點刑獄等率有郊恩例既以無功迭受恩賞故邊上臣僚小有勞績便加官爵只務姑息蓋勢不得不然自建官以來未有如斯之濫也京朝官三年使臣五年並與磨勘遷官先朝名曰磨勘者蓋考功過今但默默署名無他罪咎或貪墨未敗或都無課最計年取進而至顯官因循之弊乃至於此大可嗟也臣聞易之道窮則變變則通通則久若朝廷立官之弊宜更變之則其道可久矣若夫施設之方陛下儻賜允行臣當條列以聞

肅治家政

臣聞記曰正家而天下定聖人序詩以關雎為三百篇之首在易家人曰婦子嘻嘻失家節也故正家之道貴乎謹嚴以表天下太宗朝陳留尉上書乞減放宮人太宗皇帝宣諭宰臣曰宮中不過三百人皆有職事不可減也臣乞陛下以今日宮闈之數比先朝凡多幾倍況又多取閭巷之人展轉給使遂至數多此徼賤之流素習鄙俚之事非能知禮度之節苟不嚴肅治之令其畏憚則易所謂失家節也自古嬪御之多率皆無益而有損陳隋之末唐之中圯皆以婦人也臣乞陛下特令揀放疎冗之列任其自安以全天地生生之德庶天下之人知陛下薄於自奉縱有率斂皆緣軍國所須不為無用之費也

大隆本支

臣聞三代以前分建親族以為諸侯及天子威令不行諸侯強盛戰攻攘奪兼并微弱秦始皇卒乘此勢以取天下懲前之弊罷侯置守子弟無尺土之封及一夫大呼破碎潰壞漢興鑒秦之孤分立宗族裂地廣大卒有七國之變其後用主父偃推恩之策藩國微弱王莽依外戚之權知劉氏力孤遂篡神器曹魏翦弱親戚未幾而亡晉室分兵八王迭相攻奪以亡天下唐興諸王出與民事分領兵柄明皇以臨淄王勒兵入除內難及即位之後反疑骨肉諸王不令出閤恩愛雖厚而實奪其勢安祿山之亂明皇幸蜀諸王被害者甚衆德宗朱泚之亂宗支略盡故有百王子塚以其不可勝數也文宗嘗欲分遣宗室補除郡吏尚外婚嫁終以不斷事不果行及昭宗時韓建苞藏禍心先奏諸王不合典兵請歸十六宅及與劉季述同謀發兵圍十一王至石堤谷無問長幼盡殺之朱全忠宴九王於九曲池殺而

埋之於是唐之苗裔盡矣而社稷隨之臣詳觀前古區處乖宜乃令至親不相保養可為慟哭臣請論之三代分封五等相承地小力薄雖強弱相并而周之年祚延及八百秦不與子弟分封及其亂也無以繫天下之心纔傳三世遂致移祀漢七國之亂由裂地過大晉八王之亂由領兵太盛其亡也皆以宗族微弱唐室之制尤為失策幽閉宗族聚為一處百夫環之引首受戮豈不痛哉使文宗之計果行選擇賢才列補外郡當其亂時縱不能作勤王之師亦足以自為安全之計豈肯父子兄弟盡為魚肉乎況大盜之興始王室有維城盤石之固豈敢輕覦而竊取哉伏惟陛下鑒前古成敗擇而行之

好問益廣

臣聞人主聰明莫不欲周於天下然有蔽於近者蓋詢訪之弗廣耳竊聞民間之言以謂西北二邊事宜奏至左右近臣當對覆之時多小其事以為不足懼其說則曰不欲陛下盡知慮貽主憂其實不欲陛下盡知則焦勞益深督責愈切當有成効故特小其事以寬其責也臣輒陳人君之聰明而興壅蔽而亡者願陛下省擇鑒戒焉唐太宗著司門式云其有無門籍人有急奏皆令監門司與仗家引奏我太祖手詔百僚許令轉對陳論得失故當時號為英主而聲名垂於不朽皆廣聽而興也秦二世山東有反者而使者輒曰群盜不足憂二世悅之常居宮中與趙高決事群臣罕得進見及沛公兵數十萬至而二世乃驚秦之亡無救矣陳後主用沈客卿掌機密隋軍至境上孟抑而不言孔範亦言無渡江理但奏妓縱酒不輟隋軍下陳得其境上密啓猶有未開封者是二主豈欲自取危亡哉然託任非人而蔽蒙至此蓋聽之不廣而亡也伏惟陛下監前代之興亡究當今之事實或邊上大事不時盡聞則民間細碎利害何由上達伏惟陛

下視朝之暇許百僚轉對或召侍從之臣周詳辨論則古今成敗百姓冤隱安邊之策富國之術不日悉陳於前矣

去邪勿遲

臣竊見陛下頻降詔書戒敕朋黨然未聞陛下決然區別而去之臣聞君子以道相濟忠進其類古人謂禹稷皐陶轉相汲引不為比周至於小人以利相合欺蒙險詖殘害忠良以危邦家故人主惡而去之也去之之術在辨邪正二端耳唐李德裕對武宗曰正人呼邪人固為邪矣邪人呼正人亦為邪矣何以辨之譬諸草木焉松柏孤生枝幹直上此正人也藤蘿之性必須依倚乃能自存此邪人也其論甚明而人主難辨者不察小人結附之因也臣竊謂結附之因蓋人主不自選任群臣其進用之速者皆緣薦引不考功察實權之所歸小人所聚一士獲進百人趨之互相譽譽浸成黨與人主雖惡之已

堅牢而難動矣。臣請陛下思之。凡今左右近臣。出聖慮自擢用者幾人。且擇兩府大臣。必於兩府兩制之官。陛下豈不思其何所因緣而至於此。苟不出於聖慮。則其微賤時。已有結附之志。及其近貴。安能自去朋黨。唐文宗謂河北盜賊去之至易。而此朋黨去之至難。臣竊不取。夫貴為天子。而專主生殺之柄。而以去朋黨為至難乎。唐祚之衰矣。夫去邪用正則安。用邪去正則殆。邪正參用則危。伏願陛下明辨邪正之端。正則用之勿疑。邪則去之勿遲。苟以邪正參用而治天下者。譬猶耕石田而待稔也。

利急思困 內缺字係原本昏

臣聞為天下者。斂天下之財。非以自奉。將以致天下之安也。故財有常入。亦有常出。不堪其力。雖輸而不怨。上無所私。雖用而不困。當其無事之時。　雖有兵戎水旱之患。無名之徵不有焉。我太祖當五代弊病之餘。攻戰未已。外多兵食。猶且思蓄羨餘。以贖中國男女沒虜者以歸。雖　而仁民之洽著民骨髓。我太宗一統方內　之賦。於是天下之民賴焉。有司嘗擬毀棄幣帛。太宗屬以成段。令滌染合作諸軍旗旛數千種。蓋我祖宗雖歷艱難。周悉民人之苦。故尺帛斗粟不虛費也。陛下繼統垂二十年。適者邊陲無患。用度差廣。民言籍籍。皆謂祖宗積聚之餘。多入幸臣之家。及西寇干紀。隨急配斂。天下騷然。一隅之動。其勞且爾。況有大於此乎。三司筦天下之利。而使副判官。纔至又遷。簿書首尾。尚未能通曉。所言目前細碎誅剝之事。以自塞責。豈肯為久計而興大利。臣竊見唐陸贄論德宗遷幸之由。其略曰。常賦不足。即命促限。又使別配。設筦庫之科。行貸商之法。閱私牧取馬。責將家出兵。主第王侯。咸輸屋稅。稗販夫婦。畢算緡錢。一旦盜興。用以藉口。臣竊思兵興以來贄

所陳之事。稍稍施行矣。今戎兵益眾。供饋益多。後日誅求。勢必愈甚。時不幸有旱澇之災。百姓貧困。柰何救之。古者大盜之興。皆緣饑旱不足。因民之怨。求國之隙。以為凶亂。朱泚入長安。令曰。吾不稅汝間架矣。皆取利太深而招怨亂也。近者陛下專敕近臣。節減浮費。人人莫不歡悅。臣願陛下鑒祖宗儉約之德。懲既往虛費之失。持今日節減之制。不為左右干請而移之。宮中非時賜與。非今日之制者。一切不行。念生民之勞。戒誅剝之令。則天下幸甚幸甚。

兵連慮危

臣竊以國家自北戎繼好以來。大弛武備。號曰禁軍者。日享厚給。驕蹇難用。前日魏府之兵是也。曰廂軍者。例充給役。刀矛戟矢。略未知名。自西羌悖戾。征戎屢興。再戰再衂。覆軍殺將。其故何哉。臣謂處將乖宜。練軍不實。官名不正之所致也。處將乖宜者其弊有二。一曰將權不專。借如諸路帥臣。悉委都統之權。朝廷每有宣命。令與鈐轄都監巡檢。從長商量。或有便宜。主帥發謀。則人人各出意見。議論不一。退則交相笑病。以此為謀。安能決勝。此皆將權不專之患也。二曰將官不久。臣竊見陝西永興鄜延環慶涇原。被邊之郡。主帥更易不常。一歲之間換三五人者。為上者不久處。不肯奮然專行法令。居其下者皆知莫能久為我帥。不肯稟畏。故上下之情不通。而誅賞之法不行。此將官不久之患也。練軍不實者。養無用之兵。致難供饋。今邊郡禦戍之兵。非人人可戰。朝夕遽急招募。搭名抽點。務為多數。邊臣但苦兵寡。不計強懦。至則收之。以是廩之冗食者不可勝數也。唐方鎮之兵。不出征討。出征討則以本道租賦自贍。故選練至精。可戰則食。食則無不可戰之人也。我太祖太宗朝。四方未一。用李漢超何繼筠治滄　北備匈奴。用郭進守邢州。以扞河東。於是下蜀。取交廣。當時

西北則守。東南則攻。用兵之處。比今倍多。其時圻甸未廣。租賦未豐。其饋兵軍常足也。今天下一統。兵戍止於西北二陲。而賦稅百事十倍於當時。而常苦兵少。及饋運之不繼。何也。蓋當時用兵之處雖多。而所用之兵。養薄而藝精。藝精則用不必多。養薄則易於供饋。今之兵卒多求上軍。投者即收之。不暇惜費。今之一卒可贍昔之三人。又藝能不精。愈多愈敗。此所以兵多而難贍也。故曰養無用之卒也。三曰官名不正。借如諸路帥臣。其官以都部署安撫經略招討為名。是委以都統之權。其將佐曰副都部署。鈐轄。都監。監押等。均以賓禮見主帥。至於分管兵馬。自為部分。非如軍職節級相轄。唯主帥則都管之。蓋以都監之名。本是監軍。自餘殿直。諸司使副。皆是內庭之官。若令軍禮見主帥。則於禮不安。若令不相統帥。又不可成軍。臣故謂官名不正也。為今之策。臣請改正官名。每路立成一軍。如都監之類。盡改軍職。如遊奕排陣之名也節級相轄。一以軍法從事。如違犯並依階級條貫施行。官名既正。則將權可專。將權可專。則練軍必實。練軍必實。則所用之兵必寡。所用之兵必寡。則易於供饋。以守則固。以戰則勝。或朝廷疑其成軍之後。其力難制。則事平之日。分散其權可也。于今之計。非成軍則無有成功。其勢不得不然。西寇干紀。已歷四年。未即誅翦。今不早圖改變。設使幽薊少警。將何以待之乎。臣故曰。兵連禍危者以此。

法令必信

臣聞管子曰。國之重器。莫重於令。令重則君尊。君尊則國安。故虧令益令。留令非令。四者皆死無赦。是知令之不便。不可遽行。令之既便。不可遽更。人君持此柄以運天下者也。今朝廷每下詔令。尋即變更。士民相語。期以非久。州縣之吏。不敢遵行。臣請以一事質之。自西兵

已來。陝西科民為兵。京東京西百姓驚擾。至於斷指熏目。以期苟免。其時詔書布喻安慰京東京西之民。示不復點為鄉兵。今又籍之矣。又陝西河北初點為鄉兵。詔書諭以防守城池。不復黥墨。今又黥手黥面矣。此皆朝廷發大號令告于四方。丁寧切至。乃首尾相戾如此。使民何所取信哉。又如樞密張觀邊臣趙振等數人。皆以軍事不前責降。曾未踰年。加恩牽復。始者無過則不應譴責。若其有過不應寬假。為令若此。欲百官畏服。萬民信順難矣。願陛下少紓聖慮。思其紛紛更變之端。前令之是則後令之非。後令之是則前令之非。察其是非謹於出令。則朝廷尊而天下安矣。唐文宗曰。為政之道。自古所難。宰臣李石曰。朝廷法令必信。則不難矣。則知古之君臣皆以法令為重。非臣徒為空論耳。幸陛下留意焉。

恩賞無私

臣聞天之道不私於物。其所以生而所以殺者。萬物無從而歸其所宰。故天之道至大矣。聖人法天。以至公令天下。功則賞。過則罰。無私焉。萬民服矣。朝廷於賞罰之柄。有無功而賞者。有過而失罰者。臣於前篇論之詳矣。然罰不行。而賞太過。此乃立法之弊。非陛下之私也。臣所謂私者。竊聞頃年有勅旨停罷內降。今又行之。大凡恩賞。固當出於陛下之所決。若罷之。則是人主都無威權。盡出臣下。此則不可也。然今之內降。或緣婦謁內戚。宮中回依僥倖。苟求恩寵。非陛下擢用英豪。旌錄功績。故每有內降恩澤。人或疑之。執政之臣。又不能堅持正論。以輔盛德。徒欲阿順主意。不謂於陛下無益也。古者水旱不時。人君親於南郊。以六事自責曰。婦謁盛歟。苞苴行歟。故婦謁之盛。苞苴之行。古之深戒。今僥倖內降者。苟非親戚。必因貨賂。然後乃請。若陛下從而行之。是示天下以私也。唐中宗朝宮掖不肅。嬪嬙左右

出入無節遂至廣納貨賂別降墨勅斜封授官贓獲屠販之類累居榮秩卒為禍亂此前世之鑒伏惟陛下總覽威權抑去私請苟用一賢人出陛下之意雖曰有內降百官萬民相與稱道之不暇孰敢非議也

威福是守

臣聞老聃曰魚不可脫於淵國之利器不可以示人為人君者深知此務則威福之柄臣下不可得而竊之也威者兵刑而福者恩賞之謂是二者有一失而得於下者其國必危有公然而假於下者國必亡三代之末齊假於田常晉假於六卿以取其國秦假於趙高而天下潰漢假於外戚而王莽作東京假於強臣而曹丕立魏假於司馬而移祀晉假八王而兵亂宋齊梁皆假於大臣而相繼攘奪唐之中世假於宦官而宮闈禍起此皆人主不自總攬威福而假於下卒至危亡故兵刑官賞之柄雖大臣外戚宗族宦官皆不可假假之則人主失其操持而自取危殆也臣竊見數年以來兩府兩省之官遷轉甚速雖曰循例不限年數趨利之輩日遊權勢獲進者自為私恩而罷者歸怨於上臣恐恩賞之柄暗行於下也臣請以一事言之今陛下少有差失之舉則群臣莫不交口議論期於諫止而大臣權貴之過少有肯言者何哉陛下天慈仁恕每有言事者雖上論聖德然未嘗怒之或論及權臣苟不顯行譴謫則亦陰被退抑而嚮之者皆與進用臣恐大臣權貴之過陛下罕見而知也以此觀之臣下之威過於主上主上之恩行於臣下其勢顛倒未為得也伏惟陛下躬持兵刑官賞之柄以治天下則百官歸附而恩信行矣

聽斷不疑

臣聞聽與斷二者相資而終始之者也聽者取於衆言者所見不同或懷私背公或阿順主意故是非紛糾所以人主但務博采兼容而要之斷也斷之為義時有緩速而理有得失逆於理而失於時無術之甚也有中於理而失於時或適於時而違於理其為患也亦均矣唯適於時而中於理乃曰善斷故聽之道務廣不廣則壅斷之道務審不審則移唯天心仁恕者善聽唯剛果明辨者善斷故曰聽與斷相資而終始者也伏惟陛下天仁洪覆包容萬類每日臣僚論事陛下未嘗不欣納假以溫言使之得盡其說可謂善聽矣然採於衆言時有更易不決然主於斷也臣愚上度天心非不務斷所以未至於斷者蓋慮或有所未審故優游不盡斷之之道臣竊謂欲斷之審莫若頻延近侍講議禮要廣接群臣詢訪時事聰明益至處置自精何患斷之不審也易曰天行健君子自強不息聖人法天以剛健決物伏惟陛下法乾剛之道專決斷之明臨事不疑大隆治道蠢爾小醜復何患乎在陛下力行而已

太平可致決所施為

臣聞易曰危者安其位也蓋安危之理無有定分在人君之所為國危而為安者自古多矣朝廷自用兵已來屢下詔書詢訪材謀魁傑之士或令近侍各舉所知收用雖久未聞功績灼然者將任之不盡其材與抑天下無可任者與謂無賢材則厚誣於世矣漢之興驅馭英雄以成大業皆秦之遺士也唐之興取隋之棄人以安天下故賢者無世無之顧取之用之之道如何爾陛下當三聖之統紹祖宗之業宇內之廣生民之衆莫不傾心以期太平願陛下勞於求賢而佚於任使脩明紀綱興行禮教則太平之治其猶指諸掌乎右臣謹具如前臣奉詔旨許令言朝廷大事邊防機宜臣所以竭思畢慮論當今之要務伏惟陛下寬恕狂愚特貸誅夷之罪或賜施行又慮臣文

宇昧暗。事理未明。臣上殿之時。乞賜清閒。庶盡臣懇懇之至。干冒天慈。臣無任戰懼之至。

歷代名臣奏議卷之三十二

歷代名臣奏議卷之三十三

治道

宋仁宗時度支判官王安石上疏曰。臣愚不肖蒙恩備使一路。今又蒙恩召還闕廷。有所任屬。而當以使事歸報。陛下。又不自知其無以稱職。而敢緣使事之所及。冒言天下之事。伏惟陛下。詳思而擇其中幸甚。臣切觀陛下有恭儉之德。有聰明睿智之才。夙興夜寐。無一日之懈。聲色狗馬觀游玩好之事。無纖介之蔽。而仁民愛物之意。孚於天下。而又公選天下之所願以為輔相者。屬之以事。而不貳於讒邪傾巧之臣。此雖二帝三王之用心。不過如此而已。宜其家給人足。天下大治。而効不至於此。顧內則不能無以社稷為憂。外則不能無懼於夷狄。天下之財力日以困窮。而風俗日以衰壞。四方有志之士。諰諰然常恐天下之久不安。此其故何也。患在不知法度故也。今朝廷法嚴令具。無所不有。而臣以謂無法度者何哉。方今之法度。多不合乎先王之政故也。孟子曰。有仁心仁聞。而澤不加於百姓者。為政不法於先王之道故也。以孟子之說。觀方今之失。正在於此而已。夫以今之世。去先王之世遠。所遭之變。所遇之勢不一。而欲一二脩先王之政。雖甚愚者。猶知其難也。然臣以謂今之失。患在不法先王之政者。以謂當法其意而已。夫二帝三王。相去蓋千有餘載。一治一亂。其盛衰之時具矣。其所遭之變。所遇之勢。亦各不同。其施設之方亦皆殊。而其為天下國家之意。本末先後。未嘗不同也。臣故曰當法其意而已。法其意。則吾所改易更革。不至乎傾駭天下之耳目。囂天下之口。而固已合乎先王之政矣。雖然以方今之勢揆之。陛下雖欲改易更革天下之事。合於先王之意。其勢必不能也。陛下有恭儉之德。有聰明睿智之才。有仁民愛物之意。誠加之意。則何為而不成。何欲而不得。然而臣顧以謂陛下雖欲改易更革天下之事。合於先王之意。其勢必不能者何也。以方今天下之才不足故也。臣嘗試竊觀天下在位之人。未有乏於此時者也。夫人才乏於上。則有沉廢伏匿在下而不為當時所知者矣。臣又求之於閭巷草野之間。而亦未見其多焉。豈非陶治而成之者。非其道而然乎。臣以謂方今在位之人才不足者。以臣使事之所及則可知矣。今以一路數千里之間。能推行朝廷之法令。知其所緩急。而一切能使民以脩其職事者甚少。而不才苟簡貪鄙之人。至不可勝數。其能講先王之意以合當時之變者。蓋闔郡之間往往而絕也。朝廷每一令下。其意雖善。在位者猶不能推行。使膏澤加於民。而吏輒緣之為姦。以擾百姓。臣故曰在位之人才不足。而草野閭巷之間亦未見其多也。夫人才不足。則陛下雖欲改易更革天下之事以合先王之意。大臣雖有能當陛下之意而欲領此者。九州之大。四海之遠。孰能稱陛下之指。以一二推行此。而人人蒙其施者乎。臣故曰其勢必未能也。孟子曰。徒法不能以自行。非此之謂乎。然則方今之急。在於人才而已。誠能使天下人才衆多。然後在位之才。可以擇其人而取足焉。在位者得其才矣。然後稍視時勢之可否。而因人情之患苦。變更天下之弊法。以趨先王之意甚易也。今之天下。亦先王之天下。先王之時。人才嘗衆矣。何至於今而獨不足乎。故曰陶治而成之者。非其道故也。商之時天下嘗大亂矣。在位貪毒禍敗皆非其人。及文王之起。而天下之才嘗少矣。當是時。文王能陶治天下之士。而使之皆有士君子之才。然後隨其才之所有而官使之。詩曰。豈弟君子。遐不作人。此之謂也。及其成也。微賤兔罝之人。猶莫不好德。兔罝之詩是也。又況於在位之人乎。夫文王惟能如此。故以征則服。以守則治。詩曰。奉璋峨峨。髦士攸宜。又曰。周王于邁。六師及之。言文王所用。文武各得其才。而無廢事也。及至夷厲之亂。天下之才又嘗少矣。至宣王之起。所與圖天下之事者。仲山甫而已。故詩人嘆之曰。德輶如毛。維仲山甫舉之。愛莫助之。蓋閔人才之少。而山甫之無助也。宣王能用仲山甫。推其類以新美天下之士。而後人才復衆。於是內脩政事。外討不庭。而復有文武之境土。故詩人美之曰。薄言采芑。于彼新田。于此菑畝。言宣王能新美天下之士。使之有可用之才。如農夫新美其田。而使之有可采之芑也。由此觀之。人之才未嘗不自人主陶治而成之者也。所謂陶治而成之者何也。亦教之養之。取之任之。有其道而已。所謂教之之道何也。古者天子諸侯。自國至于鄉黨皆有學。博置教道之官而嚴其選。朝廷禮樂刑政之事皆在於學。學士所觀而習者。皆先王之法言德行治天下之意。其材亦可以為天下國家之用。苟不可以為天下國家之用。則不教也。苟可以為天下國家之用者。則無不在於學。此教之之道也。所謂養之之道何也。饒之以財。約之以禮。裁之以法也。何謂饒之以財。人之情不足於財。則貪鄙苟得。無所不至。先王知其如此。故其制祿。自庶人之在官者。其祿已足以代其耕矣。由此等而上之。每有加焉。使其足以養廉恥而離於貪鄙之行。猶以為未也。又推其祿以及其子孫。謂之世祿。使其生也。既於父子兄弟妻子之養。婚姻朋友之接。皆無憾矣。其死也。又於子孫無不足之憂焉。何謂約之以禮。人情足於財而無禮以節之。則又放僻邪侈。無所不至。先王知其如此。故為之制度。婚喪祭養燕享之事。服食器用之物。皆以命數為之節。而齊之以律度量衡之法。其命可以為之。而財不足以具。則弗具也。其財可以具。而命不得為之者。不使有銖兩分寸之加焉。何謂裁之以法。先王於天下之士。教之以道藝矣。不帥教。而待之以屏棄遠方終身不齒之法。約之以禮也。

不循禮。則待之以流殺之法。王制曰。變衣服者其君流。酒誥曰。厥或誥曰群飲。汝勿佚。盡執拘以歸于周。予其殺。夫群飲變衣服。小罪也。流殺。大刑也。加小罪以大刑。先王所以忍而不疑者。以為不如是。不足以一天下之俗而成吾治。夫約之以禮。裁之以法。天下所以服從無抵冒者。又非獨其禁嚴而治察之所能致也。蓋亦以吾至誠懇惻之心。力行而為之倡。凡在左右通貴之人。皆順上之欲而服行之。有一不帥者。法之加必自此始。夫上以至誠行之。而貴者知避上之所惡矣。則天下之不罰而止者衆矣。故曰此養之之道也。所謂取之之道者何也。先王之取人也。必於鄉黨。必於庠序。使衆人推其所謂賢能。出之以告於上。而察之。誠賢能也。然後隨其德之大小。才之高下而官使之。所謂察之者。非專用耳目之聰明。而私聽於一人之口也。欲審知其德。問以行。欲審知其才。問以言。得其言行。則試之以事。所謂

察之者。試之以事是也。雖堯之用舜。亦不過如此而已。況其下乎。若夫九州之大。四海之遠。百億醜之賤。所須士大夫之才則衆矣。有天下者又不可以一二自察之也。又不可偏屬於一人。而使之於一日二日之間考試其行能而進退之也。蓋吾已能察其才行之大者。以為大官矣。因使之取其類以持久試之。而考其能者以告於上。而後以爵命祿秩予之而已。此取之之道也。所謂任之之道者何也。人之才德高下厚薄不同。其所任有宜有不宜。先王知其如此。故知農者以為后稷。知工者以為共工。其德厚而才高者以為之長。德薄而才下者以為之佐屬。又以久於其職。則上狃習而知其事。下服馴而安其教。賢者則其功可以至於成。不肖者則其罪可以至於著。故久其任而待之以考績之法。夫如此。故智能才力之士。則得盡其智以赴功。而不患其事之不終其功之不就也。偷惰苟且之人。雖欲取容於一

時。而顧僇辱在其後。安敢不勉乎。若夫無能之人。固知辭避而去矣。居職任事之日久。不勝任之罪。不可以幸而免故也。彼且不敢冒而知辭避矣。尚何有比周讒諂爭進之人乎。取之既已詳。用之既已當。處之既已久。至其任之也又專焉。而不一二以法束縛之。而使之得行其意。堯舜之所以理百官而熙衆工者。以此而已。書曰。三載考績。三考黜陟幽明。此之謂也。然堯舜之時。其所黜者則聞之矣。蓋四凶是也。其所陟者則皐陶稷契。皆終身一官而不徙。蓋其所謂陟者。特加之爵命祿賜而已耳。此任之之道也。夫教之養之取之任之之道如此。而當時人君又能與其大臣悉其耳目心力。至誠惻怛。思念而行之。此其人臣之所以無疑。而於天下國家之事無所欲為而不得也。方今州縣雖有學。取牆壁具而已。非有教導之官。長育人才之事也。唯太學有教導之官。而亦未嘗嚴其選。朝廷禮樂刑政之事。未嘗

在於學。學者亦漠然自以禮樂刑政為有司之事。而非已所當知也。學者之所教。講說章句而已。講說章句。固在古者教人之道也。而近歲乃始教之以課試之文章。夫課試之文章。非博誦強學窮日之力則不能。及其能工也。大則不足以用天下國家。小則不足以為天下國家之用。故雖白首於庠序。窮日之力以師上之教。及使之從政。則茫然不知其方者皆是也。蓋今之教者。非特不能成人之材而已。又從而困苦毀壞之。使不得成才者何也。夫人之才成於專。而毀於雜。故先王之處民才。處工於官府。處農於畎畝。處商賈於肆。而處士於序庠。使各專其業。而不見異物。懼異物之足以害其業也。所謂士者。又非特使之不得見異物而已。一示之以先王之道。而百家諸子之異說。皆屏之而莫敢習者焉。今士之所宜學者。天下國家之用也。今悉使置之不教。而教之以課試之文章。使其耗精疲神。窮日之力以

從事於此。及其任之以官也。則又悉使置之。而責之以天下國家之事。夫古之人以朝夕專其業。於天下國家之事。而猶才有能有不能。今乃移其精神。奪其日力。以朝夕從事於無補之學。及其任之以事。然後卒然責之以為天下國家之用。宜其才之足以有為者少矣。臣故曰非特不能成人之才。又從而困苦毀壞之使不得成材也。又有甚害者。先王之時。士之所學者。文武之道也。士之才有可以為公卿大夫。有可以為士。其才之大小。宜不宜則有矣。至於武事。則隨其才之大小未有不學者也。故其大者居則為六官之卿。出則為六軍之將也。其次則比周鄉黨之師。亦皆卒兩師旅之帥。故邊疆宿衛。皆得士大夫為之。而小人不得奸其任。今之學者以為文武異事。吾知治文事而已。至於邊疆宿衛之任。則推而屬之於卒伍。往往天下姦悍無賴之人。苟其才行足以自託於鄉里者。未有肯去親戚而從召募者也。邊疆宿衛

此乃天下之重任。而人主之所當慎重者也。故古教士以射御為急。其他技能。則視其人才之所宜而後教之。其才之所不能。則不彊也。至於射。則男子之事。人之生有疾則已。苟無疾未有去射而不學者也。在庠序之間。固當從事於射也。有賓客之事則以射。有祭祀之事則以射。別士之行能。偶則以射。於禮樂之事。未嘗不寓以射。而射亦未嘗不在於禮樂祭祀之間也。易曰。弧矢之利以威天下。先王豈以射為可以習揖讓之儀而已乎。固以為射者武事之尤大。而威天下守國家之具也。居則以是習禮樂。出則以是從戰伐。士既朝夕從事於此。而能者衆。則邊疆宿衛之任。皆可以擇而取也。夫士嘗學先王之道。其行義嘗見推於鄉黨矣。然後因其才而託之以邊疆宿衛之任。此古之人君所以推干戈以屬之人。而無內外之虞也。今乃以夫天下之重任。人主所當至慎之選。推而屬之姦悍無賴才行不足自託於鄉里之人。此方

今所以愢愢然常抱邊疆之憂。而虞宿衛之不足恃以為安也。今孰不知邊疆宿衛之士不足恃以為安哉。顧以為天下學士以執兵為恥。而亦未有能騎射行陣之事者。則非召募之卒伍。孰能任其事者乎。夫不嚴其教。高其選。則士之以執兵為恥。而未嘗有能騎射行陣之事。固其理也。凡此皆教之非其道也。方今制祿。大抵皆薄。自非朝廷侍從之列。食口稍衆。未有不兼農商之利而能充其養者也。其下州縣之吏。一月所得。多者錢八九千。少者四五千。以守選待除守闕通之。蓋六七年而後得三年之祿。計一月所得。乃實不能四五千。少者乃實不能及三四千而已。雖廝養之給。不窘於此矣。而其養生喪死昏姻葬送之事。皆當出於此。夫出中人之上者。雖窮而不失為君子。出中人之下者。雖泰而不失為小人。唯中人不然。窮則為小人。泰則為君子。計天下之士。出中人之上下者。千百而無十一。窮而為小人。

泰而為君子者。則天下皆是也。先王以為衆不可以力勝也。故制行不以己。而以中人為制。所以因其欲而利道之。以為中人之所能守。則其志可以行乎天下。而推之後世。以今之制祿。而欲士之無毀廉恥。蓋中人所不能也。故今官大者。往往交賂遺。營貲產。以負貪汙之毀。官小者。販鬻乞丐。無所不為。夫士已嘗毀廉恥以負累於世矣。則其偷惰取容之意起。而矜奮自強之心息。則職業安得而不弛。治道何從而興乎。又況委法受賂。侵牟百姓者。往往而是也。此所謂不能饒之以財也。昏喪奉養服食器用之物。皆無制度以為之節。而天下以奢為榮。以儉為恥。苟其財之可以具。則無所為而不得。有司既不禁。而人又以此為榮。苟其財不足。而不能自稱於流俗。則其昏喪之際。往往得罪於族人昏姻。而人以為恥矣。故富者貪而不知止。貧者則強勉其不足以追之。此士之所以重困。而廉恥之心毀也。凡此所

謂不能約之以禮也。方今陛下躬行儉約以率天下。此左右通貴之臣所親見。然而其閨門之內。奢靡無節。犯上之所惡。以傷天下之教者有已甚者矣。未聞朝廷有所放絀以示天下。昔周之人。拘群飲而被之以殺刑者。以為酒之末流生害。有至於死者衆矣。故重禁其禍之所自生。重禁禍之所自生。故其施刑極省。而人之抵於禍敗者少矣。今朝廷之法所尤重者。獨貪吏耳。重禁貪吏。而輕奢靡之法。此所謂禁其末而弛其本。然而世之識者。以為方今官冗。而縣官財用已不足以供之。其亦蔽於理矣。今之入官誠冗矣。然而前世置員蓋甚少。而賦祿又如此之薄。則財用之所不足。蓋亦有說矣。吏祿豈足計哉。臣於財利固未嘗學。然竊觀前世治財之大略矣。蓋因天下之力以生天下之財。取天下之財以供天下之費。自古治世。未嘗以不足為天下之公患也。患在治財無其道耳。今天下不見兵革之具。而元

元安土樂業。人致其力以生天下之財。然而公私常以困窮為患者。殆亦理財未得其道。而有司不能度世之宜而通其變耳。誠能理財以其道。而通其變。臣雖愚。固知增吏祿不足以傷經費也。方今法嚴令具。所以羅天下之士可謂密矣。然而亦嘗教之以道藝。而有不帥教之刑以待之乎。亦嘗約之以制度。而有不循理之刑以待之乎。亦嘗任之以職事。而有不任事之刑以待之乎。夫不先教之以道藝。誠不可以誅其不帥教。不先約之以制度。誠不可以誅其不循理。不先任之以職事。誠不可以誅其不任事。此三者先王之法所先急也。今皆不可得誅。而薄物細故非害治之急者。為之法禁。月異而歲不同。為吏者至於不可勝記。又況能一二避之而無犯者乎。此法令所以滋而不行。小人有幸而免者。君子有不幸而及者焉。此所謂不能裁之以刑也。凡此皆治之非其道也。方今取士。強記博誦而略通於文辭謂之茂才異等賢良方正。茂才異等賢良方正者。公卿之選也。記不必強誦不必博。略通於文辭。而又嘗學詩賦。則謂之進士。進士之高者亦公卿之選也。夫此二科所得之技能。不足以為公卿。不待論而後可知。而世之議者乃以為吾嘗以此取天下之士。而才之可以為公卿者常出於此。不必法古之取人然後得士也。其亦蔽於理矣。先王之時。盡所以取人之道。猶懼賢者之難進。而不肖者之雜於其間也。今悉廢先王所以取士之道。而驅天下之才士悉使為賢良進士。則士之才可以為公卿者。固宜為賢良進士。而賢良進士亦固宜有時而得才之可以為公卿者也。然而不肖者苟能雕蟲篆刻之學。以此進至乎公卿。才之可以為公卿者困於無補之學。而以此絀死於巖野。蓋十八九矣。夫古之人有天下者。其所慎擇者公卿而已。公卿既得其人。因使推其類以聚於朝廷。則百司庶府無不得其人也。

今使不肖之人幸而至乎公卿。因得推其類聚之朝廷。此朝廷所以多不肖之人。而雖有賢智。往往困於無助。不得行其意也。且公卿之不肖。既推其類以聚於朝廷。朝廷之不肖。又推其類以備四方之任。使四方之任使者。又各推其不肖以布於州郡。則雖有同罪舉官之科。豈足恃哉。適足以為不肖者之資而已。其次九經五經學究明法之科。朝廷固已嘗患其無用於世。而稍責之以大義矣。然大義之所得未有以賢於故也。今朝廷又開明經之選。以進經術之士。然明經之所取。亦記誦而略通於文辭者。則得之矣。彼通先王之意。而可以施天下國家之用者。顧未必得與於此選也。其次則恩澤子弟。庠序不教之以道藝。官司不考問其才能。父兄不保任其行義。而朝廷輒以官予之。而任之以事。武王數紂之罪。則曰官人以世。夫官人以世而不計其才行。此乃紂之所以亂亡之道。而治古之所無也。又其次曰。

流外朝廷固已擯之於廉恥之外而限其進取路矣顧屬之以州縣之事使之臨士民之上豈所謂以賢治不肖者乎以臣使事之所及一路數千里之間州縣之吏出於流外者往往而有可屬任以事者殆無二三而當防閑其奸者皆是也蓋古者有賢不肖之分而無流品之別故孔子之聖而嘗為季氏吏蓋雖為吏而亦不害其為公卿及後世有流品之別則凡在流外者其所成立固嘗自置於廉恥之外而無高人之意矣夫以近世風俗之流靡雖自士大夫之才勢足以進取而朝廷嘗奬之以禮義者晚節末路往往怵而為奸況又其素所成立無高人之意而朝廷固已擯之於廉恥之外限其進取者乎其臨人親職放僻邪侈固其理也至於邊疆宿衛之選則臣固已言其失矣凡此皆取之非其道也方今取之既不以其道至於任人又不問其德之所宜而問其出身之後先不論其才之稱否而論其

歷任之多少以文學進者且使之治財已使之治財矣又轉而使之典獄已使之典獄矣又轉而使之治禮是則一人之身而責之以百官之所能備宜其人才之難為也夫責人以其所難為則人之能為者少矣人之能為者少則相率而不為故使之典禮未嘗以不知禮為憂以今之典禮皆未嘗學禮故也使之典獄未嘗以不知獄為恥以今典獄者未嘗學獄故也天下之人亦已漸漬於失教被服於成俗見朝廷有所任使非其資序則相議而訕之至於任使之不當其才未嘗有非之者也且在位者數徙則不得久於其官故上不能狃習而知其事下不肯服馴而安其教賢者則其功不可以及於成不肖者則其罪不可以至於著若夫迎新將故之勞緣絕簿書之弊固其害之小者不足悉數也設官大抵皆當久於其任而至於所部者遠所任者重則尤宜久於其官而後可以責其有為而方今尤不得

久於其官往往數日輙遷之矣取之既已不詳使之既已不當處之既已不久至於任之則又不專而又一二以法約束縛之使不得行其意臣固知當今在位多非其人稍假借之權而不一二以法束縛之則放恣而無不為雖然在位非其人而恃法以為治自古及今未有能治者也即使在位皆得其人矣而一二以法束縛之不使之得行其意亦自古及今未有能治者也夫取之既已不詳使之既已不當處之既已不久任之又不專而一二以法束縛之故雖賢者在位能者在職與不肖而無能者殆無以異夫如此故朝廷明知其賢能足以任事苟非其資序則不以任事而輙進之雖進之士猶不服也明知其無能而不肖苟非有罪為在上者所劾不敢以其不勝任而輙退之雖退之士猶不服也彼誠不肖而無能然而士不服者何也以所謂賢能者任其事與不肖而無能者亦無以異故也臣前以謂不

能任人以職事而無不任事之刑以待之者蓋謂此也夫教之養之取之任之有一非其道則足以敗亂天下之人才又況兼此四者而有之則在位不才苟簡貪鄙之人至於不可勝數而草野閭巷之間亦少可任之才固不足怪詩曰國雖靡止或聖或否民雖靡膴或哲或謀或肅或艾如彼泉流無淪胥以敗此之謂也夫在位之人才不足矣而閭巷草野之間亦少可用之才則豈特行先王之政而不得也社稷之託封疆之守陛下其能久以天幸為常而無一旦之憂乎蓋漢之張角三十六萬同日而起而所在郡國莫能發其謀唐之黃巢橫行天下而所至將吏無敢與之抗者漢唐之所以亡禍自此始唐既亡矣陵夷以至五代而武夫用事賢者伏匿消沮而不見在位無復有知君臣之義上下之禮者也當是之時變置社稷蓋甚於弈棋之易而元元肝腦塗地幸而不轉死於溝壑者無幾耳夫人才不

足患。蓋如此。而方今公卿大夫。莫肯為陛下長慮後顧。為宗廟萬世計。臣切惑之。昔晉武帝趣過目前。而不為子孫長遠之謀。當時在位亦皆偷合苟容。而風俗蕩然。棄禮義。捐法制。上下同失。莫以為非。有識固知其將必亂矣。而其後果至於海內大擾。中國列於夷狄者二百餘年。伏惟三廟祖宗神靈所以付屬陛下。固將為萬世血食。而大庇元元於無窮也。臣願陛下鑒漢唐五代之所以亂亡。懲晉武苟且因循之禍。明詔大臣。思所以陶成天下之才。慮之以謀。計之以數。為之以漸。期為合於當世之變。而無負於先王之意。則天下之人才不勝用矣。人才不勝用。則陛下何求而不得。何欲而不成哉。夫慮之以謀。計之以數。為之以漸。則成天下之才甚易也。臣始讀孟子。見孟子言王政之易行。心則以為誠然。及見與慎子論齊魯之地。以為先王之制國。大抵不過百里者。以為今有王者起。則凡諸侯之地。或千里。

或五伯里。皆將損之至於數十百里而後止。於是疑孟子雖賢。其仁智足以一天下。亦安能毋劫之以兵革。而使數百千里之強國。一旦肯損其地之十八九。而比先王之諸侯。至其後觀漢武帝用主父偃之策。令諸侯王地悉得推恩分其子弟。而漢親臨定其號名。輒別屬漢。於是諸侯王之子弟。各有分土。而勢強地大者。卒以分析弱小。然後知慮之以謀。計之以數。為之以漸。則大者固可使小。強者固可使弱。而不至乎傾駭變亂敗傷之釁。孟子之言不為過。又況今欲改易更革。其勢非若孟子所為之難也。臣故曰慮之以謀。計之以數。為之以漸。則其為甚易也。然先王之為天下。不患人之不為。而患人之不能。不患人之不能。而患己之不勉。何謂不患人之不為。而患人之不能。人之情所願得者。善行美名尊爵厚利也。而先王能操之以臨天下之士。天下之士有能遵之以治者。則悉以其所願得者以與之。士

不能則已矣。苟能則孰肯舍其所願得。而不自勉以為才。故曰不患人之不為。患人之不能。何謂不患人之不能。而患己之不勉。先王之法。所以待人者盡矣。自非下愚不可移之才。未有不能赴者也。然而不謀之以至誠惻怛之心。亦未有能力行而應之者。故曰不患人之不能。而患己之不勉。陛下誠有意乎成天下之才。則臣願陛下勉之而已。臣又觀朝廷異時欲有所施為變革。其始計利害未嘗熟也。顧一有流俗僥倖之人。不悅而非之。則遂止而不敢為。夫法度立。則人無獨蒙其幸者。故先王之政。雖足以利天下。而當其承弊壞之後。僥倖之時。其創法之制。未嘗不艱難也。以其剏法立制。而天下僥倖之人。亦順悅以趨之。無有齟齬。則先王之法至今存而不廢矣。惟其剏法立制之艱難。而僥倖之人不肯順悅而趨之。故古之人欲有所為。未嘗不先之以征誅。而後得其意。詩曰。是伐是肆。是絕是忽。四方以

無拂。此言文王先征誅而後得意於天下也。先王欲立法度以變衰壞之俗。而成人之才。雖有征誅之難。猶忍而為之。以為不若是不可以有為也。及至孔子以匹夫遊諸侯。所至則使其君臣捐所習。逆所順。強所劣。憧憧如也。卒困於排逐。然孔子亦終不為之變。以為不如是不可以有為。此其所守蓋與文王同意。夫在上之聖人莫如文王。在下之聖人莫如孔子。而欲有所施為變革。則其事蓋如此矣。今有天下勢。居先王之位。剏立法制。非其征誅之難也。雖有僥倖之人。不悅而非之。固不勝天下順悅之人眾也。然而一有流俗僥倖不悅之言。則遂止而不敢為者。惑也。陛下誠有意乎成天下之才。則臣又願斷之而已。夫慮之以謀。計之以數。為之以漸。而又勉之以成。斷之以果。然而猶不能成天下之才。則以臣所聞。蓋未有也。然臣之所稱。流俗之所不講。而今之議者。以謂迂闊而熟爛者也。切觀近世士大夫所

欲悉心力耳目以補助朝廷者有矣。彼其意非一切利害則以為當世所不能行。士大夫既以此希世。而朝廷所取於天下之士。亦不過如此。至於大倫大法。禮義之際。先王之所力學而守者。蓋不及也。一有及此。則群聚而笑之以為迂闊。今朝廷悉心於一切利害。有司法令刀筆之間。非一日也。然其效可觀矣。則夫所謂迂闊而熟爛者。惟陛下亦可少留神而察之矣。昔唐太宗貞觀之初。人人異論。如封德彝之徒。皆以為非雜用秦漢之政。不足以為天下。能思先王之事開太宗者。魏鄭公一人爾。其所設雖未能盡當先王之意。抑其大略可謂合矣。故能以數年之間。而天下幾致刑措。中國安寧。夷蠻順服。自三王以來。未有盛於此時也。唐太宗之初。天下之俗猶今之世也。魏鄭公之言。固當時所謂迂闊而熟爛者也。然其效如此。賈誼曰。今或言德教之不如法令。胡不引商周秦漢以觀之。然則唐太宗事亦足以觀矣。臣幸以職事歸報陛下。不自知其駑下。無以稱職。而敢及國家之大體者。誠以臣蒙陛下任使而當歸報。切謂在位之人才不足。而無以稱朝廷任使之意。而朝廷所以任使天下之士者。或非其理。而士不得盡其才。此亦臣使事之所及。而陛下之所宜先聞者也。釋此一言。而毛舉利害之一二。以汙陛下之聰明。而終無補於世。則非臣所以事陛下惓惓之義也。伏惟陛下詳思而擇其中。天下幸甚。

時王安石知制誥。又上時政疏曰。臣竊觀自古人主享國日久。無至誠惻怛憂天下之心。雖無暴政虐刑加於百姓。而天下未嘗不亂。自秦已下。享國日久。有晉之武帝。梁之武帝。唐之明皇。此三帝者。皆聰明智略有功之主也。享國日久。內外無患。因循苟且。無至誠惻怛憂天下之心。趨過目前而不為久遠之計。自以禍災可以無及其身。往往身遇禍災而悔無所及。雖或僅得身免。而宗廟固已毀辱。而妻子固

以困窮。天下之民固以膏血塗草野。而生者不能自脫於困餓劫束之患矣。夫為人子孫使其宗廟毀辱。為人父母使其比屋死亡。此豈仁孝之主所宜忍者乎。然而晉梁唐之三帝以晏然致此者。自以為其禍災可以不至於此。而自不知忽然已至也。蓋夫天下至大器也。非大明法度不足以維持。非衆建賢才不足以保守。苟無至誠惻怛憂天下之心。則不能詢考賢才。講求法度。賢才不用。法度不脩。偷假歲月。則幸或可以無他。曠日持久。則未嘗不終於大亂。伏惟皇帝陛下有恭儉之德。有聰明睿知之才。有仁民愛物之意。然享國日久矣。此誠當惻怛憂天下。而以晉梁唐三帝為戒之時。以臣所見。方今朝廷之位。未可謂能得賢才。政事所施。未可謂能合法度。官亂於上。民貧於下。風俗日以薄。才力日以困窮。而陛下高居深拱。未嘗有詢考講求之意。此臣所以竊為陛下計而不能無慨然者也。夫因循苟且逸豫而無為。可以徼倖一時。而不可以曠日持久。晉梁唐三帝者不知慮此。故災稔禍變生於一時。則雖欲復詢考講求以自救。而已無所及矣。以古準今。則天下安危治亂尚可以有為。有為之時莫急於今日。過今日則臣恐亦有無所及之悔矣。然則至誠詢考而衆建賢才。以至誠講求而大明法度。陛下今日其可以不汲汲乎。書曰。若藥不瞑眩。厥疾弗瘳。臣願陛下以終身之狼疾為憂。而不以一日之瞑眩為苦。臣既蒙陛下採擢。使備從官。朝廷治亂安危。臣實預其榮辱。此臣所以不敢避進越之罪。而忘盡規之義。伏惟陛下深思臣言以自警戒。則天下幸甚。

安石又上奏曰。臣等准今月八日中書劄子。奉聖旨今後舍人院不得申請除改文字。切以為舍人者陛下近臣。以典掌誥命為職。除改乃其職事所當參審。若詞頭所批事情不盡而不得申請。則是舍人

不得復行其職事而事無可否一聽執政所為自非執政大臣欲傾側而為私則立法不當如此前日具論其故冀蒙陛下省察而至今未奉指揮臣等不知陛下以為是而不改乎將不必以為是而特以出於執政大臣所建而不改乎將陛下視臣等所奏未嘗有所可否而執政大臣自持其議而不肯改乎為是而不改則臣等考尋載籍以來未有欲治之世而設法蔽塞近臣議論之端如此者也不必以為是而特以出於執政大臣所建而不改則是陛下不復考問義理之是非一切苟順執政大臣所為而已也若陛下視臣等所奏未嘗有所可否而執政大臣自持其議而不肯改則是政已不自人主出而天下之公議廢矣此所以臣等惓惓之義不能自已者也臣等切觀陛下自近歲以來舉天下之事屬之七八大臣天下之人初亦翕然幸其有為能救一切之弊然而方今大臣之弱者則不敢為陛下守法以忤諫官御史而專為持祿保位之謀大臣之強者則挾聖旨造法令恣己所欲不擇義理之是非而諫官御史亦不敢忤其意者陛下方且深拱淵默兩聽其所為而無所問安有朝廷如此而能曠日持久而無亂者乎自古亂之所生不必君臣皆為大惡但無至誠惻怛求治之心擇利害不審辨是非不早以小失為無傷而不改以小善為無補而不為以阿諛順己為悅而其說用以諒直逆己為讒而其言廢積事之不當而失人心者衆矣乃所以為亂也陛下以臣等所言為是則宜以至誠惻怛欲治念亂之心考核大臣改脩政事誠欲改脩政事則今月八日旨揮為當先改矣若以臣等所言為非則臣等狂瞽不知治體而誣謗朝廷政事當明加貶斥以懲妄言之罪而別選才能通達之士以補從官臣等受陛下之寵祿與領朝廷職事不得其守則義不得不言而朝廷以為非也則義不敢辭貶斥伏乞詳酌早賜旨揮

時通判秦州事加直集賢院尹洙上奏曰漢文帝盛德之主賈誼論當時事勢猶云可為慟哭孝武帝外制四夷以彊主威徐樂嚴安尚以陳勝亡秦六卿篡晉為戒二帝不以危亂滅亡為諱故子孫保有天下者十餘世秦二世時關東盜起或以反者聞二世怒下吏或曰逐捕今盡不足憂乃悅隋煬帝時四方兵起左右近臣皆隱賊數不以實聞或言賊多者輒被詰二帝以危亂滅亡為諱故秦隋宗社數年為丘墟陛下視今日天下之治孰與漢文威制四夷孰與漢武國家基本仁德陛下慈孝愛民誠萬萬於秦隋矣至於西有不臣之虜北有彊大之隣非特閭巷盜賊之勢也自西夏叛命四年並塞苦數擾內地疲遠輸兵久於外而休息無期卒有乘弊而起兵法所謂雖有智者不能善其後當此之時陛下宜夙夜憂懼所以應事變而塞禍源也陛下延訪邊事容納直言前世人主勤勞寬大未有能遠過者然未聞以宗廟為憂危亡為懼此賤臣所以感憤鬱悒而不已也何者令命令數更恩寵過濫賜與不節此三者戒之慎之在陛下所行爾非有難動之勢也而因循不革弊壞日甚臣謂陛下不以宗廟為憂危亡為懼者以此夫命令者人主所以取信於下也異時民間朝廷降一命令皆竦視之今則不然相與竊語以為不久當更既而信然此命令日輕於下也命令輕則朝廷不尊矣又聞群臣有獻忠謀者陛下始甚聽之後復一人沮之則意移矣忠言者以信之不能終頗自詘其謀以為無益此命令數更之弊也夫爵賞陛下所持之柄也近時外戚內臣以及士人或因緣以求恩澤從中而下謂之內降臣聞唐氏政衰或母后專制或妃主擅朝樹恩私黨名為斜封今陛下威柄自出外戚內臣賢而才者當與大臣公議而進之何必襲斜封

之弊哉且使大臣從之則壞陛下綱紀不從則沮陛下德音壞紀綱
忠臣所不忍為沮德音則威柄輕於上且盡公不阿朝廷所以責大
臣今乃自以私昵撓之而欲責大臣之不私難矣此恩寵過濫之弊
也夫賜予者國家所以勸功也比年以來嬪御及伶官太醫之屬賜
予過厚民間傳言内帑金帛皆祖宗累朝積聚陛下用之不甚愛惜
今之所存無幾疏遠之人誠不能知内府豐匱之數但見取於民者
日煩即知畜於公帑者不厚臣亦知國家自西方宿兵用度寖廣帑
藏之積未必悉為賜予所費然下民之衆固不可家至而戶曉獨見
陛下行事感動爾往歲聞邊將王珪以力戰賜金則無不悅服或見
優人所得過厚則往往憤歎人情不可不察此賜予不節之弊也臣
所論三事皆人人所共知近臣從諫而不言以至今日方今非獨四
夷之為患朝政日弊而陛下不寤人心日危而陛下不知故臣願先
正於内以正於外然後忠謀漸進紀綱漸舉國用漸足士心漸奮邊
境之患庶乎息矣惟深察秦隋惡聞忠言所以亡遠法漢主不諱危
亂所以存日新盛德與民更始則天下幸甚仁宗嘉納之

翰林侍讀學士宋綬上言帝王御天下在總攬威柄而一紀以來令
出簾帷自陛下躬親萬務内外延首思見聖政宜懲違革弊以新百
姓之耳目而賞罰號令未能有過於前日豈非三事大臣不能推心
盡力以輔陛下之治耶頃太后朝多吝除拜而邪幸或徑取升擢議
者謂恩出太后今恩賞雖行又謂自大臣出非大臣朋黨罔上何以
得此朋黨之為朝廷患古今同之或窺測帝旨密令陳奏或附會已
意以進退人大官示恩以招權小人趨利以售進此風寖長有蠹邦
政太宗嘗曰國家無外憂必有内患外憂不過邊事皆可預防奸邪
共濟為内患深可懼也真宗亦曰唐朋黨尤盛王室遂卑願陛下思

祖宗之訓念王業艱難整齊綱紀正在今日

同知禮院宋祁上疏曰臣伏讀戊寅詔書陛下祗悼變異不忘元元
受遜引咎端自克責延問有位廣謀于衆推變所自前事立防將欲
還威譴於天極吝震眚於坤順雖姒王罪己商宗念德蔑以加之群
臣莫不延頸企踵恭聽允令誠使有芻蕘之慮竅啓之詞咸樂自效
納于聰聽益潤渾渾附輝煌煌以成日新之美臣愚不肖職在史氏
位為臺郎類非無知不容自弃輒敢條刺近事上對沖旨詔曰朕躬
之闕遺臣伏惟陛下即位以來十有六年孜孜翼翼動守先訓不侈
宫室不飾游畋偃兵緩罰愛重人命無它過失聞于天下雖自謂闕
遺愚臣昧死不敢奉詔然有將來可慮者臣願一二陳其崖略陛下
試參之聖慮揆之人事測之天災質之古義有可行者不以人賤而
廢其言則臣生死幸甚臣聞賞罰操決天子之權也奏請可否大臣
之事也下陳可否以佐之操決則百度乂寧一人尊強竊見陛下臨
視庶政深執謙德不自先斷專委大臣使大臣人人如皋陶家家為
后稷尚且不可況有託國威而肆忿寄公爵以樹恩者哉臣請粗陳
其要且如陛下自欲有所拔擢大臣以為不可陛下從而罷之又如
自欲有所黜去大臣以為不可陛下從而任之如此則權常在臣政
不在君昭然可見矣陛下何所忌憚而不略加裁詰遂使中材之人
料時之如此欲自結於朝者還附於權黨欲自徇於公者反入於私
門威柄寖移人心可繫此將來可慮一也伏望陛下自今以往審察
臣下果有盡忠守正可器用者進擢於朝但論其材勿限資敘陛下
以萬機餘景引入便殿賜以清宴普詢闕漏又以所得參校時政質
其是非俾之中外相應更相維糾則彼之投身納款惟陛下之歸不
在他矣臣聞邪之與正譬猶白黑可以立辨今陛下既以此事為正

俄而有以為邪者因復中止更為猶豫此最不可之大者夫謀之雖
衆決之欲獨劉向曰持不斷之慮者開群枉之門蓋指此也臣願陛
下臨事即斷勿復持疑無令浮議營惑敗亂美政臣聞忠臣之事君
造膝而言詭辭而出所以啓心防患也陛下亦宜隱秘其語保全其
人倘漏露主名則為所譏刺者皆切齒而思報矣興誹造謗不退不
止一旦罹患而後來者傳以為戒皆苟容偷合背公入黨則陛下雖
有盈庭之士朱紫雜襲誰肯與權貴立敵進言而取禍哉此無異挈
仇以授奸人自閉其耳目萬事之安危天下不得復聞之矣臣比見
茲事已驗於前伏望陛下考大易失臣之義無襲春秋陽處父之枉
此將來可慮二也臣伏惟陛下春秋鼎盛皇嗣未立後宮所御當貫
魚序進廣求螽斯子孫之福伏望豫示教誡昭判貴賤使上下有制
不相踰越讒謁毀間明垂防禁數詔后妃習知謙退和柔之懿無令

僭妬得萌其中此將來可慮三也詔曰執事之阿枉臣不足以慮之
然所經怪諫官御史本以選進鯁亮震肅權綱為天子之耳目也今
則不然有勢者其奸如山結舌而不問無援者索疵吹毛飛文而歷
詆未及滿歲已干宰司希兼職而求進秩矣如此則宰司有失諫官
御史肯為陛下盡言乎使言者捨當用而取不急陛下果可聽之乎
臣故曰諫官御史由宰司之進擢者非陛下之利也夫軽授重責難
以得人但賞不罰難以肅下今若令居是官者終歲不言及言而不
當坐不任職退挾持私意有所回慝坐縱誅不畏強禦議劾嚴正者
陛下自意擢之無令有司得與此亦救阿枉之二也詔曰政教未臻
于理刑罰靡協于中在位有壅蔽之人效官有貪墨之吏臣聞傳曰
正其本萬事理又曰人存則政舉人亡則政息苟使天子持柄于上
群臣率職於下如臣前所陳者大紀綱務將交脩畢舉矣安有政未

臻理刑靡協中乎至於海縣浩繁曾不懲善或察廉無狀或貪冒公
行或民窮無訴或事紛未治大且抵死小則免官案章一下交手受
械事軽人求曷足應天變而關國體乎要之災異之發政教之本在
朝廷君臣之間耳詔曰擇善而行固非虛飾此誠陛下勤懇悃愊納
繹下情申啓言路必收治效也臣聞徒善不足為政徒法不足自行
天之感物不為僞動今陛下儼然日昊已降德音群臣將畢精極慮
隨事納說必有可采伏望朝廷開許施行此則順民心承天意轉禍
為福聖人銷伏之實也然臣尚有所慮者今臣下準詔例得獻言言
不深切則事不明白或恐有昧儀矩罔識禁忌論安危則便云泰山
累卵指宴飲則直曰酒池肉林伏望陛下納汙含垢一切裁赦無容
博聽以取其長勿令有坐狂言而得罪者則聖德光大感無還日矣
言高位下自知不韙臣無任省循狂瞽惶恐待罪之至

程頤上疏曰臣伏觀前古聖明之主無不好聞直諫博采芻蕘故視
益明而聽益聰紀綱正而天下治昏亂之主無不惡聞過失忽棄正
言故視益蔽而聽益塞紀綱廢而天下亂治亂之因未有不由是也
伏惟陛下德侔天地明並日月寬慈仁聖自古無比曷嘗害一忠臣
戮一正士群臣雖有以言事得罪者旋復拔擢過其分際此千載一
遇言事之秋也桀紂暴亂殘賊忠良然而義士不顧死以盡其節明
聖在上其仁如天布衣之士雖非當言責也苟有可以裨聖治何忍
默默而不言哉今臣竭其愚忠非有斧鉞之虞也所慮進言者至衆
豈盡可取狂愚必多而陛下因謂賤士之言無適用者臣雖披心腹
瀝肝膽不見省覽秖成徒為此臣之所懼也儻或陛下少留聖慮則
非臣之幸實天下之幸臣請自陳所學然後以臣之學議天下之事
臣所學者天下大中之道也聖人性之為聖人賢者由之為賢者堯

舜用之為堯舜。仲尼述之為仲尼。其為道也至大。其行之也至易。三代以上。莫不由之。自秦而下。衰而不振。魏晉之屬去之遠甚。漢唐小康。行之不醇。自古學之者衆矣。而考其得者益寡。焉道必充於己。而後施以及人。是故道非大成不苟於用。然亦有不私其身應時而作者也。出處無常。惟義所在。所謂道非大成不苟於用。顏回曾參之徒是也。天之大命在夫子矣。故彼得自善其身。非至聖人則不出也。在於平世無所用者亦然。所謂不私其身應時而作者。諸葛亮及臣是也。亮感先主三顧之義。閔生民塗炭之苦。思致天下於三代。義不得自安而作也。如臣者。生逢聖明之主。而天下有危亂之虞。義豈可苟善其身而不以一言悟陛下哉。故曰出處無常。惟義所在。臣請議天下之事。不識陛下以今天下為安乎危乎。治乎亂乎。烏可知危亂而不思救之之道。如曰安且治矣。則臣請明其未然。方今之勢。誠何異於抱火厝之積薪之下而寢其上。火未及然。因謂之安者乎。書曰。民惟邦本。本固邦寧。竊惟固本之道在於安民。安民之道在於足衣食。今天下民力匱竭。衣食不足。春耕而播。延息以待。一歲失望。便須流亡。以此而言。本未得為固也。臣料陛下仁慈愛民如子。必不忍使之困苦一至於是。臣竊疑左右前後壅蔽陛下聰明。使陛下不得而知。今國家財用常多不足。不足則責於三司。三司責諸路轉運。轉運何所出。誅剝於民爾。或四方有事。則多非時配率。毒害尤深。急令誅求。竭民膏血。往往破產亡業。骨肉離散。衆人觀之猶可傷痛。陛下為民父母。豈不閔哉。民無儲備。官廩復空。臣觀京師緣邊以至天下。率無二年之備。旁有連歲凶災。如明道中。不知國家何以待之。坐食之卒計踰百萬。既無以供費。將重斂於民。而民已散矣。強敵乘隙於外。奸雄生心於內。則土崩瓦解之勢深可虞也。太寧之世。聖人猶不忘為

備。必有九年之蓄以待凶歲。況今百姓困苦。愁怨之氣上衝于天。災沴凶荒。是所召也。陛下能保其必無乎。中民之家有十金之產。子孫不能守。則人皆謂之不孝。陛下承祖宗基業。而前有土崩瓦解之勢。可不懼哉。戎狄強盛。自古無比。幸而目前尚守盟誓。果能以金帛厭其欲乎。能必料其常為今日之計乎。則夫沿邊豈宜無備。益以兵則用不足。省其戍則力弗支。皆非長久之策也。前者昊賊叛逆。西垂用兵數年之間。天下大困。蓋內外經制多失其宜。陝西之民。苦毒尤甚。及多逃散。重以軍法禁之。以至人心大怨。皆有思寇之言。悖逆之心。不敢以聞聖聽。頗恐陛下亦頗知之。故曰無常產而有常心者。惟士為能。彼庶民者。飢寒既切於內。父子不相保。尚能顧忠義哉。非民無良。政使然也。當時秦中寇盜屢起。儻稽撲滅。必多響應。幸而尋時盡能誅翦。尚賴社稷之福。西虜亦疲。彼如未可邊圖。遂且詭辭稱順。向若更相牽制。未得休兵。內變將生。言之可駭。今天下勞弊。不比景祐以前。復有如曩時之役。臣愚切恐不能堪矣。況為患者豈止西戎。臣每思之。神魄飛越。不知朝廷議者以為如何。亦嘗置之慮乎。其謂制之無術乎。臣竊謂今天下猶無事。人命未甚危。陛下宜早警惕于衷。思行王道。不然。臣恐歲月易失。因循不思。事勢觀之。理無常爾。雖我太祖之有天下。救五代之亂。未戮一人。自古無之。非漢唐可比。固知趙氏之祀安於泰山。然而損陛下之聖明。陷斯民於荼毒。深可痛也。臣料群臣必未嘗有為陛下陳王道者。以陛下聖明。豈有言而不行者乎。竊惟王道之本。仁也。臣觀陛下之仁。堯舜之仁也。然而天下未治者。誠由有仁心而無仁政爾。故孟子曰。今有仁心仁聞。而民不被其澤。不可法於後世者。不行先王之道也。陛下精心庶政。常懼一夫不獲其所。未嘗以一喜怒殺一無辜。官吏有犯入人罪者。則終身棄

之是陛下愛人之深也然而凶年飢歲老弱轉死於溝壑壯者散而之四方為盜賊犯刑戮者幾千萬人矣豈陛下愛人之心哉必謂歲使之然非政之罪歟則何異於刺人而殺之曰非我也兵也三代之民無是病也豈三代之政不可行於今耶州縣之吏有陷人於辟者陛下必深惡之然而民不知義復迫困窮放僻邪侈而入於罪者非陛下陷之乎必謂其自然則教化聖人之妄言耶天下之治由得賢也天下不治由失賢也世不乏賢顧求之之道如何爾今夫求賢本為治也治天下之道莫非五帝三王周公孔子治天下之道也求乎明於五帝三王周公孔子治天下之道者各以其所得大小而用之有宰相事業者使為宰相有卿大夫事業者使為卿大夫有為郡之術者使為刺史有治縣之政者使為縣令各得其任則無職不舉然而天下弗治者未之有也國家取士雖以數科然而賢良方正歲止一

二人而已又所得不過博文強記之士爾明經之屬唯專念誦不曉義理尤無用者也最貴盛者唯進士科以詞賦聲律為工詞賦之中非有治天下之道也人學之以取科第積日累久至於卿相帝王之道教化之本豈嘗知之居其位責其事業則未嘗學之譬如胡人操舟越客為御求其善也不亦難乎往者丁度建言祖宗以來得人不少愚瞽之甚議者至今切齒使墨論墨固以墨為善矣今天下未治誠由有君而無臣也豈世無人求之失其道爾苟欲取士必得豈無術哉王道不醇行二千年矣後之愚者皆云時異事變不可復反此則無知之深也然而人主往往惑於其言今有人得物於道示玉工曰玉也示衆人曰石也則將以玉工為是乎以衆人為然乎必以玉工為是矣何則識與不識也聖人垂教思以治後世而愚者謂不可行於今則將守聖人之道乎從衆人之言乎謂衆人以王道可行其猶詰瞽者以五色之鮮詢聾者以八音之美其曰不然宜也彼

非惛五色而惡八音聞見限也臣觀陛下之心非不憂慮天下也以陛下憂慮天下之心行王道豈難乎哉孟子曰以齊王猶反手也又曰師文王大國五年小國七年必為政於天下矣以諸侯之位一國之地五年可以王天下況陛下居天子之尊令行四海如風之動苟行王政奚啻反手之易哉昔者大禹治水八年於外三過其門而不入思以利天下雖勞苦不避也今陛下行王政非有苦身體勞思慮之難也何憚而不為哉孝經曰立身行道揚名於後世以顯父母孝之終也匹夫猶當行道以顯父母況陛下貴為天子豈不能發憤求治思齊堯舜納民仁壽上光祖考垂休無窮凡所謂孝無大於此者也臣以謂治今天下猶理亂絲非持其端條而舉之不可得而治也故臣前所陳不及歷指政治之闕但明有危亂之虞救之當以王道也然而行王之道非可一二而言願得一面天顏罄陳所學如或有

取陛下其置之左右使盡其誠苟實可用陛下其大用之若行而不効當服罔上之誅亦不虛受陛下爵祿也陛下問群臣群臣必謂寒賤之士未可使近上側自臣思之以為不然臣高祖羽太祖朝年六十餘為縣令一言遭遇聖祖特加拔擢攀附太宗終於兵部侍郎顧遇之厚群臣無比備存家牒不敢繁述臣曾祖希振既以父任後祖遜復被推恩國家錄先世之勳臣父珣又蒙延賞今為國子博士非有橫草之功食君祿四世一百年矣臣料天下受國恩之厚無如臣家者臣自識事以來思為國家盡死恨未得其路爾則臣進見宜無疑也或者更為強詞言其不可此乃自負陰私懼防詆訐者也伏望陛下出於聖斷勿徇衆言以王道為心以生民為念黜世俗之論期非常之功昔漢武笑齊宣王不行孟子之說自致不王而不用仲舒之策隋文笑漢武不用仲舒之策不至於道而不聽王通之言二主

之賢料陛下亦嘗笑之矣臣雖不敢望三子之賢然臣之所學三子之道也陛下勿使後之視今猶今之視昔則天下不勝幸甚望陛下特留意焉臣愚無任踰越狂狷恐懼之極臣頫昧死頓首謹言

歷代名臣奏議卷之三十三

歷代名臣奏議卷之三十四

治道

宋仁宗時通判涇州尹源作唐説及叙兵十篇上之其唐説曰世言唐所以亡由諸侯之彊此未極于理夫弱唐者諸侯也唐既弱矣而久不亡者諸侯維之也燕趙魏首亂唐制專地而治若古之建國此諸侯之雄者然皆恃唐為輕重何則假王命以相制則易而順唐雖病之亦不得而外焉故河北順而聽命則天下為亂者不能遂其亂河北不順而變則姦雄或附而起德宗世朱泚李希烈始遂其僭而終敗亡者田悅叛于前武俊順于後也憲宗討蜀平夏誅蔡夷鄆兵連四方而亂不生卒成中興之功者田氏稟命王承宗歸國也武宗將討劉稹之叛先正三鎮絕其連衡之計而王誅以成如是二百年姦臣逆子專國命者有之夷將相者有之而不敢窺神器非力不足畏諸侯之勢也及廣明之後關東無復唐有方鎮相侵伐者猶以王室為名及梁祖舉河南劉仁恭輕戰而敗羅氏內附王鎔請盟于時河北之事去矣梁人一舉而代唐有國諸侯莫能與之爭其勢然也向使以僖昭之弱乘巢蔡之亂而田承嗣守魏王武俊朱滔據燕趙彊相均地相屬其勢宜莫敢先動況非義舉乎如此雖梁祖之暴不過取霸于一方耳安能彊禪天下故唐之弱者以河北之彊也唐之亡者以河北之弱也或曰諸侯彊則分天子之勢子何議之過乎曰秦隋之勢無分于諸侯而亡速于唐何如哉或曰唐之亡其由君失道乎曰君非失道而才不至焉爾其亡也臣實主之請極其說唐太宗起艱難有天下其用臣也聽其言而盡其才故君臣相親而至治安以及後世視太宗由艱而興雖其聖不及而任臣納諫之心一也君有太宗之心臣非太宗之臣上聽其下或不能辨其奸下惑其上

無所不至所以敗也何哉夫君一而臣衆大聖之君不相繼而出大姦之臣則世有之大聖在上則姦無所容其臣莫不賢苟君之才不能勝臣之姦則雖有賢者不能進矣如是然未至於失道猶失道也明皇非不欲天下如貞觀之治而馭臣之才不能勝林甫之奸於是有祿山之禍德宗非不欲平暴亂安四方而君人之術不能勝盧杞之邪於是有朱泚之變以至于僖昭其心皆欲去亂而即治也而才不逮於明皇德宗輔臣之姦邪或過於林甫盧杞求國不亡安可得已然迹其事君豈不有失道乎于時天下非無賢由君不能主聽也故至賢之主與失道之主其興其亡皆自取之此係乎君者也中才之主其臣正勝邪則治而安邪勝正則亂而亡此係乎臣者也然則唐之亡非君之為臣之為也其叙兵曰唐杜牧當會昌中河朔用兵嘗為文數篇上論歷代軍事利害繼以本朝制兵用將之得失下參以當時事機牧儒者位不顯其術未嘗試然識者謂牧知兵雖古名將不能過今觀牧所著大要究極當世之務不專狃古法使時君可行而易為功此其善也今兵之利鈍所以與唐世異者唐自中世以來諸侯皆自募兵訓練出攻入守上下一志故討淮西青冀滄德澤潞之叛以至四征夷狄大率假外兵以集事朝廷所出神策禁軍不過為聲援而已故所至多有功今則不然國家患前世藩鎮之強凡天下所募驍勇一萃於京師雖濵塞諸郡大者籍兵不踰數千每歲防秋則戍以禁兵將帥任輕而勢分軍事往往中御愚謂此可以施於無事時鎮中國服豪傑心苟戎夷侵軼未必能取勝也何則兵主於外則勇主於内則驕勇生於勞驕生於逸夫外兵所習尚皆疆場戰鬬勞苦之事死生之命制之於將故勇勇而使之戰則多利内兵居京都日享安逸加之以賞賚未嘗服甲冑荷戈戟不知將帥號令之

嚴故驕驕而勞之則怨以之戰則多鈍若唐之失失於諸侯之不制非失於外兵之彊故有驕將罕聞有驕兵今之失失於將太輕而外兵至於不足以應敵内兵鮮得其用故有驕兵不聞有驕將且唐之所失者勢也今之所失者制也勢也者不得已也制也者可為而不為者也然則為今之計當如何曰稍革舊制大募豪勇益外兵之籍俾足以戰敵以内兵為聲勢重邊將之任使專一軍之事而不得遶州郡之勢斯可以獲近利而亡後害也

文彥博進無為而治論曰臣頃因奏事親聞德音謂古稱無為而治者必當先有為而致無為臣雖即時仰對曰虞舜垂衣而治者亦皆先有為而後無為誠如聖意臣退而伏思曰陛下有堯舜求治之心而臣愚無臯夔致君之術夙夜慚懼啓處不遑又以奏對之際蹇訥未周謹尋前典所述虞舜之德著於簡牘仰塵鑒覽庶幾愚忠上裨聖政仲尼曰無為而治者其舜也歟夫何為哉恭己正南面而已先儒之解以謂任官得其人故無為而治考於虞書則舜之始也流共工於幽州以其心狠貌恭是以惑世也放驩兜於崇山以其掩義隱賊黨於共工也竄三苗於三危以其貪冒食貨崇侈不才也殛鯀於羽山以其頑嚚傲狠治水無功也四罪而天下咸服茲所謂去邪不疑而罰當其罪也於是詢四岳以謀政治闢四門以求衆賢明四目達四聰以廣視聽於天下命禹作司空以平水土棄為后稷以播百穀契作司徒以敷五教臯陶作士以典五刑垂作共工益作朕虞伯夷作秩宗以典三禮夔典樂以教胄子龍作納言出納朕命惟允既命以官因而勑之曰各恭其職乃能立天下之功然後三載考績三考黜陟幽明庶績咸熙茲所謂任賢勿貳而官得其人也夫明四目達四聰去四凶命庶官其勤至矣得不謂之先有為乎及夫庶績熙

天下服。垂衣裳正南面而已。得不謂之後無為乎。臣究觀經史之載，舜之至德也，有大功二十。舉十六相，去四凶也。十六相，謂八元、八凱、稷、契、皐、夔之倫。去四凶，則朝廷無姦邪之黨。舉十六相，則左右皆賢哲之輔。如是而天下不治者，未之有也。故后世聖帝明王，莫不勞於求賢而逸於致治。勞於求賢，則先有為也；逸於致治，則後無為也。恭以陛下紹祖宗之丕基，行堯舜之至化。黜邪遠佞，去四凶之志也；求賢審官，舉十六相之意也。然而一日萬務，尚勞宵旰，豈乃臣愚不稱職之効也。臣以為方今之務，正在謹守祖宗之成法，使爵賞刑罰不失其當耳。爵賞當，則姦邪無功者不敢僥倖而希進；刑罰當，則貴近有罪者不敢請求而苟免。紀綱正而朝廷尊，號令行而天下服。如此則陛下高拱穆清之中，無為而與虞舜比隆，而下視三代之盛矣。

天章閣待制 知諫院包拯上疏曰：臣非材備位諫職，思所以為補報者，惟言責而已。然言不激切，則不足開宸慮而補聖政。謹條上七事，皆當今之要務，詞理鄙直，惟陛下留神省察。

一事：臣伏以陛下天縱寬仁，海納諫議，是者取而施用，非者存而掩覆。群下見聖度閎博，不以是非皆能容受，故姦邪敢肆矯妄，持難明不然之事，巧飾厚誣，使人無由自辨而默受排斥之禍。致陛下明有所蔽，疑貳忠良，率以此也。夫忠良見疑，則忠義之臣欲竭節盡忠補報陛下者，皆懼讒畏禍，不敢挺然當國家之事矣。由是陰姦得計，滋長敝病，不惟有虧聖德，致害時政，一旦緩急乏才賢以使，陛下持大任將誰付之。臣願陛下聽納群下謀議之際，留神深察，如有持難明不然之事，巧飾厚誣於人者，請付有司，責其明辨，使真偽不雜，是非較然，則忠邪自分，天下庶幾於理矣。

二事：臣伏聞近歲以來，多有指名臣下為朋黨者。其間奮不顧身，孜孜於國，獎善嫉惡，激濁揚清之人，尤被奸巧誣罔，例見排斥。故進一賢士，必曰朋黨相助；退一庸才，亦曰朋黨相嫉。遂使正人結舌，忠直息心，不敢公言是非，明示勸戒。此最為國之大患也。夫聖明在上，未嘗聞有朋黨。朋黨之來，大抵起於衰闇。故漢之黨錮，始安帝而極於桓靈；唐之朋黨，由穆宗而甚於文武。是皆衰闇之際。以陛下用心圖治，功同堯舜，詎可如漢唐衰闇之際，而致有朋黨乎。斯乃臣下務相傾軋，自快其志，加諸人，不顧破壞陛下事業者也。在昔劉向進諫於漢元帝曰：孔子與顏淵、子貢更相稱譽，不為朋黨；禹、稷與皐陶傳相汲引，不為比周。何則？忠於為國，無邪心也。又曰：賢人在上位，則引其類而聚之於朝；在下位，則思與其類俱進。臣謂劉向之言垂千餘年，談者以為至當。臣誠學向者也，不忍以熙洽之朝有朋黨之說，虧損至德，蔽塞大明。臣實痛傷，不能已也。臣願陛下端慮以臨下，推誠以格物，循名以核其實，因迹以照其心，使忠者邪者情偽畢見，勿以朋黨為意，則君子小人區以別矣。

三事：臣伏聞頃歲大臣顓政，頗惡才能之士。有所開建，則譏其近名，或云沽激，欲求進達。遂使才能之士莫敢自効；縱能不顧忌諱，指陳事理，固亦困於沮撓，無得而施用矣。且名者，聖賢之所貴也。孔子曰：君子疾沒世而名不稱焉。賈子曰：烈士徇名。人不顧名，何以趨善。聖人所以貴之也。夫群下雖衆，然士有志於國家之急者甚少。其能處心積慮圖報於上，又困於近名之說，是則志士仁人終無以獎進矣。豈陛下之心哉。此誠頃歲大臣之罪也。臣願陛下但顧其所否臧而亟行之，勿以近名沽激求進為念。

則人得以盡其心矣。

四事。臣聞議者云。陛下頗主先入之說。臣以陛下通照於事務得情僞理必無之。萬一或有臣止可過慮而議。未可聞之而不言也。臣謂帝王行事。但顧理道之如何爾。固不計於先入後陳也。必若主先入者以爲是耶。則姦罔之人逞其敏捷。或巧中人。或陰圖事。惟恐居其後矣。得不惑亂於耳目哉。臣願陛下采納群議之際。但顧其事之是非。裁之以當。則先入之患息矣。

五事。臣伏見近日已來科禁。多有疑下之意。如舉御史。須薦二員。

上自點定。仍有在京與外任之拘。及見任二府曾舉奏之人。亦不詳論。至於中書樞密院。止許旬假見客。及不許百官退廳。臺諫官不得私謁。并與刑法官接見。雪罪叙勞之人等事。皆非帝王推誠盡下之義致也。以陛下至德難名。待物無間。方將擬迹堯舜。固非漢武雄猜多忌之比也。斯蓋不識大體之臣。過防謀論

上誤陛下。臣恐書之史冊。取譏萬古。願陛下速革近制。推大信於群下。以景祐初年之政爲法。則盡義矣。

六事。臣伏見近歲以來。災異備至。天象譎見。地理傾震。蝗蟲爲孽。水旱作沴。連綿三數年未已。而河北最甚。其次利州京東西兩浙河東路循環皆備大患矣。以陛下焦勞求理。恐一物失其所。持此寅畏。寧不感召和氣。格上天之福祿乎。然而致如此者。蓋大臣不能同寅協恭。知無不爲。切救時弊。而陛下志慮亦或有疑沮。未能委任忠賢。以成垂拱之義也。方今諸路飢饉。萬姓流離。府庫空虛。財力匱乏。官有數倍之濫。廩無二年之蓄。兵率驕惰。夷狄盛強。即不幸繼以凶年。加之小寇。則何人可以倚仗而枝梧哉。臣所以夙夜怵惕。思進苦言。冀開悟陛下而不能已已

也。臣願陛下切留宸慮。密以事詔令之執政。誰能盡心。敢救天下之弊。敢當天下之責者。思得其人。願陛下主張而委任之。其陰拱循默。持祿取容。妬嫉賢能。以一己爲計者。宜遠罷免。毋俾久塞要路。則化危爲安。變艱爲易。如反掌矣。陛下固不可失此時而不爲。倘失此時而不爲。禍變一萌。則雖欲爲而不可爲矣。

惟陛下深存念之。

七事。臣伏見近歲以來。多有竄逐之臣。或以無辜。或曰小過。或爲陰邪排陷。或由權要憎嫉。吹毛求其疵點。洗垢出其瘢痕。羅罟是繫。刑網大密。甚傷清議。大斁輿情。昔匹夫含怨。三年亢陽。匹婦懷憤。六月飛霜。近歲竄逐之人。詎止匹夫匹婦之倫也。得不逆和氣召災沴乎。陛下固宜矜體而深惟之。傳曰。使功不如使過。置負責之人。自分廢絕。不能振起。一旦爲明主兼瑕錄用。則其自奮圖報。倍萬常人。願陛下詔近歲竄逐之臣。有才行勁實而本無過累。洎坐累獲罪之輕者。或加牽復。或加寵擢。如此。則

聖造洪覆。同天之仁。使排陷憎嫉之風。不復爲矣。

開封府推官三司鹽鐵判官蘇紳陳便宜八事。一曰重爵賞。先王爵以褒德。祿以賞功。名以定流品。位以居才賢。未有無德而據高爵。無功而食厚祿。非其人而受美名。非其才而在顯位者。不妄與人官。非惜寵也。蓋官非其人。則不肖者逞。不妄賞人。非愛財也。蓋賞非其人。則僥倖者衆。非特如此而已。則又敗國傷政。納侮詒患。上干天氣。下戾人心。災異既興。妖孽乃見。故漢世五侯同日封。天氣赤黃。及丁傅封。而其變亦然。楊宣以爲爵土過制。傷亂土氣之祥也。二曰慎選擇。今內外之臣。序年遷改。以爲官濫而復有論述微勞。援此希進者。朝臣則有升監司。使臣則有援橫行。未問人材物望可與不可。並槩錄之。

不三數年坐致清顯如此不止則異日必以將相為賞矣三曰明薦舉今有位多援親舊或迫於權貴甚非薦賢助國為官擇人之道若要官闕人宜如祖宗故事取班簿親擇五品以上清望官各令舉一二人述其才能德業陛下與執政大臣參驗而擢之試而有効則先賞舉者否則黜責之如此則人人得以自勸又選人條約太嚴舊制三人保者得遷京官今則五人舊轉運使提點刑獄率當三人今止當一人舊大兩省官歲舉五人今才舉三人升朝官舉三人今則舉一人舊不以在任及所統屬皆得奏舉今則須在任及統屬方許論薦驅馳下僚未免有賢愚同滯之歎也四曰異章服朝班中執技之人與丞郎清望同佩金魚內侍班行與學士同服金帶豈朝廷待賢才加禮遇之意宜加裁定使采章有別則人品定而朝儀正矣五曰適才宜古者自黃散而下及隋之六品唐之五品皆吏部得專去留

今審官院流內銓則古之吏部三班院古之兵部不問官職之閑劇才能之長短惟以資歷深淺為先後有司但主簿籍而已欲賢不肖有別不可得也太宗皇帝始用趙普議置考課院以分中書之權今審官是也其職任豈輕也哉宜擇主判官付之以事權責成其選事若以為格例之設久不可遽更或有異才高行許別論奏如寇準判銓薦選人錢若水等三人並遷朝官為直館其非才亦許奏駁如唐盧從愿為吏部非才實者並令罷選十不取一是也六曰擇將帥漢制邊防有警左右之臣皆將帥也唐室文臣自員外郎中以上為刺史團練防禦觀察節度等使皆是養將帥之道豈嘗限以文武比年設武舉所得人不過授以三班官使之監臨欲圖其建功立事何可得也臣僚舉換右職者必人才弓馬兼書筭策略亦責之太備宜使有材武者居統領之任有謀畫者任邊防之寄士若素養之不慮不

為用也七曰辨忠邪夫忠賢之嫉奸邪謂之去惡惡不去則害政而傷國姦邪陷忠良謂之蔽明明不蔽則無以稔其慝而肆其毒矣忠邪之端惟人主深辨之自古稱帝之聖者莫若唐堯然而四凶在朝圯毀善類好賢之甚者莫若漢文然而絳灌在列不容賢臣顧監此而不使毀譽之說得行愛憎之徒逞志則忠賢進而邪慝消矣八曰脩預備國家承平天下無事將八十載民食宜足而不足國用宜豐而未豐甚可怪也往者明道初蝗蝻水旱幾徧天下始之以飢饉繼之以疾疫民之轉流死亡不可勝數而比年稍稔流亡稍復而在位未嘗留意於備預之道莫若安民而厚利富國而足食欲民之安則為擇守宰明教化欲民之利則為之去兼并禁游末恤其疾苦寬其徭役則民安而利矣欲國之富則必崇節儉敦質素黜浮費欲食之足則省官吏之冗去兵釋之蠹絕奢靡之弊塞刀偽之原則國食

足矣民足於下國富於上雖有災沴未足憂也書奏帝嘉納之

英宗即位初殿中侍御史司馬光上奏曰臣聞王言惟作命不言臣下罔攸稟令陛下以明德令望龍飛受命四海之內延頸傾耳渴聞聖政自踐祚以來於今五月而陛下深執謙遜端拱淵默百司奏事一無可否中外之情深為鬱邑鄉者猶謂聖躬未安今御殿聽政已遵舊式出入起居皆復常度而獨於萬幾未加裁決臣竊惑之詩曰弗躬弗親庶民弗信弗問弗仕勿罔君子臣愚伏望陛下凡兩府及群臣奏事稍留神省察詢訪利害議論是非可則行之否則卻之使四方翕然瞻仰聖德億兆羣生不勝幸甚

光又上皇太后疏曰羣生無福大行皇帝奄弃天下皇帝繼統哀毀成疾未能親政恭請殿下同決庶務臣愚伏計殿下念宗廟社稷之重為四海黎元之計不得已而臨之非中心所欲也若皇帝聖體不

日康寧殿下以推而不居若藥石未效則殿下方且總覽萬幾未暇自安故凡舉措動靜不可不戒慎留心焉方今天下之勢危於累卵小大戰戰憂慮百端若非君臣同心內外協力夙夜勤勞以徇國家之急則禍難之生豈可勝諱哉夫安危之本在於任人治亂之機在於賞罰二者不可不察也若中外百官各得其人賢能者進不肖者退忠直者親讒佞者疎則天下何得不安任職之臣多非其人賢能者退不肖者進忠直者疎讒佞者親則天下何得不危賞不因喜罰不因怒賞必有所勸罰必有所懲則天下何得不治喜則濫賞怒則妄罰賞加於無功罰加於無罪則天下何得不亂然則天下安危治亂不在於它在於人主方寸之地而已矣凡御下之道恩過則驕驕則不可不戢之以威威過則怨怨則不可不施之以恩恩威之道聖人所以制世御俗猶天地之有陰陽損之益之不失中和以生成萬物者也夫恩者欲物之親已也有時而生怨威者欲物之畏已也有時而生慢小人之性恩過則驕驕而裁之則怨矣爵祿賞賜妄加於人則其同類皆曰我與彼才相若也功相敵也彼得之我獨不得何哉是出一恩而召群怨也故曰恩有時而生怨也威嚴太盛則人無所容刑罰煩苛則濫及無辜則其同類皆曰是過也人誰無之彼既不免行將及我於是乎窮迫思亂為其上者乃更畏恐而求姑息是始於嚴而終於慢也如是則為人上者豈不至難哉蓋善為人上者不然恩必施於有功而罰必加於有罪恩雖至厚而人不敢妬者何也眾人之所與也罰雖至重而人無所怨者何也眾人之所惡也大行皇帝天性至仁群臣之功或未足言而賞之以厚罪或不可容而罰之至輕善則善矣而小人不識大恩者或幾乎驕慢矣臣竊意殿下今茲繼而為政必將糾之以嚴糾之以嚴誠是也然天下之人涵

濡大行皇帝聖澤日久一旦暴加繩檢恐駭而離心伏願殿下徐以義理教之戒之有不聽從而尤無良者然後加刑罰焉則誰敢不肅此善之善者也往者大行皇帝嗣位之初章獻明肅皇太后保護聖躬綱紀四方進賢退奸鎮撫中外於趙氏實為有功但以自奉之禮或崇重太過外親鄙猥之人或忝污官職左右讒諂之人或竊弄權柄此所以負謗於天下也今殿下初攝大政四方之人莫不觀聽以占盛德臣以為凡名體禮數所以自奉者皆當深自抑損不可盡依章獻明肅皇太后故事以成謙順之美副四海之望大臣忠厚如王曾清純如張知白剛正如魯宗道質直如薛奎者殿下當倍之用之與共謀天下之事鄙猥如馬季良讒諂如羅崇勳者殿下當疎之遠之不可寵以祿位聽采其言也臣聞婦人內夫家而外父母家況后妃與國同體休戚如一若趙氏安則百姓皆安況於曹氏必世世長享富貴明矣趙氏不安則百姓塗地曹氏雖欲獨安其可得乎是故政者正也為政之道莫若至公臣願殿下熟察群臣之中有賢才則舉之有功則賞之雖賤如廝役憎如仇讎遠在千里之外皆不可棄遺如此則人誰不勸矣群臣之中職事不脩則廢之有罪則刑之雖貴為公卿親為兄弟近在耳目之前皆不可寬假如此則人誰不懼矣夫為善者勸為惡者懼百官稱職萬民樂業天下之安猶倚泰山而坐平原也尚何憂哉然後使皇帝聖體平寧接以治安之業自居長樂之宮坐享天下之養則殿下聖善之德冠絕前古光照後來雖周之文母漢之明德不足比也臣備員侍從之臣以諫諍為職不勝區區之誠妄冒以聞伏惟殿下置之几席少加聽察

治平元年光知諫院又上奏曰臣聞舜與皋陶賡歌相戒以明良為美以叢脞為非蓋以王者奄有四海君臨億兆若事無巨細皆以身

親之則所得至寡所失至多矣古語有之曰察目睫者不能見百步察百步者亦不能見目睫非不欲兼之勢不可也是以明主總其大體執其樞要精選賢能任以百職有功者賞有罪者誅故處躬不勞而收功甚大用此道也臣伏見陛下自親政以來勵精求治孳孳不倦未明求衣日昃不食雖大禹之勤勞文王之懿恭無以過此然而政有本末事有細大舉其綱則百目張挈其領則衆毛理臣願陛下先其本後其末急其大緩其細擇人而任之此政之本也賞善而罰惡此事之大也陛下當先察群臣之邪正與其材能之所堪然後思天下有某事不治者當使某人治之其公忠勤恪功效顯著者勸之以厚賞姦回惰慢無功敗事者威之以嚴刑如是則萬事無不舉兆民無不安陛下可以高拱無為而名配堯舜矣至於簿書之煩碎文法之微密錢穀之出納體例之有無此乃群臣百吏之所守非陛下

所當留意也陛下知捨彼而取此則臣恐徒有大禹之勤勞而不獲其功文王之懿恭而不見其治也臣以獻替為職遇陛下勤政之初虛心求諫此乃千載一時誠不敢以細末之事煩汙聰明伏望陛下深思此道乃自古及今致治之大本勿以為迂闊陳熟之言而忽之則天下幸甚

光又上疏曰臣伏覩皇太后手書已罷聽政陛下欽承慈旨獨斷萬幾臣聞易曰君子以作事謀始又曰正其始萬事理差之毫釐謬以千里陛下雖踐祚期年於國家大政猶多所謙抑雖時有處分皆常式小事非天下所以望於陛下者也鄉時外間議者皆曰陛下聖體未安倦於聽覽及知聖體已安又曰陛下上畏皇太后之嚴欲盡人子之禮避專命之嫌韜蘊聰明未敢施設今皇太后舉國家大柄盡付之陛下則議者無復可言唯拭目傾耳以瞻望聖政而已矣陛下當此之際治身治國舉措云為不可不謹昔楊朱見岐塗而泣謂其可以左可以右所差甚微所失甚大也人主即政之初亦榮辱安危之岐塗也臣故願陛下留聖心焉臣聞治身莫先於孝治國莫先於公孔子曰孝德之本也又曰不愛其親而愛他人者謂之悖德不敬其親而敬他人者謂之悖禮未有根絕而葉茂源涸而流長者也仁宗皇帝以四海大業授之陛下其恩德之大天地不足以為比今登遐之後骨肉至親獨有皇太后與公主數人陛下所當日夜盡心竭力供承撫養以副仁宗皇帝之意鄉者皇太后聽政之時左右侍衛之人不敢不恪求須之物無敢不備既委去政柄臣竊慮有無識小人隨勢傾移侍奉懈慢供給有闕則天下之責皆歸陛下此不可不留意朝夕省察者也又若有不逞之人於兩宮之間刺探動靜拾掇語言外如效忠內實求媚以相間鬬者臣願陛下逆拒其辭執付有司

加之顯戮誅一人則群邪自退納一言則百讒俱進此乃禍亂之機不可不深察也臣聞國事聽於君家事聽於親臣愚以為陛下在外朝之時刑賞黜陟之政當自以聖心決之至於禁庭之內取捨賜予事無大小不若皆稟於皇太后而後行陛下與中宮勿有所專如此則內外之體正尊卑之序明慈母歡忻於上臣民頌詠於下矣不然皇太后歸政之後若侍衛之人稍有怠惰求須之物小失供擬加以讒邪姦興離間萬一有私毫闕失流聞於外或皇太后憂思不樂內生疾疢則陛下何以睽此名於天下哉雖百善不能掩矣臣故曰治身莫先於孝也洪範於好惡偏黨之際六反言之重之至也周任曰為政者不賞私勞不罰私怨大學曰欲明明德於天下者必先正其心有所忿懥則不得其正有所好樂則不得其正陛下奮發宮邸入纂皇極爰自潛躍至於天飛舊恩宿怨豈能盡無然今日即政之初

皆不可置於聖慮以害至正也凡人君之要道在於進賢退不肖賞善罰惡而已爵祿者天下之爵祿非以厚人君之所喜也刑罰者天下之刑罰非以快人君之所怒也是故古者爵人於朝與士共之刑人於市與衆棄之明不敢以己之私心蓋天下之公議也今以四海之廣百官之衆有賢有愚有善有惡比肩接迹雜遝並進臣願陛下少留聰明詳擇其間苟有才德高茂合於人望者進之雖宿昔怨讎勿棄也有器識庸下無補於時者退之雖親暱姻婭勿取也有勵行立功為世所推者賞之雖意之所憎勿廢也有懷姦犯禁為衆所疾者罰之雖意之所愛勿赦也如此則野無遺賢朝無曠官為善者勸為惡者懼上下悅服朝廷大治百姓蒙福社稷永安不然陛下若專居深宮自暇自逸威福之柄盡委大臣取適目前不為遠慮賢愚不分善惡失實則所進者皆平生所親愛所退者皆平生所不快所賞

者皆諂諛而無功所罰者皆忠諒而無罪如此則中外解體紀綱隳紊群生失所天下可憂矣臣故曰治國莫先於公也此二者榮辱之大本安危之至要臣願陛下審思而力行之詩云亹亹文王令聞不已陛下誠能行此二者則盛德美譽滂沛洋溢近者傳誦遠者褒歎不過旬月之間徧於天下達於四夷後日之政如順風吹毛乘高決水可以不勞而成功矣

御史知雜事龔鼎臣上慈聖皇后奏曰臣伏以先帝以萬世根本之計擇主上立為子實殿下相之自宮車晏駕殿下銜哀隱苦定策於須臾立主上為天子主上纏憂遇疾大臣無所取決請殿下共聽庶政從容輔養數月自中都至於夷夏奠枕如昔者皆所賜也今主上聖躬既豫車駕兩立宜於此時詔罷兩府簾前奏事以終始天地之功則太姒太任之事何足道哉

鼎臣又上奏曰臣聞之於傳曰未信而諫則以為謗己臣今進說于殿下者其幾是與然臣備位外庭才微身賤俟見信而後言蓋無期矣此臣所以犯質暗之誠冒謗讟之嫌惓惓而不能自已者也惟殿下留神裁察臣於正月十九日嘗奏疏乞還政事訖未蒙施行臣之所言固朝廷之大議殿下之深孟矣何未之思也今物議喧然疑有讒間交進故兩宮之情似有未甚通者夫以天下與人猶或疑之則何以信於人哉當如是臣竊以為過矣且一飯之恩匹夫未之敢忘況皇帝以明睿之資貫通古今而受人天下者乎臣謂陛下今日黜遠讒間使不得前則慈孝之聲明日益隆於天下矣至於忠讒之辨古今以為難臣獨謂之不然何則從容和解補所不及欲殿下毋子安康者忠言也揭一為十以是而非使殿下心志熒惑者讒也此豈可謂之難辨哉臣前疏謂殿下積行累功於數十年間一旦定策援

長君以安宗廟乃復猶豫不斷將損盛德者非苟云也願察之未熟爾今天象差忒旱震為變臣恐元元艱食盜賊浸起四方寧謐或不可常朝廷能中外一心思消弭之術為制御之策則庶幾其憂不大惟人事動于下則天譴形于上殿下當斷之於心復辟于皇帝則朝廷之事體正事體正則天下之疑憂解疑憂解則和氣應和氣應則緯象之忒旱震之變可消而制馭之策可為殿下退就安榮把萬世無窮之福不知念此而玩信諛詞忘忽至計懷萬萬必無可慮之疑豈不累睿哲先見之明乎今皇帝康復已久仁宗祥練踰四十日億兆延頸以聽明詔事若早定可視於今古議不時決且貽誚於當世殿下顧利害如何哉況事不出於遺制非殿下之本意竊為陛下惜之臣恐縉紳之士章疏交上言涉譏詆而後圖之美名大業虧缺已多實不如先事之善也殿下勿以臣言輕所陳者肺腑之素蘊勿謂臣職卑

所持者人臣之公論。惟殿下取臣兩章極精而慮之。則臣之言不為謗讟。而可以取信矣。此疏不敢露于人。謹於外題狀奏以聞。

趙瞻自都官員外郎除侍御史。上疏曰。英斷獨化。人主至權也。審至權者。當主以天下之公心。揆之以天下之正論。如是而後權可一也。若夫積久之敝。陛下其思焉。刑賞施設之失。可革則革。號令言動之過。可止則止。輔相賴其用。宜責其效。臺諫知其才。宜信其說。兵柄宜削諸宦官。邊議宜付諸宿將。蓋權不可矯而為也。以從天下之望耳。英宗稱善。

知制誥鄭獬上奏曰。伏見陛下初即位。四方傳聞以謂陛下聰明英斷。同符太祖也。有志之士莫不投袂歎息。傾望陛下之風采。然自授政以來。號令所發。蹈常習故。未聞赫然有以鼓動天下者。始以聖躬微疾。猶足以為辭。玉膳既復。尚恭默而不言者。實未知所謂。將以陰

拱自晦。徐觀天下之動而后出而制之耶。則於此殆將周歲。萬機之變。槩可見矣。將以慕商宗之節。思得聖人而后用以為政耶。傅說何可數有哉。果無之。則遂一世而不言耶。將以左右牽制。動有畏憚而不敢明為之耶。則二府大臣。與禁庭侍從。皆是以寄腹心。又何疑而不與之謀耶。是三者皆非所以為術也。非帝王南面聽斷之大權也。夫先皇帝時。純用仁德以涵育萬物。及其久也。蓋有偏而不舉者矣。夫仁主愛。義主斷。猶春之為生而秋之為殺也。生而不殺。則萬物潰爛而不成。其如歲功何。陛下承先皇之仁愛。宜用義斷以整齊天下。所謂義斷者。主柄也。今夫唯唯而不斷。可否決於輔臣。則主柄屈而不尊。如輔臣朴忠。不敢亂大法。而為陛下奉行條例。止可閱日月而已。一旦有覬覦。誰可橫身為陛下當大事者乎。萬一奸人朋比。參廁於其間。則天下之大勢去矣。陛下眡今日為治耶亂耶。必以為亂。則邊

兵不試。境內無跋扈強臣。孰謂之亂。必以為治。則威令寖削。大綱解而不緝。孰謂之治。是治與亂。正在陛下留意之秋也。右顧則為治。左視則為亂。蓋陛下一舉首而天下治亂之勢分矣。陛下何不日求賢者與之圖議。今所與共大政者。不過七八輔臣。則所聞所見盡於此而已矣。烏能窮天下之聰明哉。古者謀及卿士。清問下民。詢于芻蕘。於是群言集而治道成。乃欲以七八輔臣之言而望大治。豈不為闊略哉。臣願陛下特詔天下許盡所言。有可采者與之召對。至於臣下進見。少賜數刻之暴。訪以得失。盡意以來之。精察以審之。明斷以行之。庶幾天下之勢將亂而復治矣。如其優游泯默。日復一日。有志之士解體而去。士望去則民從而去。陛下尚欲恃四海之眾而保萬世之安乎。臣實不勝愚者之慮。

呂大防為監察御史裏行。首言紀綱賞罰未厭四方之望者有五。進

用大臣而權不歸上。大臣疲老而不得時退。外國驕蹇而不擇將帥。議論之臣裨益闕失。而大臣沮之。疆埸左右之臣。有敗事而被賞。舉職而獲罪者。

同知諫院呂誨上慈聖皇后奏曰。臣恭以殿下保佑聖子。積三十年。輔翊邦政。又逾期月。寰區泰定。廟社安固。慈恩至矣。功德大矣。然而成全聖德。是惟難哉。以萬機浩繁。殿下勞心焦思。曾未少休。非所以燕怡福壽之本也。況皇帝躬親治事勤勵如此。在於聖慮可以慰安。臣愚以謂東殿簾帷宜五七日一御。諮詢大臣。無俾曠事。庶少均暇逸。於翊政之道亦無所損。當在沉機奮於獨斷。豫宣教命。誕告明庭。外形謙遜之宜。中遂優游之樂。上順天道。下厭群情。享是全美。豈不休哉。仰祈聰悟。天下幸甚。

誨又上奏慈聖皇后曰。臣伏覩殿下近降手書。以皇帝既安。堅罷同

政聖子恭孝遂成母志雖前世有還明辟之事亦未聞期月而成輔
翊之功廼形謙遜之旨休聲茂實當垂光於萬世矣然聞外議以符
寶未歸於上前臣有以知非殿下之意焉何則國政猶不欲其久而
復眷留符寶哉萬一所司行遣之間稍有稽緩涉此議論甚非有益
於聖躬亦恐前降書旨或未孚於中外則有累全德始終之際不可
不謹爾臣所以瀝懇而言萬死無避唯祈監照天下幸甚
三司使蔡襄上國論要目十二事曰明禮二帝三王相因作禮樂以
正民性革其非心使之寘罪而遠刑通萬世之法也秦任兵刑而棄
禮樂漢魏至晉日用干戈禮典殘缺至于亡隋盡矣唐興四方治定
欲有所為制作雖具朝廷之禮時亦修舉而風教習尚各隨其俗五
代禍亂日不遑暇專以刑治之宋興百五十餘年太祖太宗平天下
皆以兵威勘治真宗皇帝與契丹結好之後遂至無事朝廷禮文商

不脩舉仁宗皇帝好生恤刑澤及禽獸然四方之俗未聞由禮尚專
用法法者網羅過咎而施刑耳臣請以一二事言之冠昏喪葬禮之
大者冠禮今不復議婚禮無復有古之遺文而喪葬之禮盡用釋氏
獨三年月日則類古矣臣請集大儒鴻博之士約古制而立今禮使
百官萬民皆有等夷便而易行遠罪省刑之一途也曰擇官聖人能
無為而治天下天下之事至衆也何以無為而能治之百官無不為
也百官脩職則萬務舉矣何以致百官之職畢舉在擇官也擇官在
於取士今之取士所謂制科者博學強記者也進士者能詩賦有文
詞者也明經者誦經文而對題義者也是三者得善官至宰輔皆由
此也資蔭以恩不問能否下至軍職以戰功流外吏胥以歲月三班
所入鞭朴刑戮之人無所不至取士之法淆雜至此一旦使之入官
小者治一務大者治兵民欲其各得其理猶驅車而水行也然行之

已久不可畢革當漸節所取之路又於歷任察其材能稍旌奬之無
能可黜其爲人害者去之而已曰安民古之治世百姓各安其所士
農工商各得其分量取其力以供公上上使之以時而民不倦是故
百姓上以奉天子下以養父母畜妻子其力有餘故安其所也不妄
作爲故得其分也然而學者不原其本不務其實以謂民飢則哺之
寒則衣之天下之衆雖堯舜不得濟也是有憂世之意而民愈不安
也臣謂今之民至無禁也太平日久民有智能者乘時趨利爲農則
兼幷爲商則高下取天時人力之大者遂以富彊奢靡僭法出於王
公之上此古所謂亂俗之民可誅者也而法莫之禁雖有禁者亦莫
之信民相趨效不知紀極于貧不已此民妄爲而不安其分者也天
時水旱堯湯不能免之然而民有備故不害也今天下郡縣水旱爭
發倉廩以濟之又曰振貸以假於民隨而倚閣經赦除放謂之恤民

其意善矣其策踈矣古之治世役民不過三日其不役者出三日之
庸此百姓所以奉公上也今百姓有幸有不幸其居瀕河歲以丁役
過重此不幸也天下生齒脫漏亦有不輸一錢以助官者至於水旱
流移又出倉廩以濟之賦入有程散施無極國何得而不貧國既貧
矣民又不安其所豈所謂安民哉臣故謂學者不原其本不務其實
者以此必曰安民禁奸豪均民力使民各得其分而安其所是謂安
民曰正陵慢賈誼之說曰人主之尊如堂人臣如陛陛高則堂高矣
蓋人主之於天下其勢漸高至於極尊民不可得而慢者由其群臣
等級之差漸而至也先皇帝仁愛如天包容萬物雖有觸冒譏斥者
多亦矜恕至有侮慢朝廷自以爲直臣以謂人主開受直言蓋盛德
之事若肆譏斥而無人臣之禮此不可恕也天子可得而慢其下宰
臣百官復可等級之差借如兩府大臣陛下所尊禮而優待之也曰

於漏舍或雪罪之人或求恩賞所求不得如意詆訐譏刺務以為能大臣難與較是非也但隱忍容之以為常事京師寮屬能侵長官天下州軍佐官能拒長吏皆以材名之風俗知此所謂下陵上者也又有甚於此者士大夫之有怨憎黨以相朋造作謗讟或為歌詩傳於都下或移書啓於言事之門陰幽暗昧被毀之人無由辨明甚者搖動公卿以希貨賂古之所謂清議公論豈如此耶此在可嫉者也陛下省留聖聽因事正之易如反掌曰辨邪佞知人則哲帝堯猶以為難堯聖人也尚難於知人曰人之難知雖聖人必審諟也進說之臣萬端人主以要道得之附隨人主之意而不論理道之是非此佞臣也附託權要之勢因事自媒其身此邪臣也多引前事之義專為高論不顧今世難行此迂闊之臣也多取衆人之譽搖遣公道不為國家久計此奸詐之臣也其言忠其事實此鯁直之臣也無所附依進

退自守此公直之臣也陛下進一忠直退一邪佞則天下莫不慕思正而醜邪佞矣惟陛下博訪問則天下幸甚曰廢貪贓傳曰廉吏民之表今夫食祿而治官材與不材出於天性不材者不可強之使材雖廢職可恕也至於憑恃官威因緣為姦求取贓賄以曲為直上負朝廷之用下為百姓之害是其心豈復所畏哉古之聖明之主所深患之也近年之俗以容貪贓為長者視其虐民害物若無有也何則凡贓吏皆狡惡之人雖欲數摘其過惡必須下獄然後置之於法既鞫之後彼贓吏必須稱冤理雪朝廷必於近郡別命鞫勘當時一獄之人盡須追呼或經月時禁繫對詞百姓已不勝其苦矣若只依前案彼贓吏者必又再雪朝廷又須別推勘一獄之人又須追擾如此百姓何以當贓吏之辨而受此苦毒例皆引虛自認或經赦宥纔得免脫是以百姓被害不死不休贓吏雪贓不盡不已監司之官以是

莫敢輕發貪贓之吏自以為得意嗟乎百姓何罪惟陛下憐之貪吏何人惟陛下察之又有不敢贓求自為營利者臣自少入仕于今三十年矣當時仕官之人粗有節行者皆以營利為恥雖有逐錐刀之資者莫不避人而為之猶知恥也今乃不然紆朱懷金專為商旅之業者有之興販禁物茶鹽香草之類動以舟車懋遷往來曰取富足夫貪人曰富而居有田宅歲時有豐厚之享而清廉刻苦之妻孥飢寒自非堅節之士莫不慕之貪人非獨不知羞恥而又自號才能世人耳目既熟不以為怪管子曰禮義廉恥國之四維今風俗之壞是四維不舉伏惟陛下察貪贓者廢之清廉者奬之則廉恥興矣曰強兵今天下大患者在兵禁軍七十萬廂軍約五十萬積兵之多仰天子衣食五代而上至秦漢無有也祖宗以來無有也真宗與北虜通和以後近六十年河北禁軍至今十五萬陝西自元昊叛增兵最多至

今十九萬天下諸路置兵不少臣約一歲總計天下之入不過緡錢六千餘萬而養兵之費總五千萬是天下六分之物五分養兵一分給郊廟之奉國家之費國何得不窮民何得不困然今之兵不可暴減固當有術以消之又當有術以精練之其說至多難以遽言陛下敕兩府大臣博求其弊漸講其術以為長久之策今之為政此第一事曰富國或曰何以富國今天下之廣四維萬里可謂大矣農田商賈茶鹽酒稅銀銅金鐵之類莫不推之可謂察矣籠天下之利至纖至悉宜乎府庫充牣不可勝計然後為得今則每有支費常遣使諸路僅能自給者此何故耶曰養兵一百二十萬自古無有也歲入日少而歲出益多或曰何謂也曰兵日益多官日益冗財物有限而支費無涯此所以貧也然則富國有術乎必先用意於兵然後可言富國之術臣故曰今之為政強兵為第一事富國為第二事或曰為政

止於此乎曰非也自此而始曰去冗治天下者如治家凡民之家隨其富貧視其族屬幾何一歲之費幾何賓客之資公上之須復用幾何度其家之所入然後量力而出之如是乃可以為家計也不如是其家無以自給則族屬不得其安矣今治天下乃不如是宰相不知兵樞府不知財用三司使守藏也歲了一歲便為辦事不幸有邊境之急必取於民譬之家計是不度所入不量所出國不富實陛下未得高枕而優游臣故謂兵冗為大其次又有官冗今且以轉官一事言之太祖太宗朝任官者或有功勞或有譽望則授任其人人莫不歡然以孤遠守常之人湮沉不遷者有之真宗設三年磨勘之法然後孤遠守常之人與夫權要圖進之士無異也日月既久漸以成俗雖有長材異能出衆人者有小過累未可遷也但能飲食言語於人無忤者數日必遷此三年一遷之法今為大弊也祖宗時卿監郎中無

數十人觀今班簿姓名可見也天下州軍三百餘處合入知州軍凡幾何人局少員多每至差除待闕須一二年通判知縣之類率如此真宗時選人磨勘有遷京官者有不遷者仁宗時但無過咎無不轉官官冗如此豈有不思變更之術也哉去冗百端此二者最大願陛下熟思之漸求消冗之說曰原賞古之所謂賞者有大功則賞之臨兵戎者前死有榮退生有辱雖小功必賞以其履死地也今之臣一切務賞何謂賞所謂酬獎者是也守土之臣刺史縣令招徠逃戶磨勘稅賦皆其職所當為也不脩其職罪當罰也今有為之者必自陳而求賞不立賞格則不為也天子斂生民之財以祿之分職位以寵之借威權以使之可謂至矣而於常事動則求賞天子豈與群臣為市道哉至於茶鹽酒稅之局物物皆有賞格下至吏人百姓莫不皆然此為政之弊也戰功必賞也捕賊之法必賞也若異於常者可賞也其餘無名酬獎可漸罷之以正官守之法也曰任材凡人之材各有所能不一等也一人之智兼治數局時有不能也有文詞之職有吏治之職有兵戎之職有財利之職夫有吏治之材使之臨兵戎之事則時有不能也有財利之術使之論朝廷之事則時有不能也今世用人大率以文詞進大臣文士也近侍之臣文士也錢穀之司文士也邊防大帥文士也天下轉運使文士也知州郡文士也雖有武臣蓋僅有也故於文士觀其所長隨而用之使其所能則不能者止其術莫善於還詞令之職還於文士講說之職還於文學典禮之職還於博士兵戎之職還於武士吏文之職還於法吏金穀之職還於財利臣所謂還者與其能者不以一人之智兼責之也若夫宰輔大臣必兼衆能文學之士皆其出身忠義之節皆其素立故不論也不明法律未可也不知軍旅之情未可也不知邊疆夷狄之數未可也不知金穀利

病未可也不知禮典之舊未可也是故其人陛下知其難也得人則愛重之又於群臣詢諮而擇之臣故謂任材者明天子之事也曰正刑聖人可謂愛民矣可謂謹刑矣殺人者可殺矣疑或貸其生者州郡有一誤殺人者一獄所干官吏停廢竄逐無有貸者古先帝王謹刑不過是矣原其所因好生之德及於下也重刑誠審矣而刑之輕者罰及無罪天下之官皆得施杖皆於其部通判職官於州之吏民皆可笞扑由是觀之民無全膚可謂濫刑矣天下州縣有長吏京師百司有長官有罪之人可歸於長吏長官則不敢妄刑也律有監臨主司不合行罰敕許執敕白直得施小杖臣竊謂天下州縣官司京師百司唯執敕白直今依敕科罰其餘公事各隨所屬長吏長官行之一歲計之可減妄行千萬人矣臣願陛下明敕法官議之理當如何若律敕可行則行之必重其罰則不敢違也

英宗時王安石爲著作郎兼國史實録院檢討編脩官嘗上疏言古今之治本亂階吏爲倚伏以治易亂則反掌而可治以亂易亂則亂去而復生人主公聽則治偏信則亂故事歸於朝則治歸內廷則亂問百辟士大夫則治問左右近習則亂大臣公心無黨則治植黨行私則亂大臣正小臣廉則治大臣汚小臣貪則亂

治道

宋英宗時知諫院傅堯俞陳十事奏曰臣伏自念愚拙亡狀久無云補不敢頻乞入對以煩天聽今有十事條列于後

一竊見軍營摧倒極多材用人力猝未能辦集恐朝廷以軍人暴露暫役苛急今積潦方甚天氣漸寒伏乞撙材用人力以責功限但使無惰慢者足矣如此免使就役之人更生咨怨且令營造頗得堅完

一竊聞僧慶輔內降指揮與鑒義雖未即施行候有闕與試緣斜封內降今古以爲惡政不意陛下復啓其端在先帝詔條慶輔合行勘責臣以其事小不欲露章奏劾伏望今後如此等事一切寢罷

一竊見近日擢用多新進之士久在仕塗者豈皆是非材今充滿外廷率未聞選擇此曹既無崇顯之望益自懈退伏望參用舊人以勵其力

一設官分職各有司存今百司備具而每有興作營造必差他官領之故耗蠹益多而不中程度伏望一切委之有司苟不脩舉則重行黜降

一伏見三代治道猶不免弊必隨宜而救之昔周人尚文文之弊小人以僿故救僿莫若忠今風俗多浮文而少實事可謂弊極矣伏望進惇樸悃愊之士抑浮華而救之

一竊見近日王宮官進用頗速臣以爲選材以輔導皇子苟得其人宜頗持久庶相諳悉有所裨益今聞王邸迺仕官之捷徑耳惟陛下留意

一伏以以踈間親是謂不韙臣雖至愚荷陛下拔擢過寵不敢以踈遠自外輒及陛下之親者然非敢有所間也今遭遇陛下者人多附而趨之其識分守道者必不肯輒為此態有附有不附則愛憎隨而生矣其毀譽之言望陛下審察

一伏見先帝事無巨細必徇至公雖輔弼恩倖一有公議無偏主者故大臣與內臣無極盛之權所以多歷年所力省而無事不知體要者謂先帝崇奬言事者過當宜一切矯之臣以為果如是於陛下無益適足長輔弼恩倖之權耳恐陛下久遠費力而事多雖欲悔之無由也

一竊見士大夫以至吏民皆以陛下為不納忠諫陛下以睿聖之資而得此聲於天下豈不惜哉臣觀聖度閎深雖苦言訐直亦不加怒所少者未能擇善而從之耳不能擇善而從雖日對十

人且無益於事臣恐朝廷之公議日懟陛下之聰明日塞此事非細願深思之

一伏見近日陛下於皇太后禮意有加兩宮頗甚歡睦雖禁庭邃密莫審端倪然其知者莫不慶抃臣度陛下祗畏天誡進脩子道此事宜不虛矣願陛下日慎一日益盡孝誠天將報陛下以大福固不獨人情之悅喜也

右皆當今切務有益光明輒效知無不言不復更擇細大臣既不敢徒為高論又不敢飾為繁文言淺意深願陛下必賜收採

張方平上言曰陛下受天明命纂隆大統勵精圖治志在緝熙祖宗休烈虛懷訪逮思聞嘉言自輔臣近職沃心納說蓋日有以啓迪天聰者矣臣以薄陋久忝侍從昨因外徙暫留朝著居無職事不敢請對羸衰今被命守藩奉辭就路敢不少効狂斐微補大猷臣聞治國

者知為政之所先則能成天下之務知當世之所急則能通天下之變方今政之所先莫先於簡人材時之所急莫急於足貨食簡人材當察其誠偽足貨食在屏斥其浮冗推是而言觸類而長之提綱而衆目張矣臣請略舉其槩堯舜禹臯陶益稷古今所謂聖君賢臣也書稱堯曰克明俊德平章百姓以協和萬邦言帝堯能明俊德之士任用之以平和章明百官之政故得天下乂安至于舜禹臯陶益稷相與謨治道之要吁嗟相戒率以知人為本且曰知人則哲惟帝其難之夫帝堯猶以知人為難可諒人之難知也若夫天下之廣萬機之煩故非一人之聰明精慮所能周舉亦在操其要而已矣今自二府輔臣侍從近列至于左右前後之人其材用淑慝不可不知也知其材用淑慝則陛下之腹心有所付然後庶務可以舉矣以陛下之明而察其言行考其能効衆之群論亦可以得其粗矣若復要其操

守觀其履久而益審則盡其精者矣此所謂簡人材之大略也方今中外庶務積習頹弛兵籍猥多而不精練吏員猥多而智効一官者少至于官省之事體宗室之禮分制度不立苟為因循國計不贍民生日匱此所謂斥游冗之大略也或曰持盈守成之道當循舊章茲所謂淺近之常談不知時務者也今日之政其敝豈可不救譬之琴瑟不調甚者必改而更張之况當陛下始初健粹天下想望朝廷風采傾耳以聽惟新之令蓋人心惟危道心惟微惟精惟一允執厥中發而中節斯謂之中事舉其中無過可矣若曰恬而無以為也何異大廈有風雨之患而不知葺病者有膚腠之疾而不知療良匠善醫豈應若是臣今所言所謂舉其槩者譬之文章為發題爾陛下以臣言稍合於理試舉此題以詢諸可顧問者必有能推廣利害詳為條對又以見臣下之器識庶於海嶽薄增塵露

神宗初即位。知雜御史劉述上奏曰。臣以不才蒙陛下擢居言責之地。惟是朝廷之急務時政之得失天下之利病未能有所建明。夙夜循省。懼無以裨聖慮資盛德。有孤陛下任使之意。輒嘗思之得當今之所宜先者三數事。謹具條列以聞。惟陛下哀其愚衷。恕其狂斐。留神而財擇之。天下幸甚。臣聞帝王接物也。以至誠為先權數不足任也。歷觀六籍之指歸未有不本於至誠者。至於天下國家之治。亦在誠其意而已矣。夫惟至誠。為能終始萬物。為能事神接人。行之至者雖金石無情猶可以動之。況其有知者乎。是故人君以至誠接於下。則臣下以至誠事其上。易曰。厥孚交如。信以發志。是也。迹之古人何嘗不然。詩曰。呦呦鹿鳴食野之苹。說者曰鹿得苹呦呦然鳴而相呼。懇誠發於中。此言文王以至誠接於下。猶鳴鹿之相呼。無非出於懇誠者也。夫人君能以至誠接於下。而臣下不務傾心畢力以報其上

者未有也。詩曰。憂心悄悄僕夫況瘁。此言臣下憂君之極。至於僕夫亦皆瘁病。其於報上也何如哉。若夫任權數以臨人。而不繇至誠。則人亦將以不誠事之。此非所以感人心之道也。非徒不足以感人心而已。則又將有輕朝廷之心。何也。夫任權數者舉事於此。而用意在彼。人將曰。今之所以然者意不在是也。蓋將有為焉耳。殆非人主所以取重於天下之道也。故夫權數者醇德之病。中人用之已為非宜。況人主之尊乎。臣恐輔導之臣有以此術開陛下者。陛下信而行之。適足為累耳。其於盛德未見其補也。臣又聞聖人不以獨見為明。而以群言為用。以堯之聖也。知臣下之賢而不自用。必俟群臣僉舉。然後裁有所試耳。其於退不肖也亦然。方鯀之圮族也。堯知其不可用。而四岳以為能。堯於鯀不敢自斷於己而不用。卒徇四岳之言以試之者。何也。堯之心。以謂知其圮族者。獨予一人而已。而群臣以為能

者且眾。而弗成之績。又未暴於當世。是以不敢斷於己而從眾也。且人君自用。不足以為世法。堯舜之所用心。後世之所宜行者也。而陋儒之論。以為人君必操獨斷之權。使威福一出於己。臣下不得而與之。然後人君之道尊。嗚呼。其亦不思甚矣。夫萬幾之叢脞。臣庶之夥繁。而欲以一人聰明斷之。非前聞也。夫所謂獨斷者。謀之於眾而斷之以己耳。非謂弗詢於下而獨出於上之謂也。弗詢於下而獨出於上。是為自用耳。人君自用。使事事能中其理。猶得於古人。又況未能盡然乎。輔導之臣有持此說以誤陛下者。陛下信而行之。適足為累耳。於盛德未見其補也。臣又聞人稟一元之氣而生。所稟有厚薄。故其質有美惡之別焉。若辯與訥出於自然。非美惡之所繫也。是故其質美矣。而其辭訥焉。不害為君子。其質惡矣。而其辭辯焉。不害為小人。知人之術。當觀其質性何如。不當較其辯與訥也。昔漢文帝登虎

圈。愛嗇夫代上林尉對禽獸簿甚悉。詔拜嗇夫為上林令。張釋之曰。絳侯東陽侯稱為長者。此兩人言事曾不能出口。豈效此嗇夫喋喋利口捷給哉。今以嗇夫口辯而超遷之。臣恐天下隨風而靡。爭口辯而亡其實。且下之化上。疾於影響。舉措不可不審也。於是文帝乃止不拜嗇夫。當時文帝能忍己所愛。以從直言。天下莫不以為賢。及武帝之季。田千秋以一言取宰相封侯。單于聞之曰。漢置丞相。非用賢也。妄一男子上書即得之矣。以中國天子之所為。而動為夷狄輕笑。可不重謹哉。孔子曰。禦人以口給。屢憎於人。焉用佞。夫言足以為世法者。宜莫如孔子。臣願陛下深信之。而以漢之文武為鑒。不貴嘵嘵切辯之人。使中外聞之。不敢飾虛言以來應。天下幸甚。臣又聞王言惟作命。命一出。則天下風行而影從之。不可不謹也。書曰。謹乃出令。蓋出令不謹。則其施之也不能無不安之理。施之而不安。則必更張

之。又不審則必至于再至于三。為令而至于再三。則天下安所從乎。是故古之人君。將有言也。必先慮之於心。咨之於衆。決之於故老大臣。然後行之。是故渙然如汗而不可反也。確然如金石而不可變也。今夫令之出也。下未及行而已追改之矣。一有使令也。其人未及往而已易之矣。不知左右之臣。所與陛下計事者誰歟。是何不審之甚也。昔漢文時。人有言季布賢。召欲以為御史大夫。又言其勇使酒難近。至留邸一月。罷。布進曰。臣待罪河東。陛下無故召臣。此人必有以臣欺陛下者。今臣至。無所受事罷去。此人必有以臣為不可者。陛下以一人譽召臣。一人毀去臣。臣恐天下有識者聞之。有以窺陛下。今令行而數易。臣恐天下之窺陛下。有不止如漢文之時也。臣願陛下務持重。毋易由言。研慮於內。咨謀於外。計其可久而必行之。天下幸甚。臣又聞君摠其治。臣分其職。君主逸。臣主勞。勞逸之分。要之臣主

賢不賢耳。是故臣主俱賢。則君逸而臣勞。主賢而臣不賢。則主勞而臣逸。臣伏見陛下。躬攬萬微。勤踰宵旰而未嘗休息。彼之所謂輔弼之臣。其間才力必有不堪其任者。不然。何致陛下勤勞之至此也。今夫一邑之小。丞尉之卑。朝廷尚思擇其人而任之。況天下之大。兩府之重乎。荀卿子曰。請問為政。曰。賢能不待次而舉。不能不待頃而廢。元惡不待教而誅。此可謂得為政術也。臣願陛下察其不堪任者而絀之。舉賢才而屬之。亦不可少緩矣。何也。方今法度日隳。紀綱日益不振。天下委靡日入於不治。此正勤求有為之人使之有為。當此時也。不求有為之人使之有為。而舉與夫不足與為之人共為之。一旦至於亡可柰何。然後按刑章以誅之。亦無補於事矣。竊譬之人有疾病也。初在腠理不治。已而傳至血脉。藥石之功猶可以及之。於斯時也。又忽而不治。浸淫至于膏肓。雖有倉扁亦無如之何。古人有言曰。為

可為於可為之時。今日之謂也。臣竊觀陛下以英睿之資。躬親庶政。焦勞圖治。日甚一日。虛己以求讜言如恐不及。間者嘗詔中外陳時政得失。今者又詔廷臣以次轉對。欲以聞朝廷之闕。措天下於安平。其用心可謂至矣。臣敢不悉心竭慮。為陛下具陳為治本末之狀。庶幾有補於萬分。雖不能正之於將然之前。尚冀有以救之於已然之後。恭惟陛下。首推至誠以御下而不縣權數。博詢衆智而不任獨斷。不旌口給之人。不出不審再三之令。精求蹈道富才忠力有為之人而委任之。然後血脉之疾可除。而藥石之功加於天下矣。臣不勝惓惓之愚。

監察御史裏行馬默。以論歐陽脩事。通判懷州。上疏陳十事。一曰攬威權。二曰察奸佞。三曰近正人。四曰明功罪。五曰息大費。六曰備凶年。七曰崇儉素。八曰久任使。九曰擇守宰。十曰禦邊患。攬威權則天

子勢重而大臣安矣。察姦佞則忠臣用而小人不能幸進矣。近正人則諫諍日聞而聖性開明矣。明功罪則朝廷無私而天下服矣。息大費則公私富而軍旅有積矣。備凶年則大恩常施而禍亂不起矣。崇儉素則自上化下而民樸素矣。久任使則官不虛授而職事舉矣。擇守宰則庶績有成而民受賜矣。禦邊患則四遠畏服而中國彊矣。

時詔求言。文州曲水令宇文之邵上書曰。陛下初即大位。念萬世無彊之業。詔求闕失。開闢言路。可謂誼主矣。易家人之初九曰。閑有家悔亡。九處家人之初。當端其本以保終吉。民之所以望而則效者。常在於人君繼統之始。此安危之機。不可不慎也。昔成湯既沒。伊尹奉太甲以見厥祖。戒之曰。今王嗣厥德。罔不在初。陛下新服厥命。惟以祖宗為念。以天人為畏。則小大之事不擗矣。宋之有宋百有餘年。陛下一日南面而享之。固宜跡其所得之艱難。夙夜栗栗以勤負荷。永

思太祖之武太宗之文真宗之畏天克己仁宗之寬大慈仁英宗之厲精庶政立則見五聖於前行則見於側坐則見於堂食則見於杯杅之間詩曰天難諶斯言天不可不畏也書曰民可近不可下言民不可不畏也去歲以來千里不雨近者畿甸遠者河北京東蝗螟蔽野穀價踊貴重以山陵之役京西民力尤為彫敝臣竊恐葦蒲之盜或貽宵旰之憂為今之計不過多鬻爵以濁入仕之流廣度僧以奪可耕之民終非計也願令被災之郡許富者舉息於下戶官給以質驗待豐歲償其所貸逋者官為治之其息不過一倍此有餘貲者樂為而瀕死之衆可救溝壑之命陛下又責躬引咎寬獄訟出宮女斥裒歛之吏蠲苛虐之政罷無名之費省勦民之役凡所蠹政而召乖沴之氣者舉更革之如此則大異可塞王化可興也京師者諸夏之本也今薦紳之士不勵名節而以勢利離合器皿衣服窮於侈麗車

馬宮室過於軌制姦聲亂色盈溢耳目衢巷之中父子兄弟不敢肩隨孰謂王者之都而風俗一至於此哉願陛下思所以澄源之法以禮節廉恥磨切臣下崇奬敦厚而都下亦少為之厲禁滌去佻薄之獘淫瀆敗教之具二加遏絕凡侍從輔弼宜慎簡脩潔方嚴之臣俾宅其任以允清議古之求賢者數路以取之寵以好爵厚其禮命惟恐其去也而猶有三聘而不顧者有閉門而不納者有踰墻而避之者臣諫其君而三不聽則去之其至效也君必使人要之年七十而致其事君不聽則必以几杖錫之猶有不稅冕而行者有辭三公而為人灌園者今日仕進之門國家直患不能塞之爾科防日增格令日繁來者日甚拒之日峻猶有假名氏以竊官號匿苦塊之哀以干寵祿少者增齒以希蚤仕老者匿年以章晚祿譬之隄防之壞塞其一穴二一穴又決蕩然莫之能止也今限年致仕著於令矣又患其去

之不速令於門闕以示百僚而猶不知止者其可痛也陛下合稍補其獘陰於待士之意示之以至廉之實使衣冠者人人自重庶幾風教之美少近於古去歲諒祚猖獗七八萬衆突至大順廟堂無奇筭守邊無良將臣竊為朝廷憂之慶曆間緣邊之民不解帶者七年國用大窘三將淪沒而功不成者陛下知其然乎其患在於虜兵常合而我兵常分也六路兵無慮二十萬而二十三州二百餘寨分屯保戍則是我兵雖多而散在處處也賊之來也大則六監軍衙頭一時俱發小則隨處寇掠邊城一面受敵則所與角戰者無幾而城寨之兵又各有所守不可會集衆寡不敵則乞師告急救兵纔至賊又已去今賊常以合兵擊我散兵而我常以不敵之衆當其鋒此慶曆之失也今不改前轍則後車又將覆也觀今之勢其能深入賀蘭收復十四州以為我有也乎臣知其不能也其能如先朝之舉五路進軍

直擣其巢穴乎臣又知其不能也計今之利莫若詔諸道分勒所部將五符尺籍而規畫之若干以為守若干以為戰若干以為救兵必使與戰兵相近而駐於唯允之地則可以應猝而不失機會也唃氏嘗為元昊所殘南徙歷精亦宜厚其種族共為聲援以蠻夷攻蠻夷計之上也吐谷渾者今之文扶羌是也其俗隨水草遷徙食肉衣毛無堅甲利刃臨陣擊刺之技不及於他夷仰給我之泉若繒帛與之通者亦特以其馬也今陰平之民歲苦重役者為馬戶也凡羌馬之來則使之資給費公私之財甚多而所入之馬不足以備國乘不足以戰也邊吏養羌非不厚也而去歲反有安昌之變塞上之民切齒且安昌之羌與南路磨逢羅多留疊林諸寨之羌二也今閉安昌之路禁其出入而諸寨之馬貿易如故是何異一室而多門者杜其前而開其後乎臣之縣所管萬戶而居民蕭然者其獘實在於羌也至

和講解之後約不敢犯邊而去歲火我三寨驅殺士卒國家以奉西北虜者勢不得已也今又驕寵小羌而是其無厭之求乎臣愚以為不若杜塞衆路使不得入而絕市無用之馬益以一旅之兵列置諸堡則邊民小安矣為政所重莫急於農且耕則得食不耕則不得食繫其身之損益也長民者何與焉夫各治其田以厚其生者百姓之私節授民事往而立官以勸課之者人君之公也詩曰曾孫來止以其婦子饁彼南畝田畯至喜此天子之勸農也又曰嗟嗟保介維莫之春亦又何求如何新畬此諸侯之勸農也今監司郡守皆以勸農為目然而未嘗省民臣願立考課之法以農政為殿最言之似迂而富國之良術也郡縣之政類多因循而不甚治者臣知其由也上下牽制不得盡其才故也千里之郡不能興利除害受制於郡守也百里之邑不能興利除害受制於縣令也郡縣之吏寧違天子之詔條

而不敢違按察之命蓋違天子之詔條未必獲咎而違按察之命其禍可立而待也今一伍之長一卒之正以法治其所部上不問其所為也今為民守令而其勢固不若卒伍之長郡縣之民習知其勢之弱而不畏服其教令此獄訟所以益多也臣願精選監司必以清望假守令之權責其實效庶循良之吏有聞焉凡臣所陳明詔之所求也然臣尚有至忠不敢默默又為陛下極言之臣聞疾未兆而先治者善醫也夫居憂而約居樂而泰人情之常也今陛下憂則諒闇服則端衰行則苴杖無紛華之事交戟於前誠能以此時遠念將來之失慎微杜漸克己復禮使其志一定則他日雖有可欲之物亦無以勝其習成之性也伯益之戒舜曰罔遊于逸罔淫于樂傅說之戒高宗曰無以逸豫惟以治民夫舜起於耕稼陶漁高宗遯于荒野極知小人之勞二臣猶或以此戒之況陛下生長富貴臨御方始則安可

不豫為之防哉願陛下聽政之間則命通經之士講明古訓究觀敗亡之主以自創艾盡孝兩宮咨諏故老則恐懼脩省習而成性矣臣誠私憂過計三載變除之後永厚陵土漸乾而陛下憂憚之心又已衰殺龍衮冕旒憑玉几目有靡曼之色耳有要妙之聲凡所以娛意者畢奏於前非信道之深孰得而禦哉老子曰塞其兌閉其門終身不勤正在於今日也

起居舍人韓維上言曰臣竊聞陛下以來日御便坐聽政臣愚慮所及輒有三事以為慎始正本之助幸陛下省察一者陛下新罹大憂方當以思親推慕為意從權聽政蓋是不得已者惟大事急務特賜裁決其餘且可闊略故事始見群臣及降坐入宮皆舉音號慟此高宗諒陰不言之意也二者執政皆兩朝顧命大臣人君所當與共圖天下之務者也陛下即位之初尤宜推誠加禮每事咨訪以盡其心

至于博謀群臣究極理道雖是美德止可密裨聖慮及至決議論發號令必須經由二府施行乃合政體周公戒伯禽曰不使大臣怨乎不以蓋謂此也三者百職事各有職分惟當責任使人盡其能若王者代有司行事最為失體孔子曰先有司是也三體既正矣若夫恭己倡率隨事裁決則一繫聖斷也天下大事不可猝為人君施設自有先後惟陛下加意慎重以副四海觀望臣不勝苦切涕泗之至

元豐八年維知陳州又上言曰臣伏被聖旨曲諭誨言退託不逮下詢愚賤以求輔助此誠古聖君哲后保邦安民之先務也臣聞命之始且悲且喜輒不自揆妄進瞽言少佐初政之萬一竊以為治天下之道不必過求高遠止在審人情而已識人情不難以己之心推人之情則可見矣大凡人情貧則思富苦則思樂勞則思息鬱塞則思通陛下誠能以利民為本則人富矣以愛民為心則人樂矣役事之

有妨農務者去之則勞困息矣法禁之無益治道者蠲之則壅塞通矣推此而廣之盡誠心而行之則聖子神孫觀陛下之法不待教而自成聖德賢士聞陛下之風不煩開諭而爭宣忠力矣何憂軍民不忻戴社稷不安固乎臣世受國恩兄弟並列顯近陛下雖不宣諭猶思裨補況親奉聖訓哉臣無任感恩思報激切之至

熙寧元年翰林學士王安石上奏曰臣前蒙陛下問及本朝所以享國百年天下無事之故臣以淺陋誤蒙聖問迫於日晷不敢久留語不及悉遂辭而退竊念聖問及此天下之福而臣遂無一言之獻非近臣所以事君之義故敢冒昧而粗有所陳伏惟太祖躬上智獨見之明而周知人物之情偽指揮付託必盡其材變置施設必當其務故能駕馭將帥訓齊士卒外以折夷狄內以平中國於是除苛賦止虐刑廢強橫之藩鎮誅貪殘之官吏躬以節儉為天下先其於出政

發令之間一以安利元元為事太宗承之以聰武真宗守之以謙仁以至仁宗英宗無有逸德此所以享國百年而天下無事也仁宗在位歷年最久臣於時實備從官施為本末臣所親見嘗試為陛下陳其一二而陛下詳擇其可亦足以申鑒於方今伏惟仁宗之為君也仰畏天俯畏人寬仁恭儉出於自然而忠恕誠慤終始如一未嘗妄興一役未嘗妄殺一人斷獄務在生之而特惡吏之殘擾寧屈己棄財於夷狄而不忍加兵刑平而公賞重而信納用諫官御史公聽並觀而不蔽於偏至之讒因任眾人耳目拔舉疏遠而隨之以相坐之法蓋監司之吏以至州縣無敢暴虐殘酷擅有調發以傷百姓自夏人順服蠻夷遂無大變邊人父子夫婦得免於兵死而中國之人安逸蕃息以至今日者未嘗妄興一役未嘗妄殺一人斷獄務在生之而特惡吏之殘擾寧屈己棄財於夷狄而不忍加兵之效也大臣貴戚左右近習莫敢強橫犯法其自重謹或甚於閭巷之人此刑平而公之效也募天下驍雄橫猾以為兵幾至百萬非有良將以御之而謀變者輒敗聚天下財物雖有文籍委之府史非有能吏以鉤考而竊盜者輒發凶年飢歲流者填道死者相枕而寇攘者輒得此賞重而信之效也大臣貴戚左右近習莫能大擅威福廣私貨賂一有奸慝隨輒上聞貪邪橫猾雖間或見用未嘗得久此納用諫官御史公聽並觀而不蔽於偏至之讒之效也自縣令京官以至監司臺閣升擢之任雖不皆得人然一時之所謂才士亦罕蔽塞而不見收舉者此因任眾人之耳目拔舉疏遠而隨之以相坐之法之效也升遐之日天下號慟如喪考妣此寬仁恭儉出於自然忠恕誠慤終始如一之效也然本朝累世因循末俗之弊而無親友群臣之議人君朝夕與處不過宦官女子出而親事又不過有司之細故未嘗如古大有

為之君與學士大夫討論先王之法以措之天下也一切因任自然之理勢而精神之運有所不知名實之間有所不察君子非不見貴然小人亦得廁其間正論非不見容然邪說亦有時而用以詩賦記誦求天下之士而無學校養成之說以科名資歷敘朝廷之位而無官司課試之方監司無檢察之人守將非選擇之吏轉徙之亟既難於考績而游談之眾因得以亂真交私養望者多得顯官獨立營職者或見排沮故上下偷惰取容而已雖有能者在職亦無以異於庸人農民壞於徭役而未嘗特見救恤又不為之擇官以脩其水土之利兵士雜於疲老而未嘗申敕訓練又不為之擇將而久其疆埸之權宿衛則聚卒伍無賴之人而未有以變五代姑息羈縻之俗宗室則無教訓選舉之實而未有合先王親疏隆殺之宜其於理財大抵無法故雖儉約而民不富雖憂勤而國不強賴非夷狄昌熾之時又

無堯湯水旱之變故天下無事過於百年雖曰人事亦天助也蓋累
聖相繼仰畏天俯畏人寬仁恭儉忠恕誠慤此其所以獲天助也伏
惟陛下躬上聖之質承無窮之緒知天助之不可常恃知人事之不
可怠終則大有為之時正在今日臣不輒廢將明之義而苟逃忘諱
之誅伏惟陛下幸赦而留神則天下之福也上謂安石曰朕久聞卿
道術德義有忠言嘉謀悉告朕方今治當何先對曰以擇術為始上
又問祖宗守天下能百年無大變粗致太平以何道也安石退而上
此奏明日上謂安石曰昨看卿所奏書至數遍言本朝事可謂粗盡
計治道無以出此所條衆失卿必以一二經畫試為朕詳言施設之
方對曰數之不可盡願陛下以講學為事講學既明則施設之方不
言而自喻上曰雖然試為朕言之於是為上略陳施設之方上大喜
曰此皆朕所未嘗聞他人所學固不及此可與朕一一為書條奏否

對曰臣已嘗論奏陛下以講學為事則諸如此類皆不言而自喻若
陛下擇術未明實未敢條奏上曰卿今所言已多朕恐有遺忘試錄
今日所對以進安石唯而退訖不復奏後紛爭政事皆本此書故具
錄焉
帝問安石為治所先對曰擇術為先帝曰唐太宗何如曰陛下當法
堯舜何以太宗為哉堯舜之道至簡而不煩至要而不迂至易而不
難但末世學者不能通知以為高不可及爾帝曰卿可謂責難於君
朕自視眇躬恐無以副卿此意可悉意輔朕庶同濟此道
右正言供諫職孫覺論所急者近効所勤者小數奏曰臣近陳愚欵
願陛下時御便殿召大臣或從官各以類數人偕進侍坐以講求治
道因定國是興太平之功臣竊計陛下日力且不足矣何則陛下御
前殿復御後殿退則覽中外章奏而可否之往往至於暮夜大禹勤

儉文王日昃不遑暇食亦何以過此臣愚竊以謂此所急者近効所
勤者小數而於遠圖或有所遺夫道或有所蔽也上下因循其弊之
積乃至於此臣聞祖宗之時躬於便殿臨試士伍短長之技角馬足
之疾徐觀器械之精苦事出於權宜且一時之制也今天下承平百
年紀綱法度有所未備顧但守祖宗一切之法而不知變則何以異
於膠柱鼓瑟刻舟求劍哉臣以為若軍頭引見殿前司公事日至於
便殿者可悉付之殿前司而責其課中外章奏有不足以煩聖覽者
可令執政一人從官二人取奏日閱視凡可以付有司使之任責者
不必悉奏也蓋古者致治必皆品式章程全具周密事出於有司非
人主所宜親者一切付之而已以歲月考其成而加誅賞焉今有司
無式可守故雖至易有司所宜任者亦須聖旨而後行尊者反任其
煩卑者反任其簡紀綱錯倒未有甚於此者也臣願陛下詔有司約

取唐式著本朝式一編付之有司永永遵守有不如式者以法從事
如此陛下日力有餘矣及其間暇以興大臣從官講求治道擇夫後
先本末而行之則至治不難成衆務不難舉矣
時韓絳薦王安國才行召試賜及第除西京國子教授官滿至京師
上以安石故賜對帝曰卿學問通古今以漢文帝為何如主對曰三
代以後未有也帝曰但恨其才不能立法更制爾對曰文帝自代來
入未央宮定變故俄頃呼吸間恐無才者不能至用賈誼言待群臣
有節專務以德化民海內興於禮義幾至刑措則文帝加有才一等
矣帝曰王猛佐苻堅以蕞爾國而令必行今朕以天下之大不能使
人何也曰猛教堅以峻刑法殺人致秦祚不傳世今刻薄小人必有
以是誤陛下者願專以堯舜三代為法則下豈有不從者乎又問卿
兄秉政外論謂何曰恨知人不明聚歛太急爾帝默然不悅

御史裏行錢顗上要務十事曰臣每讀書傳見忠義之臣事聖明之
君誠無所不通言無所不從臣雖至愚未嘗不掩卷感激思得其倖
以竭臣子之節庶幾有所補報也而豪陛下不以臣之疎賤使待罪
言職臣夙夜念慮無以荅陛下恩遇之萬分唯有狂瞽敢言而已又
況陛下天臨萬幾焦勞庶政孜孜求治之心雖堯舜之稽古禹湯之
責己無以加也臣豈可以持祿苟安而不務獻納哉臣謹采當今之
要務參以祖宗之成訓條為十事以冒宸聽幸陛下赦臣之愚而賜
財擇焉一曰為君大體臣聞體者履也自古王者有治世之常法綏
民之要術可履而行之履得其道則天下蒙其澤履失其道則天下
受其弊亦勢之然也故太宗謂長孫無忌曰朕即位之初上書者或
言人主必須獨運威權不得專委臣下或欲耀兵振武懾服四夷唯
有魏徵勸朕偃革興文布德施惠中國既安遠人自服朕從其言語
天下大寧我太宗亦嘗與呂蒙正言致治之要曰莫若撫夷夏和陰
陽使百度修理一人端拱無為此皆前聖後聖得為君之體也臣願
陛下法而行之則祖宗之事復見於今日矣二曰正心御下臣聞治
國者如治家治家者先脩其己脩己者先正其心傳曰正心以正朝
廷脩己以安百姓豈虛言哉唐李珏嘗對太宗云正觀中房杜王魏
每進忠言只乞太宗不易初心自古以來靡不有初能克終厥德者
實萬世無疆之休臣竊見國史言藝祖大內既成坐寢殿中令洞闢
諸門皆端直開豁無有壅蔽因謂左右曰此如我心小有邪曲人皆
見之矣臣願陛下鑒此而審思之則言動好惡無不合於道也三曰
審察邪正臣聞治道之要在知臣下之邪正而審察君子小人之分
而已也巧詐便給者謂之奇才可乎聚斂彊濟者謂之稱職可乎況
靜敦厚者不可謂之無能砥礪名節者不可謂之迂闊有一惑於此

足以累於朝政也為國家者其審察君子小人不可不早也孔子以
遠佞人王猶云放善柔乃萬世之訓也我太宗嘗謂近臣曰唯姦邪
無狀若為內患深可懼也帝王用心常須謹此茲見聖人深思遠慮
以杜未萌之意也臣願陛下視此以為戒則天下何憂不治也四曰
選任大臣臣聞之書曰任官惟賢才左右惟其人則知君人者雖有
上聖之姿自誠之性必由忠賢輔佐然後優游几席之上坐視天民
之阜也古之言致治者莫尚乎禹湯禹得皐陶湯用伊尹而王業大
也故曰昔在文武聰明齊聖小大之臣咸懷忠良其是之謂乎太宗
嘗謂宰臣呂端曰廟堂之上固無虛授但能進賢退不肖便為稱職
至哉斯言是輔弼之任繫天下之安危不可不選也故曰天子擇宰
相宰相擇百官然後各稱其職而庶政修舉臣願陛下力行而不倦
則天下之幸也五曰聽斷不惑臣聞聖王端扆於法宮之中而小大
之臣邪正紛紛群言競進雖然聽之於耳則必斷之於心苟不悅於
導諛則無憂於悔吝是知聽斷之際其可忽乎儻容片言之惑小則
繫人心之休戚大則繫天下之安危不可不謹也我太宗嘗謂近臣
曰人君聽斷苟能盡誠人之情偽四方遠近無不通達臣願陛下體
蹈而精思之不行小人浸潤之譖不聽近習容悅之言進忠賢而不
疑斥邪佞而不用雖堯舜之聰明亦無以過於此也六曰謹出號令
古者命令之出議其經久可用然後宣布於天下吏奉行而不敢慢
民聽受而不敢忽管子曰凡國之重器莫重乎令令重則君尊君尊
則國安故書曰令出惟行弗惟反賈誼亦云先王執此之政堅如金
石行此之令信如四時此皆古之激切之言也國家命令之下隨事
變更其能取信於天下乎臣聞太祖一日朝罷御便殿俛首不言內
侍王繼恩進曰陛下退朝不同常日不知其故帝曰爾謂帝王可容

易行事耶早來誤指揮一事史官必書之此所以不樂也太祖初臨萬幾偶然一事之差憂形於色況發號出令其肯忽之哉臣願陛下思祖宗之所以謹於出令則天下未有不臻於極治也七曰公行賞罰臣聞賞罰者人主之操柄非至公之道不可以行之也蓋賞者所以旌天下之有功罰者所以懲天下之有罪賞當功則為善者無不勸罰當罪則為惡者無不沮夫善者有所勸而惡者有所沮故朝無幸位民無幸生由是觀之則賞不可以喜而及罰不可以怒而用要在公行於上而必信於下故曰賞以侔春夏刑以象秋冬此之謂也如藝祖之黜王全斌罰之公也太宗之陞楊延昭賞之公也臣願陛下廓日月之明奮乾剛之斷謹厥終惟其初不賞無功不罰非罪克紹祖宗之大業斯亦五帝三王之舉也八曰恭儉惜費竊以國家用度之廣其出百端內外供須日增一日甚可慮也臣聞仁廟慶曆中嘗令近臣裁減冗費時議為允以今較之國用空乏民力凋困又愈於慶曆未減時也臣願陛下酌古今之宜思萬事之弊先自一人減損至於後宮服玩工巧奇技一切屏絕示天下以儉約故曰節以制度不傷財不害民又曰損上益下其道行也宜乎罷不急土木之役去無益內外之費大臣遷職無名厚賜皆可寢削以寬民力庶幾可為水旱兵革之備臣聞故老說太祖創業垂統躬履儉德常服澣濯之衣乘輿服御之物皆尚質素此得前史所謂敦朴為天下先之義也臣願陛下遵先訓而行之則恭儉之德不獨專美於漢之文景也九曰仁恕恤民臣聞仁者三王之治具也孔子曰君子之道忠恕而已仁則濟眾有方恕則用刑不暴惟仁與恕有國家者所宜先之也書稱民非后罔戴后非民無以守邦孟子曰民為貴社稷次之又曰仁民而愛物觀斯言則民其可不恤乎臣謂恤民之道無他在乎薄

賦斂謹好惡而已故太祖嘗謂侍臣曰若民奉己之事朕必不為之真宗亦曰非理害民朝廷所不可行茲見二帝仁恕勤恤之心至矣臣願陛下法此以御四海則治古之道何患不及哉十曰鑒戒安危臣聞觀鑑可以見形觀古可以鑒今覆車在前後車必戒故曰不善者善人之師斯言得之矣臣竊觀自古有天下者必鑒於治亂安危之迹故創業之君勞而易治也守成之君逸而易亂也治則安亂則危此亦必然之理也何謂守成多逸而召於亂也臣請言其略方天下無事之時左右進言者必曰國既治矣民既富矣有前世常行之法令足以施設可高拱而無為矣有四海所入之財賦足以宴樂可優游而自肆矣於是君志日盈君心日驕紀綱敗壞而不知興復吁可惜哉後之人君得不以是而為戒者也故真宗謂王旦曰前代帝王好窮兵黷武懈於幾務惑聲色事奢侈此大過也朕固不為之先王所以恢治安之業致太平之道蓋由此也臣願陛下鑒於古視於今循其言驗其迹夜以思之旦以行之則祖宗之休德益發揚於陛下之聖明也非臣之幸乃天下之幸

熙寧二年知明州陳襄被召除修起居注上殿劄子曰臣聞為人君者在知至道其次務得賢其次務修法度知斯三者則知所以治天下矣至道之要求之不遠在乎養心治性擇乎中庸而已天之所命之謂性性之未變之謂中中者天下之大本也而有五善其端也若甚微而不可明及其至也塞乎天地矣感物而動之謂情情者天下之大欲也而有邪有正率善而行之謂正率不善而行之謂邪故正者天之道也邪者人之偽也苟得其正則彼之所謂情者喜也怒也哀也樂也無所處而不為中矣即易之乾曰利正者性情是也苟失之邪則吾之所謂善者仁也義也禮也智也信也無所往而不為偽矣

即孟軻所謂物交物則引之而已是也堯舜得之天故曰性之也禹
湯治之人故曰身之也正矣五霸失之偽故曰假之也邪矣是王霸
之辨而君子之所以慎擇者也其始也在於博學以盡其心盡心以
明其善明善以持其志持志以養其氣養氣以充其體誠至於高明
博厚而不息也然後能定明至於廣大精微而不惑也然後能應則
七情者不能偽而五事者無所不至矣喜非吾喜也而未嘗不喜怒
非吾怒也而未嘗不怒哀樂非吾哀樂也而未嘗無哀樂莫不與天
下公共之也其為貌也必正禮而無所不莊其為言也必正辭而無
所不治其為視也必正色而無所不辨其為聽也必正音而無所不
謀其為思也必正道而無所不達故其應務也舉天下之變不得以
困其心其任人也舉天下之才不得以罔吾道其治民也舉天下之
政不得以盭吾仁其行法也舉天下之情不得以易吾義通之則虛

一而靜遠之則通乎倫類而知建諸天地而不悖質諸鬼神而無疑
百世以俟聖人而不惑斯道也百王之所相傳而不易者也君得之
傳之臣臣得之致之君大者以為聖小者以為賢或並世而其身傳
或異世而其言示堯之於舜禹皐陶則以身傳之也彼則見而知之
於湯文王則以言示之也彼則聞而知之文王之於武王周公太公
則以身傳之也彼則見而知之於孔子孟軻則以言示之也彼則聞
而知之伊尹之於太甲也甘盤之於高宗也周公之於成王也嘗致
之矣而天下平孔子孟軻不得其君而致之也而天下亂行乎百世
之上言乎百世之下而若合符節其用捨則殊其所以傳之者一也
為人君者有其道則聰明不足以自任也可以取而取之有其位則
權勢不足以自私也可以與而與之故其心公焉居天下之廣居攬
天下之多務而不敢獨為之也必求天下之賢者而任之相與共濟

焉堯非不聖也方其洪水之時中國猶未乂堯思天下之賢者宜莫
如舜舉而敷治焉舜思天下之賢者宜莫如禹又以命禹洎諸臣水
土既平益火山澤禽獸之害人者去之稷教耕稼民得安居而食又
懼夫無教而亂也使契為司徒教以人倫而皐陶以刑輔之而天下
以寧故孔子曰舜有臣五人而天下治孟軻曰堯以不得舜為已憂
舜以不得禹皐陶為已憂知其所以為大也得其小以失其太烏足
以為堯舜哉隋文帝每一臨朝或至日昃宿衛之士傳飡而食唐文
宗議政延英每對宰臣率漏下十數刻此二主者非不用心勤勞然
終無益於治者由親細務而闇大體不知其術然也皐陶曰元首叢
脞哉股肱惰哉萬事墮哉此可知矣夫法度者人情之防範也為國
而不修先王之法度是猶輸之不以規矩正方圓而曠之不以六律
治五音也古者先王建國一事一政無非法者將以定民之志而立

民之極雖其迹之不必同然其制作之意不可一日而忘也故其車
服宮室皆有數度人徒械用皆有等宜貢賦必有節鄉田學射皆有
法冠昏喪祭皆有禮姦聲姦色者舉廢亂名亂政者舉殺器服不中
度者舉毀禽獸不中殺者舉禁是以國家優裕風俗淳一而物無疵
癘矣周衰禮樂壞王道陵夷上無聖賢之君下無法度之臣天下蕩
然無綱紀制度漢興有楊雄者可謂法度之臣矣而無可致之君唐
太宗有為之主也而房杜之徒不足以言禮樂此其所以不王也伏
惟陛下享國以來孜孜庶政二帝三王之事必欲舉而行之臣居斯
時不以堯舜之道陳於陛下之前則不恭之罪莫大焉昔者孟軻見
滕文公言必稱堯舜文公中才之主也軻猶以此待之況陛下天資
聖德聰明智勇之若此臣敢隱默而不言哉方今天下之患者皆謂
黎民未乂戎虜未恭政令未明財用不足以臣思之不足為患所以

過慮者在陛下中庸之未擇性理之未充賢才之未多法度之未立
也伏望陛下略機務之繁進誠明之學稽經信道頤養神明慎選縉
紳有道之臣旁求巖穴篤行之士日與講求性命之理道德之源養
而充之以至神固斯可以不言而化矣然後建學校隆師儒首自京
師達于州邑群百辟之才以長育之隆三物之教以統一之則賢人
衆多是以任使矣求一德以居論道之司擇庶尹以付任官之責間
用儒臣以分按察之權均布循吏以膺守宰之寄自然百司群吏莫
不任職政令自白而黎元安矣詔奉常以禮學之士脩五禮於朝委
大農以制置之司節百用於國則浮費自省而財用有餘矣陛下身
先恭儉以訓於上小大之臣畏法遵繩以守於下民以是化政以是
淳國富兵強可以制梃以撻戎狄之兵矣凡有司之事一切付之陛
下但優游巖廊以神道設教此堯舜之舉也易曰火在天上大有君

子以遏惡揚善順天休命惟陛下不以臣言為迂闊少賜留意則天
下幸甚
監察御史裏行程灝上疏曰臣竊謂聖人創法皆本諸人情極乎物
理雖二帝三王不無隨時因革踵事增損之制然至乎為治之大原
牧民之要道則前聖後聖豈不同條而共貫哉蓋無古今無治亂如
生民之理有窮則聖王之法可改後世能盡其道則大治或用其偏
則小康此歷代彰灼著明之効也苟或徒知泥古而不能施之於今
姑欲徇名而遂廢其實此則陋儒之見何足以論治道哉然儻謂今
人之情皆已異於古先王之迹不可復於今趣便目前不務高遠則
亦恐非大有為之論而未足以濟當今之極弊也謂如衣服飲食宮
室器用之類苟便於今而有法度者豈亦遽當改革哉惟其天理之
不可易人所賴以生非有古今之異聖人之所必為者固可槩舉然

行之有先後用之有緩速若夫裁成運動周旋曲當則在朝廷講求
設施如何耳古者自天子達於庶人必須師友以成其德業故舜禹
文武之聖亦皆有所從學今師傅之職不脩友臣之義未著所以尊
德樂善之風未成於天下此非有古今之異者也王者必奉天建官
故天地四時之職歷二帝三王未之或改所以百度脩而萬化理也
至唐猶僅存其略當其治時尚得綱紀小正今官秩淆亂職業廢弛
太平之治所以未至此亦非有古今之異也天生蒸民立之君使司
牧之必制其常產使之厚生則經界不可不正井地不可不均此為
治之大本也唐尚能有口分授田之制今則蕩然無法富者跨州縣
而莫之止貧者流離餓殍而莫之恤幸民雖多而衣食不足者蓋無
紀極生齒日益繁而不為之制則衣食日蹙轉死日多此乃治亂之
機也豈可不漸圖其制之之道哉此亦非有古今之異者也古者政

教始乎鄉里其法起於比閭族黨州鄉酇遂以相聯屬統治故民相
安而親睦刑法鮮犯廉恥易格此亦人情之所自然行之則効亦非
有古今之異者也庠序之教先王所以明人倫化成天下今師學廢
而道德不一鄉射亡而禮義不興貢士不本於鄉里而行實不脩秀
民不養於學校而人材多廢此較然之事亦非有古今之異者也古
者府史胥徒受祿公上而兵農未始判也今驕兵耗匱國力亦已極
矣臣謂禁衛之外不漸歸之於農則將貽深慮府史胥徒之役毒遍
天下不更其制未免大患此亦至明之理非有古今之異者也古者
民必有九年之食無三年之食者以為國非其國臣觀天下耕之者
少食之者衆地力不盡人功不勤雖富室強宗鮮有餘積況其貧弱
者乎或一州一縣有年歲之凶即盜賊縱橫飢羸滿路如不幸有方
二三千里之災或連年之歉則未知朝廷以何道處之則其患不可

勝言矣。豈可曰昔何久不至是。曰以聿為可恃也哉。曰宜漸從古制。均田務農。公私交為儲粟之法。以為之備。此亦無今古之異者也。古者四民各有常職。而農者十居八九。故衣食易足。而民無所困苦。今京師浮民數逾百萬。游手不可貲度。觀其窮蹙辛苦。孤貧疾病。變詐巧偽。以自求生。而常不足以生。日益歲滋。久將若何。事已窮極。非聖人能變而通之。則無以免患。豈可謂無可柰何而已哉。此在酌古變今。均多恤寡。漸為之業。以救之耳。此亦非有古今之異者也。聖人奉天理物之道。在乎六府。六府之治之於五官。山虞澤衡。各有常禁。故萬物阜豐。而財用不乏。今五官不脩。六府不治。用之無節。取之不時。豈惟物失其性。材木所資。天下皆已童赭。斧斤焚蕩。尚且侵尋不禁。而川澤漁獵之繁。暴殄天物。亦已耗極。則將如之何。此乃窮弊之極矣。惟修虞衡之職。使將養之。則有變通長久之勢。此亦非有古今之異者也。古者冠昏喪祭。車服器用。等差分別。莫敢踰僭。故財用易給。而民有常心。今禮制未修。奢靡相尚。卿大夫之家。莫能中禮。而商販之類。或踰王公。禮制不足以檢飭人情。名數不足以旌別貴賤。既無定分。則姦詐攘奪。人人求厭其欲而後已。豈有止息者哉。此爭亂之道也。則先王之法。豈得不講而損益之哉。此亦非有古今之異者也。此十者特其端緒耳。臣特論其大端。以為三代之法。有必可施行之驗。如其綱條度數。施為注措之道。則審行之。必也稽之經訓而合。施之人情而宜。此曉然之定理。豈徒若迂疎無用之說哉。惟聖明裁擇。

又上疏曰。臣伏謂得天理之正。極人倫之至者。堯舜之道也。用其私心。依仁義之偏者。霸者之事也。王道如砥。本乎人情。出乎禮義。若履大路而行。無復回曲。霸者崎嶇反側於曲逕之中。而卒不可與入堯舜之道。故誠心而王則王矣。假之而霸則霸矣。二者其道不同。在審其初而已。易所謂差若毫釐。繆以千里者。其初不可不審也。故治天下者必先立其志。正志先立。則邪說不能移。異端不能惑。故力進於道而莫之禦也。苟以霸者之心而求王道之成。是衒石以為玉也。故仲尼之徒。無道桓文之事。而曾西恥比管仲者。義所不由也。況下於霸者哉。陛下躬堯舜之資。處堯舜之位。必以堯舜之心自任。然後為能充其道。漢唐之君。有可稱者。論其人。則非先王之學。考其時。則皆駁雜之政。乃以一曲之見。幸致小康。其創法垂統。非可繼於後世者。皆不足為也。然欲行仁政而不素講其具。使其道大明而後行。則或出或入。終莫有所至。夫事有大小。有先後。察其小。忽其大。先其所後。後其所先。皆不可以適治。且志不可慢。時不可失。惟陛下稽先聖之言。察人事之理。知堯舜之道備於己。反身而誠之。推之以及四海。

擇同心一德之臣。與之共成天下之務。書所謂尹躬暨湯咸有一德。又曰一哉王心。言致一而後可以為也。古者三公不必備。惟其人。誠以謂不得其人而居之。則不若闕之之愈也。蓋小人之事。君子所不能同。豈聖賢之事。而庸人可參之哉。欲為聖賢之事。而使庸人參之。則其命亂矣。既任君子之謀。而又入小人之議。則聰明不專。而志意惑矣。今將救千古深錮之弊。為生民長久之計。非夫極聽覽之明。盡正邪之辨。致一而不二。其能勝之乎。或謂人君舉動不可不慎。易於更張。則為害大矣。臣獨以為不然。所謂更張者。顧理所當耳。其動皆稽古質義而行。則為慎莫大焉。豈若因循苟簡。卒致敗亂者哉。自古以來。何嘗有師聖人之言。法先王之治。將大有為。而反成禍患者乎。願陛下奮天錫之勇智。體乾剛而獨斷。霈然不疑。則萬世幸甚。

歷代名臣奏議卷之三十五

治道

宋神宗熙寧二年司馬光上體要疏曰臣准御史臺牒伏奉四月二十日詔敕傳曰近臣盡規以其榮耻休戚與上同也今在此位者視朕過失與朝廷政事之闕默而不言乃或私議竊歎若以為其責不在己夫豈皆習見成俗以為當然其亦有含章懷寶待唱而後發者也今百度隳弛風俗偷惰薄惡衰異譴告不一此誠忠賢助朕憂惕以勑制改法救弊除患之時宜令侍從官自今視朕過失與朝廷政事之闕無有巨細各具章奏極言無隱噫言善而不用朕有厥咎導之而弗言爾為不恭朕將用此考察在位所以事君之實明黜陟焉臣以駑下之材自仁宗皇帝時蒙擢在侍從服事三朝恩隆德厚殞身喪元不足為報雖訪問所不及猶將披肝瀝膽以效其區區之忠

況聖意采納之勤督責之嚴諄諄如此臣敢營私避怨匿情愛己不為陛下別白當今之切務庶幾少補萬分之一耶臣聞為政有體治事有要自古聖帝明王垂拱無為而天下大治者凡用此道也何謂為政有體君為元首臣為股肱上下相維內外相制若網之有綱絲之有紀故詩云勉勉我王綱紀四方又云愷悌君子四方之綱古之王者設三公九卿二十七大夫八十一元士以綱紀其內設方伯州長卒正連帥屬長以綱紀其外尊卑有序若身之使臂臂之使指莫不率從此為政之體也何為治事有要夫人智有分而力有涯以一人之智力兼天下之要務欲物物而知之日亦不給矣是故尊者治眾卑者治寡治眾者事不得不約治寡者事不得不詳約則舉其大詳則盡其細此自然之勢也益稷曰元首明哉股肱良哉庶事康哉言君明則能擇臣臣良則能治事也又曰元首叢脞哉股肱惰哉萬

事墮哉言君親細務則臣不盡力而事廢壞也立政曰文王罔攸兼于庶言庶獄庶慎惟有司之牧夫是訓用違庶獄庶慎文王罔敢知于茲言文王擇有司而任之其餘皆不足知也康誥曰庸庸祗祗威威顯民言文王用其可用祗其可祗刑其可刑專明此道以示民也是故王者之職在於量材任人賞功罰罪而已苟能慎擇公卿牧伯而屬任之則其餘不待擇而精矣謹察公卿牧伯之賢愚善惡而進退誅賞之則其餘不待進退誅賞而治矣然則王者所擇之人不為多所察之事不為煩此治事之要也臣竊見陛下日出視朝繼以經席將及日中乃還宮禁入宮之後竊聞亦不自閑省閱天下奏事群臣章疏逮至昏夜又御燈火研味經史博觀群書雖中宗高宗之不敢荒寧文王之日昃不食臣以為不能及也然自踐祚以來孜孜求治於今三年而功業未著者殆未得其體要故也祖宗創業垂統為後

世法內則設中書樞密院御史臺三司審官審刑等在京諸司外則設轉運使知州知縣等眾官以相統御上下有敘此所謂紀綱者也今陛下好使大臣奪小臣之事小臣侵大臣之職是以大臣解體不肯竭忠小臣諉上不肯盡力此百官所以弛廢而萬事所以隳頹者也而陛下方用為致治之本此臣之所大惑也臣微賤不得盡知朝廷之事且以耳目所接近日數事臣所知者言之其餘陛下可以類求也昔漢文帝問陳平天下一歲決獄及錢穀出入幾何平曰陛下即問決獄責廷尉問錢穀責治粟內史必使卿大夫各任其職此乃宰相事也若平者可謂能知治體矣今之兩府皆古宰相之任也中書主文樞密主武若乃百官之長非其人刑賞大政失其宜此兩府之責也至於錢穀之不充條例之不當此三司之事也陛下苟能精選曉知錢穀憂公忘私之人以為三司使副判官諸路轉運使各使

久於其任以盡其能有功則進無功則退名不能掩實偽不能亂真安民勿擾使之自富變之有道用之有節何患財利之不豐哉今乃使兩府大臣悉取三司條例別置一局聚文士數人與之謀議改更制置三司皆不與聞臣恐所改更者未必勝於其舊而徒紛亂祖宗成法考古則不合適今則非宜吏緣為姦農商失業數年之後府庫耗竭於上百姓愁困於下衆心離駭將不復振矣且兩府於天下之事無所不總若百官之職皆使兩府治之則在上者不勝其勞而在下者為無所用矣又監牧使主養馬四園苑主課利今乃使監牧使不屬群牧司四園苑不屬三司提舉司則在下者各得專權自恣而在上者為無所用矣陛下方欲納天下於大治而使百官在上者不委其下在下者不稟其上能為治乎若此之類臣竊恐似未得其體也凡天下之事在一縣者當委之知縣在一州者當委之知州在一

路者當委之轉運使在邊鄙者當委之將帥然後事乃可集何則久在其位識其人情知其物宜賞罰之權是以休戚所部之人使之信服故也今朝廷每有一事不委之將帥監司守宰使之自為方略責以成效而施其刑賞常好別遣使者銜命奔走旁午於道所至徒有煩擾之弊而於事未必有益不若勿遣之為愈也夫事之利害吏之能否皆非使者所能素知不免臨時詢采於人所詢者或遇公明忠信之人猶僅能得其一二或遇私闇奸險之人則是非為之倒置矣此二者交集於前而使者不能猝辨也是以往往害事而少能為益非將帥監司守宰皆賢而使者皆愚也累歲之講求與一朝之議論積久之采察與目前之毀譽精粗詳略其勢不同故也其有居官累歲而不知利害臨人積久而不知能否或雖知利害而不能變更雖知能否而不能黜陟此乃愚昧私曲之人朝廷當察而去之更擇賢

者以代其位不當數遣使者擾亂其間使不得行其職業也又庸人之情苟策非己出則媢嫉沮壞惟恐其成官吏若是者十常五六借使使者所規畫曲盡其宜在彼之日其當職之人已怏怏不悅不肯同心以助其謀協力以成其事曰朝廷自遣專使治之我何敢與知及返命之日彼必敗之於後曰使者既謀而授我我今竭力而成之功悉歸於首謀之人我何有哉此所以謂不若毋遣使者而屬任當職之人為愈也夫使者所以通遠邇之情固不可無然今之轉運使即古使者之任苟得人而委之賢於數遣使者遠矣若監司自為姦慝貪縱或有所隱蔽欺罔或為部內之人所訟或所謀畫之事未得其宜朝廷欲察其罪惡審其虛實判其曲直決其是非然後別遣使者按之若按得其實監司有罪則當刑不才則當廢豈有但已者也今每有一事朝廷輒自京師遣使者往治之是在外之官皆無所用

也使者既代之治事而當職之人亦無所刑無所廢是只使之拱手旁觀偷安竊祿者矣若此之類臣竊恐似未得其體也今朝廷之左右之臣皆曰陛下聰明剛斷威福在己太平之功可指日而致臣愚竊獨以為未也臣聞古之聖帝明王聞人之言則能識其是非故謂之聰觀人之行則能察其邪正故謂之明是非既辨邪正既分奸不能惑佞不能移故謂之剛取是而捨非誅邪而用正確然無所疑故謂之斷誅一不善而天下不善者皆懼故謂之威賞一有功而天下有功者皆喜故謂之福今陛下聰明剛斷則誠體之矣欲取威福之柄則誠有其志矣然於所以為之之道尚或有所未盡故臣以為太平之功未可期也夫帝王之道當務其遠者大者而略其近者小者國之大事當與公卿議之而不當使小臣參之四方之事當委牧伯察之而不當使左右覘之儻公卿牧伯尚不能擇賢者而任之小臣左右

獨能得賢者而使之乎若茍為不賢則險詖私謁無不為已今陛下好於禁中出手詔指揮外事非公卿所薦舉牧伯所糾劾或非次遷官或無故廢罷外人疑駭不知所從此豈非朝廷之士左右之臣所謂聰明剛斷威福在已者耶陛下聞其言而信之臣竊以為過矣夫公卿所薦舉牧伯所糾劾或謂之賢者而不賢謂之有罪而無罪皆有迹可見責有所歸故不敢大為欺罔若姦臣密白陛下令陛下自為聖意以行之則威福集於私門怨謗歸於陛下矣安得謂之威福在陛下耶且陛下鄉時中詔所指揮者率非大事至於兩禁美官邊藩將帥省府職任諸路監司此皆衆人之所希求治亂之所繫屬當除授之際竊恐未必一一出聖志也若乃姦邪貪猥之人陛下所明知而黜去者或更改官而升資或不久復進用然則威福之柄果不在陛下而陛下偶未之思也以此觀之面譽陛下聰明剛斷威福在已太平可立致者非愚則諛不可不察也陛下必欲威福在

已曷若謹擇公卿人臣明正忠信者留之愚昧阿私者去之在位者既皆得其人矣然後凡舉一事則與之公議於朝使各言其志陛下清心平慮擇其是者而行之非者不得復奪也凡除一官亦與之公議於朝使各舉所知陛下清心平慮擇其賢者而用之不肖者不能復爭也如此則謀者舉者雖在公卿大臣而行之用之皆在陛下安得謂之威福不在已邪陛下此之不為而頤彼之久行臣竊恐未得其要也夫三人群居無所統一不散則亂是故立君以司牧之群臣百姓勢均力敵不能相治故從人君決之人君者固所以決是非行賞罰也若人君復不肯決當使從誰決之乎夫人心不同有如面焉國家凡舉一事朝野之人必或以為是或以為非凡用一人必或以為賢或以為不肖此固人情之常自古而然不足怪也要在人主審其是非而取捨之取是而捨非則安榮取非而捨是則危辱此乃安危榮辱之所以分也是以聖王重之

故博謀群臣下及庶人然而終決之者要在人君也古人有言曰謀之多故可以觀利害之極致斷之獨故可以定天下之是非若知謀而不知斷則群下人人各欲逞其私志斯衰亂之政也詩云謀夫孔多是用不集發言盈庭誰敢執其咎如匪行邁謀是用不得于道哀哉為猷匪先民是程匪大猷是經維邇言是聽維邇言是爭如彼築室于道謀是用不潰于成此言周室之衰人臣不知先王之大道務爭近小之事人君不能定其可否而事終無成也漢世國家有大典禮大政令大刑獄大征伐必下公卿大夫博士議郎議其議者固不能一必有參差不齊者矣於是天子稱制決之曰丞相議是或曰廷尉當是而群下厭然無有不服者矣今陛下聽群臣各盡其情以議事此誠善矣然終不肯以聖志裁決遂使群臣有尚勝者以巧文相攻辯口相擠至于再至于三互相反覆無有限極臣愚深恐虧朝廷

之政體損陛下之明德流聞四方取輕夷狄非嘉事也夫天下之事有難決者以先王之道揆之若權衡之於輕重規矩之於方圓錙銖毫忽不可欺矣是以人君務明先王之道而不習律令知本根既殖則枝葉必茂故也近者登州婦人阿云謀殺其夫重傷垂死情無可愍在理甚明已傷不首於法無疑中材之吏皆能立斷事已經審刑院大理寺刑部斷為死罪而前知登州許遵文過飾非妄為巧說朝廷命兩制定奪者再命兩府定奪者再敕出而復收者一收而復出者一爭論縱橫至今未定夫以田舍一婦人有罪在於四海之廣萬幾之衆其事之細何啻秋毫之末朝廷欲斷其獄委一吏足矣今乃紛紜至此設更有一可疑之事大於此者將何以決之夫執條據例者有司之職也原情制義者君相之事也分爭辨訟非禮不決禮之所去刑之所取也阿云之事陛下試以禮觀之豈難決之獄哉彼謀

殺為一事為二事。謀為所同。不為所同。此苛察繳繞之論。乃文法俗
吏之所爭。豈明君賢相所當留意邪。今議論歲餘而後成法。終於棄
百代之常典。悖三綱之大義。使良善無告。奸凶得志。豈非徇其枝葉
而忘其本根之所致邪。若此之類。臣竊恐似未得其要也。此皆衆人
之所私議竊歎而莫敢明言者。臣獨以受恩深重。不顧斧鉞為陛下
言之。惟聖明裁察。

三年。翰林學士范鎮上奏曰。臣請致仕。已四上章。歷日彌旬。未聞報
可。緣臣所懷有可去者二。不敢不陳。臣言青苗不見聽。一可去。薦蘇
軾。孔文仲不見用。二可去。負二可去重之以多病早衰。其可以已乎。
今人有言獻忠與獻佞孰是。必曰獻忠是。納諫與拒諫孰是。必曰納
諫是。蘇軾孔文仲竒謂獻忠矣。陛下拒而不納。必有獻佞以誤陛下
者。不可不察也。若李定避持服。遂不認母。是壞人倫逆天理者。而欲

以為御史。御史臺為之罷陳薦。舍人院為之罷宋敏求。罷李大臨。罷
蘇頌。諫院罷胡宗愈。王韶上書肆意欺罔以興造邊事。敗則置而不
問。反為之罪帥臣李師中。及御史一言蘇軾。則下七路掎摭其過。孔
文仲則遣之歸任。以此二人況彼二人。以彼事理觀此事理。孰是孰
非。孰得孰失。陛下聰明之主。其可以逃聖鑒乎。惟審思而熟計之。朝
廷所恃者賞罰。而賞罰如此。如天下何。如宗廟社稷何。至於言青苗
則曰有效矣。夫所謂見效者。豈非歲得緡錢數十百萬乎。數十百萬
者。非出於天。非出於地。非出於建議者之家。一出於民。民出之而不
已。則數歲之後將如之何。民猶魚也。財猶水也。水深則魚活。財裕則
民有生意。養民而盡其財。譬猶養魚而欲竭其水也。今之官但能多
散青苗急其期會者。則有自知縣擢為轉運判官。擢為提點刑獄。急
進僥倖之人。豈復顧陛下百姓乎。但知趨賞爾。臣恐陛下百姓相濡

于涸轍中矣。陛下有納諫之資。大臣進拒諫之計。陛下有愛民之性。
大臣用殘民之術。臣職獻替。此時而無一言。則負陛下多矣。臣知言
入必觸大臣怒。則罪在不測。雖然。臣嘗以忠事仁皇帝。仁皇帝不賜
之死。才聽解言職而已。以禮事英皇帝。英皇帝不加之罪。才令補藩
郡而已。不以所事二帝之心而事陛下。是臣自棄於世也。臣為此章
欲上而中止者數矣。既而自謂曰。今而後歸伏田閭。雖有忠言嘉謀
不復得聞朝廷矣。所以上之決然不疑。惟陛下裁赦。

直史館判官誥院蘇軾擬進士對御試策曰。臣切見陛下始革舊制
以策試多士。厭聞詩賦無益之語。將求山林朴直之論。聖德廣大。中
外歡悅。而所試舉人。不能推原上意。皆以得失為慮。不敢指陳闕政。
而阿諛順旨者。又率擢上第。陛下之所以求於人至深切矣。而下之
報上者如此。臣切悲之。夫科場之文。風俗所係。所收者天下莫不以

為法。所棄者天下莫不以為戒。昔祖宗之朝崇尚辭律。則詞賦之工
曲盡其巧。自嘉祐以來。以古文為貴。則策論盛行於世。而詩賦幾至
於熄。何者。利之所在人無不化。今始以策取士。而士之在甲科者多
以諂諛得之。天下觀望。誰敢不然。臣恐自今以往。相師成風。雖直言
之科亦無敢以直言進者。風俗一變。不可復返。正人衰微。則國隨之。
非復詞賦策論迭興迭廢之比。是以不勝憤懣。退而擬進士對御試
策一道。學術淺陋。不能盡知當世之切務。戴所聞見。將以推廣於聖
言。庶有補於一二。將以開示四方。使知陛下本不諱惡切直之言。風
俗雖壞猶可以少救。其所撰策謹繕寫投進。策曰。臣伏見陛下發德
音。下明詔。以天下安危之至計。謀及於布衣之士。其求之不可謂不
切。其好之不可謂不篤矣。然臣私有所憂者。不知陛下有以受之歟。
禮曰。甘受和。白受采。故臣願陛下先治其心。使虛一而靜。然後忠言

至計可得而入也今臣竊觀陛下先入之言已實其衷邪正之黨已二其聽功利之說以動其欲則雖有皐陶益稷為之謀亦無自入矣而況於疏遠愚陋者乎此臣之所以大懼也若乃盡言以招過觸諱以亡軀則非臣之所恤也聖策曰聖王之御天下也百官得其職萬事得其序臣以為陛下未知此也是以所為顛倒失序如此苟誠知之曷不尊其所聞而行其所知歟百官之所以得其職者豈聖王人人而督責之歟萬事之所以得其序者豈聖王事事而整齊之歟亦因能以任職因職以任事而已官有常守謂之職施有先後謂之序今陛下使兩府大臣侵三司財利之權常平使者亂職司守令之治刑獄舊法不以付有司而取決於執政之意邊鄙大處不責帥臣而聽計於小吏之口百官可謂失其職矣王者之所宜先者德也所宜後者刑也所宜先者義也所宜後者利也而陛下易之可謂萬事失

其序矣然此猶其小者若其大者則中書失其政也宰相之職古者所以論道經邦今陛下但使奉行條例司文書而已昔邴吉為丞相蕭望之為御史大夫望之言陰陽不和咎在臣等宣帝以為意輕丞相終身薄之今政事堂忿爭相詆流傳都邑以為口實使天下何觀焉故臣願陛下首還中書之政則百官之職萬事之叙以次得矣聖策曰有所不為為之而無不成有所不革革之而無不服陛下及此言是天下之福也今日之患正在於未成而為之未服而革之耳夫成事在理不在勢服人以誠不以言理之所在以為則成以禁則止以賞則勸以言則信古之人所以鼓舞天下綏之斯來動之斯和者蓋循理而已今為政不務循理而欲以人主之勢賞罰之威而成之夫以斧析薪可謂必克矣然不循其理則斧可缺薪不可破是以不論尊卑不計強弱理之所在則成所不在則不成可必也今陛下使

農民舉息與商賈爭利豈理也哉而怪其不成乎禮曰微之顯誠之不可揜也如此夫陛下苟誠心乎為民則雖或謗之而人不信苟誠心乎為利則雖自解釋而人不服且事有決不可欺者吏受賕枉法人必謂之贓非其有而取之人必謂之盜苟有其實不敢辭其名今青苗有二分之息而不謂之放債取利可乎凡人為善不自譽而人譽之為惡不自毀而人毀之如使為善者必須自言而後信則堯舜周孔亦勞矣今天下以為利陛下以為義天下以為貪陛下以為廉不勝其紛紜也則使二三臣者極其巧辯以解答千萬人之口附會經典造為文書以曉告四方之人豈如嬰兒鳥獸可以美言小數眩惑之哉且夫未成而為之則其弊必至於不敢為未服而革之則其弊必至於不敢革蓋世有好走馬者一為墜傷則終身徒行何者謹重則必成輕發則多敗此理之必然也陛下若出於謹重則屢作屢成

不唯人信之陛下亦自信而曰以勇矣若出於輕發則每舉每敗不唯人不信陛下亦不自信而曰以怯矣文宗始用訓注其志豈淺也哉一經大變則憂沮喪氣不能復振文宗亦非有失德徒以好作而寡謀也謹重者始若怯終必勇輕發者始若勇終必怯乃若橫山之人未嘗一日而忘漢雖五尺童子知其可取然自慶曆以來莫之敢發誠未有以善其後也近者邊臣不計其後而遽發之一發不中則內帑之費以數百萬計而關輔之民困於飛輓者二年而未已雖天下之勇者不敢復言之也由此觀之則橫山之功是邊臣欲速而壞之也近者青苗之政助役之法均輸之策併軍蒐卒之令卒然輕發又甚於前日矣雖陛下不恤人言持之益堅而勢窮事礙終亦必變他日雖有良法美政陛下能復自信乎人君之患在於樂因循而重改作今陛下春秋鼎盛天錫智勇此萬世一時也羣臣不能濟之以謹

重養之以淳朴譬如乘輕車馭駿馬冒險夜行而僕夫又從後鞭之豈
不殆哉臣願陛下解轡秣馬以須東方之明而徐行於九軌之道甚
未晚也聖策曰田疇闢溝洫治草木暢茂鳥獸魚鱉莫不各得其性
者此百工有司之事曾何足以累陛下陛下操其要治其本恭己無為而
物莫不盡其理以生以死若夫百工有司之事自宰相不屑為之而
況於陛下乎聖策曰其富足以備禮其和足以廣樂其治足以致刑
何施而可臻此孔子曰百姓足君孰與不足免首鄰葉可以行禮掃
地而祭可以事天禮之不備非貧之罪也管子曰倉廩實而知禮節
臣不知陛下所謂富者富民歟抑富國歟陸賈曰將相和則士豫附
劉向曰衆賢和於朝則萬物和於野今朝廷可謂不和矣其咎安在
陛下不反求其本而欲以力勝之力之不能勝衆也久矣古者刀鋸
在前鼎鑊在後而士猶犯之今陛下躬蹈堯舜未嘗誅一無罪欲息

衆言不過盡逐異議之臣而更用人耳必未忍行亡秦偶語之禁東
漢黨錮之法則士何畏而不言哉臣恐逐者不已而爭者益多煩言
交攻必甚於今日矣欲致和而廣樂豈不疎哉古之求治者將以措
刑也今陛下求治而欲致刑此又群臣誤陛下也臣知其說是出於
荀卿荀卿好為異論至以人性為惡則其言治世刑重亦宜矣說者
又以為書稱唐虞之隆刑故無小而周之盛時群飲者殺臣請有以
辨之夏禹之時大辟二百周公之時大辟三百豈可謂周治而禹亂
耶秦及三族漢除肉刑豈可謂秦治而漢亂耶致之言極也天下幸
而大治使一日未安陛下將變今之刑而用其極歟天下幾何不叛
耶徒聞其語而懼者已衆矣臣不意異端邪說惑悞陛下至如此宥
過無大刑故無小此用刑之常理也至于今守之豈獨唐虞之隆而
周之盛矣所以誅群飲者以為其意非獨群飲而已如今之法所謂

夜聚曉散者使後世不知其詳而徒聞其語則凡夜相過者皆執而
殺之可乎夫人相與飲酒而輙殺之雖桀紂之暴不至於此而謂周
公行之歟聖策曰方今之弊可謂衆矣救之之道必有本末所施之
宜必有先後臣請論其本與其所宜先者而陛下擇焉方今救弊之
道必先立事立事之本在於知人則所施之宜當先觀大臣之知人
與否耳古之欲立非常之功者必有知人之明苟無知人之明則循
規矩蹈繩墨以求寡過二者皆審於自知而安於才分者也道可以
講習而知德可以勉強而能唯知人之明不可學必出於天資如蕭
何之識韓信此豈有法而可傳者哉以諸葛孔明之賢而知人之明
則其所短是以失之於馬謖而孔明亦審於自知是以終身不敢用
魏延我仁祖之在位也事無大小一付之於法人無賢不肖一付之
於公議事已効而後行人已試而後用終不求非常之功也誠以當

時大臣不足以與知人之明也古之為醫者聆音察色洞視五臟則
其治疾也有剖胷決脾洗濯肺腑之變苟無其術不敢行其事今無
知人之明而欲非常之功解縱繩墨以慕古人則是未能察脉而欲
試華陀之方其異於操刀殺人者幾希矣房琯之稱劉秩關播之用
李元平是也至今以為笑陛下觀今之大臣為知人歟為不知人歟
乃者擢用衆才皆其造室握手之人要結審固而後敢用蓋以為其
人可與戮力同心共致太平曾未安席而交口攻之者如蝟毛而起
陛下以此驗之其不知人也亦審矣幸今天下無事異同之論不過
瀆亂聖聽而已若邊隅有警盜賊竊發俯仰成敗呼吸變故而所用
之人皆如今日乍合乍散臨事解體不可復知則無乃悞社稷歟華
陀不世出天下未嘗廢醫蕭何不世出天下未嘗廢治陛下必欲立
非常之功請待知人之佐若猶未也則亦詔左右之臣安分守法而

已聖策曰生民以來稱至治者必曰唐虞成周之世詩書所稱其迹可見以至後世賢明之君忠智之臣相與憂勤以榮一代之業雖未盡善然要其所以成就亦必有可言者其詳言之臣以為此不可勝言也其施設之方各因其時而不可知其所可知者必畏天必從衆必法祖宗故其言曰戒之戒之天維顯思命不易哉又曰稽於衆舍己從人又曰丕顯哉文王謨丕承哉武王烈詩書所稱大略如此未嘗言天命不足畏衆言不足從祖宗之法不足用也苻堅用王猛而樊世仇騰席寶不悅魏鄭公勸太宗以仁義而封倫不信凡今之人欲陛下違衆而自用者必以此藉口陛下所謂賢明忠智者豈非意在此等歟臣願考二人之所行而求之於今王猛豈嘗設官而牟利魏鄭公豈嘗貸錢而取息歟且其不悅者不過數人固不害天下之信且服也今天下有心者怨有口者謗古之君臣相與憂勤以榮一

代之業者似不如此詩云百人之聚未有不攻而破況天下乎今天下非之而陛下不回臣不知所稅駕矣詩云譬彼舟流不知所屆心之憂矣不遑假寐區區忠蓋惟陛下察之臣謹昧死上對

四年軾又上書曰臣近者不度愚賤輒上封章言買燈事自知瀆犯天威罪在不赦席藁私室以待斧鉞之誅而側聽逾旬威命不至問之府司則買燈之事尋已停罷乃知陛下不惟赦之又能聽之驚喜過望以至感泣何者改過不吝從善如流此堯舜禹湯之所勉強而力行秦漢以來之所絕無而僅有頃此買燈毫髮之失豈能上累日月之明而陛下翻然改命曾不移刻則所謂智出天下而聽於愚者威加四海而屈於匹夫臣今知陛下可與為堯舜可與為湯武可與富民而措刑可與強兵而伏戎矣有君如此其忍負之惟當披露腹心捐棄肝腦盡力所致不知其他乃者臣知天下之事有大於買燈

者矣而獨區區以此為先者蓋未信而諫聖人不與交淺言深君子所戒是以試論其小者而其大者固將有待而後言今陛下果赦而不誅則是既已許之矣許而不言臣則有罪是以願終言之臣之所欲言者三言而已願陛下結人心厚風俗存紀綱夫人莫不有所恃人臣恃陛下之命故能役使小民恃陛下之法故能勝服強暴至於人主所恃者誰書曰予臨兆民懍乎若朽索之馭六馬言天下莫危於人主也聚則為君民散則為仇讎聚散之間不容毫釐故天下歸往謂之王人各有心謂之獨夫由此觀之所恃者人心而已人心之於人主也如木之有根如燈之有膏如魚之有水如農夫之有田如商賈之有財木無根則槁燈無膏則燼魚無水則死農無田則飢商賈無財則貧人主失人心則亡此理之必然不可逭之災也其為可畏從古以然苟非樂禍好亡狂易喪志則孰敢肆其胸臆輕犯人心

昔子產焚載書以弭衆言賂伯石以安巨室以為衆怒難犯專欲難成而孔子亦曰信而後勞其民未信則以為厲己也唯商鞅變法不顧人言雖能驟致富強亦已召怨天下使其民知利而不知義見刑而不見德雖得天下旋踵而失也至於其身亦卒不免負罪出走而諸侯不納車裂以徇而秦人莫哀君臣之間豈願如此宋襄公雖行仁義失衆而亡田常雖不義得衆而強是以君子未論行事之是非先觀衆心之向背謝安之用諸桓未必是而衆之所樂則國以乂安庾亮之召蘇峻未必非而勢有不可則反為危辱自古及今未有和易同衆而不安剛果自用而不危者也今陛下亦知人心之不悅矣中外之人無賢不肖皆言祖宗以來治財用者不過三司使副判官經今百年未嘗闕事今者無故又創一司號曰制置三司條例使六七少年日夜講求於內使者四十餘輩分行營幹於外造端宏大民

實驚疑創法新奇吏皆惶惑賢者則求其說而不可得未免於憂小人則以其意度於朝廷遂以為謗謂陛下以萬乘之主而言利謂執政以天子之宰而治財商賈不行物價騰踴近自淮甸遠及川蜀喧傳萬口論說百端或言京師正店議置監官夔路深山當行酒禁拘收僧尼常住減刻兵吏廩祿如此等類不可勝言而甚者至於欲復肉刑斯言一出民且狼顧陛下與二三大臣亦聞其語矣然而莫之顧者徒曰我無其事又無其意何恤於人言雖未必皆然而疑似則有以致謗人必貪財也而後人疑其盜人必好色也而後人疑其淫何者未置此司則無其謗豈去歲之人皆忠厚而今歲之人皆虛浮孔子曰工欲善其事必先利其器又曰必也正名乎今陛下操其器而諱其事有其名而辭其意雖家置一喙以自解市列千金以購人人必不信謗亦不止夫制置三司條例司求利之名六七少年與使

者四十餘輩求利之器也驅鷹犬而赴林藪語人曰我非獵也不如放鷹犬而獸自馴操罔罟而入江湖語人曰我非漁也不如捐罔罟而人自信故臣以為消讒慝而召和氣復人心而安國本則莫若罷制置三司條例司夫陛下之所以創此司者不過以興利而除害也使罷之而利不興害不除則勿罷罷之而天下悅人心安興利除害無所不可則何苦而不罷陛下欲去積弊而立法必使宰相熟議而後行事若不由中書則是亂世之法聖君賢相夫豈其然必若立法不免由中書熟議不免使宰相此司之設無乃冗長而無名智者所圖貴於無迹漢之文景紀無可書之事唐之房杜傳無可載之功而天下之言治者與文景言賢者與房杜蓋事已立而迹不見功已成而人不知故曰善用兵者無赫赫之功豈惟用兵事莫不然今所圖者萬分未獲其一也而迹之布於天下已若泥中之鬪獸亦可謂拙

謀矣陛下誠欲富國擇三司官屬與漕運使副而陛下與二三大臣孜孜講求磨以歲月則積弊自去而人不知但恐立志不堅中道而廢孟軻有言其進銳者其退速若有始有卒自可十年之後何事不立孔子曰欲速則不達見小利則大事不成使孔子而非聖人則此言亦不可用書曰謀及卿士至于庶人翕然大同乃底元吉若違多而從少則靜吉而作凶今上自宰相大臣既已辭免不為則外之議論斷亦可知宰相人臣也且不欲以此自污而陛下獨安受其名而不辭非臣愚之所識也君臣宵旰幾一年矣而富國之效茫如捕風徒聞內帑出數百萬緡祠部度五千餘人耳以此為術其誰不能且遣使縱橫本非令典漢武遣繡衣直指桓帝遣八使皆以守宰狼籍盜賊公行出於無術行此下策宋文帝元嘉之政比於文景當責成郡縣未嘗遣使至孝武以為郡縣遲緩始命臺使督之以至蕭齊此

弊不革故景陵王子良上疏極言其事以為此等朝辭禁門情態即異暮宿州縣威福便行驅迫郵傳折辱守宰公私勞擾民不聊生唐開元中宇文融奏勸農判官使裴寬等二十九人並攝御史分行天下招攜戶口檢責漏田時張說楊瑒皇甫璟楊相如皆以為不便而相繼罷黜雖得戶八十餘萬皆州縣希旨以主為客以少為多及使百官集議都省而公卿以下懼融威勢不敢異辭陛下讀之觀其所行為是為否近者均稅寬恤冠蓋相望朝廷亦旋覺其非而天下至今以為謗曾未數歲是非較然臣恐後之視今亦猶今之視昔且其所遣尤不適宜事少而員多人輕而權重夫人輕而權重則人多不服或致侮慢以興爭事少而員多則無以為功必須生事以塞責陛下雖嚴賜約束不許邀功然人臣事君之常情不從其令而從其意今朝廷之意好動而惡靜好同而惡異指趣所在誰敢不從臣恐陛

下赤子自此無寧歲矣。至於所行之事。行路皆知其難。何者。汴水濁流自生民以來。不以種稻。秦人之歌曰。涇水一石。其泥數斗。且漑且糞。長我禾黍。何嘗言長我粳稻邪。今欲陂而清之。萬頃之稻。必用千畝之陂。一歲一淤。三歲而滿矣。陛下遂信其說。即使相視地形。萬一官吏苟且順從。真謂陛下有意興作。上糜帑廩。下奪農時。隄防一開。水失故道。雖食議者之肉。何補於民。天下久平。民物滋息。四方遺利。蓋略盡矣。今欲鑿空訪尋水利。所謂即鹿無虞。豈惟徒勞。必大煩擾。凡所擘畫。未問何人。小則隨事酬勞。大則量才錄用。若官私格沮。並行黜降。不以赦原。若才力不辦興脩。便許申奏替換。賞可謂重。罰可謂輕。然並終不言諸色人妄有申陳。或官私誤興功役。當得何罪。如此則妄庸輕剽浮浪姦人。自此爭言水利矣。成功則有賞。敗事則無誅。官司雖知其疎。豈可便行抑退。所在追集老少。相視可否。吏卒所

過雞犬一空。若非灼然難行。必須且為興役。何則。格沮之罪重。而誤興之過輕。人多愛身。勢必如此。且古陂廢堰。多為側近冒耕。歲月既深。已同永業。苟欲興復。必盡追收。人心或搖。甚非善政。又有好訟之黨。多怨之人。妄言其處可作陂渠。規壞所怨田產。或指人舊業。以為官陂。冒佃之訟。必倍今日。臣不知朝廷本無一事。何苦而行此哉。自古役人。必用鄉戶。猶食之必用五穀。衣之必用絲麻。濟川之必用舟楫。行地之必用牛馬。雖其間或有以他物充代。然終非天下所可常行。今者徒聞江浙之間。數郡顧役。而欲措之天下。是猶見燕晉之棗栗。岷蜀之蹲鴟。而欲以廢五穀。豈不難哉。又欲官賣所在坊場。以充衙前顧直。更無酬勞長役。雖有長役。所得既微。自此必漸衰散。則州郡事體憔悴可知。士大夫捐親戚。棄墳墓。以從宦於四方者。宣力之餘。亦欲取樂。此人之至情也。若彫弊太甚。廚傳蕭然。則似危邦之陋風。恐非太平之

試觀陛下試慮及此。必不肯為。且今法令莫嚴於御軍。軍法莫嚴於逃竄。禁軍三犯。廂軍五犯。大率處死。然逃軍常半天下。不知顧人為役。與廂軍何異。若有逃者。何以罪之。其勢必輕於逃軍。則其逃必甚於今日。為其官長。不亦難乎。近者雖使鄉戶頗得顧人。然至於所顧逃亡。鄉戶猶任其責。今遂欲於兩稅之外。別立一科。謂之庸錢。以備官顧。則顧人之責。官所自任矣。自唐楊炎廢租庸調。以為兩稅。取大曆十四年應干賦斂之數。以定兩稅之額。則是租調與庸。兩稅既兼之矣。如顧柰何復欲取庸。聖人之立法。必慮後世。豈可於兩稅之外。生出科名。萬一後世不幸有多欲之君。輔之以聚斂之臣。庸錢不除。差役仍舊。使天下怨毒。推所從來。則必有任其咎者矣。又欲使坊郭等第之民。與鄉戶均役。品官形勢之家。與齊民並事。其說曰。周禮田不耕者出屋粟。宅不毛者有里布。而漢世宰相之子。不免戍邊。此其所

以藉口也。古者官養民。今者民養官。給之以田而不耕。勸之以農而不力。於是有里布屋粟夫家之征。而民無所為生。去而為商賈。事勢當爾。何名役之。且一歲之戍。不過三日。三日之顧。其直三百。今世三大戶之役。自公卿以降。毋得免者。其費豈特三百而已。大抵事若可行。不必皆有故事。若民所不悅。俗所不安。縱有經典明文。無補於怨。若行此三者。必怨無疑。女戶單丁。蓋天民之窮者也。古之王者首務恤此。而今陛下首欲役之。此等苟非戶將絕而未亡。則是家有丁而尚幼。若假之歲月。則必成丁而就役。老死而沒官。富有四海。忍不加卹。孟子曰。始作俑者。其無後乎。春秋書作丘甲。用田賦。皆重其始為民患也。青苗放錢。自昔有禁。今陛下始立成法。每歲常行。雖云不許抑配。而數世之後。暴君汙吏。陛下能保之歟。異日天下恨之。國史記之。曰青苗錢自陛下始。豈不惜哉。且東南買絹。本用見錢。陝西糧草。不許折兌。

朝廷既有著令職司又每舉行然而買絹未嘗不折鹽糧草未嘗不折鈔乃知青苗不許抑配之說亦是空文只如治平之初揀刺義勇當時詔旨慰諭明言永不戍邊著在簡書有如盟約于今幾日議論已搖或以代還東軍或欲抵換弓手約束難恃豈不明哉縱使此令決行果不抑配計其間願請之戶必皆孤貧不濟之人家若自有贏餘何至與官交易此等鞭撻已急則繼之逃亡逃亡之餘則均之隣保勢有必至理有固然且夫常平之為法也可謂至矣所守者約而所及者廣借使萬家之邑止有千斛而穀貴之際千斛在市物價自平一市之價既平一邦之民自足無專斗乞匄之弊無里正催驅之勞今若變為青苗家貸一斛則千戶之外孰救其飢且常平官錢常患其少若盡數收糴則無借貸若留充借貸則所糴幾何乃知常平青苗其勢不能兩立壞彼成此所喪愈多虧官害民雖悔何逮臣竊

計陛下欲考其實必然問人人知陛下方欲力行必謂此法有利無害以臣愚見恐未可憑何以明之臣在陝西見刺義勇提舉諸縣臣嘗親行愁怨之民哭聲振野當時奉使還者皆言民盡樂為希合取容自古如此不然則山東之盜二世何緣不覺南詔之敗明皇何緣不知今雖未至於斯亦望陛下審聽而已昔漢武之世財力匱竭用賈人桑羊之說買賤賣貴謂之均輸于時商賈不行盜賊滋熾幾致於亂孝昭既立學者爭排其說霍光順民所欲從而予之天下歸心遂以無事不意今者此論復興立法之初其說尚淺徒言徙貴就賤用近易遠然而唐置官屬多出緡錢豪商大賈皆疑而不敢動以為雖不明言販賣然既已許之變易變易既行而不與商賈爭利未之聞也夫商賈之事曲折難行其買也先期而與錢其賣也後期而取直多方相濟委曲相通倍稱之息由此而得今官買是物必先設官置吏簿書廩祿為費已厚非良不售非賄不行是以官買之價比民必貴及其賣也弊復如前商賈之利何緣而得朝廷不知慮此乃捐五百萬緡以予之此錢一出恐不可復縱使其間薄有所獲而征商之額所損必多今有人為其主牧牛羊不告其主而以一牛易五羊一牛之失則隱而不言五羊之獲則指為勞績陛下以為壞常平而言青苗之功虧商稅而取均輸之利何以異此陛下天機洞照聖略如神此事至明豈有不曉必謂已行之事不欲中變恐天下以為執德不一用人不終是以遲留歲月庶幾萬一臣竊以為過矣古之英主無出漢高酈生謀撓楚權欲復六國高祖曰善趣刻印及聞留侯之言吐哺而罵曰趣銷印稱善未幾繼之以罵刻印銷印有同兒嬉何嘗累高祖之知人適足明聖人之無我陛下以為可而行之知其不可而罷之至聖至明無以加此議者必謂民可與樂成難與慮始

故陛下堅執不顧期於必行此乃戰國貪功之人行險僥倖之說陛下若信而用之則是徇高論而逆至情持空名而邀實禍未及樂成而怨已起矣臣之所願結人心者此之謂也士之進言者為不少矣亦嘗有以國家之所以存亡曆數之所以長短告陛下者乎國家之所以存亡者在道德之淺深不在乎強與弱曆數之所以長短者在風俗之薄厚不在乎富與貧道德誠深風俗誠厚雖貧且弱不害於存而長道德誠淺風俗誠薄雖強且富不救於短而亡人主知此則知所以輕重矣是以古之賢君不以弱而亡道德不以貧而傷風俗而智者觀人之國亦以此而察之齊至強也周公知其後有篡弑之臣衛至弱也季子知其後亡吳破楚入郢而陳大夫逢滑知楚之必復晉武既平吳何曾知其將亂隋文既平陳房喬知其不久元帝斬郅支朝呼韓功多於武宣矣偷安而王氏之釁生宣宗收燕趙復

河湟力強於黷武矣消兵而龐勛之亂起故臣願陛下務崇道德而厚風俗不願陛下急於有功而貪富強使陛下富如隋強如秦西取靈武北取燕薊謂之有功可也而國之長短則不在此夫國之長短如人之壽夭人之壽夭在元氣國之長短在風俗世有尫羸而壽考亦有盛壯而暴亡若元氣猶存則尫羸而無害及其已耗則盛壯而愈危是以善養生者慎起居節飲食導引關節吐故納新不得已而用藥則擇其品之上性之良可以久服而無害則五臟和平而壽命長不善養生者薄節慎之功遲吐納之効厭上藥而用下品伐真氣而助強陽根本已空僵仆無日天下之勢與此無殊故臣願陛下愛惜風俗如護元氣古之聖人非不知深刻之法可以齊衆勇悍之夫可以集事忠厚近於迂闊老成初若遲鈍然終不肯以彼易此者知其所得小而所喪大也曹參賢相也曰慎無擾獄市黃霸循吏也曰

治道去泰甚或譏謝安以清談廢事安笑曰秦用法吏二世而亡劉晏為度支專用果銳少年務在急速集事好利之黨相師成風唐德宗初即位擢崔祐甫相以道德寬大推廣上意故建中之政其聲翕然天下相望庶幾貞觀及盧杞為相諷上以刑名整齊天下馴致澆薄以及播遷我仁祖之馭天下也持法且寬用人有叙專務掩覆過失未嘗輕改舊章然考其成功則曰未至以言乎用兵則十出而九敗以言乎府庫則僅足而無餘徒以德澤在人風俗知義是以升遐之日天下如喪考妣社稷長遠終必賴之則仁祖可謂知本矣今議者不察徒見其末年吏多因循事不振舉乃欲矯之以苛察齊之以智能招來新進勇銳之人以圖一切速成之効未享其利澆風已成且天時不齊人誰無過國君含垢至察無徒若陛下多方則人材取次可用必欲廣置耳目務求瑕疵則人不自安各圖苟免非朝廷之

福亦豈陛下所願哉漢文欲拜虎圈嗇夫釋之以為利口傷俗今若以口舌捷給而取士以應對遲鈍而退人以虛誕無實為能文以矯激不仕為有德則先王之澤遂將散微自古用人必須歷試諸難有卓異之器必有已試之功一則使其更變而知難事不輕作一則待其功高望重人自無辭昔先主以黃忠為將軍而諸葛亮憂其不可以為忠之名望素非關張之倫若班爵遽同則必不悅其後關羽果以為言黃忠豪勇之資以先主君臣之契尚須慮此況其他乎世嘗謂漢文不用賈生以為深恨臣嘗推究其旨竊謂不然賈生固天下之奇才所言亦一時之良策然請為屬國欲以係單于則是處士之大言少年之銳氣昔高祖以三十萬衆困於平城當時將相群臣豈無賈生之比三表五餌人知其疏而欲以困中行說尤不可信矣兵凶器也而易言之正如趙括之輕秦李信之易楚若文帝急用其說

則天下殆將不安使賈生常歷艱難亦必自悔其說用之晚歲其術必精不幸喪亡非意所及不然文帝豈棄材之主絳灌豈蔽賢之士至於晁錯尤號刻薄文帝之世止於太子家令而景帝既立以為御史大夫申屠賢相發憤而死紛更政令天下騷然及至七國發難而錯之術亦窮矣文景優劣於斯可見大抵名器爵祿人所奔趨必使積勞而後遷以明持久而難得則人各安其分不敢躁求今若多開驟進之門使有意外之得公卿侍從跬步可圖其得者既不肯以僥倖自名則其不得者皆必以沉淪為歎使天下常調舉生妄心恥不若人何所不至欲望風俗之厚豈可得哉選人之改京官常須十年以上薦更險阻計析豪釐其間一事聱牙常至終身淪棄今乃以一人之薦舉而與之猶恐未稱章服隨至使積勞久次而得之者何以厭服哉夫常調之人非守則令員多闕少久已患之不可復開多門

以待巧者。若巧者侵奪已甚。則拙者迫隘無聊。利害相形。不得不察。故近歲樸拙之人愈少。巧進之士益多。惟陛下重之惜之哀救之。如近日三司獻言。使天下郡選一人。催驅三司文字。許之先次指射以酬其勞。則數年之後。審官吏部又有三百餘人得先占闕。常調待次不其愈難。此外勾當發運均輸。按行農田水利。已振監司之體。各懷進用之心。轉對者望以稱旨而驟遷。奏課者求為優等而速化。相勝以力。相高以言。而名實亂矣。惟陛下以簡易為法。以清淨為心。使姦無所緣。而民德歸厚。臣之所願厚風俗者。此之謂也。古者建國使内外相制。輕重相權。如周如唐。則外重而内輕。如秦如魏。則外輕而内重。内重之末必有姦臣指鹿之患。外重之弊必有大國問鼎之憂。聖人方盛而慮衰。常先立法以救弊。我國家租賦籍於計省。重兵聚於京師。以古揆今。則似内重。恭惟祖宗所以深計而預圖。固非小臣所能

臆度而周知。然觀其委任臺諫之一端。則是聖人過防至計。歷觀秦漢以及五代。諫諍而死。蓋數百人。自建隆以來。未嘗罪一言者。縱有薄責。旋即超升。許以風聞。而無官長。風采所繫。不問尊卑。言及乘輿。則天子改容。事關廊廟。則宰相待罪。故仁宗之世。議者譏宰相但奉行臺諫旨而已。聖人深意。流俗豈知。臺諫固未必皆賢。所言亦未必皆是。然須養其銳氣。而借之重權者。豈徒然哉。將以折姦臣之萌。而救内重之弊也。夫姦臣之始。以臺諫折之而有餘。及其既成。以干戈取之而不足。今法令嚴密。朝廷清明。所謂姦臣。萬無此理。而養猫以去鼠。不可以無鼠而養不捕之猫。畜狗以防姦。不可以無姦而畜不吠之狗。陛下得不上念祖宗設此官之意。下為子孫正萬一之防。朝廷紀綱。孰大於此。臣自幼小所記。及聞長老之談。皆謂臺諫所言。常隨天下公議。公議所與。臺諫亦與之。公議所擊。臺諫亦擊之。及至英

廟之初。始建稱親之議。本非人主大過。亦無禮典明文。徒以眾心未安。公議不允。當時臺諫以死爭之。今者物論沸騰。怨讟交至。公議所在。亦可知矣。而相顧不發。中外失望。夫彈劾積威之後。雖庸人亦可奮揚。風采消委之餘。雖豪傑有所不能振起。臣恐自茲以往。習慣成風。盡為執政私人。以致人主孤立。紀綱一廢。何事不生。孔子曰。鄙夫可與事君也歟哉。其未得之也。患不得之。既得之。患失之。苟患失之。無所不至矣。臣始讀此書。疑其太過。以為鄙夫之患失。不過備位而苟容。及觀李斯憂蒙恬之奪其權。則立二世以亡秦。盧杞憂懷光之數其惡。則誤德宗以再亂。其心本生於患失。而其禍乃至於喪邦。孔子之言。良不為過。是以知為國者。平居必有亡軀犯顏之士。則臨難庶幾有徇義守死之臣。若平居尚不能一言。則臨難何以責其死節。人臣苟皆如此。天下亦曰殆哉。君子和而不同。小人同而不和。和如和

羹。同如濟水。孫寶有言。周公大聖。召公大賢。猶不相悅。著於經典。晉之王導。可謂元臣。每與客言。舉坐稱善。而王述不悅。以為人非堯舜。安得每事盡善。導亦斂衽謝之。若使言無不同。意無不合。更唱迭和。何者非賢。萬一有小人居其間。則人主何緣得知覺。臣之所願存紀綱者。此之謂也。臣非敢歷詆新政。苟為異論。如近日裁減皇族恩例。刋定任子條式。修完器械。閱習鼓旗。皆陛下神算之至明。乾剛之必斷。物議既允。臣敢有詞。至於所獻之三言。則臣之私見。中外所病。其誰不知。昔禹戒舜曰。無若丹朱傲。惟慢遊是好。舜豈有是哉。周公戒成王曰。毋若商王受之迷亂。酗於酒德。成王豈有是哉。周昌以漢高為桀紂。劉毅以晉武為桓靈。當時人君曾莫之罪。書之史冊。以為美談。使臣所獻三言。皆朝廷未嘗有此。則天下之幸。臣與有焉。若有萬一似之。則陛下安可不察。然而臣之為計。可謂愚矣。以螻蟻之命。試

雷霆之威積其狂愚豈可數赦大則身首異處破壞家門小則削籍投荒流離道路雖然陛下必不為此何者天賦至愚篤於自信向者與議學校貢舉首違大臣本意已期竄逐敢意自全而陛下獨然其言曲賜召對從容久之至謂臣曰方今政令得失安在雖朕過失指陳可也臣即對曰陛下生知之性天縱文武不患不明不患不勤不患不斷但患求治太速進人太銳聽言太廣又俾具述所以然之狀陛下頷之曰卿所獻三言朕當熟思之臣之狂愚非獨今日陛下容之久矣豈其容之於始而不赦之於終恃此而言所以不懼臣之所懼者譏刺既衆怨仇實多豈不殆哉死亡不辭但恐天下以臣為戒無復言者是以思之經月夜以繼晝表成復毀至于再三感陛下聽其一言懷不能已卒進其說惟陛下憐其愚忠而卒赦之不勝俯伏待罪憂恐之至

歷代名臣奏議卷之三十六

歷代名臣奏議卷之三十七

治道

宋神宗熙寧四年殿中丞直史館判官告院權開封府推官蘇軾上書曰臣聞之益戒于禹曰任賢勿貳去邪勿疑仲虺言成湯之德曰用人惟己改過不吝秦穆喪師于崤悔痛自誓孔子錄之自古聰明豪傑之主如漢高帝唐太宗皆以受諫如流改過不憚號為秦漢以來百王之冠也孔子曰君子之過如日月食焉過也人皆見之更也人皆仰之聖賢舉動明白正直不當如是邪所用之人有邪有正所作之事有是有非是非邪正兩言而足正則用之邪則去之是則行之非則破之此理甚明猶飢之必食渴之必飲豈有別生義理曲加粉飾而能欺天下哉書曰與治同道罔不興與亂同事罔不亡陛下自去歲以來所行新政皆不與治世同道立條例司遣青苗使斂助

役錢行均輸法四海騷動行路怨咨自宰相以下皆知其非而不敢爭臣愚蠢不識忌諱乃者上疏論之詳矣而學術淺陋不足以感動聖明近者故相藩鎮侍從雜然爭言不便以至臺諫一二人本其所與締交唱和表裏之人也然猶不免一言其非者豈非物議沸騰事勢迫切而不可止歟自非見利忘義居之不疑者孰肯終始膠固不自湔洗如吳師孟乞免提舉胡宗愈不願檢詳如逃垢穢惟恐不脫之人情畏惡一至於此近者中外謹言陛下已有悔悟意道路相慶如蒙大賚實望陛下於旬日之間涣發德音洗蕩乖僻追還使者而罷條例司今者側聽所為蓋不過使監司體量抑配而已比之未悟殆較幾何此孟子所謂知兄臂之不可紾而姑勸以徐知隣雞之不可攘而月取其一帝王改過豈如是哉臣又聞陛下以為此法且可試之三路臣以為此法譬之醫者之用毒以人之死試其未効

之方三路之民豈非陛下赤子而可試以毒乎今日之政小用則小敗大用則大敗若力行而不已則亂亡隨之臣非敢過為危論以聳動陛下也自古存亡之所寄者四人而已一曰民二曰軍三曰吏四曰士此四人者一失其心是以生變今陛下一舉而兼犯之青苗助役之法成則農不安均輸之令出則商賈不行而民始憂矣併省諸軍迫逐老病至使戍兵之妻與士卒雜處其間貶殺軍分有同降配遷徙淮甸僅若流放年近五十人人懷憂而軍始怨矣內則不敢取謀於元臣侍從而專用新進小生外則不責成於守令監司而專用新青苗使者多置閑局以擯老成而吏始解體矣陛下臨軒選士天下謂之龍飛牓而進士一人首削舊恩示不復用所削者一人而已然士莫不悵恨者以陛下有厭薄其徒之意也今用事者又欲漸消進士純取明經雖未有成法而小人招權自以為功更相扇搖以謂

必行而士始失望矣今進士半天下自二十以上便不能誦記注義為明經之學若法令一行則士各懷廢棄之憂而人材短長終不在此昔秦禁挾書諸生皆抱業以歸勝廣相與出力而奏者豈有他哉亦以失業而亡所歸也故臣願陛下勿復言此民憂而軍怨吏解體而士失望禍亂之源有大於此者乎今未見也一旦有急則致命之士必寡矣方是之時不知希合茍容之徒能為陛下收板蕩止土崩乎去歲諸軍之始併也左右之人皆以為樂併告陛下近者放停軍人李興告虎翼吏率錢行賂以求不併則士卒不樂可知矣夫諂諛之人茍務合意不憚欺罔者類皆如此故凡言百姓樂請青苗錢樂出助役錢者皆不可信陛下以為青苗抑配果可禁乎不惟不可禁廼不當禁也何以言之若此錢放而不收則州縣官吏不免責罰若此錢果不抑配則願請之戶後必難收索前有抑配之禁後有失陷之

罰為陛下官吏不亦難乎故臣以為既行青苗使則不當禁抑配其勢然也人皆謂陛下聖明神武必能徙義修慝以致太平而近日之事乃有文過遂非之風此臣所以憤懣太息而不能已也昔賈充用事天下憂恐而庾純任愷戮力排之及充出鎮秦涼忠臣義士莫不相慶屈指數日以望惟新之化而馮紞之徒更相告語曰賈公遠放吾等失勢矣於是相與獻謀而充復留則晉氏之亂成於此矣自古惟小人為難去何則去一而其黨破壞是以為之計謀遊說者眾也今天下賢者亦將以此觀陛下為進退之決或再失望則知幾之士相率而逝矣豈皆如臣等輩偷安懷祿而不忍去哉猖狂不遜忤陛下多矣不敢復望寬恩俯伏引領以待誅殛

軾又上策略五其一曰臣聞有意而言意盡而言止者天下之至言也蓋有以一言而興邦者有三日言而不輟者一言而興邦不以為

少而加之毫毛三日言而不輟不以為多而損之一辭古之言者盡意而不求於言信己而不役於人三代之衰學校廢缺聖人之道不明而其所以猶賢於後世者士未知有科舉之利故戰國之際其言語文章雖不能盡通於聖人而皆卓然近於用出於其意之所謂誠然者自漢以來世之儒者忘己以徇人務為射策決科之學其言雖不叛於聖人而皆泛濫於辭章不適於用臣嘗以為鼂董公孫之流皆有科舉之累故言有浮於其意而意有不盡於其言今陛下承百王之弊立於極文之世而以空言取天下之士繩之以法度考之於有司臣愚不肖誠恐天下之士不獲自盡故嘗深思極慮率其意之所欲言者為二十五篇曰略曰別曰斷雖無足取者而臣之區區以為自始而行之以至於篇終既明其略而治其別然後斷之於終庶幾有益於當世臣聞天下治亂皆有常勢是以天下雖亂而聖人以

為無難者其應之有術也水旱盜賊人民流離是安之而已也亂臣割據四分五裂是伐之而已也權臣專制擅作威福是誅之而已也四夷交侵邊鄙不寧是攘之而已也凡此數者其於害民蠹國為不淺矣然其所以為害者有狀是故其所以救之者有方也天下之患莫大於不知其然而然不知其然而然者是拱手而待亂也國家無大兵革幾百年矣天下有治平之名而無治平之實有可憂之勢而無可憂之形此其有未測者也方今天下非有水旱盜賊人民流離之禍而咨嗟怨嘆常若不安其生非有亂臣割據四分五裂之憂而休養生息常若不足於用非有權臣專制擅作威福之弊而上下不交君臣不親非有四夷交侵邊鄙不寧之災而中國皇皇常有外憂此臣之所以大惑也今夫醫之治病切脈觀色聽其聲音而知病之所由起曰此寒也此熱也或曰此寒熱之相搏也及其他無不可為

者今且有人怳然而不樂問其所苦且不能自言則其受病有深而不可測者矣其語言飲食起居動作固無以異於常人此庸醫之所以為無足憂而扁鵲倉公之所以望而驚也其病之所由起者深則其所以治之者固非鹵莽因循苟且之所能去也而天下之士方且掇拾三代之遺文補葺漢唐之故事以為區區之論可以濟世不已踈乎方今之勢苟不能滌蕩振刷而卓然有所立未見其可也臣嘗觀西漢之衰其君皆非有暴鷙淫虐之行特以怠惰弛廢溺於宴安畏期月之勞而忘千載之患是以日趨於亡而不自知也夫君者天也仲尼贊易稱天之德曰天行健君子以自強不息由此觀之天之所以剛健而不屈者以其動而不息是以萬物雜然各得其職而不亂其光為日月其文為星辰其威為雷霆其澤為雨露皆生於動者也使天而不知動則其塊然者轉腐壞而不能自持況能以御萬物

哉苟天子一日赫然奮其剛明之威使天下明知人主欲有所立則智者願効其謀勇者樂致其死縱橫顛倒無施而不可苟人主不先自斷於中群臣雖有伊呂稷契無如之何故臣獨以人主自斷而欲有所立為先而後論所以為立之要云其二曰天下無事久矣以天子之仁聖其欲有所立以為子孫萬世之計至切也特以為費而不中節則天下或受其病當宁而太息者幾年於此矣蓋自近歲始柄用二三大臣而天下洗心滌慮以聽朝廷之所為然而數年之間卒未有以大慰天下之望此其故何也二虜之大憂未去而天下之治終不可為也聞之師曰應敵不暇不可以自完自完不暇不可以有所立自古創業之君皆有敵國相持之憂命將出師兵交於外而中不失其所以為國是故其兵可敗而其國不可動其力可屈而其氣不可奪今天下一家二虜且未動也而吾君吾相終日皇皇焉應接之

不暇竊為執事者不取也昔者大臣之議不為長久之計而用最下之策是以歲出金繒數十百萬以啖二虜此其既往之咎不可追之悔也而議者方將課罪當時之失而不求後日之計亦無益矣臣雖不肖竊論當今之弊蓋古之為國者不患有所費而患費之無名不患費之無名而患事之不立今一歲而費千萬是千萬而已事之不立四海且不可保而曾千萬之足云哉今者二虜不折一矢不遺一鏃走一介之使馳數乘之傳所過騷然居人為之不寧大抵皆有非常之辭無厭之求難塞之請以觀吾之所荅於是朝廷忷然大臣會議既而去未數月邊遽且復告至矣由此觀之二虜之使未絕則中國未知息肩之所而況能有所立哉臣故曰二虜之大憂未去則天下之治終不可為也中書者王政之所由出天子之所興宰相論道經邦而不知其他者也非至逸無以待天下之勞非至靜無以制天

下之動。是故古之聖人。雖有大兵役大興作。百官奔走各執其職。而中書之務不致於紛紜。今者曾不得歲月之暇。則夫禮樂刑政教化之源。所以使天下回心而嚮道者。何時而議也。千金之家。久而不治使販夫豎子皆得執券以誅其所負。苟一朝發憤傾囷倒廩以償之然後更為之計。則一簪之資亦足以富。何遽至於皇皇哉。臣嘗讀吳越世家。觀勾踐困於會稽之上而行成於吳。凡金玉子女所以為賂者不可勝計。既反國。而吳之百役無不從者。使大夫女女於大夫。士女女於士。春秋貢獻不絕於吳府。常竊怪其以蠻夷之國。承敗亡之後。救死扶傷之餘。而賂遺費耗又不可勝計如此。然卒以滅吳。則為國之患。果不在費也。彼其內外不相擾。是以能有所立。使范蠡大夫種。二人分國而制之。范蠡曰。四封之外種不如蠡。使蠡主之。凡四封之外所以待吳者種不知也。四封之內蠡不如種。使種主之。凡四封

之內所以強國富民者蠡不知也。二人者各專其能各致其力。是以不勞而滅吳。其所以賂遺於吳者甚厚而有節也。是以財不匱。其所以聽役於吳者甚勞而有時也。是以本不搖。然後勾踐得以安意肆志焉。而吳國固在其掌中矣。今以天下之大。而中書常有蠻夷之憂。宜其內治有不辦者。故臣以為治天下不若清中書之務。中書之務清則天下之事不足辦也。今夫天下之財。舉歸之司農。天下之獄。舉歸之廷尉。天下之兵。舉歸之樞密。而宰相特持其大綱。聽其治要而責成焉耳。夫此三者豈少於蠻夷哉。誠以為不足以累中書也。今之所以待二虜者失在於過重。古者有行人之官。掌四方賓客之政。當周之盛時。諸侯四朝。蠻夷戎狄莫不來享。故行人之官。治其登降揖讓之節。牲芻委積之數而已。至於周衰。諸侯爭強。而行人之職為難且重。春秋時。秦聘於晉。叔向命召行人子員。子朱曰。朱也當御。叔

向曰。秦晉不和久矣。今日之事幸而集。秦晉賴之。不集。三軍暴骨。其後楚伍員奔吳。為吳行人以謀楚。而卒以入郢。西劉之興有典屬國。故賈誼曰。陛下試以臣為屬國。請必係單于之頸而制其命。伏中行說而笞其背。舉匈奴之眾惟上所令。今若依倣行人屬國特建一官。重任而厚責之。使宰相於兩制之中。舉其可用者而勿奪其權。使大司農以每歲所以餽於二虜者限其常數。而豫為之備。其餘者朝廷不與知也。凡吾所以遣使於虜與吾所以館其使者。皆得以自擇。而其非常之辭無厭之求難塞之請。亦得以自荅。使其議不及於朝廷。而其閒暇則收羅天下之俊才。治其戰攻守禦之策。無聽博採以周知敵國之虛實。凡事關於境外者皆以付之。如此則天子與宰相特曰其能否。而定其黜陟。其實不亦甚簡歟。今自宰相以下。百官汎汎焉莫任其責。今舉一人而授之。使日夜思所以待二虜。宜無不濟者。然後

得以安居靜慮。求天下之大計。唯所欲為。將無不可者。其三曰。臣聞聖王之治天下。使天下之事各當其處而不相亂。天下之人各安其分而不相躐也。然後天子得優游無為而制其上。今也不然。夷狄抗衡。本非中國之大患。而每以累朝廷。是以徘徊擾攘。卒不能有所立。今委任而責成。使西北不過為未誅之寇。則中國固吾之中國。而有所不可為哉。於此之時。臣知天下之不足治也。請言當今之勢。夫天下有二患。有立法之弊。有任人之失。二者疑似而難明。此天下之所以亂也。當立法之弊也。其君必曰。吾用某也。而天下不治。是某不可用也。又從而易之。不知法之弊而移咎於人。及其用人之失也。又從而尤其法。法之變未有已也。如此則雖至於覆敗死亡相繼而不悟。豈足怪哉。昔者漢興。因秦以為治。刑法峻急。禮義消亡。天下蕩然。恐後世無所執守。故賈誼董仲舒咨嗟歎息。以立法更制為事。後世見

二子之論以為聖人治天下凡皆如此是以腐儒小生皆欲妄有所
變改以惑亂世主臣竊以為當今之患法令雖有所未安而天下之
所以不大治者失在於任人而非法制之罪也國家法令幾變矣天
下之不大治其咎果安在哉曩者大臣之議患天下之士其進不以
道而取之不精也故為之法曰中年而舉取舊數之半而復明經之
科患天下之吏無功而遷取高位而不讓也故為之法曰當遷者有
司以聞而自陳者為有罪此二者其名甚美而其實非大有益也而
議者欲以此等致天下於大治臣竊以為過矣夫法之於人猶五聲
六律之於樂也法之不能無姦猶五聲六律之不能無淫樂也先王
知其然故存其大略而付之於人苟不至於害民而不可不去者皆
不變也故曰失在任人而已夫有人而不用與用而不行其言行其
言而不盡其心其失一也古之興王一人而已湯以伊尹武以太公

皆捐天下以與之而後伊呂得捐其一身以經營天下君不疑其臣
功成而無後患是以知無不言言無不行其所欲用雖其親愛可也
其所欲誅雖其讎隙可也使其心無所顧忌故能盡其才而責其成
功及至後世之君始用區區之小數以繩天下之豪俊故雖有國士
而莫為之用夫賢人君子之欲有所樹立以著不朽於後世者甚於
人君顧恐功未及成而有所奪秖以速天下之亂耳鼂錯之事斷可
見矣夫奮不顧一時之禍決然徒欲以身試人主之威者是亦其所
挾者不甚大也斯固未足與有為而沉毅果敢之士又必有待而後
發苟人主不先自去其不可測而示其可信則彼孰從而發哉慶曆
中天子急於求治擢用賢者天下日夜望其成功方其深思遠慮而
未有所發也雖天子亦遲之至其一旦發憤條天下之利害百未及
一二而舉朝諠譁以至於逐去曾不旋踵此天下之士所以相戒而

不敢深言也居今之世而欲納天下於至治非大有所矯拂於世俗
不可以有成也何者天下獨患柔弱而不振怠惰而不肅苟且偷安
而不知長久之計臣以為宜如諸葛亮之治蜀王猛之治秦使天下
悚然人人不敢飾非務盡其誠凡此者皆庸人之所大惡而讒言之
所由興也是故先主拒關張之間而後孔明得以盡其才苻堅斬樊
世逐仇騰黜席寶而後王猛得以畢其功夫天下未嘗無二子之才
也而人主思治又如此之勤相須甚急而相合甚難者獨患君不信
其臣臣不測其君而已矣惟天子一日慨然明告政事之臣所以欲
為者使知人主之深知之也而內為之地然後敢有所發於外而不
顧不然雖得賢臣千萬一日百變法天下益不可治歲復一歲而終
無以大慰天下之望豈不亦甚可惜哉其四曰天子與執政之大臣既
已相得而無疑可以盡其所懷直己而行道則夫當今之所宜先者

莫如破庸人之論以開功名之門而後天下可為也治天下譬如治
水方其奔衝潰決騰湧漂蕩而不可禁止也雖欲盡人力之所至以
求殺其尺寸之勢而不可得及其既衰且退也驟驟乎若不足以終
日故夫善治水者不惟有難殺之憂而又有易衰之患導之有方決
之有漸疏其故而納其新使不至於壅閼腐敗而無用嗟夫人知江
河之有水患也而以為沼沚之可以無憂是烏知舟楫灌溉之利哉
夫天下之未平英雄豪傑之士務以其所長角奔而爭利惟恐天下
一日無事也是以人人各盡其材雖不肖者亦自淬厲而不至於怠
廢故其勇者相吞智者相賊使天下不安其生為天下者知夫大亂
之本起於智勇之士爭利而無厭是故天下既平則削去其具抑遠
天下剛健好名之士而獎用柔懦謹畏之人不過數十年天下靡然
無復往時之喜事也於是能者不自激發而無以見其能不能者益

以弛廢而無用當是之時人君欲有所為而左右前後皆無足使者是以紀綱日壞而不自知此其為患豈特英雄豪傑之士趑趄而已哉聖人則不然當其久安於逸樂也則以術起之使天下之心翹翹然常自喜於為善是故能安而不衰且夫人君之所恃以為天下者天下皆為而已不為夫使天下皆為而已不為者開其利害之端而辨其榮辱之等使之踴躍奔走皆為我役而不自知夫是以坐而收其功也如使天下皆欲不為而得則天子誰與共天下哉今者治平之日久矣天下之患正在於此臣故曰破庸人之論開功名之門而後天下可為也今夫庸人之論有二其上之人務為寬深不測之量而下之士好言中庸之道此二者皆庸人相與議論舉先賢之言而獵取其近似者以自解說其無能而已矣夫寬深不測之量古人所以臨大事而不亂有以鎮世之躁蓋非以隔絕上下之情養尊而自

安也譬之則勸非之則沮聞善則喜見惡則怒此三代聖人之所共也而後之君子必曰譽之不勸非之不沮聞善不喜見惡不怒斯以為不測之量不已過乎夫有勸有沮有喜有怒然後有間而可入有間而可入然後智者得為之謀才者得為之用後之君子務為無間夫天下孰能入之古之所謂中庸者盡萬物之理而不過故亦曰皇極夫極盡也後之所謂中庸者循循然為衆人之所能為斯以為中庸矣此孔子孟子之所謂鄉原也一鄉皆稱原人焉無所往而不為原人同乎流俗合乎汙世曰古之人何為踽踽涼涼生斯世也為斯世也善斯可也謂其近於中庸而非故曰德之賊也孔子孟軻惡鄉原之賊夫德也欲得狂者而見之狂者又不可見欲得狷者而見之曰狂者進取狷者有所不為也今日之患惟不取於狂者狷者而皆取於鄉原是以若此靡靡不立也孔子子思之所從受中庸者也孟子

子思所授以中庸者然皆欲得狂者狷者而與之然則率勵天下而作其怠惰莫如狂者狷者之賢也臣故曰破庸人之論開功名之門而後天下可為也其五曰其次莫若深結天下之心臣聞天子者以其一身寄之乎巍巍之上以其一心運之乎茫茫之中安而為太山危而為累卵其間不容毫釐是故古之聖王不恃其有可畏之資而恃其有可愛之實不恃其有不可拔之勢而恃其有不忍叛之心何則其所居者天下之至危也天子恃公卿以有其天下公卿大夫士以至於民轉相屬也以有其富貴苟不得其心而欲羇之以區區之名控之以不足恃之勢者其平居無事猶有以相制一旦有急是皆行道之人掉臂而去尚安得而用之哉古之失天下者皆非一日之故其君臣之歡去已久矣適會其變是以一散而不可復收方其未也天子甚尊大夫士甚賤奔走萬里無敢後先儼然南面以臨其臣曰

天何言哉百官俯首就位斂足而退兢兢惟恐有罪群臣相率為久安之計賢者既無所施其才而愚者亦有所容其不肖舉天下之事聽其自為而已及乎事出於非常變起於不測視天下莫與同其患雖欲分國以與人而且不及矣秦二世唐德宗蓋用此術以至於顛沛而不悟豈不悲哉天下者器也天子者有此器者也器久不用而置諸篋笥則器與人不相習是以扞格而難操良工者使手習知其器而器亦習知其手手與器相信而不相疑夫是故所為成也天下之患非經營禍亂之足憂而養安無事之可畏何者懼其一旦至於扞格而難操也昔之有天下者日夜淬厲其百官撫摩其人民為之朝聘會同燕享以交諸侯之歡歲時月朔致民讀法飲酒蜡獵以遂萬民之情有大事自庶人以上皆得至於外朝以盡其詞然猶以為未也而五載一巡狩朝諸侯於方岳之下觀見其老者賢士大夫以

周知其天下風俗凡此者非為茍勞而已將以馴致服習天下之心使不至於扞格而難操也及至後世壞先王之法安於逸樂而惡聞其過是以養尊而自高務為深嚴使天下拱手以貌相承而心不服其老生腐儒又出而為之說曰天子不可以安有言也史且書之後世且以為譏使其君臣相顧而不相知如此則偶人矣天下之心既去而悵悵然抱其空器不知英雄豪傑已議其後臣嘗觀西漢之初高祖創業之際事變之興亦已繁矣而高祖以項氏創殘之餘而又與布信之徒角馳於中原此六七公者皆以絕人之姿據有土地甲兵之衆其勢足以亂然天下終以不搖卒授於漢傳十數世矣而至于元成哀平四夷嚮風兵革不試而王莽一豎子乃舉而移之不用寸兵尺鐵而天下屏息莫敢或爭此其故何也創業之君出於布衣其大臣將相皆有握手之歡凡在朝廷者皆嘗試嚌啜以知其才之短長彼其視天下如一身茍有疾痛其手足不期而自救當此之時雖有近憂而無後患及其子孫生於深宮之中而狃於富貴之勢尊卑闊絕而上下之情疎禮節繁多而君臣之義薄是故不為近憂而常為遠患及其一旦固已不可救矣聖人知其然是以去苛禮而務至誠黜虛名而求實效不愛高位重祿以致山林之士而欲聞切直不隱之言者凡皆以通上下之情也昔我太祖太宗既有天下法令簡約不為崖岸當時將相皆得從容終日歡如平生下至士庶人亦得以自效故天下誦其言至今非有文采緣飾而開心見誠有以入人之深者此英主之奇術御天下之大權也方今治平之日久矣愚以為宜日新盛德以鼓動天下久安怠惰之氣故陳其五事以備採擇其一曰將相之臣天子所恃以為治者宜日夜召論天下之大計且以熟觀其為人其二曰太守刺史天子所寄以遠方之民者其罷歸

皆嘗問其所以為政民情風俗之所安亦以揣知其才之所堪其三曰左右扈從侍讀侍講之臣本以論說古今興衰之大要非以應故事備數而已經籍之外茍有以訪之無傷也其四曰吏民上書茍少有可觀者宜皆召問優慰以養其敢言之氣其五曰天下之吏自一命已上雖其至賤無以自通於朝廷然人主之為豈有所不可哉察其善者卒然召見之使不知其所從來如此則遠方之賤吏亦務自激發為善不以位卑祿薄無由自通於上而不脩飾使天下習知天子樂善親賢恤民之心孜孜不勌如此翕然皆有所感發知愛於君而不可與為不善亦將賢人衆多而姦吏衰少刑法之外有以大愧天下之心焉耳

策別曰臣聞為治有先後有本末嚮之所論者當今之所宜先而為治之大凡也若夫事之利害計之得失臣請得列而言之蓋其總四其別十七一曰課百官二曰安萬民三曰厚貨財四曰訓兵旅課百官者其別有六一曰厲法禁昔者聖人制為刑賞知天下之樂乎賞而畏乎刑也是故施其所樂者自下而上民有一介之善不終朝而賞隨之是以下之為善者足以知其無有不賞也施其所畏者自上而下公卿大臣有毫髮之罪不終朝而罰隨之是以上之為不善者亦足以知其無有不罰也詩曰剛亦不吐柔亦不茹夫天下之所謂權豪貴顯而難令者此乃聖人之所借以徇天下也舜誅四凶而天下服何也此四族者天下之大族也夫惟聖人為能擊天下之大族以服小民之心故其刑罰至於措而不用周之衰也商鞅韓非峻刑酷法以督責天下然其所以為得者用法始於貴戚大臣而後及於疎賤故能以其國霸由此觀之商鞅韓非之刑法非舜之刑而所以用刑者舜之術也後之庸人不深原其本末而猥以舜之用刑之術與商鞅韓非同類而棄之法禁之不行姦宄之不止

由此其故也今州縣之吏受賕而鬻獄其罪至於除名而其官不足以贖則至於嬰木索受笞箠此亦天下之至辱也而士大夫或冒行之何者其心有所不服也今夫大吏之為不善非特簿書米鹽出入之間也其位愈尊則其所害愈大其權愈重則其下愈不敢言幸而有不畏強禦之士力而排之又幸而不為上下之所抑以遂成其罪則其官之所減者至於罰金蓋無幾矣夫過惡暴著于天下而罰不傷其毫毛鹵莽於公卿之間而纖悉於州縣之小吏用法如此宜其天下之不心服也用法而不服其心雖刀鋸斧鉞猶將有所不避而況於木索笞箠哉方今法令至繁觀其所以防姦之具一舉足且入其中而大吏犯之不至於可畏其故何也天下之議者曰古者之制刑不上大夫大臣不可以法加也嗟夫刑不上大夫者豈曰大夫以上有罪而不刑歟古之人君責其公卿大臣至重而待其士庶人至

輕也責之至重故其所以約束之者愈寬待之至輕故其所以隄防之者甚密夫所貴乎大臣者惟不待約束而後免於罪戾也是故約束愈寬而大臣益以畏法何者其心以為人君之不我疑而不忍欺也苟幸其不疑而輕犯法則固已不容於誅矣故夫大夫以上有罪不從於訊鞫論報如士庶人之法斯以為刑不上大夫而已矣天下之吏自一命以上其蒞官臨民苟有罪皆書於其所謂歷者而至於館閣之臣出為郡縣者則遂罷去此真聖人之意欲有以重責之也奈何其與士庶人較罪之輕重而又以其爵減耶夫律有罪而得以首免者所以開盜賊小人自新之塗而今之卿大夫有罪亦得以首免是以盜賊小人待之歟天下惟其無罪也是以罰不可得而加如知其有罪而特免其罰則何以令天下今夫大臣有不法或者既以舉之而詔曰勿推此何為者也聖人為天下豈容有此曖昧而不決

故曰厲法禁自大臣始則小臣不犯矣其二曰抑僥倖夫所貴乎人君者予奪自我而不牽於衆人之論也天下之學者莫不欲仕仕者莫不欲貴如從其欲則舉天下皆貴而後可惟其不可從也是故仕不可以輕得而貴不可以易致此非有所吝也爵祿出乎我者也我以為可予而予之我以為可奪而奪之彼雖有言者不足畏也天下有可畏者賦斂不可以不均刑罰不可以不平守令不可以不擇此誠是以致天下之安危而可畏者也我欲慎爵賞愛名器而囂囂者以為不可是烏足卹哉國家自近歲以來吏多而闕少率一官而三人共之居者一人去者一人而伺之者又一人是一官而有二人者無事而食也且其蒞官之日淺而閑居之日長以其蒞官之所得而為閑居仰給之資是以貪吏常多而不可禁此用人之大弊也古之用人者取之至寬而用之至狹取之至寬故賢者不隔用之至狹故

不肖者無所容記曰司馬辨論官材論進士之賢者以告于王而定其論論定然後官之任官然後爵之位定然後祿之然則是取之者未必用也今之進士自二人以下者皆試官夫試之者豈一官之謂哉固將有所廢置焉且國家取人有制策有進士有明經有諸科有任子有府史雜流凡此者雖衆無害也其終身進退之決在乎召見改官之日此尤不可以不愛惜慎重者也今之議者不過曰多其資考而責之以舉官之數且彼有勉強而已資考既足而舉官之數亦以及格則將執文墨以取必於我雖千百為輩莫敢不盡與臣竊以為今之患正在於任文太過是以為一定之制使天下可以歲月必得甚可惜也方今之便莫若使吏六考以上皆得以名聞于吏部吏部以其資考之遠近舉官之衆寡以次第其名然後使一二大臣雜治之參之以其才器之優劣而定其等歲終而奏之以詔天子廢置

天下之吏每歲以物故罪免者幾人而增損其數以所奏之等補之及數而止使其爭奪亦雜出于賢不肖之閒而無有一定之制則天下之吏不敢有必得之心將自奮厲磨淬以求聞于時而向之所謂用人之大弊者將不勞而自去然而議者必曰法不一定而以才之優劣為差則是好惡之私有以啓之也臣以為不然夫法者本以存其大綱而其出入變化固將付之於人昔者唐有天下舉進士者群至於有司之門唐之制惟有司之信也是故有司得以搜羅天下之賢俊而習知其為人至於一日之試則固已不取也唐之得人於斯為盛今以名聞於吏部者每歲不過數十百人使一二大臣得以訪問參考其才雖有失者蓋已寡矣如必曰任法而不任人天下之人必不可信則夫一定之制臣亦未知其果不可以為姦也其三曰決壅蔽所貴乎朝廷清明而天下治平者何也天下不訴而無冤不謁

而得其所欲此堯舜之盛也其次不能無訴訴而必見察不能無謁謁而必見省使遠方之賤吏不知朝廷之高而一介之小民不識官府之難而後天下治今夫一人之身有一心兩手而已疾痛苛癢動於百體之中雖其甚微不足以為患而手隨至夫手之至豈其一一而聽之心哉心之所以素愛其身者至深而手之所素聽於心者至熟是故不待使令而率然以自至聖人之治天下亦如此而已百官之衆四海之廣使其關節脈理相通為一叩之而必聞觸之而必應夫是以天下可使為一身天子之貴士民之賤可使相愛憂患可使同緩急可使救今也不然天下有不幸而訴之於天者不得已而謁其所欲如謁之於鬼神公卿大臣不能究其詳悉而付之於胥吏故凡賄賂先至者朝請而夕得徒手而來者終年而不獲至於故常之事人之所當得而無疑者莫不務為留滯以待請屬舉天下一毫之

事非金錢無以行之昔者漢唐之弊患法不明而用之不密使吏得以空虛無據之法而繩天下故小人得以法為姦今也法令明具而用之至密舉天下惟法之從所欲排者有小不如法而可指以為瑕所欲與者雖有所乖戾而可借法以為解故小人以法為姦今天下所為多事者豈事之誠多耶吏欲有所鬻而未得則新故相仍紛然而不決此王化之所以壅遏而不行也昔桓文之霸百官承職不待教令而辦四方之賓至不求有司王猛之治秦事至纖悉莫不盡舉而人不以為煩蓋史之所記麻思還冀州請於猛猛曰束裝行矣至暮而符下及出關郡縣皆已被符其令行禁止而無留事者至于纖悉莫不皆然苻堅以戎狄之種至為霸王兵強國富垂及升平者猛之所為固宜其然也今天下治安大吏奉法而不敢顧私而府史之屬招權鬻法長吏心知而不問以為當然此其弊有二而已事繁而

官不勤故權在胥吏欲去其弊也莫如省事而厲精省事莫如任人厲精莫如自上率之今之所謂至繁天下之事關於其中訴者之多而謁者之衆莫如中書與三司天下之事分于百官而中書聽其治要郡縣之錢幣制于轉運使而三司受其會計此宜若不至于繁多然中書不待奏課以定其黜陟而關預其事則是不任有司也三司之吏推析贏虛至于毫毛以繩郡縣則是不任轉運使也故曰省事莫如任人古之聖王愛日以求治辨色而視朝苟少安焉而至于日出則終日為之不給以少而言之一日而廢一事一月則可知也一歲則事之積者不可勝數矣欲事之無繁則必勞於始而逸於終晨興而晏罷天子未退則宰相不敢歸安於私第宰相日昃而不退則百官莫不震悚盡力於王事而不敢宴游如此則纖悉隱微莫不舉矣天子求治之勤過于先王而議者不稱王季之晏朝而稱舜之無

為不論文王之日昃而論始皇之量書以衡以率天下之怠耶臣故曰厲精莫如自上率之則壅蔽決矣其四曰專任使夫吏之與民猶工人之操器易器而操之始莫不齟齬而不相得是故雖有長材異能之士朝夕而去則不如庸人之久且便也自漢至今言吏治者皆推孝文之時以為任人不可以倉卒而責其成効又其三歲一迁吏不為長遠之計則其所施設一切出於苟簡此天下之士爭以為言而臣知其未可以卒行也夫天下之吏惟其病多而未有以處也是以擾擾在此如使五六年或七八年而後遷則將有十年不得調者矣朝廷方將減任子清冗官則其行之當有所待而臣以為當今之弊有甚不可者夫京兆府天下之所觀望而化主政之所由始也四方之衝兩河之交舟車商賈之所聚金玉錦繡之所積故其民不知有耕稼織紝之勞富貴之所移貨利之所眩故其民不知有恭儉廉

退之風以書數為終身之能以府史賤吏為鄉黨之榮故其民不知有儒學講習之賢夫是以獄訟繁滋而姦不可止為治者益以苟且而不暇及於教化四方觀之使風俗日以薄惡未始不由此也今夫為京兆者戴星而出見燭而入案牘筐篚交乎其前拱手而待命者足相躡乎其庭持詞而求訴者肩相摩乎其門憧憧焉不知其為誰一訊而去得罪者不知其得罪之由而無罪者亦不知其無罪之實如此則刑之不服赦之不悛獄訟之繁未有已也夫大司農者天下之所以贏虛外計之所從受命也其財賦之出入簿書之交錯縱橫變化足以為姦而不可推究上之人不能盡知而付之吏吏分職乎其中者以數十百人其耳目足以及吾之所不及是以能者不過粗知其大綱而不能者惟吏之聽賄賂交乎其門四方之有求者聚乎其家天下之大弊無過此二者臣竊以為省府之重其擇人宜精其任

人宜久凡今之弊皆不精不久之故何則天下之賢者不可以多得而賢者之中求其治繁者又不可以人人而能也幸而有一人焉又不久而去夫世之君子苟有志於天下而欲為長遠之計者則其效不可以朝夕見其始若迂闊于其終必將有所可觀今期月不報政則朝廷以為是無能為者不待其成而去之而其翕然見稱于人者又以為有功而擢為兩府然則是為省府者能與不能皆不得久也夫以省府之繁終歲不得休息朝廷既以汲汲而去之而其人亦莫不汲汲而求去夫吏胥者皆老於其局長子孫於其中以汲汲求去之人而御長子孫之吏此其相視如客主之勢宜其姦弊不可得而去也省府之位不為卑矣苟有能者而老于此不為不用矣古之用人者知其久勞於位則時有賜予勸奬之以厲其心不聞其驟遷以奪其成効今天下之吏縱未能一槩久而不遷至于省府亦不可以倉

卒而去吏知其久居而不去也則其欺詐固已少衰矣而其人亦得深思熟慮周旋於其間不過十年將必有卓然可觀者也其五曰無責難無責難者將有所深責也昔者聖人之立法使人可以過而不可以不及何則其所求於人者衆人之所能也天下有能為衆人之所不能者固無以加矣而不能者不至於犯法夫如此而猶有犯者然後可以深懲而決去之由此而言則聖人之所以不責人之所不能者將以深責乎人之所能也後之立法者異於是責人以其所不能而其所能者不深責也是以其法不可行而其事不立夫事不可以兩立也聖人知其然是故有所取必有所捨有所禁必有所寬寬之則其禁必止捨之則其取必得今夫天下之吏不可以人人而知也故使長吏舉之又恐其舉之以私而不得其人也故使長吏任之他日有敗事則以連坐其過惡重者其罰均且夫人之難知自堯舜病之

矣。今日為善而明日為惡猶不可保。況於十數年之後其幼者已壯其
壯者已老。而猶執其一時之言使同被其罪不已過乎。天下之人。仕
而未得志也莫不勉強為善以求舉。惟其既已改官而無憂。是故蕩
然無所不至。方其在州縣之中。長吏親見其廉謹勤幹之節則其勢
不可以不舉。彼又安知其終身之所為哉。故曰今之法責人以其所
不能者。謂此也。一縣之長察一縣之屬。一郡之長察一郡之屬。職司
者察其屬郡者也。此三者其屬無幾耳。其貪其廉其寬猛其能與不
能。不可謂不知也。今且有人牧牛羊者而不知其肥瘠。是可復以為
牧人歟。夫為長而屬之不知則此固可以罷免而無足惜者。今其屬
官有罪。而其長不即以聞。他日有以告者則其長不過為失察。而去
官者又以不坐。夫失察天下之微罪也。職司察其屬郡。郡縣各察其
屬此非人之所不能。而罰之甚輕亦可怪也。今之世所以重發贓吏

者何也。夫吏之貪者其始必詐廉以求舉。舉者皆王公貴人。其下者
亦卿大夫之列。以身任之。居官者莫不愛其同類等夷之人。故其樹
根牢固而不可動。連坐者常六七人。甚者十餘人。此如盜賊質劫良
民以求苟免耳。為法之弊至於如此亦可變矣。如臣之策以職司守
令之罪罪舉官。以舉官之罪罪職司守令。今使舉官與所舉之罪均。
縱又加之舉官亦無如之何。終不能逆知終身之廉者而後舉。特推
之於幸不幸而已。苟以其罪罪職司守令。彼其勢誠有以督察之臣
知貪吏小人無容足之地。又何必於舉官焉艱之。其六曰無沮善。昔
者先王之為天下。必使天下欣欣然常有無窮之心。力行不倦而無
自棄之意。夫惟自棄之人。則其為惡也甚毒而不可解。是以聖人畏
之。設為高位重祿以待能者。使天下皆得踴躍自奮。扳援而來。惟其
才之不逮。力之不足。是以終不能至於其間。而非聖人塞其門。絶其

塗也。夫然故一介之賤吏。閭閻之匹夫莫不奔走於善至於老死而
不知休息。此聖人以術驅之也。天下苟有甚惡而不可忍也。聖人既
已絶之。則屏之遠方終身不齒。此非獨不仁也。以為既已絶之。彼將
一旦肆其毒以殘害吾民。是故絶之則不用。用之則不絶。既已絶之
又復用之。則是驅之於不善而又假之以其具也。無所望而為善無
所愛惜而不為惡者。天下一人而已矣。以無所望之人而責其為善。
以無所愛惜之人而求其不為惡。又付之以人民。則天下知其不可
也。世之賢者何常之有。或出於賈豎賤人。甚者至於盜賊。往往而是。
而儒生貴族。世之所望為君子者。或至於放肆不軌。小民之所不若。
聖人知其然。是故不逆定於其始進之時。而徐觀其所試之効。使天
下無必得之心。亦無必不可得之道。天下知其不可以必得也。然後
勉強於功名。而不敢僥倖。知其不至於必不可得也。然後有以自慰

其心。久而不懈。嗟夫。聖人之所以鼓舞天下之人。日化而不自知者。
此其為術歟。後之為政者則不然。用人以必得。而絶人以必不可得。
此其意以為進賢而退不肖。然天下之弊莫甚於此。今夫制策之及
等進士之高第。皆以一日之間而決取終身之富貴。此雖一時之文。而
未知其臨事之能否。則其用之不已太遽乎。天下有用人而絶之者三。州
縣之吏。苟非有大過而不可復用。則其他犯法皆可使竭力為善以
自贖。而今世之法。一陷於罪戾。則終身不遷。使之不自聊賴而疾視
其民。肆意妄行。而無所顧惜。此其初未必小人也。不幸而陷於其中。
進窮而無所入。則遂以自棄。府史賤吏。為國者知其不可闕也。是故
歲久則補以外官。以其所從來之卑也。而限其所至。則其中雖有出
群之才。終不得齒於士大夫之列。夫人出身而仕者將以求貴也。貴
不可得而至矣。則將惟富之求。此其勢然也。如是則雖至於鞭笞戮

辱而不足以禁其貪故夫此二者苟不可以遂棄則宜有以少假之也入貲而仕者皆得補郡縣之吏彼知其終不得遷亦將逞其一時之欲無所不至夫此誠不可以遷也則是用之之過而已臣故曰絕之則不用用之則不絕此三者之謂也

安萬民者其別有六一曰敦教化夫聖人之於天下所恃以為牢固不拔者在乎天下之民可與為善而不可與為惡也昔者三代之民見危而授命見利而不忘義此非必有爵賞勸乎其前而刑罰懲乎其後也其心安於為善而忸怩於不義是故有所不為夫民之有所不為則天下不可以敵甲兵不可以威利祿不可以誘可殺可辱可飢可寒而不可與叛此三代之所以享國長久而不拔也及至秦漢之世其民見利而忘義見危而不能授命法禁之所不及則巧偽變詐無所不為疾視其長上而幸其災因之以水旱加之以盜賊則天下枵然無復天子之民矣世

之儒者常有言曰三代之時其所以教民之具甚詳且密也學校之制射鄉之節冠昏喪祭之禮粲然莫不有法及至後世教化之道衰而盡廢其具是以若此無恥也然世之儒者蓋亦嘗以此等教天下之民矣而卒以無效使民好文而益逾飾詐而相高則有之矣此亦儒者之過也臣愚以為若此者皆好古而無術知有教化而不知名實之所存者也實者所以信其名而名者所以求其實也有名而無實則其名不行有實而無名則其實不長凡今儒者之所論皆其名也昔武王既克商散財發粟使天下知其不貪禮下賢俊使天下知其不驕封先聖之後使天下知其仁誅飛廉惡來使天下知其義如此則其教化天下之實固已立矣天下聳然皆有忠信廉恥之心然後文之以禮樂教之以學校觀之以射鄉而謹之以冠昏喪祭民是以目擊而心諭安行而自得也及至秦漢之世專用法吏以督責其民

至于今千有餘年而民日以貪冒嗜利而無恥儒者乃始以三代之禮所謂名者而繩之彼見其登降揖讓盤辟俯僂之容則掩口而竊笑聞鍾鼓管磬希夷嘽緩之音則驚顧而不樂如此而欲望其遷善遠罪不已難乎臣愚以為宜先其實而後其名擇其近於人情者而先之今夫民不知信則不可與久居於安民不知義則不可與同處於危平居則欺其吏而有急則叛其君此教化之實不至天下之所以無變者幸也欲民之知信則莫若務實其言欲民之知義則莫若務去其貪往者河西用兵而家人子弟皆籍以為軍其始也官告以權時之宜非久役者如是當復爾業少焉皆刺其額無一人得免自寶元以來諸道以兵興為辭而增賦者至今皆不為除去夫如是將何以禁小民之詐欺哉夫所貴乎縣官之尊者為其恃於四海之富而不爭於錐刀之末也其與民也優其取利也緩古之聖人不得已

而取則時有所置以明其不貪何者小民不知其說而惟貪之知今雞鳴而起百工雜作匹夫入市操挾尺寸吏且隨而稅之扼吭拊背以收絲毫之利古之設官者求以裕民今之設官者求以朘民賦斂有常限而以先期為賢出納有常數而以少息為能天地之間苟可以取者莫不有禁求利太廣而用法太密故民日趨於貪臣愚以為難行之言當有所必行而可取之利當有所不取以教民信而示之義若曰國用不足而未可以行則臣恐其失之多於得也其二曰勸親睦夫民相與親睦者王道之始也昔三代之制畫為井田使其比閭族黨各相親愛有急相賙有喜相慶死喪相恤疾病相養是故其民安居無事則往來歡欣而獄訟不生有寇而戰則同心并力而緩急不離自秦漢以來法令峻急使民離其親愛歡欣之心而為鄰里告訐之俗富人子壯則出居貧人子壯則出贅一國之俗而家各有

法。一家之法。而人各有心。紛紛爭散亂而不相屬。是以禮讓之風息。而爭鬬之獄繁。天下無事。則務爲欺詐相傾以自成。天下有變。則流徙渙散相棄以自存。嗟夫。秦漢以下。天下何其多故而難治也。此無他。民不愛其身。則輕犯法。輕犯法。則王政不行。欲民之愛其身。則莫若使其父子親。兄弟和。妻子相好。夫民仰以事父母。旁以睦兄弟。而俯以卹妻子。則其所賴於生者重。而不忍以其身輕犯法。三代之政。莫尚於此矣。今欲教民和親。則其道必始於宗族。臣欲復古之小宗。以收天下不相親屬之心。古者有大宗。有小宗。故禮曰。別子爲祖。繼別爲宗。繼禰者爲小宗。有百世不遷之宗。有五世則遷之宗。百世不遷者。別子之後也。宗其繼別子之所自出者。百世不遷者也。宗其繼高祖者。五世則遷者也。古者諸侯之子弟。異姓之卿大夫。始有家者。不敢禰其父。而自使其嫡子後之。則爲大宗。族人宗之。雖百世而宗子死。則爲之服齊衰九月。故曰。

宗其繼別子之所自出者。百世不遷者也。別子之庶子。又不得禰別子。而自使其嫡子爲後。則爲小宗。小宗五世之外則無服。其繼禰者。親兄弟爲之服。其繼祖者。從兄弟爲之服。其繼曾祖者。再從兄弟爲之服。其繼高祖者。三從兄弟爲之服。其服大功九月。而高祖以外。親盡則易宗。故曰。宗其繼高祖者。五世則遷者也。小宗四。有繼高祖者。有繼曾祖者。有繼祖者。有繼禰者。與大宗爲五。此所謂五宗也。古者立宗之道。嫡子繼爲宗。則其庶子之嫡子。又各爲其庶子之宗。其法止於四。而其實無窮。自秦漢以來。天下無世卿。大宗之法不可以復立。而其可以收合天下之親者。有小宗之法。存而莫之行。此甚可惜也。今夫天下所以不重族者。有族而無宗也。有族而無宗。則族不可合。族不可合。則雖欲親之而無由也。族人而不相親。則忘其祖矣。今世之公卿大臣賢人君子之後。所以不能世其家如古之久遠者。其族散而忘其

祖也。故莫若復小宗。使族人相率而尊其宗子。宗子死。則爲之加服。犯之。則以其服坐。貧賤不敢輕。而富貴不敢以加之。冠昏必告。喪葬必赴。此非有所難行也。今夫良民之家。士大夫之族。亦未必無孝悌相親之心。而族無宗子。莫爲之糾率。其勢不得相親。是以世之人。有親未盡而不相往來。冠昏不相告。死不相赴。而無知之民。遂至於父子異居。而兄弟相訟。然則王道何從而興乎。嗚呼。世人之患。在於不務遠見。古之聖人合族之法。近於迂闊。而行之期月。則望其有益。故夫小宗之法。非行之難。而在乎久而不怠也。天下之民。欲其忠厚和柔而易治。其必自小宗始矣。其三曰均戶口。夫中國之地。足以食中國之民有餘也。而民常病於不足。何哉。地無變遷。而民有聚散。聚則爭於不足之中。而散則棄於有餘之外。是故天下常有遺利。而民用不足。昔者三代之制。度地以居民。民各以其夫家之衆寡而受田于

官。一夫而百畝。民不可以多得尺寸之地。而地亦不可以多得一介之民。故其民均而地有餘。當周之時。四海之內。地方千里者九。而京師居其一。有田百同。而爲九百萬夫之地。山陵。林麓。川澤。溝瀆。城郭。宮室。塗巷。三分去一。爲六百萬夫之地。又以上中下田三等而通之。以再易爲率。則王畿之內。足以食三百萬夫之衆。以九州言之。則是二千七百萬夫之地也。而計之以下農夫。一夫之地而食五人。則是萬有三千五百萬人。可以仰給於其中。當成康刑措之後。其民極盛之時。九州之籍。不過千三萬四千有餘夫。地以十倍。而民居其一。故穀常有餘。而地力不耗。何者。均之有術也。自井田廢。而天下之民轉徙無常。惟其所樂。則聚以成市。側肩躡踵以爭尋常。挈妻負子以分升合。雖有豐年。而民無餘蓄。一遇水旱。則弱者轉於溝壑。而強者聚爲盜賊。地非不足。而民非加多也。蓋亦不得均民之術而已。夫民之

不均。其弊有二。上之人賤農而貴末。忽故而重新。則民不均。夫民之為農者。莫不重遷。其墳墓廬舍桑麻果蔬牛羊耒耜。皆為子孫百年之計。惟其百工技藝游手浮食之民。然後可以懷輕資而極其所往。是故上之人賤農而貴末。則農人釋其耒耜而游於四方。擇其所樂而居之。其弊一也。凡人之情。怠於久安。而謹於新集。水旱之後。盜賊之餘。則莫不輕刑罰。薄稅歛。省力役。以懷逋逃之民。而其久安而無變者。則不肯無故而加卹。是故上之人忽故而重新。則其民稍稍引去。聚於其所重之地。以至於衆多而不能容。其弊二也。臣欲去其二弊。而開其二利。以均斯民。昔者聖人之興作也。必因人之情。故易為功。必因時之勢。故易為力。今欲無故而遷徙安居之民。分多而益寡。則怨謗之門。盜賊之端。必起於此。未享其利。而先被其害。臣愚以為民之情。莫不懷土而重去。惟士大夫出身而仕者。狃於遷徙之樂。而

忘其鄉。昔漢之制。吏二千石皆徙諸陵。今之計。可使天下之吏仕至其者皆徙荊襄唐鄧許汝陳蔡之間。今士大夫無不樂居於此者。願恐獨往而不能濟。彼見其儕類等夷之人莫不在焉。則其去惟恐後耳。此所謂因人之情。夫天下不能歲歲而豐也。則必有飢饉流亡之所。民方其困急時。父子且不能相顧。又安知去鄉之為戚哉。當此之時。募其樂徙者。而使所過廩之。費不甚厚。而民樂行。此所謂因時之勢。然此二者皆授其田貸其耕耘之具。而緩其租。然後可以固其意。夫如是。天下之民。其庶乎有息肩之漸也。其四曰較賦役。自兩稅之興。因地之廣狹瘠腴而制賦。因賦之多少而制役。其初蓋甚均也。責之厚賦。則其財足以供。責之重役。則其力足以堪。何者。其輕重厚薄一出於地。而不可易也。戶無常賦。視地以為賦。人無常役。視賦以為役。是故貧者鬻田則賦輕。而富者加地則役重。此所以度民力之所

勝。亦所以破兼并之門。而塞僥倖之源也。及其後世。歲月既久。則小民稍稍為姦。度官吏耳目之所不及。則雖有法禁。公行而不忌。今大一戶之賦。官知其為賦之多少。而不知其為地之幾何也。如此。則增損出入。惟其意之所為。官吏雖明。法禁雖嚴。而其勢無由以止。絕且其為奸常起於貿易之際。夫鬻田者。必窮迫之人。而所從鬻者。必富厚有餘之家。富者恃其有餘而邀之。貧者迫於飢寒而欲其速售。是故多取其地。而少入其賦。有田者。方其貧困之中。苟可以緩一時之急。則不暇計其他日之利害。故富者地日以益。而賦不加多。貧者地日以削。而賦不加少。又其奸民欲以計免於賦役者。割數畝之地。加之以數倍之賦。而收其少半之直。或者亦貪其直之微而取焉。是以數十年來。天下之賦。大抵淆亂。有兼并之族。而賦甚輕。有貧弱之家。而不免於重役。以至於破敗流移。而不知其所往。其賦存而其人亡

者。天下皆是也。夫天下不可以有僥倖也。天下有一人焉僥倖而免。則亦必有一人焉不幸而受其弊。今天下僥倖者如此之衆。則其不幸而受其弊者。亦從可知矣。三代之賦。以什一為輕。今之法。本不至於什一而取。然天下嗷嗷然以賦歛為病者。豈其歲久而姦生。偏重而不均。以至於此歟。雖然。天下皆知其為患而不能去。何者。勢不可也。今欲按行其地之廣狹瘠腴。而更制其賦之多寡。則姦吏因緣為賄賂之門。其廣狹瘠腴。亦將一切出於其意之喜怒。則患益深。是故士大夫畏之而不敢議。而臣以為此最易見者。顧弗之察耳。夫易田者必有契。契必有所直之數。其所直之數。必得其廣狹瘠腴之實。而官必據其所直之數。而取其易田之稅。是故欲知其地之廣狹瘠腴。可以其稅推也。久遠者不可復知矣。其數十年之間。皆是以推較求之故府猶可得而見。苟其稅多者則知其直多。其直多者則知其田多

且羡也。如此。而其賦少。其役輕。則夫人已而賦存者。可以有均矣。鬻
田者。皆以其直之多少。而詰其賦。重為之禁。而使不敢以不實之直
而書之契。則夫自今以往者。貿易之際。為姦者其少息矣。要以知凡
地之所直。與凡賦之所宜多少。而以稅衆之如此。則一持籌之吏坐
於帳中。是以周知四境之虛實。不過數月。而民得以少蘇。不然。十數
年之後。將不勝其弊。重者日以輕。而輕者日以重。而未知其所終也。
其五曰教戰守。夫當今生民之患。果安在哉。在於知安而不知危。能
逸而不能勞。此其患不見於今。將見於他日。今不為之計。其後將有
所不可救者。昔者先王知兵之不可去也。是故天下雖平。不敢忘戰。
秋冬之隙。致民田獵以講武。教之以進退坐作之方。使其耳目習於
鍾鼓旌旗之間而不亂。使其心志安於斬刈殺伐之際而不慴。是以
雖有盜賊之變。而民不至於驚潰。及至後世。用迂儒之議。以去兵為

王者之盛節。天下既定。則卷甲而藏之。數十年之後。甲兵頓弊。而人
民日以安於逸樂。卒有盜賊之警。則相與恐懼訛言。不戰而走。開元
天寶之際。天下豈不大治。惟其民安於太平之樂。酣豢於游戲酒食
之間。其剛心勇氣。消耗鈍眊。痿蹶而不復振。是以區區之祿山。一出
而乘之。四方之民。獸奔鳥竄。乞為囚虜之不暇。天下分裂。唐室固以
微矣。蓋嘗試論之。天下之勢。譬如一身。王公貴人所以養其身者豈
不至哉。而其平居常苦於多疾。至於農夫小民。終歲勞苦。而未嘗告
疾。此其故何也。夫風雨霜露寒暑之變。此疾之所由生也。農夫小民。盛
夏而力作。窮冬而暴露。其筋骸之所衝犯。肌膚之所浸漬。輕霜露而
狎風雨。是故寒暑不能為之毒。今王公貴人。處於重屋之下。出則乘
輿。風則襲裘。雨則御蓋。凡所以慮患之具。莫不備至。畏之太甚。而養
之太過。小不如意。則寒暑入之矣。是故善養身者。使之能逸而能勞。

涉趨動作。使其四體狃於寒暑之變。然後可以剛健強力。涉險而不
傷。夫民亦然。今者治平之日久。天下之人。驕惰脆弱。如婦人孺子。不
出於閨門。論戰鬬之事。則縮頸而股慄。聞盜賊之名。則掩耳而不願
聽。而士大夫亦未嘗言兵。以為生事擾民。漸不可長。此不亦畏之太
甚而養之太過歟。且夫天下固有意外之患也。愚者見四方之無事。
則以為變故無自而有。此亦不然矣。今國家所以奉西北之虜者。歲以
百萬計。奉之者有限。而求之者無厭。此其勢必至於戰。戰者必然之勢
也。不先於我。則先於彼。不出於西。則出於北。所不可知者。有遲速遠
近。而要以不能免也。天下苟不免於用兵。而用之不以漸。使民於安
樂無事之中。一旦出身而蹈死地。則其為患必有所不測。故曰。天下
之民。知安而不知危。能逸而不能勞。此臣所謂大患也。臣欲使士大
夫尊尚武勇。講習兵法。庶人之在官者。教以行陣之節。役民之司盜

者。授以擊刺之術。每歲終則聚之郡府。如古都試之法。有勝負。有賞
罰。而行之既久。則又以軍法從事。然議者必以為無故而動民。又悚
以軍法。則民將不安。而臣以為此所以安民也。天下果未能去兵。則
其一旦將以不教之民而驅之戰。夫無故而動民。雖有小恐。然孰與
夫一旦之危哉。今天下屯聚之兵。驕豪而多怨。陵壓百姓而邀其上
者。何故。此其心謂天下之知戰者。惟我而已。如使平民皆習於兵。彼
知有所敵。則固已破其姦謀。而折其驕氣。利害之際。豈不亦甚明歟。
其六曰去姦民。自昔天下之亂。必生於治平之日。休養生息。而姦民
得容於其間。蓄而不發。以待天下之釁。至於時有所激。勢有所乘。則
潰裂四出。不終朝而毒流於天下。聖人知其然。是故嚴法禁。督官吏。
以司察天下之姦民而去之。夫大亂之本。必起於小姦。惟其小而不
足畏。是故其發也常至於亂天下。今夫世之所憂以為可畏者。必曰

豪俠大盜此不知變者之說也天下無小姦則豪俠大盜無以為資且其治平無事之時雖欲為大盜將安所容其身而其殘忍貪暴之心無所發洩則亦時出為盜賊聚為博奕群飲於市肆而叫號於郊野小者呼雞逐狗大者椎牛發塚無所不至捐父母棄妻孥而相與嬉游凡此者舉非小盜也天下有釁鉏耰棘矜相率而剽奪者皆嚮之小盜也昔三代之聖王果斷而不疑誅除擊去無有遺類所以擁護良民而使安其居及至後世刑法日以深嚴而去姦之法乃不及於三代何者待其敗露自入於刑而後去也夫為惡而不入於刑者固已衆矣有終身為不義而其罪不可指名以附於法者有巧為規避持吏短長而不可詰者又有因緣幸會而免者如必待其自入於刑則其所去者蓋無幾耳昔周之制民有罪惡未麗於法而害於州里者桎梏而坐諸嘉石重罪役之期以次輕之其下罪三月役使州

里任之然後宥而舍之其化之不從威之不格患苦其鄉之民而未入於五刑者謂之罷民凡罷民不使冠帶而加明刑任之以事而不齒於鄉黨由是觀之則周之盛時日夜整齊其人民而鋤去其不善譬如獵人終日馳驅踐蹂於草茅之中搜求伏兔而搏之不待其自投於網羅而後取也夫然故小惡不容於鄉大惡不容於國禮樂之所以易化而法禁之所以易行者由此之故也今天下久安天子以仁恕為心而士大夫一切以寬厚為稱上意而懦夫庸人又有所僥倖務出罪人外以邀雪冤之賞而內以待陰德之報臣是以知天下頗有不誅之姦將為子孫憂宜明敕天下之吏使以歲時糾察凶民而徙其尤無良者不必待其自入於刑而間則命使出按郡縣有子不孝有弟不悌好訟而數犯法者皆誅無赦誅一鄉之姦則一鄉之人悅誅一國之姦則一國之人悅要以誅寡而悅衆則雖舜亦如此而已矣天下有三患而蠻夷之憂不與焉有內大臣之變有外諸侯之叛有匹夫群起之禍此三者其勢常相持內大臣有權則外諸侯不叛外諸侯強則匹夫群起之禍不作今者內無權臣外無強諸侯而萬世之後其或可憂者姦民也臣故曰去姦民以為安民之終云

厚貨財者其別有二一曰省費用夫天下未嘗無財也昔周之興文王武王之國不過百里當其受命四方之君長交至於其廷軍旅四出以征伐不義之諸侯而未嘗患無財方此之時關市無征山澤不禁取於民者不過什一而財有餘及其衰也內食千里之租外收千八百國之貢而不足於用由此觀之夫財豈有多少哉人君之於天下俯己以就人則易為功仰人以援己則難為力是故廣取以給用不如節用以廉取之為易也臣請得以小民之家而推之夫民方其窮困時所望不過十金之資計其衣食之費妻子之奉出入於十

金之中寬然而有餘及其一旦稍稍蓄聚衣食既足則心意之欲日以漸廣所入益衆而所欲益以不給不知罪其用之不節而以為求之未至也是以富而愈貪求愈多而財愈不供此其為惑未可以知其所終也盍亦反其始而思之夫嚮者豈能寒而不衣飢而不食乎今天下汲汲乎以財之不足為病何以過此國家創業之初四方割據中國之地至狹也然歲歲出師以誅討僭亂之國南取荊楚西平巴蜀而東下并潞其費用之衆又百倍於今可知也然天下之士未嘗思其始而惴惴焉患今世之不足則亦甚惑矣夫為國有三計有萬世之計有一時之計有不終月之計古者三年耕必有一年之蓄以三十年之通則可以九年無飢也歲之所入足用而有餘是以九年之蓄常閒而無用卒有水旱之變盜賊之憂則官可以自辦而民不知若此者天不能使之災地不能使之貧四夷盜賊不能使之困

此萬世之計也。而其不能者。一歲之入。纔足以為一歲之出。天下之產僅足以供天下之用。其平居雖不至於虐取其民。而有急則不免於厚賦。故其國可靜而不可動。可逸而不可勞。此亦一時之計也。至於最下而無謀者。量出以為入。用之不給。則取之益多。天下晏然無大患。難而盡用衰世苟且之法。不知有急。則將何以加之。此所謂不終月之計也。今天下之利莫不盡取。山陵林麓莫不有禁。關有征。市有租。鹽鐵有榷。酒有課。茶有筭。則凡衰世苟且之法莫不盡用矣。譬之於人。其少壯之時。豐健勇力。然後可以望其無疾以至於壽考。今未五六十。而衰老之候具見而無遺。若八九十者。將何以待其後耶。然天下之人。方且窮思竭慮。以廣求利之門。且人而不急。則以為費用不可復省。使天下而無鹽鐵酒茗之稅。將不為國乎。臣有以知其不然也。天下之費。固有去之甚易而無損。存之甚難而無益者矣。臣

不能盡知。請舉其所聞。而其餘可以類求焉。夫無益之費。名重而實輕。以不急之實。而被之以莫大之名。是以疑而不敢去。三歲而郊。郊而赦。赦而賞。此縣官有不得已者。天下吏士數日而待賜。此誠不可以卒去。至於大吏所謂股肱耳目。與縣官同其憂樂者。此豈亦不得已而有所畏耶。天子有七廟。今又飾老佛之宮而為之祠。固已過矣。又使大臣以使領之。歲給以巨萬計。此何為者也。天下之吏為不少矣。將患未得其人。苟得其人。則凡民之利莫不備舉。而其患莫不盡去。今河水為患。不使濱河州郡之吏親行其災。而責之以救災之術。顧為都水監。夫四方之水患。豈其一人坐籌於京師而盡其利害。天下有轉運使足矣。今江淮之間。又有發運祿賜之厚。徒兵之眾。其為費豈可勝計哉。蓋嘗聞之。里有畜馬者。患牧人欺之而盜其芻菽也。又使一人焉為之廐長。廐長立。而馬益癯。今為政不求其本。而唯治

其末。自是而推之。天下無益之費。不為不多矣。臣以為凡若此者。求而去之。自毫釐以往莫不有益。惟無輕其毫釐而積之。則天下庶乎少息也。其二曰定軍制。自三代之衰。井田廢。兵農異處。兵不得休而為民。民不得息肩而無事於兵者。千有餘年。而未有如今日之極者也。三代之制。不可復追矣。至於漢唐。猶有可得而言者。夫兵無事而食。則不可使聚。聚則不可使無事而食。此二者相勝而不可並行其勢然也。今夫有百頃之閑田。則足以牧馬千駟而不知其費。聚千駟之馬。而輸百頃之芻。則其費百倍。此易曉也。昔漢之制。有踐更之卒。而無營田之兵。雖皆出於農夫。而方其為兵也。不知農夫之事。是故郡縣無常屯之兵。而京師亦不過有南北軍期門羽林而已。邊境有事。諸侯有變。皆以虎符調發郡國之兵。至于事已而兵休。則渙然各復其故。是以其兵雖不知農。而天下不至于弊者。未嘗聚也。唐有

天下。置十六衛府兵。天下之府八百餘所。而屯于關中者五百。然皆無事。則力耕而積穀。不惟以自贍養。而又有以廣縣官之儲。是以兵雖聚于京師。而天下亦不至於弊者。未嘗無事而食也。今天下之兵。不耕而聚于京畿三輔者。以數十萬計。皆仰給於縣官。有漢唐之患。而無漢唐之利。擇其偏而兼用之。是以兼受其弊而莫之分也。天下之財。近自淮甸。而遠至于吳蜀。凡舟車所至。人力所及。莫不盡取以歸于京師。晏然無事。而賦斂之厚至于不可復加。而三司之用。猶苦其不給。其弊皆起於不耕之兵聚于內而食四方之貢賦。非特如此而已。又有循環往來屯戍于郡縣者。昔建國之初。所在分裂。擁兵而不服。太祖太宗躬擐甲冑力戰而取之。既降其君而籍其疆土矣。然其故基餘孽猶有存者。上之人見天下之難合。而恐其復發也。於是出禁兵以戍之。大自藩府。而小至于縣鎮。往往皆有京師之兵。

由此觀之則是天下之地一尺一寸皆天子自為守也而可以長久而不變乎費莫大於養兵養兵之費莫大於征行今出禁兵而戍郡縣遠者或數千里其月廩歲給之外又日供其芻粮三歲而一遷往者紛紛來者纍纍雖不過數百為輩而要其歸無以異於數十萬之兵三歲而一出征也農夫之力安得不竭餽運之卒安得不疲且今天下未嘗有戰鬪之事武夫悍卒非有勞伐可以邀其上之人然皆不得為休息閑居無用之兵者其意以為為天子出戍也是故美衣豐食開府庫輦金帛若有所負一逆其意則欲群起而譟呼此何為者也天下一家且數十百年矣民之戴君至于海隅無以異於畿甸亦不必舉疑西方之兵而專信禁兵也曩者蜀之有均賊與近歲貝州之亂未必非禁兵致之臣愚以為郡縣之土兵可以漸訓而陰奪其權則禁兵可以漸省而無用天下武健豈有常所哉山川之所習

風氣之所咻四方之民一也昔者戰國嘗用之矣蜀人之怯懦吳人之短小皆嘗以抗衡於上國夫安得禁兵而用之今之土兵所以鈍弊劣弱而不振者彼見郡縣皆有禁兵而待之異等是以自棄於賤隸役夫之間而將吏亦莫之訓也苟禁兵漸省而以其資粮益優郡縣之土兵則彼固以歡欣踴躍出于意外戴上之恩而願效其力又何遽不如禁兵耶夫土兵日以多禁兵日以少天子扈從捍城之外無所復用如此則內無屯聚仰給之費而外無遷徙供億之勞費之省者又已過半矣

訓兵旅者其別有三一曰蓄材用夫今之所患兵弱而不振者豈士卒寡少而不足使歟器械鈍弊而不足用歟抑為城郭不足守歟廩食不足給歟此數者皆非也然所以弱而不振則是無材用也夫國之有材譬如山澤之有猛獸江河之有蛟龍伏乎其中而威見乎其外悚然有所不可狎者至于鰍蚖之所蟠牂豚之所牧雖千仞之山百尋之溪而人易之何則其見于外者不可欺也天下之大不可謂無人朝廷之尊百官之富不可謂無材然以區區之二虜舉數州之衆以臨中國抗天子之威犯天下之怒而其氣未嘗少衰其詞未嘗少挫則是其心無所畏也主憂則臣辱主辱則臣死今朝廷之上不能無憂而大臣恬然未有拒絕之議非不欲絕也而未有以待之則是朝廷無所恃也緣邊之民西顧而戰慄牧馬之士不敢彎弓而北嚮吏士未戰而先期於敗則是民輕其上也外之蠻夷無所畏內之朝廷無所恃而民又自輕其上此猶是以為有人乎天下未嘗無才患所以求才之道不至古之聖人以無益之名而致天下之實以可見之實而較天下之虛名二者相為用而不可廢是故其始也天下莫不紛然奔走從事於其間而要之以其終不肖者無以欺其上此無他先名而後實也不先其名而唯實之求則

來者寡來者寡則不可以有所擇以一旦之急而用不擇之人則是不先名之過也天子之所向天下之所奔也今夫孫吳之書其讀之者未必能戰也多言之士喜論兵者未必能用也進之以武舉而試之以騎射天下之奇才未必至也然將以求天下之實則非此三者不可以致以為未必至而棄之則是其必然者終不可得而見也往者西京之興其先也惟不以虛名多致天下之才而擇之以待一旦之用故其兵興之際四顧惶惑而不知所措於是設武舉購方略收勇悍之士而開猖狂之言不愛高爵重賞以求強兵之術當此之時天下囂然莫不自以為知兵也來者日多而其言益以無據至于臨事終不可用執事之臣亦遂厭之而知其無益故兵休之日舉從而廢之今之論者以為武舉方略之類適足以開僥倖之門而天下之實才終不可以求得此二者皆過也夫既已用天下之虛名而不較

之以實至其弊也又舉而廢其名使天下之士不復以兵術進亦已過矣天下之實才不可以求之於言語又不可以較之於武力獨見之於戰耳戰不可得而試也是故見之於治兵子玉治兵於蔿終日而畢鞭七人貫三人耳蔿賈觀之以為剛而無禮知其必敗孫武始見試以婦人而猶足以取信於闔閭使知其可用故凡欲觀將帥之才否莫如治兵之不可欺也今夫新募之兵驕而難令勇悍而不知戰此真足以觀天下之才也武舉方略之類以來之新兵以試之觀其顏色和易則足以見其氣約束堅明則足以見其威坐作進退各得其所則足以見其能凡此者皆不可強也故曰先之以無益之虛名而較之以可見之實庶乎可得而用也其二曰練軍實三代之兵不待擇而精其故何也兵出于農有常數而無常人國有事要以一家而備一正卒如斯而已矣是故老者得以養疾病者得以為閭民而

役於官者莫不皆其壯子弟故其無事而田獵則未嘗發老弱之民師行而餽糧則未嘗食無用之卒使之足輕險阻而手易器械聰明足以赴旗鼓之節強銳足以犯死傷之地千乘之眾而人人足以自捍故殺人少而成功多費用省而兵卒強蓋春秋之時諸侯相并天下百戰其經傳所見謂之敗績者如城濮鄢陵之役皆不過犯其偏師而獵其游卒斂兵而退未有僵尸百萬流血於江河如後世之戰者何也民各推其家之壯者以為兵則其勢不可得而多殺也及至後世兵民既分兵不得復而為民於是始有老弱之卒夫既已募民而為兵其妻子屋廬既已託於營伍之中其姓名既已書於官府之籍行不得為商居不得為農而仰食於官至于衰老而無歸則其道誠不可以棄去是故無用之卒雖薄其資糧而皆廩之終身凡民之生自二十以上至于衰老不過四十餘年之間勇銳強力之氣足以

犯堅冒刃者不過二十餘年今廩之終身則是一卒凡二十年無用而食於官也自此而推之養卒十萬則是五萬人可去也屯兵十年則是五年為無益之費也民者天下之本而財者民之所恃以生也有兵而不可使戰是謂棄財不可使戰而驅之戰是謂棄民臣觀秦漢之後天下何其殘敗之多耶其弊皆起於分民而為兵兵不得休使老弱不堪之卒拱手而就戮故有以百萬之眾而見屠於數千之兵者其良將善用不過以為餌委之啖賊嗟夫三代之衰民之無罪而死者其不可勝數矣今天下募兵至多往者陝西之役舉籍平民以為兵加以明道寶元之間天下旱蝗以及近歲青齊之飢與河朔之水災民急而為兵者日以益眾舉籍而按之近世以來募兵之多無如今日者然皆老弱不教不能當古之十五而衣食之費百倍於古此甚非所以長久而不變者也凡民之為兵者其類多非良民方其

少壯之時博奕飲酒不安於家而後能捐其身至其少衰而氣沮蓋亦有悔而不可復者矣臣以謂五十已上願復而為民者宜聽自今以往民之欲為兵者皆三十以下則收限以十年而除其籍民三十而為兵十年而復歸其精力思慮猶可以養生送死為終身之計使其應募之日心知其不出十年而為十年之計則除其籍而不怨以無用之兵終身坐食之費而為重募則應者必眾如此縣官長無老弱之兵而民之不任戰者不至於無罪而死彼皆知其不過十年而復為平民則自愛其身而重犯法不至於叫呼無賴以自棄於凶人今夫天下之患在於民不知兵故兵常驕悍而民常怯盜賊攻之而不能禦戎狄掠之而不能抗今使民得更代而為兵兵得復還而為民則天下之知兵者眾而盜賊戎狄將有所忌然獨有言者將以為十年而代故者已去而新者未教則緩急有所不濟夫所謂十年而代

者豈舉軍而並去之有始至者有既久者有將去者有當代者新故雜居而教則緩急可以無憂矣其三曰倡勇敢臣聞戰以勇為主以氣為決天子無皆勇之將而將軍無皆勇之士是故致勇有術致勇莫先乎倡倡莫善乎私此二者兵之微權英雄豪傑之士所以陰用而不言於人而人亦莫之識也臣請得以備言之夫倡者何也氣之先也有人人之勇怯有三軍之勇怯人人而較之則勇怯之相去若挺與楹至于三軍之勇怯則一也出於反覆之間而差於毫釐之際故其權在將與君人固有暴猛獸而不操兵出入於白刃之中而色不變者有見虺蜴而却走聞鍾鼓之聲而戰慄者是勇怯之不齊至於如此然閭閻之小民爭鬪戲笑卒然之間而或至於殺人當其發也其心翻然其色勃然若不可以已者雖天下之大勇無以過之及其退而思其身顧其妻子未始不惻然悔也此非必勇者也氣之所

乘則奪其性而忘其故故古之善用兵者用其翻然勃然於未悔之間而其不善者沮其翻然勃然之心而開其自悔之意則是不戰而先自敗也故曰致勇有術致勇莫先乎倡均是人也皆食其食皆任其事天下有急而有一人為奮而爭先而致其死則翻然者衆矣弓矢相及劒楯相交勝負之勢未有所決而三軍之士屬目於一夫之先登則勃然者相繼矣天下之大可以名劫也三軍之衆可以氣使也諺曰一人善射百夫決拾苟有以發之及其翻然勃然之間而用其鋒是之謂倡倡莫善乎私天下之人怯者居其百勇者居其一是勇者難得也捐其妻子棄其身以蹈白刃是勇者難能也以難得之人行難能之事此必有難報之恩者矣天子必有所私之將將軍必有所私之士視其勇者而陰厚之人之有異材者雖未有功而其心莫不自異自異而上不異之則緩急不可以望其為倡故凡緩急而肯為倡者必其上之所異也昔漢武帝欲觀兵于四夷以逞其無厭之求不愛通侯之賞以招勇士風告天下以求奮擊之人然卒無有應者於是嚴刑峻法致之死地而聽其以深入贖罪使勉強不得已之人馳驟於死生之地是故其將降其兵破敗而天下幾至於不測何者先無所異之人而望其為倡不已難乎私者天下之所惡也然而為己而私之則私不可用為其賢於人而私之則非私無以濟蓋有無功而可賞有罪而可赦者凡所以媿其心而責其為倡也天下之禍莫大於上作而下不應上作而下不應則上亦將窮而自止方西戎之叛也天子非不欲赫然誅之而將帥之臣謹守封畧收視內顧莫有一人先奮而致命而士卒亦循循焉莫肯盡力不得已而出爭先而歸故西戎得以肆其倡狂而吾無以應則其勢不得不重賂而求和其患起於天子無同憂患之臣而將軍無心腹之士西師之

休十有餘年矣用法益密而進人益艱賢者不見異勇者不見私天下務為奉法循令要以如式而止臣不知其緩急將誰為之倡哉

策斷曰二虜為中國患至深遠也天下謀臣猛將豪傑之士欲有所逞於西北者久矣聞之兵法曰先為不可勝以待敵之可勝嚮者臣愚以為西北雖有可勝之形而中國未有不可勝之具故竊嘗以為可特設一官使獨任其責而執政之臣得以專治內事苟天下之弊莫不盡去紀綱脩明食足而兵強百姓樂業知愛其君卓然有不可勝之備如此臣固將備論而極言之夫天下將興其積必有源天下將亡其發必有門聖人者唯知其門而塞之古之亡天下者四而天子無道不與焉蓋有以諸侯強逼而至於亡者周唐是也有以匹夫揭行而至於亡者秦是也有以大臣執權而至於亡者漢魏是也有以蠻夷內侵而至於亡者二晉是也使此七代之君皆能逆知其所

由亡之門而塞之則至于今可以不廢惟其諱亡而不為之備或備
之而不得其門故禍發而不救夫天子之勢蟠於天下而結於民心
者甚厚故其亡也必有大隙焉而一日潰之其窺之甚難其取之甚
密曠日持久然後可得而間蓋非有一日卒然不救之患也是故聖
人必於其全盛之時而塞其所由亡之門蓋臣以為當今之患外之
可畏者西戎北狄而內之可畏者夫子之民也西戎北狄不足以為
中國之大憂而其動也有以召內之禍內之民實執存亡之權而不
能獨起其發也必將待外之變先之以戎狄而繼之以吾民臣之所
謂可畏者有此而已昔者敵國之患起於多求而不供供者有倦而
求者無厭以有倦待無厭而能久安於無事天下未嘗有也故夫二
虜之患特有遠近耳而要以必至於戰敢問今之所以戰者何也其
無乃出於倉卒而備於一時乎且夫兵不素定而出於一時當其危

疑擾攘之間而吾不能自必則權在敵國權在敵國則吾欲戰不能
欲休不可進不能戰而退不能休則其計將出於求和求和而自我
則其所以為媾者必重軍旅之後而繼之以重媾則國用不足國用
不足則加賦於民加賦而不已則凡暴取豪奪之法不得不施於今
之世矣天下一動變生無方國之大憂將必在此蓋嘗聞之用兵有
權權之所在其國乃勝是故國無大小兵無強弱有小國弱兵而見
畏於天下者權在焉耳千鈞之牛制於三尺之童弭耳而下之曾不
如狙猿之奮擲於山林此其故何也權在人也我欲則戰不欲則守
戰則天下莫能支守則天下莫能窺昔者秦嘗用此矣開關出兵以
攻諸侯則諸侯莫不顛割地而求和諸侯割地而求和於秦秦人未
嘗急於割地之利若不得已而後應故諸侯常欲和而秦常欲戰如
此則權固在秦矣且秦非能強於天下之諸侯秦惟能自必而諸侯

不能是以天下百變而卒歸於秦諸侯之利固在從也朝聞陳軫之
說而合為從暮聞張儀之計而散為橫秦則不然橫人之欲為橫從
人之欲為從皆使其自擇而審處之諸侯相顧而終莫能自必則權
之在秦不亦宜乎嚮者寶元慶曆之間河西之役可以見矣其始也
不得已而後戰其終也逆探其意而與之和又從而厚餽之惟恐其
一日復戰也如此則賊常欲戰而我常欲和賊非能常戰也特持其
欲戰之形以乘吾欲和之勢屢用而屢得志是以中國之大而權不
在焉欲天下之安則莫若使權在中國欲權之在中國則莫若先發
而後罷示之以不憚形之以好戰而後天下之權有所歸矣今夫庸
人之論則曰勿為禍始古之英雄之君豈其樂禍而好殺唐太宗既
平天下而又歲歲出師以從事於夷狄蓋晚而不倦暴露於千里之
外親擊高麗者再焉凡此者所以爭先而處強也當時群臣不能深

明其意以為敵國無釁而我則發之夫為國者使人備己則權在我
而使己備人則權在人當太宗之時四夷狼顧以備中國故中國之
權重苟不先之則彼或以執其權矣而我又鰓鰓焉惡戰而樂罷使
敵國知吾之所忌而以是取必於吾如此則雖有天下吾安得而為
之唐之衰也惟其厭兵而畏戰一有敗衄則兢兢焉縮首而去之是
故姦臣執其權以要天子及至憲宗奮而不顧雖小挫而不為之沮
當此之時天下之權在於朝廷伐之則足以為威舍之則足以為恩
臣故曰先發而後罷則權在我矣　臣聞用兵有可以逆為數十年
之計者有朝不可以謀夕者攻守之方戰鬬之術一日百變猶以為
拙若此者朝不可以謀夕者也古之欲謀人之國者必有一定之計
勾踐之取吳秦之取諸侯高祖之取項籍皆得其至計而固執之是
故有利有不利有進有退百變而不同而其一定之計未始易也勾

踐之取吳是驕之而已秦之取諸侯是散其從而已高祖之取項籍是間疎其君臣而已此其至計不可易者雖百年可知也今天下晏然未有用兵之形而臣以為必至於戰則其攻守之方戰鬬之術固未可以豫論而臆斷也然至於用兵之大計所以固執而不變者臣請得以豫言之夫西戎北胡皆為中國之患而西戎之患小北胡之患大此天下之所明知也管仲曰攻堅則瑕者堅攻瑕則堅者瑕故二者皆所以為憂而臣以為兵之所加宜先於西故先論所以制御西戎之大略今夫鄒與魯戰則天下莫不以為魯勝大小之勢異也然而勢有所激則大者失其所以為大而小者忘其所以為小故有以鄒勝魯者矣夫大有所短小有所長地廣而備多備多而力分小國聚而大國分則強弱之勢將有所反大國之人譬如千金之子自重而多疑小國之人計窮而無所恃則致死而不顧是以小國常勇

而大國常怯恃大而不戒則輕戰而屢敗知小而自畏則深謀而必克此又其理然也夫民之所以守戰至死而不去者以其君臣上下懽欣相得之際也國大則君尊而上下不交將軍貴而吏士不親法令繁而民無所措其手足若夫小國之民截然其若一家也有憂則相卹有急則相赴凡此數者是小國之所長而大國之所短也大國而不用其所長使小國常出於其所短雖百戰而百屈豈足怪哉且夫大國則固有所長矣長於戰而不長於守夫守者出於不足而已譬之於物大而不用則易以腐敗故凡擊搏進取所以用大也孫武之法十則圍之五則攻之倍則分之敵則能戰之少則能逃之不若則能避之自敵以上者未嘗有不戰也自敵以上而不戰則是以有餘而用不足之計固已失其所長矣凡大國之所恃吾能分兵而彼不能分吾能數出而彼不能應譬如千金之家日出其財以罔市利

而販夫小民終莫能與之競者非智不若其財少也是故販夫小民雖有桀黠之才過人之智而其勢不得不折而入於千金之家何則其所長者不可以與較也西戎之於中國可謂小國矣嚮者惟不用其所長是以聚兵連年終莫能服今欲用吾之所長則莫若數出數出莫若分兵臣之所謂分兵者非分此之謂也分其居者與行者而已今河西之戍卒惟患其多而莫之適用故其便莫若分兵使其十一而行則一歲可以十出十二而行則一歲可以五出十一而十出十二而五出則是一人而歲一出也吾一歲而一出彼一歲而十被兵焉則衆寡之不侔勞逸不敵亦已明矣夫用兵必出於敵人之所不能我大而敵小是故我能分而彼不能此吳之所以肄楚而隋之所以狃陳也夫御戎之術不可以逆知其詳而其大略臣未見有過此者也

其次請論北狄之勢古者匈奴之衆不過漢一大縣然所

以能敵之者其國無君臣上下朝覲會同之節其民無穀米絲麻耕作織紝之勞其法令以言語為約故無文書符傳之繁其居處以逐水草為常故無城郭邑居聚落守望之助其旃裘肉酪足以為養生送死之具故戰則人人自鬬敗則驅牛羊遠徙不可得而破蓋非獨古聖人法度之所不加亦其天性之所安者猶狙猿之不可使冠帶虎豹之不可被以羈紲也故中行說教單于無愛漢物所得繒絮皆以馳草棘中使衣袴弊裂以示不如旃裘之堅善也得漢食物皆去之以示不如湩酪之便美也由此觀之中國以法勝而匈奴以無法勝聖人知其然是故精脩其法而謹守之築為城郭壍為溝池大倉廩實府庫明烽燧遠斥候使民知金鼓進退坐作之節勝不相先敗不相棄此其所以謹守其法而不敢失也一失其法則不如無法之為便也故夫各輔其性而安其生則中國與胡本不能相犯惟其不

然是故皆有以相制胡人之不可從中國之法猶中國之不可從胡人之無法也今夫佩玉服韍冕而垂旒者此宗廟之服所以登降揖讓折旋俯仰為容者也而不可以騎射今夫蠻夷而用中國之法豈能盡如中國哉苟不能盡如中國而雜用其法則是佩玉服韍冕垂旒而欲以騎射也昔吳之先斷髮文身與魚鼈龍蛇居者數十世而諸侯不敢窺也其後楚申公巫臣始教以乘車射御使出兵侵楚而闔廬夫差又逞其無厭之求闢溝通水與齊晉爭強黃池之會強自冠帶吳人不勝其弊卒入於越夫吳之所以強者乃其所以亡也何者以蠻夷之資而貪中國之美宜其可得而圖之哉西晉之亡也匈奴鮮卑氐羌之類紛紜於中國而其豪傑間起為之君長如劉元海苻堅石勒慕容儁之儔皆以絕異之姿驅駕一時之賢俊其強者至有天下太半然終於覆亡相繼遠者不過一傳再傳而滅何也其心

固安於無法也而束縛於中國之法中國之人固安於法也而苦其無法君臣相戾上下相厭是以雖建都邑立宗廟而其心岌岌然常若寄居於其間而安能久乎且人而棄其所得於天之分未有不亡者也契丹自五代南侵乘石晉之亂奄至京邑覩中原之富麗廟社宮闕之壯而悅之知不可以留也故歸而竊習焉山前諸郡既為所并則中國士大夫有立其朝者矣故其朝廷之儀百官之號文武選舉之法都邑郡縣之制以至於衣服飲食皆雜取中國之象然其父子聚居貴壯而賤老貪得而忘失勝不相讓敗不相救者猶在也其中未能革其犬羊豺狼之性而外牽於華人之法此其所以自投於陷穽網羅之中而中國之人猶曰今之匈奴非古也其措置規畫皆不復蠻夷之心以為不可得而圖之亦過計矣且夫天下固有沈謀陰計之士也昔先王欲圖大事立奇功則非斯人莫之與共秦之尉

繚漢之陳平皆以樽俎之間而制敵國之命此亦王者之心期以弭天下之禍而已彼契丹者有可乘之勢三而中國未之思焉則亦足惜矣臣觀其朝廷百官之衆而中國士大夫交錯於其間固亦有賢俊慷慨不屈之士而詬辱及於公卿鞭扑行於殿陛貴為將相而不免囚徒之恥宜其有悒憤鬱結而思變者特未有路耳凡此皆可以致其心雖不為吾用亦以間疏其君臣此由余之所以入秦也幽燕之地自古號多雄傑名於圖史者往往而是自宋之興所在賢俊雲合嚮應無有遠邇皆欲洗濯磨淬以觀上國之光而此一方獨陷於非類昔太宗皇帝親征幽州未克而班師聞之諜者曰幽州士民謀欲執其帥以城降者聞乘輿之還無不泣下且胡人以為諸郡之民非其族類故厚斂而虐使之則其思內附之心豈待深計哉此又足為之謀也使其上下相猜君民相疑然後可攻也語有之曰鼠不容

穴啣窶藪也彼僭立四都分置守宰倉廩府庫莫不備具有一旦之急適足以自累守之不能棄之不忍華夷雜居易以生變如此則中國之長足以有所施矣然非特如此而已也中國不能謹守其法彼慕中國之法而不能純用是以勝負相持而未有決也夫蠻夷者以力攻以力守以力戰顧力不能則逃中國則不然其守以形其攻以勢其戰以氣故百戰而力有餘形者有所不守而敵人莫不忌也勢者有所不攻而敵人莫不備也氣者有所不戰而敵人莫不懾也苟去此三者而角之於力則中國固不敵矣尚何云乎惟國家留意其大者而為之計其小者臣未敢言焉

軾又上奏曰書曰臨下以簡御衆以寬此百世不易之道也昔漢高相約法三章蕭何定律九篇而已至于文景刑措不用歷魏而晉條目滋章斷罪所用至二萬六千三百七十一條而姦益不勝民無所

措手足唐及五代止用律令國初加以注疏情文備矣今編敕續降動若牛毛人之耳目所不能周思慮所不能照而法病矣臣愚謂當熟議而少寬之人主前旒蔽明黈纊塞聰耳目所及尚不能盡而况察人於耳目之外乎今御史六察專務鉤考簿書責發細微自三公九卿救過不暇夫詳於小必略於大其文密者其實必踈故近歲以來水旱盜賊四方流亡邊鄙不寧皆不以責宰相而尚書諸曹文牘繁重窮日之力書紙尾不暇此皆苛察之過也不可以不變易曰理財正辭禁民爲非曰義先王之理財也必斷之以正辭其辭正則其取之也義三代之君食租衣稅而已是以辭正而民服自漢以來鹽鐵酒茗之禁榷貨權易之利皆心知其非而冒行之故辭曲而民爲盜今欲嚴刑妄賞以去盜不若損利以予民衣食足而盜賊自止夫興利以聚財者人臣之利也非社稷之福省費以養財者社稷之福

也非人臣之利何以言之民者國之本而刑者民之賊興利以聚財必先煩刑以賊民國本搖矣而言利之臣先受其賞近歲宮室城池之役南蠻西夏之師車服器械之資略計其費不下五千萬緡求其所補卒亦安在若以此積粮則沿邊皆有九年之蓄西夷北邊望而不敢近矣趙充國有言湟中穀斛八錢吾謂糴三百萬斛羌人不敢動矣不待煩刑賊民邊鄙以安然爲人臣之計則無功可賞故凡人臣欲興利而不欲省費者皆爲身謀非爲社稷計也人主不察乃以社稷之深憂而循人臣之私計豈不過甚矣哉

歷代名臣奏議卷之三十七

歷代名臣奏議卷之三十八

治道

宋神宗熙寧六年秘書省著作佐郎充利州路轉運司管勾文字臣馮山上封事曰臣伏覩今年四月四日詔書自冬迄春旱暵爲虐四海之內被災者廣應中外文武臣僚並許實封直言朝廷闕失臣伏念聖明憂勤消復之詔未形於天下殆將十年矣一日天下驟聞詔旨盡堯舜禹湯所以求治之意非若漢唐舉故事求空言而已天衷一發物情易感四海內外莫不稱慶恭惟皇帝陛下以盛年聰明之資承累世太平之會固宜優游安逸縱心所爲以享帝王奉養之樂乃躬自菲薄而勤於聽斷考名實振統紀群臣之邪正勤怠萬機之得失本末一出照臨靡有欺隱且累歲豐稔生民休息求比聖德希闊無有然去秋以來四方亢旱遍走群望靡有休應雖天人之際隱於

茫昧而報應之速有若影響自陛下避正殿減常膳而諸道兩澤間有得者詔書之下未數日間京師輔郡稍稍沾足臣乃知三才之位雖不同然其本皆一氣也故其神明精誠舉動感應莫不參會聖人推端於天而求盡於人要之通三極之道而已矣易有象書有驗詩有戒禮有制春秋有法大抵以脩政教順陰陽爲本今陛下以一旱之故即推之於天而求盡者豈間於踈遠卑賤之言哉臣所以不避誅戮輙進狂瞽思有補於聖朝萬分之一也臣竊以變異之起天之所以警戒人君也與夫人臣諄諄而規諫者無異故每至而屢甚焉近年四方郡國地動水溢非大變故固可末殺繼而太華之前僨裂顛倒殊可驚駭而陛下恬然不以爲慮大臣傲然不以爲憂但即山致祭而已臣竊觀自古荒旱之及止有方所未若今遍諸路歷一時爲害之遠也意者國家方講富強之術而財用之本莫不出於民非

極旱大歉，不足以動陛下之心耶。陛下釋然開悟，惕然脩省，斥常數之諫論，謹靈承之淵懿，足以慰民望，當天心。臣夙夜嘗為朝廷憂，而所望於陛下者，不過如此而已。復何言哉。然臣竊恐事有習熟，而以為當然，政有更矯而失於過正者，臣下方贊揚推稱，不肯與陛下慮其遠，極其微而道之也。臣謹略細故，為陛下班班取大體可言者數事以獻，願陛下留神而省察焉。一曰平罪戾以安人情。臣伏見新法之始，故老大臣猶以為言，況州縣之吏，與凡在官者，或期會差於頃刻，或意旨異於見聞，蓋不切推究，而本非沮難，一皆罷黜以警其餘，或中以他事，遂成痼廢，或累經霈澤而未復職任。一夫吁嗟，王道為虧，況犯時之忌，遂累重法，銜寃靡訴，若將終身者，非特一人而已。又況其下因循差誤，雖重得罪，不知其由，流離道途，將轉溝壑者，不可遂數，度之人情，有足悲者。始設權以濟事，今已事而猶權，無乃為陛

下至仁之累乎。二曰重名器以成治道。臣伏見陛下即位以來，新法制以舉庶事，耀神武以威四夷，思皇豪俊，共就勳業，拘於職任，則越次以超擢，阻於過累，則棄瑕而錄用，或止於少年而未可遠略，或徒有虛譽而本無長才，或藝窮於弧矢而付以將領之權，或智辦於斗筲而寄以錢穀之任，是由圖欲速之效，開易進之門，側肩爭趨，奮臂無恥，諂諛阿附以訓子弟，欺隱誕詐遂成風俗，雖照臨之下，間或不容，而進任之間，猶有存者。書曰：治亂在庶官。未有邪正雜處，選任失當，而能致治者也。今僥倖紛起，品序淆亂，豈不為陛下天官之累乎。三曰正學校以厚風化。臣伏見京師廣學舍，增生員，置經義所脩撰官屬，以養天下之士，訓導資育無所不至。世謂三代文物之盛，不過於此。獨臣以為沿虛而失實，竊以周制教賢能而賓興之，皆屬地官卿大夫之職，雖國有學，止以教遊倅冑子而已。至漢以六經殘缺，始

置博士弟子員於京師，然士亦多起畎畝。及其末也，太學生員至有三千餘人。於治亂何有。古之養士也，未正養其心，既正養其材，既成養其用。未聞於數千里之遠，招致而餼食之，使之日夜相與綴煩鑿虛，汗漫迂闊，雜然如釋老之聚其徒而為養也。昔陽城為司業，而太學諸生辭歸養親者過半。今四方之士，捨父母，去鄉里，裹糧糊口，坌集於都下，不啻五六千人矣。日馳騖求句於公卿之門，紛紜周章，不本一鄉之法，不知三物之教，不窮六藝之原本，不見歷代之興廢，惟誦新義，習莊老，雖增至萬員，廣成十舍，道不足以通達治體，教不足以化成人文，徒賊糧食，害風教，損人才而已。臣又以為仲尼不生，六經之義未定也。第使學者求之而無倦，敦之而日新，苟不出於仁義之大方，則其庶乎道也。何必譊譊推尊，立為定說，以分限人之情性，使之必歸於我哉。臣恐沿虛而失實，它日必為陛下養賢之累也。四

曰復臺諫以廣言路。臣伏見數年以來，臺官以言新法等事，而責降者近數十人，若將遂廢而不用。朝廷設此職，以待言者，欲其敢言爾。今反讎其言，故天下不能無疑也。且士大夫至精之選，莫若臺諫，博贍通敏，厚重方正，始可居此職。是數十人者，雖未必盡然，然其來也以公議，其去也無大過，當其遇事輒言，豈憚嫌怨。一日失勢，便奔走俯伏於衆人之下，若故摧恥，以快讎敵。聖朝人物之盛，如數子者，九牛一毛，無所多損。然所惜者，朝廷之舉動爾。昔唐高宗時，長孫無忌褚遂良等，以勁切得罪，天下不聞直言者二十餘年。今當言責者，顧望畏縮而不敢言者數年矣。前日或聞御史裏行黃履言市易事，搢紳之士以為鳳鳴朝陽，尋即報罷。且市易果便耶，果不便耶，履之言果是耶非耶，市易果便，履之言果非，尚當嘉其守正，敦獎優借，以廣言路。況其便與不便，是與非，特未定也。然則脩默苟容，勇於進取而

樂觀時變者乃為稱職豈不為陛下聽納之累乎五曰復常平以蘭渉令臣竊以青苗之法本以抑兼并賙窮困朝廷惠民之意何所不可而喧譁齟齬者數年今法制已定論議已息臣猶冒萬死以言者誠不知變第恐無益於振貸徒煩於督責所重者國家之大體爾或謂請者既衆則無不便之理然未嘗知浮浪之人與夫不能自業者持片紙獲見緡苟且於目前姦欺於限外今皆指新以填舊額取私債以償公息自此之後官有常得民有常負不幸而少歉則負者至於流亡而得者并失之矣此非所謂賙窮困者也今質貸之家不減前日何則蓋青苗之法與期雖遠然過限有罪貧乏之民無所資假不免寄性命於富商大賈之門其取之尤急則償利愈多此非所謂抑兼并者也又郡縣之治主風教平獄訟禁盜賊均賦徭今皆置而不問日夜惶駭從事於青苗出納簿書細故之間然猶少差毫釐而

立見停罷者相繼雖朝廷遣使風厲州縣亦不過議斂散校圭撮促期會而已非國家大政非天下急務強起而力行之此古人所謂直脤人之口者爾豈不為陛下宜民之累乎六曰罷兵戍以厚邦本臣伏見湖南隴右用兵以來建議開邊之士亹亹相繼而起其講究利害有以當聖心者不過以夷狄喣撫之過侵噬猖獗邊民無聊且當為中國之所有者故雖冀土邦計草芥人命爵賞貿亂君臣宵旰而不知悔也且天下之至難處者兵也今以易言之臣恐兵之禍自此始矣王者之師以仁義動末世以功名舉昆吾之禦玁狁之逐蓋起而應之其義在於禁暴安民而已建武開元之君銳於功名奮兵以逐夷狄邊釁一發而入物補官出貸除罪轉漕假貸鹽鐵榷酤請簒占緡均輸平準和糴率貸度僧進奉宣索增稅青苗間架竹木茶鹽銅錫之名百出卒不能佐用度雖悔痛於末年終不免流為後世子

孫患也然度當時所得未過數幅空地圖而已臣嘗計熙河溪洞之獲在漢唐百分之一而費已不貲況將盡而有之哉當陝西無事川峽上供物帛無慮數百萬悉歸於中帑以供天子用度慶曆寶元用兵之後皆為河東關右截留猶靳靳未足常仰給於度支矣況今重有熙河一路軍興之費哉近日洮西之警互有得失正如鬭博之酣方瞋目盛氣以決勝負雖親信在傍勢不可解臣竊恐輦虛足跌為陛下太平之累也臣愚不曉世務復又官遠方不習國家之典故不知廟堂之謀議但私於士論而求之物情是非不疑利害可見如此為陛下所累者六雖年穀豐稔嘉瑞荐臻猶可以止其流絕其源以銷未然之患況天變昭昭於上人言籍籍於下寧能捨此而不為之慮哉今若以罪戾為慮則臣伏願陛下詔今日以前以新法事得罪者許自陳述為興置一司看詳不問重輕一切除放如此則人情可

安也以名器為慮則臣伏願陛下慎重爵賞澄汰偷惰奔趨之勤不足以臨事捷給之對不足以議政曲存老成以共大事稍抑文華以求實效按察之任必考其素侍從之列必觀其守以至領一將事加一職名非其人無以服衆失其實無以勸善更相薦引先察於時論精別除授必歸於宸斷如此則治道可成也以學校為慮則臣伏願陛下詔限太學生員以五百人為額本貫非開封府輔郡與命官子弟不得入學數外舉人遣還鄉里罷脩經義官屬減省直講員數又詔天下解發各以進士之所自得大義優長文辭厚重者為合格不得以向背新義而去取之也至於武之極則暴法之弊則姦所益者小所損者大宜廢二學以塞亂本如此則風俗可厚也以臺諫為慮則臣伏願陛下斷浮議發明詔錄侍從臺諫以言而得罪與無名而陰廢者度其才而用之以勵公卿之節以慰朝野之望觀其既去而

無憾愈窮而有守若起而助陛下為治當有過人者何必紛紛求攀
緣附託易進之人於外哉如此則言路可廣也以青苗為慮則臣伏
願陛下詔有司取常平舊制而稍增損之其餘煩碎條約一皆罷去
如此則法令可省也以兵戍為慮則臣伏願陛下越罷出塞之師當
為備邊之策少休士馬息計財用以十年為期俟勇者蓄而謀者決
然後一舉而復幽燕之地彼戶口之衆租賦之厚繫虜已久日夜思
漢我朝得而暮資之視西南區區汗僕馬髮鬣犬與豺狼校性命於
荊棘間以求一肉之快者遠甚如此則邦本可厚也至於既有其名
未知其實可行於今而不計其後與夫緣陛下所問者五緣臣所言
者六而記念無以宜於世者臣愚未能盡其說必有慷慨之士為陛
下言之矣臣愚不知五行之說嘗謂劉向以降諸儒妄指意人事以
傳會天變而失於洪範皇極之義故臣不敢即畢所記臆而不經以

欺罔陛下然臣嘗讀易至否泰之際治亂安危其極必返聖朝升平
百餘年蓋古未有至陛下慶泰而益亨豐而愈光更革變創將期
於盡雖然裁成輔相之道貴於適中其過也等歸於否而已矣臣願
陛下慎始而慮終使平而不陂往而不復則天下之幸亦萬世之福
也昔漢文帝唐太宗忠恕仁明主也賈誼劉洎辯論切直往往責君
之難二主者雖明譽其直道而陰銜其訐逆其卒也賈誼以他事廢
劉洎以無罪誅嗚呼言之難也如此臣才微而言拙位下而迹孤徒
有劉賈愛君憂國之心獨意要議以干天聽不顧犯陛下之威觸大
臣之權伏惟陛下裁察若棄其身而用其言則雖死無恨臣不任拳
拳激切之至

九年司徒富弼上疏曰臣近者因拜謝章輒敢略具南事附奏伏計
愚懇尋達天聽蠻寇大擾即已竄歸然五師遂行必誅弔伐水陸並
進威德無施若夫討禦之方得失之際則非臣庸之所預知也伏望
陛下密詔郭逵等俟至二廣熟計攻守利害速具奏聞可往則往如
不可往則命別圖去就以全王師之重海嶠阻遠恐難責其固必也
臣又竊聞秦隴之外數年用兵魁取熙河等五州別立一路闢地進
境開拓故疆誠為國朝美事足光史冊也然而遠近共傳當時殺戮
人命不可勝計費耗財用莫知紀極是皆主事者公為欺罔不以實
數上奏致陛下無由得聞而進止也今既成立部分建置官屬屯兵
守禦各有定制即須所得之地所出之物以供贍一路自能取足不
假外求然後可為長遠之利遂成開拓之益則向者人命不為枉殺
財用不為虛費也柰何罷兵後唯聞朝廷自京師輦運金帛監司從
內支撥糧草增添轉遞遞鋪奔走不絕於道滔滔而去尚云不足一
二年來又云彼中米麥每斗計錢四五百文賤亦不減三百以上公

私皇皇汲汲日憂不逮若常如此則不唯枉殺虛費而又自此國家
府庫如何供億民間物力如何出辦遂使官司俱困得之何用況陝
西之用即今上下窮窘已甚事苟得實臣竊憂之伏望陛下親選無
所畏憚公忠臣寮不與其時用事人為黨者往彼案視土地可耕否
所收物財足用否人情可安否久遠可守否俟得其實然後委二府
會議方見經久利害如何若不審行考校但務竭力勞費臣謂未等
之家有十金之產者且猶未肯如是況乎為天下之計哉惟陛下深
切留意也唐宣宗時北方亦曾自舉十數州內附未嘗少加攻取既
而供饋闕乏終却叛去唐亦不復顧藉更乞略賜檢詳亦可以為鑒
矣臣又竊聞代北之地虜人妄有爭占意在先發殊無義理朝廷以
其倔彊難制遂欲盡與此說傳播甚盛然終未知虛的萬一是的則
聞者莫不憂駭何哉蓋夷狄貪婪後患彌大彼曲我直事甚明白且

宜以理辨析未易可許昔趙王欲賂強秦六城而虞卿不從東胡欲
求匈奴甌脫而冒頓弗與觀其簡冊足為龜鑑願陛下取此二說以
今疆事反覆衆校始末輕重與二府議定決然利害奏稟而後行此
須特出宸斷也臣又竊聞累年新法所行之事條目甚多陛下近已
深見為害但盧懷隱忍未即更張此誠大得為君之道從容優裕而
不欲迫急也然所謂為害者皆害及天下之人被害既久則豈尚容
舒緩哉度今事勢正如解倒垂之急唯恐解之不速也亦如人之感
疾疾深則難愈木之受蠹蠹深則難補惟陛下所見害事既明芽蘖
已著宜早圖之必無太早之失更或稍緩則遂成疾蠹深患朝廷益
難與枕矣況天下不以賢愚共知陛下始欲講求大治比迹唐虞前
代帝王用心非所能及而不意為人所誤至此事皆成弊究其端由
實非陛下之失唯是衆口共責為謀者恨不食其肉焉今聖情既已

開悟稔知其非而猶隱忍護惜不速更張却恐遂玷聖德也臣更願
陛下於左右臣寮中不以職位高下常視其反覆狡獪者疎之純良
方正者與之反覆狡獪者雖有姦才强辨可惑人其如自取名位及
援引親舊結成朋黨互相保庇表裏膠固牢不可破如此之類者豈
可置之左右而任之以事乎蓋本無一定之志不恥不仁不畏不義
不見利不勸必無忠藎懇實安肯乃心於國家也純良方正者才辨
誠有不及狡獪之人然其心不二持守堅篤中立不倚傍無朋比用
之則直道而進捨之則奉身而退不為利回不為義疚忠亮之節至
死不移不肯欺昧朝廷自求多福如此等人終無妄誤必能為國家
立事假有未能立事者亦不為害也陛下臨御既久當盡照見固難
上逃聖鑑此尤宜常掛宸念恐非須臾可忽也緣誤用一二姦人則
展轉援致連茹而進分布中外大為朝廷之患卒難救整唐文宗所

謂破河北賊易破朝廷黨難者正謂此也天子無職事唯辨別大臣
邪正而進退之此其職也切乞謹之臣狂瞽之說有愛君憂國之心
固無他志伏乞俯賜聽納早賜裁處不勝宗社生靈之幸
元豐六年富弼薨手封遺奏使其子紹庭上之其大略云陛下即位
之初邪臣納說圖任之際聽受失宜上誤聰明浸成禍患今上自輔
臣下及多士畏禍圖利習成敝風忠詞讜論無復上達臣老病將死
尚何顧求特以不忍上負聖明輒傾肝膽冀哀憐愚忠曲垂採納去
年徐禧之敗兵民死亡者數十萬今久戍未解百姓困窮豈諱過恥
敗不思救禍之時乎天地至仁豈與羌夷校曲直勝負願歸其侵地
休兵息民使關陝之間稍遂生理兼陝西再團保甲又葺教場州縣
奉行勢促星火人情惶駭難以復用不若寢罷以綏懷之臣之所陳
急於濟事若夫要道則在聖人所存與所用之人君子小人之辨耳
陛下觀天下之勢豈以為無足慮耶

神宗時知諫院范純仁奏乞任群臣疏曰臣伏見陛下即位以來孜
孜求治親決庶政日煩聖謨萬乘增宵旰之勤群下負尸素之責君
勞臣逸顛倒衣裳異天德不言而成虧聖人無為之治又況人主詔
令當務簡而必行萬機之多寧免一失先有司則不容差謬當職者
得以糾繩出上意則事關綸言為臣者難於輕議行之寢久益少損
多蓋夫尊者當領其要卑者當任其詳尊卑之殊其職亦異盡心謹
職皆察細事者有司之職也經國子民選賢任官者宰相之職也容
載如天地廣大如江河巍巍蕩蕩無得而名者王者之德也以卑僭
尊則不恭而失職以上逼下則叢察而勞神故易稱黃帝堯舜曰垂
衣裳而天下治又孔子稱堯曰惟天為大惟堯則之詩稱文王曰不
識不知順帝之則是皆端拱博大無為之明效也惟聖心稽而行之

易若反掌。伏惟陛下察虞舜叢脞之戒。取老氏清淨之言。潛晦聰明。順養聖意。擇宰司而委以萬務。慎庶長而責其成功。廣聽納以導群情。察邇言而安庶政。大臣無不以之怨。多士懷得職之喜。愚智效力。上下盡心。自然端拱垂衣。太平可致。

純仁又奏乞清心簡事尊德委賢狀曰。臣伏見陛下即位已來。切於求治。思欲革去舊弊。速致太平。此固聖明之君盛德之舉也。然而道遠者理當馴致。事大者不可速成。人才不可以急求。積弊不可以頓革。道不馴致。則有揠苗之患。事欲速成。則有不達之憂。人急求。則才佞進而巧偽生。弊頓革。則人情擾而怨憤作。所以景帝削七國而鼂錯受戮。東漢疾橫議而黨錮大興。宋襄公急於求霸。以致喪師。唐文宗切於除姦。而訓注禍作。此皆前世之明效。而後王之龜鑑也。故帝王之圖治。必在顯仁藏用。自下升高。人材以長育而成。功德以積累而

大。通其變而使民不倦。神其化而使民不知。無象無為。而天下自安矣。故傳稱堯之德曰。蕩蕩乎民無能名焉。稱舜曰。夫何為哉。恭己正南面而已矣。稱文王則曰。不識不知。順帝之則。是皆聖人之治以無為而成也。又稱孔子曰。毋固毋必。毋意毋我。又曰。無適也。無莫也。義之與比。洪範曰。無有作好。遵王之道。無有作惡。遵王之路。無偏無黨。王道蕩蕩。無黨無偏。王道平平。此則聖人之心。毋固毋必無適無莫不作偏黨好惡。而邪正自辨。萬事無惑也。故水止則方能鑑物。心清則可以理事。自古人君有以才略自任。果於興作。欲其事功速就。必為憸佞所乘。迎合之人。則以才能被寵。忠直之論。皆以沮誹見疑。以沮誹被疑。則不暇察其忠。以合意為才。則無以覺其佞。自然善惡無辨。賞罰不明。人情怨怒而不知。禍亂已成而莫見。以至國家顛危者多矣。此果於興作之害也。孔子曰。予無樂乎為君。惟其言而莫予違

也。不幾乎一言而喪邦乎。此有以見小人承順之言可懼也。陛下聰明仁孝。脩已蕩恭。自有堯舜之資。可以垂衣而治。不須急務於近效。乃雜五霸之為。豈唯徒勞睿思。寔恐以小妨大。伏望陛下。清心簡事。尊德委賢。以知人安民為大方。以富國強兵為末務。覆之如天。容之如地。四海被不言之化。生民躋仁壽之域。與三王並美。唐虞比隆。使後世歌頌無窮。在陛下留神而已。

時王安石用事。參知政事趙抃屢斥其不便。韓琦上疏極論青苗法。帝語執政令罷之。時安石家居求去。抃曰。新法皆安石所建。不若俟其出。既出。安石持之愈堅。抃大悔恨。即上言。制置條例司建使者四十輩。騷動天下。安石強辨自用。詆天下公論以為流俗。違衆罔民。順非文過。近者臺諫侍從多以言不聽而去。司馬光除樞密不肯拜。且事有輕重。體有大小。財利於事為輕。而民心得失為重。青苗使者於

體為小。而禁近耳目之臣用捨為大。今去重而取輕。失大而得小。懼非宗廟社稷之福也。

翰林學士張方平上言曰。陛下即阼以來。顧諟天之明命。慮而後言。議而後動。欲以身先而率天下以正。可謂盛德矣。然始初清明。中外觀聽。朝廷風體。顧當先其大者遠者。若夫厚風俗。美教化。脩典刑。正紀律。以通天下之志。以成天下之務。此今之所當先者也。而近日政令未見有可以慰天下之心者。而但聞利害相傾。愛惡相攻。議論紛紜。斥免繼踵。臣恐四方有以窺時政者矣。國家設官分職。置臺諫寀。臺官以糾邪惡。繩愆違。肅紀倫。諫官以拾遺補闕。規君過。歷代具員。各揚其職。仁宗虛懷盡下。容納無擇。先帝英明健特。令出惟行。陛下祗遹成憲。以端治本。王道正直。在執厥中。所言是耶。事固當無大而必從。所言非也。事亦當無小而必察。取其至當。何所依違。天無私覆

日月無私照。帝王之心如是而已矣。又方今朝廷之大弊。政事所以因循。人情所以不盡。上為避煩言。恤形迹。事小嫌廢大體。名曰公道。其實徇私。名曰慎重。其實苟且。以此為適治之路。是猶北轅而之楚也。伏願陛下廓大明。恢遠度。有以率勵群下。革此敝風。俾協恭和衷。共成雅俗。如此。則君體以尊。人倫以秩。紀律可得而正。風俗庶幾乎厚。陛下以此圖於執政。推是而廣之。觸類而長之。治跡由此而適頤為近爾。

蔣之奇轉殿中侍御史。上謹始五事。一曰進忠賢。二曰退姦邪。三曰納諫諍。四曰遠近習。五曰閉女謁。神宗顧之曰。斜封墨敕。必無有至於近習之戒。孟子所謂觀遠臣以其所主者也。之奇對曰。陛下之言及此。天下何憂不治。

監察御史裏行彭汝礪奏曰。陛下懲苟簡之敝。悼事功之廢。教農夫興水利。開邊境。造出法度。付之有司。使車絡繹。出求遺策。其始求緣而其欲速。纖人附託。急功趨利。貪功邀賞。誤陛下事多矣。水監言為陛下興水利者也。如興時開南京白溝河。所役工數百萬。而為之死者數千百人。一州府庫皆至空竭。終以無可成罷之。如京師開丁字河。其言利者。必以為無窮者也。以其利無窮。故國家亦輕厚費而成之。堰成今二年矣。陛下試使人察之。其利何在也。如濬川司所役日三千人。日給錢三十。以歲計之。金積至百十萬。以月計之。金積至三千緡。其他物至廩祿衣賜一未論也。其利害則陛下固自試之久矣。司農言為陛下養民者也。如為方田手實。海內為之騷然。稅終不能均。如興時以布衣為使。教種稻田。置農器。立農舍。紛紛幾年。旋以罷廢矣。如兩安撫司募人歸京東教蠶者數十戶。而道路流離凍餒以死者幾盡焉。而學士大夫猖狂妄言。爭提空名以邀賞利。故上有不貲之費。而下無經久之計。民有無窮之害。而官取甚優之賞。古今豈有此理。凡臣所陳。皆陛下耳目所及也。而為誕謾如此。推至於所不及。蓋有不勝言者矣。以此知事之不可易也。方舜禹之盛。相與有為於上。固無遺策矣。而所以相戒。亦曰率作興事。慎乃憲。欽哉。則興事之難。非獨今也。蓋聖人吉凶與民同患。則不能無事。而其動隨而不先。故與四時相先後而不遺。其法應而不倡。故與萬物相酬酢而不匱。其功緩而不迫。故與萬物相終始而無盡。夫豈嘗有意哉。子曰。因所利而利之。不亦惠而不費乎。擇可勞而勞之。不亦勞而不怨乎。今之事雖勞之不能無怨。而所費不足為惠矣。惟陛下加察焉。

汝礪又奏曰。臣聞天下之法。非制之難。而變之亦難。非變之難。而當於理之為難。蓋有為者嘗始於勤而卒於怠。方其乘可為之勢。而內有至誠惻怛之心。在彼惟無所言。有所言皆行之。在我惟無所行。有所行皆至焉。及其久也。或已為而無狀。或已行而有弊。而浸潤之言入。危疑之說進。而心怵然為戒。為之回顧。為之躊躇不進。而昔之至誠之心鮮矣。惟其所養育之人材。與所感動之風俗已如是。念所以焦勞而成之者又如是。欲棄之則嘆息已著之前功。欲革之則遲疑未然之來效。此改變之所難也。夫理有是非。故容有取捨。事有利害。故容有損益。然知其為是非利害而不知其所以為是非利害。則雖以為是而非固已滕之。雖以為利而害固已隨之。陛下造事議法。多古人之深意。而小人不能奉承明詔。急於功利。故改為幾十年而事功未至成就。而使陛下有疑焉。如羅河防司。歸都水監。罷帳司。委提舉司。未幾皆復焉。人於此有以窺陛下矣。臣願陛下加詳焉。無忽慮不可以不前定。不前定則搖。令不可以數易。數易之則輕。蓋今天下之勢。如大廈之已構矣。其為門闌堂室之體。其為高下廣狹之制。其乃員象天地。其內外法陰陽。其晦明象日月。蓋已成矣。而材未備。勢未完。疾風淩雨並至而乘之。而居者不安焉。為臣氏計。易棟楹榱桷之傾邪撓折者。補堂塗蓋危之破闕者。飾丹雘之未至者。於已壞者脩。於已完者加固。如此。則益善矣。使不顧其已善。而欲以一日之力盡革也而鼎新之。臣恐且成者復壞。欲為者未集。邦家之基危矣。臣願陛下加慎焉。然臣所論興事。非為事卒於不可興也。欲加詳而已。所論變法。非為法卒於不可變也。欲加慎而已。始以一人之言而興之。而不計其為害。終以一人之言而廢之。而不存其為利。物必有受其弊者矣。左右皆曰可為。未可也。諸大夫皆曰可為。未可也。國人皆曰可為。然後察之。見可為焉。然後為之。左右皆曰可廢。未可也。諸大夫皆曰可廢。未可也。國人皆曰可廢。然後察之。見可廢焉。然後廢之。夫所廢興者與衆共之。雖更萬世之久。盡天下議論不可奪矣。何則。其理同固也。蓋天下之事。非為其理而已。苟循其理。何所為而不得邪。惟陛下裁幸。

汝礪又奏曰。昔先王之為國也。其所以總領而維持之者。可謂備矣。九州四海之遠。所君者一人而已。以為不足也。則分天下之土為公侯伯子男。凡五等。猶以為不足也。則列天下之國為屬長連師卒正者。凡七等。猶以為不足也。則并諸侯之國而為之伯者二人。上下相維若網之在綱。而天下總萬國之遠。制於一堂之上。諸侯蹶角稽首又聽號令。循法度。若指之應臂。其有不率。則其長得而治之。然又以為未足也。於是有巡守焉。至於其邦。問百年者就見之。命太師陳詩以觀民風。命市納賈以觀民之好惡。命典禮考時月定日。同律度量衡。禮樂。制度衣服正之。而有刑。有流。有討。有賞。此諸侯所以謹度而民莫不安也。自侯國之廢。學士之言不及此矣。今天下縣有令。郡有守。

列郡有提刑。有轉運。有發運。所治者財穀而已。於民事有不與也。有安撫鈐轄。有總管經略。所制者兵而已。而民事或不與也。夫古之侯國。其德之所以相長者如此之衆。而今之郡縣所以總領者如此之約。而任之未必當。責之未必久。此無怪乎天下之未治也。臣欲乞因今之所謂安撫鈐轄。而以重臣任之。稍并衆任。使職司皆得以統攝。而一道之利害黜責。皆得以安撫領使。如古之州伯也。三歲遣近臣出使。以盡民間之禍福利害。而察百官之賢智愚不肖。使如古之巡守也。如此。則遠近內外無有不安者矣。

金君卿奏曰。臣竊嘗考古之道。觀今之宜。切於治要者。莫若節冗費。使國用充足。而民力有餘。謹法令。使下必奉行。而無姑息苟且之弊。敦風教。勵名節。使人知廉恥。而無澆競之俗。朝廷固當留意於斯。而言事之人。未能別白指陳使可施行。殆亦垂之空言而已。伏惟皇帝陛下。天資仁智。宵旰勵精。詢謀臣工。以圖極治。故有大廷轉對之訪。雖甚狂狷。皆優容之。微臣故敢吐忠獻愚。條上三策。願陛下賜臣須臾之暇。使得口陳。以展盡其意。然後乞賜財擇。覽其必行。臣不勝幸甚。仰黷宸旒。臣無任激切屏營之至。

一事。臣前所謂節冗費。使國用充足。而民有餘力者。臣且粗陳其一。每歲可減冗費數百萬貫。竊聞天下州軍。招置廂軍人數。多少不等。每歲增耗。無有定額。治平間總五十一萬人。臣嘗籌之。以廂軍諸處則例。參以軍分上下。約度除招軍例物賞給外。所支錢糧衣賜等物。每一名約歲費緡錢三十七貫已來。且以五十一萬人約之。歲費錢一千八百八十七萬貫。自明道已來。數十年間每歲之數。亦有止於四十三萬人已來。嘉祐中只有四十五萬人。向時天下漕運占役之處。亦無關事。今其數既多。歲月糜耗庫廩不得不空。以至諸州支頤綱運火兒工錢之費。亦無所减。制詔謂賦入日增而國用日虧者豈不由此也。臣又聞皇祐中。置司减省冗費。治平間宣勅亦以兵冗之故。戒敕官司不得妄有占役。朝廷節費省民之意。未為不至矣。臣今愚見。欲乞在京特置官司。及遣使與諸州軍例合占役要用廂軍人數。立定常額。且以州府軍監大小。或通江河。或居僻左。以綱運多少。縣鎮倉場及官司占役等處。裁定人數。然後以多補少。移於闕人州軍。選不任役使虛食廩稍者减放。旋闕申在京减省官司。吏將諸州人數參詳損益。大率以仁宗朝已來四十餘年廂軍人數約度。取其中數裁定。逐州常額。今後須是額數闕人。方得招填。臣愚試約度。且以四十四萬人為額。可减放七萬人。每歲且减費緡錢二百五十九萬貫。其所减招軍例物。又不下六十餘萬貫。臣試以向來西北餌胡之費較之。可减其數三倍。朝廷方欲富國息民。宜無遺此策。臣昨守任澧州雄州日。竊見逐州半糧兵士。不下五七百人。諸州類多如此。皆占閑慢去處。甚可裁减。臣守任池州日。本州所管過犯軍七百餘人。况僻遠山郡。此類衆多。或因飢饉。亦不可不虞。臣欲乞今後諸州有過犯配軍满百人。即仰聞奏。乞權住配。朝廷亦嘗有指揮委監司體量配軍。罪犯輕者聞奏。經年歲間得减放還鄉者百無一二。臣欲乞指揮。雖因罪犯。本非巨蠹。自配充軍二十年。而年六十五已上者。可盡行减放。其逃亡。及因差役久不歸營。不曾開閤請受胃請錢糧。其弊極多。乞因此根磨。仍令都監司及糧料官司。常切閱防。免虛破廩食。更乞嚴行條禁。諸州有招小弱疲羸之人充數。今後亦乞重行約束。令諸路監司常切點檢。比來向南州軍抽差軍人往諸處工役。未幾放還。其死亡已過半。臣竊計疲弱軍人歲月間糜耗廩食。以丁壯一時之役較之。所費既少。而用力倍多。欲乞今後有得朝旨興脩河防之類。令優與工直雇召丁夫充役。如必要抽差廂軍。亦須揀選堪役之人。相兼丁夫役使。又西北沿邊州軍。設有不堪征役之人。尤難餽給。候諸處减定。然後相度量與裁損。其禁軍亦乞特賜裁酌。臣未敢悉條其事。恐煩聖覽。如朝廷以臣言為然。乞命大臣置司行遣。令臣得參預其議。然後别開陳條件奏請施行。必收此策。冗費自銷。庫廩封實。民有餘財。可翹足而待也。

二事。臣前所謂謹法令使下必奉行。而無苟且姑息之弊者。臣竊聞朝廷命令之出。非不丁寧戒敕。然州縣之吏。或多因循。其名雖曰行下。鮮能收其實者。向來朝廷頒降條貫。州縣亦甚有因循去處。臣不敢悉數。又如赦勅内合須行條件。往往經歷官司逾年不能結絕。使上之德澤壅塞而不流。此蓋官吏奉法不謹之故也。制詔謂州縣之官課空文而尸素者。良謂此也。臣欲乞申敕有司。今後宣勅指揮州縣施行。除程限外。經半年不奏報及赦勅内合行條件。一年内不盡遵行結絕者。委監司按舉。或言事之官彈劾以聞。當職官吏重行黜責。不在去官原赦之限。又軍中教閱之法。朝廷之所留意。臣昨守任邊州。見諸處武臣全不以此為意。皆云督促教閱。便致生事。姑息之弊以至於此。而欲精兵銳卒緩急應用。不可得也。臣愚欲乞更賜約束。令監司點檢武臣課績。别以一項明述教閱精否為殿最。而黜陟之。如此則州縣之吏軍旅之政。皆知奉法舉職。而無姑息苟且之弊也。

三事臣前所謂敦風教礪名節使人知廉恥而無澆競之俗者臣
竊見比來士人往往有不顧名節澆薄日甚設以如此等人為
州縣長吏而欲民知廉恥息爭心不可得也此蓋士人學無本
原又取士之法難求行實之故古者取士先以鄉里孝悌之行
今貢士既多其間得無浮濫雖有縣令保明之法然不過取質
於村耆坊正之言又不選之徒自相為保而縣令且非久任難
以盡責其保臣今欲乞每遇科場發解後令知州通判吏察其
行述其得解舉人中不以解名高下有經術履行為鄉里所共推
高者特與旌別保明聞奏如擢科第乞與升甲名或守選者與
免選除注其間却有不行止及有虧孝悌不為鄉里所齒者許
明其事迹彈舉其人雖已及第亦未得理選限後來却能改過
自勵候有本貫知州通判縣令職事官一員同罪保奏方與理

選限差注如此行之每次科場稍舉策其一二自然相率皆脩
行檢也又國庠賢士之關風教所自出欲乞置五經博士傳以
小經令學者各授一經諸州學者亦皆倣此各專經術每遇科
試三策中將一策問其所學經義所貴學有本原而經明行脩
之士出矣臣又聞朝廷開薦舉之路惟務得人不專閥閱今後
臣僚每歲保薦人數有全不及孤寒者許言事之官彈劾以聞
臣又聞詔百官轉對本求民間利病其間有專以愛憎攻訐者
頗傷刻薄朝廷近行黜責聳伏群聽欲乞更明降詔書戒敕百
僚使知寬大之意制詔謂變風俗之澆訛臣敢以此為獻臣之
淺聞姑陳其一二庶幾士重名節民知廉恥而成美之俗也
右謹具如前臣人賤言鄙亦是以上副詔書丁寧詢訪之意惟陛下
赦臣淺陋瀆天聽之罪臣不勝幸甚

右司諫蘇轍上奏曰臣謹按青苗免役保甲市易四事得失最為易
見上自中外臣僚下至田夫野老無有一不知者但以朝廷所行言
其是則有功言其非則有罪是以畏避鉗默不敢正言今謹採衆議
人所共知灼然可見者畫一開坐如後
一議者皆謂富民假貸貧民坐收倍稱之息是以富者日富貧者
日貧今官散青苗取息二分收富人兼并之權而濟貧人緩急
之求貸不異於民間而息不至於倍稱公私皆利莫便於此然
公家之貸其實與私家之貸不同私家雖取利或多然人情相
通別無條法今歲不取而取償於來歲米粟不給而繼之以芻
藁雞豚狗彘皆可以還債也無歲月之期無給納之費出入閭
里不廢農作欲取即取願還即還非如公家動有違礙故雖或
取息過倍而民恬不知今官貸青苗責以見錢催隨二稅隣里

相保結狀請錢一家不至九家坐待奔赴城市糜費百端一有
逋竄均及同保貧富相迫要以皆斃而後已朝廷雖設法度以
救其失而其實無益也
一議者又謂平時差役破壞民家一夫為役舉家失業故使逐戶
出錢官為雇人謂之免役出錢雖多而民免於破家之患以此
為說行之不疑然不知三代之民以力事上不專以錢近世因
其有無各聽其便有力而無財者使效其力有財而無力者皆
得雇人人各致其所有是以不勞而具今也棄其自有之力而
一取於錢民雖有餘力不得效也於是賣田宅伐桑柘鬻牛馬
以供免役而天下始大病矣且夫錢者官之所為米粟布帛者
民之所生也古者上出錢以權天下之貨下出米粟布帛以補
上之闕上下交易故無不利今青苗免役皆責民出錢是以百

物皆賤而惟錢最貴欲民之無貧不可得也至如京師百司郡縣刑法之吏無祿而役為日久矣周制庶人在官雖曰有祿而事簡吏少勢或易供非如今日員數猥多不可供億況三代兵出於民而今之兵坐而仰給若又無舉大費為力實難然議者以為給之以祿然後可責之以廉蓋朝廷選吏之精必不如擇官之慎祿吏之厚必不如祿官之多今慎擇多祿之官猶不免於貪而況於吏人乎且昔之為法也計贓得罪無祿者減等今用倉法則吏之得罪反重於官顛倒失宜尤為未可若朝廷誠患吏貪但使官得其人則吏之受賕自有分限若猶未也則雖重祿深法不能禁矣

一議者又謂三代之盛兵出於農故團結伍保以寓軍今朝廷喜其近古亦謂可行然而三代之民受田於官官之所以養之者厚故出身為兵而無怨今民買田以耕而後得食官之所以養之者薄而欲責其為兵其勢不可得矣蓋自唐以來民以租庸調與官而免於為兵今租庸調變而為兩稅則兩稅之中兵費具矣且又有甚者民之納錢免役也以為終身不復為役矣今也既已免役而於捕盜則用為耆長壯丁於催稅則用為戶長里正於巡防則用為巡兵弓手一人三役具焉民將何以堪之且其為巡兵弓手也一保甲之中丁壯既出老弱守舍盜賊乘間如入無人之境而其上番之期又不過旬日坐作進退未能知也代者既至相率而反往來道路勞弊何益至使盜賊縱横官吏必責囑衆群黨攻劓州縣未必不由此也古之循吏使民賣劍買牛今也使之棄其農具而置兵器小民無知緣以為惡良民之畏事者一入而終身不得脫姦民之好權者一補而終

身不得免其為患害有不可勝言者矣

一議者常患百貨輕重制在富民少則貴賣以取贏多則賤買以要利利有所壅商賈難通於是置市易之官以平貴賤有司誠守此議不更別有所營則雖繁碎難行然亦未有深害今自置市易無物不買無利不籠命官遣人販賣南北放債取利公行不疑杜絶利源不與民共覩其指趣非復制其有無權其輕重而已也徒取小民失業商旅不行空取專利之名實失商稅之利國體卑辱海内離心窺覦盛朝何苦於此況復小民好利類無遠見爭取官債以救目前欺謾父兄妄引抵當期限既迫逃竄無所婦子離散行路咨嗟柰何為此陷穽誘而納之也至於姦民巨賈窺伺間隙取利或多或輸滯積不售之貨以易見錢或指殘破無用之屋以賕實貨巧智百出難以盡言有司蒙蔽指以為利泉幣一散汗漫難收官之所蔵徒文具而已竊聞朝廷近日將議窮究然而既敝之法施行未已買賣百物猶且如故譬如含茹毒藥喉舌破裂胸腹脹滿知其非矣然且閉口不吐安坐切脉廣求方書其於速愈之術疏矣

右臣所陳畫一事件皆是耳目所接衆庶共知朝廷清明豈有不察若誠有意改易非復難行但朝出一紙詔書西弊夕去非如前代積弊或在列國或在四夷欲議改更恐其動搖海内故且維持含養苟自便安今事在朝廷出命則已衆所係望勢難久留而私自顧戀遲遲不決以失天下之心臣竊不取也愚惷之人志在憂國言詞激切干犯典刑區區寸誠甘俟誅戮

呂元鈞對策曰臣聞大智者聖人之德而虞舜察邇言蓋萬事之統顧省不遺而慮之深也中行者君子之能而仲尼與狂狷蓋匹夫之

志固守難奪而不可棄也此二者施諸君臣之際而要其歸則上有求善之義而下不失為盡節不欺之士各崇所當義何虧焉今陛下席太平之基運獨化之術元臣良輔講磨原本於內庶官群吏奔走職業於外綱制立而可以庇萬國號令出而可以爾四方治定功成信有日矣然猶詔舉賢良方正之士親策于庭道託不明延訪得失者豈非虛己好問求盡天下之情歟臣愚不肖未足以備當今之下執事雖竭盡傾寫安能補陛下萬分之一乎然不敢以荒略無取為解而逆探朝廷之意頗獻于前者蓋以為賢良之義貴犯而不貴隱惡斯義之廢自臣始也且人各有異能而所以取之者必主於一求將帥主於勇求守令主於廉求法吏主於文而求賢良主於直捨是則雖有異能而亦不取矣今將帥不言其勇而言其仁守令不言其廉而言其通法吏不言其文而言其樸則陛下取之歟臣雖不肖而

所以進者賢良也敢不一於所主而求伸其志哉恭惟聖策有曰昔明王之治仁風翔洽德澤汪濊四時調萬物和兵革不試刑辟不用儁賢居位戎夷嚮風建皇極以承天斂時福以錫民日星雨露鳥獸草木效祥薦祉陛下甚慕之而詢臣以致之之術者此陛下深思治體而究其所由欲均大利於四海也臣愚何足以知之然臣聞人事有本末物理有始終王道之施相因固有先後端本所以治末慎始所以圖終施之宜先則不可後於一日乃治體之所起也昔春秋以五始明王法謂一為元者視大始而欲正本深探其本而所貴者始也然則人君之即位者天下之大本而王道之始乎兆民億姓延頸企踵而覬其撫養也則必有以慰其望公卿輔佐致忠竭節而副其任使也則必有以結其心蠻戎夷狄悚意懾慮而仰其懷徠也則必有以悅其情古之賢王深知端本慎始之義而施設之具無先於此蘊

之而為盛德發之而為大政如日月之照臨雨露之潤澤使人人聞之率皆聳動鼓舞以為吾君之有其善則吾之幸也吾君之舉其事則吾將享其利焉是故散而為仁風霈而為德澤幽可以調四序明可以和萬物兵不試而威立刑不用而政成俊傑在位而百職舉羌夷款塞而九貢集大中之道建而上順乎天五韙之福應而下休乎民日星雨露鳥獸草木諸福之物可致之祥莫不畢至而王道終矣書稱高宗之德曰作其即位嘉靖商邦至於小大無時或怨詩稱成王之嗣政則以小毖慎微恭之進戒為先務豈非端本慎始之意乎及其明驗大效之見於後則德業昭著教化深厚措世乂安傳祚永久得不盛哉今陛下承五聖之統講求治具而以任大守重為之憂故臣敢以端本慎始為獻願陛下不惑理財之說以慰生民不聞老成之謀以結公卿不興疆埸之事以懷戎狄惟陛下深思而切究之

則堯舜之治可以積久而致何在昔明王之足慕哉聖策曰人君即位必求端於天而正諸己惟五事得其常則庶徵協其應享國以來靡敢自肆而和氣猶鬱夭異數見迺元年日食三朝洎仲秋地震數路而冀方之廣為災最甚者此陛下畏天命而求所以順也臣聞天人之際精祲有以相感洪範之陳五事春秋之書災異吞其徵也然世之說者有兩端焉一曰彼穹然居上者何預於人事乎日月星辰之凌錯陰陽水旱之愆亢皆大數使之然未必發於政事是天之與人離為二而言非嚴恭寅畏之道也一曰災變之來率以類應某政之失則召其祥某事之非則召其異蓋自兩漢諸儒若劉向董仲舒郎顗襄楷之徒皆指時事一二以明之牽連還合務必其驗是不能推明天人之端以啓導世主而使溺於禨祥也臣則謂之不然夫天之降命於君而付以大器者必有扶持全安之心警懼告戒之意矣

示以天診諭以變怵者欲其飭躬而務德慎事而圖寧也非無預於人事也非指其一二之失而致也天人之際如是而已陛下即位以來勵精庶政蟲魚草木率被煦養而改元之歲日食三朝者天心之愛陛下而告以始終之義也改元者陛下踰年類政之始更新萬事之時日者至明之物不可輒晦天意若曰陛下宜慎之於始輝光盛德而不可少虧也仲秋之後九州之地太半震動大至裂陷小亦覆壓京師亦震冀方最甚者天心之佑陛下而示以安危之端也地者至靜之物常履其安者也一失其常動而不已天意若曰靜而有常則安動而失道則危願陛下居安慮危也祖宗由河朔起則冀方如本封陛下以四海為家則京師如堂室震動之變形於斯者非獨外憂可虞抑亦內患可慮也夷狄之憂生於綏御之失術軍旅之憂生於威愛之偏任環衛之患生於防過疎略近習之患生於任使之過

重此四者世嘗有之非臣之私憂過計也至於虹貫日地生毛太白經天熒惑失度此又警戒之深也教化有未備乎德澤有未至乎賦稅過重乎刑罰失濫乎干戈可虞乎盜賊不戢乎大槩有以感之故天意諄諄而不已也易曰其亡其亡繫于包桑言泰通之世深念其危則悔吝不生矣詩曰肇允彼桃蟲拚飛惟鳥言治政之初慎其小則禍敗不至矣願陛下思天人之交窮詩易之戒則大異弭去而和氣感召如影響焉聖策曰圖講政務則日至中昃而猶多苟簡之習慕進人材則官無虛假而頗乏績用之美者臣聞古之聖人未嘗不勤文王之治日至中昃而不遑暇食然至於庶言庶獄庶慎則罔攸兼之惟有司牧夫之是任蓋勞於求才逸於用賢故也且帝王之道與天地參天地之化分任四時以生成萬物而不專於一草一木之長育蓋元氣統於上而萬物無不遂者矣帝王之道慎擇群賢以翊

輔萬政而不偏於一物一事之修飾蓋至權歸於中而萬政無不舉矣恭惟陛下體乾之剛以運動法離之明以照遠既得群賢以任之又舉綱要以濟之則文王勤治之德借美於古而虞舜無為之功復見於今也苟簡之習何慮不革哉若夫慕進人材而乏績用則臣略究其端矣夫唐虞之盛九年而黜陟姬周之隆三歲而大計蓋磨以歲月而觀其能否然後進退之深慎名器而不敢妄與也今之自選部而升京秩者為考六七為舉主五六人而後得自京秩而至郎官者凡四歲一遷焉其於名器不輕而重也信矣陛下至誠待物急於得人拔擢俊良於微賤之中而置在高位者數矣此皆賢能不次而用非若向之碌碌者限以歲月也然賢能不次而用王政之一端耳人之能否可不察哉孟子曰左右皆曰賢未可也諸大夫皆曰賢未可也國人皆曰賢然後察之見賢焉然後用之蓋小人之性役於利祿

而好為趨時希世之事揣知人主之意而務求其合苟可以取寵於上則不暇量己之材能與否也陛下急賢而用不次進之則其心何負於天下之士哉然天下之士則有負陛下者此眾心之所感也蓋嘗以邊幾進者而將帥辨其擣怨於外羌也又嘗有可任御史者而言者謂其薄於孝也始而聽其言中而試以事終而驗其能否則天下之士不能負陛下而績用不乏矣聖策曰種羌非不懷徠也而邊候或時繹騷以至臨遣輔臣恢明威武者臣聞中國之於四夷若天地之於萬物遍覆包函而使之自遂耳安用較其力之勇怯責其心之去留哉或侮慢不庭則征伐亦不得已而自用也朝廷之於西羌可謂厚矣加之王爵而襲其土賜之金繒而未嘗缺然自近歲以來逆心日甚多遣介使以伸難塞之請起犯邊吏以求克捷之效此固宜俘擒而殄殲之矣是以陛下臨遣輔臣而將伸九伐之令也然臣

愚以為中國之力有盈虛羌虜之勢有強弱則必量而後動度而後
行焉至道中天下之全盛也兵之強民之富將之豪傑足以威制四
夷而無憚矣然猶五路之入卒無成功此長驅深入得失之驗也康
定間比於至道則三者皆不及矣是以邊聲一動而遠近騷然以四
海之力事一方而猶為汲汲饋運之勞累歲不息而朝廷深有厭兵
之心卒用間諜與之和解而生民始知休息之漸則兵不易動亦明
矣以今之兵今之將擬於康定則未必過之而民又不及矣向者陛
下即政之歲乘諒祚殘忍之極旱飢相仍部族怨貳是以王師一舉
而輒復綏城之地然人之戰沒者蓋已萬計財之耗壞者凡幾百萬
耶近者秦慶二路寇入輒勝臣竊疑其勢力非復向時旱飢之餘矣
金湯之固非粟不守而塞下之積多者止再歲少者不數月也藩籬
之戶倚以為援而強者逋逃而無幾弱者不足恃也寬文法而豪縱

之將可以致死而細過多從於吏議也飽金帛則覘候之士可以知
微而薄惠不足以使人也廣屯田則可以豐軍食而有司曠廢其事也
恤士兵則可以助戍而平居未嘗少寬也此皆我之未備矣以我之
未備乘彼未易量則莫若講求守禦之具而徐為之謀也朝廷必有
以制之臣愚不能度也陛下謂威而必服邪則威亦有未服謂戰而
必勝邪則戰亦有未勝就使必服必勝則生民供餽亦已勞矣若猶
未也則兵連禍結何時而息乎關陝一擾則寇盜必乘而起種羌之
患未解則西宜備蜀北亦慮胡矣夫遠夷之不討與元元之重困孰
為輕重起一方之事而召三隅之憂孰為得失願陛下權量其宜而
行之昔漢宣帝欲擊匈奴而魏相以為不可赧然遠夷是以享三世
稱藩之效唐太宗欲征突厥而長孫無忌願且戢兵是以終正觀太
平之績臣故曰願陛下權量其宜而行之也聖策曰蒸民非不愛養

也而生業或未寬富以至外馳使者宣布惠教臣聞陛下愛民之心
均於赤子矣而生業或未完者其大弊有三焉一曰郡吏之不足役
及上農而使之破產竭財而斃於凍餒此天下之深不平也今夫細
民之家牛羊耒耜糇糧裘葛蓄有數十金之直則舉而籍之於公以
備役之之費矣方其役之將至而知其必及於死也則其心如避重
誅其力如捍巨寇焚滅屋廬戕伐桑柘以求其不及甚者乃服浮圖
隸兵籍以一身自陷於非類而覬幸於斯世又其甚者子嫁其母而
昆弟得以離居父子謀為自經而求省其丁口此暴役之弊也二曰
天災間作穡事不登則有除賦之令以恤其流亡而有司以掊刻為
勞而務足功利霜雹旱蝗五種之入無分毫矣而輸入之數十猶五
六此重賦之弊也三曰負於公而情不欺者赦宥為之蠲釋以寬其
貧窮而主者網羅疑似索求鍥缺幸其少戾於法而督之益嚴及其

委棄溝壑而勢不可得則猶能鞭笞其子孫縲絏其鄰里而有望於
下此積逋之弊也臣願陛下慎擇忠厚之吏以為守宰而使之不妄
舉並為寬通之制以便衆庶而使之不重困則休養生息皆陛下之
實惠矣雖使者冠蓋不交於道而惠教安有不宣者乎捨是則雖朝
遣一使暮置一官又何益於治乎陛下不先圖此徒刻薄吏張之為
臣愚之所未論也聖策曰國用雖節而尚煩於調度兵籍雖衆而未
精於簡稽者臣亦粗聞其說矣天下之財有常而國家有餘不足之
無常者蓋取財與用財之道異也善取則財雖多而常不足善用則
財雖寡而常有餘今天下之所謂利凡四總二十八品之餘百物有
禁蓋盡之矣而出無餘者未明節之之要也未慎用之之道也節其
可已而備其不可已用其不可費而可以足費則善矣國之大費六
宗枝之祿也萬官之養也冗兵之食也二虜之賜也郊祀之錫也河

防之備也皆不可一日而節若乃賜與有橫濫服用有侈靡掖庭燕私廩給之盛百工技巧冗食之多此皆可節之矣臣願量時制宜一切減損以蓄貨財以備六費之大此之謂節其可已備其不可已若夫興利者功易見省事者功難知易見則取信於人難知則置疑於衆惟其易見難知而疑信之兩出此財之所以日匱也今天下之利有博於解池者乎歲入百餘萬耳有百萬之利獻陛下儻從而推之則其人之功豈不易見哉然綏城之兵一用而費六百萬是四歲解池之利去矣有以綏州之不足城告陛下者儻從而棄之則是能置四歲之解池矣然其言主於省事而不主於興利則其功豈不難知哉究其歸則興利之利不如省事之為利顧陛下反求其端而慮焉是之謂用其不費而可以足費知此二者而不競於錐刀之末則調度將不煩而民力寬矣臣又聞國家患兵之冗而講求其術已久矣向

者容其癃老今則黜其壯子弟向者簡閱之不密今則毫毛不敢欺向者慢於訓習今則朝夕從事以金鼓此三術者方今以為練兵之要臣復何言哉然臣之言繼於三術之後而究其情狀耳夫四方兖悍之徒群聚而安閑驕惰而不足用蓋有年矣今一旦遽責之以去留立辨之以強弱則其心豈免於怨乎孰謂怨不損於王治而不恤也詩曰悅以使民民忘其死豈有驅人於死而先啗之以怨乎施諸用兵尤非全勝之道也三路者用兵之地也今未老者多黜而失其歸壯者則憂其將老而見黜臣恐有以動其徒類之心乘而生變不足禦寇而足以為寇甚非朝廷之利也聖策曰賓器玩之巧而工弗戒者臣謂非獨法禁之不密亦教化未之至也夫民之於上從其好不從其令高髻大袖其說舊矣今陛下雖行純儉以風天下而百工之肆日夜謀工巧求利於時是必有以導之也且法之行自近始教

之至自上率願澄其源以絜其流則天下之工無不戒者也聖策曰風俗浮薄根於取士之無本教道之不明臺閣之論所執不一豈無救弊之道者臣謂非土著而不任鄉議取浮文而不根經術較工拙而不考素行今日取士之大弊矣比者朝廷講求群議而思有以救之雖論有異同而所以為弊者不過此也夫待人以薄者不可責其厚今養之取之之制大異於古則安怪其廉恥衰息哉臣願量時而立法貴其可以適用則莫若大均薦進之目而使衆寘適其平無幸與不幸則土著莫能遷矣限以一藝之習而試之家法高說上第義衆於文而取之則經術孰敢廢矣孝弟之科詔監司郡守時加詢察秩滿而薦之一二則素行可得而知矣本庠序之教而繼以三者則取士之道庶幾無失又何必變常動衆而求紛紛歟聖策曰刑罰煩重出於設法之多門沿襲之不革將加仁恩之政使死少緩必有可

行之術者臣謂治而有刑非養威務刻而求勝斯民蓋欲使之畏罪而遷善也後世忘其本源而峻文密法以籠四海民之手足殆無所措此世主所以裁量揆敘而損益其間也陛下患刑之密而重報者衆將少緩焉此堯舜好生之德也然臣愚猶有獻焉夫所謂緩之之術者得非以他罪抵死則斬其左趾歟得非欲復古之肉刑歟夫他罪抵而斬其左趾則仁矣孰若出於權斷而貸其一死之快彼幸而不死而又為完人則豈不天地陛下之賜哉安俟施諸刀鋸以為罪次此景興之論愈於鍾繇也夫三代既衰而養民教民之具不可復見民之觸罪者蓋亦有不幸矣此肉刑難施於後世也養之薄而責之厚也教之疏而禁之密也昔漢之去周未遠一罷肉刑而笞有至死者民猶不以為怨是知肉刑之重而笞刑之輕也今笞不至死而去漢又千餘年一日復之民豈以為宜乎此衛度之論不及孔融也願

陛下詳其折衷而已。聖策曰。欲興七教。兼乎三至。以底聖人之道者。臣謂七教者生民之先務。陛下舉為治本。而濟以三至之用。力行於上。則聖人之道盡矣。何愧於曾參之言乎。若乃欲民明六親盡乎五法。以極天下之治者。臣謂六親者人倫之大原。陛下奉為政體。而奉以五法之具。周施於下。則天下之治畢矣。何違於管氏之說乎。聖策曰。仲舒之言。班固謂切於當世。施於今日者何策。臣謂仲舒之對。本於春秋以陳王道。故班氏美之。就求其說。而有曰任德而不任刑。損文而用忠。則亦可施於今也。聖策曰。崔寔之論。范曄謂明於政體。有益於時者何事。臣謂崔寔之論。極於理要。不泥一隅。故范曄稱之。就求其說。而有曰補綻決壞。枝柱傾邪。則亦有益於時也。聖策曰。無以古人之陳迹既久而不可舉。無以本朝之成法已定而不可改者。臣謂先王之政。久必有弊。不革而救之。非所謂知變也。然革之當否。安可不慎乎。易曰。窮則變。變則通。此救弊之說也。書曰。各守爾典。以承天休。言法之不可易也。使革而當耶。則雖古人之迹。有可舉而用矣。使革不當邪。則本朝之成法。有不可改者矣。謂古人之迹皆可舉。則周之井地可行於漢。夏之九州可復於魏矣。謂本朝之法皆可改。則成王不必憲文武之舊章。孝景不必遵文帝之業矣。聖策曰。言之非艱。臣是以不敢侈言而誇說。凡天下之利病。所謂可行與否者。臣既略陳於前。皆其迹之粗者。易曰。神而明之。存乎人。故臣於終也。願陛下思所以神明之。孔子曰。足食足兵。民信之矣。既而曰去兵。又曰去食。而民之信之也。卒不可去。是以古之聖人。縱橫反覆。無所往而不遂者。豈有他哉。惟民之信而已。是故湯為匹夫報仇。而民不以為暴。文王以民力為臺沼。而民不以為己。及其不信。則行仁義作禮樂。而民始疑矣。今陛下行假貸之政。孟子所謂耕斂也。豈有舉息之心哉。復租庸之制。周禮所謂大均也。豈有困鰥寡之心哉。拔士於貧賤之中。漢帝唐太宗之用人也。豈有尚功利之心哉。增宮廟之員。優致仕之祿。此三代之養老也。豈有退耆舊之心哉。損律定令。皋陶之明刑也。豈有廢法行意之心哉。併軍蒐卒。五霸之制兵也。豈有輕士重祿之心哉。其措意立法。則皆幾於堯舜。可謂盛矣。陛下之心如此。而天下之論乃如彼。陛下見其紛紛。而以咎天下之議者。臣愚以為未安也。蓋亦反而思之。豈未有以深信之歟。先之以至廉。則雖取之而不疑其貪。況與之乎。首之以至仁。則雖殺之而不疑其暴。況生之乎。二者皆陛下之先務。而未之深信。則常平之議。恤刑之法。宜乎元元無知而懼之也。詩曰。左之左之。君子宜之。右之右之。君子有之。記曰。至誠如神。夫君子之於物。左右而無不宜者。惟誠而已矣。臣敢以此獻。

監察御史裏行劉摯上疏曰。陛下起居言動。躬蹈德禮。夙夜厲精。以親庶政。天下未至於安且治者。誰致之耶。陛下注意以望太平。而自以太平為已任。得君專政者是也。二三年間。開闔動搖。舉天下無一物得安其所者。蓋自青苗之議起。而天下始有聚斂之疑。青苗之議未允。而均輸之法行。均輸之法方擾。而邊鄙之謀動。邊鄙之禍未艾。而助役之事興。至於求水利。行淤田。併州縣。興事起新。難以徧舉。其議財。則市井屠販之人。皆召至政事堂。其征利。則下至曆日。而官自鬻之。推此而往。不可究言。輕用名器。混淆賢否。忠厚老成者。擯之為無能。俠少儇辯者。取之為可用。守道憂國者。謂之流俗。敗常害民者。謂之通變。凡政府謀議經畫。除用進退。獨與一掾屬決之。然後落筆。同列預聞。反在其後。故奔走乞丐之人。其門如市。今西夏之款未入。反側之兵未安。三邊瘡痍。流潰未定。河北大旱。諸路大水。民勞財乏。

縣官減耗。聖上憂勤念治之時。而政事如此。皆大臣誤陛下。而大臣所用者。誤大臣也。

歷代名臣奏議卷之三十八

歷代名臣奏議卷之三十九

治道

宋神宗時樞密使文彥博赴河陽。陛辭。面奏曰。陛下憂勤庶政。切於致治。乃堯舜用心。更願陛下廣開言路。兼採博納。使下情上達。收攬權綱。無使權臣賣弄爵人於朝。須協公議。與衆共之。任官久於其任。使所職成敗明著。而後賞罰。用人當兼取羣材。同濟時務。若專任一才。即朋黨膠固。者希時而並進。孤忠自立者。望風而斂退。更望法天地簡易之道。守祖宗盈成之業。使上下安靜。則不治而自治。近侍新進纖佞之人。多是妄有更張興作。以為進身之術。陛下今不采納臣愚忠。異時必當自驗。臣惟望聖明早悟。即天下之福。

神宗與端明殿學士呂公著從容與論治道。遂及釋老。公著問曰。堯舜知此道乎。帝曰。堯舜豈不知。公著曰。堯舜雖知此。而惟以知人安

民為難。所以為堯舜也。帝又言唐太宗能以權智御臣下。對曰。太宗之德。以能屈己從諫爾。帝善其言。

鄭俠上奏曰。十一月初一日狀。蓋為大臣誑罔至尊。絕不近理。彼皆有所憑恃而後敢為。使人憤惋不能已。是以入文字凡事皆畫一。如一大臣對陛下。皆云河東北陝輔之流移者南方有鬻子田之說。臣令勘會河東北陝輔之民自去冬今春流移至今不已。何人是在南方有田者。云云 其一項言大臣對御多以天旱民流百物失所邊鄙背叛用兵不已。為天數者。臣乞問其人。為學周公耶。學孔子耶。學孟子耶。周公作無逸。歷陳人君之享國三四十年。或五六年。皆由人君嚴恭寅畏。天命自度。治民祗懼。不敢康寧。則有永。不知稼穡之艱難。不聞小人之勞。生則逸。則有短。又曰。惟不欽厥德。乃早墜厥命。使周公相陛下。而天旱民流。百物失所。四方兵革不息如此。周公曰天數

乎。孔子告哀公曰。存亡禍福皆己而已。天災地妖不能加也。使孔子相陛下。而天旱民流百物失所兵革不息如此。孔子曰天數乎。孟子曰殺人以刃與政有以異乎。又曰始作俑者其無後乎。如之何其使斯民飢而死也。又曰王無罪歲。使孟子而相陛下。而天旱民流百物失所兵革不息如此。孟子曰天數乎。然則群臣所爲學者皆非周公孔子孟軻之爲人。而所以相陛下者皆非周公孔子孟軻之存心。則陛下獨力。何以爲天下。臣所謂陛下獨力者。謂無臣也。所謂陛下無臣者非無群臣也。無大臣也。所謂大臣者。非謂大佩高蓋秉執大政日食萬錢以自肥腯者。以道事君不可則止而已。其高爵重祿則日歸於己。清資美職。則分授子弟。中使相望於道路。黃金並聚於私室。而天旱民流。百物失所。四方皆傳兵革不息。則曰天數。此爲大臣。則屠沽僕隸。誰不克爲。如被甲登殿等事。臺諫如芻靈木偶之類。皆所畫一。右願陛下登宣德門。召文武百官京城之民。以臣狀宣示。如衆說以臣之言是。則望陛下稍稍懲戒左右近臣。使無得公然肆誕以戕害百姓。危阽社稷。如衆以臣言爲非。即乞斬臣於衆人之前。以塞京師流言洶洶之路。

強幾聖代轉對劄子曰。伏覩朝堂曉示近降中書劄子節文。奉聖旨臣僚已授差遣。並令依例朝辭。許當日實封轉對文字於閤門投進者。臣身在冗列。特心思有云補。欲一進狂瞽之說而厥路無繇。今乃承詔得自獻其愚。兹寔不可常之遇。然不以二帝三王之道陳于前。是不以堯舜文武望吾君也。臣竊謂致治之本在用人。用而不得其當如勿用。徒明有所累而無益於治也。故其先論用人。且廣睿德達衆志。莫如聽言。聽不得其審。而是非參用。則累於聰。故其次論察言。夫巧僞興。則誠實廢。天下之俗。將相率而趨於詐。故其次論所以矯

士風之僞。又督士大夫之節者。在遇之以厚。然後責其節備。而退待其身薄。則賊息而無勸。故其次論所以措老臣之宜。今臣之所陳。敢不以堯舜文武之道。有望於陛下。是故竊不自知輒冒不赦之誅。著篇于左。惟陛下垂聽而加擇焉。

一論用人。臣伏覩陛下以聰明睿智之德。臨有重器。方銳然垂意於大有爲之際。躬攬萬化。乾剛震烈。以權以斷。凡事有以宜於人者。朝思而夕行之。卽不可持循而固守。雖前世已行之熟。未嘗或憚改。天下懽呼鼓舞。拭目以觀聖人之作。而跂踵以待極治之成。謂按資計日。不足延卓異之士。而責非常之效。或左右一言以爲材。或偉辭高論自合於上意。則超然置於平進之上。而不復限常叙。在聖君求才之心爲得矣。柰何未聞有奇功顯業所稱。朝廷之所以寵異而督動衆人之心。使之歆羨者。不唯不如是。又人人有不自滿之色。而憎憤其躐已。且興勸之道未一得。而犇競之風已四起矣。借如某士以心計進。既越千百人而處之金穀要劇之地矣。經費一有不給於內。民力一有屈竭於外。方是時也。宜倚辦斯人。果籌畫有以應猝。而財用繇其所自出。雖日遷之職。人不以爲過。其以文學政事進者類試之。若是。惡有不服者歟。今則不然。取其名不責其實。始以此進。而終不以此試。又冒虛名而受實用者。或其中無以異衆人。欲人人自安其分難矣。且不得知於左右。則不能自達於朝廷。計資級累日月。則不能底富貴之速。以是走公卿之門。唯恐足跡之或後。望廉恥之長。而犇競之熄。抑難矣。持甚高之論者。未必無甚卑之行。騁喋喋之辯者。未必有犖犖之見。言之不可必信也。如此。噫。虞舜之智非不及其臣。又命之以九職者。皆當時易見之

人猶咨俞曲折以盡群臣之可否者。知獨見不足以取人也。矧一言以爲材耶。既奏以言矣。而復試以功者。知徒說未足以明其效也。矧一論之偶合耶。臣愚以謂取人以言。則詭辯巧辯者出。以希一時之合。曾無益於實也。進人與其失於速也。寧緩進真才失之緩。其德業而不可揜。終爲國家用。若庸人誤速進也。徒激不如已之憤。而於誼無所勸。然則若之何其可。用人法虞舜斯可已。

一論察言。臣竊以聖人體不降几席之上。而聰明隱於旒纊之內。凡天下臣民事物之情。洞然若家至而日見者。繇廣問以得之也。問之者廣。則言之來無窮。君子小人有時而雜吾聽也。用其言善。則失之於跬步。況其遠者乎。得失之幾。在用君子小人之言耳。惟君子者。其言初若厲已。而終有以利於行。故聽之者難

也。不必效於近。或有驗於遠。以爲闊於用也。小人則不然。其言逢意而易入。行於遠則涅。措於近或通。以爲切於理也。其有所愛。必有所是。其有所惡。必有所非。而是非未嘗牽於愛惡之私者。君子之言也。以愛惡而移是非。其情僞卒莫可見者。小人之言也。於戲。聞之非艱。受言之爲艱。受而察之。又其艱也。昔虞舜所以獨稱大智。而後世弗可及者。由好問而察邇言也。既好問矣。下情其有不通乎。又察言矣。是非其有不白乎。故其智塞乎天地之間。而莫與較其大也。恭惟陛下達萬化之變。而不自以爲神。燭萬事之隱。而不自以爲聖。舍已稽衆。畢采群說。由公卿以徹于百執事。莫不人人爭竭其慮。言路闢而治道行矣。然而惟君子與小人。其言關乎得失。方聽納之際。臣願陛下用虞舜之察。而辨之在早。使大公至正之論行。而不爲巧辭邪說之所勝。則其爲智愈大矣。

一論矯士風之僞。臣伏聞聖王在上。莫不欲明化厚俗。所以教化醇而習俗嬓者。由先正天下之風。其風正。顧有蹈非其道乎。臣竊觀急賢願治。未有如今日之切。而作僞成俗。亦未有如近世之盛。方陛下寤寐咨訪。急得惇實朴茂之士。進以爲風俗之倡。有人焉曰。仕者有某士。處者有某士。其爲人也性恬而操約。行淳而質茂。固外物無所累其內。公卿以言諸朝。而朝廷用之不待頃。天下之士知上之所取者以是。則有陰爲沽激求聞之計。而陽爲靜退不競之行。其心唯恐爵位之不高。而其言唯恐山林之不深。至於矯情飾貌。以譁衆動俗。及名成而計得矣。而意有所未滿。且懼進之不加速也。則又有斷閑願退之請以邀乎上。其請數者其寵益固。小詐則小得志。大詐則大得志。後來者

務勝於前人。愈假不可及之言行。以濟諸詐。朝幸進而暮脫其所守。浸淫誕漫。天下日入於僞而不知止。此風遂肆。望俗化之厚。其可得耶。噫。巧言令色。不容於堯之朝。今士僞其行。豈聖世之所宜有。夫欲矯之使正。豈曰無術。且衆人曰某賢矣。其行淳又不苟乎進。必考其實。果非矯妄以疑世。又有可進之勢而不進。是賢也。然後進。則進不緣其僞。又其欲退也。聽其所自退。則真退者出。而士之言行進退皆誠。道天下之俗。其有不歸於正乎。

一論措老臣之宜。臣伏聞惟聖王能養臣下之節。其進而使之也。既以禮。及其退也。又示之以不忍輕去之心。然後人知自重。而不失去就之正。惟其去就之不失。所以廉恥興而風節完矣。古者大夫七十而致仕。是老者必自告於其君也。若不得謝。則必

賜之以几杖是臣雖告老而君或不聽其去也老而必以告者
知耄將及矣就有萬鍾之享不可得而戀以安吾義也告之而
不聽其去者彼誠老矣而力若可勉猶當強而祿之以終吾仁也
近世俗薄廉恥不行於衣冠之間或靦然忘其齒髮之衰筋骸
之憊貪進而不知止至有其身嘗用於國家矣一日老與疾相
會怗怗然求莅閑局以不得請為憂者有自蔽其狀告上以不
疾至放之田里猶惓惓然有乞哀不欲去之色者噫任而至於
老且疾可去矣然猶不去以自辱彼固不足惜也且少盡其力
而老無以容其身其在仁政抑恐有所累爾今夫四海之廣百
官之富若此等輩豈不容有耶苟疾賜之告以冀其萬一之安
老置之散以養其不復久之歲月免斥歸之名則疾者無所愧
獲苟得之祿則老者無所恨然後全進退之體以示夫不可輕

之去就顧老而疾者既愛之若是則少者勉力而無卹於其後
矣風節其有不完者哉昔在三代之治唯周家所以號忠厚者
獨養老之為備成周之養庶復行於今日臣不勝大願
右謹具如前是四篇者殫竭臣愚區區之忠曾不足以仰輔盛德之
萬一干冒宸嚴臣無任激切屏營之至
哲宗即位初起居舍人邢恕上疏曰臣竊惟皇帝陛下纂紹大統太
皇太后陛下躬親庶政于茲累月政事之大者略已損益施設矣然
自古以來政事出房闥其患常在大臣擅權同列睽乖互相傾軋群
下各有附麗造為朋黨則不能同心協力王室卑弱而太皇太后聖
情簡嚴其於政事無有適莫唯是之從務合僉諧求信偏入之言不
惑背憎之說聽言必驗之以事疑似必究其情實故左右不得以誣
欺相傾軋如是則群下固無所附麗不得造為朋黨矣前代母后臨

制常患外戚僭驕盈溢交通請謁以紊刑賞而太皇太后爰自內輔
英宗檢制外家內有禮法以致總覽政事族人謹畏加慎前日則外
戚固無驕盈之漸矣漢唐諸后苟專聽斷者北司要人未嘗不鼎貴
強盛而太皇太后端居凝然罕所降接雖至親近侍法謹嚴不私假
借泊然無欲自宮省老於事者率以為莫能窺測無不惴惴小心則
北司固無貴盛之嫌矣自先皇帝寢疾外廷大臣曾未及建一言而
太皇太后獨斷出於聖心儲貳之建旬浹已前固已先定及先皇帝
奄棄群臣而皇帝即大位太后以嫡祖母保抱攜持天性之親根於
自然間諜之語不起慈愛之聲日聞至於拔用人材脩舉政事自前
世以來號為明王聖主殆無以過制政下令不出房戶簾帷之間而
惠澤流於八區仁聲動乎萬里誠能益虛聖心務受盡言克勤以繼
之則巍巍乎赫赫乎書契以來未之有也然而太皇太后止於今日便

謂天下無事可以高枕而臥則固未也何則今邊兵未解夷狄方將
窺伺中國動搖疆場以脩怨刷恥坐費厚賂而民力積困今幸年穀
豐稔政事設張雖以先其急者而恩澤未浹惡吏尚繁命令之出或
未能奉承而朝廷美意不得下究儻遇飢饉師旅天下未免猶有盜
賊之憂此正聖心夙夜焦勞講求治本之時大臣忘身徇國背私向
公同心合力之日臣請姑條五事以獻臣竊惟皇帝方育德思道未
即親事太皇太后雖總覽大綱而不悉留神於細故則不得不倚辦
責成於大臣所以布為朝廷耳目賴以互相檢察者不得不備設臺
諫大臣誠能存心盡公處事必當則臺諫雖設而可以無言陽城為
諫議大夫六年未嘗論事及德宗罷陸贄欲相裴延齡然後以死固
爭若陽城則所謂達大體也至於臺諫時論細故末節以摧折大臣
為大臣者誠能體國則亦不宜以此嫌忌臺諫朝廷亦不當以細故

末節。而於大臣輕為厚薄進退。如此。則國威伸於上。主恩行於下。大臣得體。而臺諫舉職矣。唐德宗初即位。代宗將葬山陵。禁屠殺。而郭子儀家奴殺羊。裴諝以職事劾奏。或曰。小事不足以傷大臣。諝曰。尚父方貴盛。天子新即位。必謂黨附者衆。故劾其細過。以明不持權也。吾上以尊王室。下以安大臣。不亦可乎。若裴諝者可謂有遠慮矣。今誠備設臺諫。而大臣存心至公。所失不過細故末節。則不言者固為達大體。而言者未害其有遠慮也。然則增廣臺諫之為有益明矣。如是。則朝廷耳目布於下。而太皇太后可以雍容順養。保心固體萬壽於上。仁宗末年。大抵淵默。罕復親事。委政大臣。大臣不敢懷姦挾私者。用此道也。而況太皇太后振提其綱領乎。雖然。設之不得其人。猶不設也。臣愚以謂莫若深詔大臣。人各舉其所知。而後合議於上前。太皇太后考其素履。有某事可稱。有某節可尚。然後舉而用之。則所失者亦鮮矣。一也。古者天子一歲或五歲。一出巡狩。察吏善惡。究知民間疾苦。後世人主深居九重之中。不能冒風雨犯霜雪。為寒暑之所匽薄。疲筋力於道路。自秦以來。始置御史監察郡縣。而漢改為刺史。乘傳行部。歲終得奏事京師。唐之所謂採訪使。今之所謂轉運使副判官。提點刑獄。常平倉官之類。皆是也。此即代天子巡狩者。其任不輕也明矣。國朝故事。率先歷知州差遣。然後擢為監司。或自通判。先擢權知州。然後擢為監司。自通判擢用者。間亦有之。而幾希矣。唯自臺諫官出為監司。乃有資序未深者。然昔者官未陞朝。則不得舉臺官。朝官往往曾歷知縣。比為臺官。又為監司。而資序則率通判以上。當是時。監司高者歷知州。下者率歷知縣。其吏事老成可倚辦者多矣。詩曰。雖無老成人。尚有典刑。魏太祖曰。吾非聖人也。吏事多矣。然則老成人。固重於典刑。而吏事多者。臣竊比於聖人。則老成人吏

事之為益明也。古之任人。所以四十強而仕。五十命為大夫者。蓋此意也。頃者方急人才以便事功。初置提舉官。率用京官為之。有朝脫銓選。暮為監司者。此乃一時用人之意。非持久經遠之法也。故先帝末年。選用尚書省官。非知府不得為郎官。非通判不得為員外郎。則先帝固知資序之不可廢。而老成吏事之人有益也。特以施設先後有不暇給。故於監司未遑釐正耳。今誠深計天下之利害。郎中員外郎典領職事。止於一曹。而監司按察乃一道。遠者綿地千里。州縣百數。官吏數百千。而戶口生齒以萬億計。則其利害輕重不相準明矣。然而資序之限。特設於郎中。而未及於監司者。豈先帝開其端。而資其終者有待於今日乎。臣愚以為提舉以上。非通判資序。自今不宜除授。即自臺諫除者。不在此限。庶得吏事老成之人布為監司。而天下之民浸被聖澤。此今日之急務也。且又可以息馳騖之弊。而使官吏稍安職業。于以收成材。矯薄俗。所謂一舉而包兩利。二也。周書曰。惟天立后王君公。承以大夫師長。不惟逸豫。惟以亂民。古語曰。天之生民。非為君也。天之立君。以為民也。周之太王為狄所侵。以愛惜民命。去邠遷岐。寧棄其國。不忍鬪其民。詩人以為太王肇基王迹以得其民也。此孟子所謂得乎丘民為天子者也。夏書曰。民為邦本。本固邦寧。然則民之急也如是。三代而下。西漢之文帝。東漢之章帝。號為仁德之主。竊讀二帝本紀。恤民惻怛。見於詔令。歲歲有之。漢宣起於閭閻。知民疾苦。時之要務。每歎息曰。與我共治天下者。其惟良二千石乎。漢郡太守得自辟除。進退縣令長。太守得人。則縣令長無不良。故漢所選用者。惟二千石耳。隋唐以來。州縣守宰。率皆命於朝廷。則郡縣最為親民之任。治天下者以民為急。而守令最為親民。不可不選。不可不激厲。唐之開元。號為盛際。所以致之者。有姚崇宋璟以為

相也。臣嘗讀元稹連昌宮辭稱姚宋之所致治之大略。不過於燮理
陰陽偃戢兵革遴揀守令皆出宰相而已。比歲守令善狀罕有聞焉。
詢諸往來。或舉一路。郡縣百數。而良守令難以屈指一二計。則生民
受弊者為不少矣。方朝廷用人如不及之時掄選才能比比出於踈
賤。而獨於守令以治績超擢者無幾也。得無偶未之及耶。今誠欲簡
拔守令以勸循良使惠及吾民。則先謹擇監司。監司非其人。則朝廷
雖有甄別守令之意。而監司蒙蔽。朝廷不得其事實。則所謂良者不
良。所謂能者不能矣。臣愚以謂今日天下監司未足倚信。則莫若先
敕執政大臣。衆議博采採求守令治狀尤異者數人。舉天下之廣宜
不難得。大抵宜以愛民惻怛為先。奉公營職為後。蓋後世之法。茶鹽
酒榷征筭之利多岐雜出。不若堯舜三代之法。一出於愛民。故唐陽
城有撫字心勞催科政拙之語。而德宗嘗令對策宰相欲第其高下。

未知所出。薛廷曰。令取縣令不專文辭。宜以意在愛民者為先也。宰
相從之。既而所取莫不得人。則守令宜以愛民惻怛為本。亦可見矣。
以此求之。誠得其人。則其資任高下優加進擢。見於訓辭務從襃異。
且以厲天下。所取不過數人。而為守令者莫不慕效。則四海之內億
兆之衆。人人被潤澤蒙厚德矣。然後深詔御史臺舉劾監司尤無狀
者。稍加澄汰。監司之選既清。而付之以考察。則守令之良能者必出
矣。三也。孔子曰。百姓足君孰與不足。或問楊子曰。桑弘羊榷利而國
用足如何。曰。譬之為人父而榷其子纔利。如子何。未有子富而父貧
者也。禮記大學亦曰。未有府庫財非其財者也。故曰富有天下。則天
生地長舉天下之物莫非人君所有。在民在君。誠無以異。前日陝西
五路進兵。百姓負粮入界。和雇一夫率費百千。初時民力尚全莫不
相率竭其力以應命。及後再三調發。民力弗堪。王師迄不能再舉。然

則民力弗堪。國家固不能以舉事。則富民者乃所以富國也。漢武帝
末年深悔既往之征伐。下哀痛之詔。罷輪臺之戍。乃封丞相為富民
侯。此武帝所以為雄材大略者。蓋能知悔。又知所救弊也。唐自中葉
已後。既經安史之亂。王室微弱。藩鎮盛強。皆自擅其財賦。故有常貢
之外。別進羨餘以希恩寵。人主急於用度。因而假借。蓋以方鎮既擅
財賦。朝廷難於調發故耳。今四方萬里內外一體。詔令一出。迅如雷
霆。屈伸自如。勢若身之使臂。臂之使指。縣官之於百姓。即有所取。何
求不獲。不必令轉運使於平居無事日為倉猝征歛之計。時以民財
邀圖恩賞也。昔仁祖時。蘇順元為淮南轉運使。嘗進羨餘。有詔免劾
所進錢。止令留住本路。以備災傷。臣愚以謂今日誠欲生民蘇息。遠
近蒙福。宜下詔書明敕諸路轉運司不得獻進羨餘。即歲計有餘。可
但令留充本路次年支費。抑非徒此而已也。發歛之際。又有抑配之

弊。支移折變之苛。官出。則以陳粟腐麥代見錢支俵。如充青苗和買
之類。以率計之。號為千錢者。民間所得不過數百。此所謂抑配之弊
也。賦入。則法當近送者。反令遠輸。如南州所納。則支移北州。道理皆
遠。負輦滋費。則并以脚乘。課令出錢。法當出粟。乃折令出麥。麥固加
貴於粟。既已出麥。則又折令納錢。錢固難得於麥矣。於是有斗當三
四十金。而所納至於百錢者。轉運使止以曉劾指揮坐獲倍利。此所
謂支移折變之苛也。凡此皆法所當禁。而轉運使比多公違詔條。無
所忌憚。願敕所在安撫使都鈐轄提刑司覺察聞奏。及許州縣守令
吏民自陳。如此。則掊克之吏庶知畏職矣。且青苗錢取息終歲不過
二分。而向者議論紛紜累年不定。令轉運使公違詔條肆行抑配。支
移折變旬朔之間取民倍利。豈不甚哉。或曰。轉運司財賦所仰給。今
求之太急。將無以舉職。是大不然。使轉運使果才。歲計所須止於詔

條之中。自可應辦有餘。矧復歲計之外。朝廷不求羨溢。加以善政所感。年穀必應。租賦所入。亦緣水旱蠲減。何患不足。豈有公違詔條。力脅州縣。出則以片言估物而就高價。入則以尺紙麄色而取貴直。以此論功。無異戲弄。此正不才者之所為。又法所當禁。何謂束之太急哉。四也。賈誼有言。人主之尊如堂。群臣如陛。衆庶如地。陛九級上。廉遠地。則堂高。高者難攀。卑者易陵。故人主之勢。非能獨尊也。自一命之吏。衆而至公卿。次第益尊。而人主加焉。然後為至尊耳。國朝故事。拜宰相樞密使。官必除侍郎。同知樞密院已上。必除諫議大夫。三司使。必除給事中。若侍郎權御史中丞。必除諫議大夫。以直龍圖閣權領邊帥。官小猶除正言。自天章閣待制已上。則固準此。四方大郡帶都鈐轄。或大都督府為守者。非帶館職。則諸曹郎官。吏民聳然知所尊奉。以其異於他官也。權同知樞密院已上。皆政事之臣。權御史中丞。乃紀綱之任。而三司使實主邦計。故高者則必處以侍郎。其次則兩省官為之。諫議大夫是也。直龍圖閣為邊帥事任要重。天章閣待制已上乃侍從官。故必以小兩省官為之。正言是也。假使不論職名。而官直為正言。則固已可貴矣。當是之時。官職清濁高下。錙銖方寸皆有分別。不得淆亂踰越。故朝廷尊榮。人知嚮慕。先皇帝獨患名實不正。故改為官制。以寄祿官寓品秩。名實既正。而推行之日淺。其於甄別流品。遷敘次第。固未有暇。向者官制雖行。而有旨命兩省官修補其法。則此固在所講也。今以堂堂有宋盛明之朝。自尚書已上率多試官。豈不陋哉。然為尚書者。原其所自來。則皆嘗歷學士職。其品秩與尚書不甚相遠。為侍郎者率多由天章閣待制除用。與侍郎名品亦略相當。然一為職事官。則必除去職名。故有承議郎試尚書者。見者不知其職嘗為學士也。第見承議郎與昔國子博士等耳。乃為尚

書。豈不可輕哉。名藩大郡。或臨制一道。或鎮一都會。而既無三館貼職。又無諸曹郎中員外。捨直龍圖閣待制已上。則皆朝奉朝散郎。若大夫為之。其下與通判簽判知縣監當官名無異也。內外體勢浸以卑損。上下陵遲。吏士軍民率有慢輕之意。陛廉太削。非所以尊朝廷也。加以官制之行于茲已逾三年。率以滿任。今諫議大夫中書舍人給事中侍郎遷比待制爾。若遷尚書。則為大峻。即自諫議舍人給事遷侍郎。則與自大卿太常少卿除侍郎者為一等。反不為之遷矣。是遷敘未得也。今欲除用人物。或資與官相對。而其才不必稱。或才與事適當。而據資不相準。譬猶戶部侍郎闕。為天章閣待制固可入。其才不必稱。為龍圖閣直學士。才或稱任。則資不可屈。是除受未便也。矧自直龍圖閣而上。所存職名皆禁與殿閣圖書之任。今以寄祿官在外則有加焉。而在京師則不可。本末倒置。體勢未順。且朝廷職名本待賢俊。今雖其人宜在朝廷。而一除職名。則必出補外。如趙卨若可以留備臺諫。而緣除龍圖閣待制。故出知亳州。孫甫年少任職可當省部繁劇。而緣直龍圖閣。故出知陝府。授受之際。已見其拘牽矣。臣愚以謂今日官制之論。不過秦漢。漢之加官。若諸吏左右曹散騎給事中之類。即今之職名也。官制祖述。止於唐六典。而三館貼職集賢院學士。六典具載本職。施於朝廷。今自龍圖閣已上職名。誠許令職事官兼帶。則不害其為正名也。而又有三利焉。以待制學士職為尚書。侍制則試官可去。中外有所瞻仰。吏民知所尊奉。陛廉之勢益峻。而可以尊王室隆主威。遷授之際。職雖學士。可以下為侍郎。待制可以兼領卿監。直龍圖閣可以冠省寺之職。為官擇人。無所留礙。殿閣圖書之任得兼。內外本末不至顛倒。體勢順序。所謂三利也。故事職名。自校勘至龍圖閣叅而論之猶有四等。其上又有集賢殿史館脩撰集

賢院視職事之高下官品之大小而加焉亦有始加即為脩撰直龍圖閣者必有差遣內則三司副使同提舉在京百司之類乃得為之外則帥臣三路轉運使江淮發運使久次為監司典大州若都鈐轄大都府之類乃得為之其他皆以歲久次第累遷而後至職雖為直龍圖閣修撰又必差遣事任要重然後得遷待制諫議大夫其法至詳密故朝廷用之有所勸激而士大夫由之以進不得僥倖今既盡削去三館貼職而獨存直龍圖閣凡須寵以職名者無有高下一切為之故有府界提點而帶直龍圖閣者今日與之既失其太優而後日一遷則其上為天章閣待制將又失於太峻於此時不復早計前慮則他日用之必困者也今果職名為可去則當一切除之然而直龍圖閣之類尚存者果不可去也職名果不可去而待制以下獨存直龍圖閣何哉今既獨存直龍圖閣又必以寵帥臣資望之淺者欲以贊

人觀聽也然而贊人觀聽者不獨至於帥臣而後然其餘典大州當方面據都會若江淮發運使三路轉運使之類皆當係人觀聽者也令寄祿官既以通為一等又無清曹郎官臺諫之屬則所以稍辯異者唯有職名耳而一以直龍圖閣待之其可乎臣愚以謂昔日館職為優幸者唯為校理一年即為通判資序三年理知州為太過爾今誠於此裁損率以二年成資為一任而盡復校勘已上至修撰等貼職此固於正名於官制可以並行救其所不及使高下等級粲然有序朝廷用之而有所激勸士大夫由之而不得僥倖流品分別吏民尊信五也今誠行此五者皆國家之大體時之要務以太皇太后之聖智宜無所封即參之大臣訪之群議恐無以易五者畢行私徇滅而德意彰民心固而主勢隆然後揆之以道將之以德以虛心為本以無我為用唯大公是存唯至正是守無有偏黨唯是之從所謂道

也體道而不失不為好惡所奪不為喜怒所遷有得於身所謂德也道德立於上而公卿觀法於下上下相濟然後長忠義以導吾德[illegible]一廉恥以消群枉用人必以信行為先而後論才能考績必以功實為先而後責文具謹擇能吏練習公家臺諫故事者裁省簿書行移務在先急闊略苛辟使人力足以勝事倣唐律令格式事有經常者著為定式不須上問官曹小事有所遷請次第得專裁決不必一一奏覆小變大戒付之省寺俾得警督吏之違慢以防滯留如此則小大畢舉太皇太后可以優游沖奐責成於上保護將就皇帝聖質至於成德則所為宗社之慶蒼生之福豈有極哉臣自惟太皇太后親政以來首蒙拔擢度越比倫則臣之所以圖報効亦不宜自同於衆人冒瀆宸嚴臣無任祈天俟命惶懼屏營之至

監察御史王巖叟論治道貴清靜儉約奏曰臣觀歷代君臣講治道

者多矣然莫如貴清靜而敦儉約蓋天下本無事因擾之而事多事多則民勞民勞則怨民怨則國家有緩急雖賞之而不為用此所以莫如貴清靜也天下之人所以養生送死者本自足由奪之而後困困而後為盜賊若不厚其本而徒嚴其末雖殺之而不禁此所以莫如儉約也臣竊傷比歲以來好進之人紛紛建議天下勞於多事百姓困於不足故臣願陛下以清靜儉約養天下使百姓安且樂百姓安樂則自然陰陽和而風雨時海內將不勝其富矣人以為難臣以為易何則陛下自己有此心惟在守之而勿失爾不勞陛下費精神用智力臣故曰易如蒙採納乞以臣言詔輔臣使體聖意幸甚

侍讀提舉中太一宮呂公著到闕上奏修德為治之要十事曰臣近准詔書令臣發來赴闕已於今月二十日朝見訖竊聞近日臣寮未有上殿班次臣雖忝先朝執政之臣亦未獲一親法座少奉德音然

自忖累世蒙被厚恩惓惓報國之誠不能自已輒具奏對陳其一二
冒瀆聖聰臣無任惶懼之至臣伏覩皇帝陛下紹履尊極方逾數月
臨朝穆穆有君人之度太皇太后陛下勤勞庶政保佑聖躬德澤流
行已及天下臣遠從外服召至左右竊思人君即位之初宜講求脩
德為治之要以正其始然後日就月將學以緝熙于光明新而又新
以至大治是用罄竭愚誠考論聖道槩舉十事仰贊聰明一曰畏天
二曰愛民三曰脩身四曰講學五曰任賢六曰納諫七曰薄斂八曰
省刑九曰去奢十曰無逸皆隨事解釋粗成條貫不為繁辭以便觀
覽伏望陛下留神省察如言有可採即乞置之御座朝夕顧省庶於
盛德少助萬一謹具如右

一畏天書曰皇天無親惟德是輔又曰惟上帝不常作善降之百
祥作不善降之百殃蓋天雖高遠日監在下人君動息天必應

之若脩己以德待人以誠謙遜靜愨慈孝忠厚則天必降福享
國永年災害不生禍亂不作若慢神虐民不畏天命則或遲或
速殃咎必至自古禹湯文武以畏天而興桀紂幽厲以慢神而
亡如影隨形罔有差忒然自兩漢以來言天道者多為曲說以
附會世事間有天地變異日月災眚時君方恐懼脩省欲側身
脩道而左右之臣乃據經傳或指外事為致災之由或陳虛文
為消變之術使主意怠於應天此不忠之甚者也詩曰我其夙
夜畏天之威于時保之然則有天下者固當飭己正事不敢戲
豫使一言一行皆合天心然後社稷人民可得而保也天人之
際焉可忽哉

一愛民書曰撫我則后虐我則讎人君既即尊位則為民之父母
萬方百姓皆為己子父固不可以不愛子若布德施恩從民所
欲則民所忻戴忻戴不已則天降之福若取民之財不憂其困用
民之力不恤其勞好戰不休煩刑以逞則民必怨叛怨叛不已
則國從而危故曰民為邦本本固邦寧然自古人君臨朝聽政
皆以赤子為憂一旦用兵則不復以生靈為念此蓋獻策之臣
設姦言以導上意以開邊拓境為大功以暫勞永逸為至計此
世主所甘心而不悟也夫用兵不息少壯從軍旅老弱疲轉餉
伏屍流血而勝負得失猶未可知也民勞則中國先敝夫何足
以為功兵興則朝廷多事亦不得而安逸也故凡獻用兵之策
者欲生事以希寵媚上而營私耳豈國家之利哉

一脩身天下之本在國國之本在家家之本在身夫欲家齊國治
而天下化莫若脩身脩身之道以正心誠意為本其心正則小
大臣庶罔敢不正其意誠則天地神明皆可感動不誠則民不

信不正則令不行況人君一言一動史臣皆書若身有失德不
惟民受其害載之史策將為萬代譏笑故當夙興夜寐以自脩
為念以義制事以禮制心雖小善不可不行雖小惡不可不去
然人君進德脩業實繫乎左右前後夫習與正人居不能無正
猶生長於齊不能不齊言也習與不正人居不能無不正猶生
長於楚不能不楚言也故曰僕臣正厥后克正僕臣諛厥后自
聖

一講學王者繼祖宗之業君億兆之上禮樂征伐之所自出四方
萬里之所視效智足以窮天下之理則讒邪不能惑德足以服
天下之心則政令無不行自非隆儒親學何以臻茲然天子之
學與凡庶不同夫分文析字考治章句此世之儒者以希祿利
取科級耳非人主所當學也人主之所當學者觀古聖人之所

用心論歷代帝王所以興亡治亂之迹求立政立事之要講究民利物之術自然日就月將德及天下書曰王人求多聞時惟建事又曰念終始典于學厥德脩罔覺故傅說之告高宗者脩德立事而已至漢之鼂錯以為人主不可不學術數錯之意欲人主用機權巧譎以參制群下而景帝用之數年之間漢罹七國之禍而錯受東市之誅蓋其所主者不出於誠信而已由是觀之擇術不可不謹也

一任賢昔成王初蒞政召康公作卷阿之詩以戒之言求賢用吉士蓋為治之要在乎任賢使能能者不必賢故可使賢者必有德故可尊小賢可任以長民大賢可與之謀國若夫言必顧國家之利而行足以服衆人之心事險一節而終始可任者非大賢則不能也人君雖有好賢之心而賢猶或難進者蓋君子志

在於道小人志在於利志在於道則不為苟合志在於利則唯求苟得夫忠言正論多咈於上意而佞辭邪說專媚於君心故君子常難進而小人常易入不可不察也自古雖無道之君莫不欲治而惡亂然而治君少而亂國多者其所謂忠者不忠而所謂賢者不賢也書曰有言逆于汝心必求諸道有言遜于汝志必求諸非道人主誠存此心以觀臣下之情則賢不肖可得而知矣

一納諫昔書稱成湯之德曰從諫弗咈改過不吝湯聖君也不曰無過而曰改過者言能捨己而從諫則不害其為聖也及紂為天子彊足以拒諫智足以飾非紂非無才智也然身滅國亡而天下之惡皆歸之者言愎諫自用則才智適足為害也前代帝王無不以納諫而興拒諫而亡者在史冊一一可考蓋貴為天子富有四海貴則驕心易生富則侈心易動一日萬機則不能無失固當開道而求諫和顏色而受之其言可用則用其言而顯其身言不可用則恕其罪以來諫者夫忠直好諫之臣初若逆耳可惡然其意在於愛君憂國諂佞阿諛之士始若順意可喜然其情在於媚上而徼寵人君誠察此則事無過舉身享義名故曰木從繩則正后從諫則聖

一薄斂古人有言曰百姓足君孰與不足百姓不足君孰與足人君恭儉節用取於民有制則民力寬裕衣食滋殖自然樂輸租賦以給公上若暴征峻斂侵奪民利物力已屈而驅以刑辟勢必流轉溝壑散為盜賊為人之上者將何利於此故善言治道者尤惡聚斂之臣曰與其有聚斂之臣寧有盜臣前代帝王或耽於聲色或盤于游畋或好治宮室或快心攻戰於是小人乘

間而肆其邪謀為之斂財以佐其横費世主不悟以為有利於國而不知其終為害也賞其納忠於君而不知其大不忠也嘉其以身當怨而不知其怨歸於上也昔鹿臺之財鉅橋之粟商紂聚之以喪國周武散之以得民由是觀之人主所當務者仁義而已何必曰利

一省刑夫臨下以簡御衆以寬百王不易之道也昔漢高祖去秦苛暴約法三章以順民心遂定王業孝文循之以清靜而幾致刑措然則為治之要果在於省刑而不在於繁刑也況人主之刑獄其勢不能親臨則必委之於臣下故峻推鞫則權在於獄吏廣覘伺則權在於小人肆刑戮則權在於彊臣通請謁則權在於近習自古姦臣將欲誅鋤善人自專威柄必數起大獄以搖人心何則其情難知鍛鍊出入一繫於獄吏及夫奏成獄具

則雖有寬抑人主亦何從而察其然則欲姦雄不得肆其威善良有以安其性莫若省刑而已自三代以還有天下者數十姓惟宋受命逮今一百二十有六年中原無事不見兵革稽其德政所以特異前世者直以誅戮之刑內不施於骨肉外不及於士大夫至於下民之罪一決於廷尉之平而上自天子下至於有司不復措慮輕重於其間故能以好生之德感召和氣而致無窮之福祖宗所以消惡運遏亂原者嗚呼遠哉雖甚盛德蔑以加矣

一去奢昔夏禹克勤于邦克儉于家而為三王祖漢文帝即位宮室苑囿車騎服御無所增益而天下斷獄四百幾致刑措然則節儉者固帝王之高致也況以天子之尊富有天下凡有四方萬物所以奉養於上者蓋亦備矣然而饗國之日寖久耳目所

御習以為常入無法家拂士出無敵國外患則不期於侈而侈心自生佞諛之臣又從而導之於是窮奢極侈無不為已是以先王制法作奇技淫巧以蕩上心者殺無赦夫竭天下百姓所以相生相養之具而以供人主無窮之欲致人主於喪德損壽之地而以邀已一時之榮雖誅戮而不赦固未足以當其罪也昔紂為象箸而箕子諫夫以天子而用象箸未為過侈也然箕子以為象箸不已必金為之金又不已必玉為之故箕子之言所以防微而杜漸也至漢公孫弘相武帝以為人主病不廣大人臣病不節儉當是時帝方外伐四夷內治宮室為千門萬戶由是天下之戶口減半盜賊蠭起而弘猶病其不廣大何其不忠之甚哉故人主誠能不以箕子之言為太過而察見公孫弘之太佞則夏禹漢文之德不難及已

一無逸昔周公作無逸之篇以戒成王其略曰昔商王中宗治民祗懼饗國七十有五年其在高宗不敢荒寧饗國五十有九年厥後立王生則逸不聞小人之勞惟耽樂之從自時厥後亦罔克壽或十年或七八年或五六年或四三年嗚呼非愛君憂國之深其言何以至此又曰繼自今嗣王無淫于觀于逸于遊于田無若商王受之迷亂酗于酒德哉小人怨汝詈汝則皇自敬德亂罰無罪殺無辜怨有同是叢于厥身蓋人君初務縱欲小人必怨而大臣必諫至于淫刑亂罰以杜言者之口然後流連忘反不聞其過而終至于滅亡故曰無逸之書後王之元龜也唐明皇初即位宋璟為相手寫無逸圖設于帝座明皇勤於政事遂致開元之治其後宋璟死所獻圖亦弊而徹去明皇遂怠於政親見天寶之亂由是觀之靡不有初鮮克有終人君誠能

謹終如始不敢逸豫則德有堯舜之名體有喬松之壽豈不美哉

右臣聞孟子曰我非堯舜之道不敢以陳於王前今朝廷始初清明臣雖術學淺陋惟是前代聖帝明王所以致治之迹可以為法與夫暴君暗主所以兆亂之道可以為戒者乃敢告于左右古人有言曰舜何人也予何人也夙夜以思去其不如舜者就其如舜者是亦舜而已矣陛下加意無怠則社稷幸甚天下幸甚

知陳州司馬光進修心治國之要劄子曰臣伏聞本固則末茂源濁則流渾昔仁宗皇帝擢臣知諫院臣初上殿即言人君之德三曰仁曰明曰武致治之道三曰任官曰信賞曰必罰英宗皇帝時臣曾進歷年圖其後序言人君之道一其德有三其志亦猶所以事仁宗也大行皇帝新即位擢臣為御史中丞臣初上殿言人君修心治國之

要其志亦猶所以事英宗也。今上天降災大行皇帝奄棄天下。皇帝
陛下新承大統。太皇太后同聽萬幾。不知臣愚猥蒙訪落。臣且愧且
懼。無以塞責。謹復以人君修心治國之要為獻。其志亦猶所以事大
行皇帝也。所以然者。臣歷觀古今之行事。竭盡平生之思慮。質諸聖
賢之格言。治亂安危存亡之道。舉在於是。不可移易。是以區區首為
累朝言之。不知臣者。以臣為進迂闊陳熟之語。知臣者以臣為識天
下之本源也。夫治亂安危存亡之本源。皆在人君之心。仁。明。武。所出
於內者也。用人。賞功。罰罪。所施於外者也。出於內者。雖有厚有薄有
多有寡。稟之自天。然好學則知所宜從。力行則光美日新矣。施於外
者施之當。則保其治。保其安。保其存。不當則至於亂。至於危。至於亡。
行之由己者也。所以能當在於至明。所以能明在於至公。是以明君
善用人者。博訪遠舉。拔其殊尤。德行高人謂之賢。智勇出衆謂之能。
賢不必能。能不必賢。各隨所長。授以位任。有功則賞。有罪則罰。其人
苟賢能。雖讎必用。其人苟庸愚。雖親必棄。賞必有所勸。罰必有所懲。
賞不以喜。罰不以怒。賞不厚於所愛。罰不重於所憎。必與一國之人
同其好惡。是以古者爵人於朝。與士共之。刑人於市。與衆棄之。如此。
安有不當者乎。臣故曰。所以能當在於至明。所以能明在於至公也。
昔齊桓公置射鉤而使管仲相。漢高祖知人善任使。苟為不才。雖見
喜亦棄之。苟才矣。雖負販酒徒亡將戍卒亦用之。此所以能奮布衣
取天下也。館陶公主為子求郎。明帝不許。而賜錢千萬。郎賤官也。猶
惜之。况其貴者乎。故永平之治至今稱之。宋高祖事蕭太后甚孝。太
后欲以子道憐為揚州刺史。高祖以其貪愚不許。故功業之高冠於
南朝。唐太宗殺建成元吉。而用其官屬魏鄭公王珪等。與房杜無異。
卒得其效。宣宗事鄭太后甚謹。問舅鄭光以政事。不能對。罷其方鎮。

故時人稱美謂之小太宗。此用人之公明者也。韓昭侯惜弊袴不以
賜左右之無功者。漢高祖深怨雍齒而不忘其功。魏太祖勳勞宜賞
不吝千金。無功望施分毫不與。唐宣宗重惜服章。故當時得緋紫者
以為榮。此賞功之公明者也。豎牛殺孟丙仲壬。立叔孫昭子。昭子數
其罪而殺之。孔子善其不勞。丁公脫漢高祖於阨。高祖以為不忠而
斬之。武帝妹隆慮公主且死。屬其子昭平君。昭平君殺人。武帝流涕
而誅之。唐明皇弄臣黃幡綽捕盜官隧馬。明皇杖殺之。宣宗謂樂工
汝惜羅程藝。我惜高祖太宗法。此罰罪之公明者也。臣略舉此數者
以為明驗。其餘在陛下博覽載籍以考之。知臣所言不為謬妄。臣以
一夫之愚。不能周知天下之務。近因上奏。乞下詔書開言路。伏望聖
慈早賜施行。今并治平四年五月三日上殿劄子具錄進呈。乞陛下
留神幸察。

元祐元年。光又上奏曰。臣等聞王者設官分職。居上者所總多。故治
其大要。居下者所分少。故治其詳細。此理勢之自然。紀綱所由立也。
是以周官小宰以官府之六屬舉邦治。大事則從其長。小事則專達。
凡宰相。上則啓沃人主。論道經邦。中則選用百官。賞功罰罪。下則昇
安百姓。興利除害。乃其職也。至於簿領之差失。期會之稽違。獄訟之
曲直。胥吏之遷補。皆郎吏之任。非宰相所宜親也。故人有言。察目睫
者。不能見百步。見百步者。亦不能見目睫。言詳於近者必略於遠。謹
於細者必遺於大也。今尚書省事無大小。皆決於僕射。自朝至暮。省
覽文書。受接辭狀。未嘗暫息。精力疲弊於魚鹽細故。其於經國之大
體。安民之遠猷。不暇復精思而熟慮。恐非朝廷所以責宰相之事業
也。竊以六曹長官。古之六卿。事之小者。豈可不令專達。臣等商量。欲
乞今後凡有詔令降付尚書省者。僕射左右丞簽訖。分付六曹謄印。

符下諸司及諸路諸州施行其臣民所上文字降付尚書省僕射左右丞簽訖亦分付六曹本曹尚書侍郎及本廳郎官次第簽訖委本廳郎官討尋公案會問事節相度理道檢詳條貫下筆判云今欲如何施行次第通呈侍郎尚書若郎官所判已得允當則侍郎簽過尚書判決應奏上者具奏上應行下者直行下即未見允當者委侍郎尚書改判事之可否皆決於本曹長官更不經由僕射左右丞即政更條法或奏乞特旨或事體稍大或理有可疑非六曹所能專決省聽諮僕射左右丞咨白或具狀申都省委僕射左右丞商議或上殿取旨或頭簽劄子奏聞或乞入熟狀或批判指揮其諸色人辭狀並只經本曹長官陳過尚書侍郎郎官次第簽押判決一如朝廷降下臣民所上文字次第施行若六曹不為收接及久不結絕或判斷不當即令經登聞鼓院進狀降下尚書省委僕射左右丞判付本省不干礙官覆看詳定奪若本曹顯有不當即行糾劾所貴上下相承各有職分行遣簡徑事務易集

御史中丞劉摯上疏曰上之所好下必有甚朝廷意在總覈下必有刻薄之行朝廷務行寬大下必有苟簡之事習俗懷利迎意趨和所為近似而非上之意本然也今日革之政本殊而觀望之俗故在昨差役初行監司已有迎合爭先不校利害一槩定差一路為之騷動者朝廷察其如此固已黜之矣以是觀之大約類此向來黜責數人者皆以朴法掊克希進害民然非欲使之漫不省事昧者不達矯枉過正顧可不為之禁哉請立監司考績之制拜尚書右丞

摯又上言曰臣蓋聞傳曰朝廷正則百官理又曰衆賢和於朝則萬物和於野今夫上之人誠能同德一心徇公憂國則必有和善之路而下無朋比之士苟人有異齊轉相非疑則必有僻違之政而下有向

背之俗於是民被其害矣臣伏見昨者皇帝陛下太皇太后陛下聽治之初惠綏天下去民之所同患更法之所不安至於振淹滯紬貧刻蠲政施命無有虛日故近自畿甸至於海隅莫不鼓舞承風傾耳以聽太平而近者一兩月以來政事號令之見於施行者曠然希濶中外顒顒無所聞見深求其故皆以謂執政大臣情志不同議論不一之所致也有陰拱以坐觀者有陽合而內睽者有強橫以肆掣者有忍耻以懷咎者滯事積前相顧而不發故仁澤屯于上而不下庶事壅于朝而不行以至文書稽留人情隔塞聖人之化雖曰久於其道而後成然固有緩急之勢今事至輕小明有比例或止於一法令之增損一官吏之廢置猶不肯倡端而主論則方今邊鄙之大利害賦役之大是非天下百姓之困苦如在倒垂而望解者當誰任其責何時而議也幸遭聖明哀憫元元為廟朝大計而謀國之人方身是卹方私是圖坐翫歲月亦可謂不仁矣況今皇帝陛下以盛年居諒闇太皇太后陛下以垂簾而稱制於此時也而輔弼不咸相拒相激非獨政事壅積而已誠恐疑貳漸深分曹固黨使傾險之士煽於其間上下乖戾何事不生此又臣之所為深憂也伏望聖慈深察事變防微杜漸特詔輔臣當務同寅協恭相示以信去其貳志以濟國家之事應今來政事之稽滯未決者趣令條上取旨則望聖明裁自睿斷別白施行以幸天下

監察御史上官均論寬猛二道上奏曰臣聞治天下有二道寬與猛而已寬過則緩而傷義事有廢弛之弊猛過則急而傷恩官吏有避法苟免之患術雖不同其蠹政害民一也自熙寧以來朝廷以法度整齊四方諸路監司不能深明朝廷之意往往務為慘核刻深之政郡縣望風畏慄大抵以趣辦為能類文具而無實不暇長計遠慮以

便民為意而四方之民有憔悴愁歎之音此傷猛過急之弊也自陛
下臨御敷下德音務從寬大四方欣然仰戴德澤然比聞諸道監司
又不能明陛下之美意妄意朝廷風旨一切以苟簡縱弛為事疲懦
汙庸之吏視而不劾紛糾紊繆之政知而不察外求寬厚之名以要
譽於一時此矯枉過寬士大夫守義不篤之患也方陛下講修百度
以差役之法行於四方尤在郡縣夙夜悉心以推行朝廷愛民之政
若怠墮不舉委成於胥吏太守玩而不察監司視而不糾養成偷墮
苟簡之風天下之民必有受其弊者矣臣願詔四方以不加糾劾如
朝廷遣使廉訪頗有其實或風聞於上當顯責以厲遠近庶幾按察
之吏不敢寬縱郡縣之官不敢偷墮人人警懼修職宣布陛下之德
澤以惠黎庶
戶部尚書李常上奏七事一崇廉恥曰臣聞子貢問何如斯可謂之

士矣孔子曰行己有恥孟子曰人不可以無恥無恥之恥無恥矣而
管子亦曰禮義廉恥是謂四維古之聖賢所以崇尚廉恥如此其切
而後世或置而不察良可駭也昔董仲舒當漢武之時歎廉恥貿亂
賢不肖混淆蓋廉恥不崇於世則名分不足以塞覬覦賞罰不足以
正公罪公議不行人才日壞欲相與隆政治何可得也臣伏見熙寧
已還急於事功易於揀拔超越倫等罕循資格謀利者計息以均賞
讞獄者巧詆以拜官矯誣傾奪肆不顧忌今雖窒其所以致之之源
而流風餘燄尚有存者既不修己而以干進為事不務率職而以請
託為先每詔下薦士則自媒者盈卿士之門屬託者交車馬於道違
公議者莫愧乖物理者不懲以得為心寧復愧畏此風寖長為弊甚
大臣愚欲望聖慈深詔有司訓以治體簡求忠實廉退之士進之官
師以厚薄俗其不懲艾仍委御史臺彈劾則人知修方而賢不肖別

矣賢不肖別於朝則愚夫陋俗亦知化矣二存鄉舉曰臣聞周之取
士也其書曰使民興賢出使長之使民興能入使治之未聞以文章
選賢也後世法敝衆弊紛起下之人不復以誠事其上而上之人何
復誠信而聽之哉此鄉舉所以終廢而試藝之法不可革也今天下
三歲一考士初試於鄉州再試於京師而官之曾莫原其修之於家
行之於鄉黨朋友為何如也士知不考其素而唯文章之工寧復有
自重自修之志哉設有自重自修之士資質粹美問學深博其忠足
以事君其才足以治民而不幸不工於文章則終身不得齒士版立
朝廷矣豈不可為之長太息也今有徑寸之璧弃置而不貢之朝莫
不為之恨自重自修之士未貴於珠玉哉此臣所以為朝廷惜也臣
愚欲乞詔天下州郡當貢士之歲許於解額內弗試而貢一人擇鄉
黨孝悌忠信通博之士俾其閭里之善士以告守令守令伺察而

告之監司監司覈實果否而上之禮部萃而察之考其所學等差而
上之朝廷朝廷隨其等差參諸貢士而官之仍命有司立為條約無
則闕之有其人而不貢則治之舉非其人則坐之如此在天下之士
各知脩方以行己則以文章選士之弊有時而衰矣三別守宰曰臣
伏以四海九州之大生齒之夥朝廷不得家治而人教之也為之衆
建州縣張設官吏約以詔條使人循理而鼓善安土而樂生雖然朝
夕與民相親而致感者莫如縣令郡守次之監司又次之今吏部之
格雖曰以舉官為縣令然則未必其真可以為縣令者也縣令雖以
舉官而為知縣所舉者亦未必真善治民者也以未必真善治民者
積三四任而為知州其才亦未必真能為州者也如此而欲望州縣
皆治何可得也蓋其才不可以為縣令者常為掾丞可也不可以為
知州者常為佐貳可也臣愚欲乞別異守宰與掾丞佐貳為二途使

才不為守宰者終身為掾丞佐貳才可以長民化下者雖久為守宰可也雖然於守宰以擇監司或進為朝廷之官如此則才否分而人品別矣今誠能於州掾縣佐選其人可為縣令者授之中下之縣縣治矣授之上縣上縣又治矣授之以難治之縣難治之縣至一再皆治也擢之為知州初則授之以中下之州中下之州既治矣使劇州劇州又治矣而其人不可為監司為省府卿士以備選擢者未知有也若才不可以為縣也雖積歲益久而寘過也不害其進官而為幕職州佐也夫才不可長民而為幕職州佐以終其身蓋亦幸矣夫何恨哉四廢贓貪曰臣聞為國家者擇士而官之非以幸其身為民而圖治也制祿而須之非以厚其家代耕而養廉也今稅民之粟帛損邦之貨泉隨其爵位而祿之矣貪汙之士以贓抵罪者歲不可勝數非獨為士者上負邦家亦朝廷法制有以召致之然也今吏部四選

附籍者幾三萬員而在選者常以數千員賢愚弗別廉汙雜處客食旅館或逾年而得一闕更兩歲而及其期官冗員多莫如今日臣愚竊以謂仕於朝而食人祿矣公私過咎或不得免而肆然犯法以贓獲罪其跡顯著尚足矜耶而使之曰緣赦宥積累期限而叙復之何也欲望詔有司凡以正贓抵罪者一切廢置示弗復用其或才能卓異不幸絓誤也命卿士以名上之付有司以議之或有可取也降等而官之終弗變也卿士同其罪則官澄而冗革矣五謹疑獄曰臣聞易曰君子以明慎用刑而不留獄書曰與其殺不辜寧失不經夫天下之大四海之廣獄訟至繁官吏至眾蓋獄訟繁則不得無可疑可愍之情官吏眾則不必皆明習法律之士前日愆雨之初臣不避誅戮嘗陳所以致旱之因矣我朝累聖臨御欽慎庶獄上遵先王之戒方州之請多原情而從貸矣夫以先王之聖智猶曰寧失不經今方

州所請將事深文而務殺之耶又因以罪其官吏官吏畏罪則取可疑可愍者違情就法而殺之矣安事上請而取咎悔也哉況夫官吏之愚難以遍曉而務在免過希合臣愚伏望朝廷以前日所降詔旨特加備明廣示海宇俾可疑可愍之獄皆如平日以其實情上請付有司議之或失於妄情也亦如昔日特放其罪如此則疑情愍獄皆得以上聞而好生之德周四海矣六擇儒帥曰臣聞用師之所先財用積器械利城壘堅士卒練將帥擇五者具勝敵之能事畢矣先帝憂勤積歲以儲兵備今粗會常平等積錢餘五萬貫穀帛匹斛亦復稱是財用不謂不積矣熙寧以來萃羽毛齒革之材講犀利之要巧者奏工殆餘十年械器不謂不利矣增城築堡擇當要處守禦之方無不詳盡城壁不謂不堅矣行陣坐作引弓蹶弩擊刺之法靡不講究士卒不謂不練矣虎貔之勇有功必賞賜官授節超逾倫等將帥

不謂不擇矣雖然吳子曰凡人論將常觀於勇勇之為將萬分之一蓋言以勇擇將未盡其要勇敢之將迎敵以取勝可也若其制列城專一道撫百萬之衆馭虓武之佐失所能任孫子曰將者智信仁勇嚴也以是言之非通儒學士知國體者不足與知此臣不敢遠陳古事在仁祖時蓋非范仲淹韓琦龐籍之徒不用也然今者所當擇者臣[illegible]冀朝廷加意而深思也七修役法曰臣聞古者用民之力歲不過三日而使之以時人不告病後世則不然極人力而疲之莫之愍也昔者疲民之力莫甚於差役差役之甚至有破民家產鬻及妻孥以濱死者熙寧元豐之間以差役為病民也使一切輸錢於縣官官為賦閒民而役之方是時朝廷改法則意在息民議法之臣以寬剩為事平民輸之歲覺不逮復思差科之為幸也今者既詔有司講明差法前日所謂破家產之敝悉已鐫除而是非猶與議論未一皆以

謂上戸特輂中戸役併上戸特輂則求所以抑兼并而均民力中戸役併則其為病有過於輸錢臣愚以謂法無新陳便民者良法也論無彼已可久者確論也欲望朝廷命有司考二法之至要而裁取之參公論之可行而修定之使久便而久行百世無救豈不善哉此不役法於四方而付其書於戸部以臣之愚見其必可久也欲乞再承詔旨許自邦畿以及諸路先召畿令因版籍即新書而裁損之次召近畿數路監司如畿縣之法自近以逮遠因可以革非不踰歲而天下之役書全矣夫為法之大及物之衆休戚所係治忽隨之為國家者奇不慎哉臣所以不敢冒鈇鉞之誅而不能終嘿也

歷代名臣奏議卷之三十九

歷代名臣奏議卷之四十

治道

宋哲宗元祐初蔡州教授秦觀舉賢良方正進策曰臣聞春則倉鶊鳴夏則螻蟈鳴秋則寒蟬鳴冬則雉鳴此數物者微眇矣然其候未至則寂寞而無聞既至則日夜鳴而不已何則陰陽之所鼓動四時之所感發氣變於外而情迫於中雖欲不鳴不可得也淮海小臣不聞廟堂之議帷幄之謀獨耳剽目采頗知當世利病之所以然者嘗欲輸肝膽效情素上書於北闕之下則又念身非諫官職非御史出位犯分重煩有司之誅隱忍逡巡而不敢發幸陛下發德音下明詔使大臣任舉賢良方正能直言極諫之士將脩祖宗故事而親策於庭嗚呼此亦愚臣效鳴之秋也輒忘疏賤條其意之所欲言者為三十篇以獻惟陛下裁擇焉其目曰以意寓言以言寓文示變化之所始終使天下曉然知之作國論瑟不鳴二十五絃各以其聲應較不運三十輻各以其力旋默則治語靜則制動作主術急不極則緩不生緩不極則急不成一僨一起如環無端作治勢二篇以地為險山川是資以兵為險不厭通達作安都自信者避嫌自許者不求合倚而容之績乃可底作任臣二篇衆賢聚於本朝姦人之所不利巧為詆誣以幻群聽作朋黨二篇馬有鳳魚有鯤超絕之材宜見闊略作人材楊墨塞路孟氏所攘申商崛興莫或汝遏作律法二篇得與失為隣利與害同門非至精莫之能分作論議二篇爵禄者所以礪世磨鈍科條品目其可不悉作官制二篇善治水者以四海為壑善治財者以天地為資國之大計於是乎在作財用二篇料敵之虛實若別牛馬應變之倉卒如數一二非有道之士不能作將帥以亶覆衆來如風雨去如絶絃作奇兵美言可以市三寸之舌勝百萬之師作辨士機會

之來間不容髮匪龜匪鏡其能勿失作謀主心不治則神擾氣不養則精喪治心養氣西術自得作兵法愚民弄兵依阻山谷銷亡不時或為大釁作盜賊三篇党項徼種盜我靈武逾八十年天誅不迄作邊防三篇東西為緯南北為經織者執綜而文成其詳在彼其略在此作序篇

國論

臣聞古之人君以其祖考之志而升黜人材弛張法度者多矣太上忘言其次有言其下不及言何則昔舜舉十六相去四凶肇十有二州皆堯志也而精誠所動神化所移不待告之以言而天下曉然固已心知其本末此所謂太上忘言者也盤庚之遷亳武王之伐商所以從先王之業承文考之志也而浮言橫議二三不一至以其遷伐之意託於詞令丁寧而告于庭委曲而誓諸野然後民始恍然而服從此所謂其次有言也秦孝公用商君之說變法令易風俗所以脩繆公之業成獻公之志也然未嘗以其變法之意告民疑而不服則痛法以繩之此所謂其下不及言者也夫秦之不及言固無足道而舜之忘言又未可以遽及然則後世人君有以祖考之命而升黜人材弛張法度者安得不法盤庚武王之有言哉陛下即位以來圖任元老眷禮名儒屏弃姦臣投竄刻吏所以照臨海內甚盛罷青苗之使廢市易之司削保甲之條刊免役之令至於榷山煑海冶鑄之事他日吏緣以為姦者臨遣信臣更定其法所以加惠元元甚厚臣竊聞之凡此大功數十淹速輕重雖出於聖母之裁成其大槩則皆先帝之末命也然大道之行小人所不利或作為詆欺之言悖亂群聽以為先帝之道陛下當終身奉以周旋而數年之間遽聽一二大臣更張幾盡異乎所謂父作之子述之者矣自非明智不惑之士往往聞其說而疑之嗚呼此殆陛下不法盤庚武王有言之過也夫子之事父其生也養志為大養口體次之其歿也繼志為大述事次之知述事而不知繼志猶養口體而不養志也非所以為達孝秦皇漢武皆以蓋世之氣闢闔宇宙之材并吞諸侯攘卻胡粵若以功業言之則始皇之英偉傑特又非武帝之可比也然而萬世之下號始皇為暴王稱武帝為賢君秦祚遽傾漢基益大者何哉二世不變始皇之事孝昭能改武帝之法故也向使先帝晚年於人材法度初無升黜之心弛張之意陛下猶當繼其志而述其事又況親承於末命乎臣願陛下具以意作為明詔丁寧反覆如古訓誥誓命之文布告天下咸使聞之則小人雖有詆欺之言不能以疑衆矣然後被之於詩章傳示無窮以明德意使後世皆知成先帝之功者陛下也豈不休哉

主術

臣聞人主之術無他其要在乎能任政事之臣與議論之臣而已政事之臣者宰相執政和陰陽萬物宰制百辟鎮撫四夷與天子經綸於帷幄之中者也議論之臣者諫官御史學術知古始器識通世務奮不顧身與天子辨曲直爭是非者也今天下之事有執政之臣以行之有議論之臣以言之則人主可以弁冕端委而無所事不然則雖弊精神竭筋力以夜繼日猶無益也臣請以用人一事明之士大夫以名列於仕版者蓋以萬計有智者有愚者有賢者有不肖者若智與賢則功利之所從興也愚與不肖則罪害之所從起也夫人主以一身之思慮一耳目之聰明而當天下功罪利害之機非有政事之臣則百官之進退柰何而不亂也然人之難知久矣實愚而似智實智而似愚者有之實賢而似不肖實不肖而似賢者有之申以親疎之異重以好惡之偏夫以天下之智愚賢不肖而付之於二三大臣

之手非有議論之臣則進退當否柰何而知之也雖然政事之臣者人主之股肱議論之臣者人主之耳目任政事之臣而忽諫官御史猶股肱便利而耳目盲瞶也任議論之臣而輕宰相薄執政猶耳目聰明而股肱折也要之二者不可偏勝使之適平而已漢成帝用王鳳為大將軍政事大小皆自鳳出天子曾不一舉手京兆尹王章言之為鳳所陷罪至大逆故陽朔之後天下以言為諱唐明皇用李林甫為相十有九年專政用事補闕杜璡上書斥為下邽令由是諫諍路絕此則任政事之臣太勝也漢武帝擢嚴助朱買臣吾丘壽王司馬相如東方朔之徒於左右朝廷有政事輒令助等與大臣辯論大臣數詘唐德宗晚年宰相唯奉行詔書所與圖事者李齊運裴延齡韋渠牟而已此則任議論之臣太勝也臣聞仁祖時天下之事一切委之執政群臣無得預者除授或不當雖貴戚近屬旨從中出輒

為固執不行一旦諫官列其罪御史數其失雖元老名儒上所眷禮者亦稱病而賜罷政事之臣得以舉其職議論之臣得以行其言兩者之勢適平是以治功之隆過越漢唐與成康相先後蓋繇此也陛下即位以來圖任老成屬以事屢下明詔使中外大臣舉諫官薦御史保任骨鯁以備獻納之科可謂得人主之要術矣願鑒漢唐之弊專取法於仁祖常使兩者之勢適平足以相制而不足以相勝則陛下可以弁冕端委而無事矣

治勢上

臣聞御天下之術必審天下之勢不審其勢而已信臆決行其所謂道守其所謂法則雖有剛嚴果斷之材或失而為刻深慈惠惻隱之意或壞而為姑息何則設之不當也夫聖主之於天下豈嘗有意用術哉天下有強勢吾則有寬術天下有弱勢吾則有猛術非強非弱天下無勢非寬非猛吾亦無術蓋無勢者天下之常而無術者聖人之至術也雖然御強勢者必以寬而強之弊實生於寬御弱勢者必以猛而弱之弊實生於猛何則昔漢之文景承高祖開創之後接呂氏蹀血之餘除非謗去肉刑減笞法定箠令可謂寬矣而諸侯逆命夷狄侵邊孝武不勝其憤力攘匈奴誅兩粵大臣相繼而入獄二千石連頸而伏誅巫蠱之禍至於夫婦父子之間而不相保由是言之豈非強之弊實生於寬耶昔唐肅宗器本刻深以刑名自喜安史之亂來歸者戮於獨柳之下待罪者斃於縲絏之中可謂猛矣而慶緒荐興思明復起代宗深鑒其事舍脅從之罪緩污染之誅至於封豕長蛇無所懲艾忠臣義士切齒不平王室陵夷之漸蓋基於此由是言之豈非弱之弊實生於猛耶是故救強之弊必於崇寬之時救弱之弊必於尚猛之日夫強弱之相乘寬猛之相代猶東之有西晝之

有夜理之所必至事之所固然也顧昧者不知耳昔陵陽嚴詡將去潁川謂掾史曰我以柔弱召必選剛猛代到將有僵仆者矣及何並至郡首治鍾威趙季李款之獄果如詡言以詡並觀之則天下之勢可以前百年而預定古者刑罰世輕世重不為定論文王之時關市譏而不征周公成王之時則關市有征矣至幽年然後弛之推此類而言則先王之法度大抵皆審天下之勢而為之者也傳曰政寬則民慢慢則糾之以猛猛則民殘殘則施之以寬寬以濟猛猛以濟寬政是以和夫傳所謂和者則臣之所謂聖人之至術者歟

治勢下

臣聞祖宗之時天下新脫割據戰伐之禍天厭久亂俱欲無為而又掃除煩苛之患是以深結海縣之心削平僭偽之威是以逆折姦俠之氣當是時天下之勢如元氣在乎混淪之中固莫得而名已逮嘉

祐之後習安玩治為日既久大臣以厚重相高小臣以苟簡自便內食者鄙未能遠謀誰能無偷朝不及夕故先皇即位之始大講法度作而新之覈名實以興百辟攘夷狄以布威靈有司奉行於中使者刺舉於外此真得所謂以猛政救緩勢之術也元豐之後執事者矯枉過直務鈎距以為法術任惠文以取媮快上下迫脅民不堪命故陛下即位之始黜鍛鍊之吏逐聚斂之臣登老成於散地擢忠鯁於謫籍平寃獄振乏餒與天下休息此真得所謂以寬政解急勢之術也而比日已來執事者又將矯枉而過直矣何告訐欺詆之言率然敢陳而王體未嚴也嚮背異同之見各自為守而國論未決也蠻夷猾夏寇賊姦宄隱忍覊縻冀其自罷而天誅未迄也推此言之天下之緩急雖曰未見而固已胚渾於冥冥之中矣夫致先帝之用猛術者嘉祐之緩勢也致陛下之用寬術者元豐之急勢也今又矯枉過直

則勢必復緩緩甚則術又將出於猛矣猛術一用天下固已震動若再用焉則安危之計未可知也何則天下之勢猶一人之身緩而救之以猛猶關鬲不通而涌泄之也其急而解之以寬猶虛中暴下而補養之也補養至平則可以已矣平而不已則又將至於關鬲不通再涌泄正氣必傷重被猛術國本必伐故曰安危之計未可知也臣願陛下過逋慢之原杜解弛之漸明詔內外一乎中和使天下之緩勢不得而成緩勢不成則後世雖有猛術不可得而用之

安都

臣聞世之議者皆以謂天下之形勢莫如雍其次莫如周至於梁則天下之衝而已非形勢之地也故漢唐定都皆在周雍至五季以來實始都梁本朝縱未能遠規長安盍亦近卜於洛陽乎而安土重遷眷眷於開封之境非所以為萬世計也臣竊以為不然何則漢唐之都必於周雍本朝之都必於梁而後可也夫長安之地左殽函右隴蜀襟憑終南太華之山縈帶涇渭洪河之水地方數千里皆膏腴沃野卒有急百萬之衆可具形勢便利下兵於諸侯如建瓴水四塞之國也故其地利守自古號為天府開封地平四出諸道輻輳南與楚境西與韓境北與趙境東與齊境無名山大川之限而汴蔡諸水參貫巾車錯轂蹄踵交道舳艫銜尾千里不絕四通五達之郊也故其地利戰自古號為戰場洛陽左瀍右澗表裏山河扼殽澠之隘阻成臯之險亘伊闕之固廣袤六百里四面受敵以守則不如雍以戰則不如梁然雍得之可以為重自古號為天下之咽喉凡天下之形勢無過此三者也彼蜀之成都吳之建業皆覇據一方之具而楚之彭城特盜賊之窟耳易曰天險不可升也地險山川丘陵也王公設險以守其國所謂險者豈必山川丘陵之謂哉在天而不可升在人而

不可奪則皆為險矣夫雍為天府梁為戰場周為天下之咽喉而臣以謂漢唐之都必於周雍本朝之都必於梁而後可者漢唐以地為險本朝以兵為險故也漢高祖曰吾以羽檄召天下兵莫有至者武帝曰吾初即位不欲出虎符發兵郡國蓋漢踵秦事郡國皆道材官有變則以符檄發之京師惟有南北兩軍有期門羽林孤兒以備宿衛唐分天下為十道置兵六百三十四府其在關中者惟二百六十有一府府兵廢始置神策為禁軍亦不過數萬人以此見漢唐之兵皆在外也故非都四塞之國則不足以制海內之命此所謂以地為險者也本朝懲五季之弊舉天下之兵宿於京師名挂於籍者號百餘萬而衣食之給一毫已上皆仰縣官又非若府兵之制一寓之於農也非都四通五達之郊則不足以養天下之兵此所謂以兵為險者也夫以兵為險者不可以都周雍猶以地為險者不可以都梁也

而昧者乃以梁不如周，周不如雍。嗚呼，亦不達於時變矣。夫大農之家，連田阡陌，積粟萬斛，兼陂池之利，幷林麓之饒，則其居必卜於郊野。大賈之室，斂散金錢，以逐什一之利，出納百貨，以收倍稱之息，則其居必卜於市區。何則？所操之術殊，則所託之地異也。今梁據天下之衝，歲漕東南六百萬斛以給軍食，猶恐不贍，矧欲襲漢唐之迹，而都周雍之墟，何異操大賈之術，而欲託大農之地也。由是言之，彼周雍之地者，漢唐之險耳，本朝何賴焉。

任臣上

臣聞明君之御臣也，不致疑；忠臣之事君也，不避嫌。嫌疑之事，皆出於姦臣庸君，度量狹隘，心意頗僻，不能以至誠相期而已。古之人有自舉其身者，有舉其子者，有舉其弟者，有舉其姪者，有舉其內外之親舊者，而其君不以為疑，其臣不以為嫌者，何哉？以其所舉者當，而

已矣。漢宣帝欲擊先零，問誰可將者，趙充國曰：無如老臣者矣。宣帝用之，遂破先零。此所謂自舉其身者也。晉君問孰可為國尉，祁奚曰：午也可。君曰：非子之子耶？對曰：君問可否，不問子也。君子謂祁奚能舉善矣。此所謂有舉其子者也。李石當國，薦弟福可任治人，繇監察御史為戶部侍郎。此所謂有舉其弟者也。晉求文武良將，謝安以其姪幼度應舉。郗超聞而歎曰：安違衆舉親，明也；幼度不負舉，才也。果破苻堅於淝水之上。此所謂有舉其姪者也。崔貽孫為相，未踰年，除吏八百，莫不諧允。德宗曰：人言卿擬官多親舊，何耶？對曰：陛下令臣進擬庶官，夫進擬者必悉其材行，如不與聞，何由得其實。此所謂有舉其內外之親舊者也。此數子者，皆內有以自信，外有以信於人，仰無所愧，俛無所怍，其視身也，與人等；其視子弟親舊也，與不相誰何者等。故能立功於當年，垂名於後世，千載之下，想見其風。向使念爪李之小嫌，忘事君之大節，匿名迹，遠權勢，心知其然而不敢發，則與糞壤同朽耳，尚何功名之立哉。陛下即位以來，委政於六七大臣，其人自以曠世遭遇，莫不悉心竭力，知無不為，言無不盡，可謂千載一時之嘉會也。而臣竊有所不然者，未能去用親之嫌而已。奇材異行實為時輩所見推者，一涉大臣之親，則相顧縮慄，莫敢援之以進。幸而不顧進之，則諫官御史之章相隨而至矣。臣以為此風一成，非聖朝之事也。何則？大臣之親嫌而不用，則侍臣之親亦當嫌而不用，引而下之，至於臺省寺監之官，推而廣之，至於漕刑郡縣之吏，其親者皆嫌而不用矣。夫奇材異行不常有於天下，幸而有焉，又以親嫌而棄之，則是非得草萊巖穴之士終不用也。昔西漢之韋氏、平氏，東漢之袁氏、楊氏，唐之韋、杜、蘇、李、陸、蕭諸氏，皆兄弟為三公，父子為宰相，盛者至與國相始終，其間建功立業號為名臣者，蓋不可勝數，柰何

專用草萊岩穴之士哉。願詔中外之臣，惟賢是進，惟不肖是退，而勿以用親為嫌，諫官御史惟進退之當否是察，而勿以親嫌為劾，則天下之奇才異行庶乎皆得而用也。

任臣下

臣聞人主之於諫諍之臣，非獨聽其言之難也，取其大節而略其小過是為難矣。夫骨鯁自信，以身許國，不為利害之所撓屈者，謂大節也。材智之不周，思慮之不密，學術之不至，聞聽之不審，所謂小過也。必有大節而無小過者，然後得為諫諍之臣，則窮年沒世不可得其人矣。如或不然，則與其無一時之小過，孰若有終身之大節哉。昔汲黯通經術，則不如平津侯；恢武功，則不如大將軍；明習法令，則不如張湯；文章儒雅，則不如司馬相如；謹厚自全，則不如石慶；術略橫出，則不如主父偃。然淮南王謀反，惟憚曰：黯好直諫，守節死義，說平津侯

等如蕘蒙耳。由是言之。諫諍之臣。其功在於正綱紀。正風憲。通上下之情。使亂臣賊子顧憚而不敢蕘。如此而已。一舉之不當理。一蕘之不中節。曾何足以深咎耶。陛下即位以來。首下明詔。使中外大臣保任諫官御史。蓋充賦者百有餘人。其見用者十數人耳。選擇既精。人頗自重。皆毅然有伏節死誼之心。興利除害。甚於嗜欲。攘擊姦惡。如報私讎。首尾數年之間。遂成冠古之治。雖神功聖化。敏妙自然。亦此曹獻替可否之力也。然比者嘗以所言不效。諫官御史接迹引去。或遷他官。或補外郡。臺省為之一空。臣愚踈遠。不知朝廷之事。切怪陛下何取之之難。而去之之易也。且人非蓍龜。不無過誤。顧其設心措意何如耳。昔漢酈食其有撓楚之非。唐魏鄭公有縱薛延陀之過。本朝趙中令有遣趙保忠之失。此三人者。皆天下之豪傑。一時之名臣者也。猶有非繆過失如此。又況不及於三人者乎。臣願陛下鑒師古始。追御束今。重諫官之進退。慎御史之升黜。取其大節。而略其小過。使天下之士。得以盡忠畢力於前。則神功聖化。又將有新於此矣。或謂臣曰。古者諫諍之臣。職於廣聰明。除壅蔽。成德業而已。後世狂夫小子狡猾不道之人。或假其名。以資盜竊其器。以售姦。如谷永者。王鳳之客也。而譏斥帷幄。劉棲楚者。李逢吉之黨也。而額叩龍墀。隕為剗拂之迹。陰成附麗之謀。以此言之。小過其可略乎。略其小過。則成其大惡矣。臣應之曰。不然。夫藥石所以瘉病。因而致病者有矣。然自古及今。未有廢藥石者。何哉。以其所愈者衆。所害者寡也。諫諍之臣。雖器有遠近。才有脩短。大抵搢紳之選也。安可盡誣以谷永劉棲楚之徒歟。就使有一二人焉。則去其一二人者可也。何至空臺省而逐之耶。陸贄曰。天不以地有惡木而廢叢生。天子不以時有小人而廢聽納。又曰。諫者多表我之能好。諫者直示我之能賢。諫者之狂誣明我之能恕。諫者之漏泄。彰我之能從。有一于斯。皆為盛德。嗚呼。人主用諫諍之臣。贄之論盡矣。

朋黨上

臣聞朋黨者。君子小人所不免也。人主御群臣之術。不務嫉朋黨。務辨邪正而已。邪正不辨。而朋黨是嫉。則君子小人必至於兩廢。或至於兩存。君子小人兩廢兩存。則小人卒得志。而君子終受禍矣。何則。君子信道篤。自知明。不肯偷為一切之計。小人投隙抵巇。無所不至也。臣請以易道與夫堯舜漢唐之事明之。易以陽為君子。陰為小人。一陽之生則為復。復者。反本也。三陽用事則為泰。泰者。亨通之時也。而五陽之極則為夬。夬者。剛決柔也。以此見君子之道。必得其類然後能勝小人也。一陰之生則為姤。姤者。柔遇剛也。三陰用事則為否。否者閉塞之時也。而五陰之極則為剝。剝者。窮上反下也。以此見小人之道亦必得其類然後能勝君子也。陰陽相與消長。而為慘舒。為生殺。君子小人相與勝負。而為盛衰。為治亂。然皆以其類也。臣故曰。朋黨者。君子小人所不免也。堯之時。有八元八凱。十六族者。君子之黨也。又有渾沌窮奇檮杌饕餮四凶族者。小人之黨也。舜之佐堯。有大功二十者。舉十六相。去四凶而已。不聞以其朋黨而兩廢之。亦不聞以其朋黨而兩存之矣。臣故曰。人主御群臣之術。不務嫉朋黨。務辨邪正而已。東漢鉤黨之獄。海內塗炭二十餘年。蓋始於周福房植。謂之甘陵南北部。至於李膺陳蕃王暢張儉之徒。遂有三君八顧八俊八及八廚之號。人主不復察其邪正。惟知震怒而已。故曹節侯覽牢脩朱並得以始終表裏。成其姦謀。至於刑章討捕。錮及五族。死徙廢禁者六七百人。卒不知脩並者乃節覽之黨也。唐室之季。朋黨相軋四十餘年。搢紳之禍不解。蓋始於李宗閔李德裕二人而已。嫌怨既結各有植立根本牢甚互相傾擠牛僧孺李逢吉之屬則宗閔之黨也李紳韋處厚之屬則德裕之黨也而逢吉之黨又有八關十六子之名人主不復察其邪正惟曰去河北賊易去此朋黨難而其徒亦曰左右佩劍彼此相笑蓋言未知孰是也其後李訓鄭注用事欲以羅市天下凡不附已者皆指以為二人之黨而逐去之至於人人駭慄連月雺晦卒不知訓注者實逢吉之黨也臣故曰邪正不辨而朋黨是嫉則君子小人必至於兩廢或至於兩存君子與小人兩廢兩存則小人卒得志君子終受禍矣

朋黨下

臣聞陛下即位以來虛懷仄席博採公論悉引天下名士與之經綸至有去散地而執鈞衡起謫籍而忝侍從者雖古版築飯牛之遇不過如此而已君子得時則其類自至數年之間衆賢彈冠相繼而起

聚於本朝夫衆賢聚於本朝小人之所深不利也是以日夜恟恟作為無當不根眩惑誣罔之計而朋黨之議起焉臣聞比日以來此風尤甚漸不可長自執政從官臺閣省寺之臣凡被進用者輒為小人一切指以為黨又至於三君八顧八俊八及八廚之名八關十六子之號巧為標榜公肆詆欺一人名之於前萬人實之於後傳曰下輕其上爵賤人圖柄臣則國家搖動而人不靜也然則其可以不察歟臣聞慶曆中仁祖銳於求治始用韓琦富弼范仲淹以為執政從官又擢尹洙歐陽脩余靖蔡襄之徒列於臺閣小人不勝其憤遂以朋黨之議陷之琦弼仲淹等果皆罷去是時天下義士扼腕切齒髮上衝冠而小人至於舉酒相屬以為一網盡矣賴天子明聖察見其事琦弼仲淹等旋被召擢復象器使遂得成其功名今所謂元老大儒社稷之臣想望風采而不可見者皆當時所謂黨人者也向使仁祖

但惡朋黨之名不求邪正之實赫然震怒斥而不反則彼數人者皆為黨人而死耳尚使後世想望風采而不可見耶今日之勢蓋亦無異於此臣願陛下觀易道消長之理稽帝虞廢舉之事鑒漢唐審聽之失法仁祖察見之明杜媒孽之端窒中傷之隙求賢益急用賢益堅而信賢益篤使姦邪情得而無所售其謀讒佞氣索而無所啓其口則今之所謂黨人者後世必為元老大儒社稷之臣矣

人材

臣聞天下之材有成材者有奇材者有散材者有不材者器識閎而風節厲問學博而行治純通當世之務明道德之歸此成材者也經術藝文吏方將略有一卓然過人數等而不能飾小行矜小廉以自託於閭里此奇材者也隨群而入逐隊而趨既無善最之可紀又無顯過之可繩攝空承乏充位而已此散材者也寡聞見暗機會乖

物理昧人情執百有司之事無一施而可此不材者也古之人主於成材則付以大任而備責之於奇材則隨所長而器使之於散材則明賞罰而磨勵之於不材則棄之而已四者各有所處然而奇材者尤人主所宜深惜者也蓋天下之成材不世出而散材者又不足以任能事不材者適足以敗事而已是則任天下之能事者常在乎奇材有奇材而不深惜焉則將與不材同棄而曾散材之不如矣夫匠氏之於木也楩楠豫章易直而十圍者必以為明堂之棟路寢之楹七圍八圍者雖多節必以為高明之麗拱把而上者雖小撓必以為狙猿之杙稍脩則以為椽桷甚短則以為侏儒至於梐櫨軸解並況而易蠹者然後以之爨也今有楩楠豫章於此七圍八圍拱把而上特以多節小撓之故遂并棄之豈不惜哉人王用天下之材亦何以異於此今國家之人材可謂富矣養之以學校而取之以貢舉名在

仕版者。無慮數萬。然一旦有事。則常若乏人。何哉。以臣觀之。不能深惜天下之奇材故也。蓋不深惜天下之奇材。則用之或違其長。取之將責其備。雖有嶔嶔歷落頴脫絶倫之士。執事者始以名聞。未及試之。而媒孽其短者。固已圜視而起矣。夫奇材多自重。又不材者之所甚嫉也。以自重之勢。而被甚嫉之毀。其求免也豈不難哉。一旦有事而常若乏人。其勢之使然。無足怪也。昔孟公綽為趙魏老則優。不可以為滕薛大夫。裨諶能謀。於野則獲。於邑則否。黄覇為丞相。功名損於治郡時。人固有所長。亦有所短也。皋陶喑而為大理。天下無虐刑。師曠瞽而為太宰。晉國無亂政。賢如蕭何。而有市田請地之汙。直如汲黯。而有褊心忿罵之鄙。文如長卿。而有臨卭滌器之陋。將如韓信。而有跨下蒲伏之辱。吏如張敞。而有便面拊馬之事。此數子者。責其備。則彼將老於耒耜之旁。死於泰山龕巖之下耳。人主豈得而用之。

陛下即位以來。屢下明詔。舉諫官御史臺閣學校之臣。刺史牧民之吏。與夫可備十科之選者。所得人材。蓋不可勝數。臣願陛下取其名實尤異者。用之而勿疑。人情不能無小過。非有顯惡大義所當免者。宜一切置而不問。以責異時之功。則彼將輸寫肝膽。捐委軀命。求報朝廷而不可得。一旦有天下四夷之事。何足患哉。

律法上

臣竊觀唐虞以後有天下者。安榮危辱之所從。長久亟絶之所自。無不出於其所任之術。而所任之術。大抵不過詩書法律二端而已。蓋純用詩書者。三代也。純用法律者。秦也。詩書法律雜舉而並用。迭相本末。迭為名實者。漢唐也。何以知其然耶。夏商周之興也。治教政令。既本於道德之意。而舟車器械。亦出於義理之文。其迹載於典謨訓誥誓命之篇。而其旨寓於國風雅頌之什。當是時也。聖賢之學著。而百家之說熄。帝王之制舉。而覇者之事廢。議事以制。不為刑辟。故曰純用詩書者。三代也。魏文侯之師李悝。論次諸國之法。著為法經。其徒商鞅用以相秦。始作收司連坐告匿之法。而輔以詆欺文致細微之事。晚節末路。至於焚書坑儒。偶語者棄市。以是古非今者族。吏見知不舉與同罪。故曰純用法律者。秦也。漢自高祖。納陸賈之言。命為新語。用叔孫通之說。而使定禮儀。可謂知所取矣。而以三章之約。不足禦姦。於是蕭何攈摭秦法。作律九章。而張湯趙禹之徒。又為見知故縱監臨部主之法。唐自太宗。詘封倫秦漢之論。用魏公帝王之謀。可謂知所取舍矣。而朝廷郡縣。百官有司。所以朝夕從事者。一出於律令格式之文。故曰詩書法律雜舉而並用。迭相本末。迭為名實者。漢唐也。惟其純用詩書。故三代享國安榮。而歷年長久。惟其純用法律。故秦危辱而亟絶。惟其詩書法律雜舉而並用。迭相本末。迭為名

實。故漢唐之有天下。雖號長久。而安榮之日少。危辱之日多。僅免亟絶而已。蓋詩書者。所以崇德。其事皆孝悌忠信。人之所欲者也。而安榮長久。人之所欲者也。而法律所以制姦。其事皆鞭笞斬艾。人之所惡。欲以報所惡之讎者也。以所惡之術。報所惡之讎。亦其理之然哉。賈生曰。今或言禮誼之不如法令。教化之不如刑罰。人主胡不引商周秦事以觀之也。嗚呼。若賈生者。可謂知治體矣。

律法下

臣聞古今異勢。不可同日而語。以今天下而欲純用詩書。盡去法律。則是腐儒不通之論也。要使詩書不為法律所勝而已。祖宗之時。二端雖號並行。而士大夫頗自愛重。以經術為職。文藝相推。間有喜刑名精案牘者。則衆指以為俗吏。而恥與之言。近世則不然。士大夫急於功利。不師古始。相與習者。莫非桂後惠文之事。父教其子。兄詔其

弟以為速化之術無以過此間有引古義決嫌疑則掩口而笑曰此老生之常談耳何所用於今哉嗚呼此風一成非天下之福也蓋昔者以詩書為本法律為末而近世以法律為實詩書為名臣以天下之大弊君子所宜奮不顧身而救之者無甚於此何則廢詩書而從法律則是舉天下而入於申韓之術也揚子曰申韓之術不仁之至矣夫不仁者三代之所以失天下也君子救之其可以緩耶臣嘗思之其所以然者無他始於試法而已朝廷試士以法者欲其習為吏也而假之太優擢之太峻至有黃綬冲選數歲之間持斧仗節領一道之權任二千石之重而制策進士留滯於州縣之官有十年而不得調者嗚呼欲士大夫之不廢詩書而從法律也豈可得乎且法吏之與儒臣所聞異趣所見異塗猶方圓曲直之不相入也昔匈奴渾邪王降漢長安賈人與市者當坐死五百餘人而汲黯固爭以為不

可若使法吏言之則必以為闌出財物矣客人有告部亭長受其米肉遺者而卓茂折之以禮以為汝能高飛遠走不在人間乎若使法吏言之則以為受所監臨矣朱博曰如太守漢吏奉三尺律令以從事耳亡奈生所言聖人道何也且持此道歸堯舜君出為陳說之今天下所以未受其禍者以異時制策進士所得之臣有如汲黯卓茂者在也十數年之後耆老大臣相繼得謝而試法所得之吏有如朱博者當軸而處中焉則君子雖欲奮不顧身以救之亦無及已臣以為縱未能盡罷其事宜稍變革以抑其風使吏非有出身毋得試法其餘出仕換官之類可一切試以經術藝文要令天下皆知法律之不如詩書也則申韓之禍熄矣

論議上

臣竊聞役法之議不決久矣有司閱四方之牘眩蠭起之說牽制優

游相視而不斷者二年于茲雖稍復筆削着為一切之令取濟期月卒未有確然定論可以厭服人情傳萬世不弊者也其所以然者無他為士大夫據偏守獨各有系吝不能以至公為心故耳何則夫所謂役法者其科條品目雖曲折不同大抵不過差免二法而已差役之法雖曰迭任府史胥徒之士率數年而一更然而捕盜者奔命不遑主藏者備償無算囷倉竭於飛輓資產破於廚傳執事者患其弊也於是變而為免役之法雖曰歲使中外之民悉輸僦直以免其身然而平估至於室廬搉括及於車馬裒多以為寬剩厚積以為封樁則其弊又有甚於差役者矣蓋差役之法不弊則免役之法不作免役之法不弊則今日之議不興然而士大夫進用於嘉祐之前者則以差為是而免為非進用於熙寧之後者則以免為得而差為失私意既搖於中公議遂移於外嗚呼豈特二年而無定論哉雖十年而

無定論不足怪也昔唐室賦役之法有租庸調者最為近古自開元之後版圖既墮丁口田畝皆失其實法以大弊故楊炎變之以為兩稅之法已而盜起兵興徵求無節法又大弊故陸贄以七事者力詆其非然而終唐之世不復改也夫唐之諸臣豈不知兩稅為非古租庸調為近古哉蓋以晚節末路俱為弊法以此易彼寔無益也今差役免役之法蓋類於此然則何為而可耶臣聞楚人有第二區者其甲則長子之所築也其乙則少子之所築也規摹不同而歲久皆弊其父謀所止二子各請止其所築之廬至數日不決有隣人告之曰昔少君以甲第壞甚於是營乙以舍族人今乙第又壞而長君復欲徙之於甲是以壞易壞非計之得也何不合二第可用之材別營一區而棄其腐撓者乎父以為然其論遂定今陛下以役法之議付於嘉祐熙寧之臣何異楚人之謀於二子也盍亦質諸鄰人之論哉陛

下若以臣言爲然願詔有司無牽於故新之論毋必於差免之名悉取二法之可用於今者別爲一書謂之元祐役法則嘉祐熙寧之臣皆默然而心服矣若夫酌民情之利病因五方之所宜條去取之科列輕重之目此則有司之事臣所不能知之亦猶楚人之第其材可棄其材可留皆當付之匠氏不可問諸隣人也傳曰雖有絲麻無棄菅蒯雖有姜姬無棄蕉萃唯陛下擇焉

論議下

臣聞世之議貢舉者大率有三焉務華藻者以窮經爲迂闊尚義理者以綴文爲輕淨好爲高世之論者則又以經術文辭皆言而已矣未嘗以爲德行德行者道也是三者各有所見而不能相通臣請原其本末而備論之則貢舉之議決矣古者諸侯卿大夫交接隣國以微言相感動當周旋進退之時必稱詩以喻其志蓋以別賢不肖而

觀盛衰焉其後聘問不行於列國學詩之士逸於布衣於是賢人失志之賦興屈原離騷之詞作矣此文詞之習所由起也及其衰也彫篆相夸組繪相侈哆以譁世取寵而不適於用故孝武好神仙相如作大人賦以風其上乃飄飄然有凌雲之志此文辭之弊也昔孔子患易道之不明乃作彖象繫辭文言說序雜卦十篇以發天人之奧而左氏亦以春秋之法弟子傳失其真於是論本事作傳以記善惡之實此經術之學所由起也及其衰也幼童而守一藝白首而後能言故漢儒之陋有曰秦近君能記說堯典二字至十餘萬言但說若稽古猶三萬言也此經術之弊也古者民有恭敏任恤者則閭胥書之孝悌睦婣有學者則族師書之有德行道藝者則黨正書之而又考之於州長興之於鄉老大夫而論之於司徒樂正司馬所謂秀選進造之士者是也然後官而爵祿之此德行之選所由起也及其衰也

鄉舉里選之法亡郡國孝廉之科設而山林遺逸之聘興於是矯言僞行之人獘車羸馬竄伏巖穴以幸上之爵祿故東漢之士有廬墓而生子唐室之季或號嵩少爲仕進捷徑此德行之獘也是三者莫不有獘而晚節末路文辭特甚焉蓋學屈宋而不至者爲賈馬班揚學賈馬班揚而不至者爲鄴中七子學鄴中七子而不至者爲謝靈運沈休文休文之撰四聲譜也自謂靈均以來此秘未覩武帝雅不好焉而隋唐因之遂以設科取士謂之聲律於是敦朴根柢之學或以不合而罷去靡曼剽奪之伎或以中程而見收自非豪傑不待文王而興者往往溺於其間此楊綰李德裕之徒所爲切齒者也熙寧中朝廷深鑒其失始詔有司削去詩賦而易以經義使學者得以盡心於六藝之文其意信美矣然士或苟於所習不能博物洽聞以稱朝廷之意至於歷世治亂興衰之迹例以爲祭終之芻狗雨後之土龍而莫之省

焉此何異斥桑間濮上之曲而奏以舉動勸力之歌雖華質不同其非正音一也傳曰梁麗可以衝城而不可以窒穴言殊器也驊騮騏驥一日而馳千里捕鼠則不如狸狌言殊技也鴟鵂夜撮蚤察毫末晝出瞋目而不見丘山言殊性也今欲去經術而復詩賦近乎棄本而趨末并爲一科則戾於取人而求備爲今計者莫若以文詞經術德行各自爲科以籠天下之士則性各盡其方技各盡其能器各致其用而英俊豪傑庶乎其無遺矣

官制上

臣聞王者用人之要術惟資望而已歲用有等功勞有差天下莫得躐而進者謂之資行能術業卓然高妙爲世所推者謂之望用人以資而已則威德尊行魁奇儁偉之人或拘格而遭回如張釋之十年不得調揚子雲位不過侍郎之類是也用人以望而已則狂謬之流

矯亢之士。或以虛名而進拔。如晉用王衍。唐用房琯之類是也。古之善用人者不然。以資待天下有常之士。以望待天下非常之材。使二者各有所得。是以相推。而不足以相礙。故自一命以至九命。皆受職以至作牧。非有功不遷。非有缺不補。而天下不以為淹。或舉於耕。或舉於板築。或舉於屠釣。加之士民之上。委以將相之權。而天下不以為驟。何者。資之所當然。望之所宜爾也。國家以爵祿格為有定之制。而以職事官為不次之選。於先王用資望之術。可謂得其意矣。然臣愚猶以為未者。太必於用資。太不必於用望也。何則。夫郡守者。民之師帥。天子所與共理者也。衣冠而坐堂皇之上。則賓客造謁於前。掾屬趨走於下。政教賞罰軍旅之事。一皆聽其可否。所為是。則千里蒙其賜。所為非。則數十萬室受其害。可謂天下之重任矣。今將相大臣。自朝廷而出者。不過為郡守。而仕嘗再為通判者。苟無大惡顯過。有

保任人。亦必至於郡守。是將相大臣。與保任嘗再為通判者。相去無幾耳。夫賢者雖使所居官重。不肖者及之。今二千石所以不至尊重難居者。非特法令使然。亦其人材之所致也。豈非所謂太必於用資乎。館閣者。圖書之府。長育英材之地也。從官於此乎次補。執政於此乎遷升。故士非學術藝文。屹然為一時之望者。莫得而居之。可謂天下之妙選矣。今中材凡吏。一為大臣之所論薦。則皆得居其位。嘗有金穀之職。兵刑之勞。則皆得假其名。嗚呼。比歲已來。校書正字之職。龍圖集賢之號。何其紛紛也。傳曰。惟名與器。不可以假人。此不幾於以名器而假諸人乎。臣所謂太不必於用望者此也。昔漢制。郡守入為三公。學者以東觀為老氏藏室道家蓬萊山。言其清秘常人所不能到也。願下明詔。應中州已上。非吏臺省寺監漕刑之任者。不得為郡守。慎惜館閣之除。以待文學之士。則用人之術。庶乎其盡矣。

官制下

臣聞國家次五代一切之制。百官稱號。最為雜揉。名存而器不設。文具而實不應。所謂臺省寺監者。朝廷之官也。而其汎及於州縣筦庫之吏。其濫至於浮屠黃冠之師。乖違之條。爽繆之目。至不可勝數。光皇帝惻然憫之。始詔有司作寄祿格。以易天下之官。而歸之於臺省。還之於寺監。然後循名可知其器。而緣實亦得其文。可謂帝王之盛典矣。然有所未盡者。臣竊昧死而妄議焉。向之則自正議大夫以上遷進太略。自中散大夫以下清濁不分也。夫遷進太略。則大臣僥倖。而其弊也。至於無以復加。而法制亂。清濁不分。則小臣偷惰。而其弊也。至於莫為之寵。而資望乖。舊制。侍郎至僕射。凡十二遷。其兼侍從之職者。八遷九遷。其任執政之官。猶六遷也。蓋侍郎以上。皆天子之臣。非多其等級。則勢必至易極。易極則國家慶賞將窒而不得行。此

制官之深意也。今寄祿格則不然。自正議大夫。不問人之如何。四遷而至特進。故大臣為特進者。遇朝廷有大慶賞。則不得已而以司空之官予之。夫司空者。職事官也。寄祿無以復加。而予焉。豈非所謂亂法制之甚歟。舊制。少卿之官。率一秩而有四名。太常光祿衛尉司農是也。郎官員外。率一秩而有八名。如禮工祠屯主膳虞水之類是也。京朝之官。率一秩而有三名。如太常秘書殿中諸丞是也。蓋入仕之門。有制策進士明經諸科任子雜色之異。歷官之途。有臺省寺監漕刑郡縣之殊。非銖銖而較之。色色而別之。則牛驥同阜。賢不肖混殽。而天下皆將汎汎然倫取一切。不復淬勵激昂以功名為己任。此亦制官之深意也。今寄祿格則不然。自中散大夫以下至承務郎。秩為一名而已。故嘗任臺省之職。或任漕刑之司者。人心有所不厭。而莫為之寵。則往往假以龍圖集賢之號。夫龍圖集賢之號。所以待天下文

學之士也。而以諸吏莫爲之寵而假焉。豈非乖資望之甚歟。蓋爵祿者。天下之砥石。聖人所以礪世磨鈍者也。夫不爲爵勸。不爲祿勉。古之人有行之者蒙穀是也。齊死生。同貧富。等貴賤。古之人有行之者。莊周是也。今朝廷之臣。皆得莊周蒙穀而爲之。則爵祿之器雖不復設可矣。如其不然。則遷進太略。清濁不分之弊。安得而不革哉。鼂錯曰。爵者。上之所命。出於口而無窮。韓愈曰。聖君所行即是故事。自古豈有定制也。願詔有司以寄格。再加論定。稍倣舊制。自正議大夫以上。更增四秩之號。自中散大夫以下。秩之號爲三等之名。如此。則遷進頗詳。而法制不亂。清濁稍異。而資望不乖。是亦先皇之志也。惟陛下留神省察。

財用上

臣聞先王之理財也。若持衡然。天下之財不使之偏歸於公室。亦不

使偏入於私家。惟其適平而已。故邦國有以供祭祀奉養祿廩賜予之費。而民有以給朝晡伏臘冠婚喪祭之資。其取民之制謂之什一。什一者。天下之中正也。多乎什一。小桀大桀。寡乎什一。大貉小貉。魯哀公曰。二吾猶不足。桀之道也。白圭以二十而取一。貉之道也。推此言之。則先王理財之意。惟其適平而已。自什一之法壞。天下之財始失其平。其偏歸於公室也。則有鬻鹽冶鑄以管山海之饒。榷酒酤以漁井邑之利。算舟車告緡錢以摧抑商賈。造皮幣省酎金以侵牟封君。甚者至令吏坐列肆販物以求利焉。其偏入於私家也。則有以農田而甲一州。販脂而傾都邑。賣漿而踰侈。洒削而鼎食。賣脯而連騎。馬醫而擊鍾。甚者至累萬金而不佐公家之急。是以民常困於聚斂之吏。而吏常嫉夫兼并之民。所謂事勢之流。相激使然。曷足怪哉。本朝至和嘉祐之間。承平百餘年矣。天子以慈儉爲寶。貢賦經常之外

殆無一豪取諸民。田疇邸第莫爲限量。衣食器皿靡有約束。俯仰如意。豪氣浸生。貨賄充盈。侈心自動。於是大農富賈。或從僮騎。帶刀劍以武斷於鄉曲。畢弋漁獵聲伎之奉。擬於侯王。而一邑之財。十五六入於私家矣。熙寧元豐之間。大臣用事。始作法度。與時變通。青苗免役市易之利。相次而作。有司日夜手畫口說區處於中。使者旁午冠蓋相望奉行於外。而言利之臣析秋毫矣。江淮則增煮海之息。閩蜀則倍摘山之贏。青徐則竭冶鑄之利。其他希風旨致計數。無名之取。額外之求。盡不可勝數。而天下之財太半歸於公室矣。陛下即位之始。深知其弊。凡法度之不便於民者。一切罷去。吏胥以掊克進者。相繼而黜。斂因赦令而弛。逋負。又出廩廥以振乏絕。於是公私之財滋向於平。然而有大弊者。士大夫矯枉過直。邈然以風裁自持。不復肯言財利之事。易曰。天地之大德曰生。聖人之大寶曰位。何以守位曰

仁。何以聚人曰財。理財正辭禁民爲非曰義。而洪範八政。一曰食。二曰貨。以此見理財先食貨者帝王之要務。所以安中國服四夷者也。特不可使之偏入於公私耳。今國家北有抗衡之虜。西有假息之羌。中有大河之費。數萬之吏取給於水衡之錢。百萬之兵仰食於太倉之粟。公私窘急。可爲寒心。此正人臣揚榷斂散以究盈虛以濟用度之秋也。而耻言財用之事。是晉人而已矣。晉人王衍者。口不言錢。而指以爲阿堵物。臣竊笑之。以爲此乃姦人。故爲矯亢盜虛名於暗世也。何則。使顏閔言錢。不害爲君子。盜跖呼阿堵物。豈免爲小人哉。晉人尚清談而廢實務。大抵皆類此矣。昔管仲道輕重之權。范蠡計然否之策。蕭何漕關中之粟。財利之臣也。東郭咸陽之鬻鹽。孔僅之冶鑄。桑洪羊之均輸。亦財利之臣也。士大夫言財利。有如東郭咸陽孔僅桑洪羊所爲也。則不可。有如管仲范蠡蕭何之所爲也。亦惡乎而

不可哉

財用下

臣嘗以為君子理財之術莫若盡地力節浮費二者而已何則理財之要在乎原其所自有而為之道要其所從無而制之法風霆雨露之發生山林川澤之滋養財之所從出也不原其所自有不要其所從無切切焉從事於闔闢斂散之中則是賤丈夫爭錐刀之末耳豈君子所謂理財者耶是故原其所自有而為之道則莫若盡地力要其所從無而制之法則莫若節浮費君子理財之術蓋無以易於此臣請為陛下遂言之夫理天下之財譬如治水增繕隄防決之於隣國非治水之善也橫賦強市取之於百姓非治財之善也善治水者以四海為壑善理財者以天地為資今天下之田稱沃衍者莫如吳越閩蜀其一畝所出視他州輒數倍彼閩蜀吳越者古揚州梁州之

地也按禹貢揚州之田第九梁州之田第七是二州之田在九州之中等最為下而乃今以沃衍稱者何哉吳越閩蜀地狹人衆培糞灌溉之功至矣夫以第七第九之田培糞灌溉之功至猶能倍他州之所出又況其上之數等乎以此言之今天下之田地力未盡者亦多矣李悝曰治田勤則畮益三升不勤亦如之地方萬里增減輒為粟百八十萬石然趙過為代田一畮歲收常過縵田一斛以上善又倍之秦漢開鄭白渠溉田四萬四千餘頃至唐大曆初兩渠所溉纔六千三百頃耳以代田鄭白渠之事言之則治田之勤不勤何止畮有三升之損益也今二千石雖兼勸農之事而例為虛名莫有任其責者為今之計莫若詔天下州置勸農一司以守將為長聽於倅介之中自擇一人為副先籍境內之墾田與夫陂塘溝渠之數而周知其利害歲時出行諸郊召見耆老問以疾苦及所願欲而不得者為罷

行之而罰其游惰不聽命者歲終部使者第其殿最以聞功效尤異者寵用之如此則天下之田皆與閩蜀等而地力盡矣古者吉凶之服則一比共之祭器則一閭共之喪器則一族共之吉凶禮樂之器則一鄉共之凡嫁子娶妻純帛無過五兩凶荒則又殺禮而多婚夫一鄉者五百家而五兩者五匹耳其用財可謂約也今則不然嫁子娶妻喪葬之費其約者錢數萬其豐者至數百萬中人之家一有吉凶之事則賣田疇鬻邸第舉倍稱之息猶弗能給然則今時吉凶之費絕長補短殆二十倍於古也財用安得而不竭乎周之太宰王之大臣也其職曰以九式均節財用漢之許劭魏之毛玠唐之楊綰人臣耳而能使一時士大夫心化其風損車馬毀池觀減騶馭散音樂以此見法制者雖盛世不可去而風化者雖衰世亦可行也今令雖有儀制之文毛舉數事不能委曲為今計者莫若自宗室外戚以至

品官民庶之家宮室輿馬飲食衣服皆倣典禮而為之度數稍寬其制使可久行其冠婚喪祭之事則視歲上下而隆殺之使諫官御史得以彈奏於中而漕刑守令得以舉劾於外敢不承者雖貴且親必罰無赦然後陛下崇節儉尚敦樸以為之率棄難得之貨却無用之器罷不急之務以為之先如此則天下淫侈之俗曠然一變而浮費節矣賈生曰今背本而趨末食者甚衆是天下之大殘也淫侈之俗日以長是天下之大賊也殘賊公行莫之或止大命將傾嗚呼如賈生者可謂知理財之術矣

將帥

臣聞將帥之難其人久矣勢有強弱任有久近敵有堅脆地有遠迩時有治亂而勝敗之機不繫焉惟其將而已矣昔智氏以韓魏三國之兵伐趙馬服君之子以四十萬之衆抗秦可謂強矣而潰於晉陽

坑於長平廉頗率老弱之卒守邯鄲田單鳩創病之餘保即墨可謂弱矣而栗腹以摧騎劫以走是不在乎勢之強弱也穰苴之用於齊拔於閭伍之中也一日斬莊賈晉師罷去燕師渡水而解韓信之擊趙非素拊循士大夫也背水一戰而擒趙王歇斬成安君是不在乎任之久近也以周瑜之望曹公不啻虎狼而吳兵捷於赤壁以元德之視陸遜甚於雛鷇而蜀師衂於白帝是不在乎敵之堅脆也東西異壤也而鄧艾以縋兵取成都南北異習也而王鎮惡以舟師平關中是不在乎地之遠迩也夫以東晉之衰而謝元得志於淝水開元之盛而哥舒翰失利於潼關是不在乎時之治亂也故善將者勢無強弱任無久近敵無堅脆地無遠迩時無治亂不用則已用之無不勝焉故曰惟其將而已矣雖然有一軍之將有一國之將有天下之將走及奔馬射中飛鳥攻堅城破強敵所向無前此有勇之士一軍之

將也出奇制勝無窮如天地不竭如江河攻輒破擊輒服此有智之士一國之將也福於己而禍於人則功有所不立利於今而害於後則事有所不為功成事畢自視缺然無矜大之色此有道之士天下之將也古者閫外之事將軍制之軍中不聞天子之詔曰莫難於用奇夫材有勇怯伎有精冗勇者克敵則怯者奮冗為敵破則精者却自然之勢也善將者擇其精勇以為奇悉其冗怯以為正奇兵雖少而以銳為正之勢正兵雖雜而以衆為奇之勢長短相補強弱相資則寡者亦為衆冗怯者亦為精勇也故曰莫巧於用奇昔岑彭泝都江而上以拔武陽繞出延岑軍後而公孫述驚鄧艾取陰平道下油江破綿竹徑薄成都而劉禪降孫處自江左浮大海直擣番禺而盧循破李愬越文成戍殲張柴柵夜襲蔡州而吳元濟擒此數子者皆智謀足以料敵勇敢足以決勝故能乘變投隙而就其功名使敵雖

有強將勁卒不得盡試其能而固已敗也故曰莫妙於用奇孫臏曰解雜亂糾紛者不控捲救鬬者不搏激批亢擣虛形禁勢格則自為解耳則非夫通陰陽之幾達萬物之變以得用奇之奧者何足以及此今夫屠者之解牛也經肯綮則以刀遇大軱則以斧至庖丁則不然批隙導窾游其刃於空虛而磔然已解矣弈者之鬬棊也諦分審布矣其守者遂而攻之至弈秋則不然倒行而逆施用意於所爭之外而沛然已勝矣夫屠弈鄙事也有奇技則無與抗者況於兵乎兵法曰兵以正合以奇勝然而天下之士狃於常而駭於變知所以合者多而悟所以勝者少也

奇兵

臣聞萬物莫不有奇馬有驥犬有盧畜之奇也鷹隼將擊必匿其形虎擬而後動動而有獲禽獸之奇也天雄烏喙堇葛之毒奇於藥繁

弱忘歸奇於弓矢鸊鵜莫邪奇於刀劍雲為山奇濤為海奇陰陽之氣怒為風交為電亂為霧薄而為霄激而為霆融散而為雨露凝結而為霜雪天地之奇也惟兵亦然嚴溝壘盛輜重傳檄而出計里而行剋期而戰此兵之正也提百萬之士力扛鼎而射命中者縋山航海依叢薄而晝伏乘風雨而夜起怳焉如鬼之無迹忽焉如水之無創此兵之奇也兵之道莫難於用奇莫巧於用奇莫妙於用奇何以言之凡用奇之法必以正兵為主而出者謂之孤軍孤軍勝敗未可知也霍去病所將常選有大軍繼其後是以深入而未嘗困絕李陵提步卒五千轉鬬單于於漠北而無他將援之其擒宜矣故其委任責成如此非有道之士其可以輕付之哉國家將帥可謂盛矣閱禮樂而敦詩書者肩摩而轂擊縱橫剽悍稱智囊而號肉飛者至不可勝計然驛騎有赤白囊至則廟堂之上為之紛然進止賞罰皆從中

決者何也。豈以為將帥者皆智勇之人。非有道之士。不可獨任故耶。夫廟堂議邊事。則王體不嚴。將帥之權輕。則武功不立。嗚呼。可謂兩失之也。臣以為西北二邊。宜各置統帥一人。用大臣材兼文武可任天下之將者為之。凡有軍事。惟以大義上聞。進退賞罰盡付其手。得以便宜從事。如此則雖有邊警。可不煩廟堂之論。而豪傑之材得以成其功矣。

辯士

臣聞兵之大槩。我為主彼為客。是守之而已。彼為主我為客。是攻之而已。客主不分。彼我相埒。塗覯而卒遇。是戰之而已。此兵之常去也。且事固有常法所不能辦者。守則形不便。攻則勢不利。戰則氣不克。當是時也。雖有智勇無所用之。獨可馳一介之使。憑軾摶銜。喻以禍福而得志。此軍中所以不可無辯士也。然則所謂辯士者。必以其具三德明五機。而利口者不與焉。蓋上知道德性命之原。下達禮義形器之變。旁通幽明時物之所宜者。識也。窘之而益出。費之而益新。擠之以卒而不亂。壓之以重而不懾者。才也。經傳子史。天星地志。醫方卜筮百家之書。無所不涉。而能謹守其宗者。學也。夫是之謂三德。俯而賀。仰而弔。聞者逡懡。心折骨驚。手足俱廢。其名曰恐機。道以令名。賛以義利。聞者悅懌。陽氣浸淫。上溯大宅。其名曰喜機。訐過差而不貸。觸忌諱而無疑。聞者恚然。髮上衝冠。目眥盡裂。其名曰怒機。旁刺其所悼。念逆鉤其所感傷。聞者泫然。涕下霑臆。不復自勝。其名曰悲機。發端而指隙。其說泛而不根。其意圓而無主。聞者茫然。如獲異物。不知其名。欲捨之而行。則恐其寶也。欲取之而去。則恐其怪也。徙倚周章。狐疑而不決。其名曰思機。此五者。天之所以命於人。有觸之則擴然而發。莫能禦已。夫是之謂五機。蓋三德不具。不足以立己。五機不

明。不足以移人。故曰所謂辯士者。必具三德明五機。而利口者不與焉。昔蘇秦張儀犀首陳軫代厲之屬。嘗以辯名於世矣。然三德不足。而五機有餘。故事求遂而不問禮之得失。功求成而不卹義之存亡。偷合苟容。取濟於一時而已。此其所以為利口之雄。而君子不道也。然後世之人見其如此。遂以辯為縱橫之術。諱問而耻言之。則所謂曰咽而廢食也。孔子曰。賜能辯而不能訥。孟子曰。予豈好辯哉。余不得已也。由此觀之。孔孟之間。未嘗廢辯。特貴夫時然後發。不得已而後用爾。古者列國之大夫。聘於塗者。肩摩而轂擊。兵之交。則使在其間。若非辯士為之。則安能專對而不辱於君命耶。或曰。戰國之時無定勢。無常形。橫則秦帝。從則楚王。故辯士足以乘間而執其機。自漢以來。形勢異矣。尚安所事辯乎。曰。是不然。人之生也有手足。則知摶擊。有心智。則知思慮。有口舌。則知語言。天下之亂常生於此三者。然反而用之。亦可已亂。蓋摶擊為力。思慮為謀。語言為辯。天下未嘗一日不用力與謀也。何獨於辯而疑之。昔酈食其使齊。田橫以七十城下漢。陸賈使南越。尉他去黃屋而稱臣。賈林致李抱真命。而王武俊倒戈。韓愈入鎮州。而牛元翼出矣。此後世用辯士之明效也。天下不用兵則已矣。如用兵。辯士不可無也。

謀主

臣聞兵家之所以取勝者。非特將良而士卒勁也。必有精深敏悟之士。料敵合變。出奇無窮者。為之謀主焉。古之人將有天下之事。未嘗不先於謀。故考訂卿士之議。參酌庶人之言。所以謀之於明也。拂龜謀筴。灼之而辨兆。揲之而分卦。所以謀之於幽也。易曰。天地設位。聖人成能。人謀鬼謀。百姓與能。夫謀者聖人所不能免也。況於兵乎。兵之道猶一人之身。將者心也。謀主者思慮也。圖籍者臟腑也。法制者

脉絡也號令者聲音也旌旗鼓鐸者耳目也車騎步兵者四肢也心之統臟腑總脉絡出聲音用耳目役四肢也精以思慮則外不擾於人事內不寇於陰陽思焉而不精慮焉而不熟則飢飽勞佚之過漫然而不知寒暑溫凊之變莫然而不察冒犯冰火嬰觸金石無所不至矣故心雖明臟腑雖安脉絡雖通聲音雖和耳目雖聰明四肢雖便利不可以無思慮將雖良圖籍雖具法制雖謹號令雖嚴旌旗鼓鐸雖修車騎步兵雖練不可以無謀主蓋將軍之於謀主也有之者勝無之者敗已棄之而資敵者敗敵取之而助己者勝嘗用矣而或棄者亦敗棄矣而或用者亦勝何以知其然耶昔楚漢之強弱者不待較而知也而項氏乘百戰之威身死東城劉氏以顛沛奔北之餘五載而成帝業何哉漢有良平之屬為之謀楚有一范增而不能用也故揚雄曰漢屈群策群策屈群力楚憞群策而自屈其力屈人者

勝自屈者負此所謂有之者勝無之者敗也昔陳餘捨李左車之計死泜水上韓信釋縛而師事之遂收燕齊袁本初棄許攸之策攸奔曹公公跣而迎之遂破冀州夫攸左車者豈欲負彼而忠此哉用舍之勢然也此所謂已棄之而資敵者敗敵取之而助己者勝也昔張繡以精卒追魏師賈詡以為不可已而果敗既又請收散卒而攻之已而果勝夫詡之為繡謀一也從違不同則勝敗異變可不察哉此所謂嘗用矣而棄之者亦敗嘗棄矣而用之者亦勝也是以良將之待謀主也致之以禮而不敢慢交之以誠而不敢欺結之以恩而不敢厭遺其過差而略其缺失所與圖畫者雖父子兄弟有不得而知焉古之人所以談笑而折衝偃息而銷釁者繇此道也後世則不然將受命之日士大夫莫敢仰視而所謂幕府從事者往往皆闒茸不具之人一旦敵傅於陴隍之下變發手肘腋之間召而問之五色已

無主矣是豈有補於萬分之一哉臣病夫世之論兵者止知重將帥之選急士卒之練講器械陣營之所宜究山川形勢之便而推風角鳥占之說至於謀主則未始一言及焉不知夫謀主者一軍勝敗之樞機也

兵法

臣聞御兵者將而將所以御之者法法不得將與無兵同將不知法與無將同蓋斷木為棊刓革為鞠亦皆有法況於師無罪之人被堅執銳從事於萬死一生之地哉兵之有法猶人之有精神魂魄也精神失守魂喪而魄奪則雖有七尺之軀死無日矣何則所以使形者亡也故知兵有法正行無間不知而將是謂妄行古之論兵者多矣大率不過有四一曰權謀二曰形勢三曰陰陽四曰技巧然此四術者以道用之則為四勝不以道用之則為四敗事同而功異不可不察

也何以知其然耶昔孫臏伏萬弩於馬陵之下魏軍至而伏發龐涓死焉王恢伏車騎材官三十萬於馬邑之旁匈奴覺之而去恢以自殺此則用權謀之異也馬服君救閼與旣遣秦間卷甲而趨之二日一夜遂破秦軍曹公追劉先主一日一夜行三百里敗於烏林此則用形勢之異也西伯將獵卜之曰獲霸王之輔果得太公望而克商漢武卜諸將貳師最吉因以為將卒降匈奴此則用陰陽之異也申公巫臣教吳以車戰吳是以始通上國房琯用車以抗祿山賊投芻而火之王師奔潰此則用技巧之異也豈非以道用之則為四勝不以道用之則為四敗乎雖然所謂道者何也治心養氣而已矣蓋心不搖於死生之變氣不奪於寵辱利害之交則四者之勝敗昭然洞見如形影入於水鏡之中是兵法之大要也夫鏃金羽鶡以為矢傅膠合柒以為弓天下所同也而羿為善射服在箱驂在旁制以銜轡

之利而加以鞭策之威天下之所同也而王良爲善御是何也其所以用之者道也今世之學兵法者肩相摩袂相屬雖其精粗不同然率向之所謂四術而已至於治心養氣之道則以爲書生之語而不與焉嗚呼是守弓矢與馬而欲爲羿王良也

盜賊上

臣聞治平之世內無大臣擅權之患外無諸侯不服之變其所事乎兵者夷狄盜賊而已夷狄之害士大夫講之詳論之孰矣至於盜賊之變則未嘗有言之者夫豈智之不及哉其意以爲不足恤也天下之禍嘗生於不足恤昔秦既稱帝以爲六國已亡海內無足復慮爲秦患者獨胡人耳於是使蒙恬北築長城却匈奴七百餘里然而陳勝吳廣之亂乃起於行伍阡陌之間由此言之盜賊未嘗無也夫平盜賊與攘夷狄之術異何則夷狄之兵甲馬如雲矢石如雨牛羊橐

駝轉輸不絕其人便習而整其器犀利而精故方其犯邊也利速戰以折其氣盜賊則不然險阻是憑抄奪是資亡命是聚朋則烏合非有法制相縻敗則獸遯非有恩信相結然揭竿持梃郡縣之卒或不能制者人人有必死之心而已故方其群起也速戰以折其氣勿迫以携其心蓋非速戰以折其氣則緩而勢縱非勿迫以携其心則急而變生今夫虎之爲物嘯則風生怒則百獸震恐其氣暴悍可殺而不可辱故捕虎之術必先設機穽旁置網罟擅以利戟射以強弓鳴金鼓而乘之不旋踵而無虎矣至蛇與鼠則不然雖其毒足以害人而非有風生之勇其貪足以蠹物而非有震恐百獸之威然不可驟而取者以其急則入於窟穴而已故捕蛇鼠之術必環其窟穴而伺之薰以艾注以水彼將無所得食而出焉則尺捶可以制其命夷狄者虎也盜賊者蛇鼠也虎不可以艾薰而水注蛇鼠不可以弓射而戟擅故曰平盜賊與攘夷狄之術異也雖然盜賊者平之非難絕之爲難平而不絕其弊有二不可不知也蓋招降與窮治是已夫患莫大於招降莫深於窮治何則凡盜賊之起必有梟桀而難制者追討之官素無奇略不知計之所出則往往招其渠帥而降之彼姦惡之民見其負罪者未必死也則曰與其俛首下氣以甘飢寒之辱孰若剽攘攻劫而不失爵祿之榮由此言之是乃誘民以爲亂也故曰患莫大於招降凡盜賊之首既已伏其辜矣而刀筆之吏不能長慮却顧簡節而疎目則往往窮支黨而治之迫脅之民見被汙者必不免也則將曰與其嬰錮金木束手而受斃孰若遯逸山海脫身而求生由此言之是驅民以爲亂也故曰禍莫深於窮治且王者所以感服天下者恩與威也仁及有罪則傷恩戮及不辜則損威恩威兩失而欲天下心畏而力服堯舜所不能也夏書曰殲厥渠魁脅從罔治舊

染汙俗咸與惟新蓋渠魁盡殺而不赦則是以奪姦雄之氣脅從汙染不治而許其自新則是以安反側之心夫如是天下之人孰肯捨生之塗而投必死之地哉嗚呼先王已亂之道可謂至矣

盜賊中

臣聞自古盜之所以興皆出於仍歲水旱賦斂橫出徭役數發故愚民爲盜弄兵於山海險阻之間以爲假息之計自陛下即位以來輕徭役薄賦斂善氣既應年穀屢熟是宜外戶不閉道不拾遺而郡縣之間枹鼓數警遊徼旁午未見休已者何也以臣思之蓋任法之弊也夫任法不任吏爲弊至多而於盜賊尤甚何則今盜賊之法可謂密矣彊盜得財滿匹及傷人者輒棄市殺一家三人以上者支解人者論如律案問欲舉者得減重論殺併徒伴及告獲他盜者除其罪爲之橐橐通行飲食者從末減若文致於法而人心不厭者輒讞

考之若此之類與夫捕獲亡逸賞罰之格凡數十條然皆畫一之制也夫民之所以為盜賊者其情不一或閭里惡少自負其氣椎埋鼓鑄不復齒於平人或驕兵墮卒窮苦無聊亡命嘯聚或執左道轉相誑惑以為徒黨或困於飢寒迫於逋負剽奪衣食以延一日之命或故吏舊家子失計隨流輕舉妄動若此之類特盜賊之大情耳其間釁緣曲折可矜可疾者蓋不可勝數夫以畫一之法御不可勝數之情而吏莫敢為輕重則宜殺而生宜生而殺者有之矣吏果於生殺而不察其宜則或威惠不行盜賊所以充斥也臣嘗觀古之能吏盜賊之課尤異者其術不過數端而已蓋有使吏民雜舉少年惡子鮮衣凶服之人悉籍記之一旦收捕納於虎穴中者尹賞之治長安也有明設購賞令相斬獲捕吏追胥有功而上名尚書調補縣令者張敞之治膠東也有耳目具知主名區處窮里空舍坐語未訖捕吏已至

者趙廣漢之治京兆也有擇縣之豪傑用以為吏一旦竊發則移書詭責取辦其人者朱博之治渤海也有置正五長閭里阡陌有非常吏輒聞知姦不得舍者韓延壽之治潁川也有遣發迎之兵罷捕逐之吏單車獨行務以德化撫之而安之者龔遂之治瑯琊也此數子者可謂善治盜賊矣然以今日之法繩之則彼將惶恐救過之不暇尚何功名之有哉何則非賊殺不辜則固縱反者也夫以龔遂韓延壽張敞朱博趙廣漢尹賞為吏於今之時猶不能最盜賊之課又可責於常人乎為今計者莫若寬法而任吏稍重郡守之權責以大綱而略其小過凡重法之地皆慎擇其人聽於法外處置盜賊有司覆按不得劾以出入其所賜緡捕緡錢使得益以釀酒賞格之外得酒數百石亦足以布設耳目而畜養爪牙如此則守臣威權稍重而盜賊可以清矣王嘉曰國家有急取辦於二千石尊重難危乃能使天下嗚呼二千石能使天下則雖有黃巾赤眉無足畏也

盜賊下

臣聞盜賊之起小則蜂屯蟻聚鹵掠閭里大則擅名號攻城邑取庫兵釋死罪殺掠吏民然皆無足深慮如臣前劾計足以辦所可深慮者其間有豪俊而已何則人之有豪俊猶馬之有驥犬之有盧雖上觀下獲一日千里而縱踶嚙之變亦可畏也昔周亞夫得劇孟喜曰吳楚舉大事而不求劇孟吾知其無能為也天下騷動大將得之隱如一敵國云唐縱尒克融北還盧龍未幾軍亂遂復失河朔夫孟克融皆匹夫耳而得失去就之間繫吳楚之成敗為河朔之存亡以此言之盜賊之間而有豪俊豈不為可深慮也哉臣以為銷亡大盜之術莫大乎籠取天下之豪俊天下豪俊為我籠取則彼卒材鼠輩雖有千百為群不足以置齒牙之間矣國家取人之制其選高者惟制

策進士夫豪傑之士固有文武縱橫之間無不可者椎魯少文獨可以任之大事者使天下豪傑皆文武縱橫之才二科足以取之若有椎魯少文之人則不可得而取之矣是制策進士所得之外不能無遺材也臣嘗為朝廷患之未知所處有搢紳先生告臣曰漢法郡縣秀民推擇為吏考行察廉以次遷補或至二千石入為公卿古者不專以文詞取人故得士為多黃霸起於卒史薛宣奮於書佐朱邑選於嗇夫丙吉出於獄史其餘名臣循吏由此而進者不可勝數唐自中葉以後方鎮皆選列校以掌牙兵是時四方豪傑不能以　舉自達者皆爭為之往往積功以取旌鉞雖老姦宿盜或出其中而名卿賢將如高仙芝封常清李光弼來瑱李抱玉段秀實之流所得亦已多矣王者用人如江河江河之所趨百川赴焉蛟龍生焉及其去而之他則魚鼈無所還其體而鯢鰍為之制今世胥吏牙校皆奴僕庸

人者。無他。以朝廷不用也。今欲用胥吏牙校。而胥吏行文書。治刑獄錢穀。其勢不可棄鞭撻。鞭撻行則豪傑不出於其間。故凡刑者不可用。而用者不可刑。朝廷若採唐之舊制。使諸路監司郡守。其選士人以補衙職。課之以鎮稅場務。督捕盜賊之類。有公罪則贖。爲使長吏得薦其材者。第其功閥書歲月。使得出仕比任子。而不以流外限其所至。朝廷察其尤異者。擢用數人。則豪傑英偉之士漸出於此塗。而姦猾之黨可得而籠入也。臣嘗思之。逆銷盜賊之術。未有以過於此者。竊取其說以獻。惟陛下裁擇之。

邊防上

臣嘗以謂方今夷狄之患。未有甚於西邊者。夫契丹強大。幾與中國抗衡。兇項遺種假息之地。不當漢之數縣。而臣以謂夷狄之患未有甚於西邊者何也。蓋大遼自景德結好之後。雖有餘孽。金帛綿絮他物之賂。而一歲不過七十餘萬。西邊自熙寧犯境以來。雖絕夏人賜予。熙河蘭會轉輸飛輓之費。一歲至四百餘萬。北邊歲賂七十餘萬。而兵寢士休。累世無犬吠之警。西邊歲費四百餘萬。而羌虜數入逆。執事如鴈行。將吏被介冑而卧。以此言之。北邊之患孰與西邊之患重乎。今天下謀臣策士。議欲綏西邊之患者多。大率不過有二。臣請具陳其說而去取之。有曰。昔漢武以遼陽九百里之地斗僻難守。棄以予胡。元帝亦以關東歲饑。納賈捐之疏。罷朱崖郡。蓋王者不以無用弊所恃也。狄道抱罕故爲吐蕃諸侯之巢穴。五泉會寧亦久爲夏人所據。若以蘭會之地復賜夏人。用府州故事。擇土酋以爲熙河之守。則數百萬之費可一朝而省。此其說一也。有曰。狄道抱罕。五泉會寧。皆中國故地。自漢唐以至國初。不聞苦其難守者。以靈武內屬故也。今置靈武於度外者八十餘年。蕃漢地形相錯如繡。耕鑿則有蹂

踐之患。饋運則有鈔集之虞。是以苦其難守也。若遂取橫山。次復靈武。則蘭會熙河自爲內地。尚安有數百萬之費乎。此又一說也。以臣觀之。以前說可以施於陛下即位之初。後說可以施於今日之後。何則。陛下即位之初。羌虜各率種落交臂屈膝。請命下吏。是若赦其罪戾。與之更始。假以熙河之節。賜以蘭會之區。則外足以懷犬羊之心。內足以寬元元之力。今則不然。天奪其魄。自干誅夷。相爲輔車。遊魂疆埸。邊屯吏士擐袂切齒。皆欲犁其庭而掃其間。夫順逆之勢殊。則撫御之術異。爲今計者。獨有取橫山而復靈武耳。羈縻不絕之可復道哉。臣故曰。前說可施於陛下即位之初。後說可施於今日之後也。昔曹公征漢中而弗克。乃下教曰雞肋。楊脩以爲雞肋者。食之無所得。棄之如可惜。公將歸矣。已而果然。蓋是時成都方爲劉氏所據。曹公以爲雖得漢中之地。必有輸將之費。禦捍之勤。其勢未易久守。故不若棄之便也。及鄧艾襲取成都。而漢中遂爲控引輸寫之地。豈可謂食之無所得。棄之如可惜者乎。然則曹公之棄漢中。特以未暇取成都耳。以此言之。則知前二說者去取各有時也。且天下之形勢。固有不相關而實相待者。飛者以翼。而繫其足則不能飛。走者以足。縛其手則不能走。瓶罄則罍恥。脣亡則齒寒矣。橫山靈武。亦蘭會熙河之手足。而蘭會熙河。亦橫山靈武之罍齒也。功成於彼。則患紓於此矣。杜欽議夜郎。以爲不毛之地。無用之民。聖王不以勞中國。宜罷郡。放棄其民。絕其侯王。勿復通。如以先帝所立之功不可墮壞。亦宜因其萌芽絕之。嗚呼。是今日西邊之勢也。

邊防中

或謂臣曰。咸平中。賊繼遷者攻陷靈武。進圍麟州。朝廷徵召諸鎮兵討之。僅能解圍而已。逮寶元慶曆之間。元昊僭逆。兵挐而不解者數

年竟亦不能致其頭於北闕下。元豐初大舉弔伐之師五道並進輒無功而返。未幾永洛陷沒。詔使死者二人。夫羌之勁悍不可以力屈久矣。柰何輕議取橫山復靈武哉。臣應之曰不然。夫勝有勢敗有時。聖人不能生其時。時至而不失其勢。昔咸平之時海內初離分裂之禍。上下厭苦於兵。俱欲休息。而繼遷之黨以兇悍狡險之姿據平夏之全壤。扼瀚海之要衝。故其據清遠而竊靈武也。朝廷置之度外而不復問。寶元慶曆之間天下承平日久。邊防之備大率皆弛。將不知兵而兵不習戰。彼元昊者雖生於砂磧牛馬之區。而計數足以濟其姦勇決足以成其惡。料敵合變有古單于之風。小羌入事請盟唯恐居後。於是盡有河南之地。又取河西之境。乃歸節旄僭名號。養甲一出其鋒不可當者矣。先皇帝自熙寧以來。懲累朝之事為萬世之計。申嚴武備。命將出征。戎軒啓行。枹罕請命。天戈再指。五原內屬。元豐

之初遂決策大舉。夏人震懼不知所為。然猶未即伏辜者。其形勢已成其支黨具在。譬如不肖子守其先人之廬雖終賣鬻而期月之間資用尚饒未可問也。今則不然。承先皇帝飭勵之後。懲艾胡粤之餘將帥之銓擇士卒之蒐練器甲之犀利財用之充委皆數倍於寶元慶曆之間。而天方厭羌內難屢起權臣擅事蚌鷸相持既狃於永洛之役常以中國為易與耳。又謂陛下新即位方務休靖未能外事四夷。夫戰而輕驕與夫解不設備。在兵法皆滅亡之道也。由是言之彼無敗形我無勝勢者咸平之時是也。我之勝勢已具彼之敗形未成者元豐之初是也。我有必勝之勢彼有必敗之形者今日是也。且時難得而易失。一日縱敵數世之患也。柰何不議取橫山而復靈武哉。昔漢武帝擊匈奴追奔逐北者二十餘年。浮西河絕大漠破寘顏襲王庭封狼居胥山。禪於姑衍以臨瀚海。虜名王貴人以百數築單于邸城於長安。然竟不能南面而臣之也。逮宣帝匈奴內亂五單于爭立。漢以威德覆之。於是始肯臣服。甘露中呼韓邪單于遂來朝於甘泉之宮。唐太宗伐高麗至身屬櫜鞬結兩服。雖拔遼東白崖諸城而駐蹕之後。靺鞨犯陣。李勣等力戰破之。軍還悵然思魏徵在朕豈有此行耶。迨高宗時蓋蘇文死諸子鬩狠怨禍構連饑饉頻仍災異並見。於是唐遣勣等討之遂滅其國。以其地置安東都護。夫孝武太宗用武之主也。宣帝高宗守文之君也。然而匈奴之所以叛服高麗之所以存亡者何哉。用武之主奮威而擊於前。守文之君乘弊而取於後。亦其形勢使然無足怪也。臣以為陛下觀匈奴高麗之所以破則知夏國之可夷。觀宣帝高宗之所以克。則知天誅之可致。觀武帝文皇之功。則先帝之志不可忘也。願陛下擇大臣知兵者一人以為統帥盡護諸將之軍。使之毋顧小利毋急近功。而專以橫山靈武為事。不過三年河南之地復歸於中國矣。

邊防下

臣既言靈武蘭會之形勢。因請遂陳攻守之策。今夫盡堅悉銳傅壘而陣。八部並進晝夜不息。是知攻而已者也。增陴濬隍嬰城自固屈指計功以須援兵。是知守而已者也。知攻而已者可以擒小敵矣。而不可以擒大敵。知守而已者可以保堅城矣。而不可以保脆城。古之知攻守者不然。堅壁不戰自養其鋒。則雖大敵而可擒。直前逆擊折其盛勢。則雖脆城而可保。是之謂以守為攻以攻為守。非天下之奇材何足以知之乎。諸葛亮相蜀歲出師以伐魏。魏人患之。及亮死師不復出。而蜀遂以亡。蓋亮以蜀者險阻新造之國。而四面皆迫強敵。非數出銳師以挫之。則其勢不能自保。此則以攻為守者也。漢使趙充國擊先零而請罷騎兵留步士萬人屯田以待其敝。宣帝從其議。遂

滅先零蓋充國以先零竊寇急與之角則中國必有饋輓轉輸之勞故罷騎留屯而圖以期月此則以守為攻者也臣以為孔明所以保蜀之策可以守蘭會而充國所以破先零之計可以取靈武何則今蘭會之地與夏人接界犬牙相入若積粟儲械端坐而守彼必時入而寇我小則掠羊馬大則拔障隧援兵將至羌輒引去既解而歸則又復入如此連年則我數動搖而車甲疲非長久之道也為今之策莫若以秦鳳涇原麟府鄜延環慶五路之兵與蘭會相表裏約以兵萬人歲各一出雖大勝無輕入雖小却無久留務以撓羌人而已夫以五路之兵歲各一出則是我之兵歲一戰而羌人歲五戰也羌雖魁健豈有歲五戰而不罷極者也彼既救死扶傷之不給則蘭會之地自然無事此則孔明守蜀之遺意也自靈武陷没八十餘年其地北距大河南抵環慶瀚海七百里舃鹵無水泉若誠舉大兵徑薄其

下則虜將嬰其巢穴竄伏不出而潛以精兵擊吾歸路吾軍粮盡引還則腹背受敵而進退不可得非萬全也為今之策莫若興屯田假以歲月以為必誅之計今屯田自關中以至塞下往往而有然水利不興人力未盡內無良吏為之教督外無遊兵為之捍敵是以雖有其名而未享其利願置使者一人如漢之搜粟都尉之類專領其事凡要害之利盡發吏卒屯之濬溝澮繕亭障頻出騎士以為田者遊兵積粟數百萬斛則靈武在吾掌股中矣此亦充國破先零之遺意也夫羌以數縣之衆乃能與中國之師抗者無他吾軍動以轉輸輜重自隨非饋餉不行彼則各齎斗升之粮負於馬上而戰耳是中國所長者兵多所短者難餉羌所長者易食所短者兵少也今既大興屯田假以歲月以為必誅之計又分諸路之兵歲各一出以為撓賊之謀則吾之所短者無足慮彼之所長者無所施臣謂不過三年羌必

大困然後遣一介之使告之曰能以靈武之地歸中國則罷兵不然併取夏臺數州矣彼知我不得靈武兵未息也必自割其地獻於朝廷如有迷愎不從則以數萬人自鄜畤慶塞門抵田東阪可唾手而取也傳曰猛虎在深山百獸恐及其在陷穽之中搖尾而求食積威約之漸也夫能以積威約之漸則羌雖勁悍將搖尾而求食矣

歷代名臣奏議卷之四十

歷代名臣奏議卷之四十一

治道

宋哲宗元祐三年孫升上奏曰臣竊以威福勢利人主既當獨執則法度紀綱上下所以相維自古法度廢紀綱壞而天下不亂者未之有也然則人主所以能擅四海之威福持天下之利勢者以有法度紀綱爾夫修法度正紀綱坐廟堂持公道決是非進賢退不肖使公卿大夫各得其職者執政大臣之事也日月之有蝕聖賢之有過君不以無過為德而以改過為善是以先民詢及芻蕘而庶人得以議者聖人之善取諸人稽于衆而不自用也以天下之重器宗社之大業所以維持豈一人之力哉法度紀綱之所在雖人君且不敢有所私故詔令未出則論思之臣得以議之書讀之臣得以駮之詔令既行則諫諍之官得以爭之御史之官得以言之上下維持不可一日廢此朝廷所以分職任官之意也苟非其人不可使當其任既使居其任則不可廢其言廟堂之上以公平自任以平一為心是非判然邪正不亂黜陟惟允進退無愧期於上下無言則可矣不可必欲使之不言也若夫是非之不分邪正之不明而論思封駮之臣不獲申其議諫諍彈劾之官不得盡其言不恤天下之公議以快意於一時若是則非所以明法度正紀綱上下相維為天下萬世治安之計也伏願陛下深思自古治亂興亡之戒而以朝廷法度紀綱為意宣諭執政大臣則天下幸甚

六年侍御史賈易論天下大勢可畏者五疏曰臣竊以天下大勢可畏者有五而旱乾水溢日星謫見無所與焉一曰上下相蒙而毀譽不以其真二曰政事苟且而官人不任其責三曰經費不充而生財不得其道四曰人才廢缺而教養不以其方五曰刑賞失中而人心不知所向夫毀譽不以其真則主聽惑主聽惑則邪正無別君子之道日消小人之黨日進政化陵遲亂之所由生也言上下相蒙則是人君聰明壅蔽下情不上達之謂也可不畏乎夫官人不任其責則萬事隳廢彝倫攸斁惡吏市姦而自得良民受弊而無告愁歎不平之氣充溢乎宇內以干陰陽之和災異所從而起也言政事苟且則是無復有治道而姦吏蠹賊靡所不至也可不畏乎夫生財不得其道則公私困弊衣食之源日蹙用之於無事之時然且有患矣不幸倉卒多事則必狼狽窮迫而禍敗至矣言經費不充則是一切用度皆匱乏而斂散屈伸無及時預備之計人情易搖而根本有微弱之虞也可不畏乎夫教養不以其方則士氣浸弱士氣浸弱則節義凋喪偷合苟容之俗滋長背公忘君之風益扇将誰與立太平之基而乂寧王國者哉言人才廢缺則是士君子無賢智可用之實而愚不肖充牣於朝天下所從而否也可不畏乎夫人心不知所向則以非為是以黑為白更相賊害爵之以高位而不加貴僇之以顯罰而不加懼人君之利勢無以鼓動四方徼利苟免之姦冒貨犯義之俗何所不有言刑罰失中則是人無所措手足姦宄由是而莫禁可不畏乎臣獨恨二聖焦勞念治而天下之勢乃如此之弊任事者不以為憂是猶寢於積薪之上火未及然而自以為安也然則興廢補弊救溢扶衰豈無策乎欲知毀譽真偽之情則莫若明四目達四聰使下無壅蔽之患讜言直論日至乎前而讒說殄行無以遁其情則賢佞邪正皦如白日中心湛然如止水如定鑒孰敢欺蔽以售其偽耶書曰知人則哲能官人能哲而惠何憂乎驩兜何遷乎有苗何畏乎巧言令色孔壬此之謂也欲官人皆任其責而政事脩明則莫若詢事考言循名責實故四郊不治則責郡邑之臣以其無敦本務農之效五

品不遜則責師帥之官。以其無承流宣化之績。夷狄畔渙。則責之邊帥。獄訟煩苛則責之士師。盜賊多有則責之警尉。群司百官。曰任而責實。黜幽而陟明。著以一定之制。則賢能者樂運其才。而疲懦不肖者不敢貪位而尸祿。詩曰。無競維人。四方其訓之。不顯維德。百辟其刑之。此之謂也。欲生財不逆其道。則莫若敦本業。賤末作。崇儉約。廢奢侈。使四方之民各守其業。不見異物而遷。講明先王制國用量入爲出之法。行之天下。將使公私富足。而九年之食不匱。大學曰。生財有大道。生之者衆。食之者寡。爲之者疾。用之者舒。則財恒足矣。此之謂也。欲教養人材。必以其方。則莫若闢四門以廣詳延之路。縻好爵以厲廉遜之節。明詔公卿大臣。使各舉其所知。召對延問。以觀其能否。善者隨宜而用之。不善者一切報罷。然則岩穴無幽隱之賢。朝廷多譽髦之彥矣。書曰。九德咸事。俊乂在官。百僚師師。百工惟時。撫于五

辰。庶績其凝。此之謂也。欲人心皆知向正。則莫若賞以勸善。罰以懲惡。不以親疎貴賤爲之重輕。與天下爲畫一。故爲善於家者必賞於朝。爲不善於幽暗者被罰於顯明。所以風動四方而信於天下也。如此。故民志一定。而放僻邪侈之行不作。書曰。德明惟明。德威惟威。此之謂也。舉是數者。一以至誠惻怛力行而無倦。則太平極治之功。何爲而不成。何求而不獲。

七年。翰林學士梁燾上奏曰。臣恭以皇帝陛下富於春秋。早有天下。仁聖孝愛之實。藹聞于外。性資成定。盛德日新。太皇太后陛下。擁護聖躬。夙夜不倦。保佑之功。永福宗社。臣民歡欣。四海仰戴。今來還正宁宮。已得賢游。冬至大禮。自當郊見天地。天意人事。上下協應。惟是政機之煩。久勞同聽。歸斷人主。不可過時。此陛下今日甚盛之舉也。退託深宮。頤神內景。遠光前人。垂法萬世。豈不美歟。願早賜處分。以彰全聖。如以臣言爲然。伏望明出手詔付大臣施行。天下幸甚。

燾爲尚書右丞相。又上言曰。臣昨在翰苑日。嘗密具札子。披露肝膽。冒聞聖聽。陛下聖明洞察。不賜疎斥。嘉其忠藎。用之輔政。臣仰體眷遇。益堅臣節。重以身蒙寵榮。而未行其言。是以夙夜不遑寧處。期必補報。不敢少懷不盡之意。致陛下有後時之悔。陛下每有宣諭。必以不喜營事爲言。常欲安靜。此聖意之本也。臣未嘗一日不思。竊惟淵衷遠慮。深識用臣前言。適其時矣。伏望檢會前奏。早賜詔音。歸斷人主。以全大功。臣不勝激切盡言之至。

八年。燾又論政事之要五。疏曰。臣聞天之愛養生靈。必命仁聖之君以爲之主。而又生賢人君子於四方。以爲人主之用。使君倡臣和。共修善政。以代天理物。而成太平之功。故人君立政。必求其賢人君子布列左右前後。以爲輔佐。所以副天之愛養生靈之意也。恭惟皇帝

陛下以仁聖之資。荷天授命。太母以至公至正。恭敬節儉。保護清躬九年。成德。今陛下至明獨斷。中外歸心。太母可謂有社稷大功而恩及四海矣。陛下方當攬政之初。正是求賢之日。當舉政事之要。隨事以任人材。各用其所長。則上下交脩。治道成矣。是能敬天受命。副天愛養生靈之意也。臣竊惟今日政事之要。凡有五事。一曰人材不純。二曰命令不堅。三曰朋黨交通。四曰百姓窮困。五曰夷狄驕橫。此五者爲敝已甚。須廣求賢人君子。各隨其材之所長而用之。講求長策以去此五敝。陛下必欲人材純一。莫若明辨君子小人。可用君子而使小人。不可用小人而使君子也。中正不倚。正直公忠者。此君子也。姦邪阿附。蔽賢營私者。此小人也。既知其爲君子。則必崇用而信任之。既知其爲小人。則必消退而疎遠之。信任之謂當用於要近。常令在內也。疎遠之謂當隨才領事。常令在外也。又當求賢人君子於四

方則天下之賢才皆得而並用矣書曰立賢無方謂不專用一方之士又
曰任賢勿貳去邪勿疑謂進君子退小人在果斷而不惑也陛下必
欲命令堅明莫若謹於更張審於施設無以幾事輒廢遠慮無以辯
言輕動成法蓋條法頻改則人情惑而不安命令二三則主威玩而
不重凡造令立事必先謀於大臣講究雖大臣以為是未可行也又
示於近臣使之參考雖近臣以為是亦未可行也又行於百官使之
合議須群臣皆以為是論議詳熟曲盡人情而不疑也然後可以行
之一定而不可復變必使中外上下謹守敬信如日星之燦然可仰
也書曰敬乃攸司謹乃出令令出惟行弗惟反謂作命所以示信於
天下必謹之於初既行而不可改也又曰慮善以動動惟厥時謂不
善不時者不可輕舉也陛下必欲無朋黨交通之患莫若判別邪正
辨察真偽無惑先入之說必取衆多之議則事合公當不牽於所愛
必察偏私之情則真偽自明常使君子在内小人在外則朋黨自消
交通之釁自無矣易之泰卦曰君子道長小人道消謂君子進小人
退則邪正分而泰道成矣泰者天下安治之謂也詩曰雨雪瀌瀌見
晛聿消雨雪陰也比小人晛陽也比君子謂用君子則小人自消也
陛下必欲百姓無困窮之憂莫若賦斂寬平徭役輕簡豐稔和平則
安養富庶之使常有餘力凶荒勞斂則救恤休息之使不至失所臣
下有寬百姓之請者擇而行之臣下有掊斂百姓之說者一切罷之
郡縣之吏別立舉法以隔私恩如知州通判知縣縣令皆用公舉而
不得以恩例為請則多得賢材可以分憂矣書曰德惟善政政在養
民又曰能官人安民則惠黎民懷之謂政事必欲愛民官得人則善
政行民悅而歸心矣陛下必欲夷狄賓順莫若脩文德而立威制須
面詔大臣精選忠實明信之士付以帥權勿用怯懦輕詐之人終誤

邊事保守封疆寸土不可棄之與養生靈一民不可失之如其恭順
聽命可行恩信如此則文德明矣如其傲慢叛命必用誅伐如此則
威制立矣不可屈從俯就損德失威養成他日之患為朝廷憂也傳
曰懷遠以德立德以威謂禦夷狄者必使畏威而懷德也恩威並行
則可以制夷狄矣欲救此五者之弊在陛下信任左右大臣謹擇侍
從要近必選諫官御史也大臣者陛下同體之臣也必須精察而揀
擇之無牽恩私之情以絶僥倖僥倖進則慢國事既誤國事必有後
悔及其悔也亦已晚矣不若謹之於初也無惑左右之說以消讒間
讒間進則蔽惑聰明忠直疏遠輔佐失道必有後憂及其憂也亦已
晚矣不若謹之於初也大臣之間而宰相尤為之重故宰相重則朝
廷重宰相輕則朝廷輕是宰相之任用人得失繫國家重輕社稷安
危也而進退之際可不重乎願陛下照之以至明斷之以至公勿為
輕聽勿為快意如此則忠賢得用左右得人矣既知其為賢人也無
移臣下愛憎之言而或疑之又加信任使之盡忠謀國修輔上德則
百官皆得其賢萬事皆得其當天下可以安靜陛下可以無憂也如
用失其人則天下未得安靜陛下未能無憂也此而一有失得在今
日所繫尤重當陛下用人之初是四方觀政之日不可不謹也侍從
要近者陛下左右獻納之臣也得賢人而在位則朝政闕失得以聞
人材邪正得以知緩急於其間選用輔佐之任易而得人矣諫官御
史者陛下耳目之官也尤須審任而親信之此而得人則所聞皆得
其公所行皆得其當不得其人則所聞皆得其私所行皆得其偏如
所任得賢正之人則陛下視聽聰明矣可以分別君子小人可以辨
定是非曲直可使消除朋黨交通如所任失於姦邪之人則為權臣
耳目上蔽陛下聰明顛倒是非淆亂黑白以君子為小人以小人為

君子使君子不得進小人日益多如此則朋黨交通之私勝矣此官
最為清要此地最當擇人陛下聰明洞達物情未可不察也臣愚不
佞竊嘗留意於賢人君子思有以助陛下今日求賢之意謹以其所
知及采於公論有可以為近臣者有可以為言臣者各以其材之所
長條具別奏願陛下擇而任之時以名字出於清衷自用三兩人以
聳動群臣耳目使朋黨沮喪失計忠良喜樂盡忠陛下今日欲求輔
佐聖德正須用此等人也望聖心斷然必用之以合天下公議則朝
廷之福宗社之慶中外之幸也臣子區區報國之心惟陛下財赦而
垂聽焉

貼黃臣自塵侍從以至擢居近輔竊觀陛下有仁聖之資望陛下
行仁聖之事願陛下成仁聖之功天下之大一力不能獨治自
古聖帝明王必須臣下共成洪業伏望陛下用此群賢早成大
功以慰臣民之望

熹又論四者歸心之道奏曰臣聞聖主之興必敬天道以修人事故
曰惟天為大惟堯則之恭惟皇帝陛下聰明仁孝得於天資興嗣明
德卬有宗社天之付畀陛下者如此之重陛下必有以報天順帝而
靈承之以對萬壽之福也天之所喜者在安民民之所安者在仁政
仁政之道本於安靜而不擾夫安靜而不擾者人心之歸也人主以
一身之尊居四海之上必得人心之歸已則享國長久安寧而成太
平之功矣今陛下覽政之初是四方觀德之日宜有上當天心下慰
人望克承祖宗之休敬用太母之訓安兩宮之慈蕃萬世之法此廟
社之福天下之幸也臣願獻愚忠以助聰明之萬一焉夫親近法坐
日侍清光莫如左右之人也人人願效腹心以副眷遇必知其所用
心則可使臣節竭忠也臣願陛下戒喜怒平愛憎略小過以盡人之

善錄小勤以勸人之忠如臂之使指如手之捍衛頭目始終責其力
焉此左右所以歸心也夫正朝廷明國體莫如廷臣以道佐人主者
有輔弼論思獻納者有侍從拾遺補過者有諫官繩愆糾繆者有御
史此王官之要也聚於朝廷各有職守不可使有交通不可使有朋
黨交通則蔽聰明亂國政而為姦詐欺罔朋黨則害良善而隔正直
此不可不察也常使君子得進小人勿用君子小人相反者也君子
正小人邪君子忠小人佞君子得權則敬戒而愈恭小人得權則傲
狠而難制君子可以與權小人不可以與權臣故曰常使君子得進
小人勿用也陛下方以至明獨斷正要左右前後皆得正人以助英
睿若不收擧人材何以多得公忠之人任用耶臣願陛下清心正慮
以觀群臣清心在至公無偏正慮在不惑姦說辯別邪正消除朋黨
任賢勿貳去邪勿疑辯讒以進忠容諫以養直謹聽以廣謀剛斷以
明事信任以保功（必求忠實正直之臣以信任之）謙恭以求助（屈人主之勢以感臣下之心則有亡身報國之效必有輔佐之功）
此廷臣所以歸心也安國家保社稷莫如百姓聖人有
言曰民為邦本本固邦寧蓋民定則國定民富則國富用度百索出
於民間常令足衣足食無困無怨則事事樂供於公上矣君臣相與
謀謨經綸者在此而已臣願陛下明信法令平易刑賞寬省賦斂輕
簡徭役豐穰和平則安養富庶之使有餘力凶荒勞敝則救恤休息
之使不失所臣下有寬愛百姓之請者面詔大臣必行之臣下有掊
斂百姓之說者面飭大臣深責之此百姓所以歸心也夫繫中國之
強弱安危者莫如夷狄當使其畏威懷德謹職脩貢敵國則有主賓
之義禮信之所接屬國則有忠臣之道命令之所加常處於義信之
間而後可以言中國矣自古以夷虜懷德畏威為彊不務以闢地為
彊也以先制人為安不以受制於人為安此不可不察也臣願陛下

面命大臣必精選忠賢材略之士付以帥權無用私愛諛從之人終悞邊事謹守疆埸實有土地明信重威制貪禦侮兵戢而時動不得已而用之不苟且目前無事養成後患爲朝廷他日之憂必也有恩有威使之知懼服從奔走之不暇此夷狄所以歸心也此四者誠得忠賢上助聖謨然後安靜可成矣陛下今欲發其聰明廣其仁孝上安兩宫之慈下收四海之望始自於宫掖左右中逮於朝廷群臣下至於百姓遠及於夷狄歡然一意歸心於明君可謂安靜矣若夫群心懽欣和氣充塞可以致陰陽順序風雨應節年穀豐登人民富壽帝王之能事畢矣臣蒙殊恩擢自侍從屢歷輔佐竊觀陛下有仁聖之資願陛下行仁聖之事望陛下成仁聖之功此老臣區區報國之心也惟陛下財赦而垂聽焉

知定州蘇軾朝辭上奏曰臣聞天下治亂出於下情之通塞至治之

極至於小民皆能自通大亂之極至於近臣不能自達故易曰天地交泰其詞曰上下交而其志同又曰天地不交否其詞曰上下不交而天下無邦夫無邦者亡國之謂也上下不交則雖有朝廷君臣而亡國之形已具矣可不畏哉臣不敢復引衰世昏主之事只如唐明皇中興刑措之君也而天寶之末小人在位下情不通則鮮于仲通以二十萬人全軍陷没於瀘南明皇不知馴致其事至安禄山反兵已過河而明皇猶以爲忠臣此無他下情不通耳目壅蔽則其弊必至此也臣在經筵數論此事陛下爲政九年除執政臺諫外未嘗與群臣接然天下不以爲非者以謂垂簾之際不得不爾也今者祥除之後聽政之初當以通下情除壅蔽爲急務臣雖不肖蒙陛下擢爲河北西路安撫使沿邊重地此爲首冠臣當悉心論奏陛下亦當垂意聽納祖宗之法邊帥當上殿面辭而陛下獨以本任闕官迎接人衆爲詞降旨拒臣不令上殿此何義也臣若伺候上殿不過更留十日本任闕官自有轉運使權攝無所闕事迎接人衆不過更支十日糧有何不可而使聽政之初將帥不得一面天顔而去有識之士皆謂陛下厭聞人言意輕邊事其兆見於此矣臣備位講讀日侍帷幄前後五年可謂親近方當戍邊不得一見而行况疏遠小臣欲求自通亦難矣易曰天行健君子以自彊不息又曰帝出乎震相見乎離夫聖人作而萬物覩今陛下聽政之初不行乘乾出震見離之道廢祖宗臨遣將帥故事而襲行垂簾不得已之政此朝廷有識所以驚疑而憂慮也臣不得上殿於臣之私别無利害而於聽政之始天下屬目之際所損聖德不小臣已於今月二十七日出門非敢求登對然臣始者本俟上殿欲少效愚忠今來不敢以不得對之故便廢此言惟陛下察臣誠心少加采納古之聖人將有爲也必先處晦而觀

明處靜而觀動則萬物之情畢陳于前不過數年自然知利害之真識邪正之實然後應物而作故作無不成臣敢以小事譬之操舟者常患不見水道之曲折而水濵之立觀者常見之何則操舟者身寄於動而立觀者常靜故也奕碁者勝負之形雖國工有所不盡而袖手旁觀者常盡之何則弈者有意於争而旁觀者無心故也若人主常靜而無心天下其孰能欺之漢景帝即位之初首用晁錯更易法令黜削諸侯遂成七國之變景帝往來兩宫間寒心者數月終身不敢復言兵武帝即位未幾遂欲用兵鞭撻四夷兵連禍結三十餘年然後下哀痛詔封宰相爲富民侯臣以此知古者英睿之君勇於立事未有不悔者也景帝之悔速故變而復安武帝之悔遲故幾至於亂雖遲速安危小異然比之常靜無心終始不悔如孝文帝者不可同年而語矣今陛下聖智絶人春秋鼎盛臣願虛心循理一切未有

所為默觀庶事之利害與群臣之邪正以三年為期俟得利害之真
邪正之實然後應物而作使既作之後天下無很陛下亦無悔上下
同享太平之利則雖盡南山之竹不足以紀聖功兼三宗之壽不足
以報聖德由此觀之陛下之有為惟憂太蚤不患稍遲亦已明矣臣
又聞為政如用藥方今天下雖未大治實無大病古人云有病不治
常得中醫雖未能盡除小疾然賢於誤服惡藥覬萬一之利而得不
救之禍者遠矣臣恐急進好利之臣輙勸陛下輕有改變故輙進此
說敢望陛下深信古語且守中醫安穩萬全之策勿為惡藥所誤實
社稷宗廟之利天下幸甚臣不勝忘身憂國之心冒死進言
紹聖中殿中侍御史陳次升奏曰臣竊觀易以龍名乾以馬名坤蓋
龍者能變能化不制於物者也有君之象焉故以乾名之馬者地類
行而承順者也有臣之象焉故以坤名之乾剛位乎上故能制物坤

柔位乎下故制於物剛柔既立而君臣之分正矣是以古之聖王黜
幽陟明惟先厥志彰善癉惡斷出於己賢否既辨邪正自分彼雖欲
崇私黨尚朋比何緣而致哉後世之君間或昧此主威不立權歸乎
下終底危亡者以其失乾剛之道也臣試論之漢武帝外勤師旅內
耗黎元非有厚德以結民心也五十年間中外無事特以威德歸上
姦臣不敢專國命爾唐明皇初無失德非有甚過惡也卒有播遷之
禍者以李林甫專權故也以此知主威不可不立明矣主威不立雖
欲去邪而失在於不斷雖欲任賢而失在於不果邪不去則害忠良
忠良進則邪自消二者勢不兩存治亂之原實辨於此唐之開成陳
夷行極言姦臣干權文宗依違不決卒陷正人此失於不斷者也漢
成帝欲用劉歆斷出於不果而問王鳳鳳終止之此失於不果者也
去邪既疑任賢不果權臣所以執國命同己者陰相結納寘之權要

以為己助異己者則去之曾不旋踵王鳳之於漢李宗閔牛僧孺之
於唐是也夫朋邪萃于朝則人事失於下人事失於下則天變見於
上近者正陽之月天多陰晦採之輿議咸謂姦邪蔽國之應也考之
漢書元帝時鄭朋楊興等往來讒毀交鬬陰附是歲夏寒日青無光
衆以謂陽蔽則明有所掩小人用事之兆恭顯反歸咎於更生等元
帝不能察漢祚由是衰矣唐代宗初元載為相內結宦官外乃紿帝
令群臣奏事先白宰相顏真卿極論其非蓋欲尊君而卑臣故也以
此推之威福之柄宜在君不宜在臣收威福之要不在乎他在乎果
斷而已書曰惟克果斷乃罔後艱致治之本其在茲乎恭惟陛下德
侔天地明並日月好惡一遵於王道正邪悉判於淵衷巍巍乎二帝
三王之上漢唐之君何足為陛下陳之然興亡之事足為鑑戒以舜
之為君禹猶納言曰無若丹朱傲愚臣區區敢效古人引此以獻狂

瞽伏願陛下作威作福念箕子之惟辟勿貳勿疑稽伯益之戒禹察
言邪正以別忠佞斥去姦回以破黨與則太平之基可指日致矣
次升時為左司諫又奏曰臣竊觀古之君臣協心戮力興事造業措
天下於泰山之安者以和而已朝廷和於上則百官和於下衆賢和
於朝則萬物和於野二帝三王所以昭盛德洪治道者以此故舜典
曰四門穆穆納于大麓皋陶曰同寅協恭和衷哉伊尹曰惟和惟一
詩曰濟濟多士文王以寧然則廟堂之上謀謨之臣不以和相濟而
欲致隆平召和氣其可得乎恭惟陛下遹追來孝脩復法度圖任舊
人緝熙先烈真大有為之時左右大臣宜體至德咸懷忠良一心以
經綸天下之務紹成無疆之休則無負於陛下之責任矣苟懷異志
持異論背公向私違善依惡無雝雝濟濟之德懷歙歙訿訿之謀以
非為是以是為非紛爭諠譁豈惟失具瞻之道實負陛下矣不獨負

陛下又將以眩惑陛下耳目雖大明遠照洞達幽微真偽是非了然判於胸中而詢事考言之際豈能與之口舌爭大臣如此累國非細可不察歟伏望聖慈渙發德音親諭大臣俾懷純一之德而無背憎之心庶幾虞典九官終共熙於帝載尹躬一德遂克享於天心廼天下之福萬世之利也臣蒙陛下擢置言責智識淺陋區區管見以致治之要在朝廷和而已敢獻瞽言伏望陛下少加察焉

哲宗時侍御史蘇轍奏曰竊見方今天下雖未大治而祖宗綱紀具在州郡民物粗安若大臣正己平心無生事要功之意因弊修法為安民靖國之術則人心自定雖有異黨誰不歸心向者異同反覆之心蓋亦不足慮矣但患朝廷舉事類不審詳曩者黃河北流正得水性而水官穿鑿欲導之使東移下就高汨五行之理及陛下遣使按視知不可為猶或固執不從經今累歲回河雖罷減水尚存遂使河

朔生靈財力俱困今者西夏青唐外皆臣順朝廷招來之厚惟恐失之而熙河將吏創築二堡以侵其膏腴議納醇忠以奪其節鉞功未可覬爭已先形朝廷雖知其非終不明白處置若遂養成邊釁關陝豈復安居如此二事則臣所謂宜正己平心無生事要功者也昔嘉祐已前鄉差衙前民間常有破產之患熙寧以後出賣坊場以雇衙前民間不復知有衙前之苦及元祐之初務於復舊一例復差官收坊場之錢民出衙前之費四方驚顧眾議沸騰尋知不可旋又復雇去年之秋又復差法又熙寧雇役之法三等人戶並出役錢上戶以家產高強出錢無藝下戶昔不充役亦遣出錢故此二等人戶不免咨怨至於中等昔既已自差役今又出錢不多雇法之行最為其便罷行雇法上下二等欣躍可知唯是中等則反為害且如畿縣中等之家例出役錢三貫若經十年為錢三十貫而已今差役既行諸役

手力最為輕役農民在官日使百錢最為輕費然一歲之用已為三十六貫二年役滿為費七十餘貫罷役而歸寬鄉得閑三年狹鄉不及一歲以此較之則差役五年之費倍於雇役十年賦役所出多在中等如此條目不便非一故天下皆思雇役而厭差役今五年矣如此二事則臣所謂宜因弊修法為安民靖國之術者也臣以聞見淺狹不能盡知當今得失然四事不去始臣等輩猶知其非而況於心懷異同志在反覆幸國之失有以藉口者乎臣恐如此四事彼已默識於心多造謗議待時而發以搖撼眾聽矣伏乞宣諭宰執事有失當改之勿疑法或未完修之無倦苟民心既得則異議自消陛下端拱以享承平大臣逡巡以安富貴海內蒙福上下攸同豈不休哉

轍守陳州論時事疏曰臣伏以中外臣庶各有職事越職而言國有常憲臣守土陳州非有言責而輒言之計其狂愚茲實有罪然臣伏

念頃以老衰不任吏事陛下未忍廢棄親擇便地以遠安養將辭之日面奉德音以為大臣之義皆當為國謀慮不宜以中外為嫌有所不盡古人有言雖乃身在外乃心罔不在王室伏惟聖德廣大無所不容而臣自到任以來于今一歲心目昏眩有加無瘳故嘗乞匄餘生求還閭舍區區之誠久而未獲陛下視臣志氣一衰至此豈復有意別白是非而與世俗爭議也哉是以得失之間久無所與今者竊有所懷上為陛下參之官吏下為陛下驗之百姓而安危之機實在於此自惟受恩累聖邦之休戚身實同之志慮雖衰於義不可嘿已然臣之所欲言者非敢遠引前古逆探未然以惑陛下之聰明也凡皆陛下之所嘗試而臣愚之所與聞者耳臣伏見陛下即位之始計慮深遠凡有所建動合天心始議山陵深卹費用之廣推明先帝薄葬之命以詔有司四方聞之無不感泣其後一年之間誕布號令蠲

率宗族惇孝弟之行勉勵州郡先農桑之政復轉對以廣言路議徭
役以寬民力感德之事不可具紀是時天下雖大變之後而無不翹
然想聞德音以忘其憂兩宮歡欣九族親睦群臣萬民蒙福而安紛
紜之議不至於朝廷謗讟之聲不聞於里閭陛下優游無為而天下
已治矣為國如此豈不樂哉陛下自今視之當日之政其可悔恨者
凡有幾以臣觀之非獨陛下無所悔恨雖天下之人亦未有以為失
當者也何者政令簡易而人情之所安耳易曰易則易知簡則易從
易知則有親易從則有功有親則可久有功則可大嚮使陛下推行
此道始終不變則臣以為久大之功可得而致矣其後求治太切用
意過當姦臣緣隙得進邪說始議開邊以中上旨於是延安有橫山
之謀保安有招誘之計陛下餽之以金帛假之干戈小人貪功慮害
不遠輕發深入結怨西戎攘奪尺寸無用之土空竭內府累世之積

大者疲弊秦雍小者身死寇讎西鄙騷然不寧而陛下始一悔矣然
而陛下天姿英果有漢武宏達之量雖復兵吏失律而立功之意未
嘗少衰是以左右大臣測知此心復進財利之說陛下樂聞其利而
未暇深究其害於是舉而從之置條例司以講求天下之遺利已酉
之秋新政始出自是以來凡所變革不可悉數其最大者一出而為
常平青苗再出而為揀兵併營三出而為出錢雇役四出而為保甲
教閱四者並行於世官吏疑惑兵民憤怨諫諍者章交於朝誹謗者
聲播於市陛下不勝其煩為之當宁太息日昃而不食矣然猶幸其
成功力排眾人之議而固守之天下方共厭苦而不知其所止也而
揀兵併營之策其害先見武夫凶悍為怨最深為患最大陛下知其
不可於是多支月糧復收退卒以順適其意而陛下既再悔矣然軍
中之口猶復訩訩不靖陛下雖推恩撫之而終不以為惠反謂陛下

畏之耳不幸邊臣失算再生戎隙帷幄之臣謀之不臧不務安之
而務撓之臨遣執政付以疆事多出金幣豫書誥敕以成其深入
之計當此之時天下之心知其必敗矣而陛下與一二臣者方以
為萬舉而萬全既而出兵無人之境築城不守之地困弊腹心以
求無益之功使秦晉之民父子流離肝腦塗地戎人徼勸受屈已
築之城隨即傾覆救援之兵相繼潰叛四方震動君臣宵旰而後
下罪己之詔援竄元宰以謝二鄙而陛下既三悔矣夫此三者方
其未悔也陛下亦以為是耶非耶陛下犯逆眾心力行不顧其必
以為是不以為非也然而終卒至於此然則方今陛下之所是而
未悔者無乃亦類此歟臣聞眾而不可欺者民也勇而不可犯者
兵也險而不可侮者鄰國也今陛下既已欺民犯兵而侮鄰國矣
夫犯兵侮鄰變速而禍小至於欺民則變遲而禍大變速而禍小

者瓦解之憂也變遲而禍大者土崩之患也今瓦解之憂陛下既
知悔矣而土崩之患陛下未以為意此臣之所以寒心也易曰不
遠復無祇悔元吉事之未敗也陛下不悟其非必俟其敗而後悔
如向三者則陛下之復已遠而悔亦大矣且臣觀之方今陛下之
所是而未悔者亦有三而已青苗助役保甲三者之弊臣不復言
矣何也言事者論其不可非一人也百姓毀壞支體燻灼耳目嫁
母分居賤賣田宅以自脫免非一家也陛下其亦知之矣徘徊而
不之改使民無所告訴加之以水旱繼之以饑饉積憾之民奮為
群盜侵淫蔓延滅而復起英雄乘間而作振臂一呼而千人之眾
可得而聚也如此而勝廣之形成此所謂土崩之勢也臣恐陛下
至此雖欲復悔而無所及矣故臣願陛下取即位之政與今日之
事而試觀之天下擾擾不安孰與今日之甚群臣交口爭辯孰與

今日之衆陛下聽覽疲勤孰與今日之多悔恨自責孰與今日之切陛下誠以此較之則不待臣言之終而得失可以自決矣且夫即位之政陛下之本心也今日之事臣下之過計也陛下棄即位之本心而徇臣下之過計臣竊以為過也雖然臣竊聽之道路方今陛下則亦悔之矣悔之而不變非陛下之意也迫於建議之臣耳夫人臣進謀於其君苟事之不遂而變以從衆則人主有以測其深淺人主有以測其深淺則其用舍之命在於人主此人臣之所以不便也臣竊痛陛下為社稷之計欲改過以安天下而怙權固位之臣持之而不釋陛下聰明睿智廢置自我而獨為此欝欝也漢宣帝與趙充國議擊匈奴魏相非之以為當與平昌侯樂昌侯平恩侯及有識者詳議乃可此三人者非賢於趙充國也然其與國同憂樂無僥倖功名之心與希望爵賞之意則過於充國遠甚充國猶不可聽而況不如充國者哉陛下將安民保國而與喜功伐好權利者謀之臣不知其可也臣不勝區區忘身憂國之誠是以勢肆而言切惟陛下察之

殿中侍御史呂陶奏曰臣聞天下之政皆願致治而不能無敝天下之言皆好成文而未必可以適用天下之情皆有愛而莫切於愛君天下之情皆有憂而莫大於憂國此明王睿主所以廣覽博聽而求其闕失忠臣志士所以危辭直論而竭其懇誠也苟以不足適用之言陳不能無敝之政則辭旨浮畧而意不迫切於愛君憂國之心有所未盡安能補於世哉譬如施干戚之舞以解重圍講鄉飲之禮以治軍旅多見其無益也昔貢禹為漢元力言治道以為盡如太古則難宜少放古以自節天生聖人蓋為萬民非獨使自娛樂而已上嘉其質直之意多所聽納深自約損罷彝過制大半罷之至于崔寔著

論根極時要則亦以為濟時拯世之術期於補綻決壞枝柱傾邪隨形裁割要措斯世於安寧之域而已四壯橫奔塞路險傾宜以銜勒鞬鞅為救豈暇及於和鸞節奏哉夫二子之言皆不泥一隅該通事變質之前世而不繆驗之來今而可以為鑒臣竊恭焉恭惟國家承百王之敝當天下文治之極法度廢而不立威令委而不行上下倫粗風俗彫薄四海之勢如乘敝舟以涉長河而無所維御汎汎焉日就其深而不為壞敗之計甚可痛也陛下天資神聖享有寶命一日纂承大業而四海之人歡然嚮順無有毫髮之警者豈獨天命然哉乃仁宗皇帝之德澤至深至厚結於人心之堅也為人之子治人之天下而坐視若此於持盈守成之道何如哉臣資識狂愚闇於長慮第聞忠讜可以死節昔嘗考六經之微言覽百氏之異論推迹近事得其大端至於安危治亂之幾是非邪正之漸得失興亡之際未嘗不為陛下反覆而究之中夜三思繼之以日欲一發憤懣指陳要極以感悟天聽扶救國體苟人主從而警懼回心於社稷之計睿明之德無所虧損天下之大憂日漸銷散則臣退就鼎鑊其甘如飴而藏伏幽賤厭路無繇幸今明詔申諭雖巖穴草茅之人皆得以直言上達乃臣之志願庶幾遂於今日矣敢沿科舉以畢其愚臣竊以為王道之端萬化之本莫大於身正以率天下故有貴始天下之大務悍而不為則德隳功喪無以光紹祖宗之休烈徇名而昧其實則習尚虛曠風化頹墮而不可振起故有究治君臣之交必覩之以至誠然後可以畢天下之能事大臣之分莫若盡道以致主故有明任設官授職者所以與天子共理法制大壞賢不肖失其別則生民安所蒙賴故有議官人君能結天下之心則邦本堅固而莫能動農夫重困國費浮冗力役不蠲疾病無養皆世之大蠹故有重民民力之耗莫

甚於養兵。軍政不立。則驕惰日長。將材不任。則舉無成功。推類以勝
則漸不可長。教民以戰。則法不可失。故有制兵。二虜之患。日甚一日。
而制禦之道。未可以經遠。故有慮邊。總其大歸以盡夫終始。故有策
原。求之於文則不足。推之以用則有餘。臣之區區。不敢默於此也。

貴始上

臣聞治道有本末。物理有終始。王政之所施有先後。如萬目之附於
綱。衆流之出於源。挈之則張。澄之則潔。端本者所以治末也。慎始者所以
圖終也。施之宜先者。不可一日而後也。此善惡邪正之所漸而安危
治亂之所由生也。是人主之大範也。昔春秋之文。謂一為元。學者推
明其義。以為視太始而欲正本。深探其本。而所貴者始也。又曰。正次
王。王次春者。上承天而下正己也。人君正心以正朝廷。正朝廷以正
百官。正百官以正萬民。則遠近莫敢不一於正。考於大經大法義訓

既白。以天下國家理勢而質之。尤深切而著明乎。夫人君之即位者。
天下之大本。而王道之所始也。公卿大臣瞻仰清光而觀其注措也。
黎元兆庶。延頸企踵而覬其恵養也。蠻夷戎狄。傾耳側目而想其威
令也。公卿大臣則必有以結其心。黎元兆庶則必有以慰其望。蠻夷
戎狄則必有以懷其情。舉是三者而先之。夫何萬事之足治哉。是以
古之賢君嗣守大業。皆深知正本貴始之意。欲治安而惡危亂。就善
而去惡。趨正而遠邪。日新盛德。輝光篤厚。發為大政。鼓舞四海。人人
聞之。莫不聳動況服。而以為吾君之有某善。則吾之幸矣。君之舉某
事。則吾將享其利焉。是故人道物情無違悖之理。天施地化無逆沴
之變。然後躋世清寧。鞏固永久。豈不休哉。詩書所載。抑可得而言也。
書稱高宗之德曰。作其即位。不敢荒寧。嘉靖商邦。至于小大。無時或
怨。稱祖甲之德曰。作其即位。爰知小人之依。能保恵于庶民。不敢侮

鰥寡。至于成王。上繼文武之業。下憑周召之助。法度脩明。教化深厚。
天下可謂安矣。然而朝廟告神。謀議庶政。慎微求助。則其詩乃曰。閔
予小子。遭家不造。於乎悠哉。朕未有艾。予其懲而毖後患。及其羣臣
因而進戒。則亦曰。天維顯思。命不易哉。而又以公劉訓民事。以卷阿諭
求賢。以立政規任人。以無逸防好豫。是以成王寅恭抑畏。動履德義。
功成治定。不墜祖考之洪烈。永惟商周之隆。賢君之初政。其有為
於天下則如此至矣。其警懼誨飭於身則又如此勤矣。豈非所謂正
天下之本。而貴王道之始歟。然則三卿序進。而皆有以授於天子者。
亦志乎此也。一策言其憂之長而務除患也。二策言其無事而慮則
可以息禍也。三策言其吉凶禍福之相倚伏。當謹戒而無怠也。忠臣
之愛其主。丁寧反覆。諄諄而不倦者。亦欲正本而貴始也。臣竊觀漢
唐之衰。闇君繼世。不貴本始。廢失法度。大槩無以懷服天下之心。於

是生民失望。而内外得以窺其釁。覆亡敗滅。可不悲哉。陛下受天眷
命。續四聖之統。踐祚以來。恭默思道。三年不言。可謂孝矣。吉服親政
既一歲矣。公卿大臣率職聽命。咸願致其忠力。莫敢少懈。而聽任之
際。或異僉諧。黜賞之端。或殊公共。此豈結其心之術哉。若乃慰黎元
之望。則德澤有未敷。懷戎狄之情。則忠信有未至。豈深仁厚德無迹
而難明邪。抑睿謀英斷有發而不憚邪。臣愚不能處也。然臣惟恐中
外之心觀於初政。慊慊然常若不滿矣。謂人道物情之無違悖乎。則
陛下欲舉典禮。追崇本親。而盈廷沸議。以為失名分之正。不可垂憲
萬古。下至草茅閭巷。切切偶語。輒論是非。由此觀之。天下之情可知
矣。謂天施地化之無逆沴乎。則癘氣流行。萬衆疲死。八月大水。都市
深溢。秦晉諸郡同日地震。星緯示變。終月不沒。旱蝗繼至。赤地千里。
由此推之。上帝之警戒可見矣。陛下安得不深思而極慮哉。夫天下

之治莫若先之以身故臣願陛下遠覽商周之盛近鑒漢唐之衰考春秋正本之義遵三卿授策之戒乘大明繼照之初先治諸己以倡王道以副天下之欣戴然後條當世之務而審其所以措置云

貴始下

臣聞治己之道其始必思其次莫若慎乎漸其終無善於聽納務此三者則主德完而王道備乎天命至重思所以奉順宗社至大思所以保守生民至衆思所以撫養萬務至繁思所以處正災異未弭思所以銷去羣情未順思所以懷服臣故曰其始必思秉心寅畏好德不息所以奉順天命也循襲法度懼辱祖考所以保守社稷也早夜勤政通究徵隱所以撫養生民也審慎聽斷無任獨智所以處正萬務也引咎自新痛革前失所以銷去災異也推誠待物不忍有欺所以懷服羣情也此數者非高遠而難見非勞苦而難行也皆附近人

理切中事情不爲則已爲之則至也聖賢之教存乎其中而仁義之主不能出乎其外也陛下幸赦臣狂瞽而察之可也出一言而玷未敗天下之大政也舉一事而妄未隳天下之大法也四方無虞而宴安逸樂未爲人主之大過也崇高富貴而嗜好外形未彰人主之大失也其端雖不及於彼而其漸必能至焉謂一言之玷未敗大政而不慮則其漸將至於號令悖繆而中外無所取信矣謂一事之妄未隳大法而不正則其漸將至於典章廢墜百度不守而後嗣無足觀矣以宴安逸樂未爲大過而不節則其漸將至於流連終日荒耽昏惰而萬事叢脞矣以嗜好外形未彰大失而不戒則其漸將至於姦佞近習窺所欲而奉之干紀撓權而不可禁矣臣故曰莫若慎其漸是以聖君賢主制之於將然而不及於已然遏之於微而不見於著昔宣王扶衰撥亂周道復昌洪勳遠業可謂盛矣而詩人乃以慎微爲美由此觀之則慎微者王治之本而人君之先務歟太祖決事或失慮書之史退朝不樂而有王者豈可容易之說太宗既即位不復語及音律嘗謂承喪亂之後勵精爲治天下已安乃知勞苦有効儆以酒樂自娛則萬務將廢以至今人有請補外者眞宗時宦官或以外官勤幹爲請而願正其秩乃詔選部擇人以代之又有以其之貪黷聞上者乃命監司按狀而未嘗輒聽其言先帝善於持盈尤務畏戒嘗遠視前古得失列述百圖著爲至鑒其辭有曰慕令德之餘芳警昏朝之失道凡此者累聖防微杜漸之大略繼體守文之切訓也陛下光紹丕烈始建治統固宜純法祖宗之顯懿以發揮盛德而幸天下也深思至慎濟之以聽納則堯舜之盛無以先也夫朝廷設官置職而命曰諫諍者何也得非天下之務安危治亂所繫甚大而人主之聰明不可自用乃責其有補邪非特循故事具常員而已也人

臣直躬正色與人君爭辯於正邪是非之際有至戮辱而猶不憚者何也得非以義激於心言任其責不敢循默自便而欲其感動邪亦非好犯危難以死就名也原朝廷設官之意察人臣愛君之誠則諫之爲益多矣臣故曰其終無善於聽納日者御史有以言罷去而塗之人惑於傳聽敢以爲說雖臣愚亦竊爲朝廷惜之臣不惜數子之去而惜國家之體也昔先帝嘗黜諫臣矣而天下不以爲言陛下一罷御史而人敢以爲說者何也蓋先帝享御日久好諫之德足信於天下雖觸威忤音亦或罷黜而人不疑焉今陛下初涖大政雖有納諫之心四海之人既未能皆知其詳而御史又以言去職此疑似之迹不可家至戶曉臣竊憂讜直之路塞危詞正論不敢輒獻而盛德虧喪矣此所惜者體也雖神聖之資羣臣莫及有聽從而無諫諍然仁至麛卵則鳳凰有時而來擇狂言恕訐辯則忠規嘉話輻湊于前而

治道至矣。惟陛下留神聽納，寔萬世之幸。

究治上

臣伏思國家享有天下百餘年矣。吾君吾相同心合德，日夜孜孜，營治之勤過於前古，而太平未見其實者，敝果安在哉。好靜而惡動，喜無事而憚有為而然也。夫靜出於動，無事處於有為。天地之生萬物，其先莫不旋斡運變，周流不息，以極其神，而後乃收功於靜。聖人之經綸斯世，其始必剗除蕩滌，無所不施，以平天下之多難，而終乃底於無事。此物化之先後，治道之始終，其致一也。今惡動而憚有為，則所謂靜與無事者終不可得，而猶好之喜之，不亦惑乎。世俗之論曰：動不若靜，循仍易而興作難。是不究利害之深淺、理勢之宜如何也，是執一隅之說，不知適變之道也，是苟一朝之樂，不議千日之憂也。夫人之受疾有重輕，故醫之為術有速緩。或一寒一暑之侵爍於膚

腠，此其淺而易去也，則治之之術不過安神靜氣而自固，可計日以起。至於腹心難治之病則不然，彼其所感者深，故所苦者甚異，既將隣於悴亡，而吾猶使之自養以待痊，亦迂矣。是必力攻急逐於死生之際，而決其一勝，何瞑眩之足惜哉。大廈之居，莫不欲便安而重創建。藩籬缺漏，補葺之可也；榱桷弊壞，完治之可也。若乃基構頹圮，標榱棟撓，一大風雨，然有摧覆之患，則又豈補葺完治之可救哉。勢至於此，而猶重創建之勞，則無以享便安之逸矣。天下之事，固有不可已者而已之，非所以振起治功而恢明國體也。方今之弊，豈非天下有不可已之事，而朝廷有不欲為之心乎。持不欲為之心，當不可已之事，則取過目前而未暇於長久之計。臣恐國家之政日苟一日，歲苟一歲，而可憂之漸有甚於此時者矣。夫二虜盛彊，窺侮王室，兄弟之好既結於北，而王爵之封已加於西。歲出金繒數十萬，命賜與

以為同盟之具，可謂厚矣。三邊要地，夙夜經意，境守攻戰，非無備矣。介使屢至，慢書數上，出無厭之語，啓難塞之求，以搖動吾君吾相之聽，亦已久矣。此朝廷之公患，而天下之深不平也。然猶以息民為說，以好戰為戒，未嘗一議誅伐之策，而與之正中國四夷之分，惟默默貸忍，苟計應接，而幸其不為南牧之寇。臣竊以為未安也。大河為患，歲歲決溢，朔方諸郡，衝潰不常，生民之死于墊溺者為不少，幸得保其餘生，而力困於河者亦多矣。蒸薪之積，隄防之勞，無時而已也。大抵壅之於東則奔于南，障之於西則注于北，而不見其素所謂河者果安在也。洪流之害，可謂極矣。此朝廷之共憂，而天下之熟聞也。然猶以開河為功，以遏塞為利，募富人度釋子以給其費，欲息尋丈之奔衝，乃致千里之漂潰，而未聞建定大議，觀水所向，徙民避患，而徐為之謀。臣雖甚愚，亦不敢有取也。舉今之務，莫大於此兩端，皆其勢

之不可已者，猶已而不為，推此而下，則庶政之苟簡，臣不得而悉數矣。是以天下之人，激昂奮厲之氣少，偷且怠惰之心多，事勞而功不立。政發而王道不隆，由此其故也。惟吾君吾相深窮利害之本，而權之以時，聚聖賢之會，而相與講磨淬濯於廟堂之上，不惑於一偏之說，而斷之以力，行善動而不惡，夫有為而無所憚，以起天下柔弱不振之態，而完其堅壯全盛之體，可也。古所謂日中必熭，操刀必割，則機會之至，其可失乎。

究治下

臣聞人主欲有為於天下而無所憚，則天下之事不足為也。然而名實之辨不可不察也。舉天下之事而皆可以為，則天下莫不知其善治也，後世莫不稱其難能也。天下之事舉皆為之者，實也；莫不知其善治、稱其難能者，名也。事有本末，名實有先後。本近於實，末近於名。

實居其先而名處其後也好實則所務者本也無意於名而名隨之好名則所逐者末也未必有其實也此名實之辨也昔之聖人施爲於天下者蓋非有求於名而行之及其功成事立而名自得舜舉十六相誅四凶所以去天下之害而興其利也然後有進善黜惡之名禹乘四載決九川導九河驅洪流而殄之海所以保斯民之命而粒其生也然後有捍災禦患之名三代君天下耕以井田税以什一教以學校罰以肉刑所以援斯民而納之仁壽也然後有至治之名然則名者豈在好而求之哉王政之弊莫大於好名而不爲其實好名而不爲其實則事失本始而所逐者末也後世不知聖人有得名之實徒見其名之甚美竊好而欲求之乃攙取其近似者而行焉反索其實蓋闕如也今日之弊信有類此矣國家嘗詔司農條三歲之出納命執政議其大計者豈非古所謂冢宰以通法制用於歲杪乎然而取之過藝極而橫歛數下積之非有餘而浮費無窮不可量入以爲出也耕二年者未有一年之畜也凶旱水溢則多菜色之民也又嘗詔羣吏勉脩厥職毋以簿書期會爲故者豈非古所謂作興教化以厚風俗乎然而朝廷所擬議制令頒布告期類多賦役獄訟米鹽貨幣之請乃俗吏之爲而未見其可使天下回心嚮道之具也又嘗詔中外臣民以密封論時政者豈非古所謂明王問道而求諫百官箴王闕乎然而公車不召對尚書不問言未聞燕見紬繹而覽章引咎也凡爲此者得非先名而後實歟誠能均節財用寬裕黎元矣可以命冢宰制國之經費也誠能道民以德動民以行矣可以責羣吏於簿書之外也誠能求善無厭改過不吝矣可以來天下之上封論政也凡爲此者所謂先實而後名也天下方患名之浮而不見朝廷勤治之效苟人主一旦奮然揭其實而示之以聳動天下之耳目則德日起而大有功若雷霆之震日月之臨照威聲光耀窮極天地之表而著見萬世矣所得之名豈若向之近似者哉臣敢遂道前世有爲之君殊勲懿烈已驗於往者以取必於睿斷昔漢宣帝勵精親政綜核真僞信必刑賞樞機周密品式備具上下無苟且之意於是生民安業而單于慕義來享議者以爲功優於孝文而德侔於商周之賢王唐憲宗決策定議明杭國威以平數十百年方鎭僭叛之勢則亂階逆本誅削殆盡而國之紀律復振齊威小國之諸侯也委政不治彊隣交侵及其封即墨大夫烹阿大夫發兵四出則趙魏齊之君請和國人震懼無敢飾非者此皆爲之有其實也況以國家大定久安之勢究其實而不奪於名則何施而不可何爲而不立豈特漢唐之比邪惟陛下留神考察

歷代名臣奏議卷之四十一

治道

宋哲宗時平章軍國重事文彥博進故事曰太宗淳化三年二月詔以新印儒行中庸篇賜中書密院兩制三館御史中丞尚書丞郎給諫等人各一軸注先是御試進士日以儒行篇為論題帝意欲激勸士人敦修儒行故特命雕印至是首賜新及第舉人孫何等次及宰輔近臣臺閣臣僚并銓司選人聖旨諭令依此修身為治仍各於聽事所展掛終身遵奉之真宗大中祥符二年十一月帝作文武七條其文臣七條一曰清心謂平心待物不為喜怒愛憎之所遷則庶事自正二曰奉公謂公直絜己則民自畏服三曰修德謂以德化人不必專尚威猛四曰責實謂專求實効勿競虛譽五曰勤察謂勤察民情勿使賦役不平刑罰不中六曰勸課謂勸諭下民勤於孝悌之行農桑之務七曰革弊謂求民疾苦而釐革之以賜京朝官任轉運使提點刑獄知州府軍監通判知縣者武臣七條一曰脩身謂脩飾其身士卒有所法則二曰守職謂不越其職侵撓州縣民政三曰公平謂均撫士卒無有偏四曰訓習謂教訓士卒勤習武藝五曰簡閱謂閱視士卒識其勤惰勇怯六曰存恤謂安撫士卒甘苦皆同常使齊心無令失所七曰威嚴謂制馭士卒無使犯禁以賜節度使以下至刺史及諸司使以下任部署鈐轄知州軍縣監押駐泊巡撫者又以禮記儒行篇賜親民釐務文臣其幕職州縣官監務使臣仍並賜勑戒勵令崇文院刻板摹印送閤門分給之

臣伏覩先朝賜臣僚儒行中庸篇及文武臣七條所以激勵士大夫脩飾行檢及中外臣僚謹奉官箴其出外任者朝辭日各賜一本仍令閤門丁寧宣諭凡在臣下靡不恭授而奉行慶曆中先朝以久罷賜七條儒行中庸篇嘗降詔書申明然而後來臣僚久不受賜無所警策至有士行不完進取無恥官守失職苟簡無功臣欲乞舉行此法依例於朝辭日閤門給賜及宣諭誡勵之臣愚以謂敦獎士類鎮靜風俗激勸官吏治守忠廉斯乃為治之大本循致太平之道故敢竭此區區仰干宸聽庶裨聖政伏乞付外施行

著作郎范祖禹進故事曰唐太宗幸洛陽宮苑謂侍臣曰煬帝作此結怨於民今悉為我有正由宇文述之徒內為諂諛外蔽聰明故也可不戒哉

臣祖禹曰昔周公召公之相成王一話一言未嘗不以夏桀商紂為戒也其臣危亡之言不絕於口其君危亡之言不絕於耳故天下國家可得而安也唐太宗見隋煬帝亡國故觀其宮苑而以諂諛擁蔽戒群臣夫知彼之所以亡則畱我之所以存而不敢怠矣此三王所由興也

漢昭帝詔曰朕以眇身獲保宗廟戰戰栗栗夙興夜寐脩古帝王之事通保傅傳孝經論語尚書未云有明其令三輔太常舉賢良各二人郡國文學高第各一人

臣祖禹謹按大戴禮保傅傳曰昔者周成王幼在襁褓之中召公為太保周公為太傅太公為太師保保其身體傅傅其德義師導之教訓此三公之職也於是為置三少皆上大夫也曰少保少傅少師是與太子宴者也三公三少明孝仁禮義以導習之逐去邪人不使見惡行於是皆選天下之端士孝悌博聞有道術者以輔翼之使與太子居處出入故太子乃生而見正事聞正言行正道左右前後皆正人也夫習與正人居不能無正猶生長於齊不能

不齊言也習與不正人居不能無不正猶生長於楚之地不能不楚言也及太子少長則入于學學禮曰帝入東學上親而貴仁則親疎有序而恩相及矣帝入南學上齒而貴信則長幼有差而民不誣矣帝入西學上賢而貴德則聖智在位而功不匱矣帝入北學上貴而尊爵則貴賤有等而下不踰矣帝入太學承師問道退習而端於太傅太傅罰其不則而正其不及則德智長而治道得矣三代之禮天子春朝朝日秋暮夕月所以明有敬也春秋入學坐國老執醬而親饋之所以明有孝也行以鸞和步中采齊趨中肆夏所以明有度也其於禽獸見其生不忍見其死聞其聲不忍食其肉故遠庖厨所以長恩且明有仁也明堂位曰篤仁而好學多聞而道慎天子疑則問問則應而不窮者謂之道道者導天子以道也常立於前是周公也誠立而敢斷輔善而相義者謂之充

充者充天子之志也常立於左是太公也潔廉而切直匡過而諫邪者謂之弼弼者拂天子之過也常立於右是召公也愽聞強記接給而善對者謂之丞丞者丞天子之遺忘也常立於後是史佚也故成王中立而聽朝則四聖維之是以慮無失計而舉無過事商周之前所以長久者其輔翼天子有此具也天子不論先聖王之德不知國君畜民之道不見禮義之正不察應事之理不博古之典傳不閑於威儀之數詩書禮樂無經學業不法凡此其屬太師之任也天子無恩於父母不惠於庶民不禮於大臣不中於刑獄無經於百官不哀於喪不敬於祭不信於諸侯不誠於戎事不誠於賞罰不厚於德不彊於行賜與侈於左右近臣吝於疏遠卑賤不能懲忿窒欲不從太師之言凡此其屬太傅之任也天子處位不端受業不敬言語不序聲音不中律進退節度無禮升降揖讓無容周旋俯仰視瞻無儀凡此其屬太保之任也天子宴廢其學左右之習反其師荅遠方諸侯不知文雅之辭應羣臣左右不知已諾之正簡聞小誦不博不習凡此其屬少師之任也天子居處出入不以禮冠帶衣服不以制御器在側不以度縱上下雜采不以章忿怒悅喜不以義賜與奪讓不以節凡此其屬少傅之任也天子宴私安所易樂而湛飲酒而醉食肉而飽飽而彊飢而惏自取玩好自執器皿凡此其屬少保之任也不知日月之時節不知先王之諱與大國之忌不知風雨雷電之眚凡此其屬太史之任也昭帝先通保傅傳謂此書也

唐太宗縱死囚使歸家期以秋來就死皆如期自詣朝堂上皆赦之

臣祖禹以為太宗縱天下死囚皆如期自歸此由至仁愛人至誠感物之所致也書曰好生之德洽于民心太宗之謂矣

唐明皇東封還至宋州宴從官於樓上刺史寇泚預焉上謂張說曰鄉者屢遣使臣分巡諸道察吏善惡今因封禪歷諸州乃知使臣負我多矣懷州刺史王丘餼牽之外一無他獻魏州刺史崔沔供張無錦繡示我以儉濟州刺史裴耀卿表數百言莫非規諫如三人者不勞人以市恩真良吏矣顧謂寇泚曰比亦屢有酒饌不豐訴於朕者知卿不借譽於左右也自舉酒賜之

臣祖禹以為漢武帝好用慘酷之吏故董仲舒以守令未得人為言夫一郡守不得人則千里之地受其害一縣令不得人則百里之地受其害欲天下之民皆得其所莫如選擇守令之為急也唐明皇東封過諸州而懷魏濟宋皆有良守亦足見其時州郡多得人矣豈非姚崇宋璟為相之効乎

宋太宗至道元年正月望夜御乾元樓觀燈召司空致仕李昉賜坐

於御榻之側。慰撫良久。酌御樽酒飲之。自取果餌以賜。上觀京城繁盛。親指前朝坊巷省寺之所。今拓爲通衢長廊。因曰。晉高祖優柔無斷。縱成奸惡。少主昏蒙。卒至亡滅。洎至漢朝。其政愈亂。致蘇逢吉史洪肇輩互相猜貳。李崧之族。枉陷塗炭。是時京城人情倉惶。殆無生意。豈暇營繕都邑乎。昉對曰。晉漢之事。老臣備經。今陛下恭勤治道。聽政無倦。是致四海清晏。輦轂繁盛。上曰。勤政憂民。帝王常事耳。朕不以繁華爲樂。蓋以民安爲樂。

仁宗嘉祐七年上元。御宣德門。召近臣宗室觀燈。酒行。上顧左右曰。朕非欲獨爲遊觀。此因歲時與萬姓同樂耳。

漢制。立春之日。下寬大書制詔三公。方春東作。敬始慎微。動作從之。罪非殊死。且勿案驗。皆須麥秋。退貪殘。進柔良。不當用者如故事。月令曰。命相布德和令。蔡邕曰。即此詔之謂也。唐舊制雅俗之樂。皆隸太常。明皇精曉音律。以

太常禮樂之司。不應典倡優雜伎。開元二年。更置左右教坊以教俗樂。又選樂工數百人。自教法曲於梨園。謂之皇帝梨園弟子。又教宮女使習之。又選妓女置宜春院。給賜其家。禮部侍郎張庭珪。酸棗尉袁楚客。皆上疏。以爲上春秋鼎盛。宜崇經術。邇端士。尚樸素。深以悅鄭聲好遊獵爲戒。上雖不能用。欲開言路。咸嘉賞之。

臣祖禹曰。昔紂作靡靡之樂。北里之舞。以亡其國。明皇即位之初留意聲樂。故其末年。耽樂奢侈。以致大亂。幾亡天下。人君所好可不慎哉。夫太常掌天地人之禮。郊廟之樂。舜命伯夷典禮。夔典樂之職也。以明皇之好音。猶不使雅俗相雜。國朝祖宗以來。教坊宴樂隸宣徽院。自宣徽院廢。乃屬太常。以鄭衞之樂。瀆典禮之司。此有司官制之失也。

漢高祖七年。丞相蕭何治未央宮。立東闕。北闕。前殿。武庫。大倉。上見其壯麗甚怒。謂何曰。天下匈匈。勞苦數歲。成敗未可知。是何治宮室過度也。何曰。天下未定。故可因以就宮室。且夫天子以四海爲家。非令壯麗無以重威。且無令後世有以加也。上悅。

臣祖禹曰。禹卑宮室。孔子美之曰。吾無間然矣。周宣初即位。更爲儉宮室。小宗廟。而致中興之功。詩人歌之。蕭何不能以道佐漢祖。乃襲亡秦之奢侈。創業之君。一言一動。子孫視傚。此乃武帝千門萬戶所以興也。臣恭聞太祖皇帝詔宮殿之制。准得赤白。累聖遵守。不敢有加。儉德之美。過於漢祖遠矣。

唐太宗嘗罷朝。怒曰。會須殺此田舍翁。時文德皇后謂帝曰。誰觸忤陛下。帝曰。魏徵每廷辱我。后退具朝服立於廷。帝大驚曰。皇后何爲若是。后曰。妾聞主明臣直。今魏徵直。由陛下之明故也。妾敢不賀。帝乃悅。

臣祖禹曰。詩人美后妃輔佐君子。求賢審官。國家將興。必有淑哲之配。儆戒以成君子之德。若長孫皇后感悟太宗。其可謂賢矣。

後漢建武初。任延拜武威太守。光武親見戒之曰。善事上官。無失名譽。延對曰。臣聞忠臣不私。私臣不忠。履正奉公。臣子之節。上下雷同非陛下之福。善事上官。臣不敢奉詔。帝歎息曰。卿言是也。

唐太宗本以兵定天下。雖已治。不忘經略四夷也。魏徵侍宴。奏破陣武德舞。則俛首不顧。至慶善樂。則諦玩無斁。舉有所諷切如此。慶善樂者文德之舞

漢武帝建元三年。上始爲微行。常以夜出。自稱平陽侯。旦明入南山下。射鹿豕狐兔。馳騖禾稼之地。民皆號呼罵詈。鄠杜令欲執之。示以乘輿物。乃得免。又嘗夜至柏谷。投逆旅宿。就逆旅主人求漿。主人翁曰。無漿。正有溺耳。且疑上爲姦盜。聚少年欲攻之。主人嫗覩上狀貌

而異之。止其翁曰。客非常人也。且又有備。不可圖也。翁不聽。嫗飲翁以酒。醉而縛之。少年皆散走。嫗乃殺雞為食以謝客。明日上歸。召嫗賜金千斤。拜其夫為羽林郎。

臣祖禹曰。仁宗皇帝皇祐二年四月。御邇英閣讀漢書東方朔傳。至武帝微行數出。仁宗曰。帝王每出。須中嚴外辦。何容易如此。侍讀丁度對曰。武帝以承平日久。藉文景之資。所以窮志極欲。仁宗曰。若安寧之時。常思危亡之戒。豈有後悔。臣愚竊謂武帝以天子之尊。而好狂夫之遊。困於逆旅。幾至危殆。考其行事。是為永戒。仁宗皇帝特發德音。所以垂訓萬世也。

唐肅宗為太子時。常侍膳。尚食置熟俎。有羊臂臑。（臂臑。肱骨也。臑音奴到反。）明皇顧使太子割。肅宗既割。餘污漫在刃。以餅潔之。上熟視不懌。肅宗徐舉而啖之。上甚悅。謂太子曰。福祿當如是愛惜。

臣祖禹曰。明皇教太子愛惜福祿。不棄一餅。可謂知稼穡之艱難矣。然於其身窮極奢侈。用財物如糞土。卒致天下大亂。何其明於子而闇於己乎。書曰。非知之艱。行之惟艱。明皇之謂矣。

史記樂書。君子曰。禮樂不可斯須去身。致樂以治心。則易直子諒之心油然生矣。（致。猶深審也。樂由中出。故治心也。易。平易。直。正直。子諒。愛信也。）易直子諒之心生則樂。樂則安。安則久。久則天。天則神。天則不言而信。神則不怒而威。（若善心生則寡於利欲。寡於利欲則樂矣。志明行成。不言而見信如天也。不怒而見畏如神也。）致樂以治心者也。致禮以治躬者也。致禮以治躬則莊敬。莊敬則嚴威。（禮自外作。故治身。）心中斯須不和不樂。而鄙詐之心入之矣。（鄙詐入之。謂利欲生。）外貌斯須不莊不敬。而慢易之心入之矣。（易。輕易也。）故樂也者動於內者也。禮也者動於外者也。樂極和。禮極順。內和而外順。則民瞻其顏色而弗與爭也。望其容貌而民不生易慢焉。故德輝動於內而民莫不承聽。理發諸外而民莫不承順。（鄭玄曰。德輝。顏色潤澤也。理。容貌進止也。孫炎曰。德輝。明惠也。理。言行也。）故曰致禮樂之道。舉而錯之天下無難矣。

臣祖禹謹案禮記樂記祭義皆載此語。司馬遷取之以為樂書。蓋古之君子傳先王之法言。論禮樂之本。而造於道德之精微。孔子之門人祖述而傳之。亦猶大學誠意正心齊家治國之說也。此學者所當盡心。而人君所宜留意。臣是以敢獻之。

唐明皇每酺宴。先設太常雅樂坐部立部。繼以鼓吹胡樂。教坊府縣散樂雜戲。又以山車陸船載樂往來。又出宮人舞霓裳羽衣。又教舞馬百匹。銜盃上壽。又引犀象入場。或拜或舞。安祿山見而悅之。後祿山反。既克長安。命搜捕樂工。運載樂器舞衣。驅舞馬犀象皆詣洛陽。

司馬光論曰。聖人以道德為麗。仁義為樂。故雖茅茨土階。惡衣菲

食。不恥其陋。惟恐奉養之過。以勞民費財。明皇恃其承平。不思後患。殫耳目之玩。窮聲技之巧。自謂帝王富貴皆不我如。欲使前莫能及。後無以踰。非徒娛己。亦以誇人。豈知大盜在旁。已有窺窬之心。卒致鑾輿播越。生民塗炭。乃知人君崇華靡以示人。適是為大盜之招也。

史記吳世家。吳王僚九年。公子光伐楚。拔居巢鍾離。初楚邊邑卑梁氏之處女與吳邊邑之女爭桑。二女家怒相滅。兩國邊邑長聞之。怒而相攻。滅吳之邊邑。吳王怒。故遂伐楚。取兩都而去。

臣祖禹曰。彊埸之事。常起於細微。故兩女子爭桑而吳楚相攻。由漢以來。守邊之吏。或忿爭細故。或徼幸功賞。以怒隣敵。至兵連禍結。而兩國受其敗。人君不知者多矣。可不戒哉。

漢光武建武八年。帝自征隗囂。隴右潰。囂奔西域。遣大司馬吳漢征

南大將軍岑彭圍之時公孫述將李育將兵救郿守上邽帝命虎牙大將軍蓋延建威大將軍耿弇攻之潁川盜賊寇沒屬縣河東守守兵亦叛帝自上邽晨夜東馳車駕還宮勑彭書曰兩城若下便可將兵南擊蜀虜人苦不知足既平隴復望蜀每一發兵頭鬚爲白

臣祖禹曰漢光武以兵定天下中興漢室是時隗囂據隴公孫述據蜀未得息師光武厭苦軍事雖誅臣猛將衆多猶曰每一發兵頭鬚爲白其憂畏如此蓋深知百姓疾苦懲用兵之爲天下害也

順帝時災異屢見陽嘉二年春郎顗上書其四事曰易傳曰陽無德則旱陰僭陽亦旱陽無德者人君恩澤不施於人也陰僭陽者祿去公室臣下專權也自冬涉春訖無嘉澤數有西風反逆時節朝廷勞心廣爲禱祈薦祭山川暴龍移市（董仲舒春秋繁露曰春旱以甲乙日爲蒼龍一長八尺居中央爲小龍七各長四尺於東方皆東向其間相去八尺小童八人皆齋三日服青衣而舞之夏以丙丁日爲赤龍服赤衣季夏以戊己日爲黃龍服黃衣秋以庚辛日爲白龍服白衣冬以壬癸日爲黑龍服黑衣牲各依其方色皆燔雄雞燒豭猪尾於里北門及市中以祈爲禱記載旱魯穆公問於縣子縣子曰爲之徙市不亦可乎）臣聞皇天感物不爲僞動災變應人要在責己若令雨可請降水可攘止則歲無隔并太平可待然而災害不息者患不在此也（不在祈禱）立春以來未見朝廷賞錄有功表顯有德存問孤寡賑恤貧弱而但見洛陽都官奔車東西收繫纖介牢獄充盈臣聞恭陵火處比有光耀（比頻也時恭陵百丈廡災仍有光耀不絕）明此天災非人之咎丁丑大風掩蔽天地風者號令天之威怒皆所以感悟人君忠厚之戒夕連月無雨將害宿麥若一穀不登則飢者十三四矣陛下誠宜廣被恩澤貸贍元元昔堯遭九年之水人有十載之畜者簡稅防災爲其方也（簡少也方法也）願陛下早宣德澤以應天功若臣不用朝政不改者立夏之後乃有澍雨於今之際未可望也若政變於朝而天不雨則臣爲誣上愚不知量分當鼎鑊書奏特詔拜郎中辭病不就即去歸家至四月京師地震遂陷其夏大旱秋鮮卑入馬邑城破代郡兵明年西羌寇隴右皆略如顗言

臣祖禹曰天人之交相去不遠故漢世儒者各以所學推原災異其言多驗臣恭聞仁宗皇帝最深洪範之學每有變異恐懼修省必求其端近世學者廢而不習人君奉順天道不可不留意也

漢文帝時賈誼上書曰三代之禮春朝朝日秋暮夕月所以明有敬也（朝日以朝夕月以暮皆迎其初出也）春秋入學坐國老執醬而親饋之所以明有孝也行以鸞和步中采齊（樂詩名也字或作薺又作茨並音才私反）趨中肆夏（亦樂詩名趨疾步也凡此中者謂與其節相應也並音竹仲反）所以明有度也其於禽獸見其生不忍其死聞其聲不食其肉故遠庖廚所以長恩且明有仁也夫三代之所以長久者以其輔翼太子有此具也鼂錯上書言人主所以尊顯功名揚於萬世之後者以知術數也故人主知所以臨制臣下而治其衆則羣臣畏服矣知所以聽言受事則不欺蔽矣知所以安利萬民則海內必從矣知所以忠孝事上則臣子之行備矣此四者臣竊爲皇太子急之

臣祖禹曰賈誼之學本於詩禮故欲人君知禮義鼂錯之學本於刑名故欲人君知術數三代之君以禮義治故下以誠應之秦漢之君以術數治故下以詐應之人主臨制羣臣聽言受事皆以爲術數而不知聖人之道無二唯一以至誠而已唐太宗猶恥以權術接臣下而況於三代之主乎又曰自唐天寶之亂兵革不息訖于五代後周顯德凡二百十有五年天下分裂爲八九生民糜爛于兵周世宗以雄武之才在位六年南征北伐以強中國維綱紀稍振而大功未成太宗受命削平僭亂然後海內爲一蓋天將啓太祖之運以授聖人世宗征伐之功實爲有宋開創之基也闕

德以前治少而亂多然後知本朝百三十餘年中外晏安自三代以來未之有也可不兢兢業業以守之哉又曰古者至治之世麟鳳在郊藪龜龍游宮沼河出圖洛出書舜之時簫韶九成鳳凰來儀文王之興鸑鷟鳴于岐山聖人在上則四靈爲畜所以謂之瑞也漢武帝幸雍祠五畤獲一角獸若麃然有司以爲麟武帝博謀羣臣而終軍上對宜因昭時令日改定告元苴白茅於江淮發嘉號於營丘帝甚異之由是改元爲元狩臣竊考元狩之閒有淮南衡山之獄坐死者數萬人吏益慘急而法令察武帝方甘心快意結怨於匈奴命衞青霍去病等將兵連歲出征匈奴亦數入爲寇於是天下騷然倉庫空虛貧民流徙乃與公卿議白金及皮幣以奪商賈之利取諸侯之財吏民犯法者不可勝數於是酷吏用事多至公卿而繡衣直指之使斬斷於外當此之時生民如處於鑪

炭之上然則何以致天地之和氣麟曷爲出哉昔魯哀公十四年西狩於大野獲麟以爲不祥以賜虞人仲尼觀之曰麟也然後取之麟於魯出非其時惟聖人識之故春秋書獲麟武帝得一角獸而有司謂之麟終軍因勸以改元封禪甚矣羣臣之諛也後世言帝王窮兵黷武嚴刑峻法者必曰秦皇漢武蓋以始皇無道而武帝亦近似之矣考其行事豈獨武帝之過哉其臣諛佞以成之也孟子曰長君之惡其罪小逢君之惡其罪大漢之羣臣豈不然哉

范祖禹爲右諫議大夫上奏曰臣竊以朝廷治道必歸于一祖宗創業傳之萬世造立法度皆因衆人之智積日累月講磨而成非獨出一人之意取一時之便而已累聖相承百三十年比之前代治安最爲長久其法有已成之效此可信而不疑也然行之既久則其間不能無弊熙寧之初先帝勵精求治思致太平稍欲更革弊事以光大祖宗之業而王安石用意過當獨任私智悉排衆論呂惠卿曾布之徒欲以改法進身一切變易祖宗舊政至今天下以爲不便前後臣僚論之已詳不待臣言而知也自魏晉以後官名不正國家承平日久未遑制作元豐中先帝置局講求此誠一代大典然有司亦失先帝本意一切遵用唐之六典夫唐六典雖修成書然未嘗行之一日今一一依之故自三省以下無不煩冗重複迂滯不如昔之簡便臣恭聞先帝已厭官制之煩但未及修完不幸早棄天下今二聖垂拱循守成規除去弊事十已七八海內安靖已有成效今臣之愚竊謂朝廷旣以王安石之法爲非唯當修復祖宗舊政則天下無事伏望陛下明諭大臣凡所措置變改悉遵故常無得出意於新舊之間別立一法自官制兵制將法民事有未便者更加修完祖宗時所無而今所有其可行者存之不可者去之祖宗時所有而今所無可復者

復之如官制正名則如先帝之規事實則仍祖宗之舊其他可以類推如此則上可以存祖宗經久之法成先帝制作之意下亦便於當今之宜庶使法度不至數變紀綱不寖隳壞

校書郎李昭玘進策曰昔先王和同四方連絡萬里使家與家相愛人與人相親保之而不忘合之而不散者有道以維之有政以屬之有法以制之而已以民情爲易離也故以九兩繫焉牧以地得民則食之者不去長以貴得之則事之者不忘師以賢得之儒以道得之則樂其教者安宗以族得之主以利得之則親其上者懽友以任得之則善有以相成藪以富得之則利有以相養以民心爲易危也故又以本俗六安焉媺宮室所以同其生族墳墓所以同其死聯兄弟所以同其恩聯師儒朋友所以同其義同衣服所以同其禮故能上下統一遠近和合父與父言義子與子言孝長與長言友幼與幼言

弟恩足以合情而相愛文足以飾貌而相接此維之有道者也先王既有以繫其民又有以安其俗猶以爲不足恃也故五家爲比使之相保五比爲閭使之相愛四閭爲族使之相葬五族爲黨使之相救五黨爲州使之相賙五州爲鄉使之相賓至於守望相助出入相友嫁娶相媒有無相貸疾病相恤祭祀同福死喪同哀男子不足於耕也相從而助耕婦人不足於績也相從而助績一鄉之事皆通也無求而不得一鄉之情皆同也無爲而不和此屬之有政也先王以謂有政以屬於前無法以制於後未足以防民也故從於國中及郊則從而授之從於他則以旌節行之無授無節則以圜土納之竄伏者無所匿欺僞者無所容無事而出鄉則鄉必問無事而出關則關必譏民不擾於流寓吏不勞於呼索由此而登於司民則可以知其數由此而比於鄉大夫則可以均其力由此而斂於司稼則可以制其

食由此而會於小司徒則可以用其衆此制之有法也維之既有道屬之既有政制之既有法不幸旱乾水溢民食不足轉流四方則非道之所能維非政之所能屬非法之所能制雖天屬俯仰之間不足以自存又焉有守邑地居室家而不去者哉故爲之鄉里之委積以恤艱阨爲之縣都之委積以待凶荒又爲之荒政十二以聚萬民不必斂其利而利可散不必盡其征而征可薄力則弛其勞刑則緩其責啓禁以赦小害去幾以釋小過眚禮而使勿兇殺哀而使勿致樂則蕃而不用昏則多而不備索鬼神以致福去盜賊以除害雖凶年饑歲民猶安居重家俟居飽食故自少壯以至於老耄老耄以至於死亡食其田飲其井十里之外不知道塗百里之外不傳風俗此先王之保民也可謂至矣自夫仁政不行井地不均民易其業官失其守內不能制其情外不能知其數此宣王料民於太原仲山甫所以非之

也迨夫戰國交侵土地時易封疆不足以限其遷徙城邑不足以遏其流亡管仲以區區瀕海之齊制國爲二十五鄉郊之內自軌以至帥郊之外自邑以至屬以相糾聯以相保合少相居長相游居處相樂行作相知以守則固以戰則服故桓公九合諸侯而號爲彊國者善保民故也自熙寧之初嘗詔天下行保伍之令此有意於三代之遺法也行之數年法雖具存而民未安土義不足以相守則時有桴鼓之警恩不足以相保則或起父子之訟壯力分於出贅世業入於兼并戶口隱於圖板夫家脫於聯伍輕鄉危家遠出千里故秦多晉寇而魯雜齊語祭祀不從丘壟老死不知子孫罰不及於其鄰罪不及於其支其犯法也輕其背也衆雖欲均地著之政立土斷之法未易制也昔三代之時里無閑民民無游業居皆勸功樂事之人出則爲伏節死難之士以守則國富以戰則兵彊今天下壯有力之民僑

寓雜處散於四方手不服耒耜之勞心不知田畝之樂爲淫巧奇技屠販游傳其無理之甚者嘯聚不逞殺人于貨邑里不告訐門關不訶問縣官鄉吏察治無術計戶而不得其家計家而不得其人居無與守出無與戰此爲國計者未嘗不深惜之也昔者既詔天下置義倉矣義倉設則雖年穀不豐民可仰食貧不至於易業饑不至於輕家然後禁游手抑末作去舊里者必告入新鄉者無容如此則民無流散之苦吏無逋逃之憂三代之法可漸致而力行矣

昭玘又進策曰嘗觀漢唐任刺史或輒親見問退而考其所行以質其言或錄其姓名得才否狀以擬廢置或增秩賜金以勞其戒或臨軒受服以光其遣故漢之吏事號爲稱職唐之任人所得十五蓋重郡縣之官慎臨人之責自古皆然不特爲今日之所急也愚竊論之天下之事有名變而實存者後世習於名而遂略其實此名實所以

並廢而事功不立也今之守令視古猶諸侯也非不有境土也獨不得斂其賦爾若勸課之責則在焉非不有城邑也獨不得專其地爾若守禦之責則在焉非不有官府也獨不得置其屬爾若察治之責則在焉非不有學校也獨不得命其士爾若教養之責則在焉非不有軍旅也獨不得專其政爾若簡習之責則在焉或以謂古之諸侯與天子同體而尊故其任重今之諸侯與朝廷異勢而卑故其任輕然不知地土封爵名數儀物雖今日之所輕而重穀阜民養材教士無以異於昔日之所重承今日之責者務覈簿書從期會以文法吏自處其於詔令之意教化之實玩以為不急歲時上計苟於文具而已必欲宣德流化移風易俗一陶天下之和固亦難矣故勸課不修則耕稼不時田野荒汙水旱無具老壯流徙守禦不脩則羣小嘯聚屠牛發冢焚燒區落白晝殺人察治不修則吏行貪汙交貨賣法公義不肅私訐爭出教養不修則學舍無設圖籍塵委人材偏野士論淺俗簡習不修則卒伍墮氣器械鈍弊春秋角牴坐作如戲凡此者吏不知其責故也國家頻年以來除繇役興農利聯什伍講學校練軍士其法備成其令數下郡縣之吏猶不能盡心率職以稱上意蓋其修飾形迹附就名數苟可以奉朝廷之法其實無至誠惻怛以行朝廷之意此特失於廉按未精而督責太輕爾若三代之時諸侯之見天子也春以受其圖秋以比其事夏以陳其謨冬以協其慮時以發其禁衆以施其政天子之撫諸侯也諭言語協辭命諭書名聽音聲同度量成牢禮同器數修法則有撢人以道其政事有掌交以道其德意故能均政刑合禮樂一道德同風俗以天下為一家以中國為一人者察治詳故也今夫州為之守邑為之令星列棊布散於四方萬里之遠道不足以一揆法不足以一守無禮以致之無政以合

之凡朝廷之政事法度雖時下其詔丁寧告戒而奉承之吏習爲苟簡大事則行文檄記條目小事則掛屋壁束高閣至於獄訟農穀貨幣征租力役之常歲爲一書以上於朝其人之賢不肖其治之得失其事之利害以謂盡在於此是亦疎矣朝廷常患其弊而設監司夫委之以廉按付之以督責修職者薦於上不才者罷而去此代天子知人者也然而監司未必皆賢也庇姦則以寬縱爲度喜事則以苛細爲功惰怯則操鎮靜之說強忍則徼刻薄之利挾氣者輕於沮下幸名者急於趨上取未必中也或出於親戚故舊之先去未必當也或出於怨嫌忿怒之表其情狀之相攻自治且不暇又況治人哉朝廷所望於人者乃止於如此則監司未必爲得人也夫郡縣之治視監司指顧爲近監司之治望朝廷耳目爲遠天下之事嘗勞於總覈難於察治者蓋在此也唐制監察御史掌巡按州縣其一察官人善惡其二察戶口流散帳籍隱没其三察農桑不勤倉庫減耗其四察妖猾盜賊不事生業其五察德行孝悌茂材異等藏器晦迹以待時者其六察黠吏豪宗兼并縱暴冤抑不申者方今莫若時詔御史分出而臨遣之使郡縣覈於監司監司覈於御史御史致其狀於宰相則天下郡縣之治可指掌而議可僂指而分廢幾古循吏之風復見於今日矣

昭玘又進策曰天下之治涉於道者無患乎至畧涉於事者無患乎致詳蓋道之所以官天地府萬物役使羣動運之以精神感之以會通聖人端冕南面恭己而已事所以應時而造推物而行號而讀之則有名指而議之則有數自其名而舉之則小大先後不可易也自其數而積之則一二三四不可亂也然而日之來者無窮往者益遠事之方至者常謹幾成者常忽此所以苟完於耳目之前寖微於歲

月之久。以至曠敗缺漏。紛紜倒迕而不可考者。常以此也。有一成而不變。或先易而後難。或初因而終革。不有圖籍日陳於前。操以爲驗稽以爲決。則朝廷上下失於苟簡。官人百吏習於惰偷。上以方信人臣有爲之功。而矜攬緒餘。下亦操人主不自任之說。以彌縫罅漏。雖欲虛心以望成功。拱手以迎太平。是亦踈矣。周之治官也。小宰歲終令羣吏正歲會。月終正月要。旬終正日成。司會掌凡在書契圖板者之貳。以逆羣吏之治而聽其會計。以參互考日成。月要考月成。歲會考歲成。以周知四國之治。以詔王及冢宰廢置。冢宰歲終則令百官府各正其治。受其會。聽其政事。詔王廢置。三歲大計羣吏而誅賞之。不獨官府之治如此也。春朝諸侯以受天下之圖籍。而行人之官以利害爲一書。禮俗政事教治政刑逆順爲一書。凶災貧阨爲一書。其康樂和親安平爲一書。以反命爲王。以周知天下之故。夫內以弊羣

吏之治。外以周知天下之故。舉無遺事。事無遺慮。其職守之勤怠。功利之登下。用度之多寡。經畫之利害。百日之所積者。一日而槩舉之。百人之所共成者。一人而坐見之。任事之臣不敢爲偷得之利。以倖耳目之所不及。天下之治常爲之不厭。通而不倦。考覈詳故也。後世不知其法。以謂帝王之道。必無爲而用天下。不達無爲者無不爲之說。政教禁令。紀綱法度。一切曰有司存。事常至於偏弊而不救者。無術以舉之也。故大事幸天子之不問。小事幸大臣之不知。漢文帝問丞相決獄錢穀數。而對之以廷尉內史。宣帝時郡國上計簿具文。而三公不以爲意。上下如此。則何以督察天下而與之仰成哉。今陛下必以朝廷官府已行之法度。緝爲政錄。有凡有目。有要有會。而時自閱覈。如裘提領。屈五指而頓之。不勝其舉矣。使官人百吏脩道向方。勸功樂職。夙夜不惰。可謂治術詳矣。臣聞五霸不及其臣。故委之以能。託之以國。三王臣主俱賢。故合謀相輔。五帝其臣不及。故親自處事於法宮之中。今陛下訓迪厥官。總核名實。此聖功成終之時也。惟陛下加意而已。

畢仲游言併州縣曰。竊觀遠近之勢。要在均一而易治。昔周之盛時。畫千里爲王畿。王畿之外。制天下爲九服。九服相距各五百里。而要服之內。封其地者蓋千有八百餘國。以此知其欲均一也。封國之制。侯百里。伯七十里。子男五十里。不能五十里者。謂之附庸。以營田曲阜之封而不過百里。以此知其欲易治也。及秦變古。裂天下爲郡縣。一郡之地包十諸侯之封。猶倍侯伯之制。天下之地始不均。而民始嗸嗸。若其難治矣。伏惟朝廷建功立事。一出先王之道。而乃削郡成邑。割邑成聚。所以省官併員。寬去力役。華天下者甚厚。然一邑併一邑。併去之邑則力寬。併入之邑則力重。邑之有併也。有數百人之邑。

有四五局之官。既併矣。則役去其十數。而官存其一二。是故其力寬。而其併入之邑。一官任二官之事。一人任二人之役。昔之訟者五。今之訟者十。昔之往來者一宿而至。今之往來者再宿而至。其他可以類舉矣。是故其力重。夫小邑併大邑。必無四面之均。以南併北。則南長而北促。以西併東。則西寬而東狹。促狹之鄉其民逸。寬長之鄉其民勞。此又理勢之自然也。雖於出錢之數可省三數。然酒稅斛折。則必稱此矣。以淮甸一路言之。邑小則易爲治。地大則難其人。光之仙居。壽之壽春。泗之招信。此小而易爲治者也。廬之舒城。蘄之蘄水。光之固始。此大而難其人者也。理宜割大以爲小。今乃併小而爲大。捨易治而求難。爲非其術矣。且今州縣之役豈不輕。州縣之吏豈不省。昔先王之封國也。雖子男之邦。必有宗廟祭祀之費。有人徒祿廩之厚。有兵甲車馬之衆。而城郭道路。闌梁廬館。尤嚴於賓客之事。而其

歲時使人存覜若歸賑賀慶致禬之來又有四鄰之交巡狩朝覲會同聘問之集所以設官致員役民力者蓋甚繁且密而州縣之治存於古者無幾則天下吏員之未易民力之未輕不在此矣爲今之策宜先求建國之大法要在均一而易治凡邑之大者宜其大以補小邑之小者增其小以成大置一縣之封必度四面之界分長鄉以補短分寬鄉以補狹縣相比州州相較大者不使如固始之寬小者不使如仙居之狹此之謂均戶口賦稅之籍徭役獄訟之制大畧相等賢者俯就而有餘不肖者勉強而無累此之謂易治其有大邑次大邑雖割而猶大者則增官小邑次小邑雖割而猶小者則減役官不求苟省可置則置役不求苟廢可存則存如是則民不驚動而地均官不勞擾而治定指顧相視而遠近之勢已分文檄相移而分割之功已就官吏之所願民情之所安公家之所便公家併兩爲一廢州

爲縣廢縣爲聚有寬省之小利成難治之大患官吏之所重爲民俗之所驚駭違今時古法者相去遠矣均一易治之說惟朝廷擇焉

畢仲游又上言曰治一鄉必有治一鄉之具治一國必有治一國之具治天下必有治天下之具具者非若簠簋俎豆尊勺鼎鼐可陳於前也由是而治者謂之具聽斷獄訟簿書期會所以治一鄉也守法令拊循其民以承事天子所以治一國也明制度不得相逾越貧富貴賤各安其分而易足所以治天下也以大治小則小有所不能容故孔子之武城聞絃歌之音而笑以小治大則大有所不能治故孟子不學諸侯之禮而言其略三代而下不知治具之有小大以簿書法令治鄉國之具而治天下是以天下而終不大治昔孝文之時賈誼謂大臣不報期會之間爲大故至於俗流失世壞敗因恬而不知怪爲可太息孝宣時王吉亦言公卿未有建萬世之長策舉明主於三代之隆而上下僭差人人自制是以貪財誅吏不畏死亡而孝文孝宣卒莫能用所以然者治大者其効緩而遠治小者其効速而近人君有治天下之心而求近効以語禮俗制度禁防之事則指以爲迂闊而見簿書法令聽斷獄訟則以爲治天下如是而足雖有唐太宗之賢與房魏論周禮語未卒而有畫虎之疑又况不及太宗者則天下之不大治凡皆以小治大而無其具故爾今國家傳序相習百有餘年方內無事幾於致平殆非漢唐之比而禮俗制度禁防之不立反甚於漢唐田宅奴婢車馬服用恣民之所自爲而莫有限辨漢唐之小具未思三代之大治豈非以上下相安風俗已成而難於驚動邪是亦未知講爾昔楚王患其國之庳車欲下令使高之孫叔敖曰令數下民不知所從請教里人高其梱乘車者皆君子不能數下則車自高矣從之半歲而楚國無庳車蓋國家立事好爲法令而以

深罰重賞隨之法令既繁而罰深賞重無以措其手足是以民驚動而事不立今如做庳車之意定爲田宅奴婢車馬服用之等級在上者躬化以行之簡其法令寡其賞罰有不從者第禁勿使仕宦庶人則重租賦以困辱之久以歲月無求近効則三代治天下之具將復立於今日度越漢唐而誦聲興然則禁勿使仕宦重租賦以困辱而終不爲深罰重賞者亦今日治天下之綱耳何患乎驚動

孔文仲對策曰臣伏惟陛下下明詔降清問講求萬事之統皆非愚臣之所能及也然臣竊有深憂者陛下求言好善之隆名逺出百王之上至於用言納諫之道有未究盡其極爾何者陛下涖祚之初首開轉對以延疏遠切直之言召羣臣以詢安危利害之筭者此陛下天資謙恕思得深謀至計以補所未逮也而言之既多聽之既久卒未聞采一事用一畫見之天下至於近日四方之人與夫朝廷之上

賢卿誼老交章累疏論列時政得失臣考之公議以爲雖皐夔周召之謀所以致君福民寧九廟而安萬世者公讜不能過此矣而陛下聞之若不聞見之若不見豈其急近論而畧遠慮安小補而捐大忠乎此臣所大懼也臣願陛下首思聽言用諫之義不聽則已聽則博同天下之心不用則已用則兼取遠近之策然後動無遺事舉無失計而善政可行太平可議矣臣將論天下事先述此以獻臣誠愚闇不知大體惟陛下省納焉聖策曰在昔明王之治天下仁風翔洽德澤汪濊四序調於上萬物和於下兵革不試刑辟弗用內則儁賢居位以熙於王職外則戎夷嚮風以修於歲貢建皇極以承天心歛時福以錫民庶然後日星雨露鳥獸草木效祥薦祉書之不絕甚尊慕之其何術而臻此與臣聞天下之術有大小而人君用之有先後先其大而後其小則用力不勞而天下治宜先而後可大而小則用力

愈勞而天下亂天下之術其大者能正其始是也其小者不能正其始是也在昔明王之治天下仁翔而德洽四序調而萬物和以至兵偃刑措儁賢修職夷狄納貢建皇極而天道應歛五福而民氣洽吉祥見於上珍符出於下者正始之術行也後世之治天下萬事失其序而災害荐至者正始之術廢也陛下追慕古昔治功之美而諮求致之之術臣請遂言正始之說夫天下之道三曰王曰霸曰強國天下之本一曰即位即位者王所以自正也始不以正及其末也雖欲變而正之亦無及矣是故始爲強國未有能終之以霸政者也始爲霸政未有能終之以王術者也孔子作春秋書元年春王正月公即位夫元年正月者一年一月也而變之曰元與正者欲人君當即位之初體元以居正也元者善之本也正者道之極也人君能於始初清明力行善本而躬履道極此王道所以成也且夫一之以道德淳

之以仁義此王道也行之以仁義雜之以功利此霸道也專用權謀不顧義理此強國之術也及考其見於效也王道行於數千歲之外詠歌畏愛猶深結於民心而不忍去之霸政止能及其身至子孫之世則廢熄不講強國之術民之視上相疾如仇讎伺其有間則相與蹈藉傾覆之矣凡三道者得失之報若白黑然而世主趨王道者少適霸政與強國者多何也蓋王道所及甚遠而不能取成於倉卒霸政與強國爲敝雖深而能見效於目前人之常情薄遠效而貴速成是所以失趨適之正也漢之文景唐之太宗皆有可致之資又有能致之勢而致治安國不能與三代並者失其所適也伏惟陛下聰睿神武得之於天可謂有能致之資矣日月所被皆在圖籍可謂有必致之勢矣當承祧踐極之始端本清源之日欲王而王欲霸而霸欲強國而國強得失之策繫於一舉而已譬猶御八駿之馬馳九軌之

路擇而後往則得其正一或不慎以意馳之則宜之燕者或造於楚矣宜往吳者或之於秦矣則夫事物交會之間不可不慎所適如此臣竊觀近日朝野之論而考陛下意之所適求之於古不能無疑且天下之所以治者貴義而不貴利也柰何先之以興利仁人之所以尊者明道而不計功也柰何一之以望功萬事所以成就者遲久也柰何期之以迫急四方所以畏愛者愷悌也柰何驅之以威刑荀卿曰國者巨用之則巨小用之則小揚子曰好大而不爲大不大矣好高而不爲高不高矣此而望仁翔而德洽四序調而萬物和以至兵偃刑措儁賢修職夷狄納貢建皇極而天道應歛五福而民氣洽吉祥見于上珍符出於下豈不難哉臣願陛下曠然大變而行衆人之所不能爲卓然自致而行前世之所不能到尊尚王道賤略強霸其尊之也若抱渴而需飲其賤之也若辭闇而即明屏去諛佞親近忠

直數御東序開陳圖書講前代之興亡論百王之成敗以其善行以其惡戒避其所得趨其所失仰而思之以夜而繼日也幸而得之輟寐以待旦也有言逆於心必求諸道有言遜于志必求諸非道用其粹而遺其駁採其要而治其煩凡此皆王道之術而正始之論也陛下深講而力行之則馴致古昔明王之道如決流抑墜爾何患纂之而未臻乎聖策曰朕承祖宗之業託士民之上明有所未燭化有所未孚又退託于任大守重艱于負荷愚聞讜直之言以輔不逮庶幾乎治此見陛下虛心訪道至誠惻怛之至意也如臣之愚何足以奉承之而臣嘗聞之曰明欲被于萬物化欲孚於四方未有不自治心始也夫治心者聖人所以窮理之術也人之有心猶天之有極也是故晦冥陰默之中不足以辨南北而能考而正之者極星是也是非紛雜之閒不足以審真僞而能別而分之者心官是也心也者天下之至正也又能養之以正則善惡是非萬事之理無不白矣齋戒以持之使其不失清虛以守之使其不亂問以通之謀以發之此治心之始也及其成也不思焉未嘗不應於理也不勉焉未嘗不合於道也藏之爲志氣而無不充發之爲事業而無不濟如權衡設於此而萬鈞之重銖兩之輕無所不辨如槃水設於此而大如天地細如毛髮無所不察此治心之効也心正則明盡明盡則化至此自然之道陛下思聞讜直之言庶幾乎治此天下之盛福也臣聞適於耳目之娛而爲心腹之害者柔從說順也雖芟夷之而常患其有餘忤於一日之意而爲百世之利者剛方讜直也雖養長之而常患其不足古之聖賢屈己執謙和顏遜志加之以勞來之厚助之以勸賞之渥凡以養天下剛方讜直之節使森然立於吾庭爲國家廟社之福故夫伏格趨鼎引衣斷檻破裂麻制封還詔書如此之類日常有之而不

爲怪者所以廣聰明而來下情也臣願陛下容忍近臣之獻言開納遠臣之論事廣諫諍之任以助聞見補憲肅之官以振綱紀而又力以謙冲假借深養剛方讜直之氣如漢高祖之於周昌晉武帝之於劉毅然後可以得天下讜直之言以輔治道不然猶卻行求前徒舉以訪臣又安補於萬一哉聖策曰蓋人君即位必求端於天而正諸己惟五事得其常則庶證協其應有國以來靡敢自肆而和氣猶鬱大異數見迺元年日蝕三朝洎仲秋地震數路而冀方之廣爲災最甚自處於弗德之致夙寤晨興思其所以此見陛下畏天飭己恐懼修省之盛德也臣聞日食地震者陽微陰盛也而或曰日食者曆之常數也臣請辨之一百七十三日有餘而爲一交然後食此曆家之說也而春秋襄公二十一年之九月十月二十四年之七月八月皆未及一交則食此曆之不合一也二漢之政西京爲盛東京爲衰大率皆二百餘年爾而西京四十五食東京七十四食食之疏密應政之盛衰而然曾無定數此曆之不合二也是日食者非可託於曆其要爲陰盛之應也陽浮爲天而主於動陰凝爲地而本於靜宜靜而動者陰越其分而擬諸陽陽之與陰君子小人之道也君子道長則陽氣發於祥瑞小人道長則陰氣見於災變此天人相與必然之應也易自復之一陽至坤之六陰凡十二卦相往來於一歲之間蓋聖人告人以君子小人之道有相更之勢貴於早防之也在臨則戒之曰八月有凶在泰則戒之曰無平不陂無往不復欲其慎之於八月之前消之於未陂未復之始也陛下欲應變求端謹五事而協庶應消大異而召和氣在乎尊陽抑陰尊君子之道抑小人之道而已凡天下之道有故有新有大有小有老有弱有正有邪有訥有辯有躁有靜以對而言之在上偏者皆陽而君子之道也在下偏者皆陰而

小人之道也上偏欲其過厚下偏欲其常損宜厚而薄之宜損而益之則陰盛陽微君子道消小人道長其敝至於不可扶持此不可不察也若夫舊業必遷而新策必合大臣依違而小臣執議老成淪伏而弱齒簡拔方直疏遠而柔諛親附辯給者獲用而蹇蹇者被退銳進者褒陞而默守者遺落陰盛陽微之變莫著於此矣天地告戒之意不爲不審願陛下思所以應之夫陽不可以不尊陰不可以不抑君子之道不可以不進小人之道不可以不退不抑不退其萌雖微及其既盛甚可畏也周之衰諸侯僭天子又其衰也大夫僭諸侯又其衰也家臣僭大夫又其衰也戎狄盟中國此陰盛之極也而春秋自此絕筆矣故臣願陛下早思所以救之聖策曰圖講政務則日至中昃而猶多苟簡之習悉進人材則官無虛假而頗之績用之美臣聞講政務而絕苟簡在於責遲久進用人材而底績用在於練名實

易曰聖人久於其道而天下化成夫聖人之才所過者化所存者神而至於論治定功成之業未嘗不待之以久何也速則粗粗則所得暴而所及淺久則精精則所收博而所被深此聖人之意也蓋夫仁必久安義必久由志必久勤法必久守令必久行官必久任士必久養兵必久練游神於累歲之外望化於必世之後夫如是則心一而慮精事詳而理究德新而道大化浹而澤流動乎萬物之上被乎天地之間又何患苟簡之習哉聖人無爲不言而海內大治者以能練群臣覈名實也官各守其分謂之名職各治其事謂之實丞弼之任責之以論道德和陰陽財計之司責之以通有無足國用諫官責之以直言得失御史責之以彈戢愆違侍從責之以盡規納誨將帥責之以安邊卻敵職司責之以一路之政守令責之以一郡一縣之治如此舉名以責其官按實以督其職而庶績弗凝者未之有也今夫大臣下兼財計

之柄小官或侵將帥之權侍從臣責不得盡其詞職守令不得專其治未見其能無虛假也朝廷設一官於外內皆所以治天下萬事非徒爲空名以付之也欲立一事必建一官欲治一政重遣一使未見其能底績用也聖策曰種羌非不懷徠也而邊候或時繹騷以至臨遣輔臣憺明神武臣以爲禦戎之策失之於素而已夫以邊鄙之重不責統帥之臣而求希合倖進之小謀金革之機未爲持重之算而聽輕易動之疏計是以其弊在於苟爭小功而忘大憂專趨小利而失大信此猾虜所以敢負懷徠之恩踐王園而抗官師亦吾有以致之而已夫敵之未至也制之宜以經遠之策敵之既至也禦之宜有應變之術齊景公時燕晉爲寇景公患之問於晏嬰而嬰之所薦者穰苴而穰苴卒能逐寇而安邦唐憲宗時劉闢爲梗憲宗患之問於杜黃裳黃裳所薦者高崇文卒能擒敵而定蜀陛下宜詔輔弼大臣各

薦將才而用之則神武憺於天地之表河湟之外當有解椎髻襲衣冠來獻國地者又豈患奔衝之寇不可禦乎聖策曰蒸民非不愛養也而生業或未完富以至外馳使者布宣惠教臣以爲陛下愛民欲其富而不足以富國遣使宣惠教而適足以爲弊蓋失所以先後之序矣夫事有肇禍而法有起患者不謂事之始法之初也累之至久則弊敗積而禍患起此必至之勢也臣嘗爲陛下深慮後世之患而必爲無窮之弊蓋在乎富民之道不講而富國之謀太深也凡賦斂之於民古人貴其損之而不貴其益春秋書宣公初稅畝成公作丘甲哀公用田賦以爲益之不已則勢窮力弊必至於變故孔子詳錄其事以貽後世之戒臣嘗觀富國之論未起於豐大之世而多出於戰爭之際王者總制六合所以服民心而重國體者在吾道德之盛大不繫財貨之豐盈易之小畜者德之小者也則曰富以其鄰在泰

與謙則道之大者也皆曰不富以其鄰夫左右相比之謂鄰人君之與天下中國之與四夷皆鄰也人君所以運動天下役使四夷道有餘者不假於富德不足者須富行之陛下固宜法謙泰之有餘豈可用小畜之不足是以巨橋雖積而商不能居敖倉雖盈而秦不能守非無財也道德不建而失天下之心也夫鳥窮則啄獸窮則搏人窮則詐陛下之民可謂窮矣前世所謂無藝極之賦大之山海細之草木其利皆已入於官而行於今矣陛下徐思弛費息用以寬民財而逸民力若大禹卑宮惡服漢文弋綈華舄以澤天下庶幾不至大潰而復出泉以取其息賞使以厚其征而求富民宣恵之名不可得矣易之剝者始於下也其象曰上以厚下安宅所以救剝也陛下取於下悉矣上取下悉則其勢既極而其象為剝孟子曰君子用其一緩其二用其二而民有莩用其三而父子離臣懼民心積窮不知所出

漸為離散以至剝落雖有湯禹文武之才無所復施其巧易曰觀我生觀民也詩曰念我皇祖陟降庭止陛下觀天下之勢易離難合一危則不可再安上念五聖之業艱難勤苦一欹則不可復正則大富國之謀適足為深憂未足為陛下利也伏惟發於神斷罷法追使以幸天下以福萬世此四方裂眦決目之所共望豈獨賤臣之妄言哉聖策曰國用雖節而尚煩於調度兵籍雖衆而未精於簡稽臣以為國用雖節而調度煩者未得節之之道兵籍雖衆而簡稽疏者未得簡之之本也九州土地之產撮粟尺帛之賦陸輓水漕銜艫摩轂日夜合雜以輸太倉以古準今可謂盛矣至於道途之艱將負之疲京師之一金田野之百金也少府之百金民屋之萬金也夫以萬金之費施之於一燕好之中用之於一賜予之內此類可勝計哉地之財有時民之力有限人君之費無窮以有時有限養無窮此調度所以愈

增而不已民力所以愈困而不支也古者宮庭之職百二十員漢之文帝明帝給事宦者不過二人太祖養兵不過十二萬太宗嘗謂近臣曰人君當淡然無欲不使嗜好形見於外則姦佞無自入矣凡此皆清心節用之本寬民養物之要不務先理其本而廣為調度之求故曰未得節之之道也今夫能省內郡之縣兵而益以土兵然後兵可簡也國家北失幽燕西捐靈夏守邊捍塞無百二之要阻是以二邊縣卒恃為爪牙不可以廢至於方內無事之郡百年不識兵革而例設屯伍卒蠹民力此不可不制也宜依前世府衛之法使民得以口率出徒而分天下郡為三等上郡五千中郡三千下郡一千而止番休迭上不過什一則武備修而簡稽精矣周公制禮方五百里謂之大國其車千乘為五萬五千兵而民不告勞者施之有序制之得術也今之所謂上戶者征斂甚厚而其力困所謂下戶者庸役不及

而其勢逸而上戶居其一下戶居其十是常困其一而逸其十也家有二夫古者皆出一兵今皆逸之而不能用反斂有限之穀帛以給不耕之墮民此豈周公之心哉故曰未得簡稽之本也聖策曰寬關梁之禁而商賈靡通臣聞錢者無用之物而聖人貴之者以其能通有用之財也夫以無用而通有用是以貴其通而不貴其積古之所以通貨達財者在乎商賈之職而不在乎上今之關市之征密於布綦均輸之吏苛於翼虎商旅易業轉為他技而求財貨之通難矣聖策曰捐器玩之巧而工弗戒此在陛下約已以率爾陛下約已於上則六宮蒙化於內百官率法於朝百姓承流於下及其久也風俗轉移嗜好薄損有其財而無其尊弗敢踰制有其力而非其道不敢敗度則雖不捐器而工自戒矣臣又聞之天下技巧華靡之玩未有不始於京師欲治四方先治京師古之道也夫以千里之地而四方之

俗皆有爲者唯京師也唯其難制之宜甚詳周法六鄉四郊之內自
吡長主五家積而上之至卿大夫凡萬有八千九百三十六官而後
足以致京師之治今京師治民之職大不過京兆尹次不過河南令
而求風敦俗朴是以難也唯陛下擇之而已聖策曰風俗浮薄根於
取士之無本教道之不明而博詢臺閣之論所執者不一豈無救敝
之道焉凡取士之要不過二科曰德行也文辭也而已臣以爲自三
代以上可以用德行由秦漢以下不過用文辭而臺閣所以異論者
蓋不過二者之間也陛下必欲以德行取天下之士則井田當授也
侯國當建也民必家給也官必久任也鄉當讀法也家當有塾也而
後可以求全德眞行致之於位如其未也而獨設選舉德行之科是
亦無補而已夫先世之吏正故所舉者必求仁義孝弟今世之吏邪
故所舉者不過請託嗜好故曰今日取士不過可以用文辭爾至於

敦俗之本教道之法臣願有獻焉蓋士節之重輕未嘗不與國體之
安危相應如根本強弱於下而枝葉榮枯於上也昔周之士貴秦之
士賤夫上有屈體下無屈道者貴也咎己所守求合於上者賤也周
秦治亂考此可見蓋夫士無守道自重之節人有翾躁不恥之求漸
漬成俗恬不爲怪未有甚於今日也宜有以矯正其弊使士知自重
而人蹈廉恥凡潛德獨行不求聞之君子必深察之而使之常在於
必顯仰希俯合昧於寵辱之人必深觀之而使之常至於不用則天
下皆知盛德之意士節一變敦俗之本教道之法自此致之可也聖
策曰刑罰煩重出於設法之多門沿襲之不革而將加恩仁之政使
死者少緩必有可行之術焉臣觀陛下之意不過欲倣三代之肉刑
施之於從坐之死爾是未盡觀時制宜之道也古者政敎事朴雖以
聖人之智而因革之間猶有未盡者肉刑是也斷民之支體使不爲

完人此非聖人之心而三代用之者因革之理有未盡也且立尸而
祭近於瀆神俎豆而食近於甚野豈若後世虛神之位金石爲器哉
肉刑之不可用於今猶之不可尸祭而俎食夫大辟之科至死而不
敢怨者法當其罪也儻欲加恩仁之政寬從坐之死則今之律令自
有減死一等法捨此不用而斷支刖足爲駭民驚俗之政未足爲可
行之術也昔子產欲止伯有之妖必并立子孔之後則夫政雖期於
推賞而亦貴於愼名使天下不知朝廷恩仁之意而徒傳告以斷人
之足而棄之豈所以爲愼名哉聖策曰予欲興乎七教兼乎三至以
底聖人之道則宜條其先後之次欲明乎六親盡乎五法以極天下
之治則宜敘其始末之要此見陛下博稽古先欲舉載籍之所傳施
之於今以盡聖人之道而盡天下之治也臣請深論天下之道先後
之次始末之要而陛下酌焉蓋德與刑並行於天地之間如寒暑相

將而未嘗離也於是之間必有先後之次上焉者專德以勝刑若堯
舜之無刑成周之措刑是也中焉者假刑以助德若西漢宣帝任刑
名東漢明帝善刑理是也下焉者唯刑而已秦人以刑致亂隋人以
刑兆變是也此先後之次不同故治亂之應異也則夫恭老尊齒樂
施親賢好德惡貪廉儉之七教至禮不辭而天下治至賞不費而天
下悅至樂無親而天下和之三至從而可明其次也抑臣又聞之恐
懼寅畏者政之始也驕逸隳惰者政之末也周宣王中興之盛德而
不愼於後其詩終爲變雅唐太宗聰儉英武之主而魏鄭公劉洎馬
周之徒咸諫以爲漸不及正觀蓋崇高富貴之勢驕逸隳惰之所伺
也視其有間則入而不能出矣是以聖哲之君遐觀遠慮思之於所
不思求之於所不求方其大安也必以危自厲方其大榮也必以辱
自惕不使非常之變起於不測而至於不可救也豈非知治道本末

之要也歟則夫六親之等五法之數又從而可推其要也聖策曰仲舒之言班固謂切於當世而可施於今者何策崔寔之論范曄謂明於政體而有益於時者何事昔班固載仲舒漢廷之策於史其間講天下治亂之理可謂詳矣舉而行之皆足以助治而最可施於今日之策臣以爲莫如天道先陽而後陰王政先德而後刑之論也范曄紀崔寔政論數十條於書以爲凡所辨論通明政體而言有益於今者則臣以爲不足深論者也何者寔之大槩欲人主不能純法八世而宜參以覇政嚴刑峻法破姦宄之膽以之行於漢桓帝衰替之世可爾安足爲陛下深論哉策曰無以爲古人陳迹既久而不可舉無以爲本朝之成法已定而不可改惟其改之而適中舉之而得宜不迫不迂歸於至當陛下議政法而舉適中得宜爲言此天下之望也臣安得無辭以致之蓋勢可以舉則舉之則不失於陳迹力可以改

則改之則不泥於成法此因革之常道也至於未適於中未得其宜而改之則今日之變法猶或可議焉臣讀易至革卦言天下之法至於有弊則不可不革也而辭曰元亨利貞悔亡然則革之必至于元亨利貞然後悔可亡爾又曰革而當其悔乃亡然則革之而不當益以招悔也夫革之必至於亨然後可以議革變之必至于當然後可以言變斯聖人之能事易象之精義也愚之於冥冥索之於昏昏使盡合道義之中而後革之則一法出而天下倚之若山嶽此之謂革而亨謀之於衆多待之以遲久使盡得上下之宜而後變之則一制行而天下望之若雲霓此之謂變而當古之爲治相與謨謀於廟堂之上至于風移俗易從善遠罪而天下不知其措置之迹者必亨而後革必當而後變也今則不然一法朝出而夕已罷一制暮行而曉或弊斧鉞不足以禁謗論竄黜不足以抑煩言其故何邪未決其亨

而革之未計其當而變之舉而不必適中動而不必得宜也臣願陛下愼之而已蓋夫革而未盡其至則其勢必復革而有復則法以輕而不信矣法制數變國家之大病也漢從甘泉后土之祠自是之後三十年間五徙而天地之兆終不能定故願陛下愼之則至當之論無過於此矣陛下慮臣之憚言而不必行則苟飾行以自免則詔之曰言之非艱行之惟艱又慮其畏避執事而不盡其悃愊也則又曰悉心以陳亦不憚於改爲臣是以敢進其私憂過計之說臣聞天下者大物也是以治之者必得大才苟未得大才而委畀之則天下之政終無時而理矣萬鈞之鼎天下之至重也而孟賁烏獲持之奔走踰越險阻若踐平地此無他其力足也使力不足者負之而趨不獨折絕筋骨又將隳器敗餗而不可救矣易言天下萬物之理至詳密矣而至於治天下之難治而未嘗不歸之大才碩德之人故屯之不

寧必待君子之經綸蠱之敗壞必待君子之振育旅之分散必待智者之有爲否之欲休必俟大人之獲吉聖人以爲當四卦之時不得四人者治之則愈益其亂而無補於治昔湯之求伊尹也見之耕者高宗之求傅說也見之巖築文王之用太公也見之漁釣三士者藏迹至深而三君者能舉而用之者以其取之公求之廣也唐文宗可謂恭儉慈仁勤於致理之主當是時李德裕在其庭而不用裴度指於外而不使乃覽正觀政要而歎息又曰吾視開元天寶事則氣拂吾膺然則文宗所以憂勤盡心者徒虛器爾伏惟陛下法成湯高宗文王公聽廣取以爲法鑒文宗捨本憂末以爲戒獨觀昭曠之道驅馳域外之議不論隱顯不間內外不異遠近不殊明晦才之當者取之德之宜者予之可大者治大可小者治小則天下之才繼踵而出凡陛下所舉而詢于臣者不治而自治矣陛下有爲之術何以先此古

人有言曰。言切直而不用則身危。不切直則不可以明道。苟求所以明道。又避於危身。此勢之不可並者也。說不由道。憂也。由道而不合非憂也。苟求所以由道。又希於必合。此理之不可兼者也。臣學術淺陋。言論狂鄙。罪當萬死。無所敢恨。幸陛下察焉。

歷代名臣奏議卷之四十二

歷代名臣奏議卷之四十三

治道

宋徽宗即位。禮部侍郎陸佃上疏曰。人君踐祚。要在正始。正始之道。本於朝廷。近時學士大夫。相傾競進。以善求事為精神。以能訐人為風采。以忠厚為重遲。以靜退為卑弱。相師成風。莫之或止。正而救之。實在今日。神宗延登真儒。立法制治。而元祐之際。悉肆紛更。紹聖以來。又皆稱頌。夫善續前人者。不必因所為。否者廢之。善者揚焉。元祐紛更。是知廢之而不知揚之之罪也。紹聖稱頌。是知揚之而不知廢之之過也。願咨謀仁賢。詢考政事。惟其當之為貴。大中之期。亦在今日也。

南鄭縣丞李新上奏曰。臣伏觀詔書。以四月一日日蝕。許中外臣寮及民庶實封言事者。臣學闇識陋。不能深明治亂之原。謹條當今急務析為十事。以應詔書所求。伏惟陛下裁擇。臣聞天不言。示人以象。天子繼天。故應天以實。行無用之文。以弭昭然之戒。循先儒之腐說以為古人之禮經。其誣甚矣。春秋書日蝕。書之而已。不言禳禬之事。而左氏乃有用牲用幣擊鼓馳走之文。書曰。建用皇極。謂大中之道不立。則咎證荐臻。其傳曰。時則有日月亂行薄蝕是也。而古人乃有避殿撤樂减膳之事。是皆不求其端而循其末。不推原其失而狃習之。臣所謂行無用之文。以弭昭然之戒。循先儒之腐說。以為古人之禮經者。此也。迺者四月丁酉朔。日有蝕之。在畢八度。夫日宗衆陽而象至尊。四月正陽純乾之月也。陽生於復。至於巳則陰爻盡矣。陰爻盡而猶蝕。明陰侵於陽。是猶小人而乘君子之器。不可以不慮也。臣竊念陛下出膺寶緒。乘龍御天。純乾之象也。朔一月之始也。即位人君之始也。天其或者警陛下於其始耶。春秋謹乎始。所以舉其終。君子謀於始所以愼其事方小廷求賢以爲助訪落謀廟而後行綸語之敷朽自微以及著渙號之發亦惟行而弗返一設不當則舉朞不定再慮莫中則置器非安汨河之源而流卒於不清亂絲之端而未至於不理此陛下所以思正其始也仰惟陛下仁孝洽聞睿智有臨而更求己躬之闕失大新憲度刬去弊蠹而復咨政令之疵否洪分左右之忠邪議未即乎正殿而知親賢之爲急欲明風俗之美惡故未加乎元服而知民事之不可緩廣垂漏泉而懼上之德澤不下究大闢言路而恐下之疾苦不上聞雖舜之紹堯中宗之繼太戊孝文之起代邸稽古願治之意不過如此而臣竊有議焉自臣結髮讀書彈冠從仕釋負薪之憂而索大官之廩者已十年矣目之所覩者僅以傳信耳之所聞者疑以傳疑屬在遐徼叩閽未得流賈生之涕抒嫠婦之憂蓋亦有日矣丁紹聖有爲姦臣擅命朝多忌諱殺身亡益

而狂狷之論進不得吐退復鯁其喉而不得下見庶人之議于道商賈之謗於市則又與國包羞而懷憤也幸今陛下揭至公之路來直臣之口臣雖跋踧愚請畢以獻非陛下赦而容之孰肯右臣言者臣嘗謂方今之弊權綱不在人主責任不及宰相朋黨之風熾臺諫之職輕士不素養而用師不素慮而出土木之役興財利之言進西南亡備以虞倉卒之變內外相蒙而有衰微之漸遠士下吏未識國體繆悠之談欲以上移天意動悟萬乘午夜甲帳乙其庶以終篇是非野人之芹則遼東之獻豕者也何謂權綱不在人主自古固有專之者矣政在陪臣則諸田分齊政在大夫則六卿分晉在房闥則拱手在外戚則政邑在諸侯則僭擬令之弊釋此而在宰相曷以知之臣嘗見其挾天子而報私仇摟大臣而生死之尊息于雲端芻狗視同列臺諫斂衽避路側目方哲宗皇帝春秋鼎盛可與有爲可與無爲者

也不於此時輔弼以仁義啓沃以道德令日兵革明日祥瑞是進之子勝吾之心而萌夫驕汰之志則聲色之奉臺榭之樂無所不至矣是蠱主而奪之權也此與夫言天子不宜登高登高而國耗不宜閒暇閒暇而觀書者何以異也且神考憲度利於民者不一元祐諸變更倒易矣之太銳既竄其身又錮其家廢置其子弟蹊田奪牛不已甚乎於是絀元祐者進士取上第小臣得要官有可以逞憾借交者反復詆導而躁競之士爭致其身非善攘人主之權者不能爲也瑤華之廢哲宗皇帝固嘗訪之宰相矣禁掖秘嚴事不得聞而一言喪邦焉用彼相乃至設鉤摭以防民口引羣小以周本根恐其權分則虛右揆而無所薦拔欲膠其權則植輿援而不恤公議黨已蓄矣而田蚡之除吏尚未盡門如市矣而欽宗之子壻尚撓法作福作威塗人耳目尚賴祖宗法度盤固嚴密周慮遠顧而承平之人

不敢變名姓以復讎養刺客以爲用匕首雖銛利不得發盜賊之嘯不敢激民以首事臣恐久假不歸專之不已而堅冰之漸養虎之患廑在後日則是辨之不早爾昔吳楚七國反以誅晁錯爲名侯景陷臺城以誅朱异爲名祿山起范陽以誅國忠爲名今天下嗷嗷亦必有指宰相以爲名者臣願陛下收還權綱總攬在己賞罰之任名器之重雷動淵嘿出神入神端持太阿無授人柄豈惟天下之幸而亦宰相之重幸也何謂責任不及宰相古者三辰悖序水旱失時災異主變疫癘迭作盜賊竊發蠻夷不賓率以咎丞相丞相亦以不稱職上印綬乞骸骨避賢者路天子勉留之曰君上書歸侯印丐身謝事是章朕之不德其專精神避醫藥強起視事以與朕共治丞相固請則賜之以養牛上尊酒不得已而許之則杜門省愆免冠待罪甚者曰朕未忍退君其審處焉則丞相自殺淮南衡山謀反而公孫自以

爲無功居位使諸侯有畔逆之謀平原東郡民多餓死而魏相亦以
奉職不脩致灾害未息永徽中自三月不雨至九月而張行成告老
焉熒惑守心而罷方進日蝕而罷王商問牛喘而内史以怪丙吉開
坊門而陷濘者以辱再思方今丞相殆不知此而朝廷亦不以此屬
之高堂鮮言務養崇貴曷與尸而祝之社而稷之乎稽攷程按顧問
臨衆曷與什己者游而若己者趨乎八座議事而丞相睥睨如以鵰
挾兎則一切媕婀氣焰十倍寒熱自殊則模棱以求苟容伴食以希
無責其間和事忍垢者又比比也始霍光謂蔡義可制故引以同職
林甫謂陳希烈可制故援以知政若是而朝廷何賴耶頃者河北水
災蠶地千里蕩室廬汨牛馬老弱轉徙籍管錡釜箄輅藍縷號泣道
路州縣畏其聚而無給則更勸而遷遣占富人之田者耒暇耕鑿而
死者已十八九所謂賑濟之法第行空文爾自雍以西粟斗千錢而

京東西物價翔湧兩蜀巴漢之民採橡實屑木皮以充其腸而屋無
尺椽突無燧烟獸游于市鬼哭于庭死者若蟻潰麻作殆不可以古
而記也朝廷曾不以此責宰相也宰相亦不以此謝而去也臣願陛
下用鎮撫燮理之任專責宰相則天工人續庶幾乎熙而理百辟卿
士庶幾其率屬此國家大體非愚臣之所能條布也何謂朋黨之風
熾且堯之朝有舜禹稷契皋陶太戊之時有伊陟巫咸文王之朝有
閎夭太顛散宜生武王之朝有太公望周公旦召公奭宣王之朝則
有山甫申伯方叔召虎之徒然不聞其有比周之嘆何也臣嘗謂朋
黨之原始於東漢盛於唐甚於本朝爲患最大而最深者也方今其
標榜曷止三君八俊其熏焰曷止八關十六子其禍之起曷止李杜
其憾之結曷止牛李退休偃月而經營擠排者纍纍皆是也背公死
權佩劒相笑飴漆不能過其密神鬼不能窺其奧張弧於前設穽於

後其甘如薺其烈如蝮笑間藏刃盃酒殺人若纍纍皆是也自古士
植朋黨卒死於朋黨風俗薄於朋黨機務廢於朋黨由朋黨而亂法
者非一日也一黨去一黨興根株蔓延不可芟蕰天子魏然其中爲
之證佐而已既排其人則反其言其言及其法變勢不得不然也且
進君子退小人太平之本基可則因否則革天下之良法前日之士
無賢不肖一切目之曰元祐黨詆之惟恐不力前日之法無可與否
一切目之曰元祐法變之惟恐不盡逐之惡地褫職削階者五十餘
人寅緣薦舉徒而遷罷者又不知幾何人也始時讒媢之人爲十九
章以激怒哲宗皇帝和之者縵緯如織雖嶺南若人蒙罪以去迄今
天下不知其由謂其有姦謀則昔漢桓帝之立止於殺李固憲宗之
立止於殛八司馬不如是之甚也然猶明告天下咸使知之夫惡不
可揜罪不可赦嫉之者與天下同嫉之也棄之者與天下同棄之也

柰何執政者實以攻黨而反以罔上又以罔民者耶元祐訴理欲其
改過不吝俾之自新捨此無他意也日月之食而更則人皆仰之惡
人齋浴猶可以祀上帝而含垢國君之盛事使過古人之用權者也
前日設訴理所執政者取刻薄吏司其職抉剔索瘢吹求疵病緊指
而摘之所雪者輒鞫罷而詿誤者益張也是豈聖人記功忘過之義
耶夫治道惡太甚見淵魚爲不祥尅核至則不肖之心生疾不仁則
爲亂之心速況已湔濯之矣而復治之何也是所以闢告訐之門而
長怨讎之府欲以此召迎和氣弭寧天災得乎玆朋黨之弊也且自
古及今人不勝天人能勝天天定亦能勝人此忠邪之分枉直之判
所以有待於陛下也陛下臨御之始召元老于外咨以大政海隅蒼
生咸謂直道更興正人在上而猶懼張權輿作坦腹之謠劉崇龜有
掠麻之哭則人主疑之而不察昔小白問害霸於管仲管仲曰任賢

而不能信既信而又使小人參之者害霸也唐欽宗謂宋申錫孫直擢而任之王守澄誣以不道幾弗免死此又在陛下待之以不疑而察之欲其至也何謂臺諫之職輕古者御史大夫次丞相司諫亞九卿皆天子得自除授非以時薦而時用之也非限乎資格也故名其居則曰御史府或曰肅政臺名其官則曰中執法或曰大司憲嚴其任則為風霜也端其本則曰綱紀也分左右諫諍輔人主格非心糾百官不如法如豸之觸邪如草之指佞勑容其批也詔書許其封還也裾容其牽而止也檻容其折而勿治也何者司聰欲聰司明欲明使下之情上達上之過失以時而聞元首之耳目不壅蔽而無飾非遂事之失假之以疾惡之權而實自以為助者也若人君自聖於不諫而宰相怙弄沉之手以閉拒公議則臺諫之官結舌飲忠約時情以去就殆未免過屠門而大嚼立仗馬者不嘶尚可希片言之助以寵進君子沮排小人也哉然用之非其人則將據要津以自保而一切觀望假道烏府以為清要之津委委備位否則懷怨隱慝席風聞以報其私而為之地者又安其說而不疑是非寄雌黃於匹夫之齒牙此被繡仗斧者所以不厭其心而至公之柄反困於倒持者也亦未聞朝廷以直敢養士氣而俯仰寵拔與之溫言賁之禮物以吐其骨鯁開白獸以助勁力賜黃金以比精厲而區區言官猶車中女三日婦卷懷皂囊而伏蒲請劍寂世不聞其人矣亂之初生臺諫為虛名亂之又生臺諫為備物鄒浩以言立后事得罪中外之士恬於故常學為轅駒安於豢蓄容容日久一聞其風則或笑或駭立朝右者或目而憎之嗚呼古人之所甚易行令人之所良難知此衰世之弊而見於華旦者甚可傷也夫世無採詩之官以什民言又禁之使不得言道無朝端之木以集士書又禁之使不得陳賢良科廢而人吞

直聲匭函名存而士司冷局天子所賴獨有臺諫官爾臣竊謂哲宗皇帝強明疏通不待弼拂而曉者大臣專恣築塞言路外峻刑法以拒齊來者士欲全身遠害呼吸以終天年者亦不肯自投諸淵然而鼎鑊白刃若置之通逵付之士師考其疏論萬萬不中則坐之誣罔士雖死之日猶生之年何憚而不為耶近者陛下擢豐稷孫諤龔夬陳瓘等列之殿陛斷自聖知大協羣情臣願陛下每於閑暇之時旁採清議區設名流躬自拔識不以付大臣使行私恩以叛公正而臺諫士自以為天子門生則効誠竭節於萬鈞之下而羔裘之正直最風之飛集足以跨越古昔茲事體大伏願陛下不以臣言為愚而力行之亦社稷之福致治之本原也何謂士不素養而用古者開石渠東觀以論經天祿以讎書宣室承明以訪問皆天子自育人材平居無事養之有素一旦加諸上位使之陳力就列左之而宜之右之而有之以為相而廟堂無備位以為將而閫外無敗績使之昌言則真御史也使之佐百職事則名卿才大夫也置之近侍則正人列之郡國則循吏其未用也則或目之曰此國寶此南金此清廟器此明堂材此千里駒人主振其侶若鵷鷺高其選若瀛洲時雨之保護菁莪之樂育而巖穴幽隱玉彩呈露下僚英俊錐囊穎脫號為得人之盛而三館之士天子往往徼幸其處處士布衣得占詩進見載之軺車導之金蓮使參鈞天帝所之游以激奬英氣故拱把之杞梓有干雲之志而一班之於菟有食牛之量或引之便殿訪以外事宰相所不知諫官所不言者借箸假箸得盡閒燕而內相帝聰日聞所未聞矣非養之有素試之亦有素矣今郡國庠序之地以家老園太學教化之原以宗游譚謂他時十科適增長浮競而日者宏詞又闕通權要其與選者皆近臣之子弟四方寒士才力雖高柰有司之不公不明

者何。自丞轄而下。府寺之要。臺閣之姓至二牧守。一監司。遷除補敘出自權門。天子頷之而已。且管晏之智。不可以方伊尹呂望。伊呂之功。不可以擬風后力牧。騏驥千里。駑馬十駕。洪鍾百叩。沙石一擊。人之才器之相遠也。非令日矣。驟而談兵。則括不可以將。驟而用客。則武陽不可以使。司晨必雞。吠盜必狗。織必婢。耕必奴。其所以養之者乃求所以用之也。臣嘗謂粹美王道。粉澤治政。鄉雲黼黻。以昭回雲漢之章。盛時豈謂乏人。而代王言操帝制者。詞氣卑弱。反蚴國體。俗失之俚。輕失之誣。粃糠我制度。斷絕我繩墨。所謂大雅溫厚之訓。簡嚴易直之文。或近於嘲罵。不幾於攘臂而猝之。此識者所怪。而流之遐陬。適資夷狄之笑也。至於治河者以河決奪官。奉使者以辱命削職。廉吏十一。貪吏十九。民社之託。帑庫之寄。污穢簡慢。吏議而去者略無虛日。夫蟲莫知於龍。劉累豢而蓄之。獸莫戾於虎。梁鴦養而馴

之。士不可養歟。亦不可用歟。以楚猶多賢臣。以衛猶多君子。皇宋造邦百有餘年。文物之盛。比蹤三五。非楚衛區區小國之比。而一職之闕。緩急擇人。則天子假名器於近臣。近臣歛恩意於私家。大起寒滯之嘆。甚無謂也。臣願陛下養士以歲月。日與二三元老講論人物。磨礲漸勸。取其姓字。書之屏風。覆之金甌。舉而用之。以為治世先務。從民之望。以新天下之耳目。豈不偉耶。若夫朔方節度。得其姓不得其名。歐後鄭五有其名而無其實。除韋巨源而朝廷解體。用牛仙客而士大夫養恩房琯有浮虛之名。崔湜無經濟之略。是又人主不可以不戒也。何謂師不素慮而出。臣遠不敢舉三代。近不取五季。其間彊臣專封而割據山河。戎狄亂華而腥膻河洛。如魏晉之時。則臣不復借喻。臣嘗謂漢唐之地廣於本朝。而法制不及法制不及。雖多奚為也。漢興。封建子弟。大啓九國。燕代有鴈門以東。齊趙有常山而南。梁

楚奄龜蒙而有之。荊吳擅江湖鹽鐵之利。淮南總山澤之富。諸侯之國。聯三垂而控胡越。天子止有三河。江陵巴蜀雲中隴西。凡十五郡。而公主湯沐。列侯之邑。尚在其中。唐列藩鎮以為附。而大曆正元以後。益更負橫。田弘正盜有魏博。王氏盜有成德。朱氏有幽薊。李氏有淄青。劉氏有宣武。吳少誠有淮蔡。或一傳或再傳。或三四傳。或一姓或再姓。或三四姓。四郊多壘。唐天子號令所通者。不過河湟數郡。是四海之遠。賦之所入者十之一二而已。遠惟祖宗深鑑漢唐之失以立法。詒孫謀而不窮。內無封建藩鎮之失。外無夷狄侵擾之患。坐而守此萬世帝王之業也。以中國之實。申馬之利。可以坐朴四夷。而祖宗不肯輕舉而輒發者。智慮深也。澶淵之役。豈得已哉。方今西方用兵。連年不解。青唐順義。撤而復圍。是得其地不足守。降其王無所用之。勞民廢財。職此之由。永念神考之志。謂羌夷驕黠。為日已久。侵暴

我黎庶。虔劉我邊陲。天威震疊。欲待時而動。舉無遺策。睿謀神筭。臣愚不足以知之。然臣竊觀夫積粟如山。是取於民有制也。宿兵於農。是教於民有法也。志已先定矣。計已熟復矣。糧已積矣。兵已練矣。一舉而用之。豈無成功也哉。今廟堂之上。倉卒造次。築一城。俘一級。喜見顏面。賚予四出。使之拓土至玉門。列張掖酒泉武威等郡。如漢武帝時。若是。不知朝廷何以為賞也。日者固嘗妄發救援。行軍死地。老師費財。關輔空困。是皆慮之不素也。且令叩關請命。未必不包狼子之野心。而築城受降。未必能斷匈奴之右臂。而又契丹輔車相依。縱觀勝負强弱之勢。徐起而乘我。此尤令人寒心。今欲進兵亦未可。釋甲亦未得。臣願陛下遴擇良將。堅壁以守。少休士卒。訓練加勸。積粟邊鄙。待時而動。以追述神考之志。所謂萬全之師。豈不韙耶。何謂土木之役興。臣嘗論大禹之卑宮室。不如堯之茅茨不剪。武帝啓千門

萬戶不如文帝惜中人十家之產以禮考之天子之制有三朝有九
門以考工言之夏后有世室商人有重屋周人有明堂其度如此而
已治人事天以養體者亦惟如此而已洛邑之營止均諸侯之會不
聞其為游觀之美靈臺之作止同庶民之樂不聞其崇私己之奉蕭
何治未央孫盛之論以為開後世之侈楊素營仁壽裴矩之料以為
必婦人之說諸侯黝堊大夫蒼則楹不可丹春築于郎冬築于囿則
識臺不可為故阿房就而大盜興紫閣成而國用竭驪山幸而荒靈
光成而亡以至鹿游姑蘇香分銅雀未暇風雨之避而招兵火之憂
再行宮室之場而增禾黍之嘆者古數有之殆未可法也邇者日臺
之造龍艦之制以般之斤工輸之巧晝夜雜作丹砂曾青之所圖繪
香棼桂楣之所紛爽碱金玉以次第為步剞龍蛇以飛走為戲陶甓
倍於南山之土釘頭多於太倉之粟以鬼為之尚憚其勞以人為之

皆知其不可而又蓄飾服御增崇佛廬大司農不能供無訾之求諫
官御史未嘗有一言之及閹寺希寵則樂成奇麗以蕩搖天心庶幾
荒淫不度顛倒裳衣以滋禍亂之芽而探矯命令與知朝政以隳泰
祖宗之法者在旦暮也幸陛下繼統以清躬先天下黜淫靡之觀究
支費之蠹前此者已罷而勿居則後來者宜勿啓也臣伏願陛下日
慎終戒防微杜幾書無逸為元龜置欹器於座右反席儒者而與之
考古今成敗之由疲懷民力而躋之仁壽之域則堯禹之至德孝文
之恭儉亦陛下所常行而不為異者也何謂財利之臣進夫先王生
財有政理財有義而論道者以謂不貴難得之貨使民不為盜說禮
者以謂貨惡其棄於地也不必藏於己使養天下者揣本齊末厚於
人而薄於己知所謂不貴難得之貨則雖借黃金白玉以翼而不能
飛借明珠以脛而不能走非特使民不為盜而已也知所謂不必藏

於己之意則家給人足猶吾之胠篋而掌握盈虛求如江河積如丘
山不時焚燒無所藏之非特惡其棄於地而已也季道末世經營天
下猶寒家細民務爭錐刀而有司之吝賢士大夫不敢輕議其得失
則桑弘羊起而為公卿皇甫鎛進而至宰相財利之臣得志矣且許
行以滕君有倉廩府庫為厲民而記史者乃謂倉有紅腐都有朽貫
為富國之美談王制者又謂國無九年之儲則國非其國而鑒古者
則曰鉅橋之粟洛口之穀為興王之資則財用之積散與夫取予之
多寡果在於時君世主因事趨變不拾狼戾為有餘不強殞穫為無
節求適於當而已夫以父權子則必貧旦旦伐木則必不繳而寡婦
之利童子之餉無非吾國與天下也若生之而不傷厚之而不困使
之捆載囊負各滿其意以歸見於聲色此堯舜禹湯文武成康以來
所以父母子民其愷悌忠厚發於詠歌傳於金石以至于今而不衰

也方今利孔百出臣不敢偏舉獨指虐民之大者一事為陛下略陳
之且摘山以為茶民之朝暮不可闕也議者以謂戶部之計茶利歲
入不訾邊防之用仰此以為喉吻之哺故朝廷假其權大臣怙其勢
而司其事者過蹻跖之徒奉其法者行水火之政臣官漢中目擊其
事利之所在民賴以衣食得之則生弗得則死求易可遏也而比年
禁其私販五木巨械鉗首貫足考一逮十考十連百囹圄無虛刑餘
半道而冤痛之聲至不忍聞夫臈茶之直數十倍於草茶而其罪惟
均細民輕以觸法自昔然也今官賤其直以市園戶不吾市者為私
售酷其威以脅州縣不吾從者為沮法陛下試令諸路提刑司具斷
獄以上聞則緣茶事坐者十倍其他也交通貧富貿遷有無商賈之
職也茶事半天下則商賈不通商賈不通則關市之征廢他司歲計
日朘削矣而又月計軍儲官吏之費歲總侵欺失陷之數其所得者

僥倖所亡是所謂朝四暮三割膚肉以啖口者也至於縣官苟旦夕之謹則抑配良民以津積滯而他司按劾所不得與鋪兵為盜賊之淵則轉寇良民以資口腹而有司坐視所不敢訶故每茶使一過則衆罵族詬思臠其肉噬其臍呼天而詛操矛而伐之何啻十目所視十手所指柰何朝廷益重而委之臣所謂財利之臣進者斯人之徒歟陛下之於遠民忍不聽此而矜恤之耶閭閻之疾苦此其大者如陛下以為鹽池之壞未復國用尤急於茶利又神考已施之迹不忍遽輟則宜求長厚之吏以補使者少緩法禁支許博買外許之通商則德澤下流孰有遠邇耶何謂西南無備而虞倉卒之變夫患生於所忽而燕安為鴆毒之懷壞防之水始於蟻穴拚飛之鳥兆於桃蟲故聖人於萃聚之時除戎器於既濟之時思患而豫防之今朝廷惟知備西北而不知西南之可備也且自處茂黎雅以南正古之南詔

南詔西北接吐蕃北抵益州東北際黔巫自唐時已更臣而數叛閣羅鳳之攻雲南劒南節度鮮于仲通乃有白厓城之敗天寶中異牟尋與吐蕃并力入寇令其下曰為我取蜀為東府杜元穎治西川王嵯巔乃悉衆掩邛戎巂因陷三州入成都止西郭十日掠子女工技數萬引而南今南蠻種類已離而不合西戎道里自梗而不通其勢不能并一然國家晏寧日久兩蜀之民數世不見風塵之警白首休居拊子孫以待盡賣劒買書廣弦誦以竟日外戶弗闔而無有吠狗行人千里而不持寸刃恬玩已久臣恐一旦有急則劒外州郡為蠻夷區落是入無人之境而莫之嬰拂者矣臣蜀人也知之詳矣嘗見乞第寇瀘川董阿丹寇茂州上煩朝廷命帥遣將而飛輓之饋一方搔然今蜀兵驕懦未可使飽稻飫豕十九如鄜朔風正嚴緩步一舍已呀然汗矣萬一有變是決不可使也蜀之守邊者因仍儌倖計歲

月蓄香藥犀馬以去不問其他萬一有變是決不能守也以至有城池而無樓櫓有金鼓而無閑習矛楯以脆易良弓矢以柔易堅甲冑爛潰而不復治障候弛沓而不復明萬一有變是攻與守皆無其具也比年峨眉蠻獠以關市不平即邑人民掠牛馬以歸兩林種至挈工徒鑿山開道直趨盧山以市珠馬為名其意果安在耶使之有飲馬岷江之志而吾兵不能戰邊無良守戰與守又無良具則斬狄山之頭虜騎劫之兵出入自如蹂躪數千里之地而民畜為之一空矣臣所謂西南無備而虞倉卒之變者此也伏願陛下勿以臣言為迂詔脩守備益屯戍選清白知兵吏以鎮之斯遠人之福也何謂內外相蒙而有衰微之漸昔賈山謂秦以不聞其過失而亡故杜牧之曰族秦者秦也非天下也春秋書梁亡左氏言自取之也穀梁謂心昏耳目塞大臣背叛梁自亡也周之天下自夷王下堂平王東遷而周

室遂微其亡也非赧之罪也秦之天下自二世暗弱趙高專恣其亡也非子嬰之罪也西漢之亡非孺子也兆於元成之不斷東漢之亡非獻帝也由於威靈之不君唐自代德姑息至昭宗而遂亡夫人之受病有在榮衛有在四肢有在心腹然非一日而成也在榮衛四肢則心腹為之不寧在心腹則四肢為之俱廢榮衛四肢之疾緩而可治腹心之疾急而欲急攻之也望色聆音以知病所從起不待疾至而治謂之良醫朝廷天下人主之一身也仰惟太祖太宗之德澤固結愈遠神考之紀綱維持不絕固無有受病處蓋嘗治之於未然而已臣試言之夫黃河貫地中猶人之榮衛邊鄙猶四肢大臣猶心腹築隄以壅疏渠以泄然後河乃安流或決於東或決於西譬榮衛之不通故結而為癰潰緩而絕經絡治河者不深窮其利而苟簡一時之功是諱疾於榮衛也將衆不繼如筋不勝將不知兵兵不知戰如

骨不勝今邊鄙之臣或虛張戰多或擅棄所得苟目前之捷而不設久慮是養疾於四肢也前日大臣專恃顧命頗有德色貪天之功以為己有臣言之於前矣上賴左廟右社之休山川百靈之助而權臣搖手不得不幸而有他變則莽之文詐操之姦雄掘起而萌亂矣是藏疾於心腹也一身而有此三疾臣所謂內外相蒙而有衰微之漸者此也陛下即位神器攸屬人意所歸而又文母厚德儀坤徽音嗣世洸幾意表而同天道之運扶日虞淵以赫下土之照共斷大務而施設注措人神僉同則不必巫咸和緩之術滌腸紉腹肘後萬金反蒐起廢於急迫尋常之間彼榮衛四肢心腹之疾徐診而治之箴砭所及聚毒供事尚未為晚也在陛下施之何如耳且令天下如盤石太山陛下求直言而臣以自古危亡之君以為陛下之鑑不已過乎李雲露布固訐矣而威帝止以不諦何語為口實韓愈表佛骨固切

矣而憲宗止以天子夭促為乖剌是二君者有拒諫之實而無好諫之名安足為陛下道哉臣釋耒西山立朝無葭莩之親負笈賢關終歲惟雅言之學貧無以自資而戴色戴笑獨於借書乞火居下位不能媚上官以釣名沽譽所養如是殆一木彊人耳如上所陳皆朝廷已行之迹衆人之所不足言者無裨聖政之萬一而祗自以為勞伏惟陛下天縱之聖自誠而明既恭默以思昭曠之道又緝熙而成光明之學昔人求禮於野人求道於瓦礫問迷於童子每況愈下謂愚者千慮或有一得而臣之井窺管見區區欲罄而終未能已也臣嘗惟天下之事莫尚於容聖人之功無易於勤昔陽處父言狐射姑不可將晉君以其言告射姑射姑刺處父于朝而奔狄高宗欲廢武后上官儀諫之及高宗見后則曰是皆上官儀教我而武后卒殺儀且為容之仰舉趾之高儀可觀也而易測其中前在馳逐後在音聲志

在內也而或見於外人君可以富貴生死天下之士未發其機而人已逆而合之矣況以不容者乎故臣願陛下尚容則無過事明皇之初銳意勵精皆復貞觀之治而開元之間號稱太平晚節怠荒聲色游幸失道敗度於天寶之末可為歎惜夫禹之勤于邦文王之日昃不食非謂其勤于始而已始始而終終也十日暴而一日寒百年為而一日廢適遠中晝與不適同深耕不穫與不耕同故臣願陛下貴勤則無棄功若夫血氣之戒精神之用隙不在大失不在小永惟陛下深思而長念之則天下幸甚臣誠狂妄千犯威顏臣無任瞻天望聖激切屏營之至

建中靖國元年李朴上奏曰臣聞天下有事不足憂無事深可畏人之情勞則思逸則肆故方其有事之時則憂勤恐懼之心能以危亂而至於治安及其無事之後則驕盈怠惰之氣亦能以治安而至於

危亂舜之時七政齊於上百獸舞於下可謂安且治矣而君臣之間惴惴然常若憂危禍亂之將必至何也知治安之不足恃而驕盈怠惰且隨其後也臣竊觀國家聖作明述自古太平之盛未有久於今日者此正天下所謂無事之時而臣所謂深可畏者也伏願陛下思創業之甚難懼守成之不易親睦九族風示萬邦好惡不留於心喜怒循理而動體仁愛之德而濟之以剛破險詖之論而平之以恕知君子所以致治而慮其難進則任之勿疑鑒小人所以致亂而防其易入則去之必速除心術之害然後可以育人材勵廉恥之節然後可以肅仕路辨嘗試之說然後可以來忠言師老而邊陲可慮莫若以自治為守禦之策民困而國用不足莫若以節儉為富庶之本觀俗化而通其變議政事而處其中執持權綱愛惜百姓日謹一日保其初心若是者皆聖政之所當急者也雖然所以致此者有本矣臣

聞昔周成王即位召公為之保周公為之師同心輔導嘗致謹於起
居言動之閒唐太宗開文學選道德名儒十八人為學士雖飲食游
宴十八人者未嘗不在其中退朝與討論古今所以成敗輒至日昃
夜分故成王能光昭文武之業而太宗獨高三代之後無他知所以
自治而天下不足治矣臣誠知陛下聰明仁聖性所自得然而聖人
者德配天地而志常不足不識陛下夙興視朝攤經左右詔德意志
慮者誰乎陳前世廢興治亂請得據舊鑒新者誰乎退居深宮之中
燕見閒召所以備顧問者誰乎今縱未能遠法成周立師保之官宜
且近倣唐制大開學館博選通儒耆德使侍經幄萬機之暇孜孜與
之講論正心誠意事天治人之道雖陛下聖性所自得臣願益加
聖學焉此臣之所謂本者也臣又聞人主不可求勝於天下不可廢
天下之公議不可使心術失於毫釐之間此三者人主之要道也臣

請為陛下別白而言之所謂人主不可求勝於天下者何也臣聞自
古有道之君不敢失一夫之心以天下者一夫所積耳是故為其欲
壽則與之輕刑為其欲富則與之薄斂為其欲逸則與之緩力凡上
之禁令取舍惟恐一不當於天下之欲惡是以天下亦相與安之而
已也後世有若韓非商鞅者始道其君以勝天下之事其言曰權勢
法制者人主之操術彼天下者必於我而聽命者也而屑屑若是是
以天下為匹夫役也故或勝之以擊斷或勝之以裒剝或勝之以戰
鬬安忍自恣仇讎其民民不勝其害則相與合天下而勝之矣臣故
曰人主不可求勝於天下一也所謂人主不可廢天下之公議者何
也臣聞人主勢能生殺禍福人而不能變天下之公議堯舜三代之
時則公議用於朝廷之上以賞功罰罪進賢退不肖而行於天下至
其亂則廢於朝廷之上而竊竊然發於閭閻之間又其甚而設誹謗

之法以杜天下之口則又不發於閭閻而鬱於人心最甚者莫若秦
也立為腹誹心謗之誅則欲併取其在人心者而去之也然且獨能
禁於一時而卒大肆於後世何則所謂公議者其本與天地並立而
是非出於人心之同然不可得而變者也知其不可得變而使或發
於閭閻或鬱於人心或肆於後世孰若舉而用於朝廷之上行之天
下乎臣故曰人主不可廢天下之公議二也所謂人主不可使心術
失於毫釐之閒者何也臣聞人主者天下之本也心術者人主之本
也養之以道德仁義則終身而未足以為功動之以回邪淫泆則一
朝不可勝其患是何欤道德仁義難全而回邪淫泆易溺也古語曰
人主唯有一心而攻之者甚衆彼小人之欲禍天下必先敗壞其君
之心術而後可以得志是故吾欲尚恭儉彼則攻之以驕奢吾欲本
仁恕彼則攻之以煩苛吾欲務厚下彼則攻之以聚斂吾欲用正直

彼則攻之以佞柔彼其所以攻我者紛起並至人主又惡能以一心
而保其所難全勝其所易溺者哉必主之以平照之以清持之以誠
恐恐然若寇盜之將至而發杜其窺覦之漸也不然使之乘吾徘徊
猶豫之時一投隙而得以自售則浸淫敗壞而終以不悟矣臣故曰
人主不可使心術失於毫釐之閒三也知此三者而大本立矣臣愚
不勝惓惓之忠惟陛下留神省察以幸天下
左諫議大夫陳次升進戒豫六事奏曰臣器非適用材不逮人夙蒙
神考之誤知擢寘臺屬遂事哲宗皇帝又叨言責迄無善狀終以罪
廢陛下即位之初搜羅人材振拔淹滯起臣於烟瘴之地擢貳烏府
令復除臣諫議臣自以天資樸拙學問迂疎彈章屢上天聽莫酬拜
命以來不遑夙夜思所圖報輒采古先哲王洎我祖宗之大猷作為
六事一曰體道二曰稽古三曰修身四曰仁民五曰崇儉六曰用人

以豫為戒欲陛下念茲在茲使聖躬無過舉庶事無不治亦勠堯受
君之義也謹昧死上進

其一曰體道臣聞天道運而無所積故萬物生帝道運而無所積
故天下歸聖道運而無所積故海內服不可為也不可執也無
偏無黨而蕩蕩乎民莫能名是以先王揆才頒政量能授職設
為宰輔以經邦國以理陰陽以制卿士以撫四夷而又使夫通
世務明治體多識前言往行者繩愆糾謬而議論之故能垂拱
無為而天下治彼昏不知或獨任宰輔或偏信諍臣或嘗推誠
為其所任而所棄之甚矣其惑也故書史特詳書為萬世誡者
如秦之李斯趙高漢之王莽董卓唐之李林甫盧杞皆其君之
所獨任者亡於姦妄濁亂而不見大謀顛錯而不知名辱身危
覆邦絕祀辟之掩塞耳目而運股肱其可濟乎樊豐周廣之於
孝安朱异之於梁武裴延齡韋渠牟之於德宗皆其君之所偏
信者至於奪公輔之任挫宰相之威讒慝忠良稔禍社稷譬猶
芟割其股肱而任耳目其可濟乎漢武以英雄之資即位五六
年間號勝文景及其獨任田蚡也入奏事則語移日所言皆聽
養成其罪遂致有吾亦欲除吏何不遂取武庫之怒爾後惟偏
信嚴助朱買臣吾丘壽王主父偃之徒以辯論詘辱大臣至於
交私諸侯潛蘊譖訴劫殺親王詭未嘗有得其死者漢武之志
豈以其嘗獨任宰輔者如彼偏信諍臣則又如此故兩蹶之耶
由是詭誕之士奇邪之術乘隙而進無正救者故窮奢極欲繁
刑重歛內侈宮室外事四夷信惑邪怪巡遊亡度哀痛之詔由
是作矣臣聞仁宗之御天下也民到于今稱頌盛美而不置者
豈有他哉不為不執無偏無黨如天運之無積故民心歸而海

內服也觀其用言者以罪范仲淹之黨及翻然而悟皆大用之
唐介以彈文彥博貶未幾而復其官以衆言黜歐陽脩因范鎮
一言而留之機圓術妙可不務乎臣竊觀陛下即位以來獨任
宰輔計行言聽莫之敢抗汲引黨與沸騰于朝臣恐其竊弄威
柄而陛下厭之以致改轍而偏信諍臣以墮於漢武之失苟不
出此若或委心腹寄耳目於近習則禍愈亟矣可不謹哉

其二曰稽古臣聞堯舜之道載於二典其目雖多而總其大義
皆曰若稽古而已而傳說之戒高宗亦曰不師古訓于何其訓
詩人之頌成王亦曰日就月將學有緝熙于光明夫帝王以一
身而應萬有苟不該博古今以深究夫明君賢臣修身治國之
要雋功偉烈謀猷方略之施與夫昏庸賊亂禍根罪首之由取
是捨非執古道以御今其何以堪之哉是故堯舜之所以若而
順稽而考高宗之所以師成王之所以學者如斯而已矣若夫
略典墳之大道好雕蟲之小技競一韻之奇爭一字之巧者此
腐儒之所為而蘊德行志功名者鄙之況於帝王日有萬機而
盡心於卉木之間極意於烟霞之表將焉用之隋煬帝尤善於
文不欲人出己右薛道衡被誣而死則曰復能作空梁落燕泥
否王胄之誅則曰復能作庭草無人隨意綠否又曰設令朕與
士夫高選亦當為天子梁武帝父子尤刻意於文學乃至陰陽
卜筮騎射聲律草隸圍棊無不精妙又何補於治適足致亂耳
何則既騁此以為智能矣則必恃此以驕慢天下故賢者由是
解體而小人競學是以資嫵媚則向之所謂智能者翻為亡身
之具遺後世之所閱笑者臣聞陛下潛德藩邸時則已留意翰
墨矣即位以來好為詩曲以賜親幸鐫石鏤板傳播遠近臣愚

過計恐天下之人不能盡知陛下由天縱之能不思而得肆筆而成妄以前代帝王之刓精竭慮於雕蟲篆刻之細為比且曰天下之政未理而游心於是豈不為盛德玷乎又恐用小人之能是者則士風靡矣臣願陛下痛屏浮華無用之文不使膠於心術惟一以切磨治道聽政之餘躬閱書史取其關國家之興衰生民之休戚成者覈之敗者反之以資益聖治之道以懋稽古之德豈不偉歟

其三曰修身臣聞之詩曰鶴鳴于九皋聲聞于天鼓鍾于宮聲聞于外易曰行發乎邇見乎遠蓋修身之應也如此歷觀古之創業之君與夫中興之主承乎離亂之緒其俗其民久已安於無治急之則怨緩之則偷賞之不勸刑之不變於斯時也而能肇造天命平滌九區恢廓宇宙致治之効可計日而待者豈有他哉蓋明乎人可以誠感難以戶說乃正其心以及身正其身以及國故道德由是而明風俗由是而美也何則人君之所恃以有天下者曰天命之民歸之賢者附之耳而天親有德民懷寬仁邦無道則賢者卷而懷之是三者皆非脩身則莫能致不然則昭昭之鑒可以矯飾偽行而欺之乎億兆之心可以與金葦寶而召之乎有道之士可以高爵厚祿而誘之乎非所聞也又況君者民之師表動靜舉措發於中必形於外民影從矣將欲興崇禮義厚人倫而美教化者其可以言率之哉此孟子所謂君仁莫不仁君義莫不義也是故堯之民比屋可封桀之民比屋可誅豈民異習哉格之者異也魏武好法律而天下貴刑名魏文慕通達而天下賤守節豈士異尚哉格之者異也此皆前事之驗也其可忽乎仁宗嘗書無逸於邇英閣之屏歲久而弊

命王洙復書之且曰朕不欲背聖言乃置之左取孝經天子孝治聖治廣要道四章命蔡襄書以對於右欲使聖言時存乎顧眄雖以聲為律而身為度者何以尚茲其興事造業制度遺文獨超於百王之表宜矣臣願陛下遹追仁祖謹厥身修日新其德使百官有司相儆曰聖德如斯其可自怠巖谷之士相勉曰聖德如斯其可自棄黎民戒其子弟曰聖德如斯其忍犯上盜賊率其黨與曰聖德如斯其敢猖獗如是則成康之治可立而待也

其四曰仁民臣聞天之視聽在乎民國之存亡繫于天王者之所以得天下者民歸之而天命之也所以失天下者民叛之而天禍之也是故民歸一德天乃命湯庶民子來天乃命周百姓弗堪天命殛桀民罔不欲喪天訖商命黔首愁歎天亡秦祀百姓怨望天剪隋虐古人以水能覆舟朽索御馬為戒者豈徒念民之孔艱則強者為盜賊弱者膏草野耶誠恐人君因之不免其身而毀辱及其宗廟困窮及其妻子也夫為人父母而生靈塗炭為人子孫而宗廟毀辱貴為天子不能保其身以及其妻子豈宜忍哉是以盛王兢兢業業以圖治者誠畏此耳惟知畏此故惡衣菲食輕徭薄賦使民家給人足知禮義廉恥之尚舉天下而安樂之也頻年以來水旱屢作疾癘尤熾而兩河之民服役科須煩費愁苦而官司催科急於星火貪墨之吏從而誅求竊恐供者有限而取者無厭以有限供無厭天下一動變生無方此臣所以痛心疾首慄慄危懼也陛下雖屢形詔命備陳至誠惻怛憂民疾苦之意惠澤之下如置郵傳命令乃公然廢格是朝廷之恩奪於州縣可不痛哉自古所患者君澤壅而不下

達民情欝而不上通以致君勤恤而民不懷民愁苦而君不知至於離叛危亡者踵相及也臣願陛下申勅臺諫監司常切糾察嚴刑名以杜絕之如救拯焚溺以幸社稷

其五曰崇儉臣聞禹卑宮室惡衣服克儉于家以有天下再傳而亡之太康則已色荒禽荒矣及桀之身竭百姓以為傾宮而天下亡之唐明皇之初乘輿服御金銀器玩令有司銷毀以供軍國之用其珠玉錦繡焚於前殿及其晚節窮天下之侈不足以供其慾由是觀之創業之君昭儉以示子孫其末流猶入於淫靡始於克儉者其終猶至於驕奢況無以啓迪後人不謹其始者哉天下習安於侈靡久矣於今為甚貴介之族與夫兼并之家燕飲之物歌謠之具窮奇極巧以相傾勝銷金鋪翠的翻月異一領之細至有千錢之直者此風其可長哉臣願陛下以道德

為麗仁義為華以珍玩奇貨為喪國之斧斤以珠玉繡錦為迷心之鴆毒芟夷蘊崇之絕其根本痛自裁抑以禁之褒進朝士之約素清修者貶退其淫荒驕奢者以敦薄俗顧不美哉昔孝文惜百金不為露臺而天下衣食滋殖晉武焚雉頭裘而士敦朴素唐太宗以亡隋為鑑而公私富給夫失節之嗟愚智同惡由恥不及其羣類故勉强為之以相高耳人主儻能躬儉以率之其趣也孰禦臣聞偽蜀以珠飾溺器太祖命碎之且曰以此奉身不亡何待嗚呼聖人之慮遠矣是豈特化當時之習使知其所尚哉

其六曰用人臣嘗學稼於農矣凡播殖之宜耕鋤之功等則穫無或異苟陰陽之和雷風之動雨露之澤不時則與之同饑饉時則與之同豐穰由是而知天地之所以能成其大者豈非以其無私者耶是故先王法之其於用舍也能激天下之不善而使之退愧勸天下之良才而使之樂進以致治者抑亦法天地之無私故能成其私耳後世不該不徧之主鮮克由是其於用舍之際或崇勢地而抑寒門或任親密而棄疎遠或採虛譽而廢卑賤或悅其才能而略歷試或重朝廷而輕四方或皆反是而益亂其故何也夫君子與小人所出不在於世祿與側微而言行非一事之可槩出處非一端之可見此愚智同知也奈何立賢而有方哉以謂必出於勢地與親密耶而膏粱子弟至有不辨菽麥而高車大馬以為民上則版築之吏渭濱之漁何從致哉以謂必出寒門與疎遠耶而碌碌腐儒持方尺之紙書骫骳之文以享萬鍾則伊尹之伊陟周公之魯公何從致哉至或採虛譽而廢卑賤悅其才能而略歷試內外迭為輕重是皆昏君

之所為可深戒者夫王者一視而同仁苟德義可尊無擇負販故管仲之舉二盜穆公之用由余齊威王以左右譽而烹阿大夫功成於當年名著於後世可謂明也已矣以舜之聖受命之初且猶歷試諸難況其他乎近古漢宣亦可謂急賢之主矣而蕭望之杜延年蓋其所尤厚者或出而治民或出為邊吏非為煩使之以觀人才亦所以維持四方均內外勢也其治優於文景者不其然乎夫祿一不才爵一無功未病於國而終為害者非惟其忌賢者進而害能者用也而賢能亦羞於同羣或恥居其下此其所以為害也自古人君之於進賢也罔間親疏貴賤無有愛憎惟較其賢否耳故丁公於漢祖有活已之恩非徒不用而加誅焉唐太宗不恤秦王府官吏之怨嗟以為朕與卿輩日所衣食皆取諸民者設官分職以為民也當擇賢而用之豈

以新舊為先後哉。臣願陛下稽古先王法天地之無私。鑑漢祖唐宗之公正。不以布衣寒士。公卿子弟。惟賢是用。不及私暱。無所偏徇。庶幾賢者彙征。以光左右。

大觀四年。侍御史毛注。采當世之急務上奏曰。省邊事。足財用。收士心。禁技巧。近年以來。邊民僥倖苟得。昔所入貢者。今必城為郡縣。昔所羈縻者。今盡納其土疆。以內地金帛而事窮荒不可計之費。今黔南已有釁分。如夔渝新邊。實在裁省。運鹽昔主於漕計。今移於它司。常平昔積於外州。今輸於都下。經費安得不匱。財貨何以轉移。願詔有司。悉講復元豐舊制。湯之遭旱。以士失職為辭。今學校養士。蓋有常額。額外之人。不復可預教養。歲貢之餘。略無可進之地。願留貢籍三分。暫存科舉。以待學外之士。使無失職。東南造作奇玩。花石綱舟。後苑工徒。京城營繕。並宜暫罷。以抑末敦本。凡此皆聖政之所當先。人心悅則天意解矣。

歷代名臣奏議卷之四十三

歷代名臣奏議卷之四十四

治道

宋徽宗時。陳瓘奏曰。臣聞。堯曰。咨爾舜。天之曆數在爾躬。允執厥中。四海困窮。天祿永終。舜亦以命禹。蓋曆數在躬。則有天命也。允執厥中。則盡人事也。天人兩得。則四海不窮。而天祿永固矣。堯之所以命舜。舜之所以命禹者如是。則祖宗之所以命陛下者。亦可知矣。陛下奄有神器。以天之曆數在聖躬也。今所以保四海。而固天祿者。在允執厥中以奉天而已。無過不及之謂中。不高不下之謂中。不左不右之謂中。如天之有北辰。衆星之所拱也。如地之有洛邑。道里之所均也。如五行之有土。萬物之所以生也。如五臟之有胃。百骸之所以立也。知其理而言之者。儒生之所能也。體其道而行之。則非聖人不能也。列子論出石入火之事。以謂仲尼能之。而能不為也。能高而不為高。可謂中矣。故六經之道高而不可不中者也。豈唯六經為然哉。老子之道。可謂高矣。然以百姓心為心。則取域中之大焉。有去甚之說焉。老尚如此。況吾儒乎。顯諸仁。藏諸用。一弛一張。而不失乎中者。然後足以經世也。今天下學者求治道於莊老。而於漢唐之事皆不取焉。失於高矣。故不中也。又天下之士。一南一北。彼用則此廢。此用則彼廢。失於偏矣。故不中也。不中則如車輪無轂。不能轉物。不能轉。則為物所轉。此自然之理也。堯曰。四句。自有次敘。故曆數在躬。則當允執厥中。允執厥中。然後永保天祿。

瓘又進故事奏曰。仁宗聽講詩至匪風曰。誰能烹魚。溉之釜鬵。仁宗曰。老子謂治大國若烹小鮮。其義類此。然則古人之興喻。其情豈相遠也。侍讀丁度對曰。烹魚煩則碎。治民煩則散。非聖學之深。何以見古人求治之意乎。

臣按古之聖君適當大有為之時者或創業或革弊不免有所煩也仁祖以清淨無為之道持盈守成四十二年終始如一蓋得烹鮮之說而躬行之耳臣故曰漢文之術出於老子而仁祖之治多似漢文神考謂漢文吾無間然則紹述仁祖之意可知也

博士周行己上言曰臣聞忠臣雖在畎畝不忘其君志士雖無其位而憂在天下何則君臣之義出於天性天下之人同於一体是以伊尹畊於有莘而自任以天下之重仲尼孟軻布衣為匹夫而汲汲皇皇彼皆遭非其時猶欲使其君為堯舜之君使其民為堯舜之民孔子亦曰如有用我者吾其為東周乎孟子亦曰豈徒齊民安天下之民舉安況臣生逢盛世身事明主豈不願陛下享天下之安天下同陛下之樂承祖宗深厚之德澤固萬世無窮之基業而臣尤以為幸者以陛下性体帝堯之誠躬行周王之孝有大舜取人為善之大德有成湯改過不吝之誠心加之以聰明文思之聖學允恭克讓之懿行是以手詔每下天下無不感悅雖遠方窮僻之民猶有不得盡被陛下之澤而經國之術猶有不得如陛下之意者豈非有司議法之過官吏行法之弊乎臣嘗讀易得其說曰天地之大德曰生聖人之大寶曰位何以守位曰仁何以聚人曰財理財正辭禁民為非曰義今陛下有天地好生之德居聖人大寶之位守之以仁行之以義而臣下未有稱陛下之旨任天下之責者夫守位莫大於得人心聚人莫先於經國用此誠陛下今日之所留意而已行之矣然臣猶有區區之說者誠謂更化之際古人所難調一之道必有其要故臣為得人心之說有四一曰廣恩宥二曰解朋黨三曰用有德四曰重守令為經國用之說有六一曰修錢貨之法二曰修茶鹽之法三曰修居養安濟漏澤之法四曰修學校之法五曰修吏役之法六曰修轉輸之

法臣所謂廣恩宥者誠謂陛下前日聽任之過法度或有未便刑罰或有失中天下雖知陛下之德而行法之吏不無失人之心臣願陛下曠然為盛德之舉下責躬之詔其意若曰迺者失於聽任法度過差恐吾民至有陷於非辜賢者或有廢而未用人失其所澤不下宣因推應官吏軍民之在罪籍者無輕重悉使自新如此則天下之人孰不懽然交悅益知陛下之為聖前日有司之為過也臣所謂廣恩宥為得人心之術者此也夫然後除其黨籍勅戒有司應今赦以前不得復論繼今以後不得復以朋黨為言朋黨之論誠非國家之利也夫一人之身內有九族之衆外有婚姻之黨又有朋游之好一家十人十家百人百家千人以一人失職千人懐戚一口傳情萬口傳聲陛下誠能念其前事之已往歲月之已久所言失當者或出於忠誠之憤激所為繆戾者或出於愚暗之無知天下樂生之情同於昆蟲何所不愛陛下好生之德同於天地何所不容臣願無問罪之輕重時之後先人之邪正悉因大霈一切釋之兩解其黨應前任宰相執政者與之三京四輔前任侍從者與之帥府望郡前任臺省官者與之列郡餘官各隨資任聽其仕進已亡沒者悉復之有恩賜者悉還之如此則人無懐疑之心下無失職之嘆幽明咸被其澤賢愚各得其所回千人之憂戚為四海之懽聲臣所謂解朋黨為得人心之術者此也臣所謂用有德者臣誠謂天下之人有有德者有有才者有才德兼備者操行無邪持心近厚所謂有德也人所不能而己能之所謂有才也才德兼備者上也有德而無才者次也有才而無其德者又其次也無才無德斯為下矣故曰賢者在位能者在職又曰任賢使能所謂賢者有德之謂也所謂能者者才之謂也賢者在位則朝廷尊朝廷任賢則天下服夫為德非一日之積也德成而信於

人者又非一日之積也。誠願陛下博選耆艾。參用舊德。蓋耆德之人。
知古今之多。閱世故之久。必能為陛下稽古愛民。必不為陛下妄作
生事。而又天下之所素知。人心之所素服。用之於一方。則一方之民
悅。用之於朝廷。則天下之民悅。陛下能用民悅之人。是陛下得民之
悅也。臣所謂用有德為得人心之術者此也。臣所謂重守令者。誠謂
天下一家。萬民為本。積縣為州。積州為國。縣不得人。則為陛下失一
縣人之心。州不得人。則為陛下失一州人之心。國不得人。則為陛下
失天下人之心。是人心者為州縣之根本。州縣者為天下之根本。今
朝廷之上。選賢用能。而州縣之任未嘗選也。資考應吏部之格者可
以得也。朝廷以為不才而黜逐者可以得也。夫朝廷以堂選為重。吏
部為輕。而郡守縣令以吏部得之。是州縣之任輕於朝廷也。朝廷以
進用為才。黜責為不才。而郡守縣令以黜責得之。是朝廷輕郡守縣

令之任也。臣願立守令之法。重州縣之任。應今後朝廷之黜責者。不
得任郡守縣令。朝廷之選用者。必自郡守縣令選除。如此。則守令知
自重而不敢害吾民。民知上愛我。莫不懷上德。臣所謂重守令為得
人心者此也。臣所謂修錢貨之法者。其說有三。一曰當十。二曰夾錫。
三曰陝西鐵錢。夫錢本無用。而物為之用。錢本無輕重。而物為之輕
重。此聖智之術。國之利柄也。臣竊計自行當十以來。國之鑄者一。民
之鑄者十。錢之利一倍。物之貴兩倍。是國家操一分之柄。失十分之
利。以一倍之利。當兩倍之物。又況夾錫未有一分之利。而物已三倍
之貴。是以比歲以來。物價愈重。而國用已屈。為今之說者。不過曰官
既罷鑄。聽其自為輕重。又不過如慶曆之法。以漸減其分數。此二說
皆不可也。夫盜鑄當十。得兩倍之利。利之所在。法不能禁也。自行法
以來。官鑄幾何。私鑄幾何矣。官鑄雖罷。私鑄不已也。私鑄不已。則物

價益貴。刑禁益煩。而物出於民。錢出於官。天下租稅常什之四。而糴
常十之六。與夫供奉之物。器用之具。凡所欲得者。必以錢貿易而後
可。使其出於民者常重。出於官者常輕。則國用其能不屈乎。此一不
可也。慶曆之法。前日行之東南是也。自十而為五。自五而為三。自三
而為小鈔。自十而為五。民之所有。十去其半矣。自五而為三。民之所
有。十去其七矣。小鈔之法。自一百等之至於一貫。民之交易。不能悉
辨其真偽。一也。輸於官而不可得錢。二也。是以東南之民。不肯以當
三易鈔。而盡銷為黃錢。此前日已行之弊也。然而所以得行者。尚以
改鑄之日未久。散於天下者未多。況今公私之鑄日久。併於五路與
京師者日益多。其可復如前日公私有五分七分之損乎。此二不可
也。然而當十必至於當三。然後可平。夾錫必併之。然後可行。陝西鐵
錢必通之。然後可重。臣之說。欲官出進納誥勅與度牒紫衣師號見

錢公據六等。以收京師五路當十。隨其錢數。物直平易之。其有奇零
不及數者。則隨其多寡。填給公據。許得貿易。若自便於榷貨務筭。請
諸路末鹽鈔。以一季為限。於是悉以所得當十。椿管逐路。或上供京
師。隨其所用。改為當三。通於天下。國家無所費。而坐收數百萬緡之
用。其利一也。公私無所損。而物價可平。其利二也。盜鑄不作。而刑禁
可息。其利三也。然而六等之說。所出既多。則必停壅不售。停壅不售
則其直必減。其直既減。則公私或損。臣欲進納前日之給綾紙宣帖
者。悉更為誥勅。而度牒紫衣師號悉用黃紙。自法行之後。應官司惟
得書填今來進納誥勅及黃紙度牒紫衣師號。候畢。方得書填舊降
文字。如此。則無停壅之弊。價輕之患矣。此修當十錢之法也。夾錫之
弊。其行未久。輕於銅錢三之一。十三當銅錢之十。臣欲併於河北陝
西河東三路。陝西鐵錢之弊。其積已多。輕於銅錢一之十五。臣欲通

於河北河東兩路蓋錢以無用為用物以有用為用是物為寡而錢為虛也故錢與物本無重輕始以小錢等之物既定矣而更以大錢則大錢輕而物重矣始以銅錢等之物既定矣而更以鐵錢則鐵錢輕而物重矣物非加重本以小錢銅錢為等而大錢鐵錢輕於其所等故也何則小錢以一為一而大錢以三為十故也銅錢以可運可積為貴而鐵錢不可運不可積為賤故也以其本無輕重而相形乃為輕重故臣之說欲併夾錫與鐵錢通行於河北陝西河東三路而禁使銅錢其三路所有銅錢許過銅錢路分行用其京東京西兩路夾錫錢許過鐵錢路分行用若河北陝西河東行使銅錢京東京西行使夾錫鐵錢與銅錢之入三路夾錫鐵錢之入餘路各論如私錢法如此則鐵錢與物復相為等而輕重自均矣陝西鐵錢既廢而可以復行其利一也銅錢不流於二虜其利二也虜人盜鑄而無所復

用其利三也其或鐵錢尚輕物價尚貴又有二說以濟之鐵錢腳重轉徙道路不便於往來一也拘於三路而不可通於天下不便於商賈二也臣欲各於逐路轉運司置交子如川法約所出之數椿錢以給之使便於往來其說一也朝廷歲給逐路糴買之數悉出見錢公據許於京師或其餘銅錢路分就請以便商賈其說二也前日鈔法椿留諸路若京師以稱名則交鈔為有實而可信於人可行於天下其法既行則鐵錢必等而國家常有三之一之利蓋必有水火之失盜賊之虞往來之積常居其一是以歲出交子公據常以二分之實可為三分之用此修夾錫鐵錢之法也臣所謂修茶鹽之法者臣欲并酒法而總其鹽鈔算請之數買茶搭息之數榷酤淨利之數坊場買撲之數通天下五等而三之為上中下十有五等歲各出緡若干一切弛其禁令

使民自便國省官吏而歲入有常其利一也戶出緡錢至少而得以自便其利二也小民各安其業而商賈得通其利三也姦盜不作而刑罰可省其利四也臣所謂修居養安濟漏澤之法者前日朝廷既嘗修之矣然其利未廣其費尚多臣誠欲廣陛下之惠息縣官之費謂應天下鰥寡孤獨之無歸者疾病之無養者死亡之無葬者宜令各許所在近便寺觀隨宜收養葬瘞每通計及若干人給度牒一道如此則生養死葬者各得其便一利也天下寺觀各得度人二利也官無濫費而下獲實惠三利也德澤益廣而可以久行四利也臣所謂修學校之法者誠謂前日之法太煩而難守費廣而難久官有一歲四科場之勞士有五歲一應舉之患春季一試夏季一試秋季一試冬季一試官吏之勞紙札之費悉如貢舉之法是一歲而有四科場也豈非官以為弊乎一試入縣學一年然後赴歲升再試入州學

一年然後補內舍三試升內舍一年然後補上舍者歲終然後入辟雍入辟雍者遇大比然後得推恩凡此數者每試必得必有考察必遇大比已五年矣而況試未必得得未必有考察貢未必遇大比是又有七年之久者有終身不得進者豈非士以為患乎臣欲廣陛下教養之意而覈其實簡有司選試之法而省其費謂宜州置州學教授一員命官充之選有學行者視其資秩為請給人從之數縣置縣學教授一員舉人充之月給職錢五千學生之入縣學者不試不給食學生之入州學者初歲一試外舍取文理通者不限以數比歲再試內舍取外舍十之一三歲再試上舍取外舍十之一於是貢于太學太學總天下所貢之數而大比焉又取十之一乃奏名而官之應三舍生願在學與游學於外者聽其自便內舍以上官給食若在外犯公罪徒私罪杖雖贖及在學犯第二等以上罰者各不得預試每

大比之後一再試如初法嘗預貢者免試外舍至於試士之法其弊亦久人守一經無不出之題文為一格無甚高之論以博學好古為迂闊以綴緝時文為捷徑是以老成久學之士未必得而後生淺聞之徒多預選臣謂宜革選試之法使人試五經大義各一條為第一場子史時務策各一道為第二場宏詞為第三場如此則高才實學者無不遇之歎而新進寡學者無濫得之弊是為今日學校之所養者必為他日朝廷之所用學校益廣一利也考選益精二利也士得自便三利也所費至省四利也臣所謂修吏役之法者其說有二以田募吏一說也以兵代役二說也以田募吏之法水田上等一頃中等一頃半下等二頃陸田上等二頃中等三頃下等四頃州縣每案募吏一人使世其職身殁聽以子孫家人承代試而後補犯枉法自盜贓者還其田別募隨

其案之職務煩簡許保任書手一人至三人月給顧直三千犯枉法自盜贓者同罪餘罪輕重有差如此則吏得久其職而可以責任一利也人知自愛而重犯法二利也民不受弊三利也顧直可省四利也以兵代役之法應州顧散從縣顧手力悉易以廂軍廂軍不足以禁軍其教閱吏代差出各如本法即不得下鄉幹當公事如此則顧役可省其利一也兵無冗食其利二也臣所謂修轉輸之法者臣誠以謂領使太煩轉輸不一財散而費廣權分而勢輕臣欲悉減諸司官每路只置轉運司一員使轉輸財賦按察使一員使察廉吏治皆以望重品高者為之許各辟官屬分治其事如此則權一而事治其利一也官省而費輕其利二也凡此十說臣皆推原陛下仁聖之美意修廢今日已行之良法於當更之時順民悅之情定一代之典為萬世之利至於事之緩急行之先後法之纖悉儻蒙萬機之暇留神

聽覽或有可采別具條對出自宸衷斷而行之臣非敢懷邪而覬望希賓而幸進惟欲陛下受天命無窮之福天下安陛下和樂之政宗廟永寧社稷永固臣之至願也

李復上奏曰臣聞聖人御天下也必以道而道者南面之術也其所謂道者豈但漠然而無所事哉其用至微其功至周皆隱於綱紀法度禮樂德政之間使四海安然而無事至千萬世而無弊天下由之不知其所以然而然也古之致治者惟堯能之孔子稱之曰煥乎其有文章乃綱紀法度禮樂德政之謂也巍巍乎其有成功乃天下安然無弊之效也蕩蕩乎民無能名乃不知其所以然而然也夫惟如是所謂道也後世無不稽焉前世自唐末至五季天下糜爛大壞有識者傷之至於不忍言國家之藝祖太宗濬而未躍熟稔昔者禍亂之所由起自膺天命凡立一法欲絕一蠹凡舉一政欲去一弊小大遠

近皆有綱紀法度維持不以喜而妄與不以怒而妄罰使居官者修其職安其分而不敢妄作不敢苟悅無狂易徼幸之心百姓守其業樂其生無橫擾困苦之患累聖循之迄今一百六十年天下晏然自三代而下未有若本朝平定之久也恭惟陛下即位已來延見臣下必訪治道四方聞之皆曰今唐堯在上矣臣願陛下思祖宗修立紀綱法度維持天下之意不取目前之虛美而求經久之遠慮使上下各安其分守職業具舉朝廷清明民物繁富弊無由而起蠹無從而生天下不知其所以然豈非配天廣地之業哉治道莫盛於此臣踈遠愚惷不知治體狂妄獻說惟赦之幸甚

復又論虛名實敝上奏曰臣聞古先哲王之舉事也必常艱於其始而深慮其終始雖可為後不可繼則不為蓋慮得其虛名而受其實弊天下四海雖甚大亦猶庶民之一家以一家之事推之乃天下之事爾

臣嘗觀舊史見前世不能深思遠慮輕動生患者其事甚衆不欲遽引以瀆聖聽以臣今親見所謂庶民之家者論之臣居有鄰人承其父業負郭有美田十餘頃衣食富足不能力穡篤治為人所怵喜多田之豪名聲索又營遠山之瘠田數十頃欲人稱其田之多也遠田無所得常以負郭資之歲久因遠而困此求虛名而受實弊也陛下承祖宗積累之休無幽不燭無遠不察其多事輕動以求利者不能昧聖聰必久已察之矣固不待螻蟻之微獻其愚臣惓惓之誠更願終謹之幸甚

左司諫江公望上奏曰天下大器置諸安則安置諸危則危此知置之之地未知運之之手天下神器為者敗之執者失之此知運之之手未知藏之之道藏天下於天下而不得遯此所以為道也天下有常安之地聖人操妙用之手至人藏不動之道不動常動動常不動運實不運不運常運安常不安不安常安此宰制天下之妙理管仲

髣髴萬一以其君霸伊尹周公收拾土苴以其君王大舜神禹得之以其君帝孔子曰惟天為大惟堯則之與天同体得所以藏之之道禪之匹夫如擲芥揮涕之易得所以運之之手煥乎其文巍乎其功得所以繕全之理而置之者也自堯而下以人治天下以人治天下貽於道矣舜捨己從人禹惟不矜不伐湯執中文王翼翼武之斤斤以器之不可滿而先為可持之方成王持盈守成以器之已滿而見於能持之力道既貽矣器亦狹也嗟乎戰國之縱橫秦漢之吞并有為之之敗執之之失矣故其妙不知所以藏其粗不知所以置天下無事亦幸爾今有器焉盪而不餙蕩而不綱欹而不平漏而不葺置之能安以否身坐其中雖巨有力焉能運行以否一日為有力者負之以去謂之善藏以否器既如是天下亦然陛下以仁為樸以義為削以信為繩以智為巧以禮為繪政以制其用刑以文其蠹啾啾萬鳴蠢蠢群動同在一器虛而不實故衆實之所會靜而不動故群動之所止止而無止則動亦寂矣會無所會故實亦空矣虛實一体動靜同域莫得其隙莫窺其用陛下以此藏之孰能移也得之於天人非容心也視之若敝屣非有愛也承之於宗廟非敢忽也行一不義殺一不辜非敢為也人愛亦愛之人棄亦棄之示至公也上而公輔下而有司百執事或坐而論道或作而行之各當其力也不在一曲不滯一隅東顧西盼左提右挈如在掌握之上陛下以此運之孰能弊也不畏多難而以無難為憂不矜無過而以改過為美居安思危在治思亂以山河為金湯以夷狄為赤子外之郡國若犬牙之相制內之宗族若盤石之鎮安建極於四達之塗躋民於仁壽之域陛下以此制之孰能危也藝祖神考能運而藏之者也仁宗能安而置之

者也今舉以付陛下如何其勿思也臣之言若誕而不可考稽皆目前之至理非外取也張湛曰至妙之所會者更麤至高之所適者反下臣以為知言惟陛下財擇

公望又奏曰人君明目達聰所以通下情也前後有旒左右有纊所以防太察也太察則聞人之過下情不通則不聞己過聞人之過則姦生而刑滋不見己過則心塞而禍萌此周之厲王以防口而召亾漢之顯宗以耳目隱發為明而速亂也邏者之興推求其意不過以求瑕搜慝鉤致盜詐出於不備擿發如神此一酷京兆之俗才爾使京兆為之側目耳陛下以天下為度海內為家而為良京兆所不為伏惟陛下即政之三日一切罷去天下聞之翕然歸心開口張膽人人自安告訐不長風俗向厚比聞稍稍復置益舊額通為七十人一人量以十人為耳目十人之中一人又以十人為之散之通達永巷

不啻數千百人矣夫婦醜詆之言仇隙怨傳之語增情飾狀摘隱抉伏何所不至人人跼蹐各各疑慮親戚不敢誠朋友不敢信目不敢注視手不敢直指若此定非清世之美事也昔吴主孫權用呂一葦舉罪糾姦纖介必聞深案醜誣排陷無罪以作威福步隲力詆其非權尋誅一覺悟尚早蓋小人因緣銜命不務奉公利在憑藉威勢杜絶人口公然作過使上聰不達威柄潛移刑及無辜睽睽萬目關人之過不聞己過之所致也老子曰察見淵魚者不祥以察為明是誠不祥之兆也陛下豈不思畿甸之外非陛下之民乎人各有心能使之昏昏不諭朝廷之所為乎人各有口能使之嘿嘿不議陛下政事乎既不可揜於天下何獨察察於輦轂之下以為明哉語曰天下有道庶人不議信乎有道不可得而議也伏望陛下以道御天下使人蕩然不疑無得而議何為蹈吴之故轍而不知革彼猶能因言以誅一葦孰謂陛下鑒此而不能之乎願黜獻議之人通舊額人數一切罷去除禍者必鋤其根植福者必封其本毋謂昔有額而不可去也其根尚存枝葉他日復生矣不可不察

趙鼎臣對策曰臣聞天下之勢莫重於已安聖人之慮常切於既治古先盛王不以太平盈成為可樂而以長治為難不以垂裳拱揖為多暇而以居安為懼故衢室載放勛之問總章志有虞之訪謀及卜筮學至芻蕘凡以不恃獨見之聰明而思得天下之忠言嘉謨以濟其治也不惟有以明己善而又有以取衆善不惟有以鑒己然而又有以防未然聖而益聖安而愈安蓋皆出于此矣恭惟陛下承休祖宗合德天地仰奉太母之慈訓懋昭先帝之盛烈据已安之勢攬既治之俗猶於多士在廷親屈聖問勞謙退託曾所未逮此誠陛下推堯舜之用心而使有吾卜筮芻蕘者咸得預謀而備問也臣愚不肖

草野狂贛妄彈所聞思補聖德之萬一惟陛下赦其昧死臣不勝至願伏惟聖策推兩漢之政鑒方今之治慜大辟之尚衆念寒燠之或差此見陛下求治之深也臣聞善言古者驗於今善言天者驗於人陛下仁慈恭儉視民如傷置官司裁省浮費而約賞節用首自宮掖則非特衣綈履革而已銖金尺帛不妄錫與臺池苑囿無所增飾則非特惜十家之產而已發內庫之金以賑凍餒散上供之粟以賙饑饉則非特除慘酷之科著胎養之令而已應天必以實見異必修德此宜天地之氣交感旁暢遐邇之民承風向化俗興禮義而年穀和熟以答陛下之休德也然間有不能爾者雖臣嘗疑焉請為陛下陳之臣聞人之怨咨鬱於下然後天之舒慘變於上故水旱為沴本民情之未和民情之未和由大辟之滋衆蓋民無常產因無常心則放僻邪侈無不為已及陷罪而刑之孟子謂之罔民此不可以不戒也臣竊謂方今有仁政而無仁吏故郡縣之政徒謹簿書有司之臣諱言教化化不下究則民起而觸憲網食不家給則人窮而為盜賊替鄰之所獲追胥之所執歲不下以千百數有司徒能据法以當其罪而未嘗論陛下所以愛養元元之意且思有以教之此不亦有仁政而無仁吏邪刑罰積而嗟嘆興嗟嘆興而變沴作則夫寒暑差僭豈無自而致然哉昔東海一女子耳刑不以罪猶能感致暵旱況四海生齒之衆而曰死必當辜刑必應罪臣雖甚愚竊未敢謂之然也彼文景二帝因斅承峻濟以寬厚故民氣既協而天理亦應此其所以修而致之者惟陛下以教化為首務擇良有司而奉行之然後刑辟可清嗟嘆可革而頌聲和氣固將薰蒸旁薄發為嘉瑞則水旱之變又何見於盛世哉伏惟聖策慕無為之治敬何言之化又將明賢鄙而平徭賦定法令而清蠻貊革而正之務求勿擾此見陛下罔政

之備也臣聞任官以資格則雖賢有所不申取人以言語則雖鄙有所幸進此其所以未明也惟陛下稽唐虞考績之典放周書黜陟之制如此則賢鄙明矣臣聞户板既久有虛名而增稅流亡不復有詭佃而不征貧以不足而重斂富以有餘而徼幸至於課功調役多寡隨之此其所以未平也惟陛下采師丹限田之議放唐人口分之法浸復古初毋尚一切如此則徭賦平矣臣聞之易於渙曰渙汗其大號於巽曰申命行事故先王之行令也堅如金石信如四時公如天地以陛下之聖布美意畫良法合於人情熟講而力行之雖萬世可無弊至於因時移易隨變屈申是乃所以為神化不倦者又何患於屢更哉顧其所設施何如耳臣聞夷狄固不可禮誼接也周人上策不過乎嚴守禦走集之利俾其欲寇不能願臣不許而已陛下臨御首詔疆吏毋得擅興侵略斥候既明約束素定持重養威隱然有

不可犯之勢是以鬼章跳踉竊据邊壘而亟縛渠魁生致闕下蹈臨洮之城轔青唐之壤雲徹席卷天威四震此誠今日已成之効也臣願陛下謨謀嵩廊益稽遠略采姚崇之意不賞邊功取士燮之言擇為外懼禽獸視之則又何患於不誠而且未清哉伏惟聖策咨劭農之首務訪制禮之盛典欲人不趍利而務節欲士不憚勞而奏功此見陛下講化之勤也臣聞農盡其力在敦本而抑末禮制其宜當緣情而示訓雖然傳曰禮先王未之有可以義起也陛下德為聖人位為天子則夫以義起禮固無便於此矣而復訪臣以制宜之時此臣所以遲疑而不知對也臣聞上好節誼則人不勸而自矜朝有爵賞則士雖勞而不憚則夫不趍利而樂奏功亦在陛下所以鼓舞之而已至如漢之久任可以課吏治隋之義倉可以禦凶年此善於令而可先者也兵糧之滋廣服用之無制此戾於古而為大者善者以漸

而復行戾者以幾而除去為政之善宜必如此凡此數者是皆治國之大本方今之急務臣既言其畧矣而陛下復策臣以天下之廣黎元之衆慮有未萌而當預防者臣於此然後見陛下凡所以問臣者豈徒為無用之空文可喜之高論哉又將深謀遠慮而及未然之得失願臣之愚何足以識此雖然仰觀陛下即位以來仁深德厚政良俗美務行寬大之令懲苛嬈之吏元元赤子蒙被天地父母之恩可謂至矣然臣切慮郡縣疏遠之吏或不能明朝廷指意妄謂厭明察而樂簡易務為優游懦緩之治以至見非不舉聞惡不察趍競者矯以取名偷懦者習以蒙幸茲風一扇流為姑息此臣所大懼也願陛下懲其流而塞其源正其本以禁其末有若宣帝之政信賞必罰太宗之治屈己從諫此消弭之大略也臣愚不識忌諱復附于末惟陛下財幸

御史中丞王安中奏曰臣聞治古之世君任道以用天下臣任法以為天下用蓋道不徒行必以道出法君不獨治必以人守法法行而下不能守君勞而臣不知勉三代以來未有若是而能治者也臣竊觀陛下有堯之仁有舜之孝有夏禹之勤儉有文王之小心而又席祖宗流澤之光承熙豐聖作之緒禮備樂成隆典畢舉天地[illegible]應年穀屢豐宜可以儲思於穆清玩心於昭曠而臨朝聽政每至旰食咨逮焦勞形于玉色退即便殿親御翰墨發號施令日以數十纖悉微隱必關聖慮雖天德剛健勤于萬幾然臣竊意陛下勢亦有未可自已者也何則本在於上末在於下要在於主詳在於臣臣嘗觀今之為臣者矣所與共者天位所與治者天職所與食者天祿而精白一意以承休德者為誰哉同寅協恭和衷以助理萬務者為誰哉以道事君而任天下之責者為誰哉情同者相求利同者相[illegible]挺持者不

容䏂睚者不貸迫挾自大之風積久未殄背公而徇私怙權而附黨見得而忘義售諛而醜正締合相傾之習于茲猶熾豈無尊君親上之士哉且相戒以保身豈無憂國愛民之士哉且相語以俟命則利孰與興弊孰與去政事孰與修紀綱孰與正陛下雖有尊賢續俊紹庭陟降之意而平進之塗塞矣陛下雖有躡世摩鈍甄別流品之意而名器之施輕矣陛下雖有崇寬尚德勤恤元元之意而膏澤之源壅矣陛下雖有躬儉節用裕民足國之意而財利之積耗矣朝廷除吏士或困於無津吏部注官衆又拒於無關媚聯宛轉擇地而仕勞舊寒窶終歲坐待平進之塞有如此者賞不必勸能官不必稱事胥史之賤至上大夫者多於王廷之士給使之冗至橫列者雜於公室之臣名器之輕有如此者役不時興以差爲募物不時須以配爲市富者求易常產貧者無以自給民狃于犯法輙牟奪以封己吏幸于

乘時輙並緣以爲姦膏澤之壅有如此者天地之間其生有數四方之物其利有常既已聚諸此必竭於彼羨賦祿之厚其源既開興事之費其流既肆掌計之臣指應副之外無他策將漕之使倖封樁之外無餘術此可以爲常哉其無事幸而已財利之耗有如此者以祖宗基業之隆以神考制作之盛承以陛下之聖而天下之事文具而効不至名美而實不副者將不止諸此臣姑擧其大者若夫有志之士寢食之所念慮四方萬里之遠朝夕之所系望陛下天聰天明無所不燭盍亦循其本乎臣觀記禮者以大臣法小臣廉爲國之肥蓋言大臣有以正下小臣有以守己則仁賢至而國不空政事立而財用足禹之告舜曰慎乃在位又曰其弼直而繼之惟動丕應徯志蓋言審官而所使弼己者直則動必衆且大應至乃徯志所在而無違命穆王之命伯景亦曰昔在文武聰明齊聖小大之臣咸懷忠良其

侍御僕從罔匪正人而繼之以下民祗若萬邦咸休蓋言得忠良正直之臣列于內外則號令必臧民用順治然則今日之務孰有先於此者乎臣願陛下開衆正之門立大公之道崇獎尊君親上憂國愛民之臣抑絕好同惡直背公徇私之風則國家之治忽生民之休戚群下之情僞將畢達于前而陛下躬以剛健之德體天之道觀四時之運順盈虛消息之理化而裁之神而明之以通上下之志以適萬物之宜循名以責實約文而就質持之以久守之以衆則太平之化日隆無爲之功可致家給人足刑措不用至于海隅蒼生罔不蒙福矣臣舊自疏遠蒙陛下親擢任以中執法區區之愚誠不敢爲臆說以効尺寸之報凡臣所陳皆天下之所欲達于上者而猶其略也惟陛下留神裁幸

劉允承論尚同之弊疏曰臣伏覩敕威紀元之號曰政和蓋自神考

稽古立政實創厥始繼繼承承至于今日斟酌損益克底于中此政和之實也然臣聞之和與同異可否相濟曰和可可否否曰同曩者朝廷立法之初意甚美也而議論之臣曾不爲國家深惜惟務希合以濟其私往往順承太過浸失本意此尚同之弊也幸陛下神聖獨斷親灑宸翰以勅有司參酌前後之宜悉從中制一代之典遂成完文庶政惟和適在今日夫同者憂其說之不合一己之私也和者惟義所在天下之公也願陛下明勅群吏各公乃心務輸忠實毋或循私以爲雷同有所建立不憚可否參於至當以合乎孔子所謂不同之義則政和之効出前古矣詩曰不競不絿不剛不柔敷政優優百祿是遒此言湯政之和而獲天福也惟陛下留神天下幸甚

太常少卿李綱上奏曰臣聞忠臣不避誅以正諫故能濟患難而圖安明主不以人而廢言故能協智力以自助臣愚忘生觸死願効區

區之患惟陛下留神幸察臣以太常職事以道郊禋竊見陛下祼獻太廟十室聖心感動涕泗橫流侍祠之臣亦助惻楚然臣以謂陛下念祖宗艱難之功必思所以持盈守成慕神考劬勞之德必思所以繼志述事況於宗社之大本生民之大計得不深慮而熟察之乎臣伏觀陛下自臨御以來追紹先烈所以持盈守成繼志述事者無所不至遠欲攄祖宗之宿憤近欲成神考之貽謀因契丹之衰亡復燕山之故境此誠不世之功而甚盛之舉也然而謀事之臣動失機會統兵之將多違指蹤糧餉有飛輓之勞賂遺有貪婪之患金國敗盟兩書狎至常勝失守存亡未期自燕地以南無高山深林險阻以為捍蔽自大河以北有頻年盜賊郡縣為之蕭然設使犬羊之衆蝟結蟻聚侵邊徼而摩封疆將何以禦之此誠宗社危急之秋陛下側席求言而忠臣義士奮不顧身以報國家之日也竊聞有旨召侍從之臣懷議各具所見以聞有以見陛下焦勞慨然有納用羣策之意臣以庶僚疎賤不獲與議論之末竊自傷悼矣抱孤忠考古揆今參之天人之際日夜念此至熟仰窺陛下知過寧忍緘默不言以圖補萬分之一敢忘越職犯分之罪冒進忱辭惟陛下赦其狂瞽而詳擇其中臣竊謂當今禦戎之急務雖在於選將勵兵多方捍敵然要須治其本原敵乃可制杜牧所謂上策莫如自治而以浪戰為最下策者誠為知言前者已不可悔後者猶可圖也臣謂治其本原者其說有五一曰正己以收人心二曰聽言以收士用三曰蓄財穀以足軍儲四曰審號令以尊國勢五曰施恩澤以弭民怨臣所謂正己以收人心者比年以來般運花石舳艫相銜營繕宮室斧斤不輟製造器用務極奢巧賜予之費靡有紀極燕遊之娛倍於曩時此皆上累大德下失羣心蠹耗邦財斬刈民力積以歲時馴致今日之患非偶然也

孔子曰一日克己復禮天下歸仁焉又曰修己以安百姓堯舜其猶病諸凡此數事特皆陛下耳目玩好嬉戲之具於事為甚輕然而實害天下之大計於體為至重亦而罷之一念之頃斷自聖心夫復何難此令朝行人心夕改所謂克己復禮而天下歸仁修己安人而比隆堯舜者陛下豈不優為之臣願陛下降明詔罷花石之運停營繕之工減製造之局省賜予之費節燕遊之娛凡應奉之物一切禁絕如已詔停罷前項數事更願以至誠惻怛之意加之深省前失無以事勢稍緩即復施行要在使衆必信上以昭聖德下以收人心可乎臣所謂聽言以收士用者比年以來忌諱衆多人材鮮少諂諛之說日進忠鯁之言不聞譬猶一人之身衆病交攻不求瞑眩之藥而望厥疾之瘳不可得也夫中材之士正須崇獎乃敢展盡況復摧抑誰復納忠是以大臣以將順為任職而不肯諫小臣以畏縮為得計而不敢言侍從之列懷榮寵而謀身臺諫之臣舉細故以塞責習熟見聞馴致今日之患亦非偶然也書曰后從諫則聖傳曰武王諤諤以昌以陛下之明而招徠羣言廣諫益聖天下之事有不足為者況區區之夷狄何足深畏孟子曰聞以七十里而有天下未聞以千里而畏人者也況以天下之大而畏夷狄哉方今賢士大夫或伏於下僚或遯於山澤以陛下無至誠聽用之意皆閉其言而弗出平日陛下所取謀而聽用者不過左右近習之臣陛下以今日之事思之果能有濟乎臣願陛下降明詔求忠讜之言延草茅之士許侍從同薦或自薦達便殿賜對不拘以時使之展盡底蘊虛心以聽之言而是舉行其策而隨加擢用言而非亦加慰勞而勿復譴責仍於詔中明著悼往年求言加罪之失凡百忌諱一切蠲除上以廣聖聰下以收士用可乎臣所謂蓄財穀以足軍儲者臣聞人以財而聚兵以食為天

雖有良將銳卒非財莫能使也雖有金城湯池非穀莫能守也財穀之蓄平日猶不可緩況於用兵禦敵爲持久之計哉比年以來用度無節侵耗日多財匱而府庫虛穀散而倉廩竭物力既耗人心驚疑如居風濤洶洶靡定今日所以給軍費不知陛下於何所取而足乎取之內帑而內帑有盡取之封樁而封樁已無取之闔闢斂散之術而權貸之法已殫取之橫賦暴斂之政而吾民之力已困正當苦節以爲足用之計耳近者置司講議失本末先後之序凡所裁減類皆毛舉僅及百分之一二而真所謂無名之費不急之務初未嘗裁減也況於權臣貴戚近幸之臣開端援例以沮壞之有裁減之名無裁減之實怨謗紛然何補於事今日之勢迫矣屯兵數十萬糧餉錫賚其費不貲又將取於吾民如前日之免夫錢則四方盜賊圜視而起豈不趣禍亂哉臣願陛下深思熟計如臣前之所陳既罷花石營繕

製造賜予燕遊應奉等事明詔有司將常日遂項錢物盡歸版曹別項樁管專給軍費御前不復取索有司不進闕子有不如詔重寘于法又詔宰執文武百官俸給米麥減半宰執及觀察使待制以上官在京有物業者仍令各進家財以助國用事平旋行給還在京上戶願進者聽優與官職又詔諸路漕臣以上供斛㪷及自御前撥降錢帛日下於淮浙沿流州軍高價糴穀多方措置人船星夜起發以實中都斷而行之勿爲浮議所沮財穀充牣軍儲有餘則夷狄不難禦也臣所謂審號令以尊國勢者臣聞人主深居九重之中所以宰制萬邦役使群衆者莫大於號令號令者國之紀綱也其在天如風雷在人如血脈風雷不失其序則萬化成血脈不悖其理則四支運故人主之於號令必審諦而不妄發則威信立而國勢尊下之仰上如天惟其所命民之視君如心惟其所使此帝王御天下之常道也比

年以來發號出令初莫之審朝令夕改初不必行密降旁出而三省密院不與知束以峻法而給舍不敢駁夫元豐釐正三省密院之制皆所以奉行天子之號令者也二三大臣與夫給舍之官皆陛下親擇而信任之者也號令之出而二三大臣或不與議號令之行而給舍之官不得舉職是朝廷爲虛設而政事之出所以多門也首尾衡決先後錯忤有司疑於趨赴四方無所適從陛下方以總攬權綱爲得計而不知國勢已卑矣臣願陛下深究神考設官之意每下號令必與二三大臣謀之無使非其人者得與其或未允聽給舍得以審駁令出惟行而無反汗之譏信賞必罰減去私意則州縣將吏兵民如身之使臂臂之使指夷狄不難禦也臣所謂旌惠澤以弭民怨者臣聞民之恃財以生猶魚之恃水以活也王者之澤被於民深譬如江湖散漫悠遠魚於此而相忘豈有他哉用之有節取之有道不奪

其所以相生養者而已比年以來用度既廣取於民者常賦之外其目繁多絮帛則有和買預買有泛買有常平司和買有應副燕山和買米穀則有和糴有均糴有補發上供和糴有應副軍糧和糴有撥發輦運司和糴名曰預買無錢可數名曰和糴其價每下又以官告度牒鈔書准折衆戶共分皆爲虛名無用之物此外又有茶鹽敷配課額贓吏猾胥因緣侵漁一家之產隨其高下所出如此欲其不飢寒轉徙得乎東南之民耳目見聞水漕而陸輦者又皆花石應奉不急之物愚民無知以謂奪其父子兄弟夫婦所以相生養之具盡於錙銖而用之如泥沙以供浮費欲其不興怨謗何可得哉是以頃歲江浙巨盜一呼從之者飈舉而雲集東北嘯聚至今爲梗職此之由方今邊鄙震聳人心驚疑深慮窮民復起爲盜則腹背受患何以支吾臣願陛下明詔州縣凡積歲欠負並與放免近降措置財利指揮

如鈔旁錢免行錢醋息錢之類一切停罷庶使民心安妥而姦猾不得以搖之此不可緩之策也臣前所陳五事如蒙陛下詳察而施行之則所謂上策莫如自治者其大槩已舉矣變危為安莫先於此至於選將勵兵多方捍敵之策臣請試為陛下陳其梗槩捍敵之策其說有十遣大臣之有智謀權畧素為天下之所信服者為大帥盡統諸將聽其節度推轂授師不從中制使兵勢不分一也選諸將之鷙勇有謀素為士卒之所信服者各將所部分據要害之地使緩急首尾相應可以抗敵將不足則募大小使臣武舉及第或曾立邊功者召問方畧擢而用之二也遣畿甸禁兵不足則揀擇雜役諸色廂兵之强壯者又不足則起河北及畿甸保甲又不足則募民之願為兵者務令數多張大形勢使虜莫測又以羽檄起天下兵盡赴京畿使無外重內輕之患三也恃河以為固旁近州縣屯宿重兵營壘相望以衛京師持重養威勿與之戰待其粮竭勢衰然後議之四也屯戍將兵糧餉錢帛皆自中都應副優加撫卹勿使闕乏別置將兵防護餉道五也並河州郡選擇守臣素有風力可委任者易去疲懦許以便宜從事在朝無其人則召自外方起於閑廢務在恊力公心推選六也募文武小官有膽智辭辯者授以高爵奉使兵間卑辭重幣復約和好以緩師期使吾事可辦七也河北諸郡令堅壁清野人民入保使進無所獲糧餉有時而窮犬羊之衆難以持久八也按地圖相形勢命並塞諸道控制要衝扼其歸路擾其餉道使退有所虞不敢深入九也夏戎窺伺中國久矣乘我之釁安知無跳踉之心今起西兵而召其將帥彼或謀知敢肆猖蹶又生一患則陝西河東諸路不可不虞十也凡此十策雖腐儒之常談然不可不察更願陛下召宿將知兵者與廟堂深計之昔漢文帝時匈奴大入邊乃命周亞夫等

三將軍軍灞上棘門細柳以備胡文帝親勞之禮成而去臣願陛下命將帥統六師屯于近郊訓練士卒陛下親臨以講武振揚天聲以勵士氣鎮之以靜臨之以威兵固有先聲而後實者亦一策也夫夷狄敗盟侵犯邊境自古有之唐太宗時突厥頡利飲馬於渭水去長安不百里太宗與六騎幸渭上逆折之頡利遂遯本朝景德中契丹犯澶淵去都城纔數驛真宗渡河親征契丹遂和何則師直為壯在我者理直而有備士心奮勵氣固足以吞之臣願陛下先留意於自治者而以捍敵為餘事自治之策尤以收人心為先不可以為非今日用兵之急務也昔者太王居邠狄人侵之事之以皮幣珠玉犬馬而不得免太王曰狄人之所欲者吾土地也去之岐山之下居焉從之者如歸市非得人心則雖將避狄人誰與居況欲合衆智恊衆力使將帥忘生卒伍用命士有死志民無離心以捍難制之虜為宗社蒼生之計哉願陛下無忽臣聞良藥苦於口而利於病忠言逆於耳而利於行前事之驗後事之元龜也臣昨於宣和元年任起居郎日因都城暴水變故嘗具狀奏乞陛下寅畏天戒招徠讜言仍乞因侍立直前奏事區區之意實有所懷以謂陰氣太盛恐有盜賊猖蹶夷狄憑陵兵革之事不可不戒有其兆而事未見難於顯言故欲面奏蒙譴降遠小監當雖抱愚衷不能自達逮今七年而盜賊夷狄之患如此乃知天人之際不可誣也惟先格王正厥事上以動天意下以感人心天意人心去就之際間不容髮動天以實而不以文感人以行而不以言正在今日臣願陛下萬機之暇中夜以興仰思祖宗勤勞積累基構畀付之重俯為子孫蕃衍衆多萬世無窮之計留意於賤臣之言夫心之精微非書之所能盡也陛下清燕之閒何惜欄前咫尺之地不使臣進對得盡其心以報盛德伏望聖慈特降睿旨許

臣不隔班先次上殿及與衆聚議庶幾芻蕘之言或有涓埃之補臣雖死之日猶生之年非獨臣之幸乃天下之幸也干冒天威無任戰越惶懼之至

綱又奏曰臣伏覩陛下近降詔旨不係元豐官制事目增置官局等令大臣取索條畫措置以聞此有以見陛下深惟政本而有裁省官局之意也又詔內外官司立旁通格目令各修具元豐紹聖崇寧政和年分財用之所出入見在侵支實數以聞此有以見陛下深惟邦計而有均節財用之意也恭惟陛下躬聰明睿智之資撫承平熙洽之運繼神考之志述神考之事其所施設而已然者遵制揚功而率由之其所有意而未備者增光潤色而推廣之建立制作法度礼樂凡百王之所不敢睥睨者悉舉而行之以大有為於當世然則增置官局不得不多支費財用不得不廣實理之所當然也今紹述之道

罔不完具政立而法度已彰矣教行而礼樂已著矣陛下儲神穆清宅心昭曠日隆於清靜無為之化則出其華而實之猶彼春夏斂為秋冬而歲功成省官局之冗負以嚴政本節財用之浮費以裕邦計亦理之所當然者是宜深軫淵衷命廟堂之臣議此以為先務也然臣竊謂一而不易者道也徙而不留者時也有天下者執道以御衆必有以體其常治天下者應時而造法必有以通其變陛下紹述神考之道措之德業固將傳之無窮施之罔極以垂訓於萬世至於以熙豐之時而視今日則生齒之衆多事為之叢鉅豈特相倍蓰而已哉然則裁省均節固不能悉視於熙豐盡亦揆之以道度之以時損益盈虛惟義之適立為中制使無太過不及之患則實有在於今日之舉臣愚伏望聖慈覩詔二三大臣審圖之熟慮之可否相濟於未然之前號令必行於已出之後斟酌調劑適于厥中官局之可省者省之必務合於人心財用之可節者節之使無損於國體以道為公惟義理之為從成一代之宏規以昭陛下建用皇極之道天下不勝幸甚

歷代名臣奏議卷之四十四

歷代名臣奏議卷之四十五

治道

宋欽宗即位初李綱上疏曰右臣伏覩皇帝陛下誕膺天命撫臨萬邦天地神祇永有依歸華夏蠻貊永有承事神人交慶海寓騰歡道君皇帝體道法古因天順人不貳不疑傳付大器授受之際燦然明白雖堯之禪舜何以加此下視漢唐無足比數此誠宗社之休而生靈之福也然臣竊謂陛下主鬯春宮茲踰十年孝友之義實形四方英偉之姿久動群聽道君皇帝眷佑一德方茲艱難付以宗社生靈之寄天之所歸豈曰人力然而方今夷狄憑陵中國勢弱姦邪充斥君子道消法度紀綱蕩然無統陛下履位適當斯時得不上應天心下順人欲外攘戎狄使中國之勢尊內誅姦邪使君子之道長以副道君皇帝所以付託陛下之意哉邇者道君皇帝下罪己詔罷不急之務蠲煩苛之令除掊克之法招徠忠讜之言討論捍禦之策唱於前陛下不可不和於後造於始陛下不可不續於終正猶堯之禪舜論共鯀兜苗之罪皆在堯時而四罪之誅使天下咸服必居舜日然後元凱可進法度可修四目可明四聰可達庶政惟和萬邦咸寧以成垂拱無為之治仰惟道君皇帝既已為宗社生靈之故親御翰墨悔前日之非播告四方不匿厥旨矣則夫左右恩寵之臣造作邊事養成禍胎屢覆王師貽患宗社有如童貫者招權怙勢首為兵謀以侫幸之姿據師保之任有如王黼蔡攸者以穿窬之質挾姦雄之謀作奇伎淫巧以蕩上心運花石竹木以斂民怨有如朱勔者豪奪民田掊斂財賄剝下奉上倚勢作威有如李彥者恃寵眷之私擅威福之柄招兵自衛失禁旅之心有如高俅者罪實比於四凶誅宜行於兩觀陛下以其久在道君皇帝左右之故未欲誅殛亦宜流竄遠方以正典刑而自即位以來今已累日寂然未聞決斷之詔群心憂疑其何以仰副道君皇帝畀付之意上應天心下順民欲而使夷狄知中國之威逡巡而不敢進哉臣愚伏望陛下運以乾綱照以離明為宗社生靈大計斷而行之天意昭答人心悅服則夷狄不難禦矣昔孔子為魯司寇七日而誅少正卯今陛下即位累日而未行虞舜之政臣竊惑之至於宰相臺諫之臣亦宜罷黜慎擇其人以協惟新之政何則天下之事惟宰相可行而臺諫可言坐乎廟堂之上與天子相可否者宰相也立乎殿陛之間與天子爭是非者臺諫也宰相得行其道臺諫得行其言一失其職則為宰相者何以揆百官而撫四夷為臺諫者何以糾官邪而諫王惡冒寵尸祿無補國家噤默不言致危宗社其罪豈淺淺哉臣竊觀道君皇帝深悼前失欲救天下之心而降哀痛之詔罪己之言所不忍聞仰讀之人為之掩泣此誠禹湯之用心也抑畏之極至於感疾遜位退居舊宮人主如此而宰相臺諫之臣偃然如故恬不為怪此何理也譬猶庸醫之療病已致人於危困猶且顧視財賄自為身謀不忍捨去而慮他人之軋己也求病之瘳豈可得哉為今之計正宜深訪博採求人於閑廢疎賤之間所謂擢卒為將拔士為相者正今日急務也惟陛下留神幸察臣愚戇無取惟好讀書深考古人論議天人之際竊有所見往年任起居郎日因都城暴水變異至大嘗具狀奏乞因侍立直前奏事區區之誠以謂陰氣太盛恐有盜賊夷狄兵革之事有其兆而未見難於顯言故欲面奏舉蒙謫降惓惓之忠無以自達去國七年而盜賊夷狄之患相仍如此乃知天人之際若合符節不可誣也請以比年以來天人之際及今日之事為陛下詳言之崇寧之間蚩尤之旗見其長半天宣和之初赤氣夜起自西北至於東南此皆兵象禍大而應遲今

年冬日之至熒惑入南斗端誠殿稱賀梟鳴于廷此皆不祥之兆惟
正心修德大有變革乃能銷弭禍故導迎福祥昔宋景有善言三而
熒惑爲之退三舍此必至之理不可忽也陛下傳位之初前兩日昏
霿四塞日光不明陰慘之氣無風而慄至暮日入赤光散溢此君道
衰弱議論未決之兆也陛下即位之日日暈五色帶黃赤珥兩日相
摩正同藝祖受命之應此天人協贊之符也然而御垂拱殿見群臣
之後蒙氣四起暴風從西北來越翼日天氣清潤日華騰輝明而未
融方中蒙氣復作至暮乃散臣竊以法推之日者君象君以剛明爲
道君道明則日光盛而群陰伏今如此者殆陛下即位之初退托謙
損未總權綱之所致也平時猶可如此今事勢迫急夷狄寇邊日有
變故乃宗社安危之秋豈可平時比哉上天垂象所以警戒陛下者
甚厚願陛下察臣前之所言咨詢親信大臣條具過惡之甚者明正

典刑過惡之輕者量加貶謫然後下寬大之詔一切不問其餘以安
反側則主勢强而天意得人心服矣推此以往雖致極治之太平可
也臣素愚直爲衆所知方陛下聽政之初昧死上狂言惟陛下赦其
罪而取其忠天下不勝幸甚

靖康元年三月校書郎陳公輔條畫十二事上奏曰臣近者兩蒙聖
恩召對親奉玉音事平之後當急於圖治此實天下幸甚臣不勝踊
躍抃蹈之至臣聞之聖人不先時而起不後時而縮凡興事造業扶
危救衰要當勇於力行敏則有功烏可以後時哉伏自陛下臨御以
來天下延頸舉首伺望新政遲遲未聞民固惑矣况今宗廟垂休神
祇降福陛下聖德所感強兵宿將皆願盡力軍聲大振虜氣已奪欲
和與和欲戰必克事之可平在旦暮矣然則陛下圖治之計宜早定
睿謨以慰天下之望不可緩也臣自念平昔有致君澤民之志有犯

顏逆耳之言無路而不得進今幸遭遇陛下慨然願治容受直辭乃
臣自效之秋臣不避萬死條畫十二事皆今日治所宜先者須以奏
聞伏乞聖慈貸臣狂愚少賜睿覽謹具列其目一曰審因革臣聞聖
主立法不務於同而務於治故可則因否則革未嘗拘於一而不知
變也國家祖宗之法善矣至治平而稍弊故神宗皇帝革而新之凡
以隨時之宜適民之欲耳比來專以不變熙豐之法爲紹述之孝不
問時之所宜民之所欲者曰以不變爲孝則是神宗自不當變祖宗
法蓋法無必因亦無必革惟其當而已况今吏員猥多賦役煩重政
令數易紀綱隳壞以至養兵取士馭吏牧民皆不如古法至於此而
已弊矣尚何紹述爲哉臣願考祖宗之法與今日所行善者因之否
者革之詳求博取精思熟慮擇其至當者著一代良法不必拘拘以
紹述爲名而失其實也二曰論大臣臣聞天子所與共天下者七八

大臣得人則朝廷正百官治海內和平四夷效順苟非其人天下不
安豈可不論哉傳曰人主之職論一相相之難其人久矣古之論相
必曰才足以有爲識足以有明量足以有容三者固難全矣有一於
此亦可任焉乃若以道事君以公滅私則難其人矣惟以道事君則
自任以天下之重毀譽得喪不以動心聲色富貴不以累志可則行
之不可則止唯以公滅私則孤忠自許不立朋黨所以鈞陶天下進
退人才一付以至公未嘗着意於其間也本朝惟李沆韓琦爲真相
焉近時此風無復存者陛下承變亂之後將大有爲必得賢相共圖
治功臣望陛下詳擇而審考之則必有名世之才爲時而出者至於
樞密之地政事之本綱轄之任亦必擇其真賢實能人望所歸者儻
無其人自可兼之不必備也三曰辨邪正臣聞正臣進者治之表正
臣陷者亂之機自古治亂必主乎邪正自古之人君所以任賢勿貳

去邪勿疑唐太宗知士及之佞德彝之姦而不用至房杜王魏則任之不疑所以成貞觀之治明皇之初委任姚宋以致太平至於末年罷張九齡相李林甫則治亂自此分甚哉邪正不可不辨也然邪人乘間窺伺揣合主意阿權事貴持祿固寵故人主易以信正人責難於君不務苟且直道而行無所附麗故人主易以疑此唐德宗所以於裴延齡輩則委任不移於陸贄則怫然以讒倖逐也臣願陛下於易信者不可以輕信於易疑者斷之以不疑庶幾可得其實也四曰明賞罰臣聞賞當賢則臣下勸罰當罪則臣下畏賞罰者人主之威柄安可以不當哉國家承平既久萬事姑息故爵賞太濫典刑太輕貴游子弟雖乳臭小兒聯班侍從應奉官吏雖蒼頭奴隸躐取顯仕兩府大學而身不任責直閤待制而眼不識字伶倫嬖倖醫卜伎藝身被朱紫家盈金玉豈非爵賞太濫耶漢法大臣有罪皆弃市夷族

本朝祖宗恩德之厚未嘗殺戮大臣然竄逐嶺表固有之矣近時大臣懷姦誤國天下疾之乃令閒居都城坐享厚祿其他朋邪諂佞之徒姦贓狼籍罪惡昭著方且結交權貴與之營救或貸而不問或朝竄夕召豈非典刑太輕耶夫爵賞濫則人多僥倖典刑輕則下不畏法此所以至於危亂也臣願陛下深鑒此弊愛惜名爵不輕以與人明正典刑不失其罪賞以春夏刑以秋冬如天地之無私則天下之治舉矣五曰廣言路臣觀自古人君苟不至有大惡如桀紂者未嘗不欲納諫然卒至於言路壅塞天下潰亂者皆權臣蔽之元帝之初聽蕭望之劉向所言及恭顯用事則不能容成帝之初數下明詔求言公卿奏議可述及外家擅權則不復聞矣國家祖宗之時大臣皆公心直道故朝廷詔令有未便者臣下得以直言雖天子震怒大臣方極力救之至熙豐以來用事者欲新法必行恐人異己故排斥羣議有出一言則謂之沮壞良法必逐之而後已諫官御史以其黨為之觀望成風無復公議方太上皇帝詔求直言言之不中亦不加罪及蔡卞乃盡治言者如陳瓘等皆當世端人擯死不用士論痛惜臣觀今日其弊極矣大臣緘默而憎疾切直臺諫之官與夫搢紳之士相習一律閒居議論無敢及國家安危生民休戚況望於人主前爭是非利害耶所以上下欺罔誣謾無所不至而召天下之亂也臣願陛下以前日為鑒擇臺諫官責其言事不稱職者凡政事法度有可議者詔臣下集議各獻其說無令權臣壅蔽聖聰則人人皆願明目張膽效區區之忠下情不患不通矣六曰勵風俗臣聞士大夫者風俗之所繫朝廷用賢士大夫以職業成政事以行義率風俗則民德日歸於厚矣近時士人以剽切記問為讀書不能行其所言以纖艷浮巧為能文不能先以器識以傾險變詐為有材不能持以義節士

之所尚如此而在位大臣亦以此為用人之先故奔競成風巧偽相扇禮義廉恥淪以凋喪而天下日流於薄也臣願陛下稍革此弊今廟堂之上選公忠廉退純實篤厚之人用於朝廷其浮躁衒露傾邪險薄者黜之示以好惡則天下之士皆相率為善可以革浮薄之風成忠厚之俗也夫忠質文之政三代所以相救臣觀今日禮法度數失於太繁聲名文物皆非實用習俗滛靡人情澆偽可不救之以質歟七曰收權綱臣聞太阿之柄不可授於人人主之權不可移於下漢自昭帝之時大臣秉權宣帝承之信賞必罰綜核名實所以收威權於上而成中興之功及至元帝牽制文義優柔不斷故漢業衰焉臣觀太上皇帝本以寬厚曠達之性在位日久不防姦邪浸以欺惑故群小狃狎權移於下而威令有至於不行臣願陛下深鑑此弊排斥群邪奮然獨斷使威權皆出於人主則頹綱廢紀可以復振而天

下之治。無患不成矣。八曰抑宦侍。臣聞桀曼傾意佞諛盜朝。漢唐禍亂。皆原於此。不可不知也。然此曹蠱惑人主。皆以其嗜好入之。今陛下勤儉之德。出於天性。聲色狗馬。觀游宴樂。皆肆不近。彼固無所肆其巧矣。然尚有可戒者。不宜崇其爵位。任以事權。蓋崇其爵位則志得意驕。任以事權。則作威作福。唐太宗時。內侍不立三品。不任以事。惟閽門守禦。逹內掃除。可謂深鑒此弊矣。至於進退人才。尤不宜與之謀。孔子不主癰疽瘠環。孟子不畏臧倉。聖賢君子寧沒身不見任用。豈肯附麗幸臣耶。其所以夤緣干進者。必朋邪憸薄之小人也。懷姦之臣。皆倚之以為重。卒亂天下。可不鑒之哉。九曰治財賦。臣聞古者制國用。皆量入以為出。是以祖宗盛時。斂取有經。用度有節。無虛費無妄予。故常賦之外。未嘗一取於民間。而聚斂興利之臣。亦不得容其姦矣。比年費耗百出。征求無藝。聚歛興利之臣專以上供為名。

侵漁百姓。無所不至。州縣率掠民不聊生。陛下今日雖已盡罷御前供奉所須之物。柰何軍興之時。財用窘急。於取民者。尚或未已。臣願事平之後。詔有司以一歲經費。立為定額。常賦之外。如茶塩法刻民尤深者。一切講究。取其中制。輕徭薄賦。與民休息。使海內富庶。如祖宗時。國用亦無患其不饒。所謂百姓足。君孰與不足也。十曰崇儉約。臣聞。儉為德之共。侈為惡之大。帝王所以訓天下。未有不以儉德也。比年承平既久。海內富庶。驕侈不期而至。故尊卑上下。內外遠近。皆以淫靡相勝。衣服飲食。極其珍異。車輿屋宅。飾以金翠。聲樂玩好。觀游燕樂。其費不貲。而物價騰踊。細民窮苦。蓋不可不節之也。上之所行。下之所效。陛下在東宮。儉德著聞。今日臨御。尊以敦朴為天下先。夫楊綰人臣也。以清德在位。能使人減騶徹御。罷去聲樂。況以一人而躬行者乎。然羔羊在位。節儉雖以化文王。而有刑威之政存焉。臣願陛

下明詔四方。痛革前日侈靡之弊。有不懲者。重寘以法。自京師貴近始。則此風可消。而天下富足矣。十一曰重外官。臣聞監司天子外臺。守令民之師帥。監司得人。則一路受賜。守令得人則郡縣被澤。此不可不擇也。近時除擢監司。或出貴倖之門。或係宰執親黨。不觀才能。不問資格。至於郡縣。尤不擇人。侍從之官。得罪朝廷。乃付以民社。貪饕之吏。干求權要。乃得除郡。士人以縣令為俗吏。不肯注受。吏部以縣令非要官。不加銓擇。故為監司者。人微望輕。不能舉善懲惡。為守令者。曠官慢法。不能承流宣化。上下蒙蔽。肆為姦欺。窮困之人。無所告訴。臣願陛下謹重外任之官。凡監司有闕。選卿監省郎藩府有闕選侍從官。所以均其內外。更其勞逸。其餘郡守之闕。盡歸吏部。如祖宗時以分數資望。依格授之。任久其任。無令數更易。至於縣令。雖有吏部選格。更令侍從官舉充。其有治狀優異。委監司御史考察以聞。

特加陞擢。使人知郡縣為重。不敢不勉。而四方萬里。皆蒙朝廷德澤矣。十二曰修武備。臣聞有文事者。必有武備。治天下國家。未有能廢此也。祖宗盛時。邊備尤謹。比來委任非人。故守禦中國。禦戎安邊之策。一切壞盡。是以夷狄一旦長驅而前。良可駭嘆。臣願陛下深鑒前日之弊。以武事為急。內自京師。外至郡邑。講求兵備。盡如祖宗之時。況今金寇雖已出境。秋冬決須復來。河東河北兩路。尤當備禦。亦宜早為之計。糧不可不積。兵不可不募。將不可不擇。城池不可不固。車馬不可不修。器械不可不備。臣料此等。廟堂講究熟矣。不復具陳。姑舉其略而已。緣臣所論十二事。其次第雖有先後。然皆今日之急。至於武備。議者必曰當在所先。而臣獨後之者。蓋文武以天保以上治內。采薇以下治外。至於宣王亦曰。內修政事。外攘夷狄。今日雖夷虜深入。禦之為先。以臣觀之。朝廷若法度修舉。大臣得人。賞罰無私。風

俗歸厚以至下情得通權綱不失大畧如臣前項所陳則天下國家無有不治矣彼夷虜自當懷德畏威望風遠遯豈足憂哉孔子曰遠人不服則修文德以來之孟子曰王如施仁政可使制梃以撻秦楚堅甲利兵臣所聞如此惟陛下不以為迂闊不勝幸甚

侍御史曹輔上言曰臣聞萬幾萃於一日可謂至煩數十年蠱壞之業救於一時可謂至難以至煩至難之任付於吾君而欲責效於朞月之間有撥亂興衰之志奮而行之則善矣若支傾補漏循襲故常臣不知其可也今天下危疑之事駭心動目卒然而至者時有之矣堂陛之間相視失色無借箸之畧而有失匕之驚甲可乙否紛如聚訟俯仰跼蹐而機會已失不可追救往往轉易而為難垂成而遂壞痛心切骨貽恨無窮者每每有之曩者賊去渡河縱而弗擊是一失也非不斷之過乎至今天下調兵饋糧疲弊生民以貽宵旰之憂殆

為是也不斷為患顧不大哉僥倖之門正如是道平旦啓闢側肩而入以其貨賄之所聚也紛紛勢利之場又甚於此前日濫恩冒賞稍行禁止而一時橫竊名器之人亦皆斂迹僥倖之門似將少塞今又大啓苟賤不廉之徒彈冠復出富商巨猾挾貲獻巧伺候權門小夫下伍躡足俟進是必有以姑息之恩干動聖慈有以造謗生怨之語妄撼聖慮既以姑息為恩以造謗生怨為可慮則自時厥後小人成群決不敢去而刑罰大柄得無委墮而不舉乎是又不斷之過也僥倖既多奔競並起憸佞風靡誰復抑之不斷為患顧不大哉言路初開諫官臺臣摩肩而進其間亦有挺節徇公捐軀報國之士欲効涓埃以助明時陛下溫顏下訪若水投石陛下之於言者可謂真有意矣然奏章十上六七不行縱或行之聊復應耳初信之抑又疑之初許之抑又拒之得無有以私見曲說進陳是非者乎得無欲隔絕言路故為沮折使不得一伸其喙乎陛下亦為之不信言官輒寢其奏是又不斷之過也夫臺諫所採惟公論耳公論所許從而與之其所不許從而擊之苟言官屢發弗售則公論遂廢不行古今未有無公論而能善風俗者治道陵遲誠有以也不斷為患顧不大哉書曰任賢勿貳去邪勿疑夫知其賢而任之又以人之言而貳焉則賢者退藏於深嘶知其邪而去之又以人之言而疑焉則邪者朋比而求援今者姦諛在位能盡去乎內官領職干與兵柄能盡罷乎陛下明知其人矣言者屢上而依違不遣是又不斷之過也卒之為姦佞者朋比欺蒙上下睽隔竊恩弄權妒功害能預兵柄者縱暴逞威呼吸變故蜂蠆在懷去則必復不斷為患顧不大哉人主之於大臣待之至優責之甚重不優則不足以示君之施不重則不足以効臣之報古者公卿大臣天地有大變賜之牛酒則以不起聞矣職不勝任策書

一至則布衣出府矣若有他失則棧車牡馬歸以思過矣其所責顧不重哉今聖主所以禮貌大臣可謂至矣其敢不竭所以報乎前者河東之役种師中戰歿七統制師皆潰正緣糧乏兵飢廟堂因循失於措畫而敢坐視其敗略不引咎近日彗星出東壯十夕不滅而論道燮理之臣擊鐘鼎食曾莫懲嗟主憂臣辱此語端為何哉而天度包荒終不忍詰是又不斷之過也臣恐自是利則同享患則相棄有全軀保妻子之念無安國衛社稷之心堂堂再造之基誰與共圖不斷之患顧不大哉古語不云乎日中必熭操刀必割負扆而立垂裳而治必取諸巽良有以也易於乾曰剛健中正於夬曰剛決柔也臣望陛下體乾之健參夬之剛雷厲而風飛陽開而陰闔君子怙焉小人懼焉中興之業何慮其不成也

晁說之上奏曰臣聞王制司徒之職曰一道德以同風俗傳曰剛柔

緩急聲音不同繫水土之風氣謂之風好惡取捨動靜無常隨君上之情欲謂之俗是俗可同也風莫之能同也五十年來學士大夫不約而同稱焉曰一道德以同風俗同其所不可同者遂至設重賞以禁民之口逞虐刑以奪士之職人無強弱必責之以隨順便辟士無大小皆待以諸侯之享與不享專利不遺纖介黷兵無有寧歲小人得志君子失措熾為尚同惡異之政貽天下後世之害實自乎顛倒六經飾六藝以文姦言之故也臣愚望陛下深留神加察

校書郎余應求條畫利害疏曰臣昨嘗面奏有治道之得失時政之因革及條畫當今利害文字伏蒙聖慈令臣繳進臣已進入訖然臣區區之意所謂治道得失時政因革者如盡復祖宗法度兼用元豐元祐之政伏覩陛下已降詔旨矣條畫利害如追贈司馬光等內侍依祖宗法罷廉訪使者廢苑囿以賜貧民等事陛下已施行矣至於

前日所條畫有未盡者又不敢隱默陛下虛懷聽納篤於求言如此若畏避嫌疑有所懷而不盡臣之罪也謹具條畫如後

一近者太上皇帝東遊遠涉江淮冒犯風露非所以保安聖躬欲乞遣使奉迎歸京深居宸嚴陛下日奉四海之養優游逸樂永保威福

一近年以來凡有中旨皆降御筆施行稍似稽遲責以不恭之罪百司執事奉行不暇雖或違戾法憲不敢執奏又人臣啓擬有法所不可者取御筆行之尤為非便欲乞自今陛下意所欲行者臨朝與大臣議之毋降宸翰非唯有司可以審覆違戾庶幾權歸於上杜多門之政絕近習私謁僥倖之原

一古者文敝救之以質近來文敝劇矣欲乞純法太祖之道尚質厚從簡易捐侈靡去煩苛以厲風俗

一古者國有建立更革必集群議以異衆者為高自王安石行新法詆異己者為流俗士大夫議論雷同無所可否六十年近歲尤甚凡有所為獨建議者謀之不復以利害可否詢於衆庶欲乞自今軍國之事博延群臣謀之廣庭以盡下情取衆所謂可者而行之庶無敗事

一近來宰執並不見賓客所得進者門下親狎故人阿諛苟媚以事干請是以人材之能否生民之休戚國家之安危邊鄙之利害政事之得失恬不聞知欲乞令宰執許於私第見客庶可廣詢世務

一君臣之間欲上下交而情通人臣獻言尤所難者陛下既以虛心屈己以來天下之言欲乞每遇退朝後開延賢士賜坐從容使陳治亂安危之本古今興亡成敗之要及令百司無問大小

各以本職言事親加省覽以進忠讜

一春秋書災異而不書祥瑞所以示後世人君知警懼也然以臣觀之天下和平民物安樂年穀屢豐乃為上瑞彼雲物鬼神之祥禽獸草木之異吉凶未定也近年四方水旱盜賊不以聞而表賀祥瑞曾無虛月欲乞自今應有水旱盜賊災異毋得隱諱其祥瑞之事一切禁止

一祖宗官制簡而易行流品有敘自改官制以來紊亂重復今日尤甚欲乞內外文武內侍伎術等官並依祖宗舊制或謂行之既久未易輕改則乞減省中都職事釐務及州縣冗員以省邦用

一近歲名器輕紊以恩倖除大學士者六七人開府使相者十餘人節度使以上無慮數百若承宣觀察防禦團練遙刺之類奴

隸皆得為之。欲乞例行追降。

一。西清官及三等職名所以賞勞用賢。近來公卿戚里子弟及朋附權倖與夫以財利辯職者。起躐華要。乞盡行降黜。今後凡有功於國有勞於民其人之賢允衆議者。間除一二。以為勸沮。

一。諸路監司貟數尚多。無益於事。秖增煩擾。乞憲漕之外有可減者併之。如茶塩常平自合漕司兼領。

一。燕雲之役道途之人皆知其不可。而邊臣喜功不恤國事唱為此謀。以誤朝廷。罪不可貸。欲乞凡建議燕雲及後來以燕雲推賞者。並行追奪。以慰人望。

一。伏覩祖宗肇造區夏佐命功臣封以王爵可也。近世褒寵大臣。假以王號。尤紊憲章。欲乞降為國公。

一。戚里後宮之家。公卿貴游子弟。以恩幸進。及士大夫交結中貴列職朝著者尚多。欲乞澄汰。以清班列。

一。近歲御前應奉有勞上書文理可采。及特赴殿試之人。皆一時權幸干請。欲乞追奪或勒令致仕。不理官品。

一。天下錢粮。祖宗時盡總之三司使。自改官制以來。錢穀散漫不盡屬戶部久矣。近世中人總領名色尤不一。欲乞令天下錢粮盡歸戶部。

一。軍政久壞。邊鄙不修。將帥不遴選。兵卒不訓練。欲乞以老臣知軍務者為樞使。以祖宗之法修軍政。復邊備。訓練士卒。遴選將帥。置之京師。以待一旦之用。

一。自陛下臨御以來。雖降霈恩。然民間未受實惠。而名兵四方。不無煩擾。伏乞應民間夏秋二稅。只納本色。其餘無名科率。盡皆放免。和預買並乞先次支錢。今年以前倚閣賦稅。不許監司再行催納。諸州上供亦乞參酌近年中數。特加減損。

一。茶塩法。雖罷立額減鈔錢。然民間猶未便也。欲乞講畫取利民便國者行之。

一。常平法。行之既久。散多納少。其法浸壞。今若救之。則詭名挾戶。有籍無人。不過監保正長地分人均納。民間重困。欲乞自今年以前應未納常平錢穀並可放免。今後只以見在錢穀願請者給之。不須比校年例更行賞罰。

一。免役法雖為便民。然所募皆游手無賴。既給雇直。又復受賕。而保正長等又復有等第者為之。則是既出雇錢。又不免差役矣。兼衙校之類多是借產業抵當。率不過數百緡。而差押官物或多至萬緡。失陷侵盜。家業不足以償。欲乞參酌祖宗法制重行脩立。

一。市易抵當與民爭利。所得不償所費。失體尤甚。欲乞減罷。

一。近年以來賜第之家。招望於京師。欲乞非國戚主第者並行拘收。雖係國戚主第。而奢侈過制者。改賜小第。仍徹去之。

一。臣寮之家所得御筆詔札。例皆建閣侈覩恩澤。欲乞並令繳納朝廷。其閣毀拆。令後不得輒有陳請。

一。近歲公卿大夫。下至庶寮。翫於安逸。專事游燕。家置聲樂。沉湎無度。內則荒亂心術。外則隳廢職事。尤壞名義。陛下既以聖德化之。羣臣自當革心。欲乞更加訓諭。其或不悛。重行竄弃。

一。士大夫名節不立。仕義不修。專務奔馳投獻自媒。欲乞選擇端靖有守之士。置之列位。及招山林遺逸以為臺諫。

一。儒生問學不根本原。專尚浮華。互相蹈襲。欲乞復祖宗制科取士。及兼用先儒傳註義理之學。當以人心所自得者形之於文。

不可斷以一說。以誤後進。王安石令之臣子。豈宜列位於先聖
之次。乞降從諸儒之列。

一。緇黃之徒。不耕不蠶。耗蠹衣食。貟數浸廣。常住田產富於衆民。
飲食服用侈埒王侯。甚者招姦利。無行業。欲乞者併寺觀。十存
二三。並作十方。不得甲乙住持。無敕額者。並行拆去。常住田產
存留一半。其餘納官召人租佃。留為養兵之費。遂年課試及恩
澤撥放。出賣度牒。並行停罷。戚里後宮及大臣之家。並不得置
墳寺。尸以入戶守冢。復其冢如古之制。減僧道等員。其強壯者
任便歸民。庶幾生齒寖繁。戶口日衆。以副務農重本之意。

右件如前。臣區區之意。欲言者久矣。厥路無由。伏遇陛下英斷聰明。
虛懷聽納。故敢忘其固陋。輒自罄竭。欲望采擇其中者。誠以守之斷
以行之。庶幾朞月之間可見太平。冒犯天威。罪當萬死。

侍御史胡舜陟論反正六事上奏曰。臣觀春秋傳曰。兵猶火也。弗戢
將自焚。老氏亦曰。以道佐人主者。不以兵強天下。其事好還。國家自
熙寧間。王韶建開邊之說。王安石主其議。遣將用兵。無歲無之。瀘南
廣南動師遠伐。至崇寧以來尤甚。西開青唐以及夏國。南築溪洞。以
及丹州。西南則建祺祥等州。皆不毛之地。非人之境。而驅赤子陷鋒
鏑。死者不計其數。生者竭其膏血。凡五十餘年。而又王黼童貫合謀
以棄契丹百年之好。約大金以墟其國。是以上帝震怒。禍我國家。金
寇猖獗。莫之能禦。屠戮士庶。攻陷城邑。長驅于中原。問罪于都城。親
王宰執為質虜廷。猶磨牙搖毒。搏噬不已。我師之出。無不敗衄。蹙國
喪氣。失威損重。此豈非所謂弗戢自焚。其事好還乎。陛下踐阼適于
斯時。宵旰焦勞。未見于效。蓋天怒未解。人力豈能勝哉。然天之與人。
相去雖遠。其應甚邇。今欲上解天怒。當修人事以應之。書曰。惟先格
王正厥事。此先王修省以應天。解上帝震怒之道也。臣觀今日祖宗
寬大之政。泯滅而未舉。王安石刻急之法。為害而未除。法度未得其
正也。士大夫之欺罔誕謾。尚循舊習。驕奢貪鄙。曾不少悛。風俗未得
其正也。事未見功。賞已驟至。及其敗事。罰不加焉。賞罰未得其正也。
閹官近習。猶執事權。頡頏恣睢。無所忌憚。任用未得其正也。昔之叨
冒恩寵者。未加鐫削。懷才抱器者。陸沈州縣。爵祿未得其正也。昔之
僥倖富貴者。一毫不取。火耕水耨者。困於重斂。賦斂未得其正也。數
者不正。豈所謂正厥事乎。伏望明詔三省。凡是數者。悉反之正。庶幾
人事修而天意得。震怒一解。妖氣自消。坐致太平。增光祖烈。

欽宗時。起居郎胡安國上奏曰。臣聞為天下國家者。必有一定不可
易之計。謀議既定。君臣固守。雖浮言異說。沮毀搖動。而初計不移。故
有志必成。治功可致。陛下即位於艱難多事之中。有恭儉之德。有孝

友之行。有克勤願治之誠。有好謀納諫之善。以茲四美。撥亂興衰。宜
若反手。然南向而朝天下。令越半年矣。而紀綱尚紊。風俗益衰。施置
乖方。舉動煩擾。大臣爭競。而朋黨之患萌。百執窺覦。而交鬪之釁作。
用人失當。而名器愈輕。出令數更。而士民不信。若不掃除舊迹。乘勢
更張。竊恐姦雄無所忌憚。戎狄恣行侵侮。大勢一傾。不復可正矣。陛
下所任為股肱心膂者。兩府大臣也。所信為耳目聰明者。諫官御史
也。上世帝王之治。詢事考言。以圖成績。伏望陛下遠稽周世宗開國
之謀。近法仁祖慶曆間求治之意。特詔兩府大臣。詢以救方今之弊
修政事攘夷狄之方。各令展盡底蘊。具為畫一。進呈。先次宣示臺諫
臣寮。如有不合者。使得逐件疏駁。若大臣議論。則參用臺諫之言。疏
駁不當。則專守大臣之策。衆議既定。仍集百官議于朝堂。以合古者
詢謀僉同之意。然後斷自宸衷。按為國論。頒諸中外。以次施行。敢有

動搖。必罰無赦。庶幾新政有經。民聽不惑。可冀中興之効。

歷代名臣奏議卷之四十五

歷代名臣奏議卷之四十六

治道

宋高宗建炎二年。胡銓對策曰。臣聞國將興聽於民。將亡聽於天。湯武聽於民。其興也勃焉。桀紂聽於天。其亡也忽焉。方桀紂之未亡也。謂已有天命。曰我生不有命在天。彼以天命為真可恃。偃然自謂子孫帝王萬世之業也。及其亡也。諸侯歸商者三千。資以勝夏。則成湯以興。諸侯歸周者八百。資以勝商。則武王以興。夫湯武聽於民而反以興。非民興之也。修人事以應天。是以興。桀紂聽於天而反以亡。非天亡之也。恃天命而靡於人。是以亡。興亡之端。厥監在民而不在天。甚易曉也。而中材庸主每每反之。此忠臣義士之所以深悲夫天下之所以亂亡相尋而世主不悟也。陛下起干戈鋒鏑之間。適丁天下倥偬不暇給之秋。外亂內訌。憸人柄朝。邊方有風塵之虞。中原有斬霾之馬。赤子入無知之俗。民愁盜起。禍稔蕭墻。王室搖搖然。幾如一髮引千鈞。當此之時。可謂亂甚矣。臣愚謂陛下宜焦心嘗膽聽於民之時也。而陛下策臣等數十條。大槩質之於天。首曰。蓋聞治道本天。天道本民。又曰。豈朕不德。無以動天。又曰。何精誠之弗效。禍亂之難戡也。似皆聽於天者。此臣等所深疑而願為陛下直言無諱也。伏讀聖策曰。蓋聞治道本天。天道本民。故視聽從違。不急於筭數占候。而惟民是察。持以至誠。無遠弗屆。古先哲王罔不由斯道也。臣有以見陛下聽於天而不聽於民之弊也。臣謹按春秋禍變之由。與祖宗已然之故事。為陛下陳之。為春秋之說者曰。正次王。王次春。王者上承天之所為。而下以正其所為。此漢儒傅會之論。謂不然。臣聞聖人作春秋。尊一王之法。為萬代訓。未嘗有明言。天者。蓋謂天道難測。若深言之。則遂以為茫昧莫究。而忽於天。若淺言之。則天下後世遂溺於陰陽災異而蔽於天。聖人推變於天。常與人事雜而書之。至其變見禍敗或應於數十年之後。甚則或不旋踵而應。國家將有失道之敗天乃先出災異以譴告之。不知自省。又出怪異以警懼之。尚不改悔覆敗乃至。苟無其事。變不虛生。若痛自惕懼。側身修行。則禍災滅塞可轉為福。此春秋之大凡也。以此知天心之愛人君而欲止其亂也。自非大無道之世。天盡欲扶持而安全之。此古先哲王所以持以至誠而不及於筭數占候。識知夫天人相與之際。甚可畏也。我國家自江南平定。太祖感宇縣分割。生民受弊。涕下惻然。思布聲教以撫養之。是時識者知天命固已牢不可解矣。耳如擇一法官。細事也。而太宗擇王濟則曰。無或有冤濫以致天下災。任一憲臺。細事也。而真宗選諸道提點刑獄則曰。一夫受冤。即有災沴。夫一夫受冤。宜未害也。而祖宗惕然動念懼致天罰。則民之不可忽而造物之不可欺也。陛下龍飛之初。傳檄四走。天下莫不翕然響應。臣雖不識天理。以人事卜之。知天意固已有在。比來聖慮衡解。浸不克終。國勢委靡而不振。生民愁苦而無聊。天意向背殆有不測。可勝寒心。願陛下持以至誠以春秋為戒而謹持之。以祖宗為監而力行之。無以草茅之言而羅之。則天下幸甚。聖策曰。朕承宗廟社稷之託。於儆擾阽危之後。懷父母兄弟之憂於携貳單微之時。念必撫民以格天。庶或悔禍以靖亂。踰年于茲。寢興在是。茲又陛下聽於天而不聽於民之弊也。嗚呼。陛下興言及此。亦知有宗廟社稷之託乎。亦知有父母兄弟之憂乎。知有宗廟社稷之託。所與任其託者為誰。知有父母兄弟之憂。所與分其憂者為誰。任其託分其憂。一非其人。則天下之大勢無復救矣。臣聞。天下大器。得之甚難。敗之甚易。莫不由夫祖宗辛苦艱難以成立之。莫不由夫子孫奢傲以覆墜之。成立於百年而覆墜於一日。遂使

祖宗艱難之業。并與宗廟社稷。一旦成墟。是以聖人作春秋於亂君亡國。痛以王法繩之。謹按昭二十二年。書王室亂。劉子單子以王猛居于皇。是時新有景王之難。王猛以幼沖而嗣大位。劉單以庸材而相幼君。社稷危如贅斿。則王室安得不亂。夫王室天下根本。根本一亂而播遷于皇。則儆擾阽危亦甚矣。卒之天王播奔避子朝之難。終昭公之世。僅復成周。至黃池之會而天下奔潰。聖人獨反覆書之。重社稷也。陛下以單微幼沖之資。獨罹多難。則危如王猛。左右大臣以憸佞而佐八計。則庸如劉單。臣恐王室之亂又甚於子朝之難矣。妄知江都之幸。不變為狄泉之脅迫乎。是陛下知承宗廟社稷之託於儆擾阽危之後。而未知荆卿何羅竊發於肘腋之間。願陛下思太祖得天下之難而早圖之。監春秋王室之禍而慎守之。毋謂懷父母兄弟之憂於携貳單微之時。而遂解體也。謹按襄二十八年書曰。公如楚。二十九年書曰。公在楚。又曰。公至自楚。竊原公如晉如齊如京師皆未嘗書在。獨於楚書在何也。曰。楚虎狼之國也。襄公如楚既非常而逾年不反。禍且不測。書曰在楚者。蓋臣子痛君父之失所在也。以今兩宮有沙漠之狩。孰與如楚之危哉。且襄二十八年如楚。至二十九年而歸。春秋深危之。況兩宮暴露於穹廬。三年於此矣。則陛下懷父母兄弟之憂。臣愚不知何以處之。為陛下之計者。獨不念在楚之事乎。臣願慎擇賢佐。惟斷惟果。側身憂災。如宣王厲精綜核。如孝宣。鋤去亂略。如光武剛明果斷。如憲宗復讎刷恥。如勾踐。以春秋為戒而謹持之。以祖宗為監而力行之。毋以草茅之言而羅之。則天下幸甚。陛下首策以此。中則曰。府庫單匱。軍費倍滋。而賦斂加薄。外患未弭。寇盜尚多。而追胥有程。擇守令以厚牧養。責業廉以戢貪暴。命令為民而下者十常六七。凡曰聚所欲去所惡者。朕有未聞。求有聞而不恤。

恤而不行也此又陛下聽於天而不聽於民之弊也臣聞治天下者正如療疾方天下之受病也府庫單匱軍費倍滋則病在血脉矣外患未弭寇盜尚多則病在腸胃矣客邪干正矣擇守令以厚牧養正猶導之以湯液醪醴而助真氣也責案廉以戢貪暴正猶投之以砭劑而攻強陽也如使人血脉受病腸胃又受病而導之以湯液醪醴者或失節焉則疾益甚疾既甚而投之以砭劑又非良焉秪速其死耳醫國者亦然故方天下受病之際府庫竭矣軍費滋矣外患熾矣寇盜多矣乃牧之以不賢之守令撓之以不才之按廉是猶疾已深而投之以野葛豈不殆哉臣請歷言其弊臣聞府庫單匱軍費倍滋者以兵冗而坐食也以師老而費財也以生寡而食衆也三者今之最大弊也自古兵無事而食則不可使聚聚則不可使無事而食其勢然也昔漢之兵制有踐更之卒而無營田之兵京師亦不過南北期

門羽林之兵而止邊境有事諸侯有變皆以虎符調發郡國之兵事已輒罷是以其兵雖不知農而天下不困兵甲未嘗聚也唐置十六衛無事則力耕而積粟非但自贍且以廣縣官之儲是以其兵雖聚於京師而天下亦不困者未嘗無事而食也我朝沿近代養兵之法中下一兵衣糧給與歲約五六十緡太祖得周代之兵中外止十有二萬而已至乾德間中外止十萬兵耳太宗盡有天下添兵至多亦止三十餘萬真宗當全盛之時乃始五十餘萬當時軍數非多尚慮耗蠹詔度命汰疲冗周瑩不奉減兵之詔則怒而罷之向敏中奏軍額漸多則反覆詰難之誠知夫兵無事則不可使聚聚則不可使無事而食臣故曰兵冗而坐食今之最大弊也按兵法興師十萬日費千金以日計之費已如此況今曠日彌年兵拏不解百人仰食縣官則挾千夫之名大槩雖數百爲輩要歸則無異於數十萬之兵而坐

食連年無毫髮功則農夫之力安得不困饋餉之卒安得不疲謹案莊公八年春師次于郎夏師及齊師圍郕秋師還春秋書用兵未有歷三時而役及者獨於此書春書夏書秋惡莊公無故勞師興圍郕之役卒之郕降于齊而魯師無功比秋乃還故書曰師還者惡其夏已無功秋始班師暴露滯留之甚是後二十八年有告糴之舉其禍正基於圍郕之役矣以今征役之久動至累年校之春秋三時而反者不已太甚乎則府庫竭而軍費滋自不足怪臣故曰師老而費財者今之最大弊也兵冗而坐食師老而費財加以生寡食衆入少用多陛下雖賦斂加薄而州縣之追科實煩何則用度既匱則其勢不得不取於民矣臣前所謂追胥有程而外患未弭盜賊尚多者其弊在朝廷多過生靈多怨使朝廷無過生靈無怨則外患寇盜亦何名而動哉蓋自古姦雄如陳涉吳廣之起於秦赤眉黃巾之起於漢蘇

峻之亂晉安史之亂唐本皆巨盜兇渠伺朝廷之過執以爲辭幸生靈之怨唱而稱義遂至迭起州縣劫令殺守相挺爲亂今明盛之朝豈有大過竊聞長老之談或謂戚近撓權姦臣盜柄刑賞不必行小人不盡除綱紀不甚振此豈過之漸邪何則自古亂天下國家多自戚近撓權如漢之諸呂竇霍唐之諸武韋張竊弄朝柄一敗亦族國家俱破今乃有肺腑領樞柄戚屬將衛兵漢南北軍之禍其監不遠儻不少戢是增朝廷之過而起姦雄之膽大亂之後豈宜復然晉趙王倫石勒之徒心窺人主口責宰相實姦雄伺過而後動不幸因之以饑饉加之以災荒生民愁苦無聊則姦人乘隙奮飛血視千里此外患所以未弭寇盜所以尚多是雖追胥有程何以救其亂謹按昭十一年楚子虔誘蔡侯般殺之于申蔡般弒逆之賊王誅之所必加春秋反惡楚靈何也曰討蔡般可矣誘而討之此匹夫之賊行春秋

所甚惡也。前日下詔書招納叛亡。許以不死。此輩皆投戈請命。謂陛下示以大信也。然而陽示以信。陰加以刑。是誘討也。陛下為人父母。柰何以天子詔書為誘人之餌。臣恐大信一失。則後來以招降為悔。自今上下猜忌。始寇雖聚處。得間則更相魚肉。惟先發者為雄耳。何怪乎寇盜之未弭也。臣前所謂擇守令以厚牧養。而守令多不賢者。朝廷輕守令也。責按廉以戢貪暴。而按廉多不才者。朝廷輕按廉也。守令一不賢。則郡縣受禍。按廉一不才。則守令敢於為姦。故責守令在擇按廉。此祖宗之成法也。太祖太宗注意守令尤切。太宗嘗親選諸州長吏。又親書其曆。戒曰。公務刑政。惠愛臨民。奉法除姦。方可書為勞績。因顧錢若水曰。朕著中書此。豈不勞乎。蓋為任官擇人以安百姓耳。嗚呼。太宗不憚盛暑。而親札賜行。今守令則未嘗有召對者。太宗躬自選擇而延見便殿。今乃有付吏部而注擬者。是朝廷輕守

令也。朝廷輕守令。則守令輕郡縣。郡縣之職一輕。則牧養之方盡廢。使要近州縣或非其人。彼畏朝廷耳目之近。尚憚不敢逞。若遠方細民。雖使盜跖為之守。檮杌饕餮為之令。斯民雖千百為輩。號呼聚罵。朝廷不知。其為害豈不大哉。臣聞。太祖以錢文敏知瀘州。戒之曰。比聞郭思齊掊斂不法。恃其遐遠。謂朝廷不知耳。至則為朕鞫之。夫瀘州去京師四千餘里。而郭思齊不法。太祖已盡知之。今州縣稍遠者。其守令過失。朝廷乃不聞。則遠如瀘州者。陛下必不能知矣。彼何憚而不為盜耶。然則所賴以糾察其弊者。尚賴按廉耳。如使按廉又非其人。則其禍可勝言哉。臣聞。太祖以按廉之職。出為朝廷耳目。或由聖選。或命舉充。選之既艱。責之亦重。凡寬一按廉。是壞一路之事。一路不治。是使數百萬軍民受殃。自太宗即位。厲精求理。詔轉運使考覈職任之廢舉。又遣使察廉官吏之汙潔。如劉文質察舉部內官吏

則有遷移之寵。如王德裔部內不治。則有黜爵之罰。賞罰如此其嚴。則按廉振威。按廉振威。則守令振職。厥今守令不職。是按廉未得人也。往者遣使撫諭諸道。天下想望風采。以為行被大惠。卒之廚傳騷然。公行賄賂。甚者貴子女於郡縣。輦家屬以偕行。雖官以撫諭為名。而民有供輸之苦。守令之外。復增一蠹。夫遠方細民。不幸遭不賢守宰。終歲抱冤。引領輶軒之出。以雪其憤。而按廉又不才。是使終身懷冤而莫之控愬也。則民安得不多怨而易動。此姦雄所以竊發也。謹按春秋閔元年。齊仲孫來。聖人嘉而字之。重其將命從宜。以安鄰國之難。方閔之初。叔牙慶父媒孽魯禍。閔公始立。國人危如贅旒。齊人可折箠取之。當是時。魯之輕重在齊。仲孫乃能說其君務寧魯難。卒使閔不失國。而魯人以安。湫之力也。經書仲孫之來。喜其一出而民安存魯也。以今兩河淮甸兵革之餘。豈不甚於魯國之難。而按廉之

出。未聞如仲孫以務寧魯難為懷者。以春秋之法責之。則罪人矣。臣故曰。守令不職。是按廉未得人也。夫以守令既不職。而按廉又失職如此。則陛下命令為民而下。雖十常六七。而壅遏詔書者十常八九矣。是陛下有恤民之詔。無及民之惠。州縣知有守牧之令。不聞有天子之詔。三數年來。邊防用兵。凡百科斂。不以四方有無物之處。但嚴令督之。近海州軍。例科鎗榦。居山州縣。則買鵝翎。有司既不辨有無。州縣或罕能條奏。官取一物。民費數倍。且如前日勸誘一事。監司責辦於郡。郡責辦於縣。縣移文於鄉。假軍期急速為名。迫若星火。小有不至。則械繫苦掠。人皆畏死。其敢有辭。是名為勸誘。而實暴斂之。監司郡守但務上供以悅朝廷。則怨而不知省。宰相大臣但務足用以悅陛下。則知而不敢言。上下相蒙。民窮無辭。是陛下恤民之詔雖多於孝文。而天下乾耗乃甚於孝武。傷和召怨。咎將誰歸。臣聞。咸平中

議改元赦書頗多蠲免或謂三司必以惠澤太廣爲言真宗責曰非理害民之事朝廷所不可行若赦令既行必使良人受賜矣時方午雷震帝惻然曰豈赦令少及民之志上天以雷警朕邪嗚呼祖宗以赦令未遍懼速天罰則陛下命令多壅實悖天心其害殆不爲細願陛下以春秋爲戒而謹持之以祖宗爲監而力行之不以草茅爲嫌而罷之則天下幸甚陛下中策臣以此又念迎覲之使接武在道而敵情未孚保國之謀刻意在兵而軍勢未張躬純儉以敦本而驕侈之習未悛擴大公以示訓而私枉之俗尚勝刑賞不足以振偷惰之氣播告不足以革狂悖之心田畝未安旱蝗害歲豈朕不德無以動天抑政令失宜而民以爲病乎何精誠之弗效而禍亂之難戢也此又見陛下聽於天而不聽於民之弊也臣謂陛下躬純儉而驕奢弗悛者是陛下未必純儉也擴大公而私枉尚勝者是大公未必能擴

也賞罰不足以振偷惰是大柄下移也播告不足以革狂悖是兇亂之兆也田畝未安而旱蝗害歲則生民失職而怨沴並作也若乃遣迎覲之使而敵情未孚則臣竊有說焉臣聞慶曆中契丹聚兵境上遣其使蕭英劉六符來聘是時使來非時而兵既壓境中外忿怨仁宗皇帝命宰相擇所以報聘者得左正言富弼片言折六符之謀卒挫虜主自景德以來北方無事八十餘年於此矣豈惟弼之力哉是時宰相則晏殊參政則范仲淹樞密則杜衍韓琦諫官則余靖歐陽脩皆天下之所仰望而北虜之所畏憚者彼知朝廷有人故弼之計得而虜計不得逞以今廟堂之上宰相有如晏殊者乎參政有如范仲淹者乎樞密有如杜衍韓琦者乎諫臣有如余靖歐陽脩者乎臣知陛下必無此等人物矣而欲求敵情之孚此臣所大惑也臣聞猛虎所以百獸畏者爲爪牙也使棄爪牙則孤豚特犢皆得摶噬譬之國

無勁兵則蕞爾醜虜皆爲勍敵故春秋雖惡窮兵之禍至於兵不素養而取具臨時者又深罪之謹按僖二十六年齊人伐我北鄙公子遂如楚乞師公以楚師伐齊取穀說者曰乞重辭也重師也臣謂聖人非唯意在於重師蓋其惡魯之無備也夫齊爲魯難久矣自巘之役齊敗於宋而魯不救是時孝公有切骨之恨至二十六年春侵我西鄙怨已結矣爲魯計者正宜早夜預防常若寇至乃恬然熟盼養成腹脅之疽根不旋踵而齊人伐我北鄙矣乃至乞師于楚以取穀焉假夷狄而伐中國不可之最大者也以今醜虜大張害甚於齊而兵不素養乃甚於魯議者乃欲借助兵於高麗何異乞師於楚以伐穀者哉是陛下徒知軍勢之未張而不知兵將之未練可爲陛下痛哭流涕者此也國初劉南交廣各僭大號荊南江表止通貢奉西戎北狄未盡賓服太祖垂意將帥命李漢超等守關南命郭進禦并寇

命姚內斌守慶州以爲既得名將非厚通其意無以得其死力故許收邊郡關征酒榷之利不惟養犒士卒無使豐富其家又慮所費不足仍許圖回其家屬在京師者並厚撫之則將帥之心更無私慮但專力邊事而已又慮奏陳之事未盡機要時許入朝自陳至升殿賜坐又復厚賜遣之以故邊臣多富於財得以養募死力使爲間諜盡知蕃夷情狀多致克捷二十年間無西北之憂平西蜀複湖湘下嶺表克江南盡得東南之地雖諸將之功實太祖馭將之力也以今將佐偏裨其雄挺孰與李漢超其才略孰與姚內斌其鎮重孰與馬仁瑀其運籌決敵孰與韓令坤以陛下駕馭諸將孰與太祖然而借之重權祿之顯秩賜之重賞其恩禮已過先朝數等矣是陛下擇將不如太祖而恩禮則過之適足以啓諸將之驕心而長姦臣之觖望假令收復兩河迎還二聖陛下何以加之夫戰勝之兵勇智百倍敗亡

之卒。沒世不復。蓋所以戰勝者氣也。今之士不戰而氣已索。此天下之大憂也。昔者六國之際。秦人出兵於山東。開關延敵。六國之師皆逡巡不敢進。然長平之敗。廉頗猶能收拾餘燼。北摧栗腹。西抗強秦。振刷磨淬。不自屈服。是時秦人圍邯鄲。梁王使新將軍如趙。欲遂帝秦。而魯仲連慷慨流涕。深以為不可。非徒惜帝秦之虛名。惜夫天下之大勢有所不可也。而議者乃謂宜尊奉夷虜。不可一觸其意。陛下何不以魯仲連抗秦之事諭之。然則何怪乎軍勢之未張也。夫春秋何為作也。為天下無王而作也。周衰天下不知有王。陪臣竊國命。家臣僭大夫。聖人有憂之。作春秋以代王之賞罰。書天子書王書天王者。誅賞之大柄也。書天子書王。皆其常稱也。其曰天王。則至大之稱。天王與周官司服所稱天王。皆以嗣君之初。君道未著。人心未寧。正危疑之機。大姦之所伺。非常之時。故大威武以防之。稱天王者。大威

武以防天下之時。故曰非常也。然則又書天子書王何也。曰春秋作王者威權喪矣。大政大法。諸侯擅而行之。讙強恃衆。迭相吞據。是本末大弱之世。名分大亂之時。非剛健大過之才若九二焉。不足以震其弱。非毒衆窮討之役若唐太宗焉。不足以戡其亂。故仲尼於春秋凡有出於王為之者皆書天王。言於斯時王之所為當大誅賞。不可循常道。冀後世興王之知變也。是時吳楚之君。皆鴟視虎踞。僭號稱王。諸蠻群酋。荐據中土。如此則文辭之告猶可治之也歟。霸侯暴國迭相傾噬。伯子之存不能十數。如此則誅賞之令猶可治之也歟。故曰有用我者吾其東周乎。東周僅存禮文而已。非撥亂反正之道也。故春秋必書天王者。正賞罰於大亂之時也。若事非王為。但從諸侯之稱。只書王者。禮之常也。其曰天子者。所謂至貴以親諸侯也。莊王不書天王。以其寵逆賊之人。不足以當至大之稱。故去天字以重其譏。重莊王之譏。則魯元之罪彰矣。春秋大逆外始於州吁。內始於魯元。聖人著其惡如此。若曰世大亂。則從惡者衆。趨善者鮮。善若不舉。則是賞不足以有勸。大姦大惡不加誅。則是罰不足以有懲。賞罰不行。而能興衰撥亂者無有矣。陛下臨御之初。正春秋危疑之機。稱天王以臨下之時。大柄大權乃悉竊弄權臣之手。大阿倒持。收之良難。是陛下有春秋之亂。而無春秋之賞罰。則何以駕馭群雄而平大亂也。竊觀太祖太宗所以取天下。其要在賞罰二事而已。當時賞則常薄。刑則常嚴。方澶淵之役。李繼隆有疾戰破虜之功。但加開府階爾。臣嘗怪真宗何賞如是之薄也。其深意以謂既殺虜將而不能破其衆。此將之可責也。有將師之寄而獨賞內臣。不可以為後世法。此所以薄其賞一也。又以自古宦者領兵未嘗不為亂。如太宗朝內侍王繼恩出平蜀亂大有功。止受宣政使爾。謹守先帝之法而不敢違。此

所以薄其賞二也。至馭之以刑。則未嘗不嚴。且如主將戰沒。則降黜別將。如王繼勳者。誅戮親兵。如荊罕儒者。威令如此嚴。則人皆死力求賞。故太祖兵法。罪在不赦。而春秋兵法尤嚴於馭軍。城濮之役楚師敗績。則得臣死之。書曰殺其大夫得臣。罪在得臣也。鄢陵之役楚又敗績。則子反死之。書曰殺其大夫公子側。罪在子反也。二子皆以失律喪師。不逃重戮。則見夷狄用兵其刑賞常嚴。而中國常寬。此夷狄所以常得志。成襄之後。中國累累受制於吳楚者。抑有由矣。厥今軍勢未張。而動見敗衄。是有春秋之亂。而無春秋之賞罰。臣故曰賞罰不足以振偷惰。則是大柄下移也。如使大柄一移。則陛下徒擁虛器而已。何怪乎播告不足以華狂悖也。然臣愚不識狂悖者為誰。謂前日詆忤權臣者為狂悖乎。謂左右便嬖為狂悖乎。謂前日詆忤者為狂悖。則臣不敢奉詔。如謂左右便嬖為狂悖。則陛下豈不能斷然

而出之哉竊料陛下所不能出之者則是推委權臣之弊也自古以
推委臣下為盛美然亦或以治或以亂漢高祖推委群傑則治至其
後推委王鳳王音至于王莽則亂光武推委二十八將而取天下則
治至其後推委宦族至于董呂二袁則亂魏委荀彧則治至委司馬
則亂唐文皇駕馭英豪而取天下則治至明皇推委李林甫楊國忠
則亂初以推委而天下治終以推委而天下亂何弊之然哉當推委
之際超擢十人上從其九是九分之恩出於下矣如此則數年之間
左右前後皆權臣之黨也若黜削十人上從其九是九分之威出於
下矣如此則數年之間中外遠近無敢忤權臣者以故忠義解體而
上之勢孤矣前日將相大臣放意誅戮冤及無辜陛下不得一舉手
此豈推委之弊邪明皇天寶之禍未大遠也此可不為寒心哉厥今
天下大體皆壞獨祖宗德澤未泯人心未厭譬羸病之人厭厭待盡

獨氣血尚在爾如使人心一離則是氣血又將絕天下無復可言者
矣而陛下以田畝未安旱蝗害歲為患則是生民失職人心將離氣
血將絕之時也謹按春秋災異變見常與人相符災異見於上則禍
敗應於下猶鐵炭之低昂見効可信者也凡春秋書螽者傷旱蝗之
害稼也然書螽凡九而哀公十數月之間凡一書之甚之也甚之者
疾其害民之甚也按是時十三年之間而興師伐其侵甚取甚戰于
其比他公為特甚干戈至此而糜爛其民矣生靈至此而為血肉矣
黃池之會夷狄之盟中原天下日趨於亡矣乃復暴興田賦民怨禍
稔歲大旱蝗人有艱食之苦聖人於此不一年而三書螽傷之也是
知旱蝗之患實兵戈怨毒之餘所由作也比年以來醜虜橫行干戈
爛熳而不息未嘗一年間不戰生民日委頓四夷日熾肆天下不知
有生之樂幾年于此矣創痍之民肝腦塗地丘壠發掘辜及朽骨齒

膏血流者不知幾億萬生靈之命陛下不得而見也士卒死邊野之
外婦哭其夫母哭其子寡婦弱子抱負轊車望冤弔哀於千里之外
塗悲巷泣怨痛徹天陛下不得而聞也陛下不見其所不見不聞其
所不聞驅萬死之地而卒無一毫之利積毀銷骨積怨傷和陰沴作
而災疫興何怪乎田畝未安螽蝗之害歲也今者兩河淮甸赤地千
里飛蝗蔽天公卿大臣熟視無計而請為遣蝗之舉嗚呼正使蝗而
可遣是移腹心之疾而寘諸股肱不知他境之民何苦而加之哉臣
聞天禧中真宗以歲旱蝗秋稼不稔慨然動念實慮政令闕失有爽
天意因詔削茶鹽條禁之峻刻者以懲旱蝗之變以今政令闕違豈
惟茶鹽一二事而已臣知旱蝗為害實天意大警陛下也而議者尚
謂天災流行由曆數運會非政令失宜之咎嗚呼天下有善則歸諸
已天下有禍則歸諸天此何聖賢之用心也願陛下少戢誅討少息

詔發練兵實需養吾銳氣而全中國之力以銷旱蝗之災毋以精誠
弗効而怠荒毋畏禍亂難戡而息志以春秋為戒而謹持之以祖宗
為監而力行之無以草茅為嫌而羅之則天下幸甚陛下中策臣以
此又念伊欲復親族奠疆場清寇攘善風俗使百姓安業而亹亹迓
衡何修而可以臻此臣於是見陛下真欲興衰撥亂以起天下之病
也竊觀陛下首懷父母兄弟之憂中念迎親之使至此又以復親族
為言是陛下痛念二聖鑾輿暴露而未有迎復兩宮之策也夫漢高
祖所以還太公於楚軍豈獨侯生力哉臣嘗料高帝有勝項王者五
以兵強力壯則楚不如漢以三傑為用則楚不如漢以駕馭諸將則
楚不如漢以關中廩粟之富則楚不如漢以關中形勢之重則楚不
如漢五者皆項王所不如則何苦而拘於太公哉以今凋弊之餘無
漢之兵力無漢之三傑無漢之駕馭無漢之廩粟而又遠遠上都齋

去兩河則又無關中之形勢而欲求親族之復雖使如侯主千百輩往焉臣知其無能為也故臣謂欲復親族莫若復兩河不得兩河則親族不可復今陛下以奠疆埸為念是欲復兩河也兩河得失係天下輕重唐神堯起晉陽以一旅取天下而後世子孫不能以天下取河北其難如此晉於春秋為大嘗驅役諸侯至秦萃銳兵之晉乃得韓遂折天下脊韓信聯齊有之故蒯通知漢楚輕重在信宋武號英雄得蜀關中盡有故疆十分之八然不能使一人渡河以窺邉是兩河之地王者不得則不王霸者不得則不霸賊得之則天下不安臣故曰不得兩河則親族不可得而復也咸平中真宗與王濟極論邉事濟言蠢茲醜虜敢爾憑陵蓋謀謨當位之臣未有昔人之比且國家所恃獨一河耳此誠急賢之秋不然臣懼北戎飲馬於河渚矣嗚呼濟之言誠切中今日之病臣謂欲復親族而收兩河亦誠陛下急賢

之秋當以濟言為監也然當今最大患者親族之未復疆埸之未奠寇攘之未清而臣愚所最患者風俗之敗壞也風俗天下之筋絡也譬人之身所恃以維持氣血者唯筋絡耳風俗一敗則筋絡又絕矣漢唐之亡其弊皆風俗之先壞也故臣嘗論東漢之亡與李唐大畧相似東漢之季閹童亂政毒被生靈豪傑據郡而起天下遂裂為三國唐末宦者盡於內藩鎮潰於外天下遂碎為五代然三國之士其好惡去就尚有可觀雖天厭漢德而劉氏猶擁虛器亦卒以禪代終五季之亂其臣皆兇很頑鄙戕賊君親專為梟雄豈天於東漢之季獨多君子而唐末專為小人哉誠風俗染激然也中原亂亡自古更迭亦天下常事蓋未有不亡之國然當其時有推變於天而言者有以人事前知而言者有握節以死者有衛社稷而死者有憤國破亡猶奮不顧并家族破滅者亦有知幾之士掛冠而去之不蹈其禍者

我國家涵養天下之久士大夫受君父之賜亦甚久一朝國家有難自公卿劒履間以及丁之百執事凡幾人自王畿以達四方郡邑有位凡幾人前知而言者為誰死名節死社稷者為誰破家徇國者為誰知幾而掛冠者為誰推變於天而知其將亡者又復誰也方晉南渡士流尚有聚于新亭傷國之衰對江山而下泣者周之東遷尚有不恤其緯而憂宗國之殞者以今兩宮播越則非直東遷之辱也而陛下倉皇遠狩則非直南渡之迫也誰復有泣對江山而憂宗周之殞者哉自晉風俗之壞而海內橫潰生靈魚肉甫二百餘載以晉監今其禍可勝言哉昔田橫一豪士恥北面臣漢遂自殺從者五百餘人皆死之無一人降漢者諸葛誕魏室一叛臣及其既敗所養死士三百人就戮皆曰為諸葛公死無憾今之士大夫蒙國厚恩何嘗齊卒之受恩於田橫死士就養於諸葛哉而忍恥含垢視君父之僇辱

甘心焉嗚呼縱不愧田橫之客又獨不愧諸葛之奴邪臣故曰今之最大患者風俗之敗壞也風俗一壞則筋絡又將絕矣願陛下以春秋為戒而謹持之以祖宗為監而力行之不以草茅為嫌而罷之則天下幸甚雖然陛下策臣等數十條皆當今之大弊臣既已極言之而聖策尚謂子大夫涉艱險以副詳延誠亦勤矣其必有至言欲為朕陳者其悉言之無隱若乃矜空文而無補於實咎既往而無益於今者非朕之所欲聞也其以朕所未聞而切於時者言之朕將親覽焉臣又見陛下真有意求苦口之言以救天下之病也然臣觀陛下求苦口之言雖若甚切而在廷之士必不敢盡言無諱何也臣聞鵲巢覆而鳳不至直士受禍則忠臣杜口往者從東南來道路籍籍皆謂陛下即位以來不旬月之間戮直言者二有是乎豈道路之妄議乎儻如所言則傷威損德為害不淺謹按春秋陳殺其大夫洩冶說

者謂洩冶以直諫被誅國之大惡是時蓋宣公九年也而十年有徵舒之禍十一年而楚子入陳不三年之間而陳國大亂嗚呼戮直言之禍而至於此然而洩冶被誅權不在陳靈而在徵舒前日議士被誅權不在陛下而在左右專殺之禍春秋大惡而況專殺直士惡又甚矣此楚子入陳所以得藉口而討徵舒則醜虜乘隙將以假討惡為名而躡入陳之軌矣臣是以卜在廷之士必不敢盡言無諱也然而臣猶敢區區竭愚者竊自惟念陛下詔臣等無務空言而陳實務則陛下知前日濫誅為過而改之是陛下樂聞其過矣臣而不言是負陛下使臣言不從則陛下負臣抑臣嘗聞太平興國中有布衣皂囊獻書者其辭狂妄太宗覽之弗罪因謂宰相曰比降詔書許言事故雖狂悖亦不加罪至淳化中武程上疏狂瞽李昉請加黜削以懲之太宗責曰曷嘗以言罪人哉嗚呼太宗樂聞直言如此而大臣尚

請黜敢言之士幸而太宗不從如使太宗不樂直言而李昉之請得入焉則武程者俎上肉矣今臣累千萬言則其罪過於皂囊之書以臣疎賤則甚於武程而有狂瞽之論使陛下樂聞讜言尚患見忌借使人主一惡直言大臣如昉者又從而媒蘗之則臣言亦危矣幸陛下以祖宗為念而擴太宗納諫之量大臣體陛下之意而無李昉惡直言之心則畏避而不敢言者亦臣所竊恥也臣故曰願陛下以春秋為戒而謹持之以祖宗為監而力行之無以草茅為嫌而罷之則天下幸甚臣謹對

三年張浚上言曰臣自建康抵江州境凡二十日所歷兩州六縣莫不累經殘破滿目蕭然斷椽破瓦狼籍于道父老知朝廷命大臣出使扶攜遠迓感嘆咨嗟臣每見則羞愧汗顏身無所措因念今日之事皆因風教敗亡淳朴凋弊侈靡太甚天實惡之其勢非一大改革使上下內外反本還淳去華就實熙熙然復見堯舜三代之遺俗治道未易成也臣既念之深則求其所以致此之策竊以謂若欲撥亂反正以力拯其弊此事特在陛下明教化而以身率之於前嚴刑罰而以政繩之於後日積一日治或可圖陛下躬歷險阻累試艱難身率之教宜優為之惟刑罰一事臣始備員二府日固願陛下赫然大明黜陟一洗而丕變之顧以時方多故人心未定驟而更革不易服從臣雖受陛下眷知之深而德望威名亦未聞于天下區區改作適取怨尤臣所以輕捨朝夕奉承之恩冒犯艱險可虞之地其意誠欲為陛下稍強兵勢先定國本異時果能建立尺寸之功陛下不以其不可用而尚加使令則犬馬之力深欲有為於後日也然則當今所急務在於陛下身率之更加勉強以行之而已臣願陛下早暮見吞無忘誠禱思天下之所以困窮生民之所以塗炭而自反自咎身任

其責衣服之尚有鮮美者去之飲食之尚有豐肥者止之文采之可以亂目者屏之讒佞之可以惑耳者遠之淡然漠然與道為一苟言之非有益於天下生靈者弗聽也苟思之非有利於天下生靈者弗及也以此而化家人以此而化天下積久而行之則可以動天下可以格人自近及遠自內及外民雖至愚豈不感格至於兵革之事雖陛下所當留意要之兵本凶器聖人不得已而用之凡所以救亂止難難止則已非陛下中心所樂而深好之也所當急務者特在於明教化耳自古帝王所以致治莫不深明此理臣仰惟陛下英睿之質仁勇之資必能坐進此道臣於陛下分則君臣情則父子故雖遠去天威而區區愛君之心朝夕思有以自效臣言蕪陋惟陛下裁赦

浚又奏時政七弊曰臣幸蒙陛下不以臣愚不肖置諸宰輔顧慙駑下不足以奉承德意伏自惟念君臣相與莫過于誠一毫欺妄亦戾

所生臣區區中懷淺陋之見為日久矣儻畏縮隱默終不以言豈惟
上負陛下亦非所以格天心召和氣也是用齋沐洗心百拜以獻惟
明主詳酌而行焉臣竊惟方今政事施設數年以來更張非一夙夜
以思多所未曉臣謹條列其大者用備乙夜之觀僭越之罪不可以
逃臣嘗謂人主之職專在論相古之賢君留意于此殆不苟然考其
素履詢之國人幸而得之遂足以濟一代之用如成湯之於伊尹高
宗之於傅說文王之於太公彼其精神會遇默運於一堂之上而中
和之氣洋洋乎敷洽于宇宙矣後世創業中興之君如漢高祖世祖
唐太宗最可稱者當時風雲相際附翼之臣亦莫不始終展竭各效
所長豈無傷功害能之人陰肆間隙二三主者終不以是而疑棄之
知之深而用之專也陛下踐祚九年于茲矣所倚以為腹心共斷天
下之事者果有之乎所藉以振飭紀綱輔成一代之法者果有之乎

為陛下牧養小民而久任其職者誰歟為陛下經理財用而首尾其
事者誰歟然則國勢安得而不衰治功安得而興起也所幸陛下神
聖之資長於駕御二三將帥任用不惑不以人言而遽廢不以一敗
而遂黜故雖中庸之人各能盡力軍政可備使令不然臣未見宗廟
血食之所矣此臣之所以未曉者一也臣聞自昔人君之命相也莫
不相與講論天下之大計與夫修德立政之舉次第而施為故日積
月累成效可冀譬諸為室先度基址次定規模付諸匠者以責其成
一有不合安可輕委臣竊惟自建炎以來陛下選用大臣未知責以
何事大臣之進說於陛下亦未知何以奉詔臣但見夫一相之入親
舊之間不問賢否例叨要職而睥隙之人率多廢棄又見夫臺諫排
擊多自堂除大臣因之遂為進退而陛下所以攘戎狄圖中興求人
才立法度理財用治軍政則漠然皆不及之朝廷聚訟殆止私意耳

此臣之所未曉者二也臣竊考祖宗崇設臺諫之意將以輔治非以
擾治也慮夫四方萬里之遠人才之善惡官吏之能否民情之利便
廟堂不能盡見而周知臺諫得以風聞而論列臣故曰將以輔治非
以擾治也至於不幸而大臣之選非其人又得以力爭明辯于前豈
非懷姦觀望伺候主意而收拾細故于其後也臣請復借築室以喻
之主人於此將營大室固必選求匠者授以成規凡運斤之徒得以
旁招梁棟之材得以選用亦必有監視之人焉以警偷惰繩不法俾
匠者得以成其功大臣譬諸宰相也監視之人譬諸臺諫也今匠者
求人擇材次第施設而監視者在傍纖悉指數謂其人為不可用其
材為非所宜自朝及夕紛爭不已則匠雖智巧而亦縮手不能為矣
曷亦各守其職而務存大體姑責其成與不成乎故謂匠為不能立
廢之可也使匠營室而俾監視者一二細摘不可也不然空為紛張

徒費歲月室何由成為主人者既不能成大廈風雨之所凌逼烈日
之所觸犯而終不知監視者為非焉方且輟食興嘆謂匠無人不省
其任之不專而聽之惑也人情失於斷大而樂於聞小每每如此今
臺諫之間爭或類焉此臣之所未曉者三也臣竊惟仁宗皇帝之時
風俗忠厚事皆可法當時臣寮廷論大臣者所言雖行旋亦補外所
以隆體貌崇教化防邪僻破朋黨也使言事之人復居要職大臣疑
似之過何自而明夫惟兩出事乃顯著公議既容復加召用其用意
深矣比年以來為中丞為諫議多以詆毀大臣而得之好進之徒姦
巧百出或陰肆揣摩或公為反復士風薄惡莫此為甚甚者伺候人
主之意陰結內臣之私榻前之語往往預聞觀勢乘時以快宿忿時
有異同則使人導意謂不如是無以解主上之疑大臣之黨有闚望
者則必先求細故而歷詆之使無敢議其私焉外示不畏強禦之名

內懷力圖進取之計其於人主治道了不相干此臣之所未曉者四也
古者設官分職凡以為民夫人主以一身而臨蒞天下捨百姓其何
以有為我監司守宰奉行人主德意而推之以及民者也治兵之官
所以救民之難理財之官所以息民之力事雖不同實皆加惠元元
耳祖宗時郎曹之選非累歷親民有所不授自臺閣而出為貳守者
十常七八蓋使之更歷世故諳曉民情養成其材以備任用是以內
外均一百姓蒙福至於執政之除則又重其事為郡守監司為沿邊
轉運使為二路帥臣為三司副使正使然後預簽書樞密之選今則
不然事口語者可致言官弄文采者偕陞館職日進月遷驟竊要位
一居朝列視州縣為冗官故有為大臣而不知民情之休戚財用之
盈虛以至軍政之始末者有為侍從而不知州縣政事所宜施行者
況責之以天下之大計哉或十百為朋更相汲引繼履華要不啻手

拾彼為州縣之官者自視流落不復有寸進之望因循苟且民受其
若此臣之所未曉者五也當熙豐之前天下未嘗聞某年人材某時
政事也蓋祖宗盛時君臣立政惟以利民是則行之非則更之而已
自是而後公道不明假借名號以行其私黜陟用捨更為進退人材
隨時各立門戶非為國家計也夫天下之事要當惟其是而已何必
曰此熙豐之失此元祐之得此紹聖之非取此去彼以彰先朝之未
至乎此臣之所未曉者六也舜之罪也殛鯀其舉也用禹古之聖人
示天下以至公未嘗容私意于其間也今舊出蔡京王黼之門者不
問賢否一切廢罷京黼秉政踰二十年天下士夫將何所適而可乎
至於元祐子孫則一切任用若以其賢德之後物色而奬借之則可
也謂其為元祐之家驟蒙進任此何理耶昔者有大功德于天下莫
若堯舜禹湯未聞後世人君必求其子孫盡錄之也此臣之所未曉

者七也臣愚無識知誤蒙陛下知遇每思慮所及必欲盡言無隱念
臣而不以告陛下誰為陛下力陳者惟是所學淺陋所見迂僻臣不
敢自逃其罪惟陛下裁擇

建炎間中書舍人季陵入對言事有可深慮者四尚可恃者一大駕
未有駐蹕之地賢人皆無經世之心兵柄分而將不和政權去而主
益弱所恃以僅存者人心未厭而已前年議渡江人以為可朝廷以
為不可故諱言南渡而降詔回鑾去年議幸蜀人以為不可朝廷以
為可故弛備江淮經營關陝以今觀之孰得孰失維揚之變朝廷不
及知而功歸官寺錢塘之變朝廷不能救而功歸將帥是致此曹有
輕朝士之心黄潛善好自用不能用人呂頤浩知使能不知任賢自
張愨許景衡飲恨而死凡知幾自重者往往卷懷退縮今天下不可
謂無兵劉光世韓世忠張俊各招亡命以張軍勢各効小勞以報主

恩然勝不相遜敗不相救大敵一至人自為謀耳周望在浙西人能
言之張浚在陝右無敢言者夫軍事恐失機會便宜可也乃若自降
詔書得無竊命之嫌邪官吏責以辦事便宜可也乃若安置從臣得
無忌器之嫌邪以至賜姓氏改寺額此皆傷於太專臣恐自陝以西
不知有陛下矣惟祖宗德澤在人心未忘所望以中興者此耳陛下
宜有以結之今欲薄斂以裕民財而用度方闕輕徭以紓民力而師
旅方興罪己之詔屢降憂民之言屢聞丁寧切至終莫之信臣謂動
民以行不以言陛下爵當賢祿當功刑當罪施設注措無不當理天
下不心服者未之有也

湖州通判張燾上書略曰人主戡定禍亂未有不本於至誠而能有
濟者陛下踐阼以來號令之發未足以感人心政事之施未足以慰
人望豈非在我之誠有未修乎天下治亂在君子小人用舍而已小

人之黨日勝則君子之類日退將何以弭亂而圖治

紹興初監察御史劉一止上言陛下憫宿蠹未除頹綱未振民困財竭故置司講究然未聞有所施行得無有以疑似之說欺陛下曰如此將失人心夫所謂失人心者必刑政之苛賦役之多好惡之不公賞罰之不明若皆無是則所失者小人之心耳何病焉

時秦檜請置修政局一止又言宣王內修政事修其外攘之政而已今之所修特簿書獄訟官吏遷降土木營建之務未見所當急也又謂人材進用太遽任者或不由銓選朝士入而不出外官雖有異能不見召用非軍事而起復皆倖門不塞之故請選近臣曉財利者倣劉晏法瀕江置司以制國用鄉村置義倉以備水旱增重監司之選後多採用其言

吏部侍郎綦崇禮上奏曰臣伏覩周宣王之小雅於車攻則曰內修

政事外攘夷狄復文武之境土於吉日則曰能慎微接下無不自盡以奉其上然則中興之效本於修政事而政事之修亦在夫小大之臣無不自盡而已今朝廷播遷庶事草創外備彊敵內鋤群盜日不暇給而百司庶府小大之臣類多苟且偷安不務舉職姑息胥吏闒略細務累資養譽猶襲承平之弊其間亦有孜孜奉公疚心職事者則眾必非笑指以為迂至摘其事而靳之曰了得其事使足以勝夷狄否臣切怪之且國家大體輔弼大臣任之所謂百司庶府之臣知治其一官一職而已夫使一官一職而皆治焉則事將無所不治傳曰嫠不恤其緯而憂宗周之隕為將及焉彼憂之誠是也蓋亦圖其所憂而效於上歟儻無所陳其智謀以裨國論之萬一乃徒私憂過計空言廢實亦奚救於危亂哉今不及其暇時修起庶政顧以細務為不足省則大事亦將委靡而紀綱弛矣紀綱既弛而欲駕馭豪傑以興衰撥亂不亦難乎臣愚欲望聖斷深察茲弊申飭百執事之臣各揚其職無以空言憂國而妨實務庶幾細大畢舉紀律設張則內治外攘無所不可矣

崇禮遷兵部侍郎又上奏曰臣聞為天下者審夫議論規撫所存而已規撫者國家所恃以立議論者規撫所待而定議論定則規撫立規撫立而國家之勢成矣議論不定則規撫不立規撫不立而國家之勢危矣夫規撫議論尤急於天下多事之際議論定則成不定則敗規撫立則存不立則亡此成敗存亡之機也仰惟陛下初紹大統適當戎狄摶噬盜賊憑凌之時凡所為議論規撫有未能定今八年之久天下之變至此已極戎狄之要雖未可得而其情已見盜賊之暴雖未盡平而其勢已衰事固有失之於始收之於終其在今日收終之時也故臣愚竊以為今日之議論規撫宜不出三者恢復中原

以成再造之功上也因所有之地而疆理之中也苟目前之安而無所為下也語其上則今之力誠未可為守其下則吾之勢不可復立惟度時量力就其中者為之中者既成則其上可馴而致苟止於下則雖志於中者有不可得矣臣愚欲望陛下發自聖志明詔大臣無取言高以害實治毋偷苟安以玩歲月議論審其可用規撫定其適中以此立政事以此任人材以此責功效如是而期月之間治功不成未之見也

權知渠州虞允文名對上言曰臣聞聖人與天同功夫不變其道而萬物化聖人不變其道而萬民順天非有心於化物也物化於一氣之周流聖人非有心於順民也民順於一德之終始蓋不變則常常則久久則安自然之理也古之聖人圖回天下持心以一慮治以終不忽其所可輕不矜其所已得御其情以求可慎之事因其事以防

或縱之情亹亹繹繹純而不已其在書曰終始惟一時乃日新夫德至於日新而不變者以其一也有萬之衆尚有不順其治哉恭惟陛下得一之妙見於始終日用之際臣請有以明之撥亂反正既得天矣而不忘於寅畏解嬈除苛既安民矣而不忘於焦勞立政立事既法祖宗矣而不忘於繼述三十餘年之間勤於己而佚於人儉於國而豐於天下凡務損以自克之道無不用其至薄海內外孰不歸仁嗚呼盛哉然而天下之事一日而萬變天下之人一心而百僞變則有害正之基僞則有亂真之漸安危治忽所由分也故虞舜之惟幾商湯之慎終周成王之持盈其保治之術汲汲如此臣愚欲望陛下堅守常道益懷永圖凡一慮之萌一事之作必畏天必安民必法祖宗則君德不二治理如一億萬年之洪業永永無窮矣臣不勝犬馬愛君之誠惟陛下留神省察

中書舍人周麟之論賞罰名實狀曰臣聞自古中興之君惟漢宣帝為得治道之要史臣稱之曰孝宣之治信賞必罰綜核名實嗚呼斯言盡之矣仰惟皇帝陛下以英叡之姿系隆景祚躬履多難式遏寇略事同乎創業校飾百廢濟登丕平功兼乎守成盛德丕烈固已超出百王上矣而臣猶區區以宣帝為言者以陛下方厲精聽斷剗除宿弊用更化于四方施之於今莫此為急信賞必罰則公道舉綜核名實則真賢興二者國家之先務雖堯舜三代之治不外是而宣帝能用之以救弊願陛下取法焉若夫雜霸術尚刑名此則宣帝之失臣不敢為陛下道

高宗時御史中丞許景衡上奏曰臣自蒙誤恩備位執法閱日滋久了無建明不獨智慮短淺言辭遲訥之故亦以陛下方圖東巡纖悉措置上關宸慮竊謂與其狂易之黷寧負不敏之罪今者駐蹕淮甸上下安寧此正講明治道興滯補廢之時也故不揆迂愚輙以見聞昧死上獻庶幾有補聖政之萬一臣竊觀方今人材未備而政事不立法度未修而宿弊尚存浮費不節而國用空虛賦役煩重而民力困弊命令不行而事多壅滯賞罰未明而人無懲勸賊盜繼作而吏民被害邊境危急而武備弗嚴姦贓未逐而貪暴滋多公議未伸而親黨害政凡此十事之利病實繫國家之安危安危所在變故難測以陛下之神武英斷必能成中興之業以陛下之誠心孝友必能迎二聖之歸其事雖曰多端其要不過十者而已惟是十事之利其講之則不可不熟十事之害其去之則不可不速講之熟則是非明白去之速則立見治效欲望睿旨下三省樞密院公共討論修復祖宗之成憲稽參士夫之公議下從民欲上取聖裁于以致中國之安榮于以釋異域之憂釁在陛下果斷力行之而已

李綱初至行在上本政論曰臣竊以朝廷天下之本也政事法度於是乎出故中書進擬門下審駁尚書奉行所以宣布天子之命令使四方稟承焉政出於一則朝廷尊而天下安政出於二三則朝廷卑而天下危天下之安危係於朝廷之尊卑而朝廷之尊卑係於宰輔之賢否與夫人主聽任之重輕其可忽乎唐至文宗之朝可謂衰弱矣武宗既立得一李德裕相之而威令遂振何哉德裕知所本故也其初為相即上言曰宰輔非其人當亟廢罷至天下之政則不可不歸中書武宗聽之號令紀綱咸自己出故能削平僭偽號為中興然則於艱難多事之秋所以出政者尤不可以不一也自崇觀以來政出多門閹宦恩倖女謁皆得以干預朝政所謂宰輔者保身固寵不敢以為言遂失其職法度廢弛馴致靖康之禍非一朝一夕之積也臣愚誠願陛下深思天下安危之本察德裕之言而法武宗之任人

監崇觀之失。以刷靖康之大恥。宗社生靈不勝幸甚。

李光上治道劄子曰。臣嘗謂帝王者神民萬物之主也。以一身而寄天下之上。所恃者衆心之所戴也。歷考自古興衰撥亂之君。未有不因乎人心而能有爲者。盖觀人心之所與。則知天命之所歸。故夷狄之盛。强或不足畏。盜賊之猖獗。或不足憂。中原之竊據。或不足慮。關陜之捷奏。或不足喜。臣願陛下凡所舉措務合人心而已。今移蹕之初。扶携之民。歸往如市。海內顒顒。皆託命於陛下。士民傾屬。以觀聖化之行。則今日之所施爲。安得不汲汲乎。昔梁襄王問於孟子曰。天下惡乎定。對曰。定于一。孰能一之。對曰。不嗜殺人者能一之。孰能與之。曰。天下莫不與也。又曰。不行王政爾。苟行王政。四海之內皆引領而望之。欲以爲君。夫豈在山河之固。甲兵之利。土地之廣哉。臣願陛下克己恭勤。隆道德於上。大臣守法奉公。肅紀綱於下。明賞罰。辨邪

正。懲汙僞之黨。以砥礪名節。去姦贓之吏。以惠養小民。容受直言。駕馭英傑。如是而人心不歸。海內不服。未之前聞也。惟陛下留神省察。

著作郎張嵲出爲福建路轉運判官上疏略曰。古之人君其患有二。不在於拒諫。在納諫而不能用。不在於不知天下利害。在知而不以爲意。陛下渡江十年矣。外有勍敵之國。內有驕悍之兵。下有窮困無聊之民。進言者多矣。今皆以爲陳腐而別取新奇之說。任事者衆矣今皆習是以爲當然。而更爲迂闊之事。此近於納諫而不知用。知利害而不知恤也。爲今之計。朝斯夕斯。非是二者不務。數年之後。庶其有濟。國之所惡者莫大於朋黨。今一宰相用。凡其所與者不擇賢否而盡用之。一宰相去。凡其所與者不擇賢否而盡逐之。宜其朋黨之寖成也。

右司諫潘良貴上奏曰。臣嘗謂自古一治一亂。不可爲常。由堯舜迄于五代。三千二百九十餘年。其閒所以治者無他。君臣協心。各相戒飭。凡所施爲。合於大公至正之道而已。所以亂者無他。君臣異志。皆務因循。凡所施爲。悖於大公至正之道而已。仰惟祖宗之有天下。兵不血刃。市不易肆。天意人心。不約自歸。當時制爲法度。立爲紀綱。非益於國。非利於民。有所弗措。是以海內廓廓無事百有餘年。承平既久。姦臣擅權。肆爲蔽欺。率意改作。祖宗紀綱法度。廢壞殆盡。遂繼之以大亂。陛下紹承大業於艱難之際。焦心勞思。欲恢復中原。迎還二聖。九年于玆矣。然而治道殊未有以稱聖意者。臣謂大公至正之道尚塞而未行也。夫祖宗順此道而治。其後逆此道而亂。今不欲治安如祖宗時則已。如必欲之。可不兢兢業業。朝夕唯此道之是念乎。臣願陛下靜澄其心。思祖宗創業之難。念父兄遠狩之久。憫生靈常懷塗炭之苦。憤土地日有侵削之憂。凡下一令。行一事。必先以此四者

爲念。然後發之於政。詔大臣同心協力。勿以一毫私意曲徇人情。斷自今日。其已往者。漸以公正之道更革之。其方來者。力以公正之道固守之。如四時之有信。如金石之不移。則天下庶乎有休息之期也。如其不然。臣恐萬事寖以大壞。雖無夷狄外患。而中國自弊矣。唯陛下留神察焉。

歷代名臣奏議卷之四十六

治道

宋高宗時中書舍人胡安國上時政論曰臣聞保國必先定計定計必先建都建都擇地必先設險設險分土必先遵制遵制制國以守必先恤民夫國之有斯民猶人之有元氣不可以不恤也除亂賊選縣令輕賦歛更弊法省官吏皆恤民之事也而行此有道必先立政立政有經必先核實核實者是非毀譽各不亂真此致理之大要也是非核而後賞罰當賞罰當而後號令行人心順從惟上所命以守則固以戰則勝以攻則服天下定矣然致此者顧人主志尚何如耳尚志所以立本也正心所以決事也養氣所以制敵也宏度所以用人也寬隱所以明德也具此五者帝王之能事備矣

其定計曰臣聞自昔撥亂興衰者必有前定不移之計而後有舉必成大功可就修內政張四維率師不遣上卿伐國不動大衆教民懷生示信討貳此齊侯晉文前定之計也取關中據河內大封同姓以懲孤立減省官吏以息百姓抑制將帥保全功臣此高帝光武前定之計也斬高德儒叱宇文士及以遠佞人賞孫伏伽禮王魏以開言路宣示好惡使民嚮方薄賦輕徭選用廉吏此唐太宗前定之計也其成霸王之業宜矣陛下總師履極于今六年而謀議紛紜計畫未定以建國都則未有一定必守不移之居以討亂賊則未有一定必操不變之術以立政事則未有一定必行不及之令以任官吏則未有一定必信不疑之臣奕者舉棋不定不勝其耦況立國而不定乎難平者事也易失者時也捨今不圖悔後何及惟人主廣覽兼聽而不可以自專惟宰相擇材使能而不可以自用伏望特命大臣條具方

今撥亂興衰之策各盡底蘊畫一進呈先示臺諫侍臣許令駁仍集凡百執事議于朝堂詢謀僉同靡有異論然後斷自宸衷定為國是頒諸中外以次施行申飭攸司各嚴遵奉堅如金石勿復變移庶幾觀聽有孚一新耳目可見中興之兆矣

其建都曰臣聞有家者必作室立國者必建都建都必據形勢握輕重之權必居要津觀方來之會如北辰在天而衆星拱如滄海在地而百谷朝安於其所不可動也陛下昨自應天初登寶位維揚駐蹕倉卒渡江考卜相攸莫如鍾阜矧以舊邸號稱建康已降詔書傳播天下為受命之符此可都者一也自劉先主吳孫氏諸葛武侯一代英雄周遊吳楚皆稱建康龍蟠虎踞王者之居此可都者二也此據大江之險外有長淮之衛隔絕奔衝難於超越此可都三也有三吳以為東門有荊蜀以為西户有七閩二廣風帆海舶之饒以為南府此可都者四也諸路朝覲郡縣貢輸水舟陸車道里適等此可都者五也凡都北者必闢境於南周世宗取江北是也都南者必略地於北吳孫氏爭淮南是也昨者鑾輿時邁狩于吳越則王導所謂望實俱喪而晉不果遷之地也三省百司寓于南昌則李煜避周徙自秦淮卒不能振之所也國勢一統不可以數分國都一定不可以數動與夷狄居穹廬逐水草無城郭宮室市朝之禮者異矣今醜虜憑陵叛臣僭竊瀕海諸郡僻在東隅宜還都建康比關中河內為興復之基環諸路而中持衡焉則人心不搖大事可定矣

其設險曰凡立國建者必設險以守而後國可保按春秋書晉師伐虢滅下陽邑不言滅而此獨書滅者下陽虞虢之塞邑也塞邑既舉則虢已亡矣聖人特書示後世設險守邦之法故三國

時魏人都許不以方城為險而守襄陽蜀人都益不以劍門為險而守漢中吳人都秣陵不以大江為險而守荆渚夫荆渚江左上流也北據漢沔西通巴蜀東連吳會真用武之國故楚子初自秭歸徙都荆渚因其地利日以富強近幷穀鄧次及漢東下收江黃橫行淮泗遂兼吳越之地傳六七百年而後止此雖人謀亦地勢使然也後逮東漢之衰劉表牧之坐談西伯先主假之三分天下關羽用之威震中華孫氏有之抗衡曹魏晉宋齊梁倚為重鎮財賦甲兵當南朝之半其為江東屏蔽猶虞虢之有下陽也昨降詔令定都建康而六飛廵狩暫駐杭越乃以湖北為分鎮恐失古人設險守邦之意矣近日雖復荆湖南北而分鎮地分仍舊未改即與不復亦等耳按湖北十有四州其要會在荆峽故劉表時則軍資寓江陵先主時則重兵屯油口關羽孫權則幷力爭南郡陸抗父子則恊規守宜都晉大司馬溫及其弟沖則保據諸宮與上明此皆荆峽之封境也以荆南言則諸邑在江北者三在江南者四以峽州言則大都險要皆在南岸今以二州為分鎮跨據長江下臨吳會猶居高屋建瓴水也獨無虞虢下陽之慮乎又朝廷近棄湖北遠留川陝者固謂秦甲可以強兵蜀貨可以富國取其資力以自助也而使荆峽分鎮於其間假令萬分一有桀黠者得之守峽江之口則蜀貨不得東阻長林之道則秦甲不得南譬猶一身束其腰膂而首尾不相衛則非計之得也臣竊以謂欲保江左必都建康欲守建康必有荆峽不以為分鎮然後全據上流地形險固北可出秦中之甲西可下蜀江之貨血氣周流首尾相應矣又曰昔人謂大江之險天所以限南北而陸抗以為長江峻山限帶封

域此乃守國末務非智者之所先何也杜預嘗襲樂鄉矣胡奮嘗入夏口矣賀若弼嘗濟廣陵矣曹彬嘗度采石矣則其險信未足恃也雖未足恃然魏武困於居巢而不得渡曹丕困於濡須而不得渡拓跋困於瓜洲苻堅困於淝水而不得渡則其險亦未可棄也蓋設險以得人為本保險以智計為先人勝險為上險勝人為下人與險均乃得中策方今所患在於徒險而人謀有未善耳地有常險則守亦有常勢欲固上流者必先保漢沔欲固下流者必先守淮泗欲固中流者必以重兵鎮安陸此守江常勢雖有小變而大槩不可易者也當孫氏時上流欲爭襄陽而不得故以良將守南郡與夷陵下流欲爭淮南而不得故以大衆築東興與皖口中流欲爭安陸而不得故以三萬勁卒戍邾城邾城今之黃岡是也凡此三者皆要害必爭之地故孫氏保有江東而魏人不能犯今狂虜侵河朔叛臣擾山東淮北京畿諸鎮處危疑之地大江設險未可輕棄上流在荆峽其利害臣既言矣中流在安陸而守臣陳規長於帥衆憑城短於勸民耕種宜遣一軍興置屯田為規外護以蔽武昌而下流則命江浙帥司各選官吏漸往江北經營淮泗若委任得人其上者使人勝於險其次者使人與險均俟以歲時無輕改易而孫氏欲爭而不得者皆自治焉不特可保江左而恢復之勢亦在目中矣

其制國曰凡制國者不能周知山川道里形勢險易與夫土地之宜足食足兵之具則不可與謀以貽後患荆州在沮漳江漢之間地兼水陸土力沃衍平時利入猶未盡也與江湖之南磽瘠之土倍百不侔矣募民力耕可以積粟此一利也自畿西河朔

諸郡每歲必資耕牛於川峽軍興已來道路艱阻不過漢沔六年矣耒耜之設服牛引重聖人所作以利天下若出峽牛至于荆渚則門墻之內耳此二利也而又中握上流舟楫往來之栖西通秦蜀之路乃足食足兵富強要地江左六朝所以必爭而不肯失也棄為分鎮其害甚明然改之則為詔令反復無以示信遂之則形勢危削無以自守苟有幾會未害於信何憚而不改乎凡分鎮者節制境中則法得自立專征閫外則兵得自用轉移物貨則財得自理廢置屬寮則官得自命合此四事與戰國諸侯無異即非上世封建之法而京西淮甸多使暴客錯雜居之獨湖北一路安陸命陳規則左選之文吏也荆南歸峽差解潛則右選之武臣也若降指揮以湖北一路與諸鎮事體不同宜有更張獨仍舊制即此二人致其績效因任改移陳規宜因任解潛宜改移無不可者但通荆湖漕憲二司治盜理財而以襄陽隸湖北扼漢沔之道以岳陽隸湖南通三江之口以鄂渚隸江西接洪撫之境則地里連屬形利勢便合於魏武置都督不欲相遠之意亦於今日事宜頗為相協若襄陽已令分鎮時方用兵幾會之來何有窮已乘便分割亦無不可然後上流之勢全矣又曰夫變更舊制不稽今古肆其胷臆則事不可行況挾姦計求近歲湖北變更舊制多矣初用唐慤為安撫統十有四州㕘詳官高衛者建言乞以鼎州守臣帶鼎澧制置使辰沅靖並聽節制不隸湖北是削其五郡也又乞以荆南公安縣升為軍額無帶石首松滋巡檢使應軍兵器械並不許荆南那移是又削其所治三邑也是歲虜人聲言數路入寇正當經畫防秋之際而一旦削其五郡與三邑其間多兵賦重地所存者殘破之餘耳

或以衛與慤有怨故特獻此策以傾之審如所言大不忠也不然畫此謬計不智亦甚矣又前日改湖南為東西路於朝廷形勢利害初無加損徒困全邵武岡三郡之民耳今既復荆湖南北兩路宜罷荆峽分鎮仍舊置帥司於荆南一便也公安軍自係內地宜仍舊廢為屬邑二便也靖州置郡在崇寧元年自鼎澧應副錢糧歲費二十七萬今此二州既皆殘毀宜仍舊廢為渠陽寨三便也武岡置軍在崇寧四年自邵衡永州應副費亦不貲今此三州既皆空乏宜仍舊廢為武岡縣四便也凡此四者悉仍舊貫州縣官吏省併什八創添窠闕悉從除削裁損文書俾歸簡便有所謂刀弩手有所謂博易務有所謂營田司事皆欺罔殃及百姓驅之轉為盜賊者也宜依往年禁止保馬茶鹽法施行以戒誤國害民之賊然後國制定民心安矣又曰制國宜於仍舊貫乃欲以襄陽隸湖北岳陽隸湖南鄂渚隸江西者昔祖宗宅都于汴其勢當自內而制外是故置京西路而襄州在漢水之南則以制湖北也置湖北路而岳鄂在荆水之南則以制湖南與江西也今建都江左未能恢復中原則當自南而制北與祖宗宅都于汴自內而制外其事雖殊其意則一耳置於江西者治南昌而分兵屯鄂置於湖南者治長沙而分兵屯岳置於湖北者治荆南而分兵屯襄皆自南制北恢復中原之勢也古者有屬長有連帥有卒正有州伯今安撫大使則州佑之比而形勢必相屬而後能相援有無必相資而後能相成五嶺之外財賦盛於東禺兵馬出於西柾宜置大帥一員兼統二廣帥司以殿南服荆湖並經殘破而北路尤甚若置大帥必兼領夔府出峽決資力使之經畫庶能興復蓋峽中有鹽米耕

斗而無曠土。荊諸有沃衍菸田而無餘民。若弛瞿塘之禁。懋遷有無。商旅自西而入。物貨沿江而下。不越數年。荊州富盛。形勢可成。古者大國三卿。命於天子。則朝廷所自命者也。小國二卿命於其君。則奏辟而命之者也。控制大邦。優假小國之意深矣。今置大使乃古州伯。而參謀議者皆自奏辟。則非古意。繼今以往宜自堂選每路二人。其大使和厚者輔之以健決之佐。剛果者與之以審詳之屬。其餘許自辟置。則事可久行。乃輕重相權之義也。

其恤民曰。保國以得民為本。固本以恤民為務。恤民以除暴為先。蠻夷猾夏。自外為暴者也。寇賊姦宄。自內為暴者也。近歲已來外阻內訌。除外暴者多主通和之議。竟為夷狄所誤。不敢用兵。而夷狄用兵。毒徧中國。常自若也。除內暴者多用招安之策。又為盜賊所誤。不敢用兵。而盜賊用兵。毒遍天下。常自若也。夫春秋之法。夷狄亂華則是膺是懲。不與結盟。亂賊肆惡則是誅是討。不列於會。以此見聖人之情矣。葛伯殺一餽餉童子。湯往征之。天下信服。而寇賊所至殺人盈野。為民父母安得若是恝。況以重賞招之。又覬其弭也。李成馬進侵犯江西。陛下斷自宸衷。命將出師。要令殄滅。自是江西一路。商旅夜行。范汝為弄兵閩嶠。肆其殘毒。三載于茲。又遣輔臣副以上將。深入其阻。盡掃除之。而後遺種餘民。復還農業。可謂得恤民之道矣。然其餘類尚稽天誅。暴橫湖湘之間。百姓引領王師。如大旱之望雨也。今諸將既西。而師行安重。陸運糧餉。民力疲勞。夫恤民者不自病民。除暴者不自為暴。曹成反覆。直犯帥司。劉忠殘虐。塗炭數郡。固無可赦之理。宜專委岳飛。掩捕曹成。及早進師。勿令越逸。亟命

大軍直趨潭州。合於春秋救兵欲速之義。事得便宜。無更申稟。以致遷延重失幾會。仍以先聲促命馬友。揀汰老弱及元係耕種之民。各從其欲。并力一心。水陸俱進。追擊劉忠。勿留後患。招收楊華餘黨。肅清江湖之盜。然後精擇良吏。悉意撫綏。則善政可行。膏澤可下。百姓安堵。邦本固矣。又曰。保國以得民為本。固本以恤民為務。恤民以擇縣令為先。縣令親民。百里之主宰也。且據應副軍期一事言之。凡糧餉芻輸器械百物應干軍旅之用。莫不資民力而後足也。主軍期者取足於縣。為縣令者責辦於民。得人則科歛必當。多寡必均。數目必實。有無必通。期約必信。須索必辦。民不怨咨。公無乏事。苟非其人。因公循私。恣為侵擾。剝民膏血。甚於寇賊。公家所急。往往闕供。緩急之間。又無預備。民情怵迫。無所控訴。乃有轉而為盜矣。而縣令甚可以不擇乎。近歲此官冗濫已極。宜以五說稍革其弊。漢世郎官出宰百里。自崇寧掃除資格。收擢天下之士。不歷縣邑。徑躋臺省。及其補外。不為監司。必為郡守。事不諳歷。權歸胥吏。此大弊也。宜籍中外曾為臺省寺監官。依倣漢制。分宰百里。試以民事。俟有聲績。不次超擢。此一說也。古者建侯分土。不過一同。今親民之官比古侯壤。而軍興已來。日見陵辱。師徒所至。非特將校。至於走卒賤人。皆得肆行無禮。以百里令長而有不免捶楚之憂。此潔廉自重者皆欲遠引。頑頓忍辱者猶安其職而不顧也。宜增重事權。優假其禮。許借服色。厚給廩餼。凡軍馬屯駐本縣者。並聽節制。其經由悉從階級。此二說也。據今八路諸縣戶口賦入多寡重輕。分為三等。上縣自朝廷選差。中縣吏部注擬。下縣許帥臣監司通共奏辟。立為定格。不許交互。此三說也。依宋元嘉法。

定以六期為斷革去三年為任兩考成資與堂選數易之弊使
吏無苟免民有所係此四說也凡三等縣皆以四條糾正稅籍
團結民兵勸課農桑敦勉孝悌俟及三年攷其績効已就緒者
就加旌賞未有倫者嚴行程督此五說也而命侍從官各舉二
人之能任縣令亦各刺二人之姦贓不法者皆書於籍俟核其
真以次施行宣示好惡使知勸沮舉刺不實者必罰無赦庶幾
百里得人百姓安堵邦本固矣又曰保國以得民為本固本以
恤民為務恤民以輕賦為先魯哀公時遭值凶年國用空乏什
二而稅猶患不足而謀於有若則請行什一之法夫二猶不足
又損其半疑若戲言也至謂百姓不足君孰與足乃知其識微
慮遠雖聖人不能易矣夫焚林而田非不得獸而明年無獸竭
澤而漁非不得魚而明年無魚厚賦重歛困乏不足轉而之他

則無百姓誰與供常稅乎且以近事驗之如京東西路歲入二
稅約七百萬課利雜收約三百萬其餘山澤之利在祖宗時捐
以予民不盡取也百姓歸戴無有二心及李彥等取之凡西城
課利及乾濼為田窮竭民力歛積無算其時若有言罷此括尅
然後國用充足則必指為謗說也然百姓愁苦轉而為盜今此
四路常賦所入不歸於王府五年矣乃知百姓不足君孰與足
信不誣也又知荊湖南北歲入二稅約四百萬課利雜收約一
百萬自二稅外豈無餘利在祖宗時捐以予民不盡取也百姓
歸戴無有二心及部使者取之折變則有一折兩折三折收糴
則有均糴敷糴補糴散引則有麴引茶引鹽引受納則有一加
再加倍加而猶以為未足其時若有言罷此諸色然後國用充
足亦必指為謗說也然百姓愁苦轉而為盜今此兩路常賦所

入不歸於王府三年矣乃知百姓不足君孰與足信不誣也今
朝廷所自治者封境益蹙賦歛益重百姓益貧田萊益荒謀國
之臣不為陛下深思遠慮更欲擾之何不以京東西湖南北為
覆轍之鑒也夫為川敺魚者獺也為叢敺雀者鸇也為敵國敺
民者今日之貪吏與弊法也伏願明詔計臣速講輕賦恤民之
事為生財足用之原而以京東西湖南北為至戒庶幾百姓安
堵邦本固矣又曰保國以得民為本固本以恤民為務恤民以
革弊為先凡為國以利不及義者皆自小人始謂其所見者小
不知大體法所以弊也祖宗時以義為利盜賊不作坐享九州
四海之奉其所利者大矣且如鹽法行於西者與商賈共其利
行於北者與居民共其利行於東南者與漕司共其利大計所
資均及中外所謂以義為利也崇寧初謀國之臣以利為利首變

鹽法利出自然者禁而不得行則解池是也利在居民者皆入
於官府則河朔是也利通外計者悉歸於朝廷則六路是也諸
路空乏乃至橫歛誅求百種猶不能給民窮而為盜遂失歲入
常賦以數千萬計則鹽法實致之也靖康改元用事大臣昧於
遠見其弊不革陛下紹興宜鑒前失亟議改更久而未及何也
略以湖南一路言之舊日歲課一百萬緡本路得自用者五十
萬故歛不及民而歲計充足變法已來鹽利悉歸朝廷矣本路
所以益困也略以道州一郡言之歲認上供錢二萬貫往時本
州歲賣鹽錢四萬餘貫以此鹽息樁充故歛不及民而自足今
上供錢依舊而無鹽息至以麴引均科人戶民所以益困也又
略以耒陽一邑言之有未變法之前官所自運鹽有既變法之

後客所拘納塩封椿日久既緣軍期支給矣而塩香司再欲追索朝旨亦令撥還不知此當自何而出急則不免取於人户民所以益困也比聞榷貨務所入未滿一年至六百餘萬其利非不厚何不遍下諸路並令檢會若此類悉行蠲免以活百姓使稍安業不至為盜長納二稅存國家大利之源也又如榷酤法已極弊尚仍舊貫不亟改更何也略以道州言之課額既高歲有虧欠即抑勒專知牙校令兼管州倉俾因受納取足稅民弊可見也又以邵陽言之酒課約二萬餘貫而歲折稅米為糯凡六千石每斗中價約五百足只此一色已幾倍費其他未論也比雖行下諸處會計而州縣往往利此為造弊之端不以實聞何不斷在必行令逐路應係官監酒務許百姓衆共買撲入納淨利收官務逐年所費米麥等撥歸朝廷專充贍軍費用還所得淨利與轉運司及本州縣支使利濟公私以活百姓使稍安業不至為盜長納二稅存國家大利之源也夫琴瑟不調甚者必解而更張之乃可鼓也為政而不行甚者必變而更化之乃可理也惟陛下早更弊法以幸天下則百姓安堵邦本固矣又曰保國以得民為本固本以恤民為務恤民以省官吏為先光武中興併廢吏貟裁減文書什存一二天下遂平蓋有民然後有事有事然後有官今遺民既寡事亦少矣官吏日增而不減此何理也自崇寧以來中外創添貟局重以濫賞不勝其冗蠹國病民遂至於亂渡江之後北地衣冠接袂而南别值軍旅之興賞典超越濫冒滋衆江左吳楚例經殘破而諸司州縣添差不已兵官舊條兩貟者或至於七貟八貟而未止也監當舊條一貟者或至於四貟五貟而未止也倚伏推奏不任其責請給人

徒互相攘占此弊不革雖有恤民之心而民豈被其澤乎又如江北荒餘郡縣皆膏腴之地虜騎不來盜賊已去而民無歸業城市不建者緣所遣經理鎮撫之官略無存恤興復之意未有百姓先置官司諸州縣鎮舊時貟闕一一差填又所用之人全不選擇貪殘暴虐甚於冦盜墾闢一畝者即抄一畝之地布種一頃者即收一頃之入民不聊生無緣復業此弊不革雖有恤民之心而民豈被其澤乎夫為民有官未設官以病民為事有官不因官以廢事今添差所在依勢倚法侵漁須索耗蠹無窮民所以病也一羊而群牧其委不專一職而衆官其任不一事所以廢也攷於春秋以民為重而大夫次之攷於孟子以民為貴而社稷次之故堯舜禹以天下相受而其言曰衆非元后何戴后非衆罔與守邦言君與民一體也而可以不恤乎今朝廷添置官吏蓋出於恩寵諸路所自差委多及其親故不虞廢事而病民也大失先王之意矣望陛下特降指揮併省官吏以建武為法稍指祿廩養之使居閑地無執事權則百姓安堵邦本固矣

其立政曰立政者人主宰臣之事而必先明其所職然後政可立也選擇忠賢以為輔相委任不疑者人主之職薦進人材布列中外賞罰不私者宰臣之職唐太宗既黜封德彝邪說任房喬杜如晦為宰相矣又勅尚書細務並屬左右丞而責二公以廣求賢人隨才任使此委相臣以其職者也陳平既不答文帝決獄之問自謂所主佐天子理陰陽矣而召河南守吳公為廷尉吳公治平為天下第一其能致民無寃可知此使九卿各得其職者也而政有不立乎陛下即位于今六年念宰相不可數非

其人也而特有遴任置諸左右可謂得人主之職矣然而政事未立者竊恐責宰相以其職異於太宗之不以吏事勞之也宰相之所以自任不若陳獻侯之能使九卿各得其職也昨者雖并東西二省而宰臣依舊受接詞訴判決獄訟終日營營弊精力於簿書之末而進退人材布列中外賞功罰罪或有未加察焉則失其職矣政何由立乎夫審於音者聾於官明於小者暗於大天地之有四時百官之有六職天下萬事盡備於此願陛下特降指揮自今以往宜令庶事並決於六曹仍命六曹官長皆得專達並如元祐大臣所請自非事關大體更不咨白則宰相之事簡矣然專責以慎柬六部長官及其貳以舉中臺之職則又專責以慎柬諸路帥臣及部使者以舉外臺之職則又專責以慎柬諸郡守臣及上縣令宰以舉郡邑之職此乃周公立政有司牧夫之大意也昔者冉有退朝而晏以為有政仲尼曰其事也如有政雖不吾以吾其與聞之夫諸侯之國大夫與政而陪臣興事為天下者其可不使宰臣與政而侍從治事乎惟陛下明詔宰臣各行其職則政之大經立矣又曰三綱軍國政事之本人道所由立也三綱正則基於治以興三綱淪則習於亂以亡按春秋華督有不赦之惡魯鄭齊陳同會于稷以成其亂受賂而歸而天子不討方伯不征咸自以為利也不知百官象之有大不利焉未幾陳有五父之亂齊有無知之亂鄭有祭仲子突亹儀之亂魯有叔牙慶父般閔之亂數十年間四國外迹幾至喪亡則以昧於履霜堅冰之戒不能辨之於早也春秋備書于策明三綱之重為後世鑒深切著明矣昨者胡塵犯闕邀請二聖而立張邦昌僭竊名號援引契丹立晉事迹用為證

例分遣使人宣諭諸路直下赦令倍行恩賞原其用心與華督動其惡無異陛下嗣膺寶曆特施寬典未正其罪奉行天討與眾棄之置在遠郡賜死于隱而不尸諸市朝已失刑矣及虜騎南騖鑾輿渡江黃潛善及其黨悉皆震恐事窮計迫無所從出乃指邦昌為金人所立而迫之至死遂以致寇欲解其迷國誤朝之罪至其宗族皆命以官是訓誘亂臣賊子之心使利於為惡此臧哀伯所謂百官象之其又何誅焉者也故不踰旬月苗傅劉正彥敢有無將之心陛下既正典刑順承天意而近臣乃有抗章乞行湔滌者敢肆姦言無所忌憚故比日諸方群盜所在焚劫至有官吏入其隊中肯為之用末流至此可不戒乎伏望特降指揮昨在圍城有職當守禦視城垂破而端坐不救忘廟社之危者有草表章上及君父取媚虜人受其婦女者有起自闕散特仕偽朝長其諫省者有於苗劉自肆並建節旄所除制命極意稱美者及昨來乞用邦昌苗傅正彥之黨者審其輕重不過此數人依法施之以正人心息邪說則三綱不淪而軍國政事得以時立矣

其覈實曰政事紀綱莫大於賞罰賞罰福威必當於功罪功罪善惡必審於毀譽毀譽是非必要於真偽故直言不聞毀譽亂真康澄以為可畏甚於三辰失行水旱虫蝗之變也可不核實乎陛下昨降赦書推尊仁宗盛德大業應舉行法度並欲上遵嘉祐德意甚美臣嘗考其大要特在於直言數聞毀譽核實而已丁謂以姦邪為宰相矣雷允恭傳達外議擅權矣黃德和以監軍誣奏邊將次或斥或誅或投諸四裔而獄情審克卒無冤濫是毀譽不得亂真而邪說息也寇準以忠正遭遠貶矣范仲淹

以危言屢獲罪矣歐陽脩以讒斥佞人招難明之謗矣或辨明誣枉或擢陛侍從或遂遷執政是毀譽不得亂真而直道行也邪說息直道行則惡人有所憚而不為善類有所恃而不恐其致至和嘉祐之治以此陛下自初即位思建中興而將相大臣黃潛善汪伯彥等不能奉令承教乃廣引廢忠毀信靖譖庸回服讒蒐慝之黨變亂名實顛倒是非以上惑朝聽貶馬伸於閑市出許翰楊時於閑散如孫覿劉觀鄭轂輩流並居通列維揚奔潰無所歸咎恐陛下討其誤國之罪也復指結余堵殺邦昌為致寇之由特下赦音元惡大憝皆得原滌而李綱獨不與焉此雖假借朝廷詔令行之安能掩天下之公論乎顛倒是非變亂名實莫斯為甚矣及范宗尹當軸又欲汲引失節鄙夫如李擢等以蓋其北面偽楚之惡是非邪正出於人心如辨白黑焉可誣也其為計不忠亦甚矣陛下好惡無私克遵王道上追仁宗審覈之政毀譽必要其真賞罰必當其實使邪說不作直道得行其繼嘉祐至和之治亦何遠之有夫邪正是非莫易辨於今日惟陛下斷在必行以扶正論實天下之幸又曰凡核實者必自大臣與臺諫始大臣定功罪施賞罰於上臺諫論功罪主毀譽於下不可不先核也仁宗即位信王曾之正任呂夷簡之才終以富弼韓琦為宰相而余靖蔡襄貫黯呂誨等迭居臺諫此真偽所由核也陛下嗣承寶曆渡江以前所用三相而言者攻李綱以六不可貸之罪謂人臣有一于此必伏斧鑕而遠竄之於鯨波南海之表人皆以為鄭轂蓋綱以建炎二年冬十有一月朔日遠貶而轂以是日峻遷故知為此言者必轂也然謂綱大興誣謗于與呂庸俗言已去朝綦亂斯起欲平定之捨我其

誰傳呼宰相響震山谷諷諭群小令上封章翱翔道途以俟詔命凡此等語驗於奏議則無據按於施為則無迹特以譔造文致之語傾陷大臣為不可貸之罪而當時遂信行之又以美官激勵之是賞勸讒諂之人欲其毀譽亂真而不核也若言潛善伯彥措置乖方人皆以為馬伸蓋伸自言官黜為監當而其言則有狀矣不慎命令則以下還都之詔也廣布私恩則以復祠宮教官之闕也黜陟不公則以罷衛膚敏而用孫覿不祥之人也杜塞言路則以貶吳給張闡邵成章也妨功害能則以沮宗澤與許景衡也私收軍情則以各置親兵千人請給獨優厚也同惡相濟則以力庇罪人王安中也凡舉一事必立一證皆衆所共知亦衆所共見不敢以無為有亦不敢以是為非而當時不信其言而罷之反以為言事不實而重責之是罰沮忠讜捐軀為國之人惡其毀譽之核實而不亂也邪說何由息公道何由行乎今轂雖已死恤典哀榮禮意隆厚公論不允伸既遠貶雖有詔命不聞來期君子閔焉比雖貢以龍閣未盡褒勸之禮按春秋之法治姦惡者不以存沒必施其身所以懲惡獎忠善者及其子孫遠而不泯所以勸善伏望聖慈特留聰聽按此二人情狀追正刑賞奉承天意使天下知懲勸之方以息邪說開公道則三代之所以直道而行將復見於今日矣

其尚志曰臣聞自昔帝王應時而作者必以立志為先在草昧時必立志而後能創業垂統在衰微時必立志而後能興衰撥亂時者事之幾志者事之本欲定大事而志不先立則無本矣焉能有成漢高帝西入咸陽見秦宮室帷帳狗馬重寶婦女之盛意欲留居樊噲一言即還霸上范增由此畏之說其主曰沛公

入關財物無所取。婦女無所幸。此其志不在小。故能滅秦取項以成帝業。光武破尋邑之師。舉睢南之地。取河北定山東。既得隴復望蜀。顧謂耿弇曰。建此大策。雖落落難合。然有志者事竟成也。故能祀漢配天。不失舊物。靖康改元。胡塵犯闕。用事臣僚不効責難之節。首以立志為本。而即安屈辱。至使親王出質。城下結盟。此齊國佐宋華元請合餘燼背城借一。誓死力爭。有以國斃而不肯從者也。當時國勢何異措火積薪寢卧其上。而宰相徐處仁遽進諛言。以為金賊出境。社稷再安。由聖德儉勤致有天人之助。遂陳八說。謂如今日可比唐虞之盛。而臣主俱榮。抑何所志之卑陋也。故廟堂聚訟。顛沛末流。未及朞年。卒招失國之禍。夫立志者。本也。行事者。用也。本則不立而急於行事。雖有遠猷宏議。必格而不得施矣。陛下天資神武。自初即位。慨然

發憤志殄寇讎。而當時親信近臣。又不能助成大美。乃至因循坐消歲月。國日益削。六載于今。然上天之所以啓悟聖情。日躋盛德。陛下之所以深懲既往。勉勵將來。可謂卓然有立於萬物之表矣。伏望堅持此志。斷以不移。仍飭群臣。各致法家拂士之義。必志於恢復中原。祗奉陵寢。必志於掃平夷虜。迎復兩宮。必志於得四海之歡心。以格宗廟。必志於致九州之美味。以養父兄。然後告功皇天。明示德意。則文武百僚。六軍萬姓。丕應徯志。亦皆震慴奔走。各修厥職。奚為而不成。奚欲而不遂矣。

其正心曰。治天下者。法也。制法者。道也。存道者。心也。心者。身之本也。身者。家之本也。家者。國之本也。國者。天下之本也。曰家。曰國。曰天下者。皆心之所體也。曰道。曰法者。皆心之所運也。能正其心。則朝廷百官下至萬民。莫不壹於正。安與治所由興也。不正其心。則朝廷百官下至萬民。莫不習於不正。危與亂所由致也。故有虞氏以天下授禹。其所傳付者。首曰人心惟危。道心惟微。而周公作立政。稱述乃考文王。亦不過克厥宅心而已。然心有所忿懥而弗能忍。則不得其正。有所貪欲而弗能窒。則不得其正。有所蔽惑而弗能斷。則不得其正。有所畏怯而弗能自強。則不得其正。故欲正其心者。必本於誠意致知。而人主所以不可不學也。昔光武中興。息馬投戈。必先講藝。蜀先主從事行陳之間。而樂聞儒生鄭康成等啓告治亂之道。吳王孫權分命諸將總兵禦敵。戒以當塗掌事不可不學。而自謂讀書大有所益者。蓋戡定禍亂。雖急於戎旅之務。而裁決戎務。必本於方寸之間。不學以致知。則方寸亂矣。何以成霸王之業乎。今陛下日親典策。博攷古今。往行前言。固以畜德。又經變故。備嘗險阻。慮患益

深。必無邪念。至誠所發。通貫幽明。固有人不及知而天獨知之者矣。伏望更選正臣多聞識有智慮敢直言者。置諸左右。日夕討論。以克厥宅心。遠繼周文之美。則朝廷百官下至萬民。莫不壹歸於正。而無回邪欲亂之心。奚危之不安。奚亂之不息矣。

其養氣曰。凡用兵勝負。係於軍旅之強弱。軍旅強弱。係於將帥之勇怯。將帥勇怯。係於人君所養之氣曲直何如耳。接戰者。兵也。主兵者。將也。將將者。君也。人君以直養氣。自反而縮。則曾子之所謂約也。狐偃之所謂壯也。壯則強。以曲喪氣。自反而不縮。則孟子之所謂餒也。狐偃之所謂老也。老則弱。紂師如林。陣于牧野。武王數其不事宗廟。賊虐諫輔之罪。則商曲而周直矣。故周勝。項羽兵震天下。威服諸侯。漢祖數其九罪。與殺義帝之負。則楚曲而漢直矣。故漢勝。凡曲直者。兵家之大要。制勝之先幾也。

金人詐邀二聖遷徙六宮殘殺老幼刼掠貨財立臣代君悖逆
天理肆行無道曲亦甚矣陛下以上皇之子孝慈之弟自大元
帥入踐宸極撥書初下而僞楚歸班赦令一行而四方響應又
自比來克勤聽政追賞直士優䘏其家登用讜言置諸要列令
聞四達聖德日躋可謂直矣以直對曲勝負已分中國士氣宜
不待鼓而自強狂虜暴橫宜不待挫而自弱然虜兵每動四方
震慴奔走逃遁莫與抗衡者以兵家之略制勝之幾未有以明
之也今欲強中國之兵鼓將士之勇使人人知我直彼曲以作
其衰敗不振之氣更在陛下強於為善益新厥德近有信於諸
夏者無曲可議外而聞於夷狄者無曲可指則守為剛氣可塞
于兩間震為怒氣可以安天下何憂於群盜何懾於戎虜將帥
必聽命而不敢驕軍伍必畏威而不敢惰不待兩兵接刃而百

勝之筭已坐決於九重之上矣
其宏度曰人主以天下為度明當並日月不可私照臨德當配天
地不可私覆載所好當遵王道不可以私勞行賞所惡當遵王
路不可以私怨用刑其喜怒則當發必中節和氣絪緼而萬物
育也故能理其情而君道備矣然人情易發而難制者惟怒為
甚克己然後可以治怒順理然後可以忘怒書曰必有忍乃其
有濟此治怒不遷之法也忍者隱忍不發之稱遷者自此遷彼
之謂能隱忍而不遷則事必濟矣齊侯忍於射鉤而相管仲九
合諸侯晉文忍於斬袪而見寺人披免於內難楚昭忍於私怨
而賞鬬辛終以復國漢高帝忍於有故怨者而封雍齒忍於數
窘辱者而赦季布忍於比已為桀紂者而用周昌至如丁公短
兵相接而免已於厄可謂有再生之恩矣及其即位丁公來謁

乃斬以徇其不賞私勞如此故能五載而成帝業凡此數君於
道槩乎其有聞者矣如袁紹不忍於田豐許攸而棄策士卒無
所成德宗不忍於蕭復姜公輔而疎賢相終以衰削蓋亦未之
思耳陛下聖度虛明仁心廣大固當不以私喜親倖諂之士亦
當不以私怒遠正直之臣中外百執其有迷國誤朝罪惡昭著
衆所指目不可掩者雖有私勞願陛下與衆棄之不使幸而得
免以致天下之疑也至如抱忠守正犯顏逆耳公論所歸不可
掩者雖遭讒謗願陛下與士共之不使退而窮處以失天下之
心也然後賞而必當是謂天命罰而必當是謂天討可以撥亂
反正建中興之業矣
其寬隱曰自昔創業與衰與增光洪業之君待遇臣下恩禮雖一
而崇高嚴恪常行於爪牙介胄之夫以折其悍驕難使之氣柔

遜謙屈必恭於林壑退藏之士以礪其廉靖無求之節故能駕
馭人材表正風俗漢高帝亦能召齊王田橫於海島中而自恨
終身不能致四皓世宗踞見大將軍衛青至汲黯奏事或時不
冠則走避帳中使人可其請光武制御功臣不相假借而招延
處士如會稽嚴光足加帝腹辭其爵位山陽王成使者再聘不
肯就車太原周黨陛見帝廷伏而不謁雖范升有誇上求高之
奏不以為然各從其志夫此三君者內平四海外讋百蠻可謂
英雄之主矣然高祖之威能行於暴秦強楚而不行於四皓世
宗之威能行於匈奴西域兩越東夷而不行於汲黯光武之威
能行於尋邑王郎赤眉銅馬隴蜀之君而不行於嚴光周黨惟
公孫述獨行之述招聘蜀人李業之流或刼以兵威迫以酖或
械其妻子業等皆死疑若最能行其威令矣然述之威能行於

李業等而不能行於吳漢何也威有所當加勢有所當屈加於所當加以立威則強屈於所可屈以忌勢則昌反是道者難乎免於亂亡之禍矣陛下尊德樂道如古賢王屢下詔書詳延遺逸而群臣有不能欽承聖意以增盛德之光者凡所宣召或有未至不原情實略見寬假即肆譏謗以謂違於君命召不俟駕之義被之以偃蹇之名而欲加之以不恭之罪雖陛下大度幷包不使其說而造此謗者亦云甚矣夫召而不至者其本心豈樂貧賤惡富貴哉其必有以也或其齒早衰而不能至或其身負疾而不能至或其志氣已經沮傷而不能至或其才力不足以當任使而不能至或其所見與時不同而不能至若聽順所守寢息恩命下全隱居之操上有好善之美兩得之矣乃欲施雷霆之威於一介之士何也渡江以來四月八日所下赦書首

欲上遵仁宗法度謹按康定閒嘗以詞館招張俞矣辭而不受至于四五其後又以修起居注用王安石𥘉辭而不受至于八九皆從其欲又優獎之以勵風俗未嘗加以雷霆之威而權綱不緣此而不立命令不緣此而不行威加於西則臣服元昊威加於北則剷平王則威加於南則掃蕩智高柔巽屈於隱士而德愈隆剛克伸於四夷而威愈震可謂知所用矣此其所宜遵者也侍從近臣不有忠言奇策上動聖聽奮揚天威殲滅狂虜覩請施於疾病退藏之臣其意安在伏望特降詔書申明此旨凡被召有不能赴者悉從其欲不強致之獨以威刑外施暴橫之戎內掃貪殘之賊與悍驕不可使之將讒說殄行之臣則天下歸心而治道成矣

祕書正字張孝祥上奏曰臣恭惟陛下天縱神聖身濟興運兢兢行道餘三十年以陛下之心行陛下之政唐虞三代曾不足進而懷忠之士以今揆古容欲有議者何哉群臣負陛下使令也自建炎以來朝廷之治蓋嘗一再更張方陛下厲精於中興之初則執事者立異相高隆虛名而略實用逮陛下於恭己修好之後則專國者怙權植黨廢公議以竊主威夫君天也父也事天事父若此尚何暇望其他哉今陛下收還威柄人才用舍斷自聖志先時二者之敝固已革去然臣之愚猶欲冒昧自竭者誠願陛下清閑之燕密諭邇臣使之無苟目前益務遠略而已夫事有可為當各進所聞豈必拘形迹之疑政或偏敝當勿憚改作不宜習見聞之舊翫歲月則將失投機之會飾文具則必盤責實之旨使群臣精白以承休德則陛下高拱而昭成功永輯隆平無有紀極惟陛下留神財幸

殿中侍御史章誼應詔上言曰右臣伏讀今月二十六日聖訓閱國難之日深念政治之未洽臣有以見陛下憂患之切而求治之勞也仰惟陛下懷宵旰惕厲之心思祖宗基業之重眷禮臣工敷求切務使悉意有為之時降虛己力行之詔德音下逮朝野忻懽如臣謏聞誠不足以仰酬清問然輒以狂愚得備言責不敢以學識凡陋為辭臣以為欲國難之弭則莫若以謀為先欲政治之洽則莫若以人為急孟子曰堯舜之智而不徧物急先務也堯舜之仁不徧愛人急親賢也陛下詔臣以寇虜充斥汙瀦於齊魯宋衛之郊而盜賊跳梁株連於江鄂洪撫之地閩中屢擾淮上多虞此四者臣知國難之深有在於此也陛下又詔臣何道而可以保民何術而可以弭盜何策而可以遏虜寇何行而可以生國財此四者臣知政治之洽有在於此也陛下用謀以濟四者之難則所謂堯舜之智也用人以行四者之政則所謂堯舜之仁也臣請得別白而詳言之聖詔曰虜寇充斥汙

瀦於齊魯宋衛之郊。此陛下念宗廟社稷之所在而憤劉豫之未擒也。陛下謂劉豫之僭竊在虜人亦願爲之乎。兩者皆出於不得已也。虜人窮兵深入。去國萬里。攻刦焚蕩。固知中原之空虛而不能有也。故不得已而用劉豫。若劉豫者失身兵革之間。貪戀朝夕之命。彼雖屈膝於虜廷。實可羿衛於中國。蓋亦不得已而爲之也。誠遣辯士動其心。徐遣間諜密賜詔旨。許之爲外藩。貸之以不死。則兵革可以暫息邊境可以少寧。然後專委重臣經營北伐。異時王師繼進。由清河者入京東。由汴路者入京畿。由襄漢者入陳蔡。與李齊要結於登萊之境。與張浚翟興會兵於河洛之上。陛下用謀誠出於此。則齊魯宋衛之郊可得而復矣。聖詔曰。盜賊蹤跡株連於江鄂洪撫之地。此陛下念江左生靈之塗炭而憤李成爲進之未討也。陛下固嘗遣周虎臣往諭李成。使之歸鎮。李成既聽命矣。其後撫諭之使不繼。丐糧之請

不答。外之將臣大敗則匿而不言。小捷則矜而自功。至于今日猖獗四出。江鄂洪撫兵拏不解。臣固嘗乞江東之池饒信撫。江西之洪州荊湖之鄂州三路。分兵以守矣。又嘗乞命呂頤浩朱勝非兼荊湖江南四路之地。盡護諸將兩師統兵以戰矣。陛下試用此謀。則兵將之心力必果。臣旅之號令必一。財用則無所分爭。士卒則無所竄伏。江鄂洪撫之地可全而有也。聖詔曰。閩中屢擾。淮上多虞。此陛下念守帥之非才而思鎮撫之未效也。閩中之擾。始於范汝爲結集之初。福建帥守監司。任非其人。不能擒捕。朝廷遣謝嚮招安之後。慮有譴訶於是共爲飛語。辯言劉時舉死非其罪。冀以中傷謝嚮而搖動汝爲。陛下誠能灼知情狀。盡行罷黜。別選能臣。則閩中屢擾非所患也。淮南諸鎮。初皆得人。合勢併力。以扞殘虜。大江之南。藉爲藩籬。自趙立被圍。朝廷不能遣兵應援。以致陷沒。於是薛慶李彥先相繼喪亡。岳

飛郭仲威逗遛失守。今日固當統以重帥。給以芻糧。使之四面攻襲殄滅餘寇。從其歸鎮。務耕稼之業。養疲瘵之民。招徠流亡。繕備守禦。則淮上多虞。非所患也。凡此四者。臣以爲尚謀而不尚力。則國難可得而弭矣。聖詔曰。何道而可以保民。臣謂保民無他道也。去姦貪殘虐之吏。則可以保民矣。今夫勸農桑。懲游惰。薄稅斂。省刑罰。鰥寡孤獨遂其生。饑凶疾病得其養。保民之道不過如此。而陛下矜恤之意滲漉之仁。形於詔音。見於赦令。非不諄複也。然而民不獲安者。姦貪殘虐之吏未盡去也。聖詔曰。何術而可以弭盜。臣謂弭盜無他術也。得循良廉平之吏。則可以弭盜矣。今夫遣繡衣直指之使。用柱後惠文之吏。施虎穴屠伯之酷。任射聲跡步之士。重弩戮之科。連保伍之坐。弭盜賊之術。不過如此。而陛下警察有巡尉之官。懲艾有刀鋸之辟。大則陳諸原野。小則肆諸市朝。然而盜不可息者。循良廉平之吏

不進也。聖詔曰。何策而可以遏虜寇。臣謂甲堅兵利。城高池深。形勢便利。山川險阻。得利則戰。不利則守。此虜寇之所以可遏也。國家兼而用之矣。然而夷狄憑陵者。以陛下未得折衝禦侮之臣也。聖詔曰。何行而可以富國財。臣謂布帛芻粟之征。關市榷酤之利。度僧鬻爵之牒。摘山煑海之饒。此國財之所由以生也。國家兼而用之矣。然而經費不足者。陛下未得長財心計之臣也。凡此四者。任人而不任法。則政治可得而洽矣。夫尚謀。智也。任人。仁也。陛下持仁智之大端。優游法宮之中。天下才智之士。爲陛下奔走陳力以濟艱難之業。則祖宗丕基爲不墜矣。陛下纘數政治之目。固可槩見其得失。然不若詔執政侍從之臣。各舉俊傑之士。使至行在。審其智謀。考其議論。共佐中興。以康庶事。臣得爲陛下察其忠邪而贊勵之。臣聞舜之紹堯。寇賊姦宄。蠻夷猾夏。洪水橫流。民不粒食。舜舉十六相。去四凶。舞干羽

而有苗格。於是地平天成。萬邦作乂。此誠急務。親賢仁智之效也。當陛下憂勤圖治之時。臣敢終始以堯舜之事為言。陛下力行是道。其於堯舜夫。何遠之有。臣不勝區區之誠。

誼又上奏曰。臣聞人主之職。在論一相。夫宰相之任既專。則得以持危扶顛為己任。今天下之勢。可謂顛且危矣。正賴宰相總率百官。扶持大業。若政事之因革。官吏之廢置。刑賞之重輕。軍師之進退。悉斷於宸衷。而取決於宰相。使宿將功臣。戚里近習。不得夤緣干請而一切退聽。然後朝廷之勢尊而治功成矣。伏望陛下安行此道。責成宰相。苟一物不應。許諫官御史論列繩察。而百執事之人各守其職。以盡規於上。庶幾政無多門。朝無倖位。保護安全。共成中興之美。不勝天下之幸。

誼又上奏曰。臣伏見朝廷全盛之時。尚書為外省。受四方之訟牒。都堂在禁中。議天下之政事。士大夫之以職任往來於四方。與夫省臺寺監以職任建白於宰執者。並晨詣都堂。朝服謁見。於是宰執受其事目。察其人材可否。僉諧。乃為進退。自旦及午。閱天下之務。不少置也。迩年以來。三省都堂不復異處。賓徒絡繹。僅能應酬文書紛紜。無暇省決。又復分廳對客。日晏未罷。左右司有所稟議。逡巡而不得前。堂吏抱案牘。趑趄戶外而退。雖有經濟之才。彌綸之志。何暇措意哉。唐制。丞郎見宰相。須少間乃敢通。郎官非公事不敢謁。異時宰相往往通賓客。至有所善。載酒集閤。酣醉而去。及李德裕為相。則諭御史有以事見宰相者。必先白臺乃聽。自是罷朝。百官由龍尾道趨出。無輒至閤者。觀今日之事。以考德裕之所為。蓋有謂而為之也。伏望睿慈。明賜戒諭。都堂議事。稍遵舊制。庶幾多事之時。經綸之地。不為賓客清談燕坐之所。仰副聖主責成仰治之意。不勝幸甚。

右正言陳淵上奏曰。治天下有萬世不易之道。有一時解紛之計。不易之道。猶饑渴之於飲食。不可一日而無。解紛之計。若病之用藥。已則去之。戰國之世。諸侯以詐力相吞。所患者國之不富。兵之不強耳。是以當時謀臣策士。非富國強兵之說。不進於其君。而孟子則鄙之曰。仲尼之徒無道齊晉之事者。是以後世無傳焉。故雖如管仲之於威公。九合諸侯。一匡天下。其功可謂盛矣。而孟子猶不為也。豈以管仲之所成就者。可以濟一時之急。而不可行之萬世乎。方梁惠王以天下莫強之國。東敗於齊。西喪地於秦。南辱於楚。欲以一洒其恥。問於孟子。宜其有甚高絕異之謀。轉禍於立談之頃。而成功於反掌之易者。而孟子則對之以施仁政於民。省刑薄斂。深耕易耨。修其孝悌忠信而已。又何其不切歟。蓋濟一時之急者。不過富國而強兵。行萬世而無弊者。非仁政不可也。夫仁政得民之術也。得天下有道。得其

民。斯得天下矣。得其民有道。得其心。斯得民矣。彼所謂富國者困民之本也。所謂強兵者毒民之資也。以是而欲得民之心。不亦難乎。雖然不言富國。非委貨財而不取也。不言強兵。非消甲兵而不用也。治其本而末從之矣。本之如何。得民心是已。民心既得。以之足食則君孰與不足。以之治兵。則效死而民弗去。此湯武之王。所以無敵於天下也。今為兵而理財。取財而虐民。民不堪命。將轉而為盜賊。姦宄莫禁。饑饉乘之。其患有不可勝言者矣。願思孟子之言。修仁政以固民心。毋以祖宗之德澤未替為言。而忽於恤民。則天下幸甚。

左司員外郎王信轉對論士大夫趨向之敝。居官者逃一時之責。而後有所不恤。獻言者求一時之合。而行之可否有所不計。集事者以趣辦為能。而不為根本之慮。謀利者以羨餘為事。而不究源流之實。持論尚刻薄。而寖失祖宗忠厚之意。董散務煩碎。而不明國家寬大

之體。因循玩習。恬不為怪。頗酌古之道。當時之冝。示好惡於取舍之間。使天下靡然知嚮。而無復為目前苟且之徇。又論朝廷有恤民之政。而州縣不能行恤民之實。近歲不登。陛下軫念元元。凡水旱州郡。租賦或蠲放。或倚閣住催。然倚閣住催之名。可以並緣為擾。願明與減放。上皆納其說。

歷代名臣奏議卷之四十七

治道

宋高宗時。提舉萬壽宮兼侍讀張守上奏曰。臣仰惟陛下憂勤念治。行已十年。自去冬虜人不能南渡。今秋湖寇蕩平。中興有期。內外延跂。然人心惴惴。猶有外侮之憂。臣切以謂夷狄未賓。莫先自治。蓋修政事。所以攘夷狄也。伏願陛下念艱難之舊業。恢久大之遠圖。無過不及也。建大中以承天心。勿貳勿疑也。極志誠以盡群慮。任賢則責其大功。而待以持久。使能則略其宿負而用其所長。保固淮甸。以定駐蹕之都。獎拔偏裨。以分尾大之勢。愛惜名器財力。以革僥倖之習。崇獎忠厚端愨。以銷朋比之風。凡此數者。安危所繫。其他細故。不足為陛下道也。然以陛下英睿天縱。於此數者。少留神焉。中興之烈。不難致矣。書稱成湯之德曰。終始惟一。時乃日新。德所以日新而不窮者。終始惟一而已。雖書生常談。而本之治道。無出於此。惟陛下果斷而力行之。

守又上奏曰。臣久去軒陛。孤陋寡聞。比蒙召寘經幄。復瞻穆穆之清光。千載之遇。敢不竭愚慮。以瀆天聽。竊惟今日之先務有六。而夷狄不與焉。蓋夷狄未賓。莫先自治。試為陛下畢其說。一曰立國。二曰察言。三曰任賢。四曰使能。五曰抑僥倖。六曰破朋黨。何謂立國。陛下巡幸江浙。行且十年。去冬虜騎不能渡江。入秋以來。復無他警。議者便謂長驅深入。恢復中原。以立大功。時不可失。臣以謂今日之驍將勵兵。蓄憤養銳。固可折箠而笞劉豫。頓轡而還舊京。然不過策勳筭賞。為一時美觀。而未為國家長久之利也。何者。敵國尚彊。藩籬未立。秦晉韓魏之地。強兵健馬之區。悉屬於虜庭。就使剋復州縣。能保有其土地而撫奄其人民乎。千里饋糧。能不乏乎。為今之計。當一意經理淮甸以壯屏翰駐蹕建康暫為別都儲粟練兵首為不可攻之計然後待時而動一舉而圖萬全此立國之謀也何謂察言伏自陛下大開言路謀行計從上之宰執進呈次之臺諫論事下之百官轉對遠之草茅上書發言盈廷未易決擇又況知言自古所難臣頃承乏臺屬首嘗以伊尹之言告陛下矣曰有言逆心必求諸道有言遜志必求諸非道臣每謂聽言莫要於此蓋不知人主所向而言鮮有不逆者迎合人主所向而言鮮有不順者因逆心而求其是因遜志而求其非則十已得五六然後考覈其邪正參訂其虛實於是或用或捨鮮有不當矣此聽言之要也何謂任賢宣王之中興任賢使能而已禹之戒舜則曰任賢勿貳所謂任者非止崇以爵位富以祿廩而已求之欲審付之欲專疑則勿用可也用則勿疑可也求之審則當其才付之專則盡其用孟子所謂左右卿大夫國人皆曰賢而後用之

則求之審矣齊桓之用管仲一則仲父二則仲父則付之專矣不然則畏首畏尾救過不給何暇展四體而修職業乎夫求之既審付之既專又在久任以責其成功堯之用鯀而陻洪水為害大矣必俟九載績用弗成而後黜堯豈不恤昏墊之民哉蓋守當時三考黜陟之法也況或一時之舉措有纖芥之失一人之愛憎有毀譽之私隨即廢置不惟不盡其材而法令弛張莫知其端恩讎報復各快其意徒為紛紛無補治道臣願陛下苟得真賢則略其細故不規近効以責成於持久此任賢之道也何謂使能能則與賢者異矣使之則與任者異矣賢者而役使之則無以盡其心能者而信任之則必有誤於國蓋才可以辦事者未必賢也左右近習百司庶府各因其能使辦一職則事無不舉然非當信任也又在棄其小瑕錄其大略捨其舊惡許其自新故使智使勇使貪使愚如封倫裴矩以姦亡隋也而以

智佐唐李祐賊將也而卒縛吳元濟天下之才未嘗不可用也顧使之如何耳若乃以春秋責備之義以使能則能者不得而用矣能者不得而用則不過取夫碌碌闒茸不才之人夫闒茸不才之人雖無顯過而敗事必矣不可不戒也此使能之方也何謂抑僥倖艱難以來風俗敗壞貪懷苟得熾於前日在下者既啓僥倖之心在上者遂行姑息之惠名器日輕費出日廣民力愈困國勢愈弱朝受一命則夕圖堂除一有除授則繼求遷擢除代至三四輩待次至十餘年稍加裁抑則謗起於下而怨歸於上甚至以危言上感宸聽卒如所欲而後已為今之計痛加裁抑勢或難行如內外官吏足以任使矣不必更增員闕也既有代人矣不必更有除授也官吏將士之俸廩足以贍養矣不必更有增益也人既習安無所歸咎至於為人而設官有求而必予於是紛紛競起人有覬覦而紀綱日隳無以善後矣要

在稍嚴資格獎用靜退之士以息浮競之風凡妄行申請攀援不已者痛懲而申儆之則息僥倖之漸也何謂破朋黨朋黨之禍尚矣孔子曰君子群而不黨則君子固無黨也然義理所尚不謀而同故聞善而相稱譽見善而相薦引未必有心而近於為黨唐虞九官濟濟相遜武王十亂同心同德帝王之盛節也小人欲排陷君子將一舉而盡去之求其過而不得則一指以為黨耳善乎歐陽脩之論曰欲空人之國而去其君子者必進朋黨之說欲孤人主之勢而蔽其耳目者必進朋黨之說欲奪國而予人者必進朋黨之說漢之末以朋黨禁錮天下賢人君子而立其朝者皆小人也然後漢從而亡唐之末又先以朋黨盡殺朝廷之士而其從者皆庸懦傾險之人也然後唐從而亡所謂一言喪邦者如此豈不痛哉古者上以直道用人故殛鯀而興禹誅蔡叔而封蔡仲下以直道自任故祈奚舉其子崔祐

甫多除親舊載在經史號為美談况非父子親舊而以其類逐之曰朋黨此何謂也本朝慶曆之間韓琦范仲淹杜衍富弼輩嘗以為黨而盡逐之矣以至元祐之間又以司馬光等命之曰姦黨而禁錮之矣大抵人指以為黨者多賢士凡進朋黨之論亦必痛懲而申儆之破朋黨之策也陛下於此六者每致意焉則中興之期指日可待其他細故不足為陛下道也然以陛下之英睿天縱固深明乎此而區區以為獻者特在於果斷而力行之耳能果斷而不疑力行而不怠又必以誠意先焉大學曰欲治其國先齊其家欲齊其家先脩其身欲脩其身先正其心欲正其心先誠其意故誠者天之道也臣願陛下正心誠意造次不忘終始惟一董仲舒曰事強勉而已矣強勉學問則聞見博而智益明強勉行道則德日起而大有功書稱湯德日新蓋欲常新而不弊也詩稱湯聖敬日躋蓋欲有進而無已也儻強而行之則聖帝明王異世同符人自歸心天自悔禍天下不足治四夷不足平中興之業不難致矣顧雖書生常談無新奇可喜之論而臣區區平昔篤信而可行者不過如此惟留神裁擇天下幸甚

胡寅上言曰臣聞善建室者必立基故作舍道旁則三年不成善奕棊者必布勢故舉棊不定則不勝其偶為天下國家猶建室與讎敵爭勝如奕棊而無成謀其可乎陛下總師履極十有二年中原之禍益深生民之力益困中興績效茫然未立夫以聖學日躋恭儉克己臨朝向久明習國家事可謂誼主矣然為其事而無其功豈不曰計畫未嘗前定故歟人主之職莫大乎論相人才政事皆由相而後舉今十有二年之間易相至於九人賢者用未及盡憂讒畏禍而已去不肖者持祿懷寵坐待黜免而後行昨日所用之賢才明日指為邪佞者有矣今日所行之善政他日以為誤國者有矣朝廷無不改之令臣下無久任之功軍士無堅守之心百姓無固結之志持此而欲語中興豈不猶充飢以畫餅利涉以土舟者乎宰相不職而更用賢才當也數不職數更用昔人所謂誤豈可數無乃陛下知人之哲亦有愧於古耶夫此九相者其操術智慮必不盡同求其同而用之又將疑其為朋黨求其不同而用之正猶病者用醫一以為寒一以為熱一進溫補一專導利務為不同以苟免而病者亦斃矣然則國家何利焉坐此之故奔競恣睢惟利是從而仕風愈壞或和或戰儀怯俄勇而軍律益隳改更紛錯前後乖違而政事益不修舉措既煩財用檢費而生民益不樂夫此四者國恃以存今而若此雖月行一美詔時建一善事僉言稱薦收召一君子交章論列罷退一小人祇為無益而已淺士短識久誦中興智者寒心方憂極弊若不及時大有變革改紀國政以趨事功而因陋就簡日復一日至於智者無以善

後之時正使良平復生不能為陛下計矣昔光武中興東晉南渡其所措置務適時宜於舊法亦不盡循事雖不同同歸於治伏望陛下慨然遠覽詔兩府大臣及侍從臺諫官條具今日立國之大計經久可行之務損益因革之宜各令悉盡底蘊於十日內畫一具奏陛下留神省覽斷自聖裁若大臣議絀則參用侍從臺諫之言若論思駁不當則專守廟堂之策仍集百執議于都堂衆心僉同三占從二定為國論以次施行從此者嚮用爵賞違此者威用刑罰加以歲年力行固守庶幾經綸有叙民聽式孚可冀中興之效不然雖人材衆多文法良是而大計不定猶丹楹刻桷輪奐翬飛於浮沙之上水至則蕩然矣雖卒武兵利若可禦敵而勝勢不立猶坐分客主局合龍蛇而一枰之上無有生眼亦不待戰罷計路而後知其敗也今虜據汴京士氣恐懾重歛歲各民心已離惟陛下早圖之若揖遜救焚徐

行拯溺臣不知所稅駕矣

寅又上言曰臣聞大哉乾元萬物資始至哉坤元萬物資生成位乎兩閒則與天地合其德故體元者人主之職而春秋謂一為元元即仁也仁人心也人君者正心以正朝廷則百官萬民莫不正而治道成矣堯舜禹傳心之言曰人心惟危道心惟微人心謂利欲之私也行乎利欲則背於義理豈不危乎道心謂義理之公也公與私在一念之間耳私欲蔽之雖離婁不能自見也豈不微乎惟危故安之為難惟微故知之為不易是故三聖研精審擇而懼其雜致一不二而懼其放不雜不放本心昭然然後能執守中道無所偏倚猶鑑明水靜於人之美惡無不知也猶權輕重度長短於事之舉措無不當也以此為元后而仁覆天下矣周道既衰孔子作春秋首明此心以示萬世人君南面之法更秦絕學異端並作言黃老者以虛無為心

明申韓者以慘刻為心好攻戰者以權謀為心毀倫類者以寂滅為心心體既差其用隨失學士大夫謂誠不如詐謂正不如譎謂道德不賢於術數謂教化不捷於法令遺經雖在而帝王之迹熄矣陛下濬哲文明性與道合舉天子之事傳仲尼之心使斯文不喪所謂天授非人力也夫源清者流澄本端者末正有諸內必形諸外為其事必有其功今士風陵夷四維未張惟利是從不顧義理利在粘罕則欲以釋怨悅其心利在劉豫則欲以友邦通其好利在逮國之宰輔則欲為之羽翼以助其飛利在怙權之將帥則欲為之疽囊以厚其毒姦邪回適民之所惡者相與封殖之使不搖守道秉節天之所好者相與傾擠之使不立邪說爛漫人心不正未有甚於此時聖人所為懼春秋所由作也今陛下於仲尼百世以俟之意聖性既自得之若夫體元居正端本清源力行所知以收撥亂反正天下歸仁之效更加聖心焉則何畏乎女真何憂乎叛賊何難乎中興之業哉

寅又上言曰臣謹考歷古帝王保天下之要以民為本而得民心之道以食為先此腐儒之常談亦經邦之至論也舜命十二牧曰食哉惟時箕子陳八政一曰食二曰貨人之有食猶魚之有水水盛則魚繁減則魚耗涸則魚死至易見也民獨何以異此方七國爭雄之時爭地以戰爭城以攻尚權謀棄仁義謂可以朝諸侯有天下而孟子獨以農桑牧養之事告時君莫不以為迂闊無效是時惟秦兵力最強鞭笞四海卒立為帝孟子之言真若迂闊矣秦惟兵之強而不恤百姓視民如草芥朝芟而夕刈之曾不二世而雍州之地崤函之固為他人所有則孟子之言乃至急至切而非迂闊也臣觀今日民力有水涸之勢其可憂不在粘罕之下願陛下勿以為腐儒常談使臣得畢其說趙充國西漢名將曹操三國英雄其用兵無不屯田積粟

而今日之兵開口待哺此何理也自司馬法及戰國以來蒙恬白起頗牧信布之流臨敵制勝無不計首級而今日功狀皆言不斬斫級一布掩殺橫屍幾里或入水不知其數此何理也自古臨敵有用命者有不用命者故藝祖皇帝嘗出入行間以劍斫士卒皮笠記其退縮者事定而誅之若其摧堅陷陣則賞不旋踵是謂有賞有刑旌別勇怯而今之賞功全隊轉授未聞有以不用命被戮者此何理也自古行賞其將帥勳伐尤異者則遷其官秩或封以國邑若其士卒則犒賜而已或以金帛予之而已今自長行以上皆以真官賞之人挾券曆請厚俸至於以官名隊此何理也自古利權盡歸公上乎奪操縱惟君所命如李牧之軍市租如藝祖命邊將回易之類則衣糧器械賞設之費皆出其中今煮海榷酤之入遇軍屯所至則奄而有之闤闠什一之利半為軍人所取至於衣糧則日仰於大農器械則必

取於武庫賞設則盡資於縣官此何理也自古制兵有事則付之將
帥無事則歸之天子光武中興可謂馬上取之之時矣猶且不假將
帥以久權鄧禹取三輔總數十萬衆一旦無功奪之如探囊中物今
總兵者以兵為家厚自培植若不復肯捨者曹操曰若欲孤釋兵則
不可也無乃類此乎自建炎以來易置宰執凡四十餘人矣謀慮不
臧政事不善雖台衡之重股肱之親一言而去之何獨於將帥而不
可進退以均勞逸之任拔沈滯之才乎此又臣所未曉也自古制兵
必有實數戰鬬則有敗北平居則有死亡緩急則有散逸此不能免
也今諸軍近者四五年遠者八九年未嘗開落死損折傷之數豈皆
不死乎抑隨死隨補乎逃而不以告敗而不以告死而不以告補而
不以告不可也以補者之姓名充死者之姓名以死者之妻子為補
者之妻子不可也不然軍籍何自而無缺乎此又臣之所未曉也自

古制兵必去冗食存精銳分為等級如所謂百金之士千金之士則
戰之所恃以必勝者其餘充聲勢備輜重而已則所以食之役之者
不敢與銳卒班焉雖其等如是然無非軍旅之用也今諸軍則無所
不有矣避賦役免門戶者往焉納賄賂求官爵者往焉有過咎不得
仕者往焉犯刑憲畏逮捕者往焉遺科舉失士業者往焉則人有鄉
黨故舊之人百工手藝之人方技術數之人音樂俳戲之人彼所以
輻湊雲萃者非有勢以庇之乎非有利以聚之乎不然人生各有業
何必軍之從此又臣之所未曉也凡今日軍政之弊其大致如此其
詳從可知矣恭惟陛下克己臨政惟儉惟勤無華衣美食之奉無嬪
嬙柔曼之嬖無宮室臺榭之觀無撞鐘舞女之樂無匪頒賜予之濫
寬詔屢下以民為心惟恐傷之若保赤子者九年於此矣加以東南
諸路未嘗有數千里水旱之變民力宜足國用宜裕而上自宰相下

至縣令認認然日以軍食不給為莫大之憂索之於帑藏則無終歲
而不發之儲索之於計司則無運轉而不竭之貨索之於州縣則無
陳積以待調發之物索之於百姓則無出力佐興有餘不匱之家然
而贍軍之費歲歲增益日樁月樁急於星火要王官置審計以示覈
實無隱之狀而境土未拓叛賊未擒讎虜未殲二帝未復不幸而旱
蝗水潦方數千里連二三年因之以盜賊則不必粘罕點集劉豫犯
順而國家之大事去矣是豈小故可不思所以善後之策乎今邊防
無事之時則甲兵數衆多食不可闕也及疆埸小警則曰兵力不足
敵不可當也情狀蓋盡於此其智術機巧不施之於虜賊而施之於
朝廷大要在於自計而已官愈高則待之當益隆兵愈衆則畏之當
益甚至於民力已竭國用已屈自彼觀之猶越人視秦人之肥瘠耳
亦何足少槩其心哉故臣謂兵政不修則水涸魚死之喻指日可見

矣臣愚謂宜於諸軍中各選取壯勇京軍三二千人補宿衛之缺存
祖宗三衙之制使兵政有考然後命諸將揀其軍為三等請給視之
凡上功狀依舊制論首級又命各舉所知可以為將帥者各若干人
就以其軍分試之無事則分戍有警然後聽大將軍指揮凡疾病而
死及失律散逸者即時具數申上闕額必聽朝旨補塡屯軍所在不
得侵奪在官之利以兩淮荒地分給頃畝責委大將率次軍下軍受
田而耕其上軍則固護營屯閱習武藝諸大將宣力有年或告勞而
有疾不當強使之宜每軍置副帥一人參管軍馬以俟交代其謀議
官許置兩人一聽自辟一從朝廷選授諸將總軍則於州縣之事都
無干預雖建使置司其官屬猥多至數十人坐糜俸祿宜從減損凡
監司守令皆係王官與陛下分民而治者也兵將官即不得輒有按
削凡校用使臣自為隊伍者先會總數然後分番按試若不能挽強

擊刺即黜之勿令竄名冗食如此之類朝廷改紀法制示以必行則兵威自振民力自寬國用自足矣自古建官非為他也惟以為民也凡事皆本於有民無民則無事無事則無官而終不能無也故因事建官使民出粟以養之事治則足矣而未有群天下之人無所職任而祿之者也而未有以優局餼廩以待不才有罪之人者也今日宮觀嶽廟添差不釐務可謂姑息之極弊非修政事攘戎狄之先務也非寬民力足國用之要術也此其為害亦餽餉之次矣士大夫惟元臣故老有德有勞閔煩苦之欲示恩意之人處以宮祠差遣自餘仕事則食祿否則罷之而已矣猶慮貧窶可恤者據品秩給以閑田可也至於監當等官皆課利所出費用所資乃有一闕添差至五六人者為公乎為私乎若其為公則不當差也如為私者天下吏員猥多皆可以五六人而共一闕矣何獨監當而可乎故凡添差與所謂不

釐務悉宜減罷也喪亂以來士子廢學失業惟志於得平時則按臨郵獻封事科場則乞收試求恩免風俗大壞宜有率勵之道將來科場宜降指揮特展三年且令進修以待後舉比年法制從寬遷官佐吕者衆人得任子仕流混濁當楯時之宜稍澄其源凡任子之恩遞陞一等大禮奏薦者必至朝議大夫而後許自是率而上之不隔郊者仍須隔郊得者既艱又須嚴入仕之門守銓試之法未出官人勿令以恩例及奏辟入官必須試選合格乃聽注授如此之類朝廷改紀法制示以必行則流品漸清民力自寬國用自足矣則又遴選守令而久任之以拊循既困之民民各安業則生財之路廣公私皆濟無乏絶之患以守則固以戰則勝何為而不如志乎或謂如臣所陳乃今日大病也而無治之之方人徒能言之耳臣以謂不然彼數人皆自陛下拔擢用之非有世家根據難馭之形陛下灼見利害命大

臣條具一幅詔書敢不從乎握兵而不從人主之命彼將何理以自白臣知其不敢違也若因循今日之事更加以歲月則唐末五代之禍真可馴致矣夫濟大難之世必有拂衆之略絶人之才乃立非常之功光武起兵誅討僭叛中興漢祚宜其蕩然施恩以收西京人心然考其所為則用法嚴密未嘗以政悅人至於減天下吏員十存一二而已豈聞人懷怨咨欲充無厭之望乎孔明輔劉先主志在復漢唱大義於天下而所據險僻又出吳魏之後宜尚寬大以固蜀人也然考其行事限人以爵律人以法其始蜀人不安其後遺愛比之召公甘棠死之日百姓如喪考妣而不聞有舍蜀而走吳魏者人心惟是之從耳處置盡公必自帖服不在溱洧之濟濡沫之惠也漢削諸侯七國同日反景帝憂其得山東豪傑袁盎曰吳王安得豪傑而用之所用皆鑄錢亡命耳如得豪傑亦且輔吳王為誼不反矣自頃以

來朝廷稍欲裁制冗濫恤民便國小人不利輒從而譁之或造為謠言以駭動朝聽至謂無所得於此則携持而北去胡一麾稱臣拜虜有一人賢智之士乎廟堂公卿無鎮浮之量亦從而改屢擬令者踵相接也嗚呼曾謂如此而可以振頹敗之俗成中興之功哉太祖太宗櫛風沐雨東征西伐以平藩鎮之禍收養民之功而陛一倒持太阿高拱熟視以成不掉之勢為失民之事臣竊憂之伏望陛下出臣此章明詔大臣考其當否早議國制若以前人已壞之迹今不可為安知他日又不難於今日乎臣不勝納忠懇切之誠

趙元鎮上奏臣向蒙陛下不以臣不才寘之宰輔前後三歲迄無寸功聖度兼容忘其所短懇辭去位禮意益隆粉骨捐軀未知所稱今者待罪藩郡使得自佚會未朞年遽叨召命俾預經幄示不終棄自惟何者辱陛下知遇如此然臣區區之愚有不得已者不免仰瀆

天聽臣竊惟陛下紹祖宗之業當艱難之時柬拔儒臣列侍講讀非欲分章摘句為書生事業必將論道之餘訪以當世之務臣雖學識迂僻不足仰裨聰聽亦欲少施所蘊時有獻替是廼祖宗設置經筵之義況於今日乎臣謂陛下所當諮訪於講讀之臣者內則政事之得失外則邊事機籌而已臣之思欲獻之於陛下者亦無以踰此臣素不知兵然兩經捍寇粗識事宜謂先固本根乃議攻戰也大將於江濱分精銳於淮上首尾足以相應聲援足以相及賊雖強梁欲謀深入前迫大軍之勢後有尾襲之虞而我之漕運既省民亦少安設或長驅頭舉而身隨矣踄河越岱無不可者故於臨機應變之間反復憂慮以持重為先或欲置之危地必取成功非不可勝之策也若今之邊事規模宏遠事勢恢張固已盡善但與臣所見偶不同耳亦非怯懦者所能知也臣昧於治體然昨在揆路妄意區別謂朝廷之

上屢立黨與呂夷簡范仲淹之黨可合也學術政事所同而其人多忠厚老成之士王安石呂惠卿之黨可合也學術政事所同而其人多才能少俊之流至若元祐之人與夫紹聖崇觀之黨則不可合也學術政事不同而品流趣嚮之異也故於進退賞罰之際申嚴勸沮使人知所嚮或欲混善惡於一途則善類必沮傷納君子小人於同域則小人必勝理之自然害政之大者也若今之政事議論好惡黜陟取捨固已盡善但與臣所見偶不同耳亦非淺陋者所能及也此兩事之外其他所不同者固不一而臣亦不敢自以為是顧頑冥之資執其所見而已今措置已定法令已行群心退聽習俗丕變矣陛下儻欲採用臣言重為更革則中外擾擾何時而已臣行年五十有三衰疾侵尋死亡無日亦安能遷就所守俛仰從今儻使廁跡諸儒議論之末陛下將何所諮詢臣亦自度無可獻之陛下者如其遂非

不悛執迷難化永為棄物不復可用亦其分也是以聞命而來逡巡恐懼屢陳辭懇不敢但已誠恐進對之言與時不合奉身求退重取慢命偃蹇之誅非陛下疇昔顧遇許以保全之意況自夏及秋足疾增劇痛楚浮腫有妨拜趨臣已別具劄子奏乞改除一在外宮觀外輒敢盡布腹心密聞於陛下惟陛下憐之俾臣終老山林死無所恨

監察御史鄭剛中上奏曰臣聞人主未嘗不欲求言嘗患言之難聽論事者未嘗不欲言之行嘗患言之難入漢文帝謂張釋之曰卑之毋甚高論令今可行也後世學者多指以過文帝謂其不能抗志遠大而限言者以卑小也嗚呼甚高之論詎可聽哉大不觀時小不揆事辨博之說縱之於三皇五帝之上而濟用之實常若玉卮之無當是果何益文帝戒釋之未為過也雖然文帝何不要釋之以至當之論而雅意欲其卑乎此不為無過夫高之與卑不相侔矣高雖不可

縱卑固不可溺天下之理一溺於卑則事功衰靡流弊不勝言其失視甚高論者猶不啻也人主之聽言人臣之論事使其上不縱於甚高下不溺於太卑常守至當之論以一天下之趣向則亦何患乎言之難聽難入哉故臣嘗謂論治道必歸於平論人材必歸於恕論治道歸於平者非謂見小利忘遠害也見小利忘遠害則陋而已矣今恐務虛名者不得成貪奇功者多後患與其相夸以所難相靡而無實曷若因時順勢相與守吾可行之道敦本節用修禮正名未起者加振未備者加飭常使上正而下自服內治而外自賓如是則所以求治道者不其平乎至若廢紀綱而不修蕩名節而不勵謂為遠而不肯行謂為重而不復舉茲又人君之所宜勉也論人材歸於恕者非謂以小人間君子也以小人間君子則雜而已矣今恐皐夔不可以世有稷契不可以輩得與其舍近慕遠異世而須才曷若磨礲砥

礪觀其心術之邪正苟不至畔道而害治則自可量才而使因能而任常使效知無不及之事陳力無不勝之誅如是則所以得人材者不其恕乎至若倚忠為姦盜名欺世無能為而可以害吾之有為託能言而有以搖吾之國是者茲又人君之所當去也論治道歸於乎論人材歸於恕此所謂至當之論可以一天下之趣向者惜乎文帝獨不以是而要釋之耶恭惟陛下體乾坤覆載之德廓山藪包含之量謂祖宗率皆疏通耳目容納臺諫故即位以來加惠言事之官雖衆智畢陳未必有裨於萬一而開懷屈意舜禹不能進持此以濟中興之業固有餘裕臣以愚賤之資誤蒙器使未知所以報厚恩者然考之歷古其能隨事啓沃開陳主意者固自有數餘非高而誕謏適足以起世主之疑則卑而淺陋不足以廣上之心志故其說常齟齬而不合區區淺陋之愚尚庶幾於犬馬之自竭惟陛下憐其愚而幸

赦之

提點成都府路刑獄公事馮當可被召上奏曰臣觀自古聖帝明王未嘗無待於學然帝王之學異於儒生不在於貪多務得以資博洽之才含英咀華以為文章之美在乎參諸既往之迹揆以當今之政立政行事以古為法如堯舜禹之若稽古商高宗之鑒成憲是也陛下聖性高明好尚純古萬機之暇躬覽載籍該貫總攝洞見百家自開闢之事治亂成敗之蹟如指諸掌其為學可謂至矣至於立德行事以古為法者臣願陛下守其所已至而勉其所未至也自古戡定多難必由克斷臣願陛下剛健法天以為再造之本自古君臨一相用終其人臣願陛下任賢勿貳以立一定之規自古任賢使能不肖者退聽臣願陛下旌別賢否以絕濫吹之失自古強幹弱枝未然者先慮臣願陛下封植本根以戒履霜之漸非特此數者陛下廓開聖鑒洞照古今凡古由是而治者以之為法凡古由是而亂者以之為戒則大業富有盛德日新雖自古聖帝明王之學何以加也昔齊宣王好色好貨孟子猶曰可以為王陛下好學帝王之盛德也臣願陛下擴而大之追蹤前古以幸天下

高宗親政策士諭考官曰對策中有陳朝政切直者並寘上列太學生王十朋以權為對大略曰攬權者非欲衡石程書如秦皇傳飡聽政如隋文強明自任不任宰相如唐德宗精於吏事以察為明如唐宣宗蓋欲陛下懲既往而戒未然威福一出於上而已嘗有鋪翠之禁而以翠羽為首飾者自若是豈法令不可禁乎抑宮中服澣濯之化衣不曳地之風未形於外乎法之至公者莫如選士名器之至重者莫如科第往歲權臣子孫門客類竊巍科有司以國家名器為媚權臣之具而欲得人可乎願陛下正身以為本任賢以為助博采兼聽以

收其效幾萬餘言上嘉其經學淹通議論醇正遂擢為第一

劉行簡應詔條具利害狀曰右臣伏覩今月二十七日手詔令中外侍從省臺寺監職事官監司守令等各述已見的確利害凡可以省費裕國強兵息民者條具以聞仍已詔大臣置司修政有言聞達悉付講求有以見陛下焦勞圖治宵旰靡遑仰師周宣所以內修政事外攘夷狄之意以惠天下甚盛德也然臣嘗謂修政之舉置司而講求之宜也何宜聞而久未聞耶昔梅福以南昌尉上書乞假軺傳至行在所條對急政四方之士固願効其所聞以為所不當緩如福者多矣及今始求之豈亦所謂急政者乎方今中原版蕩九廟播遷外憂猾夏之遠夷內有弄兵之群寇而又僭偽竊國之人反側自疑日夜謀我言政之急未有如今日者陛下詔臣等以省費裕國強兵息民之事固議者所當急久矣然事不素講而求之於一朝一夕之間

所謂足國裕民者誠不知其方。欲足國則民不裕。欲裕民則國不足。一旦用度有闕。郡縣吏不過陰取於民以應公上之須。陛下亦莫得而知也。所謂省費強兵之事亦然。欲省費則兵不益。欲益兵則費不省。加又有烏合招來之冗存之。則糜費廩食。不足恃以爲強汰之。則無所歸。且覆出爲惡議者處此。誠知其難也。今日欲爲陛下論之而不知所當先。則爲不知言。陛下問修政於羣臣而不先其所自爲。則爲不知政。今日之事在陛下躬行者。顧莫先於省費。非謂天下之費必待陛下而省也。以爲不如是則不足以感人心而示好惡。政之本不立也。臣愚不肖。待罪臺屬。于茲有日矣。竊聞陛下小心如成康。儉德如文景。篤好書傳。踰於聲色。尚方服用。簡樸無華。興士庶之家等。縉紳交歎。以謂聖慮宏遠。不以一日奢靡快意爲樂也。然邇來議者頗謂歲取左藏庫金帛之數。不減全盛時。有司告病。縉紳惑焉。豈陛

下儉於一躬。而賜予或未節耶。且左右親近之人至無厭也。不以禮法抑之。將何時而已。仁宗皇帝嘗語侍臣曰。左藏庫月供錢千二百緡。此周王所謂供王之好用。朕宮中無所費。其令罷之。當是時左右親近之人非不多也。然而無所覬覦者。知不可也。又況其間畏義知耻。與上同休戚者。雖予之。將辭焉。其不然者。皆貪得無厭。不與上同休戚者也。又何恤焉。且陛下厚於及人。而以身當天下之謗。其無乃自爲謀者疎耶。臣願少抑賜予之費。與所謂雜色供奉冗食無用之人稍鐫減之。示好惡於天下。則修政之本已立。其事爲之末。乃可議耳。夫修政之目無微而不當舉。誠將次第而行之。莫若詔監司郡守縣令各至所部。詢問父老。講求一方之利害。若曰。孰利未興。孰害未除。孰民田有遺墾。孰爲知兵。孰材武可用。孰土豪可任。使其當山川控扼沿江瀕海之地。則曰某地可守。某地可戰。某地可爲寨柵廬舍。

某處可以積粟漕運。各以方略來上。然後以其說深考而熟計之。處其可者行焉。間遣近臣巡按其地而核其實。以爲之賞罰黜陟。則事無有不得其要領者。今未嘗目見耳聞而獨使之泛然論天下之利害。其有益於施行者無幾耳。趙充國號爲通知四夷事者。且曰百聞不如一見。臣願馳至金城。圖上方略。況餘人哉。乃若省費裕國強兵息民。見於事爲者。則臣竊莫若求之民兵。蓋四者一事而已。古者兵民爲一。故兵不可勝用。而國不知費。趙一國耳。長平之戰四十萬人死。其後亦不聞無兵。秦發子十五以上皆驅之軍。則是民即兵也。比年以來。爲民兵之說。獻於上者多矣。卒莫之行。巡社之法既行而旋罷。豈朝廷難之。以爲擾民耶。是計之未熟而行之不得其要者也。若臣之說則異於是。陛下即行之。不過下半紙檄以頒郡縣。郡縣承天子詔旨而告之民。民則樂從之矣。初無有甚難。蓋其說曰。不募。不籍。不教

不易其名。不奪其業。不係縻於官。不程督以吏。如是。故民不擾而樂從。凡縣鎮鄉社之民。通役爲之。不欲者勿強。並習兵器。若弓弩戈矛槍梃刀牌等。隨其所習。以今所謂保正長者總之。曉以利害。使各保其田桑廬舍。境內有寇盜。聽捕逐。其獲寇之賞。則有常格見於著令。若遇大盜。并力敎獲。則聞于朝。稱其事而旌賞之。如效用之法。其平居講習精於武藝者。聽保正長推舉。不以多少聞于州郡。州郡按試之。如所舉者。爲之旌別。蠲其身丁及三犯杖聽贖。彼固知保田桑廬舍之利。而又有意外旌賞之寵。無所係縻。無所程督。亦誰憚而不爲哉。今夫群天下之士而試之有司。次第薦送而官使之。彼誠利於得官也。挾策覔舉。雖終老而不悔。曷嘗募之使爲科舉。籍之使不脫耶。使民習兵無以異此。爲農爲商。不易其名。不奪其業。且將因閒暇時囑其朋儔。自相講習。挺者擊。戈矛者刺。弓弩者馳射。彼歸而求之有

餘師又何必馳而教之為哉且山谷強悍之民初未嘗教也而藝絕官軍者所至多有如曰必驅而教之使知坐作進退是猶博士先生綬帶徐步升堂巍坐而談經坐諸生堂上擊鼓而進退之以為文物表儀化民成俗可也所謂學者豈真有待於是乎孔子曰不教民戰是謂棄之而臣乃以鄉社之兵為不必教者非兵無事於教也以其藝與官軍不同非仰食公上者也所繫至衆一或擾之將不樂從籍令習業不精假之歲月所得十一不已多乎嗚呼兵之弊甚矣其患有不可勝言者在祖宗之時平居無事則竭天下之力以養兵在今日國勢阽危則竭天下之力以養亂今臣之說雖未能銷患於赫赫之際而能為陛下銷患於冥冥之中雖未能足國裕民於一朝夕之閒而能為陛下足國裕民於三歲之後且為久遠無窮之利若以三歲之後無救目前因置不講則是其弊終不可救也願陛下下臣章

雜議若以為可則立為賞功勸勞之典參酌舊所著令損益而施行之此臣所不能知也或曰臣之說朝廷非不聞也不果行者懼民之知兵且為亂也臣曰不然強悍之民倔起山谷十百為群輕犯縣鎮居民無遠近多寡望風奔走與異時虜人所至率以一步卒聯十百人而驅之拱手屈膝以受箠擊莫敢與抗者非不願其生也誠未嘗知戰闘擊刺之事耳僅有一能者則荷戈持梃出當之矣此臣所耳聞而目見也借令一鄉社之民自起為盜則有他鄉社之兵制之一縣鎮之民為盜則有他縣鎮之兵制之縱未必皆然耶臣之念至熟悉矣雖臣觀陛下詔大臣設官屬置司講論以修政為名誠美矣顧所以稱是名者宜何如哉使一國之政如一家之政小大協心上下告語畢精窮思推忠盡誠罔有嫌閒不顧望陛下風指不迎合大臣論議惓惓焉閔閔　唯恐一事之有遺策一物之有遁情則庶幾焉

臻於有成可日月冀也如其好是美名而不克充其實且聚訟交訾若築室于道謀則非獨不可以日月冀抑論議有不出於至公者矣元豐條例之舉崇寧講議之名事出權臣弊政充塞貽天下患害至今未艾也願陛下察焉臣愚無知識姑陳其槩以塞聖問伏惟留神幸察

行簡又上劄子曰臣竊惟天下之事下合人心上合天意中合大道者唯有一言曰公而已矣老子曰容乃公公乃王王乃天天乃道蓋混而為一非容不能公三公之稱謂其容而能公也王訓大王者之稱謂其公而能大也則是公不可不與王同德王不可不與天同道此天下之至理也臣竊觀陛下自臨御以來於天下之事未嘗容心於其閒大臣以為賢則進之臺諫以為否則退之與政事之因革群臣皆以為可則審度其言而罷行之可謂至公而無私契天合道者

也然而身為三公不知與王同德者非一日矣已所好者與之雖惡於理而害於事者弗非也已所惡者奪之雖才有堪於用者弗取也議有當於人心者弗行也夫如是則政事安得無疵纇民安得不受其患哉惟公也故賢者顯立於王之朝而不肖者退聽而革心道德所以一風俗所以同上無紕政下無幸民內治之所以舉遠人之所以服夫所謂公者一言而已矣見於利害乃如此其大可不審耶臣愚欲望陛下詔執政大臣諫官御史與百執事咸體上心刬除弊習宏開正路終始惟一則治道之隆三王可四五帝可六天下廓廓乎其無事矣

行簡又進故事曰漢武帝向儒術丞相竇嬰太尉田蚡亦俱好儒術推轂趙綰為御史大夫綰薦其師申公天子使使東帛加璧安車駟馬以迎申公既至天子問治亂之事申公年八十餘對曰為治者不

在多言顧力行如何耳是時天子方好文辭見申公對默然然以招
致即以為太中大夫舍魯邸議明堂事
臣嘗謂申公之言天下之至言也自古好治之君未嘗不慷慨
思見天下之賢士求天下之議論次第而施行之已而利害之
實既了了於胸中則忍而不能決見利不克興知害不克除談
有餘而實不足者往往皆然中庸曰好學近乎智力行近乎仁
武帝之初蓋未辨此也故於申公之對有惑焉其後罷斥百家
表章六經制禮樂易服色與章文物爛然大備意有所在皆力
行之不見甚難安知非申公之言有以發之歟使其所行不改
文景之恭儉而專在於愛民利物之間則後世必以為賢哲不
世出之君矣然武帝席文景極治之後於天下之事尚謂猶不
可不力行如此況多難之時乎臣故曰申公之言天下之至言
也

行簡又論人主力行果斷疏曰臣聞之書曰非知之艱行之惟艱又
曰為治者不在多言顧力行如何耳蓋自古有為之君未嘗不慨然
欲聞天下之言而求其利害之實也既聞之則安之乃不果於行者
往往皆然此無他疑似之論有以惑之且不能自克故也恭惟陛下
憫宿蠹之未除念頹綱之不振政煩民困用廣財殫申詔大臣置司
講究凡不可於民而害於政者皆罷行之德意至渥也然曾未聞有
所施行臣之私憂過計顧恐有以疑似之說欺陛下之聽者曰苟如
此將失人心矣臣故欲為陛下言之夫所謂失人心者懼刑政之苛
虐賦役之猥多失百姓之心也懼好惡之不公賞罰之不明失士君
子之心也若皆無是則所失者小人之心耳失小人之心而得百姓
士君子之心又何病焉臣願陛下於今日之政當審知其利害所當

罷行者斷自聖心勿貳勿疑庶幾速見成效而事之委靡不振者悉
舉矣伏惟留神垂察
戶部侍郎葉夢得上奏曰臣聞夷狄暴起騷亂中國自古未有如今
日之甚然盛衰循環雖天道有不能免惟知消息盈虛之理而應之
不失其道則易亂以為治變危以為安亦在人之所為而已周以后
稷創業於始功德厚矣再傳而為不窋遂失其官公劉繼之去邰而
國於豳周復以續自公劉九傳至古公其積行累功愈隆於前而迫
於獯鬻復去豳而國於岐實啓文武遂有天下文王之時亦有玁狁
昆夷之患自文武九傳而為厲王復迫於犬戎宣王繼之周復以興
三代如周無以加矣而失國者再失天下者一或迫於獯鬻或迫於
犬戎然絕而復續終不能亂其久長之業至於卜年八百卜世三十
者有公劉大王文武宣王承其後故也今國家之勢不幸類此然以

我二百年太平安寧天下生息繁庶不見兵革之久則盛極而或衰
以虜孱陋荒穢假息一方不列於諸夷未嘗得與中國相通則衰極
而或盛理宜有之但消息盈虛而盡其變則我之暫弱未必不為盛
大無窮之基虜之驟強未必不為滅絕速斃之本昔者吳王夫差伐
齊既勝而歸伍員曰天之所棄必驟近其小喜而遠其大憂王若不
得志於齊而以覺王心吳國猶世今天祿亟至是吳命之不長也未
幾吳果滅於越吳人侵楚入郢敗其舟師獲二帥七大夫楚國大懼
子期又敗於繁陽令尹子西獨喜曰乃今可為矣於是遷郢於鄀改
修其政而楚復定以吾占虜安知天不遠其大憂以楚占我則天下
固亦因此而可為矣況以祖宗德澤蟠結之深厚太上皇帝謙遜自
約淵聖皇帝寅畏小心陛下繼之以英烈神武世世相承有后稷公
劉文武宣王之美而無厲王之過竊料虜不出三年其勢必亂何者

自從事契丹以來幾二十年人疲衆怨一也吳乞買悍然遠處而斡離不粘罕奄有中國之財之地其勢必爭二也所用之兵劫諸小國烏合之衆以為肘臂所謀之人託諸契丹設已之餘以為腹心恩怨不齊間隙易生三也既再得志於我其氣必驕所盜金珠玉帛之富適以啓其侈所據子女服食之奉適以穩其欲侈動而欲肆何恃可久四也燕趙汾晉駈虜殘破之人朝夕謳吟思漢必不甘心忍為左衽之鬼小伺其間必棄而來歸衆散人離不過威以刑殺則怨怒愈甚內將自潰五也積此五者理豈久長惟是自古復國之難必大智不惑大勇不懼知逸樂始於憂勤敵國外患適為我利乃能有濟此臣所謂應之以道而盡其變者也恭惟陛下睿明之德足以歷觀盛衰之理雄武之量足以徧應強弱之實伏望深考成周所以絕而復續之故以永公劉大王宣王之功慎察吳楚所以更為存亡之端以質伍員子西之論講修政事集用忠賢憂其所可憂而無屈於我之暫弱畏其所可畏而無憚於彼之驟強則克復七廟之業內安四海北逬二聖可必得而伸也

御史中丞廖剛上奏曰臣聞欲正其末必端其本欲清其流必澄其源自古為天下國家孰不欲興利除害振滯補弊以成治功然而每不能者不求其本源故耳臣竊觀今日天下之事不循其本而為之者尚多如患經費之不支則多方聚歛不曰省事而均節之乃其本乎患盜賊之未息則窮力討捕不曰擇人而安輯之乃其本乎事功之不立以方作俄輟人不得盡其才故也命令之不孚以輕發數改民無以定其志故也至若刑威弛而馴致兵驕名器輕而寖成官冗未有無所自而然者亦在反而求之耳雖然此特事之一端而已事之端固未易殫舉抑有所謂本源之大者焉孟軻論天下國家之本

在身董仲舒言遠近莫不壹於正獨在乎吾身之正是故叢脞則萬事隳清淨則民自定是謂本源之大者得其道則無為而治者也揚雄曰天下雖大治之在道四海雖遠治之在心其是之謂乎君惟明乎道意誠而心正則忠邪如見肺肝是非若辨白黑亦何待人言然後驗哉區區愚忠姑請以是為獻

李彌遜自廬陵以左司召上殿劄子曰臣聞善為國者如持衡本末輕重常使適平無偏而不舉之患焉唐自中葉以還方鎮驕橫穩成禍亂至于五代益甚藝祖躬覩其弊懲前轍之傾故削州郡之權以尊王室以攬威柄誠得銷患救時之宜然當是時強兵勁卒悉屯京師及西北近畿往來更戍不絕於道百姓逸樂財用豐衍州郡奉行詔條得以無患其後承平既久兵制寖隳民益無聊而州郡之權益輕本末俱弱以致禍患此已然之明效也至于今日曾未少華帥守但持空拳兵寡民貧城池隳弊財賦悉以上供餽餉不足枝梧目前常不暇給平時稍為備守之計則群議力沮之萬一有警拱手罔措賢者則甘心守節不肖者則奉身逃生雖誅竄失職之吏其害已不可勝道矣朝廷平時視州郡如越人視秦人肥瘠曾不曰王者以天下為家朝廷賴州郡以為藩維也州郡撓弱則朝廷之勢不固矣譬如千金之家知堂奧之可保而略其門廡不知門廡之隳堂奧其可安乎臣愚願慎擇賢材以任帥守假之事權使得竭才展效鎮安一方上寬顧憂下銷奸究以效臂指之用昔董仲舒曰當更化而不更化雖有大賢不能善治今政解而更張之時也伏望睿慈留神擇中天下幸甚

彌遜為戶部侍郎又上劄子曰臣嘗觀唐太宗問創業守文之君而房玄齡以創業為難魏徵以守文為難臣愚以謂創業守文雖不為

易而中興爲甚難也蓋振頹綱補弊政易風俗集流已政之可因者悼前轍而戒廢事之可革者守膠柱而不移欲其成功誠甚難也易曰有過物者必濟故小過之後受之以既濟自古人君非有大過人者不能回衰亂之俗以爲安平之治也惟周宣王以任賢使能而能復古漢宣帝以信賞必罰而致中興光武以總攬權綱造漢室肅宗以治兵討賊復唐祚元帝以虛心下士收一時之望以保江左至於區區勾踐尚能苦身焦思滅強吳尊周室以復其國則天下之事未有力行而不成亦未有不爲而能成者也降是而往雖有願治之君而終不能成其紹復之業者政事之間害成者多而不能去故也將帥雖衆而失控御之術害成也財用雖足而失均節之道害成也立政者苟一朝之利而不爲經遠之計害成也在位者懷自安之私而無許國之志害成也有是數者而欲中興之功是猶農夫不去草萊

而望苗之興顧不難哉仰惟國家之難曠古未聞陛下宵衣旰食坐薪嘗膽凡政事之得失生民之利病人材之賢否與夫任將帥練兵卒豐財用一有補於中興之治者莫不深究而力行之然盛國未復強敵未殄豈規摹未定而害成者未去乎今黠虜留屯中原資糧饋餉分兵淮泗覬時伺釁窺我中國其志甚大未肯輕舉茲忠臣義士所以流涕而芻蕘縉紳每爲寒心者而朝廷方且崇大體務鎮靜狃目前之安忘善後之計如秦人越人端視而不加恤臣愚所未喻也臣聞孟子論當務之急易經著隨時之義君子見幾不俟終日又聞賁育之不戒童子之不抗魯雞之不期蜀雞之不支若計謀不先定將帥不協力士卒不素練饋餉不預備玩歲愒日不早圖之一旦秋風高胡馬鳴後時之悔若噬臍焉殆將何及臣願陛下斷以乾剛照以離明體當務隨時之訓如救焚援溺之急馭將以道節財以理變

苟且之政以爲遠圖懲自安之私以勵臣節力去此害成者然後任賢能如周宣王信賞罰如漢宣帝總權綱如漢光武掃大憝如唐肅宗下取元帝勾踐之事以爲規監將見中原不足復黠虜不足破誠宗廟社稷海寓元元無疆之休臣不勝憂思忠憤激切屏營之至

通判廣州汪應辰召對上奏曰臣竊以天下之事智足以謀之力足以行之雖或甚難宜其無不舉者然考其效驗往往與人繆盩而變故之發常出乎智力之外已往成敗之迹其如是者多矣是以聖人論天下之事以爲非人所能必歸之於天至其論天道也曰我不敢知曰天不可信曰天難諶命靡常又必歸之於人事夫所謂人事者非恃其智力之謂也即吾之仁心誠意所以無媿於天者擴而充之以至於廣大勤而行之以至於悠久不以好惡之私汩其正不以利害之變易其守使存於心者無毫髮之差施於事者無竅隙之闕表裏

純粹與天爲一天且不違則事雖甚難蓋有不足治者沴氣可以消而爲和獷心可以化而爲善衰敝之俗可以易而爲治安四遠賓服百嘉畢遂皆其方寸之所發夙夜之所積者爾由是以言所謂天道即人事也故二帝三王君臣之間更相儆戒未嘗不稱天蓋其心未嘗不在帝左右也秦漢而下聖學益微天人異觀幽顯殊致而天下之治亦有媿於古矣恭惟皇帝陛下以聰明睿智撫騶虞之運軫念南北赤子肝腦塗地之禍發自淵衷屈己修好以保全遺黎導迎善氣此天之心也昔戰國紛爭獨孟軻以謂不嗜殺人者能一之行仁政而王莫之能禦而臣嘗考東晉以後南北分裂二百餘年北又析爲十六國其間變故不可勝計然南亦莫能相尚蓋其所以失者或不量事勢輕用其民以僥倖於戰勝或因循苟且安於細娛未嘗至誠惻怛講修仁政爲久大之計故終無以仰稱天意也陛下超然遠

覽灼知天意所在。好生之德。固已格于上下。惟是政事之間。天下之民有望於獨斷者久矣。比日以來。明詔數下。革去宿弊。芟夷蕪穢。解弛煩密。振拔滯淹。疏導壅塞。一皆出於聖意。斯民歡喜鼓舞。至或感泣。人心如此。天意又可知矣。然陛下所以保大圖永。欽承天休者。豈特如此而已哉。推平昔聖心之所存。與今日仁政之所已行者。兢業於幾微之際。基命於宥密之中。必將日新又新。以幸天下。人材既進不問新舊。而特致嚴於邪正之辨。言路既開。不問疏遠。而特致察於是非之實。求政之闕遺。而增修之。使之為富彊之國。求下之疾苦。而振德之。使之為太平之民。至於天意人事。合若符節。曠然大變。將有不期而自至者。盛德大業。皆在於陛下矣。

應辰為戶部侍郎。又進故事曰。唐太宗初即位。置弘文館。精選天下賢良文學之士虞世南褚亮等。令更宿直。退朝之暇。引入內殿。從容

燕見。或論往古成敗。或問民間事情。每言及稼穡艱難。則務遵勤儉。言及閭閻疾苦。則議息征徭。以至諷誦詩書。講求典禮。咨詢忘倦。或至夜分。若軍國幾微。時務得失。則責之輔相。悉不相干。又謂太子少師蕭瑀曰。朕少好弓矢。得良弓十數。自謂無以加。近以示弓工。乃曰皆非良材。朕問其故。工曰。木心不正。則脈理皆邪。弓雖勁而發矢不直。朕始寤鄉者辨之未精也。朕以弓矢定四方。識之猶未盡。況天下之務。其能徧知乎。乃命京官五品以上。更宿中書內省。數延見。問以民間疾苦及政事得失。臣聞有天下者。常患乎不能通天下之情。察天下之理。情有所不通。則是猶一身之中。而關節脈理之不屬也。理有所不察。則是猶耳目不能視聽。而欲以運動手足也。然而一日有萬機之繁。堂下有千里之遠。乃欲使天下之情無不通。天下之理無不察。其勢豈不甚難哉。蓋必咨詢訪納。廣覽兼聽。有所見聞者。皆得以獻陳於前。有所疾苦者。皆得以赴愬於上。則雖未嘗家至戶察。而固已卓然立乎無蔽之地。以此酬酢事變。經理世故。蓋亦舉而措之爾。以舜之聰明。自耕稼陶漁。又歷試諸難。然後為帝。宜其無所不知也。繼堯之後。盡循其道。宜其無所為也。而書之所載。乃以詢于四岳闢四門。明四目。達四聰為先務。則舜之所以為舜。所以能繼堯者。豈其任一己之聰明哉。蓋取諸人以為善也。三代而下。惟貞觀之治庶幾成康。而太宗即位。則擇天下名士相與密勿論議。夜以繼日。又令京官五品以上更直待問。此其致治之本也。陛下以大明繼照。旁求直言。收召耆德。如舜與太宗之初矣。然臣以為聖人之心。常自以為不足。故其求益於下者。亦無所不用其至。舜以詢于四岳為未足也。故繼之闢四門。以闢四門為未足也。故又廣視聽于四方。太宗既盡得天下名士與之游居矣。然而衆不可蓋。愚或有得。故京官五品以

上。亦皆得以序進焉。臣願陛下因今日所行推而廣之。謹陳其六事以備采擇。其一曰。唐之宰臣雖休假。亦見。率皆從容命坐。論政事。大體至於啓擬差除之類。則退而以熟狀畫可。猶有古者論道之遺意。今雖不能盡如古。竊謂二府進呈之暇。亦宜賜以閒燕。使得展盡底蘊。無所顧避。蓋君臣之間。誠意既通。論議既定。然後可以有為也。其二曰。侍從之臣。本以論思獻納為職。今則各有司局。往往以越職為嫌。所宜明降詔旨。示以近臣盡規之義。則所謂侍從者。不止於有司之守也。其三曰。尚書六曹。雖曰奉行成命之地。而元祐著令。諸奉制書及事已經奏。而理有不便者。速具奏聞。其後大臣用事。惡其害己。遂廢其法。今宜復元祐舊制。則所謂有司之守者。又不止於奉行文書也。其四曰。講讀之官。宜有所訪問。以推究古義。裨益聖學。且以明當世之務。如祖宗朝邇英延義二閣。記注之所載。尚可考也。其五曰。

竊見英宗皇帝親政諫官司馬光上言乞復先朝故事日輪侍從一員直資善堂夜則宿於崇文院時賜召對與之講論古今治體民間情偽光論此事至于四五最為詳悉願舉而行之亦唐弘文館之意也其六曰祖宗視朝之外再御後殿親決庶政如外路部送到罪人如投匭訴事人如審官院流內銓三班院磨勘并差遣人如審刑院刑部叙復左降人如經過到闕軍人如慮囚放欠蓋雖賤官下吏卒伍徒隷皆一一引問考覈其實寃抑者必伸欺蔽者必察今惟選人改秩及囚繫疏決始得引見一切聽之有司而已祖宗之制雖未能盡復臣竊謂今之臣庶其以事而至於庭者固已無幾願省閱其狀親賜質問隨其事理裁自聖意而間亦有所予奪焉凡此數者皆祖宗之所已行非特以通天下之情察天下之理而小大之臣其材識之高下志趣之邪正皆亦不逃於聖覽矣天下幸甚

歷代名臣奏議卷之四十八

治道

宋孝宗即位陸游上奏曰臣聞王者以一人之身臨御四海人情錯出事變迭至惟靜以俟之則心正而明惟重以持之則體大而正無偏聽之過無輕舉之失天何言哉舜何為哉今世士大夫學術卑陋識慮褊淺顧謂王者得位必有以聳動天下於是厭常喜新之論興飾智駭俗之政作衆人之所喜而君子之所深憂也臣伏見陛下自在潛邸以至龍飛御宇三十年間天下之事何所不習雖日出百令固亦易爾乃謙恭退託而安靜無為沉潛淵默而聰明不作上則承壽皇之睿謨下則盡群臣之公議及乎議有未決徐而斷之政有當行徐而舉之理愜事允出臣下思慮之表有心者誠服有口者頌歎則所謂靜與重者陛下既得之矣嗚呼一郡一邑之長視事之始尚且以新奇眩衆以斂速鈞名陛下有天下之利勢而不用有聖智之絶識而不施超越群倫奚啻萬億而或者方以聳動天下為獻此固兒童之見而陛下所不取也竊恐羣臣獻此說者寖多雖陛下決不取然臣不勝惓惓愛君之愚忠思有以堅聖心而廣初政昔魏鄭公憂貞觀之政漸不克終蘇轍亦謂但如元祐之初足矣若夫進銳退速能動耳目之觀聽而無至誠惻怛之心以終之如明皇之焚錦繡德宗之放馴象實陛下之龜鑑也故臣願陛下圖事揆策不厭於從容行賞議罰無取於快意兢兢業業常如此三月之間則成康文景之盛復見於今日矣犬馬小臣出位妄言冒犯天威臣無任

游又上奏曰臣聞善觀人之國者無他惟公道行與否爾書曰毋虐煢獨而畏高明詩曰柔亦不茹剛亦不吐此為國之要也若夫虐煢獨畏高明茹柔吐剛而能使天下治者自古未之有也朝廷之體

責大臣宜詳責小臣宜畧郡縣之政治大姓宜詳治小民宜畧賦斂之事宜先富室征稅之事宜嚴大商是之謂至平是之謂至公行之一邑則一邑治行之一郡則一郡治行之天下而治不遠於古者萬無是理也伏見朝廷頃因人言必顯有功狀乃畀職名行之數年而大臣近侍不得職者幾人帥臣監司之加職者又比比而有至於銓曹格法所以厄小官者則未嘗少弛張也慶典之行濟及至廣貼職以上例皆甄復雖阿附秦氏得罪者亦在焉至於常調孤遠固多久詿刑憲者今更赦令雖使皆得霑被銓法拘攣必不如是之曠蕩也無乃責大吏反畧而責小臣反詳乎郡縣之吏不能自立觀望揣摩惟強是畏豪右雖犯重辟官吏貪者黠者則公與之為市廉者懦者則又自營曰得無反為所害乎凡嫁禍平人誣罪僮奴者皆有司為之道地也凶年饑歲雖貧富俱病然富者利源至多貧者惟守田畝

孰為當恤視郡縣之庭鞭笞流血杻械被體者皆貧民也吳蜀萬里關征相望富商大賈先期遣人懷金錢以賂津吏大舸重載通行無苦終更小官造廷進士垂槖蕭然齎糧有限而稽留苛暴畧不之恤如是謂之平可乎謂之公可乎臣伏望陛下推至平至公之道自朝廷始然後下詔戒敕四方而繼之以誅賞不過歲月治効自見惟在陛下執之重如山嶽堅若金石爾荀卿論闢國之說曰兼并易能也堅凝之難夫豈獨兼并哉凡為政施行之甚易堅凝之甚難臣區區之言陛下或以為萬有一可釆焉敢併以堅疑為獻

隆興間張浚上言曰臣今日自長河堰起發天氣晴和抵暮可至秀州惟是暫遠闕庭瞻戀聖德深切于心邊境別無它報臣固嘗屢奏今歲三月虜之形勢可以盡見決無它慮仰惟聖慈嘗記不忘夫自古人主有道而人臣亦能盡道事君則動無私意事事合天凡百施為俯順人情仰循天理是之謂道果能行此內侮外寇何自而生曰戰曰守皆可如意夷狄雖強孰敢陵犯夫何故彼知我得人心知我若臣有道自是畏讋怯服況敢加兵是以人君以修己為要以得人為實此二事夷夏歸心理之決然無可疑者惟人主以一身臨天下而富貴生殺之柄得以自專天下奔趨名利之人以千萬心乘隙投間攻吾一心自非正心修己揆之於天不為遂志讒巧之說輕動于中則何以照見本末使天下四海終受其惠哉書曰無怠無荒四夷來王此言人君修己之勤則政事備舉內治先定宜四夷知畏相率以朝也又曰惇德允元而難壬人蠻夷率服此言人君信任賢者陰邪莫間壬人求進之難則蠻夷知中國之有人不敢輕侮聖人之言如天可信其事豈不著明邪臣自受任江淮以來仰荷陛下眷遇之隆不敢不勉伏自思念內無腹心十夫之翼孤立于朝外則將帥

循習舊風千蹊百徑稍加嚴束怨謗立生臣之一身固無足恤第恐有始無卒蔑補於事用是雖殫心力而政効邊績兩皆不著仰惟陛下履古今天下之至難臣恐事或掣肘仰体聖意委蛇曲折以期有濟然而四面之責已歸罪于臣身謂其不能以死生進退力爭將不能善厥後矣今陛下奮乾之斷大議已正臣之衰老所患無能敢不忘身及家求有以報自今人才悉萃于朝忌間讒說不復輒起則天下山林之賢與夫豪傑英俊之士聞陛下之風莫不來歸陛下何憂夫夷狄臣晚景餘幾豈復更有貪戀陛下富貴之念顧愛君之切言不敢隱幸陛下赦罪

起居郎胡銓上奏曰臣去年十二月十四日蒙恩賜對便殿臣時論及武夫悍將宜令知禮以革暴慢之習陛下天語諄諄有及於晏子對齊景公唯禮可以已之之語臣側聆玉音仰歎聖學高妙遠到古

人用意屢非臣淺識謏聞所能窺測竊以謂一言可以興邦者正謂此耳臣是時知陛下可與為堯舜之聖可與致唐虞之治可使斯民為堯舜之民臣雖蠢愚遭時遇主如此其忍箝嘿不言甘自同於終日不鳴之馬唯當披露肝膽捐棄軀命以報知遇敢卹其它是以輒極竭罷罷之慮況臣於今月二十三日准御史臺牒契勘今年三月一日視朝月分依條於文班內從上輪二人充至日轉對檢准續降指揮節文今後視朝轉對官如當日不作視朝亦合前一日赴閤門投進文書臣謹條陳一二臣聞今日之弊無甚於差役之法無甚於改官之法而其所當急者莫若興水利莫若營田莫若復孝廉力田之科夫差役不罷則民之巨蠹不除改官之舉將不罷則士風之趨競不息差役之弊臣條論之詳矣若夫改官之弊臣請為陛下極言之臣聞今改官者非五百千賂吏部主吏雖有文字五紙不放舉主

士大夫至相謂無五百千莫近臨安而五紙文字非二十年干求不能得往往多是宰執侍從關節方始得之不然孤寒之士每紙文字須三百千經營乃可得合五紙之費為千五百緡孤寒之士安得宰執侍從關節安得千五百緡勢必枉道以媚當途權貴以求之勢必貪墨黷貨以賂吏部之吏不然終身為選人老死不得改官者多矣臣愚欲乞罷舉主止令選人實歷九年無違過即與改合入官蓋堯舜三考黜陟不過九年而春秋書天子錫成公命亦以九年為得禮故也臣伏見二三年來歲仍小歉議者皆歸咎於天時臣獨以為地利之未盡臣聞禹貢之書曰濬畎澮距川語曰禹卑宮室而盡力乎溝洫以為畎澮溝洫農事之小小者耳禹何為盡力於是及攷文王平土之書與小司徒之職然後知禹之意深且遠矣文王在岐用平土之法建司馬法六尺為步步百為畝畝百為夫夫三為屋屋三為

井井十為通通十為成成十為終終十為同同方百里同十為封封十為畿畿方千里小司徒之職乃均其土地以稽其人民而周知其數乃經土地而井牧其田野九夫為井四井為邑四邑為丘四丘為甸四甸為縣四縣為都以任地事而令貢賦凡稅斂之事臣嘗考其制九夫為井者方一里九夫所治之田也四井為邑方二里四邑為丘方四里四丘為甸甸方八里旁加一里則方十里為一成積百井九百夫其中六十四井五百七十六夫出田稅三十六井三百二十四夫治洫四甸為縣方二十里四縣為都方四十里四都方八十里旁加十里乃得方百里為一同積萬井九萬夫其四千九十六井三萬六千八百六十四夫出田稅二千三百四井二萬七百三十六夫治洫三千六百井三萬二千四百夫治澮井田之法備於一同夫井田之法出稅者寡而治洫治澮者衆知禹之盡力乎畎澮溝洫誠生

民之急務也今平居無事時溝洫不修[illegible]有水旱而歸咎於天時豈不謬哉臣愚欲望聖慈特詔州縣講求溝洫之利如古鄭白渠如召信臣之鉗盧陂以復禹之迹卒有水旱非所患矣臣聞今日之急務莫若且休兵營田令州郡官以營田為名而無營田之實欲究其實有十說焉一曰擇官必審昔魏武欲經畧四方苦軍食不足用棗祗策置屯田以任峻為典農中郎將司馬懿謀伐吳乃使鄧艾廣田蓄穀是也二曰募人必廣趙充國留弛刑應募及吏私從者合凡萬二百八十一人後魏文帝時祕書丞李彪上表請別立農官取州郡戶十分之一為屯田人是也三曰穿渠必深趙充國擊先零屯田於金城先浚漕渠鄧艾屯田於壽春以為田良水少遂開河渠之利是也四曰鄉亭必修趙充國繕鄉亭理湟陿是也五曰器用必備趙充國上器用簿是也六曰田處必利漢昭屯田於張掖魏武屯田於許昌

是也七曰食用必充趙充國屯田萬二百八十一人多穀月二萬七千三百六十三斛鹽三百八斛是也八曰耕具必足後魏文帝大統十一年李彪請以贓贖雜物市牛科給唐開元二十五年諸屯田用牛耕墾土軟處每一頃五十畝配一牛彊硬處一頃二十畝配一牛稻田每八十畝配一牛諸營田若五十頃外更有地剩配耕牛者所收斛斗皆准頃畝折除是也九曰定稅必輕東晉元帝大興中後將軍應詹上表屯田一年與百姓二年分稅三年計稅賦以使之公私兼濟魏李彪上表一夫之田歲責六十斛甄其正課并征戍雜役是也十曰賞罰必行晉元帝督課農功二千石長吏以入穀多少為殿最北齊武成帝河清三年詔緣邊城守營屯田歲終課其所入以論褒貶是也凡此十者營田之制盡矣然就其中莫難於募人尤莫難於耕具募人之要臣請如李彪之策取州郡戶十分之一而又加廣

焉人戶能募三十人於淮南要害處營田三年有官人與轉一官無官人借補官資能募二十人或十人者比例施行仍令州郡敦遣如此則人樂然從矣不然徙猾吏及貧人不能自業者於寬地如崔寔之政論或因罪徙人於沿邊如仲長統之昌言斯亦可矣其耕具則請權住廣西馬綱三年專令市牛蓋廣西雷化等州牛多且賤臣頃在廣西知之詳矣臣謹案漢惠帝舉孝弟力田者復其身高后時初置孝弟力田二千石者一人文帝時詔孝弟天下之大順力田為生之本三老衆民之師廉吏衆民之表武帝時郡國舉孝廉一人後漢和帝時丁鴻與司空劉方上言乞自令郡國率二十萬口歲舉孝廉一人至唐楊綰為相首建復孝弟力田等科當時高之風俗翕然丕變此誠天下之大順為生之本為民之表也臣愚欲望聖慈特詔復孝廉力田等科略倣漢制自令郡國率三十萬口歲舉孝廉一人六十萬二人九十萬三人百二十萬四人不滿三十萬三歲一人不滿二十萬三歲一人務在總核名實必得敦朴行義之士以格澆薄之風躋時堯舜上再使風俗淳復何難哉

淳熙間銓為學士又上奏曰臣遭遇聖明深懼無以稱塞顧有誠悃輒忘誅戮願為陛下無隱而盡言之竊惟陛下臨御于茲十有九年立政立事宵旰勤勞堅復讎之心奮復境之畧義不自已功期必成然而坐閱歲時未知攸濟其故何哉陛下天縱英明其臣莫及以首出帝王之資有獨運區寓之智而宰執大臣但求救過塞責無敢興立事功邊鄙無虞未睹其害一有緩急誰為陛下奮不顧身以任大寄乎況醜虜包藏禍心未易盡測陛下雖與之講信脩睦政恐其窺伺之意未已願陛下奮發英斷收召正人選將練兵力圖大舉之策枕戈嘗膽期於有成而後已此老臣平昔忠誠所激而望於陛下者

也夫諫官御史陛下之耳目以得人為先以用言為急陛下廣於用人樂於從諫士氣振起夐出古初羣臣每進讜言陛下必溫言類納天語嘉獎朝野誦傳實為盛事然聽之而不見於用嘉之而不施於政臣恐謇諤之言不復聞於陛下矣竊聞比年以來嬖倖私昵之人姓名籍籍出入禁闥詭祕莫窮納賄招權紊亂名器凡官寮之進遷則先事而騰播陛下之所親擢則彼掩為己私意者簡記之初借以游談之助揣知聖意泄露除音譸張外庭熏灼朝路賢否既混綱紀寖隳殆非國家之福也可不慮乎古者張官置吏所以養民今之官吏適以殘民催科則竭民膏血以為材能獄訟則視賄低昂以為曲直老羸轉於溝壑丁壯聚為盜賊焦熬困苦所不忍聞陛下憂卹黎民屢蠲常賦而官吏掊斂民心日離誠可為邦本之憂也臣願陛下任輔弼之臣堅恢復之志用直言遠私昵戢貪吏掃除蠹弊廓清朝

廷公道既闢，不患無賢；國勢既張，不患無將。內政畢舉，外侮易攘，則陛下聰明英武所以紹藝祖之基業者，至是而益光；陛下嚴恭兢畏所以受光堯之付託者，至是而無負。斯可以祈天永命，萬世而不窮也。臣又聞劉珙、張栻之亡，皆有遺奏；李椿、鄭鑑之去，俱獻嘉言。望陛下取四臣之跡，併留聖慮，採而行之，實社稷生靈之幸。臣待盡田野，永隔清光，今而不言，死亦有辜。臣之所陳五事，苟未隕沒，獲見陛下設施，臣之志願畢矣。冒瀆天聰，臣無任俯伏待罪之至。

乾道七年，權禮部侍郎周必大對曰：臣仰惟陛下萬機餘暇，無所嗜好，惟書史是觀，惟前言往行是監。乃者閱貞觀政要，見太宗與魏徵論積德累仁、豐功厚利四者之優劣，親御翰墨，宣示臣等，且自謂即位十年，功則未能有成，至於安養黎元，俾遂生業，政令日之急務，未嘗不以為自治之良策。俾臣等極陳其當否，凡有未至，悉情無隱。顧臣智識淺陋，何足以知此？然清問俯及，敢不竭其拳拳。臣觀自古人君，或溺於宴安，或樂於盤遊，或喜讒邪而惡忠直，或始勤政事，久而怠墮。陛下則不然，清心寡慾，進賢退佞，出於天性；臨政願治，愈久而愈勤。此固中外所共悉也。然治效未及貞觀者，殆時不同歟？昔隋末盜賊蜂起，天下大亂，民無定居，國無定主。高祖義師一起，有摧枯破竹之易。至太宗受禪，則中外已廓廓無事，於是一意撫民，自致太平。今陛下雖乘中興之後，然北虜地大人眾，非隋末四方分裂之比；虜酋雖曰不德，然亦未至虐用其民，又非如隋之失人心也。彼所據者中原，我所有者東南耳。以今準古，圖治固難。然而練兵以圖恢復，而用將之道或未盡；擇人以守郡國，而責實之方或未至。今之急務，無乃在此乎？臣不敢汎引古事，姑以近事言之。夫若內若外，屯兵百萬，其卒伍之勇怯，器甲之利鈍，教習之精粗，人主安得盡知？不過責成大將而已。所謂大將，又不過數人。其擇之也當審，其任之也當久。今頗不然，進或失之太簡，退或失之太遽。彼既未嘗為暖席計，則其下視之亦將如轉石矣。號令何由而可信？紀律何由而可明乎？且如江州一軍，自陛下即位，始付苗定，其後戚方繼之，甫一年而皇甫倜又繼之。池州一軍，始付時俊，其後王琪繼之，甫半年而用秦琪，纔十月而莫總繼之，又十月而郭剛繼之。數易如此，平居自守，臣猶慮其乏事，何暇議進取哉？陛下謂功則未能有成，而臣所以疑用將之未盡者也。陛下深居九重，所賴以宣布恩澤者莫切於郡守。柰何循良者十無二三，貪殘昏謬者常居六七。是以仁心德意無由下達，良法善政無由奉行。其間號稱能吏者，知巧為名色，趣辦財賦而已。民之失業，彼何恤焉？遐方僻郡，姑置勿言，臨安者陛下之行都也，耳目易接，虛實易考。觀於增酒課一事，略可見矣。夫酒者國家之利源，今得其人，則課增；今非其人，則課虧，亦理之常。以此為殿最，議賞罰可也。柰何頃年為守者，乃以增羨之數加諸歲入之額，歲額之外，復求增羨。又添歲額，展轉不已，殆且倍蓰於初。不幸今又非人，則多方漁取以充其數。夫民非昔貧而今富也，飲者非昔寡而今多也，顧取之如此，安得不困？近畿尚爾，謂遠方何？加又諸州長吏，倏來忽去，迎送靡定。且以二浙言之，婺州四年之間易守者五，平江四年之間易守者四。又其甚則秀州一年而四易守矣。用度何為而不窘？吏姦何為而不滋？民瘼何由而可蘇？陛下欲安養黎元，俾遂生業，臣所以疑責實之方未至者此也。繼今以往，願陛下擇將擇守，審於其初，而久於其後。其命之也，必使條具如之何而治軍，如之何而治民，幾年而其效可著，其弊可革，幾年而其事可成，其害可除。要之以必致之期，示之以勸沮之方。兵庶幾可強，民庶幾可富。自治之策，孰急於此？未有能自

治而不能治人者也凡此二者陛下因政要而問臣臣亦因陛下俯
詢而獻言他固未敢及也抑臣觀政要凡十卷四十篇既以魏徵論
為君之道為首又以魏徵論克終之道為末蓋太宗時惟徵為善諫
上有所問必指近事以為據而不為泛濫迂闊激訐之言是以太宗
樂聞而喜從之治幾成康徵功為多吳兢所取厥有旨哉臣願陛下
思太宗廣諫諍之德擇忠實而無他通明而知大体者引以自近使
嘉言日聞治道日興何患其不貞觀如也若夫仁德帝王之高致陛
下既以徵言為龜鑑而自强不息矣臣復何云狂愚冒昧惟明主
擇焉

必大又上言曰臣伏蒙聖恩賜對便坐不敢泛為無益之論上瀆天
聰謹列四事惟陛下擇焉一曰重侍從以儲將相臣不復遠引祖宗
故事且以紹興初言之當時近臣往往極天下之選故議論設施皆

有可觀中興之功不為無助只自秦檜專政以收集闒茸庸俗之士
充員備位人才衰弱職此之由陛下憂勤十年作成甚切凡侍左右
無非親擢其能否賢不肖豈逃睿鑒臣願陛下更賜留神每進一人
不徒取一時之長須可備它日之用則人才見矣二曰增臺諫以廣
耳目臣聞人主深居九重所賴以周知中外之利害別白臣下之邪
正者臺諫也然好名者失於激訐泥古者失於迂闊聽之未見其益
違之寧免歸非必欲得人固亦難矣臣願陛下勿以其難遂虛其官
或博問詳試而用之或命忠信之臣而舉之必得端士增廣聰明識
助治之大端也三曰擇曾任監司郡守人補郎員之缺今之郎官分
職中臺奉行政令視漢蓋加重矣而六曹二十四司惟户刑二部稍
有正官餘多兼攝以天下之大曾任監司郡守者固多願詔二府擇
應格而才者授之非獨可振職業亦足為異時侍從之儲此又當今

之先務也四曰久任監司郡守責事功之成夫數易之弊深矣且以
二年為任者論之到官半年始知風俗去替半年已懷歸志其間留
心政事僅有一歲若又不待滿而遷易則弊何由不生乎簿書緣絕
將迎勞費特其小節耳臣願陛下堅持久任之説深監數易之害有
治理效且增秩賜金以須其成庶幾革茍簡之風塞僥倖之望而循
吏稍見於世矣臣志在不欺忘其狂瞽無任昧死

必大又上言曰臣聞政如農功春而耕夏而耘秋而收冬而享其成
本末先後不可易也故一日則有一日之效一時則有一時之功雖
勤勞于前而享富實于後理之必至無可疑者昔句踐謀吳可謂難
矣然范蠡不過三言持盈者與天定傾者與人節事者與地自初即
位至于七年深思力行未出乎此一旦天應至矣人事盡矣蠡奮然
曰得時無怠時不再來天予不取反為之災贏縮轉化後將悔之天

節固然唯謀不還此豈嘗試而謾言驟為而屢改也哉陛下天縱神
聖銳意圖治日往月來今既十年焦勞益甚而大欲未得夫去速者
辰也易失者時也臣願陛下以農功為準以越語為念立一定之規
要必致之期若曰一年撫民則自春以及冬視撫民之效如何二年
富國則自春以及冬視富國之效如何三年彊兵則自春以及冬視
彊兵之效如何推是以往凡復古之圖致治之方皆可以次第求以
歲月俟而陛下十年之勤勞亦為無負矣孟子曰諸侯有行文王之
政者七年之內必為政於天下況陛下居天子之位乎區區句踐固
不足道也惟明主留神財幸

乾道中秘書省正字林光朝上疏曰臣聞六籍之言可通於萬世百
王之事如出於一轍今載之六籍散之傳記是皆百王之迹故號為
儒生者竊窺其大畧而可以獻之旒扆之前也陛下以天縱之聖而

有此日新之德羣臣望下風者常若不及況田野空乏之人未嘗歷他事而欲守區區紙上之語是宜陛下之所厭聽也然臣之所知者不過紙上語耳臣所謂百王之事如出一轍者蓋謂唐虞三代之事何其緩而不迫也舜不窮其民譬之善馭者不窮其馬馬之力常若有餘即馳騁先後唯吾意之所出耳舜嘗以命禹曰汝惟不矜天下莫與汝爭能汝惟不伐天下莫與汝爭功禹之治水至於十有三年之久夫排淮決泗此豈一手一足之所能哉湯以七十里而有天下其德為甚大而其檢身也常若不及文王之化行乎江漢之域而且謂其望道而未之見也數聖人之行事雖若不同而其所為同者一歸於寬通簡易之道耳國家維持天下之具跨漢越唐其視百年乃如一日肆陛下臨御以來求治為甚切景德嘉祐二百年忠厚之俗此不待更張而天下自定也然而凡欲進說者往往引漢宣帝以為

諭宣帝謂漢家自有制度本以霸王之道雜用之此宣帝之所由失也唐虞三代之天下是合天下之耳以為聽合天下之目以為視合天下之耳目以為視聽而直道行焉宣帝以吾之耳目可以盡天下之視聽鑒別為太精隄防為太甚號令為太煩刑辟為太峻臣雖愚聵實不欲舉此數端於聖明之代也臣願陛下開張道德之化崇尚寬簡之風使天下之人一歸於景德嘉祐忠厚之俗遠近流聞知上所好則百王之轍迹為不遠也

先朝又上疏曰臣聞天下有雜然功利之說有仁義根株不可易之論所謂功利之說僅可以集事而不暇為他計也孟子生於戰國縱橫離合之際不肯為一毫功利之說而其所道者是皆生民日用之事此所謂仁義根株不可易者也唐之劉晏號為善治財賦者晏之長技世所未易曉江淮百物如淵藪之積唐人每藉此以支西北今以江淮所自出且無轉輸飛輓之勞然嘗患其不給何耶晏之治財賦在當時無異說及其最後晏之故吏有憤切數語然後知晏之本意蓋得夫孟子仁義根株之說開元中天下戶口以千萬計至德以來十耗其九及晏充使天下戶纔二百萬於是罷無名之斂而又不加調起廣德二年盡建中元年增天下戶三百餘萬晏之本意以為戶口日滋則人力所成就者衆田萊日闢絍織日多而貨財日廣也晏之治財賦其原出於此是以斂不及民而用度自足非世之所謂功利偶然之說也功利之說施之於戰國孟子猶以為不可況今天下兼愛南北而江淮帖然其他方隅曾無更遞之戍此仁義根株之說不可不早定也臣願陛下通計天下戶口取其豐耗多寡之數為州縣殿最可乎內而版曹外而部使者必有能推明晏之本意者此孟子之所謂王道而晏嘗用之矣非臣之空言也

淳熙間劉光祖對策曰臣聞帝王之治守約而不求詳任道而不役智廣覽兼聽而未嘗自用夫自用則多失兼聽則多得役智愈精則違道愈遠而求詳太過則天下之事日繁故曰端其本而萬事理此古今治道之要務也臣竊惟皇帝陛下即大位以來將八年于茲宵衣旰食求所以補弊興滯者無所不用其至矣而行之愈勤邈然望治效而未之見今者策臣等於廷意欲聞切直篤實之言以藥當世之病雖臣昧陋豈敢誦聖德而忘苦言以負陛下明詔哉且陛下之所謂十數條者臣已詳聞之矣上之論古帝王因時為治之不同次之論當今弊政之不一而所施之先務將求所以美教化省刑罰清官曹察循吏厚士風變民俗廣儲以足食蠲賦以裕人勸農桑以闢田疇任使者以求民瘼至於旁搜遺逸陰察武勇屯田積穀擇帥安邊之事凡若此類雜然靡所不思陛下之用心可謂勤且勞矣陛下之

為政可謂精且核矣。然而七八年之間。勤勞而不倦。總核而不置者凡皆為此。而是十數者之中未有一二効焉。何哉。則以陛下未得其本故也。且陛下睿察太精。宸斷太嚴。求治太速。喜功太甚。夫是以勤勞而無益。總核而無補。臣非敢空言也。臣意陛下之諸臣發言盈庭。目前之計易入。而久遠之計難効。智責之論似切。寬大之言似迂。機智之謀似辯。老成之謀似拙。如是則聖聽之所向在彼而不在此矣。凡臣之所欲言者。與陛下之所欲行者異。陛下得無謂臣言為書生不急之常談而忽棄之。虛心以察焉。則臣之狂言不為虛語也。臣竊見比年以來。天變見於上。民心搖於下。饑饉連年。盜賊須時而起。風俗薄惡。紀綱陵夷。夫此豈細事也。陛下試反覆思之。今將華弊而弊愈甚。將治法而法益失者。其咎安在。而左右之臣。方且為兵刑財利之說。奮發果敢之論。以此迎合主意。曰如此而可以大有為於時。此

豈不大失也哉。故臣願陛下操其本。治其要。用人而不自用。然後向之所問十數條者。可得而舉也。臣不勝區區謹昧死上愚對。臣伏讀聖策曰。蓋聞虞舜無為而天下治。周文王則日昃不遑暇食。漢文寬厚長者。務以德化民。而宣帝則嚴總核之政。以法繩下。此四君者為道不同。同歸于治。然則勞逸寬猛之宜。亦各因其世耶。朕以菲薄獲承丕緒。循堯之道。兢業萬機。罔敢逸豫。亦惟治古帝王是訓是式。八年於此矣。而德有所未至。信有所未孚。闕政尚多。虛文尚勝者。臣有以見陛下思古之治。酌今之宜。蓋將師文王之憂勤。法宣帝之總核。以此舉當今之闕政。而掃末世之虛文也。臣知之矣。而竊有說焉。臣嘗謂舜文王勞逸之迹雖殊。至其以道自任。以事任人者。蓋同轍而趨也。漢文宣致治之迹雖近。至其寬猛之分。使德勝而漢澤厚。法勝而漢澤衰者。是未可同日而語也。臣請為陛下陳之。臣嘗讀書考虞

舜之所以無為而治者。蓋當是時。遵堯之道。未嘗以一毫私智加其間。凡天下之事。悉舉而任之九官。曰禹。汝平水土。曰后稷。汝播百穀。曰契。汝敷五教在寬。曰夔。汝典樂教胄子。曰皋陶。汝明刑。以至垂之工。益之虞。龍之出納。皆信之篤。任之專。三載而考績。三考而黜陟其人。舜之所以無為而治者。蓋得任人之道故也。至於文王。豈不然哉。文王之所以憂勤。日且昃而猶不暇食者。方是時。紂之虐政。迫民於水火之中。文王視民如傷。望道而未之見。夫是以謹身修政。而至於憂勤焉。然而文王之政則有在矣。勤於大。不勤於細。以道為本。以事為末也。文王之時。所謂予曰有疏附。予曰有先後。予曰有奔走。予曰有禦侮者。蓋文王惟知擇人而任之。而已不與焉。蓋周公教成王曰。文王罔攸兼於庶言庶獄庶謹。惟有司之牧夫是訓用違。庶獄庶謹。文王罔敢知于茲。夫一國之事亦非輕矣。而文王既委之人。則不敢

兼且知焉。誠以為任之不專。則責治之無所也。是舜文王一道也。今陛下獨知師文王之憂勤。而不能任人以為治。臣之所以妄意陛下不能任人以為治者。臣以為天子之職莫大於任相。今陛下置相而獨取夫奉職守法順旨而易制者充焉。凡今宰相之事。不過奉行文書條理而已矣。一政事無不從中治也。一聽斷無不從已出也。陛下好自用。而使宰相循循而入。唯唯而退。臣不知陛下亦安賴是為哉。且君猶元首。臣猶股肱也。陛下棄股肱而還動。廢耳目而視聽。臣恐宰相權輕。則近習得以乘間而議政。此大不可也。東漢之事可鑒矣。光武懲王氏竊國之禍。矯枉過正。雖寇鄧耿賈之賢。而猶不大任之。以吏事責三公。不十餘年之間。而易置者凡十數。折辱如奴隸。來去如傳舍。子孫承之。終東漢之世。卒以宰相之權輕。而其天下搏弄於后戚宦寺之手。可哀也已。今日之事。陛下當用老成忠直識慮過人

者禮而任之勿間勿疑而使得專意於當今之大計則舜文之治陛
下得之矣自古及今未有不任宰相而能為治陛下之所宜察也若
夫漢文以德化人漢宣以法繩下是二君者臣不敢以宣帝望陛下
也臣讀史觀文帝之治溫然有三代之風勸力田而務農者衆除肉
刑而犯法者寡惇孝弟而尺布斗粟之謠可以見民德之歸厚省力
役而紅腐貫朽之積可以知治效之必至聽張釋之不用嗇夫之辯
口而秦亟疾苛察之風為之衰息與匈奴俱棄細故偕之大道而瘡
痍之民得以休養凡此之務皆孟子言於戰國不見信用者而文帝
乃能行之文帝之治純於德故能基四百年之業則其所以結民者
至矣若夫宣帝之中興其一時之政非不美也然而其役智也察其
用法也深信賞必罰之間中和之意亡矣蓋寬饒以忠直見殺而王
成以欺偽見襃當是時有識之士察微而知著者咸謂德不足而法

有餘漢之業未有不暫興而亟衰者也王吉路溫舒皆長者之言而
謂為迂闊不見聽用自今觀之衰漢之業者豈不自神爵五鳳之間
誅名責實之過哉陛下徒察其勵精總核之迹以為算計見効優於
孝文此羣臣之說誤陛下也臣竊觀今日之治謂之責實而失實莫
大焉凡天子欲有為則羣臣以有為之說進陛下喜辯給故朴忠者
退而機巧者自飾於其間陛下好才智故沉厚有謀者或不見察而
輕蹻自售者得逞於其內陛下重武夫而儒者為迂闊之具陛下思
法吏而忠厚之人蒙不職之罰凡此皆宣帝之失也而陛下又無魏
相丙吉之徒為之佐臣恐有其失無其治也臣非不知陛下之意蓋
將舉弊政而更新之然臣竊惟當今事勢雖有緩病而不可繩之以
急政雖若無法而不可一之於用法以急政救緩病以用法救無法
臣恐今日之治行之不得其中則衰亂繼之故天下大器也器久不

用則蠹空其中然而舉敗器而急持之則破壞分裂不可復為全器
矣病之深者非一夕可攻而復今者百藥皆試矣怒其不為切而以
毒攻之使異時良醫措手之無所此甚可思而動也故臣願陛下廓
然立乎廣大之域坦然行乎仁義之途勿邀近功勿喜小利急當今
之所緩緩當今之所急則宣帝之治陛下當自過之奈何欲効雜霸
之主乎臣之所論勞逸寬猛之說如此陛下勿徒謂各因其時而已
也陛下自以為德有所未至信有所未孚此識未至且未孚也陛下
承大統以來求古帝王之治而訓式之然師文王之憂勤而不師其
任人喜宣帝之總核而不察其雜霸則德何以至信何以孚歟數年
之間行之不為不力而闕政尚多虛文尚勝則是陛下之已行者未
得其道盍亦反其本而已矣此大事也故臣反覆詳言之如此臣伏
讀聖策曰敦朴以示化而踰制者尚繁欽恤以祥刑而抵法者尚衆

臣有以見陛下欲美教化省刑罰之意甚切也臣聞民無有不可化
而患化之之道未至刑無有不可措而患措之之心未切漢之文帝
閔秦俗之奢麗無法也躬為儉約以先之衣弋綈之衣惜露臺之費
帝王舉動敦朴如此而當時之民猶且富人大賈而帝服倡優下賤
而后飾者往往有之文帝不以罪民也而愈自黜降期於必化卒之
華秦之俗為漢之俗者文帝敦朴之功也今陛下儉約之德雖遠方
夷狄皆知之然而後宮妃嬪以華靡相尚者有矣豈能皆衣不曳地
如漢夫人乎執政侍臣以聲色自奉者有矣豈能皆清儉自守如唐
楊綰乎刑之於家然後可以化之於國為之於近然後可以効之於
遠然則敦朴之化臣願陛下力行之而已矣唐之太宗見隋亂之初
定也用魏徵之言勉行仁義貞觀之末歲斷死罪二十九人幾至刑
措太宗勉強以行仁義猶足以收刑措之功向使信封倫之說一切

以鬼蜮待其民。法令密於蝟毛。誅罰甚於湯火。則刑者相望。犯者相繼。雖有百皐陶。無益於愚民之陷溺而抵死也。今陛下欽恤之詔雖曰屢下。而誠心不加焉。俗吏不知愛護赤子。而以斬罰煅煉為治。用法酷急。循文刻深。賂賄公行而無辜蒙戮。至於窮極根株。網羅罣誤者尚多有之。而陛下又躬行督責之政。慨用武健之吏。以此示之。臣謂刑人之衆無怪也。然則欽恤之意。臣願陛下允蹈之而已矣。臣伏讀聖策曰。嚴入仕之途而銓曹猶未清。察長民之官而循吏猶未著。臣有以見陛下欲清冗官用循吏之意甚至也。臣聞古之立法者。禁其一必開其一。古之責吏者。責其實必畧其文。唐陸贄勸德宗愛惜名器。雖虛爵不以妄予。可謂嚴矣。至其論考課之法。則曰覈才取吏有三術焉。一曰校擢以旌其異能。二曰黜罷以糾其失職。三曰序進以謹其守常。如此則高課者驟升。無庸者亟退。其餘績非出類守不

敗官。則循以常資。約以定限。贄於法度之外。所建如此。則清吏道之源也。今日嚴銓試之法。重任子之舉。申實歷之禁。革岳祠之倖。行之以漸。議者自息。然臣獨於限員改秩之事。必謂不可。此賢愚同滯之弊也。當今行陸贄之三術。然後功過白而黜陟明。吏道之不清非所患矣。故臣曰禁其一必開其一者此也。漢龔遂為渤海太守。請於帝曰。勿拘臣以微文。臣請得以便宜治。故遂之政非俗吏之所能為。今也令頋守。守頋監司。上下相承。虛文自營。期於免過。蓋目之外有不見。足之外有不履也。簿書期會之間。一不報則大吏譴至。尚何暇為古循吏之事乎。陛下惠恤元元。精擇守令。不可謂不加意也。臣謂宜於召對之時。察其人忠實可用。則許之以凡愛利之政得自為之。如此則循吏之効當不愧於兩漢矣。故臣曰責其實必略其文者此也。臣伏讀聖策。嘆士風之未厚。悼民俗之未淳。臣獨至此而有激焉。曰

此陛下事也。士風之所以未厚者。是陛下輕之故也。民俗之所以未淳者。是陛下忽之故也。夫以士風之未厚為陛下輕之者。臣聞魯甘齊餌而孔子行。秦任惠文而四皓隱。漢殺三良而二踈去。何則。此三君者意不在士也。然孔子行而魯弱。四皓隱而秦亡。二踈去而漢亦衰矣。蓋士重則國重。士輕則國輕。自古人君輕士。則士散而之田畝。遁而伏山林。非其時也。深藏而不仕。至於浮薄輕僞之徒。貪冒嗜利而無恥者。然後陷爵祿而不知出。觸刑辟而不知悔。此士風之所以喪。上之所以待士者益薄。士之所以自待者益不重而輕。臣不意乃於今而見此也。近時士人知有爵祿。不知有禮義。豈惟陛下賤之。雖臣亦賤之也。然陛下過矣。臣聞之。陛下嘗謂取人不必由此。至以科舉為可廢。學官為可罷。臣不覺中夜嘆息自憤。近世士風之不竟。至令人主有厭薄吾徒之意。則吾徒之罪也。然驚馬之不進。而因欲廢

車。粃粟之不良。而因欲廢食。雖陛下亦知無是理矣。胎卵之不殺。則麟鳳來集。魚鱉之各遂。則龜龍來游。陛下勿謂書生為無用贅疣之物。汲汲然求所以長育成就洗濯磨淬之。嚴學官之選。重科舉之意。則士無賢不肖。皆知感激奮迅。求所以報上。而真材實能出矣。夫以民俗之未淳為陛下忽之者。臣聞湯武興而民好善。幽厲興而民好暴。故太公好仁。邠國貴恕。上之所示。下之所趨也。書曰。敝化奢麗。萬世同流。商民之化如此。而周之君臣必欲使之有士君子之行。如周民焉。然則風俗教化。古帝王之先務也。今也士大夫不知有節義廉恥。小民不知有孝慈悌順。見利則趨。見便則奪矣。刺繡文不如倚市門。伏農畝不如持兵杖。習之久則居之也安。風俗如此。可不大哀而救之耶。陛下朝夕與大臣圖議者。皆目前之事之為急。所謂民俗者。古之君子於此察焉。以觀興亡。以考得失。而今也恬不加省。如今之

俗蕩而不反則臣將見鄙暴勝而賊民興天下一日有急不知所恃矣陛下宜先勵士大夫之節舉清遠之人黜貪鄙之士然後小民可得而濟矣臣伏讀聖策至有所謂廣儲蓄而食未豐蠲租賦而人未裕臣以為儲蓄雖廣而非誠廣租賦雖蠲而非誠蠲何也臣聞古者無九年之蓄曰不足無六年之蓄曰急無三年之蓄曰國非其國矣方是時公私共之周官大司徒之職掌鄉里之委積以待凶荒掌縣鄙之委積以卹艱阨後世王制既衰雜以權術故魏用平糴之法漢置常平之倉社倉起於隋義倉興於唐其實皆一也所以制低昂而權斂散以利民也而今也雖有常平義倉之名而無其實儲蓄之數虛挂簿書移用者十三侵盜者十五故旱荒歲饑則餓殍之民塡委溝壑故臣謂儲蓄雖廣而非誠廣此在陛下申戒有司專以惠民為急勿徒曰應法而已則善矣古者取民有制故民力常寬漢之時蓋

兵戈之餘故時有所賫予賜民田租半賜三老孝悌力田帛人若干匹歲時有鋪鰥寡有養此猶有近古之風也而當是時實惠及民民拜漢之德不忘近者陛下加意黎元去遠方虛額之數放四道夏租之半陛下於急迫之時而行寬大之政此人主之用心也然而陛下雖有蠲利之名而講利之臣未去雖有惠民之意而擾民之吏猶在臣恐實利未必及民如漢文景之時也故臣謂租賦雖蠲而非誠蠲此在陛下逐去聚斂之臣示天下以愛民之意則常賦之外不至他斂民將有息肩之所矣臣伏讀聖策曰有勸農之官而田不加闢任觀風之使而民或告冤此又陛下重民本求民瘼之言也臣觀方今虛名之事非一而守令之勸農為甚曠職之吏非一而監司之廉察為最自古勸課農桑積以歲月使斯民菽粟如水火者三代而下未有若漢文帝之時也當是時力田有賞一歲而詔數下誠意如此不爲虛文也今日守令以勸農為職而大抵皆困於錢穀獄訟之間田萊荒而吏不知游手末作之人多而官不禁方春農時太守率吏民飲近郊應故事事已則退非眞能下問父老勸勉子弟察視原野憂勤水旱夙夜究心於其間切於其身也臣謂今宜嚴守令勸農之課視其殿最而黜陟之亦在陛下加之意而已矣自古遣使郡國以助耳目然適足以病民而無益者漢武帝末年是也當是時繡衣直指之出以督捕盜賊為名恣為威暴郡邑苦之今朝廷遣觀風之使其意將以求民疾苦而除去之也吏有害於民得以挾奏而今之監司大抵率無數人稱職私意勝則察舉有所不公寬猛失當則民情有所不適今天下凡幾道監司不過十數人此宜使宰相精擇其能不以輕授陛辭之日陛下又丁寧而訓勅之陛下視天下如一身手足疾痛則腹心不期而自救如此為治雖幽遐之民皆獲所欲如在輦轂

之下矣臣伏讀聖策曰側席幽人而賢才尚遺伏軾勇士而猛將猶闕臣於此竊有疑焉而不敢不為陛下陳之也臣觀自三代之衰世之君子安其富貴而不復思天下有遺佚不舉之民漢唐以來則皆徇其名而實未嘗行其道間者陛下詔郡國舉山林之遺才時亦有應詔而出者陛下輒官之臣不知陛下舉其人將行其道耶抑不知陛下姑采其虛譽而姑與之虛名而已耶臣之來聞之道路謂陛下外優儒生而心實輕之如此則陛下之所謂側席幽人者臣未敢以為誠然也孔子曰先進於禮樂野人也今陛下春秋鼎盛方銳意求治之時羣臣之間正乏所謂野人者以正言直道立乎其中不忌不疑是非毀譽不能搖利害重輕不能奪如此則凡為陛下立大事斷大議者必此人也今陛下左右講讀之臣率皆以阿世取媚者為之養成陛下至使陛下例以為儒生之說好守古以非今好言人主之

過以自是其學空虛無用迂闊難從夫是以意常輕之此何幽人之可致乎陛下必先信其道尊禮其人然後如臣所謂能為陛下立大事斷大議者出焉非若世之所謂白首窮經槁死無用之人而足也臣又觀今之將帥不若昔之將帥今之士卒行伍不若昔之士卒行伍此陛下之所憂也然而陛下伏軾臨觀之際將自察之臣竊以為未也本朝得狄青於行伍之間豈獨取其武力而已哉陛下憤大辱之未雪慨然有清中原之心而目中諸將不足為用平時寇盜竊發且不能禦而況此大功歟陛下何不忍之歲月待其可為然後動而臣竊聞之陛下親擐甲冑躬試毬馬雖有諫者每拒而不納臣知陛下之意非溺乎此也蓋將以有為也然就使一旦有警陛下豈將親統六師以督戰乎夫人主自將危道也陛下盍不念太上皇帝險阻艱難之備嘗也哉臣恐介冑毬馬之事不足以示武於敵人適足以貽

笑於黠虜陛下無謂伏軾既久猛將未出而輕為此舉也陛下有知人之佐將為陛下舉得其人未有不能為用者也若夫屯田積穀或謂兵不如農擇帥安邊或謂文不如武此議者過也使屯田積穀能如趙充國之於西邊諸葛孔明之於渭上曹操之於許羊祜杜預之於荊襄兩淮之間則何有乎兵不如農使擇帥安邊能如韓琦之於河北范仲淹之於陝西威德並行夷虜震懼則何有乎文不如武臣之所慮者獨在屯田無一定之策而輕試迎合之言擇帥非可用之人而徒取輕言之士如此恐誤陛下事也陛下之所問十四條者臣悉已陳於前矣而終策之曰救弊之術時措之宜子大夫之所講聞也其悉心以對毋枉執事朕將親覽焉夫救弊之術時措之宜前所陳蓋具之矣而臣之拳拳思所以悉心而對者不過願陛下操本而治清心而應勿急近功以害大事如斯而已矣蓋以陛下智出庶物

有輕待人臣之心才無衆人有獨馭天下之意先事而察未審而斷欲為之志罔然而不寧於是有求詳之過有役智之病有自用之失故勤勞總核之効未見於十四事者之中況使陛下居晦以用明處靜以制動分職而任之人擇人而付之職有功則加賞有罪則加罰其道豈不甚約而易行也哉以陛下英明之主而七八年之間未有所立者是陛下即位之初小人以邪學道誘陛下勸陛下攬威權以自用此其所以為失也夫古之立威權者誠亦有說方時之弊或在於女后與政或在於強臣專國或在於宦寺竊權或在於藩鎮方命使太阿之柄倒授堂陛之勢逆置蓋名分僭差國威潛削之後於是乎人君乃總權以立天下之大分漢唐中興之君是也方時之病上下姑息風俗苟且解縱繩墨人自為意狃恩而不知義稍踈其恩則生怨縱欲而不知法稍節其欲則思叛蓋紀綱陵壞風采消委之餘

於是乎人君乃立威以變易天下之耳目我藝祖皇帝之創業是也然威權用於一時而德澤垂於萬世蓋古之帝王唯恐一失人心則雖有威權無所用之今陛下獨懲近世委靡頹墮之弊思有以振作之而小人遂勸陛下以獨斷自用此豈為治之祥也哉臣願陛下擇忠朴正直之人而委任之察左右近習之姦而逐去之虛心以接物和顏以聽諫布德澤以結民心優儒禮以長人才謹邊備勿輕用兵省國費勿多取財毋以小謀敗大作毋以嬖人疾莊士如此豈惟可以小康乃大有為之基也臣之所謂本者此也詩云迨天之未陰雨徹彼桑土綢繆牖戶今牖戶虛矣幸陛下留意臣愚不識忌諱言涉狂惷惟陛下幸赦臣謹對

歷代名臣奏議卷之四十九

歷代名臣奏議卷之五十

治道

宋孝宗時知南劒州羅願上奏曰臣聞自昔大有為之君必先務富其民民有蓄積是乃國之所以為安富尊強也陛下仁聖天縱憂勞萬民臨御之久未嘗一日不愽謀群臣講求治道監司郡守除拜必引見以覲其能雨暘豐歉勤潤宸慮形於詔旨視四方有賦役偏重若民所疾苦不以久近必下不世之詔此誠天地父母之用心也然遠方之民蓄積猶未實者意者吏不稱也臣請略陳民所以貧富者數端惟陛下赦其愚少留聽覽臣竊見比年官兵既冗而歸正養老之人發下州郡者又多州郡係省錢大率不足以自供上司每創有行下事件不言於何取費間有申審猶只言於係省錢內支而獻言者又不深惟州郡之缺各出所見務以稱明時立武之意添招增繕其

說不一亦有初不詳審旋知無益而公私勞費已廣臣願省部監司與州郡為一體通其有無愛惜民力凡獻言欲於一路一州有所興造者下有司斟量緩急不輕舉事此富民之一端也今之為吏者相勉以辦財賦謂民事為不甚急民知吏之厭事則武斷者得以幷兼於下其外方縣道去朝廷遠處遇有民訟又往往因而科罰如爭田則以沃瘠認錢爭婚則以妍醜定價甚者得理之人亦使納錢而去號為賀喜錢如此遠民安得有餘臣願戒部使者長吏加意民訟而嚴戢科罰此亦富民之一端也今大郡迎一帥守飾官舍戒舟乘庤器用及吏卒借請費或萬緡送還亦如之卒有還政又當別行營辦以一郡而失萬緡幾如是財不困至於嗜進之吏耗公帑以事交結又不在數中臣願精選其人使得滿任而無數易此亦富民之一端也籍沒之法古用以懲大姦慝後世蓋輕用之吏或專仰此為術日夜察民有財產者傅致以罪而沒入之以供無藝之費世亦因指以為能吏一夫陷罪盡室流散甚不稱天子惠庶民之意臣願且懲其尤者強盜窩藏及受財故出入死罪之吏與盜官物罪至死者實為巨蠹自餘可且計贓責償毋一槩籍沒此亦富民之一端也田畝所輸歲有定數則民易知今外郡或將布帛丈尺綿麥多寡使吏胥得逐歲改更號為科撥大率歲有增而無損至於受納米斛或選任峻刻之吏又以薦牘及錢物誘其多取皆不應法臣願察州郡有將稅數逐歲更改者酌數歲之中立為定數務要便民益申嚴加耗之禁此亦富民之一端也臣愚不習為吏惟陛下洞見民隱益選愛國恤民不欺之吏使以類求之務廣上恩陛下方將躋堯舜之隆名享天人之祐助亦何為而不成何欲而不得哉

願又上奏曰臣伏覩近降指揮申嚴舊制守臣到任半年以上具民

間利病五件聞奏臣一介庸陋蒙恩易守謹條具五事如後

一臣所領鄂州地勢要重實荊襄之肘腋吳楚之腰膂淮南江西為其腹背四通五達古來用武之地而本州城壁因循未立職在守土深以為憂夫鄂州比之沿邊州軍雖稍近裏有大江之蔽然自州向東數十里江之下流有地名陽羅洑者去光州纔三百九十里皆平坦之地輕騎可一二日而至臣以為此非內郡也而舊城徒有堆阜蹊隧交於其上說者但見禁旅所屯便謂直當以兵為險不知禁旅之屯不專為此昨來邊境有事鄂州御前諸軍例皆起發唯留水軍數千人其後復抽差以往當此之時但使湖南江西或有逋寇可為寒心臣聞古之守禦者不間內外惟其戶口兵財所在乃當保聚若有城而無民有民而無財有財而無兵徒捐功費何補於事今鄂州在城內外生

滋繁盛。六道財計之所総。七萃營屯之所聚。誠得而城之。不唯
保此户口兵財。四面亦可恃以為固。然勞人費財。論事者之所
憚。臣之愚以為向來每難於興役者。緣多先為期限。興功倉卒。
官吏進則希賞。退則懼罪。故功不堅緻。虛費民力。若稍賜其費。
歲築若干。要以數年可以集事。異時禁旅或有進發。前有專意
之功。退無反顧之慮。人心齊。功力自倍。臣聞諸侯設險以蕃王
室。魯憂旱備先在修城。臣非好勞而惡逸。顧覩見利害非他郡
比。愛恩深厚。冒而言之。惟明主裁擇。

一。臣聞導民之務。莫如重穀。在朝廷表而出之。則人情益勸。竊見
民間昨因缺食。以田產從人貿易。頗得穀米以濟饑歉。後來歲
事既復。多訴稱元典賣非見錢。有司拘文。往往便用准折之律。
奪田還之。臣以為在法有利債負准折價錢者。謂累積虛利折
彼良田。故為立禁。若有實錢相貼。猶應准數還之。其穀米雖非
見錢。然當歲之艱。或持錢不得穀。錢穀相權。未知孰重。稍值豐
歲。一槩奪還。臣恐從今以往。魯不復贍人矣。願下有司酌立中
制。其因歉歲以產業貿易口食者。得比見錢書其直于契約。而
有司察其估之過甚者。雖非經常之制。庶幾緩急有無相通濟
人窘闕。

一。臣竊惟鄂州當走集之地。兵民錯居。商旅輻湊。以臣愚見。惟在
鎮撫安靖。而時發擿其尤無良者。天威所臨。境內安帖。惟是諸
州配隷強盜究惡貸命之人來者猥多。所宜留意契勘。本州牢
城指揮。舊以四百人為額。臣到官之初。已有六百餘人。見今諸
州配來源源不已。又舊來遇有逃死。上下相蒙。更不開落。四方
逋逃。隨頂名字。以此致得其來滋長姦偽。臣今逐時開落。少損

外來頂名之弊。惟是井邑浩穰。既多有歸正。又時發下過淮盜
馬之人。前來拘管。皆州郡所宜幾察。臣欲乞下有司令且戒敕
諸郡住配前來。候將來開落及元額四百人之數。從本州申明。
漸次配隷前來。此亦稍省姦究綏靜邊鄙之一端也。

一。臣竊以重湖之外。舊多曠土。非謂來者不願開耕。只緣舊請佃
人包占過多。既不能徧耕。遇有剗請。輙稱已耕熟田。不容請佃。
檢視定奪。紛然不已。又嘗官者各據所見。或欲招徠新民。或欲
存恤舊户。自非稍見地段。難得整齊。臣欲令民間因時之隙。各
於自己田土。摽立界至。歲晚遣官檢視。連歲不耕。即許剗請。又
所納官物。皆仰於鈔書上明聲說係納所佃某處稅物。以相幾
檢。又在法有酬價交佃之文。其或因事到官者。有司覺所占猥
多。斟量價數。減與來者。磨以歲月。不擾而定。庶使斯民共盡地
利。

一。臣竊以古稱良賤。灼然不同。良者即是良民。賤者率皆罪隷。今
世所云奴婢。一槩本出良家。或迫飢寒。或遭誘略。因此終身為
賤。誠可矜憐。臣昨來被旨權贛州日。捕治土人往廣南盜牛者。
其間往往併掠其小兒以來。臣今假守鄂州。又見民間所須僮
奴。多籍江西販到。其小者或纔十歲。左右既離地頭。無復幾察。
官吏不肯。或乃計口收其稅錢。歲時竊來。亹亹不已。臣嘗窮正
其罪。選謹信人。給與路費。牒元來州縣送還其家。竊慮諸處似
此者多。謂宜使民間有遭誘略者。皆因都保自言於官。官為籍
記。立賞追捕。可使還齒平民。復見父母。在法雇人為婢。限止十
年。其限內轉雇者。年限價錢各應通計。目今迹相循習。皆隱落
元雇之由。徑作牙家自賣。別起年限。多取價錢。曠開年深。豈無

愁歎。謂宜自今轉雇者皆明書來歷于約。庶年限價錢可以適計。有不如令牙人及買主坐之。價錢沒官。受雇者遂便庶使脫賤還良。稍有期日。及時婚嫁。不失人道。於以廣上恩致和氣亦聖世所不宜忽也。

觀文殿大學士兼侍讀史浩上奏曰。臣恭惟皇帝陛下。仁義之治。幾於二帝。孝儉之德。冠於百王。而臨蒞天下垂二十載。恢復之圖尚未如欲。臣身為老臣。豈不同此一念。竊伏思之。周宣中興復古之詩。謂內修政事。外攘夷狄。說者分為二事。臣獨謂修政事。所以攘夷狄。使吾政事修明。夷狄望風知畏。六月之師。所以能成功也。此意漢宣帝得之。果見單于慕義稽首稱藩。臣願陛下精思熟慮。於政事益加修焉。則夷狄懷德畏威。罔不率俾。周宣之克復境土漢宣之功光祖宗不難至矣。臣今去國歸田。追念輔佐之日淺。政事中有欲為未盡八事。敢為陛下言之。伏望聖慈察臣愛君之心。特賜采擇而力行之。臣竊未先朝露。尚得見陛下光明烜赫。以成恢復之功。高壓周漢二君矣。不勝天下幸甚。

陸九淵上奏曰。臣讀典謨大訓。見其君臣之間。都俞吁咈。相與論辯各極其意。了無忌諱嫌疑。於是知事君之義。當無所不用其情。唐太宗即位之初。魏徵為尚書右丞。或毀徵以阿黨親戚者。太宗使溫彥博按訊非是。彥博言徵為人臣。不能著形迹遠嫌疑。心雖無私。亦有可責。太宗使溫彥博責徵。且曰。自今宜存形迹。徵入見曰。臣聞君臣同德。是謂一體。宜相與盡誠。若上下但存形迹。則邦之興喪。未可知也。太宗瞿然曰。吾已悔之。數年之後。蠻夷君長帶刀宿衛。外戶不閉商旅野宿。非偶然也。唐太宗固未足為陛下道。然其君臣之間。一能如此。即著成效。陛下天錫智勇。隆寬盡下。遠追堯舜。誠不為難。而臨御二十餘年。未有太宗數年之效。版圖未歸。讎恥未復。生聚教訓之實。可為寒心。執事者方雍雍于于。以文書期會之隙。與造請乞憐之人。俯仰酬酢。而不倦。道雨暘時若。有詠頌太平之意。臣竊惑之。臣誠恐因循玩習之久。薰蒸浸漬之深。雖陛下之剛健。亦不能不消蝕也。鸞鳳之所以能高飛者在六翮。臣願陛下毋以今日所進為如是足矣。而博求天下之俊傑。相與舉論道經邦之職。將見無愧於唐虞之朝。而唐之太宗。誠不足為陛下道矣。

九淵又上奏曰。臣少讀漢武帝策賢良詔。至所謂任大而守重。嘗竊歎曰。漢武亦安知所謂任大而守重者。自秦而降。言治者稱漢唐。漢唐之治。雖其賢君。亦不過因陋就簡。無卓然志於道者。因陋就簡。何大何重之有。今陛下獨卓然有志於道。真所謂任大而守重。道在天下。固不可磨滅。然人能弘道。非道弘人。今陛下羽翼未成。則臣恐陛下此志亦不能以自遂。陛下此志不遂。則宜其治功之不立。日月逾邁。而騷騷然反出漢唐賢君之下也。神龍棄滄海。釋風雲。而與鯢鰍校技於尺澤。理必不如。臣願陛下益致尊德樂道之誠。以遂初志。則豈惟今天下之幸。千古有光矣。

九淵又上奏曰。臣嘗謂天下之事。有可立至者。有當馴致者。旨趣之差。議論之失。是惟不悟。悟則可以立改。故定趨向。立規模。不待悠久此則所謂可立至者。至如救宿弊之風俗。正久隳之法度。雖大舜周公復生。亦不能一旦盡如其意。惟其趨嚮既定。規模既立。徐圖漸治。磨以歲月。乃可望其丕變。此則所謂當馴致者。日至之時。日氣即應。此立至之驗也。大冬不能一日而為大夏。此馴致之驗也。凡事不合天理。不當人心者。必害天下。效見之著。無愚知皆知其非。然或者明不燭理。量不容物。一旦不勝其忿。驟為變更。其禍敗往往甚於前日。

後人懲之乃謂無可變更之理真所謂懲羹吹虀因噎廢食者也自
秦漢以來治道厖雜而甘心懷愧於前古者病正坐此歲在壬辰臣
省試對策首篇大抵言古事是非初不難論但論於今日多類空言
事體遼絶形勢隔塞無可施行末章有云然則三代之政其終不復
矣乎合抱之木萌蘖之生長也大夏之暑大冬之推移也三代之政
豈終不可復哉顧當為之以漸而不可驟耳有包荒之量有馮河之
勇有不遐遺之明有朋亡之公於復三代乎何有臣乃今日請復為
陛下誦之

九淵又上奏曰臣聞人主不親細事故皐陶賡歌致叢脞之戒周公
作立政稱文王罔攸兼于庶言庶獄庶事唐德宗親擇吏宰畿邑柳
渾曰陛下當擇臣輩以輔聖德臣當選京兆尹以承大化尹當求令
長以親細事代尹擇令非陛下所宜此言誠得皐陶周公之旨今天

下米鹽靡密之務往往皆上累宸聽臣謂陛下雖得皐陶周公亦何
暇與之論道經邦哉荀卿子曰主好要則百事詳主好詳則百事荒
臣觀今日之事有宜責之令者令則曰我不得自行其事有宜責之
守者守亦曰我不得自行其事推而上之莫不皆然文移回復互相
牽制其說曰所以防私而行私者方藉是以藏姦伏慝使人不可致
詰惟盡忠竭力之人欲舉其職則若於隔絶而不得以遂志以陛下
之英明焦勞於上而事實之在天下者皆不能如陛下之志則豈非
好詳之過耶此臣所謂旨趣之差議論之失而可以立變者也臣謂
必深懲此失然後能遂求道之志致知人之明陛下雖垂拱無為而
百事詳矣臣不勝拳拳

衛涇對策曰臣恭惟陛下聰明天縱並隆五三不自神聖謙沖退託
親屈帝尊延策多士訪以古今之治道當世之急務陛下豈以草茅

之言為可用歟然自陛下即位以來六策多士所以與之講論治道
亦不一矣亦嘗採其所言見之施行而有補於治者乎抑草茅之士
華文少寔不當於理而不足以措之事業乎抑亦臨軒賜問姑循祖
宗之故寔而不要之於用也夫科目之興始自西漢而賢良之策亦
有時而措之用者載諸史冊爛然可觀況陛下捨己從人如大舜不
矜不伐如大禹廣覽兼聽以極羣下之幽隱開心見誠以來天下之
讜言將與海內共臻至治夫豈崇尚虛文不究寔用徒應故事而已
哉雖然君聽存乎廣大臣言貴於切近以陛下好問之勤顧治之切
而徒泛為之辭以娛觀聽非臣之所學也臣聞成天下之治者固憚
於改作革極弊之政者尤患於因循改作之患至於擾擾作事而因
循之弊將有委靡不振之憂二者皆非所以為治而因時制宜則治
道之所不廢也昔漢武帝以雄材大略之資即位之初修然不滿漢

家之意嘉唐虞樂商周之言屢形詔策董仲舒待問廣廷迺勸帝以
更化善治卒之武帝紛更制度日不暇給而一時之治駸駸愈不如
古豈仲舒之言有以誤之耶終日變易法令而不出於簿書期會之
間正非仲舒所以拳拳於帝之意也知仲舒之更化不在簿書期會
之末則知仲舒有救弊之名無變道之實誠古今不易之常理從是
而加之意焉則以之振起治功掃除積弊躋一世於唐虞三代之隆
如聖策之所問誠無難者又豈在於變法易令而以多事自累哉詩
曰周雖舊邦其命維新陛下亦悟於斯而已矣謹昧死上對臣伏讀
聖策曰蓋聞道者適治之路傳萬世而無弊者也仁義禮樂皆其具
也紀綱法度所以維持治具者也堯舜之所以帝禹湯文武之所以王者
用此道也臣有以見陛下探治道之本原而知帝王之為同條共貫
也臣聞道無精粗治有詳略本末不可以偏廢而闔闢變化之用則

固有所主宰也是故本原之所自則不外乎一心之微而治具之在天下亦不可一日廢此堯舜之所以帝禹湯文武之所以王固不外乎此道者然精一執中之妙容相授受於心傳之際而皇極之綸九疇之旨君臣上下所以孜孜講切者豈惟繁文末節之是務而庶績之熙九功之叙水土之平禮樂庶事之備固其形見之末效而斯道之本原固當求之於精微之運誠不外乎中之一辭而已不然堯舜禹湯文武之君不能捨仁義禮樂紀綱法度以治天下而繁文末節後世固欲持此以治天下不可勝窮之變則亦無具甚矣然則帝王之治固不難致亦惟探其本而不廢其末舉其全而不溺於偏求其所以致治之實用而不惟繁文末節之是徇則古今一天下也而豈有異道哉臣伏讀聖策曰朕膺光堯之命承祖宗之緒思所以闡文謨而揚武烈者二十有三年矣志勤道遠治不加進夙夜祗懼莫敢遑寧故博延豪英訪以當世之務子大夫造廷待問必有蘊而欲陳者臣有以見陛下念付託之至重思宵旰之愈勤疑治道之愈邈虛己以問承學之臣將以講明濟時之術也顧臣微陋何以塞明詔臣聞天下非治效不進之可憂而人情安於苟且因循之可畏以陛下勤政願治之誠邁越前古唐虞三代之治疑若盟手可致而二十三年于茲計算見效曾未之聞者是安可不求其故耶毋亦願治之心雖切濟時之術實疎士大夫安於苟且以為成習而天下萬事有不得其序耶臣竊觀陛下即位之始銳於為治念版圖之未復憤囚虜之未殄慨然奮發將一掃而清之一旦起故老於廢棄之中擢將相於儔常之列畀之大任責以成功而徒肆大言習為誕謾玩歲愒日無補事功比比負責而去而陛下大有為之志亦自是少弛矣故夫前日之治傷於太急而今日之治又失之太緩惟其責效之速故誕

謾之徒得以肆其欺罔竊取陛下爵祿而去惟其習於縱緩故庸常瑣瑣之流得以偷安固位自為保持之計上下苟且莫肯任責而治效之不進風俗日以壞士氣日以弱民生日以困刑罰日以峻徒為九重之隱憂而不思所以救弊之術者循是而不之反則天下之患殆將有出於意慮之外而何治功之可成臣願陛下思所以濟治之術革人情於極弊之餘正紀綱明賞罰毋徒徇於虛名而必責之實用則今日苟且之俗將易而為趨事赴功之臣則天下之治有所不為為無不成惟陛下所忘耳臣伏讀聖策曰且唐虞之盛固未易議至若夏之尚忠商之尚質周之尚文皆綿世歷年不能無弊豈道有升降政有損益而然歟抑為治之具有未至歟臣有以見陛下想唐虞至治之極攷三代治尚之偏圖惟厥中以為救弊之術也臣聞三代之治本於一道道之所在初無毫釐之差而救偏補弊特其濟治之術由於時變之推移而生於人情不可已者也唐虞之盛忠質文之名未立也而忠質文未始不為用忠之變而入於質質之變而入於文此其世變之使然有不容禦則周人之處此若其極弊不可為之世矣自常情觀之必將厭委曲而務闊疎棄文采而尚朴素以求還上古之無事也然周之君方且務為繁縟之典凡可以管攝人心而隄防風俗者纖悉備具是豈好為多事而繁文末節如後世之紛紛也哉彼其損益之相因無非因人情之所繫而維持設施之術固有出於法度紀綱之外此泰和之效所以並稱於唐虞而彌文縟典皆足以起當世之治使周之子孫世守而勿變則千萬世長在可也而何弊之可言陛下盍亦即其所以救弊之術原其所以為人情之慮者略其異而反其同則唐虞三代之治亦在陛下運用而已矣奚必拘於形迹之末哉臣伏讀聖策曰今朕正心誠意體道之用將以

格物而士風猶未一也敦本抑末崇尚禮教將以範民而俗化猶未醇也夫士風之不美以其無所化也今陛下以正心誠意之學將以致格物平天下之效而士風之未一得毋以承末流之弊而源或未之正乎夫俗化之不善以其不知教也今陛下敦本業而抑末作崇禮教而設防範而俗化之未醇得毋以流俗之漸漬者深而制度之不嚴乎臣聞古之士也上下相待以成其美後之士也上下相勝以敗其事夫仁義道德之本孝悌忠信之實古人之所以修於鄉黨處於庠序以為吾之所當為初無所覬於上而官爵祿位之設車馬衣服之奉古人所以用於朝廷之上者亦以為待天下士而非有德於下故士知脩於家以待上之求上取夫士以為天下之用上之所待其士者愈厚故士之所以自待者愈不敢輕上下交相待而人才日以盛固其宜也後世則不然上設其爵祿以待士之求而上亦苟且

修飾以有所要於上士懼其無以自達則巧取貪進不顧禮義而上亦懼其進之濫則多為之防以繩其來此後世之通患而揆之今日則尤甚矣冒進之習滋廉恥之道喪苟僥倖於一得則抵法禁而不知畏天下固未始無卓然特立之士也而以一眚之過而絕其終身之善以一人之失而疑及天下之士則亦日流於薄惡而已矣而何怪於士風之不美歟臣故曰承末流之弊而源未之正也臣聞古之治天下者將以定民志後之治天下者將以便民情古者上自天子而達之於民尊卑貴賤之不相侔則服食器用之間截然等級之有辨古人非固為是無益之文也防閑之不至則情偽之相滋樂好之不厭而弊將有不可勝言深為之節嚴為之限故民志一定而分守自明彼其趨向之一而風俗之厚亦其理也後世則不然舉聖人所以檢押人心者一切惟人情之便而媮風薄俗亦復蕩然於法制之

外富商大賈得以交通王侯而鄉曲豪右無別於貴近自後世有所由來而較之今日則殆將不止於是者車服上僭宮闈家室略擬都邑輦轂之下四方之所觀瞻而此風益熾上下恬然相視不以為怪則亦曰流於無節而已矣而何怪於俗化之未醇歟臣故曰俗之漸漬者深而制度之不嚴也臣伏讀聖策曰義不勝利何以厚民之生刑不勝奸何以防民之偽夫牽民以義則義之所在而利固存于其中則民心之知禮義者可以厚其生也而義或不勝乎利得毋以義利之不能兩立而趨於利則或違其義乎夫防民以刑則刑章之宜可以不試而民畏也而刑或不勝乎奸得毋以刑所以防民而求以勝民則奸軌益不勝其多乎臣聞古者先養民又教民然後治民後世不知養民不知教民一於治之而已耳夫日用飲食之須冠婚喪祭之具聖人初非舉手以予民也為之立其官師制其田里又教之

以君臣上下之大分民既知教而民生益厚故民樂出其力以供上之用亦不以為勞我而且厲我也後世教養斯民之事曾弗之講民生之用皆民之所自為而上之人又從而征斂困苦之今日之民其無聊賴甚矣而何義之能知山澤之饒舟車之筭香鹽茶酒之榷凡桑孔輩所以籠天下之利者無不悉為常賦有限復命先期常數既殫復命別配凡陸贄所以進諫於唐德宗者無不盡有陛下加惠元元勤恤民隱形於詔旨無非以寬民力厚民生為言而守令之不奉行徒亦文具而已水旱有減放之令而督促如初歲又有蠲除之科而追催猶故所謂禾稼如雲問之父老皆有憂色曰豐年不如凶年而況水旱相仍曾無虛歲上下迫蹙如此欲民生之厚其可得耶臣聞古之制刑也所以厚民俗後之制刑者所以困民利而已耳夫古之聖人不得已而制刑蓋為夫不孝不友不婣不睦者是禁而山澤

之利。無不弛以予民。而或為之限節。蓋亦禁其末作之為害。而非奪民利以自殖也。後世不明聖人制刑之意。而禁網之密。條章之具。無非與民爭利。而茶鹽之商販。酒榷之私酤。毫髮之不貸。纖悉之必計。刑禁之既加。而科罰又從而重困之。今日之刑。其寬濫亦甚矣。而奚偽之能防。故刑不足以勝姦。則姦軌之習滋熾。聚於山澤者為盜賊之區。而刑餘之衆。不得與齊民齒者。亦將流而為盜。陛下廣覆宇內。遠近如一。通商販之禁。寬酒榷之征。雖見於比年之詔。而有司諉曰國用之所須。無得以辭其責。故上有仁心。而下不被其澤。有寬恤之美名。而無寬恤之實惠。所謂罔民以為利。誘民以為姦。不反其本而徒治其末。欲姦軌之消。其可得耶。臣伏讀聖策曰。意者仁義禮樂之用與夫紀綱法度所以維持治具者非耶。何視古之有愧也。誠如陛下所言。則信知後世之治。所以不如古矣。陛下以古問臣。臣不敢徒

以古對。陛下果有意於古也。蓋亦稽唐虞至治之原。參三代救弊之政。一政令之未純乎古。一設施之不合乎古者。振起而更張之。以作天下苟且因循之習。以起天下趨事赴功之心。則以之美士風。善俗化。厚民生。去民偽。亦惟磨以歲月。無不可矣。不然。陛下徒有慕古之名。而無師古之實。則今日之策臣者。徒為故事。而臣之所以告陛下者。亦虛文而已。是將奚益。臣伏讀聖策曰。伊欲道與世興。風移俗易。士相與談仁義。蹈名節。而不矜靡曼之虛文。民相與興禮遜。趨本業。而不溺奢侈之末習。八政修而食貨足。七教明而獄訟息。臣愚以為世有先後。道無異同。由本原之所自出而觀之。越千載猶一日。唐虞三代即斯道以為治。既有以措天下於無為之盛。況陛下心傳之妙。得於授受之懿。則施之事業。移風易俗。誠無難者。若夫士相與談仁義。蹈名節。而不矜靡曼之虛文。臣以為莫若有以正人心。民相與敦

本業。興禮遜。而不溺奢侈之末習。臣以為莫若有以定經制。夫禮義者。人心之所同。惟其利害得失之心日勝。是以忠純篤實之意日亡。是固科舉之法有以壞天下之心術也。今陛下徒曰嚴法禁。謹隄防。足以革士風之習。臣以為無以善人之心。則未見徒法之可以自行也。夫科舉之法。後世既以取天下之人材。而天下之人材亦輻輳於科舉之內。既取之於未用之初。盍亦擇之於既用之後。廣之以教化本原。而示之以趨向之所在。貪濁者黜之。廉介者用之。奔競者抑之。靖退者進之。旌直言以來諫諍。伸士氣以通下情。若是而曰士風之不美。臣未之信也。夫禮制固有一定之經。人惟防範之既虧。故至於蕩然而莫知限節。是故民心之無常。亦上之人無以撙節之過也。今陛下徒曰躬節儉。務朴素。足以先天下之俗。臣以為躬行之雖至。而禮制不明。未見徒善之足以有為也。夫經制之不立。古人以為正

風俗之本。則人心之無厭者。苟於目前之便也。今為之定其經制。上而乘輿之服御。固有其度。降而公卿。又降而士庶。冠昏喪祭之節。宮室器用之制。嚴為限量。設為科條。踰者有禁。斷於必行。貪溺者無所歆艷。而豪右無并。棄腐貫朽。無所用之。則民志定而爭端息。無甚富之民。則亦無甚貧之民。無甚侈之家。則亦無甚弊之家。人心有常。風俗歸厚。若是而曰俗之未醇。臣未之信也。厚民之生。則莫若講節用之策。省民之刑。則莫若謹按察之使。今日之利源竭矣。不可復興矣。無已則有節用之說乎。節用固多術也。冗者固當限宮觀之員。而宮觀之除。濫予猶故也。固當省添差之數。而添差之恩。妄授猶昔也。倖幸之賜。得無有過度者乎。虛籍老弱之兵。得無有坐糜廩食者乎。節之於彼。而又節之於此。則民生之厚。庶乎其有自矣。今日之刑濫矣。不可以復峻矣。盍亦謹按察之官。而使之加意乎。命官非不謹也。州

縣之間責成案於胥吏而長吏不以為意付囊楚於獄卒而獄官慢
不知情郡刺史足跡嘗一至於圜土之門乎監司之按行又能盡得
於一見之頃乎謹之於彼而復謹之於此則好生之德庶乎其洽民
矣捨是而曰八政脩而食貨自足七教明而獄訟自息臣恐未免於
揖遜救焚之譽也臣不佞陛下召至闕廷賜之清問臣首以更化為
陛下獻次願陛下正人心以美士風定經制以善民俗次願陛下節
財用以厚民生謹按察以省刑罰以為更化之說請復為陛下終始
言之臣觀藝祖皇帝為天下除大殘致更生兵不血刃而天下歸戴
征伐既下諸國必先已逋欽蠲繁苛一以仁厚為本大抵兵以不殺
為武刑以不用為威財以不費為饒人以不作聰明為賢此其立國
之本意而列聖守之以為家法者也仁宗慶曆間承平既久一時事
類少弛仁宗一旦振起之不過於增諫員減任子嚴磨勘雖一二節

目之或殊而大體卒不改易故嘉祐之治振古無及社稷長遠終必
賴之由此道也臣以更化為獻亦豈勸陛下以變更祖宗之法度哉
士大夫之媮惰者從而振作之王業之偏安者思有以規恢而廣大
之萬事之積廢者思有以作新而奮厲之而不失祖宗立國之本意
則士風之日美民俗之日醇民生之厚而刑罰之清固有不期而致
則聖策所謂措國如唐虞巍乎跨三五之隆而無忠質文偏勝之弊
其策捨此將安在耶陛下復策之於終曰熟之復之詳著于篇朕將
親覽臣有以見陛下咨訪之意益勤而使臣等得以竭其愚衷也臣
不度愚賤切有拳拳憂國愛君之忠一旦得奉清光條當世之事陛
下所以問臣者固已略陳於前若天下大體之所繫而國家安危理
亂之所從出者雖聖策之所不及而臣安敢有懷不吐上負陛下詳
延之意敢為陛下畢言之臣聞宰相者朝廷之股肱也臺諫者朝廷

之耳目也非有知人之明不足以進賢退不肖非有碩德重望不足
以鎮撫夷狄非有不窮之才不足以贊萬機之務擇相而任之者不
可以不謹也非有公忠之操不足以排擊姦回非有剛強之守不足
以肅清班列非有高明之見不足以裨益冕旒擢臺諫而付之者不
可以不審也苟曰以其久位而姑以遷之幸其無過而因以任之則
何以稱其具瞻之望起非常之功專求州縣之下吏搜索錢穀之細
務姑以應故事而朝廷之闕失國家之大議有不敢言則何以通幽
隱之情輔聖明之德臣願陛下委任擢用之際詳擇而審處之疑之
當勿復用用之當勿復疑必有以盡其才然後可也陛下愛惜名器
必無濫予之爵然技術藝能之賤或見斥於朝路而宮掖非泛之恩
或不厭於公言可不有以節之乎陛下親近儒臣必無偏信之失然
是非毀譽之說或間出於細微而士大夫結托之私或覬覦於權要

可不有以抑之乎陛下誠於是而留聽焉任宰相而重其股肱之寄
用臺諫以謹其耳目之司惜名器以勵天下戒偏信以示至公則所
以策臣四者之弊特不過於事為之末非聖明之所慮也臣是以終
篇之末論次其大者以為陛下獻若乃繼續故實以為有學彫繪言
語以為清新臣不惟不敢亦不暇惟陛下赦其狂僭而錄其區區臣
無任昧死臣謹對

袁說友上言曰臣仰惟陛下踐祚以來虛心受人廣覽兼聽如堯之
清問下民舜之舍己從人禹之拜善言湯之從諫弗咈殆無以過此
者委任大臣深得垂拱仰成之體咨謀臣下無愧詢于芻蕘之風仁
心仁聞出於天資好善好賢根于至性本朝蘇軾嘗曰有君如此其
肯負之今臣下委質盛時際遇明主真千載一時之遇倘不能以忠
言嘉謨確論至策仰副陛下虛心願治之意則是有負陛下豈特天

地鬼神得以誅之而已臣竊惟今日之事外若不足憂而內實可憂者其最大者有二曰兵與民是已民力日困凡士農工商無一而不貧乏者民為邦本本固邦寧今百姓外困於征輸內困於衣食仰事俯育一無可恃時平無事未見其害或有水旱之災兵革之因民力單弱國無憑藉變故百出不可縷舉豈不少思於閒暇之時哉軍政日隳凡伍符尺籍其可用者十無一二故家宿將零落已盡紀律弊壞人無鬬心軍士飢寒十戶九怨上下相蒙恬不遠慮將帥驕懦語戰縮首一有緩急兵窮無藉將弱無策安危之機非意可料豈不少思於無事之日哉陛下虛己任人有言必聽臣下不於此時為陛下殫智畫慮卑精竭神思其為策能令可行者以急先於兵民之務使民力寬裕邦本得以植立軍政修明緩急可以憑恃矣此時而不為是無時而可為也臣愚欲望陛下先以民力軍政為重下臣所奏命侍

從臺諫卿監郎官帥漕二司各以聞見凡寬民力修軍政害所當革利所當興者悉意畢陳求其確然可行之策毋為甚高難行之論度今必可施行而必有補於二者不計項目多寡詳悉奏陳其修軍政一項併令三衙帥臣條具並各限一月奏聞然後下之宰執大臣援其必可行有補於二者於清閒之燕次第敷奏而施行之毋責近效毋憚小勞毋怯浮言使民力以寬軍政以修時平無事則外內無患或有緩急有民可恃有兵可役相與維持憑藉無一而不可為也臣冒犯天威無任激切屏營惶懼之至

說友又上言曰臣聞復古有道得天斯復古矣得天有道得民斯得天矣仰惟陛下憂勤萬機規恢廣大宵衣旰思集大勳而籌計見効殆未什一是豈終不可為哉臣嘗觀自古立大事者必先於得民民心既得天意自順天之所與雖弱必彊天之所遺雖順必逆天不可以智得而所以得天者寔自斯民始三代之得天下漢唐之剏大業載在方冊其道可考又豈待臣一一而縷舉哉是故民力裕則民心自得民心得則天意自悅天意悅則年穀自成年穀成則上下自足上下足則富國彊兵惟所欲為無不如志此自然之理必至之效如形聲之相應枹鼓之相隨確乎其不能易也陛下臨御以來憔勞愛民弗替朝夕陰陽一有愆伏則疎釋囚繫如拯飢渴臣寮一有奏陳則旋即施行常若不及遇凶荒而賑給因水旱以蠲租陛下之於民可謂無負矣然州縣之間多有視詔令為虛文指生財為政事綏拊克為舉職矜羨餘為己功習熟見聞恬不知革所以上負陛下德意者日以滋甚臣請得而粗言之夫聚人以財固所當務也然陛下豈欲使之朘民膏血以媚公上哉上供之外朝廷初未嘗一毫有取也凡今為州郡者多立名色巧為征取竭邑之菑命官量覆必欲使

之出剩本州受納不問多寡必倍數而可免又有胥吏無窮之須呈樣沒官之費終歲勤動僅足官輸反顧所儲已如垂磬而又廣為稅目征取百端雖民間日用之物僅及數金悉皆收稅間有科稅典賄數納收金斂鬚有征蔬菜有稅民間昏姻亦令市酒錙銖不遺無異丐取剝膚椎髓民心嗷然外以為苞苴權貴之資不一而足內以供谿壑無厭之欲以遂己私若民間之詞訴官吏之能否一切漫不加問蓋有越月而不一聽訟者彼謂府庫之積方盛可以媒陛下之爵祿曾不知百姓不足君孰與足是豈為朝廷之福哉此州郡之害民未能盡免也郡欲生財也則取之縣縣欲生財也則取之民上下相迫勢必至此凡今為邑者懼州郡之欲出剩也則納苗之耗一歲一增今固有小戶一歲而兩輸苗稅者矣懼州郡之欲折絹折綿也則增益疋兩以為耗數今固有和買稅絹綿耗視米耗者矣懼州郡之

欲和糴也則不以多寡科抑人戶今固有納三石而得一石之直者矣懼州郡之欲催欠也則合零就整增益數目今固有以零合為零斗以零分為零尺者矣又有無名之求興修之役科罰里正抑勒鄉民其名苛細詎可縷舉官吏修然為得計百姓赴訴而無繇此縣道之害民未能盡免也部刺史澄按一道尤陛下之所寄耳目而導德意者今也不然凡遇到任必首遣屬官遍行諸郡刻刷錢物過為數目責令供認所至苛取一間名色悉歸本司州郡不堪其須旋即取之縣道上令下應殃及於民已放之欠復征未辦之輸預納私行科折以取贏餘譬之心腹病於內而手足耳目欲其自佚於外不可得此監司之害民未能盡免也商賈之稅各有定制諸司分隸亦皆有則若取之以道商賈復何病哉今州縣間謂之稅場者苛取細征私立稅額固有負千金之直而稅五百金者有僅及百金而過取其半

者有士夫經由而發其箱篋者有不五十里而兩為攔稅者絲粟必取如被寇攘村落之間強弱相勝或瀕於死朝廷豈得而盡知哉此徒以負販為生非此無以自活而官司重稅進退不容舟車怨咨溢於行路此稅務之害民未能盡免也向者陛下軫念都邑加惠小民命臨安出公帑以償諸行之直至今小民及此手必加額然臨安非它郡比雖一日之間所須固已百出稍積歲月其擾諸肆又甚於昔時况年來土木之役接踵而起朝廷典禮相繼舉行凡所須求莫非臨安辦集其間所用百物悉科鋪戶皆千百計往往什未酬一小民僅有儲偫一旦官司直取略不敢以伸氣生理零落權輿在此夫京邑四方之根本也今無故使諸行日迫窮困浸以寒餓恐非陛下加惠京邑之意此臨安之擾民未能盡免也凡此五條亦姑舉其大略臣亦安得而備言哉竊惟陛下方以大有為之志慨念中原力圖復古而臣乃以愛民迂緩之說以獻者蓋民心悅則天意得天意得則雖少康之一旅光武之八千天將昇之以機會矣臣伏讀太上皇帝聖政嘗欲罷月樁錢諭輔臣曰朕欲養兵全藉民力若百姓失業則流為盜賊矣大哉王言真陛下之家法也臣願陛下洞照古昔興衰之理仰則光堯愛民之訓深憤州縣害民之久力行仁政以德人心務寬民力以悅天意今州縣之間已皆安於掊歛矣非陛下曠然大變有以號召而勸沮之則又不過為虛文耳臣愚欲望陛下亟發德音備及年來州縣害民之意如臣前所陳者播告天下監司守令丁寧懇惻詳複而申戒之具言自今一以愛民為功以言羨餘為罪庶幾州縣少變舊習亦使中外百姓知陛下本不敢少忌如此仍乞即賜詔旨令侍從臺諫兩省官各以當今何事為及民何事為害民條具可行者奏上陛下與大臣詳觀其說言有可取不以異議而見廢苟

有非便不為已行而憚改如此則民心得於下天意悅於上未有得乎民不得乎天得乎天不能復古者也孔子論顓臾之伐而先之以和無寡安無傾孟子論戰必勝而首歸於人和孔孟之言陛下所敬本朝蘇軾作思治論謂能從衆可以北取契丹呂公著上朝政疏百姓安定然後可以足兵食禦外侮惟陛下不以臣言為緩不切寔天下幸甚

楊萬里上奏曰臣聞聖人之伸於天下也有神而其屈天下也有威威藏於神故其威不測神行於威故其神不狎蓋天子以一身立天下之上其力為至孤立而不失其立則治而與否則亂而已其勢為至危然以至孤之力而天下附焉以至危之勢而天下憚焉附焉則不離憚焉則不抗不離故孤者強不抗故危者安孤轉為強而危反為安則神與威在焉故也神去則天下離之矣威脫則天下抗之矣

天下離與抗而後孤危之形始見聖人之神與威獨可頃刻脫而去之而不執而留之哉然則其孰為神孰為威聞之曰表無當於裏而裏非表則不存右無當於左而左非右則不全物固有睽而合殊而同二而一者是故淵非龍也而龍之神在於淵山非虎也而虎之威在於山何也龍不淵而陸虎不山而柙則龍虎之神與威不在龍虎而在童子之尺箠矣設龍不可離於淵虎不可離於山而人主不可離於柄柄也者人主之山淵也歟上執其柄則神與威不在於下下竊其柄則神與威不在於上觀柄之所在而治亂見矣執柄以明用明以公而害明者偏也進退人才罷行政事號令之出納賞罰之可否此非人主之柄歟是柄一去則所謂人主者人主之名存而人主之實亡惟天下之至明者能使是柄在己而不去夫何故天下之至明者其初天下未測其明也未測其明則其下必有以嘗之否則欺

之取天下之所是而雜之以非取天下之所非而亂之以是以探其上而幸其惑是謂嘗嘗而不動也嘗而動則易其真是者而誣之以為非蔽其真非者而文之以為是是謂欺故古之明君居明以晦以俟其所嘗而出晦以明以破其所欺彼狎吾之晦而嘗者至矣嘗則繼之以欺然後吾之明一發焉則割然出於其所嘗之外而卓然不墮於其所欺之中夫安得不服則其柄宜誰歸故曰執柄以明齊威王有焉一人之明以合天下之明合天下之明以為一人之明者天下之公明也以一人之明廢天下之明者一人之私明也古之君有百發而天下不服有一發而天下大服則公與私之異也然則其曷為公不罰天下之所同賞而不賞天下之所同罰顯詢而陰求衆問而獨決顯詢而不陰求則姦不召矣衆問而獨決則同者不欺而欺者不行矣於是擇天下之善惡大且顯者而賞誅之則明一用而天

下不以為察故曰明用以公舜有焉古之君失其柄者皆暗者也暗則失其柄固也而愈明者愈失之何哉明者多是而善疑此偏之所從生也明則偏矣偏則不明矣蓋恃者以明出於己為矜而以明出於人為媿疑者以親暱為可信而以公卿大臣為可防以明出於人為媿則舉朝不敢有言非不言也言而莫之入也以公卿大臣為可防則舉朝不敢有為非不為也為而莫之行也當是時天下之柄亦可謂不移於臣下而天子之勢可謂尊矣而君子未敢賀也何則收於前而移於後防其一而不防其一也公卿大臣不得以議之於公則親暱小人得以侵之於私天下之人但見今日行某事也明日用某人也而不知其所從來也非謀之於左右也非謀之於諸大夫也非謀之於國人也豈天子偏察天下之事而盡識天下之人歟或曰此宦者之力也或曰此外戚之力也或曰此宿昔倖臣之力也夫是

三人者天子以為親暱而可信也不知其乘吾信而逞其姦也以為陰可以助己之明而外不知也不知其蔽己之明以盜其柄也其初不疑其姦其終禍其國故曰害明者偏也漢之元成唐之德順有焉春秋傳曰捨大臣而與小臣謀楚莊王曰無以嬖御士嫉莊士偏聽生姦獨任成亂鄒陽所以言於梁兼聽則下情通偏聽則下情壅魏徵所以言於唐步師亂隋子翬弒隱祿產危漢朱异亡蕭梁之何漢唐數主之不悟也今以主上之聖明而躬攬天下之柄豈容有漢唐季世之事雖然漢成帝知恐石顯而不知王鳳即顯也唐憲宗知恐王叔文而不知皇甫鎛即叔文也非不知也明於人而暗於己也臣願聖天子以古而察於今蓋當石顯王鳳裴玄齡王叔文用事之日元老大臣之廢退蓋有出其意者矣姦邪小人與夫戚里佞倖蓋有介其援而至宰相侍從固結而不解者矣蓋有忠臣義士排之不勝

而反被其禍者矣此天子之柄所自移而天下之亂亡所自出者也陛下聖學高明洞視萬古讀之至此以為是耶非耶盍於燕閒之餘思漢唐羣小之禍而以此數事默觀而深省焉今日其無是事乎可以自慶而塞其未至之門其有是事乎可以大懼而拔其已植之根察之察之又重察之遠邪枉而親正士則自宰執至於侍從經筵臺諫館閣之臣孰非聖天子之腹心耳目哉政事也人才也號令也賞罰也疑焉則以問之是焉則以行之非焉則以詰之欺焉則以罪之不一從不衆違則堯舜之聖二武而至矣豈若漢唐四君盡疎千萬人而獨信一二親暱小人也哉為虺必蛇履霜必冰臣不勝忠憤

萬里又奏曰臣聞為國者其患在於有敵而無暇有敵而無暇則其立也不固而其應也不詳非立之不固而應之不詳也欲固而無暇於固欲詳而無暇於詳也何也有敵而無暇則休息之日常不加多

而戰鬭之日常不加少戰鬭之日多故居者負擔以立田者操兵以耕而守者被介冑以卧休息之日少故有心不及運有口不及議而有智有勇不及施夫如是立安得而固應安得而詳哉天之生萬物者春也而生春者非春也日之明萬物者晝也而生明者非晝也春不能生春則生春者冬也晝不能生晝則生晝者夜也何也冬者天之暇而夜者日之暇然則和也者戰之暇也歟雖然為國者患無其暇亦患有其暇有其暇而用其暇者暇也有其暇而安其暇者偷也是故暇能福人之國亦能禍人之國孟子曰國家閒暇及是時明其政刑雖大國必畏之此用其暇者也又曰國家閒暇及是時盤樂怠傲是自求禍此安其暇者也越王會稽之役請成於吳吳以為真請也不知夫越之將求其暇而用之也是故王女女王大夫女女於大夫士女女於士句踐不耻也輸以寶器玩以女樂句踐不愛也惟不耻故有以復其所大恥惟不愛故有以保其所甚愛會稽之栖恥之大也社稷之存愛之甚也夫惟其小者無所恥無所愛故國中之民疾者吾得以問死者吾得以葬富者吾得以安貧者吾得以與賞罰物備吾得以齎車馬兵甲吾得以具夫是數者得以盡而吳固在其股掌矣彼夫差者方且疲於伐齊之行驕於黃池之會而不知越人固已制其死命蓋越得其暇而吳不得其暇越用其暇而吳無暇之可用此之謂暇能福人之國北齊與周不兩立也非齊併周則周併齊爾而齊主恃周寇之小息君臣謂一日取決可敵千年至有無愁天子之號周師之克晉州也猶曰小小交兵乃是常事故齊亡陳之與隋不並存也非陳併隋則隋併陳爾而陳主恃隋人之交聘君臣謂王氣在此敵何能為至於縱酒賦詩而不輟隋師之濟江也陳主尚醉守江者亦醉故陳亡此之謂暇亦能禍人之國今天子即位五年於此

矣頃者天子之所以宵衣旰食公卿大夫之所以竭心盡慮者惟支持強寇一事而已至於法度紀綱教化刑政之具所以開中興而起太平者皆未及也非不及也無暇於及也今者講解既成邊候不驚是猶謂之無暇歟有暇矣而廟堂之議所謂法度紀綱教化刑政之具又不及焉臣不知天子之所以宵衣旰食公卿大夫之所以竭心盡慮者何等事耶將以講解而偷朝夕之安耶將未忘中興之計而猶有意於堯舜三代之治也若曰偷朝夕之安則齊陳之禍可以懼矣孟子之言可以儆矣若曰未忘中興而有意於太平之治也則臣不知其未忘者何策而有意者何議也臣但見今日出令曰申明條法而已明日出令曰士民不得服涼衫而已不知天下之事猶有大於此等否耶抑亦深謀密議天下不可得而見耶臣甚懼焉昔晉武帝臨朝惟談平生常事而不及於國家遠略何曾知其必亂王導辟

王述為掾既見晉問米價君子是以知江東之不振也今日之施得
無與談常事問米價者類耶夫無暇則憂有暇則休天下之事百變
如雲萬轉如輪一旦敵人又動則又曰無暇臣不知紀綱法度教化
刑政之具所以開中興起太平者何時而可議哉詩曰淇則有岸隰
則有畔今欲治而茫無畔岸臣欲不懼得乎
萬里又奏曰臣聞天下之不治非起於莫之舉常起於舉而莫之隨
舉而莫之隨則上之人自舉而自廢一政之出一令之行十人聽而一
人不聽宜未害政令之流行也而政令之不行未始不自一人不聽始
夫何故十人聽一人不聽則十人者必觀於一人者觀之者試之也試
淵以綆試刃以堅而試十以一一者不聽而上不問則十者之聽亦將
反而為不聽古之聖人必有以杜天下之觀以弭天下之試以齊乎天
下之聽夫天下且相與觀而莫之見試之而莫之測則天下之聽安得

而不齊天下之聽齊則吾欲前而前欲却而却欲左而左欲右而右
惟吾之為無不隨者當此之時天子患不舉爾舉而大有為焉夫誰
我禦今天子非無神聖英武之資非無開中興起太平之志然五年
之間殊未有以大慰天下之望求強而得弱求治而不得治此其病
安在哉公卿大臣後國而先家先身而後君莫肯橫身以當天下之
大難播紳士大夫甲可乙否各求其說之勝而上之人不知所定三
軍之士天下之民玩習於偷惰雖作之而不起令之而不從是故天
子有其資而無其扶有其志而無其應一舉而天下不隨則自罷而
已矣此豈非中天下之觀墮天下之試而未有以致天下之齊故歟
然則何以致天下之齊將有以齊天下必有以聳天下將有以聳天
下必有以變天下小變則小聳大變則大聳小聳則小齊大聳則大
齊方歲之新乾坤之晏溫動植之寧止豈不可樂哉而一坐笑談未

竟之間或失色於迅雷之驟驚慢者肅伏者興句者達天地造化之
政令發於頃刻而遍於四海莫敢或玩玩而違之者變而聳聳而齊也
玩而不變堯舜禹湯文武不能以為治湯繼夏則變夏夏之政禹之
遺也武繼商則變商商之政湯之遺也後之言治者必曰不復三代
則不可而湯也不復禹而變禹武也不復湯而變湯是二聖人者豈
捨彼之成從我之矜者耶變之者復之也湯變夏之政而湯之治復
乎禹武變商之政而武之治復乎湯非復而何期於治不期於政要
其是不卹其異故湯武一變而天下聳然而更新陛下蓋繼光堯者
也繼光堯而變光堯可乎非變光堯也自變其變也且光堯曷嘗不
變異時治極而弊亦極紹興之初一變而純用元祐之政以作天下
之偷故風采凜然至今使人興起其後權臣柄朝恭己既久一旦赫
然黜姦黨收威令以還朝廷之尊故破強敵援聖子出於一日之獨

斷而天下不知其所自來陛下即位五年而未大治則光堯之所以
變之之方獨得而緩也哉變必有要要必有先今之變其孰為要孰
為先聞之曰法不必行不如無法人不任責不如無人今天下之大
患不在於法之不備而在於法之太詳不在於賢人君子之不衆而
在於人才之太多何者法備而不必行人多而不任責故也然則今
日之事欲一舉而變之盡欲刊其法之繁以必天下之從一其人之
責以開天下之適而後天下可為也昔者唐虞象刑而夏后肉辟三
千漢高祖約法三章而武帝增至三百五十九夫以法之繁簡而較
其功夏之治宜過乎虞而高祖之治宜不及乎武帝而乃不然則法
果在於備乎晉范文子有功而歸則曰郤克之教也臣何力之有至
庾亮敗於張曜而商融言於陶侃曰將軍為此非融所裁周公曰惟
王有成績而梁武侯景之禍蓋生於朱异也异不職其咎而使武帝

歸之時運。夫古之君子歸功於主將。而後之君子歸過於主將。古之君子歸功於其君。而後之君子不任其過。而使其君自任其過。人之不肯任其責也如此。今也無歷代之憲。承列聖之制。法不可謂不備。法備而不治。則非不備之罪也。備而不必行之罪也。科舉任子之所取。軍功之所奏。動以千計。才不可謂不多。才多而不治。則非不多之罪也。多而不任責之罪也。臣何以知法備而不必行。法之說曰。茗之私鬻者其罪流。民之不飲酒不茹葷而習妖教者其罪死。夫罪至於流與死。不為不重矣。而鬻私茗不肉食者不止也。何也。有重法。無重刑。有重刑。無重罪也。非無重罪也。不勝其重也。非不勝其重也。不勝其衆也。衆則難於重。重則難於必。且夫。以銖兩之茗易錐刀之利。則執而流之。至於小民以貧不能自存。則絕肉味以求一餬之飽。則又執而殺之。以情而言。君子亦有所必不忍者矣。必不忍之心生。則必

不行之法見。民見其法而不見其心。則曰。上之法皆然也。法者驅天下之具也。其具廢。則其驅弛。有急而求其從。其誰從之。臣何以知人多而不任責。人之情固有所欣。有所憚。宅清顯而享豐腴。此其欣也。應紛擾而當危難。此其憚也。天子者執天下之所欣以招天下。豈以苟悅天下之私哉。捐之以所欣。蓋將屬之以所憚。而今之士大夫自許以勇於所憚。以邀其所欣。既得其所欣。則避其所憚。無事之時。服章焜煌。步武虛徐。天子出而臨之。雖虞之野無遺賢。周之濟濟多士。未足喻也。然寺監者曰。吾曷不臺省也。郎曹者曰。吾曷不侍從也。侍從者曰。吾曷不宰執也。宰執者曰。吾曷不二十四考中書也。階嬖倖以進。名曰捷徑。挾諂曲以進。名曰稱旨。植黨以進。則名曰客。聚斂以進。則名曰才。朝攘夕爭。患失而憂不得。一何勇也。至朝廷卒然有一意外之事。天子呼其人而問之。則曰。臣何足以知之。又呼其人而委之。則曰。臣何足以奉明詔。貪者求免事而不求免官。畏者求免官以遠避其事。又何怯也。惟其勇於彼。是以怯於此。而朝廷不悟也。且豈有身為上宰而天子使之將兵禦敵。則以親病辭者。天下有緩急。而宰相尚不可使。則他人安得而使之。使之則曰。彼實為宰相。予焉能戰。臣愚欲深詔有司。刪法令之細而不急者。大而不可行者。重複而可以弄者。如太祖皇帝時法度簡而要。明而信。議者必用。存者必行。不與天下為戲。庶幾天下之可驅。天下雖無事也。不測而擇一事大而且難者。詢之衆而遣一所厚之大吏為之。避而不為則誅。如唐太宗之斬盧祖尚。為而敗事則誅。如舜之殛鯀。則天下之怯可以一變而為勇。夫天下之人可驅。而天下之怯皆勇。則國可強而敵可取。開中興。起太平。臣心了然見其易易爾。

歷代名臣奏議卷之五十

治道

宋孝宗時虞允文上奏曰臣伏蒙聖恩特遣中使賜臣御書漢崔寔政論既表出其要申之以大哉之王言曰寔之說切中今世士大夫之病有會於朕心因書此為賜且見朕修政捄弊不敢怠忽之意卿亦宜廣朕意以風勵卿士大夫臣下拜伏讀感慨奮厲深惟陛下之心以公生明故於人之情偽無不見以古鑑今故於時之蠹弊無不革翰墨游戲之間日月其照而風霜其嚴也顧臣愚闇淺軟不足以仰承大賜然臣之皇皇緦緦有感於寔之說歲月久矣意者陛下亦憫臣之孤忠迹臣之素履而憂臣日墮於掎奪擯棄之間故隆此異恩委曲訓導使之兩目開明一心安舒迄能有所建立以報不凡之遇乎寔不幸生於桓靈之季徒能託之空言千歲之後乃有取於英

睿之主寔固幸矣而臣親逢於今日其為幸又何止相十百相千萬也雖然寔之憂謂寡不敵衆猶能困稷契之復存如臣么微方漂流出沒於驚風怒浪中其欲自勉自策以一力而障百川臣之愚亦自知其必不可也蓋嘗究觀寔之論乃歸之以人主師五帝式三王纂茍全之政蹈稽古之蹤伏惟陛下之全德著焉又曰遲稷契為佐伊周為輔不然則多為累而已臣久妨賢路亦惟陛下旁求而更圖之不勝大願

允文又奏論唐太宗德仁功利之說曰臣八月戊申吏部侍郎王之奇太子詹事陳良翰權禮部侍郎周必大詣政事堂以所被賜宸翰示臣臣既得仰觀陛下有取於唐之太宗與其臣魏徵德仁功利之說默而深思竊有感焉後八日丙辰奏事後殿陛下不以臣愚宣諭以宸翰賜臣之奇等之意且曲垂清問臣嘗冒昧言唐太宗起兵太原攘群盜取孫隋不數年間自匹夫而為天子無寸土而有天下大功雖成而慚德為多既即位十有六年矣迺以身所躬行四者之優劣而問徵是太宗於平生心所不足者恐焉而有憮也臣竊妄論陛下承累聖之丕基應重光之休運中原之土地吾所固有也非修德修仁何以啓來歸之心且今日創業守文中興之責陛下實兼之視太宗起太原時用一切之術不可同年而語矣陛下自即大位今十年汲汲皇皇於德仁功利四者之說非不屢且至也要在兼修而並用持之以久乃見效爾蓋美成在久聖人久於其道而天下化成此聖賢不易之言也然德仁之責在己功利之責在人亦不可不察陛下欣然既嘉納之後四日庚申特命中使以之奇等奏牘宣示臣臣深惟陛下聖意豈亦有取於臣前日之奏而欲畢其說乎臣之奏曰德仁之責在

己者謂非人君之躬行不可也然邪正才機作轂有時內外有間又非得弼亮彌縫之臣如魏徵十漸之諫則太宗安得為唐之明君也臣之奏又曰功利之責在人謂非人臣身任之不可也然人有知愚事有難易用有疑信又非得聰明英睿之君如太宗御臣之方則房杜英衛安得為有唐之名臣也天下之事一日而萬變天下之人一心而百偽一政令之發曾未見於端緒而群議論者已紛然四起凡所以為德仁之害功利之賊者不知其幾何人也譬人之身主本自固不幸而有疾病必訪之良醫醫者察脈視色得其病之原酌以虛實之宜按古方書而用藥焉適問疾者滿前共議其方書其人指其藥曰此甚熱也法當去之其人又指其藥曰此甚寒也法當去之死生利害之說雜陳主病者或不之察而兩從之遂失古方書用藥之意病者服之而精神日以損筋力日以憊鄉之議藥者又皆歸咎於

醫者之庸而更擇焉醫之可擇者有限而藥之雜議者無窮至病者
又終不能有所明辨而欲求病者之安全豈至理也哉雖然德仁者
國之大本也功利者本立而末必舉之效也非明良相逢聖賢相合
心膂相照治亂安危相一又安能去其害與賊辨其本與末以收吾
德仁功利之效也今陛下親御翰墨歎功利之未成企德仁之高致
慨然有取於異代之臣將以其言為龜鑑此則宰臣非才之罪也臣
嘗觀魏武侯與群臣論事群臣不能及罷朝有喜色吳起諫以楚莊
王之言曰世不絕聖國不乏賢今寡人與群臣謀事而群臣不及有
楚國殆矣之歎至唐太宗與臣僚論事有不出太宗意者太宗退而
憂之景德間真宗皇帝與陳堯叟更論前代求治之君嘗舉其事以
為戒臣願陛下致察於此而儲思焉雖然進退百官亦宰相之責也
相非其人一身孤立不足以自保有如臣者何敢去取人材求盡得

英傑不群者為陛下用也今日之急務莫急於論相臣願陛下改圖
而更命之必旁求非常之人以應非常之運擇之於未用之前信之
於既用之後不使議論負荷者岐而為二則是非自定利害自明重
輕相扼之勢不分毀譽亂真之禍不作君宰之間道與氣合禮與情
俱聚精會神於德仁功利之用次第而施行之萬事將無不理舉天
下之大惟陛下意之所欲為而實非臣之所能也臣久衰之年已病
之身心知其不可久於位勤勤懇懇覬陛下審擇真才付以相事蓋
屢矣荀卿論人主之道有曰身能相能者王其相須蓋如此臣乞骸
之章繼此而上臣非為一己進退之私也毣毣之忠誠為宗社大計
惟陛下留神於臣之說天下幸甚
孝宗召陳良翰為太子詹事既見上出手書唐太宗與魏徵論仁德
功利之說俾極陳今日所未至者良翰退上疏略曰仁德治之本功

利治之效務本而效自至今承天意結民心任賢能退小人擇將帥
收軍情擇監司吏久任皆行之有未至誠能革此八弊則仁德無累
功利自致矣上為之嘉歎
直煥章閣王師愈上奏曰臣一介微賤叨蒙賜對輒陳州郡之利害
因及治具之未舉聖度如天優容狂瞽不加誅斥幸已厚甚今月旦
日又蒙親灑宸翰詢以治道之具有可裨助政體者令條具以聞臣
拜手驚懼莫知稱塞陛下虛懷訪納如是其切雖帝舜之好問蔑以
加矣臣學術荒踈智識卑陋豈能周知當世之務清問下逮寔非常
之榮千載之遇儻不竭其愚衷是欺天也惟陛下不以為迂闊少賜
省覽臣恭惟陛下聰明神武稟於天縱痛八陵之曠祀傷二宗之不返
悵神州之陸沉念遺黎之塗炭朝夕之所圖回中外之所共知者恢
復之計也縉紳之士明目高談揮毫抗疏有為恢復之說者陛下不

吝爵賞以褒寵之介冑之士鳴劍抵掌頗賈餘勇有為恢復之說者
陛下亦未嘗不以爵賞褒寵之既詰其策往往未有一定之論試責
以事則往往未見其實也陛下即位以來孳孳求治非不焦勞十年
于茲治効之未成者竊恐職此之由乎臣聞治道不在多言昔人固
有是論矣臣亦不敢飾可喜之說投數細故以瀆天鑒其大要在乎
有一定之論而務實所謂務實者一曰益進德以承天心二曰寬民
力以固邦本三曰遵祖宗之法以修政令四曰搜英傑之材以備任
使五曰勿厭盡忠之言六曰勿惑難信之謀七曰謹其所可保八曰
俟其所可為凡此八事誠若迂闊而不足喜推而行之莫非今日之
急務陛下聖學緝熙神心昭曠固已默識之伏願深信而不疑更與
大臣講求一定之論力行而不息天時未至可以享安強之福機會
之來必不若往時之失措恢復之功其可成矣小臣管見如此昧死

以陳。惟陛下留神幸甚。

師愈又奏曰。臣聞。天以陰陽而行四時。地以柔剛而成萬物。聖人以仁義而治天下。蓋仁義者。天下之表。致治之樞要也。堯舜由之而為盛帝。禹湯躬行之而為顯王。自周之衰。此道不明。雖五霸假之足以雄諸侯。已不足觀也。逮至戰國權謀功利之說。愈熾。孟軻氏慨然以回狂瀾為己任。深明仁義之道。歷說列國之君。其理坦然易行。列國之君。罔克知之。卒不復見唐虞三代之治。吁。可惜哉。猗歟唐太宗之為君乎。貞觀之初因閱武庫甲仗。乃謂房玄齡曰。煬帝豈無甲兵以至滅亡。正由仁義不修。群下怨叛。故宜識此心。太宗知仁義之可伏國已久矣。其後與魏徵論治得失。徵乃納之以仁義。蓋秉太宗之明而啓迪之。故其言為易合。當時封倫雖以秦任法律。漢雜霸道為對。宜乎太宗力排而固卻之也。及觀其與侍臣語。以謂行仁義則災害不生。又謂斯須懈惰去之已遠。終則有飲食資身之喻。自非深知仁義之有益於治道者。孰能語此。惟其深知之。故能力行之。數年之後。海內又安。屢致豐登。斗米三四錢。則陰陽和矣。無復盜賊。幾致刑措。則風俗醇矣。自京師至於嶺表。自山東至於滄海。旅糧不賫取給於道。則民物富庶矣。突厥酋長帶刀入衛。高麗諸國遣子入學。則遠夷賓服矣。太宗親見其盛。自謂魏徵勸我行仁義之效。誠非浮誇以欺天下後世也。噫。三代以來。以仁義致治者。其唯唐之太宗乎。自孟軻氏歿。以仁義告其君者。其唯唐之魏徵乎。神聖之君。誠能遠慕太宗。是亦太宗而已矣。盡忠之臣。誠能以魏徵為法。是亦魏徵而已矣。可不勉之哉。

著作郎王十朋上奏曰。厥今天下之敝安在哉。在乎中外小大之臣各居其官而不知其職。居其官食其祿。因循苟且曠職不修。欲望敝

事之革。治道之興。可乎。臣請言其大者。夫進退百官者。大臣之職也。獻納論思者。侍從之職也。為天子之耳目。正朝廷之紀綱者。臺諫之職也。以至卿監百執事。外之監司守令。莫不各有其職焉。比年以來。為大臣者。果能盡進退百官之職乎。臣見其進百官。不見其退百官也。今日召某人赴行在明日除某人為某官。是固能進百官矣。其所進者未必皆賢才。率一二歲或一歲或踰月類皆遷之。初不問其職事之修與否也。其或有罪。必待臺諫論列。然後從而黜之。或人主之意有所不悅。則諭之使去。而大臣未嘗自退百官。居進賢退不肖之職。而所進者未必皆賢。其不肖者又不能自退之。臣知其故矣。是已欲收恩而不敢任怨也。先正王曾有言曰。恩欲歸己。怨使誰當。為大臣而不敢退不肖。寧不愧王曾之言乎。此大臣失職也。為侍從者。又果能盡獻納論思之職乎。臣見其各司其局。而未聞獻納論思也。熙寧初。司馬光以論新法不從。力辭副樞之命。神宗曰。樞密兵事也。不當以他事辭。光曰。臣未受命。猶侍從也。於事無不可言者。是則居侍從者。事皆可言。是謂獻納。掌內外制者。不止於代言。為給事中者。不止於封駁。為尚書侍郎者。又不止於各董六官之屬也。今之居是官者。以各司其局為了官事。以獻納論思為越職。寧不愧司馬光之言乎。此侍從之失職也。為臺諫者。又果能盡其所以為耳目正紀綱之職乎。臣聞歐陽脩有言曰。天子曰是。諫官曰非。立殿陛之前。與天子爭是非者。諫官也。又聞蘇軾之言曰。言及乘輿。則天子改容。事關廊廟。則宰相待罪。今之為臺諫者。果能爭是非於殿陛之前。如脩之言否乎。又果能批人主逆鱗而使之改容。如軾之言否乎。臣往歲備員館職。竊聞臺諫有論事不行者。而同列不為之助。乃曰。我自有體。又有緘默不言者。聞侍從百官言時事。則怒而逐之。臺諫之職。果如是

乎祖宗時臺諫論事或一章不從至于十餘章而未嘗但已言苟不行則繼之以去趙抃為御史言陳升之不當除樞副凡十有六章於是乞郡而得虔司馬光為諫臣論刺義勇及乞降黜凡十有三章今之論事者或一再不從遂不敢復言寧不媿光抃等乎此臺諫之失職也至若内之卿監百執事外之監司守令其失職之敝有不勝言者臣竊謂欲盡革今日之敝宜首詔大臣修進賢退不肖之職内之侍從卿監百執事孰為賢為才拔其尤者一二人而進用之孰為愚為不肖亦取其尤者一二人而斥退之外之監司郡守孰為賢才而稱職者拔其尤者一二人而進之於朝孰為愚不肖而為民害者亦取其尤之一二而寘之於罪詔下旬日之間必責大臣以進賢退不肖而必欲其當如是則進一二人而中外莫不勸退一二人而中外莫不懼是則大臣之職舉矣於是又詔侍從宜修獻納論思之職凡

朝廷闕失知無不言而不止於各司其局又詔為臺諫者宜盡所以為耳目正紀綱之職拾遺補過糾覈官邪凡有論列不可但已宜以祖宗臺諫為法而痛革前日緘默不言之敝雖然此特人臣之職也而人主有大職事陛下不可以不知一曰任賢二曰納諫三曰賞罰臣聞詩人美宣王曰任賢使能周室中興焉任賢乃人主之職而尤急於興衰撥亂之時陛下邇日召元老正人或寘之政府或寘之臺諫或寘之侍從天下翕然稱為治表臣願陛下既來之則宜力留之既留之則宜推誠委任之勿責以繁文勿待以虛禮勿貳之以小人延之歲月可以責治效矣又陛下既以疆埸之事委之重臣良將宜若憲宗之任裴度斷然勿疑無惑乎紛紛之議而事從中制以失其機會臣竊聞張浚欲守淮而議者欲其守江吳璘屯兵德順而議者欲其退保夫守淮乃所以守江也舍淮而守江則長江之險與虜共

之矣江其可守乎唐韋陟欲李光弼退保潼關光弼曰兩軍相攻天地必爭今委五百里而守潼關賊得地勢益張矣力破其說而成戰功三路之地陷沒久矣今幸力戰而復之乃欲無故而棄之可乎陛下宜詔之曰閫外之事將軍制之可進則進可退則退如是則事不中制而機會不失矣臣聞傅說告高宗曰木從繩則正后從諫則聖高宗命之朝夕納誨而中興有商聽諫乃人主之職而尤急於興衰撥亂之時陛下自即位以來雖擢用正人以為臺諫然聽納之美猶未彰聞臣竊聞近有以酤榷之利而持使命於浙東西者諫官論列不聽陛下又親批聖語以諭之有識咸以為疑易曰開國承家小人勿用陛下嗣位之始何急於用言利之臣又何以知此曹之名至於咈諫而用之乎又聞諫官有以盡言而去職御史有以振職而出臺此必姦臣有以誤陛下者不可不察陛下比嘗下詔求直言矣未聞

賞一敢言之臣以勸言者乃聞交結左右者得官迎合時事者免解賞諫如此其何以勸夫聽諫之道在乎博詢廣覽不可昵於偏聽而蔽其四達之聰明臣願陛下親君子遠小人推誠聽納養成聖德則納誨者皆傅說而高宗不獨聖矣臣嘗聞漢史贊宣帝曰綜核名實信賞必罰明賞罰者乃人主之職尤急於興衰撥亂之時臣竊見邇年以來有姑息之政無懲戒之罰去歲逆亮之死蓋上皇聖德所感天假手其徒以誅之諸將非唯無毫髮之功虜未退則逗留觀望已退則乘勢虜掠既不干斧鉞之誅而又受無名之賞有盜節鉞者有為兩府者有為三公者傳呼道路取笑閭閻名器之濫未有甚於今日又有爵位已崇而遷猶未已官曹已冗而員又復增政或出於多門命或從於中降是皆為新政之累不可不革也至若有罪者不誅而惡無以懲又今日之大弊秦檜專權誤國二十年而乃生極寵榮

死封王爵天下眞不切齒抚腕絕不剖棺戮尸其可不行追貶之誅乎又前日閹寺有弄權納賄紊亂朝綱者大將有聚斂交結敗壞軍政者大臣有進不由正迷誤國家者臺諫有朋姦罔上惡直醜正者或依城社以自安或盤根錯節以自固或以去位而幸免典刑不正非大舜所以去四凶而服天下者臣聞太上皇即位之初任用賢相追貶元惡竄殛姦邪天下稱快所以能中興我宋致治三紀者由其能大明刑賞於體元居正之初也陛下宜奮乾剛之斷法虞舜之明繼述太上皇檢舉故事先正首惡之罪而追貶之餘則次第施行如是則可以攬威福之權而陛下之職舉矣夫欲求今日之弊非至誠任賢納諫大明賞罰以勸懲之雖商高宗周宣王漢宣帝復出不可以致中興之治故臣願陛下先舉其職以率百僚如是則中外大小之職罔有不舉而弊寧有不革者耶弊事既去內治既脩則夷狄有

不足懷祖宗之境土指日而復矣。

十朋除知湖州上奏曰臣嘗聞先儒孟軻稱周武王曰不泄邇不忘遠是言非止為一武王設蓋為後世帝王治天下之訓國家全有吳蜀之地蜀去行在萬里遠而易忘臣昨蒙恩出帥夔府二年之間有所聞見姑言其大者三事一曰監司二曰虛額三曰馬綱今朝廷但知蜀之重權在宣撫制置二大帥臣爾而不知四路監司事權之不輕也彼去朝廷既遠威福得以自恣傲視僚屬有同皂隸動搖州縣人不聊生監司之中漕臣尤重一路銓選咸出其手非若他路止掌金穀之事苟非其人則州縣受害無所赴訴地遠之害如此其可忽耶臣願陛下戒敕宰相宜於四川監司尤加精擇務得循良愷悌之吏為之以安遠方不必專取其能辦事也臣在夔門每見蜀之士夫往來咸言西州諸郡困於虛額蓋是積年拖欠催科不行雖屢經赦恩有司不與放免又昔之監司好聚斂者取諸州積年酒稅諸色無名科歛之數以一年最多者立為定額其後酒稅諸色之數不登而有名無實之額常存為總司者以有名無實之數督漕司而不得其實漕司亦以有名無實之數督州郡州郡迫總漕之威而無錢以輸遂預借民間常賦以充之後之郡守到官欲催常賦聞已預借矣於預借之外又借焉有借及二三年者如邛彭諸州困乏尤甚朝廷知其弊亦嘗有旨減放總漕之臣不能奉行德意而催科如故州縣不堪凋瘵日甚今之為宣制二帥及總領者皆一時重臣名士必能以撫字為心臣願陛下親賜御札俾條陳虛額之弊而速降詔罷之庶使遠方之民復有生意臣至夔州而馬適行水大為夔峽諸路之害其端起於吳璘小人從而迎合之以行水為便欺罔朝廷以求官職臣嘗兩奉御札非不欲率先奉行蓋知陛下愛民甚於愛馬而夔峽

之民貧尤甚故不避罪誅力陳其害今茶司之馬自五十綱後雖不經由然朝廷未有明文罷之有一二提舉之臣猶以奉行為名沿江州縣治廨造船之役猶未已臣願速降聖旨令復行舊路罷提舉馬綱之名諸州所差牽挽之兵各還其所槽廄舟船未必修治乃見聖治之不忘遠也臣又謂朝廷於蜀非特以遠而不可忘今日之所以立國者正賴蜀以為重昔三國之時吳蜀為二家故不能進取中原尺寸地今天以吳蜀全付陛下[illegible][illegible]經營天下恢復境土之資今傳聞虜人積糧宿兵於境上有窺蜀意蜀天險也非虜可得而窺正恐民心或離釁由內起為可憂爾撫綏固結在今日為尤急臣故敢獻其狂言。

蔡戡對策曰臣聞有為之君汲汲而求治敢言之臣拳拳而納忠古之人君有求治之心必有求治之[illegible]古之人臣有納忠之志必有納

忠之誠慕其名無其實雖政令百變何益於治有其言無其誠雖奏牘萬紙何有於忠君而有求治之實臣而有納忠之誠言聽計從志同道合此堯舜所以為盛帝稷契所以為忠臣也恭惟陛下以有為之資居得致之位臨御之初勵精求治召用耆舊斥去宦官出宮人節浮費凡此數事聳動觀聽海隅蒼生相與議而言曰明天子出矣中興太平日月可冀數年于今治效未著無以大慰天下顒治之望亦有繇矣臣一介書生幸遇陛下龍飛親策多士蓋欲求讜言直論上裨日月之光豈惟應故事而已臣竊謂飾固陋之說獻佞諛之辭形容聖德鋪張太平非特臣有所不能恐亦非陛下之所樂聞也臣狂愚不識忌諱獨有區區之誠以獻惟陛下留神臣伏讀聖策上慕唐虞之盛治下及周漢之中興條舉當今八者之弊俯詢草茅臣有以見陛下求治之切也夫有求治之心者必有求治之實有求治之實

者必有致治之效陛下求治之心如此其切致治之效宜然無聞故臣得以妄議陛下求治之實有所未至也蓋天下之事有本有末其本既正其末不足治矣陛下欲知所以求治之實先求所以為治之本其本無他正心而已臣請推其本而言之然後荅聖策所問陛下能正其本則唐虞不難致周漢不足為八者之弊可以類舉矣夫天下之本在國國之本在家家之本在身心者又一身之本也大學曰古之欲明明德於天下者先治其國欲治其國先齊其家欲齊其家先脩其身欲脩其身先正其心故漢董仲舒以此告武帝曰正心以正朝廷正朝廷以正百官正百官以正萬民正萬民以正四方唐劉蕡亦以此告文宗曰人君所發必正言所履必正道所居必正位所近必正人蓋人君惟有一心而攻之者衆或以勇力或以巧佞或以貨利或以聲色各求自售以取寵祿人君心一不正則乘間而入故

心志耗亂耳目壅蔽是非淆殽黑白紛錯靡所不有小足以害其身大足以壞天下惟人君者當定心於正道之中非正勿視非正勿聽非正勿言非正勿動吾不好馳逐則孟賁烏獲無所施其勇吾不樂諂諛雖弘恭石顯無所用其巧不殖貨利也桑羊孔僅不能亂其志不邇聲色也鄭聲越女不能動其心夫如是所視無非正以視則明所聽無非正以聽則聰所言無非正言而為天下法所動無非正動而為天下則以之齊家則宗族化之以之治國則國人化之以之平天下則天下化之無所施而不可側聞太宗皇帝嘗有言曰人君當淡然無欲不使嗜慾形見於外則姦佞無所自入朕年長無他欲但喜讀書用監古今成敗爾大哉聖人之言誠萬世子孫之謨訓也又聞仁宗皇帝嘗有言曰朕於聲伎之間未嘗留意常於禁中閱奏之暇恬然默坐不以外物動心也大哉聖人之德誠萬世子孫之標準

也陛下不居其聖動法祖宗正心之道所素行者固不待臣喋喋之言然愛君之誠不能自已也臣不敢遠引前代姑以祖宗近事為對伏讀聖策曰朕以不敏嗣承大寶循堯之道于茲五載籍緜俊秀始得親策于庭子大夫褎然待問必有崇謀遠慮副朕詳延此有以見陛下求言之切也臣草茅之士智慮短淺不知朝廷之大體陛下策之於庭者豈以其言為真足聽歟且廟堂之上至于百執事之臣有大臣以陳善閉邪有侍臣以獻可替否有臺官所以繩愆糾繆有諫官所以補闕拾遺在內又有輪對之制在外間有召對之命凡可以言者非一人也天下之事豈無可言者耶豈內外之臣默默而無所言耶抑亦言之而陛下不能行之耶何八者之弊如聖策所問者尚勞宵旰之憂乎蓋人君其大如天其密如神其威如雷霆君巍然而在上臣眇然而在下溫顏以接之軟言以慰之猶且畏而不言又況

臨之以勢厲之以威自非忠義之士奮不顧身者孰肯抗天觸神祈
雷霆哉不言固然也縱有所言非搜摘微纇則指陳細務天下有大
弊人君有過舉嬰逆鱗者誰歟在廷之臣畏而未必言言而未必聽
聽而未必行孰謂草茅之言為真足聽歟昔太宗嘗謂大臣曰在昔
帝王多以尊極自高顏色嚴毅左右無敢言者朕與卿等周旋欵曲
商榷時事蓋欲通上下之情無有壅蔽臣願陛下以太宗為法先正
其心容受直言然後審其是非邪正擇其善者而從之如是則天下
之人樂告以善崇論遠慮日陳於前矣聖策曰蓋聞唐虞之世法度
彰禮樂著不賞而民勸畫象而刑措都俞賡歌不下堂而天下治朕
甚慕之此有以見陛下求治之切而遠慕唐虞也臣聞堯之所以傳
舜舜之所以受堯者不過曰正心而已當時都俞之言曰人心惟危
道心惟微惟精惟一允執厥中惟其正心於一堂之上故天下化之

法度彰禮樂著賞刑不用一正心而天下定也昔漢武帝上嘉唐虞
汲黯面數之曰陛下內多慾而外行仁義柰何欲效堯舜之舉蓋堯
舜之道自正心始不能正其心而欲效堯舜是猶立曲木而求其影
之正也臣願陛下仰稽堯舜之道先正其心以治天下國家則前聖
後聖異世同符不然徒慕其名無益也聖策曰今朕夙興昃食兢兢
業業懼無以協帝華而繩祖武若涉淵冰未知攸濟此有以見陛下
求治之切念祖宗太上皇帝畀付之重也臣謂祖宗所以貽厥孫謀
太上皇帝所以傳之陛下者亦不過曰正心而已昔仁宗御書三十
五事以為儆戒其大要則曰戒喜怒防滿盈懼貴驕求中正斥諂佞
守信義此祖宗正心之要也太上皇帝正心之道得於祖宗之傳雖
非愚臣所得而知然而三紀之間上無失德下無廢事天下庶幾於
治非正心之功疇克臻此臣願陛下仰[illegible]祖宗之道次守太上皇帝

之訓先正其心以治天下國家則可以增帝華光祖武不然求之於
他無益也聖策曰設舉薦之科下聘召之命而實材猶未出此陛下
委任群臣而群臣挾私之過也臣聞堂上遠於百里君門遠於千里
人君以一身處於九重之內聰明智慮有所不周賢否並進忠佞雜
遝豈一人所能盡知況於外而州縣遠而山林非群臣薦舉人君何
自而知之乎陛下以公道而付群臣群臣徇私情而負陛下所薦之
人皆有所挾或以權勢而薦或以賄賂而薦或以親舊而薦甚者身
為大臣移書命而求薦其親屬侍從臺諫監司郡守更相薦其親屬
有不知其人者有不識其面者其能與否固不暇問也陛下因其所
薦而用之又無可否於其間薦舉之事收為私恩聘名之命及於不
才寒畯之士何因而前如此欲實才之得難矣天聖間有漕臣任皋
薦縣令向昱者仁宗謂輔臣曰昱之薦者才一人未可遽進又有帥

臣陳升之薦衛尉寺丞丘濬者仁宗曰濬雅無能稱唯以口舌動人
今升之薦其才無乃長薄否臣願陛下以仁宗為法先正其心以察
其薦者與其所薦之人其人賢耶則所薦之人可知矣果賢焉用之
又從而賞之其人非賢耶則所薦之人亦可知矣果不肖焉去之又
從而責之其間挾私以為黨者罪之而不赦無信於一人之言無惑
於左右之譽實才庶幾可得也聖策曰塞僥倖之門申奔競之禁而
公道猶未行此陛下寵嬖近臣而近臣招權之過也臣聞天無私覆
地無私載日月無私照王者奉三無私以勞天下其爵賞刑罰廢置
予奪一歸至公與天下共之未聞有親疎遠近之間也陛下即位以
來藩邸舊臣寵任太過初無奇才異識殊勳茂烈躐次而驟用之庸
人腐夫何所知識怙勢矜寵招權納賄有所不免鮮廉寡恥之徒僥
求躐進宰相執政出其門侍從臺諫出其門監司郡守出其門四方

之士奔走輻湊舉袂成雲揮汗成雨其勢炎炎炙手可熱陛下塞僥倖之門而僥倖之徒日多申奔競之禁而奔競之風日長如此欲公道之行難矣昔真宗時藩邸之人頗怨留滯真宗曰此等茍求僥倖本以因緣際會儻加陞擢何以塞輿議蓋國家爵位不可輕也仁宗時以王舉正為參知政事謂之曰卿恬於進取故不次用卿又以彭乘修起居注指之曰此老儒也雅有恬退名無以易之臣願陛下以二祖為法先正其心以察羣臣勁正而廉退者則用之邪佞而浮躁者則屛之其間招權以亂政者又斥之而不疑威福生殺之柄攬之一己進賢退不肖之任責之宰相無以爵賞任私恩無以名器假小人如此則公道庶幾可行也聖策曰廣言路恢治具而紀綱猶未立臣聞臺諫者朝廷紀綱之地廣言路所以立紀綱言路既廣而紀綱不立者未之聞也方今臺諫雖號數人位卑而在下者又有言事之禁言事之官一二人而止耳或有累月而塵席或以庸才而備位間得慷慨敢言之士往往朝奏暮斥非特不能用其言併其人而去之是故委靡闒冗之流碌碌以茍歲月日復一日浸以成風忠言至計陛下何自而聞之陛下恢治具以立紀綱而言路如此無怪乎紀綱之未立也昔仁宗時增置諫官四員以歐陽脩等為之所以遇之甚寵嘗曰自歐陽脩等為諫官皆言事亮直無所顧忌其第賜章服以寵之此祖宗貴諫者也英宗時侍御史龔鼎臣居職少所建白英宗曰近歲諫官多不職如鼎臣未嘗言事因命出之此祖宗罪不諫者也臣願陛下取法二祖正心以正臺諫導之使言言之必聽則言路漸廣而紀綱立矣聖策曰擇守令務寬恤而民俗猶未裕臣聞擇守令欲以裕民俗守令既賢而民俗未裕者未之聞也方今郡守不翅百數縣令又數倍之陛下豈能人人而親擇又豈能盡得賢者而用

之乎在陛下馭之如何耳凡今之人聚斂以獻羨餘者謂之善生財拷掠以督租賦者謂之能辦事吹毛之察人以為明刺骨之暴人以為健或飾廚傳待過客以要名譽或置苞苴賂權貴以求薦達如此等人朝廷方且增秩改命以為之寵不可干以私者謂之僻律己以廉者謂之矯撫字心勞催科政拙者又以為無能相師成風恬不為怪守令既無愛民之心斯民也有賦斂之不均有獄訟之不平間有水旱盜賊之變流離困躓之苦將何所赴訴乎陛下務寬恤以裕民俗守令如此無惑乎民俗之未裕也昔太宗親書曆子以賜守令曰惠愛臨民可書為勞績此太宗以惠民為先也仁宗嘗詔監司曰凡有牧宰貪殘自恣不務恤民者悉以名聞此仁宗以愛民為本也臣願陛下取法二祖正心以正守令推愛民之心行恤民之政則守令皆化而民俗裕矣聖策曰贓墨之刑非不嚴未能使人皆君子之行臣以謂刑以齊小人德以化君子秦人尚刑名而風俗愈薄陛下嚴刑罰而欲人皆君子不可得也士之仕也所以為貧使其稍廩稍優可以事父母育妻子自非性貪而好利者誰肯自陷於刑辟今也奪其圭田削其資給為吏者何以養廉吏責甚重俸入甚微有田可耕孰願從仕貧悴之人不得已而仕者祿既不足以糊口則不憚於受賂不幸者敗幸而可以逃戾又況化遠自近始朝廷達官尊祿千鍾或且受金有司不敢問刑責不能加而欲嚴刑以禁州縣之小吏難矣昔仁宗時有議減百官俸賜者仁宗曰朕所欲去乘輿服御宮掖奢侈奇巧之費國家擇人以任職至於俸賜自有定例何用紛紛裁減以駭中外乎又有議廢職田者仁宗曰執事之吏祿薄不足以自養不肖者率以賄敗朕甚愍焉其命三司裒公田之數而均給之祖宗所以厚官吏如此臣願陛下正心以馭吏踵英主祖復其資給使

之有餘。則人皆脩飭矣。如此。而尚有贓墨之吏。嚴刑以治之。未為過也。聖策曰。錢穀之問非不勤。而國無積年之儲。臣以謂生財無術節財為先。漢武好聚斂而海內虛耗。陛下問錢穀而欲國有儲蓄不可得也。人君之於天下。仰人以援己。則難為功。俯己以就人。則易為力。廣取以給用。不如節用以廉取。以天下而奉一人。不如以一人而化天下。今朝廷之間。宮掖之內。無名之費未急之務。可省者未盡省可罷者未盡罷。陛下不此之務而與司會之臣朝講夕論。求所以生財之計難矣。昔仁宗謂輔臣曰。朕惟先王不寶遠物。身先以儉。故天下化之。今府藏珠玉犀象皆長物。藏之何益。其悉付之有司貿易以佐財用。又嘗出內帑金帛計直數百萬緡。以佐三司。支費且曰。朕以為藏之內府。不若付之有司以寬財賦也。祖宗之制財用如此。臣願陛下正心以節用。無名之費。未急之務。一日求而去之。則國用足矣。如此

而尚有匱乏之憂。臣不信也。聖策曰。屯田以實塞下。或謂兵不如農臣以謂屯田古之良法也。不可遽行於今。今未可遽行。不若行力田之制。庶幾無遺利之患矣。仁宗嘗曰。唐鄧汝等州曠野甚多。其募民耕之。且寬為賦稅之期。庶使民樂於趨業。此祖宗重農之意。為當今之計。兩淮荊湖之間沃壤千里。募民以耕之。立爵以誘之。假其種糧略其租賦。及其隙也。教以武事。行之歲月。可以獲利。聖策曰。改幣以贍邦用。或謂錢不如楮。臣以謂楮幣今之權宜。不可行之於久。久不可行。不若如蜀交子之制。庶幾無偽造之弊矣。仁宗時。益州寇瑊欲禁民為交子。仁宗曰。蜀民貿易有無。用交子久矣。一旦罷之可乎。下使者議。以為官置務可以利民而止其爭欺。此祖宗用幣之意也。為當今之計。用蜀之制。必治其欺偽之罪。使猾吏不能欺。而姦人不敢偽。又以今之錢幣兼而用之。申治人消毀之禁。嚴邊鄙遺棄之制。行

之於久。可以無弊。聖策曰。豈為之未得其要歟。抑文勝而弊難革歟。何視古之弗及也。夫天下未嘗無弊。亦未嘗有不可革之弊。得其要則弊日革。無其要則弊日滋。今日之弊。文勝也。陛下知其文勝。何不求其實。陛下知求治之實。天下之事不勞而治。何弊之有。聖策曰。內修政事。宣王所以興周。綜覈名實。中宗所以隆漢。攷之方冊。其施行之迹何如。陛下始策臣以唐虞之治。終問臣以周漢之興。此有以見陛下求治之切無所不用其至也。臣聞堯舜之德。冠絕百王。唐虞之治。超越萬代。豈二宣可同年而語哉。陛下既有志於堯舜。二宣不足道也。宣王之所以興周者。其要曰。謹微接下。反身修行而已。故詩人稱之。宣帝之所以隆漢者。承昭帝因循之後。用嚴以救弊而已。其他無取焉。史臣美其信賞必罰。綜覈名實。樞機周密。以臣觀之。宣帝無是也。王成之賞。趙蓋楊韓之誅。賞罰為如何。有偽增戶口者。有妄指

鶡雀者。名實為如何。甚者恭顯小人。職典樞機。樞機果周密乎。後世謂元帝優游不斷。漢家之業衰焉。臣謂漢業之衰兆於宣帝。元帝之用恭顯以亂天下。宣帝有以啓之也。又況宣帝專以刑名繩下。雖能起一時委靡之俗。無仁恩以結之。人心亦自此去矣。臣故曰。漢業之衰兆於宣帝。聖策曰。子大夫通達古今。明於當世之務。凡可以移風易俗。富國強兵者。悉陳毋隱。此有以見陛下求言之切。慮臣隱而不言。誘之使言也。陛下誘之使言而臣不言。臣則有罪矣。是以畢其狷狂之說。惟陛下赦之。臣謂移風易俗在陛下正心脩身。先天下為風俗。天下之人。視陛下為風俗。陛下之所好惡。下必有甚焉者矣。至於富國強兵之術。此戰國之君切切以咨其臣。戰國之臣。譊譊而告其君者也。臣未之學焉。陛下能先正其心以治天下。國家雖不求以富國。而天下有餘。不求以強兵。而天下無敵矣。臣又聞之。居安慮危者

人君保治之道私憂過計者人臣愛君之心古之君臣思患而預防之未嘗一日自安也方今故疆之侵未歸離人之患未釋盜賊竊發饑饉荐臻生民苟安而非誠安百度粗舉而未盡舉是皆今日大計陛下於蠖濩之中燕閒之際以為可憂乎可無憂乎陛下當枕戈嘗膽烏能忘憂微臣當瀝血披肝烏能忘言哉臣謂今日罷兵講和少蘇彫瘵之民不可恃以為安也且反覆變詐之虜其情未易測陛下謂已安已治敵人不足畏故疆不必復雖可為旬月計為患將來可勝道哉仁宗時元昊請和范仲淹韓琦言曰元昊屢勝而求通順實圖休息國家以生靈為念不可不納陛下當隆禮敦信以盟好為權宜選將練兵以攻守為實務彼不背盟我則撫賜無倦彼有負德我則攻守有宜此策之得也若夫今日之舉復讎之師也與仁宗之時大異矣仁宗猶不忘於備敵况於陛下其可一日自安乎萬一邊場

有警陛下所與運籌策者誰歟給餽餉者誰歟戰勝攻取者誰歟凡所以備敵者臣未之聞焉如此而陛下自以為安臣所以寒心也臣聞之道路曰陛下自近歲以來倦於萬機日以馳逐為樂臣始未之信及久客輦下一日見武夫數輩躍騎而馳將命者傳呼駱驛於道臣問之行路之人皆曰此侍陛下擊毬者也臣雖未之盡信亦不能無疑夫千金之子坐不垂堂百金之子立不倚衡何則彼知所以自愛也貴為天子富有天下其所愛者當有重於此昔張建封好擊毬其門下士昌黎韓愈上書極言毬之為害以謂五藏之繫絡甚微垂於肓膈之間而顛沛馳騁似非所以養壽命其言懇切極至夫士之愛其主也如此况臣之愛君乎雖然道路之言未可盡信也陛下生知之性洞達禍福之機固不應有此萬一有之改過不吝從諫如流亦帝王之盛德也深有望於陛下焉臣既辱大問不敢有隱終始以正心為陛下獻於其末也又及於此臣非不知狂妄之言上瀆天威下犯眾怒罪在不赦然區區之誠深慮在廷之士志於取甲科得美仕而已不復為陛下盡言者臣既言之退膏鈇鉞其甘如薺陛下矜其愚而赦之幸甚臣昧死臣謹對

戡又奏曰臣竊見後唐明宗時康澄上書言事史臣載其畧曰為國家者有不足懼者五深可畏者六三辰失行不足懼天象變見不足懼小人訛言不足懼山摧川竭不足懼水旱蟲蝗不足懼賢士藏匿深可畏四民遷業深可畏上下相徇深可畏廉恥道消深可畏毀譽亂真深可畏直言不聞深可畏史臣歐陽脩謂澄之言非止中一時之病凡為君者可不深戒臣嘗疑之夫深可畏者固所當畏不足懼者豈真不足懼耶信斯言也是使人君不畏天戒不恤人言又烏為至論已而紬繹其故乃得其說蓋人君惟恐政事之不修不患天人

之不相應政事修矣雖九年之水七年之旱不害於治政事不修雖西狩獲麟越裳獻雉無補於亂而况祁寒暑雨小人寧免於怨咨在我者既至在彼者有所不必懼也故任用憸人則賢士藏匿而朝廷空崇尚末作則四民遷業而農務廢容悅者進則上下相徇而治道乖僥倖者多則廉恥道消而風俗壞偏聽左右則毀譽亂真而賞罰僭差疎斥忠良則直言不聞而耳目壅蔽有一于此皆足以召亂宜其人君所以深畏人臣所以極言而後世史臣所以嘉歎也臣智識淺闇雖殫千慮之微無以仰裨聖德之萬一因讀古人之書誦古人之言竊有所取敢為陛下獻臣願陛下清閒之燕深思默慮味澄之言究澄之意去其所以害治者求其所以致治者則聖政日新天下幸甚臣不勝拳拳之誠

中書舍人崔敦詩上奏曰臣聞國家之事成於和同而敗於乖異蓋

天下之勢。譬猶人之一體。一體之間一脉不和。則足以致疾。天下間。一物不和。則足以害法。昔武王伐紂曰。紂有臣億萬惟億萬心。予有臣三千惟一心。蓋和與不和。成敗所以分也。臣竊觀國家大事無過於軍與民。軍出死力以衛其民。民勤租稅以奉其軍。相視如一家。相通如一體。則何乖異之有。今治民者務愛民而不恤兵。治兵者務恤兵而不愛民。州縣屯戍之處。軍有陵其民。而主帥庇護而不得治。民有侵其軍。而守令滅裂而不為伸。於是各為町畦。互相睽阻。平居則積睚眦之怨。有事則肆分悖之情。昔高歡每號令軍士。嘗令丞相屬張華宣旨。其語鮮卑。則曰。漢民是汝奴。夫為汝耕。婦為汝織。輸汝粟帛。令汝溫飽。汝何為陵之。其語華人。則曰。鮮卑是汝作客。得汝一斛粟。一匹絹。為汝擊賊。令汝安寧。汝何為疾之。且高歡小醜。罔萬萬不足道。然其合和軍民。皆中兵理。所以霸也。是故。人之常情。自非忠於體國。未有能合異而為同。至於防微杜漸。亦在上之人所以處之有道爾。臣伏願陛下開旁燭之明。戒履霜之漸。詔將帥宜思百姓供賦以養軍。而毋曲庇其下。詔郡守宜思軍士出力以捍民。而毋專主其民。遇軍民爭訟。各務平心裁理。軍有陵於民。將帥不得占護不遣。民有侵於軍。守臣亦必依法根治。應有斷過軍民詞訟事件。並具申提刑司及御史臺。各許糾察。其不當者取旨施行。庶幾消乖異之原致和平之福。仰稱陛下愛養元元撫恤士卒之意。

中書舍人張孝祥上奏曰。臣竊惟今日天下之事可謂極矣。國威未振。士氣未立。財用殫匱。中兵脆弱。譬之元氣虛竭之人。百疾俱見。非醫如俞扁。有湔胃浣腸之術。莫能起也。天授陛下神聖英武。龍潛既久。周知天下之故。作其即位。則舉茲世而新之。獨攬權綱。考核名實。憂勞圖回。日不皇暇。顧惟內外小大之臣。不足以仰望清光之萬一。

是以再歲于茲。大勳未集。然臣聞之。立志欲堅不欲銳。成功在久不在速。治有大體。不當毛舉細故。令在必行。不當徒為文具。大僚欲其同德比義。共濟艱難之業。羣臣欲其宿道鄉方。不為朋黨之私。如是則內治不患其不備。外難不患其不弭。以此富國。以此靖民。以此復文武之境土。以此攄高文之宿憤。躊躇四顧。無不可為者。已如其不然。臣恐藥不當而病益深。則其憂有不可勝言者。惟陛下留神財察。

太學博士虞儔上奏曰。臣聞與一代之治者。必有一定之體。大體既定。則謀議施設。皆出於一。雖用力有淺深。見效有遲速。未有為之而不成者也。何則。大體所在。一定而不易。其為術也。要其於事也周。不特上之人所以力行者有常度。而其群下亦皆識所趨向以趨事赴功。是故。用一日之力。則有一日之效。用一歲之力。則有一歲之效。鄭子產曰。政如農功。日夜以思之。思其始而圖其終。朝夕而行之。行無越思。如農之有畔。然則思而後行。行而不出於所思之外。有始而有終者。皆農之所謂畔也。若定體之不先立。泛然莫知其所適從。朝質而暮文。怒寬而驟猛。上失常行之要。下迷趨向之方。徒見其端緒愈多。日不暇給。用力不專。勞而寡效。詩曰。如彼築室于道謀。是用不潰于成。臣故曰。與一代之治。必有一定之體者。此之謂也。三代遠矣。請以漢唐論之。漢興承秦人奢侈之弊。而民背本趨末。於是文帝躬行節儉。以移風俗。惜百金之產。罷露臺之費。宮室苑囿車騎服御無所增益。是以海內富庶。興於禮義。幾致刑措。及至宣帝興自民間。知民事之艱難。厲精為治。五日一聽事。丞相已下各奉職而進。綜核名實。信賞必罰。樞機周密。品式備具。是以當時吏稱其職。民安其業。號稱中興。唐貞觀初。有上書欲人主獨運威權。不委臣下。又欲震耀威武。征討四夷。太宗皆不之聽。一聞魏徵仁義之說。則確意行之。雖封德奚刑罰之言莫之能感。不數載間。遂致太平。外户不閉。行旅不齎糧。蠻夷酋長。皆襲衣冠。太宗曰。此魏徵勸我行仁義之效也。故後世言治者漢乎文宣。唐乎太宗。以臣觀之。蓋其即位之始。圖治之初。惟能深識乎大體之所在。或以節儉。或以厲精。或以仁義。盡心力而為之。悉皆馴致而有效。臣故曰。大體既定。雖用力有淺深。見效有遲速。未有為之而不成者。此之謂也。恭惟陛下以上聖之資。履至尊之位。方且博採群下之議。以興起一代之治功。臣恐人各有心。所見不同。談道德者失之迂。論刑名者失之刻。樂因循者重改作。急功利者好生事。甚高則難行。少卑則近陋。雜然並進。初無一定之體。苟朝以一人之說為然而用之。暮以一人之說為否而罷之。朝以某事為是而行之。暮以某事為非而廢之。事無定論。人無常責。雖陛下勤勞於上。群臣奔走於下。終無益也。臣願陛下明詔二三大臣。審天下之勢。制當世之宜。講明治體。取其規摹先定有斷然不可易者。然後良法美意。大綱小紀。本數末度。次第而施行之。上以道揆。下以法守。日計之不足。歲計之有餘矣。以之富民。以之強兵。以之安中國。以之禦四夷。何求而不得。何為而不成哉。惟陛下留神。

傅又奏曰。臣聞天道好還。數周必復。為人君者第修人事以應而已。臣嘗觀兩漢而下。天下之勢。或離或合。何其多變也。自東漢離而為三國。又合而為晉。又離而為南北。又合而為隋唐。又離而為五代十國。其間天道之消長。循環往復。互相乘除。而國勢離合久近之數若合符契。是蓋有不偶然者矣。如其人事之得失。可喜可恨。皆可考而知也。我國家太祖皇帝應天順人。肇造區夏。太宗皇帝適追先烈。克集大勳。混一之績。蓋將傳之萬世。靖康阨會。事出非常。建炎中興。駐蹕吳會。中原境土未復於版圖。臣嘗推之於天。驗之於數。甲子已踰一周矣。周則必復。況虧盈益謙。天道未有不還者。歲臨吳分。符券以亡。天道昭然。不可誣也。然則天下之勢離而必合。規恢之期不在茲乎。然臣猶有私憂過計者。蓋怨寇久則易以忘。外無釁則易以忽。爰自講和日久。人情狃以為常。徒見使命之交馳。聘問之狎至。遂謂事體當然。殊不知讎恥未復。何可忘也。徒見歲捐金幣以塡溪壑。遂謂此為久安之策。殊不知狼子野心。未可保也。齊襄公復九世之讎。春秋善之。善其不以久而遂忘也。晉范文子曰。唯聖人能內外無患。自非聖人。外寧必有內憂。惟夫外無釁。則必忽也。今天下風俗委靡。士大夫苟且。百姓未安。倉庫未實。將帥未選。軍政未立。士卒未練。器械未精。凡中國所以自治之策。蓋缺然矣。若胡運將終。未知其何以受之。昔石虎死。子孫爭國。朝野皆謂中原指期可復。而蔡謨獨曰。夫能順天乘時。濟群生於艱難者。非上聖與英雄不能為也。今日之事。殆非時賢所及。蓋人事久忽而不修。天時驟至而復失。此有志之士所以深惜於斯焉。臣願陛下激勵名節以振起風俗之委靡。總核名實以作新士大夫之苟且。擇守令以安百姓。省浮費以實倉庫。稽公論以選將帥。明賞罰以立軍政。嚴教閱以練士卒。飭百工以精器械。勿以怨寇久而或忘。勿以外無釁而遂忽。務盡其在己者而俟其在天。易曰。先天而天不違。後天而奉天時。聖人內修政事。施設注措。所以默契乎天心者久矣。契乎天心。天所不能違也。天時既至。然後奉辭以伐罪。固有非人力所能致而致者。是皆天之所為也。天之所為。天下其孰能禦之。機不可失。時無再來。惟陛下留神。宗社幸甚。

傅又乞申勅百司勤職守毋事奔競狀曰。臣聞天下之事。人君執其要。人臣理其詳。執其要者享其逸。理其詳者任其勞。此不易之分。自然之理也。夫天何言哉。四時行而百物生焉。以有六子之運動而已。

人君何爲哉萬事理而四海安焉以有百官之分掌而已昔漢宣帝厲精爲治五日一聽事至百工器械咸精其能唐太宗以武定禍亂而承平之日雖諸衛將帥皆日試於殿庭則當時百執事之間夙夜匪懈奔走服勞蓋可知矣其中興之盛致治之美豈無所自而致哉臣仰惟陛下自即大位躬攬萬機凡其所以作新人材蓋將欲以興起治績第近年以來士大夫狃於故習無振厲奮發之意有因循怠惰之心以法令爲文具視官府如傳舍入局既晚而出又早甚者至於無故而不入文書有所不暇省閱吏姦有所不暇檢柅職業廢弛期會稽違蓋其念慮所存不過欲伺候執政之府奔走臺諫之門爲身謀而已久而不革國將何賴孔子有云百工居肆以成其事韓愈亦謂食焉而怠其事必有天殃今輦轂之下百司庶府曾不能終食之間安坐官曹以了官事而望其能公爾忘私知無不爲抑已難矣

謹按政和彈奏格應省臺寺監各安常守赴公營職無或瘝曠如有隳廢者彈劾以聞昔羲和叛官離次嗣侯以之往征魏人在位素餐伐檀以之爲刺今臣職在吏察敢預以聞伏望陛下特降睿旨申勑百工各司其局毋或後時以入毋或先時以出不唯職事之間得以修舉而奔競之風亦庶幾少戢焉

孝宗懲創紹興權臣之弊躬攬權綱不以責任臣下屯田員外郎林栗言人主涖權大臣審權爭臣議權王侯貴戚善撓權者也左右近習善竊權者也權在大臣則大臣重權在邇臣則邇臣重權在爭臣則爭臣重是故人主常患權在臣下必欲收攬而獨持之然未有能獨持之者也不使大臣持之則王侯貴戚得而持之矣不使邇臣審之爭臣議之則左右近習得而議之矣人主顧謂得其權而自執之豈不誤哉是故明主使人持權而不以權與之收攬其權而不肯獨持之至有以鹿爲馬以雞爲鶩之說方奉對時讀至人主常患權在臣下必欲收攬而獨持之孝宗稱善

栗直寶文閣知湖州又奏曰臣聞漢人賈誼號通達國體其所上書至於痛哭流涕者考其指歸大抵以一身諭天下之勢其言曰天下之勢方病大瘇非徒瘇也又苦跋盭又類辟且病痱臣每見士大夫好論時事臣輒舉以問之今日國體於四百四病之中名爲何病能言其病者猶未必能處其方不能言其病而輒處其方其誤人之死必矣聞臣之言者不怒則默間有反以詰臣臣即對之曰今日之病名爲風虛其狀半身不隨是也風者在外虛者在內真氣內耗故風邪自外而乘之忽中於人應時僵仆則靖康之變是也幸而元氣猶存故仆而復起則建炎之興是也然元氣雖存邪氣尚盛自淮以北皆吾故壤而號令不能及正朔不能加有異於半身不隨者乎非但半身不隨而已半身存者凜凜乎畏風邪之乘而不能以自安也今日論者譬如痿人之不忘起奚必賢智之士然後與國同其願哉而市道庸流口傳耳受苟欲嘗試以售其方則蕩熨鍼石雜然並進非體虛之人所宜輕受也聞之醫曰中風偏廢年五十以下血氣盛者易治蓋真氣與邪氣相敵真氣盛則邪氣衰真氣行則邪氣去然真氣不充滿於半存之身則無以及偏廢之體故欲起此疾者必禁其嗜欲節其思慮愛其氣血養其精神使半存之身日以充實則陽氣周流脈絡宣暢將不覺舍杖而行若急於愈疾而不顧其本百毒入口五臟受風邪之盛未可亟去而真氣之存者日以耗亡故中風再至者多不能救臣愚有感於斯言竊謂賈誼復生爲陛下言無以易此

治道

宋孝宗時。樞密院檢詳大字兼檢正李椿上奏曰。臣竊謂國家天下大事有二。餘皆細務也。何謂大事。國之本與國之勢而已耳。何謂國之本。民是也。何謂國之勢。兵是也。民貴乎富庶。兵貴乎精彊。民富兵彊。則本立勢張。國家寧矣。今也未然。州縣之間。多方擾民。而致貧困流為盜賊。所在之獄充滿。盜賊之發也十不獲一。今以已獲之盜計之。不知未獲之盜幾何人也。江東西湖南北二廣京西兩淮州縣獄罕有無盜者。州縣以為常事。朝廷之上。無由悉知。故亦未以為憂。臣實憂之。仰惟陛下愛民如赤子。詔令數下。未嘗不以民為意也。而民困如此。未聞有實惠及民者。況陛下聽言不倦。豈遠近之臣未有以民困盜多為陛下言者耶。惟復有司以事不切己。姑且任之耶。臣又

甚憂之。江上諸軍素稱精勇。百戰之士。老且去矣。新募之軍。未諳大敵。唯軍中子弟。熟見父兄軍律。最宜收刺。而以揀汰老疾。盡隨父兄離軍。又亦未免失所。重以數易大將。號令不一。軍士多貧。有飢寒之患。新人無藉。罕有自固之心。主將既不為久計。軍情觀望。何以歸服。上下既皆苟且。緩急何所倚仗。此國家大計。臣又實憂之。臣願陛下委宰執大臣。講論富民彊兵之要。遴選監司守臣。省其科率。寬其徭役。凡所以有擾于民。無益於國者。悉蠲除之。仍下諸路監司守臣。令各條具本路本州可以減省官吏及可寬民力事件。會計一路一州所省減財穀數。將下戶和預買及折科加耗之類。措數裁減。將減汰不釐務官計其一任所請顆給官田者準給之。以寬州縣之力。今後應減汰人。更不離軍。庶幾州縣之間。可以支吾。不致橫斂。使民漸有富庶之期。而免困窮之患。自不為盜。而國本立矣。至于選擇大將。想

皆陛下親擢。臣願陛下既知其可任則久任之。既知其可委則專委之。委之既專則不致懷疑而不盡心。任之既久則不為苟且。而士卒馴服。如此則得心腹之將。任陛下之事。其軍中應揀汰之人有子弟家累者。雖應揀汰。減半請受。更不離軍。收其子弟充軍。不須拘以等仗。唯取事藝精彊。俾子父相親。得其死力。以備緩急之用。則兵彊可必。而國勢張矣。天下之事無大於此二者。惟陛下留意焉。

椿為吏部侍郎。又奏曰。臣嘗謂易之為書。言君臣之義深切著明者也。剛健者君之德。柔順者臣之道。剛柔陰陽。又以別君子小人之分也。凡九居五。六居二。謂之當位。剛柔之正也。而六十四卦。九居五六居二者十六。六居五九居二者十六。考其辭則九居五六居二者少利。六居五九居二者多吉。何哉。蓋聖人之戒也。君德剛健。其用貴乎柔中。臣道柔順。其用貴乎剛中也。臣謹以臨遯二卦明之。臨剛浸而

長。將泰之時也。先儒以謂臨民之義。上臨下也。九二之辭曰。咸臨吉无不利。象曰。未順命也。順上之命。臣之義也。而未順命者。非不順命也。姑未耳。未者有所待也。臨者二陽之卦。咸者三陽之卦。得三陽下交。君子道長。則初應四。二應五。則成咸矣。苟不知此而及民。失臨之義矣。泰之時。尚何吉无不利哉。唯六五柔中不居其知。而能用二之剛中而任之。不責其遽以順命。故曰。知臨大君之宜。言行中之謂也。故大象曰。君子以教思无窮。容保民无疆。此五能任二。不責其應。二能任責。不遽應五。志在咸感。唯保其民。所以無羨之也。其或剝民以奉上也。為辭而圖進用者。乃變也者也。豈識咸臨之義哉。遯小浸而長。將否之時也。彖曰。小利貞。浸而長也。不言柔。不與其長也。六二之辭曰。執之用黃牛之革。莫之勝說。象曰。固志也。蓋六二當位得君。志於固位者也。執如牛革牢不可破。伏兇在下。言莫能盡。故居中而不

言中居正而不言正不言利吉无咎唯此一爻獨不言避聖人之意可見矣九五當位所賴三剛爲助二陰尚微正其志而不與其進故曰嘉遯正吉以正志也然則不免乎遯者遇時者也君子小人之分可不察哉柔中剛中之戒豈不切哉仰惟陛下剛健中正聰明神武不居其知虛己受人深得知臨咸感之義適當剛長將泰之運臣愚慮内外之臣或有志在咸臨而未即順命者或有志在固位而莫之勝説者臣願陛下悉以易察之使君子小人各得其所將見天地交而萬物通上下交而其志同天下幸甚伏乞睿照

椿又奏曰臣竊嘗謂國家天下譬之一身君爲元首在上臣爲腹體在下故有爲腹心之臣有股肱之臣有爲手足爪牙之臣有耳目口舌之臣如人之身腹心思慮股肱運動手足舉行爪牙爬嚙口舌吐吞耳目觀聽共扶元首一身康強無適不可苟或委視聽於手足責

舉行於口舌用吞吐於耳目運思慮于股肱其可乎故聖人之易經推八卦之象則曰乾爲君爲首坤爲臣爲腹六子震爲足巽爲股坎爲耳離爲目艮爲手兑爲口故曰近取諸身也體乾之君任用臣子各有攸當如保一身則盡善矣自古人君興致太平莫不用此道也仰惟陛下聖學高明洞照萬方乾剛獨斷躬攬百爲閲武修文孜孜不倦欽恤庶獄愛養斯民搜求賢才深厭虛文恭儉勤誠高出千古宜乎國富兵彊賢能在職所謀皆遂而每聞陛下有乏才之歎治道未進恢圖之志未遂何哉蓋出令未詳故數改易用人輕易故罕始終命令數改則人不信令人無始終則舉無成事陛下深居九重盡攬天下之務百僚逸豫仰成聖躬焦勞於上百臣觀望於下號令一出或未允衆議則曰出于上意差除命下或未厭輿情則曰命由中出大臣不敢執後省不敢繳臺諫不敢言上下相徇高爵厚禄固位冐寵偷爲身謀則得計矣於國家安危之計其誰念之可謂上下俱失治道不進職此之由也臣愚願陛下觀易經之旨察取身之喻使腹心股肱手足耳目口舌之臣各盡其道守其職陛下體乾之剛健委任臣子責以成功進忠良之士斥諛佞之人有功者賞有罪者罰持一定之論爲久長之計如是而治道不進績用弗成臣不信也小臣狂瞽之言惟陛下裁擇

椿除太平州陛辭又奏曰臣日者入對便殿獲覲清光伏蒙聖慈以臣樸直難得特賜玉音奬諭臣無任感恩戴德榮幸激切之至臣誤荷異知如此糜捐不足以圖報萬分今當遠去闕廷不復再瞻天日之表豈敢忘憂國之心苟有所見不以告君父而銜恨入地是臣負陛下特達之知不忠之甚矣臣有管見别具劄子奏陳伏望聖慈特賜采覽

一振紀綱　臣嘗聞元魏之時張彛之子仲瑀上書求銓削選格排抑武人羽林虎賁相率直造張彛之第曳彛堂下極意捶辱投之火中再宿而死時收兇強者八人斬之大赦以安之仍令武官入選識者知魏之將亂矣高歡因此傾家貲以結客或問其故曰朝廷懼其亂而不問爲政若此事可知也竊見近有揀充軍頭司等子群集作鬧在都城内外公然毆打居民強取錢物街市驚惶奔走駭亂雖送所司其統轄之司不聞行遣又聞先是有軍人因與寺僧爭小兒遂群往毆擊破壞其寺亦不聞盡法行遣軍政如此今降虜散居内外豈無高歡之徒生不逞之心耶朝廷晏然不以爲意臣實憂之臣聞太祖皇帝以川班數百人陳訴乞援諸班給賜太祖皇帝悉誅之豈務多殺誅其不服之心耳蓋軍法不如是不立也且揀等子其來已久數十

人身充禁衛敢肆兇悖如此。方且付之刑寺以議其罪。僅加移配而已。人豈知畏。是用姑息之政。姑息久矣。可振紀綱耶。今驕虜尚彊。大讎未報。山陵未復。盜賊未弭。陛下焦勞以圖治道。紀綱如是。何以上副聖心。臣願陛下責大臣留意于紀綱。已往之事固難追改。而所轄之司。不應置而不問。易曰。君子安而不忘危。存而不忘亡。治而不忘亂。是以身安而國家可保。臣願陛下以艱難圖治。未可以至治忘憂。天下幸甚。

二嚴階級之法　臣伏覩太祖皇帝剏立軍制階級之法。高出前古。萬世不可易者也。有司遵行固亦有年矣。臣竊聞近來軍中在上者務為姑息。在下者往往凌慢。階級之法。漸成虛文。臣嘗詢訪頗得其由。蓋緣遷者恣橫自號鋪土。又曰鋪吐。或受囑託。或干求兵將官。稍不如意。則摭摘細事。遞相唱說以恐動之。又或不滿。則撰造事端。密申有司。故軍中莫不畏之。以至兵將官不敢決罰軍兵。大將不敢治將佐。軍中不畏軍法而畏鋪吐。豈立階級法之意耶。臣聞古者命將則曰。閫外之事。將軍制之。大將能制諸軍之命。故戰士畏主將而不畏強敵者。有節制故也。今軍政如此。臣所以為國家憂之。臣願陛下出自宸斷。嚴階級之法。戢遷者之弊。使軍中紀律整肅。此實國之大事。望留聖慮。

三臺諫風聞言事　臣竊見臺諫官許風聞言事者。蓋內外官吏至衆。四方萬里之事至多。所以防壅蔽也。然則其言事於臺諫之官者。非有所怨憎。則必兇險之徒。既不敢公言之。故多錄事目以納臺諫。謂之短卷。其來久矣。故臺諫章疏凡施行之間。則必曰臣寮上言不顯姓名者。亦庶幾無所顧忌。敢盡言而不隱也。然後四方之事。官吏之衆。悉無壅蔽。皆得上達者。惟許其風聞故爾。然則持短卷而謁臺諫官者。決非忠厚之士。若悉斷絕則亦無所聞矣。在聽其言者審之。得其實。然後上章。則無所失矣。近聞言事官以言事去職。其納短卷者。罪至徒配。足以革告訐之風。為監司帥守者。莫不稱快。而服陛下聖明。察見萬里之外。至于形於歌頌者。甚盛舉也。臣愚慮四方萬里。監司郡守。其間有貪婪害物。不䘏國事。得以自恣。無所忌憚者。不得聞於上矣。有失國家置耳目官之本意。臣願陛下令臺諫官今後凡受告人罪犯事。自言人重罪。如未見端的。且委官體究。俟得其實。然後奏彈。如出虛妄。則坐告人。如是則既足以戢告訐誕妄之人。亦使四方萬里官吏有所畏憚。不敢恣縱。如臣言可采。即乞別作聖旨下有司施行。

四設險　臣嘗論六合東關等處為必守之計。有未盡事理。須至再具奏聞。六合據滁河湍流之上。有瓦梁堰。若衆寡不敵。則塞瓦梁口。真滁之間。悉為水渰。雖不戰而可保。事定之後。水淤田疇。將有倍收之利。東關去巢縣不遠。臣面蒙聖諭巢縣已築城。臣竊見巢縣在水之北。敵亭山路至險。易為守把。虜人決不敢取路。若取南路平衍之地。則可徑至。然其地偏僻。非虜之所欲。吳所以守東關者。東關透大路不遠。兩山隔水相對。水北之山突兀一峯。使人守之。固難攻擊。吳又於水北關灣澳與河相通可以容舟。中築堤岸以出兵。堤岸之西又築一塢。此所謂濡須者。利則出戰。不利則閉塢。此吳之得策也。臣愚所見。謂宜東關不可不措置。孫吳屯兵于無為而守東關。今若更增一軍在無為。東以援東關。北以援舒城。尤為利便。臣願陛下密諭郭綱選擇統制官充采石水軍。就往措置。不必大段彰露也。

五論兩淮必守之地　臣嘗論兩淮有必可守而不可不守之地。其六合東關巢湖皆臣親曾經行相視及考驗古今已然之事。事理無疑臣不敢以因求去姑為藉手冒凂聖聽況今軍籍中老舊北人無幾多是南方不經戰陣之人若使平地與虜騎相拒難取必勝萬一蹉跌則兵威頓挫矣向張俊楊存中劉錡以三大軍皆百戰之士猶不敢於廬州以北見陣各退軍至柘皋使虜人越東山口之險方與之戰虜人慮險阻在後故敗而走諸軍有追至濠梁者反為其所敗蓋地勢之不同也今諸軍雖多南人未習野戰若使之在舟船之上乃其所長以我之所長當彼之所短所謂立於不敗之地可保萬全者也臣願國家以守為先務恢復之舉須有機會圖之未晚六合高郵東關皆是以水為固又可以出保江上伏望陛下毋忽臣言特留聖慮

六薦劉藩楊獬王蘭顏敏行　臣竊見前監察御史劉藩本貫冀州事親至孝居官有稱嘗作繁難知縣不勞而治忠賢有守決不負國臣嘗入狀薦之於侍御史宋延祖後聞延祖薦於陛下擢在憲臺未幾而以毋憂去職臣諒惟陛下必知其為人矣今將服闋伏望聖慈下有司檢舉收召必能為國分憂臣竊見新知永州楊獬博學能文蚤登科第居官有守所至著稱歷繁難縣及知軍壘率皆稱治民有去思其為人明敏有斷不畏強禦永州小郡未足以展所蘊伏望陛下擢之要路必有過人之績臣竊見武學諭王蘭剛方自立不隨流俗有識有文知時知幾有憂國之誠無苟佞之態生長淮甸深識邊民之情當今有用之實材也願陛下擢之清要必有可觀臣竊見知橫州顏敏行將家子也嘗為潭州攸縣巡檢捕群寇親臨矢石以破賊帥司曾令管轄軍馬頗有統御之材須因大臣論薦遂蒙朝廷擢為路分兵官近因廣西諸司辟置為郡亦有治稱人材難得今遠守瘴癘之地誠為可惜使之統軍或為北邊之郡乃稱其材臣
伏望陛下特賜錄用必能稱職

唐仲友上奏曰臣聞人主之道清源正本而不從事於末流是以所操彌約而所事彌大所治彌近而所及彌遠臣嘗質諸經訓深探治道之原本竊以為成治功在善風俗善風俗在行直道行直道在去私心箕子之書曰無偏無陂遵王之義無有作好遵王之道無有作惡遵王之路無偏無黨王道蕩蕩無黨無偏王道平平無反無側王道正直會其有極歸其有極言私心去而直道行也繼之曰皇極之敷言是彝是訓于帝其訓凡厥庶民極之敷言是訓是行以近天子之光言直道建而風俗善也終之曰天子作民父母以為天下王言

風俗善而治功成也蓋私欲公議在方寸間如衡之首尾此重則彼輕如田之苗莠彼消則此長好惡一出於作偏黨反側一萌於中決擇差於毫釐而天下之從風而靡者已不勝其衆治道亦從而隳深可畏哉臣仰惟陛下紹累聖之休緒纂太上之丕業宸心孜孜夙夜勵精以求治功之成蓋無所不用其至是宜中外丕應以承休德然而十年于此僅克小康而未能卓然遠追隆古之盛臣嘗推原其故則搢紳之列奉法循理者雖衆而誕謾苟且之責尚煩於司敗里閭之間利仁樂義者豈無而姦宄詐偽之罪日干於刑書未見聖人在上而風俗之難善如今日者也明詔屢下豈不丁寧懇切而美意未孚臣竊惑之意者直道之有未盡行歟且大公至正之道人心同然不為智有而愚亡亦非昔多而今寡豈直道可行於古而不可行於今哉子曰斯民也三代之所以直道而行也言民無淳漓道有興廢

人君亦當求諸己而已。臣觀自古直道之行。本於正心誠意之間。然於舉賢放佞之際。故益之戒舜。先以儆戒無虞。罔失法度。罔遊于逸。罔淫于樂。繼以任賢勿貳。去邪勿疑。仲虺之告湯。先以不邇聲色。不殖貨利。繼以德懋懋官。功懋懋賞。此古之賢臣所諄諄於聖君。而聖君不以既知既能而濡假怠忽者也。陛下勤勞萬機。清静寡欲。正心誠意之道。固所躬行。剛明果斷。綜覈名實。舉賢放佞之道。亦所洞曉。然區區微臣。猶欲以古人之望其君者事陛下。惟聖意察臣愚忠。少加淵慮。防私欲如禦寇仇。存公道如護元氣。內而察諸存心之初。勿使一毫或出於嗜好之私。而非先王之法度。外而察諸用人之際。勿使一職獨出於左右之譽。而拂天下之公議。儻有則斷而去之。既去則敬而守之。此心既存。此誠既著。直道猶有不如三代之隆。臣不信也。詩曰。周道如砥。其直如矢。君子所履。小人所視。惟陛下念之。

仲友又奏曰。臣仰惟陛下紹太上興復之基。念中原陷溺之苦。憂勤宵旰。于玆十年。聖意未嘗一日不在於恢復也。荷付託之重。既不可畏憚而自怠。圖艱難之業。又不可果敢而欲速。然則建一定之規。收萬全之效。在陛下先審其本末而已。曷謂本。治安是也。曷謂末。富彊是也。安者必富。富而不安。其富易貧。治者必彊。彊而不治。其彊易弱。此本末之所由分。人君之用心。不可以不審也。用心於其本。則所進者皆道德仁義之士。所行者皆保民治國之術。其初若無可喜之迹。其終乃有不可勝計之功。用心於其末。則所任者皆權謀功利之臣。所謀者皆攻戰聚歛之事。其初似有目前之利。其終乃有不可勝救之弊。自古人君以此二端而有成敗安危治亂榮辱之異。其迹皆可考。臣不暇縷數。請以唐之三君為陛下略言之。明皇開元之際。幾致太平。末年乃有天寶之亂。德宗建中之初。有貞觀之風。未幾而有奉天之難。憲宗十餘年間。唐之威令幾於復振。而亦不克其終。彼皆一君之身。而治忽若此相反。非其材智之殊。特以用心之異爾。方明皇之勵精政事。德宗之罷還貢獻。憲宗欲庶幾二祖之道德風烈。是三君之心在於治安。則有姚崇宋璟楊綰崔祐甫杜黃裳李絳之儔。相與謀謨。所言所行。無非納忠直遠讒佞修己任賢節用愛人之事。是以三君進其德。天下蒙其澤。中興之業所由以成。及明皇侈心一動。德宗連年用師。憲宗欲積財以復河湟隴右。是三君之心在於富彊。則有李林甫楊國忠盧杞趙贊皇甫鎛程异之徒。相與迎合。所言所行。無非闢土地充府庫剝下附上勤民怒衆之事。是以三君受其欺。天下被其毒。已成之功所由以壞。載在信史。最前事之可為鑒戒者也。陛下天資高明。灼知此理。臣言固已為贅。然臣猶有私憂過計者。竊覩比年以來朝廷之用人。先才力而後學術。郡邑之布政。急催科

而緩撫字。駸駸乎戰國秦漢之風。而於三代之遺意。祖宗之家法。若不能無異者。此臣所以不能自已於言也。臣愚無知。竊惟中興大業。可以道勝。非可以智求。可以德致。非可以力取。伏望陛下遠師三代。近法祖宗。進用道誼之言。抑退功利之說。專講治安之策。不急富彊之計。使德澤流洽。政教脩明。下慰人心。上當天意。然後總帥天下之賢俊。以舉順應之師。臣見其摧枯拉朽之易爾。不然。臣恐功利之說得以熒惑聖聽。小人藉此而進。非徒無益。而又害之。則中興之期或非臣所敢知也。臣愚不識大體。惟陛下裁赦。

仲友又奏曰。臣聞崇儒納諫。人主之大利。而小人之所甚不利也。自古聞以不用儒削。未聞以用儒亂。聞以不聽諫亡。未聞以聽諫危。蓋法先王。隆禮義。謹乎臣子而致貴其上。莫若儒。明是非。辨邪正。察乎幾微而消於未然。莫若諫。儒用諫行。則國家之根本強固。人主之耳

目聰明。彼小人方無所容。而何利於此哉。故必肩為邪說。以上惑主聽。下沮清議。儒者固無非之可指。諫者固無罪之可名也。然儒者必談王道。其論似迂闊。諫者必進苦言。其迹似矯激。小人欲塗人主之聰明。蔽國家之根本。未有不以此藉口者也。訑訑之聲音顏色拒人於千里之外。士止於千里之外。而況迂闊矯激之說乎。臣仰惟陛下降意儒術。虛懷諫諍。前古帝王。蓋未有先之者。一時士大夫亦宜知以儒雅忠讜為先。然臣復至輦轂。已幾二年。每聆搢紳之論。咸曰毋談王道。時將以汝為迂闊。毋進苦言。時將以汝為矯激。臣始聞而駭之。以為聖明之時。安得斯言。至士大夫之間。安知不有真儒忠諫。聞此而退藏。非朝廷之福也。然以臣所親聞質之。則二說決不出於陛下之聖意。臣之先臣某仕宦三十年。不離校官。晚蒙陛下擢寘風憲。不愛軀命。空臆盡言。正世俗所謂迂闊矯激者也。然而每一進見。必

蒙陛下溫言俯接。烏臺章奏十可其九。最後論疏。雖未即行。不踰數月。亦已追用。此先臣所以抱病危惙。猶惓惓於效忠也。然則今日縉紳之議。其不出於陛下之聖意必矣。然而邪說已熾。人心已搖。非如臣輩世受國恩。不能無疑。陛下欲決天下之疑。使真儒忠諫不憚於進。是非號令刑罰之所能及。亦修其在我而已。臣愚無識。竊觀比年經筵之講讀頗稀。臺諫之論列罕用。妄意邪說之所自起。或由於此。伏望陛下數御經筵。而精其選。優容臺諫。而聽其言。誠意既孚。群疑自判。使儒者願立於朝。諫者不愛其死。實宗社之福。生靈之幸。豈惟微臣之幸。

仲友又奏曰。臣聞賢聖之言。垂訓萬世。遵之未有不成。違之未有不敗。召公之告武王曰。不作無益害有益。功乃成。孔子之答子夏曰。毋見小利。則大事必成。此經傳之明訓。圖大業者。不可不知也。臣仰惟陛下夙夜勤勞。思復祖宗之洪業。聖意固在於立事功也。然臣觀比年建議興事之臣。鮮為經久遠大之謀。易言輕舉。數為數改。尚多作無益而見小利者。是故發運無益於財而害民。屯田無益於食而害兵。見增租之小利。則根括沙田。見商賈之小利。則議變鹽法。此四者未覩一毫之利。而有不可勝言之害。其他若淮之鐵錢。處之銅冶。諸郡之甲冑。版曹之楮幣。徒作而無益。利小而害大者。又未易以悉數也。且當聖主有為之時。而有司救過不給。將何以共成大功。仰稱德意。臣嘗察之。其間託公營私。假塗求進者誠多有矣。然亦豈無持區區之心。欲為國家興利者。蓋其所見止於小者近者。故不能權其輕重。以務求其遠者大者耳。臣聞民惟邦本。本固邦寧。故國家之益莫大於益民。國家之利莫大於利民。在易益以興利。其象曰損上益下。民說無疆。益民乃所以自益。利民乃所以自利也。漢武帝士馬彊盛。

窮追遠討。蓋文景務在養民之餘力。宣帝推亡固存。單于慕義。蓋昭帝與民休息之成效。今之議求益謀利。而不本之於民。此所以害有益而妨大事也。臣愚竊謂勸農治兵。具有成憲。生聚教訓。本無奇策。陛下推至誠於上。有司奉成法於下。雖不多為紛更。日積月累。為益甚大。若百姓滋殖。則無求不獲。無為不成。較之輕為數變。卒無所利。得失甚明。惟陛下留神詳擇。天下幸甚。

薛季宣上奏曰。臣聞禮繁則亂。易簡而天下之理得。有虞之世。中外之官二十有二人。兵刑共貫。樂教為一。帝舜無為而治。用此道也。臣切怪近世治不及古。自朝廷至于郡縣。皇皇財用。弊弊焉常患其不給。百姓朘肌及髓。而日以益甚。雖有卓犖之士。遇有為之主。得時得倍其所施設。終無以救其萬分。詳求其故。則冗官冗兵二事實有以困之也。九卿之設。古六官之任也。自漢政歸臺閣。則有尚書六部。唐明

皇始置內諸司使官用皆失職至今官中都者遂為養賢之地設官雖多有職蓋寡公移回復祇為文具百度為之隳廢人士得以循默聞者雖省員闕而其官寺仍存置吏之員滯事之患無異於前諸路帥臣古州牧之官也國朝以來置轉運使副判官有提點刑獄有提舉常平茶鹽又有總領市舶坑冶茶馬諸司屯駐之軍又別置都統制大抵牧伯之任分為五六而州之知通縣之令佐不相統臨權均勢敵一彼一此各行其意民無適從為害滋甚臣之所謂冗官者此也廂軍之置即唐分鎮之兵是也周世宗及我太祖皇帝增置禁旅則今之禁衛與諸州之禁兵是也神宗皇帝立將兵之法今之帥藩係將禁軍是也太上皇帝收諸將麾下作三衙御前諸軍今之大軍是也四者之外復有弓手軍役兵今惟大軍可供戰伐之用將兵而下廢為皂隸之役官吏占破無狀所稱名廣破費工私役者衆適足以為汚吏之資游手之多無法之久干闕狂獻之事因之而生比雖少加簡閱繩以軍政人情玩習猶無益也臣之所謂冗兵者此也惟今法度之弊臣所知者莫此為大且天地產之物其出有限所養者衆適用者寡則人才安能不混兵刃安得不利財賦安得不匱而國欲安強得乎夫事簡則易知易知則易從職任專軍政修則上皆任事之臣下皆可用之兵濫吹者無所容而政猶有未行古無是道陛下必欲仍今日之文弊以圖天下治理非臣所知必欲政修而事舉財豐而兵振則非更絃易調不可也夫事為之有道則人不驚而必辦咈於人情則取衆怒而無所成顧陛下處之何如毋憚其難而重改作也伏願高聽遠覽諮諏二三大臣詳議而力行之光武併省郡縣百官職員而漢道中興周世宗汰斥老弱增壯禁卒而王室始振皆後事之師也然其張無職之官而索政養無用之兵而虛驕

蠹國人情不卹固當圖之況為之有道將不至此乎惟陛下留神采擇

趙汝愚論左右潛窺聖意密預政機疏曰臣仰惟陛下天縱生知聖德隆備以奉天則致敬以事親則致孝以接下則有禮以撫民則有恩雖至尊至貴而內不為聲色之奉宮館之華外不為馳騁之娛遊觀之樂以至賞諫臣以開忠讜之路戒近臣以盡獻納之規發積藏以賑饑窮捐內帑以代租賦凡古之賢君所謂高世之行者在陛下固已無備而並舉安行而優踐之矣猗歟盛哉夫行帝道而帝行王道而王譬猶春種則秋穫未有久行而不至者也然而陛下行之積二十年何乃星緯失行於上水旱洊興於下官吏媮薄民用困窮將帥非材士以愁怨忠臣志士朝夕懷憂夫豈陛下所以修諸身者為有未至耶特以所任非其人所繇非其道深負陛下有為之志此微臣孤憤所激所以不避衆怨而思得一鳴於陛下之前也臣竊惟陛下方養德潛藩之時蓋目覩秦檜專權之事陛下博通今古不無懲艾之心遂至即位之初首下求言之詔收召故老布在朝廷亦惟復古之期謂可旦暮而致卒之因循歲月弗克有成陛下又慮世有遺才陸沉未用故或取諸任子或選自武臣擺脫拘攣推誠委任然亦未聞報德祇有孤恩陛下求材之道既周而圖任之功莫遂臣伏思陛下聖心於此蓋不知其所託矣於是將以兼聽為美而或來膚受之言以分任為功而適啓多門之弊遂至左右潛窺聖意密預政機假陛下之威靈為大臣之輕重故弱者依違而聽命事有不可而莫敢與之爭黠者締合以養交口雖不言而實行其意陛下雖能不假之權而權實歸之矣此天下之事所以流弊至此雖聖明在上亦不得而盡知之也夫人主深居九重蓋與群下相遠雖云執權在己猶

須取信於人彼信之者是為腹心聽之者便為耳目初不在乎位之高下人之能否凡聖意之所嚮皆是權之所歸彼大臣持祿養交不顧國家利害固已不容誅責若夫能使陛下之大臣甘心俯首一至于此者安得不深懲而力救之也臣愚伏願陛下上謹天戒下順人情務解絃而更張先清源而正本庶幾真材獲用宿弊頓除感召至和導迎景貺實宗社生靈之幸

汝愚又論治效遲速疏曰臣伏見陛下踐祚之初登用賢俊容受直言講求治道惟恐不及天下之人皆以為英主不世出莫不延頸企踵以望太平當是之時陛下聖謨經遠豈不謂內修政事外復境土不數年閒可以輕徭薄賦與民休息蓋不待如是之久也今陛下宵衣旰食苦心勞思十有五年而治不加進豈天下之事終不可為歟將所由者未得其道歟何為力甚勤而收功甚遠也臣愚欲望陛下

萬機餘暇爰考古先帝王所以致理之術而深求其故有不合者益解而更張之庶幾乎不遠復之義不然時難得而易失臣誠深為明主惜也惟陛下留神幸甚

汝愚又乞與大臣建久安之策疏曰臣一介寒遠陛下不以其愚不肖俾承乏于州縣服勤賤職首尾五年竭其駑馬之智最於民閒利病耳聞目覩頗得其實輒試陳其大要惟明主擇焉臣仰惟陛下恭儉本於天性仁厚發於至誠即位以來無非以節用愛人為事是宜下天上施家給人足仰承陛下憂勤之志而比歲州縣事力單弱財竭於上民困於下法令廢格巧偽實繁盜賊滋多刑辟者衆良由賦役繁重風俗苟婾官太冗而職務不修兵雖多而法制不立士無定志民有幸心委靡陵夷可為深慮臣謂當此之際正宜君臣同體內外一心兼天下之謀合天下之智汲汲然皇皇然如救焚拯溺猶恐

不逮而上下循默處之恬然積習成風寖不自覺尚賴聖德昭格年穀屢豐屈己和戎境外無事誠恐一旦疆埸有變不幸水旱繼興如人病羸豈任寒暑臣每覩士大夫群居竊議孰非憂國愛君亦恐獻替之閒不無蔽欺之說指陳彊富鋟誤聖明誠不可不早辨也伏望陛下念祖宗剏業之艱難顧子孫持守之不易日與二三大臣思所以建久安之策成億萬年不拔之基宗社幸甚生靈幸甚

汝愚又論治體及蜀風俗疏曰臣今月初四日準尚書省劄子奉聖旨令臣將的實被火人户數目及已賑濟支過錢米開具聞奏至十三日準尚書省劄子備坐臣僚劄子奏竊聞蜀帥欲撤百年之堰以從一己之規模民情易搖當以靜治好作為者奇得而恃哉當以厚化也善惡太明則無所措矣奉聖旨令臣審度經久利害及具改作因依費用錢物聞奏臣已遵依聖訓逐一開具奏聞訖伏念臣資稟

素輕識見尤陋既無以鎮服浮議又無以取信士友招致物論萃於臣身臣惶懼震懾罪當萬死仰蒙陛下盛德全度未忍即賜誅責令臣供具本末臣感戴聖恩尤極兢戰臣自惟孤子一身今邈在萬里之外不知議者為誰用意安在臣豈敢復辨論曲直謹已別具劄子陳乞宮觀差遣外唯是今來臣寮所奏事理其閒有實關朝廷治體者臣世蒙恩厚竊懷所見須至冒昧奏陳臣伏觀自漢以來固有以清淨簡易惇厚寬博雍容而致理者然皆在兵革初定之後蓋緣人厭久亂欲相安於無事故明君賢相亦因時而致化如漢曹參之輔惠帝本朝真宗皇帝之用王旦是也是時民俗醇厚中外泰和公卿大夫至口不言人過還淳反樸誠有遂古之風可謂盛矣然人情習於寬縱久則弛玩至寶元慶曆閒夏人首亂遼人乘之相視而起朝廷一時憂懼倉猝不知所為於是簡拔忠良更張庶政開天章給筆

札以訪問天下之事人主憂勤於上群賢奔走於下經營數年卒以重幣結好二虜而後始定乃若西晉之時王衍之徒不貴懃勤風俗相師以清談廢務則亂不旋踵矣今國家自渡江以來用吳蜀之力養兵數十萬日朘月削六十餘年如木將凋根本先病如人既老血氣已衰有志之士懷憂竊歎凡有為國家深謀遠計者咸謂為今之策要當如管仲之治齊勾踐之治吳諸葛亮之治蜀君臣合謀小大畢力選賢任能興滯補弊使兵彊國富截然成不拔之勢然後進可以復祖宗之境土退猶不失太上中興之業也今聖主焦勞恭儉常恐不及而士大夫風俗日益媮敝以循默為靜厚以容悅為靖共比年以來此風尤甚今論者因事而言又曰靜治曰厚化凡為此論議者亦已多矣其心蓋欲日漸月漬陰移陛下剛健有為之志而成此苟且偷安之俗是皆群臣目前之利而非國家長久之福陛下於聽

言之際誠不可以不深察也昔崔寔作政論仲長統稱之以為凡為人主宜寫一通置之坐側其言曰聖人能與世推移而俗士苦不知變以為結繩之約可復理亂秦之緒干戚之舞足以解平城之圍以今觀之事適相類臣愚竊謂國家治道之隆替風俗之美惡所係在此臣忝綴近臣同國休戚亦不得不因此而瀝陳悃愊也況夫蜀之風俗皆慕文華而棄法令喜議論而樂因循稍違其情易致譏謗自來監司帥守以去朝廷甚遠恐有譏議不能自明往往日夕憂虞務為容忍姦贓不敢按治法令不敢舉行然猶謗讟橫生斥逐相望臣乃不自量力輙欲奉行朝廷法令稍裁制其末流區區之誠本無他意但欲官吏稍知奉法循理則遠民得以安業而已今臣到任一年凡所按吏不過數人而或者謂臣善惡太明則無所措此尤非臣之所諭也昔周康王命畢公保釐東郊作冊命曰旌別淑慝表厥宅里

彰善癉惡立之風聲齊威公問野人郭氏者曷為墟野人曰善善而不能行惡惡而不能去是以為墟也臣觀六經之訓諸史所載古今治亂之理莫不以賞善罰惡為先務未聞以為戒也矧朝廷歲下藏否之令付臣以刺舉之權臣安得而不奉行哉今蜀士大夫既不便於臣而臣資禀戇直前此又數以職事得罪權要內外合勢公肆中傷微臣孤蹤未知死所夫孝莫孝於曾參知莫知於其母然未免於三至之疑況臣之愚身在絕遠而謗者不知其幾至也伏望聖慈憐臣獨立無助仇怨已多察臣自此號令難行無以安跡除臣一在外宮觀或江淮一小郡差遣使後之治蜀者不至以臣為戒則猶蜀民之幸也臣勢遠情迫不得不以情實控告於君父之前乞免以臣此章付外實荷天地父母生全之賜臣昧死

汝愚又乞謹天戒順人情圖久安之計疏曰臣仰惟國家稽古建法

比隆三代累聖相繼取於民者有制故能上下熙洽風俗歸厚不幸中更變亂有司困於調度始有一時權宜之制然亦不謂因循積習逮至于今遂與常賦無二而有司並緣苛取之數乃復加多於前日也故陛下之赤子日朘月削垂五十年至是蓋不勝其弊矣加之近歲以來郡縣之間用度彌廣吏之取於民者益以無度遂致賦繁役重人去本業亡聊之民剽掠盈道甚者十百羣聚盜弄兵於潢池尚賴陛下威靈遠加所向綏定然臣區區之愚竊謂民力困弊至此恐未可便謂既往之事皆微孽細類為不足慮而上下恬然遂忘後日之戒也臣比復傳聞江浙數郡已有水旱去處又乾象示異未循軌轍天其或者仁愛陛下將使陛下益謹天戒俯順人情思與執政大臣深圖所以久安之計若謂國家駐蹕東南規摹略定須俟平定之後復行寬大之澤者臣聞兵以民為本其本末先後之理固自有序

若夫不量彼己之勢而務以勝人者蓋亦兵家之所甚忌也孟子曰君子創業垂統為可繼也若夫成功則天也夫功之成與否繫乎天而不可知至於創業垂統要使百世子孫為有可繼之道惟陛下留神幸甚

汝愚又乞凡事責成於有司疏曰臣聞天之所以為天也其勢高高在上不言而四時行焉無為而百物生焉彼天者初亦何心於其間哉是故生以春夏而生者不以春夏為恩殺以秋冬而殺者不以秋冬為怨蓋其一氣之運上下充滿自然之理其順如此仰惟陛下天錫仁智慨然思欲上齊堯舜卑視百王故法天御極而不自以為高稽古立制而不自以為功猶孳孳然日與天下之士共圖治安之業建宏遠之規利無久而不興害無小而不除宗社幸甚生靈幸甚然臣聞之以道御權者君之體以勞任事者臣之分故君常尊於上而

臣服勤於下此天下之大義也近者道路所聞一二有司裁節之事或言亦取決於九重惟恐有所不及則怨亦將至矣此微臣之所甚懼也臣愚伏望陛下覽荀卿好要之說監虞書叢脞之戒凡事之所當為者皆責成於群有司而又備耳目之官重封駁之任俾謹修其職而告于上陛下於是公聽並觀操賞罰之大柄以臨之顧何求而不得哉然則所守甚要所濟甚博惟陛下裁擇

汝愚又乞廣聖志選群才疏曰臣仰惟陛下臨御以來二十餘載憂勤恭儉常如一日凡天下事之利病人之情偽陛下蓋已飽聞而熟究之矣是宜有所不為為無不成有所不謀謀無不獲仰稱陛下規恢之意然而筭計見效邈未可期論人才則偷惰而苟安論風俗則委靡而不振論兵將則懦怯而無勇論民力則困弊而弗支臣謂及今閒暇之時君臣之間朝思夕計圖回講畫猶恐弗及而朝廷之上乃循循然務安於無事陛下視今日天下豈真無事者耶臣觀諸葛亮之治蜀也開誠心布公道明賞罰信號令有功當録者雖踈必用有罪宜誅者雖親必戮遂能以區區之蜀制服彊魏每一出師則中原為之震恐況我今日能無有吳蜀之地而其勢反困弱不能奮振如臣前所云者其故何耶臣又觀亮出師表曰宮中府中均為一體終篇所載尤諄複於君子小人之際誠以古今出治之道其原皆本諸此陛下聰明仁聖蓋所宜深留意者也臣竊聞諸道路之言或謂陛下頗懲前日群臣誕謾之說比年不輕於舉動所謀既多不遂稍有怠於初志夫不輕於舉動善則善矣若稍怠於初志則何異於因噎而廢食也陛下方恢復大業安可使此聲有聞於中外乎臣愚伏願陛下念祖宗創業之艱難思太上中興之不易內則益厲聖志存卧薪嘗膽之心外則精選群材盡委任責成之道自然不勞而功無為

而治矣

太常少卿杜範言今日之病莫大於賄賂交結之風名譽已隆者貫左右之譽以固寵宦遊未達者惟梯級之求以進身邊方帥臣黃金不用於反間而以探刺朝廷厚賜不優於士卒而以交通勢要以致賞罰顛倒威令慢褻罪貶者拒命而不行棄城者巧計以求免提援兵者召亂而肆掠當重任者怙勢而奪攘下至禁旅驕悍難制監軍群聚相剽刼欲望陛下毋以小恩廢大誼毋以私情撓公法嚴制宮掖不使片言得以入於闈禁約閹宦不使讒諂得以售其姦

應孟明為詳定一司敕令所删定官輪對首論南北通好疆埸無虞當選將練兵常如大敵之在境而可以一日忽乎貪殘苛酷之吏未去吾民得無不安其生者乎賢士匿於下僚忠言壅於上聞無乃衆正之門未盡開而無聽之意未盡孚乎君臣之間戒懼而不自恃勤

勞而不自寧進君子退小人以民隱為憂以邊陲為警則政治自修
紀綱自張矣
陳傅良對策曰臣恭惟陛下發德音下明詔博考漢唐已然之效下
問承學之臣憮然有師古不自用之心顧臣淺陋何以稱塞抑臣聞
自古建議之臣赴功之臣翊扶治道之臣類竊嘆曰不遇聖主如遇
聖主當不自用則言無難行事業無難就者臣亦稽之漢唐與王雖
六七作考論君德鮮能全美是以規模褊迫而治效凢近陛下寬仁
神武對于三王之隆粵自紹興所以剪除文具脫略邊幅嘉與群臣
洗凢而破陋以躋至治以延宏休甚盛甚美臣愚妄自臆度陛下之
聖誠具二美何謂二美臣觀比年有大更張有大施設造命之初慮
不可奪一旦事狀陳露陛下頓悟立改曽無留難天下咸曰陛下之
無我自昔所進今不知其幾何人矣其間蓋有遺詔令負任使者陛

下察見情僞一予一奪動中公議天下咸曰陛下之知人夫以無我
之量知人之明於漢唐可俯視焉而臣伏讀聖策曰朕丕承大命司
牧兆人寅畏嚴恭懼德弗類是以順考帝王之憲鋪尋載籍之傳求
其可師以濟于治蓋方憮然師古而不自用如此則臣所謂言無難
行事業無難就者捨此時尚安須耶然而十有一年于茲而治績未
進于古下情猶鬱公論猶沮士大夫猶有懷不敢盡獨何歟或者陛
下之所以聖亦所以累聖德歟不自用之心雖能形之於言未能充
之於事歟臣竊迹前事曩者創復發運經營移屯當時廷臣亦有䟽
其非是者而陛下姑惟試之終於無狀今謀者有譴將命者有譴矣
豈惟朝野誦九重之不吝而服英斷哉雖陛下將自喜矣苟惟自喜
是以為累何者有去故之喜不若有圖新之憂抑臣未知來者之獻
計果有以異此乎否也以臣參之輿言揆之事情其誕謾苟且舉是

類耳陛下舍彼取此而不察其適相類臣恐後之悔今亦猶今之悔
昔無乃以大有為之時徒費而為改過之日月乎夫以天子聖明春
秋鼎盛何鄉不立今且一紀歷日彌長歲復一歲改過不給可不為
惜乎漢元唐德寵任羣佞不移如山遇主如此政復何恨柰何以虛
心大度過不憚改僅足以度越庸主而竟無所施也聽言之道亦於
誤者察之耳假如曩者以好邊功誤繼今言邊功者無遽聽可也反
而求之愛根本可也曩者以徼近利誤繼今言近利者無遽聽可也
反而求之識大體可也且陛下何不一思曩者誰為主張是乎時不
再來事且積廢每試不效曽未決捨已乃數悔而頻改之豈所以圖
全耶臣是以妄議陛下雖有無我之量而累於自喜也且陛下之所
尊信所寵任其果以為皆忠實而無欺乎深謀遠慮而無敗事乎若
果待之如此臣知陛下必且舉國以授之矣今乃不然雖已尊信已

寵任蓋至於論人論事之際陛下類有執而不從從而不盡者然則
尚疑之歟夫尚疑其人則必既見其情而猶待遇如故委寄如故何
耶豈非聖明之意自謂吾能知之吾能駕馭之彼雖欲為欺不可雖
欲害吾治不可姑亦縱捨而弗問乎以此自恃所患滋大何者聰明
所加豈無限極萬機之務烏能徧知陛下之所執拒十不一二而轉
移侵竊於冥冥之中殆不可勝數矣夫未知猶可耳既已知之彼且
求固凢所以自歸於君上者惟有恭順耳惟有伺候趨利耳惟有養
交借譽以蓋前愆耳陛下見其如此因置弗慮豈知面從者皆所以
為背違之地乎苟無誠慤豈足憑藉今爭之事權假之歲月足以遂
其私矣徒曰駕馭陰究其穴此臣所大惑也大抵使貪使詐惟爪牙
之賤役可也股肱心膂要須忠良用人之道百王一法不宜以洞見
是非易此弗守臣是以妄謂陛下雖有知人之明而累於自恃也夫

陛下之師古豈不曰吾將不自用也然而陛下以無我之量而累於自喜以知人之明而累於自恃如臣管窺陛下之所以師古是誠不自用耶抑名曰師古而實自用也臣伏讀聖策曰惟七制之明后若三宗之顯王固本培基則有務德之君振旅治兵則有雄才之主習聞其號亦觀厥成咸有所偏未臻于極夫樂其號而考其成患其偏而要其極誠如所言信陛下有師古之實矣抑臣有疑焉何也臣伏讀聖策曰若孝文之德則罷不孥官不女惜露臺之費除租稅之征可謂仁矣然而恬芒刃之純釋斧斤之用惟尚寬厚其威不伸朕以孝文之文也而能厲之以武不亦善乎臣固知陛下慕文帝之寬仁足以富民而所闕者武功也且陛下自度所以富民者何如文帝耶臣觀文帝以錢穀問丞相而陳平不對謂是有司事耳非所以煩廟堂由是漢之計臣得以自盡倉廩之吏得以氏其子孫臣不識今之

所謂冢宰制國用於左藏之外別有南庫者何也且其辭曰經費一領於大農而增羨弊餘之入南庫受之其名顧不甚美乎然而操制國之權與司農孰為輕重增羨者適有遷擢經賦擬否則莫能黜陟也厥今漕臣守臣類多自營觀此二塗意將安鄉是以比歲經賦日耗而南庫之積日滋大農告匱時捐數十萬緡以相補足比及奏聞饜有德色且均之為國用耳虛彼盈此竟何謂耶夫兵廩如昨吏祿如昨凡歲百須如昨而大農甚匱將安取此陛下信以為版曹諸臣自齎以取辦乎抑甘受闕額擁虛數坐使乏絕被誅譴乎不能為此必且為他謬巧以苟逭歲月之責是以上不加賦而民生嗷嗷夫暴征橫斂出於朝廷則群臣得以論列細民得以赴愬今也州縣之賦一接故籍無秋毫加益焉而有司巧為斡旋暗相貿易旁緣科色誅求錙銖群臣欲論列之耶細民欲赴愬之耶而獨無彰彰之名可以

指狀所以至仁在上惻隱至矣而澤不下流是可不為寒心夫文帝以司農理財至於寡取陛下以宰相理財至於多取臣故曰陛下慕文帝之富民而不由其道所以評文帝者誠善矣而無益於治也臣伏讀聖策曰若孝武之功則選明將討不服匈奴遠遁百蠻鄉風可謂盛矣然而積屍暴骨快心胡越財賄耗而不贍干戈因以日滋朕以孝武之武也而能本之以仁不亦善乎臣固知陛下慕孝武之雄才足以強兵而所不取者薄於仁也且陛下選將厲兵亦嘗用武帝故事乎臣觀武帝操縱將帥最有繩尺一旦乃以愛故欲將貳師夫以帝之威靈寵一偏將其誰敢議而帝也必枚卜諸將貳師最吉然後行之誠不欲以一女子之故弛廢家法抑絕廷議也今天下之兵不屬之三衙與邊帥乎或云近者禁闥之除專閫之寄往往由徑抑臣跡遠未知信否聞亦得之防夫走卒街談巷議以為諸將平時所

以侵剋廩錢隱占伍籍貿易稱貸以謀聚財大抵將以結交媒進身耳臣竊憤之夫以陛下篤意戎事妙選授鉞雖大臣不得與可否尚安有此日夜思念莫執其咎或者左右朝夕積譽之漸遊談之久亦足以宿留宸聰而密回天聽耶患生所忽殆不易知陛下習聞姓名忽不以次用之當是時豈敢有誦言論薦者乎蓋其於簡記之先借助多矣夫斷自宸衷恩顧歸下賂入私室怨在公家凡有愛君之心誰忍聞此況夫將帥素輕士不素附而欲望其立功靖邊不亦難乎且武帝以私選將猶不廢公陛下以公用人奈何不稽于衆顧得以容私耶臣故曰陛下慕孝武之強兵誠得其所長矣而擇將之理未盡臣未見其能強兵也臣伏讀聖策曰文者帝王之利器武者文德之輔助也文之所加者深則武之所服者大唐之太宗實惟兼之觀其內平禍亂外除夷狄安諸黎元各有生業史氏所以稱其功德兼

隆。由漢以來未之有者也。臣又以知陛下小漢家之偏尚。而想貞觀之獨隆。陛下之志豈不大。而學豈不博哉。然臣據漢鑒今未能無惑而折衷諸唐。抑有四未諭焉。夫陛下以古問臣。臣不敢徒以古對。如陛下誠有慕於唐歟。臣請言今之所以異於唐者。願陛下審擇而更張焉。則豈惟如唐。將有隆於唐者。惟陛下所欲耳。太宗諫官入閤之制。非以求諫耶。而陛下不樂忤意之臣。此臣之所未諭者一也。太宗幕府學士之選。非以崇儒耶。而陛下有輕視儒生之名。此臣之所未諭者二也。太宗感魏徵之言。使群臣不存形迹。陛下乃以近名責臣下。此臣之所未諭者三也。太宗屈意讎臣。而不以秦府自衛。陛下乃以合黨疑外庭。此臣之所未諭者四也。臣非但以太宗望陛下者。安敢懷所未諭而不試陳于前。曩者議除發運議遣泛使論思遹臣。一語不合。往往罷斥。甚或流竄。事亦少異矣。雖然。是尚有可讓者。曰是

非官守言責也。曰近除校。而臺諫有所彈奏。舍人不書黃。學士不草詔。是不曰。官守言責乎。蓋職分常事耳。而夜半一紙。忽從中下。或出或罷。曾不淹辰。而吏卒誠詞不容留輦轂下。夫震霆不及掩耳。古所以待桀猾也。此皆陛下忠愛臣子。進退惟命。安用若此忽忽惶惑民聽哉。夫陛下有混一東夏之志。而不能容一二齟齬之臣。將以垂宗社無窮之休。而不能少屈須臾之聽。省闥臺垣虛位幾月。臣竊恠此何景而見於不諱之時也。太宗獨不怒諫臣乎。宮中無髮之語。尚能忍之。深知言路開塞。乃人主切身利害。彼紛紛以口舌爭者。果誰為也。臣以為陛下誠慕太宗。當自求諫始。腐儒空談。祇亂人聽。豈惟人主厭此。雖稍知務書生。固自厭此。陛下不與共事。其誰念之哉。然而腐儒端不可用。而不可有輕視儒生之名。何也。非所以招徠其類也。非所以令衆庶見也。脫有真儒亦其儔輩。或以取輕為愧。而一動歸

去來之心。陛下安能有之。夫燕昭之禮郭隗。其虛聲猶足以致士。焉有聖人撫御。天涵地育。而一旦有棄士之名哉。且自陛下臨御以來凡所謂陋儒。其被戮辱蒙頓挫者誰乎。蓋未之見。而遠方之士。風傳料想。往往過當。或曰。經筵特虛器耳。科詔特故事耳。賜出身特未混流品耳。無乃闕盛美矣乎。十八學士。豈盡全才。間亦無過區區章句文墨淺事。而太宗無取。蓋蓄厥意不獨為緣飾也。臣以為陛下誠慕太宗當自崇儒始。夫好名之士。迹似而心不同。如其浮躁剛愎。掠美于已。而歸過于君。誠不足顧惜也。以臣泛觀人才。無慮數等。蓋亦有介直而無隱。疎易而寡慮。其過言似掠美。其憤悱似歸過者。要其存心。至拳拳也。至不自為計也。若以好名槩視。無乃非所以全愛之乎。且陛下亦知其所以失者乎。其器度不容其所養未厚焉耳。夫惟容小所以見大。納污所以成深。人主固當有遠過天下之量也。儻亦以

不推遜為諱。不彌縫為嫌。不幾於示天下狹耶。正使不然。而以聖德洪深。責備臣子。稍稍矜露。亦恐凡伯在位。俱不足以望清光。佐下風矣。陛下將誰與共理乎。臣以為陛下誠慕太宗。惟無以近名責臣下可也。獨不覩魏徵請以諫藁付史官乎。脫欲爭名。將以焚章為賢矣。仆碑之譏。乃晚節一恨。又何足法。臣竊考自昔黨議。多興於下。何者。此人臣相傾之私。而非君上之類也。蓋黨成。則大官重權。利歸於己。誅戮斬殺。怨在一人。而禍歸社稷。若其不成。又將沉浮苟免耳。由此觀之。黨議成否。一無便於上者。此太宗所以中持衡焉。無所偏倚。以銷伏其說。而和平其心。臣愚不識近日詔令何為而合黨之言累累發也。以臣觀今群臣。大抵外同內異。惟身是計。惟家是計。何暇相黨。假如議一大政。蹠一大臣。甲纔譏訶。乙且退縮。其餘立而觀之耳。甚者反是而迎合耳。陛下何不審觀比年亦有諫一事。而連章不置。如曩

時潍議新法事乎。亦有用一人。而更數手不奉詔。如曩時李定入臺宋敏求李大臨蘇頌之徒乎。亦有逐一人。而同列乞與俱貶。如曩時范仲淹尹洙余靖之徒乎。正患人臣不同心耳。而陛下方以為黨。此人臣私議於國。何利而可倡於君上哉。臣以為陛下誠慕太宗。惟無以合黨疑外廷可也。牛李之禍。唐之所以亡也。豈太宗家法乎。臣伏讀聖策曰。瞻言清風。竊所嚮慕。伊欲規其態事。跂其成績。何修何飾而外戶不閉。行旅不齎。何取何營。而斷獄幾刑。措米斗直三錢歟。家給人足。厥道何由。仁義功利四者之宜。當安所施。臣以為太宗能事成績。略盡君道。不越數端。陛下所以修飾。莫若去其不如太宗而就其如太宗者。捨是將有所營取焉。非臣之所敢知也。且陛下試思臣之所未諭者。其與太宗異。果何由歟。豈非恃天資之高明。謂天下可獨運而專斷歟。昔貞觀之初。蓋有以獨運之說惑太宗者矣。而太宗

卒莫之聽。是以後功利。先仁義。而收家給人足之效。陛下欲比迹焉而顧操其所不用之術。臣竊為陛下惜之。方今下情猶鬱。公論猶沮。士大夫猶有懷不敢吐。而陛下方且顧盼周行。類不適用。慨嘆當世殆無其人。苟非忤旨而去。則曰是腐儒耳。則曰是好名耳。則曰是黨耳。然則陛下臨事。腹心將安寄乎。於是乎始有棄文尚武。親內踈外之心。臣豈不知陛下固非好違經常。率意改圖。而徒犯不韙之議哉。誠以一時聞望之士。歷試而甚亡具。十年以來。凡許國者皆不踐言也。大功未立。萬緒闕然。展轉周回。莫適與濟。是獨非人臣負陛下至此哉。雖然。意有所偏。則事有名禍。詩不云乎。無田甫田。惟莠驕驕。無思遠人。勞心忉忉。臣竊憂陛下之他有所求。將以獨運專斷而去道愈遠。徒以勞心也。且陛下之所以右武。臣未知何以也。竊聆近制削下拜之禮。升雜壓之序。夫操馭英雄。亦顧聖略何如耳。安用此瑣瑣

為耶。是固其細者也。彼閭閻賓贊之臣。肺腑之戚。強名曰武。特服飾類焉耳。彼實安能。而陛下況繹容與累年之久。而再畀之樞筦之地。豈惟搢紳煩言。韋布喪氣。下至於老兵悍卒。亦籍籍後議。有侮視不平之心。方當大有為之時。而但曰不必右武。誠迂闊矣。若陛下但以名取。苟服飾爵號。僅與文士異。輒取而寵之百僚之上。罷亦不失旌鉞。居不足與謀也。出不足與戰也。無乃似武而卒非乎。夫以似武而非之人。躐處民上。而曰以作士氣。以起戎功。臣恐其去腐儒無幾也。陛下何不因群情之共違。而察一意之所獨嚮乎。且陛下清心寡欲。不甜細娛。彼侍御僕從之臣。凡所以承間而取憐者。一無惑焉。則陛下豈偏厚內廷者哉。或者徒以好事遠略。好察臣下。好興利除害之心動乎其中。而或為容悅者所中耶。何者。欲挈射之便。則不可與外廷共習。欲探伺之察。則不可與外廷共議。欲用嘗試之說。則不可與

外廷共施行。勢非此曹安用乎。夫陛下用之。纔不過此耳。而影響氣焰。足以傾人。不惟容姦。殆且生患。比年群臣。或以言斥。或以事斥者相繼也。獨侍御僕從未有聞焉。豈在位皆浮偽。而彼獨無所蔽欺耶。其地密邇。其彌縫之計精也。陛下手撓指顧。彼因而趨之矣。陛下聲嗟氣嘆。彼從而和之矣。若是而不能幸免。將誰幸免耶。外議因是謂果親之也。患且必至。陛下何不因群情之所共違。而察一意之所嚮乎。陛下聖策之末。丁寧於臣曰。子大夫習先聖之術。通當世之務。合志處義。其知之矣。其明以啓告朕。悉意正論。無枉執事。朕將親覽焉。臣誠淺陋。無所稱塞。區區之愚。獨以為陛下有師古不自用之心。而顧至於獨運專斷。任一意之所獨嚮。忽群情之所共違。是以下情猶鬱。公論猶沮。士大夫猶有懷不敢盡。故於卒篇申獻焉。而不復他云。詩云。心乎愛矣。遐不謂矣。臣不勝拳拳。

傅良知桂陽軍擬奏事劄子曰臣所謂養兵固難而曾莫為國家任其事者臣嘗思其故矣非必皆群臣之罪也勢也方今天下之勢以陛下明聖豈不灼見其偏歟其在朝廷有官守者不如文墨議論之寵其在四方有民社者不如監臨案察之專蓋非一日之積也往者給諫舘閣與省府之官位望相等而不歷省府往往不至執政夫是以清議行而有司無失職儒雅進而能吏有以自見而朝廷之勢適平自主判廢而職掌分更迭之法改而流品別由今臺省視六曹長貳自為清濁況他有司乎臣故曰有官守者不如文墨議論之寵也往者帥漕望郡事力不分而將相大臣多領藩服夫是以財歸公上而邊郡未嘗不實耳目在監司而守將得立功於繩墨之外而中外之勢適平自以兵係將歸之提刑常平茶鹽歸之提舉大軍之餉歸之總領至今帥臣徒擁空名威望風采不逮監司遠甚況支郡乎臣故曰有民社者不如監臨按察之專也推是二者可以察見天下之勢日趨於偏矣是故頻言勝而事不待其成糾禁苛而人不盡其力今上自臺省下至州邑胥史執其政長官不能誰何大者三衙小者鎮寨卒伍失色則主將屏氣甚者匹夫單人動搖在位管攝之下操持其長是今日之勢也是以不事事者常無咎而坐觀成敗之俗成臣故曰非群臣之罪也勢也且以綿地數百州之廣外有夷狄之難內有盜賊之患而執事者皆取具位曾無一人根柢深厚可以託重雖有許國之人欲展布而無繇陛下念此可長恃乎自古事變不於暇豫圖之則俄而至於倉卒不與忠愛臣子共之則或不得已付之一切之人倉卒不如暇豫一切之人孰與忠愛利害甚相遼絕也而每患不果易曰黃帝堯舜通其變使民不倦神而化之使民宜之伏惟念光堯遭變之難鑒藝祖造邦之意推黃帝堯舜宜民之術以正人心以救天下之勢則宗社幸甚蒼生幸甚

歷代名臣奏議卷之五十二

治道

宋孝宗時監潭州南嶽廟朱熹上奏曰臣恭惟太上皇帝再造區夏受命中興憂勤恭儉三十六年春秋未高方內無事乃深惟天下國家之至計一旦而舉四海之廣天位之尊斷自宸衷傳之聖子皇帝陛下恭承慈訓應期御歷爰初踐祚曾未幾何而設施注措之間所以大慰斯民之望者新而又新曾靡虛日其規摹固已宏遠矣然猶且謙冲退託不以聖智自居首下明詔以求直言此尤足以見帝王之高致知為治之先務也天下幸甚臣竊伏草茅深自惟念天下之大不為無人忠言嘉謨崇論弘議計已日陳於陛下之前尚恐不足仰望清光無以少備採擇況臣之愚雖欲效其區區豈能有補於萬分之一哉又惟即位求言累聖相承以為故事則未知今日陛下之意姑以備故事而已耶抑真欲博盡群言以冀萬一之助也臣誠愚昧不知所出然愛君尊主出於犬馬之誠有不能自已者故昧死言之惟陛下留聽臣伏讀詔書有曰朕躬有過失朝政有闕遺斯民有戚休四海有利病並許中外士庶直言極諫者臣竊以陛下潛德宮府幾三十年不邇聲色不殖貨利無一物之嗜好形於宴私無一事之過失聞於中外昧爽而朝嚴恭寅畏仁孝之德孚於上下所以大繫群生之仰望濬發太上之深慈以至於膺受付託奄有萬方者其必有以致之矣然則聖躬之過失臣未之聞也今者臨御未幾而延登故老召用直臣抑僥倖以正朝綱雪冤憤以作士氣貢奉之私不輸於內帑恭儉之德日聞於四方凡天下之人所欲而未行所患而未去者以次罷行幾無遺恨然則朝政之闕遺臣亦未之聞也至於斯民之休戚四海之利病則有之矣然臣屛伏閭陋十有餘年足迹

未嘗及乎田方其見聞所及之一二內自隱度皆非今日所宜道於陛下之前者不敢毛舉以溷聖聽至若陰拱嘿默終不為陛下一言則又非臣之所敢安也臣聞召公之戒成王曰若生子罔不在厥初生自貽哲命孟子之言亦曰雖有智慧不如乘勢方今天命之眷顧方新人心之嚮向方切此亦陛下端本正始自貽哲命之時因時順理乘勢有為之會也又況陛下聖德隆盛天下之人傳誦道說有年于茲今者正位宸極萬物咸覩其心蓋皆以非常之事非常之功望於陛下不但為守文之良主而已也然而祖宗之境土未復宗廟之讎恥未除戎虜之姦譎不常生民之困悴已極方此之時陛下所以汲汲有為以副生靈之望者當如何哉然則今日之事非獨陛下不可失之時抑國家盛衰治亂之機廟社安危榮辱之兆亦皆決乎此矣蓋陛下者我宋之盛主而今日者陛下之盛時於此而不副其望焉則祖宗之遺黎裔冑不復有所歸心矣可不懼哉可不懼哉臣愚死罪竊以為聖躬雖未有過失而帝王之學不可以不熟講也朝政雖未有闕遺而脩攘之計不可以不早定也利害休戚雖不可徧以疏舉然本原之地不可以不加意也蓋學不講則過失萌矣計不定則闕遺大矣本不端則末流之弊不可勝言矣臣請得為陛下詳言之臣聞之堯舜禹之相授也其言曰人心惟危道心惟微惟精惟一允執厥中夫堯舜禹皆大聖人也生而知之宜無事於學矣而猶曰精猶曰一猶曰執者明雖生而知之亦資學以成之也陛下聖德純茂同符古聖生而知之臣所不得而窺也然竊聞之道路陛下毓德之初親御簡策衡石之程不過諷誦文辭吟咏情性而已比年以來聖心獨詣欲求大道之要又頗留意於老子釋氏之書疏遠傳聞未知信否然私獨以為若果如此則非所以奉承天錫神聖之資而躋

之堯舜之盛者也蓋記誦華藻非所以探淵源而出治道虛無寂滅
非所以貫本末而立大中是以古者聖帝明王之學必將格物致知
以極夫事物之變使事物之過乎前者義理所存纖微畢照瞭然乎
心目之間不容毫髮之隱則自然意誠心正而所以應天下之務者
若數一二辨黑白矣苟惟不學與學焉而不主乎此則內外本末顛
倒繆戾雖有聰明睿智之資孝友恭儉之德而智不足以明善識不
足以窮理終亦無補乎天下之治亂矣然則人君之學與不學所學
之正與不正在乎方寸之間而天下國家之治不治見乎彼者如此
其大所繫豈淺淺哉易所謂差之毫釐繆以千里此類之謂也蓋致
知格物者堯舜所謂精一也正心誠意者堯舜所謂執中也自古聖
人口授心傳而見於行事者惟此而已至於孔子集厥大成然進而
不得其位以施之天下故退而筆之以為六經以示後世之為天下

國家者於其間語其本末終始先後之序尤詳且明者則今見於戴
氏之記所謂大學篇者是也故承議郎程顥與其弟崇政殿說書頤
近世大儒實得孔孟以來不傳之學皆以為此篇乃孔氏遺書學者
所當先務誠至論也臣愚伏願陛下捐去舊習無用浮華之文攘斥
似是而非邪詖之說少留聖意於此遺經延訪真儒深明厥旨者置
諸左右以備顧問研究充擴務於至精至一之地而知天下國家之
所以治者不出乎此然後知體用之一原顯微之無間而獨得乎堯
舜禹湯文武周公孔子之所傳矣於是考之以六經之文監之以歷
代之迹會之於心以應當世無窮之變以陛下之明聖而所以浚其
源輔其志者如此其備則其所至豈臣愚昧所能量哉然臣非知道
者凡此所陳特其所聞於師友之梗槩端緒而已陛下由是講學而
自得之則必有非臣之言所能及者惟陛下深留聖意毋忽則天下

幸甚臣又聞之為天下國家者必有一定不易之計而今日之計不
過乎脩政事攘夷狄而已矣非隱奧而難知也然其計所以不時定
者以講和之說疑之也夫金虜於我有不共戴天之讎則其不可和
也義理明矣而或者猶為是說者其意必曰今本根未固形勢未成
進未有可以恢復中原之策退未有可以備禦衝突之方不若縻以
虛禮因其來聘遣使報之請復土疆示之以弱使之優游驕怠未遽
謀我而我得以其間從容興補而大為之備萬一天意悔禍或誘其
衷則我之所大欲者將不用一士之命而可以坐得何憚而不為哉
臣竊以為知義理之不可為矣而猶為之者必以有利而無害故也
而以臣策之所謂講和者有百害無一利何苦而必為之夫復讎討
賊自彊為善之說見於經者不啻詳矣陛下聰明稽古固不待臣一
二言之請姑陳其利害而陛下擇焉夫議者所謂本根未固形勢未

成進不能攻退不能守何為而然哉正以有講和之說故也此說不
罷則天下之事無一可成之理何哉進無生死一決之計而退有遷
延可已之資則人之情雖欲勉強自力於進為而其氣固已渙然離
沮而莫之應矣其守之也必不堅其發之也必不勇此非其志之本
然氣為勢所分志為氣所奪故也故今日講和之說不罷則陛下之
勵志必淺大臣之任責必輕將士之赴功必緩官人百吏之奉承必
不能悉其心力以聽上之所欲為然則本根終欲何時而固形勢終
欲何時而成恢復又何時而可圖守備又何時而可恃哉其不可冀
明矣若曰以虛禮縻之則彼雖仁義不足而凶狡有餘誠有謀我之
心則豈為區區之虛禮而驕誠有無我之勢則亦豈為區區之虛禮
而輟哉若曰示之以弱則是披腹心露情實而示之以本然之弱非
強而示之弱之謂也適所以使之窺見我之底蘊知我之無謀而益

無忌憚耳。縱其不來。我恃此以自安。勢分氣奪。日復一日。如前所云
者。雖復曠日十年。亦將何計之可成哉。則是所以驕敵者。乃所以啓
敵而自驕。所以緩寇者。乃所以養寇而自緩。為虜計則善矣。而非吾
臣子所宜言也。且彼盜有中原。歲取金幣。據全盛之勢。以制和與不
和之權。少懦則以和要我。而我不敢動。力足則大舉深入。而我不及
支。蓋彼以從容制和。而其操術常行乎和之外。是以利伸否蟠。而進
退皆得。而我方且仰首於人。以聽和與不和之命。謀國者惟恐失虜
人之驩。而不為久遠之計。進則失中原事機之會。退則沮忠臣義士
之心。蓋我以汲汲欲和。而志慮常陷乎和之中。是以跋前疐後。而進
退皆失。自宣和靖康以來。首尾三四十年。虜人專持此計。中吾腹心。
決策制勝。縱橫前卻。無不如其意者。而我墮其術中。曾不省悟。危國
亡師。如出一轍。去歲之事。人謂朝廷其知之矣。而解嚴未幾。虜使復
至。彼何憚於我而遽為若是。是又欲以前策得志於我。而我猶不悟
也。受而報之。信節未還。而海州之圍已急矣。此其包藏反復。豈易可
測。而議者猶欲以已試敗事之餘謀當之。其亦不思也哉。至於請復
土疆而冀其萬一之得。此又不思之大者。夫土疆我之舊也。雖不幸
淪沒。而豈可使彼仇讎之虜得以制其予奪之權哉。顧吾之德之力
如何耳。我有以取之。則彼將不能有而自歸于我。我無以取之。則彼
安肯舉吾力之所不能取者而與我哉。且彼能有之而我不能取。則
我弱彼強。不較明矣。縱其與我。我亦豈能據而有之。彼有大恩。我有
大費。而所得者未必堅也。向者燕雲三京之事。可以監矣。是豈可不
為之寒心也哉。假使萬有一而出於必不然之計。彼誠不我欺。而我
責其報。我必能自保。而永無他虞。則固善矣。然以堂堂大宋。不能自
力以復祖宗之土宇。顧乃乞丐於仇讎之戎狄。以為國家。臣雖不肖。

竊為陛下羞之。夫前日之遣使報聘。以是為請。既失之矣。及陛下嗣
位。天下之望曰庶幾乎。而赦書下者方且禁切諸將。毋得進兵。申遣
使介。告諭纂承之意。繼脩和好之禮。亦若有意於和議之必成。而坐
待土疆之自復者。遠近傳聞。頓失所望。臣愚不能識其何說。而竊嘆
左右者用計之不詳也。古語有之。疑事無功。疑行無名。今虜以好來。
而兵不戢。我所以應之者。常不免出於兩塗。而無一定之計。豈非所
謂疑事也哉。以此號令。使觀聽熒惑。離心解體。是乃未攻而已卻。未
戰而已敗也。欲以此成恢復之功。亦已難矣。然失之未遠。易以改圖。
往者不可諫。而來者猶可追也。願陛下疇咨大臣。總覽群策。鑒失之
之由。求應之之術。斷以義理之公。參以利害之實。罷黜和議。追還使
人。苟未渡淮。猶將可及。自是以往。閉關絕約。任賢使能。立綱紀。厲風
俗。使吾修政事。攘夷狄之外。了然無一毫可恃以為遷延中已之資
而不敢懷頃刻自安之意。然後將相軍民。遠近中外。無不曉然知陛
下之志。必於復讎啓土。而無玩歲愒日之心。更相激勵。以圖事功。數
年之外。志定氣飽。國富兵強。於是視吾力之強弱。觀彼釁之淺深。徐
起而圖之。中原故地。不為吾有。而將焉往。此不過少遲數年之久。而
理得勢全。名正實利。其與講和請地。苟且僥倖。必不可成之虛計。不
可同年而語也明矣。惟陛下深留聖意。毋忽。則天下幸甚。至於四海
之利病。臣則以為繫於斯民之戚休。斯民之戚休。臣則以為繫乎守
令之賢否。然而監司者守令之綱也。朝廷者監司之本也。欲斯民之
皆得其所。本原之地。亦在乎朝廷而已。陛下以為今日之監司姦贓
狼籍肆虐以病民者誰。則非宰執臺諫之親舊賓客乎。其既失勢者
陛下既按見其交私之狀。而斥去之矣。尚在勢者豈無其人。顧陛下
無自而知之耳。然則某事之利。為民之休。某事之病。為民之戚。陛下

雖欲聞之亦誰與奉承而致諸民哉臣以為惟以正朝廷為先務則
其患可不日而自革而陛下似亦有意乎此矣蓋前日所號召數君
子者皆天下所謂忠臣賢士也所以正朝廷之具豈有大於此者哉
然其才之所長者不同則任之所宜者亦異願陛下於其大者使之
贊元經體以亮天工於其細者使之居官任職以熙庶績能外事者
使任典戎幹方之責明治體者使備拾遺補過之官又使之各舉所
知布之列位共圖天下之事使疏而賢者雖遠不遺親而否者雖邇
必棄毋主先入以致偏聽獨任之譏毋篤私恩以犯示人不廣之戒
進退取舍惟公論之所在是稽則朝廷正而內外遠近莫敢不一於
正矣監司得其人而後列郡之得失可得而知郡守得其人而後屬
縣之治否可得而察重其任以責其成舉其善而懲其惡夫如是則
事之所謂利民之所謂休將無所不舉事之所謂病民之所謂戚將

無所不除又何足以勞聖慮哉苟惟不然而切切然今日降一詔明
日行一事欲以惠民而適增其擾者有之欲以興利而益重其害者
有之紛紜叢脞既非君道所宜宣布奉行徒為觀聽之美而已則亦
何補之有況今旱蝗四起民食將乏國所以寬賦役備賑贍業流逋
銷盜賊之計尤在於守令之得其人而其本原之地則又有在願陛
下深留聖意毋忽則天下幸甚蓋天下之事至於今日無一不弊而
不可以勝陳以獻言者之衆則或已能略盡之矣然求其所謂要道
先務而不可緩者此三事是也夫講學所以明理而導之於前定計
所以養氣而督之於後任賢所以修政而經綸乎其中天下之事無
出乎此者矣伏惟陛下因此初政端本正始自貽哲命之時因時順
理乘勢有為之會於此三言深加察納果斷力行以幸天下則夫所
謂不可勝陳之事凡見於議者之言而合乎義理之公切於利害之

計者自然循次及之各得其所若其不然雖有求治之心而致之不
得其方雖有致治之方而為之不得其序一旦恭儉勞苦憂勤過甚
有所不堪而不見其効則亦終於因循怠惰而無所成矣豈天下之
人所以延頸舉踵而望陛下之初心哉至於是時雖欲悔之臣恐其
倍勞聖慮而成効不可期也又況旱蝗之灾環數千里陛下始初清
明行誼未過而天戒赫然若此其甚其必有說矣臣愚竊以為此乃
天心仁愛陛下之厚未待政過行失而先致其警戒之意以啓聖心
使盛德大美始終純全無可非間如商中宗周宣王因灾異而脩德
以致中興也是宜於此三術屢省而亟圖之以順民心以答天意以
陛下之聖明必將有以處此愚臣所慮獨患議者不深惟其所以然
之故以為其間不免有所更張或非太上皇帝之意者陛下所不宜
為以咈親志臣竊以為誤矣恭惟太上皇帝至公無私合德天地臨

御三紀艱難百為其用人造事皆因時循理以應事變未嘗膠於一
定之說先後始末之不同如春秋冬夏之變相反以成歲功存神過
化而無有毫髮私意凝滯於其間其所以能超然遠引屣脫萬乘而
不以為難者由是而已本其傳位陛下之志豈不以陛下必能緝熙
帝學以繼跡堯禹乎豈不以陛下必能復僻啓土以增光祖宗乎豈
不以陛下必能任賢脩政以惠康小民乎誠如是也則臣之所陳乃
所以大奉太上詒謀燕翼之聖心而助成陛下尊親承志之聖孝也
議者顧欲守一時偶然之跡一二以循之以是為太上皇帝之本心
則是以事物有形之粗而語天地變化之神也豈不誤哉且古者禪
授之懿莫如堯舜之盛而舜承堯禪二十有八年之間其於禮樂刑
政更張多矣其大者舉十六相皆堯之所未舉去四凶皆堯之所未
去然而舜不以為嫌堯不以為罪天下之人不以為非載在虞書孔

子錄之以為大典垂萬世法而況臣之所陳非欲盡取太上皇帝約束紛更之也非貴其所賤賤其所貴而悉更置之也因革損益顧義理如何爾亦何不可而陛下何嫌之有哉願早圖之以幸天下毋疑於臣之計也若夫戰守之機形制之勢則臣未之學不敢妄有所陳然竊聞之上流習師物望素輕黜陟失宜效於已試下流戍兵直棄淮甸長江之險與虜共之斯乃古今之所共憂愚智之所同感臣雖鄙闇亦竊疑之況今秋氣已高虜情叵測傳聞汹汹咸謂或當復有去歲之擧雖虛實未可知然是二者實強弱安危形勢所繫呼吸俯仰之閒未足以踰其急也願陛下并留聖意臣不勝大願臣凡愚不學頃歲冒昧辭試有司太上皇帝賜之末第獲叨官祿旣又誤聽人言猥加收召適以疾病留落不前今則血氣益衰精神益耗屛居山田未知所以仰報大恩之日敢因明詔罄竭愚衷昧死獻書以聞迂

疎狂妄不識忌諱忤犯貴近切劘事機罪當萬死惟陛下哀憐財赦而貰其中千冒天威臣無任震懼兢惶俯伏待罪之至

熹權發遣南康軍事上奏曰臣伏觀三月九日陛下可議臣之奏申敕監司郡守條具民間利病悉以上聞無有所隱臣以布衣諸生蒙被聖恩待罪偏壘乃獲遭值仁聖求言願治不問疎遠如此其敢不悉心竭慮以塞詔旨然臣嘗病獻言者不惟天下國家之大體而毛擧細故以為忠聽言者不察天下國家之至計而抉擿隱伏以為明是以獻言雖多而實無所益於人之國聽言雖廣而實無以盡天下之美臣誠不佞然不敢專以淺意小言仰奉明詔惟陛下幸於其大者垂聽而審行之則天下幸甚臣嘗謂天下國家之大務莫大於恤民而恤民之實在省賦省賦之實在治軍若夫治軍省賦以為恤民之本則又在夫人君正其心術以立紀綱而已矣董子所謂正心以

正朝廷正朝廷以正百官正百官以正萬民正萬民以正四方蓋謂此也夫民之不可不恤不待智者而後能知亦不待明者然後能言也然欲知其憔悴困窮之實與其所以致此之由則臣請以所領之郡推之然後以次而及其所以施置之方焉臣謹按南康為郡土地瘠薄生物不暢水源乾淺易得枯涸人民稀少穀賤農傷固已為貧國矣而其賦稅偏重比之他處或相倍蓰民間雖復盡力耕種所收之利或不足以了納稅賦須至別作營求乃可陪貼輸官是以人無固志生無定業不肯盡力農桑以為子孫久遠之計幸遇豐年則賤糶禾穀以苟目前之安一有水旱則扶老攜幼流移四出視其田廬無異逆旅之舍蓋出郊而四望則荒疇敗屋在處有之故臣自到任之初即嘗具奏乞將星子一縣稅錢特賜蠲減又嘗具申提點坑冶司乞為敷奏將百[illegible]稅所折木炭價錢量減分數其木炭錢已蒙聖

慈曲賜開允獨減綵事漕司相度方上版曹若得更蒙聖恩特依所請則一方憔悴困窮之民自此庶幾復有更生之望矣然以臣計之郡之接境江饒等州土田瘠薄類此者非一郡一縣而已也稅賦重大如此者非一料一色而已也若不大為經理深加隱恤雖復時於其閒少有縱舍如以杯水救一車薪之火恐亦未能大有所濟而剝膚椎髓之禍必且愈深愈酷而不可救元氣日耗根本日傷一旦不幸而有方數千里之水旱則其橫潰四出將有不可如何者未知陛下何以處此此臣之所謂民之憔悴困窮而不可不恤者然也而臣所謂省賦理軍者請復為陛下言之夫有田則有租為日久矣而今日民間特以稅重為苦者正緣二稅之入朝廷盡取以供軍而州縣無復贏餘也夫二稅之入盡以供軍則其物有常數其時有常限而又有貼納水腳轉輸之費州縣皆不容有所寬緩而減免也州縣既

無贏餘以給官吏養軍兵而朝廷發下離軍歸正等人又無紀極支費日增無所取辦則不免創於二稅之外別作名色巧取於民且如納米收耗則自七斗八升以至於一倍再倍而未止也豫借官物則自一年二年以至三年四年而未止也此外又有月椿移用諸雜名額拋賣乳香科買軍器寄招軍兵打造鐵甲之屬自版曹總所以至漕司上下相承迤相促迫今日追究人吏明日取勘知通官吏無所從出不過一切取之於民耳蓋不如是無以補舊欠支目前雖明知其一旦發覺違法抵罪而不及顧也夫以罪及其身而不暇恤尚何暇於民之恤乎以此觀之則今日民貧賦重其所從來亦可知矣若不討理軍實而去其浮冗則民力決不可寬然國家盛屢東南恢復之勳未集所以養兵而固圉者常患其力之不足則兵又未可以遽減竊意惟有選將吏覈兵籍可以節軍貲開廣屯田可以實軍儲練

習民兵可以益邊備誠能行此三者而又時出禁錢以續經用民力庶幾其可寬也今將帥之選率皆膏粱騃子廝役凡流徒以趨走應對為能苞苴結託為事物望素輕既不為軍士所服而其所以得此差遣所費以是不貲以故到軍之日惟務裒斂刻剝經營賈販百種搜羅以償債負債負既足則又別生希望愈肆誅求蓋上所以奉權貴而求陞擢下所以飾子女而快己私皆於此乎取之至於招收簡閱訓習撫摩凡軍中之急務往往皆不暇及軍士既已困於刻剝苦於役使而其有能者又不見優異無能者或反見親寵怨怒鬱積無所伸訴平時既皆悍然有不服之心一旦緩急何由可恃至於軍中子弟亦有素習弓馬諳曉戰陣者例皆不肯就本軍投募而朝廷反為之分責州郡枉費錢物拖拽短小生踈無用之人以補軍額凡此數端本末巨細無不乖錯而所謂將帥者私欲飽滿鑽研有效則又

可以東裝問塗而望他軍之積以為己資矣故近歲以來管軍臣僚遷代之速至有一歲而再易者是則不惟軍中利病無由究知冗兵浮食日益猥衆而此人之所盜竊破費與夫送故迎新音色支用已不知其幾何矣至於總餽輸之任者亦皆負倚幽陰交通賄賂其所程督驅催東南數十州之脂膏骨髓名為供軍而輦載以輸於權倖之門者不可以數計若乃屯田民兵二事又特為誕謾小人竊取官職之資而未聞其有絲毫尺寸可見之效凡此數弊天下之人孰不知之而任事之臣略不敢一言以告陛下惟務迫趣州縣使之急征橫賦戕伐邦本而其所以欺陛下者則曰如是而國可富如是而兵可彊陛下亦聞其說之可喜而未究其實往往誤加獎寵畀以事權是以比年以來此輩類皆高官厚祿志滿氣得而生民日益困苦無復聊賴草茅有識之士相與私議竊嘆以為莫大之禍必至之憂近

在朝夕顧獨陛下未之知耳為今之計欲討軍實以紓民力則必盡反前之所為然後乃可冀也蓋授將即委利權一出於朝廷之公議則可以絕苞苴請託之私務求忠勇沈毅實經行陣曾立勞効之人則可以革輕授非才之弊無苞苴請託之私則刻剝之風可革將得其人則軍士畏愛奮厲蒐閱以時而竄名冗食者不得容於其間得人而久其任則上下相安緩急可恃而又可以省送迎之費軍之汰卒與凡比來歸正添差任滿之人皆可歸之屯田使之與民雜耕而漸損其請給其有材勇事藝之人則計其品秩而多與之田因以為什伍之長使教其人習於馳射擊刺行伍之法罷去諸州招軍之令而募諸軍子弟而驍勇者別授以田俾隸尺籍大抵令與見行屯田民兵之法相為表裏擇老成忠實通曉兵農之務者使領其事付以重權久其事任毋貪小利毋急近功俟其果能漸省列屯坐食之兵

稍損州郡供軍之數。然後議其課最。增秩而用任之。如此十數年間。自然漸見切效。若其功效未能遽見之間。而欲亟圖所以紓州縣民間目前之急者。則願深詔主計將輸之臣。且於見今椿積金穀綿絹數內每歲量撥三二十萬。視州郡之貧乏者。特與免起上供官物三五分而代其輸。向後軍籍既覈。屯田既成。民兵既練。則上項量撥之數可以漸減。而州郡免起之數可以漸增。州縣事力既益寬舒。然後可以禁其苛歛。責以寬恤。歲課而時稽之。不惟去其加耗預借非法科斂之弊。又視其土之肥瘠稅之輕重。而均減之。庶幾窮困之民得保生業。無復流移漂蕩之意。所在曠土亦當漸次有人開墾布種。而公上之賦亦當自然登足。次第增羨。不俟程督迫促。而國真可富。兵真可強矣。此臣之所謂省賦治軍之說然也。至於所謂其本在於正心術以立紀綱者。則非臣職之所當及。然天下萬事之根本源流。有

在於是。雖欲避而不言。有不可得者。且臣頃於隆興初元。誤蒙詔對。蓋已略陳其梗槩矣。今請昧死復為陛下畢其說焉。夫所謂綱者。猶網之有綱也。所謂紀者猶絲之有紀也。網無綱則不能以自張。絲無紀則不能以自理。故一家則有一家之綱紀。一國則有一國之綱紀。若乃鄉總於縣。縣總於州。州總於諸路。諸路總於臺省。臺省總於宰相。而宰相兼統衆職。以與天子相可否而出政令。此則天下之綱紀也。然而綱紀不能以自立。必人主之心術公平正大。無偏黨反側之私。然後綱紀有所繫而立。君心不能以自正。必親賢臣。遠小人。講明義理之歸。閉塞私邪之路。然後乃可得而正也。古先聖王所以立師傅之官。設賓友之位。置諫諍之職。凡以先後縱臾。左右維持。惟恐此心頃刻之間。或失其正而已。原其所以然者。誠以天下之本在是。一有不正。則天下萬事將無一物得其正者。故不得而不謹也。今天下

之事。如前所陳。亦可見矣。陛下欲恤民。則民生日蹙。欲理財。則財用日匱。欲治軍。則軍政日紊。欲恢復土宇。則未能北向以取中原尺寸之土。欲報雪讎恥。則未能係單于之頸而飲月氏之頭也。此其故何哉。宰相臺省師傅賓友諫諍之臣。皆失其職。而陛下所與親密所與謀議者。不過一二近習之臣也。此一二小人者上則蠱惑陛下之心志。使陛下不信先王之大道。而說於功利之卑說。不樂莊士之讜言。而安於私暬之鄙態。下則招集天下士大夫之嗜利無恥者。文武彙分。各入其門。所喜則陰為引援。擢寘清顯。所惡則密行訾毀。公肆擠排。交通貨賂。則所盜者皆陛下之財。命卿置將。則所竊者皆陛下之柄。雖陛下所謂宰相師傅賓友諫諍之臣。或反出入其門墻。承望其風旨。其幸能自立者。亦不過齪齪自守。而未嘗敢一言以斥之。其甚畏公論者。乃略能驚逐其徒黨之一二。既不能深有所傷。而終亦不

敢明言以擣其囊橐窠窟之所在。勢成威立。中外靡然向之。使陛下之號令黜陟。不復出於朝廷。而出於此一二人之門。名為陛下之獨斷。而實此一二人者陰執其柄。蓋其所壞。非獨壞陛下之綱紀而已。乃并與陛下所以立綱紀者而壞之。使天下之忠臣賢士。深憂永歎。不樂其生。而貪利無恥敢於為惡之人。四面紛然。攘袂而起。以求逞其所欲。然則民又安可得而恤。財又安可得而理。軍政何自而脩。土宇何自而復。而宗廟之讎恥。又何時而可雪耶。臣誠至愚。不勝憤懣。因伏惟念自頃進對。得竭狂瞽。陛下不唯赦而不誅。其後十八年間。兩蒙收召。五被除擢。雖臣愚暗。自知無用於世。又為疾病憂患之所牽留。有不得祗拜恩命者。然陛下之知臣不為不深。憐臣不為不厚。顧臣乃獨畏懦藏縮。熟視天下之綱紀廢亂。生靈困苦。至於如此。而不能捐生出死。一為陛下言之。是陛下不負臣。而臣負陛下也。今日

幸值聖明開廣言路而臣官守適在可言之數於此而又不言則臣之罪雖萬死不足以自贖是以敢冒言之伏惟陛下曲加容貸留神省察奮發剛斷一正宸心斥遠佞邪建立綱紀以幸四海困窮之民則臣不勝大幸干冒斧鉞臣無任瞻天望聖戰栗俟命之至

熹直寶文閣主管西京嵩山崇福宮上奏曰臣猥以膚陋家被聖知有年於此矣而兩歲以來受恩稠疊有加於前顧視輩流無與為比其為感激之深固有言所不能諭者然竊惟念狂妄之言抵觸忌諱雖蒙聽納不以為罪而伏俟數月未見其有略施行者臣誠不自知求所以堪陛下非常之恩者而未知所出也以是慙懼久不自安意陛下又欲召而見之臣愚於此仰窺聖意尤不識其果何謂也以為欲聽其計策則言已陳而不可用以為欲加之恩意則寵既厚而無以加二者之間未有所當此臣之所以裴回前却懇扣辭避而不

能已也然而陛下猶未之許則臣又重思之前日進對之時口陳之說迫於疾作而猶有未盡焉者蓋嘗請以封事上聞而久未敢進豈非陛下偶垂記憶而欲卒聞之乎抑其別有以乎臣不得而知也然君父之命至于再下而為臣子者堅卧於家則臣於此實有所未安者其所深慮獨恐進見之後所言終不可用而又徒竊誤寵如前之為則臣之辭受將有所甚難處而終得罪者是以輒因前請而悉其所言以獻以為雖使得至陛下之前所言不過如此伏惟聖慈垂賜觀省若以其言為是而次第行之則臣之志願千萬滿足退伏巖穴死無所憾萬一聖意必欲其來則臣亦不過求一望見清光而後懇請以歸而已若見其言果無可取則是臣所學之陋他無所有政使冒進陛下亦將何所用之不若因其懇請而許其歸休猶足以兩有所全也又況陛下之庭侍從之列方有造為飛語以中害善良唱為

橫議以脅持上下其巧詐陰計又有甚於前日之不思而妄發者陛下無為使臣輕犯其鋒而復蹈已覆之轍也蓋臣竊觀今日天下之勢如人之有重病內自心腹外達四肢蓋無一毛一髮不受病者雖於起居飲食未至有妨然其危迫之證深於醫者固已望之而走矣是必得如盧扁華佗之輩投以神丹妙劑為之湔腸滌胃以去病根然後可以幸於安全如其不然則病日益深而病者不覺其可寒心殆非俗醫常藥之所能及也故臣前日之奏輒引藥不瞑眩厥疾不瘳之語意蓋為此而其言有未盡也然天下之事所當言者不勝其衆顧其序有未及者臣不暇言且獨以天下之大本與今日之急務深為陛下言之蓋天下之大本者陛下之心也今日之急務則輔翼太子選任大臣振舉綱維變化風俗愛養民力脩明軍政六者是也臣請昧死而悉陳之惟陛下之留聽焉臣之輒以陛下之心為天下

之大本者何也天下之事千變萬化其端無窮而無一不本於人主之心者此自然之理也故人主之心正則天下之事無一不出於正人主之心不正則天下之事無一得由於正蓋不惟其賞之所勸刑之所威各隨所向勢有不能已者而其觀感之間風動神速又有甚焉是以人主以眇然之身居深宮之中其心之邪正若不可得而窺者而其符驗之著於外者常若十目所視十手所指而不可揜此大舜所以有惟精惟一之戒孔子所以有克己復禮之云皆所以正吾此心而為天下萬事之本也此心既正則視明聽聰周旋中禮而身無不正是以所行無過不及而能執其中雖以天下之大而無一人不歸吾之仁者

臣謹按尚書舜告禹曰人心惟危道心惟微惟精惟一允執厥中夫心之虛靈知覺一而已矣而以為有人心道心之別者何哉蓋以其或生於形氣之私或原於性命之正而所以為知覺

者不同是以或危殆而不安或精微而難見耳然人莫不有是形故雖上智不能無人心亦莫不有是性故雖下愚不能無道心二者雜乎方寸之間而不知所以治之則危者愈危微者愈微而天理之公卒無以勝乎人欲之私矣精則察夫二者之間而不雜也一則守其本心之正而不離也從事於斯無少間斷必使道心常爲一身之主而人心每聽命焉則危者安微者著而動靜云爲自無過不及之差矣又按論語顏淵問仁子曰克己復禮爲仁一日克己復禮天下歸仁焉爲仁由己而由人乎哉夫仁者本心之全德也己者一身之私欲也禮者天理之節文也蓋人心之全德莫非天理之所爲然旣有是身則亦不能無人欲之私以害焉故爲仁者必有以勝其私欲而復於禮則事皆天理而本心之德復全於我也心德旣全則雖以天下之大而無一人不歸吾之仁者然其機則固在我而不在人也曰

日克之不以爲難則私欲淨盡天理流行而仁不可勝用矣此大舜孔子之言而臣輒妄論其所以用力之方如此伏乞聖照然邪正之驗著於外者莫先於家人而次及於左右然後有以達于朝廷而及於天下焉若宮闈之內端莊齊肅后妃有關雎之德後宮無盛色之譏貫魚順序而無一人敢恃恩私以亂典常納賄賂而行請謁此則家之正也退朝之後從容燕息貴戚近臣攜僕奄尹陪侍左右各恭其職而上憚不惡之嚴下謹戴盆之戒無一人敢通內外竊威福招權市寵以紊朝政此則左右之正也內自禁省外徹朝廷二者之間洞然無有毫髮私邪之間然後發號施令羣聽不疑進賢退姦衆志咸服紀綱得以振而無侵撓之患政事得以脩而無阿私之失此所以朝廷百官六軍萬民無敢不出於正而治道畢也心一不正則是數者固無從而得其正是數者一有不正而曰心正則亦安有是理

哉是以古先聖王兢兢業業持守此心雖在紛華波動之中幽獨得肆之地而所以精之一之克之復之如對神明如臨淵谷未嘗敢有須臾之息然猶恐其隱微之間或有差失而不自知也是以建師保之官以自開明列諫諍之職以自規正而凡其飮食酒漿衣服次舍器用財賄與夫宦官宮妾之政無一不領於冢宰之官使其左右前後一動一靜無不制以有司之法而無纖芥之隙瞬息之頃得以隱其毫髮之私蓋雖以一人之尊深居九重之邃而凜然常若立乎宗廟之中朝廷之上此先王之治所以由內及外自微至著精粹純白無少瑕翳而其餘風遺烈猶可以爲後世法程也臣竊見周禮天官冢宰一篇乃周公輔導成王垂法後世用意最深切處欲知三代人主正心誠意之學於此考之可見其實伏乞聖照陛下試以是而思之吾之所以精一克復而持守其心者果嘗有如此之功乎所以脩

身齊家而正其左右者果嘗有如此之效乎宮省事禁臣固有不得而知者然不見其形而視其影未覩其內而占其外則爵賞之濫貨賂之流閭巷竊言久已不勝其籍籍矣臣竊以是窺之則陛下之所以脩之於家者恐其未有以及古之聖王也至於左右便嬖之私恩遇過當往者淵覿說抃之徒勢焰熏灼傾動一時今已無可言矣獨有前日臣所面奏者雖蒙聖慈委曲開譬然臣之愚蠢竊以爲此輩但當使之守門傳命供掃除之役不當假借崇長使得逞邪媚作淫巧於內以蕩上心立門庭招權勢於外以累聖政而其有才無才有罪無罪自不當論況其有才適所以爲姦有罪而不可復用乎且如向來主管喪事欽奉几筵之命遠近傳聞無不竊笑臣不知國史書之野史記之播于夷狄傳於後世且以陛下爲何如主也縱有曲折如前日所以諭臣者陛下亦安能家置一喙而人曉之耶刑餘小醜

不比人類顧乃熒惑聖心虧損聖德以至此極而公卿大臣拱手熟視無一言以救其失臣之痛心始者惟在於此比至都城則又知此曹之用事者非獨此人而侍從之臣蓋已有出其門者臣伏見陛下即位以來臣下稍有知識無不以此事為言者既皆不蒙聽納甚者至或指罪故自近年以來無復有此言者蓋知其根株牢固不可動搖言之無益徒取乖牾以致所言他事亦不見用故置此事於度外而姑論其次耳不唯如此亦以過失之前人所創見故以為異而爭言之及其既久則習熟見聞以為常事而不足言正如近年冬雷秋雪時時有之人遂不以為異然此豈可常之理哉惟臣愚闇不識時宜故今日猶復論此人所諱言而厭道之事雖幸不蒙誅斥而亦未見有所施行也臣竊思之必使陛下聽疏遠之言而遂其平日深所愛幸之人誠有所難能者然此事利害既陳於前而臣所深憂又恐其不可為後聖法也伏惟陛下深為宗社子孫萬世之慮思而行之天下幸甚至其納財之塗則又不於士大夫而專於將帥臣於前日亦嘗輒以面奏而陛下諭臣以為誠當深察而痛懲之矣退而始聞陛下比於環列之尹已嘗有所易置乃知陛下固已深察其弊而無所待於人言然猶未嘗明正其罪而反寵以崇資巨鎮使即便安此曹無知何所忌憚況中外將帥其不為此者無幾陛下亦未能推其類而悉去之也臣竊聞之道路自王抃既逐之後諸將差除多出此人之手蓋抃與此人專為諸將交通內侍納賂買官得其指意風諭軍中等第論薦以欺陛下實將帥之牙儈也今雖去之而未正其罪又聞向者鄂帥剋剝之事亦是此人內外營救遂致罪人漏網言者被罪中外至今為之不平既而又有匿名揭榜暴其過惡者亦被決配此不惟行遣太偏足為聖政之累而自此之後遂無復有人敢言

諸將之罪者以小人握重兵或在周廬肘腋之間或在江湖千里之外而中外無一人敢白其姦此於國計深恐未便前代之監蓋亦非遠伏乞陛下少留聖慮陛下竭生靈之膏血以奉軍旅之費本非得已而為軍士者顧乃未嘗得一溫飽甚者採薪織屨掇拾糞壤以度朝夕其又甚者至使妻女盛塗澤倚市門以求食也怨詈謗讟悖逆絕理至有不可聞者一有緩急不知陛下何所倚仗是皆為將帥者巧為名色頭會箕斂陰奪取其糧賜以自封殖而行貨賂於近習以圖進用彼此既厭足矣然後時以薄少號為羨餘陰奉燕私之費以嫁士卒怨怒之毒於陛下且幸陛下一受其獻則後日雖知其罪而不得復有所問也出入禁闥腹心之臣外交將帥共為欺蔽以至於此豈有一毫愛戴陛下之心哉而陛下不悟反寵暱之以是為我之私人至使宰相不得議其制置之得失給諫不得論其除授之是非以此而觀則陛下所以正其左右未能及古之聖王又明矣且私之得名何為也哉據己分之所獨而有不得以通乎其外之稱也故自匹夫而言則以一家為私而不得以通乎其鄉自鄉人而言則以一鄉為私而不得以通乎其國自諸侯而言則以一國為私而不得以通乎天下至於天子則際天之所覆極地之所載莫非己分之所有而無外之不通矣又何以私為哉今以不能勝其一念之邪而至於有私心以不能正其家人近習之故而至於有私人以私心用私人則不能無私費於是內損經費之入外納羨餘之獻而至於有私財陛下上為皇天之所子全付所覆使其無有私而不公之處其所以與我者亦不細矣乃不能充其大而自為割裂以狹小之使天下萬事之弊莫不由此而出是豈不可惜也哉臣竊聞太祖皇帝改營大內既成宮御正殿洞開重門顧謂侍臣曰此如我心少有邪曲人皆

見之。臣竊謂太祖皇帝不為文字言語之學。而其方寸之地。正大光明。直與堯舜之心如合符節。此其所以肇造區夏。而垂裕無疆也。伏惟陛下遠稽前聖。而近以皇祖之訓為法。則一心克正。而遠近莫敢不一於正矣。伏乞聖照。若以時勢之利害言之。則天下之勢。合則強分則弱。故諸葛亮之告其君曰。宮中府中。俱為一體。陟罰臧否。不宜異同。若有作姦犯科及為忠善者。宜付有司論其刑賞。以昭陛下平明之理。不宜偏私。使內外異法也。當是之時。昭烈父子以區區之蜀。抗衡天下十分之九。規取中原。以興漢室。以亮忠智為之深謀。而其策不過如此。可謂深知時務之要。而暗合乎先王之法矣。夫蜀之小。而於其中又以公私自分彼此如兩國。然則是將以梁益之半。圖吳魏之全。又且內小人而外君子。廢法令而保姦回。使內之所出者日有以賊乎外。公之所立者常不足以勝乎私。則是此兩國者又自相

攻。而其內之私者常勝。外之公者常負也。外有鄰敵之虞。內有陰邪之寇。日夜交攻而不置。為國家者亦已危矣。夫以義理言之既如彼。以利害言之又如此。則今日之事。如不蚤正。臣恐陛下之心雖勞於求賢。而一有所妨乎此。則賢人必不得用。而所用者皆庸繆憸巧之人。雖勤於立政。而一有所礙乎此。則善政必不得立。而所行者皆阿私苟且之政。日往月來。養成禍本。而貽燕之謀未遠。輔相之職不脩。紀綱壞於上。風俗壞於下。民愁兵怨。國勢日卑。一旦猝有不虞。臣竊寒心。不知陛下何以善其後也。然則臣之所謂天下大本。惟在陛下之一心者。可不汲汲皇皇而求有以正之哉。臣昨來面奏劄子內一節云。伏願陛下自今以往。一念之萌。則必謹而察之。此為天理耶。為人欲耶。果天理也。則敬以擴之。而不使其少有壅閼。果人欲也。則敬以克之。而不使其少有凝滯。推而至於言語動作之間。用人處事之

際。無不以是裁之。知其為是而行之。則行之惟恐其不力。而不當憂其力之過也。知其為非而去之。則去之惟恐其不果。而不當憂其果之甚也。知其為賢而用之。則任之惟恐其不專。聚之惟恐其不衆。而不當憂其為黨也。知其為不肖而退之。則退之惟恐其不速。去之惟恐其不盡。而不當憂其有偏也。如此。則聖心洞然。中外融徹。無一毫之私欲得以介乎其間。而天下之事將惟陛下之所為。無不如志矣。今恐日久。元本不存。再此具奏。伏乞聖照。至於輔翼太子之說。則臣前日所謂數世之仁者。蓋已微發其端。而未敢索言之也。夫太子天下之本。其輔翼之不可不謹。見於保傅傳者詳矣。陛下聖學高明。涵貫今古。宜不待臣言而喻。然臣嘗竊怪陛下所以調護東宮者。何其疎略之甚也。由前所論而觀之。豈非所以自治者猶未免於疎略。因是亦以是為當然。而不之慮耶。夫自王十朋陳良翰之後。宮寮之選。號為得人。而能稱其職者

蓋已鮮矣。而又時使邪佞儇薄。闒冗庸妄之輩。或得參錯於其間。所謂講讀。聞亦姑以應文備數。而未聞其有箴規之效。至於從容朝夕。陪侍遊燕者。又不過使臣宦者數輩而已。皇太子睿性夙成。閱理久熟。雖若無待於輔導。然人心難保。氣習易污。習於正則正。習於邪則邪。此古之聖王教世子者。所以必選端方正直道術博聞之士。與之居處。而又使之逐去邪人。不使見惡行。蓋常謹之於微。不待其有過而後規也。今三代之制。雖不可考。且以唐之六典論之。東宮之官。師傅賓客既職輔導。而詹事府兩春坊實擬天子之三省。故以詹事庶子領之。其選甚重。今則師傅賓客既不復置。而詹事庶子有名無實。其左右春坊遂直以使臣掌之。何其輕且褻之甚耶。夫立太子而不置師傅賓客。則無以發其隆師親友尊德樂義之心。獨使春坊使臣得侍左右。則無以防其戲慢媟狎奇衺雜進之害。此已非細事矣。至

於皇孫德性未定聞見未廣又非皇太子之比則其保養之具尤不可以不嚴而今日之官屬尤不備責任尤不專豈任事者亦有所未之思耶謂宜深詔大臣討論前代典故東宮除今已置官外別置師傅賓客之官使與朝夕遊處罷去春坊使臣而使詹事庶子各復其職宮中之事一言之入一令之出必由於此而後通焉又置贊善大夫擬諫官以箴闕失王府則宜稍倣六典親王之制置傅友咨議以司訓導置長史司馬以總衆職妙選耆德不雜他材皆置正員不爲無職明其職掌以責功效則其官屬已略備矣陛下又當以時召之使侍燕遊從容啓迪凡古先聖王正心脩身治平天下之要陛下之所服行而已有效與其勉慕而未能及愧悔而未能免者傾例倒列悉以告之則聖子神孫皆將有以得乎陛下心傳之妙而宗社之安統業之固可以垂於永久而無窮矣此今日急務之一也臣伏見比

者聖詔令皇太子參決庶務此見聖慮之深將使皇太子以時習知國家政事之得失也然臣之愚見則以爲使之習事不若勉其脩德況今皇太子育德春宮幾二十年其於天下之事蓋不待習而無不熟矣獨恐正心脩德之學未至而於物欲之私未免有所係累則雖習於其事而或不能自決於取舍之間故臣竊論輔養之未至者非有他也但欲陛下更留聖意於此而已伏乞聖照至於選任大臣之說則臣前所謂勞於求賢而賢人不得用者蓋已發其端矣夫以陛下之聰明豈不知天下之事必得剛明公正之人而後可任也哉其所以常不得如此之人而反容鄙夫之竊位者非有他也直以一念之間未能撤去私邪之蔽而燕私之好便嬖之流不能盡由於法度若用剛明公正之人以爲輔相則恐其有以妨吾之事害吾之人而不得肆是以選掄之際常先排擯此等寘之度外而後取凡疲懦軟

熟平日不敢直言正色之人而揣摩之又於其中得其至庸極陋決可保其不至於有所妨者然後舉而加之於位是以除書未出而其物色先定姓名未顯而中外已逆知其決非天下之第一流矣故以陛下之英明剛斷略不世出而所取以自輔者未嘗有如汲黯魏徵之比顧常反得如秦檜晚年之執政臺諫者而用之彼以人臣竊國柄而畏忠言之悟主以發其姦也故專取此流以塞賢路蔽主心乃其勢之不得已者陛下尊居宸極威福自已亦何賴於此輩而乃與之共天下之政以自蔽其聰明自壞其綱紀而使天下受其弊哉夫其所以取之者如此故其選之不得而精選之不精故任之不得而重任之不重則彼之所以自任者亦輕夫以至庸之材當至輕之任則雖名爲大臣而其實不過供給唯諾奉行文書以求不失其窠坐資級如吏卒之爲而已求其有以輔聖德修朝政而振紀綱不待智

者而知其必不能也下此一等則惟有作姦欺植黨與納貨賂以濁亂陛下之朝廷耳其尤甚者乃至十有餘年而後敗露以去然其列布於後以希次補者又已不過此等人矣蓋自其爲臺諫侍從而其選已如此其後又擇其尤碌碌者而登用之則亦無怪乎陛下常不得天下之賢才而屬任之也然方用之之初亦曰姑欲其無所害於吾之私而已夫豈知其所以害夫天下之公者乃至於此哉陛下試反是心以求之則庶幾乎得之矣蓋不求其可喜而求其可畏不求其能適吾意而求其能輔吾德不憂其自任之不重而常恐吾所以任之者之未重不爲燕私近習一時之計而爲宗社生靈萬世無窮之計陛下誠以此取之以此任之而猶曰不得其人則臣不信也此今日急務之二也至於振肅紀綱變化風俗之說則臣前所謂勤於立政而善政卒不得立者亦已發其端矣夫以陛下之心憂勤願

治。不為不至。豈不欲夫綱維之振。風俗之美哉。但以一念之間。未能去其私邪之蔽。是以朝廷之上。忠邪雜進。刑賞不分。士夫之間。志趣卑污。廉耻廢壞。頑猶以為事理之當然。而不思有以振厲矯革之也。蓋明於內。然後有以齊乎外。無諸己而後可以非諸人。今宮省之間。禁密之地。而天下不公之道。不正之人。顧乃得以竄穴盤據於其間。而陛下目見耳聞。無非不公不正之事。則其所以薰蒸銷鑠使陛下好善之心不著。疾惡之意不深。其害已有不可勝言者矣。及其作姦犯法。則陛下又未能深割私愛而付諸外庭之議。論以有司之法。是以紀綱不能無所撓敗。而所以施諸外者。亦因是而不欲深究切之。且如頃年方伯連帥嘗以有贓污不法聞者矣。鞫治未竟而已有與郡之命。及臺臣有言。則遂與之祠祿而理為自陳。至於其所蔽匿作過之人。則又不復逮捕付獄。名為降官。而實以解散其事。此雖宰相

曲庇鄉黨。以欺陛下。然臣竊意陛下非全然不悟其欺者。意必以為人情各有所私。我既欲遂我之私。則彼亦欲遂彼之私。君臣之間。頗情穩熟。則其勢不得不少容之。且以為雖或如此。亦未至甚害於事。而不知其敗壞綱紀。使中外聞之。腹非巷議。皆有輕侮朝廷之心。姦贓之吏。則皆鼓舞相賀。不復畏陛下之法令。則亦非細故也。又如廷臣爭議。配享其間邪正曲直。固有所在。則兩無所問而并去之。監司挾私以詆郡守。則不問其曲直而兩皆罷免。監司使酒以凌郡守。亦不問其曲直而兩皆與祠。宰相植黨營私。孤負任使。則曲加保全。而使之去。從諫懷其私恩。陰拱不言。而陛下亦不之問也。其有初自小官擢為臺諫。三四年間。趨和承意。不能建明一事。則年除歲遷至極其選。一日論及一二武臣罪惡。則便斥為郡守。而不與職名。從臣近典東藩。遠帥西蜀。一遭飛語。則體究具析。無所不至。及究析來上。而

所聞不實。則言之者晏然。一無所詢。山陵諸使。黨責辟闕。煩擾吏民。御史有言。亦無行遣。而或反得超遷。御史言及織遭。則名補卿列。而實奪之權。其所言者。則雖量加詘削。而繼以進用。臣伏見近年惟有主張近習一事。賞信罰必。無所假借。自餘百事。多務含容。曲直是非。兩無所問。似聞聖意以謂如此處置。方得均平。此誠堯舜之用心也。然臣於此竊有疑焉。若推其本。則臣固已妄論於前。只據平之一字而言。則臣於易象稱物平施之言竊有感也。蓋古之欲為平者。必稱其物之大小高下而為其施之多寡厚薄。然後乃得其平。若不問其是非曲直而待之如一。則是善者常不得伸。而惡者反幸而免。以此為平。是乃所以為大不平也。故雖堯舜之治。既舉元凱。必放共兜。此又易象所謂遏惡揚善。順天休命者也。蓋善者天理之本然。惡者人欲之邪妄。是以天之為道。既福善而禍淫。又以賞罰之權寄之司牧。

使之有以補助其偏[illegible]及。然則為人君者。可不謹執其柄而務有以奉承之哉。伏惟陛下深留聖意。從班之中。賢否尤雜。至有終歲緘默。不聞一言以裨聖聽者。顧亦隨羣逐隊。排連儹補。其桀黠者乃敢造飛語。立橫議。如臣前所陳者。而宰相畏其凶焰。反撓公議而從之。臺諫亦不敢以聞於陛下而請其罪。臣聞古先聖王數求[illegible]俾輔後嗣。然則今日正是博求賢能置之列位之時。而此人嫉操不謹。懼為身害。乃敢陰為讒慝。公肆劫持。遂其姦謀。不為國計。欲望聖慈。審賜宣問。陛下視此綱紀為如何。可不亟求諸身而亟有以振肅之耶。綱紀不振於上。是以風俗頹弊於下。蓋其為患之日久矣。而浙中為尤甚。大率習為軟美之態。依阿之言。而以不分是非。不辨曲直為得計。下之事上。固不敢少忤其意。上之御下。亦不敢稍咈其情。惟其私意之所在。則千塗萬轍。經營計較。必得而後已。甚者以金珠為

腑臨以契券為詩文宰相可啗則啗宰相近習可通則通近習惟得之求無復廉耻父詔其子兄勉其弟一用此術而不復知有忠義名節之可貴其俗已成之後則雖賢人君子亦不免習於其說一有剛毅正直守道循理之士出乎其間則羣譏衆排指為道學之人而加以矯激之罪上惑聖聰下鼓流俗蓋自朝廷之上以及閭里之間十數年來以此二字禁錮天下之賢人君子復如崇宣之間所謂元祐學術者排擯詆辱必使無所容措其身而後已嗚呼此豈治世之事而尚復忍言之哉又其甚者乃敢誦言於衆以為陛下嘗謂今日天下幸無變故雖有伏節死義之士亦何所用此言一播大為識者之憂而臣有以知其必非陛下之言也夫伏節死義之士當平居無事之時誠若無所用者然古之人君所以必汲汲以求之者蓋以如此之人臨患難而能外死生則其在平世必能輕爵禄臨患難而能盡

忠節則其在平世必能不詭隨平日無事之時得而用之則君心正於上風俗美於下足以逆折姦萌潛消禍本自然不至真有伏節死義之事非謂必知後日當有變故而預蓄此人以擬之也惟其平日自恃安寧便謂此等人材必無所用而專取一種無道理無學識重爵禄輕名義之人以為不務矯激而尊寵之是以綱紀日壞風俗日偷非常之禍伏於冥冥之中而一旦發於意慮之所不及平日所用之人交臂降叛而無一人可同患難然後前日擯棄流落之人始復不幸而著其忠義之節以天寶之亂觀之其將相貴戚近幸之臣皆已頫顙賊庭而起兵討賊卒至於殺身湛族而不悔如巡遠杲卿之流則遠方下邑人主不識其面目之人也使明皇早得巡等而用之豈不能銷患於未萌巡等早見用於明皇又何至真為伏節死義之舉哉商鑒不遠在夏后之世此識者所以深憂於或者之言也雖以

臣知陛下聖學高明識慮深遠決然不至有此議論然每念小人敢託聖訓以蓋其姦而其為害至於足以深沮天下忠臣義士之氣則亦未嘗不痛心疾首而不敢以識者之慮為過計之憂也陛下視此風俗為如何可不反求諸身而亟有以變革之耶此今日急務之三四也至於愛養民力脩明軍政之說則民力之未裕生於私心之未克而宰相臺諫失職也軍政之未脩生於私心之未克而近習得以謀帥也是數說者臣皆已極陳於前矣今請即民力之未裕而推言之臣聞虞允文之為相也盡取版曹歲入窠名之必可指擬者號為歲終羨餘之數而輸之內帑顧以其有名無實積累掛欠空載簿籍不可催理者撥還版曹其為說曰內帑之積將以備他日用兵進取不時之須而版曹目今經費已自不失歲入之數聽其言誠甘且美矣然自是以來二十餘年內帑歲入不知幾何而認為私貯典以私

人宰相不得以式貢均節其出入版曹不得以簿書勾考其在亡其日銷月耗以奉燕私之費者蓋不知其幾何矣而曷嘗聞其能用此錢以易胡人之首如太祖皇帝之言哉徒使版曹經費闕乏日甚督趣日峻以至廢去祖宗以來破分良法而必以十分登足為限以為未足則又造為比較監司郡守殿最之法以誘脅之不復問其政教設施之得失而一以其能剝民奉上者為賢於是中外承風競為苛急監司明諭州郡郡守明諭屬邑不必留心民事惟務催督財賦此民力之所以重困之本而税外無名之賦如和買折帛科罰月椿之屬尚未論也臣伏見祖宗舊法凡州縣催理官物以及九分以上謂之破分諸司即行住催版曹亦置不問由是州縣得其羸餘以相補助貧民皆小拖欠亦得遷延以待蠲放恩自朝廷惠及閭里君民兩足公私俱便此誠不刊之令典也昨自曾懷用事始除此法盡刷州

縣舊欠以為隱漏悉行拘催於是民間稅物毫分銖兩盡要登足曾
懷以此進身遂取宰相而生靈受害寃痛日深得財失民猶為不可
況今政煩賦重民卒流亡所謂財者又將無有可得之理若不早救
必為深害臣每讀大學卒章見其所論小人之使為國家菑害並至
雖有善者亦無如之何者其言丁寧痛切未嘗不為寒心惟陛下少
留聖慮亟發德音以章天下其次則陛下所用之宰相不能擇中外
大吏而惟徇私情之厚薄所用之臺諫不能公行糾劾而惟快己意
之愛憎是以監司郡守多不得人而其賢者或反以舉職業忤臺諫
而遭斥逐也至於監司太多而事權不歸於一銓法雖密而縣令未嘗
擇人則又其法之有未善者然其本正則此等不難區處其本未正
則雖或舉此臣恐未見其益而反有害也又嘗即夫軍政之不修而
推之則臣聞日者諸將之求進也必先掊尅士卒以殖私財然後以
此自結於陛下之私人而竊以姓名達於陛下之貴將貴將得其姓
名即以付之軍中使自什伍以上節次保明稱其材武堪任將帥然
後具為奏牘而言之陛下之前陛下但見其等級推先案牘具備則
誠以為公薦而可得人矣而豈知其諧價輸錢已若晚唐之債帥哉
只此一事有耳者無不聞有口者無不道然以其門戶幽深蹤跡詭
祕故無路得以窺其交通之實狀是以雖或言之而陛下終不信也
夫將者三軍之司命而其選置之方乖剌如此則彼智勇材畧之人
其孰肯抑心下首於宦官宮妾之門而陛下之所得以為將帥者皆
庸夫走卒固不知兵謀師律之為何事而惟尅剝之是先交結之是
圖矣陛下不知其然而猶望其修明軍政激勸士卒以強國勢豈不
悞哉然將帥之不得人非獨士卒之受其弊也推其為害之極則又
有以及乎民者蓋將帥得人則尺籍覈而儲蓄裒屯田立而漕運省

今為將帥者如此則固無望其肯核軍實而豐儲蓄矣至於屯田則
彼自營者尤所不願故朝廷不免為之別置使者以典治之而兵屯
之所資其撥遣則又不免使參其稅然聞其占護軍人不肯募其願
耕者以行而強其不能者以往至屯則偃蹇不耕而反為民田之害
使者文吏其力蓋有所不能制者是以陛下欲為之切而久不得成
也屯田不立漕運煩費諸州苗米至或盡數起發而無以供州兵之
食則加耗斛面之弊紛紛而起而民益困矣又凡和買折帛科罰月
椿之類往往亦為供軍之故而不可除若屯田立而所資於諸路者
減則此屬庶乎其皆可禁矣今乃不然則是置將之不善而害足以
及民也凡此數者根株深固枝條廣闊若不可以朝變而夕除者然
究其本則亦在夫陛下之反諸身耳聖心誠無不正則必能出私帑
以歸版曹矣版曹不至甚闕必能復破分之法除殿最之科以寬州
縣矣聖心誠無不正則必能擇宰相以選牧守矣擇臺諫以公刺舉
矣聖心誠無不正則必能嚴宦官兵將交通之禁而以選將屬宰相
矣宰相誠得其人則必能為陛下擇將帥以作士氣討軍實廣屯田
以省漕運矣上自朝廷下達州縣治民典軍之官既皆得人然後明
詔宰相議省監司之員而精其選重其責又詔銓曹使以縣之劇易
分為等差而常切詢訪天下之官吏能為縣者不拘薦舉之有無不
限資格之高下而籍其姓名使以次補最劇之縣果有治績則優而
進之不勝其任則絀而退之凡州縣之間無名非理之供橫斂巧取
之政其泰甚而可去者可以漸去而民力庶乎其可寬矣至於屯田
之利則以臣愚見當使大將募軍士使者招游民各自為屯不相牽
制其給授課督賞罰政令各從本司自為區處軍中自有將校可使
不須別置官吏使者則聽其辟置官屬三五人指使一二十人以備

使命又擇從官通知兵農之務兼得軍民之情者一員為屯田使總
治兩司之政而通其奏請趣其應副又以歲時按行察其勤惰之實
以行誅賞如此則兩屯心競各務其功因事可成漕運可省而諸路
無名非理之供橫斂巧取之政前日有所不獲已而未可盡去者今
亦可以悉禁民力庶乎其益裕矣此今日急務之五六也屯田一事
如臣之策亦是將來將帥得人之後方可施行若將帥止如今日卻
恐徒壞漕司已成之功無補將帥兵屯之實止乞指揮趣此水災之
後廣招流冗并行民屯之策以俟見効仍詔漕臣更切詢訪利病違
未盡者條具以聞然後隨事商量及時措置庶幾已成之緒不至動
搖輕有廢壞伏乞聖照凡此六事皆不可緩而其本在於陛下之一
心一心正則六事無不正一有人心私欲以介乎其間則雖欲憊精
勞力以求正夫六事者亦將徒為文具而天下之事愈至於不可為

矣故所謂天下之大本者又急務之最急而又不可以少緩者惟陛
下深留聖意而亟圖之使大本誠正急務誠修而治効不進國勢不
強中原不復仇虜不滅則臣請伏鈇鉞之誅以謝陛下陛下雖欲赦
之臣亦不敢承也然又竊聞之今日士夫之論其與臣不同者非一
及究其實則皆所謂似是而非者也蓋其樂因循之無事者則曰陛
下之年寖高而天下亦幸無事年寖高則血氣不能不衰天下無事
則不宜更為庸人所擾其所奮厲而有為者則又曰祖宗之積憤不
可以不攄中原之故疆不可以不復以此為務則聖心不待勸勉而
自強含此不圖則雖欲策厲以有為而無所向望以為標準亦足歸
於委靡而已凡此二說亦皆有理而臣輒皆以為非者蓋樂因循者
知聖人之血氣有時而衰而不知聖人之志氣無時而衰也知天下
有事之不可以苟安而不知天下無事之尤不可以少怠也況今日

之天下又未得為無事乎且以衛武公言之其年九十有五矣猶識
儆於國以求規諫而作抑戒之詩以自警使人朝夕誦之不離於其
側此其年豈不甚高而其戒謹恐懼之心豈以是而少衰乎況陛下
視武公之年三分未及其二而責任之重地位之高又有十百千萬
於武公者臣雖不肖又安敢先處陛下於武公之下而直謂其不能
乎且天下之事非艱難多事之可憂而宴安酖毒之可畏政使功成
治定無一事之可為尚當朝兢夕惕居安慮危而不可以少怠況今
天下雖若未有目前之急然民貧財匱兵惰將驕外有強暴之夷虜
內有愁怨之軍民其他難言之患隱於耳目之所不加思慮之所不
接者近在堂奧之間而遠在數千里之外何可勝數堂奧之說已陳
於前此句更乞陛下少留聖慮追計其前既未有可見之效卻顧於
後又未有可守之規臣竊見尋常之人將欲屬人以一至微至細之

事猶必先為規模使其盡善然後所屬之人有所持循而不失吾之
所以屬之之意況有天下者將以天下至大之事屬之於人而不先
為盡善可守之規以授之乎然臣於此事不敢盡言者蒙聖明少加
聖慮則當此之時誠如一新德業重整綱維不可失之幾會也臣狂
妄僭率罪當萬死伏惟陛下裁赦亦安得遽謂無事而遂以逸豫處
之乎其思奮厲者又徒知恢復之不可忘頹墮之不可久然不知不
世之大功易立而至微之本心難保中原之戎虜易逐而一己之私
意難除也誠能先其所難則其易者將不言而自辦不先其難而徒
欲僥倖於其易則雖朝夕談之不絕於口是亦徒為虛言以快一時
之意而已又況此事之失已在隆興之初不合遽然罷兵講和遂使
宴安酖毒之害日滋日長而坐薪嘗膽之志日遠日忘是以數年以
來綱維解弛釁孽萌生區區東南事猶有不勝慮者何恢復之可圖

乎。故臣不敢隨例迎合苟為大言以欺陛下。而所望者。則惟欲陛下先以東南之未治為憂。而正心克己以正朝廷。修政事。庶幾真實功效可以馴致。而不至於別生患害以妨遠圖。蓋所謂善易者不言易。而真有志於恢復者果不在於撫劍抵掌之間也。論者又或以為陛下深於老佛之學。而得其識心見性之妙。於古先聖王之道。蓋有不約而自合者。是以不悅於世儒之常談死法。而於當世之務。則寧以管商一切功利之說為可取。今乃以其所厭飫鄙薄者陳於其前。亦見其言愈多而愈不合也。臣以為此亦似是而非之論。非所以進盛德於日新也。彼老子浮屠之說。固有疑於聖賢者矣。然其實不同者。則此以性命為真實。而彼以性命為空虛也。此以為實。故所謂寂然不動者萬理粲然於其中。而民彝物則無一之不具。所謂感而遂通天下之故。則必順其事。必循其法。而無一事之或差。彼以為空。則徒

知寂滅為樂。而不知其為實理之原。徒知應物見形。而不知其有真妄之別也。是以自吾之說而脩之。則體用一原。顯微無間。而治心修身齊家治國無一事之非理。由彼之說。則其本末橫分。中外斷絕。雖有所謂朗澈靈通虛靜明妙者。而無所救於滅理亂倫之罪。顛倒運用之失也。故自古為其學者。其初無不似有可喜。考其終。則詖淫邪遁之見。鮮有不作而害於政事者。是以程顥常闢之。曰。自謂窮神知化。而不足以開物成務。言為無不周徧。而實外於倫理。窮深極微。而不可以入堯舜之道。天下之學。自非淺陋固滯。則必入於此。是謂正路之榛蕪。聖門之蔽塞。闢之而後可與入道。嗚呼。此真可謂理到之言。惜乎其未有以聞於陛下者。使陛下過聽髠徒誑妄之說。而以為真有合於聖人之道。至分治心治身治人以為三術。而以儒者之學為最下。則臣竊為陛下憂此心之害於政事。而惜此說之布於來今

也。如或未以臣言為然。則聖賢不為不高。學之不為不久。而所以正心脩身以及天下者。其效果安在也。是豈可不思其所以然者而亟反之哉。臣聞仁宗時。有程顥者。與其弟頤同受學於周敦頤。實得孔孟以來不傳之緒。同時又有邵雍張載相與博約。遂使聖道闇而復明。其功甚大。俗儒淺學。既不足以窺其蘊奧。姦人鄙夫。又以其言居必誠敬。動由禮義。有害於己之所為。以故相與怨疾。指為道學而加詆訕。為臣已略論於前矣。夫世俗無知。既以道學為不美。則是必欲舉世之人俱無道。俱不學。悉如己之所為。而後適於其意耳。邪說肆行。人心頹僻。無所忌憚。乃至於此。此正閔馬父之所深憂也。今敦頤等所著之書。頗藏冊府。陛下試取而觀之。聖學高明。必將有黙相契合而見諸行事者。若遂於此賜一言以表章之。則正心之效。不惟自得。而所以正人心亦在是矣。伏惟陛下深留聖意。若夫管商功利之

說。則又陋矣。陛下所以取之者。則以既斥儒者之道為常談死法。而天下之務日至於前。彼浮屠之學。又不足應之。是以有味乎彼之言。而冀其富國強兵。或有近效耳。然自行其說。至今幾年。而國日益貧。兵日益弱。所謂近效者。亦未之見。而聖賢所傳生財之道。理財之義。文武之怒。道德之威。則固所以為富強之大。而反未有講之者也。豈不誤哉。今議者徒見老佛之高。管商之便。而聖賢所傳明善誠身齊家治國平天下者。初無新奇可喜之說。遂以為常談死法而不足學。夫豈知其常談之中自有妙理。死法之中自有活法。固非老佛管商之陋所能彷彿其萬分也哉。伏惟陛下察臣之言。以究四說之同異。而明辨之。則知臣之所言。非臣所為之說。乃古先聖賢之說。非聖賢所為之說。乃天經地義自然之理。雖以堯舜禹湯文武周孔之聖。顏曾伋軻之賢。而有所不能違也。則於臣之言與夫論者之說。其為取

咎從違不終日而決矣抑臣於此又竊有感而自悲焉蓋臣之得事陛下於今二十有七年矣而於其間得見陛下數不過三自其始見於隆興之初固嘗輒以近習為言矣辛丑再見又嘗論之今歲三見而其所言又不過此臣遐方下士田野之人豈有積怨深怒於此曹而固欲攻之以快己私也哉其所以至於屢進不合而不敢悔者區區之意獨為國家之計而不敢自為身謀其愚亦可見矣然自頃以來歲月逾邁如川之流一往而不復返不惟臣之蒼顏白髮已迫遲暮而竊仰天顏亦覺非昔時矣臣之鄙滯固不能別有忠言奇謀以裨聖聽而陛下日新之盛德亦未能有以使臣釋然而忘其夙昔之憂也則臣於此安得不深有感而重自悲乎身伏衡茅心馳魏闕竊不勝其愛君憂國之誠敢冒萬死刳瀝肺肝以效野人食芹炙背之獻且以自乞其不肖之身焉伏惟陛下哀憐財赦而擇其中則非獨臣之幸實宗社生靈之幸

歷代名臣奏議卷之五十三

歷代名臣奏議卷之五十四

治道

宋孝宗時朱熹上奏曰臣聞昔者帝舜以百姓不親五品不遜而使契為司徒之官教以人倫父子有親君臣有義夫婦有別長幼有序朋友有信又慮其教之或不從也則命皐陶作士明刑以弼五教而期于無刑焉蓋三綱五常天理民彝之大節而治道之本根也故聖人之治為之教以明之為之刑以弼之雖其所施或先或後或緩或急而其丁寧深切之意未嘗不在乎此也乃若三代王者之制則亦有之曰凡聽五刑之訟必原父子之親立君臣之義以權之蓋必如此然後輕重之序可得而論淺深之量可得而測而所以悉其聰明致其忠愛者亦始得其所施而不悖此先王之義刑義殺所以雖或傷民之肌膚殘民之軀命然刑一人而天下之人懼然不敢肆意於為惡則是乃所以正直輔翼而若其有常之性也後世之論刑者不知出此其陷於申商之刻薄者既無足論矣至於鄙儒姑息之論異端報應之說俗吏便文自營之計則又一以輕刑為事然刑愈輕而愈不足以厚民之俗往往反以長其悖逆作亂之心而使獄訟之愈繁則不講乎先王之法之過也臣伏見近年以來或以妻殺夫或以族子殺族父或以地客殺地主而有司議刑卒從流宥之法夫殺人者不死傷人者不刑雖二帝三王不能以此為治於天下而況於其繫於父子之親君臣之義三綱之重又非凡人之比者乎然臣非敢以此之故遂勸陛下深於用法而果於殺人也但竊以為諸若此類涉於人倫風化之本者有司不以經術義理裁之而世儒之鄙論異端之邪說俗吏之私計得以行乎其間則天理民彝幾何不至於泯滅而舉世之所謂無刑者又何日而可期哉故臣伏願陛

下深詔中外司政典獄之官凡有獄訟必先論其尊卑上下長幼親踈之分而後聽其曲直之辭凡以下犯上以卑凌尊者雖直不宥其不直者罪加凡夫之坐其有不幸至於殺傷者雖有疑慮可憫而至於奏讞亦不許輒用擬貸之例又詔儒臣博采經史以及古今賢哲議論及於教化刑罰之意者刪其精要之語聚為一書以教學古入官之士與凡執法治民之官皆使略知古先聖王所以敦典敷教制刑明辟之大端而不敢陰為姑息果報便文之計則庶幾有以助成世教而仰稱陛下好生惡殺期於無刑之本意

熹擬舉浙東常平茶鹽公事上奏曰臣聞人主所以制天下之事者本乎一心而心之所主又有天理人欲之異二者一分而公私邪正之塗判矣蓋天理者此心之本然循之則其心公而且正人欲者此心之疾疢循之則其心私而且邪公而正者逸而日休私而邪者勞

而日拙其效至於治亂安危有大相絕者而其端特在夫一念之間而已舜禹相傳所謂人心惟危道心惟微惟精惟一允執厥中者正謂此也臣嘗竊怪陛下以大有為之資膺受付託憂勤願治恭儉愛民二十年於此矣而間者臨軒慨然發嘆乃或未免以治效之不進為憂因竊以是推之而得其說請昧萬死為陛下一二陳之夫天下之治固必出於一人而天下之事則有非一人所能獨任者是以人君既正其心誠其意於堂阼之上窔奧之中而必深求天下敦厚誠實剛明公正之賢以為輔相使之博選士大夫之聰明達理直諒敢言忠信廉節足以有為有守者隨其器能寘之列位使之交脩衆職以上輔君德下固邦本而左右私褻使令之賤無得以奸其間者有功則久其任不稱則更求賢者而易之蓋其人可退而其位不可以苟充其人可廢而其任不可以輕奪此天理之當然而不可易者也人君察於此理而不敢以一毫私意鑿於其間則其心廓然大公儼然至正泰然行其所無事而坐收百官衆職之成功一或反是則為人欲私意之病其偏黨反側黮闇猜嫌固日擾擾乎方寸之間而姦僞讒慝叢脞眩瞀又將有不可勝言者此亦理之必然也恭惟陛下即政之初蓋嘗選建豪英任以政事矣不幸其間不能盡得其人或以庸陋覬瑣不堪委寄或以朋比欺罔自速罪辜而陛下之心又本有前日權臣跋扈之疑是以不復廣求賢哲而姑取軟熟易制承順不違之人以充其位於是左右私褻使令之賤始得以奉清閒備驅使而宰相之權日輕既而陛下亦慮其勢有所偏而因重以壅已也則又時聽外庭之論雖甚狂訐無所遣忤意者將以陰察此輩之負犯而操切之欲其有所忌憚而不敢肆於為惡陛下之用力則已勞矣而其翕張翕縱之機周防畏備之計又可謂無遺巧矣然而天下

之勢終不免於偏有所重而治亂安危之效又未能盡如聖志之所欲蓋既未能循天理公聖心以正朝廷之大體則固已失其本矣而又欲兼聽士大夫之公言以為駕馭之術則士大夫之進見有時而近習之從容無間士大夫之禮貌既莊而難親其議論又苦而難入近習便嬖側媚之態既足以蠱心志其胥史狡獪之術又足以眩聰明此其生熟甘苦既有所分則恐陛下未及施其駕馭之策而先已墮其數中矣是以比來陛下雖欲微抑此輩而此輩之勢日重雖欲兼採公論而士大夫之勢日輕重者既挾其重以竊陛下之權其輕而姦者又借力於陛下之所重以為竊位固寵之計中外相應更濟其私至於姦窮惡稔蹤跡敗露然後其素輕者不免於譴訶然猶委蛇盤礴不失其崇資峻秩而攫取陛下之厚賜優禮以去其素重者則陛下固未嘗一問其朋比援引之姦也日往月來浸淫耗蝕使陛

下之德業日隳綱紀日壞邪佞充塞貨賂公行兵怨民愁盜賊間作災異數見饑饉荐臻蓋群小相挺人人皆得滿其所欲唯有陛下了無所得而國家顧乃獨受其弊是則陛下之勞既不足以成天下之務而反以敗之其巧既不足以勝群小之姦而反以助成其勢若彼之所以蔽遮天理濁亂聖心則將益深錮而遂至於不可解蓋其失萌於一念之疑大臣而其為害展轉至此所謂差之毫釐謬以千里者臣恐陛下於此偶未察也是以往歲蒙恩賜對去年應詔言事皆以明理正心之說陳于陛下之前惓惓深衷實在於此而學淺辭拙不足以起發聖意恐懼至今乃幸復以職事得望清光敢畢其餘忠如此誠願陛下深察天理以公聖心廣求賢才以脩聖政則夫左右私褻使令之賤固已無隙可投以誤恩顧則又痛斥而遠屏之以永除後日蔽遮濁亂深錮之害庶幾天下之事猶可復為而陛下之國家將不至於卒受群小之弊臣至愚極陋學無所成獨有螻蟻愛君憂國之心不能自已妄論至此悲憤填膺伏惟陛下赦其罪而納其忠深為宗廟社稷大計不俟終日斷然行之則不唯愚臣之幸實天下之幸

熹直寶文閣上封事曰臣竊惟皇帝陛下有聰明睿智之姿有孝友溫恭之德有寬仁博愛之慈有神武不殺之威養德春宮垂二十年一旦受命慈皇親傳大寶龍飛虎變御極當天凡在覆載之間稍有血氣之屬莫不延頸舉踵觀德聽風而臣適逢斯時首蒙趣召且辱賜對得近日月之光感幸之深其敢無說以效愚忠之一二蓋臣聞古之聖賢窮理盡性備道全德其所施為雖無不中於義理然猶未嘗少有自足之心是其平居所以操存省察而致其懲忿窒慾遷善改過之功者固無一念之間斷及其身之所履有大變革則又必因

是而有以大警動於其心焉所以謹初始而重自新也伊尹之告太甲曰今王嗣厥德罔不在初又曰今嗣王新服厥命惟新厥德召公之戒成王曰若生子罔不在厥初生自貽哲命今天其命哲命吉凶命歷年知今我初服肆惟王其疾敬德蓋深以是而望於其君其意亦已切矣今者陛下自儲貳而履至尊由監撫而專聽斷其為身之變革孰有大於此者則凡所以警動其心而謹始自新者詎已無所不用其極矣而臣之愚猶竊有懼焉者誠恐萬分有一所以警動自新之目或未悉舉則釁孽之萌將有作於眇綿之間出於防慮之外者是以輒忘踈賤而妄以平日私憂過計之所及者深為陛下籌之則若講學以正心若脩身以齊家若遠便嬖以近忠直若抑私恩以抗公道若明義理以絕神姦若擇師傅以輔皇儲若精選任以明體統若振綱紀以厲風俗若節財用以固邦本若脩政事以攘夷狄凡是十者皆陛下所當警動自新而不可一有闕焉者也臣不勝犬馬愛君憂國之誠輒敢事為之說而昧死以獻謹條其事如左

其一所謂講學以正心者臣聞天下之事其本在於一人而一人之身其主在於一心故人主之心一正則天下之事無有不正人主之心一邪則天下之事無有不邪如表端而影直源濁而流汙其理有必然者是以古先哲王欲明其德於天下者莫不壹以正心為本然本心之善其體至微而利欲之攻不勝其衆嘗試驗之一日之間聲色臭味游衍馳驅土木之華貨利之殖雜進於前日新月盛其間心體湛然善端呈露之時蓋絕無而僅有也苟非講學之功有以開明其心而不迷於是非邪正之所在又必信其理之在我而不可以須臾離焉則亦何以得此心之正勝利欲之私而應事物無窮之變乎然所謂學則又有

邪正之別焉。味聖賢之言。以求義理之當。察古今之變。以驗得失之幾。而必反之身。以踐其實者。學之正也。涉獵記誦而以雜博相高。割裂裝綴而以華靡相勝。反之身則無實。措之事則無當者。學之邪也。學之正而心有不正者鮮矣。學之邪而心有不邪者亦鮮矣。故講學雖所以為正心之要。而學之邪正。其繫於所行之得失。而不可不審者又如此。易曰。正其本。萬事理。差之毫釐。繆以千里。惟聖明之留意焉。則天下幸甚。

其二所謂脩身以齊家者。臣聞天下之本在國。國之本在家。故人主之家齊。則天下無不治。人主之家不齊。則未有能治其天下者也。是以三代之盛。聖賢之君能脩其政者。莫不本於齊家。蓋男正位乎外。女正位乎內。而夫婦之別嚴者。家之齊也。妻齊體於上。妾接承於下。而嫡庶之分定者。家之齊也。采有德。戒聲色。近嚴敬。遠技能者。家之齊也。內言不出。外言不入。苞苴不達。請謁不行者。家之齊也。然閨門之內。恩常揜義。是以雖以英雄之才。尚有困於酒色。溺於情愛而不能自克者。苟非正心脩身。動由禮義。使之有以服吾之德而畏吾之威。則亦何以正其宮壼。杜其請託。檢其姻戚。而防禍亂之萌哉。書曰。牝雞之晨。惟家之索。傳曰。福之興。莫不本乎室家。道之衰。莫不始乎梱內。惟聖明之留意焉。則天下幸甚。

其三所謂遠便嬖以近忠直者。臣聞蓬生麻中。不扶而直。白沙在泥。不染而黑。故賈誼之言曰。習與正人居之。不能無正。猶生長於齊之地。不能不齊言也。習與不正人居之。不能無不正。猶生長於楚之地。不能不楚言也。是以古之聖賢欲脩身以治人者。必遠便嬖以近忠直。蓋君子小人。如冰炭之不相容。薰蕕之不相入。小人進則君子必退。君子親則小人必疎。未有可以兼收並蓄而不相害者也。能審乎此以定取舍。則其見聞之益。薰陶之助。所以謹邪僻之防。安義理之習者。自不能已。而其舉措刑賞所以施於外者。必無偏陂之失。一有不審。則不惟其妄行請託。竊弄威權。有以害吾之政事。而其導諛薰染。使人不自知覺而與之俱化。則其害吾之本心正性。又有不可勝言者。然而此輩其類不同。蓋有本出下流。不知禮義。而稍通文墨者。亦有服儒衣冠。叨竊科第。而實全無行檢者。是皆國家之大賊。人主之大蜮。苟非心正身脩。有以灼見其情狀。如臭惡之可惡。則亦何以遠之。而來忠直之士。望德業之成乎。諸葛亮有言。親賢臣。遠小人。此先漢所以興隆也。親小人。遠賢臣。此後漢所以傾頹也。先帝在時。每與臣論此事。未嘗不歎息痛恨於桓靈也。本朝大儒程頤在元祐間。常進言於朝。以為人主當使一日之中。親賢士大夫之時多。親宦官宮妾之時少。則可以涵養氣質。薰陶德性。此皆切至之言也。然後主不能用亮之言。故卒以黃皓陳祇而亡其國。元祐大臣亦不能白用頤說。故紹聖元符之禍至今言之。猶可哀痛。前事不遠。惟聖明之留意焉。則天下幸甚。

其四所謂抑私恩以抗公道者。臣聞天無私覆。地無私載。日月無私照。故王者奉三無私以勞於天下。則兼臨博愛。廓然大公。而天下之人莫不心悅而誠服。儻於其間復以新舊而為親疎。則其偏黨之情。褊狹之度。固已使人憪然有不服之意。而其好惡取舍。又必不能中於義理。而甚則至於沮謀敗國。妨德亂政。而其害有不可勝言者。蓋左右廝役。橫加官賞。宮府僚屬。例得褒遷。固不問前例之是非。而[illegible]者又不問其有無此例。舊事之失而不可以不正況今又有發懷姦心預自憑結者又將貪天之功以為己力而不顧其仰累於聖德妬賢嫉能欺下蔽上而不憂其有害於聖政也苟不有以深抑私情痛加屏絕則何以明公道而服衆心革宿弊而防後患乎唐太宗之責龐相壽曰我昔為王為一府作主今為天子為四海作主為四海作主不可偏與一府恩澤若復命爾重位必使為善者皆不用心正為此也又況有國家者當存遠慮若漢高祖之戮丁公我太祖之薄王溥此其深識雄斷皆可以為後聖法惟聖明之留意焉則天下幸甚

其五所謂明義理以絕神姦者臣聞天有顯道厥類惟彰作善者降之百祥作不善者降之百殃是以人之禍福皆其自取未有不為善而以謟禱得福者也未有不為惡而以守正得禍者也

而況帝王之生實受天命以為郊廟社稷神人之主苟能脩德行政康濟兆民則災害之去何待於禳福祿之來何待於禱如其反此則獲罪於天人怨神怒雖欲辟惡鬼以來真人亦無所益又況先王制禮自天子以至於庶人報本享親皆有常典牲器時日皆有常度明有禮樂幽有鬼神一理貫通初無間斷苟禮之所不載即神之所不享是以祭非其鬼即為淫祀淫祀無福經有明文非固設此以禁之乃其理之自然不可得而易也其或恍惚之間如有影響乃是心無所主妄有憂疑遂為巫祝妖人乘間投隙以逞其姦欺誑惑之術既行則其為禍又將無所不至古今以此坐致亂亡者何可勝數其監蓋亦非遠苟非致精學問以明性命之理使此心洞然無所疑惑當有即有當無即無則亦何据以秉禮執法而絕妖妄之原乎先王之政執

左道以亂政假鬼神以疑衆者皆必誅而不以聽其慮深矣然傳有之明於天地之性者不可惑以神怪明於萬物之情者不可罔以非類則其為妄蓋亦不甚難察惟聖明之留意焉則天下幸甚

其六所謂擇師傅以輔皇儲者臣聞賈誼作保傅傳其言有曰天下之命繫於太子太子之善在於早諭教與選左右教得而左右正則太子正太子正而天下定矣此天下之至言萬世不可易之定論也至論所以教諭之方則必以孝仁禮義為本而其條目之詳則至於容貌詞氣之微衣服器用之細纖悉曲折皆有法度一有過失則史書之策宰撤其膳而又必有進善之旌誹謗之木敢諫之鼓瞽詩史書工誦箴諫士傳民語必使至於化與心成中道若性而猶不敢怠焉其選左右之法則有三公

之尊有三少之親有道有充有弼有承上之必得周公太公召公史佚之流乃勝其任下之猶必取於孝弟博聞有道術者未幸一有邪人廁乎其間則必逐而去之是以太子朝夕所與居處出入左右前後無非正人而未嘗見一惡行此三代之君所以有道之長至於累數百年而不失其天下也當誼之時固已病於此法之不備然考孝昭之詔則猶知誦習誼之所言而有以不忘乎先王之意降而及於近世則帝王所以教子之法益疏略矣蓋其所以教者不過記誦書札之工而未嘗聞以仁孝禮義之習至於容貌詞氣衣服器用則雖極於邪侈而未嘗有以裁之也寮屬具員而無保傅之嚴講讀備禮而無箴規之益至於朝夕所與出入居處而親密無間者則不過宦官近習掃除趨走之流而已夫以帝王之世當傳付之統上有宗廟社稷

之重下有四海烝民之生前有祖宗垂創之艱後有子孫長久之計而所以輔養之具疎略如此是猶家有明月之珠夜光之璧而委之衢路之側盜賊之衝也豈不危哉詩曰豐水有芑武王豈不仕詒厥孫謀以燕翼子惟聖明之留意焉則天下幸甚

其七所謂精選任以明體統者臣聞人主以論相為職宰相以正君為職二者各得其職然後體統正而朝廷尊天下之政必出於一而無多門之弊苟當論相者求其適已而不求其正已取其可愛而不取其可畏則人主失其職矣當正君者不以獻可替否為事而以趨和承意為能不以經世宰物為心而以容身固寵為術則宰相失其職矣二者交失其職是以體統不正綱紀不立而左右近習皆得以竊弄威權賣官鬻獄使政體日亂國勢日卑雖有非常之禍伏於冥冥之中而上恬下嬉亦莫知

以為慮者是可不察其所以然者而反之以汰其所已用而審其所將用者乎選之以其能正已而可畏則必有以得自重之士而吾所以任之不得不重任之既重則彼得以盡其獻可替否之志而行其經世宰物之心而又公選天下直諒敢言之士使為臺諫給舍以參其議論使吾腹心耳目之寄常在於賢士大夫而不在於群小陟罰臧否之柄常在於廊廟而不出於私門如此而主威不立國勢不彊綱維不舉刑政不清民力不裕軍政不備者臣不信也書曰成王畏相語曰和臣不忠且以唐太宗之聰明英特號為身兼將相然猶必使天下之事關由宰相審熟便安然後施行蓋謂理勢之當然有不可得而易者惟聖明之留意焉則天下幸甚

其八所謂振綱紀以厲風俗者臣聞四海之廣兆民至衆人各有意欲行其私而善為治者乃能總攝而整齊之使之各循其理而莫敢不如吾志之所欲者則以先有綱紀以持之於上而後有風俗以驅之於下也何謂綱紀辨賢否以定上下之分核功罪以公賞罰之施也何謂風俗使人皆知善之可慕而必為皆知不善之可羞而必去也然綱紀之所以振則以宰執秉持而不敢失臺諫補察而無所私人主又以其大公至正之心恭已於上而照臨之是以賢者必上不肖者必下有功者必賞有罪者必刑而萬事之統無所闕也綱紀既振則天下之人自將各自矜奮更相勸勉以去惡而從善蓋不待黜陟刑賞一一加於其身而禮義之風廉耻之俗已丕變矣惟至公之道不行於上是以宰執臺諫有不得人黜陟刑賞多出私意而天下之俗遂至於靡然不知名節行撿之可貴而唯阿諛軟熟奔競交結之

為務一有端言正色於其間則羣譏衆排必使無所容於斯世而後已此其形勢如將傾之屋輪奐丹臒雖未覺其有變於外而材木之心已皆蠹朽腐爛而不可復支持矣苟非斷自聖志灑濯其心而有以大警敕之使小大之臣各舉其職以明黜陟以信刑賞則何以振已頹之綱紀而厲已壞之風俗乎管子曰禮義廉耻是謂四維四維不張國乃滅亡賈誼嘗為漢文誦之而曰使管子而愚人也則可使管子而少知治體是豈可不為寒心也哉二子之言明白深切非虛語者惟聖明之留意焉則天下幸甚

其九所謂節財用以固邦本者臣聞先聖之言治國而有節用愛人之說蓋國家財用皆出於民如有不節而用度有闕則橫賦暴歛必將有及於民者雖有愛人之心而民不被其澤矣是以

將愛人者必先節用此不易之理也國家承五季之弊祖宗創業之初日不暇給未及大為經制故其所以取於民者比之前代已為過厚重以熙豐變法頗有增加而建炎以來地削兵多權宜科須又復數倍供輸日久民力已殫而聞者諸路上供多入內帑是致戶部經費不足遂廢祖宗破分之法而上供歲額必取十分登足而後已期限迫促科責嚴峻監司州縣更相督迫唯務自寬已責何暇更察民情擾撻號呼有使人不忍聞者而州縣歲入多作上供起發則又於額外巧作名色夤緣刻剝此民力之所以大窮也計其所以至此雖云多是贍軍然內自京師外達郡邑上自宮禁下至胥徒無名浮費亦豈無可省者竊計若能還內帑之入於版曹復破分之法於諸路然後大計中外冗費之可省者悉從廢罷則亦豈不能少有所濟而又擇

將帥核軍籍汰浮食廣屯田因時制宜大為分別則供軍不貲之費庶幾亦可減節而民力之寬於是始可議矣此其事體至大而綱目叢細類非一言之可盡今亦未暇盡為陛下言之惟聖明留意其本如上八者而後圖之則天下幸甚。缺一條

葉適應詔上言曰臣竊以陛下循祖宗之舊特詔近臣於科舉之外薦聞天下之豪儁許以極言當世之事而考察其尤異者秩以不次之爵待以非常之用而天下之豪儁亦莫不欣喜自効願致於其間夫開天下以不諱之門納踈賤於至高之選此豈非堯舜之盛德哉而臣之不肖則獨有所甚憂於此何者治道本不如是之易言也而陛下必以言求之使臣而少言之歟則略而不足聽盡言之歟則可以聽而未必信而天下之不知者又將強言之於是天下之言雜然並進而其上莫能擇也則一切以為空言而盡廢之夫以有用之學

責臣等而卒不免以空言廢之此非陛下之意也而其勢有必然者蓋自慶曆元祐以來著而為書者何其衆也其於天下之治亂軍旅錢穀之大計常先為之書而以意處之者何其敢決而不疑也其言之多思之深豈無一二足用於世哉而後進之士耳剽目習以為言語文字之流使之運奇於異說之餘而求夸於陳言之外足以敗天下之定勢則夫朝廷之上於其發謀舉事之際而何以為守是故今日之患不患人主之不求言也而患其求之而不及用不患天下之不敢言也而患其盡言而無所用夫上有寬博無忌之心下有慷慨盡言之意皆前世之所不及也而其効止於若此此豈可不為之深憂其故歟以臣所論士之深識遠見卓然特出有志於天地君臣之大義而務盡其精微以興起一代帝王之業者雖以漢唐有國之長其間不過數人而已況其不少槩見而泯沒於山巖木石之間者此

臣所以中夜竊歎廢食忘寢以為陛下幸使因方正之選萬一能進於朝則其所以稽參成敗之迹而推原當世之故宜特發其大意而無至於盡言夫廢置更革立命造謀而出政事於天下者天子與大臣之事也而踈遠一介之士豈得以僭言之惟夫居安者不思其危習常者不察其變見近者或忘於遠獨任者或失於人計利太果而求民太甚持法愈密而為治愈踈至於經國之規御世之要切近而不為陋宏闊而不為迂盛衰之相因治亂之相易若此者臣皆有以發之夫朝廷之上公卿百官所以統天下而常患於不能知天下之情四海之廣南北異俗賢愚異慮而常患不能通朝廷之意上下不合則禍敗出於其中而不知故臣以為識略發其大意見於餘篇而又序其所以發者本末如此庶幾無猖狂驚世之論豫定必然之謀以逆墮於空言之譏而失明天子設科之意陛下幸使大臣擇焉

君德一　臣聞人君必以其道服天下而不以名位臨天下。夫莫尊於君之名莫重於君之位。然而不得其道以行之則生殺予奪之命皆無以服天下之心。其所以為之臣者特迫於名位而不敢抗耳。夫是故以天下之大常治沾沾焉疑其並出以撓己。而禁防維持之不給。尚安能保其民而與之長守而不變哉。昔之人思其所以為人君之道以授世主而使操之者。其說多而詳矣。或以為所寶者在令。令行而莫能逆。故有留令罰令不從令之罰皆至於死。或以為權者上之所獨制。而不得與臣下共之者也。故殺之足以為己威生之足以為己惠。而天下之事自己而出者謂之君。或以為人主之所恃者法也。故不任己而任法。以法御天下。則雖其父兄親戚而有所不顧。此三者雖非先王之所廢也。然而不以是先天下。而後世之君奈何獨甘心焉。是以申商韓非之禍熾於天下而不可禁。而其君之德固已削矣。夫偏說鄙論習熟於天下之耳目。而近功淺利足以動人主之心。於是以智籠愚以巧使拙。其待天下之薄而疑先王之陋。以為譬若狙猿之牧者。數千百年於此矣。哀哉。蓋世有狎猛虎者能使之忘其搏噬之毒以媚己也。此豈非智巧之所能為也。而況治天下者慈父母之於弱子之類也。又非若狎猛虎者之類也。智巧何為於此哉。以智巧行令。其令必壅。以智巧用權其權必侵。以智巧守法其法必壞。臣竊嘗悲當世之故。而其義不得以盡言。請泛論前世之帝王得失成敗可攷之迹。以見其意。其遠而在唐虞三代者。臣未敢及焉。秦始皇漢武帝雄武之資。懾服宇內。意所誅戮。如鷙犬豕。東征西伐。萬里逆狩。役使天下。以贍其欲。而天下之人赫然震恐不敢自必其命。若是者有以示天下之威。後世之君雖外諱其失而中有羨慕之侈心焉。漢之宣帝有明智之才。執賞罰之柄。足以獨任天下。鄙遠俗儒而參之以霸道。略務寬厚而齊之以法律。其勤敏不懈而及於工技之細。器械之微。而天下之人拱手退聽。不敢有所自為以逆其上之意。若是者有以示天下之權。唐之太宗少而為將帥長而為帝王。英銳明達。駕馭賢俊。利在仁義則行仁義利在兵革則用兵革。利在諫諍則聽諫諍。惟所利而行之。而天下之人懽然畢力願為之用。至於斃精竭力繼之以死而不悔。若是者有以示天下之功。是以後世之君推其求治之心。欲庶幾焉而未之得也。夫慨然有志者不免於羨慕始皇武帝之侈。而精實求治者又止於庶幾宣帝太宗之事。然後以其智巧而行申商韓非之說。則雖有天下之威也天下之權也天下之功也。抑猶未得其所以服天下之道。而徒恃夫名位以臨之者也。且夫風俗之所繫。治化之厚薄。享國之長短。人心之向背。是豈可不留意而詳擇也。故臣以為天子之明聖。誠能破壞數十百年之偏說設論而無所入於其心。雖不遠求唐虞三代之名。而近亦無取於漢唐之陋。則人主之實德見於天下。而天下服矣。

君德二　所謂人主之實德者何也。豈不以其容受掩覆大度不疑有以深結其臣民之心歟。夫猜忌不信恃法必行。陰見天下之過而戾戾焉有疾其臣民之心。使之脅息自語而不敢肆者則夫容受掩覆大度不疑。曠然而與天下為一。是宜可以服天下也。雖然天下之治非若是而可致也。名位者人主之所自有天下不得干也。好治之君常恐名位之去己。是故或出於令或出於法。或出於權。從巧任智斷制刑賞以執天下之命。若此者凡以為留名位之術。而不知夫名位者不必留而未嘗去也。未嘗去而留之。然後天下始有不安之心。不安而將去也。則必反之而後可。然則容受掩覆大度不疑者是亦留名位之術也。未有服天下之道也。古之聖人自知其身有可以服天下之道。而固名位以行之。何者天下之事其大者為祭祀兵刑。而其小者有期會節目之要。其遠而責民。而近則群臣侍御僕從之職。其物為子女玉帛器用服食之事。而其所分別好惡者則在於君子小人邪正所由之塗也。吾之一身足以驗之矣。其於事天地尊宗廟也。真見其肅恭誠一而不敢懈。而神祇祖考之來格也。非貌為之敬而意其不吾享也。而況於簡慢廢缺而不知畏也。其於刑獄殺戮也。真見其哀矜惻怛而不忍。雖不忍而不可赦也。非徒減膳徹樂以為是虛文故事而已也。而況於輕怒暴誅喜深而致刻也。其於天下之民也。真見其可佚而不可勞。可安而不可動。可與而不可奪也。非輕租捐賦寬釋逋負以為之賜也。而況於急征橫斂而無極也。其於群臣百官也。真見其官各有守。才各有宜。畀之以事而不相易也。非貴其所賤。親其所疏而要之以報已也。而況於姑使之充位而自用也。其於聽言受責也。真見其過言過行之出有以害天下。而幸其臣之告已也。非內不樂聞而外為寬容之意以悅天下也。於其言也。可從則用之。真見其朝不能以及夕也。不徒聽之而終置之也。而況於拒諫塞謗而以不受教為能也。其於君子小人也。真見君子之可敬而小人之當遠也。誠以惡佞諛而好正救也。不徒敬君子以為名而樂小人之自便也。而況於疏君子而比小人也。其於聲色游畋玩好珠玉也。真見其簡靜而無欲。屏棄而不御也。不

待於欲之而以理禁之也。而況於沉溺墮壞於其中而不知反也。積之以歲月。真見其悠久也。煩之以萬機。真見其能無倦也。凡此者皆實德也。真意實德充塞於人主之身。而施之於天下。是故其高厚可以配天地。其明察可以並日月。順陰陽之序。遂萬物之性。裁成輔相以左右民。鼓舞動盪運轉闔闢。則令不期而信。權不制而尊。法不嚴而必。兵強國富而討除殘暴不順之夷狄。何向而不濟。故人主誠自知其身有可以服天下之道。則偏說詖論何足以累於其心。且夫忽近而務遠。虛內以事外。惡靜而不能動。喜強而實弱。此人主之深患也。方其長慮遠想。拊髀太息。而思功業之盛。憤夷狄之驕橫。則欲銳兵勇將鼓行四出以誅之。厭風俗之頹墮。則欲考核名實。數見賞罰以厲之。財之未豐。兵之未練。則欲講求遺利。肄習行伍以精之。故夫人主有好治之意如此。其急者必自知其所以服天下之道。則衆務不勞而並舉矣。

治勢上　欲治天下而不見其勢。天下不可治已。昔之論治天下者。以為三代之時其君各有所尚。夏之忠。商之質。周之文。數百年而不變。其後周之失弱。秦之失強。故忠質文之相代若循環之無窮。而或者又曰。弱之失在於惠也。則莫若濟之以威。強之失在於威也。則莫若反之以惠。惠止於賞。威止於刑。故賞不至於濫而無所勸。刑不至於殘而無所懼。蓋其意以為治天下之勢無出於此矣。夫一弛一張者。弓也。而羿之能不與焉。虛而欹滿而覆者。器也。而倕之巧不與焉。故三代非忠質之尚。而周秦無強弱之失。治天下者姑舍是乎。古之人君若堯舜禹湯文武漢之高祖光武唐之太宗。此其人皆能以一身為天下之勢。雖

其功德有厚薄治効有淺深而要以為天下之勢在已而不在物夫在已而不在物則天下之事惟其所為而莫或制其後導水土通山澤作舟車剡兵刃立天地之道而列仁義禮樂刑罰慶賞以紀綱天下之民至於賓餞日月秩序寒暑而鳥獸草木之類不能逃於運化之外此皆上世之所未有而聖人自為之者也及其後世天下之勢在物而不在已故其勢之至也湯湯然而莫能遏反舉人君威福之柄以佐其鋒至其去也坐視而不能止而國家隨之以亡夫不能以一身為天下之勢而用區區之刑賞以就天下之勢而求安其身者臣未見其可也蓋天下之勢有在於外戚者矣呂霍上官非不可以監也而王氏卒以亡漢有在於權臣者矣漢之曹氏魏之司馬氏至於江南之齊梁皆親見其篡奪之禍習以其天下之與人而不怪而其甚

也宦官之微匹夫之奮呼士卒之擅命而天下之勢無不在焉若夫五胡之亂西晉之傾覆此其患特起於公卿子弟里巷書生游談聚論沉湎淫佚而已而天地為之分裂者數十世嗚呼勢在天下而人君以其身求容焉猶豫反側而不能以自定其或在於宦官或在於士卒而舉威福之柄以盡寄之者此甚可嘆也臣嘗怪唐末五代之衰皆以列校之卑易置人主如反掌之易而周世宗一日臨大位北威契丹南服李璟法度脩舉文武並用太祖皇帝踐祚十年之間不耀兵甲俘取僭偽之君若拾遺而天下為一身致太平為子孫萬世之計向之衰敗圯缺二百餘年英武之君忠智之臣圖回收取不能什一而羣王幼主俯首服從相顧憤發以至於流涕痛哭莫敢誰何者一朝翕然皆在把握之內倚其速也此無他能以其身為天下之勢則天下之勢亦環向而從已其必然而無疑者矣且均是人也而何以相使均是好惡利欲也而何以相治智者豈不能自謀勇者豈不能自衛一人刑而天下何必畏一人賞而天下何必慕而刑賞生殺豈以吾能為之而足以制天下者雖然鳥高飛於重雲之上魚深游於潛淵之下而皆不免有鼎俎之憂天下之人所以奔走後先維附聯絡而不敢自棄者誠以勢之所在也故夫勢者天下之至神也合則治離則亂張則盛弛則衰續則存絕則亡臣嘗考之於載籍自有天地以來其合離張弛絕續之變凡幾見矣知其勢而以一身為之此治天下之大原也

治勢中

臣請言祖宗天下之勢天下之勢其亂也有門其亡也有塗夫高垣厚鐍足以備盜賊於外者此衆人之所為無憂也盜賊在內而與我共其垣鐍而納外寇者此憂之所不及也天

下之亂與亡有五而人主之得罪於民不與焉一曰女寵二曰宦官三曰外戚四曰權臣五曰姦臣此非特秦漢之近事為然也而三代亦莫不然是五者有一焉此其天下未遽亂也未遽亡也而天下之垣鐍已與我共之矣發以虐政致以嚴刑而播人主之失德於天下然後乘之以水旱動之以甲兵則小者亂大者亡是故善治天下者不惟閉是門也又使其門陋而不足求不惟塞是塗也又使其塗微而不足行太祖太宗削平專國統一方夏真宗仁宗祈天永命又安海宇當是時也其要在使天下無女寵無宦官無外戚無權臣無姦臣隨其萌蘖尋即除治而又蹙狹其門顛錯其塗使其至者蹊隧絕滅四顧而問不得其所求俛首而去之宮中之裁決大臣之平章近臣之獻納小臣之議論無不咸出於此操天下之垣鐍以與天下共守之

而無所害是故以言其并地收民稅賦均一則不如周群臣材智赴功遵力則不如漢蓄積富厚國用沛然則不如隋拓地沙漠冠帶夷蠻則不如唐然而天下之勢周密而無間附固而無隙不忽治而乍亂幾亡而僅存可以傳之後世垂之無極則遠過於前代夫學者之言治也其遠而在堯舜則常苦於迂闊而不信其近而在漢唐而可信也則又以其不能久安長治而不足稱然則祖宗之天下亦可謂盛治而無以加矣而中國之所患者遼人也夏人也夏小而悍遼大而驕大而驕者或況遣命使傳道言語以示其嫚侮之意則天下恐然如有百萬之師申嚴警備旁及嶺海為之益金幣厚書辭水陸之產百物畢致以中其欲小者或狂僭自大竊擾邊鄙則大師貴將相次陷沒配民為兵多至百萬分遣大臣經略中外朝野聚議謀畫屢請而

卒之天下困弊一方空虛曾不足以奏一戰之捷然而朝廷之上羈縻慰撫不失其歡而天下之士相與慷慨憤激眇然長慮以為不可以久也故其大言者則欲脩改法度振起弊事使天下富強將士用命然後鞭笞而臣服之小言者則欲絕賂以鬬之反間以亂之屢出以擾之委西北之地使之人自為守以持之而其所謂見遠察微之論者則皆以為異日天下之大禍存亡之所由分必出於二虜而不可救嗟乎處至足已安之勢而有慊然未厭之心深思極智以為國家憂未然之外其意誠若此矣而況於二虜之必然蹶蹝然法始變於熙寧成於元豐雖中沮於元祐而卒行於紹述之後凡祖宗之舊廢革無餘則其大言者既盡行之矣前取蘭會後取鄯善括樹族帳以剪西人之手足則其小者又略試之矣二虜卒無患也而天祚民虜反

足以自亡其國而已尚何足以為天下之憂哉則見遠察微之論習於目前而終不之驗歟且夫當中國安富契丹抗衡之隆天下豈復知有女真也哉彼其崎嶇種落人卒不當一校而豈有窺窬二大國之意於數百年之前者乎蓋所以致靖康之變者昔之五患有其四焉耳由此言之天下之勢在內而不在外也故其上莫若使勢在己而不在物其次莫若使勢在內而不在外忘內憂外以起內亂其為計也末矣

治勢下

臣請言今天下之勢昔者天下無事忘戰久矣女真起東北小夷一日棄薦音挾勁騎直越燕趙躪齊魯遂至句吳穴觀南海中有大河江流孟門太行之險而不能為之限所過城邑無不開門迎勞行留自恣莫敢襲遂而奔走之民所在聚為群盜以自相摽抄而已天子方親御征伐之事博采謀議而群

臣從官亦皆戎服肄習擊刺之術以拒胡又十有餘年而天下始益習兵革有輕死犯難敢戰喜敵之氣誠使因而用之暫失之地不難得也於是天子厭武亟詔罷兵修立文事於傷殘廢缺之時置學官飲鄉射定經界建賓館懷徠夷狄以文太平既而連歲屢豐州縣充實西北之避地者即其所至著籍為民而淮楚徼亭櫟之警商賈往來道路無禁然後天下始復帖息以室家妻子為意邈然忘其南北之事父兄門戶之恥矣夫習危者其動易習安者其變難不然則紹興之末戎王以殘虐失衆嘗舉傾國之力聲搖江漢既而不戰自斃狼顧北還無復行伍而清鄆亳宋之間豪傑響應執殺其吏處處屯結或號三十萬衆以請命於王師此豈非其可以按劍抵掌經營河洛上以屬節義下以報讎恥千載之一時者哉然而天下之意終以不振

竊議轉語惟恐好使之不復通則習安難變乃其勢之必然歟
臣觀今天下之士惟其嗜利無行者乃或叩閽投匭妄論形勢
更易風雲之陣疏釋孫吳之言請對便殿條畫邊要指心誓日
以功名自詭及其寵異逾等尊用過望乃始徐托罪咎引身而
去其大略如此而忠厚難進明見利害之人則皆深念根本之
重以為不可輒發頋今天下之勢其於長淮以南上下又安法
令明具而德澤所被民心不搖無以異於祖宗之勢然其於并
兼進取則固已難矣陛下英武神斷廓清宇內如其責成將率
使各盡力執大義以誅強讎則天下可以拱揖而定也而乃使
之分治刑獄刺舉官吏或脫弁釋褙而為儒臣參用牧守列布
內地而士之纖弱無勇者乃反教以弓矢合射於庭而其偃蹇
於州縣者亦或許之自薦而優以右職何哉豈非欲以變今之

勢而後用之歟臣之不肖蓋嘗籌之以為使今之天下自安而
忘戰則不可使之自危而求戰盡變而能戰又大不可也何也
蓋世有陳設珎器調諧絲竹而飲酒歌舞以為樂者而其外且
有焚溺之患卒然之變焉則其主人何以待之歟將使其客盡
廢其歌舞飲酒而褰裳濡足以救之歟則其勢不可以盡能而
徒傷其樂且其往救也則其樂必不竟而奴婢之無賴者顧從
而竊之矣然則亦付之其人而已使其外不失為捍患而內無
以傷吾樂患去功成而飲酒歌舞者不知焉斯天下以為賢且
智矣夫何以異此強其所未能廢其所以能其要在於天下之
皆能也皆能而臣竊憂其患之有不可勝諱者矣昔者秦人之
患在於不能兼六國也是以日夜激厲其民使之功賞相長五
甲首而肄五家當此之時秦人五尺童子皆有疾視山東之意

由今計之六國未兼天下未一非秦人之所當患而長有其秦
以及於天下者此秦人之所當講也若夫成王之於周太宗之
於唐則不然翦商奄平淮夷驅逐虎豹犀象未嘗寧息取突厥
滅高昌吐谷渾東西征討用兵不廢而其朝廷之內郡國之外
制禮作樂鳴玉曳組誦其詩讀其書而考其文義之彬彬焉是
故享成功之利而不受其害然則天下之勢固不可使之盡變
也

國本上

國本者民歟重民力歟厚民生歟惜民財歟本於民而
後為國歟昔之言國本者蓋若是矣臣之所謂本則有異焉臣
之所謂本者本其所以為國之意而未及於民臣非以民為不
足恃也以為古之人君非不知愛民而不能愛民者意有所失
於內則政有所害於外也夫國於天地必有與存亦必有與亡

孟子曰三代之得天下也以仁其失天下也以不仁國之所以
廢興存亡者亦然且其昔何為而仁今何為而不仁使其後世
之所以守天下者皆如其始之所以得天下則何為而失之嗚
呼是豈不可以深思而極論乎夫植木於地者其華葉充榮者
末也其根據盤互者本也此衆人之所知耳夫根據盤互不徒
本也自其封殖培養之始必得其所以生之意而後天地之氣
能生之一日失其意則夫根據盤互者拜然顛蹶焦然枯槁而
已矣地安能愛之哉臣嘗論周人之得天下比三代最為長久
此非數也后棄在唐虞之時已為稷官傳十四五世而未嘗有
失其所以得國之意者然後文武受天眷命而天下之諸侯挈
商而歸周至於成康之後則漸已失之獨一宣王脩舊起廢能
復求文武之意遂稱中興及其後世東遷而惠襄靈景之君甘

召單劉之臣。所以施於天下者悖謬而非先王之意。至於益衰而自分為東西。則其憲章文物莫有識者。而塊然獨守其鼎。然後其祖宗之意盡失而不繼。以至於亡。然則其所以不仁者。不能如祖宗之仁而已。若夫漢之高祖唐之太宗。起於細微單人挺劍特起。臂指天下。而四海之雄無不束手受事。相與於草創之中。拜伏俛仰而為之臣。建置宗廟而立其典法以垂後世。此雖不足以望周人積累之盛。然而要其所以得之者必有合天之心。順民之心。而非偶然而自得之也。故其後世若武帝明皇失其意則亂。光武憲宗復得其意則興。而元成穆敬沈溺宴安莫知其祖宗之所以致此者何也。使憑藉而有之。則其業遂以衰敗而亡。故臣以謂繼世而有天下。其中才者固能守祖宗之意。其賢聖者。則增益祖宗之意。其好謀而寡德者。徒以變亂祖宗之意。而昏童不肖者則又不知祖宗之意。故其為興亡治亂。皆可考而無疑。噫。有志之君。長覬遠覽。欲以跨越前代。而不能深知祖宗所以得天下之意。施於今者忘其昔。謀其新者非其舊。動搖侵伐其為國之本。而使之削薄而不悟。此豈非其故臣遺老莫有以告之者歟。其告而不之信歟。春秋之時。晉魏舒韓不信合諸侯以城成周。而宋仲幾不受功。指踐土之盟以為據。當是時。韓簡子與其佐士彌牟皆不能知也。曰。晉之從政者新。子姑受功。歸。吾視諸故府。仲幾不肯。曰。縱子忘之。山川鬼神其忘諸乎。彌牟反怒其誣己而欵辱之。嗚呼。踐土之盟。晉文公之所以主諸侯也。諸侯猶記其舊。而晉之從政大夫曾莫識焉。則其後世之失霸。不亦宜乎。恭惟宋有天下。肇立基本。不以智力為治。亦不以兵甲為彊。不以險要為固。功德茂盛。源流深遠。聖人

繼作。因時制事。微有變更。而其為國之大意。嘗增益而不廢。天下之人受其陰利厚澤。不知其所從來。況於臣之淺陋。何足究述。謹擇其意之尤大與國家相為終始者二事。事為一篇。具疏其說以獻。竊以天子之明聖。誠已知之。而猶言之。則愛君之忠不為煩。未察而先言之。則告君之義不為過。而臣之區區畢於此矣。

國本中　其一曰禮臣

臣聞。刑法所以待天下之有罪。雖至親隆貴。不得輙私。而雖至親隆貴。不能無罪。則刑法不得不用。然臣以為人主能使其臣無犯君之法。不當以刑法御其臣。夫人主之所與共守其國家者。自宰相以下至於一命之士。皆必得天下之賢材而用之。其不能無犯法者。不得居也。當舜之時。既放棄共鯀驩兜之徒。其所與為臣工岳牧者。皆忠肅和惠明允篤誠之士。故其治化之成。至於匹夫小民。猶無犯法者。而況其官師乎。其後周文武最能得天下之賢材而用之。遇以信厚。而折旋之以禮樂。故其詩曰。濟濟辟王。左右奉璋。奉璋峩峩。髦士攸宜。夫聚賢材於朝而分之以百官之事。彼服有雲龍藻火之章。駕乘有和鑾旗旄之節。以至奉牲幣執豆籩薦告宗廟類祀天神。其盛若此。而桎梏廢放黥劓殺戮之人。安得參於其間。揚雄有言曰。周之士也貴。夫士貴而後官貴。官貴而後國貴。國貴而後主尊。然則周文武之所以貴其士禮其臣者。能使之無犯法。而未嘗以刑法御之者也。取不能無犯法之人而材諸位。則不免於以法御之。有以刑法御其臣之心。則方其唯諾殿上。委任尊寵。若將有腹心股肱之寄者。俄而桎梏廢放黥劓殺戮無所寬貸。而其臣亦不能自必也。故輕為姦而多犯法。嗚呼。此非國家之利也。漢高祖嘗裂數

千里地使大功臣十數人得南面而稱王既而禽滅葅醢至於
宗族無有遺類其臣遂以禽獸自比故後世子孫習見前事不
難於高爵重位以寵秩不肖之人而亦輕於以鈇鉞刀鋸加其
身唐太宗嘗喜張蘊古所上大寶箴以為愛己一旦以治獄疑
似遽命斬之謂盧祖尚文武忠義使習交趾祖尚再三辭行亦
誅死於朝堂而不以為怍其臣如王珪魏徵號為面折庭爭亦
莫有以為非者然則當時以刑法御其下而快喜怒於殺戮雖
高祖太宗之明不能免也噫以刑法御其下將以防姦臣而豈
有意於輕殺人也哉自今攷之其姦臣未必得罪而連頸就戮
前後相望者皆善人君子也夫不能以禮化姦臣之心而以刑
濫忠臣之罰國家將何便焉適所以借姦臣而為之資耳蓋舜
文王之意迄周衰而亡歷秦漢隋唐而不復興至於藝祖太宗

而後盡去前世帝王苛刻猜忍之意一以寬大誠信進退禮節
遇其臣下受禪之始因其故相委任若六年而後罷太宗召拜
近臣嘗命擇良日曰朕欲其保終吉也盧多遜事發當時以為
所坐大逆法既具矣以其嘗與國事止命竄流盍漢之三公無
以善去位者不自殺則受誅其輕甚者猶以醜辭策之而自真
宗仁宗以來執政大臣之將去也必使之連疏自乞若將不得
已而後從者又為之遷官加賜而付以重地前世之臣以諫諍
忤旨而死者皆是也祖宗不惟不怒又遷擢之以至於公卿神
宗嘗疑其臣之罷懦而不任職者當汰而不忍始益宮觀之員
廩之以粟而不責以事後遂為定法其後章惇弄權嘗欲興劉
摯之獄以殺黨人而哲宗不從蔡京當國又欲殺天下士而徽
宗不聽紹興初誤聽宰相誅諫官二人尋復自悔下詔責躬以

謝天下故雖權臣用事二十年閒予奪惟意而無殺士大夫之
禍夫進人以禮退人以義而不以刑法御其臣者無過於祖宗
之世而不使姦臣妄殺一士者亦無過於祖宗之世蓋秦漢之
風息滅不繼而舜文王之意復興天下之臣至有怯懦過當舉
手畏法者矣未有強愎不遜傲法以自便者也若其逆亂反側
起於父兄子弟之間者蓋不復有矣夫不以刑法御臣下而與
臣下共守法此豈非祖宗為國之本意而舜文王之俗然歟
國本下　其二曰恤刑臣惟歷代用刑各有輕重未能盡舉然大
要其君賢而所任者仁人也則用刑常輕其君不賢而所任者
非仁人也則用刑常重非惟用刑為然也而歷代之議刑者亦
莫不然蓋其人君子也則議刑常輕其人小人也則議刑常重
故觀其所用可以知其國觀其所議可以知其人然而未也蓋

其君賢君也而用刑不免於過重其人君子也而議刑亦不免
於過重以為重刑所以致治非重刑而天下不可治者是可嘆
也天下苦秦之刑重而欲輕之久矣然而隨其時之輕重而終
於不能輕一代之刑夫後世有天下之長者莫若漢與唐其能
求所以輕刑之意者亦莫若漢與唐而率之能輕一代之刑者
莫若吾宋也漢唐之時雖號治世猶多造大獄根連株送或數
千里會逮久者積數歲而不解公卿以下重足待命其論囚報
重一郡之內一日有殺至數百人凡此者今天下之所未嘗有
也五代暴亂承用重刑盜一錢以上輒坐死而茶鹽榷酤升合
銖兩之犯至無生出者犴獄所用尤殘酷無法不啻若桀紂祖
宗之世或漸輕之或盡除之而參刑具五刑相收連坐之刑皆
漢唐之所常用者此亦今天下之所未嘗見聞也恭以開世用

刑之重而民亦無畏刑之心滋長其悍虐視性命生死如旦暮或白晝挺刃殺人於市或報仇行俠而天下大姓姦豪皆持生殺人之權殺人未必死傷人未必刑而弱子幼弟有竊息而不敢言者少年亡賴篡人於獄官寺之外商旅至不敢行若此今皆民之所無也夫天下之俗燕趙強果吳楚輕闘蜀人多怨至於激其所耻動其所憤皆有不畏死之心惟至仁可以柔之雖其自棄於盗賊者亦非重法之所能治此今日之所以用刑獨輕於前世而民之自愛而畏法亦遠過於前世也雖然今世之用刑比漢唐為輕比三代則為重而後世之所以制刑者則雖三代不能及也夫山澤之產三代雖不以與民而亦未嘗禁民以自利均田輕稅而民無為生之苦惟其狼戾不遜以身犯法者乃得而刑誅之要之今世之民自得罪者其實無幾而坐鹽

茶榷酤及它以巧法田役稅賦之不齊以陷於罪者十分之居其六七矣故曰比三代之刑為重三代之肉刑也其刑雖省而一或行之則其肢體殘壞至於終身亦已甚矣文王周公蓋相承而不能變而論者則以為後世之刑不及上世之肉刑也豈不痛哉嗚呼後世之制刑仁於三代今既行之矣今世之用刑重於三代顧未能輕也則恤之而已矣然則祖宗之恤刑可謂至矣以恤刑之仁行制刑之仁輕於漢唐而庶幾於三代深者無公名平者無後患重失入之坐厚雪寃之賞是故無智力之治無兵甲之強無險要之固德澤雖未大利於天下而民不携貳天下安寧室家相保未嘗有匹夫横行之變下人謀上之姦者能隆禮以御其臣而恤刑以愛其民故此二者國家之大本無窮之祚不可變之俗也故臣竊不肖以為誠使天下之賢君

不免有重刑之心而天下之君子不免有重議刑之心者其禍最大其憂最甚此不可以不極慮而深言也嗚呼有自來矣求一切之治而不知天下之情忿一人之罪而有并嫉天下之意用一朝之決貽無窮之患而不察也豈不過哉夫二百餘年之國本在是天下安之也久矣培之使益堅養之使不傷夫誰得而動之不顧而變其安危之端必自是始雖賈誼陸贄復生為今日計未有以易此也

民事上　古者民與君為一後世民與君為二古者君既養民又教民然後治民而其力常有餘後世不養不教專治民而其力猶不足古者民以不足病其官後世官以不足病其民凡後世之治無不與古異故論古者事遠而不可行因今者習行而不可安嗟乎其孰能任是乎夫太息而言古義於今必不能改將

安所用徒以為笑於執事者而已雖然不可不知也夫善論古者必始於田制徒田制而已何足言也古之為民無不出於君者豈直授之田而已哉其室廬器用食於百工之須雖非必其君交手以付之然既已為之設官置吏以教之道其有無補其不足其耕耘斂藏播蓺之術必使之觀陰陽習四時而山澤之所有皆開示而勸求之其牛馬六畜家之所藏必知其數其婚姻祠祀疾痛死喪必知其急其官自下士至於三公位之登降必因其民之衆寡其意以謂民皆不自能也故其治之之詳如此雖然其役民之多用民之繁取其稅賦以供上之用廢而春秋蜡社以禮會民鄉射讀法比之於閭胥用之於軍旅役之於府史胥徒宮室道路之事凡此有後世之所無者其要以為養之者備則其用之不得不多治之者詳則其用之不得不煩君

民上下皆出於一本而已。後世養之者不備。治之者不詳。使民自能而不知恤。其所以設官置吏。貴賤相承。皆因民之自能者遂從而取之。或有天患民病。嘗一減租稅。內出粟以示賑贍之意。則以為施大恩德於天下。君臣相顧動色。稱賀書之史官。以為盛美。其君民上下判然出於二本。反若外為之以臨其民者。故比閭族黨聯會考察之法。一切盡廢。以其不足者病民。以其不養不教者治民。毅然為之而無所愧。而民亦習於自能而無求於其上。而徒以為上之治我也。故俛然受之而不敢辭。其乖戾反忤而治道卒無一成之効者。不特一世為然也。雖然。自漢至唐。猶有授田之制。則其君猶有以屬民也。猶有受役之法。則其民猶有以事君也。蓋至於今。授田之制亡矣。民自以私相賣易。而官反為之司契券而取其直。而民又有於法不得占田者。謂之戶絕而沒官。其出以與民者。謂之官自賣田。其價與私買等。或反貴之。然而民樂私自買。而不樂與官市。以為官所以取之者衆而無名也。是官無以屬民也。受役之法壞。而官以傭錢自募浮浪不事事之人。官民之急。不相知也。其有求請而相關通者。既視若敵國。大抵今世之民。分而為三。齊民一也。軍旅二也。役人三也。而齊民之間。又相分異。不知其幾。是其民無以事君也。君無以屬民。民無以事君。然則立州縣有官吏相事相使相君相長。亦不異於古者。徒有君民之勢爾。世之俗吏見近忘遠將因今之故。巧立名字。並緣侵取。求民無已。變生養之仁。為漁食之政。上下相安。不以為非。嗚呼。為古之民獨何幸。而今使之至此也。臣每見今之吏所謂勸農者。未嘗不竊嘆也。夫官有田而民不知種。有地而民不知闢。故使吏勸之。今其有者厚價以

賣之。無者半租以庸之。是容有惰游者也。故有求農而不得。無得地而不農也。官無遺地。民無遺力。而歲以二月長吏集僚屬至近郊召父老而飲食之。為之文以告之。既告而去之。若此者。何也。若其州縣荒閑良田沃土不耕不殖者。朝廷當為之立法以來農民。而使之從事焉耳。豈為區區之文告哉。為民田者。無所用勸。為官田者。徒勸而不從。君民二本。古今異治。而曰我無求為唐虞三代。噫。唐虞三代。其果不足為矣。

民事中

為國之要在於得民。民多則田墾而稅增。役衆而兵強。田墾稅增。役衆兵強。則所為而必從。所欲而必遂。是故昔者戰國相傾。莫急於殘民。商鞅所以壞井田。開阡陌者。誘三晉願耕之民以實秦地。漢末天下殫殘。而三國爭利。孫權摟取山越之衆以為民。至於帆海絕徼。俘執島居之夷。而用之。諸葛亮行師號為秉義。亦妄虜獲。亦拔隴上家屬以還漢中。蓋蜀之亡也。為戶二十四萬。吳之亡也。為戶五十餘萬。而魏不能百萬而已。舉天下之大。不當全漢數郡之衆。然則因民之衆寡為國之強弱。自古而然矣。今天下之州縣直以見入職貢者言之。除已募而為兵者數百十萬人。其去而為浮屠老子及為役而未受度者又數十萬人。若此皆不論也。而戶口昌熾。生齒繁衍。幾及全盛之世。其衆強富大之形。宜無敵於天下。然而偏聚而不均。勢屬而不親。是故無墾田之利。無增稅之入。役不衆。兵不強。反有貧弱之實見於外。民雖多而不知所以用之。直聽其自生自死而已。而州縣又有臣其丁中而裁取其絹價者。此其意豈以為民不當生於王之土地而征之者歟。夫前世之致民甚難。待其衆多而用之。有終不得者。今也欲有內外之事。因衆多已成之民。

率以此向夫孰敢爭者而論者曾莫以為意此不知其本之甚者也以臣計之有民必使之闢地闢地則增稅故其居則可以為役出則可以為兵而今也不然使之窮苦憔悴無地以自業其駑鈍不才者且為浮客為傭力其懷利強力者則為商賈為竊盜苟得旦暮之食而不能為家豐年樂歲市無貴糴而民常患夫斗升之求無所從給大抵得以稅與役自通於官者不能三之一有田者不自墾而能墾者非其田此其所以雖蕃熾昌衍而其上不得而用之者也嗚呼亦其勢之有不得不然者矣夫吳越之地自錢氏時獨不被兵又以四十年都邑之盛四方流徙盡集於千里之內而衣冠貴人不知其幾族故以十五州之衆當今天下之半計其地不足以居其半而米粟布帛之直三倍於舊雞豚菜茹樵薪之鬻五倍於舊田宅之價十倍於舊其便利上腴爭取而不置者數十百倍於舊蓋秦制萬戶為縣而宋齊之間山陰最大而難治然猶不過三萬今兩浙之下縣以三萬戶率者不數也夫舉天下之民未得其所猶不足為意而此一路之生聚近在畿甸之間者十年之後將何以救之乎夫迹其民多而地不足若此則其窮而無告者其上豈宜有不察者乎田無所墾而稅不得增徒相聚博取攘竊以為衣食使其俗貪詐淫靡而無信義忠厚之行則將盡棄而魚肉之乎噫此不可不憂也漢之末年荊楚甚盛而惟民戶繁實地著充滿而材智勇力之士森然出於其中孫劉資之以爭天下及其更唐五代不復振起今皆為下州小縣乃無一士生其間者而閩浙之盛自唐而始乃獨為東南之望然則亦古所未有也極其盛而將坐待其衰此豈智者之為乎且其土地之廣者伏藏狐

兔平野而居虎狼荒墟林莽數千里無聚落姦人亡命之所窟宅其地氣蒸鬱而不遂而其狹者鑿山捍海摘決遺利地之生育有限而民之鋤耨無窮至於動傷陰陽侵敗五行使其地力竭而不應天氣亢而不屬肩摩袂錯愁居戚處不自聊賴則臣恐二者之皆病也夫分閩浙以實荊楚去狹而就廣田益墾而稅益增其出可以為兵其居可以為役財不理而自富此當今之急務也而論者則又將曰慮其因徙而生變夫豈有不變之術而未之思乎抑聽其自變者乎

民事一　今之言愛民者臣知其說矣俗吏見近事儒者好遠謀故小者欲抑奪兼并之家以寬細民而大者則欲復古井田之制使其民悉得其利夫抑兼并之術吏之彊敏有必行之於州縣者矣而井田之制百年之間士方且相與按圖而畫之轉以相授而自嫵其迂未敢有以告於上者雖告亦莫之聽也夫二說者其為論雖可通而皆非有益於當世為治之道終不在此且不得天下之田盡在官則不可以為井而臣以為雖不得天下之田盡在官文武周公復出而治天下亦不必為井何者其為法瑣細煩密非今天下之所能為昔者自黃帝至於成周天子所自治者皆是一國之地是以尺寸步畝可歷見於鄉遂之中而置官師役民夫正疆界治溝洫終歲辛苦以井田為事而諸侯亦各自治其國百世不移故井田之法可頒於天下然江漢以南濉淄以東其不能為者不強使也今天下為一國雖有郡縣吏皆總於上率二三歲一代其間大吏有不能一歲半歲而代去者是將使誰為之乎就使為之非少假十數歲不能定也此十數歲之內天下將不暇耕乎井田之制雖先廢於商鞅

而後諸侯亡。封建絕。井田雖在。亦不能獨存矣。故井田封建。相待而行者也。夫畎遂溝洫。環田而為之。間田而疏之。要以為人力備盡。望之而可觀。而得粟之多寡。則無異於後世。且大陂長堰。因山為源。鍾固流潦。視時決之。法簡而易周。力少而用博。使後世之治無愧於三代。則為田之利。使民自養於中。亦獨何異於古。故後世之所以為不如三代者。罪在於不能使天下無貧民耳。不在乎田之必為井不為井也。夫已遠者不追。已廢者難因。今故堰遺陂。在百年之外。瀦防衆流。即之渺然。瀰漫千頃者。如其湮淤絕滅。尚不可求。而況井田遠在數千歲之上。今其阡陌連亘。墟聚遷改。蓋欲求商鞅之所變。且不可得矣。孔孟生衰周之時。井田雖不治。而其大紀具在。故勤勤以經界為意。歎息先王之良法。廢慢於暴君汙吏之手。後之儒者。乃欲以其耳目所不聞不見之遺言。願從而效之。亦悠嗟歎惜。以為不可廢。豈不難乎。井田既然矣。今俗吏欲抑兼并。破富人以扶貧弱者。意則善矣。此可隨時施之於其一州。治耳。非上之所恃以為治也。夫州縣獄訟繁多。終日之力不能勝。大率為富人役耳。是以吏不勝忿。常欲起而誅之。縣官不幸而失養民之權。轉歸於富人。其積非一世也。小民之無田者。假田於富人。得田而無以為耕。借資於富人。歲時有急。求於富人。其甚者庸作奴婢。歸於富人。游手末作。俳優伎藝。傳食於富人。而又上當官輸。雜出無數。吏常有非時之責。無以應上命。常取具於富人。然則富人者。州縣之本。上下之賴也。富人為天子養小民。又供上用。雖厚取贏以自封殖。計其勤勞。亦略相當矣。迺其豪暴過甚。兼取無已者。吏當教戒之。不可教戒。隨事而治之。使之自改則止矣。不宜豫置嫉

惡於其心。苟欲以立威取名也。夫人主既未能自養小民。而吏先以破壞富人為事。徒使其客主相怨。有不安之心。此非善為治者也。故臣以為儒者復井田之學可罷。而俗吏抑兼并富人之意可損。因時施智。觀世立法。誠使制度定於上。十年之後。無甚富甚貧之民。兼并不抑而自已。使天下速得生養之利。此天子與其群臣當汲汲為之。不然。古井田終不可行。今之制度又不復立。虛談相眩。上下乖忤。俗吏以卑為實。儒者以高為名。天下何從而治哉。

理財上

夫理財與聚斂異。今之言理財者。聚斂而已矣。非獨今之言理財者也。自周衰而其義失。以為取諸民而供上用。故謂之理財。而其善者則取之巧而民不知。上有餘而下不困。斯其為理財而已矣。故君子避理財之名。而小人執理財之權。夫君子不知其義。而徒有仁義之意。以為理之者必取之也。是故避弗為。小人無仁義之意。而有聚斂之資。雖非有益於己。而務以多取為悅。是故當之而不辭。執之而弗置。而其上亦以君子為不能也。故舉天下之大計。屬之小人。雖明知其負天下之不義。而莫之卹。以為是固當然而不疑也。嗚呼。使君子避理財之名。小人執理財之權。而上之任用亦出於小人。而無愧。民之受病。國之受謗。何時而已。夫聚天下之人。則不可以無衣食之具。或此有而彼亡。或彼多而此寡。或不求則伏而不見。或無節則散而莫收。或消削而浸微。或少竭而不繼。或其源雖在。而浚導之無法。則其流壅遏而不行。是故以天下之財。與天下共理之者。大禹周公是也。古之人未有不善理財而為聖君賢臣者也。若是者。其上之用度固已浩然滿足而不匱矣。後世之

論則以為小人善理財而聖賢不為也聖賢誠不為利也上下不給而聖賢不知所以通之徒曰不為利也此其所以使小人為之而無疑歟熙寧之大臣慕周公之理財為市易之司以奪商賈之贏分天下以債而取其什二之息曰此周公泉府之法也天下之為君子者又從而爭之曰此非周公之法也周公不為利也其人又從而解之曰此真周公之法也聖人之意六經之書而後世不足以知之以此嗤笑其辨者然而其法行而天下終以大弊故今之君子真以為聖賢不理財言理財者必小人而後可矣夫泉府之法斂市之不售貨之滯於民用者以其賈買之其賒者祭祀喪紀皆有數而以國服為之息若此者真周公所為也何者當是時天下號為齊民未有特富者也開闔斂散輕重之權一出於上均之田而使之耕築之室而使之居衣食之具無不畢與然而祭祀喪紀猶有所不足而取於常數之外若是者周公不與則誰與之將無以充其用而遂與之也則民一切仰上而其費無名故賒而貸之使以日數償而以其所服者為息且其市之售貨之滯於民用者民不足於此而上不斂之則為不仁然則二者之法非周公誰為之蓋三代固行之矣今天下之民不齊久矣開闔斂散輕重之權不一出於上而富人大賈分而有之不知其幾千百年也而遽奪之可乎奪之可也嫉其自利而欲為國利可乎嗚呼居今之世周公固不行是法矣夫學周公之法於數千歲之後世異時殊不可行而行之者固不足以理財也謂周公不為是法而以聖賢之道不出於理財者是足為深知周公乎且使周公為之固不以自利雖百取而不害而況其盡與之乎然則奈何君子避理財

之名苟欲以不言利為義坐視小人為之亦以為當然而無怪也徒從其後頻蹙而議之厲色而爭之耳然則仁者固如是耶今天下之財亦可得而略計矣黃帝堯舜以來財之在天下今其不知取者幾也秦漢之後創取於民後世日以增益今其棄而不求者幾也天下之遺利天下之所不知不得而用之者幾也抑猶有上之所未斂者乎抑已盡斂而不可復加歟然則有民而後有君有天下而後有國有君有國而後有君與國之用非民之不以與其上也而不足者何說今之理財者自理之歟為天下之理歟父有十子闔其大門日取其子而不計其後將以富其父歟抑愛其子者必使之與其父歟抑孝其親者固將盡困其子歟抑其父固共其子之財者歟然則今之開闔斂散輕重之權有餘不足之數可以一辭而決矣奈何以聚為理財而其上至於使小人君子以為不當理財而聽其絕而不繼若是者何以為君子哉

理財中

天下以錢為患二十年矣百物皆所以為貨而錢幷制其權錢有輕重大小又自以相制而資其所不及蓋三錢並行則相制之術盡矣而猶不足至於造楮以權之凡今之所謂錢者反聽命於楮楮行而錢益少此今之同患而不能救者也夫率意而戲造僨以補一時之缺而遂貽後日之憂大都市肆四方所集不復有金錢之用盡以楮相貿易擔囊而趨勝一夫之力輒為錢數百萬行旅之至於都者皆輕出他貨以售楮天下陰相折閱不可勝計故凡今之弊豈惟使錢益少而他貨亦幷乏矣設法以消天下之利孰甚於此興利之臣苟欲必行知摸刻之易而不知其為盡錢之難十年之後四方之錢亦藏而不

用矣。將交執空券皇皇焉而無從得。此豈非天下之大憂乎。夫見其有而因謂之有。見其無而因謂之無者。此常人之識爾。所貴於智者。推其有無之所自來。不反手而可以除其患。且今之所謂錢乏者。豈誠乏耶。上無以為用耶。下無以為市耶。是不然也。天下之所以竭誠而獻者有二議。有防錢之禁。有羨錢之術夫南出於夷。北出於虜。中又自毀於器用。盜鑄者雖殺雜而能增之。為器者日損之。而莫知也。此其禁患於不密也。是誠可密也。若夫羨錢之術。則鼓鑄而已矣。雖然。盡鼓鑄所得何足以羨天下之錢。且天地之產。東南之銅。或暫息而未復。雖有咸陽孔僅之巧。尚以致之。噫。不知夫造楮之弊。驅天下之錢內積於府庫。外藏於富室。而欲以禁錢鼓鑄益之耶。且錢之所以上下尊之。其權盡重於百物者。為其能通百物之用也。積而不發。則無

異於一物。銅性融液。月鍊歲化。此其勝天下之寶亦已多矣。夫徒知錢之不可以不積。而不知其障固而不流。徒知積之不可以不多。而不知其已聚者之不散。役楮於外。以代其勞。而天下有坐鎮莫移之錢。此豈智者之所為哉。豈其思慮之有未及哉。故臣以謂推其有無之所自來。不反手而可以除其患者也。雖然。壅天下之錢。非上下之所欲也。用楮之勢至於此也。賚行者有千倍之輕。兌鬻者有什一之獲。則楮在而錢亡。楮尊而錢賤者。固其勢也。貴莫如珠金。賤莫如泥沙。至錢而平矣。先王之用幣也。錢居其一。而後世之用錢也。亡幣至於皆廢。誠以為輕重之適也。故夫天下之貨。未有可輕於錢者也。一朝而輕千倍。曾不為後日之計者。何也。此臣之所謂弊極而當反者也。天下之事本無奇畫。為奇畫者。小人之自便。以干其君者也。不可聽也。

雖然。臣又有疑焉。計今日之錢自上而下者。有兵之料。有吏之俸。自下而上者。州縣倚鹽酒雜貨之入。而民之貿易以輸送者。大抵皆金錢也。故雖設虛券以陰納天下之錢。而楮未至於盡藏而不用。方今之事。比於前世。則錢既已多矣。而猶患其少者何也。古之盛世。錢未嘗不貴。而物未嘗不賤。漢宣帝時穀至石五錢。所以立常平之法。唐太宗新去隋亂。而至富強。米斗十錢以上為率。何者。治安則物蕃。物蕃則民不求而皆足。是故錢無所用。往者東南為稻米之區。石之所直。三四百耳。歲常出以供京師。而資其錢。今其中價既十倍之矣。不幸有水旱。不可預計。惟極南之交廣。與夫蠻曠之剝。裹米斗乃或止百錢為率耳。然大要天下百物皆貴而錢賤。瓜匏果蓏魚鱉牛豕。凡山澤之所產無不盡取。非其有不足也。而何以至此。且以漢唐之賦祿較

之於吾宋。其用錢之增為若干。以承平之賦祿較之於今日。其用錢之增又若干。東南之賦貢較承平之所入者。其錢之增又若干。昔何為而有餘。今何為而不足。然則今日之患。錢多而物少。錢賤而物貴也明矣。天下惟中民之家。衣食或不待錢而粗具。何者。其農力之所得者足以取也。而天下之不為中民者十六。是故常割中民以奉之。故錢貨紛紛於市。而物不能多出於地。夫持空錢以制物。猶不可。而況於持空券以制錢乎。然則天子與大臣當憂其本而已矣。

理財下　使天下疑己。不可以為天下。臨財則疑其取。見患則疑其避。勢相軋。權相傾之際。則疑其謀。若此者。雖匹夫不能自立於鄉黨。天下之人。其所以力為忠信廉潔之行者。未必其心安之以為當然。蓋將以求免乎天下之疑也。故雖矯亢過情。捨利

就害而不敢憚焉一節之疑足以傷其終身之信此固人情之所甚懼也噫蛇未必噬也而人疑其螫虎未必搏也而人疑其暴有麟鳳之德而後見之者無疑心雖然麟與鳳不常出於天下而天下亦安得而不疑古之聖人所為大過乎人者理天下之財而天下不疑其利擅天下之有而天下不疑其貪政令之行天下雖未必能知其意而終不疑其害已故聖人之於天下無不可為者以其所以信服天下者明也後世之君用民之財未必如三代之多役民之力未必如三代之煩常為安靜之令數出寬大之言而天下終疑之而不置不亦悲夫今國家之患法度未立號令未信財用未足欲有所為而不能遂若此者不足為大憂也而甚憂則在乎未能免天下之疑何者天子仁孝恭儉服御簡約宮中之費奇悉布於海內而無毫髮之私此亦

足以明其無所取於天下矣一方水旱憂見顏色或特出使人申命長史通財移粟惟恐在後奏疏蠲除不問錙石來輒報可此亦足以明其深自結於天下矣而天下終不能無疑於其間其欠某負詔書已釋放矣民猶未信也曰此後豈不將復征之也開坐畫一條件無數謂之寬恤至深切矣民猶未信也曰此其文帶未嘗不具也或特建一官或創立一司其事未見也而民已逆疑之曰此必將以興其利也下自一縣令而上至掌國計之近臣未必皆有取民之意也未必不與民也而民又皆疑之曰此其挾國之重以病已也天子以大義安天下非為苟且而已矣將用以滅虜而復此方也今也不出門闑之近而天下皆以利疑之矣是猶可與有為邪夫當天下之皆疑此不可以力勝而辯辭也宜退而考其原今天下有百萬之兵不耕不戰而仰

食於官北有強大之虜以未復之仇而歲取吾重賂官吏之數日益而不損而貴臣之員多不省事而坐食厚祿夫明示天下以無所用財之門而後天下無疑心若是者其無所用耶然則雖上不能不自疑其為利也天下獨敢不疑其利之耶嗚呼數世之富人食指衆矣用財侈矣而田疇不愈於舊使之能慨然一旦自貶損而還其初乎是獨何憂雖然蓋未有能之者也於是賣田疇鬻寶器以充之使不至於大貧竭盡索然無聊而不止今天下欲為大貧竭盡索然無聊之術耶又豈特上下相疑而已也天下之人私相與言者必曰今之官不可為也伯夷之廉必改為跖蹻之橫尾生之信必習為狙公之欺而非跖蹻非狙公則其事不可以濟然而不敢以其情告於上其告於上者姑曰陛下至仁法令明備群臣奉行不謹而因以誅求於其中

故朝廷雖惇重信而使民不能無疑耳上豈將以為然耶臣敢言其情今天下之財用責於戶部戶部急諸道每道各急其州州又自急其縣而縣莫不皆急其民天下之交相為急也事勢使然豈其盡樂為桑弘羊楊可之所為耶使天下之用誠有常數而戶部以天下之稅當之而有餘則戶部必不以困諸道每道必不以困其州而州若縣獨何以自困其民耶使其真桑弘羊之流固且不暇而況其不為弘羊者耶所畏者其每以所不足責其臣使群臣以不足而後見其財然則若是者固教天下之為弘羊者也昔劉晏當肅代衰亂之際天下多事故謂晏能以不足為有餘此出於不幸耳以今較之猶為平世而奈何以不足責其臣而謂群臣以不足而後見其財歟豈不為有事者地歟天下方議正為貢賦之籍鈎考其會而悉書之使一縷以

上。上無不知其所自出。而州縣不敢强取於民。噫。今州縣號為

難治。一縷以上既在籍矣。而州縣之用。於何取之。若此者。天下

愈疑矣。

歷代名臣奏議卷之五十四